U0453402

青史（足本）

第一部

The Blue Annals

管·宣奴贝 著
王启龙 还克加 译
王启龙 校注

中国社会科学出版社

图书在版编目(CIP)数据

青史(足本)(第一部、第二部)/管·宣奴贝原著；王启龙、还克加译．—北京：中国社会科学出版社，2012.4
ISBN 978-7-5161-0553-5

Ⅰ.①青… Ⅱ.①管…②王…③还… Ⅲ.①喇嘛宗—佛教史—西藏 Ⅳ.①B946.6

中国版本图书馆 CIP 数据核字(2012)第 026097 号

青史(足本)(第一部、第二部)

管·宣奴贝原著；王启龙、还克加译

出 版 人	赵剑英
责任编辑	关　桐
责任校对	周　昊
封面设计	郭蕾蕾
技术编辑	王　超

出版发行	中国社会科学出版社			
社　址	北京鼓楼西大街甲158号	邮　编	100720	
电　话	010-84029451(编辑)	64058741(宣传)	64070619(网站)	
	010-64030272(批发)	64046282(团购)	84029450(零售)	
网　址	http://www.csspw.cn(中文域名:中国社科网)			
经　销	新华书店			
印　刷	北京君升印刷有限公司	装　订	廊坊市广阳区广增装订厂	
版　次	2012年4月第1版	印　次	2012年4月第1次印刷	
开　本	710×1000　1/16			
印　张	56	插　页	4	
字　数	1013千字			
定　价	188.00元(全二部)			

凡购买中国社会科学出版社图书,如有质量问题请与本社发行部联系调换
版权所有　侵权必究

国家社科基金后期资助项目

出版说明

后期资助项目是国家社科基金设立的一类重要项目，旨在鼓励广大社科研究者潜心治学，支持基础研究多出优秀成果。它是经过严格评审，从接近完成的科研成果中遴选立项的。为扩大后期资助项目的影响，更好地推动学术发展，促进成果转化，全国哲学社会科学规划办公室按照"统一设计、统一标识、统一版式、形成系列"的总体要求，组织出版国家社科基金后期资助项目成果。

全国哲学社会科学规划办公室

汉译本序言

王　尧

在西藏的历史文献里,《青史》(标题全文为《青史：西藏雪域佛法如何出现和传播的故事》,即 Bod-kyi yul-du chos-dang chos-smra-ba ji-ltar byung-bavi rim-pa Deb-ther sngon-po) 占有独特的地位。在后期的文献中,屡屡提到此著。《青史》为著名学者和翻译家管·宣奴贝 (vgos lo-tsav-ba gzhon-nu-dpal, 1392~1481) 在公元 1476 年 (火猴年) 至 1478 年 (土狗年) 间撰著而成,距他去世仅仅三年,可以说是他毕生心血的结晶。此书与布顿仁波且 (公元 1322 年) 所撰的《佛教史》一样享有盛誉,均为晚期雪域高原编撰历史的主要依据。在 18 世纪和 19 世纪上半叶出现的大量历史著述中,绝大多数广泛引自《青史》,并经常在各自著述中整页整页地引述《青史》。比如土观·洛桑却吉尼玛 (tu-kwan blo-bzang chos-kyi nyi-ma, 1737~1802) 所撰的《土观宗派源流》(tu-kwan grub-mthav) 和晋美日贝多杰 (vjigs-med rig-pavi rdo-rje) 所撰的《蒙古佛教史》(hor chos-vbyung) 就是如此。这些后期文献中的编年史也几乎是根据《青史》而来。现代学术研究对《青史》的关注已有 100 多年了。在西方,杜·乔玛 (Alexander Csoma de Körös) 最先在"在藏所见的历史语法著述要目 (Enumeration of Historical and Grammatical works to be met with in Tibet)"(*JASB*, Vol. VIII, part 2, 1838, p. 147; 重印于 *Tibetan Studies*, 加尔各答, 1912, p. 82) 一文中提到过本书的名字。已故的达斯 (Sarat Chandra Das) 在其题为《西藏历史宗教论文集》(Contributions to the Religion, History, etc. of Tibet) (*JASB*, 1881~1882; 见 *JASB*, 1881, p. 212) 的论著中发表这部史著的片段。在西方藏学界,早在查尔斯·贝尔爵士 (Sir Charles Bell) 的《西藏的宗教》(*Religion of Tibet*, 牛津, 1931 年版), 以及图齐 (G. Tucci) 教授的《印-藏》(第 2 卷) (罗马, 1933 年版) 中广泛引用了《青史》,后来的西方学者研究藏学时更离不开对《青史》的参考,而中国学者当然更不用说了。

正因为中外学术界早就认识到《青史》重要的学术和史料价值，郭和卿先生早在20世纪80年代完成的《青史》汉文译本，西藏人民出版社1985年版，32开，正文718页。在此之前，《敦煌本吐蕃历史文书》（王尧、陈践译注，民族出版社1980年版；1992年又出增订本），萨迦·索南坚赞的《西藏王统记》（郭和卿译本，民族出版社1982年版；另有陈庆英译本《吐蕃王统世系明鉴》，辽宁人民出版社1985年版）、五世达赖喇嘛的《西藏王臣记》（郭和卿译本，民族出版社1983年版）等先后翻译成汉文出版，形成藏学界一股热潮。正如本汉译本说明所说，郭先生的汉译本为当时久旱逢甘雨似的藏学及相关学术界提供了难得的参考和借鉴，同时也为这次足本重译《青史》提供了一个很好的参考。不过，由于郭和卿先生在短短一年的时间译就此皇皇巨著，有些匆忙，其中错讹颇多。一方面，郭译漏译不少，有些地方甚至整段整段漏译，其中原因很多，可能是所据藏文版本不同，也有可能是翻译时漏译。但更主要的原因可能是时间仓促，无暇仔细校对造成的。总的说来，错译较多，尤其年代换算错误更多，有时相距一个饶迥60年，最多的误差有180年或240年。另外，就是历史人名、地名错误频出。有些错误的确错得离奇。

鉴于此，郭译本已经不能满足学术界的需要。青年藏学学者王启龙是我的学生，他是个有心人，早在中央民族大学读博士期间，我们就在教学之余讨论过重译《青史》的问题。他一直把此事当作一项重要任务惦记在心。据我所知，他们重新汉译此书前后至少花了五年时间。郭译本只有60多万字，但新的足本译注实际字数已经超过100万字。单从这一点来说，新的足本译注将大不相同。本书汉译是在郭译等前人成果的基础上完成的，新译本认为郭译正确无误的地方没有必要另起炉灶，这也是对前辈学人的一种尊重。

《青史》作者和主要内容如下：

管译师宣奴贝（全名为：yid-bzang-rtse gzhon-nu-dpal，也写为 ye-bzang-rtse-pa gzhon-nu-dpal）是噶玛宁（Karma-rnying）寺的住持。当他撰写《青史》时已是八旬高龄的老人，也是一位著名的学者。他在与之同时代的属于西藏当时各不相同的宗教和哲学学派的许多著名上师座前广泛研习过佛法，其中有些他在《青史》里提及过。《青史》里好些是他给其徒众教授的内容，因此语句极其简洁，有些地方有言犹未尽的特点，一边读书，一边回忆记下一些注解。管译师宣奴贝本人就告诉我们，此书于阳土狗年（sa-pho-kyi，公元1478年）完成于却宗寺（chos-rdzong）（参见第15章）。根据作者意愿，此书由善知识贝·却季坚参（dpal chos-kyi rgyal-mtshan kalyana-mitra）和（卫藏地区）伦珠拉孜（lhun-grub lha-rtse）的大尊者格勒贝贡（dge-legs dpal-mgon maha-sthavira）所编。此书木刻印板是据藏南地区（lho-rgyud）的扎西达杰·勒比杰波（bkra-shis dar-rgyas legs-pavi rgyal-po）之命刻成。此著的编辑是在中部达波巴贝却汤杰列南巴嘉哇拉（shar dags-po-pa dpal-phyogs thams-cad-las rnam-par rgyal-bavi lha）的主持下进行的。此书文中表明，主要誊写者（yigevi rig-byed-pa）的名字是尼峡扎西（nyi-shar bkra-shis，是垛地方［dol］人氏），主要刻板者（brkos-kyi rig-byed-pa）的名字是扎巴坚参（grags-pa rgyal-mtshan），后者是在聂地（dmyal）却季伦布（chos-rgyal lhun-po）的大宫殿里完成的（见第15章第13b叶）。《青史》原版曾保存于羊八井（广严城）寺（yangs-pa-can），位于拉萨西边通往扎什伦布途中堆龙河谷里的一座寺庙。在尼藏战争时期（1792），有些印板丢失了，又重新补刻印板。这些印板在乾隆五十七年（公元1792年）以后处理羊八井寺庙产时，划归并保存于拉萨附近的功德林寺（kun-bde-gling），最后归入布达拉宫。关于这一点，本人在1959年曾负责清查功德林寺产时，了解到经版已归布达拉宫代管后，查验木版，确实只毁了一片，其他完整无缺。这个印板常常不够清晰。《青史》第2版以两卷本形式出现在安多的拉卜楞寺（bla-brang bkra-shis vkhyil）附近的诺尔盖贡巴寺（mdzod-dge dgon-pa，甘丹却柯林，dgav-ldan chos-vkhor-gling）。

此著无法估量的价值在于它试图建立起西藏历史一个可靠的编年史。所有的年代都记载为藏历饶迥某年，作者以撰写此书的年份（1746）为基点，或以某著名人物，比如松赞干布公元650年去世的年份为基点去推算，还费尽心思地往前或往后推算年代。有时，他还指出两个时间之间过去了多少年。

此著一页页地记载了著名宗教上师的姓名以及他们所属教派名称、传承。有时提及他们的出生地，他们的寺庙名，有时给出他们的生卒年。此著被划归为"宗教史"（chos-vbyung）类，共分15章或卷（skabs一词意思是"阶段"或"时期"），每章讲述藏传佛教某个特定的派别。全书目录及内容如下：

第一章（教法来源、历代王朝世系及前弘期佛教）讲述了释迦世系及佛教的起源。之后简要叙述公元7~9世纪吐蕃赞普世系（rgyal-rabs，王室世系）。唐朝皇帝世系和元朝蒙古皇帝世系。

第二章（后弘期佛教）讲述佛教的后弘期（bstan-pavi phyi-dar-gyi skabs）。

第三章（旧译密乘）讲述早期密教教法传入藏区的历史（gsang-sngags snga-vgyur-gyi skabs）。

第四章（新密乘及随行道果）涉及所谓"新密"（gsang-sngags gsar-ma）的传播、萨迦派道果法（lam-vbras）的传播，以及他们的后继者的故事（gsang-sngags gsar-ma/ lam-vbras rjes-vbrang dang-bcas-pavi skabs）。

第五章（阿底峡尊者的传承阶段）描述佛教复兴倡导人阿底峡（Atisha，Jo-bo-rje）及其传承（jo-bo-rje rgyud-pa dang-bcas-pavi skabs）的故事。

第六章（峨译师、巴操传承及中观、因明以及慈氏法类等如何产生的历史）叙述峨译师及其传承，中观（Mādhyamika）、因明（Nyāya）和慈氏法类（Maitreya；Byams-chos）在西藏的传播。这是本书重要一章，里面包含了有关后藏早期上师和译师们的许多重要史料，他们对佛教的传播和学习贡献颇大。

第七章（续部说之规如何产生的情况）叙述密法在藏区传播的起源（rgyud-sdevi bshad-srol ji-ltar byung-bavi skabs）。

第八章（从大译师玛尔巴的传承至称为达波噶举派）详述了大译师玛尔巴生平及著名的达波噶举派传承（mngav-bdag lo-tsav-ba Mārpa-nas brgyud-de Dwags-po bkav-brgyud ces-grags-pavi skabs）。

第九章（阁乍巴和尼古的阶段）谈及阁乍巴和尼古传承（ko-brag-pa dang ni-guvi skabs）。

第十章（时轮传承及其教授如何而来的情况）叙述重要的时轮传承（dus-kyi vkhor-lovi skabs）。

第十一章（大手印法阶段）讲述大手印传派（phyag-rgya chenpo-vi skabs）。

第十二章（息结派初、中、后三期传承情况）叙述息结派（zhi-byed）的传播，并简述了该派初期、中期、后期三个传承阶段（zhi-byed brgyud-pa snga-phyi-bar-sum-gyi skabs）。

第十三章（能断魔境行者和喀惹巴的阶段）讲述能断魔境行者和喀惹巴教法时期（gcod-yul dang kharug-pavi skabs）。

第十四章（《大悲观世音法门》和《金刚鬘》等法类）讲述大悲观世音法门（Mahākātunika）、金刚鬘（Vajramālā）等教法内容。

第十五章（四部僧团等僧众的来源、答复及圆满制版阶段）讲述四大教派僧团之起源，并就《青史》印制的相关问题予以解答（tshogs-bzhi-sogs dge-vdun-gyi sde ji-ltar byung-ba dang zhu-lan par-du bzhugs-pavi skabs）。

管译师宣奴贝学识渊博。他查阅了大量文献，并对当地寺庙史志进行了考察。有时，他整段整段地抄录有关文献纳入自己的著述里。这从《青史》各章行文风格之不同可以得到证明。其中某些段落好像是后来的编者们加进去的。与其他藏文史籍不同的是，宣奴贝通常要提到自己材料的来源，颇含现代学术研究的规矩，也为后人研究提供了许多主要的线索。他援引的某些传记（rnam-thar）至今保存完好。宣奴贝运用自如的另外的史料称之为"宗教史"（chos-vbyung）类的藏文编年史书。其中，最重要的就是《巴协》（sba-bzhed），此书讲述了吐蕃王朝赤松德赞和牟尼赞普统治时期的历史。最初，《巴协》是三卷本系列书籍组成部分之一，另外两卷是《嘉协》（rgyal-bzhed）和《拉协》（bla-bzhed）。后两种已经失传。据某些史料载，《巴协》作者是著名的巴·惹达纳（sba ratna）。根据另一些史料，这些史著是著名的巴赛囊（sba/dbav-gsal-snang）所著，此人是赤松德赞的一位谋士（councilor）。据传统说法，《巴协》的第二种版本，即带附录的《巴协》是由一位噶当派喇嘛编辑的。管译师在《青史》第一章里（第20a叶）直接引述了《巴协》，在讲述巴赛囊到中原的故事时直接根据《巴协》文献而来。上述三卷史著在祖拉陈瓦（gtsug-lag phreng-ba）的《罗扎教法史》（lho-brag chos-vbyungs，即人们熟知的《贤者喜宴》）中被广泛引用（此书包括吐蕃王统世系和重要的噶玛巴派历史）。《巴协》在五世达赖喇嘛的名著《西藏王臣记》（rgyal-rabs）里也被引用，但作者对此史书颇有微词，这影响了它在藏人中的地位。

　　管译师的主要史料来源，在同类著述《红史》（Deb-ther dmar-po，即蔡巴的历史）中却较少提及，《红史》曾在藏族学者中享有盛誉。《红史》里包含了吐蕃王统世系（rgyal-rabs）。五世达赖喇嘛在其《西藏王臣记》（第112b叶）中广泛运用了这一史料。管译师宣奴贝在《青史》第一章里借用了《红史》里的蒙古王统世系。管译师在《青史》第一章里描述公元7~9世纪的吐蕃王统世系和唐皇世系时，运用了从汉文史料（Chinese Annals）搜集到的材料。然而，他不能直接阅读汉文原著，而是利用了《唐书》部分片段的藏译文，该译文题为 rgyavi yig-tshang（即《汉文史料》），是由喇嘛仁钦扎巴（bla-ma rin-chen grags-pa）译成藏文的。从藏王松赞干布到叛教者达玛赞普之间的故事，管译师就是根据这本《汉文史料》（rgyavi yig-tshang）讲述的。可是，他似乎也没有直接使用这个藏译本《汉文史料》，而是从蔡巴·贡噶多吉的《红史》有关段落中转引的（见《青史》第一章第23b叶）。这个《汉文史料》似乎等同于吴江祖

(vu gyan ju) 翻译的《唐书·吐蕃传》（rgyavi deb-ther thang zu-thu han-chan），其中的藏文系国师仁钦扎（Guśrī Rin chen grags）编订过，在新昆古城（shing khun mkhar，shing-khun 应是临洮的对音，见明代的《西番译语》）印制的。

本书重译《青史》所据藏文为四川民族出版社 1986 年出版的两卷本《青史》（精装本，32 开，上、下册，正文共 1274 页）。同时借鉴了罗列赫先生于 20 世纪 40 年代末 50 年代初在著名藏族大学者更顿群培大师的帮助下完成的英文译本（加尔各答，正文 1093 页），尤其是里面有关人名、地名、著作名等非常完备的梵文拉丁音写和精到的注释。之所以选择四川民族出版社的藏文本，主要是因为这是经过不同版本校勘、补充之后出版发行的，迄今为止最为权威的藏文铅印本。特别值得一提的是，此藏文铅印本出版时，著名藏族学者东噶·洛桑赤列还专门予以审订，并撰写了作者简介和序言等。

东噶·洛桑赤列先生在序言中对《青史》也给予了极高的评价：

1. 《青史》在藏文诸多著名古籍文献史料中，不但具有可信度较大，参考文献较多，历史年代较清晰，各章节比较详细等优点，而且作者管译师宣奴贝是一位精通显、密两宗以及一切知识的善巧者。同时代的大部分藏族善巧者都赞颂他为一切智者管译师宣奴贝。对于宗教各教派的所有历史文献进行阅读后，他通过三年时间，阅读自己手中的所有参考文献史料，并通过细心研究后，在 84 岁时，最终著作了此一史书。过去和现在的大部分历史学家，都以此史书为参考文献史料，认为此书具有的文献史料参考价值极高。

2. 《青史》与其他古籍文献史料相比较，具有以下四种与众不同的特点：（1）著书时作者所阅读的文献史料中，对人物或事件有不同的看法和说法时，作者引用这些不同的观点外，并没有"破非立是"。（2）对于那些无根无据的文献史料，推理也无法论证，只有别人的流言和说法并不弃置不管，而是为后世学者提供参考文献史料。（3）宗教教派之历史，按照各教派的源流和传记中所载为基础，对于各教派的人物给予极高评价，没有对作者本人教派外的其他教派进行讽刺嘲笑和诽谤侮辱。因此，读者阅读《青史》时无法辨别出管译师宣奴贝本人是何种教派。（4）在此史书第十五章中，管译师宣奴贝对自己的《青史》有准确的评价，自己所撰写的大部分历史是按照以前的文献史料为基础，所以应该是有根有据，准确无误的。对于无根无据，无文献史料的，只是说以他人之言而撰写，这些无法用推理来论证。以上所述的这些特点，是专家学者们著作历史文献时的严谨学风，是我们后人应该学习的榜样……

据此，我们认为重新足本译注《青史》，是非常必要的。新译本一定会为学术界带来更多方便，其学术价值毋庸置疑。更为可喜可贺的是，此书被纳入国家社科基金后期资助项目。欣喜之余，谨采撷国内外相关学者罗列赫、东噶·洛桑赤列等的学术成果，撰成此文，谨以为序。

王尧

2010 年 10 月

汉译本说明

王启龙

本汉译本所据藏文,是四川民族出版社 1986 年出版的两卷本《青史》(由该社邹景阳先生馈赠),精装本,32 开,上、下册,正文共 1274 页。我们之所以选它,主要是此书是迄今为止,最为权威的藏文铅印本。它是经过不同版本校勘、补充之后出版发行的。据书中出版说明介绍说:此书出版时以拉萨功德林(kun bde gling)的《青史》木刻版为基础,从藏文字母 ka 到 ba 依序排列,分为十五章出版。每一章又分小节。出版时《青史》分上、下册,是参考安多噶丹却柯岭(a mdo dgav ldan chos vkhor gling)的《青史》木刻版。拉萨木刻版和安多木刻版进行校对后,按照管译师宣奴贝自己的分章而整理目录和各章节次序。《青史》整理出版时的拉萨版原件是由多杰嘉布(rdo rje rgyal po)同志提供的,安多版原件是由毛尔盖桑木丹(dmu dge bsam gtan)同志提供的。特别值得一提的是,此藏文铅印本出版时,著名藏族学者东噶·洛桑赤列(dung-dkar blo-bzang vphrin-las)教授还专门予以审订,并撰写了作者简介和序言等。在此,我们要对为藏文铅印本付出辛劳的单位和个人表示衷心感谢。

本汉译本提到的"藏文本"、"藏文"及其页码均是就这个版本而言。

本汉译本的问世,我们要特别感谢两位学人的辛勤工作,为我们重新足本汉译《青史》奠定了良好的基础。不用说,大家都清楚,我说的两位学者,其中一位是郭和卿先生,另一位是乔治·罗列赫(George N. Roerich)先生。

郭和卿先生(1907—1986)早在 20 世纪 80 年代完成的《青史》汉文译本,西藏人民出版社 1985 年版,32 开,正文 718 页。郭先生的汉译本为当时久旱逢甘雨似的藏学及相关学术界提供了难得的参考和借鉴,同时也为我们这次足本重译《青史》提供了一个很好的参考。说实话,本书汉译时许多地方我们原封不动采用了郭译的成果,因为我们觉得没有必要另起炉灶。不过,由于郭和卿先生在短短一年的时间译就此皇皇巨著,着实有些匆忙,其中错讹难免。一方面,郭译漏译不少,有些地方甚至整段整段漏译，其中原因很多，也有所据藏文版本不同之故，也有翻译时漏掉之故，但更主要的原因可能是时间仓促，无暇仔细校对造成的。另一方面，错译较多，尤其年代换算错误很多，有时相距一个饶迥60年，最多的误差有180年或240年的。另外，就是历史人名、地名错误频出。有些错误的确错得比较可惜。

在本汉译本中，我们所说的"郭译"及其页码指的就是上述这个译本。

我们知道，罗列赫先生早在20世纪40年代末50年代初就将《青史》翻译成英文并于印度加尔各答出版发行，全书正文1093页。此书可谓精品，几乎没有遗漏，而且译文质量上乘。这一方面是译者多年对藏文文本的刻苦钻研之辛勤劳动换来的；另一方面，更重要的原因是译者当时有著名的藏族学者更顿群培大师解疑释惑。在文中不时会有"据更顿群培大师说"之类的表述。另外，英译本里对相关人名、地名、著作名等，有非常完备的梵文拉丁音写。本书所谓"罗译"及其页码指的就是这个英译本。

我们在翻译中，以藏文本为据，对郭译本错讹处予以纠正补充，再与罗译相比较。对藏文本以及郭译、罗译不相符合的地方，进行比较分析，必要时将藏文、郭译、罗译一一列出，供读者参考比较。对英译本中有益的梵文拉丁音写我们基本照搬不误，以资读者参考。

另外，本书使用的藏文拉丁转写形式为：

ka=ཀ	kha=ཁ	ga=ག	nga=ང
ca=ཅ	cha=ཆ	ja=ཇ	nya=ཉ
ta=ཏ	tha=ཐ	da=ད	na=ན
pa=པ	pha=ཕ	ba=བ	ma=མ
tsa=ཙ	tsha=ཚ	dza=ཛ	wa=ཝ
zha=ཞ	za=ཟ	va=འ	ya=ཡ
ra=ར	la=ལ	sha=ཤ	sa=ས
ha=ཧ	a=ཨ		
i=ི	u=ུ	e=ེ	o=ོ

g'ya གཡ ≠ gya གྱ

我们在引用罗译时，藏文转写没有照搬他的体系。而是把它换成了我们采用的转写形式。比如，罗译中的"'byung gnas"，我们转写为："vbyung gnas"；罗译中的"gzhoń nu"，我们转写为："gzhong nu"，等等。主要是为了读者使用方便，用一种转写形式贯穿全书，不至于混乱。

此外，本书着力最多的除了足本翻译之外，还对我们所知的相关内容的研究成果在注释里作了简要介绍。我们还对不同版本的异同进行文本的比较分析，凡有郭译或罗译与藏文不同的地方、漏译的地方，我们均打上【】号，必要时把相关的藏文用转写形式录出，与郭译或（和）罗译比对列出，以便读者参考。这些内容基本上也都放在了本汉译本的注释中。同时，正如上文所述，我们吸收了罗译中的有益部分，尤其是专有名词的梵文，我们都照录不误。

脚注中所谓"转写为"的后面指的是罗译中藏文的拉丁转写，比如："罗译（第12页）藏文转写为'spyi ba nas skyes'"。所谓"写为"的后面是藏文本特殊的藏文形式，比如音写梵文的藏文形式："藏文（第1230页第5行）写为：དགུལ་ཧྲིངད།"。

本来我们想编一个索引，可是，由于时间不允许，再加上正文中的汉、藏、梵文专有名词已经罗列得非常清楚，就暂时放弃了这个计划。

五年来，我们一直在工作和学习之余，忙里偷闲，不停地进行这项工作。我们的合作方式是：分工协作、相互校对，共同完成初稿之后，我依照英译本全面修订汉译本，同时加上译注。然后，又由还克加同志再看一遍，主要检查汉译本中的藏文是否有误。最后，我再修订一遍译文。

需要说明的是，2008年3月以后，我有幸进入了西藏自治区某驻寺工作组，除了完成工作任务之外，大量的时间我用来修改和校订《青史》汉译本。同时，也使我有机会在有藏文问题时可以请教许多藏族同事。在此，可以说我特别怀念在工作组的日日夜夜，没有那里的工作经历，恐怕这本书的最后完成还会往后拖一段时间。与此同时，我在此谨向曾经给过我们帮助的领导和战友们表示衷心感谢！尤其是张庆黎书记、士登才旺主任、秦宜知副主席、高扬秘书长等许多领导同志对我的工作和生活给予了无私的指导、关心和帮助，当然，我也忘不了同样跟我一起工作过的同事次仁平措等许多同志，他们长期坚守在雪域高原，在此一并表示无限的敬意！

另外，我虽然一度调到西藏大学工作，但依然是清华大学的双聘教授和博士生导师，依然兼着亚洲研究中心理事和副主任的工作。因此，每次从雪域高原回到清华园时，都能够全力以赴地工作，这要特别感谢清华大学为我提供了非常良好的工作环境。至于汉译本中的尚未解决的诸多错讹之处，责任全在我们自己。希望读者随时指出，以期今后再版时更正，使之更加完善。在此，我们谨以真挚而谦卑的心情，先向那些将给我们宝贵意见的专家读者表示谢意！

王启龙

2009 年 7 月 12 日星期日

于清华大学文西楼 107

亚洲研究中心

又记：

　　本书的问世，又有不少同事和朋友为此给予了关心、付出了心血。清华大学、西南民族大学、陕西师范大学为我提供了良好的工作环境，除了感谢上述单位的有关领导之外，还要感谢陈文学博士和陈灿平博士，他们的支持和鼓励促成了我申报国家社科基金后期资助，当然必须提到中国社会科学出版社关桐先生，他的辛勤工作使本书更加完善。

　　拿到本书校样时，又过了两个春秋。正值初冬时节，地上稀稀拉拉的泛黄的树叶还残留着秋天的气息——那是令人心旷神怡的季节！可是，我冷静而清晰地感觉到迎面的寒意告知我们，冬天已然而至——这是孕育春天的季节。

　　英国诗人雪莱说过：如果冬天已经来临，春天还会远吗？不过，我要说：我喜欢冬天，因为它能培育人们坚韧的品格；我期盼春天，因为它给人间带来美丽和生机；我热爱夏天，因为它的火热催熟了秋的果实；我憧憬秋天，因为那是收获金黄的时节！我们没有理由不喜欢每一年、每个季节、每一天，因为它们都有存在的意义和价值。

　　'我坚信，来年的春天会别样的美丽和明媚！

王启龙

2011 年 12 月 16 日

陕西师范大学文科科研楼 117

总目录

汉译本序言（王　尧）……………………………………………（1）
汉译本说明（王启龙）……………………………………………（1）

第一部

第一章　教法来源、历代王朝世系及前弘期佛教 ……………（1）
第二章　后弘期佛教 ……………………………………………（72）
第三章　旧译密乘 ………………………………………………（105）
第四章　新密乘及随行道果 ……………………………………（193）
第五章　阿底峡尊者的传承阶段 ………………………………（225）
第六章　峨译师、巴操传承及中观、因明以及
　　　　慈氏法类等如何产生的历史 …………………………（298）
第七章　续部说之规如何产生的情况 …………………………（320）

第二部

第八章　从大译师玛尔巴的传承至称为达波噶举派
　　　　的阶段 ………………………………………………（365）
第九章　阁乍巴和尼古的阶段 …………………………………（602）
第十章　时轮传承及其教授如何而来的情况 …………………（623）
第十一章　大手印法阶段 ………………………………………（685）
第十二章　息结派初、中、后三期传承情况 …………………（706）
第十三章　能断魔境行者和喀惹巴的阶段 ……………………（781）
第十四章　《大悲观世音法门》和《金刚鬘》等法类 ………（801）
第十五章　四部僧团等僧众的来源、答复及圆满制版阶段 …（841）
书跋 ………………………………………………………………（865）
后记 ………………………………………………………………（866）

第一部目录

第一章　教法来源、历代王朝世系及前弘期佛教 …………（1）
　一　众敬王的世系阶段 …………………………………（6）
　二　佛祖（释迦牟尼）之功业 …………………………（21）
　三　传授继承释迦牟尼教法的历代法师 ………………（27）
　四　教法分出十八部派的阶段 …………………………（31）
　五　别解脱戒传承 ………………………………………（36）
　六　吐蕃王统世系阶段 …………………………………（39）
　七　祖孙三法王建立佛法阶段 …………………………（42）
　八　在《大方广菩萨藏文殊师利根本仪轨经》
　　　中所授记的各藏王 …………………………………（48）
　九　藏汉霍尔（蒙古族）王世系 ………………………（49）
　十　朗达玛灭佛后藏族俗人对寺院及甘珠尔和
　　　丹珠尔的保护 ………………………………………（69）

第二章　后弘期佛教 ………………………………………（72）
　一　后弘期佛教年代及喇钦波（大喇嘛）阶段 ………（72）
　二　大译师阶段 …………………………………………（76）
　三　同时代所编的史料阶段 ……………………………（77）
　四　鲁麦译师修建寺庙阶段 ……………………………（82）
　五　持律诸师的史事 ……………………………………（84）
　六　杰拉康阶段 …………………………………………（93）
　七　操山口寺阶段 ………………………………………（98）
　八　塘波且寺阶段 ………………………………………（98）
　九　格西扎巴烘协师弟和金耶寺的阶段 ………………（99）

第三章 旧译密乘 (105)
一　幻化为主的阶段 (105)
二　律经之传承阶段 (152)
三　绒松·却吉桑波之史事 (154)
四　心识宗阶段 (161)
五　金刚桥阶段 (165)
六　诀窍部的史事阶段 (181)

第四章 新密乘及随行道果 (193)
一　新密翻译之初阶段 (193)
二　《瑜伽母续》讲说之兴起以及《道果》等教授在萨迦派父子在位期间如何发展的史事阶段 (194)
三　麻译师和峡玛兄妹如何扶持教法的阶段 (206)

第五章 阿底峡尊者的传承阶段 (225)
一　阿底峡尊者、仲敦巴及热振寺阶段 (225)
二　博朵瓦及若师的故事 (248)
三　朗塘巴的故事 (251)
四　峡巴哇和切喀哇的阶段 (252)
五　纳塘巴的阶段 (260)
六　康隆巴和峡巴哇之弟子阶段 (261)
七　敬安至甲裕哇的阶段 (262)
八　甲裕哇之弟子阶段 (278)
九　嘉玛巴的阶段 (283)
十　贡巴哇的弟子嘎玛巴及峡巴哇弟子传承世系等阶段 (289)
十一　阿底峡尊者传承的概况阶段 (292)

第六章 峨译师、巴操传承及中观、因明以及慈氏法类等如何产生的历史 (298)
一　峨译师等的传承情况 (298)
二　巴操的传承概况 (311)
三　阿毗（达摩）的传承情况 (314)
四　《量释论》的传承情况 (316)
五　慈氏法类赞派的情况 (317)

第七章　续部说之规如何产生的情况 …………………………（320）
   一　瑜伽的历史阶段 ……………………………………………（320）
   二　圣传密集阶段 ………………………………………………（325）
   三　益西夏传规的情况阶段 ……………………………………（334）
   四　能怖金刚法类的情况阶段 …………………………………（341）
   五　胜乐法类（bde mchog）之阶段 …………………………（347）
   六　金刚亥母六论的阶段 ………………………………………（356）

第一部

第一章 教法来源、历代王朝世系及前弘期佛教

礼赞：

梵文：Namo Buddhāya
藏文：རང་རྒྱལ་ལ་ཕྱག་འཚལ་ལོ།
汉文：向佛祖释迦牟尼顶礼！①

礼赞文：

梵文：

ya naiko nāpyanekaḥ svaparahitamahāsampadādhārabhūto
naivābhāvo na bhavaḥ khamiva samaraso durvibhāvyasvabhāvaḥ/
nirlepam nirvikāram śivamasamasamam vyāpinam nisprapañcam
vande pratyātmavedam tamahamanupamam dharmakāyam Jinānām//

lokātītamacintyam sukṛtaśataphalāmātmano yo vibhūtim
parsanmahdye victrām prathayati mahatīm dhīmatām prīthetoḥ/
Buddhānām sarvalokaprasṛtamaviratodārasaddharmaghoṣam
vande Sambhogakāyam tamahamiha mahādharmarājyapratiṣṭham//

sattvānām pākahetoḥ kvacidanala ivābhāti yo dīpyamānaḥ
sambodhau dharmacakre kvacidapi ca punardṛ śyate yaḥ praśātitaḥ/

---

① 有心身意三种敬礼方式。

4 青 史

naikākārapravṛttam tribhavabhayaharam viśvarūpairupāyair
vande Nirmānakāyam daśādiganugatam tanmahārtham Munīnām//

trailokyācāramuktam gaganasamagatam sarvabhāvasvabhāvam
śuddham śāntam viviktat paramaśivamayam yogināmeva gamyam/
durbodham durvicārat svaparahitatamam vyāpinam nirnimittam
vande kāyam Jinānām sukhamasamasamam nirvikalpaikamūrtim/①

藏文（此处略）

汉译文：

何者非一亦非异②，成为益己利他基，
非无实性非有体③，宛若虚空性难量。
无染无相④寂定中⑤，圆融周遍无戏论⑥，

---

① 此段梵文录自罗列赫英译本《青史》（以下简称"罗译"）。据罗译（第1页）所注，此 Trikāyastava 梵文文献源自安多版的藏文本《青史》，最早由钢和泰男爵（Baron A. von Stael Holstein）发表在其德语论文"《佛三身赞》Trikāyastava 评释"（Bemerkungen zum Trikāyastava）中，此文刊于《圣彼得堡皇家科学院院刊》（Bulletin de l'Academie Imperiale des Sciences de St. Petersburg）第11期（1911）第837～845页；此文已由王启龙、赵琛汉译文刊于《国外藏学研究译文集》（第18辑），西藏人民出版社2007年版。而此颂诗的藏译文则见于德格版《丹珠尔》，第1123函。列维（Sylvain Levi）教授在一篇文章里重构了 Trikāyastava 颂诗的梵文，此文见于1896年巴黎出版的法文《宗教史评论》（Revue de l'histoire des Religions）一书第34章，第17～21页。

② 郭和卿《青史》汉译本（以下简称"郭译"）第1页注：非一亦非异（gcig min du ma min）：这是"中观见"中初步分析我与蕴（身）究竟是一体抑为异体（多体）。若蕴与我为一体，然蕴有五色（色、受、想、行、识）即非一。若蕴与我为异体，然蕴有五我，实非五我故亦非异。

③ 郭译（第1页）注：非有体（dngos po ma yin）：这是说法身（即空性、真实性）不是有为法（有造作之法），不是实有（自能自立而有，称实有）之体。它是有依缘和假名安立而有的真实性（即非无实性）。

④ 郭译（第1页）注：无染无相（gos pa med cing rnam vgyur med pa）：这是说法身（空性）是远离烦恼障和所知障的染污；并且远离生、住、坏、灭之相。

⑤ 郭译（第1页）注：寂定中（zhi zhing mi）：法身是在已息寂一切染相的空性定中。

⑥ 郭译（第1页）注：无戏论（spros med）：在真实空性定中，是远离执著实有不切合真实的虚构事物（即戏论）的。又见《藏汉大辞典》，第1693页。

各各自证①诸佛尊，无喻法身②前顶礼！

※ ※ ※ ※

何者出世不思议，获得百善本体果③，
诸多伟大眷众中，广作具慧欢喜因。
诸世间中弘法音，如戏普现不间断，
教法大政常住中，圆满报身④前顶礼！

※ ※ ※ ※

何者为熟诸有情，时而若火现炽光，
兴许菩提转法轮，最后或现大涅槃⑤。
三有⑥怖畏劫运中，以诸方便屡趣入，
随到十方诸刹土，诸佛化身⑦前顶礼！

※ ※ ※ ※

三域⑧行中得解脱，虚空等住⑨诸有体⑩，
清净涅槃⑪相寂静，此乃修士所当证。

---

① 郭译（第1页）注：自证（rang gis rig bya）：非他人证知，而是由自心所证知。
② 郭译（第1页）注：无喻法身（chos sku dpe med）：法身不是实有体，其性本空。是不能以言说来比喻的。
③ 郭译（第1页）注：百善本体果（leta byas brgya yi bdag nyid vbras bu）：言报身之本体，是由积集于千百善业而获得的果体。
④ 郭译（第1页）注：圆满报身（longs spyod rdzogs sku）：即受用报身，言成就佛报身时，一切福慧受用圆满具足。也请参阅《藏汉大辞典》，第2818页词条"圆满报身五决定"（longs skuvi nges pa lnga）。
⑤ 郭译（第2页）注：大涅槃（rab tu zhi ba）：梵语涅槃，意为脱离忧苦，超脱苦恼。旧译"寂灭"。即圆寂、逝世。佛的圆寂不是为一己脱离忧苦，故称大涅槃。
⑥ 三有（srid pa gsum）：三世间，天世间等相同。指地上、地面和上空。也指死有、中有和本有。也包括欲有、色有和无色有。参阅《佛学词典》，第882页；《藏汉大辞典》，第2976页。
⑦ 郭译（第2页）注：化身（sprul sku）：色身所摄之一份身，能往生诸方世界和诸有情类中。活佛即依转世化身而来。
⑧ 三域（vjig rten gsum）：也称为三世间，地上天世间、地面人世间和地下龙世间。参阅《藏汉大辞典》，第897页。
⑨ 郭译（第2页）注：虚空等住（nam mkhav mnyam par gnas pa）：等住即是住定中（入定）。言住在同虚空一样无碍广阔无边的定境中。
⑩ 郭译（第2页）注：诸有体（dngos po kun gyi rang bzhin）：言所有事物的自性体。
⑪ 郭译（第2页）注：清净涅槃（dag pa zhi）：言事物的本体性，是清净寂灭的；其相也是寂静的。

难证难观①利自他，周遍无相离分别②，
诸佛唯一无二身③，无等乐身④前顶礼！⑤

一 众敬王的世系阶段

如此用梵、藏两种语言在本书开篇礼赞⑥佛的四身⑦之后，我首先要讲述我们的导师（释迦牟尼佛祖）之世系。正如佛教经典《阿含经》⑧所载：佛祖住于迦毗罗蟠窣都⑨时，释迦族人曾会商如是问题："诸释迦族出生于何处？""最初是何者？""往昔的世系为何世系？"经典中曰："我们可以去问佛祖。"于是问之于佛祖。佛祖思量，假若他说出释迦世系，诸外道会说他自我褒扬所知。遂决定让大目犍连⑩展示才华讲述释迦世系，就对后者说："大目犍连，因我背疼，需要休养，由你来无畏地著述释迦往昔之世系吧。"大目犍连默然受命。佛祖折叠好祖衣，以高处为枕而卧。于是大目犍连入目睹往昔释迦世

---

① 郭译（第2页）注：难证难观（rtogs par dkar zhing rnam par dpyad dgav）：言四身中的"自性身"（即自性法身），是难以证知和难以观察的。
② 郭译（第2页）注：周遍无相离分别（khyab cing mtshan med rnas rtog）：言自性身是周遍自他一切有情能作利益，但它是无实有相；而且远离分别思想。
③ 郭译（第2页）注：唯一无二身（bral ba gcig buvi sku）：言自性身本体中，虽有报、化身作用和现相，如水注水，它仍不见有异体，仍是唯一无二的自性身。
④ 郭译（第2页）注：无等乐身（me mnyam mnyam pa nye sku）：言住在自性法身中，不是没有作用，而是有无等大乐受用的体性身。
⑤ 据罗译（第2页）注：整段赞文之藏译文可见于布顿大师的《布顿全集》（Bu ston gSung vbum）第3卷（ga函），叶46a。译文与管译师（vgos lo tsa ba）的一致。
⑥ 此即"书首礼赞"（mchod par brjod nas）：著作正文前对佛陀、菩萨和世间天神所作礼拜赞美之词。见《藏汉大辞典》，第855页"书首礼赞"（mchod brjod pa）条。
⑦ 四身（sku bzhi）：佛所具备的自性身（ngo bo nyid sku）、智慧法身（ye shes chos sku）、受用报身（longs sku）和变化身（sprul sku）。参阅《藏汉大辞典》，第124页。
⑧ 罗译（第3页第3~4行）行间注：Vinaya（纳塘版《甘珠尔》之 vdul ba，第三卷（Ga 函），叶420b）。
⑨ 迦毗罗蟠窣都（Kapilavastu）：古印度一城名，又译淡黄基城。参阅《东噶藏学大辞典》，第2060页。
⑩ 大目犍连（moodagala；梵：Maudgalyàyana）：释迦牟尼十大声闻弟子之一，在二胜中神通第一。参见《佛学词典》，第638页。

系之定①，入定而起，安坐于所铺设的垫子上对诸释迦说："当这世界毁灭之时，有情众生大多投胎到光音天界②，形成初劫③。"继而详述释迦世系，从宇宙起源到最初之国王的出现。众敬王④时，所有诸人名之有情众生（sems can；梵：sattva）。众敬王之子妙光王（vod mdzes；梵：Roca）之时，把人称之为过来或近者⑤。妙光之子名为善德王（dge ba；梵：Kalyāna），彼时把人称为黡子（rme ba can；梵：Prsata）⑥。善德王之子名为圣善（dge mchog；梵：Vara kalyāna），彼时把人称为云项（sprin mgrin；梵：meghagriva）。圣善王之子名为长净圣（gso sbyong vphags；梵：Uposadha），彼时把人称为多罗腿（tā lavi rkang；梵：Tālajaïgha）⑦。长净王的头顶长出个肉胰子，里面出生了自乳（nga las nu；梵：Māndhātr）。自乳王时，把人称为意生（yid las skyes；梵：Mānavas）。以上六王时，人的寿命为无量岁⑧。自乳王右大腿上长出个肉胰子，里面出生了转轮美妙王（mdzes pa；梵：Cāru）。转轮美妙王左大腿上长出个肉胰子，里面出生了转轮近妙王（nye mdzes；梵：Upacāru）。转轮近妙王右脚上长出个肉胰子，里面出生了转轮具美王（mdzes ldan；梵：Cārumant）。转轮具美王左脚上长出个肉胰子，里面出生了具近妙王（nye mdzes ldan te；梵：Upacàrumant）。以上四王是四洲⑨中各属统治一洲的转轮王。⑩【第一

---

① 定（ting nge vdzin）：等持。梵音译作三摩地，略作三昧。于所观察事或于所缘，一心安住稳定不移的心所有法。参阅《藏汉大辞典》，第1027页。
② 光音天界（vod gsal；梵：àbhàsvara）：二禅天之上层。生于此中诸天，所发光明，照耀其他天处，故名光音，亦称极光净。参阅《藏汉大辞典》，第2534～2535页。
③ 初劫（bskal pa dang po）：劫初。情器世间初成不久的年代。见《藏汉大辞典》，第179页。详见《红史》，第124～125页。
④ 众敬王（rgyal po mang pos bkur ba；梵：Mahāsammata）：正量王。群伦共许、大众尊敬之王。梵音译作三末多王。佛书说劫初人间君王，系由大众爱戴拥立，奉为准则，故名。参见《藏汉大辞典》，第552页。
⑤ 罗译（第3页倒数第6～5行）行间注：āgaccha, tshur shog, 阪木（Sakaki）编《翻译名义大集》，第6648条。又：阪木（Sakaki）者，著名佛学家，日本京都帝国大学教授。
⑥ 此处郭译（第2页）为"具梦"。
⑦ 此处郭译（第2页）为"多罗树根"。又：以上五王称为成劫五王。
⑧ 此处罗译（第4页第4～5行）为"100000000000000000000000000000岁"。
⑨ 四洲（gling bzhi）：四大洲。佛书所说位于须弥山四方大海中的大陆：东胜身洲、南赡部洲、西牛货洲和北俱卢洲。见《藏汉大辞典》，第424页。详见《红史》，第124页。
⑩ "以上四王是四洲中各属统治一洲的轮转王。"（De bzhi ni gling bzhi nas gcig gi bar la dbang bavi vkhor los sgyur rgyal lo/）一句在罗列赫英译文中无。

位伟大的转轮王（cakravarti rāja）① 统治四个大洲，第二位统治三个大洲，第三位统治两个大洲，第四位统治一个大洲。】② 具近妙王之子贤善王（bzang po；梵：Bhadra）至普光王（kun nas vod zer；梵：Samantaprabha）之间，能说出名字的有三十个。普光王后裔中有国王整整一百人（治国），均出生于普陀洛迦③。其中最后一位国王称灭敌王（dgra vdul；梵：Satrujit）④，其后裔有国王五万四千个（治国），都出生在敌军无法进攻之城。其中最后一位国王为胜中胜王（rgyal ba las rgyal po；梵：Vijaya）⑤，其后裔有国王六万三千个（治国），都出生于哇惹纳色⑥。其中最后一位国王为难忍（bzod dkav；梵：Dusyanta），其后裔有国王八万四千个（治国），都出生于嘎毗拉城⑦。其中最后一位国王为梵佑（tshangs byin；梵：Brahmadatta），其后裔有国王三万两千个（治国），都出生于大象城（glang po chevi grong；梵：

---

① 转轮王，梵曰斫迦罗代棘底曷罗闍 Cakravarti raja，又作遮迦越罗、转轮圣王、转轮圣帝、转轮王、轮王。此王身具三十二相，即位时，由天感得轮宝，转其轮宝，而降伏四方，故曰转轮王。又飞行空中，故曰飞行皇帝。在增劫，人寿至二万岁以上，则出世，在灭劫，人寿自无量岁至八万岁时乃出世。其轮宝有金银铜铁四种。如其次第领四三二一之大洲，即金轮王为四洲，银轮王为东西南之三洲，铜轮王为东南之二洲，铁轮王为南阎浮提之一洲也。《俱舍论》十二曰："从此洲人寿无量岁乃至八万岁，有转轮王生。灭八万时有情富乐寿量损减众恶渐盛，非大人器，故无轮王。此王由轮旋转应导，威伏一切，名转轮王。施设足中说有四种，金银铜铁轮应别故，如其次第。胜上中下逆次能王，领一二三四洲。（中略）《契经》云：'若王生在刹帝利种绍洒顶位，于十五日受斋戒时，沐浴首身，受胜斋戒，升高台殿，臣僚辅佐。东方忽有金轮宝现，其轮千辐，具足毂辋，众相圆净功巧匠成，舒妙光明来应王所，此王定是金轮王。余转轮王应知亦尔。'《智度论》四曰：'问曰：转轮圣王有三十二相，菩萨亦有三十二相，有何差别？答曰：菩萨相者有七事胜转轮圣王。菩萨相者：一净好，二分明，三不失处，四具足，五深入，六随智慧行不随世间，七随远离。转轮圣王相不尔'。"请参阅《佛光大辞典》，第6624页。
② 【】里的内容罗译（第4页第12~14行）有，但我们所据的藏文版（四川民族出版社1986年铅印本）里无。
③ 普陀洛迦（gru vdzin）：也称为普陀，是观世音菩萨圣地之一。见《藏汉大辞典》，第402页。罗列赫此处译（第4页第17~18行）为"有一百国王统治普陀拉国"（there were a hundred kings ruling the country of Potala (gru vdzin)）。以下相应处译文类似。
④ 此处藏文版误印为 dgra bngul。又罗译（第4页）注："（梵文）或为 Arindama"。
⑤ 此处罗列赫藏文转写误为 rgyal ba las rgyal ba（第4页）。
⑥ 哇惹纳色（ba ra ni ser；梵：Vàrànasi）：也称波罗奈斯，印度恒河流域和奈斯河间一城市之名。汉译为江绕城。释迦牟尼成道后，于此城东北十余里之鹿野苑为五比丘初转四谛法轮之处。见《佛学词典》，第696页。
⑦ 嘎毗拉城（ka bi lavi grong；梵：Kapilavastu）：《新红史》（第82页）认为：也称金毗罗城，此城在今尼泊尔南部白塔瓦尔洲。

Hsatinàpura)。【其中最后一位国王为象佑（glang pas byin；梵：Nàgadatta），其后裔有国王五千人（治国），都出生于安石城（Taksasīlà）中。】① 其中最后一位国王为杜鹃王（bal bu can；梵：Romaputrin）②，其后裔有国王三万两千个（治国），都出生于胸卧城（brang gis nyal；梵：Urasà）。其中最后一位国王为大力士灭（tshan po che vdul；梵：Nagnajit），其后裔有国王三万两千个，出生于未胜中得胜城（grong khyer ma rgyal ba las rgyal ba；梵：Ajita）。其中最后一位国王为帝释天（brgya byin；梵：Kauśika），其后裔有国王三万两千个，都出生于嘎纳雅古拜咋城（grong kher ka na kub dzar；梵：Kànyakubja）③。其中最后一位国王为胜安（rgyal bde；梵：Jayasena），其后裔有国王一万八千个，都出生于瞻波城④。其中最后一位国王为龙天（kluvi lha；梵：Nàgadeva），其后裔有国王两万五千个，都出生于多罗城（Tā lavi phreng；梵：Tàlamàla）⑤。其中最后一位国王为人天（mivi lha；梵：Naradeva），其后裔有国王一万两千个，都出生于惹玛里城（ra ma li；梵：Ràmali 也称多摩粟抵城或罗摩利城）⑥。其中最后一位国王为海天（rgya mtshovi lha；梵：Samudradeva），其后裔有国王一万八千⑦个，出生于象牙城（ba sovi grong；梵：Dantapura）。其中最后一位国王为智贤（blo gros bzang po；梵：Sumati），其后裔有

---

① 【】里的内容郭和卿汉译本和罗列赫英译本均有，但藏文本阙。之所以如此，大概是所据版本不同之故。也许译者所据四川民族出版社藏文铅印版漏掉了这样一句：Tha ma glang pas byin no/ devi bu brgyud la rgyal po lnga stong Taksasīlà du byung ste/
② 此处郭译（第3页）为"泊金王（有胡桃王）"。又，罗注：S. K. Chatterji 博士认为是 Bàlaputrin，其中 Bàla 系晚期印度雅利安语中 Roman 的对应词。其中 Chatterji 者，乃当代印度哲学家辛尼提·库马尔·查特吉（Siniti Kunar Chatterji），著有《世界文学与泰戈尔》（World Literature and Tagore, 1871）、《印度—雅利安语和北印度语》（Indo Aryan and Hindi, 1960）等。
③ 此城也称为曲女城或妙女城。《新红史》（第82页）认为：此城居于印度。今印度联合省坎诺吉。郭译（第3页）"嘎纳雅古坝乍城"。
④ 此处郭译（第3页）为"八千万"，藏文为"khri brgyad stong"。瞻波城（grong khyer tsampa；梵：Campà），《新红史》（第82页）认为：此城为鸯伽国的都城，此国在摩揭陀国王舍城之东。
⑤ 罗译（第5页）注：（梵文）或为 Tàlahàra。
⑥ 此句里郭译（第3页）为"二千万"，藏文为"khri nyis stong"。惹玛里城也称多摩粟抵城或罗摩利城。
⑦ 此处郭译（第3页）为"八千万"，藏文为"khri brgyad stong"。

国王二万五千个，都出生于王舍城①。其中最后一位国王为除暗（mun sel；梵：Marīce），其后裔有国王二万，都出生于哇惹纳色（ba ra nà si；梵：Vàrànasī）。其中最后一位国王为大自在之群（dbang phyug chen povi sde；梵：Maheśvarasena），其王后裔有国王八万四千个，都出生于俱尸城②。其中最后一位国王为海之群（rgya mtshovi sde；梵：Samudrasena），其后裔有国王一千个，都出生于普陀洛伽城。最后一位国王为苦修行（dkav thub spyod；梵：Tapaskara），其后裔有国王八万四千个（治国），都出生于俱尸城。其中最后一位国王为土之面（savi gdong；梵：Dharanīmukha），其后裔有国王十万个，都出生于哇惹纳色。【其中最后一位国王为土之主（savi bdag po），其后裔有国王十万个，都出生于敌军无法进攻之城。其中最后一位国王为地持（sa vdzin），其后裔有国王八万四千个，都出生于弥耻罗城（mi thi la）。】③其中最后一位国王为大天（lha chen po；梵：Mahàdeva），其后裔有国王八万四千个，都出生于弥耻罗城。其中最后一位国王为周边（mu khyud；梵：Nemi 或 Nimi），其后裔有国王能说出名的有四十九个，其最后一位国王为坚车（shing rta sra ba；梵：Rathasàra），坚车王后裔有国王七万七千个（治国），都出生于普照城（kun snang；梵：Samantàloka）④。最后一位国王为天空之主（nam mkhavi bdag po；梵：Gaganapati），其子为龙（klu）并护（skyong）⑤，其后裔有国王一百人出生于哇惹纳色。其中最后一位国王为讫栗亟枳（krī kri；梵：Krkin）⑥，讫栗亟枳王师从饮光佛（vod srong；梵：Kàśyapa）⑦，发菩

---

① 王舍城（rgyal povi khab；梵：Ràjagrha）：《新红史》（第82～83页）认为，是摩揭陀国都城，即今印度比哈尔邦底赖雅。
② 俱尸城（rtsra can；梵：Kuśanagara），也称俱尸那城，此城为末罗国都城，系释迦牟尼逝世处，为印度六大圣地之一，约在今印度联合省之迦夏。见《新红史》，第83页。
③ 【】内的内容罗译（第5页第20行）漏或者其所据版本原文残缺。
④ 普照城，也称善议城。
⑤ 此处藏文为 klu mnyam skyong（龙和护）。郭译（第4页）和罗译（第5页倒数第10行）均为"龙护"（klu~skyong；梵：Nàgapàla）。
⑥ 此处郭译（第4页）为"赤根"，与梵文音同。
⑦ 饮光佛：梵音译作迦叶波佛。略作迦叶。为过去七佛的第六佛。《长阿含经》卷一中说，他在现在劫中出世，举行过一次说法集会，有弟子二万参加，上首弟子是提舍与婆罗婆。传说是释迦牟尼前世之师，曾预言迦将来必定成佛，其塑像骑一狮子。见《佛学词典》，第736页。

提心①而再生于喜足天（dgav ldan；梵：Tusita）②。其子为善生（legs skyes；梵：Sujàta），善生王后裔有国王一百个（治国），出生与普陀洛伽城。其中最后一位国王为具耳（rna ba can；梵：Karnika），具耳王有二子乔答摩（goo ta ma；梵：Gautama）③和跋黎堕阇（bha ra dhwa dza；梵：Bharadvàja）。乔答摩的心愿是出家为僧，并告知父亲且得到许可，便在黑色仙人（mdog nag po；梵：Asita）前出家为僧，并对其师傅说："不能靠寺中膳食为生，而愿居于城郊。"④ 得到许可，便用树叶盖一茅棚，居于郊外。那时，狡诈之人莲花本枝⑤为了与妓女桑姆享受淫乐而把服饰赠送给了她。而另一嫖客佩带五百贝那⑥来到娼妓桑姆处，桑姆使女仆去（告知）莲花本枝处（没有时间见面），尔后与来人享受淫乐。嫖客走后桑姆又派女仆去（莲花本枝处）说，（现）有时间（会面）。（莲花本枝）问她："一会儿说有时间，一会儿又说没有时间？！"（女仆说）："这个女孩是不容你接触而说没有时间，可她穿着你赠送的服饰在与他人享受淫乐。"这使莲花本枝无法忍受而说道："去让她到某花园来。"女仆告诉她，她到了花园，莲花本枝说："你用（穿）着我的服饰而与其他男人享受淫乐合适吗？"桑姆答道："这是我的罪过，请宽恕我吧！"但莲花本枝杀死了她。这时女仆高喊自己的女主人被杀了，人们闻声而至围观。莲花本枝由于惊慌，把带血之剑置于乔答摩处后，便混入人群之中。人们看到带血之剑后说："这个僧人杀死了桑姆。"（并质问他：）"你这个僧人，带着仙人法幢怎能做出这等事呢？""（我）做啥了？""就是这个（罪恶）。"乔答摩平息辱骂并说："我不会做这种恶事。"但谁也不听他辩解。当即将其双手反绑起来送到国王面前说："他不但与桑姆淫

---

① 郭译注（第4页）：发菩提心（sems bskyed）：简约说即发为利一切有情（众生）而愿成佛的心。又请详见《红史》，第126页。
② 喜足天（dgav ldan），梵音译作睹史多天，旧译兜率天。六欲天之一。妙欲资具胜于以下诸天，身心安适，且喜具足大乘法乐，故名喜足。参阅《藏汉大辞典》，第437～438页。
③ 乔答摩，瞿昙氏，意为最胜。释迦牟尼之先祖，是释迦牟尼的氏族名。
④ 此城指普陀洛伽城。
⑤ 关于莲花本枝（pad mavi rtsa lag；梵：Mrnàla），请参阅纳塘版《甘珠尔》vgul ba，第3卷（ba函），叶1a。关于乔答摩的故事，在《莲花遗教》（pad mavi bkav thang）叶33a有详述。也请参阅《拉达克王统世系》（La dwags rgyal rabs）；弗兰克（A. H. Franke）的 *Antiquities of Indian Tibet*, II, 第25、72页。柔克义（Rockhill）的 *The Life of Buddha*, 第10页。罗列赫英译本第6页注。
⑥ 贝那，应是古印度的货币单位。

乐，而且还把她杀了。"① 国王也不知真伪，只好让他受弗戈②之刑。依国王之命而受刑。那时，黑色仙人没有见到他。因而寻找，（黑色仙人）见他受弗戈之刑就问道："徒儿，这是何故？"（答曰：）"是业力。"问："没有排除伤痛吗？"答曰："虽然身之伤痛排除了，但没有排除心之伤痛。"问："如何能知？"答曰："真言使我的身之伤痛排除而不是心之伤痛的话，师父您的皮肤会变成金黄色。"③刚说完，黑色仙人的皮肤就变成金黄色了，于是便信任他。乔答摩问师："我趣为何？我属何种生？"（师）曰："徒儿，婆罗门有无子者无趣之说，你观察过你尚能生育否？"（乔答摩）曰："我少年时就出家为僧，对女性不了解，我怎么观察呢？"（师）曰："徒儿，回忆你以前（前世）的淫乐吧！"（乔答摩）曰："由于身受伤苦怎能回忆呢？"于是，仙人降神通之大风雨，雨点滴落在乔答摩身上，和风习习吹在乔答摩身上而使其痛苦降低，于是乔答摩回忆起以前（前世）的淫乐而产生淫念，并滴下两颗混合有血的精子。它们变成两个卵，经日光照耀，使之成熟而破，生两婴儿，他们待在附近的甘蔗林里了。乔答摩由于受到日光照射而热死。仙人又到附近细察，见到卵壳，于是寻觅，便在甘蔗林里见到两个婴儿，知道是乔答摩之子后，带到自己的住处用乳食来抚养。因为是太阳光的照射而成熟便称日种（nyi ma rigs；梵：Sūryavaṃśa）；因为是乔答摩之子便姓乔答摩；因为是乔答摩自己的肢体下生长的便称为肢体生（yan lag skyes；梵：âïgirasas），因为是在甘蔗林中找到便叫甘蔗族（bu ram shing pa；梵：Ikṣvàku）。同一时间里，国王跋黎堕阇无子而逝，大臣们商议王位传承给谁时，都认为应该是国王之长兄。于是他们到仙人前问乔答摩的行踪。仙人曰："是你们杀了他。"（众人曰）："我们见过他的事都想不起来了，

---

① 此句郭译（第5页）无。此外，这部分本书译文严格译自藏文版，故与郭译有许多细微差异。

② 弗戈（gsal shing）：贯穿人肛门至顶门的利戈，古代酷刑之一。见《藏汉大辞典》，第3012页。

③ 此处郭译（第5页）为：问"身创惨痛么？"答"身创而实非我心所作。"师说："这如何能知呢？！"乔答摩发誓说："若实非我心所作而身受此惨苦！誓愿吾师黑色皮肤立变金色。"罗译（第7页第9～14行）："Did you not transgress your vows?" asked the sage. (Gautama replied): "The body is injured, but not the mind". "How can I believe this?" exclaimed the sage. (Gautama said): "Through the following oath: If my body only was injured, and not the mind, then let the skin of the upàdhyàya turn into the golden colour!" 请参校。

怎么可能杀他呢？"曰："请你们想一想。"于是便详述了事情的前因后果。众人曰："我们连这样的罪名都未听说过！"仙人曰："算了，他犯了什么罪呢？"众人语塞："这！"仙人给他们详述了乔答摩无罪被杀的原因，（这时）两个小孩子来了。（众人）便问："他们是谁的儿子？"答曰："是他（乔答摩）的儿子。"此情此景，众人很是惊讶，便带走两个孩子并立哥哥为王。但哥哥无子而死，弟弟继承王位并称为甘蔗族王，其后裔有国王一百人（治国），都出生于普陀洛伽城。其中最后一位国王为甘蔗族增长天王①，其有四子是流星面（也称炬面）（skar mdav gdong；梵：Ulkàmukha）、手耳（lag rna；梵：Karakarnaka）、调（大）象（glang po che vdul；梵：Hasti niyamsa）、足环者（rkang gdub can；梵：Nūpura。也称为脚镯）②。

有段时间，增长天王之圣贤王后（btsun mo dam pa）③ 去世，故其极度悲伤。大臣们问其原因，国王细述悲情。（大臣们）请求曰："另聘王后吧。"问曰："这些少年王子啊都贪恋继位，谁愿把女儿嫁给我呢？【因为我将不能使她的儿子继承王位】。"④（大臣们）答曰："我们将四处寻觅。"过了一段时间，他们发现他国国王有位天生丽质、亭亭玉立的公主，于是到国王座前祝贺吉祥！（国王）问："有何事所求？"答曰："甘蔗族增长天（圣生）王的圣贤王后去世，我们来向公主求婚的。"王曰："许婚可以，但事前必须立誓——倘若我的女儿生子，就必须让她的儿子继承王位。如能答应这一条件，朕即许婚。"答曰："就这么办吧！"大臣们向甘蔗增长天（圣生）王禀明情况后，国王说："怎能废长而立幼为王呢？"答曰："这事也说不好，一来婚后不一定能生育，二来生男生女也不一定。"（于是）便娶公主为妃，婚后生下一王子。因降生前就贪求国政，故名为喜国政（rgyal srid dgav；梵：Rājyananda）。王子长大之后，没有得到国政（立为太子），其舅舅闻讯后，便用粗暴语言致函（国王）斥责曰："你最好履行从前的誓言，否则，拉开你的军队等着吧！至于我呢，将会来毁灭你的家园。"王曰："如何才能给这小王子让位使之得到

---

① 甘蔗族增长天王，《新红史》（第84页）认为，也称为甘遮军将王，此王有四大夫人，各生一男一女，则共四男四女。增长天（vphags skyes），也称圣生，梵文为Virūdhaka。罗译中此词的藏文转写为vphags-skyes 的全称 vphags-pa skyes-po（见第8页），可见罗译所用藏文版本不同。

② 《新红史》（第84页）认为，此四子又依次分别称作："一名优牟法，二名金色，三名似白象，四名足罂。并称此四子之父为不善长王。"

③ 郭译（第6页）为"王妃丹巴"；罗译（第8页倒数第4行）为："chief queen"。

④ 【 】里的内容据罗译（第9页第2~3行）补。

政权呢？废长立幼是不妥的呀！"大臣们答曰："但是那国王的势力是很强盛的，因此，政权传给小王子，把其他王子流放出去。"王曰："但是他们没有犯罪如何流放？"大臣们答曰"我们是忠臣，因此，为王事着想，无罪者（该流放）也只得流放，有罪者（该留下）也只得留下。"①国王沉默无语。片刻之后，大臣便商议如何使国王心中讨厌那些少年王子的计策。于是他们把园林清扫干净，画上各种各样的图画、摆上各种各样的玩具。出门后，少年王子们就问："这是谁的园林？"答："是国王的。"（王子们）又道："那你们回去吧！"于是，他们便到林子里游玩。大臣们迎请国王来到此处，听到吵闹声，国王便问哪来的声音？（大臣们）答曰："是诸王子在喧哗。"国王说："我要除掉诸王子！"大臣们说："恳请国王不要除掉他们，还是流放他们吧！"国王许可。把王子们流放时，少年们在国王前顶足恳请道："若我等愿与属下人一起的话，希望陛下恩准勿阻。"国王许可。然后他们高高兴兴地与属下人一起上路，七个昼夜打开了普陀洛伽城的大门，让民众出去了。大臣们说："如果再不关闭城门，普陀洛伽城就会成空城，把城门关闭！"于是关了城门。然后他们领着各自的姐妹到远处的大雪山及附近河流——恒河②边的淡黄仙人③住处，用树叶就近搭盖棚屋为家，以狩猎为生。他们每日三时都要去淡黄仙人处。由于他们正处于青春发育旺盛而又无满足欲望的对象，看上去面黄肌瘦。淡黄仙人问其原因何在。答曰："因为不能与各自的姊妹同住。"（仙人）曰："亲近异母之妹吧！"问："能吗？"答曰："无王种及王政者能。"他们想淡黄仙人的话是符合逻辑的。他们就与异母之妹婚配而生下许多子女，使（家族）发展壮大起来。禅定之敌为声音，因此，（人多了）淡黄仙人无法获得心一境性④。淡黄仙人意识到此便（对众人）说：

---

① 此句藏文为 "bdag cig ni blon po lags pas lhavi don sems shing nyes pa med pavang…spyug/yod pavang vjog go/" 郭译（第 7 页）为："我们都是臣僚，以此想到于王事有利，虽无罪也须放逐；有此小王也须安立。" 罗译（第 9 页倒数第 4～2 行）为："We being ministers, keep in our minds the royal interests only. We used to expel innocent people, and overlooked those who had committed crimes."

② 恒河，原文中作格丹香达河（skal ldan shing rta），为恒河名字藻词。可参考《红史》，第 125～126 页。

③ 淡黄仙人（drang srong ser skya；梵：Kapila），古印度一具五种神通蓄发淡黄的仙人名。见《藏汉大辞典》，第 1321 页。又，罗译给出的藏文多一个前加字：gsar skya。又请参阅弗兰克（A. H. Franke）的 *Antiquities of Indian Tibet*, II, 第 73ff 页。柔克义（Rockhill）的 *The Life of Buddha*, 第 11 页。

④ 心一境性（sems rtse gcig pa），就是一心专注于所缘境，不另弛散。见《藏汉大辞典》，第 2946 页。

"我要走了！"众人问："为何？"仙人说了如此这般之故！众人说："您还是留下吧。我们另去他方！请示该往何方。"淡黄仙人便拿出黄金的鹅颈壶①，用水流画出了城的形状。然后让他们开始依次修建城郭，为此名为淡黄基城（ser skyevi gzhi；梵：Kapilavastu）。在那里他们逐渐繁衍发展，但因地域狭小而得不到很好的发展。天知道他们的心事，为之指明了另一方向。在那里他们修筑城郭，名为天指城（lhas bstan；梵：Devadhā）。他们聚会时宣布："我们已在流放的同一种姓中娶妻，谁也不能在同一种姓中娶妾，一妻便要知足。"这个时候，增长天（圣生）王思念自己的诸王子了。问："他们现在哪里？"大臣详细禀报诸王子情况后，国王说："王子们敢与自己的姊妹同居？是有能耐！啊，少年们真是敢！"由于大权者称其"敢"，尔后便以"敢"——即"释迦"（Śakyas）称之。后来，增长天（圣生）王驾崩而把国政传给了喜国政，后者死时无子嗣，然后王位相继传给了流星面（也称炬面）、手耳、调（大）象，俱无子而死。足环者（也称为脚镯）即位，其子为安住王（gnas vjog；梵：Vasistha），安住王之子为地室王（sa khyim；梵：Guha），其后裔有国王五万五千个，都出生于淡黄基城（也称迦毗罗城）。最后能依次说出名字的有十车王（shing rta bcu；梵：Daśaratha）等十二国王。其中最后一位乃圣弓王（gzhu brtan；梵：Dhanuh sthira），其有二子为狮子颊（seng gevi vgram；梵：Simhahanu）和狮子吼（seng ge sgra；梵：Simhanāda）。狮子颊是在赡部洲（vdzam buvi gling；梵：Jambudvīpa）上带弓箭者之最，其有四子②：净饭（zas gtsang；梵：Suddhodana）、白饭（zas dkar；梵：Suklodana）、斛饭（drevo zas；梵：Dronadana）和甘露饭（bdud rtsi zas；梵：Amrtodana）；又有净女（gtsang ma；梵：Suddhà）、白女（dkar mo；梵：Suklà）、斛女（drevo ma；梵：Dronà）和甘露女（bdud rtsi ma；梵：Amrtà）四女。净饭王有长子佛世尊（mcom ldan vdas）及其弟难陀（dgav bo；梵：Nanda）③。白饭王有子为胜者（rgyal ba；梵：Jina）和具善王（rgyal po bzang ldan 梵：Ràjabhadrika）。斛饭王有（子）大名（ming chen；梵：Mahànaman）、无阻（ma vgags pa④；梵：Anuruddha）。甘露饭

---

① 鹅颈壶（bya ma bum），为出家人掬漱口水所用的一种长颈水壶。见《藏汉大辞典》，第1863~1864页。
② 罗译（第12页）注：Mahàvamsa, Geiger 编，第14、20页。
③ dkav bo，忻乐，喜、欢喜。梵音译作难陀。释迦牟尼弟子中六大比丘之一。参阅《藏汉大辞典》，第441页。
④ 罗译（第12页）藏文转写为 ma-vgag-pa。似应为 ma vgags pa。

王有（子）阿难尊者（kun dgav bo①；梵：ânanda）和提婆达多（lha spyin；梵：Devadatta）。净女有子，名为善净（legs pa rab sad；梵：Suprabuddha）；白女之子，名为具鬘（phreng ba can；梵：Màlīka）；斛女之子，名取善（bzang len；梵：Sulabha）。甘露女之子，名增善（dge vphel；梵：Vaiśālya)②。佛世尊之子，名罗睺罗（sgra gcan zin；梵：Rāhula）。到此众敬后裔传承已尽，其中净饭王以上共有1201514③位国王。

《世间施设论》（vjig rten grags pa；梵：Lokaprajñapti）④ 中说："众敬之子为妙光，妙光之子为善德，善德之子为圣善王，圣善王之子为长净圣，长净圣之子为顶生（spyi bo skyes⑤；梵：Mūrdhaja）。顶生王统一四洲。顶生之子美妙统属三洲，美妙之子近妙统属两洲，近妙之子有美（mdzes can；梵：Caruka）统属一洲，有美之子具美（mdzes ldan；梵：Càrumant）也统属一洲。⑥ 具美以下的轮转王都只统属一洲。具美之子舍弃（ltang ba；梵：Muci）。舍弃王之子双舍（ltang zung；梵：Mucilinda）。双舍王子侠姑内（sha ku ni；梵：Sakuni），往下依次是大侠姑内（sha ku ni chen po；梵：Mahāsakuni）、姑希（ku shi；梵：Kuśa）、近姑希（nye bavi ku shi；梵：Upakuśa）、大姑希（ku shi chen po；梵：Mahākuśa）、善见（legs mthong；梵：Sudarśana）、大善见（legs mthong chen po；梵：Mahāsudarśana）、除害（gnod sel；梵：Vàmaka）、金色（gser mdog；梵：Suvarna）、具缘（skal ldan；梵：Bhāgin）、离恶（ngan spong；梵：Bhrgu）、须弥山（lhun po；梵：Meru）、定走（nges vgro；梵：Nyaïku）、扬声（rab du sgra grags；梵：Pranāda）、大扬声（rab du sgra grags chen po；梵：Māhapranāda）、行乐（bde byed；梵：Śaïkara）、方主（phyogs bdag；梵：Diśāmpati）、善尘（rdul bzang；梵：Surenu）、能宏（rgyas

---

① 又译庆喜。参阅《藏汉大辞典》，第16页；庆喜，梵音译作阿难陀，略作阿难。释迦牟尼十大弟子之中，为多闻第一、第二代付法藏师，第一结集时诵经之上座及佛说医明四续时内侍弟子之一。
② 罗注：dpag bsam vkhrid shing，叶213a。（第12页）
③ 此处数字藏文 "chig vbum nyi khri chig stong lnga bcu bzhi"（第31页）。郭译 "一百二十一万五千一百一十四"（第9页）；罗译："1121514"（第12页）。
④ 罗译文间注：《丹珠尔》，Mngon pa，No. 4048。对此又加脚注：德·拉·瓦累·普散（de La Vallee Poussin）："佛教"（Bouddhisme），载 Etudes et Materiaux, II（Bruxeloes，1919），第320ff页。（第12页）
⑤ 罗译（第12页）藏文转写为 "spyi-ba nas-skyes"。（倒数第8行）
⑥ 此处与上文所述有所不同，上文说近妙之子为具美，而此处说近妙之子为有美，而具美则为近妙之孙也。

byed；梵：Bharata，能广）、大天（lha chen po；梵：Mahādeva）等王。其后裔有八万四千人，均杂居于城中治理国政。其后次第为周遍（mu khyud；梵：Nemi）、胜者（rgyal ba po；梵：Jayaka）、须弥山、作怖车（vjigs byed shing rta；梵：Bhīmaratha）、百车（shing rta brgya pa；梵：Śararatha）、十车（shing rta bcu pa；梵：Daśaratha）等王。（十车）之后乃有持五王（lnga len gyi rgyal po①；梵：Pañcāla）五千位；之后乃有嘎陵嘎王（Kaliṅga kings）五千位；之后乃有阿哈玛嘎王（Aśmaka kings）七千位；之后乃有胜处②王（Kaurava kings）八千位；之后乃有有福王（thod pa can gyi rgyal po；梵：Kapāla kings）九千位；之后乃有歌曲王（glu dbyangs kyi rgyal po③；梵：Geyarājas）一万位；之后有乃摩揭陀王（Magadha）一万一千位④；之后乃有达玛里巴王（Tāmralipti kings）一万五千位⑤。甘蔗族呢，其后裔有国王一千一百位，之后为增长天（圣生）王，其子为流星面（也称炬面）、手耳、调（大）象和足环（也称为脚镯）四子⑥。足环之子为足环足（rkang gdub can zhabs；梵：Nūpurapāda，也称为脚镯脚）。足环足王之子为处灭（gnas vjig⑦；梵：Vasiṣṭha）。处灭王之子牛处（ba lang gnas；梵：Goṣṭha）。牛处王之子为狮子颊（seng ge vgram；梵：Siṃhahanu）。狮子颊王有子净饭、白饭、斛饭、甘露饭。净饭之子为佛世尊。其子为罗睺罗。这是《阿毗达摩集论》⑧中选的国王世系，而有些内容也出自诸圣人论著中所述。从众敬王到净饭王，共有国王155149 人。"

《世间施设论》中还说："律经中所说的王朝世系如是：众敬、妙光、善德、圣善、长净圣、自乳、美妙、近妙、有美、具美、能宏（能广）、

---

① 此处译者所据四川民族出版社铅印本藏文为"lnga vdzin gyi rgyal po"，恐误。
② 胜处（sgra mi snyen），1. 梵音译作俱卢洲，也称拘卢洲。四大洲之一，在妙高（须弥）山北方海中。2. 恶音洲，亦作有胜边洲，梵音译作矩拉婆洲，八中洲之一，在北俱卢州之东边海中。见《藏汉大辞典》，第608页。
③ 罗译（第13页）注：《翻译名义大集》，第3592条。
④ 此处郭译（第10页）"一千万"。藏文原文为 khri chig stong。
⑤ 此处郭译（第10页）"五千万"。藏文原文为 khri lnga stong。
⑥ 此处增长天（圣生）王之四子次第藏文为：bzhin vbar, lag rna can, glu chen vdul, rkang gdub can；上文为：skar mdav gdong, lag rna, glang po che vdul, rkang gdub can。请比较。
⑦ 罗译（第13页）正文此词转写为 gnas-vjug，但在同页注12又说：藏文叶8a拼写为 gnas vjig。
⑧ 《阿毗达摩集论》：也称对法，梵文译作阿毗达磨。一切净慧及其随行，并诸证此之间思慧。论此之诸典籍，及以阐述增长慧学为主之诸经疏，总名对法，对向诸法，议论抉择故。见《藏汉佛学词典》，第457页。

贪著（srid pa；梵：Bhàva）、非贪著（mi srid；梵：Abhàva）①、舍弃、双舍、身粗（lus thub；梵：Tanujit）、金色、离恶、豪华车（shing rta sdu gu can；梵：Jagadaratha）、具毒（dug can；梵：Sagara）、大具毒（dug can chen po；梵：Mahāsagara）、俠姑内、大俠姑内、姑希、近姑希、大姑希、能宏（能广）②、大能宏（rgyas byed chen po；梵：Mahābharata 大能广）、善见、大善见、除害、近除害（nye bavi gnod sel；梵：Upavàmaka）、孔雀（rma bya；梵：Śikhin）、定走、行乐、极调（rab vdul；梵：Praśànta）、扬声、极具氏（rab gdung ldan；梵：Pradayàlu）③、发光（vod byed；梵：Jyotiśkara）、须弥山④、妙高山（ri rab；梵：Me-ru）、具须弥（lhun po ldan；梵：Merumant）、火焰（me lce；梵：Jvàla）、火焰串（me lcevi phreng；梵：Jvàlàmàlin）、具火焰（me lce ldan；梵：Jvàlin）。具火焰王后裔有国王十万，均在普陀洛伽城执政。其后为灭敌王⑤。灭敌王后裔有国王五万四千位，均在无战争城（vthab med；梵：Ayodhyà）执政。其后为未卸王（ma phebs vbebs；梵：Ajitajit），未卸王后裔有国王六万三千位，均在哇惹纳色执政。其后为难忍王（bzod pa dkav ba；梵：Dusyanta），难忍王后裔国王有一万四千⑥位执政，均出生在持颤城（vdar vdzin；梵：Kàmpīlya）。其后为梵佑王⑦，梵佑王后裔有国王三万两千位，都在大象城（glang chen gnas；梵：Hastinàpura）治国。其后为象佑王，象佑王后裔有国王五千位，都在安石城掌政。其后为杜鹃王（bal pu；梵：Romaputra）⑧，其后裔有国王三万二千位，都在邬侠⑨治国。其后为大量能王（tshan chen thub；梵：Nagnajit），大量能王后裔有国王三万二千位，都在未卸城执政。其后为胜者，胜者王后裔有国王一万二千⑩位，都在嘎纳姑坝乍城（kanya kub dza；梵：Kanyàkubja）掌政。

---

① 此处郭译（第10页）"可能、不可能"。
② 此处"能宏"重复出现。郭译（第10页，分别译为能宏、能广）、罗译（第14页），以及藏文版（第33页）均同。
③ 郭译（第10页）："具善面"。
④ 罗译（第14页）此处无"须弥山"。
⑤ 此句罗译（第14页）漏。
⑥ 此处郭译（第10页）"四千万"。藏文（第34页）phri bzhi stong。
⑦ 此处藏文为 tshangs pa byin（第34页），上文为 tshangs byin。
⑧ 上文杜鹃王藏文为 bal bu can（梵：Romaputrin）。又，郭译（第10页）为"胡桃王"。罗译（第13页）注：Balaputra。
⑨ 此处是梵文 Urasà 的音译藏文 ur shar，藏文意译为胸卧城（brang gis nyal）。参见上文相关内容。
⑩ 此处郭译（第10页）："二千万"，藏文（第34页）：phri nyis stong。

其后为胜群（rgyal bavi sde；梵：Jayasena），胜群王后裔有国王一万八千个，都在涨巴惹城（Campà）治国。其后为龙天（klu lha①；梵：Nāgadeva），龙天王后裔有国王两万五千位，都在达玛里巴（ta ma lipata；梵：Tāmralipti）城掌政。其后为人天，人天王后裔有国王一万二千②位（治国），都出生于达玛里巴城。其后为具毒天（dug can pavi lha；梵：Sagaradeva），具毒天王后裔有国王一万八千③位（治国），都出生于具牙城（so ldan；梵：Dantapura）。其后为善慧（blo bzang；梵：Sumati），善慧王后裔有国王两万一千位，都在王舍城中治理国政。其后为除暗，除暗后裔有国王一百位（治国），都出生于哇惹纳色。其后为大权群④（dbang chen sde；梵：Mahendrasena），大权群王后裔有八万四千位（执政），都在姑希登城（ku shi ldan；梵：Kuśāvatī）。其后为海天（rgya mtsho lha⑤），海天王后裔有（国王）一千位，都在普陀洛伽城执政。其后为苦行（dkav thub spyod；梵：Tapaskara），苦行王后裔有（国王）八万四千⑥位，都在姑希登城掌政。其后为地首（sa gtso；梵：Bhūpati），地首王后裔有国王一千位，都在哇惹纳色执政。其后为地神（sa bdag；梵：Pārthiva），地神王后裔有（国王）一千位，都在无战争城掌政。其后为持地（sa vdzin；梵：Dharanīdhara），持地王后裔有国王八万四千位，都出生于混居城（vdres pa；梵：Miśrakapura）。其后为大天（lha chen po；梵：Mahādeva），其后裔有国王八万四千位，都出生于混居城。其后为定增（nges vphes；梵：Pranīta），定增王之子周遍；周遍王之子周遍坚（mu phyud brtan；梵：Nemisthira）；周遍坚王之子大宗（tshan po che；梵：Bahuka）；大宗王之子食者（za ba；梵：Bhoja）；食者王之子为近食（nye za；梵：Upabhoja）；近食王之子有食（za ba can；梵：Bhojana）；有食王之子具食（za ldan；梵：Bhogavant）；具食王之子善现天（gya nom snang；梵：Sudrśa）⑦；善现天子为等观（mnyam lta；梵：Smadarśin）；等观王之子闻群（thos pavi sde；梵：Śrūtasena）；闻群王之子法群（chos

---

① 上文龙天藏文为 kluvi lha。
② 郭译（第10页）："二千万"；藏文（第34页）：phri nyis stong。
③ 郭译（第11页）："八千万"；藏文（第34页）：phri brgyad stong。
④ 郭译（第11页）："大自在军"。
⑤ 藏文（第35页）为：rgya mtshovi lha。
⑥ 罗译（第15页）为"14000"。藏文本（第35页）为 brgyad phri bzhi stong。
⑦ 又请参阅《藏汉大辞典》，第380页：善现天（gya nom snang ba），四禅天之第六层，五净居天之一。生于此中诸天，身心妙乐，能现善法，故名善现。

kyi sde；梵：Dharmasena）；法群王之子证悟（rtogs pa；梵：Budha）；证悟王之子大证悟（rtogs chen；梵：Mahābudha）；大证悟王之子证悟群（rtogs sde；梵：Budhasena)①；证悟群王之子无忧（mya nyan med；梵：Aśoka）；无忧王之子离忧（mya nyan bral；梵：Vigaraśoka）；离忧王之子合坚（vtshams brtan；梵：Sīmasthira）；合坚王之子老合（rgan vtshams；梵：Dhanvantari②）；老合王之子杜都玛惹（Dhundhumāra）；杜都玛惹王之子黎明（skya reng；梵：Aruna）；黎明王之子方主；方主王之子善尘；善尘王之子行乐；行乐王之子庆喜③；庆喜王之子镜面（me long zhal；梵：âdarśamukha）；镜面王之子发生（skyed pa po④；梵：Janaka）；发生王之子胜者杰（rgyal bo khyu mchog；梵：Jinarsabha）；胜者杰王之子具饮食（bzav btung ldan；梵：Bhoja）；具饮食王之子饮食裕（bzav btung mod；梵：Bahubhuj）；饮食裕王之子无能胜（thub med；梵：Ajita）；无能胜王之子他无能胜（gzhan gyis mi thub pa；梵：Aparājita）；他无能胜王之子坚固（brtan po；梵：Sthira）；坚固王之子极坚（rab brtan；梵：Susthira）；极坚王之子大力（stobs po che⑤；梵：Mahābala）；大力王之子大童（gzhon pa che；梵：Mahāvahana）；大童王之子善慧（blo bzang；梵：Sumati）；善慧王之子童坚（gzhon brtan；梵：Kumārasthira 或 Yuvasthira）⑥；童坚王之子十弓（gzhu bcu pa；梵：Daśadhanvan）；十弓王之子为百弓（gzhu brgya pa；梵：Śatadhanvan）；百弓王之子九十弓（gzhu dgu bcu pa；梵：Navatidhanvan）；九十弓王之子胜弓（rnam par rgyal bavi gzhu；梵：Vijayadhanvan）；胜弓王之子美弓（gzhu bkra；梵：Citradhanvan）；美弓王之子坚弓（gzhu sra⑦；梵：Dhanuh sthala）；坚弓王之子安弓（gzhu brtan；梵：Dhanuhsthira）；安弓王之子十车；十车王之子八车（shing brgyal bcu；梵：Astaratha）；八车王之子九车（shing dgu bcu；梵：

---

① 罗译（第15页）注：《翻译名义大集》用 Buddha 来译 rtogs pa。国王的名字也可能是 Mahàbuddha 和 Buddhasena。
② 罗译（第15页）文间注曰：据更登群培大师所言，rgang mtshams 是 thang la bar 的同义词，后者通常译为 Dhanvantari。
③ 又译阿难陀，阿难尊者。请参阅上文相关内容。也请参阅《藏汉大辞典》，第16页。
④ 藏文本（第35页）为 skyeng ba po，恐印刷错误。另请参阅《藏汉大辞典》，第158页"skyed pa"条。
⑤ 此词罗译（第16页）藏文转写为 stobs-bo-che，请参阅《藏汉大辞典》，第1120页"stobs po che"条。
⑥ 此处郭译（第11页）："大童王之子为童坚王"。估计翻译时将两句看成了一句，跳读之故。
⑦ 罗译（第16页）藏文转写为"gzhu-sa"，恐误。

Navaratha）；九车王之子丰富车（shing rta sna tshogs pa；梵：Viśvaratha）；丰富车王之子形式丰富车（shing rta rnam pa sna tshogs pa；梵：Citraratha）；形式丰富车王之子稳重车（shing rta bling po①；梵：Guhyaratha）；稳重车王之子坚车王（shing rta brtan；梵：Dhṛtaratha)②。坚车王后裔七万七千人在善现城治理国政。之后为天空主（nam mkhav bdag po③），其子为龙护（klus bsrung；梵：Nāgarakṣita），龙护后裔有国王一百人在哇惹纳色执政。其后为讫栗亟枳王（krī krī)④，讫栗亟枳王因给饮光佛净行梵天而再生于喜足天，其子为善生，善生王之后裔有国王一百人在普陀洛伽城治国。其后为耳王（rna ba；梵：Karna），耳王之子乔答摩和跋黎堕阇二子。乔答摩之子为甘蔗生，甘蔗生王之后裔有国王一百人，也在普陀洛伽城治国。往后便是增长天（圣生）王，其有四子：面焰（bzhin vbar；梵：Ulkā mukha)、手耳、调（大）象、足环（脚镯）。⑤ 足环王之子处灭；处灭王之子牛处；牛处王之子狮子颊；狮子颊之子净饭；净饭王之子佛世尊；佛世尊之子罗睺罗。这是众敬至净饭的国王834534人。以上也是众敬王的世系阶段。"

二 佛祖（释迦牟尼）之功业

据《世间施设论》援引律经而作的王朝世系，饮光佛和讫栗亟枳⑥王同一时间出生时，饮光佛出现在世间。论曰："饮光佛现世之后，菩萨佛世尊表示，他决定在正等正觉饮光佛未来时刻获得菩提正果，故发愿修习梵行，而再生于喜足天众中，其在彼寿量直至何时而住？直至喜足天寿量

---

① 此处藏文恐误，似应为 "shing rta brtan po"。此外，罗列赫也注意到这一点，在 "shing rta bling po" 之前加了一个问号（第16页）。请参阅《藏汉大辞典》，第1122页 "brtan po" 条。
② "丰富车王"、"形式丰富车王"郭译分别为 "杂车王"、"各相车王"。此外，"八车王之子九车；九车王之子丰富车"两句可能也因为跳读之故，译为一句"八车王之子为杂车王"。
③ 上文藏文为 nam mkhavi bdag po。
④ 此处原文为 "krī ki"，郭译（第12页）为"赤格王"；罗译（第16页）为 "Krkin"。但据上下文，恐应为 "krī krī"。请参阅《藏汉大辞典》，第39页有关词条。
⑤ 此处所列四子与上文略有不同：流星面（也称炬面）（skar mdav gdong；梵：Ulkāmukha）、手耳、调（大）象、足环者（也称为脚镯）。
⑥ 此处原文为 "krī ki"，郭译（第12页）为"赤格王"；罗译（第17页）"Krkin"。但据上下文，恐应为 "krī krī"。请参阅《藏汉大辞典》，第39页有关词条。

而止。"《因施设论》① 中也说，喜足天寿量，能住五十七俱胝又六百万岁②。住满如此寿量后，菩萨照看姓种、地区、时间、世系、妇女五照见③。在欲界六天④中，他在赡部洲（dzamabuvi gling；梵：Jambudvīpa）的摩耶夫人（sgyu vphrul chen mo；梵：Mahāmāyā）的胎宫中，入胎后而证悟甘露⑤。并（对天众）说这么一句："你们有业想证悟甘露，那就要在其处投胎吧。"天众们祈求他勿往，因为外道十八祖师要把赡部洲沦为邪见的趋势未得转变，但是菩萨不为所动。（菩萨）变为一头白色小象，进入母亲胎宫中修十五日的说戒（gso sbyong；梵：posadha）⑥。正如《广大游戏》（Lalitavistara）所说，"此望月就是氐宿月（sa ga zla ba；梵：Vaiśàkha，藏历四月氐宿出现）之望（月）。"

（菩萨）住胎十个月之后，在（次年）翼宿月（dbo zla ba；梵：Uttarà phalgunī，藏历二月）15 日，出生在兰毗尼之园林⑦中，正值胜星（skar ma rgyal vchar ba；梵：Tisya）亮起之时。那就是为什么广博仙人（Rsi Vyāsa）说"能仁你胜星闪现时生"，龙树⑧亦说"胜星升起，生于胁侧"之故。此外，诞生之年：汉地周朝第四代皇帝景王（音译）执政过了二十多年时，大地四方为金色光芒普照，周王问各大星算学家："何故有此征兆？"他们回禀道："西方的一位大国王诞生了一位黄金之子。此定是王子之光。"皇帝于是明白，佛已经来到此世间。进而问道："我在世期间，其法旨能否到此？"答曰："我们在世时不能到来，但我们以

---

① 《因施设论》（rgyu gdags pa；梵：Kàranaprajñapti）。罗译（第 17 页）文间注："《丹珠尔》，Mngon pa, No. 4087"。
② 俱胝（bye ba），千万；57 个俱胝又六百万（sa ya drug），即：576000000 岁。
③ 五照见（gzigs pa lnga），即如来五种观察选择降诞人间：国王迦毗罗婆窣堵，种姓刹帝利，氏族甘遮释迦，生母摩诃摩耶，时会五浊恶世。参阅《藏汉佛学词典》，第 2495 页。
④ 译注：欲界六天（vdod pa ni spyod pavi lhavi ris drug），四大王众天、三十三天、时分天、知足天、乐化天和他化自在天。参阅《藏汉佛学词典》，第 1420 页；《藏汉大辞典》，第 1417 页。
⑤ 此句郭译（第 13 页）"受尽欲乐而结生"。
⑥ 说戒（gso sbyong），又译长净。梵音译作布萨、布沙他。月中定期，比丘、沙弥集众对说忏悔犯罪；在家徒众受行斋戒，住净戒中，长善净恶的一种宗教仪轨。参阅《藏汉大辞典》，第 3029 页。
⑦ 兰毗尼之园林（lumiba nivi gnas；梵：Lumbinī），摩耶夫人生释迦牟尼之处，在今尼泊尔境内。见《佛学大词典》，第 809 页。
⑧ 龙树（klu sgrub；梵：Nāgārjuna）佛教历史上非常著名德一位大师，为大乘教师的两位来派大师之一。关于他的出世年代，按西藏许多历史学家的说法是在释迦牟尼灭寂以后四百年。可以参考《红史》，第 136 页。

后的某朝，某年某月某日，拿彼法旨并如此这般装束的四人会来这里。"皇帝感到很是惊讶。于是命令把这些事刻于石碑上并立于某座庙前；并说佛陀诞生年是阳木虎年（甲午年）①。许多年过去之后，那座庙宇早已损毁，石碑也倒塌了。大约就在这时，有四个比丘背着许多佛经从印度来到了汉地。② 此时在位的皇帝见这些人装束不同，不知何方来客。人们都不知道，只有一位老妇人说："本地曾有一座庙宇，有座石碑，碑上有记载预言将会发生这样的事情。我们还是竖立起早已倒塌的石碑看看（碑文）吧！"于是人们去看碑文，发现所载年月与四比丘来的时间完全相符，只有日子相差7天而已。

佛诞生之后，次第学习文字语法和各种运动游戏。后娶持誉（grangs vdzin ma；梵：Yaśodharà）和地护（sa vtsho ma；梵：Gopā）为妻，一直居于宫中，直到29岁为止。此后他离开王宫出家，自受比丘戒。苦修六年③之后，使身体枯瘦。后来，具乐城（bde ldan；梵：Sukhàvatī）的喜女（dkav mo；梵：Nandā）和喜力女（vka stods ma；梵：Nandàbàlà）用千头母牛的乳汁，经过十六次提炼出的奶粥，和着蜂蜜一起来为之疗养。佛受用后，使得被遮的金身如擦亮了一般，顿成妙相。继往尼连禅河（Nairañjanā）畔，安坐一岩石上，但此石不能承载佛体，坍塌而碎。于是天神劝他前往金刚座④，帝释天化作卖草人扎西（bkra shis，梵：Svastika），佛向他讨要了一些草，来到金刚座菩提树下以草铺座而坐。这时恶魔（欲天的异名）之幢（风中）摇曳震撼，为之忧虑而思，得知菩萨的情况⑤。遂变一信使来到菩萨座前曰："淡黄基城（迦毗罗城）被提婆达多⑥所镇压，王宫已被洗劫一空，释迦人被斩尽杀绝！你为什么还要待在这里？"因此，菩萨便生起贪（vdod pa）、恶（gnad sems）、害（rnam par

---

① 郭译（第13页）文间注："按为周灵王五年，公元前563年"；罗译（第18页）文间注："阳木虎年，公元前1027年"，并对此脚注曰：《青史》作者采纳了中国和日本普遍接受的历史年表（公元前1027～前947）"。
② 郭译（第13页）文间注："按上说法许是汉明帝时印度僧白马驮经的故事。"
③ 苦行六年（lo drug tu dkar ba spyad pas），《红史》，第129页说，按佛教典籍的说法，释迦牟尼出家后，曾按当时在印度盛行的外道教法如禁食、拜火、从高楼顶上到矛尖上等用苦行脱离轮回的办法修行，他绝食六年，身体瘦如皮包骨，最后也没有得到什么理想的结果，于是得出依靠禁食等苦行并不能脱离轮回的结论。
④ 金刚座（rdo rje gdan；梵：Vajràsana），即菩提道场。坚固永恒的地方，中印度伽耶地方一佛教主要圣地名。是释迦牟尼等三世诸佛成道处。《藏汉佛学词典》，第1440页。
⑤ 罗译（第19页）注：据说恶魔（vdud或Mara）有两种幢，一种是在行动可以成功时摇曳，另一种是危险来临时摇曳。
⑥ 郭译（第14页）注：提婆达多，释迦叔伯之子，嫉佛才能，常与佛作对。

vtshe ba）三分别心，但很快他就看透了恶魔的骗术，于是心中生起并扩展对治魔力的三种意念。于是，恶魔调来铺天盖地之大军，各种兵器如倾盆大雨而降，发出各种恐怖之声！恶魔的女儿们变化成美女并试图引诱佛菩萨，但所有行为均是徒劳。恶魔之大军溃不成军，从（佛）周围向外溃散，十二天都未能集合起来。尔后，在初夜时分，佛陀心中生发三种神通①；中夜十分生发起能忆念宿世住处之神通；后夜时分生发神眼通②和漏尽通③。通晓四谛④而证得圆满佛位。此时正是丁亥年（阴火猪，公元前994年）的氐宿之望（4月15日）。经典著作（《阿含经》）中说："当夜月亮被罗睺所擒，罗睺罗和阿难陀诞生。"⑤月亮被抓（蚀月）之图案在他人经典有述。佛陀成佛后，七周（49天）内没有说法；后经大梵天王⑥之请，开始在哇惹纳色为五比丘⑦初转法轮，因此，五比丘证得阿罗汉⑧。佛使八万天神获见圣谛，共许印度闻陈如（Yaśas）⑨等近侍五比丘及城中五十童子，证得了阿罗汉之果⑩后，又回到具乐城为喜女和喜力女

---

① 三种神通（mngon shes dang po gsum）：这里是指六通中的天耳通（divya śrota）、他心通（paracitta jñāna）和神境通（rddhi vidha）。见《佛学词典》，第194页。
② 神眼通（lhavi mig），又译天眼通，系六通之一，能观诸方世界。参阅《佛学词典》，第904页。
③ 漏尽通（zag pa zad pavi mngon shes），漏尽智证通。为六通中最后一种，此通证觉时始生起，知诸漏（指烦恼障、所知障）已尽（已断除乾净）。见《佛学词典》，第715页。
④ 《四谛》（bden bzhi）：即：苦谛（sdug bsngal bden pa）、集谛（kun vbyung bden pa）、灭谛（vgog pavibden pa）、道谛（lam gyi bden pa）。佛教的基本教义之一，是释迦牟尼最初说教的内容，总括一切生死涅槃因果。佛教把人们的现实看成是痛苦的，称苦谛；产生这些苦恼的原因，称集谛；要想解脱苦果，只有除烦恼，达到"寂灭的涅槃境界"，称灭谛；要达到"涅槃境界"就须修道，叫"道谛"。见《佛学词典》，第400页；《藏汉大辞典》，第1371页。
⑤ 罗译（第20页）注：据锡兰传统（Ceylon tradition），罗睺罗是在佛陀离开王宫出家之前出生的。
⑥ 郭译（第14页）注：佛书中说，大梵天王以千辐金轮供佛，劝请佛说法。
⑦ 五比丘（lnga sde）：释迦牟尼最初所度的五弟子：桥陈如、马胜、起气、大名和小贤。见《红史》，第130页。罗译注：五比丘为，Kaundinya, Aśvajit（rta thul）, Vàspa（rlangs po）, Mahànàman（ming chen）和 Bhadrika（bzang ldan）。
⑧ 阿罗汉（bcom pa；梵：Arhat），意为已伏烦恼，已灭怨敌（佛书译为杀贼）。小乘佛教所修行的最高果位。见《佛学词典》，第141页。
⑨ 应该与桥陈如是同一人。
⑩ 阿罗汉（之）果（dgra bcom pavi vdras bu），《藏汉大辞典》，第465页认为，是四沙门果中，断尽三界修所断惑灭尽四魔一切怨敌者。

说法而使其得圣谛。其后佛陀到了尼连禅河畔，为优楼频露迦叶①及徒众五百人，为那提迦叶②和迦耶③及其各自众徒二百五十人，共一千人说法，使其全部离俗出家为僧，次第前行。佛陀通过三神变④之教导，使一切证得阿罗汉果。然后，佛陀前往摩揭陀（Magadha）舍屋（btang brang；梵：Sitavana）之园林，在那里使影坚王⑤等数十万人众及跟随者、八万天神及跟随者证得圣谛。然后回到王舍城，为舍利子⑥和大目犍连及跟随者二百五十人证得阿罗汉果。之后饮光之众（迦叶集会）和跟随者，成其为著名的"一千二百五十比丘僧众"。之后，应给孤独⑦的邀请，从王舍城前往舍卫城⑧。那时，由于净饭的邀请又前往淡黄基城（也称为迦毗罗城），在此建诺瞿陀林（Nyagrodhārāma），在此安住一年说法，使许多释迦人证得圣谛。

就这样，佛陀又到舍卫、毗舍厘⑨、王舍城、娇赏弥（Kauśāmbī）、具处（gnas bcas；梵：Saketa）、摩羯杀童子（chu srin byis pa gsod）等城传播佛法。为度生母，佛陀在三十三天⑩界安住夏令。之后从天界下到噶

---

① 优楼频露迦叶（lteng rgyas vod srung；梵：Uruvilvà Kàśyapa），释迦牟尼佛上座弟子迦叶三兄弟中之长子，原为外道，后转信释迦牟尼，成为声闻徒众。参阅《佛学词典》，第324页；《藏汉大辞典》，第1090页。
② 那提迦叶（chu klung vod srung；梵：Nàdi Kàśyapa），释迦弟子中三迦叶之第二。原崇奉外道，后皈依释迦牟尼。见《藏汉大辞典》，第796页。
③ 迦耶（ga ya vod srung；梵：Gayà Kàśyapa），迦叶尊者，释迦弟子。参阅《藏汉大辞典》，第336页。
④ 三神变（cho vprul gsum），三种神变教授。佛依身语意业利济众生所现三种神通变化：神境神变、记说神变和教戒神变。见《藏汉大辞典》，第823页。另，郭注（第15页）：三种神变教授，由神足通、身如意通、神境通（神境智证通）而证觉。
⑤ 影坚王（gzugs can snying po；梵：Bimbisàra），也称影坚王，影胜王，频婆娑罗王。与释迦牟尼同时期一国王名。见《佛学词典》，第723页；《藏汉大辞典》，第2501页。郭译"影胜王"（第15页），并注曰：佛在世时摩揭陀国王名（第41页）。
⑥ 舍利子（shav rivi bu；梵：Sariputra）：梵语汉译作舍利弗多罗。释迦牟尼座前十大声闻弟子之一，为二大弟子智慧第一者。参阅《佛学词典》，第815页。
⑦ 给孤独（mgon med zas sbyin；梵：Anàthapindika），释迦牟尼时，中印舍卫城内一大商人名，曾为释迦牟尼购舍卫祇多太子园林，建祇园精舍。见《藏汉大辞典》，第483页。
⑧ 舍卫城（mnyan yod；梵：Śràvastī），又译为舍婆提，据说宝物多出此城。释迦牟尼居处祇园精舍。一古城名。见《藏汉大辞典》，第987页。
⑨ 毗舍厘（yang pa can；梵：Vaisali），也称为广严城。在恒河岸，古中印度（中部），今作毗萨尔。参阅《藏汉大辞典》，第2551页。
⑩ 三十三天（sum cu rtsa gsum），又译忉利天，为欲界第二天，在须弥山顶，有八财神、十猛利、十二太阳、娄宿二子，为三十二神，及帝释天王，共三十三位天神游戏安住之处。有的以中央为帝释天，四面各八天为三十三天。见《佛学词典》，第847页。

希地区（yul ka shi；梵：Kāśī），并通过大神通降伏一切外道等业绩。至于诸业绩之先后次第，圣尊者派（大乘上座部）人（Maha sthavirvadins）认为，佛在夏令安居的次第论述中已经阐明。《有为与无为决定品》（vdus byas dang vdus ma byas rnam par nges pa；梵：Saṃskṛtāsaṃskṛtaviniścaya nāma）① 第33章载：我们的佛祖住世80年。是这样的，他居王宫直到29岁。之后经过6年苦修。成佛后，初次夏令安居于初转法轮处（dang po chos kyi vkhor lovi gnas；梵：Dharmacakrapravartana）；第2次夏令安居处为毗卢坝勒如（be lu ba ne ru；梵：Veluvana）；第3次也在毗卢坝勒如；第4次也在毗卢坝勒如；第5次（夏令安居处）在毗香朗雅（Vaiśalī）；第6次在葛勒（go la；梵：Golāṅgulaparivartana）②；第7次在三十三天界阿摩林伽石（rdo a rmo nig）③；第8次是苏休摩罗（su shu ra mav；梵：Śiśumara giri）；第9次在娇赏弥；第10次在大象勒耶林（glang po che pe ri le yi gnas；梵：Pārileyyaka vana）④ 中称之为降猴处（sprevu btul ba；梵：Kapijit）之地方；第11次在王舍城；第12次在毗连禅城（Veranjavi grong）；第13次在灵塔山（chos rten gyi ri⑤；梵：Caitya giri）；第14次在遮达坝那王（rgyal po dzi ta ba na；梵：raja Jetavana）的庙堂；第15次在嘎毗拉城附近的诸瞿陀林（Nyagrodhārāma）；第16次在阿察哇嘎城（a ta ba gar；梵：Atavaka）；第17次在王舍城；第18次在遮里尼山洞（dzwa li nivi brag phug⑥；梵：Jvàlini）；第19次也在遮里尼山洞；第20次在王舍城。（其中）有四次夏令安居在舍卫城东面的玛摩弥迦山的园林（ma mo mri ga rivi kun dgav ra ba），而在舍卫城中夏令安居达21年之久。以上为出自上座部⑦之说。最后佛于角力城（Mallas）拘尸那地区

---

① 罗译文间注（第21页）：《丹珠尔》，dbU ma，第3897条；此引文可见于纳塘版《丹珠尔》nyo 函（cxxvii），叶252a～252b。
② 罗译（第21页）文间注：藏语中，挨近王舍城的后变山（mjug ma bsgyur bavi ri）。
③ 罗译（第21页）文间注：三十三天界的一块白石。此名的变体形式还有 A rmo li gavi rdo leb；A mo li ga；A mo long ga；A mo li ka。参见《米拉日巴道歌集》（Mi la ras pavi mgur vbum），叶2b。
④ 罗注（第22页）：Pàrileyyaka vana，娇赏弥（Kauśāmbī）城附近的一处象林。
⑤ 罗译（第21页）转写为：chos-rten-ri。
⑥ 罗译文间注（第22页）：dzwa li nivi brag phug，也称之为 vbar bavi phug。
⑦ 上座部（gnas brtan pa）：印度佛教声闻根本四部之一，据北传佛教记载，佛逝世后一百年时，比丘大天提出五条教义新见解，遭到教团内诸长老比丘反对，于是佛教发生最初的分裂，形成大众部和上座部。详见《佛学词典》，第447页。关于上座部，也可参见《藏汉大辞典》，第1545～1546页相关词条。

(Kusanagara）婆罗（Sala）园林①圆寂（涅槃），此年为癸酉（阴水鸡）年②，其为我（著者）的观点。总之，佛陀的诞生与圆寂年代不同学者有很多不同之见。以上为佛陀之业绩。

三 传授继承释迦牟尼教法的历代法师

佛陀圆寂之后，在王舍城中（召开僧伽大会）将佛陀言教结集③。传授继承释迦牟尼教法的历代法师次第如是：（佛陀传给）饮光，饮光传给庆喜（也称阿难），庆喜传给麻衣（sha navi gos can；梵：Sànavàsika），麻衣传给小护（ner sbas④；梵：Upagupta），小护传给有愧（diha diha ka；梵：Dhitikha），有愧传给黑色（nag po；梵：Krsna）；黑色传给善见⑤。此据《杂事品》⑥ 所说。而据《楞伽经注释》⑦ 所载，诸学者认为，从释迦牟尼到有愧之间的传承，与《杂事品》所载相同；但此后的传承则为：有愧传毗坝嘎（bi bha ga；梵：Bibhaka），毗坝嘎传菩达那尼达尊者（bt-sun pa budadaha nanita；梵：bhadanta Buddhananda），菩达那尼达尊者传菩达弥扎（budadaha mi tra；梵：Buddhamitra），菩达弥扎传给弟子胁比

---

① 婆罗园（shing sa la）：按佛教的说法，此为释迦牟尼圆寂的地方。在树木中婆罗树即芸香树，又因该地到处长满古沙草（吉祥草），故此地的城市名叫婆罗园城或古沙城，也称为圣草城（汉文译作俱尸那城）。详见《红史》，第131页。
② 罗译（第22页）文间注为"公元前948～前947年"；郭译（第16页）文间注为"周威烈王十八年，公元前四百零八年"。
③ 佛言教结集（bkav bsdu）：佛圆寂后，弟子大众将佛在世时的言论教义总结而成的经典谓之结集。有第一、二、三次结集。《佛学词典》（第28～29页）认为，此次结集为第一次结集。佛入灭后，由迦叶为上座，五百大德参加，在王舍城附近之毗罗山侧七叶行窟中诵佛语，写成典籍，是为第一次结集。
④ 也为"ne sbas"，见《藏汉大辞典》，第1034页。关于佛教数次结集，请参阅《藏汉大辞典》，第74页相关词条。关于结集的讨论，也可参阅王启龙《八思巴生平与〈彰所知论〉对勘研究》（中国社会科学出版社2002年版）第八章。
⑤ 他们称为传授继承释迦牟尼教法的七代祖师。但据《藏汉大辞典》，第1034页载，七代付法藏师（gtad rabs bdun）最后一位不是善见，而是大善见。
⑥ 《杂事品》（lung pran tshegs；梵：Vinaya ksudraka），《藏汉大辞典》，第2788～2789页认为，也译为杂事教，四分律之一，全书五十九卷，藏族译师班觉由梵文译成藏。《佛学词典》以上阐述之外还认为也称《杂阿含经》。四阿含之一，参见第805页。
⑦ 《楞伽经注释》：《佛学词典》（第791～792页）认为，《楞伽经》是公元8世纪由藏译师管法成（却珠）从汉文和梵文翻译成藏文的。《楞伽经注释》是由印度的桑波大师所著，《楞伽经》收入《丹珠尔》显宗部的【42】函中，《楞伽经注释》由管法成（却珠）翻译，收入《丹珠尔》显宗部的【43】函中。

丘（slob ma dge slong rtsib；梵：bhiksu Parsva），胁比丘传给苏那侠达（su na sha ta；梵：Sunaśata 音译），苏那侠达传给马鸣（rta skad；梵：Aśvaghosa），马鸣传给永生（ma shi ba；梵：Amrta），永生传给龙树，龙树传给阿雅德哇（av rya de ba；梵：Āryadeva，意为圣天），阿雅德哇传给罗睺罗（Rav hu la；梵：Ràhula），罗睺罗传给桑嘎纳尼（sadadaha nanita；梵：Saïghànanda），桑嘎纳尼传给罗汉比丘（dge slong dgra bcom pa；梵：bhiksu Arhat），罗汉比丘传给嘎拉侠（gaha la sha；梵：Ghalaśa），嘎拉侠传给姑玛惹达（ku mav ra ta；梵：Kumàrada），姑玛惹达传给侠雅达（sha ya ta；梵：Śàyanta），侠雅达传给世亲（ba su bandahu；梵：Vasubandhu），世亲传给玛诺达（ma no ta；梵：Manoda），玛诺达传给哈嘎里嘎纳雅纳侠（ha ga ni ka na ya na sha；梵：Haklenayaśas），哈嘎里嘎纳雅纳侠传给比丘狮子（dge slong seng ge；梵：bhiksu Simba）。如今《丹珠尔》① 收录的《楞伽经释》两种版本均缺载，但未收录的并不是没有，兹有一佛法传授的梵本零散的纸条，谨译如下：

向佛祖敬礼！后来日中尊者（vphags pa nyi ma gung ba；梵：ârya Madhyāntika）前往迦湿弥罗（今克什米尔），他运用圣地神变降伏了欧都喀扎龙王（nāgarāja Audusta）。他是在哇惹纳色地区的大众面前上台展示了自己的神变，之后回到迦湿弥罗的。在其神变之助下，他与大众一起前往芳香山（ri bo spos kyi nged ldang；梵：Gandhamādana）并降伏诸龙，并在此获得红花②，把佛法引入迦湿弥罗大众信仰之中。后到各镇、各城、各地区和王宫等地作佛法功德，以利一切众生。使得迦湿弥罗的人众欢愉不尽，不断弘扬佛法。全面护持佛法而利益一切众生。继而将佛法传授给麻衣尊者，自己则显示神变而圆寂。麻衣尊者在头首山（mgo bovi ri bo；梵：Sirsaparvata）上修建寺庙（传播佛法），为名叫舞王的商人之子度化，后者则此后的小护尊者。小护尊者出家并受比丘戒而证得阿罗汉果后，（麻衣尊者给）为之传授佛法后圆寂。小护尊者也

---

① 《丹珠尔》（bstan vgyur），从印度译出的论典，即大藏经丹珠尔部。为了解释迦牟尼教戒，以后学者撰写的论典称论；译成藏文的称论藏，音译作丹珠尔，意思是论的译文。最早的全套藏文丹珠尔部是公元1334年前后同那塘丹珠尔部同时汇编的，主要邀请了布顿大师等进行了校勘。见《佛学词典》，第335页。另，罗注：《丹珠尔》，mDo，第4018和4019条：ârya Lankāvatāravrtti 和 ârya Lankāvatāra nāma mahāyānasutrarttiathāgahrdayalāmākara nāma。

② 红花（gur gum），郁金。菊科药用植物名，分鸡爪红花、克什米尔红花、紫肝红花、尼泊尔红花、西藏红花或园艺红花五种。味甘。性凉，功能清肝，敛血、补血。见《藏汉大辞典》，第360页。

降伏恶魔（Māra）而安居于长十八肘，宽十二肘之洞穴。由他所传的七种教授使众比丘现证阿罗汉，【清点比丘人数时他用的小木片①塞满了整个洞穴。】② 那段时间，出现了一位名为无忧（mya ngan med）而具足威力的转轮王，对佛法生起不退之信仰，名望尊者（vphags pa grags pa；梵：ârya Yaśas）作他的善知识（上师）。他向佛世尊的诸佛塔和佛众弟子各献金饰，他对菩提树王极其敬仰和恭信，以金、银、琉璃、水晶等制成的各种宝瓶盛满香水而洗沐被污染的（菩提树）并为之祈祷。在来到此地的五年间，他为三十万比丘设斋奉，初次为圣广僧众供献足够的饮食及财物，还有宝幢③等；第二次他为对诸有学（尚须修学道位者）作供养；第三次他为诸初业修善者供献三法衣④。经若干年，国王逐次供出九十六俱胝的黄金珠宝，并对迦湿弥罗僧众，供奉了等同的黄金珠宝。这样一来，尊者小护对诸众生做了很多有利的事情，并全面护持佛法。这时，有愧尊者出家并受比丘戒而证得阿罗汉果，小护尊者将佛法传授给有愧尊者后自己圆寂。尊者有愧也弘扬佛法并对众生做有利之事，佛法传授给黑色尊者自己圆寂。尊者黑色也弘扬佛法并对众生做有利之事，佛法传授给大善见尊者而自己圆寂。尊者大善见也弘扬佛法并对众生做有利之事，而自己圆寂。经若干年时间，在毗舍厘（广严）城毗舍厘诸比丘众出现十非事⑤。为消除这些非法，由耶舍陀尊者

---

① 罗译（第23页）行间注：thur ma，一种状如无名指大小的小木片，在古代佛教会议中用来清点僧侣和投票选举。参阅 S. Beal 所译的 Records of Western Countries，第182页。
② 【 】中内容郭译漏译（第17页）。
③ 幢（rgyal mtshan），也称宝幢，胜利幢。宫殿屋脊上象征胜利的一种装饰品或供神物品。见《藏汉大辞典》，第556页。
④ 三法衣（chos gos gsum），祖衣，七衣和五衣。详见《佛学词典》，第229页。
⑤ 十非事（rung ba ma yin pavi gzhi bcu），十非法，十事非法，十谬法。释迦牟尼佛圆寂后一百年时，印度广严城有比丘众认为可以不作犯戒处理，后在第二次结集中，大众认为非法，制为犯戒的十种行为：一、作非法事，口呼"负负"，即可听许；二、作犯僧残，得人随喜，即可听许；三、病中饮酒，状如水蛭吮吸，即可听许；四、土为共用，不伤生命，两手耕种，即可听许；五、调盐变味，非时而食，即可听许；六、用斋之后，行程逾越半俱卢舍，再次用餐，即可听许；七、用斋之后，食物未作余食法者，两指拾食，即可听许；八、掺和定时及不定时食品，非时食用，即可听许；九、卧具补靪，不必如来一卡，即可听许；十、沙弥头上，顶戴小龛，内置钵盂，花鬘为饰，若得投进金银，便自接触，即可听许。是为十事非法。见《藏汉大辞典》，第2710页。罗译（第24页）注：请参阅 E. Obermiller 所译《布顿佛教史》，第II卷，第91页；Bu ston Gsung vbum，卷XXIV（Ya函），叶86b。

(Sarvakàmin)等七百阿罗汉聚会著"七百贤圣集"①。当时,佛圆寂已经三百年,称为无忧之王已去世,迦湿弥罗出生了大善见,父母等亲人命名为狮子,为佛法而出家为僧并证得阿罗汉果。若干年后,从北道而来的一国王称迦腻色迦(Kaniska),他为狮子之面而来到迦湿弥罗,圣狮子为他开示教法,闻法后而返回北道。为迦腻色迦的佛塔做开光法事,以此诸物赐给佛教施主,并作了广大福德。给诸比丘讲法,迦湿弥罗城耳饰林中的寺中,以圣胁尊者等五百阿罗汉、坝苏弥扎等四百大德及五百菩萨大众著《阿毗达摩俱舍论》(chos mngon;梵:Abhidharma)并诸论供献给了迦湿弥罗城的僧伽。此系所获梵文"一页之书"中有关传授继承释迦牟尼教法的历代法师的内容,但首尾不全,谨有管·宣奴贝②于商集宫(tshong vdus kyi pho drang)中所译。传授继承释迦牟尼教法的历代法师是在《阿含经》中所见到写于此,在阿底峡尊者(Atisha)③的史事记载,那若达巴大师(nav ro ta pa;梵:Narotapa)④将教法传授给阿底峡尊者后前往南方等很多记载于此,但恐繁累而未写,这样说的一切都是"别解脱学处"中所作的传授继承释迦牟尼教法的历代法师。

---

① 七百贤圣结集(bdun brgyas bsdus ba mdzas),为了除净"十事非法"起见,于佛灭度后一百一十年,在毗舍离城波利迦园,由无忧法王做施主,由名称尊者(众称耶舍陀尊者)为召集七百阿罗汉作的第二次结集法藏,故称为七百贤圣结集。参阅《佛学词典》,第396页。
② 即本书作者管·宣奴贝译师。
③ 阿底峡尊者(jo bo rje),也称为觉卧阿底峡(982~1054),是一位到藏地后创立噶当教派的大学者,生在印度帕哈喀拉,即现在孟加拉,父亲是和堪钦希哇措(静命)同家族的肇霍尔国王格哇贝,母亲叫贝袄色。他排行第二,五岁时就会诵经,能够流利地背诵内容广泛的伽陀(颂),十岁时学习各种法术,以后十年又学习外道和佛教的声明学和因明学。到二十岁时,其父亲希望他继承王位,并从王族闺秀中挑选了很多美女,准备为其成婚。他坚决不允,二十九岁时,在印度金刚座的玛哈菩提寺出家,又重新深入研习了声明学的八大经典,内外两教的因明学、医方学、星象学、佛教的法相学和显密经典等,获得了"大班智达"的学位,拜色林巴三十四人为师,他不仅是印度著名大学者,而且品德高尚。详见《佛学词典》,第252~253页,以及《东噶藏学大辞典》,第877~878页等。
④ 那若达巴大师,《东噶藏学大辞典》(第536~537页)认为,又名为那若巴杂那僧底南楚,意为印度大成就师那若巴耶协珠的化身,指主巴遍知旁班玛盖波,据说他是班钦那若巴的化身。第九饶迥火猪年(1527)年生,是为精通总的噶举派和因明学的著名学者,似历世有转世。但没有见到详细的历史记载。他所著《主巴噶举教法源流·教莲盛开的太阳》、《主巴教法源流》等约十四函,藏于拉萨附近的南主寺。

四　教法分出十八部派的阶段

别解脱教法①又分出十八部派（sde pa rnam pa bco brgyad）。所谓十八部派，一切都是佛的教法。据《摩揭陀贤善传》（ma ga dahav bzang movi rtogs pa brjod pa；梵：Sumagadhā vadāna）所载：

饮光佛时期，施主讫栗亟枳王出世，他在梦中看见十种梦兆：大象之王出现在窗口，试图通过窗口但尾巴却停留其上；水井追随口渴者而游走；一升面粉和一升珍珠作交换；檀木与一般木材作等价交换；果园中丰盛的花果都被盗匪盗窃；小象使香象②生恐怖；被感染的猴子对其他猴子进行污染；猴子为国王授权灌顶；十八人分一整匹布，而每人得到也是一整匹布；大众集合在一起发生争执与冲突。讫栗亟枳王为此怀疑是自己的罪过而感到恐惧，于是启问饮光佛。佛曰："这些梦中之事，并非王的罪过，而是未来的人寿百岁时，不学习正知遍释迦牟尼的佛教教法的比丘虽然出家，但贪于寺庙和财富，看见大象尾巴停留窗口，就是此兆；水井追随口渴者而游走，预示着到那时僧人们虽然身处在寺庙而不听他人说法；面粉和珍珠交换预示着到那时诸声闻③为了饮食而传教说法；檀木与一般木材等价交换，是到那时诸声闻对外道的理论和佛陀之经典同等对待的预兆；果园中丰盛的花果都被盗匪所盗窃是到那时无戒诸声闻，以僧众的财物来为照顾俗家之兆；小象使香象生恐怖，是到那时有罪过的比丘对诸受戒比丘作威慑之兆；被感染的猴子对其他猴子进行污染，是到那时无戒律者对守持戒律者进行诽谤之兆；猴子为国王授权灌顶，是到那时诸愚昧给国王④授权灌顶之兆；十八人分一整匹布，而每人得到也是一整匹布，是到那时释迦牟尼的教法虽然分出十八部派，但都是具足解脱善缘之兆；大众集合在一起出现争执与冲突，是到那时释迦牟尼的教法由于争执与冲突而衰落之兆。"饮光佛对讫栗亟枳王作了如是回答。

---

① 别解脱（so sor thar pa；梵：Prâtimoksa），持戒人自己从恶趣及生死轮回中解脱出来。详见《佛学词典》，第857页。也请参阅《藏汉大辞典》，第2959页相关词条。
② 郭注（第18页）：香象，身青色而有香气之象，具有大力。
③ 声闻（nyan thos），《佛学词典》（第272页）认为，1. 声闻。为佛教小乘弟子，指以听闻佛的教言，悟解四谛之理，断除见思之惑，而入于涅槃的出家者，此小乘于缘觉、菩萨二乘相对，为三乘之一。2. 小乘人。
④ 罗译（第27页）行间注：此处king这个词可能指的是法王（sangharaja），即僧团的首领。

其中的第九种预兆过了很长时间之后，将会发生在各不同地区。十八部派的分化过程如是：在无忧王时期，由于争端而分裂。于是，刚开始分为上座部派（gnas brtan pa；梵：Sthaviras）和大众部派（dge vdun phal chen pa；梵：Mahāsanghikas）。然后，大众部派又逐渐分为（1）大众本部（dge vdun phal chen sde pa；梵：Mahāsanghikas proper）、（2）同名言部（tha snyad gcig pa；梵：Ekavyavahārikas）、（3）说去世部（vjig rten las vdas par smra ba pa；梵：Lokottaravādins）、（4）多闻部（mang du thos pa ba；梵：Bahusrutiyas）、（5）说假部（btags par smra ba pa；梵：Prajnaptivādins）、（6）制多耶部（mchos rten pa；梵：Caityaśailas 或 Caityakas）、（7）东山部（shar gyi ri bo pa；梵：Pūrvaśailas）、（8）西山部（Nub kyi ri bo pa；梵：Aparaśailas）等八部派。上座部派也逐渐分为十部派：（1）上座本部（gnas brtan pa nyid；梵：Sthaviras proper）也称为雪山部（gangs ri pa；梵：Haimavatas）。说一切有部本派（thams cad yod par smra ba nyid；梵：Sarvāstivādins proper）分为九个支派①；（2）分说开示部（rnam par phye ste smra ba；梵：Vibhajyavādins），即修妒路句部，有些人称为姆汝达嘎部（mu run tsi ka ba；梵：Munrundakas）；（3）住母子部（gnas mavi bu ba②；梵：Vātsīputrīyas）；（4）法上部（chos mchog pa；梵：Dharmottarīyas）；（5）贤护路部（bzang povi lam pa；梵：Bhadrayānīyas）；（6）众敬部（kun gyis bkur ba；梵：Sammitīyas），有些人称为阿本达嘎部（Av banta ka pa③；梵：âvantakas），有些人也称为古汝古那部（ku ru ku lla pa；梵：Kurukullakas）；（7）多示部（mang ston pa④；梵：Mahīśāsakas）；（8）法护部（chos sbas pa；梵：Dharmaguptikas）；（9）降甘露部（char bzang vbebs pa；梵：Suvarsakas），有些人称为饮光部（vod srungs pa；梵：Kāśyapīyas）；（10）无上部（bla ma pa；梵：Uttarīyas），有些人称为转趋部（vpho bar smra ba pa；梵：Samkrāntikas）。这是第一种说法。

---

① 这里所列实际上是九个支派，加上上座本部，共计十派。此十派加上上述大众部派分出的八部派，刚好十八部派。但此处藏文版也说是十个支派，罗译为"十个支派"（ten branches），但藏文版则为 bla ma pa la kha cig vpho bar smra ba pa zer ba ste rnam pa bcur gyes so（……无上部，有些人称为转趋部等十部派）。为了凑足十个支派，罗译结尾处（第28页）英译为"无上部和转趋部（Uttarīyas [bla ma pa] and the Samkrāntikas vpho bar smra ba pa]）"。实际上，藏文版所指的十部派指的是上述上座本部（也称雪山派）和这里所列的说一切有部分出的九个支派，合为十个部派。为了明晰起见，这里汉译者加了序号。
② 罗译（第27页）藏文转写为 gnas-mavi bu-pa。
③ 罗译（第27页）藏文转写为 A-banta ka-pa。
④ 罗注（第28页）：参阅多罗那他（Tàranàtha）的《佛教史》（Geschichte d. Buddhisme）第271页。

第二种说法，来源同上，是说上座部、大众部和分说开示部为根本三部（rtsa bavi sde gsum）。上座部又分出说一切有部和住母子部，说一切有部又分两部，说一切有部和说经部；住母子部又分众敬部、法上部、贤护路部、六城市部（grong khyer drug pa；梵：Sannāgarikas），也就是说上座部分两大支（yan lag）和六分支（nying lag）。大众部派分为：大众部、东山部、西山部、国王山部（rgyal po ri po；梵：Rājagirikas）、雪山部、制多耶部、义成部（don grub pa；梵：Siddhārthakas）、牧地部（ba glang gnas pa；梵：Gokulikas）等八部。分说开示部又分出示地部（化地部，sa ston pa；梵：Mahīśāsakas）①、饮光部（迦叶）、法护部、红衣部（gos dmar ba；梵：Tāmraśatīyas）四部。如此分的上座部分支有六家；大众部分支有八家，分说开示部（说分别部）分支有四家，共为十八家。

还有第三种说法是：说佛圆寂 137 年后，当国王难陀和大莲花在位时期，大饮光（vod srongs chen po；梵：Mahā Kàśyapa）等获得无碍解②的诸人进入了巴扎普布扎城（pa tar bi bu tra；梵：Pàtaliputra）中。属于恶魔追随者的比丘名叫上座龙群（gnas brtan kluvi ste；梵：Nāgasena），和一名叫意坚（Yi brten pa；梵：Sthiramati）的比丘，两人博闻多识，对他人不知（mi shes pa）、怀疑（yid gnyis；梵：vimati，两心）、起分别（yongs su brtag pa；梵：parikalpa）、自作治疗（bdag nyid gso bar byed pa）等五事讴歌，由此产生两部：上座部和大众部。此后的 63 年中，僧众处于分散而战乱之中。佛圆寂后经过 200 年时，上座住母子部（gnas brtan gnas mavi bu）结集佛教正法（bstan pa yang dag par bsdus [pa]）。第三种说法中，大众部分为六部派：大众部、同名言部、牧地部、多闻部、说假部、制多耶部。说一切有部为七部派，即说一切有部、分说开示部、多示部、法护部、红衣部、饮光部、转趣部。住母子部为四家，即住母子部、法上部、贤护路部、众敬部。这样是十七部派再加上雪山部则为十八部派。据各宗派经典看来，都认为清辩论师（legs ldan vbyed；梵：ācārya Bhavya）③是同意这第三种说法，【因为论著 Madhyamakahrdayavrttitarkajv-

---

① 罗译（第 29 页）文间注：参阅《翻译名义大集》，第 9080 条。
② 无碍解（so so yang dag par rig pa），也称四无碍解，四无碍智。菩萨四无碍解，即正确通达诸法相的四种智；法无碍解、义无碍解、词无碍解和辩才无碍解。也参考《佛学词典》，第 859 页。
③ 清辩论师（legs ldan vbyed），印度一中观派大师，著有《般若灯论》，立自续因之理，创中观自续派见。详见《佛学词典》，第 809 页。

ālā① 中，他提到这第三种说法，紧接着又叙述了这些部派所持的不同观点】②。藏族主要以酒戒为根本，但在大班智达（pan chen；梵：Śākyaśrībhadra）亲笔著述③中同名言部和说去世部两部派有共同的《别解脱经》（Pratimokṣa sūtra），《别解脱经》中是以非梵天作为根本戒的。

至于十八部派一切证得解脱整匹布而无残者，是说我有部（bdag tu smra bavi sde pa；梵：âtmavādins）诸人没有通达无我之道，因此，说我有部诸人证得解脱，首先有别解脱戒，整匹布无残是指增上戒学没有残缺之意。

世亲论师④所著的《异部次第诵读轮》（gzhung tha dad pa rim par klog pavi vkhor lo；梵：Samayabhedovyūha cakra⑤）并由律天论师（ācārya Vinītadeva⑥）引述的摄上论要义略论曰：东山、西山、雪山部，说去世与说假部，五部属于大众部。其中第四部（说去世部）与饮光部，多闻、红衣弟子部，以及分说开示部，均属于说一切有部。祇陀林住（rgyal byed tshal gnas；梵：Jetavaniyas）与无畏部（vjigs med gnas；梵：Abhayagirivāsins），大寺部（gtsug lag khang chen；梵：Mahāvihāravāsins）属于上座部。鸡胤部（sa sgrogs ri）与守护部（srung ba pa），住母子部等属于众敬部三部派。⑦（上述诸部）按地、义、师分，共为十八部。

---

① 罗译（第 29 页）行间注：dbu ma snying povi vgrel rtog ge bar ba，载纳塘版《丹珠尔》，mDo, Vol. XIX (dza 函)，叶 155b 164a。

② 【 】据罗译（第 30 页）所补。

③ 罗译（第 30 页）文间注：据更登群培大师书信，此著今保存于夏鲁大寺（Zhwa lu dgon chen）。

④ 世亲论师（btsun pa dbyig gnyen），也称世亲，天亲。是赡洲六严之一。印度大乘佛教瑜伽行派创始人之一。佛灭后九百年，生于印度阿踰陀国，是无著之弟子。初从迦湿弥罗论师桑般陀罗学对法七论等，后依无著为师，著有《俱舍论本注》和《八品论》等，著述颇多。弟子中有量学胜于己之陈那，对法学胜于己之坚慧，般若学胜于己之解脱军，律学胜于己之释迦光等。详见《佛学词典》，第 601 页或《藏汉大辞典》，第 1956 页。此处罗译将世亲替换为 dbyig gi bshes gnyen（梵：bhadanta Vasumitra）。

⑤ 罗注（第 30 页）：gzhung lugs kyi bye brag bkod pavi vkhor lo，纳塘版《丹珠尔》，mDo, 卷 XC（U 函），叶 175a 163b。

⑥ 罗译（第 30 页）文间注：Samayabhedopar acanacakre nikayabhedopadesanasamgraha nama，见《丹珠尔》，vDul ba, No. 4140。

⑦ 此句藏文为（第 54 页）：/sa sgrogs ri dang srung ba pa//gnas ma bu yi sde rnams ni//kun gyis bkur ba rnam pa gsum；罗列赫英译文为（第 30 页）：The Kaurukullakas (Sa sgrags ri), the âvantakas and the Vàtsīputrīyas were the three branches of the Sammitīyas。请比较。

第一章 教法来源、历代王朝世系及前弘期佛教 35

莲花生大师①著，阿底峡和纳措②译（成藏文）的《比丘年岁问答》（dge slong gi lo dri ba；梵：Bhiksuvar sāgraprcchā）③中说："饮光和地护，以及法护部，说一切有部，只有见分支，彼等虽各异，但师非有别。大众分六部，依次东山部，其次西山部，其次雪处部（gangs gnas），还说分别部，另外说假部，及说去世部，此等是正说。众学者认为，众敬部分五部，其为智者称，红衣和守护，及古汝古那（作明母），此外多闻部，及住母子部。祇陀林园部，及无畏山部（vjigs med ri la gnas pa；梵：Abhayagirivāsins），大寺住部④等，上座分此三。如是分为十八部派，释迦狮子⑤之教法，变为众生之大师，来自上世之恶业。"

班智达纳惹雅德哇（pandita Narayanadeva）和象雄巴·嘉维喜饶（zhang zhung ba rgyal bavi shes rab）所译（成藏文）的《沙弥年岁问答》（dge tshul gyi (lo) dri ba；梵：Sramanera varsagraprccha）⑥中说："地护（sa srungs pa）⑦读作示地（sa ston pas），西山读作北山（byang gi ri pa；梵：Uttaraśailas），雪处（山）读作中部（dbus pa；梵：Madhyadeśikas），古汝古那部读作鸡胤（sa sgrogs ri）⑧。"两种问岁年的著作都是同一个作者，内容本该一致，不过竟然不同，大概是因为举例不同之故吧！那么，十八部派都是讫栗枳王所梦的预言，而非可摄于佛之教法。而受比丘戒仪轨文句，确实大为不同。假若这些一切仪轨中都可以生戒，那这些不同的仪轨是佛祖亲口所言呢？还是后来的诸大师作出了不同的仪轨呢？假若是

---

① 莲花生大师（slob dpon padama vbyung gnas），吐蕃王朝"师君三尊"中之轨范师。生于印度西方古国乌仗那境内，得其国王因陀罗菩提抚养为太子。命名莲花生或池生金刚。长赴孟加拉地方从巴尔巴哈蒂论师出家。号释迦狮子。详见《藏汉大辞典》，第 1611～1612 页。
② 纳措（nag tsho），又称纳措·楚臣嘉哇（nag tsho tshul khrims rgyal ba），也称格西贡塘巴。他于铁猪年（1011）生于阿里宗噶拉东地方的那措家族中，出家为僧的法名为楚臣嘉哇，因精通律学，也称为杜增。赴印度求学，于嘉·尊追僧格做负责人，在觉袄等班智达处聆听了多种佛法。详见《东嘎藏学大辞典》，第 1197～1198 页。
③ 罗注（第 30 页）：这段引文可见于纳塘版《丹珠尔》mDo，卷 XC（U 函），叶 284b 285a。藏族学者认为，上述文献的作者是西藏佛教的创始人；也有人认为作者是另一位同名者。在《丹珠尔》较早的目录索引中，此文献（Bhiksuvársàgraprcchà）和 Śramancravarsàgraprcchà 是归之于莲花生名下的仅有的两部经论。
④ 罗注（第 31 页）：这三者也出现在锡兰。参阅 Codrington 的《锡兰简史》（*A Short History of Ceylon*），伦敦，1929 年版，第 13，22 页。
⑤ 释迦狮子（shavkya seng ge），是释迦牟尼的别名。也是莲花生的八种名号之一。
⑥ 罗译（第 31 页）文间注：《丹珠尔》，vdul ba，No. 4132。
⑦ 罗注（第 31 页）：地护（Mahisûsaka），参见《翻译名义大集》，第 9080 条。
⑧ 罗译（第 31 页）转写为："sa-sgrags-ri"。

佛祖亲口所言，那么最初就会分出诸家；假若是后来的诸大师所作，那么此等仪轨怎么能生比丘戒呢？在此做如是探讨诚然可行，但我们应知佛祖确实没有亲口所言，所以最初就没有分诸部派，后来的诸大师所作的不同仪轨，也与佛祖的理论并不矛盾。因此，从这些不同的仪轨中也是可以获得比丘戒的，这与各位智者的观点是相同。《具足光明论》(vod ldan；梵：ârya mūlasarvāstivādiśrāmanerakā-rikāvrtti prabhāvatī)① 中也说："佛之教法，是依义而不依文。十八部派都并非黑教而显见都是摄入于大（佛）教（chen po bstan pa）② 中之故。"

季麦穹奈比巴大师（vjig med vbyung gnas sbas pa；梵：Abhayāka ragupta）也在《能仁密意庄严论》(thub pa dgongs pavi rgyan③；梵：Munimātalamkāra) 中说："如果认为诸部派经典并非佛语，那么比丘戒等如何能成呢？如果说没有比丘，那么将会出现很多错误。如果说比丘戒的实质为有或无，那应该如何知道呢？它非现量（真实）亦非比量，无因之故，（无因不能成立）。然而，诸分部派之理论不管是否佛之所言，对于比丘戒等业都能成圆。诸持律师所说，比丘戒十相如是：(1) 自然性（rang byung nyig），是指诸佛和诸自佛（独觉）；(2) 入无罪过，而遍知闻陈如（âjāneya Kaundinya）、马胜比丘（Aśvajit）、具贤（bzang ldan；梵：Bhadrika）、焰燃（rlangs pa；梵：Vāspa）、大名五比丘（ming chen；梵：Mahānāman）；(3) 说比丘过来！是以此传称于众，(4) 服于佛祖；是大饮光之业，(5) 问而喜：是为善授；(6) 服于重法：众生之大母；(7) 信使：法施母；(8) 持律及五：是无法之地；(9) 十众聚会：称诸中土；(10) 由三诵皈依：贤诸部的六十僧团。因此，如是念诵后来所说的诸经而作祈祷，其实，承认诸经是佛祖所言之故，是服佛语。因此，所谓佛语，依义而不是依文的。以上为十八部派阶段。

五　别解脱戒传承

在雪域藏区受比丘戒的传承有三种系统：第一系为龙树、清辩论师、贝

---

① 罗译（第32页）文间注：《具足光明论》(vod ldan)，见《丹珠尔》，vdul ba, No. 4125。
② 罗译（第32页）为："四圣谛"（four Noble Truths, 即 four àrya satyàni）。
③ 此处罗译第32页藏文转写为：thub-pavi dgongs-pavi rgyan。罗译多处转写不同，可见其英译所据藏文版不同。此外，罗译文间注曰："《能仁密意庄严论》(Munimàtalamkàra)，见《丹珠尔》，dbu ma, No. 3903。"

坝（dpal sbas；梵：Śrīgupta，吉祥盖）、益西宁波（智藏）①、细哇措（寂护）②、巴·惹达纳③传承到贡巴饶色大喇嘛④，依次传到康区。前藏及后藏由鲁麦⑤等依次传入。

第二系，由班智达·达玛坝拉（法护）⑥ 的传徒三护⑦的学生象雄·嘉伯喜饶（zhang zhung rgyal bavi shes rab，胜智）传下的，称为上律宗（stod vdul ba）。

第三系，由龙树的传徒古纳玛底（Gunamati）、惹达纳弥扎（Ratnamitra）、西达玛坝那（Śri Dharmapāla）、古纳萨嘎惹（Gunasāgara）、达玛玛拉（Dharmamāla）、阿嘎惹古达（ākaragupta）、大智者·释迦西贝扎（mahā pandita Śākyaśrībhadra）。然后由大智者·释迦西贝扎传到西藏，为萨迦班钦（Sa skya panchen）⑧ 等众僧授了比丘戒。通过多杰贝（rdo rje dpal，金刚吉祥）和绛曲贝（byang chub dpal，菩提吉祥）的传法，逐渐形成四部僧

---

① 益西宁波（ye shes snying po；梵：Jnanagarbha）：也称为智藏论师，公元七八世纪，印度一佛学家名，著作有《中观二谛论》，持自续派中观见。见《佛学词典》，第750页。

② 细哇措（zhi ba vtsho；梵：Śantaraksita）：也称寂护或静命。印度一佛学家，大乘佛教中观学派衍化出的瑜伽中观派创始人，曾任那兰陀寺首座。8世纪中，应藏王赤松德赞邀请，先后两次入藏宣说律学、中观。修建桑耶寺，任该寺第一任堪布，并剃度第一批藏族贵族青年出家为僧。死于藏地。著有《真性集》、《中观庄严论》等书。见《佛学词典》，第701页。

③ 巴·惹达纳（sba ratna），也写称哇若丹，法王赤松德赞时期吐蕃出家为僧的"七觉士"之一。详见《东噶藏学大辞典》，第1575页。

④ 贡巴饶色大喇嘛（bla chen dgongs pa rab gsal），《藏汉大辞典》认为此师（952～1035），生于拉萨东北之彭波，移居于青海境化隆县旦迪地方，详见第1912页。但是《东噶藏学大辞典》认为此师（892～?），生于宗喀德康或下彭玉之地，详见第1056～1057页。此书（《青史》）也在以下的章节中认为生于宗喀德康地方。

⑤ 鲁麦（klu mes），也称鲁梅·喜饶楚臣（klu mes tshul khrims shes rab）。意译为戒慧。有的书也作鲁梅·喜饶楚成。西藏佛学家。公元978年（宋太宗太平兴国三年戊寅），在青海河湟地区旦迪寺，从衮巴饶色受近圆戒（比丘戒），后回卫藏，传布东律。为卫藏东去学法十人之一。详见《佛学词典》，第34页。

⑥ 班智达·达玛坝拉（Pandita Dharmapalas 法护）：此班智达被大译师仁桑（仁钦桑波）根据拉喇嘛·耶协袄的旨意于公元11世纪初叶请到西藏阿里地区传播戒律学，推广律仪，使戒律学在藏区上部得以弘扬。拜从他削发出家和受了比丘戒的门徒很多。详见《东噶藏学大辞典》，第1269页。

⑦ 三护（pav la rna gsum），指古印度佛学家法护之主要三弟子：善护、德护和智护。也称巴拉三士：即堪普萨都巴拉、格纳巴拉和占嘉巴拉。详见《东噶藏学大辞典》，第1269页。

⑧ 即萨迦班智达，详见第四章。

伽大众。第二佛陀至尊宗喀巴大师①的比丘戒实质也是从班钦（panchen；梵：Śākyaśrībhadra）的传承而证得的。正如《文殊根本续》（vjam dpal rtsa bavi rgyud；梵：Muñjuśrīmū latantra）中说："如来我佛灭度后，到四百年期时，有比丘名龙（klu；梵：Naga）者，对此教生信益，为证得极喜地（rab tu dgav bavi sa），享寿六百岁已。如孔雀明母法，彼师能得成就，所著各种论义，阐明无实见义。何时舍此身，往生极乐刹，最后决得证果，正等及正觉佛。"又说："有比丘名无著②者，善巧诸论文，了不了义经，多种亦善分，成为世智师，正范品质者。"如此所预言的两位大师，广大弘扬了别解脱戒（Pratimoksa）及大乘（Mahāyāna）的教理。龙树出现于世时，驱除了比丘中的很多淫行败类者，使佛法发扬光大。《贤劫诸佛具缘大车轨》（bskabzang gi sangs rgyas skal ldan shing rta）中，至尊救度母（rje btsun ma；梵：Tārā）给喀切班钦（kha che panchen）③ 预言的嘉玛温顿（rgyal ma dbon ston）的语录中说④："在西萨塔那（Śrīsthāna）之西，西萨坝达（Śrīparvata）之东的福泽城（bsod nams；梵：Punyāvatī），诞生具福龙树大师。28 岁时，他在堪布无垢威严（dri ma med pavi gzi brjid can；梵：up-

---

① 宗喀巴大师（rje btsun tsong kha pa chen po），也称宗喀巴·罗桑扎巴（1357～1419）。青海省湟中县宗喀地方人。藏传佛教格鲁派的创始人。1363 年，七岁出家为僧。1372 年，十六岁动身去西藏。博学显密经典。三十八岁以后，致力于进行宗教改革。著述甚多，主要有《菩提道次第广论》、《密宗道次第广论》等等。1409 年在拉萨大昭寺举办祈愿大法会，后来一年一度在拉萨举行的传召大会就从此开始。同年倡建甘丹寺，并住此寺收徒传法，形成格鲁派。其主要弟子有嘉曹杰（1364～1432，第一代噶丹赤巴）、克珠杰（1385～1438，第一世班禅）、根敦珠（1391～1474，被尊为第一世达赖）等人。见《佛学词典》，第 650 页。详见《东噶藏学大辞典》，第 1655～1659 页。关于宗喀巴大师生平事迹，国内著述可参阅王尧、褚俊杰《宗喀巴译传》，南京大学出版社 1985 年版；班班多杰《宗喀巴评传》，京华出版社 1995 年版。
② 无著（thogs med；梵：Asaṅga），印度大乘佛教广行派的创始人，生于王族世家，青年时即熟悉五明，以后又学习密咒法和大乘经典。中年于乌仗那（今阿富汗）和天竺南部弘扬佛法，一生著述甚多，主要有《瑜伽师地论》、《摄大乘论本》、《阿毗达磨论集》等。详见《佛学词典》，第 358 页，可参考《东噶藏学大辞典》，第 1058～1059 页。也可以参考《藏汉大辞典》，第 1193 页。
③ 梵：Śākyaśrībhadra。意即喀切大班智达。喀切，即克什米尔人。
④ 此处罗译（第 35 页第 36 行）为：Now, according to the book of rGya ma dbOn ston, which contains a prophecy by Tàrà to Śākyaśrībhadra（kha che pan chen）about his becoming the Buddha Bhagirrathi of the Bhadrakalpa（i. e. one of the Thousand Buddhas of the Bhadrakalpa）。没有提到《贤劫诸佛具缘大车轨》（bskabzang gi sangs rgyas skal ldan shing rta）。

adhyaya Vimalatejas）座前证得一加行道①，并在证得预流果②的扎雅纳（音译）大师座前出家为僧。"③ 其他书中大多数说是在堪布罗睺罗贤座前出家。不管怎么样，龙树和无著两位大师都是说一切有部。弘扬佛法最为出色。藏区僧众都是从龙树大师相传而来，两位大师之大著经论及注释等译为藏文者颇多。以上系别解脱戒传承的阶段。

在印度作为佛教施主的无忧王之传承系统，最著名者已如前所述。其他逐一传承的印度王统世系，没有谁曾听说过还有何种，故而在此未能撰写。

六　吐蕃王统世系阶段

吐蕃王统世系：虽说以前产生过零散的 12 小邦（rgyal phran）等，但毕竟是一些小国，而且没有记载说这些后裔对佛教作出过有益之事业。因此，藏族学者们一般从聂赤赞普（gnyav khri btsan po）④ 开始撰述王统世系的。我也如此。关于此点，有些喜欢弄虚作假之徒记述道，丹巴桑杰⑤七次前往藏区，第一次来藏时，整个藏区沉没在水中；第二次来时，水已退去，有很少的草木、森林、鹿、野驴等等说法。"后来"流传下来的文字中说，丹巴桑杰享寿到 517 岁时在定日⑥圆寂。上述所发纯属虚构。藏区也与印度一样，如大地及人等从住劫⑦开始出现，对于教及理都

---

① 加行道（spyor lam）：方便道。五道之一。指修行时断除烦恼获得功德的初级阶段。见《佛学词典》，第 614 页。
② 预流果（rgyun zhugs vgras bu）：声闻乘四果之一。详见《佛学词典》，第 163 页。
③ 此处罗列赫英译本有所不同（第 35 页），请参阅。
④ 聂赤赞普（gnyav khri btsan po），吐蕃王朝第一代。其出生处有说是色界第十三天光明天子下凡，有说是释迦王族后裔。初在西藏泽当附近赞阁希山间，被当时的十二个氏族酋长和苯波教徒共同拥立为王，扛于肩上，称为聂赤赞普，义译为肩座王，为吐蕃天座七王之首。参阅《藏汉大辞典》，第 976 页。
⑤ 丹巴桑杰（dam pa sangs rgyas），印度佛教中一大成就者。12 世纪初入藏传法，后创息结派。详见《佛学词典》，第 371 页。
⑥ 定日（ding ri），县名。在西藏自治区西南部，南与尼泊尔接壤，县人民政府驻协嘎尔。详见《藏汉大辞典》，第 1256 页。
⑦ 住劫（gnas pavi bskal pa）：四劫中之第二位。世界形成以后，尚未坏灭以前的一段时间。无间狱中最初生一有情时，即为住劫开始。中经人寿无量减至八万岁，次第出现拘留孙、拘那含、迦叶波和释迦牟尼，乃至弥勒佛未出现前，为一上限长劫。尔后人寿减至十岁，复由十岁增至八万岁间，成一来复。如此十八来复之末，千佛中最后一佛即善观佛出现为止，为一下限长劫。如是二十中劫，为一中住劫。详见《藏汉大辞典》，第 1547～1548 页。

是不矛盾的。在佛祖没有出世以前，斗诤时①最初时期，嘉色（洁白）五子②歼灭18支或说12支军团时，汝巴底王（ru pa ti；梵：Rūpati）和一支军团交战，战败后乔扮女装而逃，来到雪域山间居住，其后裔便是现在所说的藏人。这一说法是喜饶果恰（shes rab go cha；梵：Prajñāvarman，智铠）大师所言。（据说）过去的各种古代史料载："此地古名布嘉（pu rgyal），后来称为藏（bod）。"这个看法与喜饶果恰（智铠）大师所言相吻合。特别是在《分辨教》③中所言，释迦牟尼在世时就有藏（博）之名。《时轮密续》（dus kyi vkhor lo；梵：Kālacakra）中，也有圣地（印度）藏（博）等说法出现过。至于聂赤赞普属于大释迦（shavkya chen po；梵：Māha Śākyas）、释迦山谷哇（shavkya ri brag pa）、毗耶离释迦（shavkya li tsa byi；梵：Śākya Licchavīs）哪个种姓则有不同的说法。但在《大方广菩萨藏文殊师根本仪规经》④中，从松赞王到朗达玛这段历史时期，都有详细的预言出现。《大方广菩萨藏文殊师根本仪规经》中说，"（他）出于毗离种（li tsa byi rnams rigs）"。此句证明（吐蕃王族）是毗离种。如是这样，最初为赤赞普峨德（khri btsan po vod lde，聂赤赞普的别名），然后是木赤赞普（mu khri btsan po）、丁赤赞普（ding khri btsan po）、索赤赞普（So khri btsan po）、美赤赞普（mer khri btsan po）、达赤赞普（gdags khri btsan po）、思赤赞普（sribs khri btsan po）。以上为囊吉赤敦（gnam gyi khri bdun）即"天之七赤王"。思赤赞普之子为止贡赞普（gri gum btsan po）、布德贡杰（spu de gung rgyal）。以上为巴及洞宁（bar gyi lteng gnyis），即"中间二王"。往下是埃肖勒（e sho legs）、德肖勒（de sho legs）、提肖勒（thi sho legs）、古茹勒（gu ru legs）、仲协勒（vbrong zhi legs）、伊肖勒（i sho legs）。以上为萨易勒周（sa yi legs drug），即"地上六勒王"。萨囊希德（za nam zi lde）、德楚南雄赞（lde

---

① 斗诤时（rtsod ldan dus；梵：Kali yuga），佛书所说人世间的法、财、欲、乐，即道德、财富、享受和安乐四者之中只能具备其一的时代，期间为四十三万二千年，有释迦牟尼出世。见《藏汉大辞典》，第2231页。

② 嘉色五子（skya seng bu lnga；five Pàndeva brothers），也称嘉色普峨。

③ 《分辨教》（lung rnam vbyed；梵：Vinayavibhaṅga），也称《广戒经》。四分律之一。此中分辨比丘戒二万四千九百颂，分八十三卷。西藏译师鲁坚赞由梵文译成藏文。见《藏汉大辞典》，第2788页，也可参考《佛学词典》，第805页。

④ 《大方广菩萨藏文殊师根本仪规经》（vjim dpal rtsa bavi rgyud；梵：Mañjuśrīmūlatantra），密宗经籍。全书三十六章。11世纪初，译师释迦罗迫由梵文译藏。宋代天息灾由梵译汉。见《佛学词典》，第255页，也可以参见《东噶藏学大辞典》，第881页，《藏汉大辞典》，第888页。此处郭译（第24页）为：《文殊根本续》。

vprul nam gzhung btsan)、色诺南德（se nol nam lde）、色诺布德（se rnol po lde）、德诺南（lde rnol nam）、德诺布（lde rnol po）、德杰波（lde rgyal po）、德珍赞（lde sprin btsan）。以上为德介（lde brgyad），即"八德王"。杰多日隆赞（rgyal to ri long btsan）、赤赞南（khri btsan nam）、赤扎邦赞（khri sbra dpungs btsan）、赤涛杰涛赞（khri thog rje thog btsan）、拉脱脱日年赞（lha tho tho ri gnyan btsan）、赤年松赞（khri gnyan gzungs btsan）、仲年德峨（vbro gnyan ldevu）、达日年思（stag ri gnyan gzigs）、囊日松赞（gnam ri srong btsan）、松赞干布（srong btsan sgam po）、贡松贡赞（gung srong gung btsan）、芒松芒赞（mang srong mang btsan）、都松芒波杰（vdus srong mang po rje）、隆朗粗季杰波（klung nam vphrul gyi rgyal po）①、赤德祖丹美阿冲（khri lde gtsug brtan mes ag tshoms）、赤松德赞（khri srong lde btsan）、牟涅赞普（mu ne btsan po）、赤德松赞（khri lde srong btsan）、热巴坚（ral pa can）、赤乌赞朗达玛（khri vum btsan dar ma），朗达玛之子南德峨松（gnam lde vod srungs），南德峨松之子贝柯赞（dpal vkhor btsan），贝柯赞被民众所杀，前后藏丧失中心政权。其有赤扎西哲巴贝（khri bkra shis rtsegs pa dpal）和基德尼玛贡（skyid lde nyi ma mgon）二子。赤扎西哲巴贝居住在后藏的上部地区。吉德尼玛贡前往阿里地区，吉德尼玛贡有三子为贝季贡（dpal gyi mgon）、扎西德贡（bkra shis lde mgon）和安朱贡（lnga gtsug mgon）。长子居住于芒域②地区，次子居住于布桑③地区，三子居住于象雄④地区，古格王的管辖之内。扎西（德）贡有二子为柯热（vkhor re）和松峨（srong nge）。柯热有二子为纳伽热乍（nav ga rav dza）和德哇热乍（de ba rav dza）。柯热三父子都出家为僧，而把政权交与松峨。松峨之子为拉德（lha sde，天军），拉德之子峨德（vod sde，光军）执掌国政，其弟绛曲峨（byang chub vod，菩提光）和西哇峨（zhi ba vod，寂光）出家为僧。峨德之子为哲德（rtse lde，顶军），哲德之子为伯德（vpar lde，焰军），往下传便是扎西德（bra shis

---

① 罗注（第37页）：隆朗粗季杰布（klung nam vphrul gyi rgyal po）或者粗季杰布（vphrul gyi rgyal po），是都赞普（vdus srong，公元676~704年在位）的名号。请参阅巴考、托马斯、杜散的《与吐蕃历史相关的敦煌文献》，巴黎，1940~1946年版，第112、149页。

② 即芒域（mang yul），又译芒隅，西藏自治区的阿里普兰至后藏昂仁、吉隆等县一带与尼泊尔接近的地区古名。见《藏汉大辞典》，第2055页。

③ 布桑（spu hrangs），即普兰。县名。在西藏自治区阿里南部。详见《藏汉大辞典》，第1658页。

④ 象雄（zhang zhung）：本书认为，古格小邦所在地，今阿里地区扎达县。

sde)、巴德（bha sde）、纳伽德哇（nav ga de ba；梵：Nāgadeva）、赞曲德（btsan phyug lde）、扎西得（bra shis lde）①、扎赞德（grags btsan lde）、扎巴德（grags pa lde）、阿索德（a sogs lde）。阿索德子为敬达玛（vdzi dar rmal）和阿南玛（a nan rmal）。【阿南玛之子为惹玛（revu rmal）】②，其子为桑嘎玛（Sangha rmal）。敬达玛之子为阿敬玛（a vjid rmal）③，阿敬玛之子噶伦玛（ka lan rmal），噶伦玛之子坝岛玛（bar btab rmal）。坝岛玛晚年绝嗣，故而此支王种断绝。赤扎西哲巴伯（khra shis rtsegs pa dpal）之子为伯得（dpal lde）、峨得（vod lde）和基得（skyid lde）三人。次子峨得有四子，其中三子为赤穹（khri chung），赤穹之子峨基坝（vod skyid vbar）；峨基坝有七子，其中岳坚（gwu can）之子为觉嘎（jo dgar）；觉嘎有三子，次子达玛（dar ma）；达玛有四子，其中觉卧伦觉（jo bo rnal vbyor）有三子，长子为觉坝（jo vbag）；觉坝有五子，长子为觉卧释迦贡（jo wo shavkya mgon），其子觉卧释迦扎西（jo bo shavkya bkra shis）；觉卧释迦扎西有二子，次子扎巴仁钦王（mngav bdag grags pa rin chen）；其有四子，次子释迦贡（shavkya mgon）；释迦贡之法王释迦仁钦德（chos rje btsan po shavkya rin chen lde）。以上所有的后裔中除朗达玛外，松赞（干布）以下所有（藏王）都是信奉三宝为上师的。此为吐蕃王统世系阶段。

七　祖孙三法王④建立佛法阶段

拉脱脱日年赞在位时，有《宝箧经要六字真言》（tsinta manivi gzungs；梵：Cintāmanidhāranī）及《诸佛菩萨名称经》（spang bkong phyag rgya ma）⑤等从天而降，供奉这些法典而使国政强大，王寿延长。这是佛教正法开始在藏区诞生。奈巴班智达（nel pa pandita）说："由

---

① 此处"扎西得"藏文与上面的"扎西德"（bra shis sde）不同，故汉译时用字有别。罗译藏文转写均为 bkra shis lde（第37页）；郭译分别为"扎喜德"和"扎希德"（第25页）。请参阅。
② 【】处郭译（第25页倒数第3行）漏。
③ 罗译（第38页）注：Ajita。
④ 西藏史家称松赞干布、赤松德赞和热巴坚三位藏王的总名。
⑤ 罗译（第38页）文间注：参阅《甘珠尔》，mDo sde，第267条。

于当时苯教①敬仰天，说是从天而降。"此话是苯教之言。实际上是班智达洛善措（pandita blo sems vtsho）和黎特赛译师（lo tsa ba li the se）将这些法典从印度带来的，由于国王不懂文字而不知其义，班智达和译师返回了印度。似乎这种说法是对的。后来巴塞朗②前往尼泊尔，见堪布细哇措（寂护）时，堪布对他说："藏王、你和我三人，在饮光佛传法时同为甲枳玛（bya rdzi ma，养鸟女）之子，然后发愿于在藏区弘扬佛法。既然这位国王尚未出生，你也还没有长大，因此，我在这里等候藏王已经九代了。"③ 正如《拔协》（sba bzhed）④ 所示正语：菩提萨埵（即为细哇措）的慧心由黎特赛所传译，所谓的"护"（vtsho）就是"寂护"之意。拉脱脱日年赞时期，佛教正法在藏区开始诞生之情况是，只有经典而没有人会书写、念诵及讲法等。松赞干布时期，才派遣吞米桑布札（thon mi sambhota）前往印度，师从拉日巴僧格（lha rig pavi seng ge，梵：Devavitsimha，天智狮子）大师，学习（梵文）文字和语言。学成回藏后，在印度 50 个根本字母基础上造出藏文 30 个根本字母，从 16 个元音中取用 ཨི་ཨུ་ཨེ་ཨོ 四个音韵，其余的则没有使用。把 ཨ 加入辅音中，但辅音中的 ཊ 字组则不用；其余四组中的第四个字母和 ཕ 等在藏语中没用，故而舍弃。ཙ་ཚ་ཛ 等字，东印度的一部分人读作 ཙ་ཚ་ཛ，故而取用这三字母；在印度语中没有的 ཞ་ཟ་འ，但藏语里需要，故而加了进去；这三个字母中的 ཞ 与 ཤ 相同，所以尼泊尔一班智达给法王布顿写信时称之为峡鲁班智达（ཞ），而不是夏鲁班智达（zha lu）；由于 ཟ 与 ས 相似，故而印度所说的 ས་ཏོག，在藏语中为

---

① 苯教（bon po）：西藏土生土长的一宗教，到现在还有很多藏族民众信仰这一宗教。参阅《藏汉大辞典》，第 1835 页。郭注（第 26 页）：苯波，古代西藏原始宗教名，创始人辛饶，类似汉土的巫教。
② 巴塞朗（dbav gsal snang）：赤松德赞时期的一大臣名。是七觉士之一。详见《东噶藏学大辞典》，第 1575~1576 页。
③ 罗注（第 39 页）：这个故事在《莲花遗教》（Pad mavi bkav thang）第 187a 叶中有述。据说在尼泊尔有三兄弟修建了 Bya rung kha shor caitya。
④ 《拔协》（sba bzhed），又译《巴协》，别名《桑耶寺详志》（bsam yas kyi dkar chag chen po），巴塞朗著。书中对 8 世纪吐蕃王赤松德赞时期的历史记载较详，除主要讲述桑耶寺建成后佛教在西藏的弘扬情况外，亦有唐蕃关系、藏印佛教交往、藏王王诰以及建立译场翻译佛经当时政治制度和经济文化发展方面的情况记述。参阅《藏汉大辞典》，第 2012 页。

ヨ་ཅེར། ། འ与 ས相同。这样创制藏文之后，藏王也花了很长时间学习文字①，吞米把《宝云经》②译成了藏文。另外，藏王则以法主身份宣讲了《观世音六字真言》（spyan ras gzigs yi ge drug ma）、《圣阎摩敌》（vphags pa gshin rjevi gshed；梵：ârya Yamantaka）③、《护法贡波》（chos skyong mgon po；梵：Dharmapāla Nātha）及《天女》（lha mo；梵：Devī）等许多佛法。国王还让很多人修禅定，不少人由此获得神通。他还修建了许多静修处（sgom gnas），比如前藏（dbus）的昌珠寺④及镇肢寺庙⑤和镇节寺⑥庙。两王妃也修建了幻化寺（vphrul snang）和惹姆伽寺（ra mo che）。⑦（国王）制定出针对杀人、偷盗、奸淫者等的完备的惩罚条例；让全体民众学习文字和《在家道德规范十六条》⑧等佛法。除新信众外，其他善法（在藏信众中）也极兴盛；因此，整个藏区获得善治。后来赤德祖丹（khri lde gtsug brtan）的大臣在秦浦⑨地区的岩穴中⑩（发现）松赞（干布）的一铜牌语录说："我的后代侄子中会出生一个名为德（lde）字的，他将佛法弘扬光大。"于是赤德祖丹王

---

① 此句罗译（第39~40页）为"国王假装花了很多时间学习藏文"（the king pretended to study the alphabet for a long time），并接着加文间注曰"国王是先知先觉观音菩萨的化身，假装学习藏文"（the king being an incarnation of the All knowing, Avalokitesvara pretended to study the alphabet）。

② 《宝云经》（mdo sde dkon mchog sprin；梵：Ratnamegha sūtra）：相传为吞米桑布札藏译。据称此乃译佛经之始。见《佛学词典》，第403页。

③ 郭注（第27页）：圣阎摩敌，系密宗无上瑜伽部中一经典名。

④ 昌珠寺（khra vbrug）：7世纪初，松赞干布为镇压古堪舆家所说罗刹女左肩所建的寺庙，在今山南乃东县境内，为西藏最早寺庙之一。相传文成公主曾居此寺，寺内有公主炉灶、六柱六门及公主卷轴像等文物。见《藏汉大辞典》，第270页。

⑤ 镇肢寺庙（mthav vdul）：古堪舆家说西藏地形为罗刹女仰卧伏，松赞干布时建镇压女魔肩臀部的四座寺庙。即昌珠寺、也如藏章寺、布如噶采寺和如拉尊巴江寺。见《藏汉大辞典》，第1203页。

⑥ 镇节寺（yang vdul）：古堪舆家说西藏地形为罗刹女仰卧伏，松赞干布时倡建以镇压女魔肘部和膝部的四座寺庙。即工布布楚寺、洛扎孔廷寺、绛真格杰寺和绛扎冻则寺。见《藏汉大辞典》，第2549页。又，此处郭译（第27页）漏。

⑦ "两王妃"指尼泊尔的墀尊公主和大唐的文成公主。幻化寺，大昭寺别名；和惹谟伽寺，小昭寺别名。

⑧ 罗注（第40页）：（16）条款可见于bLa ma Mingyur rDo rje和E. Dension Ross编的《古藏文入门教程》（Matriculation Course of Classical Tibetan），加尔各答，1911年版，第7页。

⑨ 秦浦（mchims phu）：古地名，在今扎囊县桑耶区。见《拔协》、《桑耶寺志》、《卫藏圣迹志》等古籍中。见《藏汉大辞典》，第848页。

⑩ 此处郭译"陶土隙缝中"（第27页）。

想"德"字为名者应该是我,便修建扎玛正桑①等一些寺庙,又从里域②迎请很多僧人,从汉地迎请很多和尚来敬奉佛法,但是藏人中没有出现出家为僧者。赤德祖丹去世之后的赤松德赞执政时期,有一个叫玛香(ma zhang)的大臣,虽有大权,但不喜欢佛教。他把僧人驱逐到其他地方,拉萨的释迦牟尼佛像被搬运到吉绒(skyi rong)地区,还把各寺院变成了屠宰场。国王虽然信佛,但没有掌握实权(阻止其逆行)。居住在惹姆伽(小昭寺)的和尚们回到了内地,但有一老和尚离开时留下了一只鞋,并预示说:"藏区佛法还会兴起。"据此,有人误以为佛法就是此时兴起。但那些别有用心、希望消灭佛法的人就说:"那鞋是摩诃衍那和尚③留下的。"藏王信奉佛法的助手有管甘(vgos rgan)、贝桑西(dbav sang shi)和巴塞朗等人,于是派贝桑西和巴塞朗前往汉地谒见皇帝,说明来意后,获准拜见传授修行经教的和尚,很好地接受了修行的经教。因为这位和尚是一位具有大神通者,他对桑西说:"佛经中所说的赤面人地区将有引出佛法的菩萨出现,这菩萨就是你;印度的堪布(细哇措)寂护,是藏区的教化者,除他之外谁也教化不了。"另一位获神通的和尚在奔桑旺波座前预示道,桑西和塞朗两人是菩萨的化身。他俩虽然从汉地带了一千多卷佛经到藏区,但由于害怕大臣玛香的惩罚而把佛经藏了起来。后来,塞朗被任命为芒域的康本④,便在芒域修建了两个寺庙。⑤ 安定了那里的局势后,塞朗就到尼泊尔拜见堪布细哇措(寂护)。堪布盼咐道:"我们应在藏区弘扬佛法。"塞朗便在堪布面前求得菩提心戒而在空中发出"喜!喜!喜!"的三声妙音。然后,塞朗前往金刚座(rdo rjevi gdan),给予大菩萨(大觉)盛大供养,于是在仲冬(藏历11月)大降甘雨。⑥ 回藏后,塞朗来到前藏藏王座前,

---

① 扎玛真桑(brag dmar vgran bzang):系吐蕃赞普赤德祖赞(704~754年在位)所建立神殿之一。位于桑耶寺北扎玛地区。见《佛学词典》,第589页。
② 里域(li yul):新疆南部昆仑山以北和塔克拉玛干沙漠之间一带地区的总名。详见《藏汉大辞典》,第2779页。
③ 又称"大乘和尚"。唐代汉僧,唐德宗(780~805在位)时,入藏讲经,力倡禅宗,一时藏地僧人风靡景从,赞普妃没卢氏等贵族妇女三十余人从其出家。详见《佛学词典》,第621页。又,此处罗译(第41页)文间注:摩诃衍那和尚后来成为某邪教派的创始人,该派被 Kamalaśila 所破,摩诃衍那遂被驱逐出藏。宁玛派常常用这种说法来贬低敌对教派。
④ 康本(khang dpon):古代西藏的一种官职。
⑤ 此句郭译为(第28页):后来色朗盼咐芒裕地方官在芒裕修建了两座寺庙。
⑥ 此句罗列赫英译为:Then he journeyed to Bodh gaya and made offerings to the Bodhi tree, and then, in the middle winter month, a heavy shower of rain fell.

向国王陈述了堪布之语。藏王说："玛香很有可能要迫害你，所以你马上走吧！我会与管甘等秘商，再去迎请堪布。"于是，由管甘设计，把玛香骗到堆龙①的空墓中活埋了。②后来，塞朗前去邀请堪布到拉萨时，藏王吩咐各大臣曰："你们去了解这位大师的教法为何派？若是位贤善大师就请到我这里来。"各大臣都前往问道："您是何法派？"③大师（堪布）答曰："我之法是以正理观察何者为合理，合理是我之法派，不合理就不是我的法派。"这种说法博得国王和大臣们的赞同。于是他们就迎请堪布到了桑耶④，并在翁布园（vum bu tshal）⑤中与藏王见面。藏王对堪布行礼后，堪布说："我们在饮光佛时期中，曾在尼泊尔的佛塔前，发愿在藏区弘扬佛法，大王是否记得？"藏王答道："由于我修行时间短而没有领会。"于是，堪布对王进行加持后，使国王顿忆前生往事，并对王讲十善法⑥和十八界⑦等许多法。由此使得藏区的各大鬼神嗔恨，用雷击了红山（dmar po ri）上的王宫，用洪水冲走了旁塘⑧的王宫，且发生了一些天灾和大范围传染病（瘟疫）。一些喜欢恶道的大臣想以此抛弃正法，便狂妄地说："这是由于信佛法的报应，应该把这个游学僧赶回印度。"于是，国王给堪布供奉了许多黄金，说明情况。堪布说，"我自己去尼泊尔，这是藏区的非人（鬼神）不喜之故。在人世间（赡部洲）有一位名叫白玛桑坝哇（Padmasambhava）⑨的大密师，我派人去迎请他，国王你也派人去迎请他到藏。"堪布到尼泊尔时，莲花生大师碰巧也在那里。于是国王派使者迎请莲花生大师到藏。（赴藏）途中莲花生大师首先与永宁地

---

① 堆龙（stod lung，又为 stod lungs）：地名，又译朵陇。今西藏自治区拉萨市西北面堆龙河流域地区。见《藏汉大辞典》，第1115页。
② 罗译（第42页）文间注：据西藏普遍的传说，有位占卜者告知大臣（玛香），为了使国王免除意外之灾，他应该呆在墓穴里。当他进入墓室之后，墓室门被反锁，把他锁在了墓里。
③ 此句罗列赫英译（第42页）为：What was his doctrine?
④ 桑耶（bsam yas）。山南札囊县一地名。见《藏汉大辞典》，第3043页。
⑤ 郭译（第28页）"翁布宫"。
⑥ 十善法（dge ba bcu；梵：daśa kuśalàni）：不杀生、不偷盗、不邪淫、不妄语、不两舌、不恶口、不绮语、不贪、不嗔和不邪见。见《藏汉大辞典》，第451页。又，罗译（第43页）文间注曰：请参阅《翻译名义大集》，第1685条。
⑦ 十八界（khams bco brgyad）：外六界、内六界和六识界，次第别名所缘界、所依界和能依界，共十八界。见《藏汉大辞典》，第224页。
⑧ 旁塘（vphang thang）：今西藏自治区乃东县颇章区古名。是8世纪初赤德祖丹等王宫所在地，金成公主在此生赤松德赞。见《藏汉大辞典》，第1778页。
⑨ 莲花生的别名，是莲花生八种名号之一。

母十二尊①比高低，他运用威力慑伏了诸女神，并令后者受灌顶而起誓守护正法。然后逐次到了北道，使唐拉②等神降伏。大师到桑耶时，为了使藏王生信，四大天王③中的一天王降入一孩童身中说"是唐拉神雷击红山，是香布神④使旁塘遭洪水"，并对其余诸神所做诸害一一加以说明。大师降伏了诸神并（令其起誓守护正法）。后来，他为桑耶寺奠基，重新迎请堪布，从芒域迎请释迦牟尼佛像供奉在大昭寺（vphrul snang temple）中。从卯（兔）年（公元787年）⑤至未（羊）年（公元791年），很好地完成了大寺的包括围墙等在内的一切该有的建筑。藏王修马头金刚法（yi dam Hayagriva）而得成就，出现过响彻赡部洲的最大马鸣声。最初，预试七人⑥出家，继后有许多信仰者和智慧者出家为僧。该王统治时期，康区以上，共修建寺庙十二个，在叶尔巴⑦和秦浦地方修建了修道院，传说在叶尔巴修院中有许多能在空中飞行的修士。全部出家人的生活均由上官发给，并且翻译了大量的密宗经典，确定听闻和讲说。后期的底白嘎惹（Dīpaṁkara）论师说，当时在藏区的佛教盛况，在印度也是没有出现过的。此后直到赤热巴坚，父祖的正大的事业，仍然在继续弘扬和发展。对如此的施主与福田，是值得以恭敬心来做礼赞的。此为祖孙三法王建立佛法之阶段。

---

① 永宁地母十二尊（bstan ma bcu gnyis）：立誓永远保佑藏土的十二尊主要地祇女神。详见《藏汉大辞典》，第1123页。
② 唐拉山神（thang lha），藏北念青唐古拉山神。见《藏汉大辞典》，第1145页。
③ 四大天王（rgyal chen rigs bzhi）：即为持国天王、增长天王、广目天王和多闻天王等所谓四大天王。详见《藏汉大辞典》，第550页。
④ 香布神（sham bu）：也称雅拉香布。一雪山名，在山南地区穷结县境内，佛教徒视为神山。可参考降边嘉措著《格萨尔与藏族文化》，内蒙古大学出版社1994年版，第5～6页。
⑤ 罗注（第44页）：据布顿所言，系阴火兔年（me mo yos），参见 E. Obermiller 英译的《布顿佛教史》（1932）卷II，第189页。
⑥ 即应试七人（sad mi mi bdun）：也称七觉士，又译作七试人。公元8世纪赤松德赞时，为观察藏人能否出家守戒，命寂护试度西藏贵族青年出家，传说一共有七人（有的资料说共有六人）。即巴塞朗即耶协旺波、巴赤协、毗卢遮那、嘉哇却洋、昆·鲁耶旺波、玛·仁钦却和藏勒珠。见《佛学词典》，第844页。
⑦ 叶尔巴（yer pa），也巴密乘寺，在拉萨东北部一山寺名。详见《藏汉大辞典》，第2597页。

八 在《大方广菩萨藏文殊师利根本仪轨经》中所授记的各藏王

从松赞干布到到峨松王（vod srongs）的情况，在《大方广菩萨藏文殊师利根本仪轨经》（vjam dpal rtsa bavi rgyud；梵：Mañjuśrīmūlatantra）中说："此如来①教法，将生各种相，依止北方土；那时将出现，名为拉登地，位于雪域中。王为人中天（mi yi lha；梵：Mānavadeva）②，种属毗耶厘③，此能修密义，福寿两具足，且具智财富，便成人之王。抚政80年，远离盗窃行，此王舍寿命，亦为密速成。息增能清凉，世间称度母，天母白衣母，此母勤利他，常时无悲痛。所说彼等中，如是有多王，示现诸种相，各色各种身，雪域边地王（kha ba can gnas kla klo rgyal 也称野蛮）④。此能信供佛，超群贤超群⑤，地光（sa vod；梵：Bhūbhāsa）⑥ 贤地光，如是镇彼岸，示知行步态，地护与牛犊，具光（vod ldan；梵：Bhāsvat）⑦ 为后者⑧。后出天王性，为各边地（野蛮）相，此后另一规，外众起作行。"授记中的"北方"（byang gi phyogs）和"雪域"（kha ba can）是普遍传称的（藏区），"拉登"即为拉萨。所谓的"抚政寿八十"，实际住寿82岁，其中间有贡松贡赞（gung srong gong btsan）也曾略摄政权。所谓"度母"（sgrol ma）、"白衣母"（kos dkar mo）、"大白衣

---

① 如来（de bzhin gshegs pa）：此有二义：1.如实了知诸法法性故名如来。另外也指 2.德银协巴（1383～1415），原名却坝桑波，系藏传佛教噶玛噶举黑帽系第五世活佛。彼曾应明成祖之邀去过南京，被赐"如来"名号，并封为"大宝法王西天大善自在佛"。见《佛学词典》，第381页。
② 罗译（第45页）文间注曰：梵文文献里为"Mànavendra"。
③ 广严城（li tsa byi），古印度地名及其地之人。梵音译作吠舍厘、毗耶离。详见《红史》，第131页。
④ 边地，也称野蛮（人），居住在边地，没有开化昧于取舍之人。详见《藏汉大辞典》，第1201页。
⑤ 此句郭译为"牛王贤牛王"（第30页）。
⑥ 罗译（第45页）文间注：MMK文献里梵文为 Bhàvasu。接着又加脚注：参阅 K. P. Jayaswal 的《印度帝国史》（Imperial History of India，拉合尔1934年版）第20ff、40页，里面附录了罗睺罗（Rahula Sankrtyayana）修正的有关的梵文文献。《青史》作者管译师（vgos lo tsa ba）理解 MMK 中的这一段落，并应用到了藏文里。
⑦ 罗译（第45页）注：据管译师看来，Vatsaka 和 Bhasvat 是两位不同的王。
⑧ 罗译（第45页）文间注：藏译者把梵文中的 paścima 译为"后者"（last），而非"西方人"（Westerner）。

母"（dkar mo chen mo）是指三贤妃，即文成公主（kong co）、尼泊尔公主（bal mo bzav）及郑萨玛白头巾（vdring bzav ma thod dkar）①。所谓"种族毗耶厘"（li tsa pyivi rigs）是指系毗舍离的后裔。所谓"边地（野蛮）王"（kla klovi rgyal）是指西边有一名叫"达"（tav）的地区也在其权属之下。所谓"如是有多王"（de bzhin du rgyal po mang po）指后来的各位藏王。所谓"超群"（khyu mchog）是指芒松藏王（mang srong）。"贤超群"（khyu mchog bzang）是指龙朗（klung nam）。"地光"是指美阿冲王（mes ag tshoms）。"贤地方"（sa vod bzang）是指赤松德赞。"镇彼岸"（pho rol gnon）是指牟涅赞普。"行步"（rkang pavi vgros）是指赤德松赞。"地护"（sa srungs）是指热巴坚。"牛犊"（bevu）是指朗达玛。"具光"是指峨松王。所谓的"具"（ldan pa）和"护"（bsrung pa）是说最后的藏王。所谓"后出王天性"（tha mar vchar rgyal ngang tshul）是指从日出的地方来到藏区统治的霍尔王。这只是一些人所言，其实是指称为峡喀地区，被涅氏所杀的贝柯赞（dpal vkhor btsan）。由此就没有统治全藏区的藏王，所以出现"此后另一规"（lugs rnam par zhig go）。此为《大方广菩萨藏文殊师利根本仪轨经》中所授记的各藏王阶段。

九 藏汉霍尔（蒙古族）王世系

有关松赞干布王到朗达玛王之间的历史，在仁钦扎巴藏译的汉语文献（rgyavi yig tshang）②中有详述。在此谨据人之主贡噶多吉（mivi bdag po kun dgav rdo rje）③所著史书抄录如下：

周代王朝（civuvi rigs）有36王④，统治国政一百年⑤。其中第四代

---

① 罗译（第46页）注：这里管译师误解了经咒（mantras）里的名称，用它们来代表松赞干布的三个妃子。vdri bzav thod dkar 常用来称呼松赞干布的母亲。
② 罗注（第47页）：此即吴江祖（vu gyan ju 又译胡将祖）译，仁钦扎国师（Gu śrī Rin chen grags）编的《新唐书·吐蕃传》（rgyavi deb ther zu thu chen）。
③ 贡噶多吉（kun dgav rdo rje），乃《红史》（deb ther dmar po）作者。罗译（第47页）文间注曰：这表明管译师没有原始的汉文文献，而是转引自《红史》，此书包含了大量译自汉文文献的段落。
④ 三十六王之姓名可以参考《红史》汉译本第156页。
⑤ 《红史》认为是八百年。

周王在位时，佛出现于此世。周代结束后为秦始皇①，出现两个王②。继为汉高祖（han kavu dzung，公元前 202 年）坐江山，王朝传至 12 代时，有叫王莽（ang mang，公元 9 年）的大臣叛国而执政 18 年。此后由汉朝后裔汉光武（glevu gong bu，公元 23 年）杀王莽而复主持国政。其子为汉明帝（han min ti，公元 58～75 年在位），那时有见谛的名竺华那（dzu ha la）③等两班智达，迎来小乘经典到汉地，在河南府（hor nam hu）地区建白马寺④，并翻译经典。从此至今，佛教在汉地传播开来。汉朝传至第 24 代汉献帝（hwan han de，公元 189～220 年在位）时，有一位臣名曹操（tsha bo tsha）的夺汉王朝，王统传了五代，又被其一位叫司马（即司马超，藏文误为 vu ma）的大臣夺了王位。继为晋（藏文为后晋 cing gi brgyad pa）代传统，有东晋（tung tsing）和西晋（bsi tsing）两朝。西晋时遣使迎取檀香释迦牟尼像（tsan dan jo bo）。迎来时西晋已亡，有一名臣相登位称王；而去迎取檀香佛像的将军则夺取了西川⑤和周堡二十四处，自立为王。⑥将军为王的王朝后代手中，迎请到檀香释迦牟尼像、佛舍利（ring bsrel）和很多班智达并作供养。臣相为王的王朝断嗣，继而出现隋炀帝（suvi gwang di）⑦父子两代。随后

---

① 秦始皇（chin hri hwang）：即嬴政（公元前 259～前 210 年），战国时秦国国君、秦王朝的建立者。是秦庄襄王之子。详见《红史》，第 156～157 页。又，此处罗列赫英译本转写为 tshing-hri-hwang。
② 此二王指的是秦始皇本人及其于公元前 207 年被杀的儿子（秦二世）。
③ 罗译（第 47 页）文间注：竺法兰，Dharmaratna。
    同上罗注：参阅伯希和（P. Pelliot）、J. As（1914）第 387 页注 3；《通报》（1920）第 345、429 ff 页。关于传说中托梦汉明帝的故事，请参阅马伯乐（H. Maspero）的文章"Le songe et l'ambassade de l'Empereur Ming. Etude critique des sources"，载 BEFEO，卷 X，第 95～130 页；伯希和，《通报》（1920），第 255 ff 页。
④ 白马寺（pavi mavi savi lha khang）：在河南洛阳东十二公里。为中国最早的寺院之一。详见《红史》，第 160 页。
⑤ 这里原文为 bsi chon，郭译为"西晋"（第 31 页倒数第 9 行）。
⑥ 此处有藏文"Ching sang rgyal po devi brgyud pas"。疑为刻板位置有误，似乎应该放在"有一名臣相登位称王"一句之后。此句郭译和罗列赫英译本均未译。似为藏文原本中的衍句。
⑦ 隋炀帝，名杨广（569～618），隋文帝次子，他杀死文帝及兄长杨勇后继位。在位 14 年（604～617 年在位），被农民大起义的浪潮困于江都（今江苏扬州市），为部下宇文化及等发动兵变缢杀，终年 50 岁，葬于今江苏省扬州市西北 15 里的雷塘侧。在位期间，开通大运河，击溃吐谷浑、突厥、高丽、契丹等国，阔疆五万里，发明科举制度，一直延续到清朝光绪三十一年（1905）才被废，为中国做出了很大的贡献，他又是一个暴君，其暴政将隋朝推向了灭亡。

第一章 教法来源、历代王朝世系及前弘期佛教 51

唐高祖（thang kavu dzung）① 夺取了皇位，是为唐代最初之皇帝。高祖于戊寅年（阳土虎，公元618年）② 为王，执政9年，到70岁时去世。据汉地史籍载，此戊寅年（阳土虎）正好是佛世尊示寂后1566年。高祖之子唐太宗（thang thave dzung）③ 在丙戌年（阳火狗，公元626年）④ 即位，9年后于甲午年（阳木马，公元634年）⑤ 即与吐蕃王互献礼品结为友好。先是吐蕃赞普求婚唐朝公主而未得许赐，因此，藏王怒而发兵侵唐，战争持续八年之久。尔后吐蕃军队返藏，便派大臣噶尔东赞（mgar stong btsan）携带大量黄金及珠宝赴唐求婚，于辛丑年（阴铁牛，公元641年）⑥ 唐太宗许赐文成公主（wung shing kong jo）。据汉

---

① 唐高祖李渊（566～635），唐代开国皇帝，字叔德，618～626年在位。先世本为赵郡（今河北赵县）李氏。祖父李虎，西魏时官至太尉。父李昞，北周时历官御史大夫、安州总管、柱国大将军。母为隋文帝独孤皇后姐，故特见亲重。隋炀帝即位后，李渊任荥阳（今河南郑州）、楼烦（今山西静乐）二郡太守。后被召为殿内少监，迁卫尉少卿。隋大业十一年（615），拜山西河东慰抚大使。十三年（617），拜太原留守。同年起兵，于11月攻拔长安。李渊入长安后，立炀帝孙代王侑为天子（恭帝），改元义宁，遥尊炀帝为太上皇。次年（618）五月，李渊称帝，改国号唐，定都长安。不久唐统一了全国。李渊在位时期，依据隋文帝旧制，重新建立中央及地方行政制度，修订律令格式，颁布均田制及租庸调制，重建府兵制，为唐代的职官、刑律、兵制、土地及课役等制度奠定了基础。武德年间，统治集团内部充满了复杂的斗争。武德九年（626）六月初四爆发了玄武门之变，李世民杀李建成和李元吉，逼李渊立己为太子。不久，李渊退位为太上皇，李世民即位，是为唐太宗。李渊在度过一段闲散失意生活后，死于太安宫。庙号高祖。葬于献陵。

② 公元618年，即唐高祖武德元年。

③ 唐太宗李世民（599～649），唐朝第二位皇帝，其名意为"济世安民"。太宗是他死后的庙号。他还是唐朝军事家、政治家、书法家。他开创了历史上著名的"贞观之治"，将中国封建社会推向鼎盛时期。唐太宗生于开皇十八年（599）生于京兆武功（今陕西武功西北），是高祖李渊与窦皇后次子。公元615年娶妻长孙氏（登基后称长孙皇后）。公元617年，李世民随父亲、刘文静起兵反隋，攻入长安，灭隋。李世民被封为秦王。此后，李世民经常出征，屡建奇功，被李渊封为"天策上将"。此后，李世民与兄太子建成、四弟齐王元吉之猜忌日益加深。大臣间互相倾轧，分为两派。公元626年，李世民在长安城宫城玄武门发动政变，杀建成、元吉和侄子，迫高祖让位，自己即位为帝，次年改年号为贞观。在位期间，推行府兵制、租庸调制和均田制，并积极推行科举制。善于听从大臣的批评和见解，魏征直谏200多次直陈他的过失。630年，击败东突厥，被尊为"天可汗"。641年嫁文成公主给吐蕃的松赞干布，唐朝国力强盛，被称为"贞观之治"。晚年著《帝范》一书以教诫太子，其中总结了他一生的政治经验，也对自己的功过进行了评述。公元649年，唐太宗患痢疾，医治无效，命太子李治到金液门代理国事。李世民于同年五月病死于长安含风殿。葬于今中国陕西礼泉县东北50多里山峰上的昭陵。谥号为"文皇帝"。

④ 即唐高祖武德九年。

⑤ 即唐太宗贞观八年。另，《红史》认为是阳木虎即甲寅年。

⑥ 即唐太宗贞观十五年。

文史籍载，事过七百年之后，蔡巴·贡噶多吉①掌权时，正是丙戌年
（阳火狗，公元1346年）②，但似乎应该是此丙戌年（火狗）之前五年
的辛巳年（铁阴蛇，公元1341年）③才对。唐太宗执政24年，于己酉
年（阴土鸡，公元649年）④在52岁时驾崩。其子高宗继位执政，唐
高宗（chi kavu dzung）⑤登位后的庚戌年（阳铁狗，公元650年）⑥正
是吐蕃赞普松赞干布去世之年。那时其子贡松贡赞早已去世。芒松芒赞
年满13岁时执政，由大臣噶尔东赞辅助小王执政达15年之久。⑦后来，
噶尔东赞去世了。此后唐蕃时而和睦，时而战争，反复多次，互争疆
土，互有胜败。尤其是芒松芒赞执政第21年即庚午年（阳铁马，公元
670年）⑧，吐蕃军队大举进攻大唐，获取回鹘⑨一切疆土。芒松芒赞执
政30年后于【己卯年】（阴土兔，公元679年）⑩在42岁时去世。芒
松之子都松芒波杰为王。文成公主在藏居住40年之久，于庚辰年（阳

---

① 蔡巴·贡噶多吉（vtshal pa kun dgav rdo rje）：又称蔡巴司徒·贡噶多吉。还称司徒·
噶尾洛追，(1309~1364) 五岁时学习藏文，成为博通察巴噶举派教法和显密佛教理
论的知名学者。详见《东噶藏学大辞典》，第1697页。
② 即元顺帝至正六年。
③ 即元顺帝至正元年。
④ 即唐太宗贞观二十三年。
⑤ 唐高宗李治（628~683），太宗第九子，字为善。贞观五年（631）封晋王。十七年
立为太子。二十三年（649）即位。高宗即位，贬房遗爱（房玄龄子）为房州刺史。
永徽四年（653），房遗爱、荆王李元景及吴王李恪等谋反。事发，房遗爱被杀，李元
景、李恪及高阳公主（太宗之女，房遗爱之妻）等均赐死，高宗帝位由此得到巩固。
朝鲜半岛高句丽和百济攻新罗，应新罗之请，高宗曾先后派兵出击高句丽和百济。并
派兵大败援助百济的倭国军，破百济。高宗即位不久，西突厥阿史那贺鲁自号沙钵罗
可汗。永徽六年，唐西击沙钵罗可汗，从此连年用兵西域。显庆二年（657），唐大将
苏定方等大破西突厥，西突厥亡。次年，徙安西都护府于龟兹（今新疆库车）。唐代
版图，以高宗时为最大。高宗即位后纳武则天入宫为昭仪，不久欲废王皇后，改立武
氏为后，遭长孙无忌及褚遂良等元老重臣表示反对。后在李义府等支持下，于永徽六
年立武氏为后。长孙无忌及褚遂良等均遭贬斥。显庆末年，高宗患风眩头重，目不能
视，难于操持政务，皇后武则天得以逐渐掌握朝政。从此武则天成为掌握实权的统治
者，高宗处于大权旁落的地位。高宗去世后，葬于乾陵。
⑥ 即唐高宗永徽元年，公元650年。
⑦ 此处，罗译（第49页）为"He befriended the minister vGar, who ruled for fifteen
years."，并加注曰："此即国王在噶大相辅佐下治国十五年"（I. e. the king ruled the
country for fifteen years assisted by the minister vGar.）。
⑧ 即唐高宗咸亨元年。
⑨ 回鹘（yu kur）：古地名又译裕固。即今西藏、新疆、青海连接之地。也称维吾尔族。
详见《藏汉大辞典》，第2582页。
⑩ 即唐高宗调露元年。

铁龙，公元 680 年）① 去世。唐高宗从己酉年（阴土鸡）至癸未年（阴水羊，公元 683 年）②，执政 35 年之后，于 56 岁时在癸未年（水羊）去世。以前唐太宗之妃有一侍女，太宗去世后出家为尼，后【背弃其宗教盟誓】还俗成为唐高宗之妃。高宗临终时虽有遗言，由太子继承王位，然而王妃自称为皇帝，以其姓武（vu）而名则天（vu dzi then）。③ 她发动战争夺取了吐蕃等王国的许多疆土。她是很厉害的女皇，从甲申年（阳木猴，公元 684 年）④ 起执政 21 年，到 80 岁于甲辰年（阳木龙，公元 704 年）⑤ 去世。是年吐蕃赞普都松芒波杰也去世，执政 26 年。此后为乙巳年（阴木蛇，公元 705 年）⑥，大唐由唐高宗与王妃所生之子中宗（dzung dzung）⑦ 即皇帝位。同年，吐蕃赞普都松之子赤德祖丹（美阿冲）执掌蕃政。唐中宗执政 6 年⑧，至 55 岁于庚戌年（阳

---

① 即唐高宗永隆元年。
② 即唐高宗弘道元年。
③ 罗注（第 50 页）：见韦格（L. Wieger）之《历史文献》（Textes historiques）卷 II，第 1360ff 页。另，罗译"武则天"藏文转写为 vU-ji-then。而上文括号【】中内容译自罗列赫英译文：abandended her religious vows。
　　武则天（624～705）是中国历史上唯一一位女皇帝，尊为武周圣神皇帝。本名武媚娘，即位后改名武曌，取意"日月当空"（有另一种写法，瞾，取其"双目当空"之意）。并州文水人（今山西文水）。她的国号为周，不是唐。她是唐太宗的才人，太宗死后入感业寺出家为尼姑。但宫中权斗使她成了唐高宗李治的昭仪，655 年立为皇后。号"天后"，参与朝政，时与高宗并称"二圣"。她是唐中宗李显、唐睿宗李旦的母亲。高宗死后，她把持朝政。690 年，废睿宗，自称圣神皇帝，改洛阳为神都，国号为周，史称南周或武周。武氏执政期间因宠信酷吏，后世史家不齿其供养男妃嫔，故史书对其所作所为大加鞭挞。但她开创了科举考试的殿试制度。武氏晚年希望儿子李显改武姓可以继位，但李显的软弱使她放心不下。直到后期武氏病重，朝臣推举李显继位，并复辟唐朝，武周亡。705 年去世时发遗诏："去帝号，称则天大圣皇后。"
④ 即则天顺圣皇后光宅元年。
⑤ 即则天顺圣皇后长安四年。
⑥ 即唐中宗神龙元年。
⑦ 唐中宗李显（656～710），汉族，谥号大和大圣大昭孝皇帝（初谥孝和皇帝），原名李哲，唐高宗李治第七子，武则天第三子（684 年 1 月 23 日～684 年 2 月 27 日、705 年～710 年在位）。唐中宗前后两次当政，共在位 7 年，公元 710 年猝死，终年 55 岁，葬于定陵（今陕西省富平县西北 15 里的凤凰山）。武后生四个儿子，长子李弘，次子李贤，三子李哲，四子李旦。中宗初封周王，后改封英王。其两位兄长先后被武则天所废之后，李显被立为太子。曾用年号嗣圣（684）、神龙（705～707）景龙（707～710）。
⑧ 此句藏文为"dzung dzung gis lo drug rgyal sa byas nas"，郭译（第 32 页）误为"唐中宗从六岁登王位"。

铁狗，公元710年)① 驾崩，其弟睿宗（wi dzung)② 辛亥年（阴铁猪，公元711年)③ 即皇帝位，（同年）吐蕃遣使赴大唐求婚，壬子年（阳水鼠，公元712年)④，允赐女儿金城公主（kim shing kong jo）下嫁吐蕃。同年睿宗驾崩，享寿55岁。癸丑年（阴水牛，公元713年)⑤，唐玄宗（hen dzung)⑥ 即皇帝位，时年29岁，他是睿宗第三子。金成公主住藏30年，也有31年之说，于辛巳年（铁蛇，公元741年)⑦ 去世。在此之前的116年中，唐朝江山稳定。这大概是从唐太宗开始算起的，若是从唐高祖戊寅年（阳土虎，公元618年）算起的话则是124年。金成公主去世15年后的乙未年（阴木羊，公元755年)⑧，赤德祖丹去世。同年其子赤松德赞即赞普位。佛法传入汉地至赤松德赞时已经过了1200年，此说法出现在《拔协》。唐玄宗在此乙未年（阴木羊）以前的43年中执政，在73岁的丁酉年（阴火鸡，公元757年)⑨ 驾

---

① 即唐睿宗景云元年。
② 唐睿宗李旦（662~716），高宗第八子，母为武则天，中宗乃其兄长。唐朝第五位皇帝（武则天除外），他一生两度登基，两让天下，在位时间是684~690年和710~712年。684年，武则天废中宗帝位，立其为帝，改元文明。但因武则天操纵朝政，睿宗毫无实权。690年，武则天废除睿宗自己登皇帝位。705年，武则天去世，唐中宗复位，710年，中宗被毒杀。于是睿宗再次即位。与其子李隆基一起铲除了杀害中宗的势力。712年，让位于唐玄宗，自称太上皇，716年病逝，享年55岁。无特别治国才能，晚年也受其子李隆基左右。
③ 即唐睿宗景云二年。
④ 即唐睿宗太极元年。
⑤ 即唐玄宗开元元年。
⑥ 唐玄宗李隆基（685~762），睿宗第三子，712~756年在位，庙号"玄宗"，得名"唐玄宗"，又谥号为"至道大圣大明孝皇帝"，故亦称唐明皇，后封元圣文神武皇帝。玄宗在位年间，是唐由盛变衰的关键时期。即位前李隆基曾与太平公主合谋发动宫廷政变，杀韦后拥其父睿宗即位，被立为太子。延和元年（712），受禅即位，改元为"开元"；开元初年，励精图治，任用姚崇、宋璟等为相，革除弊害，鼓励生产，经济发展，史称"开元之治"。晚期因骄奢淫逸，终日只顾与杨贵妃玩乐。杨贵妃原为其子寿王之妃，但玄宗不顾礼教，把她纳为己妃。倚信奸宦如李林甫、高力士和安禄山，任其把持朝政，引发"安史之乱"后出逃，从此唐朝由鼎盛时期转入衰弱时期。文学作品里的李隆基是感情很专一的皇帝，他和杨贵妃的故事，透过《长恨歌》和《长恨歌传》在中国家喻户晓。
⑦ 即唐玄宗开元二十九年。
⑧ 即唐玄宗天宝十四年。
⑨ 即唐肃宗至德二年。

崩。此年之前一年丙申年（阳火猴，公元 756 年）①，玄宗第三子肃宗②即皇帝位，执政 7 年后，在 52 岁的壬寅年（阳水虎，公元 762 年）③驾崩。同年，肃宗长子代宗（thavi dzung）④ 即皇帝位。是年年底，吐蕃军队进攻大唐，代宗逃至陕州⑤。虽然吐蕃军队选汉族大臣广武王（kovu hi）⑥ 为皇帝，但不久被代宗所杀。代宗执政 17 年⑦并在 50 岁的己未年（阴土羊，公元 779 年）⑧ 去世。次年即庚申年（阳铁猴，公元

---

① 即唐肃宗至德元年。
② 藏文"肃宗"为 dzung daung，与前文"中宗"同，恐误。
　　唐肃宗李亨（711～762），玄宗第三子，唐朝第七位皇帝（武则天除外，757～762 年在位），玄宗天宝十五年（756）六月镇守潼关之大将哥舒瀚受杨国忠逼迫出兵讨叛，结果大败，潼关陷落，长安震动，玄宗携太子、宠妃仓皇逃往成都，行经马嵬驿（今陕西兴平县西），军士哗变杀杨国忠，并逼迫玄宗缢死杨贵妃。马嵬民众拦阻玄宗请留，玄宗不从。太子李亨留下，随即前往朔方节度使所在地灵武（今宁夏灵武西南），同年七月，李亨即位于灵武，尊玄宗为太上皇，改元至德，庙号肃宗，在位 6 年，死于 762 年，时年 52 岁，死后谥号文明武德大圣大宣孝皇帝。
③ 即唐肃宗宝应三年，公元 762 年。
④ 唐代宗李豫（726～779），肃宗长子。初名俶，封广平王，唐朝第八位皇帝（去武则天以外，763～779 年在位），在位 17 年，享年 54 岁。天宝十五年（756），安禄山叛军攻占潼关，玄宗逃至马嵬驿，当地民众揽留肃宗，于是护送肃宗北上灵武即帝位。安史之乱中，以兵马元帅名义收复洛阳、长安两京。乾元元年（758），被立为皇太子。宝应元年（762），宦官李辅国杀张皇后，肃宗受惊吓而死。代宗即位。次年，安史之乱平定，唐朝开始转为衰落。当时，东有诸多藩镇割据，北方又有回族不断勒索，西面有吐蕃侵扰，甚至在广德元年（763）占领首都长安十一日（一说十五日）。代宗又迷信佛教，寺院多占有田地，国家政治经济进一步恶化。779 年驾崩，传位于唐德宗李适，死后谥号睿文孝武皇帝。
⑤ 陕州（shin cu）：今河南三门峡市及附近的地区。详见《红史》，第 176 页。郭译（第 33 页）为"新州（译音）"。罗译（第 51 页）注：参阅 H. Bichurin 的"Istoriya Tibetai Khukhunorta"，卷 I（圣彼得堡，1833 年版），第 177 页；查尔斯·贝尔爵士的《西藏的过去与现在》(Tibet, Past and President)，牛津，1924 年版，第 274 页，此处有布达拉宫下面石碑南面铭文的英译文。
⑥ 即广武王李承宏（？～763），父亲李守礼，祖父是武则天的儿子章怀太子李贤（654～684）。李守礼（670？～741），因为父亲得罪，他被囚禁在宫中十九年。《新唐书》中说"睿宗封相王，许出外邸"，睿宗封相王是在圣历二年（699），也就是在 699 年李守礼才被释放。李承宏乃金城公主的弟弟。曾爵广武王，坐交恶人，贬房州别驾，还朝为宗正卿。广德元年（763），吐蕃入侵攻占京师，唐代宗逃至陕州，吐蕃房宰相马重英立李承宏为帝，以翰林学士于可封、霍瑰为宰相。吐蕃退兵，唐代宗下诏流放李承宏至华州，不久李承宏死。这里所说吐蕃军攻占长安时间广德元年（763）应该指的是年初或上年（762）年底。此处郭译（第 33 页）"郭恒"（译音）。
⑦ 此处本书所据藏文版（四川民族出版社铅印本）为七年（lo bdun），恐为印刷错误。郭译（第 33 页）和罗译（第 51 页）均为 17 年，符合史实。唐代宗在位时间从公元 762 年到 779 年，刚好 17 年。
⑧ 即唐代宗大历十四年，公元 779 年。

780年）①，代宗长子德宗（ding dzung）②即皇帝位。同年，吐蕃赞普赤松德赞去世，由长子牟涅赞普执政，后者执政17年后于丁丑年（阴火牛，公元797年）③去世。居哲赞普（cu tse btsan po）为王，执政8年于甲申年（阳木猴，公元804年）④去世。同年赤德松赞继赞普位。唐德宗执政25年后于64岁时的乙酉年（阴木鸡，公元805年）⑤驾崩。同年，由德宗长子顺宗（shun dzung）⑥即皇帝位，执政一年并在46岁时驾崩。次年丙戌年（阳火狗，公元806年）⑦，唐顺宗长子宪宗（hun dzung）⑧即皇帝位，其于庚子年（阳土鼠，公元820年）⑨驾崩。次年

---

① 即唐德宗建中元年，公元780年。
② 唐德宗李适（742～805）（适音Kuò），代宗长子，唐朝第九位皇帝（武则天除外，780～805年在位），在位26年。享年64岁。广德二年（764）被立为皇太子，大历十五年（780）即位。为了改善财政，颁布"两税法"。另，试图削弱藩镇割据实力，加强中央集权，因措施失当，引起节度使反抗。建中四年（783），泾原兵变，仓皇出逃到奉天（今陕西乾县），朱泚称帝，后朔方节度使李怀光叛变，再逃到汉中。于是发布了《罪己诏》，声明不再约束节度使，从此，唐朝中央集权进一步削弱。在位期间，时局稍为稳定，但任用宦官为帅，且勒索地方官进奉物资，在长安施行宫市，征收间架、茶叶等税，民生困苦。虽有人称之为"中兴之治"，但并无显著成就。唐德宗于贞元二十一年（805）死，死后谥号为神武孝文皇帝。
③ 即唐德宗贞元十三年。
④ 即唐德宗贞元二十年。
⑤ 即唐顺宗永贞元年。
⑥ 唐顺宗李诵（761～806），唐德宗长子，唐朝第十位皇帝（武则天除外，805年在位）。大历十四年（779）立为皇太子。贞元二十一年（805）即位，改元永贞。任用王伾、王叔文为翰林学士，在韩泰、韩晔、柳宗元、刘禹锡、陈谏、凌准、程异、韦执宜等人支持下，从事改革德宗以来的弊政，贬斥贪官，废除宫市，停止盐铁进钱和地方进奉，并试图收回宦官兵权，史称"永贞革新"。不久患中风。同年八月，宦官俱文珍等勾结部分官僚和藩镇，逼其退位，传位于太子李纯，贬王伾等人，史称"永贞内禅"。又贬斥韩泰等八人，史称"八司马事件"。次年病死，一说被宦官杀害。死后谥号为至德大圣大安孝皇帝。
⑦ 即唐顺宗永贞二年，公元806年。
⑧ 唐宪宗李纯（出生于778年，逝世于820年），唐朝第11位皇帝（去武则天以外）。顺宗长子，先被封为广平郡王，805年初顺宗即位后，李纯被立为太子，顺宗进行改革威胁了宦官利益，被俱文珍逼迫退位给宪宗，同年八月，宪宗继位，顺宗被尊为太上皇。宪宗在位期间曾有"元和中兴"。但宪宗的皇位是由宦官逼迫获得的，因此他信用宦官，军队中有许多将军是宦官。820年他自己被宦官陈弘正杀害，享年43岁，在位15年，死后谥号为昭文章武大圣至神孝皇帝。
⑨ 罗译（第52页）文间注为"公元808年"，系由阳土鼠年推算而来，显然是藏文有误。是年应为铁鼠年，即唐宪宗十五年，公元820年。

辛丑年（阴铁牛，公元821年）①，唐宪宗之子穆宗（mu dzung）② 即皇帝位，据说正是吐蕃赞普去世之年，但赞普实际是甲午年（阳木马，公元814年）③ 去世。赞普去世当年，选可黎可足（kha li kha chu）④ 为赞普。吐蕃大臣们在拉萨平原上聚会，由钵阐布念盟辞⑤，祝祷神灵，所有的人都立誓证愿⑥。丙午年（阳火马，公元826年）穆宗被大臣所杀⑦。次

---

① 这里藏文阴土牛年显然是个错误，似应为阴铁牛年，即唐穆宗长庆元年，公元821年。对此罗译也有文间注（第52页）。
② 唐穆宗李恒（795~824），原名宥。元和七年（812）被立为皇太子，改名恒。唐朝第12位皇帝（去武则天以外，821~824年在位），在位4年，享年30岁。在位期间荒于朝政，奢侈放纵，措施不当，导致河北三镇再度背叛，直到唐朝灭亡。朝廷内宦官权势日盛，官僚朋党斗争剧烈。使唐宪宗的"中兴"局面完全丧失。后服长生药而死，死后谥号为睿圣文惠孝皇帝。
③ 即唐宪宗元和九年，公元814年。
④ 即赤祖德赞热巴坚（khri gtsug lde btsan Ral pa can,？~838），可黎可足乃汉籍对其称谓。吐蕃赞普，815~838年在位。又名热巴坚，赞普赤德松赞之子。继位后，建年号彝泰，故又称彝泰赞普。崇僧亡佛，以高僧钵阐布参与吐蕃政事，执掌王朝政务。规定"七户养僧制"，命属民七户供养一名僧人。定法律以恶指恶僧者断指，以恶意视僧者剜目。广建寺院，为译经规范化，厘定吐蕃文字，制订文字改革原则，将往昔所译经典编为佛经目录《丹喀尔目录》，是为今存最早藏文佛经目录。并编纂梵藏对照《大辞汇》。依印度规制改订吐蕃度量衡。在位期间，致力于唐蕃和好，于长庆元年（821）、二年，分别在长安及逻娑（拉萨）与唐会盟。时称长庆会盟或甥舅和盟，并立"唐蕃会盟碑"（即藏史所载之逻些碑）于今拉萨大昭寺前，为唐蕃和好贡献巨大。唐开成三年（838），被反佛大臣杰多日等谋杀，吐蕃王朝自此走向衰落。
⑤ 钵阐布念盟辞（ban chen pos mnav brtsigs bton）：钵阐布是吐蕃宫廷最高官员之名，大昭寺前的唐蕃会盟碑上有记载。详见《红史》，第177页。
⑥ 祝祷神灵，立誓证愿（bden pa bdar te thams cad brtsigs pa dang mnar chad byas）：吐蕃王臣举行盟誓典礼时，每个都要祝祷自己所崇拜的神灵，以神灵为证；还要向佛像敬献少量水和酒，称之为盟水。并杀牲畜，喝血或血涂在嘴上。见《红史》，第177~178页。

另，此段郭译（第34页）为："当年选立喀里喀穹为王，在拉萨的平原上西藏大臣们齐集会，高级僧侣共立誓约，念诵誓盟而使一切人等都立誓愿。"

罗列赫英译为："On the plain of Lhasa the Tibetan ministers assembled and the chief priest（pan chen po）read out the text of oath（to the king），which was sworn by all present."
⑦ 即唐敬宗宝历二年，公元826年。此句藏文为"mu dzung me pho rta la blon pos bkrongs"，恐误。是年乃唐敬宗驾崩之年。而唐穆宗驾崩后乃由唐敬宗即皇帝位。《青史》摘录汉籍时漏掉唐敬宗时期。唐敬宗李湛（809~826），穆宗长子，唐朝第十三位皇帝（武则天不计算在内），在位3年（824~826），享年19岁。即位后只知在后宫嬉戏，奢侈荒淫。宦官王守澄把持朝政，勾结权臣李逢吉，排斥异己，败坏纲纪。导致官府工匠突起暴动攻入宫廷的事件。后为宦官刘克明等人杀害，死后谥号为睿武昭愍孝皇帝。

年丁未年（阴火羊，公元 827 年）①，由穆宗次子文宗（vu dzung）② 即皇帝位。丙辰年（阳火龙，公元 836 年）③ 吐蕃赞普（热巴坚）去世。同年，其幼弟达磨（tha mu）④ 承赞普位。达磨酗酒成性，且行为恶劣，因此吐蕃王国大乱。在石哈积（si ha civu），象征吐蕃王权之假山（ri brtsigs）倒塌。龙河（klu chu）⑤ 之水倒流三天。不祥之兆发生了，王国由此崩溃。据说在己未年（阴土羊，公元 839 年）⑥ 以前，（大唐建国）已经 208 年。如果详细计算，唐朝已有 222 年了。这一己未年（阴土羊）正是朗达玛执政四年后的己未年（阴土羊，公元 839 年）。依次下来的庚申年（阳铁猴，公元年 840）至辛酉年（阴铁鸡，公元 841 年）⑦ 朗达玛（glang dar ma）继续执政，并于辛酉（铁鸡）年灭佛，但紧接着他就被贝季多杰（dpal gyi rdo rje）杀害了。因此，诸智者算灭佛有多长时间时，是从辛酉年（铁鸡，公元 841 年）算起的。唐高祖于戊寅（阳土虎，公元 618 年）取得掌国登位的，这时松赞干布王正好是 50 岁。⑧ 从是年往

---

① 即唐文宗大和元年。
② 唐文宗李昂（809～840），穆宗次子，敬宗弟。敬宗宝历二年（826），被宦官王守澄等拥立为帝。唐朝第十四位皇帝（武则天不计算在内），在位 14 年（827～840），享年 32 岁。在位期间，朝臣朋党相互倾轧，官员调动频繁，政权甚至皇帝的废立生杀，均掌握在宦官手中。后起用李训、郑注等人，意欲铲除宦官。大和九年（835），李训引诱宦官参观所谓"甘露"，企图将其一举消灭，但事情败露，反而导致宦官大肆屠杀朝官，史称"甘露之变"。事后，文宗更被宦官钳制，慨叹自己受制于家奴，境遇不如汉献帝。开成五年（840）抑郁病死，死后谥号为元圣昭献孝皇帝。
③ 即唐文宗开成元年。
④ 即朗达玛（藏 Glang dar ma），吐蕃末代赞普，本名达玛（Dar ma），836～842 年在位。因其破坏佛教的行为暴虐如"牛"（glang），所以被称为"朗达玛"。他是赤德松赞（俗称为赛那累）第四子，赤祖德赞（俗称热巴坚）的哥哥。热巴巾因在位期间大力保护佛教，而招致苯教徒的反感及杀害，死后，贵族大臣拥立朗达玛为赞普。朗达玛即位后，即以苯教徒自居，严重打击佛教，虽然只是短短几年，却影响深远，致使西藏佛教在其后的近百年，成为"黑暗时代"。朗达玛王灭佛的手段，主要有以下几点：1. 停建、封闭佛寺；2. 破坏寺庙设施；3. 焚毁佛经；4. 镇压佛教僧人等。公元 842 年，朗达玛于大昭寺前遭佛教僧人暗杀。其后，吐蕃王室分裂，交相混战。吐蕃王朝正式瓦解。有关朗达玛，请参阅索南坚赞著、王沂暖译《西藏王统记》（民族出版社 2000 年版）第十一章。
⑤ 罗译（第 53 页）文间注：安多的洮水。
⑥ 即唐文宗开成四年。
⑦ 即唐文宗开成五年（840）和唐武宗会昌元年（841）。
⑧ 罗注（第 53 页）：根据（《青史》作者）管译师（vgos lo tsa ba）的观点，松赞干布王生于公元 509 年（阴土牛年）。管译师是根据 Manjusrimulakalpa 里的预言书（prophecy）所记年代推算的，此著载 Manavenda 王活了 80 岁。参阅 Jayaswal 的《印度帝国史》（Imperial History of India，拉合尔 1934 年版）梵文文献第 20、40 页。

前再追溯49年，从松赞诞生之年起到此己未年（阴土羊）年（839），已有271年。《奈巴教法史》（nel pavi chos vbyung）中说，己未（阴土羊）年灭佛，多算了两年。唐文宗执政13年，30岁时去世，即己未（阴土羊）年（841）①。同年由穆宗的第五子武宗（wu dzung）②即皇帝位，执政6年，34岁时于乙丑（阴木牛）年③去世。次年丙寅（阳火虎）年，唐宪宗第十三子宣宗（Zwan dzung）④即皇帝位。最初唐代国土，从晋江府（kin byang hu）到吐蕃边境有九千九百里，后来从唐中宗起落入吐蕃手中的堡寨有三百个，宣宗后来收复了一切。唐宣宗执政14年，50岁时即己卯（阴土兔）年去世。⑤庚辰（阳铁龙）年⑥宣宗长子懿宗（ghi dzung）⑦即皇帝位。从此以后唐蕃关系断绝。因此，有唐朝从高宗至此已有239年之说，但详细算来，到庚辰（阳铁龙）年为止，已经有244年。唐懿宗执政14年后于癸巳（阴水龙）年⑧去世。次年甲午（阳木马）

---

① 此处"文宗"藏文转写误为wu dzung（武宗）（见藏文版第79页），应为vu dzung（文宗）。唐文宗李昂生卒年为809～840年，故也有人说他享寿32岁；在位时间为827～840年，故有人说他，在位14年。请参阅前文注释。
② 唐武宗李炎（814～846），穆宗第五子，文宗弟。文宗病死后，宦官伪造诏书立他为帝。在位六年，病死，终年32岁，葬于端陵（今天陕西省三原县东北30里的腾张村）。
③ 即唐武宗会昌六年，公元846年。
④ 此处宪宗藏文为hen dzung，上文则为hun dzung。
　　唐宣宗李忱（810～859），唐朝第十六位皇帝（武则天不计算在内），初名怡，前身是光王，在位13年（847～859）。宪宗李纯第十三子，穆宗李恒之弟、唐武宗李炎之叔。李忱登基之前，为了逃避唐武宗的迫害，传说他当过和尚，曾作过《瀑布联句》一诗。会昌六年（846），唐武宗被道士上供的长寿丹毒死。李忱被迎回长安登基做皇帝，是为唐宣宗，改元大中。在位期间，唐朝国势已很不景气，他致力于改革，先贬谪李德裕，结束牛李党争。宣宗勤俭治国，体贴百姓，减少赋税，注重人才选拔，唐朝国势有所起色，使十分腐败的唐朝呈现出"中兴"的小康局面。宣宗是唐朝历代皇帝中一个比较有作为的皇帝，因此被后人称之为"小太宗"。另外，唐宣宗还趁吐蕃、回纥衰微，派兵收复了河湟之地，平定了吐蕃。由于宣宗曾当过和尚，所以对佛教极力推崇，据说曾在大中七年（853）大拜释迦牟尼的舍利。大中十三年（859），唐宣宗去世，享年50岁。谥号圣武献文孝皇帝。
⑤ 即唐宣宗大中十三年，公元859年。
⑥ 即唐懿宗咸通元年，公元860年。
⑦ 唐懿宗李漼（833～873），唐朝第十七位皇帝（武则天不计算在内），在位14年（860～873），终年41岁。李漼初名温，宣宗长子。宣宗病死后，被宦官迎立为帝，是为唐懿宗，改元"咸通"。死后葬于简陵，谥号昭圣恭惠孝皇帝。唐懿宗是一个昏庸无能、奢侈无度的君主。即位后，不思朝政，沉溺酒色，政治腐败，藩镇割据重新兴起，农民起义此起彼伏。他将唐宣宗中兴的果实损耗殆尽。
⑧ 即唐懿宗咸通十四年，公元873年。

年①由懿宗第五子僖宗（hyi dzung）②即皇帝位。僖宗执政15年于戊申（阳土猴）年③驾崩。次年即己酉（阴木鸡）年④，僖宗第七子昭宗（je dzung）⑤即皇帝位，执政15年后于癸亥（阴水猪）年⑥驾崩。次年即甲子（阳木鼠）年⑦，昭宗第九子景宗（哀帝，ngavi ding）⑧即皇帝位，景宗（哀帝）执政4年后于丁卯（阴火兔）年⑨去世。从此大唐断嗣。据说大唐皇帝和女皇帝共有20位君王，统治江山有288年之久。这是从唐高祖取得江山（阳土虎）年（618）至丁卯（阴火兔）年（907）【景宗逝世】以前，已经有四个六十年（二百四十）年加上五十年。

唐太宗在位时，出了个大译师唐三藏（thang zam tshang），翻译了大量的经论。在之前汉地出现过的译师约二百人，唐为姓氏⑩，三藏是说经

---

① 即唐僖宗乾符元年，公元874年。
② 唐僖宗李儇（862~888）（儇音 Xuān），唐朝第十八位皇帝（武则天不计算在内）。懿宗第五子，初名俨。在位15年（874~888），享年27岁，谥号为惠圣恭定孝皇帝。懿宗咸通十四年（873年）由宦官拥立，时年15岁。政事全交给宦官田令孜掌握，自己却玩物丧志。干符元年（874年），濮州王仙芝发动起义。次年，黄巢也起兵于冤句，唐末农民大起义爆发。王仙芝失败后，起义军由黄巢率领，百战百胜，并于广明元年（880）占领长安，他仓皇逃亡入蜀。中和四年（884），黄巢起义失败，次年三月唐僖宗返回长安，唐朝已接近灭亡的尾声。
③ 唐僖宗文德元年，公元888年。
④ 即唐昭宗龙纪元年，公元889年。
⑤ 罗列赫英译文"昭宗"藏文转写为 jevu-dzung，恐为版本不同之故。唐昭宗李晔（867~903），懿宗第七子，僖宗弟。原名杰，又名敏，唐朝第十九位皇帝（武则天不计算在内），在位15年（889~903），享年38岁，葬于和陵，谥号为圣穆景文孝皇帝。唐昭宗即位后，藩镇趁着平定农民起义的机会逐渐扩大，唐政府名存实亡，昭宗根本没有实权。后来，他被最大的藩镇朱温控制。朱温为了灭亡唐朝，自己做皇帝，先杀掉宫里所有宦官，再不顾大臣反对迁都洛阳，接着镇压各地藩镇，最后又于天祐元年（904）杀害了唐昭宗。在他即位以来的15年间，一直是藩镇手中的傀儡。
⑥ 即唐昭宗天复三年，公元903年。
⑦ 即唐哀帝天祐元年，公元904年。
⑧ 唐哀帝李柷（892~908），原名祚。昭宗第九子，唐朝末代皇帝（第二十代，武则天不计算在内），在位4年（904~907），被废。次年被朱温毒死，享年17岁，葬于温陵。谥号为昭宣光烈哀孝皇帝。哀帝即位时，不过是藩镇手中一傀儡皇帝。唐天祐四年（907年），朱温见废帝灭唐时机已到，便先将唐朝朝臣全部杀光，接着又废哀帝为济阴王，自己做皇帝，建国号"大梁"，史称"后梁"，改元"开平"。至此，立国290年、传20帝的唐王朝灭亡，中国进入自魏晋南北朝以来又一次大分裂时期——五代十国。
⑨ 即唐哀帝天祐四年，公元907年。
⑩ 罗注（第55页）：管译师误将朝代名称当成玄奘的姓氏。

律论三藏。据说唐三藏这位大译师是印度世亲大师（slob dpon dbyig gny-en）① 的弟子。唐朝末代皇帝时，正是康区卓·益西坚参（grum ye shes rgyal mtshan）主持佛法时代。

唐王朝断嗣后，国都迁至梁。在唐皇时代时，有一名为黄巢（hwang mavo）的秀才（bsivu tsa）② 造反称王。朱温（ju hun）③ 任其大臣，后来其看唐的情面，当了唐朝枢密院④的将军，到后来又反唐而夺江山皇位，建立梁朝（lyang，后梁）。如此不同姓氏的王朝有五代⑤，共有 15 个皇帝。统治了 50 年江山。最后为赵太祖（civu thavi dzung）在汴梁称帝⑥，

---

① 世亲，天亲。赡洲六严。阐扬阿毗达磨经论的古印度学者。5 世纪中叶，生于印度一婆罗门家族中，为无著之弟，初从迦湿弥罗论师桑般陀罗学对法七论等，后依无著为师，著有《俱舍论本注》和《八品论》等。著述颇多。弟子中有量学胜于己之陈那，对法学胜于己之坚慧，般若学胜于己之解脱军，律学胜于己之释迦光等。参阅《藏汉大辞典》，第 1956 页。

② 罗译（第 55 页中）把"秀才"译为"荒淫之徒"（a dissolute man）。黄巢（？～884）唐末农民起义领袖。曹州冤句（今山东菏泽西南）人。私盐贩出身，曾应进士不第。乾符二年（875）率众响应王仙芝起义。次年，阻仙芝动摇降唐，乃分兵独立作战。五年（878）王仙芝战死后，部众拥之为帅，遂称冲天大将军，年号王霸。起义军势力如烽火燎原，迅速壮大。王霸三年（唐广明元年，880）11 月，入洛阳。年底（公元 881 年初）进入长安，即皇帝位，国号大齐，年号金统，任尚让、赵璋等为宰相，孟楷、盖洪为左右军中尉，皮日休为翰林学士。因流动作战，所得之地，随得随弃，进入长安后四面被围，粮食匮乏。加以部将朱温叛变，军事形势恶化，乃于金统四年（883）撤出长安，旋围攻陈州（今河南淮阳），三百天不下，兵力疲惫，为唐沙陀族将领李克用所败，退至泰山狼虎谷，不屈自杀。

③ 朱温（852～912），唐末黄巢起义军叛将，后梁王朝的开国皇帝，后梁太祖。初名朱温。宋州砀山（今属安徽）人。朱温参加黄巢起义军，官至同州（今陕西大荔）防御使。唐中和二年（882）朱温降唐。僖宗赐名全忠。次年，任宣武军节度使（今河南开封），加东北面都招讨使。四年（884），朱温与李克用等联兵镇压黄巢起义军。天复元年（901）被封为梁王。同年，宦官劫唐昭宗到凤翔（今属陕西），依靠节度使李茂贞。朱温攻凤翔，茂贞屡败。昭宗还长安后，朱温尽诛宦官，从此昭宗为其控制。天祐元年（904），朱温杀昭宗，立其子李柷（哀帝）。四年（907），朱温废李柷称帝，改名晃，是为后梁太祖。晚年，因皇位继承人未定，皇室内部矛盾尖锐。乾化二年（912），为次子朱友珪所杀。

④ 罗译（第 55 页倒数第 9 行）文间注：河南开封府地区的中牟（Chung mou）。本书译者注：中牟现已划归郑州。

⑤ 五代：即后梁、后唐、后晋、后汉、后周。

⑥ 汴梁，即今开封。赵太祖指的是宋朝开国皇帝宋太祖赵匡胤（927～976），涿州人。后周时任殿前都点检，武艺高强，创太祖长拳，领宋州归德军节度使，掌握兵权。后发动陈桥兵变，即帝位，国号宋，结束五代纷争局面。天下既定，务农兴学，慎刑薄敛，与百姓休息，但过度重文轻武，偏重防内，造成宋朝长期的积弱不振。在位 16 年（960～976），庙号太祖。

传八代。传到第八代时，契丹大辽从王朝襄皇父子（hwang shang pha bu）①手中夺得汴梁等一半国土，称国为大辽。②襄皇夏宫玛（zha gon ma）之子康王（kha dbang）来到蛮子地区，收复父王的半壁江山，蒙古人（hor）称之为南朝（nam thavi）③。他建都在建康（khen khang）、杭州（hwang je vu）④，国号称为"宋"（gsung）。此后到蛮子僧王（lha bstun）⑤为止，其间蛮子共传八代。契丹大辽的王朝传了七八代之后又被大臣吴乞买（nuvi ji）篡位，其国号为阿拉丹汗（am tan khan）⑥，传了九个王朝。在金王朝完颜（havum dbang）第九代时，出现了成吉思汗王

---

① 这里的"襄皇父子"，显然指的是宋徽宗赵佶和宋钦宗赵桓，襄皇即宋钦宗。罗译藏文转写 shang hwang pha bu，郭译（第35页倒数第2行）也为"襄皇"，与罗译（第55页）同，故采纳之。但本书所据藏文为 hwang shang pha bu，特列于此，供比较。
　　宋徽宗（1082～1135），名赵佶，宋神宗十一子，宋朝第八位皇帝，也同时具有相当高的艺术造诣。他兄长宋哲宗无子，死后传位于他，在位25年（1100～1125）。他自创一种书法字体被后人称之为"瘦金书"，另外，他在书画上署名签字是一个类似拉长了的"天"字，据说象征"天下一人"。在位期间，过分追求奢侈生活，在南方采办"花石纲"，搜集奇花异石运到汴京修建园林宫殿，崇信道教，自称"道君皇帝"，任用贪官宦官横征暴敛，激起各地农民起义。以蔡京丞相与童贯将军所引致的问题最严重。天会三年（1125）10月，金太宗派兵两路南下入侵，无法应付时，急忙传位给宋钦宗（1100～1156）去对付，自己则当"太上皇"。钦宗赵桓，1125～1127年在位。初名亶，崇宁元年（1102）改名桓。徽宋长子。初封韩国公，后晋封京兆郡王、定王。政和五年（1115）立为皇太子。宣和七年（1125），金朝举兵南侵，徽宗下罪己诏，传位于赵桓，以稳定人心。即位后，改年号靖康。在李纲等主战派要求下，钦宗被迫下诏拒敌。军民协力，挫败金兵对开封的围攻。开封缓解后，派要员赴金营求和，接受屈辱性条件。时数十万勤王军已至开封，他却依赖主和派，并罢黜李纲，涣散军心。靖康元年（1126）金兵再南犯，攻破开封。钦宗接受金朝条件，下令搜刮民财献敌，并令各州县投降。次年，被迫亲赴金营，被扣。金兵大肆勒索掠夺后，俘徽宗、钦宗及宗室、后妃等数千人，以及教坊乐工、技艺工匠等，携大量礼器、珍宝北去。北宋遂亡。父子二人先后死于金朝五国城（今黑龙江依兰）。
② 罗译（第55页）注：此段指的是金兵于公元1126年攻克开封一事。
③ 这里所谓南朝，指的南宋；蛮子地区（sman rtsevi yul）指的是中国南部；夏宫玛似为妃子名；康王即南宋高宗赵构（1107～1187），高宗字德基，徽宗第九子。即位前称康王。靖康二年（1127）4月，金兵虏徽、钦二宗。5月，康王在南京（今河南商丘）即帝位。宋南渡后，即位建康，迁都临安，保有南方之地。后以秦桧为相，杀岳飞，与金媾和，奉表称臣，遂成偏安之局。在位三十六年（1127～1162）。藏文史籍中关于宋高宗之记述，还可参阅《红史》，第181页。
④ 建康，今江苏南京。罗译（第56页）文间注：这显然指的是从建康迁都到杭州。
⑤ 蛮子拉尊，指的是南宋末代皇帝赵显（1271～1323），南宋末代皇帝，度宗赵淳之子。咸淳九年（1273），封嘉国公。次年（1274），度宗卒，即位，年4岁，谢太后临朝听政。德祐三年（1276）奉表降元，降封瀛国公。元至元二十五年（1288），受赐钞百锭，往吐蕃学法。更名拉尊（lha btsun），意为僧王，即古代国王出家持戒者。
⑥ 阿拉丹汗（Altan qan），即金太祖，金王朝的建立者。详见《红史》，第181页。

(jin gin rgyal po)①，金国江山被成吉思汗占领。在薛禅皇帝（se chen rgyal po）在位的至元十三年②时，正是蛮子国（南宋）德祐（gye ju）皇帝第三年③。此时，由伯颜丞相攻取了蛮子国土，国王被放逐到萨迦，出家当了僧王④。后来，格坚皇帝（ge gen rgyal po）⑤ 在位时杀之，出血如乳⑥。蒙古统治的国号为大元（tave dben），这段历史系藏巴拉即吉祥怙主（Dzambha la Te shriv mgon）所讲述，（《红史》作者）贡噶多吉所撰述。（据统计）周朝共有36王，秦始皇及二世共两帝，汉朝（西汉）共12王，王莽二王；（后）汉（东汉）共26帝，曹操五帝；司马昭（晋）一帝；后晋一帝，西晋一帝；臣相传承的隋炀帝共12帝，其中第二代汉明帝时代，始有佛教传入汉地。⑦

---

① 金国完颜第九代王乃金哀宗完颜守绪（罗译第56页文间注为"wan yen Hsun，完颜珣，1213～1223在位"，误）。金哀宗完颜守绪（1198～1234），金国第九位皇帝（1224～1234年在位），女真族 名宁甲速。金宣宗第三子。在位11年，国破后自缢而死，终年37岁。

　　成吉思汗（1162～1227）：即元太祖，名铁木真，公元1206年被推举为蒙古大汗，称成吉思汗。蒙语"成"为"才能"，"吉思"为"众多"，"汗"为"帝王"。自此以后，统一蒙古诸部，制定军事、政治、法律等制度，并开始使用文字，公元1227年灭西夏，为后来忽必烈（世祖）统一中国奠定了基础。参阅《红史》，第182页。

② 元世祖至元十三年，即公元1276年。另，薛禅皇帝即元世祖忽必烈（1215～1294），与八思巴同时代人，元朝开国皇帝。在位35年（1260～1294）。1264年藏历第四丁卯的甲子年，元朝迁都北京。参见《红史》，第183页。

③ 即宋恭帝（赵显）德祐三年，1276年。这里，罗译（第56页）文间注把德祐解释为：度宗帝，1265～1274年在位。误。因为元朝灭宋在1276年，正是元世祖至元十三年和宋恭帝德祐三年。

④ 这里的国王指宋恭帝赵显。萨迦，西藏县名，位于日喀则西南方。藏传佛教萨迦派发源地，萨迦政权乃元代中央政府治藏的代言人。关于这段历史，可参阅王启龙《八思巴生平与〈彰所知论〉对勘研究》（中国社会科学出版社1999年版）、陈庆英《元朝帝师八思巴》（中国藏学出版社1992年版）相关章节。关于宋恭帝赵显发配萨迦事，可参阅王尧的《南宋少帝赵显遗事考辨》（载《西藏研究》1981年创刊号，第65～76页。又见《西藏研究》（藏文版）1982年第1期。

⑤ 这里指的是元英宗（1320～1323），名硕德八剌（1303～1323年在位），元仁宗长子，元朝第九代皇帝，蒙古语称格坚皇帝。

⑥ 宋恭帝赵显被杀的时间是元英宗至正三年（1323）。这里藏文描述说"出血如乳"（khrag vo mar byung），喻恭帝死得冤枉。

⑦ 此据藏文译出，未必与汉文史籍相符，请注意比较。此外，郭译（第36页）也有不少差异，请参考。

64　青　史

　　蒙古王统世系①，最初为上天之子孛儿只斤（sbor ta che；蒙语：Borte cino a）；其子名为帕尔齐汗（Bar chi gan；蒙语：Bar ciqan）②；帕尔齐耿之子汤恰（Tham chag；蒙语：Tamaca；Saγang Secen：Tamaca）；汤恰之子齐季麦尔汗（chi ji mer gan 蒙语：Qoricar mergan），据说此子到现在仍然镇压住莲花生大师（Padma vbyung gnas）的魔力。齐季麦尔汗之子拉乌江伯热窝（lavu jang bhe re vol；蒙语：A'ujang boro'ul）；拉乌江伯热窝之子嘎萨巴内顿（ka sa pa ni dun；蒙语 Kespa nidun）③；嘎萨巴内顿之子桑乍沃季（sems dzavo ji；蒙语：Semsoci）；桑乍沃季之子拉居（la ju；蒙语：Qarcu）④；拉居之子多本麦汗（du bun mer gan；蒙语：Dobun mergan）。多本麦汗死后，其妻阿兰罗雷（a lan lo las）受日月光环孕而生一子名孛端恰穆汗（bo don char mu gan；蒙语：Bodancar mungqan）；孛端恰穆汗之子嘎伊齐（gavi chi；蒙语：Qabici）；嘎伊齐之子毗肯尔（sbi kher；蒙语：Biker）；毗肯尔之子麻伦脱端（ma nan tho don；蒙语：Menen tudun）；麻伦脱端之子嘎伊图汗（gavi thu gan；蒙语：Qaidu qan）；嘎伊图汗之子坝伊辛（bavi shing）；坝伊辛之子柯尔脱辛（khor thog shing）⑤；柯尔脱辛之子冻毗哈伊汗（dum bi havi khan；蒙语：Tunbinai qan）；冻毗哈伊汗之子嘎布拉汗（ga bu la gan；蒙语：Qabul qan）；嘎布拉汗之子坝坦巴特尔（bar than ba dur；蒙语：Bartan ba'atur）；坝坦巴特尔之子也速该巴特尔（ye phur ga ba dur；蒙语：Yesugei ba'atur）；也速该巴特尔与妃子月伦（hu lun）生子为成吉思汗。成吉思汗诞生于壬寅

---

① 罗注（第 57 页）：E. Haenisch：《元朝秘史》（Monghol un niuca tocha an），莱比锡，1937，第 1 页。I. J. Schmidt 编：Saγang Secen，第 56ff 页；Archimandric Palladius 的"Starinnoye Mongol'skoye Skazapiye o Cingis khane"，载 Trudi Rossiyskoy Dukho vnoy Missii，北京 1910，第 IV 卷，第 1ff 页；S. A. Kozin 教授 1941 年发表了他关于《元朝秘史》的力作第一卷（Sokrovennoye Skazaniye，第 I 卷，列宁格勒，1941）。
② 此处罗译（第 57 页）藏文转写 Ba da chi gan，郭译（第 36 页）"帕尔齐梗"与本书所据藏文音同，故罗译可能将藏文 bar 中的 ra 读为 da，抑或是版本问题。
③ 罗译（第 57 页）藏文转写为 pas-ka ni-dun，并加文间注曰"可能是 yas ka ni dun 的误写"。
④ 罗译（第 57 页）为 kha ju，郭译（第 36 末行页）为"喀居"，本书所据藏文本为 la ju，恐为印刷错误。
⑤ 罗译（第 57 页）文间注：这里《青史》作者管译师把一个名字 Baisingqor doγsin 分成了两个名字（bavi shing 和 khor thog shing）。

（阳水虎）年①，有兄弟五人②，他38岁时统一国土，执政23年。他也称作（元）太祖（thavi dzung）。于壬寅（阳水虎）年7月12日，在木雅甲如朗（mi nyag gha ru gnam）③驾崩，享年61岁。④

此后窝阔台（O go ta；蒙语：Ögedei）为王六年⑤，其子贵由（go yug；蒙语：Güyük）为王6个月⑥。后由蒙哥汗（mong gol gan；蒙语：Mönke qan）在位9年⑦；继由薛禅汗（se chen qan；蒙语：Seĉen qan，即忽必烈）即位，从庚申（铁猴）年⑧至甲午（木马）年⑨之间，共35年，

---

① 即南宋孝宗淳熙九年；西辽末主耶律直鲁古天禧五年；金世宗大定二十二年；西夏仁宗乾祐十三年；公元1182年。另罗注（第58页）：根据藏文编年史，成吉思汗生于公元1162年（阳水马年）。《青史》此处的阳水虎年（1182）可能是作者的一时笔误。1938年，伯希和教授根据公元1340年的汉文史料指出，成吉思汗生于公元1167年，1227年去世，享寿60岁（R. Grousset 的 L'Empire des Stepes《草原帝国》，巴黎，1939年，第639页）。
② 罗注（第58页）：合撒儿（Qasar），斡赤斤（Qaci'un），铁木真（Temuge）以及两位同父异母兄弟——Begter 和别里古台（Belgutei, 1167~1256）,.
③ 指西夏某地。此处罗译（第58页）藏文转写为 mi-nyag-gha。
④ 罗注（第58页）：根据《元史》卷107，则为公元1227年8月18日。《青史》所载日期一定是由于作者对成吉思汗生年的误解或计算错误造成的。大多数藏文史书认为成吉思汗死于公元1226或1227。（参见松巴堪布的 Revu mig）如果减去61年，那么成吉思汗生年则为1166年。
⑤ 成吉思汗去世后，实际上由拖雷监国两年。窝阔台（1186~1241）即汗位时间应该是1229年，时年44岁，直到他56岁、即1241年去世为止，故窝阔台在位时间实际上是13年。1229年即位，在位13年。窝阔台，成吉思汗的第三子，成吉思汗死后，由其四子拖雷监国一年，1229年才由窝阔台即位。1234年，联合宋朝灭掉金国。又攻南宋，1241年，死时年56岁。窝阔台去世后，1241年太宗死，遗诏立皇孙失烈门为嗣，皇后乃马真氏不从，乃自称制。1246年七月，乃马真氏会诸王、百官，立皇子贵由为大汗。
⑥ 贵由（1205~1248），蒙古大汗，窝阔台长子，1246年8月24日至1248年3月在位，在位时间近两年，而不是六个月。元世祖忽必烈追封其为元定宗。定宗卒，皇后海迷失称制，皇子失烈门，诸王不服。1251年在忽里勒台大会上，蒙哥被诸王拥立为大汗，蒙哥汗八年，派大军攻宋。九年（1259）七月，死于攻宋军中。
⑦ 蒙哥（1209~1259）蒙古大汗，军事统帅。成吉思汗之孙，拖雷长子。22岁起随窝阔台汗攻金，后从宗王拔都西征，屡立战功。1251年被拔都等拥为大汗后，限制宗王权力，加强中央集权；遣弟旭烈兀攻占木口夷（在今里海南岸）、报达（今伊拉克巴格达）等地，建立伊利汗国。他采纳忽必烈迂回包围南宋的建策，令其率军10万，于1252~1254年远程奔袭，攻灭大理国。1258年，发兵大举攻宋，亲率主力4万分三路进兵四川。次年七月，病死于四川。忽必烈建立元朝后，追谥桓肃皇帝，庙号宪宗。
⑧ 元世祖中统元年，公元1260年。
⑨ 元世祖至元三十一年，公元1294年。

80 岁时驾崩①。继为阿尔嘉（Ol ja du；蒙语：Öljeitü，即铁穆耳）即皇帝位，在位 13 年②。此时纳塘版的《丹珠尔》出现③。后为哥裕（go yug，武宗海山）即位，在位 4 年④。后为爱育黎拔力巴达（A yu par pa ta Bu yan du；蒙语：Ayurparibhadra Buyantu）即皇帝位，在位 9 年⑤。后为硕德

---

① 忽必烈（1215~1294），成吉思汗之孙，拖雷第四子，蒙哥汗（宪宗）弟。蒙哥汗元年，受命总管漠南汉地，蒙哥汗九年（1259）率军攻南宋鄂州，闻蒙哥汗死，与其弟阿里不哥争夺汗位，率军迎蒙哥灵舆，收皇帝玺，十年（1260）抵开平，废除由忽里勒台大会选举大汗之制，由部分贵族支持，即大汗位，建年号中统。后自和林迁都于燕京，改称大都。至元八年（1271），定国号为元。至元十六年（1279）灭南宋，统一全国。在位期间，注意吸收汉族历代的统治经验，建立了包括行省制度在内的各项制度，并加强对边境地区的控制，注重农桑，兴修水利，使社会经济得以恢复发展。为巩固和发展中国统一的多民族国家奠定了基础。1294 年 2 月 18 日（元至元三十一年正月二十二日）病逝。

② 元成宗铁穆尔（1265~1307），元朝第二代皇帝（1294~1307 年在位）。蒙语称完泽笃皇帝。元世祖孙、太子真金之子。元至元二十二年（1285），太子真金去世。至元三十年（1293）受皇太子宝，总兵镇守蒙古汗国故都哈剌和林。次年正月忽必烈去世，铁穆尔与长兄晋王甘麻剌争取王位，在其母阔阔真可敦与大臣伯颜等人的支持下即皇帝位。停止对外战争，罢侵日本、安南，专力整顿国内军政，减免江南部分赋税。采取限制诸王势力、新编律令等措施，使社会矛盾暂时有所缓和。同时，发兵击败西北叛王海都、笃哇等，都哇、察八儿归附，使西北长期动乱局面有所改观。在位期间基本维持守成局面，但滥增赏赐，入不敷出，国库资财匮乏，"向之所储，散之殆尽"，中统钞迅速贬值。曾发兵征讨八百媳妇（在今泰国北部），引起云南、贵州地区动乱。晚年患病，委任皇后卜鲁罕和色目大臣，朝政日渐衰败。大德十一年（1307）正月病逝。死后谥号钦明广孝皇帝，庙号成宗。

③ 纳塘寺：藏族历史上一座极有名的噶当派寺院（今西藏自治区日喀则县曲米区），公元 1153 年，由格西夏惹哇的弟子冬盾·罗追扎巴（1106~1166）创建。该寺有许多重要古迹文物，如《甘珠尔》和《丹珠尔》的木刻板，释迦佛诞生如意宝树画轴二十五卷的刻板，全套宗喀巴传记的画轴二十五卷的刻板等。见《佛学词典》，第 470 页。另，罗译（第 58 页）文间注说此《丹珠尔》"由 bCom ldan Rigs ral 编"。

④ 元武宗，名海山（1280~1311），元朝第三代皇帝（1308~1311 年在位），元世祖曾孙，成宗侄。1307 年的一场宫廷斗争中，中华文明面对一场大危险。忽必烈孙阿难答（Ananda）倾向于伊斯兰教。他熟悉《古兰经》，并擅长阿拉伯文，是宁夏的长官（达鲁花赤）、在其势力范围内的伊斯兰教热情宣传者。他的父亲元成宗为了使他转而皈依佛教，曾一度囚禁过他。元成宗死时，阿难答企图夺取帝位，但是他的侄儿海山获得了帝位，并将其处死。中华文明避免了一场彻底改变的危机。元武宗虽然在位只四年，但元朝内部的矛盾得到舒缓，元朝统治稳定而顺利，全国歌舞升平，国力强大，是元朝一代明君。
另，此句罗译不完整：The emperor Go lug (kulug, d. 1311 A. D.).

⑤ 元仁宗爱育黎拔力八达（1285~1320），元武宗弟，元朝第四代皇帝（1311~1320 年在位），蒙古语称普颜笃皇帝。早年从太常少卿李孟学习儒家典籍。大德九年（1305），出居怀州。十一年（1307），成宗崩，回大都奔丧，与右丞相哈剌哈孙合谋，拥立统军北边的长兄海山（元武宗）为帝。元武宗封他为皇太子，相约兄终弟及，叔侄相传。至大四年（1311）即位后，大张旗鼓地进行改革，取消尚书省，停用至大银钞，减裁冗员，整顿朝政。延祐元年（1314），开科举取士。曾在江浙、江西、河南等地进行田产登记，史称"延经理"。出兵西北，击败察合台后王也先不花。后毁约将武宗子和世㻋徙居云南，立己子硕德八剌（元英宗）为皇太子。

八刺（siddhi pa la；蒙语：Siddhipāla）即皇帝位，在位3年①。后由也孙铁木儿（ye sun the mur；蒙语：Yesün Temür）即皇帝位，在位5年②。后由阿剌吉八（ra khyi phag；蒙语：Raja pika）位仅40天③，古沙剌哥吐（ku sha la go thug；蒙语：Kuśala qutuγtu）即位仅一个月，后由图贴木尔（thug thi mur vjav ya du；蒙语：Toγ Temür Jayaγùtu）即皇帝位，在位5年④。后由仁钦贝（rin chen dpal）即位仅一个月⑤。此后六个月无主，由艾尔铁穆尔铁西（el tha mur tha shri；蒙语：El Temür T'ai shih）监国。癸酉（阴水鸡）年，妥欢帖睦尔（tho gan thi mur；蒙语：Toγon Temür）⑥即皇帝位，在位36年之后，于戊申（阳土猴）年⑦逃跑到了蒙古地方。从此戊申（阳土猴）年起，大明（tavi ming）王朝执掌天下。从此戊申（阳土猴）年起到现在的丙申年（火猴，公元1476年）⑧，已过去108年

---

① 元英宗硕德八剌（1303~1323），仁宗长子，元朝第九代皇帝，蒙古语称格坚皇帝。早年从汉儒学习经史。延祐七年（1320）即位。在位三年（1320~1323）。起用太常礼仪院使拜为左丞相，与权臣右丞相铁木迭儿对抗。至治二年（1322），铁木迭儿死，升拜为右丞相，大力进行改革。重用汉人儒臣，征选人才；罢徽政院，裁减冗官，精简机构；行助役法，减轻徭役；颁行《大元通制》，加强法制。次年（1323）八月，元英宗、拜住自上都（今内蒙古正蓝旗东）返大都（今北京），途中驻营于南坡店（上都西南三十里），被铁失等刺杀。史称"南坡之变"。

② 元泰定帝也孙铁木儿（1276~1328），元世祖太子真金的嫡孙，父甘麻拉。1323年"南坡之变"后被拥为帝。基本保留了仁、英二朝的改革成果。死于1328年，时年53岁。在位5年（1323~1328）。

③ 元天顺帝阿剌吉八（1320~?），泰定帝的儿子。在位1月余，战败逃亡，不知所终。

④ 元文宗图帖木尔（1304~1332），武宗次子。曾两度登基即位。当初与拥立天顺帝的倒剌沙进行内战，胜利后于1328年即位。根据丞相的策略，"先让后取"，于1329年让位于明宗和世㻋（武宗长子），后鸩之，再次即位。死于1332年，时年29岁。

又，此处罗译（第59页）文间注说，"图贴木尔1328年即位，但在被天顺帝阿剌吉八（kusala）取而代之，后者死后图贴木尔于1329年再度即位，直到1332年10月驾崩为止。"误，取而代之者应是元明宗和世。和世㻋（1300~1329），元武宗长子。元文宗图贴木尔"让位"后即位，在位八个月被毒死。时年30岁。

⑤ 即宁宗元懿磷质班（1326~1332），元明宗次子。文宗为洗刷夺明宗位之罪名，让明宗子即位。宁宗1332年10月23日宣布即位，同年12月14日驾崩，在位仅月余。

⑥ 元顺帝妥欢帖睦尔（1320~1370），明宗长子，在位36年（1333~1368）。在位期间，爆发了大规模的农民起义，1368年朱元璋遣大将徐达率领明军攻入大都，顺帝出逃，元亡。1370年，顺帝病死，时年51岁。

⑦ 即元顺帝至正二十八年，明太祖洪武元年，公元1368年。

⑧ 即作者管·宣奴贝撰写此书的时间。

了。大明（洪武）皇帝在位 33 年①；建文（kyi hun）皇帝在位两年②，燕王（ye dbang）在位 22 年③；仁宗（bzhi dzung）皇帝在位 4 年④，宣德（zon de）皇帝在位 8 年⑤，正统（cing thung）皇帝在位 13 年，景泰（gyin thavi）皇帝在位 7 年，天顺（then shun）皇帝于丁丑年（阴火牛，公元 1457 年）即位至壬申年（水猴，公元 1464 年），在位 8 年⑥。从癸酉

---

① 实际上是 31 年。明太祖朱元璋（1328～1398），明朝开国皇帝，洪武元年（1368）正月即位，1398 年驾崩。在位 31 年（1368～1398）。
② 实际上是 4 年。明惠帝朱允炆，朱元璋之孙，洪武三十一年闰五月（1398 年 6 月）即位，明建文四年（1402）年驾崩。在位 4 年（1398～1402）。
③ 即明成祖朱棣（1360～1424），朱元璋第四子，建文四年六月（1402 年 7 月）即位，永乐二十二年（1424）驾崩，在位 22 年。即位后年号永乐，世称永乐皇帝，著名军事家、政治家。元至正二十年（1360）朱棣生于应天（今南京）。自幼习练兵事，渐通经史兵法。明洪武三年（1370）封燕王，十三年（1380）就藩，拥有重兵，镇守北平（今北京）。三十一年（1398），朱元璋驾崩，皇太孙朱允炆嗣帝位后削藩，危及燕王。建文元年（1399）七月，朱棣为夺帝位，援引《祖训》，以"清君侧"为名举兵反，号称"靖难"之师。建文四年（1402）六月南渡长江，攻取京师（今南京），建文帝不知所终。朱棣即帝位。杀建文朝臣，并株连亲朋，史称"壬午之难"。同时削藩，加强中央集权。两次大封靖难之役功臣。永乐元年（1403），改北平为北京。尔后常年东征西讨，屡建奇功。国力日渐强盛。十九年（1421），由南京迁都北京。二十年（1422），第三次亲征漠北，获胜还。二十一年（1423）、二十二年（1424），又两次亲征漠北，皆因阿鲁台远走，寻战不成撤军。七月十八（1424 年 8 月 12 日），北征归途中病卒于榆木川（今内蒙古多伦西北），年 65 岁。朱棣善于治军，赏罚分明，常亲历战阵。后改革京营，完善了明朝兵制。其军事思想对后世有较大影响。
④ 实际上在位不到一年。明仁宗朱高炽（1378～1425），朱棣长子，明朝第四位皇帝，永乐二年（1404）被册立为皇太子，永乐二十二年八月（1424 年 9 月）即位，次年改年号为洪熙，史称洪熙皇帝。洪熙元年（1425）五月暴卒，享年 48 岁。葬于献陵。他执政不到一年，而做太子却有 20 年的历史，因而他的很多事迹被历史湮没了，事实上正是由于他的仁政治国，才为明朝后世之君守成丰业准备了条件。从登基到去世，朱高炽在位时间不足十个月。去世前三天，他还在日理万机地处理朝政，而从身体不适到"崩于钦安殿"，前后仅两天时间，故明人黄景昉称他"实无疾骤崩"。
⑤ 即明宣宗宣德皇帝朱瞻基（1398～1435），实际上在位十年（1425～1435），明仁宗洪熙皇帝长子，母诚孝昭皇后张氏。幼年深得祖父永乐皇帝的宠爱，永乐九年（1411），永乐皇帝立朱瞻基为皇长孙，巡幸北征皆令其相从，还选用翰林诸臣为其讲经史、习政务、增广见识。不受永乐皇帝信赖的朱高炽被册立为皇太子，也因朱瞻基受永乐帝宠爱之故。洪熙元年（1425）五月，朱高炽忽然病危，一夕而死于钦安殿。朱瞻基即位，改元宣德。宣德十年（1435）正月初三日，朱瞻基死于乾清宫，年 38 岁。谥号宪天崇道英明神圣钦文昭武宽仁纯孝章皇帝。庙号宣宗。葬北京昌平景陵。在位期间，重点转向治理内政，休兵养民，清革前弊，整顿统治机构，实行精简和裁冗措施，以振朝风。宣德皇帝既是一个有较高文化素质的皇帝，又是一个喜欢射猎、斗促织和嬉游无度的皇帝。故宫博物院收藏着宣德皇帝的亲笔绘画和反映他射猎、戏谑活动的绘画，如《武侯高卧图》、《三阳开泰图》、《瓜鼠图》、《射猎图》（后人定名为《明宣宗射猎图》）、《行乐图》（后人定名为《明宣宗行乐图》）等。
⑥ 罗译（第 59 页）文间注：这里的水猴年显然是个错误，应为木猴年（1464）。

年（水鸡，公元1465年）① 成化（ching hwa）皇帝即位至乙未年（木羊，公元1475年）② 已经11年了③。到（现在的）丙申年（火猴，公元1476年）初，大明王朝已经传了108④ 年。以后要计算年代时当以此为根据去计算。

元代从成吉思汗至妥欢帖睦尔；大明统治起至现在（著书）时，汉地所有皇帝都敬奉三宝⑤，特别是元世祖（忽必烈）和明燕王（朱棣）这两个皇帝对印度和藏区的出家僧人都十分照顾，所供奉财物之多，难以估算。若对于诸皇帝所作善根，心生随喜自己也能获得和他人同等的福报。以上为藏区、汉土中原和蒙古地区王朝世系。

十　朗达玛灭佛后藏族俗人对寺院及甘珠尔和丹珠尔的保护

朗达玛灭佛之后，峨松和贝柯赞仍然敬奉三宝，修建寺庙等事业。灭佛之后蕃地在家众仍然敬奉三宝。拉萨和桑耶等地诸大寺未被销毁，在家众及深山中修密士虽然变成俗人相，继续暗自如法修行，敬奉整个佛教。在藏王热巴坚以前所翻译的经藏和论藏的所有函帙，得到很好的保藏。为此，以前翻译过的经论大部分我们至今受用。【后来，康区来的僧众来到西藏时，他们都无比喜悦。寺庙附近堆放的资具如山，僧众生活水平大幅

---

① 正统皇帝即明英宗朱祁镇，景泰皇帝即明代宗朱祁钰，天顺皇帝即明英宗朱祁镇复辟再登位。朱祁镇先后两次共在位22年（1435~1450；1457~1464），朱祁钰在位7年（1450~1457）。明英宗朱祁镇（1427~1464），明宣宗朱瞻基长子。宣宗死后继位。他两次登基，在位共22年，病死，终年38岁，葬于裕陵（今北京市十三陵）。第一次于宣德十年正月（1435年2月），正统十四年（1450）去位。同年9月，其弟明代宗景泰皇帝朱祁钰即位，景泰八年正月（1457年2月），朱祁镇复辟，再登大位，直至天顺八年（1464）驾崩为止。

② 误，这里应为木猴年，即明天顺八年，公元1464年。罗译（第59页）文间注修订为木鸡年（1465），恐误。

③ 即明成化十一年，公元1475年。

④ 明宪宗朱见深（公元1447~1487），明英宗朱祁镇长子，英宗天顺八年（1464）病死后即位，改年号为成化，在位23年。成化二十三年（1487）因宠爱的万贵妃暴亡而悲伤过度于数月后驾崩，终年41岁。葬于茂陵（今北京市十三陵）。

⑤ 三宝（dkon mchog gsum），指佛、法、僧。

提高，于是僧伽数量增长无算。】① 有关康区僧众到前藏来的时间问题，布顿仁波且②根据一老妇人的口述这样说，"辛酉（阴铁鸡）年（901）灭佛，过了73年后的癸酉（阴水鸡）年（973）佛教再次兴起。"精通佛教世系史的仲敦巴③说："（灭佛后）第七十八年的戊寅（阳土虎）年佛教再度兴起。"戊寅（阳土虎）年（977）后经过65年（阳水马）年（1042）阿底峡来藏。④ 当时，著名的"卫藏六人"之一的松巴·益西宣奴洛卓（sum pa ye shes gzhon nu blo gros）在世。因为仲敦巴在寄给前藏的诸大善知识的请其欢迎阿底峡的信函中有"显比丘规之首者，当推大德益西洛卓……"云云之故。著名的奈巴班智达·扎巴门兰楚臣（nel pa pandita grags pa smon lam tshul khrims）则说："从辛酉（阴铁鸡）年⑤经一百零八年之间，没有佛教，到一百零九年的己酉（阴土鸡）年⑥开始有佛教再度兴起。"仔细研读一下鲁麦（klu mes）⑦ 的直传弟子贝西奈丹（ba shivi gnas brtan）所作的颂扬麦鲁的书信中说："我的大善知识鲁麦·喜饶楚臣和松巴·益西洛卓二师，最初他们想在隆雪敬巴地方（klung shod vbyim pavi lung）建寺而未果，后于酉（鸡）年在拉木⑧建了热杰寺（sgyel btsugs）。"因此，把建寺误认为是佛教再次兴起之始。后来，鲁麦和松巴二师建立寺庙，僧团也得到发展，有了四柱（ka ba bzhi）、八梁

---

① 【】里的内容郭译（第38页）漏。藏文（第84~85页）为：phyis khams nas phyogs vdir rab tu byung ba bon pa mthong ma thag tu dgav ches tel gtsug lag khang gi phyogs su yo byad mang du btang nas brtsigsl dge vdun gyi vtsho ba legs par sbyar bas dge vdun bgrang ba las vdas pa vphel ba yin la。
② 布顿仁波且（bu ston rin po che）：布顿·仁钦竹（1290~1364）。生于后藏夏卜墨地方，噶举派绰普译师的三传弟子，纳塘版丹珠尔的编纂者，后来的几种版本基本上都是依此次序编的。对西藏所传的密典重新做了分析鉴别的整理工作。并对许多显密经论作了注释。其全集共二十六函，二百余种，所著《布顿佛教史》尤为著名，任后藏夏鲁寺座主，传法多年，其弟子称夏鲁派，又名布顿派。宗喀巴曾从其弟子学密法。也可参见《佛学词典》，第53页。也请参阅 E. Obermiller 所译《布顿佛教史》，第Ⅱ卷，1932，第211页。
③ 仲敦巴（vbrom ston pa, 1005~1064），噶当派开宗祖师仲·杰瓦穷乃（又译嘉伟穹奈）别号。1005年生于前藏堆龙普，公元1054年去阿里迎请阿底峡为师。公元1056年在热振地方建热振寺，弘扬阿底峡教法，门徒众多，后形成了噶当派。公元1064年去世，享年60岁。其著名弟子有博朵瓦、戒燃、京俄巴等。见《佛学词典》，第610页。
④ 罗注（第61页）：从此往后，管译师都根据此阴铁鸡年（901）推算年代。对此我们在导言（Introduction）中讨论过。
⑤ 指公元841年或者901年。
⑥ 指公元949年或者1009年。
⑦ 即鲁麦·喜饶楚臣（klu mes shes rab tshul khrims），参见前文及相关注释。
⑧ 拉木，拉莫（la mo），西藏自治区的达孜县一地名。见《藏汉大辞典》，第2746页。

（gdung brgyad）、三十二椽木（lcam sum cu so gnyis）和无数短木（dral ma）等说法①。惹西·楚臣穹奈（rag shi tshul khrims vbyung gnas）到了康区，他和兄弟坝师是同一堪布的弟子，后由坝师洛卓穹奈（sba btsun blo gros vbyung gnas）掌管布察寺（bu tshal gser khang），又由其门徒京俄·洛卓坚参（spyin vog blo gros rgyal mtshan）等人修建了杰萨寺（lce sa）等众多寺庙。此外，郑·益西云丹（vbring ye shes yon tan）根据本尊授记发展出康松寺（khams gsum zings khang）、却吉朵巴寺（vphyos kyi dog pa）和格巴拉康（gad par lha khang）②，其弟子们又发展了乌汝噶穹（dbu ru skar chung）、梁区的却卓（chos sgros），以及哲古惹（bre gu ra）等众多僧团。"卫藏六人"到藏之后，发现他们无法授予他人比丘戒，因为没有足够的僧团。因此，正如仲敦巴所说，戊寅（阳土虎）年（978）虽然不会有能力建寺，但是比丘之僧众逐次发展后，似乎有能力的鲁麦等人也已经到藏地来了。以上是朗达玛灭佛后藏地在家众对寺院及甘珠尔和丹珠尔的保护阶段。

---

① 柱、梁、椽木等是比喻所培养出的弟子的水平。罗注（第61页）：不同的僧伽群体名称。
② 此处罗译（第62页）藏文转写为"gad-par lha-khang"，郭译（第39页）"格巴庙"。本译本所据藏文本为"gang par lha khang"，估计为印刷错误。

第二章 后弘期佛教

一 后弘期佛教年代及喇钦波（大喇嘛）阶段

在此所阐述的问题是：什么是后弘期佛教的本源？达玛乌东赞（dar ma vu dum btsan）①灭佛之时，在吉祥曲沃日②的禅院中有三位僧人——裕朵（gyor stod）的玛班·释迦牟尼（dmar ban shavkya mu ni）、丈穹垛（drang chung mdo）的约格穹（gyo dge vbyung）、嘉饶巴（rgya rab pa）的藏饶色（gtsangs rab gsal）③ 携带噶玛峡底④等必要的律经方面的书籍，先是向蕃地上部逃走，昼躲夜行。来到阿里地区后，也不敢久留而继续北行逃到了霍尔地区，在霍尔的释迦喜饶（shavkya shes rab）居士的帮助下安顿下来。后来便来到朵麦⑤地区的索古隆（sro gu lung）地方，那里有一位名叫卓达囊赤松杰（vbro stag snang khri gsum rje）的大臣，曾是敬信佛法的国王之臣，此人 35 岁时即辛亥（铁猪）年（891）发下了宏大愿望

---

① 即为朗达玛（glang dar ma），是藏王赤达玛乌冻年赞的绰号。他因为毁灭佛教，后人恨之而加以"朗"，藏意为牛，传说他是牛发恶愿转生为王来灭佛的。详见有关藏族历史。
② 曲沃日（chu bo ri），西藏自治区贡噶县境内一山名。相传因山上有泉一百八处得名。唐东杰波在此山下雅鲁藏布江上造铁桥后，山名改称贾桑曲沃日。南岸有寺，名贾桑衮巴。见《藏汉大辞典》，第 805 页。
③ 罗译（第 63 页）注：参阅 E. Obermiller 所译《布顿佛教史》，第 II 卷，第 201ff 页。这三人被称之为"蕃地三智者"（bod kyi mkhas pa mi gsum）。他们被葬在西宁的一座佛寺里。在西宁北边的瓦日（dpav ri）至今尚存一尊石碑，上面有三人的名字。（据更登群培大师口述）
④ 噶玛峡底（Karmaśataka）：经书之名，是世亲之弟子，精通律经的云丹峨所著，内容主要是讲律经中的各种仪轨的实践有一百零一种，赞普赤松德赞时觉译师鲁降称通过印度的班智达乍纳米乍翻译成藏文，有三千七百颂，共九卷。现存于德格版《丹珠尔》显教【脾】函中。注者译，详见《东噶藏学大辞典》，第 41 页。
⑤ 古译为脱思麻，别名野摩塘。地当今青海省境青海湖西南和黄河流域一带。元置脱麻路，属陕西等处行中节省。见《藏汉大辞典》，第 1383 页。罗译（第 63 页）注：该村名叫 jya zhur，位于黄河（rma chu）北岸的宣化以北。

而去世。次年即壬子（阳水鼠）年（892）转世于宗喀德康（tsong kha bde khams）①。成年后在地方首长（zhing dpon）温萨·伦绛伯（dben sar non vjam dpal）座前得到传授念诵经教。在一名叫康·仁钦多杰（khang rin chen rdo rje）②、曾亲见本尊观音的大德座前发菩提心③，并在吉·嘉维珠多（skyi rgyal bavi gtsug tor）座前听受中观因明④的多部论著，在南·甘丹绛曲（nam dgav ldan byang chub）大师座前听授瑜伽法要。后来他又想到："为了消除轮回诸苦，解脱甘露灭苦之根，为教法十方宏昌之故，我首先必须出家为僧。"于是，他由藏饶色（gtsang rab gsal）为作亲教师（堪布），约师（gyo）和玛师（dmar）为做轨范师而出家为僧并受戒，取名格哇色（dge ba gsal）。此后他前往北方，来到西夏王国的江英哲堡（cang in rtse，甘州），在郭绒僧格扎（go rong seng ge grags）座前听受律经，并将四分律⑤赐予喇钦波（bla chen po 大喇嘛，即喇钦贡巴饶色），并说道："徒儿你应如律阐明如来教法，我已经老迈，恐将不久于人世。"后来，格哇色愿往前藏的香·钦波格哇（zhang chen po dge ba）座前听受教法⑥。他来到多康⑦隆塘吉丹准（glong thang vjig rten sgron）地方时，遇到前藏藏王所派的名叫芒惹裕措（mang ra gwu mtsho）的使者，后者对他说："【前藏发生了大饥荒，大德您不能去那儿。】⑧听说噶俄·曲扎巴（kwa vod mchog grags pa）在尼泊尔南部听受了许多教法，并已前往康区。"听到这一消息后，格哇色便往回走。在东部的拉孜毗底（lha rtse bhig tig）奉安许多古老佛像及僧伽聚会的寺中与噶俄·曲扎巴相会，

---

① 青海湖东黄河流域地区总称名。宗代译为宗哥或龙支城，今青海湟中县塔尔寺所在地。见《藏汉大辞典》，第2188页。
② 罗译（第63~64页）转写为 Bang rin-chen rdo-rje。
③ 发菩提心（sems bskyed）：发心。愿求无上菩提之心，维摩经慧远疏曰："期求正直，名为发心。"即以希求他利为主因，以相应希求自证菩提为助伴，成为趣入大乘正道之门，住大乘种姓引生大乘殊胜意识。《佛学词典》，第849页。
④ 中观因明（dbu tshad）：藏传佛教阐述中观教义和逻辑推理的两种学科的简名。见《藏汉大辞典》，第1941页。
⑤ 四分律（lung sde bzhi），四毗奈耶。佛灭后，上座部采集律藏，四度完结，故名四分律。此分：《广戒经》、《十七事》、《请问品》和《杂事品》。详见《藏汉大辞典》，第2788页。
⑥ 罗注（第64页）：似乎有些奇怪，刚刚发生灭佛事件之后，格哇色居然要去前藏（dbus）。
⑦ 多康（mdo khams），安多和康区的总称。
⑧ 【】处藏文（第90页倒数第4~3行）为：dbus sum u ge chen po byang bas btsun pa khyod kyis gshul yang mi phyed/。郭译（第45页第3~4行）为："前藏发生大饥荒，大德你虽有空闲时间，然已年迈。"供比较参考。

并在大师处听受《十万般若波罗蜜多大疏》（pha rol tu phyin pavi vbum tig）及《菩萨地》（byang chub sems pavi sa）等《大乘对法》（mngon pavi theg pa chen po）①，长达12年时间。有一天夜里，他梦见自己骑着大象，手捧珍宝走遍诸市集，大众高声对他说："大德您的珍宝虽好，但暂时无人购买，也付不起购买的大价钱。"梦醒后，他想到："教法之大宝箧，胜宝虽然赐予，诸愚尚不获义，暂时应住林中。"当他想到此处时，在丹底山（dan tig）附近有名为"体乌让九兄弟"（thivu rang spun dgu）②的非人，这些具力者见到大喇嘛而生起敬仰之心。他们对他说："我等所在的地方，任何名寺大刹中，都有获得成就者。根本法（rtsa ba）和道果法（vdras bu）等都易获得，望大德来此垂赐，我等愿作您的助伴，并愿在座前受居士戒。"并邀请大师到丹底③。于是大师前往丹底，到后即作广大供养三宝，对护法神（chos skyong；梵：dharmapāla）做广大朵玛④供施等后，祈祷诸位护法："在护教诸座前，誓愿护持佛教，愿具足猛诸佛子，救世间神通力，对我施救生敬仰，诸位作我助伴。"如此祈祷后，此圣人为了铲除当时那些"顿入瑜伽"而不作任何善法的邪知见，他修建了很多寺庙和佛塔，彩色油漆也出于此地。工巧明也是出自本人，对于有为的善根，大师确实精勤而作。因受大师如此的正行感动而生起敬信的，有一位名叫坝郭·益西雍仲（spa gor ye shes g'yung drung）⑤，他和众多随从人员来到丹底。大喇嘛为他们讲说正法律经中所说学处诸事，为此使他们对自己的行道心生愧悔，而如法出家为僧并受戒。在他之后，有巴·奈丹扎巴（bar gnas brtan grags pa）出家。是为坝（spa）、巴（bar）二师。同样，又有嘉巴扎巴（ja pa grags pa）和大德觉·喜饶穹奈（btsun chen shes rab vbyung gnas）两位出家，是为嘉（ja）、觉（cog）二师。又有谢·贝季多杰（bzhad dpal gyi rdo rje）和萨·嘉措（srags rgya mstho）

---

① 《十万般若波罗蜜多大疏》，梵文为 Satasahasrika Prajnaparamita，藏文全称为 shar rab kyi pha rol tu phyin pa vbum pa rgya cher vgrel pa，参阅《丹珠尔》shes phying，第 3807 函；《菩萨地》梵文为 Bodhisattva bhumi，藏文全称为 rnal vbyor spyod pavi sa las byang chub sens pavi sa，参阅《丹珠尔》sems tsam，第 4037 函。大乘对法（mngon pavi theg pa chen po），梵文为 Mahayana Abhidharma。
② 郭译（第 45 页）为"体乌让本古"。
③ 丹底寺，亦名为旦迪寺，在青海省化隆县。朗达玛灭佛法后，西藏高僧三人逃至青海长住旦迪。衮贡巴饶色从三僧受近圆戒，并于此寺给卫、藏十人传授别解脱戒。史载后弘期佛教余烬复燃于康、青，盖自此地始。见《藏汉大辞典》，第 1244 页。
④ 朵玛（gtor ma），食子，由糌粑捏成用以供神施鬼的食品丸子。见《藏汉大辞典》，第 1051 页。
⑤ 罗译（第 66 页）藏文转写为 spa-gong ye-shes g'yung-drung。

二人出家受戒，此即谢（bzhad）①、萨（srags）二师。阿巴·多杰旺秋（val pa rdo rje dbang phyug）及努老西·贝季旺秋（bsnubs lab shi dpal gyi dbang phyug）二人出家，此即阿（val）、努（bsnubs）二师。还有松却觉军（zong mchog chos skyung）和楚·喜饶却（vtsur shes rab mchog）二人出家，此即松（zong）、楚（vtsur）二师。楚师的弟子即为鲁麦·喜饶楚臣等前后藏诸师。如此寂静树林中，具足戒勤弟子众，若与众为友得乐，为善而努力同处，安乐与善同时住。另有一次，帝释②等为主的欲界③诸天神及其随从人员晚间来到大喇嘛座前作供养，并为听法之故绕行而安住。大喇嘛也为他们说与佛法相符合的言语，令他们心满意足。他们对大师说："大德您真是贤善，但这些非人眷众真是恶劣。"如是说完他们便走了。徒众问："昨晚显现如此光明，那么大喇嘛您应该是（佛的）化身④了？"大喇嘛答曰："我不是化身，我是人大乘获得加行道光明心境的僧人——格哇色。"又有一次他说："最初我为卖蒜之妇女；中间为达纳赤松杰（stag sna khri sum rje），最后为格哇色。"这样说来，大喇嘛49岁来到丹底，在此居住了35年之久，84岁时乙亥（阴木猪）年（975）逝世而往生于兜率天。此乙亥（阴木猪）年是从辛酉（铁鸡）年（901）灭佛后75年⑤。如此大喇嘛说："圣人无著和大德切哇德（btsun pa mche bavi sde）二人对佛母般若经⑥的密意有了不同的注释，我想应向补处佛位弥勒菩萨（rgyal tshab byams mgon）座前问过明白，而我听说这两位大师都住在兜率天。"又说："现在文殊菩萨虽是来到此世间，而现在却被流放远方，所以直至护者怙主弥勒还未出现于此世间前，我还应于此赡部洲一切处受生八次！"以上记述是依据毗奇长官⑦之著述编写的。根据其他著述，"卫藏六人"与大喇嘛本人有过接触。也还有其他一些说法，说

---

① 罗译（第66页）藏文转写数处均为 bzhang。
② 帝释（brgya byin）：三十三天之主，相当于汉族所说的玉皇大帝。见《藏汉大辞典》，第627页。
③ 欲界（vdod pavi khams）：《藏汉大辞典》，第1414页认为，此中众生贪爱段食，贪行淫行，享妙五欲；其器世间亦为有贪欲的众生之所居处，故有此名。
④ 化身（sprul sku）：幻象，变化。佛教谓由佛身幻变成的人、物、和现象，如殊胜化身指释迦牟尼，受生化身指转世活佛，事业化身指身语等活动，人物化身指各种生物及无生物。参阅《藏汉大辞典》，第1689页。
⑤ 罗译（第67页）注：Revu mig 勘误表（JASB, II, 1889, 第40页）上说，拉钦·衮巴饶色公元1035年去世，也是个阴木猪年。我们不知道松巴堪布的材料来源。或许这是错误推算之结果。
⑥ 罗译（第67页）文间注：rgyal bavi yum，即般若波罗蜜多经。
⑦ 所据藏文为 dbon bi ci，恐误，疑为 dpon bi ci。

他们见过大喇嘛，并在卓·益西坚参座前领受学处等。此处从藏王松赞干布己丑年（阴土牛，公元629年）出生起至我撰写本史册时的丙申年（阳火猴，公元1476年），已过848年。以上为后弘期佛教年代及大喇嘛等的阶段。

二　大译师阶段

　　松赞干布诞生后329年即戊午（阳土马）年，大译师仁钦桑波（lo tsav ba rin chen bzang po）①诞生。大译师年届13岁时，在堪布·益西桑波（mkhan po ye shes bzang po）座前出家为僧。这在赤汤连纳（khri thang Jñānana）所著的传记中有载。这样的话，大译师出家之年是（铁鸡）年（901）灭佛后第70年了。②而且很明显，佛教传入藏区是阿里地区比卫藏要早。当大译师年届85岁时，阿底峡尊者（jo bo rje）来藏，大译师拜见了他。总的来看，大译师年轻时到克什米尔钻研过许多显密教典，具有大智慧而翻译出许多显密教法典籍，并广大讲说《般若波罗蜜多》（pha rol tu phyin pa；梵：Prajñāparamitā）及密续两方面的教义，开示过许多灌顶和修法的做法。在藏区后弘期的密教比前弘期（bstan pa snga dar）更为兴盛，这大概是大译师一人的恩德。大译师曾依止75位班智达而听受许多正法。大喇嘛·拉德赞（bla chen po lha lde btsan）敬奉大译师为顶上福田（dbuvi mchod gnas）和金刚大师（rdo rje slob dpon；梵：Vajrācārya），并供献布桑之谢住地（spu hrangs kyi zher gyi gnas gzhi），还为大译师修建寺院。修建了察扎寺③和绒寺等寺庙及许多住处和白塔。译师门下出了古幸·准珠坚参（gur shing brtson vgrus rgyal mtshan）等许

---

①　大译师仁钦桑波（lo tsav ba rin chen bzang po）：译言宝贤（958~1055）是益西峨之子，生于阿里古格的恰旺热纳。17岁赴印度留学十年，依纳若达巴等诸大学者为师，学通讲说、辩经、写作和翻译。为藏传佛教后弘期诸大译师之首，曾折服异教徒菩陀揸舍，翻译、校订显教十七部、论三十三部、密教怛特一百零八部。尤以所译马鸣论师所著《八支集要》及迦湿弥罗学者所著《集要广注·词义月光》等医学著作，不仅盛传于西藏，而且从汉地皇太后"伊吉"（音译）时，因雅垄医师奇曼请教，由益西坝于"代冬"（音译）宫中校订之后刻为汉版。继承此师医学弟子有普兰四名医等遍于西藏。也可参考《佛学词典》，第781页。另外，此处，宣发贝是从公元629年开始计算的。

②　罗译（第68页）注：这里作者又从公元901年开始推算年代，而不是公元841年，这两个年头都是铁鸡年。

③　察扎寺（khri tsavi gtsug lag khang）：也名为察扎旺根，修建于藏历第一六十周期没有开始之时。大译师在此寺中逝世。详见《东噶藏学大辞典》，第340页。

多善巧有成的弟子，主校译师（zhus chen pher bavi lo tsav ba）约十人。大译师先前的事业如建造佛像及翻译事业等各种丰功伟绩均非他人所能及。译师曾诵《文殊真实名称经》（mtshan yang dag par brdzod pa）梵语十万遍，藏语十万遍，给他人酎金而复诵十万遍。后来阿底峡尊者领译师进入专修（sgrub pa；梵：sādhana）时，译师在修室（sgrub khang）外三道门上贴有警语："如果我心中刹那生起仅为此世的心思、为自利的心思、凡俗的心思时，诸护法可打碎我脑袋！"译师一心专注而修，因此获得殊胜成就（mchog gi grub pa）。享年98岁，于乙未（阴木羊）年（1055）在察扎旺根（khwa tse wing gir 即为察扎）寺圆寂时，遍虚空中诸天神妙乐齐鸣，漫天普降天雨散花，瑞相连连，均为城里所有一切老少人等亲眼所见。由于没有灵塔，据说是往空行刹而去，没有留下肉身。虽发现三粒红红的舍利，犹如小叶莲红一般，但与此同时渐次坏灭而发出万雷齐鸣之声而在空中消失。以上为大译师阶段。

三　同时代所编的史料阶段

此外，拉喇嘛·益西峨①迎请了印度东部的班智达·达玛巴拉（Pandita Dharmapāla），后者门徒众多，有能够讲说律经和实践的主要弟子如萨都巴拉（Sav dhu pav la；梵：Sādhupāla）、古纳巴拉（gu ni pav la；梵：Guṇapāla）、扎连巴拉（pra dznyav pav la；梵：Prajñāpāla）等巴拉三师等门徒。由此师徒所传出诸师之传承（brgyud pa）统称为上律宗（stod vdul pa）。

另，拉德王（lha lde）在位时，迎请了苏菩提西辛底（Subhūti Srī śānti），即著名的克什米尔大班智达（喀切班钦）。大译师译出了《般若波罗蜜多八千颂》（shes rab kyi pha rol tu phyin pa brgyad stong pa）、《八千颂广释》（phyin pa brgyad stong pavi vgrel chen）② 和《显观庄严论释》（mn-

---

① 拉喇嘛·益西峨（lha bla ma ye shes vod）：出生于藏历木牛（965）年，这位尊者是阿里古格王朝的国王扎西贡的次子。小时候取名为松昂，后来继承王位后改名位赤德桑祖赞。松昂早年所娶妻子生有那嘎仁扎和德哇仁扎二子。后来看到祖先之历史文书之后悲痛欲绝，剃头出家为僧，更名为拉喇嘛·益西峨。他的丰功伟绩详见《东噶藏学大辞典》，第2154~1255及本章内容。

② 此处藏文用的是指代词表示，藏文为 devi vgrel chen。关于《般若波罗蜜多八千颂》（Astasàhasrikà Prajnàpàramità），请参阅《甘珠尔》，Shes phyin, No. 12；关于《八千颂广释》（Abhisamayàlamkàrà loka），请参阅《丹珠尔》，shes phyin, No. 3791。

gon par rtogs pavi rgyan vgrel)① 等许多波罗蜜多经和论典；大译师还培养出了许多善巧的译师，他们翻译出了许多律藏法典（vdul bavi sde snod）、波罗蜜多（pha rol tu phyin pa）和密教方面的教法。尤其是玛·格尾洛卓（rma dge bavi blo gros）翻译出来的《量释论》（tsad ma rnam vgrel）及《量释论自释》，拉旺洛（lha dbang blo）的《量释论释》，释迦洛（shavkya blo）的《量释论广释》等②，确定了教授与闻听系统。是为因明传入卫藏，并逐步形成藏传因明学说之始。那时，有以善巧著称的穹波扎色（khyung po grags se）也讲说了许多关于"因明"方面的问题。以上被称为"旧量宗"（tsad ma rnying ma，旧因明）。后来，由译师洛丹喜饶（blo ldan shes rab）创建的系统称之为"新量宗"（tsad ma gsar ma，新因明）。还有未经迎请而到藏的大善师连纳西（Jñānaśrī）③，以及（其他）许多班智达，译出了许多正净的佛典。

峨德在位时，迎请阿底峡尊者来到藏地对佛教作了极善的纠正。峨德之子哲德在位时，于丙辰（阳火龙）年（1076）举行了法轮大会（火龙年大法会），召集了卫、藏、康三大地区几乎所有的三藏法师④，各尽其长而转诸法轮，桑噶译师（zangs dkar lo tsav ba）当时译出了《量释庄严论》⑤。总之，能如上部阿里诸王那样对佛教如此虔诚恭敬，在其他任何地方都是没有的。参加这次大法会的有惹译师（Rwa lo tsav ba）、念译师（gnyan lo tsav ba）、穹波确尊（khyung po chos brtson）、赞·喀波且（btsan kha bo che）、峨·洛丹喜饶、玛通·德巴喜饶（mar thung dad pa shes rab）等。其中，达波旺杰（dags po dnang rgyal）译师也在场。赞·喀波且在萨乍惹纳（Sajjana）座前学好了弥勒诸论典（byams chos）⑥ 而来参

---

① 关于《显观庄严论释》（Abhisamayàlamkàrà tīkà），请参阅《丹珠尔》, shes phyin, No. 3794。

② 关于《量释论》（Pramànavàrtika），请参阅《丹珠尔》tshad ma, No. 4210；关于《量释论自释》（Pramànavàrtikartti），请参阅《丹珠尔》tshad ma, No. 4216；关于拉旺洛的《量释论释》（Pramànavàrtikatīkā）和释迦洛的《量释论广释》（Pramànavàrtikatīkà），请分别参阅《丹珠尔》, Tshad ma, No. 4217 和 No. 4220。

③ 藏文（第70页）为：ཚད་མ།

④ 三藏法师（sde snod vdzin pa）：奉行律藏、经藏、论藏的佛教通人。见《藏汉大辞典》, 第1473页。

⑤ 关于《量释庄严论》（tshad ma rgyan；梵：Nyàyàlamkàra），请参阅《丹珠尔》, Tshad ma, No. 4221。

⑥ 即为慈氏五论：相传为弥勒所著，《现观庄严论》、《庄严经论》、《宝性论》、《辩法法性论》和《辩中边论》。此书藏文版已由四川民族出版社1992年12月出版，共有283页。

加法会，生起了极大的益处。法会结束后，惹、念两译师前往尼泊尔和印度。后来又返藏并作出了极善的事业。达波旺杰和穹波扎色二师于布达山（po ta ri）和红山（dmar po ri）建寺传法，并举行了一次佛法辩论。诸扎巴①分别入二师的经院学法。当时，在史书中有一种说法，穹波师精通"旧量宗"，并有许多弟子。可是，旧量宗是否是从康区传来？或是从阿里依据玛译师所译的《量释论自释》和拉旺洛的《量释论释》而产生的？均不得而知。显而易见的是，穹波扎色师和博朵瓦②为同一时代之人。

总的来说，松赞干布诞生后252年的辛丑年（阴铁牛，公元821年）藏王热巴坚与汉唐和盟，次年壬寅年（阳水虎，公元822年）在拉萨建立唐蕃会盟碑（lha savi rdo rings）。此壬寅年（阳水虎）过后15年即丙辰年（阳火龙，公元836年），热巴坚逝世。从丙辰年（阳火龙）到辛酉年（阴铁鸡，公元841年），朗达玛为藏王。出家受戒为僧的教法被毁灭。灭佛的辛酉（铁鸡）年后77年为丁丑（阴火牛）年（917）。后来的戊寅（阳土虎）年（978）到阿底峡尊者壬午（阳水马）年（1042）来藏的前一年辛巳（铁蛇）年（1041）为止，共有64年。在这些年代中，是由"卫藏六人"广传佛法、广收门徒授戒。阿底峡尊者来藏时，卫藏六师的门徒还有许多健在，比如库师（Khu）、峨师（rngog）等。如此算来，藏王松赞干布诞生后413年，辛酉（铁鸡）年（901）灭佛后141年过后的壬午（阳水马）年（1042），阿底峡来藏。那时，玛尔巴译师③已

---

① 扎巴（grwa pa）：一般指出家为僧者，多指男性。
② 博朵瓦（po to ba, 1031~1105），又译博多哇，本名仁钦赛（rin chen gsal），仲敦大师（vbrom ston）弟子，与敬安哇·楚臣坝（spyan snga ba tshul khrims vbar, 又译金厄瓦）和普琼哇·宣奴坚参（phu chung ba gzhon nu rgyal mtshan）合称三昆季。仲敦去世后，多年专事修证。51岁时，开始广收门徒，讲学以噶当六论等典籍为主，在噶当派中开经典派一系，创建博多寺（po to dgon pa），因此被称为博朵瓦。弟子辑其语录并加注释，名为《小册青书》（bevu bum sngon po）。参阅《藏汉大辞典》，第1619~1620页。
③ 玛尔巴译师（rje mar pa）：即译师玛尔巴·曲吉罗追（mar pa lo tsav chos kyi blo gras, 1012~1097年）宋代藏族著名佛学家，创立西藏噶举派。生于西藏扎洛县普曲地方，为玛尔巴族，故又称洛扎巴玛尔巴。自幼习法，15岁时从卓弥译师学习梵文。数次去印度和尼泊尔，从那若巴、弥勒巴、智藏等佛学家学习喜金刚、密集和大手印等密法。返藏后曾多方说教，最终定居在洛扎卓窝隆，一生未出家而从学弟子很多，形成与香巴噶举并存一派之势力，至其再传弟子塔波拉杰时更为强盛，世称塔波噶举，遂被尊奉为祖师。参阅《藏汉大辞典》，第2060页、《佛学词典》，第623页、《东噶藏学大辞典·历史人物类》（内部资料），中国藏学研究中心历史所2005年版，第655~656页。

年过31岁,款·贡却杰波①年方9岁。那时,树师(gzhus)和扎巴烘协(grwa pa mngon shes)二师仍作亲教师②;嘉·杜哇真巴(rgya vdul ba vdzin pa)(持律师)正学习律经;扎巴师的弟子赞·喀波且年满23岁;树师的诸大弟子都还在世;伦(leng)、卓(vbrog)、管(vgos)三译师、达落宣楚(stag lo gzhon tshul)、卓·僧格释迦俄(vbro seng dkar shavkya vod)、库欧珠(khu dngos grub)、吉觉·达威俄色(gyi jo zla bavi vod zer)等都还在世。阿底峡尊者来藏23年后,仲敦巴逝世。不久,大喇嘛卓米③也去世了。卓米去世后,嘉噶恰纳(rgya gar phyag na)大师来藏,对后藏上部的21位大法师等广泛讲授成就心要(grub snyin)诸法门。阿底峡尊者逝世后不久,丹巴桑杰(dam pa sangs rgyas)到藏,对扎巴(gra pa)和杰扎岗巴(lce dral sgang ba)④等人讲说息结派⑤前期传承的诸法门。喀钦达贡大师⑥也到藏地,成为扎、杰两人的上师,讲说时轮⑦

---

① 款·贡却杰波(vkhon dkon mchog rgyal po,1034~1102),宋代西藏著名佛学家,为款·释迦洛追幼子,萨迦初祖萨钦之父,年四十创建萨迦寺,从此形成藏传佛教萨迦派。《萨迦世系史》(第10页)说他生于阳木鼠年(1024),《红史》(第42页)说他"生于阳木狗年(1034),在水阳鼠年(1072)修建了萨迦寺,享年六十九岁,逝于水阳马年(1102)"。《青史》和《萨迦世系史》(第15页)都说他在阴水牛年(1073)修建了萨迦寺,后者还说他时年有四十岁。由此可见,《萨迦世系史》误把阳木狗年"狗"khyi 误写成"鼠"byi。贡却杰波在从卓弥译师学道果法之前,幼时曾跟父兄修习宁玛派教法。也可参阅《佛学词典》,第76~77页;陈庆英(1993);王启龙(1998,1999)等。

② 这样看来,按戒律,两位译师受戒至少已过十年。后者乃《嘛尼教法史》(Ma ni bka bum)的作者。

扎巴烘协(grwa pa mngon shes),也称为喜饶嘉哇,本名旺秋坝。公元1012年生于前藏裕饶地方,自幼入桑耶寺依鲁麦弟子扬须嘉哇袄出家,法名旺曲坝。从叔父曲坝学习显密佛教经典及医学,从帕·丹巴桑杰学息结法门,从迦湿弥罗·班钦达哇贡布学"六加行"等,称彼通达对法学,故号烘协。详见《佛学词典》,第147页。

③ 大喇嘛卓米(bla chen vbrog mi):即卓米译师,也称卓米译师释迦宣奴,名为释迦迅鲁,宋真宗时,前往印度和尼泊尔学习佛法,回藏后译著许多新密教法。详见《藏汉大辞典》,第2008页以及《佛学辞典》,第610页。

④ 罗译(第72页)藏文转写为 lce-dwal sgar-pa;郭译(第71页)为"杰扎噶巴"。

⑤ 息结派(zhi byed):十二世纪初,印度佛学家帕·丹巴桑杰(pha dam pa sangs rgyas)入藏首创,以修行般若经文、断除生死涅槃一切苦恼命名的佛教派系。参阅《藏汉大辞典》,第2386页。

⑥ 喀钦达贡(kha che zla mgon):意为"克什米尔的达贡",印度大班智达那若巴之弟子,详细情况在一下的章节中将出现。

⑦ 时轮(dus kyi vkhor lo):时轮金刚。系无上密乘。基道果位一切建立,均与内、外、别三种时会密切联系,故名时论。见《藏汉大辞典》,第1267页。

法门。丹巴桑杰后来又要回印度,他过了夏乌达果①之后,来到涅地方(gnyal)的囊卓(snang gro)住了三年。后来他为玛(rma)、索(so)、岗(skam)三师等讲说息结派中期传承诸法。似乎这时正是阿底峡尊者去世 26 年(1054 + 26 = 1080)的时候。后来,(丹巴桑杰)前往汉地住了 12 年之久。然后他前往定日住了 21 年,并广作利益众生之宏业。在阿底峡尊者逝世后 40 年时,译师洛丹喜饶陈列(dpe vgrems)了二万三千多种书卷,广讲诸法藏②。这时噶当派的三兄弟③及奈邬素尔巴(snevu zur pa)等,还有峡哇巴(shar ba pa)、朗塘巴(glang thang pa)和甲裕哇(bya yul ba)等师弘扬噶当派教法④。当洛丹(旦穹)(blo sdan bstan skyong)大师扶持教法时,至尊米拉日巴⑤及丹巴桑杰两师也在弘扬修派传承的教法。此外,还有峨师及其弟子、楚旺额(vtshur dbang nge)、麦春波(mes tshon po)⑥、季·色察(dpyal se tsa)、款·贡却杰波及其弟子,巴日译师(ba ri lo tsav ba)、居·门兰扎(rgyus smon lam grags)、仲噶译师(brangs dkar lo tsav ba)两兄弟、惹译师(rwa lo)、念译师(gnyan lo)、管(vgos)译师及其弟子、玛尔巴·朵巴(mar pa do pa)等都在弘扬和传承着诸法门。巴日译师和至尊米拉日巴同一年诞生。年届 15 岁时(1054),巴日拜见了阿底峡尊者。又有素尔穹巴(zur chung pa)的弟子卓普巴·释迦僧格(sgro phug pa shavkya seng ge)师及其弟子也弘扬旧密诸论说等。在那时只为弘扬珍宝佛法。阿底峡尊者去世后 26 年即已

---

① 夏乌达果(sha vug stag sgo):后藏拉孜县境内一佛教圣地名。见《藏汉大辞典》,第 2827 页。
② 罗注(第 73 页):dpe vgrems 意思是"一个学生有一本教科书"。在古代西藏,只有手抄的课本,而且其数量有限。
③ 噶当派(bkav gdams pa):阿底峡尊者的弟子仲敦巴所创,以全部佛语作为修行要诀的教派,11 世纪中叶为西藏佛教中兴时期的主流。详见《藏汉大辞典》,第 73 页。所谓噶当派三兄弟(sku mched gsum),指的是博朵瓦·仁钦赛(po to ba rin chen gsal)、敬安哇·楚臣坝(spyan snga ba tshul khrims vbar)和普琼哇·宣奴坚参(phu chung ba gzhon nu rgyal mtshan)。
④ "峡哇巴"郭译(第 50 页)为"侠惹哇";"甲裕哇"罗译(第 73 页)藏文转写为"bya-yul-pa"。
⑤ 至尊米拉日巴:名为啼巴嘎,(1040 ~ 1123)生于阿里拉堆贡塘的加阿杂地方。宋代藏族佛学家,系译师玛尔巴的主要弟子,专心修行而证道,著有《道情歌集》流行很广。详见《佛学词典》,第 630 页。
⑥ 罗译(第 73 页)注:米拉尊者、峨粗尔(rngog tshur)和麦师(mes)均属著名的"杰玛尔巴四柱"(rje mar pavi ka chen bzhi)。

未（阴土羊）年（1079），贝贡波哇①诞生。他最初听受噶当派诸教授，后来亲近至尊米拉日巴，并依其教授修行。获得无漏大智②之后，他作出伟大的利益众生之事业，并成为道统③传承的教主。我等应知，此师弟子无数，且知识渊博；更应知，这里不过略说这位善知识某时某年的一些事迹而已。以上为同时代所编史料阶段。

四　鲁麦译师修建寺庙阶段

阿底峡尊者到藏区以前的64年中，由鲁麦大师及其弟子们（klu mes dpon slob）建立了许多寺庙。己酉（阴土鸡）年（1009），修建了拉木杰寺（la mor vgyel）④。次年（1010），格西·伦耶协坝（dge bshes glan ye shes vbar）、峨·绛曲穷奈（rngog byang chub vbyung gnas）等人出家为僧。次年（1011），叶尔巴寺由哇仁（ba reng）掌管⑤。据其他史书中记载，叶尔巴寺是在庚申（铁猴）年（1020）奠基的，又有珠麦·益西穷奈（gru mer ye shes vbyung gnas）等十八人出家为僧。伦（glan）、峨（rngog）、纳朗（sna nam）三师及珠麦师一道并称"四柱"；格西鲁（klu）、松（sum）两师称为"二梁"（gdung gnyis）；库（khu）、仁（ring）则分别被称为"南门闩"（lhovi sgo glegs）和"北门闩"（byang gi sgo glegs）；称之为"屋椽"（phy-am）的则有：鲁、松二师的门徒格西·伦耶协坝的侄子伦·益西绛曲（glan ye shes byang chub），策穹（vtshal chung）的略·楚臣坚参（gnyos tshul khrims rgyal mtshan）、彭·旺秋坚参（vphangs dbang phyug rgyal mts-

---

① 贝贡波哇（dpal sgom po ba）：是米拉日巴的著名弟子，噶举派支系达波噶举的始祖，己未年（1019）生，名为索南仁钦，于癸酉年（1093）74岁逝世，弟子甚众，成为噶举派的一个重要分派。见《佛学词典》，第136页。又，罗译（第73页）藏文转写为dpal sgom-po-pa。

② 无漏之大智（zag pa med pavi ye shes chen po；梵：anasrava jnana）：无漏，不问作为所缘或与之相应，均不增长烦恼之法，如道谛及无谛等。见《藏汉大辞典》，第2446页。智：原始智。一切有情心中本来，自然存在的明空了别的意识。见《藏汉大辞典》，第2593～2594页。

③ 道统（sgrub brgyud）：师徒授受修行诀窍的传承系统。见《藏汉大辞典》，第615页。

④ 罗译（第74页）藏文转写为mo-ra-vgyel；郭译（第50页末行）为"谟惹杰寺"。

⑤ 叶尔巴寺（yer pa）：据云为松赞干布第三妃氏赤江所建。在拉萨东部，现达孜县邦堆区境内。寺庙山后石窟传为松赞干布坐静处。详见《佛学词典》，第753页。此句罗译（第74页）为："In the next year they took over Yer pa Ba reng."；郭译（第51页）为："次年耶尔巴师住持热寺。"

han），仲巴（vbrom pa）的门徒思（gzi）、砻（rlung）二师，坝朗峡察寺（ba lam sha tsha）的修建者鲁麦大师的弟弟，门噶干寺（mon mgar vgan）的修建者格顿（dge dom），鲁、松二师的诸大弟子宣奴扎（gzhon nu grags）等。在上玉茹地方（gwu ru stod）修建哲喀寺的伯顿·多杰喜饶（bhe ston rdo rje shes rab），虽然不是其徒弟，但也被列入大人物的行列。所谓"列徒"（gral bu），是说比（上述）亲传弟子辈分小的诸弟子。松巴师修建了裕卓寺（gwu sgro）及康玛寺（khang dmar）；伦师修建了杰惹岗寺（rgyal ra sgang）①；纳朗师修建了约卜（yab）的惹察寺（ra tshag），后来又修建了嘉鲁拉（rgyal lug lhas）的拉康（庙、佛堂）；峨师从叶尔巴回来后修建了舍地方（gzad）的亨巴寺（lhing pa），还继续修建了察弥寺（tsha mig）及须地方（gzhu）的庙堂（kun dgar ra ba；梵：arama）等，以及西南方拉多（lha mdo）及附近其他建筑物的走楼过道等也是峨师修建的。格西珠麦等僧徒十有七八在鲁麦大师座前请求之后，修建了索纳塘波且寺（sol nag thang po che）；格西鲁麦兄弟在弥却（mi chos）的边界上修建了坝朗峡察寺（ba lam sha tsha）。大格西鲁麦则执掌噶曲寺（kwa chu），后来又修建了扎奇（gra phyi）的冲堆乃寺（tshong vdus gnas），再后来前往塘地方（thang），然后到策蚌萨（tshe spong sa）在于色拉普巴寺（se ra phug par）中居住，最后，在返回塘地方的途中逝世。大格西鲁麦和珠麦二师的遗体都没有火化而奉安在窝金灵塔（mchod rtan vod can）之中。后来由鲁麦的弟子格西央修嘉哇沃（yam shud rgyal ba vod）从塘地方来到云达（yon bdag）地方修建裕哲阁松（gwu rtse sgo gsum 裕哲三门），又在供奉处修建了裕哲庙。那时涅巴（gnyal pa）和格西噶萨（vgar srags）在央修大师座前受戒后，掌管裕窝（yur vog）和志窝（rtsi vor）两寺，而涅地方的塘地人即从中衍生出来的。格西央修则掌管普波且寺（phug po che），后来又掌管了岗巴脱（gang pa thog）和江次（lcang tshigs）等许多根据地，并培育格西扎巴烘协等许多弟子。（格西央修）在塘地方掌管杰玛拉康（bye ma lha khang）时，格西扎巴也掌管乌贡玛寺（dbur gong ma）。那时，格西扎巴为若巴泽（rog pa rtsa）的四位可爱门徒剃度出家为僧后，又在杰玛拉康的平地上的河岸边修建峨松阁拉康（ngos sum dkad lha khang）②。在他讲说密和性相时，格西扎巴的弟子噶桑纳波（ga srang nag po）依托格西库钦波素尔普（khu chen po zur phud）而为"鲁"（klu）作争辩。为了消弭争端，格

---

① 罗译（第75页）藏文转写为"rgya-sar-sgang"。
② 罗译（第75页）藏文转写为"ma-bkod"。

西扎巴来到距离玛阁拉康（ma bkad lha khang）一箭射程处的协鲁（沙地），他怀着抱怨对四个弟子之父各罚一匹马，而噶桑纳波也到妥地方调解了密和性相的争端。后来，普波且和扎塘寺（grwa thang）系统称之为密宗部（sngags sde），塘波且本支各寺院统称为性相部（nyid kyi sde），塘波且寺院内的僧徒七八人中，总有三人是库地（khu）的僧人。库准察（khu dron tsha）地方的须布人宣奴扎巴（gzhon nu grags pa）离开塘地方，来到库、泽（tshes）两地的边界修建迥寺（vjum）①。后来，裕地（yugs）的须布人（shud bu）迎请宣奴师又修建了洛扎哇西寺（lho brag ba shi）。宣奴师后来又前往雅堆（yar stod），在库氏三系的供养处修建了坝裕寺（bar yul）。② 就这样，由具有菩萨愿力的格西鲁、松及其弟子等人乌汝（dbu ru，今拉萨）地界下部，对佛教起了根本性的变化，建立了比其他地方更为殊胜的四大圣地——即由弥勒化身的香·纳朗·多杰旺秋（zhang sna nam rdo rje dbang phyug）所建的嘉鲁里拉康（rgyal lug lhas kyi lha khang），该寺的财产特别殊胜；由峨师所建的须地方的庙堂斋僧特别殊胜；由格西·珠麦等十有七八的僧徒所建的寺院中，格西特别殊胜的为塘波且；一切敬奉的格西扎巴烘协在纳（sna）、旭（shud）两地的交界处所修建的扎塘寺，其庙堂特别殊胜。以上为鲁麦及其弟子修建寺庙的阶段。

五　持律③诸师的史事

由鲁麦和松巴师所倡导的律经④之讲说和传承的情况如是：鲁麦等

---

① 罗译（第76页）藏文转写为"vju-ma"。估计是版本不同，断词各异的缘故。
② 此句罗译（第76页）为："到了雅堆，他修建了坝裕寺，作为叔侄三人供奉（佛法）之所。"此外，本节内容罗列赫英译文（第74～76页）有所不同，可能是所据版本不同之故。请参考。
　　库氏（khu），乃西藏古代一氏族名，旧译作麴氏。吐蕃赞普松赞干布时期领有雅垄即今山南琼结一带为采地，《元史》称之为颖卜赤八千户，后作为十三万户之一。藏族佛学家库·尊珠雍仲（betson vgrus g'yung drung），即出生于此氏族中。参阅《藏汉大辞典》，第229页。
③ 持律（vdul ba vdzin pa）：持律上首。近圆已来护持戒统未断为坚固德，通达律藏巧于讲演弘扬为贤德。比丘具此二德号称持律，堪为戒师。见《藏汉大辞典》，第1406页。
④ 律经：也称律。梵音译作毗奈耶，义译为灭。阐述八事，谓五篇堕罪、犯堕原因、出堕、离堕、依何制戒补戒伽罗、所制学处本体、学处名目、抉择犯和未犯等八，以灭三业罪过，故名为律。见《藏汉大辞典》，第1405页。

"卫藏十人"来到康区受具足戒（也称比丘戒）而圆满学习律经后返回卫藏。经过两年时间，在后藏发展了很多僧伽组织，以此形成上年和下年两派，由惹西师（rag shis）在康区扶育弟子，由坝师（sbas）掌管布察寺（bu tshal），郑师（vbring）掌管康松寺。由鲁麦大师掌管噶曲等寺而讲授律经，传有峨·绛曲穷奈、珠麦·楚臣穷奈（gru mer tshul khrims vbyung gnas）、伦·益西喜饶（glan ye shes shes rab）、纳朗·多杰旺秋四大弟子。珠麦的弟子有扎奇普寺（grwa phyi phu）的隆·勒贝喜饶（rlungs legs pavi shes rab）、扎奇哇寺（grwa phyi ba）的觉·喜饶穷奈（skyogs shes rab vbyung gnas）和树·多杰坚参（gzus rdo rje rgyal mtshan）三人。其中，隆、觉二师去学习翻译，并来到丈色杜真（bram zer vdul vdzin）和丈色释迦色纳（bram zer shavkya se na）二师座前听受杂论等并学习实践律法；树师则亲近鲁麦大师而研习广释（rgya cher vgel）及五十卷（bam po lnga bcu）①等大疏。后来，他在隆、觉二师座前也很好地听受了教法，变得博学善巧。②觉师建立雅陇格巴登寺（yar klung gad pa steng）③。树师则培育出了四大弟子。其中，晋巴（vjims pa）④和馁颇（sne pho）为后藏的二大弟子，伦师和博穷师（sbo chung）为前藏二大弟子。晋巴·喜饶峨（vjims pa shes rab vod）是阿里萨日绒（za ri rong）人，成为善巧学者后，来到树师座前听受了律经，又在惹萨晋（ra sa vjims）地方建立了律经讲说院（vdul bavi bshad grwa）。这里出的人物有上部象雄·嘉维喜饶（rgyal bavi shes rab）、晋地方（vjims）的宣楚（gzhon tshul）、前藏的卓·僧噶堆巴喇嘛益西（vbro seng dkar stod pa bla ma ye shes）等。由于后者建立了阁钦寺，因此人们称他为阁勤巴·益西喇嘛（ko phyim pa ye shes bla ma）。绒洛匝寺（rong lho rtsa）的馁颇·扎巴坚参（sne pho grags pa rgyal mtshan），种姓为香（zhang），他建立了喀普（mkhar phug）和牟尔（dmur）地方的律经讲说院。此师的大弟子有宇拉日·扎杰巴（yul lha ri rtsa brgyad pa），种姓为索（sog），名为楚臣喇嘛（tshul phrims bla ma），此师掌管丹地（ldan）的坝索塘（pa so thang）和界岭（bye gling）等寺，并培育坝、界两寺（律经）讲说院僧徒。伦·楚臣绛曲（glan

---

① 有关"广释"和"五十卷"，请分别参阅《丹珠尔》，vdul pa, No. 4120 和 4106。
② 此句郭译（第 53 页）为："后来隆、觉二师也很好地听受了这些教法，而成为善巧者。"罗译（第 77 页）为："Later, after his studies with rLungs and sKyogs, he became very learned."
③ 郭译（第 53 页）为"雅陇达顶寺"。
④ 罗译（第 77 页）藏文转写为"vdzims-pa"。

tshul phrims byang chub）系嘉日谟坚（rgya ri mo can）人氏，他掌管彭域（vphan yul）的嘉寺（rgyal），后建立了（律经）讲说院，传有大弟子嘉巴·雍仲旺秋（rgyal ba g'yung drung dbang phyug）。博穹·楚臣穹奈（sbo chung tshul phrims vbyung gnas）系郭蚌岭（gwo vbum gling）① 人氏，他掌管了赞塘（btsan thang）、绒岗（rong skam）、噶曲（kwa chu）等寺，并创建了（律经）讲说院，其大弟子名为梁仓·仁钦喇嘛（myang mtshams rin chen bla ma），系扎奇下部（yul grwa phyi smad）人氏。梁仓·仁钦喇嘛的大弟子则是岗·色哇宁波（skam gsal bavi snying po）。嘉·杜哇真巴②出生在梁地上部（myang stod）的芒惹瓦（mang ra ba），幼小时父母双亡后，他来到甲若昌寺（bya rog tshang）与僧侣同住。由于他相貌丑陋，僧人说此人会对人们和庄稼有害，把他赶走了。于是，他来到噶哇冻寺（dgav ba gdong），向僧侣们乞讨为生，夜间睡在糠秕中。听到他们念诵律经经文，他学会了诵经。后来，他顺便带着经书来到索金寺（sog can）求学律经③。此外，他前往前后藏精通律经的所有大师座前学习研究律法，除晋巴师外，他在树师的三大弟子座前都听受过讲说。他在卓伽索（gtso cher sog）、梁仓、阁勤巴等三师座前学习律法，在岗师座前也听受过讲说。如此钻研学习，一直到34岁时，对各种律经（毗奈耶）作了彻底的精研后，取得了格西学位。直到80岁，他都以噶哇冻寺为驻锡的主要地方。掌管了曲弥隆寺（chu mig lung）之后，他圈了许多寺庙庄园，并广讲律经（毗奈耶）。此师年届80后身体虽然不是太好，却仍然坚持每天讲一遍《别解脱戒》（*Vinayasutratika*）或《别解脱戒广释》（*Vinayakarika*）④，或《菩萨戒律》（*Pratimoksa*）。讲说的根本由峡却巴（zhar chos pa）掌管五年之后，大师享年85岁即辛亥（铁猪）年（1131）在香地方逝世，所传弟子有著名的"四柱"、"十梁"（gdung ma bcu）⑤。"四柱"之中，达·杜真（vdar vdul vdzin）掌管肖江惹（shab lcang ra）、惹萨（ra sa）、博冻（bo dong）等寺并讲经说法；塔希·准珠坝（mthav bzhi brtson vgrus vbar）掌管娘若翁普寺（myang ro vum phug），传有讲说的大弟子即后藏的仁焦索（rin skyab so），以及觉敦·纳波达楚（jo stan

---

① 罗译（第78页）藏文转写为"gyro-po bum-gling"。
② 罗注（第78页）：即 rgya vdul vdzin dbang phyug tshul khrims vbar，生于公元1047年。
③ 此句罗译（第78页）为："Later, having mastered by heart the basic texts（gzhung）, he went to study the Vinaya with Sog."
④ 分别参阅《丹珠尔》，vdul pa, No. 4120 和 4123。
⑤ 郭译（第54页）为："八梁"。

nag po dar tshul），后者年满 60 岁时而出家为僧，学习念诵并研习律经（毗奈耶），成为善巧学者。后来（觉敦）在雅陇察绒寺（yar klung tsha rong）讲说并传有弟子峡弥（sha mi），峡弥有弟子噶哇达僧（ka ba dar seng），噶哇达僧之弟子为塔玛垛宣（thag ma rdo gzhon），塔玛垛宣之弟子有伦觉绛僧【格】（rnal vbyor byang seng［ge］）、伯底觉色（sbal ti jo sras）和旭巴顿耶（gzhu pa ston yes）等人。伦觉绛僧格在拉信持古（lha zhing phri dgu）及察穹（vtshal chung）两寺讲经说法，后来修建了彭域卓萨寺（vphan yul gro sa）。此师的弟子噶哇敦朗（ka ba ston nam）修建了恰地（phyaw）的普汝扎操寺（phu ru grags tshab）。伯底觉色师掌管丈惹谟伽寺（brang ra mo che），并修建了觉寞隆寺（skyor mo lung）。玛措·绛曲多杰（rma tsho byang chub rdo rje）则率领嘉寺①五百僧人前往前藏学习闻说。以上的达（vdar）、塔希（mthar bzhi）、觉敦（jo ston）、玛措（rma tsho）四位大师称为"四柱"。峡弥萨师（sha mi sa）则早已亲近过嘉师（rgya）。玛措的弟子甲·杜真（bya vdul vdzin），辛未（阴铁羊）年（1091）生于后藏绒雍地方（gtsang rong g'yung），在哲（vbre）大师座前出家为僧，起名为准珠坝（brtson vgrus vbar）；在索师座前听受律经；他年满 36 岁时前往嘉师和玛措拉素（rma tsho bla zur）座前精研律经，并在嘉察香耶（rgyal tsha zhang ye）座前学习和研究中观和因明，在桑噶译师座前学习瑜伽②法门，在堆龙巴（stod lungs pa）大师前听受噶当派教授。后来，他建立了素普讲说院（zul phur bshad grwa）。伯噶师（be dkar）变化成一位小僧，在准珠坝座前服役行事，发现他除衣毛外露的行为之外，没有一次看到他与律经相违背③，因此很是敬仰。甲·杜真师培育众徒九年后，即专修甚深教授而安住，培养出了能够作利益众生事业的弟子 76 人。就这样，甲·杜真大师作了弘扬佛教戒律方面的事业，享年 76 岁时在素普寺的住处寝室内逝世。甲·杜真大师之弟子枳巴·宣奴僧格（rtsis pa gzhon nu seng ge）在后藏四季④不间断地讲说律经（毗奈耶）达 18 年之久，没有起到巨大的作用，但却培养了德顶的温波·却旺（dbon po

---

① 嘉寺这里藏文为 rgya，与上文的 rgyal 略有不同。
② 瑜伽（yo ga）：梵文的音译。意为"相应"，即身语意相应，通过现思悟佛教真理的修行方法。与坐禅义同。见《佛学词典》，第 753 页。
③ 此句郭译（第 54 页）为："……未见他一次与戒相违如毛衣外露的行为，……"
④ 四季（dus bzhi）：又译四时，即圆满时、三分时、二分时、斗净时。有依劫而说，依佛法而说，与依法寿而说等几中不同的说法。见《藏汉大辞典》，第 1278 页。

chos dbang）等众弟子①。藏绒人杰·杜真（lce vdul vdzin）在欧弥（ngur smrig）等地建立了讲说院。甲·杜真逝世三年后，由其表弟若·却旺（rog chos dbang）在继续住持了素普寺法座②。从此以后由若姓（rog）后裔来掌管素普寺。若·却旺弟子为素普寺堪布却绛·纳萨伽索（chos byang na bzav vphred gsol）；却绛·纳萨伽索的弟子为素普寺堪布却吉准珠（chos kyi brtson vgrus）；却吉准珠的弟子为素普寺的堪布却扎·仁钦贝（chos grags rin chen dpal）；却扎·仁钦贝的弟子为措巴寺（tshogs pa）堪布噶细巴（ka bzhi pa）；噶细巴的弟子则为仁波且·索南扎巴（rin po che bsod nams grags pa）和杜真·珠巴贝（vdul vdzin grub pa dpal）二师，此二师的弟子为即为布【顿】·仁波且（bu rin po che）。

此外，枳巴（·宣奴僧格）师的弟子贝丹卓（dpal ldan gros），贝丹卓掌管了纳塘寺（snar thang）。坝恰·东纳莫（ba phyar stong nag mo）师则在拉谟伽（klas mo che）、杜策门卓（stug tshal smon gro）③和绒喀普（rong mkhar phug）等寺讲说经典，此师的大弟子为阿里扎仲（mngav ris dgra bcom）则在贝钦垛宣（dpal chen rdor gzhan）师座前听受有对想（相对论之义）论义，后来他又很好地依靠东纳莫而成为善巧者，修建了坝阁乍纳外的桑泽寺（sbar gor brag nag nang zam vtsher）。阿里扎仲传有弟子秦·南喀扎巴（vchims nam mkhav grags pa）和姜莫伽（gyang mo che）等八人，最后的大弟子为僧格思农（seng ge zil gnon）。嘉师的"十梁弟子"为：纳嘉·楚臣云丹（snar rgya tshul khrims yon tan）、达波杜真（dwags po vdul vdzin）、纳嘉仁楚（snar rgya rin tshul）、季特哇·仁楚（spyi ther ba rin tshul）、喀汝梅敦（kha ru mes ston）、晋巴梅敦（vdzims pa mes ston）、晋巴洛领（vdzims pa klog snying）、垛巴耶扎（ldog pa ye grags）、阿里巴·伯觉喜饶（mngav ris pa dpal vbyor shes rab）、涅巴·达玛窝色（gnyal pa dar ma vod zer）。也有些人士说达玛窝色即为坝察师（bar tshar）。以上为梁·杜真（myang vdus vdzin）的十梁弟子名字。坝察·杰颇楚葩（bar tshar skye pho tshul vphags）在内邬茹（nevu ru）讲经，培养出大弟子达·楚臣杰波（vdar tshul phrims rgyal po），系上部达却人氏（stod vdar cho ba）。此师的大弟子为纳朗上部阁地人氏（snam na

---

① 此句罗译（第80页）为："After that many disciples, dbon po chos dbang and others, passed away."
② 此处郭译（第55页第5~7行）为："由章绒人杰·杜真建立欧弥寺讲说院。由嘉区纳氏族长若·却旺在嘉·杜真逝世后，继住持树普寺法座三年。"
③ 罗译（第81页）藏文转写为"stag-tshal smon-gro"；郭译（第55页）"达察麦卓"。

mgo ba stod）杜哇真巴·楚臣布（vdul ba vdzin pa tshul phrims vbum）；杜哇真巴·楚臣布的弟子系达域窝巴尼登人氏（dar yul vor pa nyi steng），名为洛卓扎（blo gros grags）；洛卓扎弟子为嘉卓普哇人氏（rgyal gro phu ba）楚臣扎（tshul phrims grags）；楚臣扎弟子有达域纳莫人（sna mo ba）扎巴门兰洛卓（grags pa smon lam blo gros）等。嘉师（嘉·杜哇真巴）较晚的弟子札玛多杰普布（brag dmar rdo rje phur bu）即为著名的堆巴达玛（stod pa dharma）。此师在仲巴札玛寺（grom pa brag dmar）讲经，传有弟子香·息哲喜饶（zhang zhi mdzes shes rab）。嘉师的弟子怛·杜真（brda vdul vdzin）① 从在嘉师座前出家为僧后，即于嘉师和杰颇师（skye pho）座前长期听受教法，他担任札玛寺的副法座三年。怛师之弟子善知识夏珠（bshes gnyen shvag grub）和怛·杜真（以师名为名）二师在肖堆（shab stod）等地讲经说法。受曲弥寺（chu mig）的俄尊噶谟（rngog btsun dkar mo）邀请，怛师又担任曲弥寺堪布，传有弟子：丈波隆（drang po lung）的杰玛扎楚（kye ma grags tshul），项色信（shangs sreg zhing）的恰·尼玛（chag nyi ma）。塔敦师（mthav ston）于娘若拉仁寺（myang ro bla rings）建立讲经院。善知识峡噶珠（shavka grub）则住持达寺法座（brdavi gdan sa），收洛嘉伯觉（klog skya dpal vbyor）为弟子。后者在邓莫山（don mo ri）讲经说法，传有弟子峡却巴杰（zhar chos pa skyel）、香·喜饶峨（zhang shes rab vod）②、温波·泽登僧格（dbon po khri brtan seng ge）和峡噶朵（shvak rdor）四人。后来香·喜饶峨担任大寺主座而传有曲弥杜扎哇（chu mig vdul grwa ba）诸师。

又，喀切班钦（1204～1213）在纳磊莫且（snar glas mo che）地方夏令安居③，讲《毗奈耶颂》④，僧格思农和项巴觉敦（shangs pa jo stan）二师前来听受，并各著一部《毗奈耶颂注释》。僧格思农座前，策玛格乌·索南贡波（tshad mavi skyes bu bsod nams mgon po）也听受此教法，布顿也启请过此教法。以上为诸师史事，据大持律师布（顿）（vdul vdzin chen po bu）所著论典所载而撰。

---

① 怛·杜真（brda vdul vdzin）与上文达·杜真（vdar vdul vdzin）似有不同。
② 此处郭译漏（第 56 页）。
③ 夏令安居（dbyar gnas）：修夏，坐夏，安居。律经中制定比丘、沙弥僧众，立誓承认于前夏或后夏三个月中，不越出界外至黎明犹不还寺，不兴僧伽内讧，勤求闻修，维修寺庙倾圮等。见《藏汉大辞典》，第 1953 页。
④ 《毗奈耶颂》（me tog vphreng tgyud；梵：Vinayakàrikà）：佛教律经之一品。见《藏汉大辞典》，第 2110 页。关于此颂，请参阅《丹珠尔》No. 4123。

另外，峡弥师的弟子为鲁噶·楚臣扎（klubs dkar tshul khrims grags），后者传有努·杜哇真巴（snubs vdul ba vdzin pa）以及扎弥（grwa mi）等许多弟子，努师即雅桑却杰（g'yam bzangs chos rje）。扎弥的弟子为嘉杜寺（rgya vdul）堪布达玛益西（dar ma ye shes）；达玛益西弟子为桑晋巴·达玛索南（zangs chen pa dar ma bsod nams）；达玛索南弟子为措纳哇·喜饶桑波（mtsho sna ba shes rab bzang po），依此二师而发展出涅地方的桑波伽（zangs po che）和乍阁（bra gor）等讲说律经（毗奈耶）的法流，此法流传至今，从未间断过。嘉杜达耶（rgya dur dar yes）的弟子克尊德巴贡（mkhas btsun dad pa mgon），前往金耶（spyan gwas）讲说律经（毗奈耶）并流传了大约十代。【在此之前，出现过扎巴（烘协）亲传弟子董登巴（don stengs pa）等以及洛巴（lho pa）一切遍知地持律经者很多。

此外，央修嘉哇沃所建立的赤拉喀（khrab la kha），也是此师前半生所讲说的律经源远流长而没有间断之处。】①

另外，前藏方面：素普、觉莫隆、噶哇冻、卓萨等寺讲说律经（毗师耶）法流的历史比较悠久，特别是卓萨寺（位于彭域），由于玛顿大师（dmar ston chen po）叔侄系持法藏大师，而成为各位欲求律经（毗奈耶教义）人士所依之处。现在所说律经（毗奈耶）② 诸师中最殊胜者则为大上座③格勒伯（dge legs dpal）大师。正当无数放荡比丘纷纷受戒期间，杰尊丹巴·洛桑扎巴贝④先是在觉莫隆寺⑤的堪钦洛色哇（blo gsal ba）座前圆满、彻底地学习律经（毗奈耶），之后又在所有寂静处精心专修心要，但没有离开戒律威仪的轨范。后来，当他培养徒众时，也令近持徒众

---

① 【】内的内容郭译（第56页）漏。藏文（第112页）为：…devi gong du yang gra pavi dngos slob don stengs pa la sogs pa dang/ lho pa thams cad mkhyen pa la sogs pavi vdul ba vdzin pa mang du byung ngo/
Yang yam shud rgyal ba vod kyis btab pavi khrab la khar yang/ kho bovi tshe stod yan du vdul bavi bshad pa par ma chad pa byung ngo//
② 此即 vdul bavi chos smra ba，梵语为 Vinaya dharmavàdin。
③ 大上座，gnas brtan chen po，梵语为 Sthavira。
④ 杰尊丹巴·洛桑扎巴贝（rje btsun dam pa blo bzang grags pavi dpal），即宗喀巴大师（tsong kha pa, 1357~1419）关于宗喀巴大师，可参阅上文第一章第五节"别解脱戒传承"相关注释。
⑤ 觉莫隆寺（skyor mo lung）：《藏汉大辞典》，第172页认为，藏历第三丁卯的己丑年，即公元1169年，藏族佛学家拜底罗汉在拉萨以西今堆龙德庆县境所建寺庙名。

等如律经所说的那样着三衣，坐敷具①和用钵盂；并遵照阿底峡尊者的教授，对于三士②道修心中，生起厌离③一切轮回④的出离心而建立起一切戒律都是适合分别解脱的标准。由于大师的这些良范在藏区的影响，使得藏区的律经教法呈现出如旭日东升之光明景象。在阿里上部的统治者安达松额（mngav bdag srong nges）对祖父的习俗和教法是极其敬仰的。然而，由于没有教授戒律的上师之故，（国王及其儿子）父子三人就在三宝圣像之前求取本来真面目（宿世真名），国王还将自己的名字也改为益西峨（ye shes vod，智慧光）。后来，从东印度迎请班智达·达玛巴拉，开始有很多人受了比丘戒，并学习律经和实践诸学处。关于这个故事，有颂曰：

信莫伽哇绛曲僧格（zhing mo che ba byang chub seng ge），对后来阿里持律师说，自己有印度之传承。说是有两种传承：即修行（sgrub pavi brgyud）与讲说（bshad pavi brgyud）两种。

修行传承如是：天之国王益西峨，称为文殊之化身。文殊师利根本仪规经中，获有授记之语意，建无与伦比托林寺（tho ling）。耳闻东印度大师，德誉犹如雷传遍世，高高耸立名声法幢，四面八方皆各显明，班智达达玛巴拉，收到益西峨之请。师慈悲阳光催传承，为圣教住世并传播，任堪布而传修传承，传有主要三弟子：其一比丘⑤萨都巴那（Sadhupala），其二觉窝古纳巴那（Gunapala），其三比丘乍连巴拉（Prajnapala）。

乍连巴拉之弟子，象雄地区持律师，守律如牦牛护尾，护戒犹如保护眼⑥。饱学律藏又博识，不但多闻且实修，德誉传遍天地间，慈悲之云降法雨，出家为僧离烦恼，弘扬佛法之圣教，不敢直呼其名故，敬称比丘胜利智（嘉哇喜饶）。极善学习声明语，依止众多班智

---

① 敷具（gding ba）：十三资具之一。出家人用以保护坐褥卧具的坐垫之一，长三肘，宽二肘六指。见《藏汉大辞典》，第 1344～1345 页。
② 三士（skyes bu gsum）：下中上三种士夫。见《藏汉大辞典》，第 165 页。
③ 厌离（yid vbyung）：《佛学词典》（第 745 页）认为，意倦，厌离心。了知身躯、资财不断滋生生、老、病、死诸种痛苦，故生厌患出轮回之心。
④ 轮回（vkhor ba）：生死。佛教谓众生无始以来旋转于六道生死之间，如车轮滚转，无有尽期，所以称作轮回。参阅《佛学词典》，第 78 页。
⑤ 比丘（dge slong）：《藏汉大辞典》（第 455 页）认为，净乞食，乞士。梵音旧译比丘。别解脱七众之一。承认守护《毗奈耶经》所说二百五十三戒而如仪受持律仪之男子。
⑥ 罗译（第 84 页）注：根据传说，西藏牦牛拥有琉璃石色泽一样美丽的尾巴，对尾巴的保护异常小心，生怕受到矮树丛和荆棘的刮伤。

达，获得知识无量故，此后回忆也流泪，肃然起敬起信念，许愿遇到彼师身，原来遇到此师身。达玛巴拉师座前，学习修行完之后，安住尼泊尔之地，守护戒律极严格，称善师婆罗门持律。哲达嘎惹（pre ta ka ra；梵 Pretaka）之座前，学诸戒行之教法，修传二位大师承，说传亦分二派系：赡部洲内名遍称，善师众中传承者，为莲纳西（dznyav naśrī；梵：Jñānśrī）大师所作，别解脱及其注释①，称为根本律摄义。名为比丘胜利智，改译并进行校正已，此外比丘彼复作，《三百颂》及其释文，《具足光明论》之著②。喀切之善师班智达，西苏菩提峡尼提（Sri Subhutisanti），比丘善才译此著，纠谬改错致完美，校对卫藏之版本。慈悲露润天王子，绛曲峨（菩提光）作补说道，谓利益众弟子之释③，彼翻译又能受闻，故誉为喀切班钦。全部沙弥都偈文④，获自萨扣达西乍那（sa manata shiv dznyav na；梵：Samantaśrījñāna），校对翻译并修改。印度、克什米尔、尼泊尔三种版本比较，称为胜智王而解说。《沙弥之年岁问答》⑤，梵本从尼泊尔迎请，迎至托林之地后，达师（达玛巴拉）翻阅此印本，喀切堪布纳惹雅与德哇拉两师校对，并作翻译之事。《比丘之年岁问答》⑥，绛曲穹奈（菩提生）校，东印度之善巧师，不敢直呼其名之大师，底邦嘎惹西乍纳（Dipankaraśrījñāna）师、比丘楚臣嘉哇（tshul khrims rgyal ba）译。诸典籍为象雄⑦之地，持律大师作校对，其中有洛卓大师（slob dpon blo gros）及喜饶塔坚（shes rab mthar can）两师等。

---

① 此句原文："so so thar dang de yi vgrel"。
② 关于《三百颂》（sum brgya pa；梵：ārya Mūlasarvàstivàdi śràmerakàrikà），释迦光（shavkya vod）所著，供沙弥读的一佛书名，见《藏汉大辞典》，第2927页，也请参阅《丹珠尔》，vdul ba, No. 4124。关于其释文《具足光明论》（vod ldan；梵：ārya Mūlasarvàstivàdiśràmanerakàrikàvrttiprabhàvatī），请参阅《丹珠尔》, vdul ba, No. 4125。
③ 藏文"slob ma la phan [pa]"，参阅布顿的《丹珠尔目录》（bstan vgyur dkar chag），《布顿全集》（bu ston gsung vbum），卷26（la 函），第106b对折页；《丹珠尔》，vdul ba, No. 4126, Trisatakarikavyakhayana。
④ 藏文：dge tshul rnams kyi kav ri kav；梵：Śràmanerkàrikà。请参阅《丹珠尔》，vdul ba, No. 4127。
⑤ 藏文"dge tshul gyi ni lo dri"是"dge tshul gyi dang povi lo dri ba"（梵：Śràmaneravarsàgraprcchà）的缩写。请参阅《丹珠尔》，vdul ba, No. 4132。
⑥ 藏文"dge slong gi ni lo dri ba"是"dge slong gi dang povi lo dri ba"（梵：Bhiksuvarsàgraprcchà）的缩写。请参阅《丹珠尔》，vdul ba, No. 4133。
⑦ 象雄（zhang zhung）：《藏汉大辞典》（第2373页）认为，吐蕃一小邦或即两唐书所载之羊同，宾服吐蕃，与赞普王室通婚，后为吐蕃所灭，相传为苯教之发源地。本书即《青史》认为，象雄故地即古格小邦所在，今在阿里地区札达县。

《比丘年岁问答偈文》①，尼泊尔之班智达，教证德俱备之人士，助智者乍雅阿嘎惹（mkhas pa dza ya av kar）与比丘扎莲甘地（dge slong pradzanyav kirtit；梵：Prajnakirti）翻译，后贝季觉巴大师（dpal gyi vbyor pa）听受此典。《律学处之根本经》，喀切智者班智达——又称之巴惹嘿达（pa ra he ta）者，与很多世系传承之玛哈乍纳（ma hav dza na）二智者于托林寺，跟极善巧声明之学、精习翻译师，宣奴却（gzhon nu mchog，童胜）比丘，翻译并且著作讲授，经过贝季觉巴大师，以及诸智者皆受闻。

这样看来，达玛巴拉及哲达噶惹修行的传承是显而易见的，而且是苏菩提西辛底等诸师讲说释论的传承。以上为持律诸师的史事阶段。

六 杰拉康阶段

著名的"鲁麦四柱"（klu mes kyi ka ba bzhi）中，除杰拉康（rgyal lha khang）之外，未见其余三者历代堪布传承系统之文献史料。杰拉康系传说为弥勒化身的纳朗·多杰旺秋所修建。他于丙子（阳火鼠）年（976）在欢喜地②诞生，父亲是纳朗觉色（sna nam jo sras），母亲是香江卓玛（zhang lcam sgrol ma）。在他3岁时的戊寅（阳土虎）年（978），律经（毗奈耶）从康区传到了前藏。18岁时的癸巳（阴水蛇）年（993年，北宋太宗淳化四年），他在名为惹哇通波（ra ba zlum po）的地方，于鲁麦大师座前出家为僧。那年正好是朗达玛辛酉（铁鸡）年（901）灭佛后第93年。此后，他先是建立了察寺（tsha gi gtsug lag khang）。后来，在37岁时的壬子（阳水鼠）（1012）年，他又建立嘉鲁拉寺（rgyal lugs lhas）。当年正好至尊玛尔巴大师诞生。纳朗师享年85岁于庚子（阳铁鼠）年（1060）圆寂。他曾前往印度去寻找律经讲说院，朝礼多杰丹巴（rdo rje gdan pa，金刚座）。据说多杰丹巴令二沙弥中一人让纳朗师在其座前听受律经，结果纳朗师反为二沙弥讲说律经。由此看来，纳朗师精通翻译。在壬子年（阳水鼠，公元1012年）修建杰拉康后的第六年，即丁

---

① 藏文"dgeslong gi kav ri kav"（梵：Bhikṣakàrikà），请参阅《丹珠尔》，vdul ba, No.4123：Vinayakàrikà。

② 此处"欢喜地"藏文为 nyams dgav bar。郭译（第58页）为"在梁嘎谟地方"，罗译（第87页倒数第2行）"at nyams dgav mo"，估计所据版本藏文为"nyams dgav mor"。

巳（阴火蛇）年（1017），珠麦大师在鲁麦大师座前求赐索纳塘波且之地，修建了塘波且寺。① 此年库敦·尊珠雍仲（khu ston brtson vgrus g'yung drung）正好是 7 岁。库敦师和迎请阿底峡尊者的纳措译师（nag tsho lo tsā ba）是同年出生的。后来，甲辰（阳木龙年，公元 1004 年）伦楚绛（glan tshul byang）②诞生，他在 57 岁时的庚子年（铁鼠，公元 1060 年）来到大寺，并住持大寺达 42 年之久，享年 99 岁，于壬午年（阳水马，公元 1102 年）圆寂。③ 他是博朵瓦④的堪布。郑敦（vbring ston）出生于丙子年（阳火狗，公元 1046 年)⑤，57 岁时于【壬午年】（阳水马，公元 1102 年）来到大寺，从次年癸未年（水羊，公元 1103 年）起一直住持寺务达 17 年，享年 74 岁时于己亥年（土猪，公元 1119 年）圆寂。玛嘉·纳惹哇（rma bya rna ra ba）生于庚子年（铁鼠，公元 1060 年），61 岁时于庚子年（铁鼠，公元 1120 年）来寺住持 10 年，享年 70 岁于己酉年（土鸡，公元 1129 年）逝世⑥。嘉察绛耶（rgyal tsha byang ye）生于丁未年（火羊，公元 1067 年），64 岁时于庚戌年（铁狗，公元 1130 年）来寺，住持寺务 10 年，享年 73 岁于己未年（土羊，公元 1139 年）逝世⑦。仲敦生于戊午年（阳土马，公元 1078 年)⑧，63 岁时于庚申年（铁猴，公元 1140 年）来寺，住持寺务 4 年，享年 64 岁的癸亥年（水猪，公元 1143 年）逝世。在他之后，从甲子年（阳木鼠，公元 1144 年）一直到壬申年（水猴，公元 1152 年）间，有坝阿尔（bar ar⑨）来寺中一夏，九年间无人来住持大寺。格西楚帕（dge bshes tshul vphags）是恩兰人（ngan lam pa），生于庚午年（阳铁马，公元 1090 年），64 岁时于癸酉年（阴水鸡，公元 1153 年）来寺，住持寺务 7 年，享年 70 岁于己卯年

---

① 此句郭译（第 59 页）"于壬子年建嘉寺后，时过六年于丁巳年（1017）在鲁麦大师座前求赐索纳塘波伽地址，而由珠麦大师修建塘波伽寺"；罗译（第 88 页）"In the year Fire Female Serpent (me mo sbrul - 1017 A. D.), which was the sixth year from the year Water Male Mouse (chu pho byi ba-1012 A. D.), when the temple of rgyal was founded, Grumer, after requesting kLu mes permission, founded Sol nag than [g] po che." 指的都是建嘉寺六年后，而本书所据藏文，说的是杰拉康建寺六年后。版本不同之故。
② 即伦楚绛甲哇（glan tshul byang bya ba）。
③ 此段涉及年代郭译（第 59 页）多算了一轮甲子。
④ 此处藏文为 pu to ba，恐误，似应为 po to ba。参阅文中相关内容及注释。
⑤ 此处郭译（第 59 页）年代文间注（第 59 页）为"宋仁宗景祐三年公元 1036 年"。
⑥ 郭译（第 59 页）把玛嘉·纳惹哇的生卒年多算了一轮甲子。
⑦ 郭译（第 59 页）把嘉察绛耶的生卒年多算了两轮甲子。
⑧ 罗注（第 89 页）：嘉寺（rgyal）的仲敦。
⑨ 郭译（第 59 页）把从仲敦到坝阿尔期间的年代多算了三轮甲子。

（阴土兔，公元 1159 年）逝世。这期间从庚辰年（铁龙，公元 1160 年）直到癸未年（水羊，公元 1163 年）之间的四年中，无人住持寺座。嘉哇穹仓·脱玛哇（rgyal ba khyung tshang thod dmar ba）生于癸未年（阴水羊，公元 1104 年），62 岁时于甲申年（阳木猴，公元 1164 年）来寺，住持寺务 7 年，享年 73 岁于乙未年（木羊，公元 1175 年）逝世。从丙申年（火猴，公元 1176 年）到戊戌年（土狗，公元 1178 年）的三年间无人住持寺座。① 嘉哇耶扎·萨玛哇（rgyal ba ye grags sa dmar ba）生于丙申年（火猴，公元 1116 年），64 岁时于己亥年（土猪，公元 1179 年）来杰拉康，住持寺务 9 年，享年 72 岁逝世（1187）。戊申年（土猴，公元 1188 年）无人住持寺院。格西伦（dge bshes glan）生于戊申年（阳土猴，公元 1128 年），62 岁时于己酉年（土鸡，公元 1189 年）来杰拉康，住持寺务 3 年，享年 64 岁于辛亥年（铁猪，公元 1191 年）逝世。从杰拉康修寺起到此辛亥年（铁猪）止，已经过了 180 年。格西炽渡（dge bshes dri vdul）于壬子年（阳水鼠，公元 1192 年）② 住持寺院 1 年。岗岗人（skam skam pa）格西炯（dge bshes skyon）生于己酉年（阴土鸡，公元 1129 年），65 岁时于癸丑年（水阴牛，公元 1193 年）来寺，住持寺座 8 年，享年 72 岁于庚申年（铁猴，公元 1200 年）逝世。格西江日哇（dge bshes lcang ri ba）庚辰年（铁龙，公元 1160 年）③ 诞生，42 岁时于辛酉年（阴铁鸡，公元 1201 年）来寺，住持寺座直到戊辰年（阳土虎，公元 1208 年），共住持寺院 8 年。此后，朗敦协僧（glang ston sher seng）继续从己巳年（土兔，公元 1219 年）到甲戌年（木猴，公元 1224 年）间住持拉康 6 年；香敦策巴（zhang ston vtshem pa）从乙亥年（木鸡，公元 1225 年）到丁亥年（火鸡，公元 1237 年）住持拉康 13 年之久。往后，从戊子年（土狗，公元 1238 年）到壬寅年（水鸡，公元 1252 年）的 15 年间，无人住持拉康。从戊戌年（土狗，公元 1238 年）到庚子年（阳铁鼠，公元 1240 年）的 3 年间，蒙古军队来西藏，焚毁杰拉康④。以大德索敦（so ston）⑤ 为首的僧俗共五百余人被杀害。霍尔多达（hor dor

---

① 以上郭译（第 59 页）把年代多算了四轮甲子。
② 此处郭译（第 60 页）把年代少算了一轮甲子。
③ 此处郭译（第 60 页）把年代多算了一轮甲子。
④ 罗注（第 91 页）：据更登群培大师讲，此寺至今残留战火灰烬。
⑤ 也有记载为赛敦（se ston）的。

tag)① 心生后悔而供施许多金银以修缮杰拉康。② 拉康的中殿由香拉（zhang lha）修复，而他未能修复达季佛殿（dar gyi lha khang）；他们修复了嘉扎佛殿（bya grags lha khang），并为其主要佛像释迦牟尼很好地作了开光③法事。【尔后，这些佛殿重现庄严。】④ 格西奈丹（dge bshes gnas brtan）从癸丑年（水牛，公元1253年）到丙辰年（火龙，公元1256年）⑤起住持拉康4年；朗敦·僧格布（glang ston seng ge vbum）从丁巳年（火蛇，公元1257年）到己卯年（土兔，公元1279年）住持拉康23年；堪布坝巴（mkhan po bar pa）从庚辰年（铁龙，公元1280年）到戊子年（土鼠，公元1288年）住持拉康9年；绛曲生贝（byang chub sems dpas）从己丑年（土牛，公元1289年）到丙午年（火马，公元1306年）起住持拉康18年；衮邦拉日哇（kun spangs lha ri ba）从丁未年（火羊，公元1307年）到甲子年（木猴，公元1324年）住持拉康18年。堪钦连纳扎连⑥生于甲午年（阳木马，公元1294年），32岁时于乙丑年（木牛，公元1325年）来寺住持，直到辛卯年（铁兔，公元1351年）止，长达27年，59岁时于壬辰年（水龙，公元1352年）逝世。从建寺到此辛卯年（铁兔，公元1251年）为止，已过340年。堪钦绛贝益西宁波（mkhan chen vjam dpal ye shes snying po）⑦生于甲寅年（阳木虎，公元1314年），40岁时于癸巳年（水蛇，公元1352年）住持拉康一年，享年

---

① 意即蒙古人多达纳波。
② 这里所谓"霍尔多达"指的是入侵蕃地的蒙古将领多达那波。1239年（是年八思巴5岁，其弟恰那多吉生），蒙古王子阔端派部下多达那波率军取道青海，直入藏北（拉萨一带），烧毁了热振寺（rwa sgreng，1056年建）和杰拉康（rgyal lha khang，1012年建），杀害了500余名僧俗人众，其中包括上述一名叫索敦（又载为赛敦，se ston）的佛教法师。据说此后，蒙古军队又修复了被焚寺庙。有关蒙古人入侵吐蕃，寻求吐蕃合作伙伴，最终将西藏纳入中国版图的史实考述，请参阅陈庆英《元朝帝师八思巴》，中国藏学出版社1992年版；王启龙《八思巴评传》，民族出版社1998年版，《八思巴生平与〈彰所知论〉对勘研究》，中国社会科学出版社1999年版；张云《元代吐蕃地方行政体制研究》，中国社会科学出版社1998年版，第110～111页等。有关霍尔多达（多达那波），也可参阅 Doorda darqan, I. J. Schmidt 的 'Geschichte d. Ost Mongolen, 第110～111页。
③ 开光（rab gnas）：《藏汉大辞典》（第2664页）释为，善住，安神。在智慧坛场中为佛像、灵塔、经典等灌顶，迎神安住的仪轨。
④ 【】里的内容译自罗译（第91页）。藏文本无。
⑤ 此处郭译（第60页）把年代少算了一轮甲子。
⑥ mkhan chen dznyav na pra dznyav；梵：mahā upādhyāya Jñānaprajña。堪钦（mkhan chen），意即大堪布。
⑦ 此名郭译罗译均无"nying po"，恐版本问题。

77 岁于庚午年（阳铁马，公元 1390 年）逝世。① 【堪布益西索南嘉措哇（mkhan po ye shes bsod nams rgya mtsho ba）生于庚甲年（阳铁马，公元 1330 年），25 岁于木马年（公元 1354 年）开始住持拉康，共住持寺院 26 年，己未年（土羊，公元 1379 年）自己远离一切事务而修行，享年 51 岁于庚申年（铁猴，公元 1380 年）逝世。】② 衮邦钦波·索南坚参（kun spangs chen po bsod nams rgyal mtshan）生于壬午年（阳水马，公元 1342 年）诞生，38 岁时于己未年（阴土羊，公元 1379 年）来到拉康住持，直到庚午年（阳铁马，公元 1390 年）止，共住持拉康 12 年，49 岁于庚午年（铁马，公元 1390 年），他将拉康托付给侄子索南扎巴（bsod nams grags pa）后，自己远离一切事务而修行，享年 68 岁于己丑年（阴土牛，公元 1409 年）逝世。敬安索南扎巴生于丁酉年（阴火鸡，公元 1357 年），34 岁时于庚午年（铁马，公元 1390 年）来寺住持拉康；从此年至癸巳年（水蛇，公元 1413 年）止共 23 年。这一癸巳年（水蛇）是大地震过后的癸巳年（水蛇，公元 1413 年）。此后，从甲午年（木马，公元 1414 年）到现在的丙申年（火猴，公元 1476 年），已经过了 63 年。从杰拉康建寺算起，到今天的丙申年（1476），应知已经过了 465 年。索南扎巴之后，由内侍益西扎巴桑波（spyan snga ye shes grags pa bzang po）住持拉康有 3 年。在他之后，由内侍贡噶坚参巴（kun dgav rgyal mtshan pa）住持拉康 13 年。之后由内侍贡朵哇（kun rdor ba）住持拉康 13 年。之后由内侍洛卓坚参（blos gros rgyal mtshan）住持寺座有 3 年。后来，在乙亥年（阴木猪，公元 1455 年），内侍云丹坚参巴（yon tan rgyal mtshan pa）被选任为寺座，直到现在的丙申年（1476），共有 22 年了。应该知道，壬午年（水阳马），纳朗·多杰旺秋 67 岁时阿底峡尊者来到阿里；丁亥年（火阴猪，公元 1047 年），（纳朗）72 岁时阿底峡尊者来到桑耶寺③。

---

① 此处郭译（第 61 页）年代混乱，出生时为 1314 年，四十岁时为 1233 年，七十岁去世时为 1320 年。请注意。
② 此处【】里的内容郭译（第 61 页）漏。藏文（第 120—121 页）为：mkhan po ye shes bsod nams rgya mtsho ba lcags pho rta la vkhrungs/ nyer lnga pa shing rta la gdan sa mdzad/ lo nyi shu rtsa drug gdan sar bzhugs/ sa lug la kun spangs mdzad/ rang lo [1] nga gcig pa lcags spre la gshegs/。
③ 桑耶寺（bsam yas）：山南札囊县境一古代寺庙名。8 世纪中，藏王赤松德赞和印度佛学家莲花生、西哇措等三人仿照印度古庙阿登达波日寺形式糅合汉地、西藏以及印度的建筑风格于一体，共同倡建。主殿代表须弥山，周围有代表四大部洲，八小洲和日、月的小殿，虽曾几度遭受火灾，均经修复。11 世纪中，原来流亡康青各地的僧徒，重返西藏，聚居桑耶寺，逐渐成为宁玛派的主庙。参阅《藏汉大辞典》，第 3044 页。

以上为杰拉康阶段。

七　操山口寺阶段

鲁麦大师的弟子格西央修①所掌管的普波且寺，位于操山口（khrab la kha）之脚下。此寺的历代堪布传承世系为：央修嘉哇沃、扎巴烘协②、杰钦·贡焦巴（dgyer chen dgon rgyab pa）、杰莫且哇（dgyer mo che ba）、堪钦·欧巴钦波（mkhan chen ngur pa chen po）、欧敦·索南坚参（ngur ston bsod nams rgyal mtshan）、欧巴·喜饶坚参（ngur pa shes rab rgyal mtshan）、宣奴喜饶（gzhon nu shes rab）、桑杰桑波（sangs rgyas bzang po）、喜饶贡波（shes rab mgon po）、桑杰勒巴（sangs rgyas legs pa）、贡波桑杰（mgon po sangs rgyas），以及现在的堪布却勒（mkhan po chos legs）等。从堪钦·欧巴钦波起，修持《金刚桥续》③并依次相传给弟子。以上为操山口寺的阶段。

八　塘波且寺阶段

库敦·尊珠雍仲诞生于辛亥年（阴铁猪，公元1011年）。他同峨·勒贝喜饶和哲钦波（vbre chen po）等人来到康区，在觉卧色尊（jo bo se btsun）座前听受许多教法成为善巧者。在仲敦巴到阿里的第二年，库敦（khu ston）来到前藏，驻锡塘波且寺讲说《波罗蜜多》④，发展了许多弟子，达波旺嘉（dwags po dbang rgyal）也在他的座前学习《波罗蜜多》。由于善巧通达的傲慢心使达波师没有在阿底峡尊者座前听受教法。据说后来达波师与一位精通"旧量宗"（tshad ma rnying pa）、名为穹波扎色

---

① 即前文所说格西央修嘉哇沃（yam shud rgyal ba vod）。
② 此处藏文为 gra ba mngon shes，疑为 gra pa mngon shes 印刷之误。罗译（第93页）为后者，正确；郭译（第62页第4行）为扎哇烘协，据前者所译，给人一种错觉：扎巴烘协和扎哇烘协是两个人。
③ 《金刚桥续》（rdo rje zam pa）：宁玛派一密乘经典名。参见《藏汉大辞典》，第1441页。
④ 《波罗蜜多》（phar phyin）：到彼岸，达究竟，度无极，略译为度。梵音译为波罗蜜多。修学大乘所当修学，具备四种特点的六度所摄一切善法之心及其相应之法。以其远远胜过世间，及声闻、独觉所有一切善法，故有彻底超越之意。也是《现观庄严论》一书别名。参阅《藏汉大辞典》，第1709页。

(khyung po grags se)的大师在布达山与玛波山上进行比赛讲经。① 库敦享年65岁时于乙卯年（阴木兔，公元1075年）逝世。同年，库·协尊（khu sher brtson）诞生，寺座由（库敦）侄子穹奈坚参（vbyung gnas rgyal mtshan）住持。库·协尊系是哲钦波的弟子，此师著有《波罗蜜多注释》广中略三种，其座前传有许多讲闻的弟子。著名的大善巧师香·耶巴（zhang gwe pa）也是库·协尊和噶穹巴·宣奴楚臣（dkar chung pa gzhon nu tshul khrims）的弟子。库·协尊享年69岁时逝世。塘波且寺自珠麦之后，堪布传承次第的最后一代为堪布嘉察（rgyal tsha）。此后堪布传系间断，所有房产财物都由拉章巴·桑波贝（bla brang pa bzang po dpal）收归己有。所以现在塘波且寺的拉章巴、色康巴（gser khang pa）、库巴（khu pa）三者都是后来的客人。②

其中库巴是库·垛德坝（khu mdo sde vbar）的法传，讲说和听受《中观》（dbu ma）。库·垛德坝与巴擦·尼玛扎（pa tsab nyi ma grags）属同时代人。

色康巴则是诺·桑杰觉卧（lovi sang rgyas jo bo）到垛喀（mdo mkhar）之后。依此产生出色康巴传承世系。

拉章巴：是由恰译师（chag lo tsav ba）的弟子宣奴坚参，传其弟洛卓贝（blo gros dpal）、洛卓贝传侄子桑波贝（bzang po dpal），后者再传侄子尼玛坚参（nyi ma rgyal mtshan）。这两侄子一段时间依次掌管了达乌惹寺座。尼玛坚参之侄子索南伯觉（bsod nams dpal vbyor），索南伯觉之侄子则是现在的法王却杰却贝哇（chos rje chos dpal ba）。恰却杰贝（chag chos rje dpal）掌管塘波且的原因是，在多年以前，塘波且寺曾供献于恰·扎江（chag dgra bcom）大师座前，现在的恰却杰贝有一段时间居住此寺，追随前辈所得之业而已。以上为塘波且寺阶段。

九 格西扎巴烘协师弟和金耶寺的阶段

格西扎巴烘协的历史为：赤松德赞赞普曾有一大臣，名为钦·多杰哲穹（mchims rdo rje spre chung）。此人虽然没有多少财产，但有巨大的智

---

① 罗译（第93页下）"达波旺嘉"和"穹波扎色"的藏文转写分别为 dags po dbang rgyal 和 khyung po grags pa。这里的布达山指的是拉萨的布达拉；玛波山意为红山。
② 因为他们都不属于珠麦传承。

慧，善于言说，因而赢得藏王的喜爱。钦大臣修建了桑耶的青塔（mchod rten sngon po）及绛曲岭贡寺（byang chun gling gong）。他有三子，次子拉伽（lhar chos）掌管扎地的基汝寺（grwavi skyed ru），其子为梁馁（gnye ne）；梁馁子为梁穹（gnye chung）；梁穹子为伯勒（dpal legs）；伯勒子为赞峨（btsan vod）；赞峨子为香·色察勒丹（zhang se tsha legs brtan）。以上都称作钦氏（mchims）。从色察起都称作香氏（zhang）。香·色察有四子，长子为觉噶（jo dgav）；觉噶有香·敦却坝（zhang ston chos vbar）、达噶（stag dkar）和香·正巴（zhang dran pa）三子。香·敦却坝出家为僧，此师精通诸多显密教法，即精通《胜乐》①、《喜金刚》（dgyes rdor）、《密集》②、《时轮》（dus kyi vkhor lo）等许多修法，并通晓《波罗蜜多》；也精通莲花生大师所著的《夏温金刚伏魔修法》（zhang von rdo rje bdud vdul gyi sgrub thabs）。香·达噶哇（zhang stag dkar ba，即达噶）长子为达擦（stag tshab）、次子为达穹（stag chung）、三子为辛巴（bzhen pa）、四子为杨希（gwang bzhi），还有两女儿，共有子女六人。长子达擦生于壬子（阳水鼠）年（1012），他和至尊玛尔巴是同一年出生的。此师少年时代曾在安地方（rngan）为人放牧五年，生起觉悟而在央修（yam shud）师座前出家为僧，起名为喜饶嘉哇（shes rab rgyal ba），在师座前听受律经一年时间。后来他在伯父香敦却坝（zhang ston chos vbar）座前听受后者所知道的一切教法。从伯父前刚刚求得《夏温修法》便获见了本尊，此外，他对于一切法都刚刚听受就能明白而成为殊胜的通达。他从耶地（g'yo）开始，到约地（g'yor）大部分地方修建了许多寺庙。伯父逝世后，他不愿意在衮巴日菩（dgon pa ri phug，山谷寺庙）中住持寺座而下了山，和拉地（glog）旅店的女店主同居，自己修建了新居，讲说许多密续经释，并建造胜乐金刚（bde mchog）像和喜金刚（dgyes pa rdo rje）像十万尊。从那里，他传有许多雅垄（yar klungs）地方的弟子，并集聚了许多求学密续经释的学生。有一位弟子邀请他到雅垄地方。在那里他生起了大福泽，为此便称为格西扎巴（dge bshes grwa pa）③。有段时间，他与丹巴桑杰和班智达达哇贡波（zla ba mgon po；梵：Somanātha）二师见了面。

---

① 胜乐（bde mchog）：上乐，密宗无上母续及其本尊名。又为一密宗护法神名。参阅《佛学词典》，第 397 页。
② 密集（gsang vdus）：梵文为：Guhyasamāja。汇集密乘道果全部秘密要义之法。亦为佛教无上密乘一本尊名。参阅《佛学词典》，第 865 页；《藏汉大辞典》，第 3005 页；《甘珠尔》，rgyud vbum, No. 442。
③ 是宁玛派非常著名的伏藏师（gter ston pa）。

他在给丹巴座前供奉许多黄金，丹巴虽然没有接受，但是仍然将息结派九炬教授①传给了他；达哇贡波也将《六支瑜伽教授》（sbyor drug gi gdams pa）② 传授给他，他依此教授精修而获证了大智慧。拉布巴坚（lha bug pa can）因没有儿子而到师前求胜乐灌顶之后，于同年得子。灌顶时供物有净瓶项饰大小的绿松石、上部降魔、古东印度铸造佛像。后来酬恩又供奉光洁的金座、鹿形的银勺、弯形的利剑、具威胁的铠甲。此后，喜饶嘉哇来到扎地（gra），福泽更盛，财富难以容纳，便修建了基汝寺（skyi d ru）。在此寺中他的两位侄子出家，取名为炯喜和炯楚。基汝寺传有四大弟子：乍敦蚌拉坝（bra ston vbum lha vbar）建立勒阁寺（gnas sgor）；安穹敦巴（rngan chung ston pa）建立嘎扎寺（sga vdra）；格西拉（dge bshes lhab）建立索塘寺（so thang）；本德绛曲生贝（byang chub sems dpal）建立日普寺（ri phug）。格西库敦（dge bshes khu ston）虽是早期的门徒，但他对堪布（格西扎巴）心怀嫉恨而与之为敌，并广作诅咒。后来，格西扎巴心想，若在纳须（sna shud）地界处建寺，会有大益处。他在夏温（zha von）师座前启问这一心愿是否能够实现，夏温授记：可以实现。于是，他在70岁时的辛酉（阴铁鸡）年（1081）为扎塘寺奠基，直到他79岁（1090），被一弟子用筷子刺穿心脏逝世时，寺庙大体竣工。剩下的一些工程事务都是由其侄子炯喜和炯楚二人于癸酉（水鸡）年（1093）以前的三年内全部完成的。建筑此寺的时间长达13年之久。

玛季姥的准玛③精于诵修，然而不是谈论《般若波罗蜜多》格西扎巴的供施对象，可是时会因缘的力量使她在雅垄若巴（yar klung rog pa）与丹巴相会而得到传赐觉法教授④。因此，她自得解脱而作了宏大的利他事业。直到现在觉法仍然得到很好的弘扬。扎巴45岁时的乙未（阴木羊）年（1055），玛贡·却吉喜饶（rma sgom chos kyi shes rab）诞生。扎巴51

---

① 息结派九炬教授（zhi byed sgron ma skor dgu）：即为口义身炬、乘门语炬、秘密意炬、真实见炬、珍宝修炬、菩提行炬、平等性炬、瑜伽道炬、悉地果炬。此为息结派传承法统到中期时帕当巴桑吉传给格西扎巴即成为扎巴派的教授。参阅《佛学词典》，第702页。

② 属于时轮金刚（Kalacakra）系统。

③ 玛季姥的准玛（ma gcig lab kyi sgron ma）：即玛季拉尊，为丹巴（dam pa）之妻，觉法传祖之一。11世纪人，传说她经过苦修成为空行母。她的徒辈多为女人，所以她这一系称为摩觉。参阅《佛学词典》，第617页。

④ 觉法教授（gcod kyi gdams pa）：指断行教诫。由玛季拉尊传出的舍身、施食物的教诫。见《藏汉大辞典》，第746～747页。

岁时的壬寅（阳水虎）年（1062），格敦坝（dge vdun vbar）① 诞生，这一年郭尼汝巴（skor ni rū pa）也诞生了。据说扎巴在此师座前听受过灌顶。岗·益西坚参（skam ye shes rgyal mtshan）是扎巴的弟子。这样便知息结派"最初"和"中间"传承诸法都是在扎巴时代中出现的。根据时轮占星学的五要素②学说，大概是火空海③之年加上过去之年代即是此丁卯（阴火兔）年（1027），这一年扎巴和玛尔巴都年满16 岁了。据说就在这一年，觉师翻译出了《时轮》（dus kyi vkhor lo）。因此，香敦却坝精通《时轮》，应该也是依靠此译本而获得的。格西扎巴逝世后，扎塘寺（gra thang）的却嘉（chos skyabs），即有名的董登巴住持扎塘寺座。噶当派大德们发愿菩提心作广大传授，而其行菩提心之态度则是谨慎传授。董登巴梦游兜率天宫，与弥勒见面，以手中所持一把鲜花供给弥勒时，鲜花即刻变成一殊胜花屋笼罩在弥勒头顶之上。弥勒道："你在人间若不将菩提心宏传于一切尊卑之人是违背了誓言！"故而，后来他对行菩提心教授也采取了极为广泛宽容的态度。董登巴本人是若玛须哇（rog dmar zhur ba）的弟子，所以当他广泛宽容地传行菩提心教授时，若玛师责骂他不该如此。后来，他对若玛师解释了不能不如此的原因，并将梦中与弥勒见面之事禀告师父。若玛师生起敬仰而说道："那么你的教授给我也传传吧！"他对若玛师也传授了发菩提心。

---

① 罗译（第97 页）So dge vdun vbar, 郭译（第65 页）"索·格敦坝"。估计本书所据版本漏印了ས།。

② 五要素（lnga bsdus pa）：历算中五项重要的数值：曜、日序、宿、会合和作用。在这里"曜"指"定曜"；"日"指"日期"和"喜"、"善"、"盛"、"空"、"满"五个名称的轮流配合；"宿"指"轮伴月宿"；"会合"指"定日"与"轮伴月宿"相加而得的二十七个会合；"作用"指把一个月分成前后两半而求得的十一"作用"。见《藏汉大辞典》，第702~703 页。

③ 火空海（me mkhav rgya mtsho）：即403 年。时轮经中说香巴拉的海胜法王登位与伊斯兰教的创立同在公元624 年。从此时起到难胜法王传法的最后一年（1026）止，中间经过403 年，再下一年就是时轮经传到西藏，第一个胜生周开始的公元1027 年，因此藏历胜生纪元减403 年即伊斯兰教纪元。参阅《藏汉大辞典》，第2106~2107 页。关于藏族纪年，可参阅1. 伯希和：《藏历时轮历年代转换》（Le cycle sexagénaire dans la chronologie tibétaine），载《亚洲学报》Journal Asiatique, Mai Juin 1913 年 第633~667 页；2. 劳佛尔：《再谈时轮历》（The Sexagenary Cycle once more），载《通报》T'oung Pao, 1914, 第278~279 页；3. 钢和泰文"简论六十年饶迥藏族历法"，此文英文原文载《华裔学志》（Monvment Serica）1935 年第1 卷第2 期；王启龙、杜静一中译文载《国外藏学研究译文集》第18 辑，西藏人民出版社2007 年版。关于藏历，国内著述可参阅黄明信的《藏西漫谈》（中国藏学出版社1994 年版）、《西藏的天文历算》（青海人民出版社2002 年版）等。

董登巴担任过扎巴所修建的普塘金耶寺（phu thang spyin gwas）堪布，后来继任寺座者次第为：奈丹·达玛扎西（gnas brtan）、格西·喀伽且哇（dge bshes kha che che ba, 大喀伽）、喀伽穹哇（小喀伽）、梅敦却坝（mes ston chos vbar）、库·金耶巴（khu spyin gwas pa）、洛巴·达玛僧格（lho pa dharma aeng ge）①、峨觉哇（vod vjo ba）、喀尊德巴（mkhas btsun dad pa）、梁·南喀宣奴（myang nam mkhav gzhon nu）班智达、南喀贝（nam mkhav dpal）、堪钦·嘉察宣奴扎（mkhan chen rgyal tsha gzhon nu grags）、堪钦·桑杰坚参（mkhan chen sangs rgyas rgyal mtshan）、宣奴贝（gzhon nu dpal）、旺秋贝（dbang phyung dpal）、绛曲贝（byang chub dpal）、桑杰登巴（sangs rgyas brtan pa）、宣奴僧格（gzhon nu seng ge）、桑杰蚌贝（sangs rgyas vbum dpal）、却觉巴（chos mchog pa）、洋绛贝哇（yang byang dpal ba）、宣·峨巴（gzhon vod pa）、准·嘉哇（brtson rgyal ba）、桑杰贡波（sangs rgyas mgon po）等人。金耶旧寺的路口走廊等都是格西扎巴修建的；围墙也修成圆形，大殿宝顶和走廊外的围墙等都是格西喀伽且哇和喀穹两位所建。金耶寺的诸位大师是噶当派和持律宗混合而存在的学派。后来堪钦南喀宣奴在峨塞哇（vod gsal ba）座前听受敬安（spyan snga）和甲裕哇（bya yul ba）②的教授，后来峨塞哇也住持过法座，并根据甲裕哇的方法，撰写了《护法枳古玛》（chos skyong gri gug ma）和《甲裕大垛玛法》（bya yul gtor chen）等著。所以此后即成为甲裕哇的传承。这样的发展极为殊胜，因此，邓夏巴·桑杰仁钦（don zhags pa sangs rgyas rin chen）也赞颂道："像堪钦嘉察哇这样可喜可贺的大德我未见过。要知道金耶寺是极为殊胜高尚之静林。"至于喀尊德巴堪布：最初在嘉欧达耶（rgya ngur dar yas）的教法时代中，他是讲说嘉欧哇的教法师。后来，他来到嘉萨岗（rgya sar sgang）寺庙庄园，由于吹起海螺声来迎接他，堪布达耶有些不愉快，因此，他借故到了金耶寺，由此被选任为金耶寺的堪布。为此，嘉萨岗对金耶寺心存芥蒂③。这位堪钦嘉察，在金耶本寺上座传承中记载说：由于母亲是天女，故称嘉察。少年时期他被迫过着管理家务的生活，但他装傻，假装不懂他人。后来，他被抓

---

① 洛巴（lho pa），即南方人。
② 据郭译文中注（第66页），二者均为噶当派大师。又，"敬安"罗译（第99页）藏文转写为 spyan-gyas。
③ 罗译（第99页）此句为"从此以后，嘉萨岗寺加入了金耶寺"（Since that time rGya sar sgang joined the sPyan gyas pas）。藏文（第130页第2行）为：rgya sar sgang spyan g' yas pa la vjags pa vdi yang de nas yin/。

住用铁索拴在柱上。无论如何，也不能改变其意志，最终出家为僧，精研律经。他前往江寺（skyam）的亲教师乌玛巴（dbu ma pa）座前听受中观，由于因缘不合，未能如愿。返回本寺时，前任堪布非常喜欢他的行为，因此，郑重地比量三昧耶戒推选他任堪布。任堪布期间，他前往乌汝北方①，听受菩萨诸学处及甚深密宗等许多教授，并亲身修行。虽已获得光明流三摩地，但他外表仍现持律威仪和菩萨的本质。回到堪布任上后，他发现近侍中许多人因慢性传染病而死，于是生起了慈悲之心。为了铲除染障便同亲教师扎江巴（dgra bcom pa）和敦索巴（ston bsod pa）制定出法行常习善规。邓夏巴·桑杰仁钦也前往金耶寺，修行十一面观音禁食斋戒法，此法一直流传至今，从未间断。这也是嘉察堪布在位时建立的修法。堪钦嘉察刚到寺庙接任堪布时，寺中僧徒只有十三人，他在任堪布期间发展到了一百多人。后来堪钦桑杰坚参任堪布时，发展到三百六十多人。金耶寺讲说《入行论》②的法流，是由楚嘉哇（tshul rgyal ba）大师在江央·释迦宣奴（vjam byangs shākya gzhon nu）的亲传弟子纳巴衮嘉（kla pa kun rgyal）座前亲近学习了这一论典之后传出的。堪钦·桑杰贡波在 52 岁时，于癸酉（阴水鸡）年（1453）来寺，出任堪布职位，直到今天的丙申（阳火猴）年（1476），已经任职 24 年了。

绒岗寺最初是由贝季昂楚玛王妃（mtsun mo dpal gyi ngang tshul ma）③创建，后来由格西扎巴在那里增修拉康。刚刚建立僧团时，树师很快修建了寺中的大殿，并建立讲说律经之规。直到现在，僧徒代代相传从未间断。此外，扎巴在其他地方所修建寺院，现在已经没有僧徒了。这样看来，从香·纳朗·多杰旺秋诞生三年后的戊寅（阳土虎）年（978）在藏开始有律经教法起到如今的丙申年（阳火猴，公元1476年），共约有 499 年的时间了。格西扎巴诞生后到现在的丙申年已经有 465 年了。以上为堪布格西扎巴师徒及金耶寺的阶段。

---

① 指前藏的彭域（vphan yul）地方。
② 《入行论》（spyod vjug）：全称《入菩萨行论》。此书为印度希哇拉大论师所著，颂文简要易懂易记，主要是记述修大乘菩提心之语诀，共有十章。最初在赤松德赞时，由译师萨尔帕业第瓦和藏族译师噶瓦贝则译成藏文，先后修改过两次，收录在纳塘版丹珠尔显宗部【玛】函中。参阅《佛学词典》，第 493 页。
③ 吐蕃赞普赤松德赞之王妃。

第三章 旧译密乘

一 幻化为主的阶段

如此看来，律经在藏区有较大的兴衰过程，但大乘密宗在藏区至今（1476年）一直没有衰落过。班智达弥底①进入吐蕃之前的一切密宗教法统称为"旧密"（gsang sngags rnying ma）。这里按照各位"旧密人士"（rnying ma pa）②之说法而言，所谓的"大密法十八部"（Tantra sde chen po bco brgyad）③中最初三部为：《吉祥密集》（dpal gsang ba vdus pa）④、《极密精滴》（zla gsang thig le）⑤和《佛陀等住》（sangs rgyas mnyam sbyor）⑥，称为意、语、身三密续。这些密经释论很早以前就出现了。在布

---

① 班智达弥底（[藏文]；pandita Smrti）：系阿底峡的上师之一。在阿底峡入藏之前来藏，由于翻译死去，语言不通未能弘法。后来学会藏语，也翻译了一些教典。详情可参看《东噶藏学大辞典》，第1270页。
② 许多藏族学者对"旧密人士"的真实性有怀疑。为此，布顿在其目录中将他们收录，并在其《佛教史》（gsung vbum，第24卷Ya函，fol. 179b）中说道："关于古代对旧密的翻译，仁钦桑波译师、天喇嘛益西德、颇章西哇峨（Pho brang zhi ba vod）、葛库巴·拉泽（vgos khug pa Lhas btsas）等人认为它们（旧密）并不代表真正的密法。我的老师尼玛坚参译师和日饶（Rig ral）等人，坚持认为它们是真正的密法，因为他们在桑耶寺发现了印度原始文献，并在尼泊尔发现了普巴金刚密法（Vajrakila Tantra，又译金刚橛密法）的部分文献。我认为，最好撇开这些分歧……"参阅罗译第102页。
③ 又为rgyud sde chen po bco brgyad，参见罗译第102页。
④ 此书收入《宁玛派全集》（rnying mavi rgyud vbum）第14卷pha函。据说此书是无垢友（Vimala）和dpal brtsegs所译。《宁玛派全集》共有25卷。其中所收的密教文献《甘珠尔》未载。今有德格版《宁玛派全集》存世。
⑤ 参见《宁玛派全集》，第14卷pha函，系莲花生大师（Padmasambhava）和dpal brtsegs所译。
⑥ 参见《宁玛派全集》，第14卷pha函；《宁玛派全集目录》（rnying rgyud dkar chag），fol. 233a。

顿仁波且所著的《丹珠尔》目录之中，有《金刚喜笑法门品》（rdo rje bzhad pavi skor gyi levu）之类的章节中著有《金刚喜笑密集释》（rdo rje bzhad pavi gsang ba bdus pavi vgrel pa），其中引用了许多《秘密藏续》（gsang ba snying povi rgyud）① 之经典言语，所作的解释也与（密集）相吻合。虽然毗峡弥扎（bi shaw mi tra；梵：Visvamitra）所著之《密集后续释》（vdus pa phyi mavi vgrel pa）② 也见于布顿所著的《丹珠尔》目录中，但是此论仍然只属于旧密。嘉敬冻波（bgya byin sdong po；梵：Indranāla）所著的《佛陀等住释论》（mnyam sbyonr gyi vgrel pa）③ 中，也引据了很多《秘密藏续》之经语，布顿仁波且对于这一释论很是喜爱且作为主要论据。

在藏区，《金刚橛④修法》（rdo rje phur bavi sgrub pa）⑤ 是很盛行的。对于此密法，也有一些人颇多诟病。但是，后来萨迦派法王⑥，在从项⑦地方护摩木⑧中获得莲花生大师之真本梵文手册并翻译成藏文后，那些诽谤者就哑口无言了。喀切班钦来到桑耶时，获得《秘密藏续》之梵文本。此著后来传到达顿思吉（rta ston gzi brjid）手里，他将此梵本奉献给峡罡（sha gang）译师，译师又把此本寄给觉丹饶智（bcom

---

① 梵文：Guhya garbha。此著见于《宁玛派全集》，第 12 卷，Na 函，无垢友（Vimala）、聂·莲纳姑玛惹（gnyags Jñànakumàra）和玛·仁钦却（rma rin chen mchog）译。参阅《宁玛派全集目录》，fol. 232b。

② 参见《甘珠尔》rGuyd，第 443 号；Bu ston gSung bum，第 26 卷，La 函，fol. 34b：levu bco brgyad pavi phyed kyi rtsa bavi rgyud rdzogs pa man chad kyi vgrel pa slob dpon bi swa mitras mdzad pa。

③ 梵本标题为：Sri Sarvabu ddhasamayogdàkinīmàyàsambaratantràrthodaratīkà，参阅《丹珠尔》，rgyud，第 1659 号。

④ 金刚橛（rdo rje phur ba，又译普巴金刚）：指密宗本尊手中宝帜名和无上续一本尊名，也指古代印度一种兵器。参见《佛学词典》，第 424 页。

⑤ 梵文为：Vajramantrabhīrusandhimūlatantra。参见《甘珠尔》，rnying rgyud，第 843 号；《宁玛派全集》，第 21 卷，Za 函。

⑥ 萨迦派（sa skya pa）：是由款·贡却杰波（vkhon dkon cog rgyal po）所首创，藏区佛教教派之一。有血统和法统两支传承。详情可参看《佛学词典》，第 832~833 页。这里所谓"萨迦派法王"指的萨迦五祖中的第四祖萨迦班智达贡噶坚赞（Sa skya pandita Kun dgav rgyan mtshan，1182~1952）。有关萨迦派传承及相关事迹，也可参阅陈庆英《元朝帝师八思巴》，藏学出版社 1992 年版）；王启龙《八思巴评传》，民族出版社 1998 年版，《八思巴生平与〈彰所知论〉对勘研究》，中国社会科学出版社 1999 年版等。

⑦ 项（shangs）：传统地域名，也译香。西藏南木一带。唐代称为乡。也作襄、尚、响。见《常见藏语人名地名词典》，第 325 页。

⑧ 护摩木（原文 srig zhing，应为 srig shing）：燃烧有浆树枝等用来火祭的木材。

ldan ral gri)。觉丹饶智非常高兴，并依照此本而著有《秘密藏修法庄严华论》（gsang snying sgrub pa rgyan gyi me tog），并在玛姆处（ma mo gnas）集合了许多密士，将此梵本示之并大加称赞。后来又由塔巴（thar pa）译师翻译了前所未有的《秘密藏后续》（gsang snying rgyud phyi ma）①等著。此梵本绝大多数已损毁，只剩下一梵文残本在我的手中②。

在藏王赤松德赞父子时代中，出现了好些根据《金刚乘》（rdo rje thag pa）修学获得成就的大德，如哲·贝季洛卓（vbre dpal gyi blo gros）、纳朗·多杰堆郡（sna nam rdo rje bdud vjoms）、恩兰·嘉却央（ngan lam rgyal mchog dbyangs）、邬纳·阿朗嘎（u na a nang ga）、努·南喀宁波（snubs nam mkhav snying po）、琅·贝季僧格（klang dpal gyi seng ge）、朗·珠吉仁钦（glang gtsug gi rin chen）、哲·嘉维洛卓（vbre rgyal bavi blo gros）、康巴果恰（khams pa go cha）、毗卢遮那（Vairocana；藏文：བཻ་རོ་ཙན）、玛·仁钦却（rma rin chen mchog）、聂·莲纳姑玛惹③、年·贝央（gnyan dpal dbyangs）等人。其中好些人能够在空中飞行自如、钻入山脉岩石和水上行走不沉，能够显示身到佛之曼荼罗④而受身等特异功能。此外，还出了很多妇女成就者，比如卓萨底邦（vbro gzav dī pam）⑤等人便是。等这些人大部分去世之后，国法尽废。在各教派纷争的时期，有努·桑杰益西仁波且（snubs sangs rgyas ye shes rin poche）前往印度、尼泊尔、珠峡⑥等地拜许多善知识为师，他的上师珠

---

① 参阅《宁玛派全集目录》（rnying mavi dkar chag），fol. 232b，此文献由塔洛尼玛坚参（thar lo nyi ma rgyal mtshan）译，收入《（宁玛派）全集》（rGyud vbum）第12卷 Na 函，只有存密法的第33和34章内容。
② 此处郭译（第70页第4行）"他的手中"，藏文原文为 kho bovi lag。恐误把 kho bo（我）当成了 kho pa（他）之故。
③ 梵文：Jñànakumàra，藏文：གསམ་རྫོན་གཞོན་ནུ。
④ 曼荼罗（dkyil vkhor）：即坛城，道场，轮圆具足。梵音译作曼荼罗。密乘本尊及其眷众聚集的场合。本智以为主尊，道果功德以为眷众，眷众环绕本尊游戏庄严，称为轮圆。也可参考《佛学词典》，第46页。
⑤ 藏文：འབྲོ་བཟའ་དཱི་པཾ།
⑥ 珠峡（bru sha）：《藏汉大辞典》，第1905页认为，也名为勃律。地在今新疆维吾尔自治区喀什以南，西藏自治区阿里北部，与克什米尔接壤。《东噶藏学大辞典》，第1505页认为是阿里南部的一地方。引用了《巴协》的内容。——译者摘译。也有人认为今吉尔吉斯斯坦。罗译（第104页）认为是吉尔吉特（Gilgit），即巴基斯坦北部一省。

峡译师且赞杰（che btsan skyes）把《经部密意集合经》①译成藏文并精通这一教法，神力无边，降服了藏区所有的神灵和鬼怪。他在世的113年间，广宏密宗教法。努·桑杰益西仁波且逝世不久，由于大、小素尔师（zur che chung）讲说之功，密宗修法很是盛行。比较通行的说法是，素尔穹（zur chung，小素尔）41岁时，阿底峡尊者来到吐蕃。特别在囊日松赞②以前，妥妥日年赞③在位时，才开始有佛法，历代都是供奉年波桑哇④。除如此之说法外，再无其他说法。【松赞干布开许密宗的修法是依靠各种各样之静猛天（lha zhi khro）后，才出现了许多修天之密宗人士。后来，在美阿冲⑤之前，密宗的修行比较隐秘而修密行者较多，祈祷观音菩萨和念诵六字真言，盛行于藏民之中，连小孩都知道。松赞干布所著的《阎摩敌修法》（gshin rje gshed skor gyi sgrub pa）至今（著书时1476年）

---

① 《经部密意集合经》（mdo dgangs pa vdul pa）：旧派密乘大圆满幻心三经典之一，全名《一切如来秘密心智要义金刚庄严本续瑜伽成就圣言总集明智经》或名《诸佛秘意集合经》（sangs rgyas thams cad kyi dgongs pa vdus pavi mdo），共七十五卷。见《佛学词典》，第401页。此处郭译（第70页）为"集经密意诸法典"。此书见于《宁玛派全集》，第十卷Tha函。根据吉美灵巴（vjigs med gling pa）所编的索引snga vgur rgyud vbum rin po chevi rtogs pa brjod pa vdzam gling tha gru khyab pavi rgyan, fol. 231b可知，此书由印度僧人法觉（Dharmabodhi）、达纳拉悉塔（Danaraksita）和且赞杰译师在珠峡从梵文译成藏文的。

② 囊日松赞（gnam ri srong btsan）：译言天山王。《新唐书》作论赞索。吐蕃王达日年思（stag ri gnyan gzigs）之子。吐蕃王朝第32代王。在位时大概与隋末唐初相当。此时吐蕃领有苏毗、工布、塔波、彭域、年波等处，并攻占邻近唐室和突厥之地，以土地、堡垒及奴隶分封有功，为松赞干布时代开拓疆域奠定了基础。又从北方羌塘获得食盐，从汉地获得医药和历算。臣下以此王"政比天高、权比山重"，因上此尊号云。也可参看《藏汉大辞典》，第1541页或有关藏族历史书籍。

③ 妥妥日年赞：也名拉妥妥日年赞（lha tho tho ri gnyan btsan），古代吐蕃王朝第28代王。藏文史籍载，此王60岁时，一批包括《宝箧经》和一个小金塔在内的佛教文物从天而降，传入藏区，佛教徒认为这是佛法传入藏区的开端。但因为当时尚无文字，此类经咒，只觉稀奇，无人认识，作为玄秘神物，供养府中。直到他的第五代孙松赞干布时才译成藏文。可参看《藏汉大辞典》，第3082页或有关藏文史籍。

④ 年波桑哇（gnyan po gsang ba）：拉妥妥日年赞在位时首次进入西藏的佛经、宝塔等文物所命的总称。也叫严厉神秘物。后世藏传佛教徒常以此为佛教传入西藏之始。见《佛学词典》，第284页、《藏汉大辞典》，第3082页等。

⑤ 美阿冲（mes ag tshom）：意译美髯公，藏王第三十七代王赤德祖丹的别名，尚金成公主。此王面多胡须，早现老相，故有此绰号。可参考《藏汉大辞典》，第2118页，或有关藏族历史书籍。

尚存。】① 秘密主为堪钦·乐季多吉瓦（mkhan chen las kyi rdo rje ba）的前后生事进行授记说：乐季多吉瓦在雅垄生为龙②身时，伤害过一位修行阎摩敌（gshin rje gshed）大威德或能怖金刚的瑜伽师（rnam vbyor pa），于是瑜伽师修护摩法用火把龙（klu）及其眷属都烧死了，之后龙转生为江察拉温③。后来藏王赤松德赞④迎请堪钦细哇措（寂护）到藏，藏民中有许多人出家为僧，弘扬佛教律法。于是，藏王赤松德赞广宏佛法之声名得以牢固树立。那段时间，莲花生大师（Padmasambhava）⑤也来藏弘扬密宗，他亲自给藏王传授了《金刚橛》（rdo rje phur pa；梵文：Vajrakila）和《吉祥马头金刚》（dpal rta mgrin；梵文：Hayagriva）两种法门。其中藏王修了《吉祥马头金刚》而获得成就，修法时曾有三次马鸣声，大部分人都听到过。而莲花生大师把《金刚橛》传授给觉姆（jo mo）⑥和哲·阿扎惹萨勒（vbre a tsar sa le），由此而传出的法门形成了很多派系，而且非常盛行。

---

① 【】内的内容郭译（第 70~71 页）有些混乱："到了松赞干布开许依修密宗的和威诸尊的修法后，显见才有许多修学密宗诸尊的人士，此后在麦阿匆以前，密宗的修士仍是隐秘，而有许多密行。如祈祷观世音菩萨及念诵六字真言，在小王（麦阿匆）以前，盛行于所有藏民中；而且松赞王所著《阎曼德迦修法》的书本至今还有"。藏文原文（第 137 页倒数第 5 行至第 138 页第 2 行）：srong btsan sgam pos gsang sngags kyi sgrub thabs lha zhi khro sna tshogs pa bsten pa gnang nas/ lha de dag grub pavi skyes bu mang du byung snang zhing/ de nas mes ag tshom yan du gsang sngags kyi sgrub pa gsangs te spyod pa mang du byung la/ spyan eas gzigs la gsol ba vdebs pa dang yi ge drug pa vdon pa ni bu chung yan chod bod vbangs thams cad du dar de/ srong btsan gyis mdzad pavi gshin rje gshed skor gyi sgrub pavi dpe ni ding sang yang snang ngo/.

② 龙（klu）：即鲁，梵音译作那伽。佛教典籍中所说八部众中一类水栖的人首蛇身的畜生。见《藏汉大辞典》，第 42 页。

③ 江察拉温（ljang tsha lha dbon）：藏史记载为藏王赤德祖丹之子，原拟尚金成公主，后因骑马失控，公主未至藏而死。汉文史籍失载。见《藏汉大辞典》，第 921 页。

④ 藏王赤松德赞（khri srong lde btsan）：唐书作挲悉笼腊赞，系美阿冲赤德祖丹和金成公主所生之子，吐蕃王朝第 38 代王。公元 755 年，冲龄嗣位，权臣那南等立法禁佛；及长，颁诏崇佛，迎请寂护和莲花生来藏，建桑耶寺，并从印度、尼泊尔各地迎来佛教学者，培育翻译人才，大量翻译佛经，使以"七试人"为首的藏族三百人出家初建僧团，由是佛教大盛。曾与大食、孟加拉及唐室构兵，晚年颇致力于唐蕃友好，唐德宗建中四年，即公元 783 年，唐蕃会盟于清水县。公元 797 年卒。史家以之与松赞干布和赤祖德赞并称为"祖孙三法王"（mes dbon rnam gsum），并与寂护和莲花生并称为"师君三尊"（mkhan slo chos gsum）。可参看藏族历史和宗教历史的有关章节或《藏汉大辞典》，第 281~282 页。

⑤ 藏文：དབམ་བཟུང་།

⑥ 此即王后益西卓嘎（jo mo ye shes tshogs rgyal）。参阅罗译（第 106 页）文间注。

妙吉祥身（vjam dpal sku）法门是由辛底甘哈（Santigarbha）来藏广作宏传的，据说此师还对桑耶寺做了极善的开光法事。正净门类（yang dag gi skor）：传说是由名为哄嘎惹（Hūmka ra）的大师到藏向具有良缘及时间者传赐的。这一法门实际上是依据《佛陀等住》而来的。甘露法（bdud rtsi）是由无垢友（Vimalamitra，毗玛拉弥扎）来藏后讲说而传出的。① 如此看来，宁玛派②人士所修八大法门（bkav brgyad）为：妙吉祥身、莲花语（Padma gsung）、真实意（yang dag thugs）、甘露功德（bdud rtsi yon tan）、撅事业为修出世五部（phur pa phrin las shes vjig rten las vdas pavi sde lnga）、召遣非人（ma mo rbod gtong）、威猛诅咒（dmod pa drag sngags）和供赞世神（vjig rten mchod bstod）③。这就是所谓的八大法行。其中妙吉祥身为毗卢遮那（rnam snang）、莲花语为阿弥陀佛（vod dpag med，无量光佛，极乐世界怙主）、真实意为不动如来（mi spyod pa）、甘露功德为宝生佛④、撅事业为不空成就佛（don grub；梵文：Amoghasiddha），包括了五部佛。对于召遣非人鬼女（ma mo）等世间三部：这是由莲花生大师降伏藏区鬼神令其立誓护教而分为三部，它们来源于西藏本土，因此出现在一些布摩（bod mavo）宁玛派的文字中。我再三思考，认为有道理。此外，在供赞世神（vjig rten mchod bstod）的坛城中，虽然是有香布（sham bu）等藏区的大神，但是这些大神都是在佛之面前，献上各自密咒密名誓言（gsang sngags kyi dam tshig），这样是有利于世间的。不过，贝真（dpal vdzin）师说："供赞世神曼荼罗中，掺有藏地之鬼神法，岂能言之来自他处？"这种说法是诽谤邪说，而且五部陀罗尼⑤中，也安立有许多各地域要义，这是极为愚昧之言论。

在藏地所传的《大圆满秘诀》（man ngag rdzogs pa chen po），据说分

---

① 上述妙吉祥身、正净门类和甘露法，均是宁玛派八大法门之一。
② 宁玛派（rnying ma pa）：以九乘次第闻名的藏传佛教旧译密乘派系名。最初在公元8世纪中，藏王赤松德赞时，初由印度译传入藏地，经印度佛学家莲花生加以弘扬。俗以此派所着僧帽均尚红色，故称之为红教。可参看《佛学词典》，第289页。
③ 最后三者属于所谓的"世间三部"。
④ 宝生佛（rin vbyung；梵文：Ratnasambhava）：宝生如来。五种姓佛中在南方的佛陀。见《藏汉大辞典》，第2701页。
⑤ 五部陀罗尼（gzungs grwa lnga）：即：事部本尊大千摧破佛母、大孔雀佛母、随持佛母、大寒林佛母和随行佛母的陀罗尼咒。常用作塔像装藏之物。五陀罗尼（gzungs lnga）：为塔、像装藏时所用的五种咒文。即：尊胜佛母陀罗尼、离垢佛母陀罗尼、妙密舍利陀罗尼、事庄严十万陀罗尼和缘起藏陀罗尼。见《佛学词典》，第727~728页。也请参阅《甘珠尔》，rgyud，第558、559、561、562和563号。

为心识部（sems sde）、空界部（klong sde）、秘诀部①三部。心识部：其中有五种观念是从毗卢遮那所传，有十三种系无垢友所传②；空界部：也是由毗卢遮那所传来的秘诀；秘诀部：普遍传为精义（snying thig），是由无垢友传来，并由其弟子娘·定埃增桑波（myang ting nge vdzin bzang po）③所传承。这三部秘诀在蕃地传播甚广。过去所有宁玛派的密续、讲释，直到今天（著此书时）还存在，都属于《幻化秘密藏》（sgyu vphrul gsang ba snying po）④法门类。这些法门都是由无垢友（bi ma la）传授给大译师玛·仁钦却（rma rin chen mchog），并由后者妥善译出的。仁钦却译师把它们传授给珠如·仁钦宣奴（gtsug ru rin chen gzhan nu）和杰热却军（gye re mchog skyong）二人。此二师讲授给达杰·贝季扎巴（dar rje dpal gyi grags pa）和香·嘉维云丹（zhang rgyal bavi yon tan）二师。由香师传出的便称为噶钦菩瓦（bkav chims phu ba）或诀窍续法门（man ngag brgyud）；达杰师在前后藏地区广泛传播，并到康区进行讲说，由此传出的诸多人士，普遍称为卫派（dbus lugs pa）及康派（khams lugs pa）。尼峨僧格（nyi vodseng ge）所著的《秘密藏续释》，是由译师毗卢遮那在康区的窝都·吐杰绛钦寺（vog rdu thugs rje byams chen）⑤中译出，这样看来毗卢遮那大师确实也是此密续讲释者。另外，桑杰益西夏（sangs rgyas ye shes zhabs；梵：Buddha jñānapāda）的承传如下：无垢友的弟子梁·莲纳姑玛惹传给弟子索波·贝季益西（sog po dpal gyi ye shes），贝季益西再传给了桑杰益西（肖）。由此，我认为或许存在由此而传下来的幻化

---

① 秘诀部（man ngag gi sde），又为 man ngag sde，亦译诀窍部。宁玛派大圆满阿底瑜伽三部之诀窍部，亦即心要部法门（snying thig gi skor rnams）。其由古印度邬坚论师莲花生传出者为空行心要（vgro snying thig），其由印度佛学家比马米扎传出者为比马心要（bi ma snying thig）。其见解主张为：于生死涅槃无取舍。于愿望疑虑无偏执，从而远离心意分别之法性，或依直指基位法界本来清净，或依跃进修习道位现象任运自成之理，即能一刹那顷现证本智。参阅《藏汉大辞典》，第 2056~2057 页。
② 此句原文为"sems sde ni lnga bee ro tsa na/ bcu gsum bi ma la las byung ba yin la/"。郭译（第72页）误为："心识部：是从毗若扎那及居松毗玛那所传来"。
③ 又为 myang ting nge vdzin（娘·定埃增）或者 myang ting vdzin bzang po（娘·定增桑波），吐蕃王赤松德赞儿时侍童，后出家，修定七年，得神通，称天眼年僧。其师印度佛学家无垢友（bi ma la mi tras），授予全部心要教言。为赤松德赞和热巴坚两代的大喇嘛，曾于乌汝地方（dbu ru）建夏寺（zhavi lha khang），治理其地，并立碑志。朗达玛时遇害。关于此人，请参阅《藏汉大辞典》，第 2128 页；王尧《吐蕃金石录》，文物出版社 1982 年版；李方桂《古代西藏碑文研究》，清华大学出版社 2007 年版及相关章节。
④ 此著收入《宁玛派全集》，第 12 卷，Na 函。
⑤ 罗译（第 108 页）中 vog rdu 转写为 vog-rngu，估计是版本不同印刷各异，或者是译者误将藏文字母 da 看成了 nga。

讲释。

关于桑杰益西(肖)的出生年代,另一种说法为赤松德赞在位时出生,另一种说法为藏王热巴坚在位时出生,还有一种说法是为赤扎西哲巴贝在位时出生。但比较符合实际的说法是,他在热巴坚在位时出生,一直住世到赤扎西哲巴贝在位时期。桑杰益西有四大得意弟子和一位正士弟子①,共有五个大弟子。四位得意弟子为:索·益西旺秋(so ye shes dbang phyug),桑杰益西只传给此师正见讲说;巴阁·伦钦帕巴(pa gor blon chen vphags pa),桑杰益西传给此师释疏讲说系统;丹·云丹却(dan yon tan mchog),桑杰益西传给此师消除灾障之法;苏·勒伯准玛(sru legs pavi sgron ma),桑杰益西传给此师善讲诗词。正士弟子名为云丹嘉措(yon tan rgya mtsho),桑杰益西传给此师正见讲说总论,为之显出隐义配合云诀之说,授予内证深密义讲说,以及消除灾障之法。由于云丹嘉措能密备四者而说,所以他是具备一切法门者。云丹嘉措生有二子:益西嘉措(ye shes rgya mtsho)和白玛旺杰(pad ma dbang rgyal)②。益西嘉措之子为拉杰宏穹(lha rje hum chung),他曾为至尊米拉【日巴】(rje btsun mi la [ras pa])讲授过威猛咒(drag sngags)。梁·喜饶却(myang shes rab mchog)系云丹嘉措父子之弟子,他修建了都拉胸寺(dog la gshongs kyi gtsug lag khang)③,据说他精通生圆次第④三法门。他在哈峨阁(ha vo rgol)岩洞中修行时,亲见金刚橛曼荼罗并以金刚击打岩石,如击打软泥一样钻入并且获得成就,此类故事很多。他的弟子中能为上师喜悦并精通生圆次第三法门的则是却龙⑤的梁·益西穹奈(myang ye shes vbyung gnas)。由此诸师传承而来的徒众大多为绒(rong)宗,若依据家族姓氏也称为梁宗。在此期间,(据说)索师⑥之弟子为昂通·绛曲坚参(ngang thung byang chub tgyal mtshan)、贡准·喜饶益西(kong brsun shes rab ye shes)、惹通·喜饶楚臣(ra thung shes rab tshul khrim)三人。雍敦

---

① "正士弟子"(sras kyi dam pa)意为最优秀的弟子。
② 此句郭译(第73页)为:"……此师出有二大弟子,为耶协嘉措(智海)及白玛旺秋(莲尊圣)二人。"
③ 此句郭译(第73页)"此师修建峨区胸寺",与罗译大致吻合(第109页):He built the vihara of gshongs at ngog. 估计是两人所据版本此处相同。
④ 生圆次第(bskyed rdzogs):生起次和圆满次之略。密乘中修习本尊三身为生起次第,修习气、脉、明点等为圆满次第。见《藏汉大辞典》,第62页。
⑤ 却龙(chos lung)寺:在西藏江孜。见《常见藏语人名地名词典》,第249页。
⑥ 指上述索·益西旺秋(so ye shes dbang phyug)。

巴①细推（索）上师之传承时就是这样——列举的，似乎略有错误（因为他们并不是他的弟子）。如此看来，梁·喜（饶）却②既是云丹嘉措父子的弟子，也是索·益西旺秋的弟子。由此师传出梁·益西穹奈，益西穹奈之弟子为索尔波且（zur po che，大索尔）。因为索尔波且又是东擦帕巴仁波且（stong tshab③vphags pa rin po che）的再传弟子④，所以桑杰益西和索尔波且之间都为同一上师。

素尔师的世系：拉杰·素尔波且（lha rje zur po che）⑤之祖为索尔·喜饶穹奈（zur shes rab vbyung gnas），其子为桑·弥波且（bzangs mig po che），桑·弥波且有四子：拉杰·素尔波且、拉杰·曼巴（lha rje sman pa）、贡钦·峡噶德（sgom chen shavk sde）和贡钦·朵穹（sgom chen rdor vbyung）四子。拉杰·素尔波且修持梵戒，没有子嗣，拉杰·曼巴也无子嗣。贡钦·峡噶德⑥之子为阿弥·喜饶桑波（a mi shes rab bzang po），阿弥·喜饶桑波之子为阿弥喜罗（a mi sher blo）。阿弥喜罗有四子：拉杰素尔贝（lha rje zur dpal）、康巴（khams pa）、旺额（dbang nge）和觉贡（jo mgon）。旺额有二子：阿弥海如（a mi he ru）和旺贡（dbang mgon）。阿弥海如之子为索尔·沃波（zur vod po），后者有二子为峡噶贡（shavk

---

① 即 g'yung ston pa，布顿大师弟子之一。
② 此处藏文（第142页）缩略为 myang sher mchog，因此郭译（第73页）为"梁·协却"，罗译（第109页）为"Myang sher mchog"。
③ 此系本书所据藏文（第142页）。罗译（第109页倒数第3行）藏文转写为"stong-tshang"，郭译（第73页）"东昌"，估计所用藏文本原文为"stong tshang"。
④ 此处藏文为"yang blo ma"，郭译（第73页）正确："再传弟子"。罗译（第109页）恐误："a disciple of……"。
⑤ 拉杰·素尔波且（lha rje zur po che，1002～1062）是著名的"三素尔"之一，"三素尔"是指宁玛派创建初期的三个代表人物，因同属索尔家族，故称"三素尔"。第一位就是素尔波且，他是第一个对宁玛派典籍作系统整理的人。从此，宁玛派始有教派的规模。他一生奉行梵戒，没有子嗣。第二位素尔叫素尔穹·喜饶扎巴（zur chung shes rab grags pa，1014～1074），是素尔波且的养子。他师从素尔波且学到了全部密法，据说他证得一切事物皆金刚萨埵性，得到了大圆满界，从学弟子多人，著名的有"四柱"、"八梁"之称。有关情况详见本书相关文字。第三位素尔是卓普巴（sgro phug pa，1074～1134），是素尔穹幼子，本名释迦僧格（shakya seng ge），他先后从学于其父的几位著名弟子，掌握了经幻心三部密法的教授、仪规、灌顶等，又学得大圆满法，遂成为当时著名人物，有弟子千余人，其中不少本来学显教后来跟他改学密法的。他曾经在卓普地方建卓普寺，故称卓普巴。这三位素尔，特别是后两位又分别有"拉杰钦波"（lha rje chen po）即"大医师"的名称，说明他们在传教授徒的同时还以行医为业。参阅王尧、陈庆英（1998）第222页。
⑥ 此处藏文原文（第143页第3行印为）sgom chen shavg sde 与上文的 sgom chen shavk sde 有一字之差，恐为印刷错误。

mgon）和峡噶峨（shavk vod）二人。贡钦·朵穹之子为觉尊·多杰坝（jo btsun rdo rje vbar），后者之子为素尔·纳科罗（zur nag vkhor lo）。素尔·纳科罗有拉杰贡噶（lha rje kun dgav）和觉哲（jo rtse）二子。拉杰贡噶之子为杰波（rgyal po）。觉哲之子为坝热（vbar re）等人。拉杰素尔波且·释迦穹奈（lha rje zur po che shavkya vbyung gnas）曾经跟从过许多上师，但他专门在却龙（chos lung）的梁·益西穹奈（myang ye shes vbyung gnas）座前求得《幻化》（sgyu vphrul；梵：Màyà）和《心宗法》（sems phyogs）；在格贡（dge gong）的吉·释迦却（lce shavkya mvhog）座前求得《甘露》（bdud rtsi）法门；在裕萨（yul gsar）的年纳旺扎（gn-yan nag dbang grags）座前求得《密灌顶》（gsang dbang）和《方便道》（thams lam）①；在陀噶南喀岱（tho dkar nam mkhav ldeb）的座前求得【宁玛派】经教（mdo）和秘诀（bar khab）②；在梁堆③的蔗·措穹（vbre khro chung）座前求得《空性》④和《任运成就》（lhun grub）的讲释，以及《菩提道次第广论》（lam rim chen mo）⑤等教授；在桑耶秦浦的若·释迦穹奈（rog shavkya vbyung gnas）座前求得《真实》（yang dag）⑥法类。在上述以及其他许多著名学者座前学习之后，他（把密法）分为本续（rtsa rgyud）和释续（bshad rgyud），把本论和释论相结合、传承与修法相结合、修法和仪轨相结合之后，向其座下四位高峰弟子（vbangs rtse mo）及一高级弟子（rtse lkog）等五人讲说，向108位大修士等人讲说。这里的四位高峰弟子据说是指：成为理论高峰（lta dgongs kyi rtse mo）的弟子是素尔穹·喜饶扎巴（zur chung shes rab grags pa）；成为讲说"幻化"的高峰（sgyu vphru gyi bshad pa phyogs cig gi rtse mo）的弟子是班囊哲（ban nam bres）的木雅穹扎（mi nyag vbyung grags）；成为智慧高峰（mkhyen rgyavi rtse mo）的弟子是惹萨（ra za）的香葛穹哇（zhang vgos chung ba）；成为修行高峰（sgom sgrub kyi rtse mo）的弟子为措尼（vtsho nya）的桑贡·喜饶杰波（bzang sgom shes rab rgyal po）。那位高级弟子是

---

① 密灌顶梵文为 guhya abhiseka；方便道梵文为 upàya màrga，宁玛派文献中，方便道通常指密教男女双修（Trantric sexual practices）。也可参阅罗译第110页文间注。
② 此处罗译（第110页）转写为 par（spar）-khab，此系关于 gsnang snying 的注释。
③ 梁堆（myang stod）：传统地域名。字面意义是梁地上部。年楚河上游流域。西藏江孜县重孜以上地区。又藏娘堆。见《常见藏语人名地名词典》，第223页。
④ 《空性》（ka dag）：本来清净，法界空性的意思。见《佛学词典》，第1页。
⑤ 这里指的是某种宁玛派文献，而不是宗喀巴大师所著的广、中、略本《菩提道次第论》中的广论。
⑥ 此系八大密法之一。

指成为对于教法广博雄辩之高峰（pho zavi rtse mo）的查喇嘛（rstags bla ma）。还有称为八高峰的弟子：洛若（lo rog）、拉通·峡噶嘉（la thung shavk rgyal）、达若（rta rog）、查喇嘛、松巴旺楚（sum pa dbang tshul）、沃贡（vol sgom）、雍巴洛嘉（yum pa blo rgya）、恰顿南喀（chags ston nam mkhav）。大师对如此多的弟子大众广讲说法，并很好地修建了邬巴隆寺（vug pa lung gi gtsugs lag khang），又在项地方达桑巴禅修院（shangs kyi mdar sram pa sgrub khang）中建造了九尊吉祥护法像①。那时大师从禅修院前往雅赛（ya zad）时，邬冻（vog gdong）的岩石上有条龙定居于此，大师将龙捕捉并把它放入陶罐中，并以皮膜封罐口加盖印章后存放起来。龙则摄集各方美酒于罐中，【担当了大师的服务员】②。遇到有羯摩法事及开光仪式时，一切法事都用这罐酒，但无论如何用，都用之不尽。做开光法事时，他借用许多村民之牛，屠宰后广作开光之荤宴，但到黄昏时分，全村之牛数目仍然一个不少，并能仍旧分给各村户。大师也想到大河南岸这样做一次法事，于是带着酒罐前往那里。路途中，其侍从想看看罐内到底有何物，便打开罐口，只见一条白蛇从罐内爬出逃走了。打那以后，他再也不能塑成神像。当释迦穹奈在塔（thag）地方嘉窝（rgya bo）修真实法事时，大喇嘛卓弥③写信给他说："我想用黄金供奉吾师班智达，但我没有足够的黄金，请你带上大量黄金到我处④，我将传授给你甚深教授。"（释迦穹奈）答应如命前往，侍徒们在想方设法挽留他，但释迦穹奈说："上师之言即是悉地⑤，咱们走吧。"离此地不很远处有一山洼，在那里乞求非人赐予黄金！地方神（gzhi bdag）说："拿吧，直到山洼里的黄金没有形成动物形状之前，都可以享用。"他们在山洼里取了很多黄金，但当这里发现有一蛙形之黄金时，他们就停止使用其余的黄金。于是，释迦穹奈来到纽谷砻（myu gu lung），在卓弥师座前供献黄金百两，以补其不足，并在秋收场上为师背运已经收割的庄稼等，这样的恭敬行动使大师喜悦，后者于是给他传授了无法想象之秘诀。

在拉杰·邬巴隆巴（lha rje vug pa lung pa，大素尔）的福运不断增长

---

① 指 che mchog Heruka 和象征八大密法的八尊神像。
② 此句译补自罗译第 111 页。
③ 大喇嘛卓弥（bla chen vbrog mi）：也称卓弥译师释迦宣奴，与玛尔巴同时代之人，曾在吐蕃阿里王扎西则贝派往印度、尼泊尔学习佛法。返藏后翻译新密宗经典。公元 1064 年前后逝世。见《佛学词典》，第 610 页。
④ 因为他已经答应过，用 500 两黄金报答上师传授道果教授。
⑤ 悉地（dngos grub）：梵音译作悉地。宗教徒所说修习诀窍所得的如意妙果。见《藏汉大辞典》，第 675 页。

之时，有玛玛（ma ma）、雍仲扎西（g'yung drung bkra shis）两夫妇特别想在尼日（nya ri）举办法轮会，他们集聚了亲戚及附近各方人士，问道："哪位大师最为贤良？"有人说：修密法者贤良，因此应该让密士来作法事。有人说：持戒高僧贤良，让他来作。也有人说：苯教①师贤良，让他来作。如此众人没有达成一致意见，便说："我们的意见不一致，请你自己选择吧！"女主人说："我有足够的财产，三者都迎请吧。"于是，迎请了三类供施的对象，即密修邬巴隆巴、苯教师格哲哇（ke rtse ba）、持戒高僧曲弥仁姆哇（chu mig ring mo ba）三人。三类供施对象说："我们应该修建一座寺庙。"于是，三人集合来商讨修建寺庙之事，庙堂中的主尊建何像而有了分歧，各说纷纭。修密士说建金刚萨埵②；持戒高僧说建释迦牟尼；苯教师说建辛饶祖师③。因此，只好各建各自的寺庙。拉杰·邬巴隆巴在卓普巴（sgro phug pa）地方一低洼处奠基，并与苯教师联合修建了寺庙。苯教师说：我虽然是想建造一尊原始神像，但是所建寺庙可以你的佛尊为主尊而以我的神为侍眷；或以我的神为主尊，以你的佛尊为侍眷，这两种的任何一种都不是很满意的。因此，把寺庙交给了苯教师，卓顿（sgro ston）把卓普供献出来，便在卓普修建了寺庙④。施主心满意足地对三师说："谁能最后建好寺庙屋顶，就由他收鲜花。"后来，密法师和苯教师二人建好屋顶，持戒高僧则没有做到，因此，密、苯二师每年有鲜花的收入。持戒高僧请求道："我虽然未作出屋顶之工作，然而我乞求给我一点。"于是，便把一年的收入给了他，每年前往所给地方范围内化

---

① 苯教（bon po）：《藏汉大辞典》，第185页说：古代藏地本土产生的一种宗教名。创始人辛饶，年代待考。盛行时分本地、外来和窜浪三派，黑苯、白苯两支。早期但以祷神伏魔为人禳病、荐亡为业，及至藏王布德贡杰时期，干预国政。松赞干布以后，吐蕃王室扶持佛教，佛苯之间斗争甚为激烈，热巴坚因尊佛抑苯被苯教徒所杀，朗达玛尊苯抑佛被佛教徒所杀，成为吐蕃王室趋于分裂灭亡的主要原因之一。后来苯教在见、行、修道之法诸方面，产生了众多和佛教相似的经典，晚近渐趋衰微。也可参考《东噶藏学大辞典》，第1463~1464页或《佛学词典》，第559页。
② 金刚萨埵（rdo rje sems dpav）：金刚勇识。梵作缚日罗萨怛缚。系佛教密宗百部本尊之共主，其右手当胸执金刚杵，左手执铃置股上，两足跏趺坐，身色洁白，如同明月。见《佛学词典》，第425页。
③ 辛饶弥沃（gshen rab mi bo）：相传与释迦牟尼同一时代，生于西藏自治区阿里的扎达县属畏姆隆仁地方（汉文古史中名为羊同），系西藏原始宗教苯教的祖师，参见《藏汉大辞典》，第2876页。也可参考《东噶藏学大辞典》，第1462~1463页或《佛学词典》，第830页。
④ 此句中两处卓普的藏文，在本书所据四川民族出版社铅印本中均为sgro sbug（第146页倒数第2行），恐误。

缘所得足够生活。① 如此邬巴隆巴在卓布寺竣工不久，将把寺庙托付给嘉窝哇（rgya bo ba②）了，邬巴隆巴年满 61 岁时圆寂。

居四位高峰弟子之首的是德协·嘉窝哇（bde gshegs rgya bo ba）：祖父是阿扎惹（a tsa ra）之子，名为素尔贡（zur sgom），是一位乞讨为生之大德高僧。拉杰·嘉窝哇（应与德协·嘉窝哇同一人）是一小僧，跟随父亲来到邬巴隆（vug pa lung），拜见拉杰·素尔波且。素尔波且大师道："你种姓为何？"父亲答曰："种姓名为素尔。"大师道："那么这一小僧就安置在我处，并由我来领养，你如能得到一些衣服就寄来吧！"父亲喜曰："那就这么办吧。"于是让儿子待在拉杰处，由他抚养。拉杰给他取名为喜饶扎巴（shes rab grags pa），为分别师名而叫他为素尔穹（zur chung）。后来称他为素尔穹·喜饶扎（巴）③。又因他在乍嘉窝故堆（brag rgya bo dgu vdus）的最顶处修行，由此又称他叫德协·嘉窝哇。

就这样，邬巴隆巴（即素尔波且）所养育的小僧人成为一位智慧极大之大德。经过学习，他精通教法，但缺乏财产而未获得任何灌顶，而且也没有著述。于是就来到拉杰·邬巴隆巴大师座前，在那里的蓝色僧房中，住有女姑裕姆（jo mo gwu mo）和贡玛秋姆（sgom ma phyug mo）两母女。因此，拉杰大师吩咐素尔穹道："你到那两个母女处居住【与她们结婚】吧！"喜饶扎巴答曰："我不可有家室。"大师说："你不要情分狭小！你是没有财产之人，一旦成了她俩财产之主人，就可去求灌顶、著述，听受一切圆满法了。这样的话也可以让她二人圆满佛法，你的大事也能够成功，你应该感到高兴。"他依照大师指示而行事，一切愿望都实现了。于是，大师对他说："你现在不要待在那里了，慢慢把你的财产搬到我这里来，包括书籍和其他物品等。"弟子问曰："但这样做行吗？她们对我都有恩。"答曰："不要气量狭小，你将成为利益众生的人士。在此浊

---

① 此段罗列赫英译（第 113 页）有所不同，特摘录于此，谨供参考：Then the alms giver gnyan sde gsum said："Whoever will place the roof on the temple, should pay the expenses." The Tantric and the Bon po priest built the roof, but the monk did not. Since the Tantric and the Bon po priest have been collecting offerings each year, the monk said："Though we did fail in the building of the roof, let us collect money also." Having paid（the expenses）for one year, they went to collect money in turns. It is also said that they protected annually the country side from hail turn by turn.

② 罗译（第 114 页）藏文转写为 rgya-bo-pa。

③ 藏文本（第 147 页倒数第 4 行）为 zur chung shes rab grags，漏掉了 pa，恐为印刷错误。关于素尔穹，请参阅上文关于"三索尔"之注释。

世①中，你应该为众生利益而广宏如来教法，这也是报答她俩恩德的最好方式。你只为她俩而潜藏起来，对自己和他人都是不会有所作为的。"②后来，他就一切听从上师之命行事。每当他在阳光直照的荒漠中，口干舌燥时就会出现敬酒之人；在荒山绝顶处缺食饥饿时就会出现敬奉食物之人等，一切希望和祈求都得到了实现。于是，他想："现在，如果我想做利益众生之事业，一定可以实现的。"上师（对他）说："现在你应该讲经说法了。"便讲说《集经密意论》③，由此，在一段时间中，他展出了三百部经论④。当初，在他还是一位小僧人时，邬巴隆寺门前有一佛塔，小僧人绕塔转时，拉杰大师亲见小僧的双脚离地一肘悬空而绕转，于是想到："此人一定是位化身活佛，并有可能成为一位殊胜之人士。"因此，对小僧人心生欢喜。还有一次，拉杰大师在项地方（shangs）的桑巴静修室（bsam pa sgrub khang）中精修真实年修教法时，他对四位高峰弟子说："你们四位较量一下思维（修力）吧！"于是四位都住入定中，有三位的意念生起稳固如山、纹丝不动；而素尔穹哇⑤则跃起稳住于比声音发起处高出约一灯之距的空中。⑥ 大师命一女仆说："你去听听素尔穹哇喉间的咳声之大小。"女仆在静修室外细听其声，室内的声音没有变小，在小山旁边再听时声音跟原先一样没有变小。拉杰大师说："你们三位师兄的修力是相同的，但是你们还超不过素尔穹之影子。"⑦总之，此位如来（指素尔穹），按其师拉杰·邬巴隆巴的心愿修行，所有一切智慧通达如瓶移

---

① 浊世（snyigs mavi dus）：即 snyigs dus，浊世，五浊恶世。劫末寿等渐变鄙恶，如渣滓故，名为浊世。见《藏汉大辞典》，第 1001 页。
② 最后一句，罗译（第 114 115 页）英译文为："If you continue to look after these two only, you will be unable to achieve your one purpose, and the welfare of others."
③ 《集经密意论》（mdo dgongs vdus）：也就是《经部密意集合经》，见《经部密意集合经》的注释。
④ 此句罗译（第 115 页）为"……曾有一段时间，他身边有三百学生手持教科书学习。"
⑤ 藏文中一会儿是 zur chung ba（素尔穹哇），一会儿是 zur chung pa（素尔穹巴），为了前后统一，我们一律以前者为准，通译为素尔穹哇。
⑥ 此句罗译（第 115 页）为"于是四人全部住入定中，意念生起稳固如山、纹丝不动；据说素尔穹哇能跃起稳住于离座一棵棕榈树一般高的空中"。这里有可能是译者将"约一灯之高"（tal gang tsam vphags）中的灯（tal）解读成了"棕榈树"（ta la），也有可能是不同版本之故。而此处郭译（第 77 页）则为"一小斧高"，不知何故。句中素尔穹哇本译本所据藏文原文为 zur chung pa，罗译（第 115 页）为 zur chung ba，疑后者更准确。
⑦ 此句罗译（第 115 页）为："虽然尔等师兄弟地位相当，但你们不应该践踏素尔穹的影子！"（Though you are equal as brothers, you should not walk over Zur ching's shadow!）郭译（第 77 页）为："你三位师兄弟的修力是相同的，但是你三位的功夫只是树穹哇的影子，你们都超不过去啊！"

注而彼此具足；对一切教义均具足最胜智慧之辩才。

又有一次，拉杰大师在耶如康赤拉康（gwas ru khang khri lha khang）抚育讲闻僧伽时，将扎巴们交给了三个无用之人而道："你们抚育讲说和听闻之教法吧！我要去修行。"说完之后，他去嘉窝岩（brag rgya bo），他说："嘉窝岩好像是大吉祥佛尊有八位果惹玛（gauriv ma）①围绕之形状，故在此修行有极大加持，修行之道也会更近。"由此，此岩名为"嘉窝九具岩"。他在那里精修，一开始就发现了极大的神变，四面八方都发现很多蝎子，甚至其中有两岁山羊一般大的蝎子②。有一天晚上，拉杰大师梦见嘉窝岩顶部来了一个巨大的黑人，将拉杰的双脚盘绕在他的头部抛投在岩石③前边的一块大平地中，（拉杰）摔了下来。拉杰从梦中清醒后，据说他发现自己就躺在大平地中央。他又登上岩顶，不畏任何示现大神变，继续修行。开始的时候，他在名为金刚萨埵的小屋中修禅定和修行④。他实践精修从秘密和幻化所得的手印和禅定修法（gsang ba sgyu vphrul las byung bavi phyag rgya bsam gtan gyi sgrub pa），获得亲见本尊金刚萨埵；岩石四周遍布金刚萨埵⑤。证得一切光明之处⑥后，他即刻明白所有这一切都是金刚萨埵之体性在朗朗生起，这些都是妙悟之力增盛之兆。他想："这些都是虚幻不实的"，于是继续禅定于小屋之中，安住在大圆满⑦无功用之境界中；由此自然现起大圆满自显无偏的悟境，可在一切大地岩石无有任何阻碍而能够通行。

那时，有一法相师名为格西·坝格通（dge gshes sba dge mthong），他来到（嘉窝）岩⑧的法轮会上。他的一位善巧弟子和拉杰大师展开了一场

---

① 果惹玛，藏文（第150页第5行）为གོ་རི་མ་，源自梵文 gauri，即少女，处女之义。
② 这里，"两岁山羊"（rtsid bu）郭译（第78页）为"小山羊"；而此句罗译（第116页）则为"其中一个像小孩子一般大"。
③ 此处罗译（第116页）把"岩石"（brag，指嘉窝岩）一词读为 thag，故译为"塔格地方低矮处的一块大平地"（a large plian in the lower part of Thag）。
④ 此句后郭译（第78页）还多一句："这是金刚萨埵的一所修地"。
⑤ "岩石四周"郭译（第78页）为"所有山区地方"。此句后郭译（第78页）还多一句："这是获得妙现生处"。同上文一样罗译（第116页）把 brag 读为 thag，故译为"the valley of Thag"。
⑥ 一切光明之处（snang ba zad par gyi skye mched），梵文为 ātsnàyatana。
⑦ 《大圆满》（rdzogs pa chen po）：大圆满胜会，旧密说心性自体性空为法身，自性光明为报身，大悲普照为化身，三身一切功德任运圆满，即是诸法真实理趣，故名大圆满。参阅《藏汉大辞典》，第2360页；《佛学词典》，第693页。
⑧ 此处岩（brag）罗译（第117页）和郭译（第78页）都读为"thag"，因此分别译为"Thag"（这里指地名）和"塔区"，我们认为应该是指嘉窝岩。

辩论。该弟子把面前的柱子安立为有法（事物本体）而辩论，由于柱作为有法，所以拉杰大师说："柱子有法，柱子（事物）本体，你的世间颠倒错乱于自心上，只见其为平常之柱子，然而以大圆满自显无偏性之意义而论，没有柱子，它是不存在的。"说完就用手抚摸其柱子，竟然毫无阻碍，确是平等性空啊！为此，他哑然而倍感惊讶，随之对大师生起有力之敬信。于是就做了拉杰大师的弟子。这也称为玛陀绛坝①。就这样，拉杰大师在嘉窝岩上整整居住了十三年和将近一年的时间，共计住了 14 个年头。据说从寺院中来此地的原因有两个：

第一个原因，是由于三位"无用之人"顾前失后：

阁甲察（vgo bya tsha）说过："《秘密藏续》在方便道的阶段中，需要得《母续》②来支持。"因此他要前往管库巴·拉泽（vgos khug pa Lhas btsas）③座前听受（母续）《欢喜金刚》（dgyes rdo）④。途中他遇到两位僧人，他们说："僧人尊者，途中有盗匪。"他答道："对能取到所取之道来说，烦恼之盗匪无数，他们将愚童禁闭于牢狱中。"【二僧又道："亲眼所见之僧徒暗地里应有一种希求。"又答道："从胜乘（theg rgyal）之口中当警惕胜见之险处，而应摧毁声闻之城。"】⑤ 当来到管师（vgos）的大寺院⑥时，有一名为玛惹觉色玛嘉（rma ra jo sras rma bya）之人，备受尊崇，傲气十足。为此，管嘉察不愿亲自去而派人去问候而已⑦。有一天管师说："格西管嘉察，你对于教法虽然能够恭敬听受，但在礼节上也应该如法而恭敬。"答道："您的下属玛惹觉色玛嘉拉着裤子、穿着腰带而来，

---

① ma thog byang vbar，意为"无挂碍通达"。
② 《母续》（ma rgyud）：续部之一。以阐述智慧空分为主的佛教密宗经典，据宗喀巴的解释是：密宗无上续部中以显现光明为主的教法，如胜乐本续。见《佛学词典》，第 616 页。
③ 此人即下文的管巴库巴·拉泽（vgos pa khug pa lhas btsas）。
④ 无上密宗乘一本尊名。梵名：Hevajratantrarāja nāma。参阅《甘珠尔》rgyud vbum, No. 417。
⑤ 此句罗译（第 118 页）英文为：The two monks then said: "you monk seem to be proud and boasting!" Again he replied: "From the summit of the Kingly Vehicle, the boulder of the Kingly Theory will roll daown. It will destroy the city of Sravakas!" 所据藏文原文似有差别，故有此差异。藏文（第 152 页第 4—7 行）为：btsun pa gnyis narel ban de sku mthong can sbos su re/ ba cig vdug go zer bas/yang lan du/they rgyal gi kha nas lha rgyal gyi rbab vdul nas/nyan thos kyi grong khyer bcom par mchivo gsung/。抄录于此，谨供参考。
⑥ 郭译（第 79 页）将大寺院（grwa sa）译成"管区"，罗译（第 118 页）为"school"。
⑦ 此句罗译（第 118 页）为："他期望管嘉察尊重他，但后者给他行礼时则不正视他。"（He expected that vGo bya tsha would honour him, but the latter when saluting him, looked sideways.）

放不下高尚之架子，谦恭下属中没有他是可以恭敬听法的，礼节方面我将把他除外而另供，请不要以此问罪。"麦穹旺生①则说："《幻化》（sgyu vprul）这一法中，在坛城外面念诵时，必须要有一瑜伽做后援。"于是，他前往松巴益坝（sum pa ye vbar）座前听受瑜伽法门。阁穹旺额②则说："《幻化》这一法中，基道之宗派阶段中，必须要有《量论》（tshad ma）来作后援。"于是，他前往邦嘎·达穹哇（spang ka dar chung ba）座前听受《量论》。

所以拉杰大师说："由于这样，三人没有能够住持教法，于是我命他们抚育僧团而来到寺院，这三人无用之原因也是在此"。

还有一种原因是：拉杰·邬巴隆巴逝世前，寺院尚未竣工，他曾经（对素尔穹）③说过："我之事业功绩应由你来继承。"所以，素尔穹遵命而回到寺中。素尔穹有很多弟子：所谓的"四柱"、"八梁"、"十六椽"（phyam bcu drug）、"三十二短木"（dral ma sum cu gnyis）、"二大修士"（sgom chen mi gnyis）、大炫德一人（yus po chen mi gcig）、中平的二人（dkyus pa mi gnyis）、两位达古氏（sta gur mi gnyis）、三位无用之人（go ma chod mi gsum）等。

四柱中的第一是：格西穹波扎色（dge bshes phyung po grags se），他是一位精通法相之善巧师。格西穹波和拉杰钦波（lha rje chen po）两师，由一位施主邀请迎请到娘若（myang ro）地方一起建立法会。有一次，格西穹波说："应把素尔穹·喜饶扎这位邪教师破斥一下。"于是派去四人，这四人来到拉杰座前。首先由觉顿·峡噶益（skyo ston shavka ye）问道："拉杰大师，你是否是以修行大圆满之宗为主？"答曰："难道我们有目标吗？"问道："这么说是不修了？"答曰："我为何掉举？"④于是乎，提问者也就无可辩驳了。接下来，由伦顿·峡噶桑（glan ston shavka bzangs）

---

① 此处本译本所据藏文（第 152 页倒数第 4 行）为 mes dbang seng（麦旺生），郭译（第 79 页）为"麦穹旺生"，与罗译（第 118 页）同：meg chung dbang seng。估计本译本所据藏文有印刷错误，故译如此。

② 此处本译本所据藏文（第 152 页倒数第 2 行）为 vgo chung dbang de（阁穹旺德），郭译（第 79 页）为"廓穹旺额"，与罗译（第 118 页）同：vgo chung dbang nge。估计本译本所据藏文有印刷错误，把 nge 印成了 de。

③ 此处郭译（第 79 页）为"曾对拉杰·嘉窝哇说"。

④ 此段对话郭译（第 80 页）为："觉敦·释迦耶协发问道：'拉杰大师：你是否以修大圆满之宗为主'？答：'我放弃任何所缘。'问："那么，是不修么？'答：'我任何亦普遍'。"另，掉举（gweng ba）：心散逸，精力分散，思想开小差。佛书译为掉举。见《藏汉大辞典》，第 2626 页。

问道："你难道不乐意修秘密幻化（gsang ba sgyu vphrul）之宗里一切现见都是些坛城中佛尊和佛母（女神）？"答曰："无知觉境自心现起，那由谁来制止现量。"问道："那么你是不乐意？"答曰："为净治众生各有不清净之自心幻想，故应从若干显密经教中获得教授，此理有谁能够违背呢？"于是，又无可辩驳了。——他们就这样四次发问，最后都以无可辩驳而告终。于是他们说道："如此毫无颠倒地精通大乘教法；并从理智中获得解脱而具有丰富辩才，如此之善知识在任何地方都是很难遇到的。但是，如果我们若有一人突然前去追随他，我们的亲教师将会不高兴。"因此，他们慎重立下誓言，明年用权变之策离开亲教师，前来依止于素尔穹大师座前。由此，他们便成为"四柱"了。议定之后，他们仍然回到亲教师座前，亲教师问道："你们破斥素尔穹了吗？"答曰："没能破斥他。"亲教师心中不愉快，由嫉妒之心蒙蔽而说道："素尔穹·喜饶扎巴如此之邪见者，引导众生走向歧途，若把他杀了肯定可以成佛，是没有任何疑问的，各遮止戒有开许之故。"上述言论由拉杰师之僧众听到后，对拉杰大师说：格西穹波对我们如此谈论。这时，拉杰大师没有作任何回答，来到法座前讲法时却在发笑。（众人）问师为何如此发笑？师说："所谓的法，应该是我的大乘密宗，依靠于救度而希求成佛，这便是密教之宗规，想到此为法相师所无之时，若杀了像我这样的素尔穹哇，那便是佛经中像穹波扎色这样的大法相师的内心里还是面向我之密教。因此，令我发笑！"其中，心识宗之柱是衮布（gung bu）的觉顿·峡噶益；经教之柱为格耷（skyed lungs）①的漾铿喇嘛（yang kheng bla ma）；幻化之柱为曲坝（chu bar）的伦·释迦桑波（glan shavkya bzang po）②；事业成就之柱为纳姆惹（nag mo ri）的达底觉峡噶③。（上述四柱）加上玛陀绛坝，又传称为五传承师（rgyud pa lnga）。

所谓八梁，即玛脱巴（ma thog pa）、迦顿却僧（skya ston chos seng）、伦·释迦绛曲（glan shavkya byang chub）、查·峡噶仁（rtsags shavka rings）、努顿坝玛（snubs ston bag ma）、卫巴萨桃（dbus pa sa vthor）、须顿达扎（shu ston zla grags）、哲冲绛贝（rtse phrom byang dpal）八人。又有加入阿拉思钦（va la gzi chen）、乃坝宁波（nal rba snying po）、让顿嘉

---

① 此处藏文（第155页第12行）为skyed lungs，疑与下文的 sked lungs 系同一地方。此处漾铿藏文为 yang kheng，疑与下文的 yang khyeng 是同一人。
② 应该与上文提及的伦顿·峡噶桑（glan ston shavka bzangs）是同一人。
③ 藏文（第155页倒数第6行）为 mdav ti jo shavka，郭译（第81页）为阿底觉释迦，估计是把 mdav 读为 mngav，与罗译（第120页）同。

哇（ram ston rgyal ba）三人于其中的。

所谓二大修士：是指巴贡底玛（vbav sgom dig ma）和本贡多哇（bon sgom do ba）① 二人。所谓大炫德一人：勒堆（las stod）的思顿索嘉（zi ston bsod rgyal）。两位达古（sta gur）师：是香敦昂色（zhang ston sngags se）和穹波达琼扎色（khyung po rta chung grags se）二人。至于所谓顶盖短木（phyam phran）、橡（dral ma）、中平等人（dkyus pa）的名称则没有说明。

这样一来，拉杰·嘉窝哇（素尔穹）本身福泽未盛时，藏地之密修士们对他并不顶礼，也不列入上座。管译师说："对于新教徒（后弘期佛教徒）来说，我们对他没有必要顶礼，同样没有必要坐在其下首。我们必须遵守这条法规。"有一天，在项地方（shangs）设大宴会时，集合了一切密宗修士，素尔穹哇坐在首座上，前面有管译师来到座前恭敬顶礼了。于是密宗修士们也开始顶礼了。宴会将要散去时，众人问："既然您对素尔穹哇定下了不顶礼之规，为什么你自己又对他顶礼呢？"答道："这是因为到他的座前去的时候，只想他是大吉祥之佛尊，而不会想他是一位凡人。"

此外，拉杰还是扎巴的时候，有一位穷极潦倒、饥肠辘辘的穷人。有一次，拉杰大师（lhe rje chen po）从自己的屋中取出一个可以容下九捧（一掌心量）量的开盖铜杯对漾克说："我口渴了，你是否有喝的？"答道："有糌粑造的酒。"大师说："那么，去拿来吧！"于是拿来苯波（苯教徒）调剂收集而来的糌粑酒，大师喝了两杯后问道："还有吗？"又拿来了一杯，喝完后说道："若还有我可以再喝。"又拿来了一杯，问道："还有吗？"答道："大约还有一升（bra）。"大师说："那么请不要斟满。"若充满你的福泽将变得在藏地也容不下，但是能够成为一位大福泽之人。说完后他送给穷人三藏斗②（khal）青稞并说道："在这段时间里你就吃这个，从此你的受用就会到来。"据说，后来他刚吃完这些青稞，他的福泽就出现了。如此等等具有大功德之拉杰·德协嘉窝哇（lha rje bde gshegs rgya bo ba）生有三子女。前、后妻两者中，前妻是公主（btsad mo）达玛波提（dar ma bo dhi；梵：Dharmabodhi），生有一子一女，子为觉尊·多杰坝，女为觉色玛释迦江姆（jo sras ma shavkya lcam mo）；后妻

---

① 郭译（第81页）为"本贡额巴"，估计是把其中的 do 读成了 ngo。
② 藏斗（khal）：1. 驮子。畜力载运的货物。2. 指藏地的容量单位名。前者名如克，即藏斗，分二十藏升，重约二十八市斤；后者名德克，即藏斤，分二十藏两，重约七市斤。见《藏汉大辞典》，第227页。

为卓普巴（sgro phug pa）大师之母，名为觉色姆·阿姆祖朵绛（jo sras mo mngav mo gtsug tor lcam），是阿达底觉峡噶（mnav tig jo shavka）之姐。虽然最初大师没有娶其为妻，但她在寺院中听法，逐渐成妻。为此，僧众怀恨要把她驱逐出寺时，觉顿·峡噶益说道："我曾梦见过她的四指①上有一教主，若她生下一个男孩子，那么对我们将会有很大的利益，把她留在这里吧！"这样就把她留下来了。拉杰大师于甲午（阳木虎，公元1074）年得子卓普巴。父亲拉杰大师说："觉顿·峡噶益的梦兆极佳，我此子将来不但会成为教主，而且会将成为利益众生之人。"也就取名为释迦僧格（shavkya seng ge）。其母说："此子的眼根很像霍尔人的眼睛，将会是一个很聪明而具有智慧之人。"于是又名为霍尔波（hor po）②。如此普遍传称为素尔·释迦僧格（zur shavkya seng ge）和达察霍尔波（mdav tsha hor po）。又，在此子诞生时，适值其父作施舍病人不留一物。母亲说："前天生此子，我很熟悉的，就连腭酥③也一点没有留下，现在是没有什么可给儿子了。"儿子④道："我乃有福泽之人，不留下什么也会得到的；若是无福泽之人，留着也是没有任何用处的。"在他坐在房顶上时，有一王妃供献了青稞一百驮和酥油一百克（一克合二十藏两）。为此儿子喜悦地说道："腭酥来了。"从此，儿子的福泽就开始增长，真是来了一个有利益之人。他（释迦僧格）有个儿子叫觉尊多杰扎【巴】（jo btsun rdo rje grags [pa]），有个女儿叫多杰江姆（rdo rje lcam mo）。觉尊多杰扎巴有五子：伦觉（rnal vbyor）、嘉操（rgyal tshab）、郡额（cung nge）、乾玛（vphyam ma）和扎格（brag ge）。拉杰伦觉（lha rje rnal vbyor）有二子：瑟察（sregs tsha）和诺察（snod tsha）；嘉操之子为觉尊·贡噶宁波（jo btsun kun dgav snying po）；郡额之子为嘉察（rgyal tsha）。

【拉杰·德协嘉窝哇】前妻【达玛波提】之子觉尊·多杰坝有子名为奘察峡噶垛（btsang tsha shavka rdor）；奘察峡噶垛之子为塔巴伦波（thag pa lhun po）；塔巴伦波之子为拉杰喇嘛（lha rje bla ma）。在藏地佛教后弘期（bstan pa phyi dar）之初，大译师仁钦桑波诞生。在拉杰喇嘛57岁时的甲寅（阳木虎，公元1014）年，素尔穹哇诞生；在壬子（阳水鼠，

---

① 四指（srin lag）：指无名指。从大指起向下数的第四指，即靠近小指的手指。见《藏汉大辞典》，第2981页。
② 霍尔波（hor po），达（mdav）氏家族外甥。
③ 腭酥（rkan mar）：藏俗在初生婴儿或幼驹腭上涂上酥油，使之学会吮吸。见《藏汉大辞典》，第95页。
④ 此处罗译（第123页）把儿子译成了父亲。

公元 1012）年至尊玛尔巴（rje mar pa）诞生，素尔穹哇也就是此后第三年诞生。当至尊玛尔巴 16 岁时，素尔穹哇年满 14 岁①，恰是丁卯（阴火兔，公元 1027）年。素尔穹哇 29 岁时，玛尔巴年届 31 岁，而大译师仁钦桑波年满 85 岁的壬午（阳水马，公元 1042）年，阿底峡尊者来到藏地阿里（mngav ris）地方。素尔穹哇和管巴库巴·拉泽（vgos pa khug pa lhas btsas）② 是同一时代的人。款·贡却杰波（vkhon dkon mchog rgyal po）③ 出世时，素尔穹哇已经 21 岁，是年甲寅（阳木狗，公元 1034）年。素尔穹哇年满 61 岁时，于甲寅（阳木虎，公元 1074）年因患痘疮（天花）而逝世。那时，译师洛丹喜饶（lo tsav ba blo ldan shes rab, 1059 年生）刚好 16 岁。在壬寅（阳水虎，公元 1062）④ 年，玛季峡玛（ma gcig zha ma）⑤、索琼巴（so chung pa）、郭尼汝巴（skor ni rū pa）等人诞生。他们年满 13 岁时，素尔穹哇逝世，而此年正好卓普巴⑥诞生。

　　至于拉杰卓普巴大师呢，他幼年时期由其母与舅舅抚养，在达普（mdav phu）⑦ 地方居住了 15 年，后来他从曲坝前往伦（glan）处，然后前往格砻（sked lungs）地方的漾铿（yang khyeng）⑧【喇嘛】座下，在那里听受了三年佛法，年满 19 岁赞颂功德（登位），从此，福泽大增。但他并没有获得继续求学之机会，为了寻找机会，他花了一年时间到了贡布（gong bu）地方的觉师座前听习佛法，此后福泽更大。但是他没有机会游历他乡，他只能迎请各善巧上师前来讲学并启问求知，于是圆满完成学业。其中，他在四柱师座前听受了经教、幻化、心识宗门三者的密续教授、事业作法和要诀等，并圆满求得一切灌顶；又在伦·释迦绛曲（glan shavkya byang chub）座前听受了大

---

① 郭译（第 83 页）误为 12 岁。
② 此人即本章前文所述的管库巴·拉泽（vgos khug pa Lhas btsas）。
③ 款·贡却杰波（1034～1102），又译衮却杰波。译言宝王。宋代西藏一佛学家，为萨迦派创始人。幼从父兄学旧派密乘教法，后从卓弥译师释迦益西等学习《道果论》为主的新译教法，现在札沃砻（gra bo lung）建寺布道，公元 1073 年在后藏温波山白土坡前倡建寺庙，称萨迦寺，从此名为萨迦派。参阅《藏汉大辞典》，第 313 页。
④ 罗译（第 124 页第 6～8 行）行间注说，这显然是个错误，应为阳木虎（shing pho stag）年，即公元 1074 年。此注错误。
⑤ 郭译（第 83 页）为玛季夏。
⑥ 在藏文里，卓普巴的写法经常出现两种形式，sgro sphug pa 和 sgro sbug pa，本译本为了前后统一，一律译为卓普巴。
⑦ 郭译（第 83 页）为"阿普"，想必是其所据藏文该地名印为 mngav phu 之故，与罗译（第 124 页）同。
⑧ 此处藏文（第 159 页倒数第 2 行）为格砻（sked lungs），显然与上文（第 155 页第 12 行）格砻（skyed lungs）系同一地方。漾铿藏文为 yang khyeng，显然与上文的 yang kheng 是同一人。

圆满法门（rdzogs chen），并获得圆满灌顶；在拉杰·项巴纳波（lha rje shangs pa nag po）座前听受了大圆满传承最后法门教授等。就这样，他在许多善巧大德座前听受了教法，通过学习，他消除了心中的愚见。并以闻思来抉择虚构诸法。总之，据说拉杰·卓普巴大师是密主金刚手①之化身。为了弘扬密宗教法，他不得不来到北方地区，对所有应化众生转了不可思议之法轮②。他的弟子大善知识们都住持寺院，扶持教法而高举说法胜伞，并因广宏密宗教法而得到日月般的荣誉。这些弟子中有三四一十二位，即所谓"四麦"（me bzhi）：指蚌顿迦古③、肖哲色巴④、嘉顿·多杰扎（bya ston rdo rje grags）和裕顿（gwu ston）；"四纳"（nag bzhi）：指吉顿嘉纳（lce ston rgya nag）、素尔·纳科罗、梁纳垛沃⑤和达纳·珠垛旺秋⑥；以及"四顿"（ston bzhi）：指嘉顿（rgya ston）、角顿（gyabs ston）、尼顿（nye ston）、香顿（zhang ston）。有一次，拉杰·卓普巴说："四顿弟子听着，你们把会供曼荼罗⑦的顺缘供物拿来，我也会拿着顺缘来的。"四顿按照大师之命拿着顺缘而来，拉杰大师来到卓普寺（sgro sbug）后面有青草堆之小丘处，开示了很多会供曼荼轮法，并讲说很多教语。之后他说："我不在时你们不要悲伤，我这次不舍此身带着往持咒地⑧而去，对你们也不传承吉祥，而是将有利于教法发展。"【说完他引吭高歌跃向空中，渐渐隐去；继而再歌，再次跃向虚空。就这样，每歌一曲，他往上飞跃一层，一直向上奔向虚空。】⑨ 于是，弟子们心中难忍，搥胸而悲

---

① 金刚手（Vajrapani），密教之主尊神，他被称之为 Guhyapati，因为他被视为所有 tantras 的管理者。
② 此处罗译（第125页）还有一句"他有上千弟子"（He had about a thousand disciples.）。
③ 本书所据藏文（第160页倒数第2行）为 dpong ston lcags kyu；郭译（第84页）为温敦甲居，估计其所据藏文为 dbong ston lcags kyu，或与罗译（第125页）vbon ston lcags skyu 相同。
④ 藏文（同上）为 shab rtse gser pa；郭译（第84页）为肖扎色哇，所据藏文疑为 shab rtse gser pa，与罗译（第125页）同。
⑤ 藏文（第160-161页）为 myang nag mdo bo；郭译（第84页）为芒纳垛波，所据藏文疑为 mang nag mdo po；罗译（第125页）则为 myung nag mdo po。
⑥ 藏文（第161页首行）为 mdav nag gtsug tor dbang phyug；郭译（第84页）为阿纳珠垛旺秋，所据藏文疑为 mngav nag gtsug tor dbang phyug，与罗译（第125页）同。
⑦ 会供曼荼罗（tshogs kyi vkhor lo）：佛教行者，观想凭借神力加持五欲及饮食品成为无漏智慧甘露以供师、佛三宝及自身蕴、处、支分三座坛场，积集殊胜资粮的仪轨。见《藏汉大辞典》，第2289~2290页。
⑧ 持咒地（rig vdzin gyi sa），修密咒成就果地。
⑨ 此句郭译（第84页倒数第9~7行）："说而抬起喉部跃向空中而消失；再抬起喉部而飞跃；就这样一抬喉部而飞跃，逐渐飞跃到最后入于虚空界眼不能见而消逝。"把"唱歌"（mgur zhig bzhengs）译成了"抬起喉部"，疑有误。藏文（第161页）为：nam mkhav la vphags nas gshegs so/ yang mgur zhig bzhings te vphags nas gshegs/ de ltar mgur re bzhengs te rim gyis vphags te/ mjug tu nam mkhavi vbyungs mig gis mi mthong bavi ser yar gshegs so/。

痛哭泣，大声呼叫师名。因此，他从空中下来，说道："你们太不应该如此了。我以先前口头教谕尔等不听，如今我的传人会带来不吉祥。"第二年，开始示现圆寂，于甲寅（阳木虎，公元 1134）① 年去世，享年满 61 岁。净沐尸体时，有一位身着密修士服装的英俊青年，供奉了一匹橙黄色马，配有自成弧形的螺鞍。这位供奉人从何而来，又前往何处，【是何许人等】则无人知晓。据说是神送来的抬运乘骑。另外，有妖、天女、龙（鲁）等送来送行物，这些是人们无法得到的四件宝物，有关这些宝物来历的说法很多。在卓普巴 19 岁时的壬申（水猴，公元 1092 年）年，正是萨钦·衮宁（sa chen kun snying）② 诞生之年。据其他史籍记载：无垢友之弟子是绒曲村（rong chu tshan）的比丘尼哲姆（dge slong ma sgre mo）；哲姆的弟子为洛扎嘉色（lho brag bya se）的玛尔巴·喜饶峨（mar pa shes rab vod）；玛尔巴·喜饶峨的弟子是项拉普（shangs lha phu）的廊顿·达玛索南（lang ston dar ma bsod nams）；廊顿·达玛索南的弟子为尼日（nya ri）的拉杰·霍尔波（lha rje hor po）。拉杰·卓普巴大师四大纳波得意弟子③中，最胜的一位为拉杰·吉顿嘉纳（lha rje lce ston rgya nag）。吉顿嘉纳的祖父名为彭·绛尊（vphangs byang brtson），彭·绛尊到了康区之后又返藏，并按照【康区的】陇唐度母寺④的样式修建了吉喀拉康（skyi mkhar lha khang）。祖父【彭·绛尊】有三兄弟，其中之一就是阿弥协尊（a mi sher brtson），后者之子名为嘉松（rgyal gsum）。嘉松共有九个孩子：四男五女。四个儿子为：仁钦（rin chen）、尼波（nye po）、嘉桑（rgyal bzangs）和嘉纳（rgya nag）。仁钦和尼波二人被送往梁堆（myangs stod，梁地上部）地方法相院⑤求学，拉杰嘉纳【为他们】送口粮到寺院时顺便听讲也能够领会其义。他向两位兄长请教教义，而两位兄长虽然在寺院听受教法 3 年，却是一问三不知。兄长问他是如何领会教义的，他答道："我能

---

① 即南宋时期宋高宗绍兴四年。郭译（第 84 页）行间注为"宋神宗熙宁七年公元 1074 年"，恐误。
② 即萨钦·贡噶宁波（sa chen kun dgav snying po, 1092～1158），款·贡却杰波之子，生于后藏。幼时随父学法，曾游历各地，广拜名师，遍学佛教显密二宗，又从香·贡巴瓦学得全部道果教授。1110 年任萨迦寺住持，后广收门徒，传习亲口宝敕与全付道果教授，使萨迦派的特征趋于鲜明，获"萨钦"（sa chen，意为萨迦大师）称号，被称为"萨迦五祖"的第一祖。
③ 得意弟子（thug kyi sras）：心爱弟子，心传弟子，得意弟子。指上师的众多弟子中，给能继承自己传承的弟子无保留地授以全部显密教授，如同对待自己儿子一样重视的弟子。他人以心传弟子称之。见《佛学词典》，第 346 页。
④ 陇唐度母寺（glong thang sgrol mavi gtsug lag khang ngam lha khang）：传为藏王松赞干布所建，在今甘孜藏族自治州邓柯县境内。见《佛学词典》，第 135 页。
⑤ 法相院（mtshan nyid grwa tshang）：藏传佛教徒学习、辩论显教佛学的经院。见《佛学词典》，第 682 页。

一听就懂。"两位兄长说："我们两个人不能像你一样领会，故你来这里听法，由我们给你送口粮，只要能够学到佛法，谁学都是一样的。"就这样，拉杰嘉纳在那里居住下来并听受教法。直到年满21岁时，他还在求学。最初是听受法相，那时，著名的善巧师有协穹（she khyung）两师、班遮（vban vdre）两师和嘉达（rgya rtag）两师。拉杰·嘉纳在穹波扎色（khyung po grags se）座前听受《般若波罗蜜多》；在班·唐杰铿巴（vban thams cad mkhyen pa）座前听受《对法藏》①；在达巴喀伽（stag pa kha che）座前听受《中观》和《释量论》（tshad ma rnam vgrel；梵：Pramānavārtika）；除以上诸师外，又在噶索耶（vgar bsod yes）座前也听受过教法。就这样，他总听受了9年的《法相》②教义。后来，他又前往拉杰·卓普巴大师座前听受密教，达11年③之久。有三年时间，卓普巴大师从来没有友好地跟他交谈过，只是直呼其名位"觉色梁堆巴"④。可是，有一次嘉尊僧（rgya brtson seng）师徒一起来到拉杰法轮会上，在嘉尊僧师徒立宗辩论时，拉杰嘉纳在辩论中破斥其立论，压制了他们的傲慢态度。为此，拉杰卓普巴对拉杰嘉纳心生欢喜，对其甚好；想到觉尊多杰扎智慧顿开，心中更是欢喜。为了报答这些恩惠，【拉杰·卓普巴】传授了生圆次第的三种经典及教诫，并且特别传授甚深教授及部分精细注解，加上自己还不熟悉的一切法类都传授给了他。

跟素尔的其他追随者比起来，拉杰拉康巴（lha rje lha khang pa）之法轨教授不但精深而且完备，其原因在于此。拉杰嘉纳大师在二十年中一直求学，年满40岁时作游说法师⑤。那时，如卫巴·顿峡噶（dbus pa ston shavka）和卫巴·细波（dbus pa zhig po）以及卓普巴的大约30位僧人，追随大师而行。此外，嘉纳大师又在梁上部（myang stod）的嘉哲果哇（rgay rtsad skor pa）座前听受了《甘露法门》⑥；在梁下部（myang smad）的卓达僧（sgro dar seng）座前听受《摧坏金刚法类》（rnam vjoms）

---

① 《对法藏》(mngon pa)：1. 也称论藏。主要诠说增上慧学的经典，如广中略般若颂，等等。2. 《俱舍论》的略称。此书主要讲述宇宙的生起，流传的因果和证得解脱的次第等方面内容。见《佛学词典》，第191页。

② 法相（mtshan nyid)，性相。实有三法全具备者，为诸法性相。如能托屋梁是柱之性相。参阅《藏汉大辞典》，第1304页。

③ 郭译（第85页）为"十二年"，误。

④ 藏文（第163页）为 jo sras myang stod pa，字面意思是"梁地上部僧人之子"。

⑤ 游说法师（gshegs bstun）：此种游说法师往往有数十名僧伽随师而行。见《佛学词典》，第829～830页。

⑥ 这里 bdud rtsi 是否是指甘露密咒（Amrta Tantra），不太清楚，参阅《甘珠尔》rgyud 部，No. 435，或《（宁玛派）全集》（rgyud vbum）第7卷 ja 函里的密咒。参阅《甘珠尔》目录，叶230b。

和《金刚橛根本索峡传规》（phur pa rtsa ba sor bzhag gi lugs）；还听受了吉（skyi）派所传金刚橛的许多传派法门。他又在丹巴博芒（dam pa spor mang）座前听受博（spor）宗所传《大圆满教授》；在觉姆梁姆（jo mo myang mo）大师座前求传阿若（a ro）之心中精滴大圆满康派所传教义时，从她那里获得听受了这一法类的教授秘诀。同样，他还从别的大师那里多次听受圆满婆罗门法类和格仓玛（ske tshang ma）等教法。为此，他成为显密修法和经论教授的主人。在修甘露法门时，从药宫中出现一个药天女，她围绕坛城转了三圈，尔后所有人目睹她慢慢地融入宫中。另，从40岁直到56岁的十六年间，嘉纳大师一直都在作利于他人之事业，而后逝世。

概言之：嘉纳大师诞生于甲戌年（阳木狗，公元1034年），从21岁直到30岁年间，在协乌哇（shevu ba）和穹师（khyung）等座前听受了许多经教。后来，在卓普巴座前听受广大教法。在他满41岁时的甲寅（木虎，公元1134）[1]年，卓普巴大师逝世。从此年开始，嘉纳大师作利于众生之事业，直至56岁时己巳年（土蛇，公元1149年）[2]逝世。

嘉纳大师之侄子杰顿觉松（lce ston jo gzungs）：是尼窝（nyi bo）之子。一般认为尼窝有三子：觉杰（jo skyes）、喇嘛钦波（bla ma chen po）、本纳多杰（dpon nag rdo rje）。觉杰有二子：涅涅大师（slob dpon nye nye）和康萨（khang gsar）。本纳多杰有五子：多杰蚌（rdo rje vbum）、尼赤蚌（nyi khhri vbum）、杜兹蚌（bdud rtsi vbum）、扎西蚌（bkra shis vbum）和达玛蚌（dar ma vbum）。喇嘛钦波·云丹松（bla ma chen po yon tan gzungs）：诞生于丙午年（阳火马，公元1126年）[3]，年满11岁时开始求学，年满13岁时有幸跟随叔父（嘉纳大师）学习所有经典和生圆次第的密教要诀；到24岁时，其叔父嘉纳大师逝世，由他来掌管大寺。关于学习中存在的无结论之问题，都由嘉纳大师之弟子卫巴顿峡噶和卫巴细波等人解决并有了结论。

接下来说说卫巴顿峡噶，他是尊重人世道德之王佟（wang thung 音译）之后裔，他来拉杰尼日哇（lha rje nya ri ba）之寺中是作文字抄录员，尔后由于生起敬仰而开始求学佛法。然后，正如上面所述，他来到拉

---

[1] 是年为南宋高宗绍兴四年；金天会十二年。郭译（第86页）行间注为"宋仁宗景祐元年公元1034年"。

[2] 是年为南宋高宗绍兴十九年；西辽感天后咸清六年；金熙宗皇统九年；海陵王天德元年；西夏仁宗天盛元年。郭译（第86页）行间注为"宋哲宗元祐四年公元1089年"。

[3] 是年为北宋钦宗靖康元年。郭译（第87页）行间注为"宋英宗治平三年公元1066年"。

杰嘉纳座前听受一切密经教授，并想一心修行。于是，他前往北山（by-ang ri）寻找一清静的寺院。听说丹巴约穹哇（dam pa yol chung ba）在约哇扎（yol ba brag）挖掘岩石，顿峡噶便问："是否打算在此建寺？"答曰："然。"他又问道："除此之外，就无建寺之地吗？"答曰："那边有一岩石连接处，是险峻坚固之地，此外再没有地方。但我发现此地比那个地方更易开采，所以我要在此修建寺庙。除这两个地方外，再没有更合适的建寺之地。"于是丹巴顿峡噶（dam pa ston shavka）来到岩石接口处听到有人问："在那眼泉旁边是否有一个前藏之铁钩？"接着听到："是否有五个糌粑坨坨？"①他知道这些话是吉兆。于是他在那里修行而获得如愿的证悟；降伏②鬼神，有了度化众生的本领，于是他被称为丹巴色扎巴（dam pa se sbrag pa）。

卫巴细波：属于弥却雅垄嘉萨（mi chos yar klung bya sa）人氏。他在杰尊卓布（rje btsun sgro sbug pa）寺中作文书员（yig mkhan）时，成为法门中人士。他追随拉杰嘉纳来到寺院，钻研并精通三种生圆次第③。于是，便想回家乡就职。为了筹集到法伞、白海螺以及供品等顺缘之故，他前往尼泊尔（bal yul）。路途中有一天晚上他突然想到："我自己虽然知道一些法门，但是始终没有修行过，如果现在死去，简直就像一个没有路证之人，没有任何利益，必须要求一教授密诀。"于是又返回寺院来到上师座前请求教授。上师传授以《耳传大宝教授》（snyan brgyud rin po che vi gdams ngag），他便去精修这一法门并获得功用。然后，他前往芒域④贡塘（gung thang）修行时，共有七天获得大圆满平等之证悟。后来他从尼泊尔（bal po）得到供品返回芒域贡塘时，由于炎热而患病，只好把所有物品寄存在城中而前往山中修行，在此又获得大圆满平等之悟境。对他而言，穿过一切土、石、山、岩都毫无阻碍；他对万物也无所需求，于是遗弃了

---

① 上述数句郭译（第87页）有所不同，可参阅。
② 降伏（dam la btags）：制伏。佛教谓运用法力制伏鬼神，使受约束。见《藏汉大辞典》，第1249页。
③ 根据宁玛派教法，生起次第（skyed rim；梵：utpannakrama）只有一个层级；圆满次第（rdzogs rim；梵：sampannakrama）次第有两个：就是（rdzogs rim）和（rdzogs chen；梵：maha santi）——即"大圆满"或"大成就"。最后一个术语曾是西藏激烈争论的一个主题。据某些藏族学者说，此术语并非源于印度，而是宁玛派先辈所创。Bskyed rdzogs rdzogs chen gsum，乃生起圆满次第三层级之义。也可参阅罗译（第130页）文间注。
④ 芒域（mang yul）：又译芒隅。西藏自治区的阿里普兰至后藏昂仁、吉隆等县一带与尼泊尔接近的地区古名。见《藏汉大辞典》，第2055页。这里罗译（第130页）成了"尼泊尔"。

就职的一切顺缘物品，只留下七只成套的供水杯。他回想起了上师之恩德："我能得到如此之悟境是上师之恩德，因此，要把这些水杯供献给上师。"随后带着它们前往上师处。不过，在路途中他又有了甚至供水杯也抛弃的念头，但一想起大师之恩德，就又继续前行。【来到寺院后，他把水杯放在大师前筛选，大师道："你还有多少放不下的（东西）呢？"】①于是他住在山中而修行，由此获得各乘教法不漏一句而在心中显示出来，而又如奔腾而下的瀑布而不能使停止，全显现空无别。又在叶茹②地方的巴阁铺（sba gor phu）居住时，小棚屋上霹雷并击在卧具上，居住点和前来作辅助求加持的一个可爱孩子都没有受到伤害而安然无恙。孩子问："雷打下来了吗？"答："也许是。"又问："那么有无损害？"答："只是响声与空无别，雷哪里有自性呢？"这位大瑜伽修士此类之功德很多，可是他仍然在其叔父之众徒座前请教教法，解决疑难问题而扶持寺院。他在静修的同时扶持寺院 18 年之久，年满 70 岁时在乙卯年（阴木兔，公元 1195 年）③ 逝世。这位大智者（bdag nyid chen po）所传弟子有细波杜兹（zhig po bdud rtsi）、敦巴喇甲（ston pa bla skyabs）、卫巴觉索（dbus pa jo bsod）、聂敦·尼玛多杰（snye ston nyi ma rdo rje）等善说理论之许多人士。此外，如拉堆④的麦顿贡波（mes ston mgon po）、季·贡噶多吉（dpyal kun dgav rdo rje）等人也来大师座前求法。叔侄两位大师：前者通达轨范，后者为利于应化有情者，广做弘法事业。⑤

从素尔穹哇诞生起，至云丹松⑥乙卯年（阴木兔，公元 1195 年）逝世，已经过了 182 年。拉杰拉康巴之心传弟子（得意弟子）是丹巴活佛细波杜兹（dam pa sprul sku zhi po bdud rtsi）。此外，还有一位有名之善知识，名叫麦·多杰坚参（mes rdo rje rgyal mtshan）⑦，其有二子，名叫敦巴喀热（ston pa vkhar re）和喀穹（vkhar chung），他们精通瑜伽法门。

---

① 郭译（第 88 页）和罗译（第 131 页）有些不同，请参阅。
② 叶茹（g'yas ru）：也译也如，以南木林为中心，东至朗玛古普，南至聂拉木，西至皆麻拉古，北至黑河麦底卡一带地区古名。见《藏汉大辞典》，第 2620 页。
③ 即南宋宁宗庆元元年；金章宗明昌六年；西辽末主耶律直鲁古天禧十八年；西夏桓宗天庆二年。
④ 拉堆（la stod）：在日喀则地区定日县境。见《藏汉大辞典》，第 2745 页。
⑤ 此句郭译（第 88 页）为："叔侄两师的通达规范于前虽已建立，但为利应化有情，后期复广作弘法事业。"谨录于此供参考和比较。
⑥ 即上文所述喇嘛钦波·云丹松（bla ma chen po yon tan gzungs）。
⑦ 此句郭译（第 88 页）为"祖父名多杰绛称……"，估计是把藏文原文 de yang mes rdo rje rgyal mtshan 中的 de yang（此外）割裂，把 yang 和 mes 组合在一起释读为"祖父"了。恐误。

其中喀穹之子名为须顿门色（shu ston mon sras），精通《后续》（phyi rgyud）教法。须顿门色之子名为敦巴拉囊（ston pa lha snang），是一位具足通力及加持之人士。敦巴拉囊有二子，名为桑杰达琼（sangs rgyas dwags chung）和贡须（sgom shu）。桑杰达琼是细波杜兹之父，在达波嘉热（dwags po rgya ras）之后出世而传为达琼巴（dwags chung pa，小达）①。另外，他曾于桑杰东（sangs rgyas stong）、噶贡觉涅（dkar sgom jo nyag）②和娘敦泽色（myang ston rtsegs se）等许多大师座前听受教法以解决虚构之法类。他还来到洛扎③，在洛扎上部的普姆岗寺（phur mo sgang）居住并做利于众生之事业。舍巴（gzad pa）诸施主到贡须④迎请达琼师，舍（gzad）地方的拉顿寺（lha gdong）和邬格寺（vug skad dgon pa）等以许多寺址供奉给达琼师为驻锡之地，由此发展出许多门徒。细波（zhig po）也是在拉顿寺诞生的。概言之，桑杰达琼有子女四人：长子生于洛扎地方，名为洛察喇嘛甲（lho tsha bla ma skyabs），是一位厌离世间具足神通之人士，他前往康区之后，也在康区逝世。

桑杰达琼下面是喇嘛坚参，居住在细波地方（zhig por bzhugs）⑤，证悟甲扎隆钦（bya bral klong chen）大师之意旨，具足通达而有许多善业之作风。喇嘛坚参之母亲为卓（vbrog）地方的东惹玛（stong ra ma）。喇嘛坚参有二子：桑杰温顿（sangs rgyas dbon ston）和活佛协穹（sprul sku sher vbyung）。桑杰温顿的前妻有一子和后妻有三子一女，共五个子女。前妻之子为杜兹（bdud rsti）⑥；后妻之子为旺秋蚌（dbang phyug vbum）、杜兹贝（bdud rtsi dpal）、仁钦贡（rin chen mgon），一女为顿玛杜兹蚌（ston ma bdud rtsi vbum）。

喇嘛坚参的下面是觉色玛嘉玛霍尔（jo sras ma rgya ma hor），有子名为喀巴觉南（mkhar pa jo nam）。喀巴觉南之子为松顿尼玛（sum ston nyi ma）。

----

① 郭译（第89页）把"达波嘉热"和"达琼巴"分别译成"格波甲热"和"格穹"，不知何故，版本不同？
② 罗译（第132页）转写为 dkar-sgom jo-nag。
③ 洛扎（lho brag）：元代译作多洼、多宗、多哇宗。县名。在西藏自治区南部羊卓雍湖之南。县人民政府驻嘎波。见《藏汉大辞典》，第3110页。
④ 罗译（第132页）将"到贡须"译成了"sent sgom su"，估计为印刷错误，疑应为"went to sgom shu"。
⑤ 此句罗译（第132页）为"……过着疯傻的苦行僧生活。"（……who led the life of a mad ascetic（zhig po）。
⑥ 罗译（第133页）为 bdud rtsi dar，估计把连词 dang 认读成 dar 了。

觉色玛嘉玛下面为活佛细波（sprul sku zhig po）：喇嘛达琼与舍（gzad）的哥哥（gcen pa）王佟的后裔女子王姆·嘉噶色（wang mo rgya gar gsal）婚配后，生觉色玛嘉玛（jo sras ma rgya ma）。她出生后八个月母亲便去世，随后请母亲之妹王姆（wang mo）来抚养。后来，王姆成为达琼之妻并生下细波。当活佛（细波）住母胎之时，其母梦见一位白人手持金柄白伞冉冉为她撑起。在喇嘛香策巴（zhang vtshal pa）年满 27 岁，云丹松年满 24 岁的己巳年（阴土蛇，公元 1149 年）细波杜兹诞生。他刚生下来就被放在簸箕里入睡，这时只见他身上虹光照体。孩子两岁时，有天晚上其父亲（对其母）说："王姆爱妻，你起来吧！我做了一个奇梦，现在必须告诉你。"妻问道："是什么样的梦啊？"答道："我梦见自己前往远方，走过一山坡上时，路中有一大青磐石。我戴着棱拴鸽颈项式的金色盘帽，到那里我把帽子脱下后覆盖在磐石上对它说：'我必须要走，由你来作利益众生之事吧！'它答道：'在这浊世中，利益众生之事业我是了如指掌。'说着它一再点头。我呢，走过山旁翻过山阴下山时，心中感到有点厌烦，犹如毗卢遮那前往炎热地区（tsha ba yul）时，据说他感到'自己好像掉入丛林中的一枚针'。然后等我到了陇①地方时，只见阳光和煦，地域辽阔、泉水清纯、花团锦簇、绿草成茵，简直就是一处如意胜景。这时，我就醒了。现在我将快要死了！死后就可以到持明②之地。你的这孩子将来就能够成为利益众生之一位大德。"听后孩子之母亲说："如果你死了，那孩子怎么办？"便开始大哭起来。答道："别哭！若在三更半夜大哭，街坊邻居听到后会认为是咱夫妻在闹口角呢。"后来过了两个月之后，年仅 49 岁的喇嘛达琼果然逝世。后来，这位细波仁波且从小就由母亲抚养。逐渐长大之后，他把给自己做的衣服都给了可怜的乞丐，母亲怎么责骂也无济于事。【当时】有一个聪明的女占卜者，很多人到她那儿算卦，母亲前往算卦时，女算卦者说："你知道你的孩子将要成为什么样的人吗？他将获得世间的一切鬼神都一起来围绕他而转，并来供养他。"秋季来临，举行望果③念诵期间，母亲说："笨蛋，今天大家在望

---

① 陇（klungs）：西藏山南地区雅莫陇的陇字。作川原解的 klung 字亦有用后加字 s 者。见《藏汉大辞典》，第 46 页。
② 持明（rig pa vdzin pa）：修持密乘、证得成就者。明谓密乘本尊大乐智慧，深入修持此智慧者，称为持明。见《藏汉大辞典》，第 2683 页。
③ 望果（vong skor）：望果（节）在藏历七月，具体日期每年及各地区不固定，是对庄稼已成熟，预庆丰收，欢乐歌舞。《藏汉对照拉萨口语词典》，民族出版社 1983 年版，第 873 页。

果念诵并作放垛玛①和施水，你也应该作放垛玛和施水。"细波答曰："我也在作望果念诵，可是没有施水，只好到田野母②跟前去，要雅桑③地区的鬼神们、梁纳窝波（myang nag vol po）的鬼神们、章波邬鲁（sprang po vu lu）的黑明王，今天清晨不要到任何人的田野里，说王姆老婆婆有农果之福分，因此将农果缘分带到她那里来吧！而田野母正在处理琐碎事务呢。"母亲听后生气，【作望果仪式时】呼唤扬场。按田野播种四分最好收成可得四十分，而当年的收成是否会好还很难决定。可是最后竟然收成五十倍。母亲后悔以前之行为，糠秕扬场后又得三克。为此，母亲想："这孩子是否为转世而来的活佛！"于是，母亲把他送往舅父丹巴色扎巴（dam pa se sbrag pa）座前学习，三年便与舅父同在，在这期间他听受了大圆满绒宗所传法门，特别是精通全部配合法，并很好地听受了阐明秘密旨意。当他16岁时，舅父丹巴（dam pa）逝世。临终时说道："这些是非常重要的，应当精通祈愿和净治等极深之教授，若仅是使你获得这一点教语，上师将临死之时，也只是噙着眼泪思念一下而已。"16岁④那年，他就到吉喀拉康巴云丹松（skyi mkgar lha khang pa yon tan gzungs）大师座前并顶礼后，他说："我的舅父色扎巴临终时说：'我有四弟子，他们为岗巴尼赤（gangs pa nyi khri）、达巴拉窝（stag pa lha bo）、色巴坚参（ser pa rgyal mtshan）、达如峨（da ru vod）四人。你应该前往他们那里，四弟子中岗巴尼赤与我相同无别，因此，你应当到岗巴尼赤的座前去。'但是，我对喇嘛拉康（bla ma lha khang）⑤生起信念，所以要到他的座前去。"于是，便到喇嘛拉康座前听法。

在舅父丹巴刚刚逝世，他去喇嘛拉康处之后，母亲王姆就从（云丹松）大师座前求得灌顶，其接受加持后头上五佛冠⑥将不会消失。当丹巴大师逝世后她心中的悲痛还未完全消失之时，从尼泊尔南方来了一位瑜伽女（rnam vbyor ma）修士名美朵（me tog），是修行有成就之女士，而且

---

① 垛玛（gtor ma）：也叫食子。由糌粑捏成用以供神施鬼的食品丸子。见《藏汉大辞典》，第1051页。
② 田野母（vongs mo），农田女神。
③ 雅桑（gwav bzang）：西藏自治区山南地区乃东县地名。13世纪，八思巴建立的十三万户之一。元置牙里不藏思八万户府，明代因之。见《藏汉大辞典》，第2617页。
④ 以上两处"16岁"罗译（第135页）都译成了"六十岁"。
⑤ 此处郭译（第91页）为"基喀寺上师"。
⑥ 五佛冠（cod pan）：报身佛像额间代表五部佛的五瓣头饰。见《藏汉大辞典》，第736页。

是具足福泽。母亲与一女友——让塔堪布（rang vthag mkhan po）①之爱妾结伴去看望这位女修士。女修士座前聚集了许多人，正排成队在供献礼物而求加持。阿妈心想："我在喇嘛钦波吉喀哇（bla ma chen po skyi mkhar ba）那样的大师座前求得灌顶，头上戴过五佛冠，就不在此女修士座前求加持了。"但是，当她看见在场众人都在请求加持时，心中又有了同样的强烈愿望。于是，就同让塔堪布（rang thag mkhan po）之爱妾去女修士的座前请求加持。瑜伽女修士说道："阿妈，你在喇嘛吉喀哇那样的大师座前获得过灌顶，头上戴过五佛冠，还要在我座前加持吗？"阿妈听后感到害羞而便生起信念，于是再三请求才同意给她加持。然后，又让塔堪布爱妾请求加持。女修士凝视着她说道："你的丈夫让塔堪布周游前后藏四茹②，受人脸色、四处奔波且脸肉给人，腿肉给狗③，辛辛苦苦得来的青稞，你却私自积存起来。你罪孽深重啊！真是没救了！"【听到这话】堪布的爱妾舌头都伸出来了，阿妈问她："你是这样做的？"她答道："真是这样做的。"于是她们请求瑜伽女为她消除罪孽。瑜伽女修士道："我猜想你藏有四十克青稞，将青稞供献给一位德贤具足之上师，以此建法轮会，以后你对丈夫要言听计从。你如这样做了，罪孽即可消除；否则你将不会快乐的。"

后来她又对阿妈说："你的兄长丹巴色扎巴逝世，但你不要如此悲伤。他已经住胎印度某王妃之腹中，转世后将来会成为一大法王，能做利益众生之无量事业。"阿妈听后惊讶不已，心里明白这是一位具足神通者。于是，又问道："我有一子，将来能成什么样的人？我们母子会不会反常而死呢？"她将双手放在阿妈的头顶赞颂道："你这个儿子啊，在此浊世中，将会成为众生之王，睁眼盯着天空，解衣拖着大地④，您的人生都会在快乐中度过。此子将会聚集许多侍眷，而后侍眷相互斗争，为此他生起厌离，不到高龄将有前往远方逃避的可能。"

后来，细波到吉喀拉康巴（skyil mkhar lha khang pa）座前居住了许多年，并听受了三种生圆次第（bskyed rdzogs gsum）教义，心中生起决断。不过，细波曾经说过："我是专修心识宗。"除此之外，他没有再修其

---

① 有不同写法，下文（第174页第3行）又为rang vthag mkhan mo。
② 前后藏四茹（dbus gtsang ru bzhi）：在松赞干布时期，卫（前藏）分为卫汝、约汝，藏（后藏）分为业汝、延拉松巴汝为五汝，但公元17世纪，改名为约汝、云汝、卫汝、岗汝。详见《东噶藏学大辞典》，第1537页。
③ 意思是"受尽屈辱，劳顿奔波，辛辛苦苦"的意思。
④ 意为顶天立地。

他，而且修行和讲说、听受一切唯以心识宗（sems phyogs）而作。那么，我们来说说这位细波大师是如何听受心识宗的情况吧：

关于密续类：听受了心识十经等心识宗的二十四种大密续部。关于根本心识部：听受了十八根本中阁（skor）宗、绒（rong）宗、康（khams）宗等不同的十四种解脱之规，就是说有十四种切合之解脱。关于大圆满绒宗之诸大修规，听受了《瑜伽明智日论》（rnal vbyor rig pavi nyi ma）、《禅定眼明灯》（bsam gtan mig gi sgron ma）、《禅定心中日》（bsam gtan snying gi nyi ma）、《块肉和尖钉》（gdar sha gzer bu）、《由问答启发》（zhus lan khungs kyis gdab pa）、《金刚萨埵问答》（rdo rje sems dpavi zhus len）等诸大修轨。关于耳传①教授法类：听受了阁宗、绒宗、康宗三者的诸教授。此外，他还听受了其他丈色②法类之耳传诸法；并格仓（ske tshang）、宗昌（rdzong vphrang）耳传法、隆（klung）等不可思议诸法而作了闻思之增益抉择。总的来看，细波大师年满13岁时求学，16岁以后有三年时间居住在丹巴舅父那里。此后，前往拉康，当拉杰努曼师（lha rje snubs sman）在梁堆建立法轮会时，他任副座说法师。因此，他年满16岁就开始讲说经教，他讲说《阁宗大纲》（skor lugs stong thun）后，被认定为是善巧者。拉杰努曼说："你这个前藏之贵公子，是我鹏飞般的马驹！"据说就给他青稞十一克作为薪俸。于是，在他讲经说法生涯之始，他就声名远播，但是直到30岁前，他都一直在勤奋求学。他依止喇嘛拉康座前达14年，其间所有假期他都在舅父的法座色扎（se sbrag）处安住，有时也作点修习和讲说。如此完成学业之后，他父亲有一名叫班甘喇垛（ban rgan bla vdos）的弟子从舍（gzad）地方来迎请他去讲经说法，他就去了舍地，并作了就职典礼，掌管邬格（vug skad）等寺庙，以及后藏的色扎及却顶③（chos sdings）等众多寺院，福泽也随之宏大起来。他说："这也是由丹巴色扎巴的贡玛瑜伽母（sgom ma rnam vbyor ma）、释迦年（shavkya gnyan）、峡噶峨（shavka vod）、阿达峨丹（a stag vod ldan）四人根据上师说我脱离不了色扎，为此我愿在此山谷隐秘处作一休憩之所，于是修建了却顶寺。"那个时候，有一位喇嘛香策巴（bla ma zhang vtshal pa）的弟子，名叫藏贡珠暑波（gtsang sgom sgrub hrul po），前往底

---

① 藏文（第176页第5行）为 snyan brgyud，意思是历代上师辗转附耳亲传的诀窍。

② 丈色（bram ze；梵：Brahma），义译净行，梵文音译婆罗门，别译梵志。参阅《藏汉大辞典》，第1903页。

③ 却顶（chos sdings）：如（chos sding）和（chos sdings）相同，那么在西藏自治区林周县境内。见《常见藏语人名地名词典》，第251页。

斯（ti se）之上部，途中来到细波师座前谈起香喇嘛（bla ma zhang）的许多故事，最后细波也生起敬仰而迎请香喇嘛建立法会。他说："虽说我未向此师请法缘，但他确实是令我心得加持之上师。"因此，他对香师敬仰而作盛大供养承事。当时香喇嘛【对细波】说："你的寺院不具足水木，尽管如此，将会有众人聚集，有利于众生，因此，就叫却顶吧！"寺院的名称就是这样由香师起的。那时，人们都说："我们在拉康听受教法，在（香）策巴前供养承事。"于是，喇嘛拉康巴（bla ma lha khang pa）寄来二十克青稞、肉、酥油以及各种物品，并说："你们应该迎请了更加贤良之上师建立法会，我也应该有所接济，不过我只能送这点物品来。"因此，众人之口就封住了，细波师说："我本人也对旧师生起新的敬仰！"就这样，细波师之福泽更为广大，且心境如虚空般宽广，悲心如日月般朗照，美誉名声遍布四面八方。他聚集了无数应化众生，作无量的承事上师和利益众生之事业。他还用三喜①承事上师，使师高兴，尊重上师如同经教中而作，哪怕刹那间也不违背。细波师说："我到上师座前时，没有一次不请以顶足之礼求请加持。"他还以金汁书写的广、中、略等版本的十七种经函和财物作不可思议之承事供养。他的心意是如所见而通达；同时生起了解脱之通达；现起大圆满自现平等（rdzogs chen rang snang ris med）之密意；一切土、石、山、岩都能够通行而无阻碍；非人等前来围绕其身边悉心看护。有关他具足神通之故事也很多，如在舍普（gzad phu）之答隆寺（da lung dgon pa）居住时，他就入住于磐石中；以及森波山（srin po ri）之岩壁他能畅行无阻等故事很多。这位大士（skyes bu chen po；梵：mahapurusa）在此北方一带绵延雪山中，走遍了一切地方，对九生②转大法轮，并引往解脱之道。后来，他培养出了许多不可思议能成事业之善知识。他的声名如日月般普照。此外，他对佛教宏传事业做了大量贡献：布施无量资财建立、修缮佛像、佛经及佛塔等；对来自印度（rgya gar）的诸善巧译师和班智达等作承事供养等；亲近依止一切教主和住持显密经藏之诸大师；舍弃世间事务而作精修佛法；作一切贫穷困苦有情之施主；而且召集印度、中原（rgya nag）、尼泊尔等地不同语言之人士，成为此诸人士随求满愿之生处，就好像如意摩尼大宝王（yid bzhin gyi nor bu rin po che dbang gi rgyal po）一样的大德。

---

① 藏文（第178页第4行）mnyes pa gsum，指财、物、服侍。
② 九生（skye dgu）：众生，一切有情。从欲界死往生三界（三生）；从色界死往生三界（三生）；从无色界死往生三界（三生）。三界有情，往生九处，总为九生。见《佛学词典》，第55页。

此外，对于一切三世如来生起如金刚三摩地之圣地，也是七火一水都无法毁坏之圣地，即菩提道场金刚座圣地，进行三次供养；对于代表导师之拉萨两尊释迦牟尼像，曾作了四次承事供养；直接或间接对众生作了无量之利益事业。在北方一带，他确实使此传承成为公认之大德。当拉萨石堤第四次工程完工后，最后作饯行茶酒饮会时，侍从们酗酒斗殴，为此大师不快地说："你们厌烦我，而我也厌烦你们，我就到某地去，你们就看不到、听不到我了！"后来，丁未年（阴土羊，公元1199年）①，他年满51岁时逝世，是在桑普（gsang phu）的嘉惹格洛寺（rgya ra gad logs）圆寂的。此后，遗体被迎请到舍地②的邬格寺中安奉四个月。然后，再迎请到汤迦③，当时大地震动，灵前水杯中生长出如彩虹般的莲花枝，长达三日为众目所睹。净治遗体的当天傍晚，日月同辉。遗体火化时，发现有无量之声、光、彩虹、佛像、咒字、塔像、舍利等。王公、官吏④和各弟子想到细波大德之寺址，因此，而修建舍地的汤嘉寺（gzad thang skyavi gtsug lag khang）；并在大德曾经说法或驻锡过的大小寺院中，都建造了许多佛像、经典、灵塔等。

细波大师门徒众多，得意弟子如下：达顿觉耶（rta ston jo yes）、玛哈伦波（ma hav lhun po）、克巴觉满（mkhas pa jo man）、卫巴觉索（dbus pa jo bsod）⑤、桑顿霍扎（bzang ston hor grags）、略顿喇嘛（gnyos ston bla ma）等六人名声最大。其中获得大师教授语义和智慧精华而成为得意首要弟子的则为达顿觉耶。此师之祖父名为达本旺扎（rta bon dbang grags），佛法和功德二者⑥均敬仰，子、财、权三者均具有，乃任玉茹（gwu ru）上部之领主。他有八子二女，八子中最小者为达顿觉蚌（rta ston jo vbum），达顿觉蚌之子为觉耶（jo yes）。

达顿觉蚌少年时期曾在舍地（gzad）的仲布龙巴（grum bu lung pa）之喇嘛达·绛曲生贝（bla ma mdav byang chub sems dpav）座前听受博朵

---

① 即南宋宁宗庆元五年；金章宗承安四年；西辽末主耶律直鲁古天禧二十二年；西夏桓宗天庆六年。
② 此处藏文（第180页第3行）原文为bzad，估计是印刷错误，疑应与上文之gzad是同一地点，故统一译为"舍地"。
③ 汤迦（thang skya）：乡名。在西藏墨竹工卡县。见《常见藏语人名地名词典》，第300页。
④ 藏文（第180页第9行）为dbon-po，似乎有误。
⑤ 罗译（第141页）藏文转写为dbus-pa jo-bsad。
⑥ "佛法和功德二者"（chos dang yon tan gnyis）郭译（第95页）和罗译（第141页）分别译为"佛教和苯教两者"和"both the Doctrine and the Bon"。

瓦（po to ba）之噶当派诸法类。后来居住在自己的故乡。虽然他拥有管民和庄园，但他对这些均心生厌离，继而率领仆从四人一起来到拉杰·伦尼策巴（lha rje glan nya tshal pa）之弟子略·曲沃日巴（gnyo chu bo ri pa）座前，主仆五人共同进入法门，听受旧密之许多法类；特别是听受了大圆满阁宗所有经论教授等，成为善巧之人士。他们又在喇嘛帕莫竹巴①座前，听受了所有道果②和大手印（phyag na chen po；梵：Mahāmudrā）教授；又在乌汝③上部之喇嘛察顿（bla ma vtshar ston）座前，听受了所有大手印岗宗（sgang）所传垛哈三法类（do ha skor gsum）；又在桑日卓热（zangs ri vbro ras）座前听受了热琼巴④之各门法类；又在朗顿贡波（nang ston mgon po）座前听受了《摧坏金刚法门》（rnam vjoms）和《金刚橛法类》（phur pa）；又在玛顿绛（dmar ston vjam）座前听受了《胜乐》⑤法类，并求得一百零八《胜乐》之灌顶。他虽然依止了如此众多的上师，但以略·曲沃日巴⑥和帕莫竹巴为根本上师。当他对自己所闻诸法满意之后，就居住在曲窝山上精修，周围广聚门生弟子，广作利他之事业。他有二子：达顿觉耶和卫巴觉索。

---

① 喇嘛帕木竹巴（bla ma phag mo gru pa）：帕木竹巴（1110～1170）。他的全名为帕木竹巴·多吉杰波。系藏传佛教帕竹噶举派创始人，生于朵康南部智隆乃秀地方。1159 年于帕姆珠（pha mo gru）地方建著名的丹萨梯寺，后形成帕竹噶举派。见《佛学词典》，第 499 页。

② 道果（lam vbras）：萨迦派深法宝训道果。初，印度大成就者比瓦巴，依《喜金刚怛特罗经》，以道果金刚偈句，但特罗释文要略及道果教言授予纳波巴和种比巴，从此辗转传入西藏，卓弥译师得之，授予萨迦·衮噶宁波。尤以比瓦巴为送法门，亲至萨迦，秘密直传道果于衮噶宁波，衮宁以后，次第传于索南孜摩，索南孜摩授予萨班和八思巴等，成为萨迦派一派不共法门。道果教法的根本文献为 lam vbras bu dang bcas pavi rtsa ba rdo rjevi tshig rkang，参阅《丹珠尔》，rGyud，No. 2284。关于道果教法，也可参阅《藏汉大辞典》，第 2767 页；《佛学词典》，第 795 页。

③ 乌汝（dbu ru）：历史地名。卫藏四汝之一。辖地约今拉萨市辖区。见《常见藏语人名地名词典》，第 315 页。又见《藏汉大辞典》，第 1942 页，指以拉萨为中心，东至桑日县境，南至马拉山脉，西至尼木，北至朗马一带地区的古名。

④ 热穹巴（ras chung pa）：即热穹巴多杰扎巴（1083～1161）。简称热穹巴。生于后藏共塘地方，11 岁起即从噶举派米拉日巴学法，后两次赴印度，从低普巴和玛几珠杰等学完无身空行母法，复返藏传给米拉日巴。离师云游藏区南北各地时，居住涅、洛若最久，曾广收门徒传授教法，并讲述道情多种及米拉日巴生平事迹。参阅《藏汉大辞典》，第 2670 页。

⑤ 藏文（第 181 页第 5 行）为 bde mchog，即，Sri Cakrasam vara tantraraja，参阅《甘珠尔》rGyud，No. 413。

⑥ 此处藏文（第 181 页倒数第 4 行）为 chu bo ri ba，显然与上文（同页第 7 行）chu bo ri pa 是同一人。

当达顿觉耶年满12岁，（卫巴）觉索才7岁时，父亲（达顿）觉蚌年满51岁于午（马）年正月十三日逝世。卫巴觉索就前往细波大师座前学法，师心中喜悦而圆满传授他心识宗所有密经教授。细波对他说："由于见你对教法极为认真，因此我愿把你送往我的上师座前，到那边后应该广大听法。"于是，送他到拉康钦波（lha khang chen po）那里，听受了所有经教、幻化、心识宗三门（mdo sgyu vphrul sems gsum）教授。人们普遍认为，细波和拉康巴的得意卓越弟子是卫巴觉索，但他年仅31岁就逝世了。

达顿觉耶年满12岁时到喇嘛玛顿绛座前，求传《胜乐》和《金刚手甘露滴》（phyag na rdo rje bdud rtsi thigs pa）法门，并在松忍（gzungs ring）处闭关念修两年时间。又求得《胜乐》连父尊一百零八尊之灌顶①，还求得后得（phyis thob pa）共116法。又前往喀惹顿宁（kha rag ston snying）座前听受了两年《幻化》法类；又在喇嘛查（bla ma rtsags）和色杜砻巴（se dur lung pa）两师座前，求得大圆满阁宗所传经教要诀等。（达顿觉耶）年满16岁时，讲说《金刚萨埵广大虚空法门》（rdo rje sems dpav nam mkhav che），16岁以后到昂雪（ngams shod）下部，在父亲的弟子杰尊哈（rje btsun hags）座前听受了岗宗（sgang）所传大手印法门；又在喇嘛桑日嘉热（bla ma zang ri rgya ras）座前，听受了诺·若热琼巴（lo ro ras chung pa）之诸法门，麦宗所传的《欢喜金刚》（dgyes rdor）、《妙吉祥具足秘密》②、路耶巴（lvu yi pa）所传胜乐、《海生金刚修法》③、仙（zham）宗所传《道果》、《息结派三法》（zhi byed lugs gsum）等。特别是请传了岗（skam）宗为主的《护法扎桑》（chos skyong trag sang）等法。此外，喇嘛桑日哇（bla ma zings ri ba）的一切智慧，他都如瓶倾注地全部听受过。又在喇嘛砻恰东（bla ma rlung phyag dum）座前听受了大手印弄（rlung）宗经教根本法类；以及《教授大纲法类》（stong thun gdams ngag）、《亥母加持法类》（phag mo byin rlabs）共三法类，即普遍传说之所有"垛哈"三法类等。又听受《垛玛大密续》（gtor rgyud chen

---

① 此句罗译（第143页）为："Together with his father he obtained on 101 occasions the initiation into the Samvara system"。据上文可知，12岁时，其父去世，因此，达顿觉耶是不可能跟父亲一道去求得108尊之灌顶的。此外，101应为108。

② 藏文（第183页首行）为 vjam dpal gsang ldan，参阅《丹珠尔》，rGyud, No. 2593, 2594。

③ 藏文（第183页第2行）为 mtsho skyes rdo rjevi sgrub thabs，又名 sgrub thabs mtsho skyes 梵文：Sīhevajrasādhana。参阅《丹珠尔》，rGyud, No. 1218。

po）和以《骑虎怙主明王》（mgon po stag zhon）为首的不可思议之护法法类。又在大成就师麦杰仓巴（grub thob mal bye tshang pa）座前求得《尕根尼》（ka ki ni）之法类。就这样，他在昂雪下部听受教法，整整居住了7年多时间。

（达顿觉耶）年满24岁时西上，当时（卫巴）觉索19岁正由后藏东下，兄弟二人途中相遇作了赞颂功德仪式①。麻烦琐事完毕后，觉耶也就前往后藏，在朗顿觉羌（nang ston jo vkhyams）座前听受《金刚橛法类》并在曲沃日精修。后来，到细波大师座前，最初他没有想在细波座前求法之心，他心想："对教法而言，我本人是善巧者，教授要诀我也是广博者。细波他只不过是有点美誉名声，他是我兄弟的亲教师，因此，只想去见一面而已。"于是，怀着见见面之心情而来，与居住在邬格寺中的细波杜兹大师相见。可一见面，他就身不由己地生起敬仰，前往内屋时，他仍到大师座前，由于生起了敬仰而请求大师多加持摄受。大师问道："生起信解了吗？"答道："生起了极大信解。"师说："那算我们有遗业，从现在开始你就住下来吧，轮回之相无常，因此，以后大家将有怎么样的遭遇是无法知道啊！"觉耶又对【细波】师说："这次我原本没打算住下来，故而就没有任何顺缘。"师说："到我这里来的，没有一人携带口粮糌粑而来的，不能单独对你另约顺缘啊。"此后，他在师座前住下，所听受的教法中，关于密续类的，有《心识母子三法》（kun byad rgyal po ma bu sum bskor）②、《释续十经》（bshad rgyud mdo bcu）、《探寻轮回续四部释续》③、《根本释庄严教法秘诀》（rtsa ba vgrel pa rgyan chos man ngag）、又听受了《十八根本之讲规甚深论》（rtsa ba bcod brgyad kyi bshad srol la zab pa gzhung）、《发隐》——《结合教授修法而讲说》（gab pa mngon du phyungs te man ngag sgom sdebs su bshad pa）及其《修法解释心中日六论》（sgom vgrel snying gi nyi ma drug），还有《心中心明智日六论》（snying rig pavi nyi ma drug）、《耳传卓哇纳波法类》（snyan rgyud sbros ba nag povi chos skor）等，以及《广大修轨》（sgom yig chen mo）、《明智日》（rig nyi）、《眼灯》（mig sgron）、《块肉》（gdar sha）、《尖钉》（gzer bu）等法。

---

① 此处藏文（第183页第7行）为：che-vdon。郭译（第97页第2行）"登位仪式"。罗译（第144页）"age ceremony"。
② 参阅《甘珠尔》，rnying rgyud, No. 828。
③ 即vkhor ba rtsad gcod kyi rgyud la bshad rgyud bzhi，参阅《宁玛派全集》（rnying mavi rgyud vbum），第7卷Ja函；《宁玛派全集目录》（rnying mavi dkar chag），fol. 230b。

耳传教授法类（gdams pa snyan brgyud）方面：他极其认真地钻研和修习阁宗、绒宗、康宗三者的教授和传统教导，还有解释性注记。拜见细波大师之后，在其座前如得饮无垢教语甘露，领受了大师思想，不但获得加持，同时还证悟解脱。他这样说过："虽然我自己拥有法身（chos sku），却不自知。从无始颠倒之情乃不可思议。因为遗下业力之觉悟和通过所积功德，我有机会遇上一位具相上师，修习一些甚深密教。拜读甚多而闻其甚少故，心中虚构疑难细波座前了断。无比珍宝大师心中之精髓，四传（brgyud pa bzhi）及九深教授（gdams ngag zab dgu）都赐予我。"①总之，此位大士从一开始宿智②所积种性和智慧，远胜超他人；从少年时期亲近依靠许多善巧根本上师而具足丰富的智慧之宝；所有密经教义都能显现于心中，并获得上辈诸师之加持，现起法性曼荼罗而从中获得证悟；对世间之增损不感到畏惧而作出无虚伪之行为；他在任何时间都没有离开过对根本上师之敬仰，并继承上师之事业；无悲无疲地对寺院进行承事供养；因他具足大慈悲心，故从未生起过只为自己太平而有安乐之心，而是以静猛之事业作调伏成为利益众生之事业；无论作何事业，其行为都能稳如大山一样岿然不动，真可谓悟得法性之王（rtogs ldan gyi rgyal po）。

【概而言之，】达顿觉耶生于癸未年（阴水羊，公元1163年）③。他25岁时拜见细波大师，他37岁时细波大师逝世。这十一年间他都亲近师座，一天也没有离开过。他依止上师有七年，有三喜之门令上师生喜。他与师无二心之分而混为一心。【愿随上师所想之事而成办三次念诵之教语。】④ 总之，对于一切上师承事服役他没有不办的；尤其是为了细波上师，他将自己所有庄园出卖以后，以此资金施舍来建立四次法轮会。他前后【向细波大师】总共献出良马74匹。他又将【大师传授的】一切教授语录都编著成书，对后来诸学者可谓恩惠不浅。就这样，他把求法中虚文繁节都断除干净【完成学法】后，心想："我应该到某一丛林深谷之中，不见人影，不闻人声的地方去。即便我在那里得不到成就，但是我身后不会留下任何到过那里和死在那里的痕迹。"想到这里他便开始整理各书并

---

① 郭译（第97~98页）有些不同，可参阅。
② 宿智（sngon sbyangs）：认为也称故技，早先熟悉的技能或知识。佛书译为宿习。见《藏汉大辞典》，第718页。
③ 即南宋孝宗隆兴元年，金世宗大定三年，西夏仁宗天盛十五年。
④ 【】藏文（第186页第6~7行）为：bla ma ci mnyis byed pa ci bsam grub par gyur cig gsung ba lan gsum thob/。罗译（第146页倒数第5~3行）为：…and on three occasions, the teacher blessed him, saying: "O you who did what the teacher liked! May all your thoughts be fulfilled." 供比较参考。

撰写注释,【其中有】细波大师在世时未传授的;有后来本·僧格嘉(dpon seng ge rgyal)和亲教师活佛嘉(sprul sku rgyal)二人未敢说破的;以及在寺院也出现一连串事情而没有机会认真思考的事情。想到这些事他说:"这正如人到老时,劣子说出有如此之父亲啊!"① 其实,他对上师尽量承事服役,而使得罪障清净;于是,三摩地(ting nge vdzin)修力也增长起来。他说:"想转移到丛林山谷中去居住,还不如在此使自己的力量增长。"② 后来,他在博冻寺(bo dong)的喇嘛扎噶姆哇(bla ma brag dkar mo ba)座前听受了《大宝明灯密续》(rin po che gsal ba sgron mavi rgyud)和《圣道建立密续》(vphags lam bkod pavi rgyud)二经教【以及细微之教授】③。他请求传教之上师算下来就有16位,在其中13位上师座前他是认真努力求学的。他们中根本上师有6位,其中对他德恩胜大的有3位,无与伦比之恩师则为细波大师。【除细波大师外,】他渐次依止的大师如下:自己的父亲(达顿觉蚌)、玛顿绛、喀惹巴(kha rag pa)师徒俩、色杜耷巴、喇嘛查、杰尊哈、桑日嘉热、耷(恰东)师徒俩、峡却巴(zhar chos pa)、洛巴朵贝(lho pa lto vber)、麦杰仓哇、朗顿觉恰、细波杜兹、玛嘉绛尊(rma bya byang brtson)、扎噶姆哇。④

他依止细波大师心中生起功德的情况如下:他在建造汤嘉(thang skya)之大悲观世音时,在松喀(zung mkhar)熔铜工作的十八个月中生起证悟。在洛哇(glog ba)⑤ 路上讲说《耳传集要》(snyan brgyud spungs pa)时,霹雷的同时获得加持,显见法性曼荼罗中生起了殊胜之证悟。亲教师活佛之乘骑被波扎哲波(pho brag btsad po)牵走时,他在垛特铺(rdo thos phu)的囊色岩洞(snang gsal brag)中修护法,亲见了护法(mgon po)。在堆龙之东昆德丹(stong khun bde ldan)上部化缘时,于29日供节之夜,梦见细波大师前来并给他说教授要诀,以此他的忧苦自行解除。从那以后,在他的心中刹那的苦楚也没有产生过。现在为了承办寺院中的各种事务和细波大师之事业,他前往各个地方广作利益众生之事业。在拉萨的两尊释迦⑥像前,他先后承侍供养共六年之久。(达顿觉耶)年

---

① 此句郭译(第98页)为:"这好比人到老时,劣子对老父亲作出这样的不孝啊!"
② 上述数句内容罗译(第147页)不同处甚多,不知是否藏文版本原因。本书所据藏文可参阅第186页。
③ 关于上述二经,可参阅《宁玛派文献目录》(rnying rgyud dkar chag),fol. 230b 和 229b。【】号里的内容郭译(第99页)阙。
④ 这里算起来实际上有18人。
⑤ 罗译(第148页)藏文转写为 glag-pa。
⑥ 两尊释迦(dzo shavka(shavkya)rnam gnyis):大昭寺和小昭寺内的两尊释迦牟尼像。

满68岁时的庚寅年（阳铁虎，公元1230年）①，于7月19日逝世,【火葬后】发现了很多舍利。大成就邬坚巴（grub chen u rgyan pa）就诞生于这个庚寅（铁虎）年。从帕莫竹巴尊者逝世算起，到此庚寅年，已过61年了。

桑杰温顿的弟子名达顿思吉，是一位善巧学者，著有《秘密藏续大疏》（gsang bavi snying povi ti ka），本人撰有一书谈及此段因缘，跟其撰述之传承史事一样。但在此以前，普遍认为他善巧《幻化》和《心识宗》，应该是这两者之传承。② 在雍敦巴的著述（khog dbub）③ 里，显然卓普巴之诸弟子名单与上述内容有所不同：卓普巴之弟子藏巴季顿（gtsang pa byi ston）和岗俊巴·尼顿却吉僧格（sgong drings pa nye ston chos kyi seng ge）两师教授的是藏纳峨坝（gtsang nag vod vbar）；在藏纳峨坝座前，是麦顿贡波听受教法；在麦顿贡波座前，又是喇嘛索（bla ma sros）听受教法；喇嘛索座前，是巴西峡噶峨（pa shiv shavka vod）和达纳堆度（sta nag bdud vdul）二人听受教法。称之为巴西（pa shiv,ཤི）之原因是：扎·多杰才旦（brag rdo rje tshe brten）掘出了莲花生大师密藏之长寿泉水（tshe chu）后，元世祖忽必烈派来宣旨钦差传来诏书，称其等同皇帝之师（gong mavi bla ma），故称为巴西。又，达纳堆度座前，由达·释迦培（mdav shavkya vphel）听受教法；达·释迦培座前，则是索尔·强巴僧格（zur byams pa seng ge）听受教法。此师少年时代就极智慧聪颖，并善巧《幻化》法类，在年满27岁时逝世。此师座前，又有雍敦巴及绛央·桑珠多杰（vjam dbyangs bsam vgrub rdo rje④）两人听受教法。

雍敦巴世系为伦（glan）族种，诞生地为冲堆巴（tshong vdus pa）⑤。从少年时代起，他不但聪明，且智慧非凡。他精通密法《秘密藏续》和

---

① 即南宋理宗绍定三年。
② 此句罗译（第148~149页）为："Prior to him, the teachers of the Lineage were said to have been learned in the Maya (sgyu vphrul) and the 'Mental' Class (sems phyogs).【He was famous as a scholar, learned in all treatises belonging to the Maya (sgyu vphrul) system and the 'Mental' Class (sems phyogs).】They belonged to the Lineage of these two systems." 其中【】号中的内容在所据藏文版中找不到相应文字。
③ 郭译成"内部"（第99页），可能将此藏文词释读成了khog pa。
④ 此处本书所据藏文版（第189页第11行）把"rdo rje"误印为"rdo rdze"。
⑤ 此处郭译（第100页第8行）为"冲堆"，似乎漏掉了藏文"pa"。

显教《阿毗达摩杂集论》①。素尔·强巴僧格去项巴·峡噶蚌（shangs pa shavka vbum）座前听受《阎摩法类》（gshin rjevi skor）时，雍敦巴作为仆役一同前去。他与师一起精习，由此极其善巧《幻轮练修法》（vkhrul vkhor las sbyor）等，并具有极大神力。雍敦巴在少年时期就被皇帝召到汉地，他常在皇帝面前表演羌姆（vchams）舞蹈。当时，给皇帝种稻之众村民遭遇大旱，民众请求皇帝派求雨师，皇帝就派他前往。他祈祷【三】宝②而获得降雨，皇帝因此大喜而赐其无数财物。于是他带着大量财富返回藏地，但没有把财富送给自己的相识友好和朋辈弟兄，而是为母亲培福，在上师和僧众前供施各种资具。他在许多上师座前听受经教，是法主壤迥多杰（chos rje rang byung rdo rje）和布顿仁波且（bu ston rin po che）之再传弟子，精通《时轮》（dus vkhor）法类。他对大圆满等诸教授，也经过努力修持等。他前往门巴卓（mon pa gro），生起修证功夫，以吟唱道歌始其开示云："无等胜者雍敦我……"等。特别是他在烹波日窝且③及惹冻扎（ra dum brag）等处住过多年，讲说经教以作广大利益他人之事。他还精通缘起法术，如用雕（鹫）之羽毛把河水分为好几段也使水不倾出；手持烧红之铁器也不烫手；用六块石板拼合并涂抹后便变成了一大石墙。他把密宗佛（sngags kyi sangs rgyas）和显宗佛（mtshan nyid kyi sangs rgyas）区分开来，雅德班钦（g'yag sde phan chen）看后生起敬仰，因此，他们师徒十五人来到烹波日窝且并依止于雍敦巴座前。雍敦巴的下半生在措巴却龙巴（tshogs pa chos lung pa）座前受比丘戒，更名为多杰蚌或称多杰贝（rdo rje dpal）。此大德诞生于甲申年（阳木猴，公元1284年）④，在年满82岁时的乙巳年（阴木蛇，公元1365年）⑤逝世。

---

① 《阿毗达摩杂集论》（mngon pa kun las btus sam chos mngon pa kun las bstus pa）：《集论》。汉译为对法，藏译为 mngon pa，故此书别称《对法论》，印度安慧著，益西德藏译，玄奘汉译。一说为印度无著论师所著，印度佛学家燃灯智与西藏译师戒胜共同由梵译藏。见《佛学词典》，第191页。

② 宝（dkon mchog）：珍宝的意思。佛教称佛、法、僧为三宝。一般写作 dkon mchog，而 dkon cog 为古写。见《佛学词典》，第23页。三宝（dkon mchog gsum）：佛陀是佛宝，佛所说的法是法宝，佛出家弟子的团体——僧迦是僧宝。佛教认为佛、法、僧能令人止恶行善，离苦得乐，极为尊贵，故称为三宝。详见《佛学词典》，第24页。

③ 烹波日窝且（phung po ri bo che）：又称朋波山。西藏四大名山之一，位于后藏。见《藏汉大辞典》，第1716页。

④ 1284年元世祖至元二十一年。这里，松巴堪布（sum pa mkhan po）历史年表（载 JASB., No. II/1889/, p. 56ff）载为土鼠年，即公元1288年。

⑤ 即元顺帝至正二十五年。

绛央·桑珠多杰：于乙未年（阴木羊，公元 1295 年）① 生于达纳勒色（rta nag gnas gsar）的一个宁玛派家族，该家族出现过许多【宁玛派】大学者。他在索尔·强巴僧格座前，广泛听受了许多经教，特别精通《幻化》法类。在伦尼策巴·索南贡波（glan nya tshal ba bsod nams mgon po）座前听受了《幻化》诸灌顶。从少年时期起，他就被放在了漾温巴（yang dben pa）极富智慧、善巧有成之人士——素尔·释迦穹奈（zur shavkya vbyung gnas）和邬巴隆巴的喇嘛僧格哇（bla ma seng ge ba）身边，并从他们那儿得到了良好的教育。因此，他对后来素尔宗传承恩惠很深！② 在杰玛僧格（bye ma seng ge）座前，他一心修持《大圆满精义》（rdzogs pa chen po snying thig），由此成就大圆团点子身，具有前往许多佛刹等极高修证力。他于 82 岁时的丙辰（阳火龙，公元 1367）③ 年逝世，临终时对弟子说："我将要前往极乐世界④，你将来也要活到 82 岁并到极乐世界来！"人们普遍认为，【这位弟子】他叫项巴衮铿巴（shangs pa kun mkhyen pa），美誉名声传遍四面八方，由于从幼年时期起就获上师灌顶多次，善作加持而成为大善巧师。

我们的上师至尊桑杰仁钦坚参贝桑波（rje btsun sangs rgyas rin chen rgyal mtshan dpal bzang po）乃普遍传诵之大德：他在父亲 56 岁时的庚寅年（阳铁虎，公元 1350 年）⑤ 生于达纳勒色地方。从帕莫竹巴诞生算起，到此庚寅（阳铁虎）年止，已有 241 年了。同年，喀觉巴（mkhav spyod pa，意为空行师）和堪钦仁波且嘉桑波（mkhan chen rin po che rgyal bzangs po）⑥ 也诞生了。人们常常对仁钦坚参的父亲说："你这个孩子啊没有什么助益，您又何必如此呵护呢？"父亲预言说他的儿子将来一定会利益众生。年满 6 岁时，他已经将《秘密藏续》领悟于心。他来到仁波且峡噶穹哇（rin po che shavka vbyung ba）座前时，仁波且【对他至为亲善并】说："此为我上师之子啊！"说着喜极而竟忘乎所以。直到 8 岁，仁波且仍常念于怀。一切小仪轨仍由其父善为教导。年满 14 岁时，他就成

---

① 即元成宗元贞元年。
② 此句郭译（第 101 页）为："又有温巴的树·释迦郡勒是一位极具智慧善巧有成，普遍传称的大德和邬巴隆巴的杰玛生格二师将他从年幼就置于身边，很好地教育，以此对后来树宗传承恩惠不浅！"供参考。
③ 即元顺帝至正二十七年。
④ 极乐世界（bde ba can）：无量光佛刹土，阿弥陀佛国，无量寿佛清净土。言其国土一切具足圆满，有乐而无苦。见《佛学词典》，第 398 页。
⑤ 元顺帝至正十年。
⑥ 郭译（第 101 页）为"大堪布嘉桑巴"。

为给他人灌顶之师了。他从父亲那里学得《幻化法类》诸法，了然于胸之后，他向父亲请求道："现在，我想出家了，我也应该学习一些显教经论，也想学习一些新密经论。"父亲答道："如此甚好，但是我只有你一个儿子，等你娶妻生子之后，你才可以出家为僧。"为此，他年满24岁时娶妻，后者生了六子二女；另外有一妾，又生有一子。他曾说："为了抚育子女，我已经虚度了很多年光阴。"年满56岁时，他在却柯岗（chos khor sgang）座前受比丘戒，同时严持纯洁之出家身而安住。由于他非常严谨，精通《幻化》，大约40岁时就著有《秘密藏续大疏》（gsang ba snying povi rgyud la ti ka che ba）、《道相庄严广释》（lam rnam par bkod pa yang rnam bshad chen po），现出八业中的《忿怒修持广论》（khro bo la mngon par rtogs pa rgyas pa），对于住地也作了一次极广的仪轨。他在父亲及其得意弟子吐巴多杰（thub pa rdo rje）等师座前，闻听教授而精心修炼。在年满70岁时的己亥年（阴土猪，公元1419年），他传授了《幻化和威灌顶》（sgyu vphrul zhi khrovi dbang）、《幻化长寿灌顶》（sgyu vphrul gyi tshe dbang）、《纳惹冬珠灌顶》（na rag dong sprugs kyi dbang）、《长寿主灌顶》（tshe bdag gi dbang）、《真实火一尊灌顶》（yang dag me gcig gi dbang）、《纳窝哇传规马头金刚随许法》（rta mgrin rna bo bavi lugs kyi rjes gnang）、【《达嘉玛传规随许法》（zla rgyal mavi lugs kyi rjes gnang）、《普巴传规威猛灌顶随许法》（phur pa sa lugs kyi drag povi rjes gnang）】①、《心部十八种智巧灌顶》（sems sde bco brgyad kyi rig pavi rtsal dbang）等明力灌顶。【他还讲说过】自己注释的《秘密藏续释等解说》（gsang ba snying povi rgyud vgrel pa dang bcas pavi rnam bshad）、自己编撰的《道相庄严大疏》（lam rnam par bkod pavi ti ka）。另外，他还讲说《幻化》内部论典如明灯论等四十种略论，《集经密意论》（mdo dgongs pa vdus pa）及其《根本续集》（rtsa bavi rgyud kun vdus）②，努·桑杰益西（仁波且）所著的《经释黑暗铠》（mdovi vgrel pa mun pavi go cha），《幻化八十颂》③、《二上师》④、《真实根本教》（yang dag rtsa bavi lung）。他还传授了《精义戏论》

---

① 【】里内容，在罗译（第152页）里相应处为"as well as the initiation into the Vajrakila system according to the Sa skya method"。
② 参阅《宁玛派全集》（rnying mavi rgyud vbum），第十卷 tha 函；《宁玛派全集目录》（rnying mavi dkar chag），fol. 231b。
③ 藏文（第194页首行）题为 sgyu vphrul brgyad cu pa，《宁玛派全集目录》（rnying rgyud dkar chag），fol. 232b 列出的是 sgyu vphrul brgryad pa。
④ 藏文（同上）题为 bla ma gnyis，参阅《宁玛派全集目录》（rnying rgyud dkar chag），fol. 232b。

(snying thig gi spros bcas)等四灌顶,并依麦陇多杰(me long rdo rje)之导释作教导;《大圆满阿若秘诀》(rdzogs pa chen po a rovi man ngag)也作了导释。绛央·桑珠多杰在绛生嘉哇益西(byang sems rgyal ba ye shes)座前又听受了《大悲观世音直观教导》(thugs rje chen povi dmar khrid)。此法门由法王自己听后作导释本,后又传授于我(著者)。借助此导释本,使我对普遍传称之旧密特别获得敬信,不受谤法罪障之影响而清静纯净。在72岁时的辛丑年(阴铁牛,公元1421年)①,【桑杰仁钦坚参贝桑波】前往前藏。壬寅年(阳水虎,公元1422年),他在桑岭(bsam gling),旺·扎巴坚参(dbang grags pa rgyal mtshan)前来亲近依止,他为后者讲说传经,有如《密集经灌顶》(vdul pa mdovi dbang)等许多灌顶,以及《秘密藏续》等的佛教经典。他于(辰)龙年(vbrug lo,公元1424年)返回后藏,在年满82岁时的辛亥年(阴铁猪,公元1431年)② 逝世。从此辛亥(阴铁猪)年算起,到此丙申年(阳火猴,公元1476年),已经46年了。若从索尔穹哇诞生算起,到此丙申年(阳火猴),已经过了463年。

此外,在杰曼达泽(rgyas sman stag rtse)地方有一族姓为涅(gnyal),有位名桑杰扎(sangs rgyas grags)的人。当初,在他修藏跋拉③后,他的一小块田被水冲走了。后来,他便出世④到布古垛(spu gu dor)。当地有一位患麻风病富人死后无人收尸,他生起无分别⑤心而收尸。当他把尸体裹完时,在死者床边发现了许多金子。于是,他返回并在扎其康玛(grwa phyi khang dmar)地方做了穹波措窝(phyung po khro bo)的弟子,并虔诚地做仆役安住下来修行,亲见九真实灯本尊(yang dag mar me dgu pa)之面。后来前往后藏,在卓普巴弟子嘉钦波(bya chen po)之侄子座前听受经教及幻化等法类。这时,有一富人供献给他青稞一百克,他就在那里精心钻研经教及幻化等法类。他又在卓普巴弟子梁纳朵窝(myang nag mdo bo)⑥及其弟子拉杰·达僧格(lha rje mdav seng ge)座前,再次听受经教和幻化法类,由此成为大善巧学者。涅巴细波(gnyal pa zhig

---

① 即明仁宗永乐十九年;藏历第七饶迥阴铁羊年。
② 即明宣宗宣德六年;藏历第七饶迥阴铁猪年。
③ 藏跋拉(ཛམ་བྷ་ལ):阎婆罗,雾神。旧译布禄金刚。佛教所说一财神名。见《佛学词典》,第688页。
④ 出世(bya bral):宗教徒所谓脱离一切世俗事务而言。见《佛学词典》,第577页。
⑤ 无分别(rtog med):无寻,无察。于能所相无分别。见《佛学词典》,第316页。
⑥ 罗译(第154页)藏文转写为 myang-nag mdo-po。

po）之弟子嘉清如哇（rgya vching ru ba）也来拜见他（桑杰扎），并在其座前听受过许多经教。他在故乡创建了垛陀特（rdo thog thel）寺，其弟子吉·却吉僧格（skyi chos kyi seng ge）是一位获得善巧成就之大士。他（却吉僧格）前往元帝驾前，元世祖忽必烈（gong ma se chen）作了非义之事，将他置于塔中并紧封塔门。满一年去看时，其身变成金刚橛身像居于塔中，为此大为惊诧！就赐予其师垛脱巴（rdo thogs pa）大量彩缎等珍贵物品。他还拥有许多诰命敕封之寺院庄园。吉·却吉僧格座前，有密号为弥觉多杰（mi bskyod rdo rje）的曼隆巴释迦峨（sman lung pa shavkya vod）前来亲近依止，精习经教幻化法类。曼隆巴是穹波克汝①地方梁顿钦波（myong ston chen po）之孙，梁麦巴（mnyam med pa）五子中的长子。后来曼隆巴又在伦·多杰峨波（glan rdo rje vod po）之子伦·克巴索嘉（glan mkhas pa bsod rgyal）座前也听受经教。曼隆巴著述颇丰，有如《秘密藏续内义》（gsang ba snying povi khog dbub）和《续义决定》（ti ka rgyud don rnam nges）等。曼师座前，有达波（dwags po）之桑杰贡拉哇（sangs rgyas gong la ba）听受其教。后来，由桑杰贡纳哇在达波培养出许多自己的弟子，比如喇嘛涅（bla ma gnyal）等。成为贡觉达波（gon gyo bdag po）的上师之后，他在康区广传佛法。曼隆巴座前，还有雅垄活佛（yar klung sprul sku）之子仁波且峡噶蚌（rin po che shavka vbum）前来精习《秘密藏续》之解说。在其（峡噶蚌）座前，有克珠却贝（mkhas grub chos dpal）父子两人前来并很好地听受了《秘密藏续释》。嘉·益西贡波（rgya ye shes mgon po）虽然身为吉·却吉僧格②的住持，也到吉师（skyi）和伦·索嘉（glan dsod rgyal）两师座前学习《幻化》法类，成为善巧精通者。③ 嘉·益西贡波师座前，有侄子贝丹多杰坚参（dpal ldan rdo rje rgyal mtshan）④听受教法，先是前来桑普（gsang phu）向他精心学

---

① 藏文（第195页末行）为 vphyung po khe ru，郭译（第103页）为"穹波迫汝"，估计是把其中的 khe 释读为 phe 了。
② 此处藏文（第196页第11行）为 spyi chos kyi seng ge。疑与上文 skyi chos kyi seng ge 系同一人。
③ 此句罗译（第155页）为："Rgya ye shes mbon po, who occupied the chair of Chos kyi seng ge of sKyi, and gLan bsod rgyal mastered the mdo and Maya (sgyu vphrul) systems." 有些不同，谨供参考。
④ 此句郭译（第103页末行）把侄子 dbon po 音译成了"温波"；还把"当初"（dang po）和"桑普"（gsang phu）连接起来释读为一个地名，译为"昂窝色普"。

习《定量论》①；后来又在其座前很好地学习了经典及幻化法类等，并著有《秘密藏续释论》之注疏及其灌顶仪轨②等法类。益西贡波师又对其侄子喇嘛楚嘉哇（bla ma tshul rgyal ba）讲授（此法）。楚嘉哇座前，日冻哇·喜饶坚参（ri gdong ba shes rab rgyal mtshan）前来听受此法后，又前往达波向古饶巴（ku rab pa）师徒及诸修密士讲说。因此，直到今天，《幻化和威法类》（sgu vphrul zhi khrovi lag len）诸作法仍未间断，还在传授。喜饶坚参之弟子为香喀哇·索南桑波（zhang mkhar ba bsod nams bzang po），其弟子为大师扎西嘉措哇③。在此师座前，由我④求得多杰坚参巴所著的《秘密藏续大疏》之经教颂授。另外，从此大圣人座前我求得多杰坚参巴所著的《黑神金刚橛》（phur pa lha nag mavi dbang）之灌顶及其教诵；我还求得一些略法，比如《经释金刚义显明论》（bshad vbum rdo rje don gsal）等。

这一传承次第为：莲花生大师双尊（slob dpon pad ma yab yum）；哲阿扎惹萨勒（vbre a tsa ra sa le）；朗老·绛曲多杰⑤；纳朗·楚臣喜饶（sna nam tshul khrims shes rab）；穹波恰钦（khyung po vchal chen）；恰琼（vchal chung）；洛卓坚参（blo gros rgyal mtshan）；羊卓巴·古汝样达（ya vbrog pa gu rub yang dag），此师根据《金刚橛涅槃续》（phur pa mya ngan las vdas pavi rgyud）⑥而撰写出《一切黑尊释》（lha thams cad nag po）；古汝样达的弟子为管顿绛坝（vgos ston byang vbar）；（次传）穹波僧格（khyung po seng ge）；穹波措窝；涅顿扎（gnyal ston grags）；吉·却吉僧格；嘉·益西贡波；贝丹多杰坚参；喇嘛楚嘉哇；日冻哇·喜饶坚参；索南桑波大师（slob dpon bsod nams bzang po）；扎西嘉措哇大师。

哲巴岗巴（rtse pa sgang pa）和聂朵（snye mdo）之金刚橛是：古汝（gu rub）座前由若·喜饶喇嘛（rog shes rab bla ma）前来听受，此师之弟子为若·扎西扎巴（rog bkra shis grags pa），次第传出诸弟子等。

此外，经以及幻化续释之传承是：由若·喜饶峨（rog shes rab vod）

---

① 《定量论》藏文：tshad ma rnam nges；梵文：Pramāna vinścaya．参阅《丹珠尔》Tshad ma，No. 4211。
② 此处郭译（第104页）漏译"仪轨"（cho ga）一词。
③ 扎西嘉措哇（bkra shis rgya mtsho ba）：即《青史》作者宣奴贝之上师。
④ 此为作者本人。
⑤ 藏文（第197页第9行）为 lang lab byang chub rdo rje，此人是惹译师（Rwa lo tsa ba）的死对头，被后者所杀。
⑥ 即 rdo rje phur bu chos thams cad mya ngan las vdas pavi rgyud，见《宁玛派全集目录》（rnying rgyud dkar chag），fol. 236a。

从许多上师座前听受了许多不同传法。最初是在若·敦赞波（rog ston btsan po）座前听受索宗（so）所传授之经、幻化及心识宗诸法，在喇哲玛贡巴（lhab dres ma gong pa）座前听受觉（skyo）宗所传经和幻化法，在喇基素尔却巴·漾须欧珠大师（lhab kyi zur chor ba slo dpon yam shud dngos grub）座前听受树宗所传经及幻化法类。再由他（若·饶峨）传授给卓普巴之弟子努顿（snubs ston）；努顿传授给喀惹宁波（kha ra snying po）；喀惹宁波传央修（yam shud）。继而，又由喀惹宁波传其子白玛坝（pad ma vbar）；白玛坝传喜饶峨（hses rab vod）；若·喜饶峨又在索·达玛僧格（so dar ma seng ge）座前听受经及幻化法类的许多注解，继而传给曲坝（chu bar）的伦·释迦桑波（glan shavkya bzang po）；释迦桑波传子伦·觉尊桑额（glan jo btsun sang nge）①；伦·觉尊桑额传索达玛宁波（so dar ma snying po）、索达玛宁波传索·达玛僧格等。

若·喜饶峨又在拉杰尼日哇（lha rje nya ri ba）之弟子梁纳垛窝（myang nag mdo bo）座前也听受了经教及幻化，并撰写《幻化基道果三类大纲》（sgyu vphrul gyi gzhi lam vbras bu gsum gyi stong thun）及《道相庄严疏》（lam rnam bkod kyi ti ka），并以此讲授给聂朵·唐杰铿巴（snye mdo thams cad mkhyen pa）。他还撰写了《秘密藏续释疏》和《道相庄严详注》。这些著述对若宗传承系统大宏灌顶和密续的讲说助益良多。

丹坝（dan bag）地方也依次第传承幻化之讲说，且隆钦饶江（klong chen rab vbyams）也在那儿听受了讲说，之后他说：《秘密藏续释》（gsang snying vgrel pa）依考（par khab）宗善的讲说并不尽如人意，绒松（rong zom）的说法好一些。于是他撰写了《共通内义》（spyivi khog dbub）和《密续解说》（rgyud kyi rnam bshad），是据《教授精义》（man ngag snying thig）而撰的。

在后藏上部芒嘎（mang dkar）地方也次第出有普遍传称闻名遐迩的芒顿素尔巴（mang ston zur pa）及其追随者，他们做了很好的讲说和修行之事业，而且在勒堆（las stod）南部和北部传播甚广。比如北方的色顿·穹奈峨（se ston vbyung gnas vod）、纳·僧格峨（snar seng ge vod）②，绛达（byang ta）地方的姆巴云丹旺秋（mo pa yon tan dbang phyug）等人之讲说有些能见到。有关三素尔（zur rnam pa gsum）之弟子数目，如前

---

① 罗译（第157页）藏文转写为 glan jo-btsun seng-ge。
② 罗译（第157页）藏文转写为 snar-ston seng-ge-vod；郭译（第105页）为"纳敦生格峨"。估计本书所据藏文版印刷时漏掉了 ston。

也依次列出，由这些弟子发展出不计其数之弟子，这一点可以推理而知；而关于各门徒之名字、种性等一时是难以得知的。

在康区各地中也有普遍传称的便称为"康宗"（khams lugs pa），这在绒松的注释中已予说明，而且在长江岸边附近有噶陀寺①，是帕莫竹巴母亲的弟弟噶丹巴德协（sga dam pa bde gshegs）所修建，从该寺藏顿（gtsang ston）所传出之经教和幻化法类灌顶修法等，至今②还没有间断传承而继续存在。据上文所述可知，尼玛·峨季僧格大师（slob dpon nyi mavi vod kyi seng ge）所著的《秘密藏续广释》（gsang ba snying povi rgya cher vgrel pa），也是从康区传来的。【因此，我们不得不承认，由毗卢遮那传出的说法也是从康区而来。以上是幻化为主的阶段。】③

二 律经之传承阶段

【所谓之律经分为：】④《根本续普明经》（rtsa bavi rgyud kun vdus rig pavi mdo）⑤ 和《释续集经密意》（bshad pavi rgyud mdo dgongs pa sdus pa）两种。在布顿仁波且⑥所著的《续部总安立》（rgyud sde spyivi rnam bzhag）中援引《经部教授传授王》（mdo sde gdams ngag vbogs pavi rgyal po）说："上师所传三乘⑦也，实为世尊决定论；因果随圆运成中，未觅他佛唯一乘，何故不言乘教法？"如是启问后【佛】则答曰："对因胜解者，吾转法之轮，金刚乘捷径，未来即可现。"上引文也正如《集经密意》（mdo dgongs pa vdus pavi mdo）本文所言："上师所传有三乘，所有次第安立

---

① 噶陀寺（ka thog dgon）：在今四川省甘孜藏族自治州白玉县境内的一寺名。为12世纪宁玛派高僧噶当巴·德协西巴创建。该寺院以传授宁玛派"南藏"lho gter为主，附带传授"三素尔"zur gsum以来传承的宁玛派经典。这个寺受历代德格土司的支持，寺主以转世的形式世代相承。该寺是康区历史悠久，较有声望的一个寺院。见《佛学词典》，第1页。
② 作者宣奴贝著此书之时期。
③ 【】处郭译（第106页）编，藏文（第200页第1—3行）为：bshad pa ltar na/bee ro tsa na las brgyud pavi bshad pa yang khams kyi yul byung bar shes par byavo/de dag ni sgyu vphrul gtso bor gyur pavi skabs so/。
④ 上文两处【】里的内容郭译（第105页）漏。藏文请参阅第200页第1～5行。
⑤ 《宁玛派全集目录》（rnying rgyud dkar chag），fol. 231b。
⑥ 此处藏文原文为bu rin po che。
⑦ 三乘（theg pa gsum），即声闻（nyan thos kyi theg pa）、独觉（rang rgyal gyi theg pa）和菩萨（byang sems kyi theg pa）三乘。参见《藏汉大辞典》，第1183页。

之，平等而没有取舍，在他处未觅菩提，方便无法量之故，未说唯一乘显也。"①【如此显见】②，此经之传承次第是：由卓普巴大师向人和非人二者所传；金刚手菩萨③在玛拉雅④山顶聚集正士五种姓（dam pavi rigs can lnga）等持明师大多得到了传授。【尔后】众生以耳相传：因金刚手转法轮加持力之故，最初具缘王乍拉（skal ldan rgyal po dza la）得七梦之兆；因金刚手传授灌顶加持力之故，使王洞悟经函和经典之义⑤。金刚手之传徒为因扎菩提（Indrabhodi）、纳伽菩提（Nāgabodhi）、伽雅菩提（Gayabodhi）等。六种龙族不许纳伽菩提传法长达九年时间。⑥ 由因扎菩提传授给狗王（khyivi rgyal po）古古惹乍（ku ku rav dza；梵：Kukkurarāja），狗王传给若朗德哇（ro langs bde ba；梵：Vetālaksema），【后者传授给多杰协巴（rdo rje bzhad pa）】⑦，多杰协巴传给萨霍尔王（za hor gyi rgyal po）扎哈底（pra ha sti），扎哈底传给释迦僧格（shavkya seng ge）、释迦扎坝（shavkya pra bha）和释迦木扎（shavkya mu dra）三人。释迦僧格再传给达纳惹克悉塔（Dha na ra kshi ta），后者传给思塔惹玛底（Sthiramati），思塔惹玛底传给德哇色哲（bde ba gsal mdzad；梵：Skukhaprasanna），德哇色哲又传给达玛菩提（Dharmabodhi）和哇苏达惹（Vasudhara）⑧。而另一传承则曰："达纳惹克悉塔由勃律（bru zha）的汝且赞杰（ru che btsan skyes）迎请到勃律国的卓穆⑨从事译经工作。因他信解不厚而没有译成便去了尼泊尔，而后对达玛菩提及哇苏达惹讲授之后，又在勃律国的卓穆译出了经教。后来，由汝·达玛菩提（Ru Dharmabho［dhi］）、哇苏达惹和勃律堪布向索窝努桑杰（zo bo snubs sangs rgyas）传授，后者传给觉窝·

---

① 此段引文的第一句藏文为 vdren pavi theg pa rnam gsum la，与上述引文比较时何其相似：vdren pavi theg pa gsum po dag。参阅本书所据藏文版第 200 页。
② 此句郭译（第 106 页）漏，藏文（第 200 页倒数第 2—1 行）为：zhes vbyung ba de yin par snang ste。
③ 金刚手菩萨（gsang bdag）：也称密主（rnam thos sras）。毗沙门的异名。见《藏汉大辞典》，第 3004 页。
④ 玛拉雅（ma la ya）：梵义译为香山。传说药都善见城西一山名。盛产岩精、寒水石、温泉等药物。见《藏汉大辞典》，第 2051 页。
⑤ 此句郭译（第 106 页）为："由秘密主转法轮的加持力使见最初具缘王乍纳弥达邓波；而由秘密主灌顶以加持力使见经函和经典之义。"
⑥ 此句郭译（第 106 页）为："纳嘎菩提由六种迎请龙族于九年中给了许多经释。"藏文（第 201 页）为：Nā ga bo dhi ni klu ba su rigs drug gis lo dgur shod du ma ster。
⑦ 此句郭译（第 106 页）漏。藏文请参阅第 201 页。
⑧ 又译伐苏答剌，意为财源天母。
⑨ 今吉尔吉特地方。

云丹嘉措（jo bo yon tan rgya mtsho），云丹嘉措传给儿子益西嘉措（ye shes rgya mtsho），益西嘉措传嘉·洛卓绛曲（rgya blo gros byang chub）和纳朗·楚臣绛曲（sna nam tshul khrim byang chub）。嘉【·洛卓绛曲】传陀噶南喀（tho gar nam mkhav），后者上半生先传给洛扎的纳朗聂云波（sna nam nyal yon po）等四人，中期再次给西索峡噶（zhu bsod shavka），最后传给拉杰邬巴隆巴。此外，纳朗·楚臣绛曲传授给格西玛尔琼洛扎巴（dge bshes mar chung lho brag pa）。当玛尔巴（玛尔琼）前往拉杰德协（lha rje bde gshegs）座前求恩之时，和在旧寺院的拉杰·项琼巴（lha rje shangs chung pa）和达玛索南（dar ma bsod nams）相遇。后来玛尔巴患病，拉杰·项琼巴尽力侍候其养病，于是玛尔巴心生欢喜而传授给项琼巴，后来我（作者）迎请拉杰·项琼巴如理请求便传授给我。"从此以后，律经传承一直通过幻化传承下来，至尊卓玛哇（rje btsun sgrol ma ba①）将律经和桑杰益西（sangs rgyas ye shes）所著的题为《黑暗铠甲》（mun pavi go cha）之经释传授给了我。以上为律经之传承阶段。

三　绒松·却吉桑波之史事

卓越之大德绒松·却吉桑波（rong zom chos kyi bzang po）②之史事如下：绒本·云丹仁钦③之子为绒本·仁钦楚臣（rong ban rin chen tshul khrims），其子为大德绒松·却吉桑波。此师非凡之功德，这里所撰乃据其弟子约·格年（居士）多杰旺秋（yol dge bsnyen rdo rje dbang phyug）的著述而来。【善知识绒松·却吉桑波是藏区著名的班智达之一，】④他诞生于藏区四茹（bod ru bzhi）中拉藏茹下部（ru lag gtsang smad）的纳隆绒（snar lungs rong）地方。此前不久，康区来了一位大师，名叫麦底连纳甘地（smra tidznya na kivrti；梵：Smrtijñanakīrti），是位知识渊博的班智达，纠正了一些旧译之密宗；翻译出如塔伽纳（tha

---

① 罗译（第160页）藏文转写为 sgrol-ma-pa。
② 即绒译师·法贤（rong lo tsav ba chos bzang）。宁玛派最著名的学者之一。曾译密教典籍多种，并著有密教论著及《语言门论》（smra sgo mtshon cha）之注释等书。广传《集论》（mdo）、《幻化》（sgyu）、《心品》（sems）三种讲修方法。也请参阅《藏汉大辞典》，第2728页。
③ 藏文原文（第202页）为 rong ba na yon tan rin chen，误。其中 rong ba na 一定是 rong ban 之印刷错误。
④ 此句郭译（第107页）漏，请参阅藏文版第203页第1~2行。

ga na）的《文殊名称经释》（mtshan brjod kyi vgrel ba）① 等密典释论，以及《妙吉祥具密》（vjam dpal gsang ldan）② 和《世间日月之诺毗嘎》（vjig rten snang byed zla bavi no bi ka）③ 等许多成就法；又著作了一些《声明论》之后逝世。据说，后来他在绒地方转世之身便成了大德却吉桑波。又有一种说法：有一位称为阿匝惹·伽拉仁姆（a tsa ra phra la ring mo）的班智达来到康区之后，翻译出了《密集广释》（gsang ba vdus pavi rgya cher vgrel ba chen po）等教典并作讲说，逝世后转世为格西绒松译师（dge bshes rong zom lo tsav ba）。此外还说：一位名叫觉窝杰④的具足神通功德的班智达，他和喇嘛钦波（bla ma chen po）相遇，觉窝（jo bo）说："此尊者乃印度轨范师纳波（acarya nag po）大师的转世。我在这里怎能跟他谈论佛法呢？"传说这位大德是如来之化身。大多数传称他是妙吉祥（vphags pa vjam dpal）化身。如此大德年满11岁时就听受法相教法，在13岁以后就圆满完成闻法事业，成为通达学者，普遍认为他对于一切知识了然无惑。他自己说过："我并非是寡闻者，对一切法没有听闻的；但我也并非广闻者，大部分法只要听受几遍就可以。"由于此大德具足深广和无垢之智慧，对于所有印度之显密善法和论闻佛典，过去从未阅读的，只要阅读一两遍便可以通晓了悟，而且对于其中所有句义都能长记心中，普遍传称他已获得一切不忘陀罗尼⑤。此外他还精通《扎纳伽》（tsa na ka）等世间诸论典、《量论（因明）》（tshad mavi bstan bcos）、《明论》（rig byed kyi bstan bcos）、成义颂词（don du vgyur bavi tshogs bcad）、《修词学》（snyan dngags）等许多学问。由于他心量极为广阔，具有贤善意旨，对信解正法之人士、学法众生，尤其对入金刚乘者、意乐密宗作业及修得成就（悉地）之具善众生广作利益之事。因此，他经常借助于颠扑不破的秘密教授帮助他们。他还具有神通支分并善观度化众生之时机和心量，为安置以善法改变其心之一般众生在今后两世间入于安乐之故，亲口讲说适合并对称之论典，以利益大众，常无厌疲之心。对以法不能改变其心之一般人士，

---

① 见《丹珠尔》rgyud, No. 2538：vjam dpal mtshan brjod kyi bshad vbum；此外，在德格版《丹珠尔》rgyud 里，No. 2538 附在了 Smrtijñānakīrti 下面。
② 参见《丹珠尔》rgyud, No. 2579：Ārya Mañjuśrī nāmasaṅgītisādhana。
③ 参见《丹珠尔》rgyud, No. 3584。
④ Jo bo rje，即阿底峡（Atisha）。
⑤ 不忘陀罗尼（mi brjed pavi gzungs）：不忘总持。能记忆所得知识永不忘失的本领或成就。见《藏汉大辞典》，第 2068 页。

他也没有吝啬及害意，而是以慈悲心安置于太平安乐中。他对戒律（sdom pa）和修持（thugs dam）视若珍宝，犹如对性命一般地守护，并将他人也安置在守护戒律和修持之中。他虽然对正教法有所撰著，但没有收入论典中，所阅读之经论也未尽作传授，但是对于诸论著无门户偏见和厌弃之念而生欢喜，可以引用自如。他所有的论著都不与教、理以及上师的现教相违背，而且没有语、义错误，因此，相传任何其他著名善知识学者都难辩驳之。据说当初他学习梵文及印度其他语言，以及声明（语法）时，能轻松通晓而不迷惑。他在年幼时就极其喜欢印度游方僧（a tsa ra）① 的坐姿② 及其语言。后来，他观察毗达（bi brta）卷帙时，毫不费力就能通晓其义，据说他甚至可以听懂动物的语言。为此，相传他所著的新密咒字，凡是由他所传诸学人，都感到其咒字似乎从未在传诵中得到，并无不得到加持。那时，藏区四茹的许多智者对这位译师大德都敬仰备至，但是有一位名为阁儒译师比丘却吉喜饶（go rub lo tsav ba dge slong chos kyi shes rab），是一位精通一切教派之智者，他批评道："出生于藏地者，妄自著作了许多教法作品。"后来，他亲自见到绒松大师所著的《入大乘法理》（theg pa chen povi tshul la vjug pa）论典后，便生起极大敬仰，并用许多财物作承事供养，以忏悔罪过，并请求摄受而获师许可，于是在亲近师座前听受了《妙吉祥密续》（vjam dpal gsang bavi rgyud）③ 等许多教法。此外，玛尔巴·却吉旺秋（mar pa chos kyi dbang phyug）等译师和许多著名智者都前来顶礼并听受教法。一切听法弟子极生信仰而顶敬为自己的上师大德。在密续（gsang rgyud）中，大格西玛（mar dge bshes chen po）说："假若我们现在有梵文版，此段就应该这样读；既然现在没有梵文版，是没有办法纠正的！"阁儒（go rub）听到过此话，后来等觉窝枳喀纳巴班智达（jo bo Kri shna ba pandita）④ 有了梵文版后，他就在其座前听受，并因此而得知绒巴钦波（rong pa chen po）所言没有任何差异而生起极大信解。枳喀纳巴（Kri shna ba འགྲེལ）⑤ 所得之梵文版献给绒巴钦波并在座前又听受了一遍。另外，此大德又依止了许多印度班智达，比如堪布曼殊西哇玛

---

① 即游学僧，行脚僧；亦指印度瑜伽咒师（rgya gar gyi sngags mkhan rnal vbyor pa）。
② 此词（vdug tshad）郭译（第108页）漏。
③ 参见《甘珠尔》，rnying rgyud, No. 838。
④ 藏文（第204页）写为：ཇོ་བོ་ཀྲི་བ་ཞེད་
⑤ 此处འགྲེལ，就是上文之འགྲེལ，一个是pa，一个是ba，藏文中这种混用频繁出现。

(mkhan po Mañjuśrīvarman)①、曼殊西连那（Mañjuśrījñāna)②、邬巴雅西弥扎（Upāyaśrīmitra)③、布达阿嘎惹坝扎（Buddhāk-arabhadra)④、德哇嘎惹真扎（Devākaracandra)⑤、巴惹麦峡惹（Parameśvara)⑥、阿姆嘎班蔗（Amgoghavajra)⑦ 等，并且成为他们的翻译师，翻译出《能怖金刚》（rdo rje vjigs byed)⑧、《阎罗王威猛续》（gshin rje dgra rgyud)⑨、《妙吉祥咒义》（vjam dpal sngags don)⑩、《胜乐根本续》（bde mchog rtsa rgyud)⑪ 等许多经典。其译文非常精湛，他再做新译，有极大益处。印度班智达都说："达摩班蔗（Dharmabhadra)⑫ 你应该著书立说来救度众生，你的其他才能就不必说了，仅就声明和因明之规而言，在印度只有你三分之一水平的人都著书立说，你为何不呢？"因此，这位大德虽然具有圆满功德，但是他远离自赞等垢染，而且对其他教派宗规和行为，除不能成为有义者外，对对方从不说轻蔑粗鲁之言语。另外，我还听人讲过很多故事，论耳闻目睹他来往于险峻岩石中和缠绕铁辐条等，但唯恐行文赘繁、浪费篇幅，故在此未予详述。约·格年（居士）多杰旺秋对上师大德之其他功德也是再三听取而撰写于此。

据另一记载：普遍认为此活佛大班智达【绒松·却吉桑波】，幼年时期在梁下部（myang smad）杰嘎顿·楚臣桑波（rje vgar ston tshul khrims bzang po）座前听受经教，其父绒本·仁钦楚臣给他送口粮到那里时，师兄弟们说："你的儿子不但油头滑脑，而且对我们讲话轻慢无礼，这次你最好把他领走算了！"其父将此事告诉格西嘎（dge bshes vgar）并问：

---

① 藏文（第206页倒数第3行）写为：བཀན་པོ་འཇུ་ཤྲཱི་ཝརྨ།

② 藏文（第206页倒数第2行）写为：འཇུ་ཤྲཱི་ཛྙཱན།

③ 藏文（同上）写为：ཨུ་པཱ་ཡ་ཤྲཱི་མི་ཏྲ།

④ 藏文（同上）写为：བུདྡྷཱ་ཀ་ར་བྷ་དྲ།

⑤ 藏文（第206页末行）写为：དེ་བྷཱ་ཀ་ར་ཙནྡྲ།

⑥ 藏文（同上）写为：པར་མེ་ཤྭ་ར།

⑦ 藏文（第206~207页）写为：ཨ་མོ་གྷ་བཛྲ།

⑧ 梵文为Śrī Vajramahābhairava nāma Tantra。参见《甘珠尔》，rgyud vbum, No. 468。

⑨ 梵文为Sarvatathāgata kāyavākcittakrsnayamāri nāma Tantra。参见《甘珠尔》，rgyud vbum, No. 467。

⑩ 参见《丹珠尔》，rgyud, No. 2533。

⑪ 梵文为Abhidhāna uttaratantra。参见《甘珠尔》，rgyud vbum, No. 369。

⑫ 藏文（第207页第5行）写为：དྷརྨ་བྷ་དྲ།

"既然他们这么说,您看我是否应该带走他呢?"大师说:"别这么说,这孩子将来一定会成为通晓所有教法之人士。"据说这孩子年满12岁时①,虽然与同伴们一起玩耍,但对老师所讲的一切都能通晓,对所有教法他只需听一遍就能够一句不错地了然于胸。年满13岁时,他前往智者垛顿·僧格坚参(mkhas pa mdo ston seng ge rgyal mtshan)座前听受经教。有一晚上,他梦见自己以《秘密藏续》为食物,佛等住(sang rgyas mnyam sbyor)②作为菜肴进餐。事后他向老师叙述了此梦,老师说:"很好!这是你将此法完全领会于心中之象征,为此,你就作一释论吧。"所以,13岁之后,他似乎已经圆满完成了听法之事【成为一名具足智者】。一般来说,人们是这么说的:楚顿济格(vtshur ston dbyig ge)为律经善巧学者;齐桑(khrigs bzangs)的益扎(ye grags)为仪轨善巧学者③;绒哇(rong ba)为声明和因明善巧学者;阿波让却扎(a pho rang chos grags)则能催伏一切敌对者【通晓一切学问】。

后来,为了圆满完成上师所言之密意,他(绒松·却吉桑波)依三种珍宝之学④而撰著了三种口诀。为使其【弟子们】心中生起增上戒学⑤,他撰写出《三昧耶经教广论》(dam tshig mdo rgyas);为使其【他人】心中生起增上定学⑥,他撰著有《四种释论及十五支》(tshul bzhi yan lag bco lnga pa)及《和合等住》(mnyam sbyor)⑦之释论;为使其【他人】⑧心中生起增上慧学⑨,他撰著有《大圆满见修口诀》(rdzogs pa chen povi lta sgom man ngag)、《净治恶趣》(ngan song sbyor

---

① 此句郭译(第109页)为"在我这里祇须住到十二岁"。
② 参见《甘珠尔》,rgyud vbum, No. 366。
③ 此句郭译(第110页)为"仪轨以址桑季扎为精通"。
④ 藏文(第208页倒数第2行)为 bslab pa rin po che gsum;三学(bslab pa gsum):即戒学、定学和慧学。见《藏汉大辞典》,第3056页。
⑤ 增上戒学(lhag pa tshul khrims kyi bslab pa;梵:śīlaśikṣā),指七种别解脱戒(so thar ris bdun gyi sdom khrims)和三种菩萨戒(byang chub sems dpavi tshul khrims gsum bcas)。参见《藏汉大辞典》,第3092~3093页。
⑥ 增上定学(lhag pa ting nge vdzin gyi bslab pa;梵:adhisamādhiśikṣā),大乘说为首楞严等三摩地,小乘说为修不净观、四静虑及无色定。参见《藏汉大辞典》,第3092页。
⑦ 《和合等住》梵文为:Śrī Sarvabuddhasamāyogadākinījā lasambara nāma utteratantra;《和合等住》的释论,请参阅《甘珠尔》,rgyud vbum, No. 366。
⑧ 上述三处【】里的内容根据罗译(第165页)所补。
⑨ 增上慧学(lhag pa shes rab kyi bslab pa;梵:adhiprajñāśikṣā),大乘说为通达法无我和人无我的智慧,小乘说为通达人无我的智慧。参见《藏汉大辞典》,第3093页。

rgyud）①、《大威德（作怖）》（vjigs byed）②、《言说门》（smra sgo）③ 等许多释论。那时，有肖（shab）地方的漾切喇嘛（yang khyed bla ma）、玛尔巴·朵巴（mar pa do ba④）、邬域巴·达桑丹（vu yug pa mdav bsam gtan）、垛（mdo）地方的穹波宏宁（khyung po hūmsnying）、色冲嘉措坝（se khrom rgya mtsho vbar）、仓顿郭恰（mtshas ston go cha）、邦嘎达穷（bang ka dar chung）、管·拉泽（vgos lhas btsas）⑤、嘉嘉楚（rgya rgyal tshul）等所有藏地四茹地区的善巧师都在争论不休，他们不耐烦地说："这个著作不像是在藏地出生之人所著"⑥，并进行批判。但只要看过他所著的一种论著或一封书函者，都是叹为稀有并给他作一些承侍服役，而且也听受一些教法。大家都认他为上师并顶礼。以上记载也是根据绒松之得意弟子雅·多杰真巴（gwag rdo rje vdzin pa）著作撰写的。

此贤者（绒松）之世系：最初是绒本·贝季仁波且（rong ban dpal gyi rin po che），生子绒本·仁钦楚臣；后者有子绒松·却吉桑波及贡钦却帕（sgom chen chos vphags）二人；却桑（chos bzang 却吉桑波）之子为思季坝（gzi brjid vbar）和蚌巴（vbum pa）二人；思季坝之子为顿达（ston dar）和顿嘉（ston skyabs）二人；顿达之子为顿僧（ston seng），顿僧之子为觉色惹伯（jo se ra pe），觉色惹伯之子为蚌贝（vbum dpal）；顿嘉之子为觉色俄色（jo sras vod zer），其子为蚌丹大师（slob dpon vbum bstan）；绒巴蚌伯（rong pa vbum vbar⑦）之子为却吉坚参（chos kyi rgyal mtshan）、觉哲（jo rtsegs）和觉桑（jo bzang）三人。却吉坚参之子如·阿难达班蔗（Ru Ānandavajra）⑧ 就是绒巴贡噶（rong pa kun

---

① 梵：Sarvadurgatipariśodhanatejorājasya Tathāgatasya Arhato Samyaksambuddhasya kalpa nāma，见《甘珠尔》，rgyud vbum, No. 483。

② 梵：Śrī Vajrabhairrava nāma Tantra，见《甘珠尔》，rgyud vbum, No. 468。

③ 参阅《布顿全集》（Bu ston gsung vbum），卷 26/La 函/，fol. 114；也请参阅《丹珠尔》，sgra mdo, No. 4295。

④ 与前文之 mar pa do pa 同。

⑤ 即上文之管库巴·拉泽（vgos khug pa Lhas btsas）或管巴库巴·拉泽（vgos pa khug pa lhas btsas）。

⑥ 此句郭译（第 110 页）为："他叹息说：'以西藏的人士来说，只著作这点论著是不适合的'。"罗译（第 165 页）为："他们都想跟他辩论，并认为出生在西藏的人不适合撰写论著。"（They intended to debate with him, holding the opinion that it was improper for persons born in Tibet to compose treatises.）

⑦ 疑为上述却吉桑波之次子蚌巴（vbum pa）。

⑧ 藏文（第 210 页第 3～4 行）写为：ཌུ་ཨ་ནནྡ་རྡོ་རྗེ།

dgav);【其子为达桑（dar bzang）和多杰丹（rdo rje brtan）；达桑之子为麦邦大师（slob dpon me dpung），其子为却吉协年（chos kyi bshes gnyen）和却协（chos bzhad）；绒巴觉夏（rong pa jo bzad）之子为觉扎（jo bkra），觉扎之子为色峨大师（slob dpon gser vod）；觉丹（jo brstan）之子为尼僧（nyi seng），尼僧之子为俄色蚌（vod zer vbum）和蚌阁（vbum rgod）；绒贡却帕（rong sgom chos vphags）之子为顿雍大师（slob dpon ston g'yung），其子为觉色拉棚（jo sras lhas spungs）；觉色拉棚之子为强却巴·钦波达玛丹大师（slob dpon byams chos pa chen po dar ma brtan），其子为萨丹多杰大师（slob dpon sra brtan rdo rje）】①。

　　这样一位绒松大师，生下来就具有任运成就②之大智慧，天性禀有善行，对此与之同时代的一切智者都无不赞赏。他精通内外明处③、梵文和其他多种语言，对于藏语术语的意义，以及词义之细微区别是比别人懂得多。他对经部、续部及论典之各分支，全都通晓不迷，甚至撰著了关于世间之生活、农业、养畜及如何制作乳品等方面的多部论典。他心中还掌握藏族许多鬼神之处所和行为，他之正见不但高超而且胜过一切理论。为此，在此期间，藏族中没有出现过与他可以相提并论之智者。此贤者拥有许多前辈教授之传承，聚集的历代上师之传承如是：从莲花生大师之诸教授，传给了纳朗·多杰堆郡、喀钦·贝季旺秋（mkhar chen dpal gyi dbang phyug）、栋阿扎惹·贝麦朵卓多杰宣奴（dom a tsa ra dpal me tog sgro rdo rje gzhon nu）④、象雄·云丹扎（zhang zhung yon tan grags）、绒本·云丹

---

① 【】内的内容与罗列赫英文版（第166页）和郭和卿汉译本（第110~111页）有出入。可能是所据藏文版不同之故。现谨将罗译内容汉译如下："……其子为麦邦大师（slob dpon me dpung）；后者之子为却吉西年（chos kyi bshes gnyen）和却协（chos bzhad）。绒巴觉夏（rong pa jo bzad）之子为觉扎（jo bkra），觉扎子为达桑（dar bzang）和多杰丹（rdo rje brtan）；达桑之子为色沃大师（slob dpon gser vod）。觉丹（jo brstan）之子为尼僧（nyi seng），尼僧之子为峨色蚌（vod zer vbum）和蚌阁（vbum rgod）。绒（rong）之子为却帕（chos vphags）。顿雍大师（slob dpon ston g'yung），其子为觉色拉棚（jo sras lhas spungs）；觉色拉棚之子为强却巴·钦波达玛丹大师（slobdpon byams chos pa chen po dar ma brtan），后者是弥勒佛法方面的大学者，其子为萨丹多杰大师（slob＝dpon sra brtan rdo rje）"，谨供读者参考。
② 任运成就（lhun grub）：天然成就。不费辛劳，自然成就。见《藏汉大辞典》，第3107页。
③ 内外明处（phyi dang nang gi rig pavi gnas）：佛教之外统称为外明，佛教即内明为指大五明和小五明，大五明：指工巧明（工艺学）、医方明（医学）、声明（声律学）、因明（正理学）、内明（佛学）；小五明：指修词学、词藻学、韵律学、戏剧和历算学。
④ 此处郭译（第111页）把此名分隔开，译成了两个名字："栋阿扎惹伯麦垛卓、多杰迅鲁"。

仁钦（rong ban yon tan rin chen），传至绒本·仁钦楚臣之间传授并听受。又由毗卢遮那传裕扎宁波（gwu sgra snying po），【后者传喇钦波贡巴色（bla chen po dgongs pa gsal），喇钦波贡巴色传雄杏拉坚（grum shing glag can），雄杏拉坚传努贝丹（snubs dpav brten），努贝丹传雅思本顿（ya zi bon ston），雅思本顿传绒松听受而传承心识部。此外，在丹隆汤仲玛（ldan glong thang sgron ma）地方，有一人士名叫阿若·益西穹奈（a ro ye shes vbyung gnas）成就者】①，此人具有印度七传和汉地和尚七传之教授，并给向觉若·桑噶卓库（cog ro zings dkar mdzod khur）和雅思本顿二人讲授。此二师又讲授给了绒松，这就是所谓的大圆满康宗（rdzogs chen khams lugs）。此法又由无垢友（bi ma；梵：Vimala）给梁·顶真桑波（myang ting vdzin bzang po）讲授；无垢友又给玛·仁钦却（rma rin chen mchog）和莲纳姑玛惹讲授要诀，此二师又讲授给库·绛曲峨（khu byang chub vod）和穹波祈峨（khyung po dbyig vod），尔后逐渐再传给绒松却桑（rong zom chos bzang），即绒松·却吉桑波，所以说此师拥有一切教授要诀。此贤者之生卒年，虽然无法得到详细考证，但是如前所述，据说阿底峡尊者来藏时曾与之相见②，由此可知他是与管译师（vgos lo）、管译师的上师纳波·荡琦多杰（nag po dam tshig rdo rje；梵：Krsna Samayavajra）来藏时，以及郭儒译师（go rub lo tsā ba）、玛尔巴·朵巴③、漾切喇嘛等大概是同一时代之人。此外，据说玛季峡玛的亲兄弟杰·昆布（rje vkhon phubs）年满13岁时也在其座前求得圆满学习。以上为绒松·却吉桑波的史事阶段。

四　心识宗阶段

此外，称为大圆满心识宗诸法是：由桑杰益西夏大师的上师至尊妙吉祥（rje btsun vjam dpal dbyangs）给年轻僧人（ban de chung ma can）讲授

---

① 【】里的内容郭译（第111页）漏。藏文请参阅第211页第9~11行。
② 此句郭译（第111页）为"……但如前文所说，阿底峡尊者来藏时，是未见着的……"，似有误。
③ 此处藏文（第212页第4~5行）为 mar pa do pa，即上文的"玛尔巴·朵哇（mar pa do ba）"。

言教①等，于是成为益西夏诸法类。② 班智达西悉底（pandita Śrī Simha）③在绛贝协年（vjam dpal bshes gnyen）座前听受此法类。毗卢遮那前来班智达西悉底座前听受此法，之后毗卢遮那又前往康区广为宏传之。总的来说，桑杰益西夏的言教法法类、心识宗、秘诀部诸法在经典文言术语方面极为相似。贝真（dpal vdzin）在反驳心识宗理论时说："密宗新译之密续释成就法要诀也就是这些？甚至大圆满之名称也是不存在啊！"他这么说只能说明自己见识不广。《文殊教语》④ 中说："大圆满智慧融为一体。"曼夏（sman zhabs）说："修如所有见之义。"⑤此外，益西夏著的《成就法普贤集》（sgrub thabs kun tu bzang mo）⑥ 中也有大圆满之说；曼夏所著《成就（悉地）出生密藏》（dngos grub vbyung gter）⑦ 中也明确解释过大圆满之名。还有，在《语教注释》（zhal lung gi vgrel pa）中也说《秘密藏续》中所说五种灌顶之作用，还说到在《大瑜伽续》（rnal vbyor chen povi rgyud）中也可找到与此相符合的说法。又，《语教》（zhal gyi lung）中说："三世间⑧明灯众称赞，诸法心要悉地之体，能除三有⑨毒泉之焰。晓妙吉祥师教说此。"又说；"心部十八部中初为石新现，导师成为世间灯众人赞颂，法之法心要为文殊童心体，如来成诸佛母诸佛唯一道，成为戒律等般若波罗蜜多道行海之根本。"由此可见，这些句子表述上也极为相符。其中，"成为戒律等般若波罗蜜多道行海之根本"（tsul khrims la sogs

---

① 言教（zhal lung），又为 zhal gyi lung，梵名 Mukhāgama。关于此教法，可参阅《丹珠尔》rgyud，No. 1854。

② 此处罗译（第167页）不同，摘录于此，谨供参考：Further, (the teachings) which were known by the name of the "Mental" Class (Sems sde) of the "Great Achievement" (rDzogs chen): Ban de Chung ma can (Darika), the teacher of the acarya Sangs rgyas yes shes zhabs (Buddha jnanapada), was a manifestation of Manjusri.

③ 藏文（第212页倒数第4行）写为：༄༅༎ཎྲེ་ཤྲི༑。

④ 《文殊教语》（vjam dpal zhal lung），梵名 Dvikra matattvabhāvanānāma Mukhāgama，可参阅《丹珠尔》，rgyud，No. 1853。

⑤ 疑与下文第七章中的曼巴夏（sman pa zhabs）为同一人。另，此处罗译（第168页）指出了曼夏此言之出处为其著述 Caturaṅgasādhanasamanta bhadrī nāma tīkā，参阅《丹珠尔》，rgyud，No. 1872。

⑥ 梵名为 Caturaṅgasādhana Samantabhadrī nāma，参阅《丹珠尔》，rgyud，No. 1856。

⑦ 梵名为 Śrī Guhyasamājasādhanasiddhisambhavanidhi nāma，参阅《丹珠尔》，rgyud，No. 1874。

⑧ 三世间（vjig rten gsum）：1. 三域，指地上天世间，地面人世间和地下龙（鲁）世间。2. 三世间为三有。即欲界、色界、无色界。3. 指地面、天上、地下三种世间。见《佛学词典》，第260页；《藏汉大辞典》，第897页。

⑨ 郭注【第135页】：三有：死有、中有和本有。也包括欲有、色有和无色有。

pha rol phyin lam spyod pa rgya mtshovi gzhir gyur pa）一句中也是可以排除否定和不乐意说大圆满诸方便行等之义。又《语教》中说："色等一切法，到遍智之性，如虚极清净，深明无二智。"进而又释其义为："离诸分别相，超出思说境，如空净普现，离思甚深性，色现大手印①，如幻彩虹中，净治自他心，故名真明显。"此说源自《解脱精滴》（grol bavi thig le）②。由此看来，心识宗诸人士并不是全无明显（gsal ba），而极现甚深（zab mo）部分；教授派（man ngag pa）诸人士有甚深部分，也极现明显；隆派（klong gi skor）诸法中是深、明两者平等均衡而说。对此宁玛派诸人士是桑杰桑哇大师（sangs rgyas gsang ba；梵：Buddhaguhya）及其弟子无垢友两位传承大部分法的。桑杰桑哇大师是益西夏的亲传弟子，并且是一位大善巧者。

据说毗卢遮那在康区前后共有三次讲授法类，首先，在嘉姆绒③的扎拉贡波寺（brag la mgon povi dgon pa）中给嘉姆（王妃）裕扎宁波（rgyal mo gwu sgra snying po）讲授；其次，在察哇绒④的达孜喀寺（stag rtse mkhar gyi dgon pa）中给桑顿益西喇嘛（gsang ston ye shes bla ma）讲授；后来，在东空绒（stong khung rong）的扎玛宗寺（brag dmar rdzong gi dgon pa）中给邦·桑杰贡波（spangs sangs rgyas mgon po）讲授。从前，他给国王讲授过佛法。后来，他又到前藏给比丘尼拉思喜饶卓玛⑤讲授。依此看来，总共传了五次。聂·连那（gnyags Jñāna）⑥ 跟毗卢遮那本人和在裕扎（gwu sgra）座前听受了此诸法类，又在无垢友座前听受了后译诸法。现在说说聂师生平：雅垄业族的达扎拉囊（stag sgra lha snang）和苏萨卓玛基（sru gzav sgron ma skyid）夫妇之子，他跟无垢友及裕扎宁波学

---

① 大手印（phyag rgya chen po），又译大印，旧密所说究竟果位或殊胜成就，极无变异之乐，与第一刹那所得印证此乐之一切种色，无亏无盈，体性如初，乃至虚空未尽，常住常静，斯之谓印。断、证、心德三大具备，斯之谓大，故名大印。参阅《藏汉大辞典》，第1732页；《佛学词典》，第525页。
② 梵名为 Muktitilaka nāma vyākhyāna，参阅《丹珠尔》，rgyud，No. 1870。
③ 嘉姆绒（rgyal mo rong）：也是指嘉姆（rgyal rong）、嘉姆察哇绒（rgyal mo tsha ba rong）。垛麦地区所有三大谷地中，旧时称大小金川十八家土司所在地区的总名。今属于四川省阿坝藏族自治州。见《藏汉大辞典》，第556页。
④ 察哇绒（tsha ba rong）：与嘉姆绒同义。见上注。
⑤ 本书所据藏文原文（第215页第6~7行）为：dge slong ma la zi shes rab sgron ma。郭译（第113页）为"比丘尼思·喜饶准麦"，少译一个 la。
⑥ 藏文（第215页第8行）写为：གཉགས་ཛྙཱན།

习后更有学识①，且成汇集四大法流者，也就是汇集一般释论法流及释疏大纲，汇集耳传教授法流要本及直观教导，汇集加持灌顶法流及灌顶方便认识，汇集传统作法事业修行法流及护法威猛咒。此大师传授给了索波·贝季益西、扎·贝季宁波（gra dpal gyi snying po）、拉隆·贝季多杰（lha lung dpal gyi rdo rje）、峨称·贝季宣奴（vo phran dpal gyi gzhon nu）、年·贝央（snyan dpal dbyangs）、楚纳·益西贝（vtshur nag ye shes dpal）、邬巴德色（u pa de gsal）、汤巴桑·伯季多杰（thang pa zings dpal gyi rdo rje）②、杰·帕巴喜饶（dgye vphags pa shes rab）、布苏古·却根绛曲（Bhu su ku mchog gi byang chub）等人。此后，此法又由索波大师依次传授给桑杰益西（sangs rgas ye shes）。此为一系。其中上述的邦·桑杰贡波和多杰桑巴哇（rdo rje zam pa ba）诸人提到的邦·弥旁贡波（spangs mi pham mgon po）好像是同一人。

另外，仔察峡噶多（rtsad tsha shavka rdor）描述了另外一种传承次第：由邦【·弥旁贡波】传授给了伯惹克西达（sba Raksita）③；伯惹克西达传授给雅思达玛喜饶（ya zi dar ma shes rab）和舍姆比丘尼邓尼玛（zer mo dge slong ma bde gnas ma）④；比丘尼给玛尔巴·喜饶峨讲授。玛尔巴·喜饶峨来到拉杰座前求恩时，在那里生了一场病，被项地方的朗萨敦巴·达玛索南（lang za ston pa dar ma bsod nams）治愈。于是，为了报答救命之恩，喜饶峨传授给达玛索南以《金刚明镜》（rdo rje me long）、《道相庄严》（lam rnam bkod）、《甚深灌顶教授》（zab mo dbang gi man ngag）、《经释授记金刚》（mdovi vgrel pa lung btsan rdo rje）⑤及所有心识宗法类所有文献。后来由达玛索南传授给卓普巴，后者传授给释迦多杰

---

① 此句藏文（第215页）为：bi ma la dang gwu sgra snying po la sogs pa las mkhyen pa che zhing。郭译（第113页）为："他较毗玛那和裕扎领波等人的智慧大"；罗译（第170页）：He became very learned after having studied with Vimala, gYu sgra snying po and others.
② 郭译（第113页）为：汤桑·伯季多杰。
③ 藏文（第216页）为：ཟ་རཀྵི་ཏ།
④ 藏文（第216页）为：des ya zi dar mar shes rab/ zer mo dge slong ma bde gnas ma la bshad/。罗译（第171页）为：The latter to Ya zi Dar ma shes rab. The latter to Zer mo dge slong ma mde gnas ma.（伯惹克西达传授给雅思达玛喜饶，后者传授给舍姆比丘尼邓尼玛。）其中，本书所据藏文"邓尼玛"为 bde gnas ma，罗译转写为 mde-gnas-ma，疑为版本不同所致。
⑤ 《金刚明镜》（rdo rje me long）、《道相庄严》（lam rnam bkod）和《经释授记金刚》（mdovi vgrel pa lung btsan rdo rje）都是宁玛派著作。

(shavkya rdo rje)。又有记载说：由无垢友以涂灰者①等的《幻化释论》（sgyu vphrul gyi bshad rgyud）等传授给了觉姆哲姆（jo mo sgre mo），她传授给玛尔巴·喜饶峨，玛尔巴·喜饶峨传授了郎顿（langs ston）。如果这样的话，所谓觉姆舍姆（jo mo zer mo）和【觉姆】哲姆为同一个人。为了消除对此诸法传承之愚昧无知而对【宁玛】佛法生起邪见之罪恶，我谨对该传承次第诸上师具足功德次序描述如下：我本人属于该传承，从桑达·达察霍尔波（gsang bdag mdav tsha hor po）起，教法依次在卓贡丹巴释迦嘉（vgro mgon dam pa shavkya rgyal）、克巴杰顿父子（mkhas pa lce ston yab sras）、喇嘛汤顿蚌麦（bla ma thang ston vbum me）、却杰·拉焦多杰（chos rje bla skyads rdo rje）、真坚克巴钦波（drin can mkhas pa chen po）、喀卓·贝季益西（mkhav vgro dpal gyi ye shes）、玛季真坚树姆（ma gcig drin can zur mo）、却杰·桑杰仁钦巴（chos rje sangs rgyas rin chen pa）之间进行传承。我仅听上述所传承的《智明受灌顶十八种》（rig pavi rtsal dbang bco brgyad）及《心王续》（kun byed rgyal pavi rgyud）诵传经教，没有听受过心识宗法类。尽管如此，我仍怀有极大敬信。以上为心识宗阶段史实。

五　金刚桥（rdo rje zam pa）阶段

大圆满法界部②法类中：《虚空等量的大密续的教义》（nam mkhav dang mnyam pavi rgyud chen povi don klung）③ 就主题而言，分九种空界部（klong）；就经文而言，分二万卷（bam po）。所谓二万卷，是指成就诸大德手中所有的著述而言，这些经论并没有系统完整的译本。《虚空等量之小密续之义》（nam mkhav dang mnyam pavi rgyud chung bavi don）也有九种空界部（klong dgu）：第一见空界（lta bavi klong）；第二行空界（spyod pavi klong）；第三曼荼罗空界（dkyil vkhor gyi klong）；第四灌顶空界

---

① 涂灰者（thal ba）：指古印度的一宗教派别名。见《佛学词典》，第 344 页。
② 法界部（klong sde）：宁玛派大圆满阿底瑜伽三部中之出世法界部。此法界部金刚法统，由论师室利上僧哈及藏族译师毗卢遮那传出。其见解主张：本智在法性普贤界中，所起一切事物形象，只是罗列其化景，一切束缚、解脱、所现、能现均不成立，是故不待辨别为有、为无、为是、为非，即是本来解脱，广大无垠。见《藏汉大辞典》，第 49 页。罗译（第 172 页）转写为 "klong-gi-sde"，所据藏文本不同之故。
③ 即 rdo rje sems dpav nam mkhavi mthav dang mnyam pavi rgyud chen po，参阅《宁玛派全集目录》（rnying rgyud dkar chag），fol. 229a。

(dbang gi klong)；第五三昧耶空界（dam tsi gi klong）；第六修行空界（sgrub pavi klong）；第七事业空界（phrin las kyi klong）；第八地道空界（sa lam gyi klong）；第九果空界（vbras buvi klong）。此诸空界是从第十一品至十九品①之间，各品逐一开示的。此外，《金刚桥教授法》（rdo rje zam pavi man ngag）是在《秘密智慧》（ye shes gsang ba）等续基础上而成，由毗卢遮那传授给了年满85岁的邦·弥旁贡波。此位老迈大德由于体力衰落，他就依靠修行绳和修行所依物等助缘，使身体要害处显起；为了使教授不被忘记持于心中，就依靠筹码②记持。他幼年时未得成就修法，到了年迈时又成为仇恨亲属及眷属之人③。但是，由于他按照大师的教语而修行便证得"无生"（skye ba med pa）之义。心中极喜而抱着大师的颈脖一夜间没有松手。据说因为修习，他的年龄超过了一百岁。此师的弟子恩兰·绛曲坚参（ngan lam byang chub rgyal mtshan）是乌汝恩兰惹松（dbu ru ngan lam ral gsum）地方人，后者是一位年满67岁的比丘。他来到嘉姆达孜喀（rgyal mo stag rtse mkhar），在邦·弥旁贡波师座前求得了教授后，邦师对他说："你不要返回家乡④，前往哇僧格扎（wa seng ge brag）继续修行吧。"于是，他就到哇僧格扎修行。他的弟子名叫萨昂仁钦吉（za ngam rin chen dbyig），是朵康上部人，后者来到恩兰（ngan lam）座前求得教授后也在哇僧格扎与上师近前安住下来。萨昂仁钦吉的弟子是雅垄却（yar klung vchos）地方的库吉·色尾却（khu vgyur gsal bavi mchog），是一位年满57岁的比丘，库吉来到萨昂（za ngam）座前求得教授后，在哇僧格扎安住而没有返回。恩兰·绛曲坚参后来活到172岁时圆寂，没有留下遗体。萨昂仁钦吉活到144岁时圆寂，也没留下遗体。库吉·色尾却活到117岁圆寂，也没留下遗体。以上三师都是在哇僧格扎于蛇年相继圆寂的。圆寂时他们的身体犹如烟雾或彩虹般消失。库吉的弟子为梁·绛曲扎（myang byang chub grags），是梁裕珠上部（myang gwu vbrug stod）人⑤，是一位年满42岁之比丘。梁·绛曲扎在库吉·色尾却

---

① 罗译（第172页）为"从第十三到第十九品"（from the 13th to 19th chapter…）。恐误。
② 筹码（tshul shing）：也叫筹。佛教僧侣举行大规模法会时，用以计算人数的由柽柳制成的木筹码。见《藏汉大辞典》，第2280页。
③ 郭译（第114页）："……而到老迈仍然喜爱亲眷而又仇恨一位老人。"
④ 郭译（第115页）："你不要前往区域中去，……"
⑤ 郭译（第115页）为"梁区裕珠上部人氏"。

座前求得诸教授后而上行，居住在桑耶秦浦寺①时，一位乌汝峡（dbu ru zha）的名为梁·喜饶穹奈（myang shes rab vbyung gnas）的老比丘住在那里。老比丘说："我受比丘戒虽然比您年长，可您具有广大之教授，请您做我的亲教师吧。"于是，梁·绛曲扎把所有教法都传授给了梁·喜饶穹奈。梁·绛曲扎住在后藏嘉玛聂邬（gtsang rgya ma nyevu）山口之彭波大山（phung po ri bo che）上时，有人看见其身躯在山坡上消失，犹如消散之祥云。此地现在（著书时）还有遗迹。

梁·喜饶穹奈曾到秦浦（mchims phu）、扎季漾宗（sgrags kyi yang rdzong）、普波且（phug po che）等地居住。后来，当他在普波且之普琼树惹（phug chung zur ra）安住时，此神山顶上有一棵柏树（shug pa），他把袈裟、念珠和书夹等物都挂在树上，尔后身躯消逝而圆寂。此师之弟子为轨范师坝贡（sba sgom），出生于诺莫（lo mo）、种姓为坝（sba），在家乡发生战乱时，其母说："这孩子是六个妹妹唯一的兄长，就把他寄托给梁·喜饶穹奈吧，只要他不死就可以了。"②坝贡在梁师座前抚养，到年满16岁时，梁·绛曲扎巴（myang byang chub grags pa）牵着一只鹿来到普波且、漾宗（yang rdzong）和秦浦等地，为此人们叫他为梁峡哇坚③。最后，他来到普波且，对梁·喜饶穹奈和坝贡师徒说："我给你们表演一场节目吧。"为此，喜饶穹奈大师和坝贡分别站在左右两边观看，他站在中间，突然变得无影无踪，只有一肘高的旋风旋来旋去，然后变成了一团火，然后再把自己变成水注入施垛玛之盘中；忽起一阵大风沙，他刹那间又变回原形来到大师面前。这一切是在风和风沙还没有散去时完成。他说："虽然见到由于智慧而无须修行，但是对语教如也能认真修炼的话，则不难就可以获得自在心。身心专注认真修行是非常重要的。"后来有一次，坝贡前往一片杜鹃树④林中拾柴火时⑤，看到他们自己所住的

---

① 桑耶秦浦寺（bsam yas mchims phu）：宁玛派祖师莲花生大师居住过的一小寺，在山南扎囊县桑耶寺附近。见《佛学词典》，第877页。

② 此句藏文（第219～220页）为：devi slob ma slob dpon sba sgom yin te/ yul lo mo ba/ rus pa sba/ yul na vkhrug pa yod pas yum na re/ bu vdi sring mo drug gi ming gcig po yin/ slob dpon myang shes rab vbyung gnas la vchol/ ma shi bas chog zer nas/ 郭译（第115页）为：此师之弟子为阿阇黎坝贡，当诺谟哇、汝巴坝地方发生乱事时，其母说："这孩子六兄妹都同名，现在将此子寄托给阿阇黎梁·喜饶郡勒，只要不死也就可以了。"

③ 即myang sha ba can，意为"与鹿相伴之梁师"。

④ 杜鹃树（bal bu）：药用灌木阳雀花别名。功能治食物不化和涎液寒病。见《藏汉大辞典》，第1825页。

⑤ 郭译（第116页）为"前往浓密的森林中时"。

茅屋中有红色火焰在升腾,他想大师不会去生火,这是怎么回事呢?他便前往细看,走到屋前什么也看不到,便问大师何故,大师道:"是我在修火观,你忘了梁·绛曲扎巴之言吗?"又有一次,他看见大师的住处灌满了水①。大师说:"我不在时就到神山顶上看看。"于是,他前往神山顶上散闷,本想翌日晚上可到,但是未能到达,等到达山顶时大师已经圆寂,未留遗体。衣物、帽子、菩提念珠等物都挂在了柏树上②。坝贡·益西绛曲(sba sgom ye shes byang chub)年满24岁时,梁师把所有秘密教授都传授给了他。坝贡在普琼树惹作近侍小僧之时,甄(vdzeng)师来拜会过他。总的来说,坝贡·益西绛曲是身为居士而住世的。他年满98岁时,无疾而终,当时他的老伴不让外面的任何人拜见尸体,就在经堂中进行火化。有一缸大小之光升入天空,此光外面的人们都看到了,没有遗留一点灵骨。

甄师家世:其父亲名为扎西雍仲(bkra shis g'yung drung),在后半生出家为僧,取名为楚臣坚参(tshul khrims rgyal mtshan),年满67岁时修邬南(ur nan)之金刚橛而获得成就,亲见本尊金刚童子(rdo rje gzhon nu);年满85岁时圆寂。净化尸体时发现了很多金刚童像(rdo rje gzhon nuvi sku)及舍利。其母亲名为察姑萨姬(vtshar dgu gzav skyid),是雅垄汤琼巴(yar klungs thang chung pa)之妃子,被汤琼王之长子强奸而生甄师。也有人说甄师出生时汤琼巴为王③。甄师直到8岁都是住在察故隆(vtshar dgu klungs)的舅舅家里,【后来居住在贡波温察(gong po dben tsha)】④,然后又在吉空(skyi khung)居住了五年时间;年满16岁时,舅舅辛察达玛峨(gshen tsha dar ma vod)的上师藏巴·惹季玛(gtsang pa ral gcig ma)的仆人多杰宁波(rdo rje snying po)、觉·肖热(jo sho re)、聂·格哇坝(gnyags dge ba vbar)等人前往垛地方的冻纳(gdong sna)商集处时,垛地方发生粗暴拥挤而使很多人受伤,甄师前去看望时与丹巴嘉

---

① 郭译(第116页)为"……又见阿阇黎住处,有水盈溢其上有火……"
② 罗译(第175页)为"大师说:'我不在时往神山顶上看看。'于是,当大师上山顶散步时,他没有在预计的晚上归来。坝贡去看时,发现大师已经圆寂,未留遗体。"(…the teacher said: "In my absence gaze on the summit of Lha ri." Then, when the teacher had gone for a walk on the mountain, he did not come back in the evening as expected. Sba sgom went to see, and discovered that the teacher had passed away without leaving his physical body behind.)
③ 郭译(第116页)为"有说郑出世时汤穹王还健在"。罗译(第176页)为:"Some say that after the birth of vDzeng, the king of Thang chung came there."
④ 【】中内容郭译(第116页)漏。藏文参见第222页第2行。

噶（dam pa rgya gar）相遇，在丹巴近前作了十四个月整的仆役①。后来，甄师前往后藏的庄园桑坚（gnas gzhi zangs can）处时，丹巴给他一条毛毯后说："我自己脾气不好②，你还是回家吧！从达波那里拿些杏子来，并有前往垛地方的同伴。"当甄师要走的时候，丹巴嘉噶走开而返回③，他用双手抓住甄师的两腮说："任何都不是变处者，变处者乃无二执之。"④说着碰了他两次头，为此，甄师心中不想任何事而只觉得心中清晰明亮，口中流出津液。甄师说丹巴对他加持并授记与《金刚桥》，但只能听懂大概而已，丹巴又对他传授了一些缘起⑤法类及许多密咒秘要。甄师又在江若察玛（rgyang ro vtshal ma）⑥座前求得六字大明之教授而修习⑦，获得与众不同的加持，江若察玛给他授记说："这条大河的东方有一片檀香林，你的上师居住在那里！"然后，甄师来到前藏，献给叔父贝伯（A khu dpal vbal）一块田地，并在其座前求得饮血金刚⑧和《伯嘎极密修法》（dpe bkar gsang sgrub）；甄师又在努·项波且（snubs shangs po che）座前求得《枳雅修法》（Kriyāvi sgrub thabs）和《焰口母大垛玛修法》（kha vbar mavi gtor chen）。（努）上师派他前往后藏巴日（ba ri）座前送礼，于是他又在巴日座前求得《文殊和鹏鸟之修法》（vjam dpal dang khyung gi sgrub thabs），又在格西博（dge bshes sbo）座前求得旧译五种密法。后来，（甄师）从昂雪而下来到江孜（lcang rtsigs）⑨，那时他已年满35岁。正在此时，普波且之山口有一位刚从印度来的格西赞·喀波且（dge bshes btsan kha bo che），是觉姆哇（jo mo ba）迎请来的。据说那里有佛法、有

---

① 罗译（第116页）为"四个月"（four months）。
② 罗译（第116页）为"你脾气不好"（You are of a changing mind!）。
③ 罗译（第116页）为"甄师走了之后，丹巴突然追赶上来……"（After vDzeng had started off, Dam pa suddenly rushed after him, …）。
④ 此句藏文（第222页倒数第7~6行）为：ci yang ma yin gnas gyur pa/ gnas gyur pa la gnyis vdzin med/ 罗译（第176页）为："This was transformed from nothing. With regard to this transformation, there is no difference between subject and object."谨录于此，供读者参考。
⑤ 缘起（rten vbrel）：缘生。佛教认为"诸法由因缘而起"。就是说一切事物或一切现象的生起，都是相对的互存和互为条件，离开相互间条件，就不能生起任何一个事物或现象。缘起有十二支。见《佛学词典》，第314页。
⑥ 郭译（第117页）为"杰若察玛"；罗译（第222页）为 rgya ro vtshal ma。估计所据藏文版本不同之故。
⑦ 这里"六字"（yi ge drug）指六字箴言 Om Mani Pame hūm。
⑧ 饮血金刚（khrag vthung）：梵音作 Heruka。无上密乘本尊上乐金刚别名。见《佛学词典》，第87页。郭译（第117页）为"忿怒空行母"。
⑨ 此句郭译（第117页）为"继从麦学而东下来到江孜"，其中把昂雪（ngams shod）译成"麦学"。

吃的，还有好看的。翌日晨，甄师来到山口时，有一妇女对他说："若沿山旁之路边而上，那里有一位叫坝贡的大师，给贫苦者（乞讨者）施舍食物。"于是，他前往那里，看见有一批瑜伽修士在给刚来者开饭，用铜勺每人一勺，他们说："那边有汤匙和奶。"（他们）命他取了一瓶水，施垛玛后再引他入室，并给他盛来山豆根菜一碗，晚上又给他食物，并让他睡于岩石之下。翌日晨，当他思考是否有必要离开此地时，坝贡又给他食物，并说："我有一亲近少僧侍者到索汤（zo thung）取黄金，但由于下大雨而未返回，帮我拾些柴火来。"① 他就从森林中背了一大捆干木材前去，坝贡师大喜而把《大手印示意教授》（phyag rgya chen po brdovi man ngag）给他，并讲说了《大圆满七法门》（rdzogs pa chen po skor bdun rang chas）。亲近之僧侍回来后，他说："近日大师有些辛苦。"大师说："他（指甄师）这几天对我有帮助，让他再多住几天。"（僧侍）去了一趟雅垄才又回来。这时（甄师）明白此即神奇的坝贡大师后，没有回家而是远到温（von）及桑日（zangs ri）等地正在秋收的人前去募化财物，买了一个袋子装满青稞来到坝贡师座前供奉。坝师说："你已为我做仆役，故你不必要给我供奉这些，此物你就当做自己的口粮吧。我有一教授秘诀叫《金刚桥》，刹那间即可证悟并一生能成佛。此法由圆寂时身躯无余的大师们传承下来，从未间断。至今我对任何人都没有讲说过此秘密修法，现在我就传授给你！"他说："这是我对大师之回向，口粮我可求得。"大师左手抓着其头顶，右手摸着其后颈窝说："有恩惠并具三昧耶，故此教授能生利益。"后来，甄师给一位年轻的密法修士传授了《红色阎摩修法》（gshin rje dmar povi sgrub thabs），由此得到八克合有豌豆之青稞面。还作了一些《叶衣母》（lo mo）和《劝请救护事业法》（vphrun du bsrung skyob）后，学法时的口粮得到了解决。坝贡师就传授给了他（甄师）全部的教法——《金刚桥》除外，因为甄师没有资粮进行这一仪式，无法请授此法。（坝贡）大师说："我现在应该给你加持了，因为晚了将会出现灾障。"于是甄师到岗巴（gangs pa）地方请一朋友为他自己收藏的一幅画（pir mo zhi）开个价。该朋友把自己从觉姆哇君巴（jo mo bcom pa）

---

① 此句藏文（第223~224页）为 shing zhig sgrugs dang gsung nas/，郭译（第117~118页）："……简直是一破碎木材"。

那里得到的一条僧裙给了他。于是他（甄师）将氆氇①部分卖出，买来酒新②、垛玛、五藏升青稞及一腿牲畜肉（请师授法）。（坝贡）师说："就依靠这些食物，酥油灯就以白昼为替吧。"就给他（甄师）圆满地传授了《解脱四灌顶》（grol lam dbang bzhi）；传授了所有教授秘诀。后来（坝贡师）又加持作了四次传授，（甄师）则以青稞和黄金等物承事供养前后共五次。③

后来，坝贡大师有一女仆，名为觉姆刚姆（jo mo gang mo），大师对她说："感觉一切都是不真实的。"说后以手在水中所出大卵石上拍击，手肘以下全都塞了进去，并作后退姿势使全身深刻地印在岩石之上，痕迹极为明显。又在普琼绒（phug chung rong）用禅定之力把许多柏树大梁运来，据说是建觉姆经堂之大梁。从坝贡大师座前，他（甄师）获得了阿底峡的般若波罗蜜多曲直双道（pha rol du phyin pavi lam rkyang khug；梵：Pāramitās）以及惹玛巴拉（ra ma pav la；梵：Rāmapāla）之教授。在邬卢（vu lug）由格西浩（dge bshes hab）求授，在优摩（yu mo）座前求得《时轮六支瑜伽》（dus vkhor gyi sbyor drug）④。【然后他前往乌汝，在康巴隆巴（khams pa lung pa）⑤座前求得《八夜修法》（thun brgyad ma）；在奈邬素尔巴一弟子前求得《三种所缘修法》（dmigs pa skor gsum）、《毗那夜迦修法》（tshogs bdag gi sgrub thabs）⑥及《除病教授秘诀》（nad sel gyi gdams pa）等。】⑦他又前往普波且，在坝贡座前听其传授了《甘露丸僻谷法》（bdud rtsivi bcud len）及《金刚桥修法》（rdo rje zam pavi sgrub

---

① 氆氇（snam bu）：指一种手工业厚毛织品，品质最上刷毛未剪者名胥玛，已剪者名协玛，以下为胥沃、氆氇、劲玛等，最下品为洛瓦，相当于褐。见《藏汉大辞典》，第1594页。

② 酒新（chang phud）：先斟第一杯用来敬神的酒。见《藏汉大辞典》，第783页。

③ 关于甄师求法的故事，可见于《宁玛派全集目录》（rnying rgyud dkar chag），fol. 83a。

④ 郭译（第119页）把"邬卢"（vu lug）译成"邬域"，罗译（第19页）转写为U-yog。估计所据藏文本不同之故。另，"优摩"指的是优摩·弥觉多吉（yu mo mi bskyod rdo rje），公元11世纪人，觉囊派第一代祖师。原系居家瑜伽行者，后出家改名台巴杰波（dad pa rgyal po），曾师事多人，学时轮金刚、集密等法，创他空见并著书申明，其五传弟子土杰尊珠（thugs rje brtson vgrus）创建觉囊寺，及至土杰尊珠之再传弟子堆布瓦·喜饶坚赞，宏兴该派时，称觉囊派，尊奉优摩·弥觉多吉为始祖。参阅《藏汉大辞典》，第2583页。

⑤ 康巴隆巴，系阿底峡一弟子。

⑥ 毗那夜迦（tshogs bdag）：象鼻天。大自在天之长子。见《佛学词典》，第678页。

⑦ 【】中的内容郭译（第119页第6—8行）为："继后他去到前藏，在康巴隆巴座前求得八座修法，在勒邬素尔巴的弟子座前求得三种所缘修法及毗那夜迦修法和除病教授秘诀等。"

sde）部类。又在瑜伽师的寺院（spyan snga rnal vbyor pavi grwa sa）中的所为净守威仪，瑜伽师非常欢喜。在雄布译师（shong bu lo tsā ba）①座前听受《略释》（vgrel chung)②；在格西兆贡（dge bshes dgrol sgom）座前求得那若巴之方便道（nā ro pavi thabs lam），作为回报他又把金刚桥教授给格西兆贡。在拉杰涅贡（lha rje snyi sgom）座前求得《六法》（chos drug）和《俱生》（skyes sbyor）③，彼此证悟所摄而欢喜。又在索柳当（so bsnyun gdang）④座前求得《明灯幻化》（sgron sprul）和《底面要法》（rgyab sha）；在乍窝哇（rdza bor ba）⑤座前求得《三种甘露精滴》（bdud rtsi thigs gsum）；在日措隆琼（ri khrod rlung chung）座前求得《耳传三言法》（rna brgyud tshig gsum）；在喇嘛隆丹巴钦波（bla ma rlung dam pa chen po）座前求得《垛哈》（do ha）⑥（歌、歌词、歌谣）教授；在拉尊（labs sgron）座前求得"觉"处（gcod yul）；在嘉哇博顿（rgyal ba sbo ston）⑦座前求得《第七任运成就法类》（lhun grub sde skor bdun pa）；在努·项波且座前求得巴日译师的《枳雅法类三五一十五种》（krīi yavi chos lnga gsum bco lnga pa）；【在拉堆地方的绛曲生贝贡噶（byang chub sems dpav kun dgav）座前求得《零星教授》（gdams pa kha yar pa）和《阿哇惹枳达的修法》（a ba rav dzi tavi sgrub thabs）教授。】⑧他与阿扎惹达香坚（a tsar stag sham can）、喇嘛邬德（bla ma dbu ltebs）⑨、喇嘛吐喀坝（bla ma thud kha vbar）、喇嘛照觉（bla ma drod vbyor）、香卓尼（zhang vbro snyon）等最善瑜伽修士相伴为友。有五年时间，他（甄师）在后藏裸行，修行各种瑜伽，比如跳入冰窖中、水中、悬崖峭壁中，锤击其头，刀刺其身等，这些都是他一些显著的行为。因此，人们称他为巴窝甄穹哇（dpav bo vdzeng chung ba）。他用大手印对索芒赞（so mang btsan）加持，使净化幻境而全现智境；又用四字真言（yi ge bzhi pa；梵：Anutt-

---

① 郭译（第119页）为"学布"，音近罗译（第180页）转写 shod bu。疑为所据藏文版本不同之故。
② 此即 Haribhadra 所著的 Abhisamayalāmkāra nāma prajñāpāramito padeśaśāstravrtti。参阅《丹珠尔》，Shez phyin, No. 3793。
③ 即 lhan cig skyes sbyor，系噶举派教法。
④ 此处藏文（第226页第9行）有一衍字 pa。
⑤ 罗译（第180页）藏文转写为 rdza-bor-pa。
⑥ 即 Saraha 所著的 Dohāko? agīti。参阅《丹珠尔》, rgyud, No. 2224。
⑦ 罗译（第180页）藏文转写为 rgyal-ba spo-ston。
⑧ 【】中内容罗译（第180页倒数第11～9行）为：At La stod he obtained from the Bodhisattva Kun dgav some secret precepts and the sādhana of Aparājita。
⑨ 关于此人，参阅《宁玛派全集目录》（rnying rgyud dkar chag）, fol. 84a。

ara)① 和大圆满教授对欧姆嘉勒江（dngul mo rgya le lcam）加持而成为一女超人。【又对日措隆琼（哇）、欧姆嘉勒江、到莫查色姆（mon khra zer mo）湖边的尼姑玛觉（ma jo）、到巩波措宗（kong po mtsho rdzong）去的康区之人等进行加持，之后，他们都身躯无余而逝。】② 对棉衣行者③的虎旗、卦巾、汉布、风幡等进行加持后也能使之产生热量，也出现过有些经过他仅一开示便得证悟解脱者。此师说："在我的身边出了四位译师；出家为僧者、大师及男女修士自夸自大之大人物也出现过许多；如法而修行者也不在少数；仅在达波地方有点修行的十一天后修行初期就能预知死期，临终时无气息痛苦、彩虹映入尸体等；我这一教授，正如毛织工做纺织业或如父母抚育子女一样，修行五六年，便可身躯全无余留而逝去，以后就决不再出现人身。"【有时他把身躯化为旋绕的彩虹；有时他足不触地而逝去；有时他处在极远而刹那转回。】④ 他（甄师）有先知先觉的能力，比如曾预知在乌汝的达热（dar re）、布贡（sbu sgom）、贝江却坝（dpal lcam chos vbar）、热巴（ril pa）等的死亡；有能知他心者等；【又能通慧，感知到觉色玛多杰基（jo sras ma rdo rje skyid）之子半夜入睡，从阳台处坠下；他能在夜间看到缝补皇冠的针坠入乱草之中；不管昼夜对他而言一样光明】⑤。后来甄师在后藏住了七年之后，便前往下部来到普波且，坝贡大师传授他《耳传三言法》（rna brgyud tshig gsum）要诀，并（对他）说："把虚空领会于心中，如能通达所依身，方可深入无可修之义的要点，由此而生起不共之信念。"后来，甄师居住在达波须汝

---

① 在大多数情况下，密教著述中的四字真言（yi ge bzhi pa）是指咒语"evam maya"或者梵语"A nu（t）ta ra"。
② 参阅《宁玛派全集目录》（rnying rgyud dkar chag），fol. 84b，里面说尼姑是在莫查色姆（mon khra zer mo）湖边消逝的。又，【】中的内容郭译（第119页倒数第3～1行）为"又对日措隆穹哇及欧谟甲勒江放牧到扪喀热谟海边去的牛群；及前往贡波措仲去的康区人等，他以秘密教授吹气加持后，人畜身躯全无余留而去。"
③ 棉衣行者（ras pa）：仅穿一层棉布单衣的苦行僧。见《藏汉大辞典》，第2670页。
④ 【】中数句藏文（第227页倒数第3～1行）为：res sku lus vjav ru vkhyil ba/ res zhabs sbal mi reg par gshegs pa/ rest hag ring po yud tsam res vkhor ba dang/ 郭译（第120页第8～10行）为"有些身躯化为虹彩而旋绕；有些不触地而逝去；有些极遥远处霎时即至"。
⑤ 【】中数句藏文（第228页第2～5行）为：gzhan gyi sems shes pa la sogs pa mngon par shes pa yang mnav jo sras ma rdo rje skyid kyi bu nam phyed na gnyid yur nas rgya mthongs na mar sbab tu vchor la khad pa gzigs pa dang/ cod pan rgyu bavi khab nub mo sbur mavi khrod du brul ba gzigs pa dang/ nyin mtshan med par gsal ba yang yod/ 郭译（第120页第13～11行）为："有能知他心等神通的。又如觉色玛多杰吉之子半夜入睡，梦从天窗下坠而见着房屋，及觉本居哇之妻尸体抛散于尸林中；也有不分昼夜全如全昼光明的。"

(dwags po zhu ru),他对喇嘛协当①极生敬重,以此求传《古如②第四众绕第七座修》(gu ru bzhi ba sde bskor bdun pa thun sgrub)之诸教授。他在须汝(zhu ru)的拉素尔寺(lha zur dgon)中,精修《四种示意秘诀》(br-da bzhi)三年时间③,由此一切教法悟达于心中。其证悟心境犹如融于虚空,对他而言一切法义都离戏而归于清净,无须发出表达祝愿之话语,比如"但愿"(gyur cig)、"愿得"(shog cig)之类;智慧显明亲见嘿汝噶本尊④,无须特别修炼而神通显现。

甄师依止诸师并行苦行的史事:他求得《金刚桥》教授后,在普波且行《甘露僻谷》(bdud rtsivi dkav thub)之苦行,故而生起毫无畏惧心;在努·项波且座前进行仆役之苦行,故无论他到何地都会得到上师护佑;在丹巴嘉噶座前进行诚意苦行,为此了悟全部教法。在吉空(skyi khung)⑤作金刚橛回遮之苦行,故而世间鬼神都听命于他所言;在噶丹巴座前行性情温和的苦行,故而无论走到何地都得到人们的慈爱;行四字真言三不坐(mi sdod pa gsum)之苦行,故而体内生起内热而能裸体修行五年;生起信念而修《亥母现生法》(phag mo mngon vbyung),由此在吉姆(vgyur mo)的西方亲见至尊母(rje btsun ma;梵:Vajravārahī)并获得传授许多示意密语;在鲁裕绒(snubs yul rong)修炼净治梦境⑥,故而一切显现在梦中知晓。有一次他与妻子一起去拾柴火,拣到一大捆柴并背着到了一处很宽的深渊,他认为是在梦中便往下跳,竟然像鸟儿一样落地;为此,妻子对他说:"喇嘛你不是凡人,我只记得丹巴嘉噶这样做过。"在噢嘎扎(o dkar brag)修行便亲见本尊胜乐双尊(bde mchog yab yum)。有一次,他想出行便来到门嘎仲姆且(mon vgar grong mo che)⑦前面,那里有一条冰封的河,他想:"(如果我过河)极有可能沉不下去"。于是跳入水中,冰碎而沉入水中,正在为自己害羞时,群众却生起极大之惊奇,一个人怎么能在隆冬季节站在冰冷的河水中呢?他的身体进

---

① 罗译为:bla ma Zhal gdams pa。
② 古如(gu ru):本为梵文,意为上师、师长、师尊。相当于藏语中的喇嘛。见《佛学词典》,第96页。
③ 郭译(第120页倒数第9行)漏译"三年时间";罗译(第182页第18行)则译为"四年时间"(for four years)。
④ he ru ka,即圣乐金刚本尊。
⑤ 郭译(第120页倒数第2行)为"吉隆";罗译(第183页首行)为"skyi lung"。疑为所据藏文版本不同之故。
⑥ 此法属于 Na ro pa 的"六法"。参见罗译(第183页)行间注。
⑦ 意为"门嘎大镇"。

入冰冷的水中，犹如炽热红铁放入水中，还有热气在向上升腾呢！他自己也看到有热气腾飞，弥漫空中。他说："当然，我感到寒冷。"后来，他来到削地（gzho）的底卓（ti sgror），在协普（shel phug）① 亲见甘露漩明王（khro bo bdud rtsi vphyil ba）。有一非人对甄师作出极大恭敬承事，非人看见有一僧人在空中飞来飞去，追踪寻迹而找不到，究竟是否是人他不清楚。在达波须汝修《阿枳》（a dzi）并获得亲见太阳光热宫（nyi ma dro bar khar）。当他正在思考应该将誓言附之此鬼神时，妻子恰勒（jo mo phyal le②）来了。于是此神就说："噢，已婚男人！"随之自身变成一大束光，消逝在虚空中。在拉树处修《辟谷法》（bcud len gyi sgrub pa），由此亲见无量寿佛（tshe dpag med），而且许多法门都净现了悟于心。此后他离开妻子恰勒，并与却基（chos skyid）相伴前往真（vdzin）地方。此前，他的教授要诀未得到广泛发展，只传授了寥寥数人。他还教过一些黑咒（mthu），做过俗家经忏③和行密行法（gsang spyod）。后来，有很多人从远方前来迎请并请求其讲授佛法，于是其法得到广泛传播。伯布垛拉（sbal bu dor la）曾前来迎请他到恶哇喀恶（ngo bo mkhar ngos）④ 处讲授教法。在首日上午，空中发现有许多彩虹状如伞盖、吉祥纹、柱子等，众人目睹并向其方向磕头。说法散座后，他前去山旁休息散闷，人们问他："这些彩虹是否预示着您将圆寂？我们至为担忧。"（他回答说）由坝顿·喜饶扎（vbar ston shes rab grags）⑤ 两兄弟到坝贡大师座前请求传授此法时，昂雪山谷⑥和普波且山坡上彩虹遍布，此类密法就如此（奇妙）。上师居住在真地时，觉色·甄（jo sras vdzeng）来到上师座前，当时上师就在西面佛塔附近的谷口处。当觉色·甄走来到其温康⑦中时，他首先看到的不是上师，而只见有一轮宛如盾牌大小的清洁光环；而他逐渐靠近时，光环逐渐消逝。于是，他便问上师："此为何故？"上师说："住于定中时就有此现象出现，不要向别人谈起此事。"（他还说）："阿觉欧珠（a jo dngos grub）患有麻风病时，我陪伴他修念而他并未得治愈；相反，我却亲眼见到金刚手，真可笑啊！"甄师年满102岁时患病，侍眷们都以为喇

---

① 意为"水晶石洞穴"。
② 罗译（第184页第9行）将 phyal le 误印为 phayl le。
③ 俗家经忏（grong chog）：指不在寺庙，而在俗人家中举行讽诵经忏的宗教仪式。见《佛学词典》，第131页。
④ 罗译（第184页倒数第12行）藏文转写为"do-po-mkhar"。
⑤ 罗译（第184页倒数第6行）藏文转写为"vbar-ston shes-rab grags-pa"。
⑥ 郭译（第121页末行）把"昂雪山谷"（ngams shod lung pa）译成"麦学地方"。
⑦ 温康（dben khang）：就是静室。幽静的房间。见《藏汉大辞典》，第1948页。

嘛将要逝世。但是喇嘛说："昨晚我梦见了一个好梦我不会死。梦中我住在楼阁中并见到日月同辉，在许多骨骼搭建的屋顶上坐着许多妇女，她们说，喇嘛甄，你四年后再来吧。"甄师继而说，"我被告知将活很长时间，但却不能告诉我准确的寿数。"①吉空的格西浩·觉色绛贝（dge bshes hab jo sras vjam dpal）曾说："苦修者甄师至今健在，住在达波，少年时期我俩是好朋友，他比我年长15岁，为兄。我现在已经97岁了。"格西浩说此话的第二年就去世了。之后，甄师大约又住世三年（才谢世），享年117岁。众侍眷请求甄师该作一幅善根②，甄师不肯，他说："作有为③之善事无利益。"众人又请求其修僻谷术④，他说："修一次僻谷术可以延寿10年，但在此邪恶的时代还有必要长寿吗？"如是说完，便逝世了。葬礼中净治尸体时，天空中布满彩虹，（其后）还发现了许多塔像和舍利。郭日哇（go ri ba）所撰写的传记中说：甄师达摩窝提（vdzeng Dharma-bodhi）⑤诞生于辰（龙）年。其他传记则说：甄师年满35岁时，赞·喀波且刚刚从印度来就与他相见。如果把这两种说法相比较，就可看出，此辰（龙）年就是壬辰年（阳水龙，公元1052年），是年与阿底峡尊者逝世之年，即甲午年（阳木马，公元1054年）相差不远。⑥在甄师年满4岁时的乙未年（木羊，公元1055年），玛贡·却吉喜饶诞生；在他年满5岁时的丙申年（火猴，公元1056年），热振寺（Rwa sgreng）建成；之后在他年满9岁时的甲辰年（木龙，公元1064年），仲敦巴逝世。甄师在年满117岁的戊子年（阳土鼠，公元1168年）逝世。此后第二年己丑年（阴土牛，公元1169年）恰巴（phyā pa）【·却吉僧格】大师逝世，同年雅桑却杰（gwav bzang chos rje）诞生。再下一年即庚寅（铁虎年，公

---

① 此句藏文（第231页倒数第8~7行）为：ngas lo mang po lon zer te nga rang la yang tig pa kha na bshad rgyu med/；郭译（第122页第10行）："我活了很多岁数，真实我没有说的了。"
② 善根（dge rtsa）：能引生一切利乐的善业，如上供、下施及承侍等。善即是根，故名善根。见《藏汉大辞典》，第453页。
③ 有为（vdus byas）：指有为法。众多因缘和合造作所生事物，如五蕴所摄诸法。见《藏汉大辞典》，第1408~1409页。
④ 僻谷术（bcud len）：指摄生术，金丹术。宗教徒凭借花草药石以求延年益体之术。见《藏汉大辞典》，第755页。
⑤ 藏文（第232页第4~5行）写为：ཟེར་ཆོས་རྗེ།
⑥ 此句藏文（第232页第8~9行）为：jo bo rje shing pho rta la gshegs pavi nye logs devo/。郭译（第122页）为："……也即是阿底峡尊者甲午年（宋仁宗至和元年公元1054年）逝世的前三年。"恐误。

元 1170 年）年，卓贡（vgro mgon）① 逝世。在甄师年满 11 岁时的壬寅年（水虎，公元 1066 年②），索穹巴（so chung pa）诞生。如前所述，甄师送礼物到巴日译师座前，由此显见，巴日译师和米拉日巴年满 13 岁时甄师才诞生。优摩③之弟子，略吉空地方人（gnyos skyi khung pa）浩·觉色绛贝说过，甄师比他大 15 岁，算兄长。如此看来，略（gnyos）师【浩·觉色绛贝】一定诞生于丁未年（阴火羊，公元 1067 年），此即火空海（me mkhav rgya mtsho）④ 之后的第 41 年，他活到 98 岁。其弟子为峨杰（ngor rje），峨杰弟子为垛巴·饶都噶威多吉（dol pa rab tu dgav bavi rdo rje）。

自甄师达摩窝提时代起，《耳传金刚桥》（snyan brgyud rdo rje zam pa）这一教授，得到了广泛传播。从他那里传出的直传弟子（dngos kyi slob ma）有：衮桑大师（slob dpon kun bzangs）、甄·觉色（vdzeng jo sras）、赞塘巴·梁达摩生哈（btsan thang pa myang Dharmasimha⑤）、色隆巴大师（slob dpon gser lung pa）、喇嘛都·多杰坚（bla ma du rdo rje rgyan）、思·益西旺波（gzig ye shes dbang po）、雅·顿达哇俄色（gwag ston zla ba vod zer）等许多弟子。

甄师弟子甄·觉色系修密士传出之后裔，幼年时就有机会学习文字和历算，后来他在峨喀（vol kha）的拉日巴大师（slob dpon lha ris pa）座前请求传授《幻化》等宁玛派法类及《欢喜金刚》和《文殊名称经》（mtshan brjod）⑥ 等。拉日巴大师临终前对他说："我虽然研习过许多大经论典，但是现在临死前除《病中呻吟七座修法》（a ro thun bdun）外，其余经典对我全无帮助；因此，你也不要学习经论，应当重视学习秘密教授。达波地方有一位甄姓大师，你就到他那里去吧！"⑦于是，甄·觉色在岗坝（gang par）地方的大圆满成就师胜师（slob dpon zem）座前住了

---

① 此即多吉杰波·帕木竹巴（rdo rje rgyal po phag mo gru pa, 1110~1170）。译言金刚玉。藏传佛教帕莫竹巴噶举派创始人。参阅《藏汉大辞典》，第 1701 页。
② 罗译（第 186 页）行间注为公元 1062 年，恐为印刷错误。
③ 觉囊派第一代祖师。参阅前文相关注释。
④ 火空海（me mkhav rgya mtsho）：即 403 年。参阅本书上文注释；《藏汉大辞典》，第 2106~2107 页等。
⑤ 藏文（第 233 页第 5 行）：བཙན་ཐང་པ་མྱང་དྷརྨ།。
⑥ 梵名：Mañju śrī jñānasattvasya paramārthanāmasaṅgīti, 参阅《甘珠尔》rgyud vbum, No. 360。
⑦ 此句郭译（第 123 页第 3 段第 6 行）为"格波地方有一你的上师，你到他那里去吧"。漏译"甄姓大师"（bla ma vdzeng bya ba）；"达波"（dwags po）译为"格波"。罗译（第 187 页第 14 行）"达波"转写为 Dags-po。

六个冬夏①，但未得到上师的关注。由于不能消除秘密教授口诀有关的疑惑，②他就到甄师座前，供献上一些求取教授的供品，在贝隆（dpal lung）③ 获得诵传了《金刚桥》经文三遍，得到上师的加持并进行修持。上师还对他说："你前往后藏去学习经论，从后藏回来后便去寻找阿弥寺（a mis dgon pa）。"④ 他认为是上师不愿传授（金刚桥）教授，便问道："那边有谁懂得教法呢？"上师说："扎奇（grwa phyi）地方的吉觉色香拉嘉（sbyil jo sras zhang la skyabs）懂得教法。"当他即将见到香拉嘉，准备向其求法时，后者去世了。他再到达波，在甄师座前请求时，甄师仍然没有传授予他。他心想前往赞塘（btsan thang）的梁师座前、峨喀的达穹哇（dwags chung ba⑤）和欧杰布（ngu gcer bu）等师座前求教。而当他来到肖江（sho skyam）地方的欧大师（slob dpon ngu）座前并求得传授之后，欧师对他说："这样还不够，你仍然还需要到达波去请求他（甄师）传授。"他再次来到达波请求甄师传授时，后者说："如果你真心渴求，你就应该认真修持我的教授。"说完便将所有（金刚桥）教授传授给他了。他在大师座前度过好些个冬夏。大约经过六年之后，甄师所有零星略法也完全传授给他了。对他人加持之事业也就落到他身上，故而成为上师。托巴（thod pa）的弟子若波嘎（rog po dgav）和玛觉垛哇（ma jo zlo ba，即尼姑垛哇）等约五十人来请求传授《金刚桥》教授时，甄师说："由觉色来讲授，你们来听吧。"觉色就在大师座前讲说。就这样，甄师和甄·觉色相伴长达十八年之久，后者也能求授诸教授。获得诸教授之后，他被提名成为住持传承之法流人士。

甄师达摩窝提和小甄师疯师（甄·觉色）二师之弟子为衮桑大师，衮桑大师之史事如下：（其父）帕觉卫巴叔父（khu bo pha jo dbus pa）是杰康巴垛嘉（rje khams pa rdor rje）的弟子，是一位经验丰富的静修士（sgom chen po bzang po）⑥；其母思萨·德却（zi gzav des chog），曾经在

---

① 郭译（第123页倒数第9行）为"住了夏冬六月"。
② 此句郭译（第123页）漏。
③ 郭译（第123页倒数第8行）漏译"贝隆"。
④ 此句藏文（第233页末行）为 gtsang nas log tsa na a mis dgon pa cig bsngogs cig gsung/ 罗译（第187页倒数第14～13行）为：On return from gTsang you should built a monastery.（从后藏回来后，你应该修建一座寺庙）。
⑤ 与前文的"达琼巴"（dwags chung pa）似为同一人。
⑥ 此句藏文（第234页倒数第2～1行）为：khu bo pha jo dbus pa rje khams pa rdor rgyal gyi slob ma sgom chen pa bzang por bzhugs/。郭译（第124页第2段第2～3行）为"其父觉邬巴即至尊康巴垛嘉的弟子贡钦巴桑波"。

玛觉·柳玛桑珠（ma jo smyon ma bsam grub，尼姑疯子桑珠）座前求过法。父亲帕觉卫巴和母亲二人都得吉祥梦兆之后于未（羊）年①生下此子。年满八九岁时，他与阁顿惹乍大师（slob dpon kor ston rav dza）相遇，并在其座前学了点教法；年满15岁时由阁顿引见到欧大师座前②，求学"息结派"大约有五年时间，并在师处居住下来做仆役。在色隆寺（gser lung dgon）中，在欧师座前与甄·觉色相遇，他请求甄·觉色传授《秘密修法》（gsang sgrub）和《亥母现生法》（phag mo mngon vbyung）③。有天晚上，上师立誓传授金刚桥所有教授，当晚师徒两人都得吉祥梦兆，梦见小甄师带领他前去拜谒大甄师达摩窝提时，出现一轮十五圆月，两星合入月轮之中。他（达摩窝提）解释过此梦是有关觉色和他本人的。他（衮桑）在大甄师座前求授了一遍《金刚桥》，这是其最初听受《金刚桥》。后来，他迎请甄·觉色到棚仁（spung rings）地方，又求授《金刚桥》七遍。后来，他又到达波居住了四个冬季，听受了十三次半的《金刚桥》教授。他和甄·觉色相伴八年，从来没有离开过，共听受《金刚桥》七遍。后来，在肖茹（sho ru）地方听受了二遍；在色隆寺中听受一遍，及对他人讲授时听受次数合算，他在两位祖师座前共听受了《金刚桥》三十五遍。甄祖师两代之教授下达后，他作出广略两种释论。其子④峨坝僧格活佛（sbrul sku vod vbar seng ge）是个聪明绝顶、智慧圆满之人。在年满14岁时，他就开始讲说《金刚桥》，由他传授给真贡（vdzin mgon），真贡传授给嘉麦楚仁（bya med tshul rin）。还有一系，雅垄赞塘人梁·达玛生哈（myang Dharmasimha）⑤在甄·达摩窝提座前求得《金刚桥》全部教授之后，生起证悟并获得加持。（梁·达玛生哈）居住在堆措寺（dur khrod dgon pa）期间，他广作利益众生之事业，后来也著有传承之释论。他在77岁时逝世。其弟子为班遮巴内（Vajrapāni）⑥，班遮巴内弟子为喇嘛拉（bla ma lha）。还有一系，甄师讲授给色隆巴（gser lung

---

① 似为辛未（铁羊年），即南宋绍兴二十一年，公元1151年。参阅罗译（第188页）行间注。
② 此句罗译（第188页倒数12～11行）为："当他年满15岁时，后者（指阁顿惹乍大师）去世了（When he had reached the age of 15, the latter passed away.）。"
③ 梵名：Dākinīsarvacittādvayācintya jñānavajravarāhyabhibhavatantra rājanāma，参阅《甘珠尔》rgyud vbum, No. 378。
④ 郭译（第124页倒数第2～1行）为"他（普贤）的弟子"。
⑤ 藏文（第236页第5行）写为：ཡུང་རྨ་ཱི་ཧ།
⑥ 藏文（第236页第8行）写为：དོན་ཉི།

pa)，色隆巴传授给让卓大师（slob dpon rang grol），让卓传授给色波却仁（sras po chos rin）。还有一系，由甄师讲授给欧·多杰坚（ngu rdo rje rgyan），欧师传授给欧顿·德巴准珠（ngu ston dad pa brtson vgrus），欧顿有一弟子所著之释论至今还在。【还有一系，是甄师传授给思·益西旺波，益西旺波传授给堪布拉喀哇（mkhan po la kha ba），拉喀哇传授给顾迦哇（mgo skya ba），顾迦哇传授给郭日哇，郭日哇传授给索敦，索敦所著释论还在。】① 还有一系，棚仁（sbung rings）地方人雅顿·达哇俄色（gwag ston zla ba vod zer）16岁时在甄师座前求得教授后，又传授给洛顿·更顿嘉（klog ston dge vdun skyabs），由洛顿传授的释论也还存在。此外，雅顿活到97岁。在其座前，又有翁纳波上部（von nag po stod）之人莱如班德阁巴赞（klad ru ban de dgos pa btsan）在28岁时前来求得教授。②

甄师达摩窝提还讲授给杰次·益西旺秋（skye tshe ye shes dbang phyug），益西旺秋传授给了思·益西旺波，益西旺波传授给堪钦杜瓦钦波·索南峨（mkhan chen dur ba③chen po bsod nams vod），索南峨传授给都顿·班遮峡惹（du ston Vajreśvara）④，都顿传授给堪钦索南坚参（mkhan chen bsod nams rgyal mtshan），索南坚参传授给堪钦喜饶坚参（mkhan chen shes rab rgyal mtshan），喜饶坚参传授给堪宣奴喜饶，宣奴喜饶传授给冲麦·宣奴扎巴；宣奴扎巴传授给堪钦桑杰桑波；桑杰桑波传授给喇嘛准珠旺秋（bla ma brtson vgrus dbang phyug）；准珠旺秋传授给塔细扎巴仁钦（mthav bzhi grags pa rin chen）；扎巴仁钦传授给释迦迦布哇大师（slob dpon shavkya rgyal po ba）。此师（迦布哇）少年时期在操拉喀寺（khrab la kha）出家为僧，20岁就受了比丘戒。认真钻研了《俱舍》（mngon pa

---

① 此段藏文（第236页倒数第8~4行）为：yang vdzeng gis gzig ye shes dbang po la bshad/ des mkhan po la kha ba la bshad/ des slob dpon mgo skya ba la bshad/ des slob dpon go ri ba la bshad/ des so ston la bshad de/ so ston vdis byas pavi gzhung bshad kyang vdug go/。郭译（第125页）漏。

② 此句藏文（第236~237页）为：de la von nag po stod pa klad ru ban de dgos pa btsan lo nyi shu rtsa brgyad lon pa zhig gis zhus so/。罗译（第190页）为：From him (the text) was obtained by Ban de dGos pa btsan, aged 28, at vOn nag po sTod pa klad.（28岁的班德阁巴赞于翁纳波朵巴莱在其座前求得教授）。郭译（第125页第11—12行）为："在他的座前，又有温纳波上区人特汝本德阁巴赞年满二十八岁时前来求得教授"。

③ 罗译（第190页第13行）把"杜瓦"（dur ba）转写为ngur-ba，郭译（第125页第2段第2行）为"欧巴"（ngur pa）。估计是所据藏文本不同之故。

④ 藏文（第237页第4行）写为：དུ་སྟོན་རྗེ་དབང་。罗译（第190页第14行）把"都顿"（du ston）转写为ngu-ston，郭译（第125页第2段第2行）为"欧敦"。估计是所据藏文本不同之故。

mjod；梵：Abhidharma kośa）及《律经（毗奈耶）》（vdul ba；梵 Vinaya）后，他周游觉摩隆寺①等辩场锻炼辩才。神志大为进益，道行大为增高。就在其年满 82 岁的乙酉年（阴木鸡，公元 1465 年）秋天，由姜地（ljang）的扎西寺（bkra shis dgon）迎请他讲授灌顶、加持广法，还有峨觉色（vol jo sras）所著的导论《金刚桥教导》（rdo rje zam pavi khrid）和衮桑大师所著的广释等六十八种略法②。由于他修持未断，（我）又请他传授曼拉（药师佛）③ 随许法等，讲授他从拉隆巴·喇嘛拉（lha lung pa bla ma lha）那里听受而来大圆满密要法类教导诵传经教等教法。每年（我）哪怕只供献一些遮羞之薄礼，他也会十分高兴。在我（著者）请求之后，又有许多前来请求（金刚桥）教法之人。虽然师已双目不明，但是仍教他人念诵，之后还讲授其义并作许多遍传授。师在年满 91 岁时的甲午年（阳木马，公元 1474 年）春天逝世。葬礼净治遗体时，发现其体内舍利充满心间，发生无尽舍利便是如此之故。

以上为《金刚桥》教授史事的阶段。

六　诀窍部④的史事阶段

甚深大圆满精义法类（rdzogs pa chen po snying thig）⑤ 的史事：希僧

---

① 觉摩隆寺（skyor mo lung dgon）：藏历第三丁卯的己丑（土牛）年，即公元 1169 年，藏族佛学家拜底罗汉（又名为格西拜底扎迥巴）所修建。在拉萨以西今堆龙德庆县境所建寺庙名。详见《佛学词典》，第 62 页。
② 此处罗译（第 190 页倒数第 7～5 行）和郭译（第 125 页倒数第 6～4 行）有所不同，可参阅比较。
③ 曼拉（药师佛）（sman bla）：一佛名，救度众生疾病苦难的如来。见《佛学词典》，第 844 页。
④ 诀窍部（man ngag sde）：宁玛派大圆满阿底瑜伽三部中之深密诀窍部，即心要部法门。其由西印度邬金论师莲花生传出者为空行心要，其由印度佛学家毗玛弥扎传出者为毗玛心要。其见解主张：于生死涅槃无取舍，于愿望疑虑无偏执，从而远离心意分别之法性，或依直指基位法界本来清净，或依跃进修习道位现象任运自成之理，即能一刹那项现证本智。见《佛学词典》，第 622 页；《藏汉大辞典》，第 2056～2057 页。
⑤ 宁玛派密宗经典，据说是无垢友弥扎所创。该系统的根本经典称之为《精义四部》（snying thig ya bzhi）。该系统的另一著名经典是《悟境精义》（klong chen snying thig），系宁玛派持明大师吉美岭巴（vjigs med gling pa）所著。该系统的哲学背景是中观论（Mādhyamika doctrine）。请参阅罗译（第 191 页）脚注；《藏汉大辞典》，第 48 页等。

哈（Śri Simha）①以前，此传承系统与"心识宗"之传承相符。由希僧哈讲授给克巴·益西垛（mkhas pa ye shes mdo），益西垛传授给大师无垢友弥扎（slob dpon bi ma la mi tra；梵：Vimalamitra），无垢友弥扎是桑杰桑哇的亲传弟子，而且有关《幻化》法类是由桑杰桑哇传授给无垢友（Vimala），再由无垢友传授给玛·仁钦却（rma rin chen mchog）的。此中有关无垢友大师，据古代史料所载，从法王赤松德赞直到赤热巴坚藏王之间，前后出现了两位无垢友，即"早期的"无垢友和"晚期的"无垢友。"早期的"无垢友生活在法王赤松德赞时期。他不以出家者着装，而是打扮成瑜伽修士，为此，国王及大臣们对他是外道还是内道心存疑虑。而且还把这些疑虑表达出来，因为在礼敬时他损坏了毗卢遮那塑像。为消除大臣们的怀疑，他著有《皈依六支》（skyabs vgro yan lag drug pa）②，里面说："国王大臣不信任我，故撰著此《皈依六支》"。此师还著有《智慧心要广释》（shes rab snying povi rgya cher vgrel pa）③、《渐修之义》（rim gyi vjug pavi sgom don）、《顿入修义》（cig char vjug pavi sgom don）④ 等。据（这些著述）撰写方法判断，他一定是嘎玛拉西拉⑤时代之后的人。至于"晚期的"无垢友，则是撰写《别解脱戒广释五十卷》者（so sor thar pavi rgya cher vgrel pa bam po lnga bcu pa）⑥。他应该是位比丘。"早期的"无垢友向藏王和娘·定增桑波（myang ting vdzin bzang po）⑦ 二人讲授《精义教授》（snying thig gi gdams pa）后，他就到中原去了。娘·定增桑波是藏王幼年时的看护人。后来他出家为僧，国王和大臣们商议，决定给予

---

① 藏文（第238页第2段第2行）写为：ཤྲཱི་སིང་།

② 梵文：Sadaṅga Śarana。有关此著，参阅《丹珠尔》，dbu ma, No. 3972。

③ 梵文：Bhagavatī prajñā pāramitā hrdaya。有关此著，参阅《甘珠尔》，sher phyin, No. 21（也可参阅 No. 531）。

④ 《渐修之义》罗译（第192页第5行）漏；《顿入修义》梵文为 Sakrtprāveśkanirvikalpabhāvanārtha，有关此著，参阅《丹珠尔》，dbu ma, No. 3910。

⑤ 嘎玛拉西拉（ka ma la shiv la；梵：Kamalaśla）：也是迦玛拉希拉，译言莲花戒。约于公元八世纪出生在东印度，是瑜伽行中观自续派论师。应吐蕃王赤松德赞之请入藏，以菩提萨缍等人所持渐门之见，与持顿门见汉僧摩诃衍进行辩论，获得胜利。著有《修道次第论》三篇。也可以参考《佛学词典》，第2页；《藏汉大辞典》，第5页。

⑥ 梵文：Pratimok sasūtra tīkā Vinayasamuccaya。有关此著，参阅《丹珠尔》，vdu ba, No. 4106。

⑦ 即 myang ting nge vdzin（娘·定埃增），参阅前文有关注释。

其重赏，水旗①上也曾见有此记载。他精修《精义教授》，故年满55②岁时，心已清净莹澈，肉身无余而圆寂。多杰勒巴（rdo rje legs pa）在康区降冰雹时来了大约一百驮骆驼运物，他（娘·定增）收税而获得许多青稞，以此财物修建了乌汝峡拉康（dbu ru zhwavi lha khang）。他在那里将《精义教授》秘藏于秘窟之中，并将言传传授给仲·仁钦坝（vbrom rin chen vbar）；仲·仁钦坝又传授给坝·洛卓旺秋（sbas blo gros dbang phyug）。这一言传系统（tshig brgyud）也包含在他种有情传承系统（gang zag brgyud pa）里。后来有段时间，由娘·弥达玛（myang mi dar ma）及同时代之奈丹荡玛伦嘉（gnas brtan ldang ma lhun rgyal）挖掘出诸秘藏，而后自行修行。他也寻找符合根器者（想传授这些密法），于是在梁上部地方找到了结尊·僧格旺秋（lce btsun seng ge dbang phyug）③，并为其传授了教授七次第。大约就在此时，他也把它们传授给了喀惹贡琼（kha rag sgom chung），据说（通过精义教法）也使其获得解脱。后来一段时间，结尊曾前往荡玛座前去供献许多财物。在聂塘（snye thang）与麦卓（mal gro）地方的娘·噶当巴（myang bkav gdams pa）相遇时，后者告知了他关于荡玛已经逝世的消息。因此，（结尊）将那里的一住所庄园财物也供献给僧伽大众。娘·噶当巴想，结尊愿意供奉上师众多财物，一定精通大量佛法（自己不如他），就向他请求说："结尊师，您有甚深教授，请传授给我。"结尊也就将诸教授传授给他。他（娘·噶当巴）在削地方（gzho）的底卓扎（ti sgro brag，底卓岩）精修教授，后来身躯无余而圆寂。结尊师他在邬域（vu yug）以上，香地方以下的山谷中几经迁移住处而精修，后来获得成就。年满50岁时，有漏④不见而变光消逝（圆寂）。他将诸教授秘密埋藏在邬域、羊卓（yang gro）的切巴达（vchad pa ltag）和秸（jal）地高处等三个地方。秘藏三十年之后，由绒纳达（rong snar mdav）的杰贡纳波（lce sgom nag po）挖掘出一些秘藏，自己开始精修，又向其他许多人士传授。又有项巴热巴（shangs pa ras pa）在漾朗仲切巴达（yang lang grong vchad pa ltag）挖掘出秘藏并向他人讲授。还有，香·扎西多杰（zhang bkra shis rdo rje）于丁丑年（阴火牛，公元1097年）诞生在羊卓（yar vbrog）努措岭谷（snubs mtsho gling dgu）中的拉垛（bla

---

① 水旗（chu dar）：1. 藏俗插在河边的祭神小幡。2. 水绸，神话传说用水中苔藓可以纺织成布、入水不濡。见《藏汉大辞典》，第802页。
② 郭译（第126页倒数第6行）为"五十"。藏文见第239页倒数第6~5行。
③ 此句郭译（第127页第1~2行）为"因此，从梁堆而到杰准生格旺秋获得教授，……"
④ 有漏（zag bcas）：一经作为所缘即能增长烦恼的事物。见《藏汉大辞典》，第2444页。

do）地方，他居住在梁堆（梁上部）时，多杰勒巴乔装打扮成一位白人，戴着白帽，出现在他的面前，从梁堆沿途为其作向导，为其提供住宅卧具和饮食，来到了邬域村尾。虽然当时那里有战乱，但多杰勒巴运用障眼法使士兵们看不见他，保护了他。把他送到邬域西山一高岩之巅。那里有一口向北之岩窟，紧闭其门，他在此处挖掘出诸秘藏。而埃噶闸止（E ka dzva tvi；梵：Ekajātī）① 示现其可怖身形，发出巨大声响。多杰勒巴告知女神有一预言就要发生。于是埃噶闸止说："你当供奉宴会108次，三年中不得向他人说起此事。"说完而去。此后他供了会轮（宴会）108次。挖掘出这些秘藏的时间，据说是香敦（zhang ston）师年满21岁时的丁酉年（阴火鸡，公元1117年）。此外，他（香敦）还发掘除结尊在秸地高处所秘藏之教法，以及在秦浦的岩石中由无垢友本人所藏之秘藏等，而后向大众广为传授。香敦掘藏时，正好是杰贡纳波掘藏过了50年。（掘藏师）大都身躯无余而圆寂，但色正巴（sras skrun pa）他未能身躯无余而逝世，而在丁亥年（阴火猪，公元1167年）年满71岁时逝世。有子尼蚌（nyi vbum），是在父亲（色正巴）62岁时的戊寅年（阳土虎，公元1158年）诞生的。总之，尼蚌依止过许多上师，特别是依止萨迦派的至尊扎巴坚参（rje btsun grags pa rgyal mtshan）②、雄地（gzhung）的峨·多杰僧格（rngog rdo rje seng ge）以及其他许多上师。在与自己的父亲相依为伴的11年中，尼蚌把《精义教授》全部学完，并著了一部《句义广论》（tshig don chen mo）。他（尼蚌）又在香喇嘛座前承事服役，在39岁的丙辰年（阳火龙，公元1196年）生子觉伯（jo vber）。尼蚌于56岁时的癸酉年（阴水鸡，公元1213年）逝世。尼蚌之父亲（色正巴）拜见杰贡（lce sgom）本人，并获得杰贡之传授，故被视为其直传弟子。父子俩逝世后，净治尸体时均发现诸多瑞相及舍利。

年满18岁前，觉伯都与叔父相伴并听受所有《秘密无上教授》（gsang ba bla na med pavi gdams pa）③。从19岁时的甲戌年（木狗，公元1214年）起，到20岁之间，在萨迦班钦（sa skya banchen）座前，听受

---

① 埃噶闸止（ཨེ་ཀ་ཛ་ཏི），护法神名，据说是守护伏藏之神。
② 扎巴坚参（grags pa rgyal mtshan, 1147～1216），萨钦·贡噶宁波之第三子（幼妻所生之第二子），13岁时起接替兄长索南孜摩掌管萨迦事务，26岁时正式继承萨迦法位，为萨迦五祖（sa chen gong ma lnga）第三祖。参阅《藏汉大辞典》，第389页；《佛学词典》，第126页等。
③ 藏文（第242页第12行）为"叔父"（khu bo），但估计应为"父亲"。此外，此句郭译（第128页第8～9行）为"觉伯年满十八岁时，和叔父相伴并听受所有秘密无上教授。"

《三续教授》（rgyud gsum gdams pa）等，麦觉（mal gyo）传宗之《胜乐》法类。又在曲弥巴（chu mig pa）座前听受《量释略论》（tshad ma bsdus pa）①。年满 22 岁时在措普译师（khro phu lo tsva ba）座前听受大成就师弥扎诸教授，以及尼泊尔的扎巴蚌麦（grags pa vbum me）座前听受大手印零散教授（phyag rgya chen po kha vthor）等。而年满 36 岁时已完成学业，断除闻思中诸戏论，所见诸相大都不向他人讲说。他在拉萨释迦牟尼像前作供献时，见到圆光中映现起金刚手（phyag rdor；梵：Vajrapāni）和观世音（spyan ras gzigs；梵：Avalokiteśvara）。又有一天黎明时分，他见到圆光中有无量寿佛像。他说："我本人虽然寿命不会长，但是这似乎是个好的开始。"②他在卯（兔）年③于稀有瑞相中逝世。此师座前楚细·僧格焦巴（vkhrul zhig seng ge rgyab pa）有过接触。僧格焦巴④生于玉茹札（gwu ru gra）地方的普索格昌（phu so gad vphreng）村镇，父亲名为扎西欧珠（bkra shis dngos grub），母亲名为贝勒（dpal le）。诞生时屋顶阳光构成彩帐。（僧格焦巴）年满 9 岁时，心中生起净相和无量信解；10 岁时竟能现境相如幻；12 岁时生起极大的厌离心；13 岁时梦到日月同辉，刚刚醒来时，大悲观世音（thugs rje chen po；梵：Avalokiteśvara）对他说："你应该修《精义之义》（snying thig gi don）。"说完后就不见了。此后他的慈悲心大增。18 岁时，他通达一切外在事物和思想乃如幻之义。20 岁时，他在堪布德邬岗巴（mkhan po ldevu sgang pa）和扎西囊瓦大师（slob dpon bkra shis snang ba）⑤座前出家为僧。年满 25 岁时，为了躲避年灾月难（sri），他来到僧格焦（seng ge rgyab）地方，在僧格焦巴坝巴（seng ge rgyab pa bar pa）座前听受了《蔡巴法类》（vtshal pavi chos skor）。他在喇嘛杂日哇（bla ma tsa ri ba）座前求得《狮子交义法类》（rlung seng ge vjing bsnol gyi skor）。又在热巴·枳麦峨（ras pa dri med vod）、拉日贝（lha ri dpal）、宣奴蚌（gzhon nu vbum）、顿恰（ston

---

① 梵文：Nyāyasamuccaya。此即简要逻辑。
② 此句藏文（第 243 页第 3～4 行）为：nged rang la tshe ring brgyud med kyang kho bo legs par byang ba des yin pa vdra gsung zhing/。罗译（第 195 页倒数第 15～14 行）为：This probably means that though my family was not long lived, I myself have lived long enough.（这或许意味着虽然我的家人不长寿，但我本人已很长寿了。）
③ 这可能是铁兔年，即公元 1231 年。
④ 郭译（第 128 页倒数第 9 行）同一行的译名不统一，分别为"生格敦巴"和"生格教巴"。疑为印刷错误。
⑤ 郭译（第 128 页倒数第 3 行）将此二人译为"堪布邬杠巴和阿闍黎扎喜杠巴"，不太准确。

char）、绛曲云丹（byang chub yon tan）、觉色大师（slob dpon jo sras）等座前求得息结派法类、大手印和新旧密法等许多教授，特别是在觉伯座前求得所有《精义教授》后，他在许多深山荒谷中经过多年认真勤奋精修，也对许多有缘之众生传授，并引导入成熟解脱之道中，年满64岁逝世。

僧格焦巴的弟子麦隆多杰（me long rdo rje）生于癸卯年（阴水兔，公元1243年），父亲是扎普（sgrags phu）的瑜伽修士桑耶（rnal vbyor pa bsam yas），母亲是坝玛（vbar ma）。年满9岁时，他就在成就师萨隆巴（grub thob pa za lung pa）和堪钦塞龙瓦（mkhan chen se lung ba）座前出家为僧。在绒措（rangs mtsho）修行时，他生起悟境并现一些小神通。年满16岁时，他在扎普的须登（zhogs stengs）修行并证悟修会供百遍之真理。此后，他前往许多地方并依止许多上师。他在峡邬达阁（sha bug stag sgo）①和喀曲（mkhar chu）等处修过很多苦行和难行。18岁时的庚申年（铁猴，公元1260年），他在僧格焦的桑杰温波（sangs rgyas dbon po）座前求得精义诸教授后，一心精修，有60天不分昼夜地②亲见金刚埵（rdo rje sems dpav）。正行（根本位）时，他与传承诸师在梦中相见并获加持。年满23岁时，在桑杰热巴（sangs rgyas ras pa）修行处请求金刚亥母（rdo rje phag mo；梵：Vajravārahī）等许多《秘藏法》（gter chos）而亲见金刚亥母③。又在光堆之处亲见《双身胜乐金刚》④、《马头金刚》（rta mgrin；梵：Hayagrīva）、度母（sgrol ma；梵：Tārā）、大悲观世音、普贤（kun bzang；梵：Samantabhadra）、金刚萨埵、无垢友、邬坚（u rgyan）、萨隆巴、桑杰热巴、卓贡仁波且（vgro mgon rin po che）等本尊和诸师。又在冻隆（dung lung）听到空行之声，在噶瓦坚（ka ba can）见到虚空中有金刚亥母和萨隆巴安住。年满26岁时，依止楚细达玛（vkhrul zhig dar ma）和嘉措活佛（sprul sku rgya mtsho）等求得许多法要。他还在粗普（mtshur phu）地方的垛窝热巴（mdo bo ras pa）及贡则哇·楚细温波（dgon rtse ba vphrul zhig dbon po）座前求得许多法要。在堪巴郡（mkhan pa ljongs）、堪巴岭（mkhan pa gling）、僧格宗（seng ge rdzong）、衮桑岭

---

① 位于萨迦附近。参阅罗译第196页倒数第2行行间注。
② 藏文（第244页倒数第7行）为：Nyin zhag drug cu。罗译（第197页第3行）为"six days（六天）"；郭译（第129页第13行）为"昼夜六时"，恐误。
③ 此句郭译（第129页第14～15行）为："年满二十三岁时，在桑杰热巴修行处所，采集了许多掘藏所出法类。由此亲见金刚亥母。"
④ 《双身胜乐金刚》（bde mchog lhan skyes）：无上密乘示现阴阳体合体的胜乐金刚。一本尊名，见《佛学词典》，第397页。

（kun bzangs gling）、喀曲等处精修并作利益众生之事业。年满 37 岁时，本来是其逝世之时，但有一位具有贤善因缘的贡噶大师（slob dpon kun dgav）为之作祈祷，于是他活到 61 岁的癸卯年（阴水兔，公元 1303 年）逝世。这个癸卯（阴水兔）年，大成就师邬坚巴（grub chen u rgyan pa）正好 74 岁；布顿喀伽（bu ston kha che）年满 14 岁；达（ta）地方的司徒·绛曲坚参（si tu byang chub rgyal mtshan）年满 2 岁；仁真姑玛惹（Rig vdzin Kumāra）① 年满 38 岁；楚细·达玛僧格（vkhrul zhig Dharma seng ge）② 年满 81 岁；聂朵·贡噶登珠（snye mdo kun vgav don grub）年满 6 岁。当麦隆多杰年满 38 岁时，桑杰热巴逝世。

曼隆巴的弟子仁真姑玛惹热乍（Rig vdzin Kumārarāja）③ 生平如是：在曼隆巴年满 24 岁时的壬寅年（阳火虎，公元 1266 年），他诞生于坝色正喀（bar gsar rdzing kha）地方，父亲为觉色索南贝（jo sras bsod nams dpal），母亲为切萨棚麦（khye gzav vbum me），取名为塔巴坚（thar pa rgyan）。他自幼具有慈悲心、聪明睿智、心胸深广，启蒙读本不学即知晓。年满 7 岁时，在巩波峨雪脱顶寺（kong po vo shod mtho stengs dgon）之喇嘛杰垛哇（bla ma dgyes rdor ba）座前求得《喜金刚》和《胜乐》的灌顶。年满 9 岁时，在堪布藏巴（mkhan po gtsang pa）座前受了居士戒，并求得《灭除轮回法类》（vkhor ba dong sprugs kyi chos skor）④。年满 12 岁时，在帕莫竹（phag mo gru⑤）的堪布叶尔巴哇（mkhan po yer pa ba）及阿里巴大师（slob dpon mngav ris pa）座前出家为僧，并取法名为宣奴杰波（gzhon nu rgyal po；梵：Kumārarāja）。后来学习《律经》，在仁波伽且扎耶哇（rin po che grags ye ba⑥）座前，经五年时间求得《那若六法》（nā ro chos drug）等教授。他又在察顶巴（vtshar stengs pa）座前求得《喜金刚续第二品》（brtag gnyis）。在本·桑协（dpon sang she）座前研习绘画⑦。念诵六字大明咒时梦见大悲观世音。他在穹纳峡噶达（khyung

---

① 藏文（第 245 页第 11～12 行）写为：རིག་འཛིན་ཀུ་མཱ་ར།
② 藏文（第 245 页第 12 行）写为：འཁྲུལ་ཞིག་དྷརྨ་སེང་གེ
③ 藏文（第 245 页倒数第 6～5 行）写为：རིག་འཛིན་ཀུ་མཱ་ར་ར་ཛ།
④ 宁玛派系统的大悲观世音传承法类。
⑤ 罗译（第 198 页第 9 行）藏文转写为：phag-mo-thu。
⑥ 罗译（第 198 页第 13 行）藏文转写为：grags-se-ba。
⑦ 藏文（第 246 页第 6 行）为：lha bslabs。但此处据罗译（第 198 页第 16 行）"studied painting（学习绘画）"所译，其中有行间注曰：Kumārarāja was famous as artist.（姑玛惹热乍以艺术家而著称。）

nag shavka dar）座前求得宁玛派的许多传承经教要诀等。在扎（sgrags）地方的达普（dar phug）处，他与曼隆巴相见并求得大手印教导，由此而得见真性，心中生起证悟。然后他陪同曼隆巴前往孟地（mon）的大成就扪喀卓岭寺（mkhav vgro gling），在此求得《金刚亥母》等许多法类并闭关念修。他在梦中见到邬坚白玛（莲花生大师）对他说："啊！善男子，常常修正法吧。"此后，他前往粗普，在喇嘛年热（bla ma gnyan ras）和达玛贡波（dar ma mgon po）座前求得噶玛哇（kar ma ba）诸法类。后来，他又前往勒堆的布扎（sbud tra），在那里和大成就师邬坚巴及刚出家七年的壤迥多杰（rang byung rdo rje）① 相见，也就在此师座前求得许多教授。而大成就师也在年热座前求传《精义教授》，随后完全得以传授。又在嘉麦巴·喇嘛南喀多杰（rgya sman pa bla ma nam mkhav rdo rje）座前求得《秘密法要见真》（gsang skor gnad kyi ngo sprod），以及在格丹却吉僧格（skal ldan chos kyi seng ge）座前求得《秘密法要镜》（gsang ba gnad kyi me long）等许多大圆满秘密法类。后来在喀曲地方麦隆多杰座前，求得所有《精义》之灌顶、导释、教授等。由于对师无其他供养，故只好为师劳役整整两个春季，绘画佛像，又依苦行而患虱子之病②。特殊修持也随之而生起。上师心中欢喜，也恩准他作利益众生之事业。在灌顶列座中，他亲见上师头上有四臂怙主明王（四臂护法）（mgon po phyag bzhi pa），寝室门前现起有两层楼高的埃噶闸止护法神身影。此外，（在女神身后）他看见有羯摩部多血色金鬟（las kyi ma mo khrag ral can），手捧鲜血而饮。他在此依止上师八年，不离不弃。在柳察布（smyug tshal sbug）居住的一个冬季里，他亲见金刚亥母并生起广大无偏离智慧。此后，他在雅垄修建了察顶山林修屋（vtshar stengs kyi ri khrod），在那居住了一小段时间。得知上师即将去世的消息之后，他前往喀曲在珈村（sky-ags）与之相见。然后，他又前往咱日③。在枳姆拉（krig mo lha）之草坪中见到石像上方有五色彩虹映照。越过晶山之小山冈，来到圆形之玉湖，天空特别晴朗，五色彩虹自上而下直贯在湖上。后来，他来到粗普，在法

---

① 罗译（第198页倒数第4行）为：……who was aged seven and newly ordained（七岁，刚出家的……）。
② 郭译（第130页倒数第2行）为："……绘画佛像，复依苦行，而获得主要肌肉发展……"
③ 咱日（tsa ri）：也译作杂日。西藏自治区珞隅地区一山名。12世纪末，藏传佛教噶举派藏巴甲热耶协多杰始说此山为佛教密宗上乐金刚圣地，首创年往巡礼之例。每逢甲（猴）年，规模相当宏大，有时就达数千人，称杂日巡礼。见《佛学词典》，第649页。

王壤迥哇（chos rgyas rang byung ba，即壤迥多杰）座前供献《精义》教授。接着前往香地方在杰准纳波（lce sgrom nag po）之传嗣贡巴大师（slob dpon sgom pa）座前，求得秘密法类及《禅定眼明灯》（bsam gtan mig gi sgron me）。在定日的纳玛（sna dmar）地方的本波绛珠（dpon po byang grub①）座前求得《寺院之住山法》（dgon pavi ri chos），并与珠钦巴（grub chen pa）② 相遇。在玛朗喇嘛扎西隆巴（mar lam③ bla ma bkra shis lung pa）座前，他求得《阎摩黑色敌》（gshin rje dgra nag）④ 等法。在益贡大师（slob dpon ye mgon）等座前，他彻底校订了秘密法类、阁昌巴（rgod tshang pa）之诸导释和阿若（a ro）的教导广释和教义等，以顺人意，并解决由闻思而来的增添和虚构。他建起了咱日新山，在咱日古山旁边独自一人居住了八个月，生起诸多大神变——赞拉（dzam lha；梵：Kuvera）给他赐予珍宝，地神迎请他到室内作恭敬承事，又见到湖中心有五色光筒一个接一个相合而逝去等许多奇相。他经常只在山林和雪山丛中安住并精修要法。他曾多次为噶玛巴壤迥多杰（kar ma pa rang byung rdo rje）等诸多人士传授《秘密无上法轮》（gsang ba bla na med pavi chos kyi vkhor lo）。他还下令从工布⑤至耶拉托（gwe la thug）之间封山、封路、禁止网鱼打猎。其所讲授《精义教授圆满次第》（snying thig gi gdams pa rdzogs rim）与其他（圆满次第）不相混合，而自有其本身之教法语言，是从其宗派敏感中挖掘出来而进行讲说的。此位大德在年满78岁的癸未年（阴水羊，公元1343年）逝世。在他座前，由隆钦巴（klong chen pa）⑥ 求得其传授。

隆钦巴于戊申年（阳土猴，公元1308年）在玉茹扎地方的普堆仲（phu stod grong）诞生，父亲为丹松大师（slob dpon bstan bsrungs），母亲为仲·萨姆索南坚（vbrom gzav mo bsod nams rgyan）。年满12岁时，他在

---

① 罗译（第200页第3行）藏文转写为dbon-po byang-grub；郭译（第131页第12行）为"温波绛珠"。罗译行间注此人即rgyal ba yang dgon pa。
② 罗译（第200页第4行）为：u-rgyan-pa（邬坚巴）。系大成就师。
③ 罗译（第200页第4行）把"mar lam"译为"on his way back（在回来的路上）"。
④ 梵文为Sarvatathāgatakāyavākcittakrsnayamari nama Tantra，参阅《丹珠尔》rgyud vbum, No. 467。
⑤ 工布（kong po）：西藏自治区东部尼洋河上游地名。见《藏汉大辞典》，第31页。
⑥ 隆钦巴是宁玛派最著名的学者，被称为rgyal ba gnyis pa，即"第二位Jina"；也被称为rgyal ba gnyis pa dpal bsam yas pa kun mkhyen dag gi dbang povam klong chen rab vbyams pa。请参阅《宁玛派全集目录》（rnying rgyud dkar chag），fol. 108a。据说他著有263种著述，其中包括《教法史》（chos vbyung）。据说他还是一位著名的诗人。

堪布桑珠仁钦（mkhan po bsam grub rin chen）及贡噶俄色大师（slob dpon kun dgav vod zer）座前出家为僧。他依止许多上师，听受过新旧密宗经典及许多修法、灌顶、导释等。他依止过许多善巧大师（著名学者），比如桑普赞贡巴（gsang phur btsan dgon pa）和拉章哇·却贝坚参（bla brang ba chos dpal rgyal mtshan）等。他听受弥勒所著之论①及《因明七论》② 等许多教法，并成为善巧大师。他在角拉岩窟（lcog la brag khung）中修住了五个月。后来他前往桑耶，到仁真巴·江普（rig vdzin pa skyam phu）住处。仁真巴（对他）说："昨晚飞来一只称为神的鸟，看来预示着你要到来。这似乎将来有一位住持我的教法传承者，我将会把全部教授传授给你。"而且表现得极为欢喜。那年春天，他由一荒地迁至另一荒地，连续九次迁移，如此经过许多身、语之苦行。那时，他只有三升半糌粑和二十一颗水银炼制丸，以此作了两个月时间的生活给养。下雪时，他钻入一皮袋之中，当做卧具及衣服两用。为佛法作了如此多的苦行。他立誓三年修行，居于秦浦等山林丛中精修，有时到上师座前进行研究教授彻底断疑。他还修行过金刚亥母和妙音母（dbyangs can ma；梵：Sarasvatī）等。为此，他对于讲说、辩论、著作等任何一种都无疑而通晓。在丹坝（dan bag）地方，他在宣奴登珠大师（slob dpon gzhon nu don grub）座前求得《经教幻化》和《心识宗》等许多教授。后来，他撰著了《秘密藏续》与《精义》③ 相顺的一些注释；以及精义法类35种，立其总名为《真实上师》（bla ma yang tig）作了许多论著④。他还于卫堆（dbur stod）地方吉曲（skyi chu，拉萨河）之两岸聚集许多听法大众，建立《秘密无上法类导释》（gsang ba bla na med pavi khrid）之讲座，他在下半生中多次讲授《空行精义》（mkhav vgro snying thig）。大司徒·绛曲坚参（tavi si tu

---

① 此处罗译（第201页第11行）为："Five Treatises" of Maitreya（Byams chos sde lnga）（弥勒五论）；本书所据藏文（第249页第5行）为byams chos。
② 《因明七论》（tshad ma sde bdun）：也称《七部量理论》。古印度因明家法称发扬陈那所著《集量论》的七部注释，即《释量论》、《定量论》、《理滴论》、《因滴论》、《关系论》、《悟他论》和《诤理论》。前三者释因明之本体，后四者释因明的组成部分，故有三本四支之称。见《佛学词典》668页。也请参阅《丹珠尔》，tshad ma, Nos. 4210、4211、4212、4214、4218、4219和4213。
③ 这是隆钦巴有名的注释文献。
④ 比如收入 klong chen gsung vbum 中的 klong chen mdzod bdun, 此文集在德格、卫地等均印制。

byang chub rgyal mtshan)① 主仆说他是止贡巴（vbri khung ba）的上师，对他另眼看待。后来由桑杰贝仁（sangs rgyas dpal rin）说和，把他们弄在了一起（而他就成了司徒的上师）。他在作广大的利益众生事业中，于癸卯年（阴水兔，公元1363年）满56岁时逝世。他有几个同父异母的儿子。直到今天，宣说《精义》之弟子传承没有间断，而且多数殊胜卓越，成为杰出上师，实在难得！

此外，在曼隆巴座前听受《精义》法类的还有一位著名的出家僧，名叫绛生索南洛卓（byang sems bsod nams blob gros）。他安住在梁堆的丹裕山林修行处（ldan yul ri khrod），每年都要对许多应化众生讲说《精义》教授。此师座前有绛伯央·桑珠多杰（vjam pavi dbyangs bsam grub rdo rje）前来听受后，又将《精义》教授传授给我的上师，我师以《精义法门》对许多众生普遍作利益之事业。又由我在上师座前求得《精义灌顶》（snying thig gi dbang）以及曼隆巴传统做法之导释次第的表面部分。

这样一来，我就能在此普遍传称之旧密圆满次传中撰写出拙著。至于八种经教过去诸上师各自的以及总的修行情况、获得成就情况，有许多记载但在此未能记载。总的来说，从朗达玛毁灭佛教起，大约经过七十余年间，前后藏区没有一个出家之人，幸而有宁玛派之咒师们在各地区修行，由这些特殊修士作出吉祥之事业，而俗家人众也对这些修士敬信并以衣食等作供养承事。因此，他们仅依一次净瓶灌顶，而能渐次成熟身心。后来，鲁麦等普遍传称的"卫藏六人"或说"八人"到来时，各地发展出了无数寺庙和僧伽大众。从前的国王大臣在位时所翻译的《甘珠尔》及《丹珠尔》②，幸运地没有遭到破坏而今得到足够引用。后来传承出许多善巧成就者，【他们大多数属于宁玛派成就者传承系统。也通过萨迦派世系、措普哇（khro phu ba）世系、峨（rngog）世系、莲花生大师之直传

---

① 又译大司徒·绛曲坚赞（1302~1371），首任帕竹第司。公元1351年扩建泽当寺。元顺帝至正十四年甲午（1354年）任帕竹万户长，旋即以帕竹万户兵围攻萨迦，擒其本钦旺准，遣使朝元顺帝，贡纳方物，受封世袭大司徒之职，遂建立帕竹政权于乃东。后来增设吐蕃王朝松赞干布所创法典，订立内容为十五条的新法典。改旧有奚卡为宗，建派遣宗本之制。参阅《藏汉大辞典》，第1025页；郭译（第159页）第17注。

② 《甘珠尔》及《丹珠尔》：《甘珠尔》（bkav vgyur）也称《佛说部》是指佛说经典。由译成藏文的佛说三藏四续经典汇编而成的一部丛书。全书有一百函、一百零四函、一百零八函。见《藏汉大辞典》，第69页。《丹珠尔》（bstan vgyur）也称《注疏部》是指由已经译成藏文的各种学科和注释显密佛教的著作汇编而成的一部丛书。全书约有二百一十八函左右。见《藏汉大辞典》，第1126页。

弟子绛曲遮果（byang chub vdre bkol）次第传授】①，直至由一切遍知至尊敬安叔伯传承诸人来作抚育众生等事业。本章乃诀窍部的史事阶段。以上内容为旧译密乘的篇什。

---

① 【】里的内容郭译（第133页）漏。藏文（第251—252页）为：rnying ma bavi grub thob brgyud pa las byung ba yin te/dpal sa skya pavi gdung rabs rnams dang/khro pbu bavi gdung rabs rnams dang/rngog gi gdung rabs dang/slob dpon padmavi dngos kyi slob ma byung chub vdre bkol las rim par brgyud de/.

第四章 新密乘①及随行道果②

一 新密翻译之初阶段

前后藏和阿里地区虽然获得了一小部分密咒教授，但行为颠倒，远离三摩地③，因而发生一系列所谓交合解脱（sbyor sgrol）和淫行行为等歪门邪教。这些情况虽然阿里王④亲眼所见，但未能亲自进行批判。尽管如此，他们迎请了许多善巧有成之班智达到藏，并由其引导众人步入清净正道之中，以合理方法消除其罪过。阿底峡尊者也说："最初佛祖为大密乘，极为勤奋而遮阻故，秘密灌顶智⑤之灌顶，梵行（者）⑥ 不应取而用之。"如此一来，咒师们在家异端⑦之教便间接性地反驳了。虽然说是以

---

① 新密乘（gsang sngags gsar ma）：也叫新密。11世纪仁钦桑波译师以后所译续部，称为新密乘。也可以指朗达玛灭佛之后，译为藏文的全部密教经典之通称。见《佛学词典》，第863页。
② 道果（lam vbras）：萨迦派深法宝训道果。初，印度大成就者比哇巴，依《喜金刚怛特罗经》，以道果金刚偈句，但特罗释文要略及道果教言授予纳波巴和仲比巴，从此辗转传入藏地，卓弥译师得之，授予萨迦·贡噶宁波。尤以比哇巴为送法门，亲至萨迦，秘密直传道果于贡噶宁波，其后次第传予索南孜摩，其传予萨班和八思巴等，成为萨迦一派不共法门。见《佛学词典》，第795页。
③ 三摩地（ting nge vdzin）：梵音译作三摩地，略作三昧，禅定。即等持，心专注一境而不散乱。佛教以此作为取得正确认识，达到出世成佛的修养方法。此有两种：一谓"坐定"，即人们与生俱有的一种精神功能；一谓"修定"，指专为获得佛教智慧、功能或神通而修习所生者。见《佛学词典》，第299页。
④ 阿里王（mngav ris kyi rgyal po）：指当时的扎西哲、智光和菩提光。
⑤ 秘密灌顶（gsang dbang）：三半毕竟灌顶之一。在上师双身世俗菩提心坛场中，为弟子语门灌顶，使语门诸垢清净，有权修习风脉瑜伽及念诵咒语，于身心中留植证得果位语金刚圆满报身缘分的一种无上密乘灌顶。参阅《藏汉大辞典》，第3006页。
⑥ 梵行（者）（tshongs par spyod pa）：1. 梵行，净行。清洁纯净的行为。2. 梵行者。比丘的异名。参阅《藏汉大辞典》，第2254页。
⑦ 异端（rtsing chos）：与正道相违背者。《藏汉大辞典》，第2219页。

弥底尊者①以后为新密乘翻译之始，但那时在前后藏地区未作翻译。后来，在康区译出《文殊真实名称欢喜金刚法类》（mtshan yang dag par brjod pa sgeg pa rdo rjevi skor）②、《吉祥四座》（dpal gdan bzhi pa）③、《密集法类》（gsang ba vdus pavi skor）等许多经典，如此看来，这要比大译师仁钦桑波所译密典还要早一段时间。而且仲敦巴在给其师色准尊者（jo bo se btsun）作服役时，就在弥底尊者座前学习翻译。此后不久，当仲敦巴来到阿里时，大译师已经到了85岁高龄。大译师所翻译大都是如《摄真实续》④、《密集法类》等以《瑜伽父续》（rnal vbyor phavi rgyud）为主的密续。至于《瑜伽母续》（rnal vbyor mavi rgyud）诸密典，则是在大译师（宝贤）年近50岁时，喇钦（大喇嘛）卓弥（bla chen vbrog mi）出现，《瑜伽母续》诸密典译传也就兴盛起来了。以上为新密翻译之初阶段。

二 《瑜伽母续》讲说之兴起以及《道果》等教授在萨迦派父子在位期间如何发展的史事阶段

如此看来，在西藏后弘期之初来藏的诺顿·多杰旺秋（lo ston rdo rje dbang phyug）传播教法期间，正是赤扎西哲巴贝之三子贝德（dpal lde）、俄德（vod lde）、基德（skyid lde）在如拉克⑤地方抚政，赤扎西哲巴贝系阿里王贝柯赞之子。这三兄弟在诺顿座前请求说："为我们派遣一个堪布和一位大师，以此来发展佛教事业吧。"于是，诺顿派来了堪布释迦宣奴（mkhan po shavkya gzhon nu）和色·益西准珠大师（slob dpon se ye shes brtson vgrus）两人。（他们）顺利地建立起了僧团时，大译师仁钦桑波年近50岁。堪布和大师俩商议后，决定派遣卓弥和达诺·宣奴准珠

---

① 弥底尊者（jo bo smri ti）：班智达弥底与弥底尊者为同一人。见班智达弥底的注释。
② 梵文：Mañjuśrī nāma saṅgīti. 关于此法，可参阅《丹珠尔》，rgyud, No. 2537。此著郭译（第136页）为：《文殊真实名称经》。
③ 梵文：Śrīca tuhpītha mahāyoginītantrarāja nāma. 关于此法，可参阅《甘珠尔》，rgyud vbum, No. 428。
④ 《摄真实续》（de nyid bsdus pa）：属密宗续部经典，布顿一切智著。又作 de nyid bdus pavi rgyud《佛学词典》，第380页。
⑤ 如拉克（ru lag）：以哲地的杜瓦纳拉为中心，东至绛纳扎，南与尼泊尔的朗纳接界，西至拉更亚米，北至杰麻拉恩一带地区古名。约当今后藏与阿里连境的南部地区，中区前后藏四翼之一。其中包括拉孜、萨迦辖区。见《藏汉大辞典》，第2708页。

(stag lo gzhon nu brtson vgrus) 两人携带许多黄金前往印度求学。此二人在藏时学了一点毗哇达语（bi wa rta；梵：vivarta）。他们到尼泊尔居住了一年，在辛底巴①的弟子尼泊尔班智达辛哈班遮（Śāntibhadra）②座前学习语言（梵语），并在其座前听受了一些密法。据班智达言谈中介绍，毗扎玛纳西拉寺③的六门六位善巧师为：东门为辛底巴④、南门为阿根·旺秋扎巴（ngag gi dbang phyug grags pa；梵：Vagiśvarakīrti）、西门为喜饶·穹奈洛卓（shes rab vbyung gnas blo gros；梵：Prajñākaramati）、北门为那若班钦（nā ro panchen）、中央为仁钦多杰（rin chen rdo rje；梵：Ratnavajra）和扎莲纳西（Jñānaśrī）⑤等人。他俩（卓弥和达诺）又依止于辛底巴座前，并对其余诸师也作了一些法缘。当他俩将赴印度时，堪布和大师二师吩咐说："由于佛教根源为《律经》之故，为此要听受《律经》；佛教之核心为《般若波罗蜜多》之故，为此要听受《般若波罗蜜多》；佛教之精华为《密法》之故，为此要听受《密法》。"⑥他们遵照二师之言行事。卓弥依止辛底巴座前，最初听受的是《律经》，其次听受《般若波罗蜜多》，此后多次听受《密法》，成为大善巧师。达诺前往金刚座朝拜绕转且就在那里居住下来，并没有求学⑦。卓弥在辛底巴座前学习了八年时间。后来他前往印度东部，见到有一位比丘以木女神用无形之手接受化缘财物而感到惊讶！于是就向这位比丘顶礼、绕转多次并请求摄受。该比丘名为般若扎嘿汝哲（Prajñā Indraruci）⑧，在藏语里为喜饶季旺波色（shes rab kyi dbang po gsal）。附记，毗汝巴（Bi ruv pa；梵：Virūpa）的弟子为

---

① Śānti pa，藏：རྒྱ་པ། 。又为 Śāntipāda 或 Ratnākaraśānti。参阅 A. Gruenwedel 的 "Die Geschichte d. 84 Zauberer /mahasiddha."，第156ff页；罗译（第206页）行间注。

② 藏文（第257页第9行）写为：རྒྱ་གར། 。

③ 毗扎玛西那（bi kra ma laśī la；梵：Vikramaśīla）：也叫比札马拉希拉寺，戒香寺。古印度恒河岸边一小寺名。阿底峡等许多印度佛学家曾居住于此。见《藏汉大辞典》，第1826～1827页。

④ 藏文（第257页第11和14行）写为རྒྱ་པ།，似乎有误，应为ཟ། 。

⑤ 藏文（第257页第13行）写为：ཇྙཱ་ཤྲཱི།。

⑥ 此段郭译（第137页第15～17行）译为："由于《毗奈耶》是佛教的根本，你们应听受；般若波罗密多是佛教的心要，你们也当听受；密宗是佛教的精髓，你们更应当听受。"

⑦ 此句藏文（第258页第1行）为：snyag los［恐误，疑为 rtag lo］ni/ rdo rje gdan du bskor ba byad cing bzhugs te/ slob gnyer ma byas/。罗译（第206页第18行）漏。

⑧ 藏文（第258页第6～7行）写为：པྲཛྙཱ་ཨིནྡྲ་རུ་ཙི།。

垛弥波嘿汝嘎（Dombhi Heruka）①；垛弥波嘿汝嘎的弟子为弥吐达哇（mi thub zla ba；梵：Durjaya candra）；弥吐达哇的弟子就是这位比丘。该比丘师为他进行密咒灌顶，讲说续部，广大讲授诸教授要诀；还把一无本续之道果（rtsa ba med pavi lam vbras）也传授给他。跟辛底巴所传诸密法比较，此师所传诸法更能使他生起大信念，于是他在此师座前居住了四年时间。后来，他在尼泊尔南部②共居住了13年时间之后，返回藏地。堪布、大师及僧众从很远的地方就开始迎接他。

如上所述，卓弥精通许多法门而且成为善巧者，堪布、大师以及众人都很兴奋。卓弥后来翻译了二品③等三种密乘，以及其他许多密法；他还译校了辛底巴所著的《具足清净论》（ngag ldan）④，主要是弘扬密教并讲说许多教法。他居住在纽古垄（my gu lung）和拉孜山岩（lha rtsevi brag）。有一小段时间，【后藏】朗汤嘎波（gnam thang dkar po）的牧人迎请他到牧区小住，这时他接到班智达嘎雅达热（ga ya dha ras；梵：Gayadhara）信函，告知他一位班智达即将到来，建议他前往迎接。

于是，他就来到【芒域】贡塘迎接班智达（嘎雅达热），并与之作伴。一路上班智达为他讲说了许多教法。于是他迎请班智达到纽古垄，他们决定在那里住五年，由班智达把所有大宝密教著作（gsung ngag rin po che）⑤传授给他，他供献黄金五百两立约。经过三年时间圆满传完教授。班智达说："我要走了。"他请求说："望如约请再住一段时间。"于是便住满五年时间。足足五百两黄金供献给了班智达，他大喜而说："经教著作我以后不会传授给其他藏人了。"然后返回了印度。后来，管师（vgos）又迎请班智达经卓姆（gro mo）来藏。班智达来后他们再次相见。再后来，他又返回（印度）。最后，班智达在由吉觉（gyi jo）迎请到了阿里。后来，班智达到后藏时，卓弥已经逝世，而没能相见。班智达（嘎雅达热）来到喀惹（kha rag）见色（se）和若（rogs）两位禅师，就在此

---

① 藏文（第258页第8行）写为：ཤུགས་ཉིད་ཀ།

② 藏文（第258页第12行）为 lho bal du（在尼泊尔南部）。罗译（第206页）为"In India and Nepal（在印度和尼泊尔）"。

③ 二品（brtag pa gnyis pa）：在此似乎为《喜金刚续第二品》（kyee rdor rgyud kyi brtag pa gnyis pa）。梵文：Hevajra tantraraja nama，参阅《甘珠尔》，rgyud vbum, No. 417~418。

④ 梵：Abhisamayālamkārakarikāvrttiśuddha mati nāma。参阅《丹珠尔》Sher phyin, No. 3801。此处罗译（第207页第6行）转写为"dag-ldan"。

⑤ 道果法（lam vbras）的尊称。

去世①。

　　卓弥传授出诸密经以及不可思议的教授要诀（bsam mi khyab）等【以揭示道果法】，其中全部经教著作传授给拉尊噶里（lha btsun ka li）、仲·垛哇顿琼（vbrom do ba ston chung）和色顿贡日（se ston kun rig）三人，其他人士没有传授。拉尊（lha btsun）未抚育门徒。仲·垛哇顿琼从纽古垄来到拉堆南部，在那里不久便逝世了，于是教授也未能发展。虽然卓弥师没有能够全部传出经教之教授，然而获得其中一部分传授者为：杰贡色窝（dgyer sgom se bo）、辛贡若波（gshen sgom rog po）和卫巴仲波且（dbus pa grong po che）三男子，以及堆姆多杰措（stod mo rdo rje mtsho）、桑姆衮内（bzang mo dkon ne）、肖莫江吉（shab mo lcam cig）和恰姆南喀（vchad mo nam mkhav）四女性。这七个人都修行并获得成就。获得了经论圆满讲授者为：拉孜（lha rtse）②的姜邬噶哇（ljang dbu dkar ba）、肖（shab）的扎哲·索纳巴（brag rtse so nag pa）、昌窝（vphrang vog）的章顿·贡却杰波（dbrang ston dkun mchog rgyal po）、萨迦的款·贡却杰波、阿里人色尾宁波（gsal bavi snying po）五人。此为其最胜诸弟子而列出。至于给出家为僧者和在家众人说法，其数之多，不胜枚举。管译师和玛尔巴译师二人也是卓弥的弟子。玛尔巴曾在吉祥纽古垄寺（dpal myu gu lung gi dgon pa）说："我在卓弥大译师座前，学习声明（文字）与诵语（梵文）。我受之恩惠不小，很大！"然而，玛尔巴发现即便求取小教授要诀，卓弥师也坚持要极大酬金，因此玛尔巴自己也生起前往印度的念头，并去了印度。管师也把（卓弥）上师教法视为最上，但他自己也想亲近众多班智达，为此离开（纽古垄）寺院而前往（印度）。

　　如此，此位大师（卓弥）具有听闻许多教授之功德，并获得稳定的生起次第和圆满次第（生圆次第）；而且能借用风力于空中跏趺③而坐。他在临终时本愿不舍离自身而成佛，但因诸弟子净治遗体等工作时，缘起略有未合，而只能于中有④大手印成就。总之，如上所述，大译师仁钦桑波翻译出了若干经论法典并作讲授，其中包括《般若八千颂》（brgyad

---

① 据更顿群培口头介绍，在萨迦寺大殿还有一尊巨大的班智达塑像。参阅罗译（第207页倒数第4～1行）行间注。
② 西藏东南部，后藏日喀则西面雅鲁藏布江上游。
③ 跏趺（skyil dkrung）：指盘腿而坐。两腿向内弯曲交互重叠的坐姿。旧译跏趺、跏趺坐、全跏趺坐，是毗卢遮那七法之一。见《藏汉大辞典》，第147～148页。
④ 中有（bar do）：也指中阴。前身已弃，后身未得。即死后未投生中间。见《佛学词典》，第550页。

stong pa)①、《般若二万五千颂光明论》（nyi khri snang ba）②、《般若八千颂广译》（brgyad stong vgrel chen）③ 等。《甚深般若波罗蜜多》（zab mo shes rab kyi pha rol tu phyin pa）得到弘扬也归功于卓弥大师。就密宗续部诸方面而言，卓弥大师确实学识渊博，而且掌握修行各本尊身像之绝妙方法。他还建立了讲说《父续》和《母续》等许多经教之规。尤其是在广大弘扬诸《瑜伽续部广释》及诸仪轨作法等方面，他对佛法的发展作了极大贡献。如上所说，喇钦卓弥大师是弘扬以《母续》为主的说修教法。管师是以讲说圣传《密集》为主，在其教导下，一批批数量众多的善巧弟子不断成长、渐次发展起来的。至于玛尔巴，则是以那若弥扎（nav ro me tri）的教授要诀为主，并讲说《密集》、《佛颅》（sangs rgyas thod pa）④、《欢喜金刚第二品》（brtag pa gnyis pa）⑤、《金刚幕》（rdo rje gur）⑥、《玛哈玛雅》⑦、《吉祥四座》（dpal gdan bzhi pa）⑧ 等注释论著，为此，其善巧弟子及获得成就者遍布于藏区一切山林之中，于是，他就成为密宗教主。喇钦（同上）卓弥大师把将所有经教教授（即道果法）传授给了色师（se，即色顿贡日）；并宣布其经教教授将由峡玛兄妹（zha ma lcam sring）发扬光大。峡玛兄妹两人都在适当的时候于色师座前求得经教教授（道果），亲自修行，并向他人做广大利益之事。关于此类史事将在下文再述。

虽然喇钦（大喇嘛）卓弥大师有许多弟子，但是具德的萨迦派诸位大师，都必须是经论和教授二者兼备的大教主。关于他们的世系如下：在藏区鬼神兴盛之时，雅垄东部的雅邦杰吉（gwav spang skyes gcig）和思里玛（si li ma）结婚后，无血鬼（srin khrag med）对她产生贪爱。由此二人（雅邦杰吉和无血鬼）产生怨恨，这时思里玛生下一神子，普遍传称

---

① 梵文：Atasāhasrikā Prajñāpāramitā。
② 梵文：Ārya Pancavimśatisāhasrikāprajñāpāramitāmitopadeśaśāstrā bhisamayālamkāravrtti。请参阅《丹珠尔》，Sher phyin，No. 3787。
③ 梵文：Abhisamayālamkāra ālokā。请参阅《丹珠尔》，Sher phyin，No. 3791。
④ 梵文：Śrī Buddhakapāla nāma yoginītantrarāja。请参阅《甘珠尔》，rgyud vbum, No. 424。
⑤ 梵文：Hevajra Tantrarāja。参阅《甘珠尔》，rgyud vbum, No. 417。
⑥ 梵文：Ārya Dākinīvajrapañjara mahātantrarājakalpa nāma。参阅《甘珠尔》，rgyud vbum, No. 419。
⑦ 一母续经典名，藏文：མ་ཧཱ་མཱ་ཡཱ།，见《佛学词典》，第 621 页。梵文：Śrī Mahāmāyā tantrarāja nāma。请参阅《甘珠尔》，rgyud vbum, No. 425。
⑧ 梵文：Śrīcatuhpītha mahāyogīnitantrarāja nāma yogin。请参阅《甘珠尔》，rgyud vbum, No. 428。

为觉窝·款巴杰协（jo bo vkhon bar skyes shes）（意为仇怨中生之人主）。于是自玛桑（ma sangs）以降，从款族中次第传出后裔。其中担任赤松德赞之内大臣的款·贝波且（vkhon dpal po che）有四子，即赤哲拉勒（khri mdzis lha legs）、次拉旺秋（tshe la dbang phyug）、款·鲁益旺波松瓦（vkhon kluvi dbang po bsrung ba）、次真（tshe vdzin）四人。第三子（款·鲁益旺波松瓦）是"七试人"①中第六人。

第四子（次真）有子名为多杰仁波且（rdo rje rin po che），而后次第出生的后裔为：喜饶云丹（shes rab yon tan）、云丹穹奈（yon tan vbyung gnas）、楚臣杰波（tshul khrims rgyal po）、多杰珠垛（rdo rje gtsug tor）、格焦（dge skyabs）、格通（dge mthong）、柏波（bal po）、释迦洛卓（shakya blo gros）。这些人都具有旧密之功德。（释迦洛卓）有二子：兄喜饶楚臣（shes rab tshul khrims）出家为僧；弟贡却杰波（dkon mchog rgyal po）诞生于甲戌年（阳木狗，公元1034年），在年满40岁时的癸丑年（阴水牛，公元1073年）修建了萨迦寺，在年满69岁时的壬午年（阳水马，公元1102年）逝世。贡却杰波之子为萨钦·贡噶宁波（sa chen kun dgav snying po），诞生于父亲59岁时的壬申年（阳水猴，公元1092年）。贡噶宁波年满11岁时父亲去世，同年，年满63岁的巴日译师（ba ri lo tsav ba）被推举为（萨迦寺）住持。后来，贡噶宁波从20岁到67岁之间，一直掌管寺座达48年时间，到戊寅年（阳土虎，公元1158年）逝世。萨钦（贡噶宁波）有四子：长子贡噶坝（kun dgav vbar）前往印度学习，并学成善巧，到22岁时死于印度；次子为索南孜摩大师（slo dpon bsod nams rtse mo）在其父亲51岁时的壬戌年（阳水狗，公元1142年）诞生，年满41岁时于壬寅年（阳水虎，公元1182年）逝世；第三子为至尊扎巴坚参，是在其父亲56岁时丁卯年（阴火兔，公元1147年）诞生的，他于壬辰年（水龙，公元1172年）满26岁时掌管寺座，直至70岁时丙子年（阳火鼠，公元1216年）逝世；第四子为贝钦俄波（dpal chen vod po），是其父亲59岁时庚午年（阳铁马，公元1150年）诞生的，他在54岁于癸亥年（阳水猪，公元1203年）逝世。贝钦俄波有二子：长子为萨迦班钦（sa skya pan chen）【贡噶坚参】，是在其父33岁时的壬

---

① "七试人"（sad mi mi bdun）：指赤松德赞时期，为观察藏人能否守持出家戒律，命试从静命论师依说一切有部出家的七人：巴·色朗、巴·赤协、坝卢遮那、杰哇却央、昆·鲁伊旺波（即款·鲁益旺波松瓦）、玛·仁钦却和藏勒竹。藏传佛教史籍中对初试七人名字不同的说法颇多。也可以参考《佛学词典》，第844页；《东噶藏学大辞典》，第2037页；《藏汉大辞典》，第2917~2918页等。

寅年（阳水虎，公元 1182 年）诞生的，年满 63 岁的阳木龙年（公元 1244 年）时前去拜访皇上（gong，即在甘肃的蒙古王子阔端），年满 70 岁辛亥年（阴铁猪，公元 1251 年）逝世。其幼弟桑察·索南坚参（zangs tsha bsod nams rgyal mtshan），是在其父亲 35 岁时的甲辰年（阳木龙，公元 1184 年）诞生的，年满 56 岁时于己亥年（阴土猪，公元 1239 年）逝世。索南坚参之子为喇嘛八思巴①。

八思巴是在其父亲 52 岁时的乙未年（阴木羊，1235 年）诞生的，年满 10 岁时，随同却杰巴（chos rje pa，即萨迦班智达）到北方。在途中素普（zul phu）地方，他在纳萨澈索（na bzav vphed gsol）面前着僧装而成沙弥②。年满 19 岁时的癸丑年（阴水牛，公元 1253 年），他成为忽必烈王子（se chen rgyal bu）的应供上师。他于 21 岁时的乙卯年（阴木兔，公元 1255 年）受比丘戒。年满 26 岁时的庚申年（阳铁猴，公元 1260 年），他前往忽必烈帝国之都成为皇帝的上师。他于 31 岁时的乙丑年（阴木牛，公元 1265 年）返回藏区。后来，又于己巳年（阴土蛇，公元 1268 年），前往（忽必烈）皇室，在那住锡七年。之后，在年满 42 岁时的丙子年（阳火鼠，公元 1276 年），回到萨迦祖寺。于次年即丁丑年（阴火牛，公元 1277 年），举行曲弥③大法轮会④。年满 46 岁时的庚辰年（阳铁龙，公元 1280 年）圆寂。其弟恰纳（phyag na）【多吉】是其父亲 56 岁时的己亥年（阴土猪，公元 1239 年）诞生的。年满 6 岁时随同却杰巴（chos rje pa，即萨迦班智达）到北方。在年满 29 岁时的丁卯年（阴火兔，公元 1267 年）逝世。

---

① 八思巴（bla ma vphags pavam vgro mgon vphags pa blo gros rgyal mtshan，1235—1280）：名洛卓坚参，译意为"慧幢"，南宋理宗端平二年（公元 1235 年）生，为萨迦派第五代祖师，1260 年世祖忽必烈即位，被尊为国师，奉命制蒙古新字，进封"大宝法王"赐玉印，统领藏区十三万户，使统摄于法王任命的"本钦"之下。享年四十六岁于庚辰年逝世。可以参考《佛学大词典》，第 143 页。关于八思巴生平，恰那多吉生平等，请参阅陈庆英《元朝帝师八思巴》，中国藏学出版社 1992 年版；王启龙《八思巴评传》，民族出版社 1998 年版等。
② 郭译（第 141 页第 6～7 行）为："他在途中潜自改着僧装而当了沙弥。"
③ 曲弥（chu mig）：又译曲米，西藏自治区南木林县地名。为十三世纪八思巴所建立的十三万户之一，元代置出密万户，明代因之。见《藏汉大辞典》，第 806～807 页。
④ 曲弥大法轮会（chu mi chos vkhor chen mo）：指藏历第五饶迥火牛年（公元 1277 年），八思巴第二次回到西藏，在后藏曲米仁摩地方发起有七千僧人参加的大法会，西藏历史上称为曲米大法轮会。见《佛学词典》，第 219 页。关于曲弥大法会，恰那多吉生平等，请参阅陈庆英《元朝帝师八思巴》，中国藏学出版社 1992 年版；王启龙《八思巴生平与〈彰所知论〉对勘研究》，中国社会科学出版社 1999 年版等。

又，仁钦坚参大师（slob dpon rin chen rgyal mtshan）是在其父亲桑察（zangs tsha）55 岁时的戊戌年（阳土狗，公元 1238 年）诞生的，并在 42 岁的己卯年（阴土兔，公元 1279 年）逝世。此外，益西穹奈大师（slob dpon ye shes vbyung gnas）和仁钦坚参大师同岁，益西穹奈年满 37 岁时于甲戌年（阳木狗，公元 1274 年）在姜地（ljang）逝世。

又，恰纳之子为布达玛巴拉饶克希塔（Dharmapālarakṣita），是于恰纳逝世后六个月①的戊辰年（阳土龙，公元 1268 年）诞生的，年满 20 岁时于丁亥年（阴火猪，公元 1287 年）逝世。从辛巳年（铁蛇，公元 1281 年）到丁亥年（阴火猪，公元 1287 年）七年间，他掌管萨迦法座。益西穹奈之子为大主宰桑波贝（bdag nyid chen po bzang po dpal），是在其父亲 25 岁时的壬戌年（阳水狗，公元 1262 年）诞生的，年满 45 岁时的丙午年（阳火马，公元 1306 年）开始住持寺院 19 年，年满 61 岁时于壬戌年（阳水狗，公元 1322 年）逝世。大主宰桑波贝有 12 子：

长子为索南桑波大师（slob dpon dsod nams bzang po），诞生于京师（北京），（后来）在前往卫藏的途中在安多（朵康）逝世。

次子喇嘛贡噶罗追（bla ma kun dgav blo gros）在其父亲 38 岁时的己亥年（阴土猪，公元 1299 年）诞生，年满 29 岁时于丁卯年（阴火兔，公元 1327 年）逝世。

三子大善巧师南喀勒比·洛卓坚参贝桑波（mkhas btsun chen po nam mkhav legs pavi blo gros rgyal mtshan dpal bzang po）②诞生于其父亲 44 岁时的乙巳年（阴木蛇，公元 1305 年），他从 21 岁时的乙丑年（阴木牛，公元 1325 年）开始到 39 岁时的癸未年（阴水羊，公元 1343 年）逝世止，住持（萨迦）寺院 19 年时间。他有两个弟弟，第一个弟弟早年夭折；第二个弟弟为南喀坚参贝桑波大师（slob dpon nam mkhav rgyal mtshan dpal bzang po）③，是在其父亲逝世之年的甲子年（阴木鼠，公元 1324 年）诞生的，年满 20 岁时他逝世于京师皇室④。喇嘛贡噶·勒比穹奈（bla ma kun dgav legs pavi vbyung gnas）也前往皇室。勒比穹奈的弟弟帝师贡噶坚参·贝桑波（ti shriv kun dgav rgyal mtshan dpal bzang po）诞生于庚戌年

---

① 罗译（第 212 页倒数第 2 行）为"ten months（十个月）"。
② 郭译（第 141 页倒数第 2 行）漏译"贝桑波"。
③ 郭译（第 142 页第 2 行）漏译"贝桑波"。
④ 本书所据藏文（第 265 页第 11 行）为：nyi shu pa la gong du gshegs/。郭译（第 142 页第 2～3 行）为"年届二十岁时在上都逝世"；罗译（第 213 页倒数第 9～8 行）为"At the age of 20, he proceeded to the Imperial Court.（20 岁，他前往（京师）皇室）"。

（阳铁狗，公元 1310 年），年满 49 岁时于戊戌年（阳土狗，公元 1358 年）逝世，其妃热达玛（ri mdav mo）生子三人：长子早年夭折，幼子旺贡噶勒比坚参·贝桑波（dbang kun dgav legs pavi rgyal mtshan dpal bzang po）在其父亲 47 岁时的戊申年（阳土猴，公元 1308 年）诞生，年满 29 岁时于丙子年（阳火鼠，公元 1336 年）在赛（srad）地方逝世。（旺贡噶勒比坚参·贝桑波）之妃峡里玛·玛季宣奴蚌（zha lu ma ma gcig gzhon nu vbum）有三子，长子为贡噶尼玛坚参·贝桑波（kun dgav nyi mavi rgyal mtshan dpal bzang po）① 被授为"大元国师"（tavi dben ku shriv）称号，于壬戌年（阳水狗，公元 1322 年）在大宫中（大都北京）去世；次子为喇嘛敦约坚参（bla ma don yod rgyal mtshan），诞生于其父亲 49 岁时的庚戌年（阳铁狗，公元 1310 年），年满 35 岁时于甲申年（阳木猴，公元 1344 年）逝世；其弟弟为喇嘛丹巴·索南坚参贝桑波（bla ma dam pa bsod nams rgyal mtshan dpal bzang po）② 于壬子年（阳水鼠，公元 1312 年）在夏鲁康萨（zha lu khang gsar）中诞生，年满 64 岁时于乙卯年（阴木兔，公元 1375 年）逝世。此位大师之子为旺·索南桑波（dbang bsod nams bzang po），旺·索南桑波之子为旺·惹达纳（dbang ratnav），年满 25 岁时在大宫（大都北京）逝世。帝师贡噶坚参（Ti śrī kun dgav rgyal mtshan）没有出家之前有二子，妃玛季羌巴姆（ma gcig byang pa mo）所生之子为大元·却吉坚参（tavi dben chos kyi rgyal mtshan），诞生于壬申年（阳水猴，公元 1332 年）；喇嘛贡邦巴（bla ma kun spangs pa）之妹所生之子为大元·洛卓坚参（tavi dben blo gros rgyal mtshan），也诞生于此壬申（阳水猴）年。

旺·贡噶勒巴（dbang kun dgav legs pa）有子女四人。其中长子为帝师索南洛卓（Ti śrī bsod nams blo gros），诞生于壬申年（阳水猴，公元 1332 年）。他曾前往元大都王廷，于 31 岁时的壬寅年（水虎，公元 1362 年）在麦多惹哇（me tog ra ba）③ 逝世。其幼弟幼年夭折。小弟旺·扎巴坚参（dbang grags pa rgyal mtshan）诞生于丙子年（阳火鼠，公元 1336 年），年满 44 岁④时于丙辰年（火龙，公元 1376 年）在达仓（stag tshang）地方逝世。

---

① 郭译（第 142 页第 3 行）漏译"贝桑波"。
② 郭译（第 142 页第 10 行）漏译"贝桑波"。
③ 字面义为"花朵辩经场"。
④ 藏文（第 266 页倒数第 6 行）为 zhe bzhi, 系 bzhi bcu zhe bzhi 的缩写形式。但根据实际生卒年，应为 41 岁。

喇嘛克尊巴（bla ma mkhas btsun pa）之子为喇嘛贡仁（bla ma kun rin）。喇嘛却吉坚参巴（bla ma chos kyi rgyal mtshan pa）之子却杰贡遮巴（chos rje kun bkras pa），诞生于己丑年（阴土牛，公元1349年），64岁时于壬辰年（阳水龙，公元1412年）在（大明）王廷居住两年，大明皇帝（tavi ming rgyal po）授予其"大乘法王"（theg chen chos kyi rgyal po）之称号。

在这些世系中，款·贡却杰波对新密极为信仰。为此，从喇钦（卓弥）大师座前获得以《金刚幕》和《欢喜金刚第二品》①之释论为主的诸释续传授。至于教授要诀，则是由喇钦（卓弥）大师完全传授给色顿贡日。此外，对于诸释续之教授，色顿贡日又从喇钦（卓弥）大师之直传弟子阿里人色尾宁波师处求得，并在款·贡却杰波座前听受，由于其修持高超，住寿88岁。他依照上师之授记（预言），将诸教授传授给峡玛兄妹（zha ma lcam sring）②。当他年满87岁高龄时，与当时二十多岁③的萨钦（sa chen）相见，色师心中大喜而曰："我将教授传授于你。你来吧！"由于略生起灾障没有能够听得教授要诀，而色师也就很快逝世了。后来有段时间，萨钦因教授要诀而心烦意乱，便问谁有此教授？有人告诉他说："色顿师之诸教授，在贡巴哇兄弟（dgon pa ba sku mched）处有此法，但贡巴哇弟弟已逝世。"于是，他便前往哥哥处④，哥哥认为是比较难得的一件缘起配合，心中极喜，便把所有《道果》等教授圆满传授给他。从此以后，具德萨迦派之诸后裔传遂成为经教和教授二者之法主。

从款·贡却杰波甲戌年（阳木狗，公元1034年）诞生，直到萨迦班钦（萨迦班智达）辛亥年（阴铁猪，公元1251）逝世，共计经过218年。在此时期，显密两教法之甘露普降并润育藏地。特别是元世祖忽必烈对萨班侄子八思巴仁波且以藏地三区⑤供献作为传授灌顶之恩酬，依此八思巴

---

① 请分别参阅《甘珠尔》，rgyud vbum，No. 419 和 Nos. 417~418。
② 郭译（第143页第2行）为"夏玛江色"，恐误。
③ 藏文（第267页第8行）为 lo nyi shu tsam lon pa。郭译（第143页第3行）为"二十一岁"；罗译（第215页第15行）为"25（岁）"。
④ 郭译（第143页第7行）为："昆仲中兄已逝世，于是去到兄弟的处所……"
⑤ 藏地三区（bod chol kha gsum）：也叫三区，古代藏文典籍中，划分青康藏地区时，说卫藏为教区，垛堆为人区，垛麦为马区。见《藏汉大辞典》，第825页。

师成为（国家）宗教领袖，并次第推任萨迦本钦①作世间事务。最初任萨迦本钦者为释迦桑波（shavkya bzang po），是由元帝忽必烈诏命颁发"卫藏三路军民王府"（dbus gtsang gi zam klu gun min dbang cuvi dam kha）印而任命为本钦②。后来，释迦桑波（在萨迦）兴建新的大殿，修筑大殿（拉康钦莫）之内、外围墙。（建筑所需的）木料储备就绪，但还没有盖大殿屋顶的时候，释迦桑波去世了。于是，囊钦（内务官员）贡噶桑波（kun dgav bzang po）接着担任第二位本钦，建立了仁钦岗拉章（rin chen sgang bla brang），以及拉康的围墙。贡噶桑波交付职务后，后来由（帝师）喇嘛依次任命香尊（zhang btsun）、秋波岗噶哇（phyug po sgang dkar ba）和绛仁（byang rin）担任本钦。由于喇嘛（八思巴）不喜欢贡噶桑波，喇嘛逝世次年，元帝忽必烈下诏命蒙军杀死了贡噶桑波。绛仁在职时期很受元帝忽必烈之照顾，赐宣慰使官职（zo vor sivi mi dpon）和水晶印。此后继任者依次为本钦贡宣（kun gzhon）、本钦宣旺（dpon chen gzhon dbang），宣旺在职时制定《切色钦姆》（phye gsal chen mo）③和卫藏之详细法规。此后继任者依次是本钦绛朵（byang rdor）、本钦阿伦（dpon chen ag len），阿伦在任时修建了萨迦寺外围墙、温波日山（dbon po ri）的围墙以及康萨林（khang gsar gling），在这三项工程修建期间与止贡巴④发生了争斗。在阿伦任期中，发生了著名的"止贡叛乱"（vbri khung gling log）大事件，这一事件发生之年正好布顿仁波且诞生，也就是庚寅年（阳铁虎，公元1290年）。后来，再次推选宣旺担任本钦职务。此后继任本钦者依次为勒巴贝（legs pa dpal）、僧格贝（seng ge dpal）、俄色僧格（vod zer seng ge），后者还掌管"宣政院"（zwan ching dben）印⑤。此后继任本钦者为贡噶仁钦（kun dgav rin chen）、敦约贝（don yod dpal）、云尊（yon btsun），之后又由俄色僧格再任。此后继任本钦者依次

---

① 萨迦本钦（sa skya dpon chen）：元代中央为加强西藏地方行政建设及管理，于萨迦置管理西藏地方三路十三万户之行政长官"本钦"通称萨迦本钦。首位本钦由八思巴提名荐举，经元世祖批准任命，后遂成定制。本钦由帝师推荐，皇帝任命。详见《藏汉大辞典》，第2890页。

② "三路"指卫（dbus）、藏（gtsang）和康（khams）。

③ 字面义为："细分明析大全"。

④ 止贡巴（vbri gung ba 或 vbri khung ba）：13世纪八思巴建立十三万户之一，明代置必力公瓦万户府，颁铜印，公元1413年（明永乐十一年）封寺僧领真巴儿吉监藏为阐教王，赐印诰。见《藏汉大辞典》，第1996页。

⑤ 此处郭译（第144页第5行）把"宣政院"译为"神器院"。有关宣政院印，请参阅沙畹（E. Chavannes）的文章"Inscriptions et pieces de chancellarie Chinoise de l'epoque mongole"，载《通报》1904年，第428页。

为嘉哇桑波（rgyal ba bzang po）、旺秋贝（dbang phyug dpal）、索南贝（bsod nams dpal），之后由嘉哇桑波再任。此后继任者依次为旺准（dbang brtson）、南喀登巴（nam mkhav brtan pa）、扎巴坚参（grags pa rgyal mtshan）、贝蚌（dpal vbum）、洛钦（blo chen）、扎旺（grags dbang）。本钦旺准虽然多次率领十三万户①的军队与雅垄交战，但是从未战胜大司徒绛曲坚参，后者占有了前藏大部分地区。后来于午（马）年（公元1354年），本钦嘉哇桑波被拉康拉章巴（lha khang bla brang pa）生擒并打入监狱时，司徒绛曲坚参率领大军平乱，并把本钦嘉哇桑波救出监狱。于是，后藏大部分地区也都归司徒所有了。此后，卫藏之一切部落首长都纷纷将卫藏各地行政官印交给了司徒绛曲坚参，各宗（rdzong）所办诸事务都必须分别盖章禀知大司徒。大司徒逝世后，他们把官印转交国师，任何事情必须在国师座前盖章禀知。

总的来说，由萨迦派作世间主宰（vjig rten gyi bdag po）的75年时间里，由细脱（bzhi thog）②【拉章】掌管25年，由峡哇（sha ba）【拉章】掌管了25年，由康萨钦姆（khang gsar chen mo）掌管了25年，（萨迦派）共掌管了75年之后，由大司徒绛曲坚参于己丑年（阴土牛，公元1349年）开始统治。于癸丑年（阴水牛，公元1373年），由25岁的国师作了雅垄法轮会。司徒就在这一年逝世，因此，据说是帕莫竹巴（phag mo gru pa）也遇到二十五岁之年灾③。萨迦派诸上师在职期间，曾有邬坚④的班智达喜饶桑哇（shes rab gsang ba），以及后来的班智达乍雅色纳（dza ya se na；梵：Jayasena）⑤等许多班智达来藏。后来八思巴仁波且在位时，又出现了香敦兄弟等许多善巧翻译大师。由此，《量释论》之讲说也就在卫藏所有寺院兴盛起来。这是上师却吉哇（法王萨迦班钦）的功德。八思巴仁波且师心地贤良，他对藏区教徒们说：要勤奋学习各个宗派教法。此话在元帝诏书也见传颂之。对绝大多数持法藏诸师，他都以财物

---

① 十三万户（khri skor bcu gsum）：公元1276年（元世祖至元十三年），八思巴受封还藏，在前后藏新建的十三万户区：后藏有拉堆洛、拉堆绛、固莫、曲米、香和峡鲁六区，前藏有嘉玛、止贡、采巴、唐波伽、帕莫竹和雅桑六区，前后藏交界处有羊卓达隆区，共为十三万户区。见《藏汉大辞典》，第277～278页。
② 郭译（第144页第16行）为"内部四领头"。
③ 每12年的头一年被认为是不吉利，25岁是第三个12年的第一年，被视为最不吉利。
④ 邬坚（u rgyun）：意译飞行，古印度因陀罗菩提王国名。今之阿富汗。亦译乌仗那、乌丈耶那、欧提耶奈。见《藏汉大辞典》，第3138页。
⑤ 藏文（第270页第7行）写为：འཇཱ་ཡ་ཛ་ཡ་སེ་ན།

受用赐供而使之满意。以上乃《瑜伽母续》讲说兴起及道果等教授之传播在萨迦派父子们在位时期如何发展的故事。

三 麻译师（rma lo tsav ba）和峡玛兄妹如何扶持教法的阶段

峡玛兄妹对《道果》法以及其他教授的传承和发展情况详述如下：一般来说，由圣观自在菩萨化现为法王的松赞干布，将吐蕃民众引入到十善业①之道中。再由至尊妙吉祥（文殊菩萨②）化现为吞米桑布扎③。他在印度班智达拉日巴僧格（lhavi rig pavi seng ge）座前求学，精通梵文之后，根据梵文五十字母，创制藏文三十字母，并撰著了一些《声明学》（sgravi bstan bcos，即文法）方面的论著。于是，他最先教吐蕃赞普松赞干布学习藏文。此后，他教赞普治下的那些聪明并具有智慧的臣民学习藏文，藏文也就逐渐传遍吐蕃大部分地区，而且学习者都成为能够阅读佛经之有善缘者。此外，由薄伽梵圣救度母化现并迎请十六尊者④的唐太宗之女文成公主⑤，在藏语中称之为"水中莲花"的化身，迎请了幻化释迦牟尼像（vphrul snang gi jo bo）入藏，并成为赞普松赞干布之妃。由她主持

---

① 十善业（dge ba bcu）：与十恶相对，指佛教的基本道德信条。即不杀生、不偷盗、不邪淫、不妄语、不两舌、不恶口、不绮语、不贪、不嗔和邪见。见《佛学词典》，第111页。

② 尊妙吉祥（vjam pavi dbyangs）：文殊菩萨，文殊瞿沙。佛教四大菩萨之一，和普贤并称，作为释迦的胁侍。其塑像顶结五髻，手持宝剑，多骑狮子。见《佛学词典》，第254页。

③ 吞米桑布扎（thon mi sambhota）：吐蕃王松赞干布时的一位大臣。早年奉命赴印度留学，精研梵文和佛学，还藏后损益梵文元音和辅音字母。结合藏语声韵，首创藏文，初译佛经。吐米是氏族名，桑布扎为藏族学者，是印度人对他的敬称，藏史称为七良臣之一。见《藏汉大辞典》，第1162页。

④ 十六尊者（gnas brtan bcu drug）：受释迦牟尼之命，住持佛教的十六罗汉：因竭陀尊者、阿氏多尊者、伐那婆斯尊者、迦里迦尊者、伐阇罗佛多尊者、跋陀罗尊者、迦罗加伐蹉尊者、迦诺迦跋黎堕阇尊者、巴沽拉尊者、罗怙罗尊者、注荼半托迦尊者、宾度罗跋罗堕尊者、半托迦尊者、那迦希尊者、苏频陀尊者和阿秘特尊者。见《佛学词典》，第446页。

⑤ 文成公主（srul glen kong jo）：文成公主也只不过是皇帝（唐太宗）的"宗女"或"宗室女"而已；但在吐蕃人当然也把她当成唐朝皇帝的亲生女。见戴密微著、耿升译《吐蕃僧诤记》，西藏人民出版社2001年版，第10页；也可参阅巴考《松赞干布与唐朝公主和亲考》一文，刊《汉语和佛教杂文集》，第3卷，第10页。

修建了惹莫伽（小昭寺）①，并规划了建筑幻化寺②等寺庙的地形穴道，建立了供奉三宝之善规。

他们相继逝世后，松赞干布转世为堆夏巴穹哇（dus zhabs pa chung ba）之弟子喀切贡巴哇（kha che dgon pa ba），又名为喀切班钦，真名为乍雅·阿伦达惹（dza ya av nan dar 梵：Jayānanda）③。至于吞米桑布扎，则转世为拉堆南部麻译师却坝（rma lo tsav ba chos vbar）。文成公主呢，则转世为南方帕珠（pha drug）的玛季峡玛。其中麻译师在尼泊尔南方④亲近许多善巧大德，他便是嘉噶恰纳之再传弟子。他在印度喀切贡巴哇及阿坝雅嘎惹古巴（Abhayākaragupta）⑤等师座前听受许多经教，并居住下来。在此期间，有人对他说："译师，您回吐蕃吧！那边有一圣救度母化身，让她作为您的女性助手，依手印而精修密藏和智慧之灌顶。"阿坝雅也对他说了类似的话⑥。于是，他返吐蕃并修玛季手印（ma gcig phyag rgya），在帕珠地方，住有一位父亲，名叫季哇浩峡（byi ba hab sha，意即贪婪的老鼠），真名为峡玛多杰坚参（zha ma rdo rje rgyal mtshan）。据说他是众中主哈鲁扪达（tshogs kyi bdag po ha lu manta），其明妃嘉噶拉姆（rgya gar lha mo，意即印度天女）是柏姆萨赤尊（bal mo gzav khri btsun）⑦之转世。这对夫妇生有子女六人：

长子名为峡玛嘉勒（zha ma rgya le），在格西聂玛哇（dge bshes snye ma ba）座前出家为僧，起法名为仁钦俄色（rin chen vod zer），他精通"三帕约堆"（vphags yog dus gsum）⑧。次子为嘉琼（rgyal chung），在央

---

① 小昭寺（ra mo che）：在西藏自治区拉萨市内。公元7世纪50年代松赞干布时文成公主所倡建。坐西向东，史载其建筑形式原与内地汉式寺庙相同，后来几经火灾，依藏式培修，本来面目已不可见。寺中正殿供有拜木萨从尼泊尔带来释迦牟尼的八岁时身量合金像，名为"不动佛"。后为上密院喇嘛聚会诵经之地。见《藏汉大辞典》，第2637页。
② 幻化寺（vphrul snang）：大昭寺的别名。
③ 藏文（第272页第5行）写为：ཇ་ཡ་ཨ་ནན྄་དར྄。
④ 藏文（第272页第8行）为"lho bal du（在尼泊尔南方）"。罗译（第219页倒数第15～14行）为"In India and Nepal（在印度和尼泊尔）"。
⑤ 藏文（第272页第10行）写为：ཨབྷཡཀརགུཔྟ。
⑥ 此句藏文（第272页第14行）为：a bha yas kyang de dang mthun pa kho nar gsungs bas/ 郭译（第145页倒数第6行）译为"这样是唯一的顺合"。
⑦ 柏姆（bal mo），字面义为"尼泊尔女孩"。柏姆萨赤尊意为"尼泊尔赤尊公主"。
⑧ 此句藏文（第273页第1～2行）为：vphags yog dus gsum la mkhas。"三帕约堆"（vphags yog dus gsum）似应包括Nagarjuna、Yoga Tantra和Kalacakra三者。罗译（第220页第7～9行）为：He was learned in the Guhyasamaja according to the method of Nagarjuna, tha Yoga Tantra and the Kalacakra（vphags yog dus gsum）.

却喇嘛（yang khyed bla ma）座前学习经教、幻化、心识宗三者成为善巧者。①

三子为僧格杰波（seng ge rgyal po）②，他在麻译师、布桑巴（pu hrangs pa）、噶绒译师（ga rong lo tsav ba）和峨师（rngog）等座前学习翻译并成为善巧译者。由他翻译出《集量论自释》（tshad ma kun las btus pa rang vgrel）③ 等。直到今天，凡研习因明者都采用其译本。他还是用颂的形式译出《辩法法性论》④，并且精通四论⑤。他又在前藏培养僧众，其数量有两升半芥子之多。后来，他前往内地五台山⑥之后，就再没有回来。他前往五台山时，他先禀告丹巴桑杰，丹巴对他说："峡玛，帕珠并非是定居之地！到五台山去吧，到后做一些利益众生的事业！往后我们父子估计要在兜率天⑦见面了。"

接下去是玛季（ma gcig）：麻译师诞生于甲申年（阳木猴，公元1044年），这时阿底峡尊者已经来藏并在阿里地区住锡了三年。⑧ 他年满19岁时的壬寅年（阳水虎，公元1062年），玛季诞生。她的身体总相为莲花相，特别是在脐间有红莲三根；两乳房间有珍宝三连串直达于脐⑨；两肩

---

① 郭译（第145~146页）把长子和次子的情况混在一块翻译为："长子名夏玛嘉勒，在格西业玛座前出家为僧，起名仁清峨热（宝光），他依止拔约堆松管辖下的小王即漾却喇嘛座前学习经教、幻化、心识宗三者成为善巧。"
② 罗译（第220页第13行）行间注：Zha-ma Seng-ge 或者 Seng-ge Rgyal-mtshan。
③ 集量论（tshad ma kun btus pa）梵文：Pramāṇasamuccaya；该论自释（rang vgrel）梵文：svavrtti，请参阅《丹珠尔》，Tshad ma，No. 4204。
④ 即 Dharma dharmatā vibhiaṅga。请参阅《丹珠尔》，sems tsam，No. 4023。
⑤ 四论（bkav bzhi pa）：是指《中论》（Pramāṇavārtika）、《现观庄严论》（Mādhya mika）、《律经论》（Prajñāpāramitā）和《俱舍论》（Abhidharma kośa）四部佛学经典。见《藏汉大辞典》，第52页。
⑥ 五台山（ri bo rtse lnga）：山西省内佛教一圣地名。传说系文殊菩萨的道场。见《藏汉大辞典》，第2677页。
⑦ 兜率天（dgav ldan）：喜足天。梵音译作睹史多天，旧译兜率天。六欲天之一。妙欲资具胜于下诸天，身心安适，且喜具足大乘法乐，故喜足。见《藏汉大辞典》，第437~438页。
⑧ 此句藏文（第273页第13~15行）为：/de vog ma gcig yin/ de yang rma lo tsav ba de/ jo bo rje lha gcig bod dubyon nas mngav ris su lo gsum bzhugs rjes shing pho sprevuvi lo la vkhrungs shing/ 罗译（第220页倒数第3行）未译出"三年"，全句译为：Now rMa lo tsav ba: He was born in the year Wood Male Ape (shing pho sprevu-1044 A. D.), when Atisa came to Tibet after having resided in mNgav ris。
⑨ 此句罗译（第221页第3行）中没有"三"。

有雍仲①符号，两耳后有莲花螺旋纹；舌下有青莲色剑以吽（ཧཱུྃ）字为标记；两眉间有日月幢轮顶宝等相②。

玛季之后，所生者为却嘉款普哇（chos rgyal vkhon phu ba），生于己酉年（阴土鸡，公元1069年）。之后所生是其弟喀嘉（mkhar rgyal），他在格西仁波且（dge bshes rin po che）座前出家为僧，起名为索南杰波（bsod nams rgyal po），他是布桑（pu hrangs）译师的大弟子，名为格西准穹（dge bshes btsun chung）。

玛季年满14岁时，嫁给了当地名叫阿哇拉嘉（a ba lha rgyal）的人，但玛季厌恶家庭生活，便对丈夫说："夫君，你应该修习佛法，我也要学习佛法。"由于丈夫不听其言，于是她就装疯卖傻，他们就分手了。从17岁到22岁③期间，她做了麻喇嘛的手印母（phyag rgya ma）。后者也传授给她许多密教和修行方法。某夜时分④，她做麻师本尊受灌顶的明妃时，亲见大乐十六勇士（bde chen gyi dpav bo bcu drug）和护方十六空行母（zhing skyong gi mkhav vgro ma bcu drug），现起八明妃之悟境，亲见上师和自己即为嘿汝噶⑤本尊双身。他们神秘的禅修持续了十六个月，其间明点受境炽然（thig levi nyams vbar）。据她说，从此以后她从未见过上师和自己有过凡俗之相。后来，上师吩咐她闭关专修四年时间，她依言而行。有一次在梦中，她亲见佛祖和许多菩萨萨埵。于是上师告诉她停止闭关，前往山林丛中修行，她也依此照办了。

她（从其道）清除一切魔鬼制造的障碍。特别是她在宗（rdzong）的上部、下部各住了四个月之后，她能够镇压日月⑥，精通随意变化身体之术，能够知晓一切有情之语言，能够随心所欲引导风息。于是，她获得如此四种成就（悉地）。后来，麻译师在穹波师座前出家为僧后，为引导款

---

① 雍仲（g'yung drung）：坚固，永恒不变，象征坚固不摧永恒常在的符号。即卍字符号。请参见《藏汉大辞典》，第2624页。
② 此句罗译（第221页第9~11行）略有不同：Between her eyebrows she had the image of a banner with the Sun and Moon represented on it, and the image of a wheel with spikes.
③ 郭译（第146页倒数第8行）为"二十一岁"。
④ 藏文（第274页第11行）为：nam zhig gi tshe na。郭译（第146页倒数第7行）为"有一时"；罗译（第221页倒数第11~10行）为"one night"。
⑤ 嘿汝噶（he ru ka）：1. 饮血金刚。无上密乘本尊上乐金刚。2. 忿怒明王。3. 胜乐。4. 喜金刚。见《佛学词典》，第894页。
⑥ 此处罗译（第222页第2段）行间注曰：This passage refers to Tantric practices aiming at the control of the discharge of sperm.

普哇（vkhon phu pa）① 作亲近侍而来到肖地方（shab）②。麻师年满46岁时，被某些人下毒致死，当时玛季年满28岁。她来到肖地方后，为麻师净治遗体并作了盛大的圆满愿望诸事。她从31岁开始的三年时间内，发生了明显的七种灾障：（1）她每日衰损一颗豆大之菩提心；（2）身体遍起黄水疮和痘疮；（3）以前的快乐消失；（4）她供奉的垛玛鸟兽都不吃；（5）火供③的火不燃烧；（6）因为凡庸贪欲而昏迷；（7）不能进入诸空行母中等七种。尽管她用了一切可用的除灾方法，也没见任何效果。在款普哇的陪同下，她来到定日处的丹巴座前，丹巴对他说："哎！瑜伽母三年以前就来了七种灾障。"【她回答说：】"我专为此事来求教上师。"【丹巴说：】"对根本上师和誓言失行之故。"【玛季答曰：】"我的根本上师是麻师，但我想不起有何失行之过啊。"【丹巴又说：】"（1）未得到上师允准而作他业手印；（2）曾与未守誓言者分享食物；（3）曾忌妒上师其他业手印；（4）曾有违承许过的誓约；（5）曾坐在上师坐垫上；（6）曾未对上师供灌顶功德供养；（7）曾未依师示给具供奉食物（dam rdzas）。"玛季问："如何做才有疗效？""有办法了！"丹巴答道："这里需要（1）一只黑母鸡的一个蛋，（2）羊肉右肘一个，（3）一颅碗之酒，（4）七位少女，（5）如来佛像一尊，（6）国王的坐垫一床，（7）根本上师的足印，都拿来吧。"至尊款普哇在很短时间内就寻得所需之物品，并摆放在丹巴面前。丹巴说："（1）将国王的坐垫供给我，（2）你做与上师平等三者之业手印④，（3）然后在佛像前转圈，（4）你来沐浴，（5）足印前供七少女，（6）黑母鸡蛋放在阴户中，（7）羊肉和酒作供献，定期祭供勿废，法器之内密加持物勿缺。"据说此（羊）肉分成有主仆十人一次而吃完，这一颅碗酒轮流一次饮完。丹巴问玛季："你是否能想起在拉萨修建寺庙的事？"玛季答曰："我不知道！我不明白！我想不起！"丹巴说："哎！瑜伽母啊，你在给我说谎，不是我想要这样做。"说着便用手将她打倒并使其昏迷过去，清醒之后她一切都清楚明白。丹巴问道："是否真实呢？"她答道："有很多的事情非常真实，既然如此，我有什么不可以

---

① 与下文的 vkhon phu ba 是同一人，罗译（第222页第18行）转写为 vkhon-phu-ba。
② 位于萨迦和日喀则之间的某个地方。
③ 火供（sbyin srig）：烧施。火祭，梵音译作护摩。佛教密宗以焚烧树枝、烧杂粮花果等祭神，以求得福的一种宗教活动。见《佛学词典》，第612页。
④ 此句藏文（第276页第10~11行）为：bla ma dang mnyam pa gsum gyi las rgya gyis/ 罗译（第223页倒数第13~12行）未译"三"：and act as Tantric assistant（mudra）equal in position to the Teacher.

回忆的呢？"丹巴说："这是由于你在上师座前求得灌顶后，没有供灌顶的功德供养之故。"她说："我将我身体受用都供养他了。"丹巴说："你的财宝中，父亲和兄长【从上师处】接受了绸结铠甲和一匹黑马，留着没有供。"她说："这是上师允准的。"丹巴说："对你虽然已经允准，但已置于你的财宝中。"她说："那现在应该怎么办？"丹巴说："应该对上师世系后裔作会供，对上师遗骨灵塔作供祭，对坟墓作涂抹粉饰并供明灯。然后将你下部的鸡蛋取出来给我。"当鸡蛋取出来时，鸡蛋已经变成黑色，并带有气味。丹巴把鸡蛋还给她，又让她拿到一边破开。当把它破开时，蛋中聚集有一团黑血。丹巴说："你的菩提精滴在三年前三月的十五圆月①之夜，被一位尊夜叉白哇萨达拉（gnod sbyin be ba swa ta）②为护法的邪咒师夺走了。所以，现在我用这些缘起方便对你是会见效的。你走吧，然后再回来见我！"于是，她依照丹巴所言，对上师后裔作会供，也对【上师】父系堂兄觉色嘎裕（jo sras dkar yu）之子玛琼格西（rma chung dge bshes）供上以一头牦牛为主的七件供礼，给遗骨灵塔设立明灯供，对肖地方的坟墓作涂抹粉饰，设立三宝庙堂供奉。从此，她的身体十分健康，想起这些都是丹巴之恩德，于是筹备三个一钱金③，一个完整的上妙会供轮④，以及代替座位之座褥等，还有近侍侄女作为小尼（btsun chung ma）一起送到丹巴住所处来。当时丹巴住在定日的素尔康（zur khang）修室中。各物送到之后，丹巴说："我的金子铺在这里，会供轮放在这里，以后对我们俩有紧急之用。"然后，他们在那里匆忙地受用会供后，丹巴握着小尼之手，把她寄托给一位老年苯教徒夫妇⑤后，又说："瑜伽母，我们俩走吧！"于是，他们来到尼泊尔惹玛垛里（ra ma do li）⑥

---

① 藏文（第277页第13行）为"lo gsum gyi gong zla ba gsum gyi mtshams"，罗译（第224页倒数第13～12行）为"Three years and three months ago, at dusk of a full moon day…"
② 罗译（第224页倒数第10行）藏文转写为：snod-gsum we-swa-ta。"夜叉"（gsod sbyin）系梵文音译，也音译为药叉。意为施碍、勇ލ。佛书所说之一类鬼名。参阅《藏汉大辞典》，第1553页。郭译（第148页第12行）为"药义"，恐为印刷之误。
③ 一钱金（gser zho）：黄金的重量单位之一。见《藏汉大辞典》，第3026页。郭译（第148页倒数第10行）为"肥牛三物"。
④ 会轮供（tshogs vkhor），即tshogs kyi vkhor lo。会供曼荼罗。佛教行者，观想凭借神力加持五欲及饮食品成为无漏智慧甘露以供师、佛三宝及自身蕴、处、支分三座坛场，积集殊胜资粮的仪轨。参阅《藏汉大辞典》，第2289～2290页。
⑤ 藏文（第278页第7～8行）为：bon po rgan rgon。郭译（第148页第5行）为"一位年老苯教徒"。
⑥ 罗译（第225页第10行）行间注为"near Kathmandu（加德满都附近）"。

尸林①等许多圣地，亲见许多获得成就的瑜伽修士，他们刹那间就过去了。又见许多诸佛本尊。后来等他们返回定日时，【他们发现】已经过了十九天时间。后来有一次，当色喀琼巴（se mkhar chung pa）来到定日参加会供轮会时，与丹巴相见，丹巴告诉说他发生过精滴魔障之事。丹巴问他："在此之前你发生过这样或那样的事情吗？"因为他以前确确实实发生过此类事情，因此，色师心中生起【对丹巴的】敬仰，就问道："真实佛就是您吧？"色师说："峡琼玛（zha chung ma，即玛季拉尊玛）虽然在修行，但是无教授②。而我这粗野的色氏有教授而无修行，但不能由穷乞这一善本而起灾障。"此后，至尊款普哇与姐弟俩先后两次前往色师座前，尽其所有而作供养。色师大喜，除一小灌顶外，把所有教授都圆满传授了。③ 之后，他们又迎请色师到【本地】家中，请求传广大灌顶，供献无量资财受用，色师为此欢欣无比。后来，玛季本人获得成就，前往孟（mon）地和藏区交界的二十四个地方，还有许多圣地安住并潜心修行。她对他人显现许多成就净相，此类故事在此就不再详细叙述。总而言之，玛季她曾亲近的大师，除上述诸位外，还有班智达毗卢遮那、贝钦嘎诺（dpal chen rgwa lo）、布桑译师和耶饶哇（ye rab ba）等师她都亲近过。具德帕莫竹巴也与玛季相见过。甄·达玛窝提（vdzeng Dharmabodhi）④是一位大成就者，他也与玛季变化的鸽子相见过，管库巴·拉泽（vgos khug pa lhas btsas）在一法轮会中列在领颂师席位，在会集有众多三藏法师大海一样的集会中，见玛季的近侍女尼作争论答辩时，诸智者不能获得胜利，玛季本人就更不用说了。玛季本人对《甘珠尔》和《丹珠尔》彻底精通，这一点众所周知。她还广大作利益众生之事业。她在年满88岁时示显圆寂，净治遗体后未留一点遗骨而消逝。总之，玛季是一化身佛母。她一直是后来依密宗贪欲道诸人士之唯一良范。玛季诞生当年，至尊米拉日巴年满23岁，款·贡却杰波已29岁，至尊玛尔巴年满51岁。何时出生则各种史料所载各异。

玛季之兄弟，乃著名的款普哇：此师7、8岁时，在其父及叔伯座前学习

---

① 尸林（dur khrod）：寒林，天葬场，火葬场，弃尸处。梵音译作尸莫赊那。曾抛四具死尸以上的地方。见《藏汉大辞典》，第1265页。
② 郭译（第149页第2～3行）为"但是是否有教授"。
③ 郭译（第149页第5行）为"色师大喜只传了一小灌顶外，所有教授圆满教授"。
④ 藏文（第279页第9行）为：ᨅᨗᨋᨒᨑᨀᨗ。

念颂和比巴塔（bi barta；梵：Vartula）文字，后来在梁巴（gnyam pa）① 座前受居士戒和发菩萨提发心②，并听受许多行法方面的大小论典。梁巴对他说："你应该好好学习译师的著作，然后前往印度去迎请一位善巧班智达来【教你】吧。你应该翻译佛典，并且要成为一位无与伦比之人士。"款普哇年满14岁时，前往绒松却桑（即绒松·却吉桑波）座前，精研《口剑论》③ 等著述。麻师精通多种语言，也对他给予过教导。那时最著名的学者，印度有阿坝雅（即阿坝雅嘎惹古巴）、伯坝、底布（ti pu）、苏雅西（sun ya shiv；梵：Sunaya śrī）、嘉哇坚（rgyal ba can；梵：Jina）等人；尼泊尔方面有旁廷巴（pham mthing pa）④、耶让哇（ye rang ba）、阿度拉亚班遮（a nu lya bdzra；梵：Atulyavajra）⑤ 和尼泊尔罗汉多吉（lo han rdo rje）⑥ 等人。为此，款普哇想到这些大师座前听受教法，这时【麻译师对他说："无人有比我更广大之教授，我与你姐弟二人（即玛季和款普哇）有业缘相合，所以我愿意把我所有教授传授给你。"于是，他就来到肖地方给麻师做仆役，求取教法，在麻师座前三年中辛勤服役，听受此前麻师给其他许多人讲授过的一切广大教法。】⑦ 麻师逝世后，他作了圆满师意诸方便（如给亡者供三宝）。麻师临

---

① 罗译（第226页倒数第14行）藏文转写为：gnya-ma-pa。估计是所据版本不同，断词各异之故。郭译（第149页倒数第4行）与罗译近，为"梁玛哇"。

② 发菩萨提之心（sems bskyed）：发心。愿求无上菩提之心，维摩经慧远疏曰："期求正直道，名为发心。"即以希求他利为主因，以相应希求自证菩提为助伴，成为趣入大乘正道之门，住大乘种性引生大乘殊胜意识。见《佛学词典》，第849页。

③ 《口剑论》（smra sgo mtshan cha），又译《语言门论》，梵文为：Āyudhopamanāma vacanamukha 一部古典藏族语言学书籍名，11世纪中，印度学者弥底嘉那所著。书中涉及一些梵文、藏文词汇、语句和文章的规律。见《藏汉大辞典》，第2179～2180页。也可参阅《丹珠尔》，sgra mdo，No.4295；布顿大师的《全集》（gsung vbum），第26卷，la 函之 rgyud dang brtan rgyur dkhar chag, fol. 114。另，此处郭译为《言锋论》。

④ 梵：Vāgīśvarakīrti。即 ngag gi dbang phyug grags pa，是 Guhyasamāja 系统的著名学者，据说其遗骨埋葬在甘肃兰州附近的罗家屯（Lo chia t'un 音译），他是在赴五台山朝圣途中圆寂的。西藏朝圣者们经常朝拜加德满都附近的 Phambi 村，至今那里还有旁廷巴后裔居住。

⑤ 此处藏文（第280页第13行）a nu lya bdzra（ཨ་ནུ་ལྱ་བཛྲ）似应为下文（第281页第11行）出现的 a tu lya bdzra（ཨ་ཏུ་ལྱ་བཛྲ）。

⑥ 罗译（第227页第9行）藏文转写为 mo-han rdo-rje。

⑦ 此段藏文见第280页倒数第6～1行：rmavi zhal nas/ nga las gdams ngag che ba med/ khyed lcam sring dang las kyang mthun pas gdams pa tshang ba zhig ster gsung bas/ sha ba rmavi phyags phyir byon/ rma lo gsol ba byung nas lo gsum du mnyel bavi bar dang/ de gong du gzhan mang po la chos rgya chen po mang po gnang bat hams cad mnyan/。郭译（第150页第5～8行）为："……玛译师说道：'我虽是没有广大的教授，但是我和你的姐姐业缘相合。所以我愿传授所有教授。'因此，他也就来到肖区给玛师做仆役。在玛师前言明在三年中辛勤服役。在这以前他在其他许多师座前，曾听受所传一切广大教法"。录于此，谨供参考。

终前将书籍等一切物品送给了款普哇，并对他说："你最后转世①将会成为世间一位菩萨。在此之前，要在藏区诸大善巧师足前听受教法。最后到印度你将依止麦枳哇（Mai tri ba②）传系的一位住持座前。"因此，他在邬域地方格西香（dge bshes zhang）座前，听受一切三时中精习圣传（vphags yog dus gsum thams cad）（指龙树所传）诸法类；在江绒（rgyang rong）地区贡巴峡窝（gangs pa shavu）座前听受《摄真实性》（de nyid vdus pa）③、《金刚顶》（rdo rje rtse mo）④ 及《吉祥最胜续》（dpal mchog gi rgyud）⑤ 三种；在拉堆郡巴却嘎（la stod gcung pa mchog dkar）地方玛尔巴僧枳（mar pa seng rdzi）座前，听受了《成就心要》（grub snying）⑥和《胜乐释续》（bde mchog bshad rgyud）⑦ 等。年满26岁时，款普哇前往尼泊尔在耶让哇座前，听受麦枳哇所传诸法。他在旁廷巴⑧座前听受《时轮》教授和《四座》诸密续⑨；在阿度拉亚班遮（a tu lya bdzra）座前，听受《欢喜金刚续释》（dgyes pa rdo rje vgrel pa）⑩ 和《大宝鬘论》（rin chen phreng ba）等；在款·杰曲哇（vkhon sgye chu ba）座前听受《桑坝扎》（Samputa；藏文：སྦྱོར）⑪ 和《灯明论》（sgron ma gsal ba）⑫；在丹巴桑杰座前，（玛季）姐弟俩多次听受了许多息结派教授，前者还对

---

① Srid pa tha ma（pa），最后有。不遂业力在此世界轮回受生者，即将证声闻乘阿罗汉及十地菩萨。参阅《藏汉大辞典》，第 2975～2976 页。也请参阅《翻译名义大集》，No. 7003；瓦累·普散（de La Vallee Poussin）所译的《俱舍论》（Abhidharmakośa），第 V 卷，第 62 页。
② 藏文（第 281 页第 4～5 行）写为：མེད་བ。罗译（第 227 页倒数第 13 行）"ba" 转写为 "pa"，所据藏文本不同之故。
③ 或为：bsdus pa；梵文：Sarvatathāgatatattvasamgraha nāma mahāyānasūtra。参见《甘珠尔》，rgyud vbum, No. 479。
④ 藏文标题全名为：gsang ba rnal vbyor chen povi rgyud rdo rje rtse mo；梵：Vajraśckhara mahāguhyayogatantra。参见《甘珠尔》，rgyud vbum, No. 480。
⑤ 藏文标题全名为：dpal mchog dang po zhes bya ba theg pa chen povi rtog pavi rgyal po；梵：Śrī Paramdya nāma mahāyānakalparāja。参见《甘珠尔》，rgyud vbum, No. 487。
⑥ 参阅《丹珠尔》，rgyud, No. 2224；Saraha 所著的 Dohakosagīti, Do ha mdzod kyi glu。
⑦ 参见《甘珠尔》，rgyud, No. 370；Śrī Vajradāka nāma mahātantrarāja, rgyud kyi rgyal po chen po dpal rdo rje mkhav vgro zhes bya ba。
⑧ 此处藏文（第 281 页第 10 行）为 pham mthing ba，实与上文 pham mthing pa 同。
⑨ 藏文（第 281 页第 10—11 行）为 gdan bzhivi rgyud。请参阅《甘珠尔》，rgyud vbum, No. 428。
⑩ 梵文：Yogaratnamālā nāma hevajra pañjikā。参见《丹珠尔》，rgyud, No. 1183。
⑪ 梵文全名为：Caturyoga samputa tantra。参阅《甘珠尔》，rgyud vbum, No. 376。
⑫ Pradipodyotana nāma tīkā。请参阅《丹珠尔》，rgyud, No. 1785。

他们作授记（预言）；在达纳（rta nag）地区的达纳达玛甘底（rta nag darma kyivrti）地座前听受《大威德①修续》②及其他修法以及曼荼罗仪轨等。后来，他在惹译师座前求得《能怖金刚广大灌顶》（vjigs byed kyi dbang rgyas pa）。此外，木雅译师（mi nyag lo tsav ba）迎请尊者苏纳雅西（jo bo su na ya shiv）来藏后，他又在后者座前，听受《金刊鬘灌顶》（rdo rje phreng bavi dbang）③、《中观》以及《因明》诸大论，以满心愿。后来，他再次到尼泊尔，与印度喇嘛弥梁多杰（bla ma mi mnyam rdo rje）相会晤，在此师座前听受路、纳、枳三师（lvu nag dril gsum）④ 和那若巴传规之《胜乐灌顶》等法。【他曾去印度做索纳雅西师（Sunayaśrī）的仆役。在金刚座前，他和上师噶索日巴（ka so ri pa）相见，在其座前听受了《救度母名称诵修法》、《赞修》及《灌顶》语教等。又在吉祥嘎玛那西那寺喇嘛达钦波（bla ma dav chen po）座前，听受大悲观世音法门和陀罗尼修法（gzungs kyi sgrub pa）等。】⑤ 这位达钦波就是菩萨达纳西（byang chub sems dpav dav na shriv；梵：Bodhisattva Dānaśrī），此师也到过阿里。【达钦波】又在那烂陀寺⑥婆罗门⑦仁钦多杰（rin chen rdo rje）的侄子纳泽达哇（na rtse zla ba）座前，求得《金刚瑜伽母续修法》（rdo rje

---

① 大威德（vjigs byed）：作怖。梵音译作威罗瓦。以凶暴威猛的姿态慑伏一切魔障。无上密乘一本尊名。1. 阎罗的异名。2. 罗刹的异名。3. 大天。梵天、帝释天的异名。见《藏汉大辞典》，第 900 页。
② 梵文：Sarvatathāgatakāyvākcittakrsnayamārī nāma tantra。参见《甘珠尔》，rgyud vbum, No. 467。
③ Vajrāvali nāmamandalasādhana。请参阅《丹珠尔》，rgyud, No. 3140。
④ 指 lvu pa、nag po pa 和 rdo rje dril bu pa 三位大师。参阅《布顿全集》（Bu ston gsung vbum），第 XXVI 卷，La 函，fol. 14a, fol. 11a：dril bu skor gsum, Nag po pa, bskyed rim skor gsum, rdzogs rim skor gsum 和 bde mchog sgrub thabs。
⑤ 【】中内容本书所据藏文（第 282 页）阙。此据罗译（第 228～229 页）和郭译（第 150～151 页）相关内容所补。
⑥ 那烂陀寺（ཎླན྅或ཎླན྅ཆོས྅），梵文为 Nālandā，那烂陀系音译，译言施无厌。在古印度摩揭陀国王舍城的著名寺院。建于公元 5 世纪至 6 世纪初，有八大寺院，僧徒主客常达万人，学习大乘、小乘及吠陀、因明、声明、医方等，为当时印度佛教的最高学府。我国唐代玄奘、义净等曾在此留学多年。12 世纪末以后被毁，近世以来才发掘出部分遗迹。参阅《藏汉大辞典》，第 1497 页；《佛学词典》，第 437 页。
⑦ 婆罗门（bram ze）：义译净行，梵文音译婆罗门，别译梵志。古印度的贵族僧侣阶级名。见《藏汉大辞典》，第 1903 页。

rnal vbyor mavi rgyud sgrub thabs)①。此后，款普哇年满 30 岁时返藏。妥善地办理父亲逝世葬礼诸事后，又想自己应该修行，便在拉杰玛（lha rje ma）【峡玛玛季（zha ma ma gcig）】的引导下修行。从 31 岁起，款普哇在款普宗（vkhon phu rdzongs）红山中修行。两年后，他与姐姐峡玛为伴，北上听受道果教法。之后，他娶了两房妻子。又再次返回款普修行，达到圆满修行之誓约。44 岁时，他已在款普许多不同地方住过。此后又在甄聂南（brin snye nam）、帕珠、拉堆南北等许多地方安住，为许多有情弟子传授《成就心要》等，并帮助色羌哇（se byang ba）逝世后其弟子格西色钦波（dge bshes srad chen po）等未完成教法者完成教法传授。此外还对甄聂南、款普之诸静修人士，并在拉堆南北许多地方广传妙法轮。于是，修行（sgrub pa）和讲说（bshad pa）二者都兴盛起来。那时，峡玛姐弟俩的名声传遍一切地方。在后来的许多上师传记中，都把与峡玛姐弟相见的经过作为大事来记载。如此著名的至尊款普哇，其真名为却吉杰波（chos kyi rgyal po），广作利益众生之事业，在 76 岁时的甲子年（阳木鼠，公元 1144 年）逝世。

款普哇之子拉杰达哇俄色（lha rje zla ba vod zer）：诞生于款普哇 55 岁时的癸卯年（阴水兔，公元 1123 年）。一般认为他是达玛巴（Dharmapa）转世。年满 2 岁时其母去世。他由拉杰玛的无名指流出的乳汁抚养到 10 岁。年满 16 岁时，正如其父当年那样，在邬域之香·甲玛哇（zhang rgya ma ba）足下广习教法，也在岗巴协乌（gangs pa shevu）、绒松·却吉桑波等师前广泛听受教法。此前在他年满 14 岁时，他曾想做巴操（pa tshab）前往印度时的服侍弟子，但其父亲说："教授方面没有人能超过我，为此你就住在这里听受教法吧。"此后，他在姐弟双尊（玛季和款普哇）前求得所有灌顶教授等。此外，他还依止过尼泊尔许多上师，其中包括乍雅色纳等。并如其父当年一样，他以讲说教授、灌顶、经论三者来教化诸方众多无边应化弟子。因为其学识名声远播，堆龙嘉玛哇（stod lungs rgya dmar ba）等师拜在其座下成为弟子。其所获得财物受用无数。峡玛姐弟逝世时，他都布施给许多人士，并立了两座巨大的银塔。【他把银塔】带到尼泊尔，请求康萨巴·乍雅色纳（khang gsar ba dza ya se na）

---

① 此句罗译（第 229 页第 5~7 行）刚好相反，说是纳泽达哇向达钦波求法：At Nālandā, the nephew of the Brahmin Ratnavjra (Rin chen rdo rje) requested him for the Sādhana of the Vajrayogini Tanbtra. 录于此，供参考。此外，郭译（第 151 页第 5 行）把"纳泽达哇"译成"萨纳德哇"。

为其开光①。乍雅色纳作了圆满四灌顶②等法的开光。侍从诸人作了盛大迎接仪式，然后把它们迎请回藏。（拉杰达哇俄色）又在尼泊尔帕巴辛衮（vphags pa shing kun；梵：Svayambhūnātha caitya）③（一说是古舍利塔名）进行多次供献伞盖，又把此处所有的瑜伽女和有成就瑜伽修士聚集起来，进行了多次供献会供。④ 他曾目睹到惊奇而少见的四种奇观：

第一种：据说喇嘛惹达纳西（bla ma Ratnaśrī）在前往邬坚去举行密教仪式之前，被告知需要16岁至22岁妙龄女子三十人做助伴，但是没有找到。所以他只好在嘿玛康（he ma khang）尸林，积存了四只大象所能运载的货物和工具。当四百位瑜伽男女集合在一起，享用会供时，有身着婆罗门女装的少女们披黄丹色布肩、腰系红裙，并以骨质六饰⑤为庄严，手持颅器⑥、喀章嘎⑦、江得乌⑧而到来。她们都是智慧尊，自然降临而去，江得乌抛向空中而自然发出响声，唱金刚歌时结成半跏趺坐。又见七位没有大小之别约30岁的狂饮者，每人各饮七大盆酒而无醉意。

第二种：当某位喜金刚瑜伽士在耶让地方中作密教仪式，他见一大象上骑着16位佩戴骨质装饰的少女，瑜伽士也身着骨饰，以斑羚⑨皮为坐垫。

第三种：当某位国王在雅嘎（ya vgal）地方，率领军队时，有一瑜伽师在地上画出一条线纹，兵马就不能翻越其线，并都退去。国王迎请了这位瑜伽师，当他安详地坐于王座上，看见其座上方自然现起伞盖。

---

① 此句藏文（第284页第2行）为：bal yul du khyer nas khang gsar ba dza ya se na la rab gnas zhus/ 罗译（第230页第18～20行）为：Khang-gsar-pa took them to Nepal and asked Jayasena to perform the consecration rite. （康萨巴把它们带到尼泊尔，请求乍雅色纳为其开光。）
② 包括 vbum dbang、gsang dbang、shes rab ye shes、tshig dbang 四种。
③ 帕巴新衮在不丹王的控制之下。参阅罗译（第230页）行间注。
④ 会供（tshogs）：佛教瑜伽行者，观想凭借定力加持成为体形空乐，以供诸佛道场，使得六种餍足的饮食品。见《藏汉大辞典》，第2289页。
⑤ 骨质六饰（rus pavi rgyan drug）：佛教密宗修行者佩戴的用人骨制造的项链、钗环、耳环、冠冕、络腋带和涂于身上的骨灰等六种饰件。见《藏汉大辞典》，第2713页。
⑥ 颅器（thod pa）：是以颅骨做的饮器。
⑦ 喀章嘎（khatvanga；藏文：ཁ་ཊྭཱཾ་ག）：梵音译作喀章嘎。佛教密宗本尊手中所持杖，上端有三重，上有三个铁尖的一种标志。见《藏汉大辞典》，第194页。
⑧ 江得乌（cang tevu）：意为长腰鼗鼓。宗教乐器之一。两面鼓皮之间，有绳互相连缀，可松紧以调节音调，腰部较长。见《藏汉大辞典》，第724页。
⑨ 斑羚（Krsnasāra；ཀྲྀཥྞ་སཱ་ར）：一说为麟。一种遍身为黑白斑纹、性情驯善、象征吉祥的野兽。一说即犀牛。见《藏汉大辞典》，第39页。

第四种：他（达哇俄色）想前往印度看望那若巴的弟子麦若岭巴（me nydza gling pa）时，乍雅色纳师对他说："麦若岭巴不住在那里。那些与你为敌者很快就要来邀请你回藏。在新的一年里，四部国王的宗教人士将聚集，将有内、外道互相辩论、比赛能力和比赛道行之大戏，那时你来看吧！"果然如师所言，在新春正月十五日，见到有两千名外道有发髻的教徒，与内道（佛教）班智达和瑜伽师两千人，以及四部国王的军队八万人来此集会。首先，由名为嘎拉惹枳达（kav la rav tri ta）外道班智达和内道班智达乍雅色纳康萨巴（dza ya se na khang gsar pa）进行辩论，结果内道获胜，因此也就普遍传称名为"胜军"（rgyal bavi sde，即 Ja-yasena）。后来，由外道中有一位获得成就的名为古朗旺秋（gu lang dbang phyug，即湿婆）的瑜伽师，对众人颂咒能使人疯狂，由他来与内道喇嘛阿度拉亚班遮比赛道力。外道师引用毒咒时，其咒力返回到他自己众徒中，并使众徒相互残杀起来。而喇嘛阿度拉示现以一根马尾将铁水铸成的七个大铁块悬挂于空中，有一千名外道徒试图把它拉下来，但是徒劳无功而败。有人看见这些大磐石悬挂于空中有七日之久。几天之后，上师由藏民迎请而去，并由念译师和俄曲哇（dngul chu ba）将过去与之为敌的一切外道者供献于喇嘛，结果获得妥善调和，就此停止争端。达哇俄色作了诸如此类大宏佛教事业之后，于60岁时于壬寅年（阳水虎，公元1182年）逝世。此水虎年恰好是萨迦班智达诞生之年。【以上为拉杰·达哇俄色的传记，我是根据噶哇达僧的弟子，藏族中著名的智者觉丹旺秋扎（jo stan① dbang phyug grags）所撰略述于此的。】②

麻译师（rma lo tsav ba）法流传系：麻师的妹妹麻萨·仁钦棚（rma bzav rin chen vbum）之子，称为塔细译师（mthav bzhi lo tsav ba），是个居士之身，曾作为麻师随扈三次前往印度。麻师、塔细及桑噶译师在喀切贡巴哇（kha che dgon pa ba）座前，共同听受《胜乐》灌顶法类。后来塔细译师在措隆（mtsho lung）、麦格（me dge）、彭域达阁（vphan yul stag mgo）、达域（dar yul）等处作了长时间的修行。年满65岁在达域住室逝世。

---

① 罗译（第232页第10行）藏文转写为 jo-ston。
② 藏文（第286页第9～11行）为：lho rje zla ba vod zer gyi rnam thar/ ka ba dar seng gi slob ma bod phrug gcig la shes rab che bar grags pa jo stan dbang phyug grags kyis mdzad pa las/ vdir rags bsdus shig bkod pa yin no/。罗译（第232页第19～23行）为"以上（款普哇的）故事，我是根据噶哇达僧的弟子，藏族中著名的智者觉丹旺秋扎（jo ston dbang phyug grags）所撰的拉杰·达哇俄色传记略述于此。"

塔细译师的妹妹塔细·萨却准（mthav bzhi bzav chos sgron）之子名扪顿·穹奈喜饶（mon ston vbyung gnas shes rab），是一位善巧而利益他人的伟大人士。他年满 12 岁时作为舅父的随扈前往拉通聂南荡普（la stong snye nam vdam phug），并在麻师座前听受了许多教法，居住了六年。后来，他返回了彭域。18 岁时，他在年萨普巴（gnyen sa phug pa）、达云丹扎（dar yon tan grags）及吉仁·云丹僧格（skyi ring yon tan seng ge）三师座前圆满受得比丘戒，并听受了阿底峡尊者所有法类。他还在热振寺①伦觉巴钦波（rnal vbyor pa chen po）（大瑜伽师）、贡巴哇（dgon pa ba）、恰·赤却（chag khri mchog）、伦觉巴（瑜伽师）·喜饶多杰（rnal vbyor pa shes rab rdo rje）等四位上师座前，听受了噶当派许多教授。又在拉堆的麦拉康巴（me lha khang pa）座前听受了《量论》、《成就心要》、《胜乐》、《金刚亥母》及《垛哈》等教法。又在格西江巴宣绛（dge bshes vjang pa gzhon byang）座前听受了上、下对法藏（mngon pa gong vog）② 及《五部地论》（sa sde lnga）③ 等法。又在峨·勒协（rngog legs she）座前求得《二万五千般若释》（nyi khri mdo vgrel）④ 之讲授。又在香·纳穹敦巴（zhang sna chung ston pa）座前听受了《庄严经论》（mdo sde rgyan）⑤、《究竟一乘宝性论》（rgyud bla）⑥、两分别论（vbyed rnam gnyis）⑦、《五部地论》、《二摄颂》⑧ 等。又在舅父塔细座前，听受了益西夏（智足师）（ye shes zhabs）传规之《密集》法类，阿惹达（a ra ta）传派

---

① 热振寺（rwa sgreng）：系藏传佛教噶当派第一座寺庙。公元 1057 年由该派创始人仲敦巴所修建，到了 1738 年，第七世达赖喇嘛把该寺交给噶丹赤巴阿旺乔登掌管。此后，阿旺乔邓之历代转世都称为"热振活佛"。见《佛学词典》，第 789 页。
② 指《阿毗达磨集论》（Abhidharma samuccaya）和《阿毗达磨俱舍论》（Abhidharmakośa）。
③ 又译《瑜伽师地论五分》。《瑜伽师地论》别名。本书分：本地分、摄抉择分、摄事分、摄异门分、摄释分。藏文典籍说为无著所著，汉文典籍说为弥勒所著。唐玄奘译，共 100 卷。汉籍五分次第，本地分、摄抉择分之后，次摄释分、次摄异门分、次摄事分，与藏籍次第不同。参阅《藏汉大辞典》，第 2899 页。有关其详细内容，请参阅《丹珠尔》，Sems tsam，Nos. 4035～4042。
④ 梵文：Pañcaviṃśatisāhasrikāprajñāpāramitā。参见《丹珠尔》，sher phyin, No. 3790。
⑤ 梵文：Sūtralaṃkāra。参见《丹珠尔》，sems tsam, No. 4020。
⑥ 梵文：Uttaratantra。参见《丹珠尔》，sems tsam, No. 4024。
⑦ 指《辩法法性论》（Madhyāntra vibhaṅga）和《辩中边论》（Dharma dharmatā vibhaṅga），参阅《丹珠尔》，sems tsam, Nos. 4021, 4022。
⑧ 《二摄颂》（sdom tnam gnyis），梵文：Abhidharma samuccaya，无著论师所著，属于共通乘的《阿毗达磨集论》和属于不共乘的《摄大乘论》。参见《藏汉大辞典》，第 1480 页。也可参阅《丹珠尔》，sems tsam, Nos. 4048, 4049。

之《能怖金刚》、鲁耶巴（lvu yi pa①）传规之《胜乐》②、坝哇玛（bha ba ma）③ 所传之《金刚手法类》等④，多杰穹哇（rdo rje vbyung ba）所传《瑜伽》（yo ga）法类⑤等。又在洛拉雅都玛尔巴·甲色哇（lho la yag tu mar pa bya ze ba）座前，听受《胜乐纳波六法》（bde mchog nag povi chos drug）和《修道四次第》（rim bzhi lam longs）⑥ 等。又在堆龙帕仓（stod lungs vphar tshang）地方的索穹巴（so chung ba）座前，求得《息结派母子六法类》（zhi byed ma bu skor drug）。又在岗贡·益西坚参（skam sgom ye shes rgyal mtshan）座前，听受《四谛》、《车轨》（shing rtavi srol）及《除病法类》（nad vdon gyi skor）。年满57岁时，扪顿·穹奈喜饶掌管舅父寺座。之后，在麦卓色脱（mal gro gser thog）居住三年并亲见毗沙门天王（财宝神）⑦，为此拥有广大的财食受用。在彭域等处，他制定长期的禁路法规（lam rgya）⑧，违反禁路法规者以冰雹等作为惩罚⑨，因此众人无不听命。如格西梁弥钦波（dge bshes myang mi chen po）、嘉惹班柳（rgya ra ban smyon）、伦弥柯哇（glan mi mkho ba）、坝窝哇顿琼（sbas lbol ba ston chung）⑩、东纳莫哇（stong sna mo ba）等大力之师都成为他的弟子。此师对于《大手印》证悟颇高，具有广大智慧。年满66岁时，他将甲噶（bya dkar）和色脱（gser thog）两寺交付给温波帕巴（dbon po vphags pa），自己一心精修了13年并亲见胜乐金刚。年满85岁于【庚】辰年（【铁】龙，公元1160年）逝世。净治遗体荼毗时，发现了许多舍利，并留有眼珠、心、舌等未焚化之物和右旋螺诸瑞相物。

帕巴大师（slob dpon vphags pa）：是格西扪（dge bshes mon）之妹索南坝（bsod nams vbar）所生六子中的长子。年满17岁时，他在布多哇

---

① 与前文 lvu ye pa，以及下文的 lu yi pa 同。
② 此处郭译（第154页第10行）有印制错误："《鲁伊巴传规之》、《胜乐金刚》"。
③ 罗译（第234页第1行）藏文转写为：bha-va-ma。
④ 属此法类的文献，参阅《丹珠尔》，rgyud, Nos. 2167～2184。
⑤ 梵文：Vajradhātumahāmandala vidhisatvavajrodaya nāma，参阅《丹珠尔》，rgyud, No. 2516。
⑥ 有关这两部著作，请参阅《丹珠尔》，rgyud, Nos. 1445～1451，1451～1452。
⑦ 毗沙门天王（rnam thos sras）：梵音译作毗沙门天王。多闻子是佛书所说北方一神名。见《藏汉大辞典》，第1566页。
⑧ 罗译（第234页第19行）为 "the law prohibiting the killing of wild game（禁止捕猎的法规）"。从 rgya 的字面讲，似乎也对。
⑨ 此处郭译（第154页倒数第10行）为："违犯规章诸人罚以防雹费用等……"
⑩ 罗译（第234页第23～24行）将"伦弥柯哇、坝窝哇顿琼"的藏文转写为 glen-mi mkho-ba 和 spos-wol-pa ston-chung。

(pu to ba）座前出家为僧，并听受"噶当派诸教授"及弥勒所著诸论。又在格西香都（dge bshes zhang vdul）座前，听受并学习《律经根本》（vdul ba mdo rtsa ba）和经教等。其师逝后他承为持律师，聚集律宗弟子约有三百人。① 他在普穹哇（phu chung ba）、敬安和朗日塘巴（glang ri thang pa）诸师座前也听受过经教。又在扎汤（gra thang）格西嘉（dge bshes rgya）师座前听受《中观》，在努力修行当中发生了一次修行过失，他在布多哇等师前请求消除过失法，但是没有成功。后来舅父扪（zhang po mon）为他传授麻师传承之《胜乐》法，并作明妃加持，获得了很好效果。后来，又到布多哇座前居住了十年。布多哇逝世后，他依止朗日汤巴六年时间。后来，又在扪的塘处（mon gyi thang du）居住了三年。格西扪师逝世后，帕巴自己的身体也不好了。为此，他派自己的弟子峨尊僧（rngog brtson seng）到拉堆地方探寻麻师所传法类，探听得有麻师的一位明妃和一位近侍弟子，此二人具有麻师的广大教授，尤其精通《道果》教授。于是，他先通过峨尊僧转送礼品，请求得到接受（传法）。之后，帕巴亲自前往那里，求得拉杰玛姐弟（lha rje ma lcam sring）② 所有教授。然后，他前往前藏，又去那儿供奉礼物。最后，他返回到绒地方（rong）的措隆，闭关三年，修念③《胜乐》圆满一千三百万遍。他在漾温地方（yang dben）及噶扎（vgar brag）两处各住了两年，圆满了多种念修。他还和上师洛若·热穹哇（lo ro ras chung ba）相会，上师对他说："你有父叔两位佛尊，你自己也是菩萨。"在他年满66岁时的辛未年（阴铁羊，公元1151年），他说自己17岁就出家为僧，依止包括【噶当派】三昆季（sku mched rnam pa gsum）④ 在内的十五位上师。他补充说道："我对于诸师之语教一句也没有违背。"说完后随即逝世。葬礼上净治尸体荼毗时，发现了许多彩虹和舍利。

接下来，是帕巴之侄敦巴大师（slob dpon ston pa）住持寺座。其父名叫敦巴·旺秋杰波（ston pa dbang phyug rgyal po），是一位密咒师，精通新旧《阎摩敌法类》（gshin rje gshed）和《医疗术》（sman dpyad）。敦

---

① 此句藏文（第288页倒数第2～1行）为：khong gi shul du ba vdzin pa mdzad pas mkhan bu sum brgya tsam byung/。郭译（第155页第1行）："继承他的律宗持律门徒约出有三百人。"
② 即玛季峡玛及其弟弟款普哇。
③ 修念（bsnyen pa）：经常亲近念诵修习本尊咒语仪轨。见《藏汉大辞典》，第1018页。
④ 指博朵瓦·仁钦赛（po to ba rin chen gsal）、敬安哇·楚臣坝（spyan snga ba tshul khrims vbar）和普琼哇·宣奴坚参（phu chung ba gzhon nu rgyal mtshan）。

巴大师年满 18 岁时，在达域地方辛萨普巴（gshen sa phug pa）座前出家为僧。在朗塘巴和峡哇【巴】两师座前，听受了弥勒诸论及《中观》法类的许多论典。在巴操座前，听受了所有《中观六论》①。又在藏巴萨博（gtsang pa sar spos）、藏纳巴（gtsang nag pa）和玛嘉绛耶（rma bya byang ye）三师座前，听讲《回诤论》②及《六十颂如理论》③。又在达·云丹扎（dar yon tan grags）和香师（zhang，舅氏）座前，分别听受《入句论》（tshig vjug）④ 三遍。在堆龙嘉玛【哇】（stod lungs rgya dmar）⑤ 座前，听讲《二万五千般若释》（nyi khri mdo vgrel）⑥ 和《般若八千颂释》（brgyad stong vgrel pa）⑦。又在梁堆玛嘉（myang stod rma bya）处，他于香敦峨坝（zhang ston vod vbar）座前，听讲上、下对法藏（mngon pa gong vog）⑧。又在格西贡领（dge bshes gangs snyan）座前，听讲《定量论》（rnam nges）二十遍之多。如此听受广大教法直至 40 岁。年满 41 岁时，（敦巴大师）在帕巴大师座前听受麻师所传的《胜乐灌顶》法类。他奉命作为送礼品给拉杰姐弟的差使来到拉堆后，也就在款普哇座前听受《道果》五遍半，并在那里居住了两年时间；在拉杰玛前听受两遍《道果》，在拉杰玛姐弟两者前分别求得三次灌顶加持。而后他再次返回前藏，大约三年之后，帕巴叔侄（帕巴和敦巴）二人携带许多供品前往拉杰姐弟所住的芒噶邦岗（mang dkar sbang sgang）与之相见，姐弟俩为他们传授了许多深奥之法，他们在那里住了一年。款普哇对他们说："听完法后就不必再到我这里来了。"款普哇赐给他们一幅能怖金刚画像唐卡⑨；拉杰玛

---

① 中观六论（rigs tshogs，即 rigs pavi tshogs drug）：龙树所著《根本般若论》、《宝鬘论》、《回诤论》、《七十空性论》、《广破人微论》、《六十正理论》等六部阐述中观之书。见《藏汉大辞典》，第 2691 页。

② 《回诤论》（rtsod bzlog），梵文为 Vigraha vyāvartanī。龙树所著中观六论之一。参阅《藏汉大辞典》，第 2233 页；《丹珠尔》，dbu ma, No. 3828。

③ 《六十颂如理论》（rigs pa drug cu pa），又名《六十正理论》，梵文为 Yukti sastikā。有关破斥有部理论的一部中观学论著名，为中观理聚五论之一。古印度龙树论师著，宋代施护由梵译汉。参阅《藏汉大辞典》，第 2690～2691 页；《丹珠尔》，dbu ma, No. 3825。

④ 即 Prasannapadā 和 Mādhyamika avatāra。参阅《丹珠尔》，dbu ma, Nos. 3860, 3861。

⑤ 罗译（第 236 页倒数第 14 行）藏文转写为：stod-lungs rgya-dmar-pa。

⑥ 梵文：Pañcaviṁśatisāhasrikāprajñāpāramitā。参阅《丹珠尔》，sher phyin, No. 3790。

⑦ 有关《般若八千颂》（Astasāhasrikā），请参阅《丹珠尔》，sher phyin, No. 3791。

⑧ 指《阿毗达磨集论》（Abhidharma samuccaya）和《阿毗达磨俱舍论》（Abhidharmakośa）。此处罗译（第 236 页）为小对法藏（Hīnayānistic Abhidharma）和大对法藏（Mahāyāna Abhidharma）。

⑨ 唐卡（thang ga）：卷轴画。画有图像的布或纸，可用轴卷成一束者。见《藏汉大辞典》，第 1140 页。

送给他们一颗牙齿。后来，敦巴来到前藏帕巴座前，又在温萨普（dben sa phug）闭关专修六年时间。那时，他预感到拉杰姐弟已经逝世。此后过了八年时间，帕巴逝世。在那以后，他也就对其他许多有情者讲说经教和开示许多修法。他作过七期荐亡法事，对亡者将受生于何处也能善知。年满 60 岁时，他对侍眷觉尊贡纳（jo btsun sgom nag）等人说："我将于新年正月去世，直到还未发现转世灵童之时，你等应一同住此，并在求学时成为好朋友。"于是，在寅（虎）年（公元 1158 年）新春正月，他逝世了。

一般认为，其转世活佛为漾温巴（yang dben pa）：这是一位如所通达利他众生而（于公元 1160 年）转世受生的大菩萨。父亲为敦巴大师。母亲为敦巴惹乍（ston pa rav dza），系桑噶译师①四大弟子中大弟子之女，原名为门兰坚（smon lam rgyan）。她是敦巴大师座前一弟子，跟他学习了许多教法。她在 39 岁时生了漾温巴。幼年时期，（漾温巴）在学习念诵时，只需指点开头，他便可知晓其余内容。从幼年起，他就能够领会父亲所传授灌顶等诸法类，并且是一位行为和教法相符合之奇人。年满 14 岁时，他在堪布色（mkhan po se）和杜巴哇大师（slob dpon du pa ba）座前出家为僧。年满 15 岁时，他已经能讲广大释论（rgya cher vgrel pa）②而成为极善巧者。以格西朗（dge bshes glang）为首的一切大弟子都很欢喜。年满 17 岁时，母亲为他创造良好条件，并教导之："（对你）现在我已完成任务！拉杰玛所授记的似乎指的就是你。所以你现在应该前往拉杰·达哇俄色座前，请求他圆满地传授所有教授灌顶等法。"于是，主仆几人一行开始前往后藏。

拉杰·达哇俄色（即款普哇之子）事前就预知其到来，特别遣使来到冲准故莫（tshong vdus mgur mo）在路上迎接。在拉杰师于芒嘎嘉桑（mang vgar rgyal bzangs）的住处，他与师相见，供献上所有供物，对其他各位人士也有礼物相送。当他哀求说"祖父应该抚育亡父之孤儿"时，列位人士无不潸然落泪。拉杰钦波（lha rje chen po）对他，比对亲生儿子还亲，并精心抚育。（漾温巴）在大师座前圆满地学完了经论教授和灌顶等法类后，又在玛兰寨（mar lam mdzad）③的顿嘉巴（ston skyabs pa）座前，听受《行法》和《对法广论》（mngon pa rgyas pa）。在顿嘉巴建议

---

① 藏文（第 291 页倒数第 2 行）"桑噶"为 zangs dkar，罗译（第 237 页倒数第 7 行）转写为 zang-dkar。
② 请参阅《丹珠尔》，vdul ba, No. 4106。
③ 罗译（第 238 页第 2 段第 10 行）为："on his return journey（他在回去的路上）"。

下，他以其为亲教师受了比丘戒。顿嘉巴对他说："到我这里来的所有弟子中，你最认真。"为此顿嘉巴也非常喜悦。拉杰·达哇俄色年满60岁时逝世，他为师作福善以超荐，并修建灵塔坟墓。然后，他在此滞留六个月，为因上师逝世未能完成教法的诸位弟子完成教法学习。年满23岁时，他（漾温巴）来到前藏，被任命为寺院住持。而后，他前往索地（sog），闭关专修了两三年。回藏后，他又在鲁汝扎（lu ruvi brag）、噶扎、漾温等地各住了三年或四年，闭关专修。当他在鲁汝普金拉扎（lu ruvi phu byan klag brag）居住时，亲见玛季峡玛坐于大象和狮子抬托的宝座上，她的右边有吉祥佛母，左边有救度母，两尊立像都站在莲日座上，齐放光芒。她为他灌了圆满四灌顶，并开示曰："平等性道中，不应有二取（能取和所取）之颠倒，当以妙观察智作修行。"从此以后，凡有忧患之时，佛尊（峡玛）就降临并为之说法。峡玛玛季还出现在他的梦中，并对他说："我通晓《救度母海续》（sgrol ma rgya mtshovi rgyud）等许多经教，你应该听受。"平常一切大小事务，空行母都来为他助伴。他人所见，只是他曾大放光芒，故他身后留有许多足印瑞相（在石头上）。总的说来，漾温巴独自为佛教事业奋斗。特别是为了纪念其父亲及拉杰·达哇俄色，他修建麦卓嘉桑岗的寺庙（mal gro rgyal bzangs sgang gi gtsug lag khang）；征服了众神幻象造成的危险和恐怖。在嘉桑（rgyal bzangs），他聚集了僧尼约60人。有一次，人们问他："为了修建那里的房屋，那要杀死若干个虫蚁？"他回答说："假如我对杀死那些动物无（超度）把握，我怎能承接这一工程呢？"通过如此等等的作风以及经教的教授，他广作利他事业。他（漾温巴）在58岁时于【丁】丑年（【火】牛年，公元1217年）年底逝世。这一丑（牛）年，止贡法王（vbri khung chos rje）也逝世了。从麻师诞生到此时，已经过了174年了。（为漾温巴）举办了一次盛大的葬礼宴会，大约八千僧伽参加。当荼毗此师遗体时，发现本尊三尊等七尊佛像和无数舍利。后来，修建灵骨大塔高三十五（卡①）。以此也可成为圆满上师之事业。以上为活佛漾温巴史事，我是根据旺秋宣奴（dbang phyug gzhon nu）所著的漾温巴传中选摘一部分略述于此。本章是麻译师和峡玛姐弟如何扶持教法的故事。

---

① 卡（mtho）：一卡，一磔手。拇指尖至中指尖伸开的长度。相当于十二指宽。见《藏汉大辞典》，第1217页。

第五章　阿底峡尊者的传承阶段

一　阿底峡尊者、仲敦巴及热振寺阶段

现在谨此叙述贝麻麦哲益西（dpal mar me mdzad yes shes）①在藏如何弘扬大乘②道规之情况：

此位大师：印度人称为萨霍尔（sa hor）、藏人读为撒霍尔（za hor）的伟大王国的国王格哇贝（rgyal po dge bavi dpal；梵：Kalyānaśrī）的权势之大可比中国的东方君王③，他居住于金幢宫中，其妃名为贝季俄色坚（dpal gyi vod zer can）④。他俩有子三人：长子名为白玛宁波（pad mavi snying po；梵：Padmagarbha），次子名为达哇宁波（zla bavi snying po；梵：Candragarbha），三子为贝季宁波（dpal gyi snying po；梵：Śrīgarbha）。至尊大师即为次子达哇宁波。⑤幼年时期，亲见世代本尊婆伽梵圣救度母

---

① 梵文：Śrī Dīpaṅkara jñāna。吉祥燃灯智。阿底峡尊者的别名。
② 大乘（theg chen nam theg pa chen po）：上乘，菩萨乘。以七种广大，胜出小乘，故名大乘。见《藏汉大辞典》，第1183页。
③ rgya nag stong khun rgyal po，即中国皇帝。
④ 罗译（第241页第10行）转写为 dpal-gyi vod-zer。
⑤ 《菩提道次第广论》（Lam rim chen po），fol. 3a（载《至尊仁波且文集》，rje rin po chevi bkav vbum，第III卷，pa 函）中，援引了纳措译师所撰的"Strotra of Eighty Slokas"（bstod pa pa brgyad cu pa）中的一个段落：

在东方，在那撒霍尔（za hor）的神奇国家，
有一个伟大的城市
叫 Vikramapura。
城中心（是）皇室所在，
多么宏大雄伟的宫殿，
宫殿名叫"金幢"。

(tse rabs kyi yi dam bcom ldan vdas vphags ma sgrol ma)。在她的影响下，他不贪恋王位国政，而是前往他乡【寻师求法。在热纳波（ri nag po）①之瑜伽师扎坚·桑尾多杰（rnal vbyor pa sgra gcan gsang bavi rdo rje）座前，求受《金刚曼荼罗》（rdo rjevi dkyil vkhor）灌顶加持，并听受密续要诀等。获得两次巩固后又前往异国他乡。】②曾有七年时间，他成为称之为阿哇吽垛巴（Avadhutipa③）的大师的近侍，这位大师获得过殊胜成就。有三年时间，他修明智禁行④，又在邬坚地区与空行母一起聚会行时，听受了许多金刚歌⑤。这些便是后来撰写出的金刚歌。于是，当大德居住在密宗最上成就时，他在梦中听到薄伽梵释迦牟尼（bcom ldan vdas shavkya

---

（接上页注）（国王）如同中国的皇帝。

王国的统治者格哇贝 Kalyānaśrī（dge bavi dpal）

及其妃贝季俄色坚 Prabhāvati（dpal mo vod zer）

有三子：

白玛宁波 Padmagarbha（pad mavi snying po）、达哇宁波 Candragarbha（zla bavi snying po）

与贝季宁波 Śrīgarbha（dpal gyi snying po）。

王子白玛宁波娶五妻生九子。

长子索南贝 Punyaśrī（bsod nams dpal，亦为 Kuśalaśrī）

如今已成为

著名学者 Dānaśrī。

三王子贝季宁波，

已成为大和尚 Viryacandra。

二王子达哇宁波，

就是当今的至尊上师（喇嘛杰尊，即阿底峡）。

据更顿群培大师所说，此 Strotra 似乎原先是由纳措译师用梵文撰写的，后来由他译成了藏文。

此注译自罗译（第 241~242 页）。

① Kālaślā 山，位于 Rājagrha 附近。系 Rājagrha 附近的七座著名小山之一。参阅 Bimala Churn Law 的著述 "India as decribed in Early Texts of Buddhism and Jainism"，伦敦，1941 年版，第 39 和 237 页。

② 【】中内容郭译（第 161 页第 9 行）漏译。藏文请参阅第 298 页第 1~4 行。

③ 藏文（第 298 页第 4 行）写为：ཨ་བ་དྷཱུ་ཏི་པ།

④ 禁行（brtul chugs）：1. 止旧行新。禁止平凡庸俗之行为禁，奉行不共非常之约的行为。2. 戒，禁戒，勤息，清净律仪。有关服装、姿态、言行举措的定规章法。见《藏汉大辞典》，第 1124 页。

⑤ 金刚歌（rdo rje glu）：宣说空乐情景的歌词。见《藏汉大辞典》，第 1442 页。

thub pa）和许多声闻①同在的圣众对他说："你为何贪恋此凡生？为何不能出家为僧呢？"听后他想，假如自己出家为僧，可能将对佛法有广大利益。于是，他29岁时前往金刚座大菩提圣地在西拉惹肯达（Śīlarakṣita②）座前出家为僧，并受了比丘戒（具足戒），此师精通加行道，是玛底比哈惹（ma ti bi ha ra；梵：Mativihāra）地方的桑杰益西夏之经传、大众部③之上座部加行道长老。④ 此后直到31岁，他听受关于四部⑤三藏⑥大部分教义，而且精通其实践作法，并且掌握了一切部教义之重点难点。在奥丹达布日山（Otantapūri）⑦ 达摩惹肯达上师（dha rmar kshir ta；梵：Dhar-

---

① 声闻（nyan thos）：弟子，佛弟子。三乘中的声闻乘人。对于大乘声教，自己虽不主要修习，但仍从佛等处所听闻，复以所闻大乘之法，向人宣说，故名声闻，亦名宣闻。见《藏汉大辞典》，第993页。

② 藏文（第298页倒数第5行）写为：ཤཱི་ལ་རཀྵི་ཏ།

③ 大众部（phal chen pavi sde）：小乘四部之一。前期僧众大部分均已会聚，故名大众部。以大迦叶为上首，僧伽胝衣作七至二十三幅，以吉祥结及海螺为袈裟领记，以自性语诵别解脱戒经。见《藏汉大辞典》，第1710页。

④ 此句郭译（第161页）为："于是前往金刚座大菩提圣地（释迦成道处），从桑杰耶喜（佛智）传派大众部大长老住'加行道'（有四位中底一位）中一位的西那惹肯达座前出家，年已二十九岁，并受具足戒（即比丘戒）"。

⑤ 四部（sde pa bzhi）：古印度佛教分上座（gnas brtan pa；梵：Mahāsaṅghikas）、说一切有（thams cad yod par smra ba；梵：Sarvāstivādins）、正量（mang pos bkur ba；梵：Sammitīyas）、大众（phal chen pa ste；梵：Sthavira vādins）等四根本部。

⑥ 三藏（sde snod gsum）：一切佛语，依所诠释之义理分为三学，依能诠释之文字分为三藏，谓经藏、律藏和论藏三者。十二分教一切义，色法乃至遍智之间一切所知，总集于此三者之中，故名为藏。见《藏汉大辞典》，第1473页。

⑦ 藏文（第298页末行）写为：ཨོ་དན་ཏ་པུ་རི།《菩提道次第广论》fol. 62a 中援引纳措译师的"Stotra of Eighty slokas"中的内容说：

在奥丹达布日山，
有53位和尚。
在Vikramasila，
约有100位和尚。
所有四大部派可在其中找到。
你对任何部派未示偏见。
你成为四大Retinues（Bhiksus, Bhiksunis, Upasakas和Upasikas）之冠饰，
驻锡在Magadha寺林。
作为十八部派之首，他们全都听命于你。

上述引文表明，公元11世纪初，奥丹达布日山和Vikramasila上的寺庙就已经开始衰败，衰败过程之结果就是在公元12~13世纪被伊斯兰教所征服。

maraskita）座前，他听受《大毗婆沙论》① 12 年②时间。由于上师是声闻乘人（nyan thos pa；梵：śrīvaka），因此必须每七日搬迁一次住处③。另外，《般若波罗蜜多》以及密宗教法，是在乍纳西弥扎上师（Jñānaśrīmati④）、小姑萨里（ku sa li chung ba）、哲达日（dze tav ri；梵：Jetāri）、纳波肖钦波（nag po zhabs chen po；梵：Krsnapāda）⑤、小阿哇杜底巴（Avadhūtipa⑥）、仲毗哇（dombhi ba⑦）、日巴苦鸠（rigs pavi khu byug；梵：Vidyākokila）、玛底乍纳菩提（Matijñānabhodhi⑧）、那若巴、班智达弥钦波（mi chen po；梵：Mahājana）、布达阁支巴（Bhūtakoti pa）、大善知识达钦波（dav chen po；梵：Dānaśrī）、喜饶桑波（shes rab bzang po；梵：Prajñābhadra）、绛曲桑波（byang chub bvzang po；梵：Bodhibhadra）等上师座前听受的。尤其是惹达那阿嘎惹辛底哇（Ratnākaraśānti⑨），是一位拥有许多不同宗派传承教法的大德，于是阿底峡的大多数教法是在此师座前听受而得。后来，阿底峡尊者前往色岭巴（gser gling pa；梵：Dharmakīrti, chos kyi grags pa）座前，听受了以发菩提胜心为主的所有教授。绝大部分时间，他都是毗扎玛拉西拉⑩寺建立上座部的长老，他的伟大美誉传遍四面八方。拉尊巴·绛曲峨（lha btsun pa byang chub vod）多次派遣使者携带许多黄金迎请阿底峡尊者（来吐蕃传法）。

---

① 《大毗婆沙论》（bye brag tu bshad pa chen movam po；梵：Mahāvībhāsā）：唐代玄奘由梵文译为汉文，晚期又由汉文译成藏文。见《藏汉大辞典》，第 1891 页。1.《阿毗达磨大毗婆沙论》的略名。2. 有部、毗婆沙师、古印度小乘佛教一派系。见《佛学词典》，第 588 页。

② 罗译（第 243 页第 9 行）为"two years（两年）"。

③ 根据 Bodhisattva sila 之誓言，Bodhisattva 是不准许与 Hinayana srivaka 待在一起超过七天的。参阅罗译（第 243 页）行间注。

④ 藏文（第 299 页第 3 行）写为：ཛྙཱ་ན་ཤྲཱི་མ་ཏི།

⑤ 又称为坝朗阿扎惹雅（Balyācārya 藏：བལྱཱ་ཙཱརྱ།）。

⑥ 藏文（第 299 页第 4 行）写为：ཨ་བ་དྷཱུ་ཏི་པ།

⑦ 藏文（第 299 页第 5 行）写为：ཌོམྦྷི། 罗译（第 243 页倒数第 4 行）转写为 Dombhi-pa。

⑧ 藏文（第 299 页第 5 行）写为：མ་ཏི་ཛྙཱ་ན་བྷོ་ཛེ།

⑨ 藏文（第 299 页第 7~8 行）写为：རཏྣཱ་ཀ་ར་ཤཱནྟི།

⑩ 毗扎玛拉西拉（bi kra ma la shiv la；梵：Vikramaśīla）：也称戒香寺，古印度恒河岸边一小寺名。阿底峡等许多印度佛学家曾居于此。参阅《藏汉大辞典》，第 1823 页。

第五章 阿底峡尊者的传承阶段

著名的阿里王拉喇嘛·益西峨（lha bla ma ye shes vod）的王位继承者为松峨（srong nge），松峨王位继承者为杰波拉德（rgyal po lha lde），杰波拉德的王位继承者为俄德（vod lde）。拉德王有两个弟弟，大弟为拉尊·绛曲峨（lha btsun byang chub vod）；幼弟是比丘细哇峨（dge slong zhi bavi vod），此人精通内外一切教法，而且也是一位善巧译师。而拉喇嘛·益西峨虽然已经让出王位，但他仍是军队的将军。益西峨在与葛逻禄①交战中失败，而被囚于牢狱之中。葛逻禄对他说："若你能够放弃信仰皈依②三宝③，就从狱中把你释放出来，否则，要带来等同于你整个身体重量的黄金来赎你出狱。"被囚很长时间之后，诸位长官在阿里地区筹备了不少黄金，前、后藏的僧人也为此上裙④税而筹足大多数黄金⑤，但是，还没有筹到益西峨头部重量的黄金。这时，绛曲峨前往葛逻禄监狱中对益西峨说："我们已筹到如你身体重量的黄金，还要筹到你头部重量的黄金后就来迎请你出狱。"益西峨回答说："现在我已经老了，对谁都毫无用处。因此，应该将用那些黄金迎请许多班智达来建立佛法。"【于是他们听从安排，（从印度）迎请了许多班智达，并建立了许多讲经说法之处所。但是，绛曲峨心里总想着："虽然藏区已有不少僧众，但是显而易见，在密宗修习中有许多淫行（sbyor）和邪行（sgrol），而且无此邪行者就只把空性⑥看做是唯一证悟成佛而显示。各自所解脱之佛教事业得到了健康发展，但是看到学习菩提心者很少。我们应该迎请能消除这些罪恶的大班智达，此前所迎请的那些班智达虽然各有其超然法门，但对于整个藏区来说没有获得利益。但是，如

---

① 葛逻禄（gar log）：蓝眼突厥。古代中亚细亚突厥族之一支。11世纪，其国王曾杀死阿里古格出家国王益西峨。见《藏汉大辞典》，第352~353页。
② 皈依（skyans su vdzin pa）：归依，归趋，往皈依。
③ 三宝（dkon mchog gsum）：佛、法、僧。见《藏汉大辞典》，第61~62页。
④ 裙（shams thabs）：比丘十三资具之一。长五肘，宽二肘，穿于下衣之内部。见《藏汉大辞典》，第2836页。
⑤ 此句藏文（第300页）为：dbus gtsang gi rab tu byung ba rnams la yang sham thams khral blangs te gser phal cher vdzom/ 郭译（第162页）为："……前后藏出家众复拆禅裙出售以凑集大多数黄金，……"
⑥ 空性（stong nying）：佛教认为一切客观存在着的事物都是因缘和合所构成的假想，事物本身并不具有任何质的实在性，都不是独立存在的实体，是无自性的，故称空或空性。见《佛学词典》，第326页。

果我们迎请阿底峡尊者来藏,他将能够破除这些邪行,并有利于佛法发展。】①

　　身为比丘的贡塘（gung thang）人氏纳措·楚臣嘉哇（nag tsho tshul khrims rgyal ba）曾前往印度求学,是由嘉·准珠僧格（rgya brtson bgrus seng ge）做向导。纳措师在阿底峡尊者等一些班智达座前听受过许多教法。后来返回家乡贡塘时,拉尊巴（lha btsun pa）将他召唤到自己面前,吩咐道:"你必须前往迎请阿底峡尊者,若此次迎请成功让我欢喜,回来之后我让你欢喜,但不要违背我王命。"他接受了王命,并携带了交给他的以一整块重约 16 两的黄金为主的许多黄金,主仆等多人前往印度,途中运用许多善巧方便,避免了发生盗匪之恐怖和灾难。一天夜里,他们安全到达毗扎玛拉西拉寺。他们在那里用藏语念诵时,嘉·准珠僧格在门房上守候听到其声,就大声问道:"你们是藏人吗?明天我们一定会相见的。"第二天嘉·准珠僧格带着纳措（楚臣嘉哇）来到阿底峡尊者座前,并供献上一整块黄金为主的许多黄金堆在曼札②上,然后由嘉·准珠僧格向尊者陈述来意:"此前在藏有殊胜佛教,但被朗达玛③毁灭。自那以后,经过很长时间,因为喇钦波（大喇嘛思明）④之恩德,建立了许多僧伽寺庙。诸位僧伽虽然都精通三藏,然而大部分与实修三藏教法不符。现在为

---

① 此段藏文（第 300～301 页）：pandita mang po spyan drangs/ chos kyi bshad pa mang du btsugs kyang/ byang chub vod kyi dgongs pa la/ bod kyi yul vdi na rab tu byung ba mang yang/ sngags la sbyor sgrol la sogs pa log par spyod pa mang po snang ba dang/ de mi spyod kyang stong pa nyid gcig pu kho nas vtshang rgya zhes zer zhing mang du ston pa dang/ so so thar pavi bstan pa dar yang byang chub sems dpavi spyod pa la slob pa nyung bar gzigs nas/ nyes pa de rnams zhi bar byed pavi pa ndita chen po zhig btsal bar bzhed pa la/ sngar spyon drangs pavi pa-ndita rnams kyang sgo sgor khyad par du vphags mod kyi/ bod khams spyi la phan pa byung bas/ jo bo rje spyon vbrongs na/ log pa de rnams sun dbyung bar nus shing/ bstan pa la phan pa zhig vod bar dgongs nas yod pa la/。郭译（第 162～163 页）不全："于是听从所说,虽已迎请了许多班抵达,建立了许多说法处所。然而绛曲峨（菩提光）的心中,总想此间西藏虽已有许多僧众,但是显见有许多对于密宗淫乐得解脱的邪行;而且此前所迎来的诸班抵达,虽各有其特超法门,但对于总的西藏来说,未获得利益。以此他想到如果迎请阿底侠尊来藏,将能破除此诸邪行,而使佛教获得饶益。"

② 曼札（man da la, འབྲང་）：1. 佛教所用供品之一。2. 坛城,轮圆,曼荼罗。见《藏汉大辞典》,第 2057 页。

③ 朗达玛（glang dar ma）,吐蕃王赤达玛乌冬赞（khri dar ma u dum btsan）的绰号。其在位期间,大肆灭佛。最后导致吐蕃王朝土崩瓦解。参阅《藏汉大辞典》,第 421 页。

④ 大喇嘛思明：系西藏佛教东律初祖。公元 973 年宋太祖开宝六年。从由前藏逃到青海河源地区的藏僧三人,及在西宁附近之汉僧二人受即比丘戒；布顿·仁钦珠即以此年为后弘期起始之年。公元 978 年宋太宗太平兴国三年,在河源地区,为来自西藏的鲁麦等十人传授比丘戒,仲敦巴即以此年为后弘期起始之年。

了满足我们藏王的愿望和开示出家僧众实修佛法，尊者如能亲自到藏，必定能作利益众生之事业。其他班智达都很难完成此任。"如此中肯地说了之后，尊者答道："你言之有理，你们为了迎请我，已经花去了你们藏王的许多黄金，前来迎请我的人中许多人因为酷热而死去，如此对藏王之颜面也有妨害。现在我想若对藏人有利，无论如何我也要前往藏区。然而，由于毗扎玛拉西拉寺上座是很难放我走的，应该有善巧方便之道。"然后他转向纳措说道："你不要对任何人说为迎请我而来此，就说是为了求学才到此。现在就开始你的学习吧！"于是，纳措按照尊者指示，（在达毗扎玛拉西拉寺）学习佛典翻译。继后阿底峡尊者启问本尊及金刚座获得成就之瑜伽母（是否应该前往吐蕃），本尊和空行都对他说"尊者无论如何都应该到藏，那样对于佛教将会有利，特别是将能使优婆塞①得到利益。但是，你的寿数将会因此减少20岁。"尊者想："只要对佛法和众生有利，减寿又有何妨？"他决定起程赴藏并为此作准备。他宣称自己要前往金刚座绕转朝拜，特别是去参加绕转朝拜尼泊尔自然现出的灵塔。有两位译师将作为仆人起程赴藏。上座西拉阿嘎（shiv la avu ka）② 对纳措说："纳措啊，我以为你是为求学而来的，然而你却把我的班智达盗走了！现在看来，班智达本人对前往藏也是很喜欢的，既然如此我也就不再阻止了，让他走吧。但是他在藏只能居住三年，到时候还必须送他回印度。"纳措如命承许。（阿底峡尊者）在金刚座前作了盛大供养，后来，他们到达到尼泊尔时，尊者有吉祥之预兆。于是，他们便在尼泊尔居住了一年，在那里修建了桑塔毗哈惹大寺（Sthamvihāra），寺中安置了众多僧伽生活费用，并建立了多种梵行（戒）。阿底峡尊者生于壬午年（阳水马，公元982年），在其59岁③时的庚辰年（阳铁龙，公元1940年）离开印度，辛巳年（阴铁蛇，公元1041年）到尼泊尔住了一年，壬午年（阳水马，公元1042年）到达阿里的。

纳措译师：辛亥年（阴铁猪，公元1071年）生，当阿底峡尊者来到阿里时，他正好31岁。他曾说，桑塔毗哈惹寺的尼泊尔生活和教法都是

---

① 优婆塞（u pav si ka）：邬波索迦。意译近事男、善宿男、清信士、守戒居士。受五戒的俗家男子。见《佛学词典》，第913页。

② 藏文：ཤིལ་ཨ་ཀ；梵文：Śīlākara。当时西拉阿嘎是达毗扎玛拉西拉寺住持。

③ 罗译（第247页第18行）为"in his 57th year（在其五十七岁时）"。

很好。当阿底峡尊者来到阿里时，拉喇嘛①作了盛大欢迎。尊者驾临脱顶寺②中时，拉喇嘛向尊者谈了许多自己的想法。后来，尊者住在前藏时，拉喇嘛曾经前来拜见他。大约此时，藏族诸位法师曾问起拉喇嘛，那些来到阿里地区的各位班智达的功德如何，拉喇嘛答道："这位班智达有如此的功德，那位班智达有那样的功德等等。"当问起阿底峡的功德时，拉喇嘛双眼对视天空，喉音稳重地说道："哦！他的功德啊！哦！他的功德啊！"以这种方式，表示尊者的功德超越言说之境界，难以言表。阿底峡尊者对拉喇嘛及其他许多人士，极为秘密地传授了许多灌顶，以及教授秘诀。拉喇嘛对尊者请求说，在藏有如此这般与佛法不符的情况，希望尊者撰写一本论著予以纠正等。于是，尊者便撰写了《菩提道灯论》③，开示三士道次第。其中，首先开示下士道之实践，尊者说："应随念'死'，若无舍此世心，则难入于正法领域；若执蕴④为我，则不能获得解脱；若未生起菩提心，则难入大乘道；此大乘又必须方便与智慧相结合，单修空性则难成佛。"尊者以此开示消除了意乐修行诸人士的骄傲心。尊者还开示说，除应是明了空性者外，其余不可正修（真实修）第二（秘密灌顶）和第三（智慧灌顶）灌顶。因此尊者发出狮子吼声，淫乐（sbyor ba）和邪行（sgrol ba）对于只遵循密教言说修行者是不适合的。又由于阿底峡尊者对业果极为尊重，他又以业果者（las vbras pa）著称于世。当尊者得知这种称誉时，心生欢喜而说："仅仅这一名称也使他者受益。"那时，译师仁钦桑波心想："阿底峡尊者学识虽然不比我的博大，但是既然他是拉喇嘛迎请而来的，我应该作一些服役。"于是，他便迎请尊者到自己的

---

① 拉喇嘛（lha bla ma）：也称天王喇嘛。旧时称呼国王出家为僧者，如呼吐蕃王族后代益西峨、绛曲峨、细哇峨等为天王喇嘛。（此处应为益西峨）见《藏汉大辞典》，第3085页。

② 脱顶寺（mtho lding gi gtsug lag khang）：也译作托林寺。指西藏历史上著名的阿里古格托林黄金神殿。详见《佛学词典》，第363页。

③ 《菩提道灯论》（byang chub lam gyi sgron me）：11世纪初阿底峡至西藏阿里后，用梵文写成的一部佛教著作。此书主要阐述佛教修习次第，强调修习佛法要依三士道（上士道、中士道、下士道）的三次第，循序渐进。修习者要发菩提心，严持戒律，修习止观，福慧双修，只有在以上显宗阶段圆满修持的基础上，才可转入密宗修持而达到即身成佛。以后，仲敦巴等人专传弘其法，成为藏传佛教噶当派和格鲁派见、行、修道次第的主要依据。见《佛学词典》，第580页。也可参阅《丹珠尔》，dbu ma, No. 3947。

④ 蕴（phung po）：这里指的是五蕴（phung po lnga）。佛教认为人身并无一个自我实体，只是下列五种东西集合而成。即色蕴，指组成身体的物质；受蕴，指随感官生起的苦、乐、忧、喜等感情；想蕴，指想象作用；行蕴，指意念活动等；识蕴，指意识。见《佛学词典》，第503页。

驻锡处——脱顶寺中，寺内依次绘有上下部密乘①诸本尊像。尊者于此来到诸尊像前，每尊佛像前都作一赞颂偈而入座。这时译师问道："这些颂词由何而作？这些是何人所作的颂词？"尊者道："就是我此刻所作。"于是，译师心中才有所畏怯。尊者问译师："你通晓何种教法？"译师将自己所通晓的教法大概说了一下。尊者说道："哎！假如过去知道有您这样的人在藏，我也就未必来藏了。"说着就双手合十于胸前以示敬意。又问译师："哦，大译师！假如一个朴特伽罗②坐在一张坐席上修习诸续部之义，他将如何而为呢？"译师答道："确实，人们应该根据各自续部修习。"尊者说道："对于此点，译师可以算作是老朽！看来我是应该来藏啊！此诸续部须合一而修啊！"于是尊者为之讲授《密咒幻镜解说》(gsang sngags vphrul gyi me long bya bavi bshad pa)③，译师也对尊者十分信仰，并意识到尊者是大善巧者中之最大善巧者。于是将旧译的《八千般若波罗蜜多》（brgyad stong pa）④、《二万五千般若光明释》（nyi khri snang ba）⑤、《八千般若广释》（brgyad stong vgrel chen）⑥等请求校正。尊者对译师说："我将要前往前藏，请你随我前往并作我的翻译吧。"那时，大译师已经到了85岁高龄。他脱帽说道："请看我的头已经变得如此（头发变白），实在不能为尊者服役了。"【据说除（阿底峡）尊者外，大译师还有班智达上师60人，但这些上师研习翻译之路狭窄。】⑦ 尊者说："啊！大译师，轮回之苦实在难忍，应该作利益一切众生之事业。你现在就一心专修吧！"于是，译师也听从尊者教言，建起一座房屋，有三

---

① 上下部密乘（rgyud lde gong vog）：上部密乘是指密乘四部中之瑜伽部和无上瑜伽部。下部密乘指密乘四部中之事部和行部。见《佛学词典》，第161页。此处郭译（第165页）为"四续部"，恐误。
② 朴特伽罗（gang zag）：人，众生。汉文亦意译作数取趣，指人不断流转六趣而言。见《佛学词典》，第93页。
③ 《密咒幻镜解说》（gsang sngags vphrul gyi me long bya bavi bshad pa）：阿底峡尊者驻锡后藏阿里地区时著，其时约为11世纪40年代。见《佛学词典》，第863页。
④ 梵文：Astasāhasrikā。参见《甘珠尔》，shes phyin，No. 12。
⑤ 梵文：Vim śati ālokā。参见《丹珠尔》，shes phyin，No. 3787。
⑥ 《八千般若广释》梵文：Astasāhasrikā Prajñāpāramitā。参见《丹珠尔》，shes phyin，No. 3791。
⑦ 【】里的藏文（第306页第11~13行）为：lo tsav ba chen po de la jo bo nyid ma gtogs pavi panditavi bla ma drug cu tham pa yod zer/ gzhan rnams kyis lo tsav ba sgrub pa lam chung ba/。郭译（第166页第6行）漏。

层门道，在外门上写有：" 于此门中，若我生起一刹那①贪恋世间轮回之心时，诸护法②粉碎我头！"中门上写有：" 在此门中，若我生起一刹那为自利之心时，诸护法粉碎我头！"在内门上写有：" 在此门中，若我生起一刹那凡庸分别之心时，诸护法粉碎我头！" 尊者走后的十年间，他一心专修，亲见吉祥胜乐曼荼罗（dpal bde mchog gi dkyil vkhor），年满97岁时逝世。当净治遗体时，城中小孩以上者都看见天空中有许多天神在作供养和恭敬之事。荼毗后未发现任何骨骼等物，只发现三颗如小莲瓣红色舍利，但为时不久也伴随空中发出的雷声而消失。

拉尊巴启问尊者说：" 就密续而言，我对《密集续》有信解；就菩萨而言，我对观世音菩萨③有信解。"为此，尊者根据以益西夏（智足）传规之《密集曼荼罗》（gsang ba vdus pavi dkyil vkhor）为主的世自在（vjig rten dbang phyug），撰述了《密乘生起次第修习法》（mngon par rtogs pa）④，其中结合了三字密咒的嘛呢白玛（ma ni padme）引导以及曼荼罗之赞；由此显见，这与依此曼荼罗而作的密集灌顶四百五十颂（vdus pavi dbang bskor bzhi brgya lnga bcu pa）是相符的。这一传规法成为一切智者所传称。于是，尊者将阿里的善知识和一切人士都引入此善道中。尊者在那里（阿里）居住了三年时间，依其传规修行者极为兴盛。当尊者打算起程返回印度时，仲敦巴与之相见，仲师当时住在普兰（pu hrangs）名叫甲杏（rgyal zhing）的地方。

仲敦巴：其种族为漾协（yang bzher）⑤，父亲名叫达松须协（rta gsum shu bzher）⑥，母亲名叫库堆萨季玛（khu lto gzav lan cig ma）⑦。他于乙巳年（阴木蛇，公元1005年）诞生在堆龙上部。⑧ 其母亲早年逝世。仲敦巴自幼性格极其坚毅，决定自己与其跟继母争吵，不如前往他乡。于是，他来到许地方（gzhur），学习读书写字。他住在那里时，恰好与从康

---

① 一刹那（skad cig ma）：瞬间。最极短暂的时间。梵音译作刹那。佛家中观自续派，以下至一切有部，共许男子一弹指顷的六十五分之一为一刹那；中观应成派，则许其三百六十五分之一为一刹那。见《藏汉大辞典》，第106页。

② 护法（bstan srung）：保卫佛教的人或神。见《藏汉大辞典》，第1129页。

③ 观世音菩萨（spyin ras gzigs）：世间怙主或持白莲，均为观音之异名。见《佛学词典》，第491页。

④ 梵文：Guhyasamāja abhisamaya。参见《丹珠尔》，rgyud, No. 1892。

⑤ 在《东噶藏学大辞典》，第1573页写作（yang gzher）。

⑥ 在《东噶藏学大辞典》，第1573页写作（rta gsum sku gshen）。

⑦ 在《东噶藏学大辞典》，第1573页写作（khu vod bzav lan cig ma）。

⑧ 在《东噶藏学大辞典》，第1572页认为对于此师之诞生年和逝世之年有四种不同的说法。

区前往尼泊尔南部①的色准尊者（jo bo se btsun）相会，并对之生起敬信。色准尊者在尼泊尔和一位游方僧（a tsa ra）相互辩论，游方僧失败后说："我们赛神通吧！"色准尊者精通于"卦绳占卜法"②，于是他对外道师说："有人将（你）父亲之头颅埋藏在了塔下，这对你家族人种传嗣极为不利。假如你有神通，何不去把它取出来呢？"游方僧无此功德，故丧气而离去。（这时）色准想："假如我现在到印度，是否有比我更精通教法者还很难说。此外，或许我还会遇到这种人的。"为此，他返回了（藏地）。于是，他又与仲敦巴相见，后者请求做他仆人跟随而去。色准师说："别人会说闲话，你以后同商人一起来吧！"之后如师所言，仲敦巴与商人结伴而来到色准身边。在屋里，他负责磨糌粑等所有杂务；在屋外，他负责放牧许多牛马牲畜。他还佩带三兵③，骑着良马巡视以防盗。在磨糌粑之时，他总把书本搁在磨旁边阅读。用这种方式，刻苦求学。附近住有一位班智达，名叫乍泽玛（sgravi tsher ma，即语法通），他在其座前学习了好些吡哒文字（bi brta）④。他启问班智达："现在印度谁最伟大？"答道："我在印度时那若巴是最伟大。也有一位从王族中出家比丘，叫底邦嘎惹西连那（Dīpaṅkaraśrījñāna⑤）（阿底峡名）的。若他现在住世，那么他将是最伟大之人。"仲敦巴一听到尊者之大名便生起大敬信，极其渴望见到尊者，并思忖此生能否与尊者相遇？他从来往旅行者那里打听到阿底峡尊者将要到阿里，当即禀告色准师，希望准许他要前往阿里。色准师准许他走，并没有表现出不愉快，赠送了他一驴驮书⑥。于是他起程了。他来到峨曲喀（rngog chu kha）⑦时，听到在一间屋中有喧嚷之声，

---

① 藏文（第308页第8行）为：khams nas lho bal du。罗译（第251页倒数第11～10行）为"from Khams to Nepal and India（lho bal）（从康区到尼泊尔和印度）"。凡此情况，罗译其他地方亦然。
② 卦绳占卜法（ju zhag）：内地和尚和苯教依天文历算而占卜的一种方法。Ju zhag，与ju thig同，卜线，卦书。苯教徒占卜时抽签用的彩色线和预言吉凶的卦辞。在古代，乃为鸟卜，即便今天，这些卜线也是用鸟的名字命名的，比如"布谷鸟、乌鸦"等等。请参阅《藏汉大辞典》，第876页；《东噶藏学大辞典》，第874页；以及罗译（第251页）行间注等。
③ 三兵（vkhor gsum）：箭、刀和矛三种兵器总名。见《藏汉大辞典》，第610页。
④ 此句罗译（第252页）提到两种文字："with him he studied much the Lantsa and the Vartula scripts（他在其座前学习了好些Lantsa和Vartula文字）"。
⑤ 藏文（第309页第7行）写为：དྲི་བྲེ་ཤྲཱི་ཛྙཱ་ན།。
⑥ 罗译（第252页倒数第6行）为："… and gave him a donkey with a load, and books."。
⑦ 罗译（第252页倒数第5～4行）为："rngog-chu river（俄曲河）"；郭译（第167页倒数第5行）为"垛曲喀"，估计是把藏文识读为rdog chu kha了。

于是问道："里面有什么？"【他被告知仓喀伯穹（vphrang kha ber chung）准备纪念其父亲仓喀伯钦（vphrang kha ber chen）的一个仪式，正在招待亲戚们喝酒。于是他跟他们一起喝酒。仓喀伯穹说："我也是一大人物！你应该以狐狸跳舞的方式向我敬礼。"于是他就向伯穹行礼。】① 伯穹喜欢讲教法史话，就与仲敦巴谈论许多宗教话题。仲敦巴抨击其每一句话。于是他就说道："听说康区有一精通教理的仲居士（vbrom dge bsnyen），不会就是您吧？"仲说："说是我也是可以的。"他大为惊讶，将自己的坐垫抽出来，并请仲敦巴坐。然后他以一匹有鞍的良马，鞍上系有彩绫头络等，供献给了仲敦巴，并请求原谅适才要仲敦巴礼敬之举。同时他请求道："我愿意做您的施主！您应该在热振建寺，成为我的上师。"仲敦巴答道："现在我没有时间探讨此事，我要前往阿里拜见一位班智达。等以后因缘合和时，我将成为汝上师，定在热振建立寺院。"后来，他到彭域地方去了。他要前去礼拜嘉季香钦波（rgyal gyi zhang chen po），后者是教授他学处之师。在那里，他又与噶哇·释迦旺秋（ka ba shavkya dbang phyug）相会，并对后者说："我将要去拜见班智达，若能把他迎请到前藏，那时我将以书信告知您，请您做当地诸大人物的带头人，应率领大家前来迎接。"噶哇·释迦旺秋也应诺照办。仲敦巴没有通过无人区的道路前往，而是取道北边荒漠而上。当初有一位陌生人做向导，到一路口时他说："现在纳须（sna shud）发生乱事，我要去一下。"说后犹如狂风卷起般而去。后来仲尊者说："那是伯嘎尔②大神，若人们信奉正确教法，他也是一位很好的护法神。"还有一次，当仲敦巴迷路时，他追随一鹿而行，结果找到正确的路。到达阿里时，本尊度母对阿底峡尊者说："你的优婆塞（仲敦巴）从现在算起第三天，确切地说在第四天上午会到来，准备接纳他吧！"阿底峡尊者将灌顶用的净瓶安置于枕头边并为之念咒祈祷。果然，时满三天之后，确切地说在第四天白天，有一位施主来迎请阿底峡尊者主仆，尊者在途中想到："至尊观音圣母（spyon gzigs jo mo，即本尊度母）不会欺骗我吧？"之后，他在一路口与仲敦巴面对面相见。在

---

① 此段藏文（第309页倒数第6～2行）为：vphrang kha ber chung yab vphrang kha ber chen gyi vdad gtong bavi grabs dang/ sring po rnams brdu bavi chang yod pa yin zer bas/ skyems skrur byon pas/ vphrang kha ber chung gis nga mi che ba yin/ khyod kyis phyag wa vkhyug pa vdra ba gyis zer ba bzhin du phyag kyang mdzad/。郭译（第167页倒数第4～2行）为："……答道：'有仓喀伯穹（意为小棍）和他的父亲仓喀伯钦（意为大棍）的跑腿们催收来的酒'。拿来了饮料，伯穹说道：'我也是一大人物，听说你如快跑的狐一样跑来'。"

② 伯嘎尔（dpe dkar）：一护法神名。见《佛学词典》，第480页。

那里仲敦巴好像早已跟尊者相识那样，不和尊者的侍从人员等说话，径直跟着阿底峡尊者。他跟着尊者到了主人房间，接受了当日所得宴份之酥油并把它熔化后为尊者作晚间明灯。尊者也很好地给他传授了灌顶，于是（师徒俩）共枕而息，以便交谈①。过了三日之后，尊者主仆起程上道来到吉绒（skyi rong），【乙】酉年（【木】鸡，公元1045年）他们就住在吉绒。他们虽然很乐意前往柏波（尼泊尔）宗（bal po rdzong），然而由于战事道路不通故未能前往。仲敦巴在尊者面前盛赞前藏地方有拉萨、桑耶寺，以及上千僧伽等。尊者说道："有如此多的梵行者在印度也是很少有的！一定还有许多阿罗汉。"说后频频向前藏方向举手作礼。这使仲敦巴有了勇气，于是他请求尊者前往前藏。尊者说："我不能违僧伽之使命，若有僧伽之使命前来，我就决定前往。"于是，仲敦巴写了一封信寄给香·旺秋贡（zhang dbang phyug mgon），信曰："形状正如大车轮南赡部洲中等……希望在秋季之内，迎者能够到达。"但是，当时纳措译师明白尊者愿意前往前藏之后，他就拉着尊者之僧衣恳求道："我违反了上座之誓言，我不敢到地狱之中，无论如何尊者也要返回印度。"②尊者说："译师啊！不能办到，有何罪哉？"说完之后作了一番安慰。仲敦巴书信由香·旺秋贡转交给噶哇师。噶哇师对此极为重视。他把此事告知了嘉季香钦波等人，而当他们正准备带着这份邀请信前往迎接时，库敦（khu ston）发现信里没有自己的名字而心中不悦。他想自己应该抢在别人前面拜见尊者，亲自护送他（到这里），于是他就走了。库敦之行动，对其他诸位人士亦如拍掌招呼，随即纷纷而去。【当前藏诸位大人物来到伯塘（dpal thang）之时，他们发现阿底峡尊者主仆诸人已经到达上伯塘（dpal thang stod），因为尊者在吉绒时就得到了报信。】③ 在上伯塘，尊者遥望着藏族诸师头戴长帽，身披大氅衣的马队前来。尊者对仲敦巴说："优婆塞

---

① 此句藏文（第311页第9～10行）为：jo bos dbang bskur yang legs par gnang/ dbu sngas sbrel te gleng mo yang zhus chog par byang/。罗译（第254页）为"The Master bestowed on him an initiation, and thus spendingthe night as Teacher and disciple, vbrom was able to discuss (with the Master)。（尊者为之灌顶，于是师徒二人共度是夜，仲敦巴也就能够（跟尊者）交谈了。）"郭译（第168页倒数第4行）为："……也就接枕而安息以便于谈论。"

② 此句藏文（第312页第4～6行）为：nga gnas brtan dang dam tshig gi chad yod pas/ ngas dmyal bar vgro mi phod pas cis kyang rgya gar du gshegs dgos zhus pas/。罗译（第254～255页）为"I had promised the Sthavira (of Vikrama śīla) to bring you back within three years. I am not have enough to go to hell! You had better return to India!（我答应过上座，三年之内把您带回去……）"

③ 此句郭译（第169页第13～15行）为："当前藏的诸大人物来到伯塘时，吉绒那里来了先来报信之人。于是阿底侠尊者主仆诸人也都来到了……"

伽（仲居士），你瞧来了许多非人。"说完把头裹藏起来。于是，藏族诸师在接近尊者处下马，脱下大氅衣和长帽，都换装着祖衣而来到尊者前，尊者才心喜，对僧众作了共通礼节。藏族诸师退下后，尊者主仆依次上路。当他们到达江地方（rgyang）时，僧伽大众为他举行了盛大的恭迎仪式，尊者非常喜悦！① 那以后，尊者来到北方的察纳（tsha sna）为许多人士说法。通过尊者之神通，冒出了一眼泉水②。后来，在后藏诸道路途中无盛大恭迎仪式，于是他来到了念措（gnyan tsho）地方。在那里，诸人士为他作了纯正的恭迎仪式，尊者在此也收了如约却旺（yol chos dbang）等一些殊胜弟子。当他们来到绒地（rong）时，尊者主仆等碰巧财物缺少。在域拉（yul lha），有一位女尼为尊者作了一日极大的供养服侍③。其中供有一尊金马雕像，上面骑着一个小男孩是用松绿石雕刻的。于是尊者大为欢喜，说道："对长途之行客、年老之父母以及诸病人作供养，其所得福报与修空性相等！"据说这位女尼，是后来称为觉姆哲莫（jo mo sgre mo）的著名的成道④女。约顿·多杰旺秋（yol ston rdo rje dbang phyug）所著的《绒松传记》（rong zom gyi rnam thar）中说：他们曾请求尊者跟此孩童⑤讨论佛法。（阿底峡）说："我不能跟他辩论，因为他就是纳波觉巴哇（nag po spyod pa ba；梵：Krsnācārya，冈哈巴祖师）。"当他们来到甘羌塘（gan byang thang）⑥ 时，尊者用手指指着拉萨对面的小山问道："那边有什么？"他们回答说那边有拉萨的寺庙（大昭寺）。尊者说："说得对！那边虚空中有许多天子和天女在作供养。"然后前往青汝（vching ru），那里有一位将要出嫁的女子把一切头饰供于尊者，

---

① 此句藏文（第313页第3~4行）为：rgyang du phebs pavi tshevang dge vdun rnamskyis legs par bsus pas mnyes/。郭译（第169页倒数第7~6行）为"……虽行已遥远，僧伽大众仍在恭迎。以此尊者非常喜悦！"

② 此句藏文（第313页第5~6行）为：jo bovi phrin las la brten pavi der gnas chung zhig kyang byung/。其中 gnas chung 一定是个印刷错误，似应为 gnas chu。郭译（第169页倒数第5行）为"……他们依尊者的事业，在这一小地方也发生了作用。"

③ 此句藏文（第313页第10~11行）为：yul lhar btsun ma zhig gis zhag gcig gi zhabs tog che bar byas/。郭译（第169页倒数第2~1行）为"……当方神现示为一女尼来作了一日极大的供养服侍。"

④ 成道（grub thob）：证果者。修学佛道有特殊证悟，获得殊胜成就或共通成就的人。见《藏汉大辞典》，第403页。

⑤ 孩童指的就是孩童时的绒松。

⑥ 罗译（第256页第13行）藏文转写为 gnam-byang thang。郭译（第170页第5行）为"甘家塘"。

于是遭到父母责骂，她就投江自杀了①。尊者来到雄哲喀（gzhung sgre mkhar）后专为此女修《普明曼荼罗仪轨》（kun rig gi dkyil vkhor cho ga），为之超度，尊者说："我的姑娘如愿满足，已生在三十三天②界。"尊者来到纳窝拉（sna bo la）时，为了表达敬礼他们吹起了拉尊巴所造的黄铜号角，因此众人（村民）以为来了敌军而四处逃散。到垛地（dol）时，他们没有共同迎接尊者主仆等人，而是各家各户分别一一迎请了后者。最后迎请的是阿底峡尊者。据说那些来迎请人家世传多代，并获得吉祥富贵之善果。为了利益诸位众生，尊者在那里修了一道河堤。这就是现在著名的拉杰堤（lha rje rags）（尊者堤）。在扎细冲堆（grwa phyi tshong vdus），那里有一小户人家作了很好的服侍，尊者问道："法轮在何处？"答道："从那边山旁可以看见。"尊者听到后心喜，也就上了伯玛（spel dmar）之船来到法轮桑耶寺（chos vkhor bsam yas）。拉尊波达日乍③作了很好的供养，聚集了许多藏族法师和大人物。库敦师在尊者座前，赞颂其美好的家乡，尊者允诺一定前往，于是来到了塘波且（thang po che）。在那里，尊者在一间粗建的房屋（rags rtsigs khang pa）居住了一个月。在此，仲敦巴来到尊者座前，但他对尊者未能很好地供奉承事。因此，尊者主仆诸人逃离那儿，上了梁波（myang po）的渡船。船行驶了河面三分之一时，库敦追随赶来，大声请求尊者返回，但尊者未回，只是把自己所戴僧帽投去赐予并作加持之物。然后，主仆等人在温拉康格汝（von lha khang ge ru）居住了一个月，在寺中一面墙壁上绘了一幅（阿底峡）尊者的像，至今（著此书时）人们还在此像前礼敬供养。后来，尊者来到桑耶寺，居住在伯嘎林寺（dpe dkar gling）中。在此住下后，尊者在（纳措）译师协助下，共同翻译出《二万五千般若光明释》，世亲大师所著的《摄大乘论释》（theg bsdus kyi vgrel ba）④等许多论典。尊者在此还见到了很多印度

---

① 此句藏文（第 314 页第 2~4 行）为：de nas vching rur bag la vgro bavi bu mo zhig gis mgo rgyan thams cad jo bo phul bas/ pha mas vthabs pas der bu mo gtsang po la lcebs/。郭译（第 170 页第 8~9 行）为"继有一前往'青汝坝'去的女子以一切头饰供于尊者，以此遭父母打骂而投河自尽"。
② 三十三天（sum cu rtsa gsum）：梵音译作怛利耶、怛利铎奢天，略译作忉利天。佛书说须弥山顶，有天世界，是八财神、威猛十一天、日神十二天、娄宿二子等帝释眷众三十二天，加上帝释天王，共三十三位天神游戏安住之处。见《藏汉大辞典》，第 2927~2928 页。
③ 拉尊波达日乍（lha btsun Bodhiraja；藏：ལྷ་བཙུན་བོ་དྷི་རཱ་ཛ་），松赞干布王室后裔。
④ 梵文为：Mahāyāna-samgraha-bhāṣya。藏文本系阿底峡大师和纳措译师共同完成，请参阅《丹珠尔》，sems tsam, No. 4050。

梵文本，当他注意到许多已不存于印度之梵本时，他叹息道："过去在藏区所兴盛之佛教，在印度也是很少见！如此类梵本，或许是由莲花生大师从非人圣地取出所得？"总的说来，尊者对（法轮）桑耶寺极其喜悦，并乐意在此长住下去。由于有一名叫觉姆参莫（jo mo vtshims mo）的女人教孩童们说了很多针对尊者的恶语，尊者听到后，就想前往他处。这时，仲敦巴给邦敦（bang ston）写了一封信，邦敦立刻派来二百马队到桑耶迎请尊者。尊者主仆等人来到阁嘎拉（rgod dkar la），在色地（sri）的嘉邳（rgya phibs）居住了半个月。后来，他来到聂塘，又聚集了许多闻法徒众。在布尔地方（bur），尊者对贡巴哇等诸瑜伽修士传授了暂时承侍法和教授，并建立静修院（sgom grwa）。他对来到聂塘聚会之许多闻法众人讲授了一次《现观庄严论》（mngon par rtogs pavi rgyan；梵：Abhisamayālamkāra）。由于当时只是粗略而讲，未能满足听众心愿，他又作一次详细广大之讲说，由恰达敦巴（phyag dar ston pa）作了记录，于是成为著名的"康传现观庄严论"（phar phyin khams lugs ma）。后来他又讲说《二万五千般若光明释》时，据说闻法者仅有十四位格西（善知识）。在聂塘，他还对仲敦巴传授了《三士道教导》（skyes bu gsum gyi khrid kyi gdams pa）。

此后峨·勒比喜饶（rngog legs pavi shes rab）① 来迎请尊者到拉萨，观世音化作一白色单身汉（mi ring dkar po）前来迎接尊者。当尊者见到殊胜佛像和寺院时，就想知道这些佛像和寺院如何修建的历史。这时，根据一位名叫拉萨疯婆（lha savi smyon ma）的空行母授记，从（大昭寺）梁柱间隙中取出（修建史记）手稿，但是她只允许他们保留一日。于是，尊者把它分给弟子们抄写，未抄写完的（当晚）又藏在柱梁间隙之中②。后来，在峨师的请求下，（阿底峡）尊者和（纳措）译师等班智达译出了《推理炽燃论》（rtog ge vbar ba）③。为了解释此论，尊者著出了广、略两种《中观教授》（dbu mavi man ngag）④。此后，尊者又返回到聂塘住了一段时间。有一天，尊者像小孩一样在内室随处大便，仲敦巴把地板打扫得

---

① 即前文所述的峨·勒协（rngog legs she）。
② 参阅《五世达赖喇嘛目录》（rgyal ba lnga pavi lha savi dkar chag），fol. 14a。罗译（第258页倒数第8～7行）为："In the evening of the same day, the manuscript was again hidden inside the beam.（当天晚上，手稿又被藏进了柱子里。）"
③ 梵文为：Mādhyamakahrdayavrttitakajvālā。可参阅《丹珠尔》，dbu ma, No. 3856。
④ 广、略两种《中观教授》梵文分别为 Mādhyamaka upadeśa 和 Ratnakarandodghāta nāma Mādhya makopadeśa。可参阅《丹珠尔》，dbu ma, Nos. 3229 和 3930。

干干净净，对其行为毫无厌恶之感。打那以后仲敦巴生起了能知鹏飞十八日远范围内所有众生心识之神通（他心通）。尊者曾三次将作利他事业时所获的一切供养诸礼品，都派遣恰赤却（chag khri mchog）等弟子带到印度去供给了（毗鸠摩尸罗寺①）上师和僧众。关于尊者讲授的经论，仅如上所述诸大论，别无其他。但其传授的各种法门教授，则很广泛，因此出现了很多成就人士。后来，尊者来到叶尔巴（yer pa），由峨·绛曲穹奈作供养服侍。峨师向尊者请求说，尊者和译师（纳措）应该翻译无著大师（slob dpon thogs med；梵：ācārya Asaṅga）所著的《究竟一乘宝性论释》，于是他们共同把它译了出来。尊者在叶尔巴居住期间，仲敦巴去看望同宗族人，向他们募化黄金②。获得许多财物资具后，他回到了叶尔巴。在叶尔巴，他在尊者座前献了许多礼品，此即著名的"仲敦盛大供养"（vbrom gyi vbul mo che）。之后，由噶哇·释迦旺秋迎请尊者到彭域兰巴（vphan yul lan pa）给季布（spyil bu）讲授了许多教法。有一天尊者从法座上跌了下来，尊者说道："这里有一大非人！你不要对我召唤。"③ 而后他对非人说："非人就是你。"说着修马头金刚峡纳四法（rta mgrin shwav na bzhi skor）将其降伏。如此看来，聂塘、拉萨、叶尔巴、兰巴等地是尊者讲法颇多之处。后来，尊者再来聂塘时，发现体力衰弱，因此，纳措译师请求说："尊者不能再翻译大论；一些略论仲敦巴自己也可以翻译。"于是，由于健康原因尊者到秦浦（vchims phu）修养了半年。然后他又返回聂塘。过去尊者居住在喀哇贡塘（kha ba gung thang）时，尊者说："我过去曾想听那若巴的弟子喀切·连纳阿嘎惹（kha che Jñānākara）④ 讲一次龙树所传之《密集》。"⑤译师听此话很诧异，于是就对旅店的尼泊尔主人说，如果有这个名字（连纳阿嘎惹）的善知识来到

---

① 即Vikramasila，又译超戒寺或超岩寺，系印度波罗王朝（Pala Dynasty）"波罗七代"中第四世达磨波罗（Dharmapala，法护）王时期修建的著名寺庙，规模宏大，远胜于此前的那烂陀寺，它有一百零八寺以及六个研究院。

② 此句藏文（第317页第10～11行）为：der bzhugs pavi bar du vbrom gyis pha tshan rnams la gser slong ba la pyon pas/。郭译（第172页第4～5行）为："在耶巴驻锡的期间，仲敦巴去到帕村等地募化黄金。"

③ 郭译（第172页第8行）漏译"你不要对我召唤"一句，即藏文（第317页倒数第5行）"khyed kyis de nga la mi sbron pa gsung ba dang/"。

④ 藏文（第318页第4行）写为：ཁ་ཆེ་ཛྙཱ་ན་ཀར།

⑤ 此句藏文（第318页第4～5行）为：nav ro pavi slob ma kha che Jñānākara bya ba de la gsang vdus vphags skor zhig nyin sems pa yin te gsung ba byung bas/ 郭译（第172页第13～14行）为"那若巴的弟子喀钦·连纳阿嘎惹是想听一次圣传《密集》的。"

尼泊尔，就给他捎个口信。后来，纳措译师在聂塘收到口信说连纳阿嘎惹已经到达尼泊尔。眼看着尊者的身体日趋衰弱，纳措译师不忍离开尊者，但想到尊者不能与班智达（连纳阿嘎惹）相会，因此感到忧心忡忡。由于身心憔悴，译师身体变得消瘦。于是，尊者本人对他说："大乘善知识是难相见的，因此，译师，你自己离开这里去吧！我自己也将住世不久。咱们到兜率宫相会吧！"①此时，纳措译师在尊者座前请求两件事情：一是请求圆满愿望，在我死时往生于兜率尊者座前；二是我在故乡绘有一幅尊者身像开光时请尊者务必亲临。尊者亲口答应所请。

　　对于这一段历史，后期噶当派诸师责怪说："尊者圆寂时，译师竟然离开尊者是无三昧耶。"②对此，峡哇巴（shar ba pa）③呵责说："现在所得片段安乐，应知都是译师（纳措）的恩德，然而我们噶当派诸人士还在附耳低语说怪话。"

　　概而言之，阿底峡尊者来藏后，仲敦巴担任了管理（bdag gnyer）和助手的工作，尊者也只是一心依托和信任他。居住在桑耶时，尊者顺便给仲敦巴传授了许多《密行方便》（gsang sngags kyi spyod pavi thabs），又在秦浦将《垛哈》等诸甚深教授传赐于仲敦巴。至尊仲敦巴的主要目的是：把那些如根据密法修邪行者，从尊者传法之列驱逐出去。以此他假装不闻甚深诸密法④。关于这一点，至尊米拉（日巴）在与达波拉杰（dwags po lha rje）相见时，曾（对仲敦巴的态度）表示过不同意见。（阿底峡）尊者对仲敦巴说："你修建一座小寺院吧！我将教法托付给你，你来住持。"仲敦巴说："总的来说，我胸怀狭小，特别是我身为居士，不能办成大业。"尊者说道："就按我的指示而为吧，我当加持于你，你不要忧虑！"后来，尊者于甲午年（阳木马，公元1114年）8月20日示寂往生兜率。关于甲午（木马）年示寂的说法，噶当派前辈书册中天干⑤虽然有不同观

---

① 此段郭译（第172页倒数第8~6行）为："大乘的善知识是难相见的，因此，译师你自己离开这里吧！我自己也不久住此世，到兜率相会吧！"藏文请参阅第318页第11~13行。

② 三昧耶（dam tshig）：誓言。梵音译作三昧耶。不可逾越的金刚誓词，如所严肃应允永远坚持不违的最后誓言。见《藏汉大辞典》，第1248页。

③ 本书所据藏文（第318页倒数第2行）为sha ba ba，恐为印刷错误。

④ 此段郭译（第173页第3~5行）为："至尊仲敦巴的主要密意是：如密义行中，尊者的说法中不开示诸粗暴行。以此他以不闻甚深诸密法为满意。"藏文请参阅第319页第5~7行。

⑤ 天干（dbang thang）：阴阳两类五行。占卜术中所说五行各分为阴阳两类，如阳木、阴木、阳火、阴火等十种元素。见《藏汉大辞典》，第1931页。

点，但是我通过考察诸师年岁和各自传记等得知，此甲午（阳木马）年是对的。译师（纳措）在尊者逝世当年正好 44 岁。总的说来，纳措依止尊者前后共 19 年时间，也获得了尊者绝大多数教授。大成就师款普哇①之著述中说：他自己和纳措是前后生人。纳措虽然是后生者，但是他依止连纳阿嘎惹、尼泊尔人辛底坝扎②、纳波·荡琦多杰等上师翻译了许多经论。

阿底峡尊者五位与众不同的弟子是：大班智达·碧朵瓦（mahapandita pi to ba③）、达玛嘎惹玛底邬玛僧格④、协年桑哇（bshes gnyen gsang ba）、乍纳玛底⑤、班智达·萨伊宁波（pandita savi snying po；梵：Ksitigarbha）五人。藏族弟子有：拉尊巴·绛曲峨叔侄、大译师仁钦桑波、古弥贡钦（gu mi sgom chen）、纳措·楚臣嘉哇（nag tsho⑥tshul khrims rgyal ba）、罗沃·内敦巴央饶（glo bo nas ston pa yang rab）⑦、贡塘·贡巴楚臣（gung thang sgom pa tshul khrims）、喜饶穹奈（shes rab vbyung gnas）、罗扎巴·恰赤却（lho brag pa chag khri mchog）、尊巴格迥（btsun pa dge skyong）、嘉尊僧（rgya brtson seng）、格尾洛卓（dge bavi blo gros）、楚臣穹奈（tshul khrims vbyung gnas）、拉钦波（lha chen po）、树·多杰坚参（gzus rdo rje rgyal mtshan）、后藏上部的乍顿（brag ston）大小二师、伦卓（leng vbrog）二师、后藏下部的绒巴·噶格瓦（rong pa vgar dge ba）、管译师（vgos lo tsav ba）、约却旺（yol chos dbang）三兄弟、朗季·正喀哇（gnam gyi rdzing kha ba）、邦顿、峨师、松巴（sum pa）、纳朗（sna nam）、梁弥（myang mi）、麦·喜饶生贝（mal shes rab sems dpav）、本却嘉（dpon chos rgyal）、管·东赞（vgos stong btsan）、拉弥钦波（lhab mi chen po）、卓·阿惹雅绛楚（sgro Ārya byang tshul）、库多·僧格坚参（khu mdo seng ge rgyal mtshan）、拉杰桑丹（lha rje bsam gtan）、香尊·叶尔巴哇（zhang btsun yer pa ba⑧）、贡巴德巴喇嘛（sgom pa dad pa bla

---

① 罗译（第 261 页倒数第 5 行）藏文转写为 vkhon-phu-pa。
② 梵文：Śantibhadra；藏文：ཞི་བ་བཟང་།
③ 罗译（第 262 页第 1 行）藏文转写为 pi-to-pa。
④ 即 dharmā Mādhyamika seng ge；藏文：དར་མ་དབུ་མ་སེང་གེ
⑤ 即 Jñānamati；藏文：ཛྙཱ་ན་མ་ཏི།
⑥ 罗译（第 262 页第 5 行）藏文转写为 nag-tso。
⑦ 郭译（第 173 页倒数第 5 行）为"伦本萨敦巴漾饶"。
⑧ 藏文（第 320 页倒数第 2 行）为 yar pa ba，恐误。似应与文中 zhang btsun yer pa ba 为同一人。

ma）、香尊·枳玛麦巴（zhang btsun dri ma med pa）、松巴突钦（sum pa mthu chen）、库敦、峨·勒比喜饶、仲敦巴·嘉伟穹奈、大瑜伽师阿麦绛曲穹奈（rnal vbyor pa chen po a mes byang chub vbyung gnas）真名为绛曲仁钦（byang chub rin chen）、贡巴哇·敬旺秋坚参（dgon pa ba vjeng dbang phyug rgyal mtshan）、伦觉巴（瑜伽师）·喜饶多杰、恰达敦巴（phyav dar ston pa）、绛伯洛卓（byams pavi blo gros）等人。最后几位则是著名的"康区四、五昆仲（兄弟）"。（阿底峡）尊者遗体荼毗后没有发现加持物和舍利等，但是聂塘地区普降金雨，甚至后来人们都在那里捡到过金子。仲敦巴悲恸不已，心想现在该怎么办呢？正在此时，噶哇·释迦旺秋赶来了，他将尊者灵骨平均分给了库师（khu）、峨师（rngog）及其他诸人。尊者之佛像、经、塔及常修本尊佛像等给了仲敦巴；库师、峨师、噶格瓦（vgar dge ba）诸师建造了一座灵骨银塔，把他们所得尊者之灵骨保存在里面。后来，他们把噶哇（ka ba）等诸人供养的物质搜集起来，在【木】羊年（公元1055年）①举行了一次盛大的祭奠法会。仲敦巴说"若有属于坝惹（bha rag）者，应作我的助伴"，这么一说就在聂塘修建了一座寺庙。尊者住世时所抚育诸人士，被通称为"尊者萨扎"（jo bovi sa dra），"萨扎"在藏语中意为"部"或"众"。仲敦巴在尊者所抚育诸部中作引导而来到堆龙。他在南地的切玛隆（gnam gyi bye ma lung）②住了一段时间。大约那时，推选出的重要人士③开会决定迎请仲敦巴到热振。仲敦巴也收到了仓喀伯穹（vphrang kha ber chung）的邀请。于是，仲敦巴在丙申年（阳火猴，公元1056年）新年之际来到了热振。他在那儿修建了卫哲（dbus rtse）二柱殿④及长廊以上诸殿堂。那以后，仲敦巴说："我现在要舍此世！"于是再也没有参与世间事务，而是专心传法。阿底峡尊者的弟子普穹哇做仲敦巴的侍仆。

敬安（spyan snga）：戊午年（阳土虎，公元1038年）诞生。幼年时在堆龙地区，麦·喜饶生贝座前出家为僧，对教法生起大信仰。其母亲对他说："假如你无论如何也要学法的话，那么你应该到热振的仲敦巴座前去。"于是，他在20岁时的丁酉年（阴火鸡，公元1057年）来到了热振。

---

① 此即北宋至和二年，乙未年。
② 罗译（第263页第6～7行）意译为"南地的多沙谷地（the sandy valley of Gnam）"。
③ 此处藏文（第321页倒数第2行）为 vdam pavi gtso bo rnams, 罗译（第263页第7行）为"达木的重要人士（the chiefs of vdam）"。
④ 此殿至今保存于热振寺内。

第五章　阿底峡尊者的传承阶段　　245

　　善知识博朵瓦：辛未年（阴铁羊，公元 1031 年）诞生，在（彭域）杰拉康的伦楚绛师（glan tshul byang）座前出家为僧。曾经任（彭域）闸角寺（brag rgyab）僧众的管理职务一年，其间从未向僧众索要过一切工资待遇。他提倡过偏重于显教之作风，也曾想过到康区隐姓埋名，以便专心修行。年满 28 岁时的戊戌年（阳土狗，公元 1058 年），他来到了热振，对仲敦巴生起敬仰，一心依止而住于此。这样一来，普穹哇、博朵瓦和敬安诸师就成了著名的"三昆仲（兄弟）"。仲敦巴教导诸弟子厌离此世而专注佛法。仲敦巴在世时，常住（热振）修行者不超过六十多人①。噶当派人士称他们为"众人中之智者"（mang mi gtso grung gtso）。对于博朵瓦来说，只要仲敦巴给他教授法门便可以在心中如法生起；对于敬安来说，八万四千法蕴②已满载于心中。仲敦巴对他说："你应该很好地修空性为主，在我的午炊火烟升起时，你独自一人来我处！"于是仲敦巴将许多阿底峡尊者所传密法教授传授给他，为此他也获得敬安（近侍）之美名。对普穹哇，（仲敦巴）则是从四圣谛起为他演说了许多教法。噶当派诸师对他如此言之：以后你获得噶当派之名，应当采取所有一切佛语作为一补特伽罗（人）之修道。关于此义，止贡巴法王（chos rje vbri khung pa③）也一再说："佛语中无甚深教授。"如此，仲敦巴完全培养了上述"三昆仲"等诸有情，并在热振寺住了九年多时间，之后在 60 岁时于甲辰年（阳木龙，公元 1064 年）示寂。临示寂时他对博朵瓦说："我还未见有你们应该依止的其他上师，故应以经藏为师，有适合单独助手时为法而住。"

　　善知识仲敦巴的大弟子有：居惹·宣奴俄色（kyu ra gzhon nu vod zer）、拉弥·喜饶雍仲噶哇嘉噶（lhab mi shes rab g'yung drung ka ba rgya gar）、汝比香钦波（rug pavi zhang chen po）、占嘎觉尊（bran ka jo btsun）、甘甬巴（kam yung pa）、甬巴·嘎觉巴（yung pa ka skyog pa）、庸宗·伦觉巴（yol rdzong rnal vbyor pa④）、敦巴·云丹坝（ston pa yon tan vbar）、贡巴·仁钦喇嘛（sgom pa rin chen bla ma）、阿昧曼甘（a mes

---

① 藏文（第 322 页倒数第 2~1 行）为：vbrom gyi dus na sgom chen pa gzhir bzhugs drug cu tsam las med de/ 郭译（第 175 页第 7 行）为"……仲敦巴在世时以大修为基，享寿虽不过六十岁……"
② 法蕴（chos kyi phung po）：与法藏同。诸种法门蕴积在一起故称法蕴。俱舍论称：所化有情，有贪嗔八万行别。为对治彼八万行故，世尊宣说八万法蕴。见《佛学词典》，第 225 页。也可参阅《藏汉大辞典》，第 828 页。
③ 藏文（第 323 页第 10 行）为 vbri khung ba。
④ 藏文（第 323 页末行）为 rnal vbyor ba。

sman rgan)、嘎贡阿措（sga sgom ag tshogs①）、敦巴·旺秋坝（ston pa dbagng phyug vbar）、帕甘东顿（pha rgan ldong ston）、觉窝勒（jo bo legs）、康巴隆巴钦波（kham pa lung pa chen po）以及三昆仲等人。仲敦巴大师学识擅长于显密二者。他对密法极为隐秘，并不广为传授。显教方面，他校译了《八千般若颂》（brgyad stong pa；梵：Astasāhasrikā Prajñā-pāramtā）、《八千般若广释》（brgyad stong vgrel chen；梵：Abhisamayā-lamkāra ālokā）及《（八千般若）略释》（［brgyad stong］vgrel chung；梵：Sphūtārtha）、《二万五千般若光明》（nyi khri snang ba）等；密教方面，他校译了《智慧成就论》（ye shes grub pa；梵：Jñānasiddhi）。他说过："我之中观见，虽然是说任何非也，而无遮义之。如法称论师（chos kyi grags pa）所言，无遮，任何非之故。"②仲敦巴逝世后，伦觉巴钦波（大瑜伽修士）继续住持（热振）寺座，他曾为阿底峡尊者养马并作诸种内务。最初他是在念措（nyan tsho）见到尊者，并在其座下很好地听受了诸教法。甚至在为尊者作服役时，他仍然专门以修为主，人们以此称他为伦觉巴（瑜伽修士）。据说（阿底峡）尊者所承许之二谛③，他比仲敦巴更精通。从乙巳年（阴木蛇，公元1065年）到戊午年（阳土马，公元1078年），他共执掌（热振）寺座14年之久。他曾努力工作，以便完成仲敦巴在热振所修建下廊等未完成的工程。最初遇到了一定的困难，但是到后来他的福德增长，全都如愿完成。他诞生于乙卯年（阴木兔，公元1015年），享寿63岁，于戊午年（阳土马，公元1078年）逝世。伦觉巴钦波大弟子有堆龙巴·仁钦宁波（stod lungs pa rin chen snying po）④、【拉弥钦波、格西芒惹（dge bshes mang ra）等。在他之后，由贡巴哇甄·旺秋坚参（dgon pa ba vdzeng dbang phyug rgyal mtshan）住持（热振）寺座。把上述戊午年（阳土马，公元1078年）算在内，他共住持寺座五年。贡巴

---

① 罗译（第264页末行）藏文转写为：sga-sgom ag-tshoms。

② 无遮（med par dgag pa），又为 med dgag。遮遣之一种。认识自境之心或称述自己之声，仅直接破除自境之应破分以进行认识。如云："人无我。"在破除"我"之处，不引出其他事物。请参阅《藏汉大辞典》，第2115页。

　　法称（chos kyi grags pa），又为 chos grags；梵文为 Dharmakīrti。赡洲六严之一。六世纪时生于南印度一婆罗门家族中，后从陈那弟子自在军学《集量论》三次，著解释量学本旨之《释量论》等七论，如实阐述陈那之学，成为著名因明论师。参阅《藏汉大辞典》，第833页。

③ 二谛（bden pa gnyis），又为 bden gnyis：世俗谛（don dam［pa］）和胜义谛（［kun rdzob］bden pa）。见《藏汉大辞典》，第1370页。

④ 郭译（第176页第2段第2行）漏译 snying po。

第五章　阿底峡尊者的传承阶段　247

哇之氏族也为甄（vdzeng），名为旺秋坚参。】① 他从康区来到念措并拜见阿底峡尊者，献给尊者一百个成匹绸缎②而请求其传授修行教授。尊者对他说："你吃我的食物吧！"答："我自己有食物。"尊者说："你若吃我的食物，那我就传你修法，否则我就不传授给你教法。"从此以后，他作了尊者的供施处。由于他很好地修行，虽然出现了不少灾障，但尊者都为他消除了。由于修力专注，他获得了广大神通。他能够屏住呼吸，一根孔毛也不动地待上三天时间。弟子们认为他已经死去，这时他突然站起来，说道："我身体有些不舒服，于是就修住持风息。"对其神通，他也不会说谎，而是向他人说明真实情况。他诞生于丙辰年（阳火龙，公元1016年），67岁时于壬戌年（阳水狗，公元1082年）逝世。此师虽然弟子众多，但以奈邬素尔巴、香·噶玛哇（zhang ka ma ba）、年纳莫哇（gnyan sna mo ba）、哲阁德龙巴（vbre ko de lung pa）四人为著名的寺中四大弟子。喀惹贡琼（kha rag sgom chung）也曾在此师座前求学过（阿底峡）尊者的各种教授。后来，他将修习诸教授的方法告知（献给）了敦巴·云丹坝、贡巴·仁钦喇嘛、阿昧曼甘、楚·博朵瓦（tshul po to ba）座前③。贡巴哇④逝世后，热振寺无人住持，于是据说"热振出现了教法之荒"。后来，迎请作利益他人事业的博朵瓦住持寺座三年。有一位名为康巴贡穹哇（khams pa sgom chung ba）的说他的坏话，说他虚伪且自吹自擂，于是他连夜逃走，奈邬素尔巴在帕王塘（pha wong thang）将他抓着，并问他："大师此行为何？"博朵瓦答曰："如此询问大师之行为又是为何？我要前往汝巴拉康（rug pavi lha khang）废弃处看望的里莫之子（li movi bu）⑤。"不愿住此寺而去。后来，虽然有一些住持寺座者，但是都不长寿。因此，发生不敢前往住持热振寺座的现象。之后峨觉哇（vod vjo ba）住持热振寺座，但不久又选任堪布古敦（mkhan po gur ston）住持，但是时间不长，又由热振上座迎请玛顿（rma ston）来作住持，玛顿未答应而未到寺院。后由拉·卓坝贡波（lha vgro bavi mgon po）赐给他（热振

---

① 【】中的内容藏文（第325页第1～5行）为：lhab mi chen po/ dge bshes mang ra la sogs pavo/ /devi rjes la dgon pa ba vdzeng dbang phyug rgyal mtshan gyis gdan sa mdzad de/ sap ho rta de nyid gtogs pavi lo lnga gdan sa mdzad/ gdon pa ba de yang gdung rus vdzeng/ mtshan dbang phyug rgyal mtshan zhes bya/。郭译（第176页第2段）漏。
② 成匹绸缎（dar yug）：未经裁剪的整匹丝织品。见《藏汉大辞典》，第1252页。
③ 此句郭译（第177页第3行）和罗译（第266页倒数第6行）均未译"敦巴·云丹坝、岗巴·仁钦喇嘛、阿昧曼甘"三人名字，似为所据藏文本不同之故。
④ 罗译（第266页）转写为 dgon-pa-pa。
⑤ 罗译（第267页第7行）行间注曰：峡惹巴（sha ra ba）。

寺）有加持聚莲神像一小尊、木雕释迦像一尊和扎嘎协（tra ka shad）神像一轴，并吩咐说："若能不离开这些而供养，则情况会有所好转。"同时送玛顿前去住持热振寺。玛顿获得长寿，事业也极为兴盛。后来他退出住持之职，推选堪布协阁哇（mkhan po zhes skor ba）继任住持，也住期很久才退居。接着选杜哇真巴（vdul ba vdzin pa）住持，做了很长时间的善巧事业，而在任职中逝世。而后由堪布绛央巴（mkhan po vjam dbyangs pa）继任住持寺院多年。在丁酉年（阴火鸡，公元1477年）——即从火空海（me mkhav rgya mtsho＝403）时期最后一年（公元1027年）算起的第450年的年初，从阿底峡尊者诞生（公元982年）后算起至今（丙申年，阳火猴，公元1476年）已有495年。从尊者会到阿里那年（1041）算起，到今年（1476年）已经是第435个年头了（1476－435＝1041）。以上是关于阿底峡尊者、仲敦巴以及热振寺的故事。①

二　博朵瓦及若师的故事

普穹哇·宣奴坚参（phu chung ba gzhon nu rgyal mtshan）说过："一个人应该自食一腿牲畜肉"（意为应该自己修习佛法不别向他人传法）。因此他未作抚育僧伽大众的事业，但他对于供养三宝之事业极为勤奋，并住在屋内修持。对诸位前来求法者，则广说四谛法门。此师诞生于辛未年（阴铁羊，公元1031年），76岁时于丙戌年（阳火狗，公元1106年）逝世。此师座前出有嘎玛扎（Karma grags）等一些有颖悟通达之弟子。

博朵瓦·仁钦赛（po to ba rin chen gsal）：在仲敦巴逝世后，他专心修持，一直到50岁。从51岁起，他开始做利他事业（即传授佛法）。他没有固定居住地，曾住在堪扎（mkhan grags，位于彭域）、卓拉寺（sgro lag dgon）、塔脱（mthar thog，位于彭域）和达隆（stag lung，坐落于彭域以北）等寺。跟随其学法者约有上千人。他人对他做有害之事时，他说："总之，成为比丘至关重要，特别是成为菩萨更是如此。"以此他对他人的损害绝不报复。他说法以《道炬论》（lam gyi sgrol ma）② 为主，另外则讲说《庄严经论》（mdo sde rgyan）③、《菩萨地论》（byang chu sems dpavi

---

① 此句藏文见第327页第6~7行；郭译（第177页倒数第9~4行）好像有误，请参阅。
② 梵文为 Bodhipathapradīpa。关于此论，请参阅《丹珠尔》，dbu ma, Nos. 3947, 4465。
③ 梵文为 Mahāyanasūtrālamkāra。关于此论，请参阅《丹珠尔》，sems tsam, No. 4020。

sa)①、《集学论》（bslab pa kun las btus pa）②、《入行论》（spyod vjug）③、《本生论》（skyes rabs）④ 以及《法句论》（ched du brjod pavi tshoms）⑤等，且认真讲说而普遍传为"噶当六论"（bkav gdams gzhung drug）。除此之外，他还讲说许多论典。无论何时说法，他都一句不落，且都与修行相结合进行讲说。在下半生里，他（在彭域）修建了博朵寺并安住于此。他说："所谓大手印是三摩地王经之密义。我们对此既不会抵制也不会入修。"这样一来，他就成为享有盛誉的唯一以修持阿底峡尊者教法为主的人。又说："我见我的真实堪布为热振老居士（仲敦巴）。未到热振之前，我的戒律还不能算作是真正的别解脱戒。由于对生死轮回还未生起出离⑥心，在求得出家诸学处后，生起出离心时，我才许为合格的别解脱戒，始称住于戒律。"噶当（bkav gdams）这一名称，据说也是在博朵瓦时代中普遍传颂开的。至于传记的纯洁和普遍称赞的人物也是博朵瓦⑦。他自己也承认为圣因竭陀尊者⑧之化身。他诞生于辛未年（阴铁羊，公元1031年），75岁时于乙酉年（阴木鸡，公元1105年）⑨逝世。他的大弟子中有：涅地方（gnyal）的朗甲饶巴（glang bya rab pa）和略扎阁哇（gnyos bra gor ba）二人；朵地（rdol）⑩的伯扪普穹哇（vbe mon phu chung ba⑪）和日玛须哇（rog dmar zhur ba）二人；后藏上部的有嘉（bya）、帕（phag）二师，下部有让丁玛哇（ram sding ma ba）和朗哲乌拉巴（snang

---

① 梵文为Bodhisattvabhūmi。关于此论，请参阅《丹珠尔》，sems tsam，No. 4037。
② 又为bslab btus，系印度佛学家寂天论述菩萨学处及道果的著作。见《佛学词典》，第890页。梵文为Śikṣāsamuccya。关于此论，请参阅《丹珠尔》，dbu ma，No. 3939。
③ 梵文为Bodhisattvacaryāvatāra。关于此论，请参阅《丹珠尔》，dbu ma，No. 3871。
④ 梵文为Jātakamālā。关于此论，请参阅《丹珠尔》，skes rabs，No. 4150。
⑤ 梵文为Udānavarga。关于此论，请参阅《甘珠尔》，mdo sde，No. 326；《丹珠尔》，mngon pa，No. 4099。
⑥ 出离（nges vbyung）：离，厌离。四谛十六行相之一，脱离如狱三界轮回，安然往趋涅槃乐处，故名为离。见《藏汉大辞典》，第658页。
⑦ 此句藏文（第328页倒数第2行）为：rnam thar gtsang ba dang khyab pa yang po to ba yin/。罗译（第269页第13~14行）为"The virtuous conduct of the sect and its spread are due to Po-to-ba.（该派之纯洁与广泛传播要归功于博朵瓦）"。
⑧ 圣因竭陀尊者（gnas brtan yan lag vbyung）：指十六尊者之一。见《佛学词典》，第447页。
⑨ 博朵瓦的生卒年郭译（第178页）多算了一个饶迥，分别为"宋哲宗元祐六年公元1091年"和"南宋孝宗乾道元年公元1165年"。
⑩ 与前文的垛地（dol）似有不同。
⑪ 藏文（第329页第3行）为bu-chung-pa，似有误。

drevu lhas pa）；梁上部（myang stod）有拉（lhag）①、协（shes）二师；雅德（gwag sde）有索波哇（sog po ba）；桑地（bzang）有珠古隆巴（phrug gu lung pa）；喀惹贡琼奈康（kha rag sgom chung gnas khang）的管师（vgos）②、奈敦塔达（gnas ston mthav dag）、罗堆巴（lho stod pa）、梁波日喀哇（myang po ri kha ba）、措旦·古须热瓦（khro sten ku shu ra ba）、卓巴尊僧（grog pa brtson seng）、素尔·惹哇塔细（zur re ba mthav bzhi）、藏哇·喀伯哇（gtsang ba mkhar po ba）③；嘉地（rgyal）的果德隆巴（ko de lung pa）④；【达库地方（dar khul）的雅俄哇（g'yav ngos ba）】⑤、益西僧格（ye shes seng ge）、哇扎噶哇（wa brag dkar ba），卓地（sgro）的达果哇（stag mgo ba），兆地（grab）的颇章顶巴（pho brang sdings pa）、嘉地的卓拉巴（sgro lag pa）⑥、玛地（rma）的仲东巴（vbrongs stongs pa）、班德哇仁绛（ban de ba rin byang）、雅巴年琼（yag pa gnyan chung）、麦卓落贡（mam gro bslab sgom）、塘波且哇（thang po che ba）、贡麦哇（dgon mer ba），裕扎（g'yu sgra）的香钦波（zhang chen po），拉莫（la mo）的格郡钦波（dge sbyong chen po）、垛隆巴（mdo lung pa）、峡惹贡巴（zha ra dgon pa）上下二师、居江旺僧（sgyu sbyangs dbang seng）、嘉哇仁宣（byar ba rin gzhon）、堆龙哇·旺秋扎（stod lungs ba dbang phyug grags）、朗日塘巴、峡哇巴（shar ba pa）等能做利众之事业者为数极多。而其中以后藏让（ram）、朗（snang）二师，后藏上部的嘉、帕二师，涅地（gnyal）的朗（glang）、略（gnyos）二师；垛地（dol）的伯（vbe）、若（rog）二师等称为"八大弟子"。朗塘巴和峡哇巴称为"前藏二大栋梁"。

其中，若·喜饶嘉措（rog shes rab rgya mtsho）：是声名卓著的垛巴玛须哇（dol pa dmar zhur ba），具有很大功德之密修士之子，诞生于己亥年（阴土猪，公元1059年）。出家为僧后，在若恩巴哇（rog mngon pa ba）及持律师果柳郡哇（mgo nyog byung ba）座前听受《俱舍论》和《毗奈耶》。到甲子年（阳木鼠，公元1072年），博朵瓦抚育僧伽大众已有三年

---

① 郭译（第178页倒数第2行）为"塔"，估计是将lhag释读为ltag之故。
② 郭译（第178页末行）此句译为两个人名："喀惹贡穹"（kha rag sgom chung）和"勒康根廓"（gnas khang gi vgos）。
③ 藏文（第329页第8行）为gtsang ba mkhar bo ba；罗译（第269页倒数第10～9行）转写为gtsang-pa mkhar-po-pa。
④ 郭译（第179页第1行）为"嘉季廓德隆巴"。
⑤ 【】中内容郭译（第179页第1行）漏。
⑥ 郭译（第179页第2行）为"嘉季卓那巴"。

时间，此时格西垛巴（dge bshes dol pa）已年满26岁，他依师（博朵瓦）已有22年。此后，若师（喜饶嘉措）广做利益众生之事业。据说他在漾岗（yang gang）就有僧众千余人。卓贡帕莫竹巴（vgro mgon phag mo gru pa）也在此师座前听受过有关教法。（若·喜饶嘉措）73岁时于辛亥年（阴铁猪，公元1131年）逝世。持律师果柳郡哇享寿85岁，其中精心研究《毗奈耶》33年时间。据说垛巴玛须哇未与博朵瓦见面之前，是在果柳郡哇座前听受《毗奈耶》。以此看来，博朵瓦和果柳郡哇二师做利益他人事业的时间，前后都似乎相同。以上是博朵瓦和若师等的情况。

三　朗塘巴（glang thang pa）的故事

朗日塘巴·多杰僧格（glang ri thang pa rdo rje seng ge）：甲午年（阳木马，公元1054年）诞生，住世70年，癸卯年（阴水兔，公元1123年）逝世。他曾长期抚育僧众。他遵照博朵瓦地做法，培育众弟子时讲说《慈氏五论》①等大论典。有一次，他立下坚定誓言：愿一切生不离比丘之事物。因此，得到吉祥天女神驴，叫着清晰之驴声而到来，并对他说："从此直到愿你的誓言实现为止我将作你的助伴。"穹波伦觉（瑜伽士）（khyung po rnal vbyor）也说：朗日塘巴是无量光佛（vod dpag med）的化身，并在其座前剃度。朗日塘巴后来成为奈邬索尔巴的再传弟子。他有僧众两千多人，其中有如雅垄嘉杏巴（yar klungs lcags zhing pa）、坝雅（ba yags）的杜真（vdul vdzin）、隆莫哇垛德（lung mo ba mdo sde）、香·尊年（zhang btsun gnyan）、噶象雄巴（vgar zhang zhung pa）、玛塘巴（ma thang pa）、尼麦哇（nye mal ba）等许多弟子。峡波邦巴·伯玛绛曲（sha bo sbang pa②padma byang chub）也是朗日塘巴的弟子。丁未年（阴火羊，公元1067年），朗日塘巴年满14岁③，这一年峡波邦巴诞生。后者住世65岁，于辛亥年（铁猪，公元1131年）逝世，一生聚集僧众上千人。（彭域的）朗塘寺最初由朗塘香（glang thang zhang）住持，后来由格西年

---

① 《慈氏五论》（Byang chos），即 byang chos sde lnga。相传为弥勒为无著所说的《现观庄严论》（mngon rtogs rgyan）、《庄严经论》（mdo sde rgyan）、《宝性论》（rgyud bla ma）、《辨法法性论》（chos dang chos nyid rnam vbyed）和《辨中边论》（dbum mthav rnam vbyed）。请参阅《藏汉大辞典》，第1876～1877页。

② 罗译（第271页第10行）转写为 sgang-pa。

③ 罗译（第271页第13行）为"thirteen（13岁）"。

（dge bshes gnyan）、贡巴大师（slob dpon sgom pa）、格西嘎巴（dge bshes vgar pa）、藏巴大师（slob dpon gtsang pa）等依次住持，此后将寺庙供献给朗塘嘉玛（glang thang rgya ma）的桑杰温（sangs rgyas dbon）。朗塘香座前，帕莫竹巴也曾亲近求法。以上是朗日塘巴的故事。

四 峡巴哇和切喀哇的阶段

峡巴哇钦波（sha pa ba chen po）：于庚戌年（阳铁狗，公元1070年）诞生在北方绒波地方（byang gi rom po）一户牧民家庭。青年时期，父母为他娶妻，但他对此没有生起贪恋，而是前往博朵瓦座前出家为僧，听受教法。相传此师有极大内慧，他能将全部《甘珠尔》熟记于心。博朵瓦逝世之后，其大多数弟子都聚集在峡巴哇座前。据说后来聚集了3600多僧人，他所讲说的经论大都是大论典。特别是他讲《究竟一乘宝性论》①时，是依据阿底峡尊者和纳措译师的译本进行讲说，在经院中也讲说一些峨译师的译本；在讲说第二遍时，则大多依峨译而说②。为此，无善根诸人对尊者所译不能解，因而遭师略为责怪【："可怜的人啊，你们居然不相信尊者的译本！"】③但是从此以后，在讲说最后两遍时，则依据峨译讲说。当巴操译师从印度来藏，讲说《中观》时，来听讲的僧人极少。峡巴哇把自己的许多青年弟子僧人献给巴操为徒。他阅读巴操所译《中观》译本时，他给巴操寄去口信，指出其中个别翻译不当的词句以及应如何翻译等。后来，巴操获得梵文原本参看时，发现峡巴哇所言果然正确。总的说来，他多次赞颂巴操译师弘扬《中观》的讲说，而且同时多次真诚地协助过巴操。他求得热振寺中收藏阿底峡尊者的《经集论》（mdo kun las btus pa）④，愿作译经之施主，而由喀切·乍雅阿伦达（kha che dza ma yav na nda；梵：Kashmirian Jayānanda）⑤、巴操译师尼玛扎（lo tsav ba pa tshab nyi ma grags）、库·垛德坝（khu mdo sde vbar）诸人译出。以此他成为教法之主。噶当派诸师本来说有《中观宗》和《唯识宗》两种完全

---

① 《究竟一乘宝性论》（rgyu bla ma；梵：Uttaratantra）：缩名为《宝性论》。慈氏五论之一，弥勒著，依据《如来藏经》阐述大乘见的一部论著。见《藏汉大辞典》，第575页。
② 此处"峨师"藏文（第332页第6、7行）两处均为rdog，恐误，应为rngog。
③ 【】处是据罗译（第272页第1~2行）所补。
④ 梵文为Sūtrasamuccaya。关于此论，请参阅《丹珠尔》，dbu ma，No. 3934。
⑤ 与上文之"乍雅·阿伦达惹"同。

不同的发心仪轨，峡巴哇大师以《道炬论自释》（lam sgron gyi rang vgrel）作为正量（tshad ma），并以其为根据而著出成立两种发心①的与身等相顺之论文。后来，一切智者罗桑扎巴（thams cad mkhyen pa blo bzang grags pa，即宗喀巴）继承了（峡巴哇）同样的理论。峡巴哇在做广大利益众生事业的过程中，于辛酉年（阴铁鸡，公元1141年）年逝世，享年72岁。峡巴哇所聚集之僧众约有3600人，其中有般若·连乍惹拉（Prajñājvāla）②、纳雪伯顿（nags shod dbe ston）、丹地（ldan）的班钦格乌（ban chen skyes bu）、削地（gzho）的喜饶多杰（shes rab rdo rje）、纳塘巴·冻顿（snar thang pa gtum ston）、甲·扎巴僧格（bya grags pa seng ge）、净巴·杰隆巴（vjing pa dgye lung pa）、拉堆巴·绛曲扎（la stod pa byang chub grags）、梁下部（myang smad）的哲巴（rtsed pa）、项地（shangs）的居布巴（rgyu bug pa）、藏格略巴（gtsang gad gnyos pa）、库勒（khu le）的喀莫色敦（kha mo zer ston）、梁堆巴·伯嘎（myang stod pa vbe dkar）、娘若哇（myang ro ba）、甲居巴（bya rgyus pa）、梁上部（myang stod）的觉色（jo sras）、峡巴哇·洛卓扎（shar pa ba blo gros grags）、藏巴嘉顿（gtsang pa rgya ston）、博栋巴·峡却（bo dong ba zhar chos）、涅巴·更敦焦（gnyal ba dge vdun skyabs）、梁波约顿（myang po g'yor ston）、前后两泽巴（tshes pa snga phyi gnyis）、涅地（gnyal）的略顿（gnyos ston）、涅巴达仁（gnyal pa dar rin）、觉色贡布（jo sras kong bo）、洛巴·达玛扎（lho pa dar ma grags）、索塘巴梁（sol thang pa myang）、纳莫（nag mo）的坝杜（sba vdul）、学巴楚协（zhogs pa tshul she）、后峡贡巴（zhar dgon pa phyi ma）、庸哇觉顿（yung ba skyo ston）、堆龙扪扎巴（stod lungs mon gra pa）、洛巴达顿（lho pa dar ston）、嘉哇羌扎（rgya ba byang grags）、嘉敦切喀哇（bya ston vchad kha ba）、达喀哇钦波（stabs kha ba chen po）等许多正士大德。

其中，嘉敦切喀哇：诞生于鲁惹（lu ra③）地方，氏族名为甲（bya）。少年时期，他是洛若·热穹巴（lo ro ras chung ba）④之弟子。他请求洛若星萨（lo ro zhing gsar）的哲伯哇作自己的堪布，达波藏杜（dwags po gtsang vdul）作自己的亲教师而出家为僧，取名为益西多杰（ye

---

① 两种发心（sems mskyed gnyis）：胜义发心和世俗发心。见《藏汉大辞典》，第2938页。
② 藏文（第333页第9行）写为：དུས་དོན་ལ།
③ 罗译（第273页第11行）转写为 lu-ro。
④ 藏文中时而为 ras chung ba；时而为 ras chung pa。本书通译为热穹巴。

shes rdo rje)。在涅地（gnyal）俄·杰赞博惹（ngar rje btsan bho ra）的一次法会上，他作为热穹巴之随侍而来。于是以俄师为首座的法轮会中，有许多格西讲说各宗派教法，他就此生起信解而求法。在耶地（g'ye），他请求格西哲巴（dge bshes sgre ba）作他受比丘戒的上师，但后者拒绝了其请求。当察绒觉顿（tsha rong jo stan）和达波藏杜二人来到哲巴大师住地时，切喀哇请求他们做自己的亲教师，并在其座前受了比丘戒。此后，他在峡弥（sha mi）座前听受《毗奈耶》时，来到雅垄一法轮会。法会上他与格西梁拉杏巴（dge bhses myang lags zhing pa）相见，即在其座前听受了朗日塘巴所著的《八句颂》（tshig brgyad ma）而对其生起敬信。他还在格西垛巴和鲁麦巴（lugs smad pa）二师座前，依止了四年时间。后来，他在30岁①时前往乌汝，在拉萨一旅店中和朗日塘巴的一弟子巧遇。当此弟子念诵朗日塘巴所著《八句颂》时，切喀哇问："这是谁的？"答曰："是朗日塘巴的，但他已经逝世。他去世后，取而代之的念师（gnyan）和杜哇真巴二师对寺座存在分歧。"听到这个消息后，他（切喀哇）就前往在削地方住室中的峡巴哇大师座前，听受大师为僧众所讲说之法，但对于《八句颂》修心的语句未能够弄清楚。有一天，他乘僧众赴宴会之际，来见善知识峡哇巴，峡巴哇正在绕转一佛塔，他用自己的大氅外套②做坐垫，再三请求善知识安坐其垫之上，师问道："请我坐在那里做什么？"答道："有事商谈。"师说："需要所商谈的一切，我都在法座上解决了，在这里还有什么未解决的吗？"于是，切喀哇将（八句颂）修心诸教语向上师陈述，并请问："对如此说法，我生起信解。但不知是否能够修入于道中？"师说："我的怙主导师（对众生都视作怙主）：你说什么信与不信之言有何用之，你若不想成佛，那就作罢；若想成佛，不依止如此之心是不能够成佛的啊！"他又求道："那么，我恳请您引用一经教来决疑。"于是峡巴哇说："对于贡波龙树（mgon po klu sgrub）来说，有谁不信呢？龙树不是曾经说过吗：'愿我诸罪业咸集成熟；愿我诸善根尽归彼成果！'"③

然后，他又恳求说："那么求善知识赐我此种法门教授吧。"师说："怙主自己依能作因缘，先去修行吧！我会渐次给你教授的。"于是，他

---

① 罗译（第273页倒数第5行）为"20岁"。
② 大氅外套（cham tshe）：一种僧服装，俗家人居家亦用之。见《藏汉大辞典》，第789页。此处郭译（第182页）误为"衣服"。
③ 这段话是在解释《八句颂》中的一句话，即：khe dang rgyal kha gzhan la byin gyod dang bub kha rang gis blangs/（把收获和胜利给他人，你自己接受失落与打击吧！）。

在师前求得一次修心导释教授，并生信解而修了13年时间。他曾写出教语："由我自心生多种胜解因，已从诸种苦恼恶语诋毁中，求得伏我执教授秘诀法，而今纵然我将死去也心中无悔！"这一教授好像善知识（峡巴哇）没有对其他有情者传授。为了使其他人生信之故，后来他又与一位洛巴人（lho pa，即南方人）一道，再次听受了这一教授。此后，他参加僧众听受说法，师在讲《究竟一乘宝性论》时说："一个人的安乐与善根都应施给怙主诸有情；有情者之罪业和痛苦都应由自己来取受。如果您心力有此能，那么就如此作吧！"（对此）他说过："我知道上师为我之故而如是说，其他人不理解。"那段时间，（切喀哇）在削地方依止上师有两年时间，在格贡（dge gong）住了六年时间，又到峡哇寺中依止大善知识（峡巴哇）。后来，他依次在央敬（yang byen）等地居住，无固定驻锡处。他在哲普（vgres phu）居住时对侍者说："若你有酥油，那么就给诸位大修士分一点，我们要给我法立名举行宴会。"①他讲说过《修心七义论》（don bdun ma）。他又在哲普贡钦顶（vgres phu sgom chen sdings）中心地区在僧会上讲说此法，从那时起修心教授逐渐成为在僧会上讲说之规。后来，前往麦卓修缮了切喀业玛寺（vchad kha rnying ma）②；并对色·季布巴（se spyil bu pa③）授记修建切喀新寺（vhcad kha gsar ma）。切喀哇后来又到嘉杜姆（bya dur mo），著有《三种究竟教授》（mthar thug gsum gyi gdams pa）等法典，并在其自传颂词中说："背离故乡与上师，无执无贪作善根；上师居住之方向，闻思修三作善处，如此死而无后悔！虽在佛前未近供，只穿破衣居卑处；与谁作友勿心厌，不修名而勿积财，如此死而无后悔！世俗佛法与执政，施主如神作供养；女尼敬等要断离，正如大仙之传中，如此死而无后悔！美貌者和财富者，集合等者勿奉承；不作商息与作资，不修院而勿占基，如此死而无后悔！"说完此教语就逝世了。嘉·切喀哇诞生于辛巳年（阴铁蛇，公元1101年），是年峡哇巴年满32岁。他年满30岁时，于庚戌年（阳铁狗，公元1130年）与师（峡哇巴）相会，是年峡哇巴61岁。从此他与师助伴，直至辛酉年（阴铁鸡，公元1141年），长达12年时间。此后，他又住世34年，年满75岁时于乙未年（阴木羊，公元1175年）逝世。

切喀哇之后为色·季布巴：色（se）为其氏族名。他于辛丑年（铁

---

① 郭译（第183页第2~3行）为"你有酥油的话，做点油汁点心来请诸大修士们，去赴我对此法立名的宴会"。
② 藏文（第336页倒数第6~5行）为：vchad kha rnyid ma。恐误。
③ 藏文（第336页倒数第5行）为：se spyil bu ba。

牛，公元1121年）诞生于涅地上部达玛岗（gnyal stod dar ma sgang）地方。取名为却吉坚参（chos kyi rgyal mtshan）。他依止上师切喀哇很多年后，于甲申年（木猴，公元1164年）修建了切喀新寺。他又在季布（spyil bu）修建寺庙。切喀哇逝世后，他从丙申年（火猴，公元1176年）年到辛酉年（铁鸡，公元1189年）间来往在两寺之间，并居住了达14年时间。其弟子伦觉绛僧（rnal vbyor byang seng）、嘉邦·萨塘巴（rgya spang sa thang pa）、拉·更敦岗巴（lha dge vdun sgang pa）、宁·拉顶巴（nyan lha sdings pa）等人修建了卓萨（gro sa）、邦萨（spang sa）、更敦岗（dge vdun sgang）、宁拉顶（nyan lha sdings）等寺。季布巴69岁时（公元1189年）在季布逝世。（净治遗体时）出有右旋海螺等许多惊奇加持之物。

　　季布巴之后是拉·龙季旺秋（lha lung gi dbang phyug）：诞生于戊寅年（阳土虎，公元1158），系觉窝伦觉（jo bo rnal vbyor）和纳朗萨伯正（sna nam gzav dpal vdren）之子。龙季旺秋8岁时，就在古日瓦大师（gu ri ba chen po）座前受近住斋戒①及施垛玛仪轨等经文诵授。年满14岁时在古日瓦座前受居士戒。15岁时，他迎请嘉欧寺（rgya ngur）的堪布鲁噶（mkhan po klubs dkar），秦浦的格西藏巴穹波（dge bshes gtsang pa khyung po），请鲁噶做亲教师，穹波作堪布而出家为僧，取名为绛曲仁钦（byang chub ren chen）。他还研习偈文，并两次听讲《三百颂》②，就可以全部掌握。同年，他在布古朵（sbu gu do）作讲说，见到善知识嘉·切喀哇的绘像而对之生起极大敬仰！问道："此师应该如何称呼？"答："名为切喀哇，但已逝世，现在有色师（色·季布巴）住寺。"他听后也生起敬仰而前往季布巴座前，僧人们同心协力为他另搭建一间茅屋居住。他年满24岁时，色·季布巴对他说："你应当做比丘了。"于是，他们从嘉萨岗（rgya sar sgang）迎请来的堪布伦师求做堪布，香师做羯摩师③，由梁

---

① 斋戒（bsnyen gnas kyi sdom pa）：近住律仪。杀盗淫妄四根本罪，以及饮酒歌舞、花鬘涂香、高广大床、过午时食四支分罪，共成八罪。认可一昼夜间戒此八罪的别解脱戒。见《藏汉大辞典》，第1017页。
② 关于偈文 Vinayakārikā，可参阅《丹珠尔》，No. 4123。《三百颂》（sum brgya pa；梵：Āryamūlasarvāstivādiśrāmaṇerakārikā）：释迦光著，供沙弥读的一佛书名。关于此颂，可参阅《丹珠尔》，No. 4124；《佛学词典》，第847页。
③ 羯摩师（las kyi slob dpon）：又译业轨范师。《毗奈耶经》所说五轨范师之一。于僧伽中为受戒者告知白四羯摩之一比丘。参阅《藏汉大辞典》，第2771～2772页。

师作屏教师①而受了圆满比丘戒。他（龙季旺秋）依止过喀切班钦等许多喇嘛为师。色季哇（se spyil ba，即色·季布巴）逝世后，拉·龙季旺秋从庚戌年（铁狗，公元1190年）起，直至壬辰年（水龙，公元1232年）之间，住持寺座43年。年满75岁于壬辰年（水龙，公元1323年）逝世。此师具足伟大的菩提心，亲见不空绢索②等许多本尊。由于他具有所有《甘珠尔》全部诵教经授，以此普遍称他为"龙季旺秋"（经教自在）。

拉·卓坝贡波（lha vgro bavi mgon po）：父亲名为觉坝（jo vbag），母亲名为拉季绽玲（lha gcig vdzam gling），系拉枳岗巴（lha vbri sgang pa）之妹。卓坝贡波诞生于丙午年（阳火马，公元1186年）。年满6岁时，他在郭·杜哇真巴钦波（dkar vdul ba vdzin pa chen po）座前受住斋戒。年满16岁时，他前往切喀库窝（vchad khar khu bo）座前受居士戒。同时，请求觉莫隆寺的伯底堪布（sbal til mkhan po）及卓萨巴寺（gro sa pa）的格西奈丹（dge bshes gnas brtan）上座做上师而出家为僧，取名为绛曲峨（byang chub vod）。后来请求博朵的格西奈丹上座做亲教师，从布古朵请来格西嘉察（dge bshes rgyal tsha）做羯摩师；由觉尊巴（jo btsun pa）做屏教师（gsang ston）而受具足戒（比丘戒）。他在（切喀）库窝座前，听受了许多经教。库窝逝世后，他从癸巳年（水蛇，公元1233年）起住持寺座，直到己未年（土羊，公元1259年）为止，共27年时间，并成为教主。博朵奈丹上座，以及噶当经教派的诸位善知识会商之后，将博朵主寺和分寺都供献给卓坝贡波大师，巩波（kong po）以及达坝（rta vbar）、布曲（sbu chu）、羌龙（byang lung）三寺为主的三百多村庄的寺庙之钥匙全部交出供献之；还有达波以及拉达（bla mdav）、更莫纳雪（kan mo na shod）为主的村庄及村民全部供献之。后来，在很长一段时间，上述诸寺的内务（dkon gnyer）和长官（mi dpon）都由卓坝贡波委任。梁地方桑波且哇大师（zangs po che ba chen po）前来迎请卓坝贡波为大佛塔（sku vbum chen po）做开光法事，桑波且主寺和分寺等都供献给他并交出诸寺之钥匙。他又被迎请到绒哲嘎（rong rtse dkar）为大灵堂（gdung khang chen mo）开光，对方又把主寺及分寺等献给了他。后来，在桑波且和乍阁（bra gor）两处，都出现许多传授季布巴教法的人

---

① 屏教师（gsang ston）：《毗奈耶经》所说五轨范师之一。具增添法，离四避去，善于盘诘受戒者有无碍难；通过一白羯摩，在僧伽中命为屏教师；然后启迪盘诘受戒者，并向僧伽告白的戒师。参阅《藏汉大辞典》，第3004页。
② 不空绢索（don yod zhags pa）：《罗桑王传》中所说一种宝绳。又为观世音菩萨的别名。见《藏汉大辞典》，第1308页。此处为观世音菩萨的别名。

物。耶汝（g'ye ru）也出现了布达（bu dal）等许多施主和门徒。总之，此位卓坝贡波大师亲见许多本尊，尤其是普遍传称的主要本尊与不动金刚无二的虎裙金刚。他又在雅垄贡波山（yar klungs mgon po ri）上亲见狮子吼佛。在博朵，还有一尊释迦佛像曾为他说法。在季布居住时，他亲见十六尊者现身。自那时起，发展出许多十六尊者围绕卓坝贡波的画像。在夏住（安住）中也要取一根十六尊者之筹木①。在斋僧茶②时，也要念诵十六尊者之祈祷文。在拉萨，大昭寺释迦牟尼像也给他说法。当他来到热振寺时，见阿底峡尊者也亲自降临。在达木（vdam），有邪魔进入一拉姆且（lha mo che，大神像）中，谁也无法驱除此魔，卓坝贡波来到那里，施驱魔仪式后，神像两腋中飞出两只鸽子。它们自己变成了狼③。这一幕为现场众人所见。然后，他为此佛像重新开光。当八思巴返藏时，诸善巧知识都返回，他对八思巴说："我不能与你分离，我们同行吧！"他们结伴而行，远至峡颇桑哇（sha pho srang ba④）。卓坝贡波为诸多善巧大师和大人物，做了很多助益事业，于己未年（土阴羊，公元1259年）在季布逝世。荼毗后发现有许多佛像等加持物。在季布寺内部珍藏的金佛像中，珍藏有他的眼睛。他的心（未焚化的）由切喀哇迎请去奉安在灵堂之中。他的舌（未焚化的）由布古朵迎请去奉安在大菩提像中。还发现有四只右海螺，后来其中一只奉安在汝巴（rug pa）的金佛像中；一只原先系给邦巴（sbangs pa）奉安的圣缘⑤，现在奉安在峨扎（ngo sgra⑥）塔院之中；一只现在是季布的加持物归当敦巴（ltang ston pa）奉安。

拉扎喀哇·洛卓益西（lha brag kha ba blo gros ye shes）：于庚戌年（阳铁狗，公元1250年）诞生在杰琼（bye chung），系觉窝释迦扎西（jo bo shavkya bkra shis）和觉姆达敬（skyo mo dar rgyan）之子。他曾亲近于拉·卓坝贡波座下，而对伯巴顿宣（sbas pa ston gzhon）之全部功德（知识），在他心中如满瓶甘露完全知晓。他从庚申年（阳铁猴，公元1260年）起住持寺座，一直到丙戌年（火鸡，公元1286年）止，长达27年之久。他广做利益众生之事业。住世37岁。上述伯巴顿宣是庚申年（阳

---

① 筹木（tshul shing）：筹，筹码。佛教僧侣举行大规模法会时，用以计算人数的由桎柳制成的木筹码。见《藏汉大辞典》，第2280页。
② 斋僧茶（mang ja）：布施给僧众之茶。见《藏汉大辞典》，第2054页。
③ 此句郭译（第185页倒数第8行）为"两鸽向远方而去"。
④ 罗译（第279页倒数第3行）转写为sha-pho-srang。
⑤ 圣缘（rten skal）：圣物缘分，佛教徒各人缘分内应得的佛像、佛经和佛塔。见《藏汉大辞典》，第1073页。
⑥ 藏文（第341页倒数第7行）印为do sgra。恐误。

木猴，公元1224年）诞生之人。在他之后为拉·素尔康巴（lha zur khang pa）：是觉伯（jo bor①）之子，于丁丑年（阴火牛，公元1277年）诞生。素尔康巴依止拉扎喀哇②座前，受居士戒。他以堪布拉汝哇钦波（mkhan po lhag ru ba chen po）及帕巴顿宣为轨范师，而出家为僧，取名为旺秋益西（dbang phyug ye shes）。就在顿宣师座前听受了《慈氏五论》和《入经句义》等，而且能够轻松通晓。他在堪布拉汝哇座前，听受《俱舍》之后，能够在僧会宣讲。他从丁亥年（阴火猪，公元1287年）住持寺座，四年之后交付寺座③。年满61岁于丁丑年（火牛，公元1337年）逝世。荼毗后发现有心、舍、眼、右旋海螺等许多加持物。

此师之后是拉·洛卓俄（lha blo gros vod）：生于乙酉年（阴木鸡，公元1285年），系安达·扎巴仁钦（mngav bdag grags pa rin chen）和拉季多杰（lha gcig rdo rje）之长子。【15岁时】④ 他曾在译师扎巴坚参（lo tsav ba grags pa rgyal mtshan）、贡噶大师（slob dpon kun dgav）等师座前听受许多灌顶教授。后来听从拉·素尔康巴之言，前往季布寺，在素尔康巴座前受了居士戒。并由堪布拉汝哇及伯巴顿宣二师为作亲教师和轨范师而出家为僧。年满20岁时，仍在两位师座前受比丘戒。他在拉·素尔康巴座前，听受了所有经论教授，特别是听受了《修心七义论》（blo sbyong don bdun ma）等已著名和未著名的耳传教授，以及由喀切班钦传来的诸甚深教授。他又在伯巴顿宣座前，听受了《般若波罗蜜多》法类；以及在堪布宣楚（mkhan po gzhon tshul）座前听受了《毗奈耶》法类。年满27岁时于辛亥年（铁猪，公元1131年)⑤ 被推任为季布寺法座。素尔康巴也就将右旋海螺、舍利、舍利子⑥的钵、那若巴所用骨饰、阿底峡所用的金刚杵和铃，以及博朵等寺的钥匙交付给他。他总共住持寺座40年时间。在他住持时期，萨（迦派）和止（贡）之争斗已经平息。季布寺也出现安乐美满的景象。他年满66岁时于庚寅年（铁虎，1350年）逝世，遗体荼毗时出现了许多奇异的加持物。

---

① 罗译（第280页倒数第12行）转写为 jo-bar。
② 罗译（第280页倒数第11行）转写为 lha brag-kha-pa。
③ 此句藏文（第342页第6~7行）为：me mo phag la gdan sa mdzad nas bzhi pa la gdan sa gtad/。罗译（第280~281页）为：He became the abbot in the year Fire Female Hog（me mo phag—1287 A.D.）. He entrusted the chair to his successor at the age og 40.（他从丁亥年［阴火猪，公元1287年］住持寺座，40岁时交给继任者。）
④ 【】中内容藏文（第342页第2段）无，此据罗译（第281页）所补。
⑤ 此处郭译（第186页末行）漏译年代。
⑥ 舍利子（shav rivi bu）：释迦牟尼的大弟子之一。详见《藏汉大辞典》，第2829页。

此师之后，是具有能记忆前生等无量功德的拉·仁钦僧格（lha rin chen seng ge）继续扶持寺座，直至丁丑年（阴火牛，公元1337年）止。总的说来，从嘉·切喀哇逝世后的丙申年（阳火猴，公元1176年）起，直至拉·素尔康巴逝世的乙丑年（阴火牛，公元1337年），实际上已经过了162年。但是，此后从戊寅年（土虎，公元1338年）起至丁丑年（火牛，公元1397年）间的60年，应该算作洛卓俄和仁钦僧格的年代。然而，这里未能寻觅到他们各自的确切年数。此师之后，依次继续掌管寺座的是：拉·释迦索南坚参贝桑波（lha shavkya bsod nams rgyal mtshan dpal bzang po）、索南伦珠（bsod nams lhun grub）和索南坚参（bsod nams rgyal mtshan）等人。此外，阿底峡尊者住藏13年时间，仲敦巴持教10年时间，博朵瓦住持41年时间，峡巴哇住持36年时间，切喀哇住持34年时间。从阿底峡尊者抵藏算起，直至切喀哇逝世止，共为134年。又从素尔康巴逝世的戊寅年（阳土虎，公元1338年）起至现在（著书）的丙申年（阳火猴，公元1476年）止，已经过了139年时间。我们应该在这一时期中，去寻觅洛卓俄等的确切年数。以上是从峡哇巴到切喀哇之阶段。

五 纳塘巴（snar thang pa①）的阶段

峡哇巴（sha bavi pa②）的弟子冻顿·洛卓扎（gtum ston blo gros grags）：在峡哇巴遗嘱中对冻顿说："你应该与四位比丘组团相友伴。"于是，冻顿从辛酉年（阴铁鸡，公元1141年）起至壬申年（阳水猴，公元1152年）间，居住在纳塘附近处进行修持。这时，他也收了一部分侍徒。并于癸酉年（阴水鸡，公元1153年）修建了纳塘寺。他住持寺座14年时间，此后前往堆地方（前藏）。他还将寺座委任给垛顿·喜饶扎（rdo ston shes rab grags），后者住持寺座20年时间。后来，相继由香尊·多杰俄（zhang btsun rdo rje vod）住持寺座8年；由卓顿·堆枳扎（gro ston bdud rtsi grags）住持寺座39年；由香敦·却吉喇嘛（zhang ston chos kyi bla ma）住持寺座10年；由桑杰贡巴僧格杰（sangs rgyas sgom pa seng ge skyabs）住持寺座10年；由钦·南喀扎（mchims nam mkhav grags）住持寺座36年；由觉顿·门兰楚臣（skyo ston smon lam tshul khrims）住持寺

---

① 此处藏文（第344页）为 snar thang ba，又译纳塘哇。
② 同 sha ba pa。

座 15 年；由尼玛坚参（nyi ma rgyal mtshan）住持寺座 7 年；色邬哇·准珠扎巴（zevu ba brtson vgrus grags pa）住持寺座 12 年；由色邬哇之弟扎巴喜饶（grags pa shes rab）住持寺座 12 年；由堪钦·洛桑扎巴（mkhan chen blo bzang grags pa）住持寺座 40 年，以上总共经过 223 年之久。此后，在乙卯年（阴木兔，公元 1375 年）又推选堪钦·衮嘉哇（mkhan chen kun rgyal ba）住持寺座。从这一乙卯（阴木兔）年直到丁酉年（阴火鸡，公元 1417 年）间的 43 年中，为堪钦·贡噶坚参（mkhan chen kun dgav rgyal mtshan）及其侄子堪钦·仁波且竹巴喜饶（mkhan chen rin po che grug pa shes rab）二人住持寺座①。于戊戌年（阳土狗，公元 1418 年），又委任堪钦·索南却珠（mkhan chen bsod nams mchog grub）住持寺座，直到癸丑年（阴水牛，公元 1433 年）为止，他住持寺座 16 年。在此丑（牛）年（公元 1433 年），堪钦（大师）与其侍者不和，于是堪钦前往前藏居住。后来，当他打算返回寺院时，侍者设计使其不能返回寺院，而僧人们与堪钦之弟发生搏斗，甚至发生一些伤亡。此后，继续住持寺座者是：敬安扎巴哇（spyan snga grags pa ba）、十论师索巴哇（bkav bcu ba bzod pa ba）及持律师伯敦桑波哇（vdul vdzin dpal ldan bzang po ba）等人。现在（纳塘寺）的住持者则是喜饶坚参（shes rab rgyal mtahan）。从阿底峡尊者到藏算起，到峡巴哇逝世为止，其间为一百年。此后再过 12 年，冻顿修建成纳塘寺。自纳塘寺建成（公元 1153 年）到堪钦·珠协哇（mkhan chen grub she ba）为止，已经过了 265 年时间。总而言之，从阿底峡尊者到藏（公元 1041 年）到此丙申年（火阳猴，公元 1476 年）止，一共是 435 年之久。以上是纳塘巴的阶段。

六 康隆巴（kham lung pa②）和峡巴哇（shar pa ba）之弟子阶段

康巴隆巴岗·释迦云丹（kham pa lung pa sgang shavkya yon tan）：诞生于乙丑年（阴木牛，公元 1023 年），一直住世到乙未年（阴木羊，公元 1115 年），享寿 91 岁。他以《八座修法》（thun brgyad ma）而著称。

---

① 此句罗译（第 283 页第 11～12 行）为 "…the chair was looked after by th mahā upādhyāna Rin po che grug pa shes rab.（……寺座由堪钦·仁波且竹巴喜饶掌管）"。
② 此处藏文（第 346 页）为 kham lung ba，又译康隆哇。

他逝世后，诸位僧众则聚集在奈邬素尔巴座下，素尔巴有僧众约上千人。在峡巴哇的弟子中，有承受传记的缘分者为尼玛杜真（nyi ma vdul vdzin）；有承受受用缘分者为伦觉协垛（rnal vbyor shes rdo），此师住持寺座有三年时间；有承担说经论法缘分者为丹巴岛噶哇（dam pa stabs ka ba），此师修建岛噶（stabs ka）、俄觉（vod vjo）、库普（khu phu）三寺。俄觉寺由绒敦喀波且（rong ston kha bo che）接管。库普寺由无等师杜哇真巴（mnyam med vdul ba vdzin pa）接管，并在此寺中长期讲说《毗奈耶藏》。库普哇·俄穹（khu phu ba vod vbyung①）所著之《毗奈耶藏注释》【和《俱舍论》】，后来在操拉喀寺、还有梁地方的乍阁寺（bra gor）被采用为佛法教材。俄觉寺的宣奴云丹（gzhon nu yon tan）诞生于丁未年（阴火羊，公元1127年），一直住世到癸酉年（阴水鸡，公元1213年），享寿87岁。他身边聚集僧侣约有千人。岛噶哇·达玛扎（stabs ka ba dar ma grags）诞生于癸未年（阴水羊，公元1103年），一直住世到甲午年（阳木马，公元1174年），享寿72岁。据说他在岛嘎寺中聚集僧侣约六百人。以上为康隆巴和峡哇巴的弟子阶段。

七 敬安至甲裕哇（bya yul ba）的阶段

敬安·楚臣坝（spyan snga tshul khrims vbar）：于戊寅年（阳土虎，公元1038年）诞生在宁地（nyan）的朗惹岗（snang ra sgang），父亲名为卫·释迦多杰（dbas shavkya rdo rje），母亲名为里莫·益西淮（li mo ye shes sgron）。童年时起名为达操坝（stag tshab vbar）。年满20岁时他前往热振寺，并依止仲敦巴。后来曾依止伦觉巴（rnal vbyor pa）、贡巴哇②、伦觉巴·喜饶多杰等诸位大师。在他12岁时，来自后藏的一瑜伽母贡姆岗巴（rnal vbyor ma gong mo sgang pa）传授他一种教授，他虽然修行，但未能够达到合格熟练的程度。此后有一次，贡巴哇传他圣龙树之著《五次第》（rim pa snga）③，并告知："据此修行最终可达到熟练程度。"他在洛地（lo）居住了三年时间。此后，又在柳绒（snyug rum）居住了三年。年满66岁时于癸未年（阴水羊，公元1103年）11月21日逝世。

---

① 藏文（第346页倒数第7行）印为 khra phu ba vod vbyung。恐误。
② 此节罗译（第284页倒数第7行）把贡巴哇（dgon pa ba）转写为 dgon-pa-pa。
③ 梵文为 Pañcakrama。请参阅《丹珠尔》，rgyud, No. 1802。

此师童年时期便生起空性知解，内在智慧极大，以此对梵本译文也略有通晓。翻译成藏文的密教经文几乎没有他未阅读过的。他仿照阿底峡尊者的聚莲塔，用诸珍宝也造建了许多聚莲塔，据说仅早期所造的印塑泥像堆积起来也有小山丘一般大小。他具有无量神通功德而使诸护法都一起来拥护他。他承许如是理论："不是一切世俗，就是一切胜义的二谛之宗，真正世俗具足四相，与其他具四相完全不同。"后期中，虽然藏纳巴（gtsang nag pa）说过（这些理论）在根本经教中未提及，但敬安的观点最终被证明是对的，因为我记得他几乎是依照敬安经教中的世俗教义进行讲说的。他显示过许多神通，人们曾说："在神通方面究竟谁更伟大？是至尊米拉日巴还是他？"敬安大师圆寂于柳绒寺。在我看来其圆寂的原因好像是由于洛寺上座未作恭敬承事之故。其弟子为：邬域巴·阿弥（vu yug pa a mi）、嘉哲卓哇（rgya rtse sgro ba）、姑松敦巴（sku bsrungs ston pa）、隆雪惹巴（lungs shod ral ba）、杜真巴·萨拉古敦巴（vdul vdzin pa sa la gur ston pa）、泽顿（vtsher ston）、汤杜（thang vdul）、四仲杜（vbrom vdul bzhi）【指萨尾帕贡（zar bavi phag sgom）、切伽哇·耶贡巴（ched cher ba g'ye sgom pa）、汝伯嘉贡（rug pavi rgya sgom）和芒惹贡巴（mang ra sgom pa）四人】①、萨巴觉尊（zar pa jo btsun）、耶伯蔗巴（g'ye pavi sgre pa）、彭域哇嘉（vphan yul ba rgya）、裕·却巴拉索（yul chos pa lha bzo）②、堆龙巴钦波（stod lungs pa chen po）、穹·康波伽（khyung kham po che）、罗扎巴·哇顿（lho brag pa wa ston）、藏巴觉拍（gtsang pa jo phad）、甲裕哇钦波（bya yul ba chen po）等许多人士。

堆龙巴钦波·仁钦宁波（stod lungs pa chen po rin chen snying po）诞生于壬申年（阳水猴，公元1032年），住世85时，于丙申年（阳火猴，公元1116年）逝世。他修建了堆龙赞卓寺（stod lungs btsan vgro dgon pa），聚集僧侣约三百人。此师诞生的壬申年（阳水猴，公元1032年），正好是博朵瓦诞生之年辛未年（铁羊，公元1031年）的第二年。仁钦宁波年满7岁时，敬安大师诞生；年满11岁时，阿底峡尊者来藏。据说此师曾为阿底峡尊者（之到来）交过僧裙税③。萨巴帕贡在麦卓修建卓萨寺。其弟子中具有敬奉上师和作利益他人事业的伟大功德者，为善知识甲裕哇大师，他于乙卯年（阴木兔，公元1075年）诞生于堆龙的郭阁隆

---

① 罗译（第285页倒数第5~4行）的藏文转写有些不同：Thar-pavi Phag-sgom, Ched-cher Bag-ye sgom-pa, Rug-pavi rGya-sgom and Mang-ra sGom-pa。
② 藏文（第348页倒数第6行）把这一名字分为两个名字：yul chos/ pa lha bzo/。恐误。
③ 卫藏的长老们向每位僧人收取一份税，以凑足经费迎请阿底峡尊者来藏。

(gol go lung）地方，其父亲名为雍仲丹坝（g'yung drung brtan vbar），母亲名为姜萨江（ljang gzav lcam）。甲裕哇出生后不久，其父逝世，其母携带家中的一部《宝积经》（bkon brtsegs）① 另嫁他人，他由其姑姑抚养。年满11岁取名为色（se）②。12岁时，他由敬安的弟子益西嘉（ye shes rgyal）做轨范师、伦觉巴的弟子绛扎（byang grags）做亲教师而出家受沙弥戒③，取名为宣奴峨（gzhon nu vod）。就在12岁那年，他很好地作过一次郭阁隆寺的内务管理。年满14岁时，其母临死前，他赶回家里为母亲传授皈依。他的轨范师把他托付给堆龙巴大师，他就成了后者的侍者。那时，碰巧有另一大师在讲说教法，他听完后熟记于心。他修习过《集学论》等大多数根本论典。有一次，敬安居住在却哇（chor ba）时，堆龙巴来拜见大师，甲裕哇作为仆役一同来拜见大师。敬安习惯每天早晨都要以图形曼札作供九次，而甲裕哇作一次曼札供养。敬安看见后心中大喜，就向堆龙巴说："你真幸福！有这么好的侍者。"堆龙巴说："那么把他献给大师愿意吗？"敬安说："当然愿意，但你敢作供献吗？"说完就接受了。据说敬安大师和甲裕哇暗地里说定此事。然后堆龙巴也就将甲裕哇和一成匹绸缎供献给敬安大师。事隔一年后，敬安给甲裕哇穿上一身氆氇衣服，把他送回到堆龙巴座前服侍。堆龙巴说："我的爱徒！你这一生都服侍敬安啊！"甲裕（哇）说："敬安对我无任何责问。"但是堆龙巴只要不高兴，有时甚至高兴时也会斥责。这就是应不应该修视师如佛之区别。实际上，一切内部服役都是由甲裕（哇）一人操作，当双手裂开时还要作拌几次饮食等事。晚上，他还要供曼札作祈祷，由此敬安所奉安舍利也逐渐增多。后来师徒来洛寺，在那里修造了邬哲（寺之顶端）和塔堡，取石拿土无一不做。他自己曾说："虽然我不是全以智慧和财资来供师，而使师生起大喜，然而应该是尽自己的体力勤劳服侍，为此直至血肉憔

---

① 梵文为 Ratanakūta sūtra。关于《宝积经》的研究，尤其是梵藏汉文献对勘研究，以钢和泰（Stael Holstein）的著述最丰，其代表作有如：1. 钢和泰：（专著）《大宝积经迦叶品梵藏汉六种合刊》（The Kacyapaparivarta, A Mahayanasutra of the Ratnakuta Class edited in the Original Sanskrit in Tibetan and in Chinese），上海：商务印书馆1926年版。16开，全书正文236页，另有序言共26页。2. 钢和泰（1933）：（专著）《大宝积经迦叶品释论（藏汉对照）》（A Commentary to the Kacyapaparivarta edited in Tibetan and in Chinese），北平国立图书馆和清华大学1933年版，藏汉文对照，16开，24+340页。可参阅。
② 此句藏文（第349页第9行）为：dgung lo bcu gcig la se ru gsol/。也可理解为"11岁时，他穿着黄色外套。"郭译（第190页倒数第8行）为"年届十一岁衣着破旧"。
③ 沙弥（dge tshul）：勤策男、老策，求寂。梵音译作室罗摩尼罗。简称沙弥。别解脱七众之一。承认守护十所学处及其所属三十三种违犯之出家男子。见《藏汉大辞典》，第453页。

悴。"【敬安对他满心欢喜，以至于使其年长的徒众心生嫉妒。博朵瓦远在他方也赞颂他（甲裕哇），因为他对敬安侍候周到，对其他弟子态度谦恭。】①

敬安语录中说："甲裕啊！你的智慧能够超过拉萨聂塘僧徒。"②又说："甲裕请你誓言要解脱。"③又有一次，堆龙巴拜见敬安师时问道："此小僧人（甲裕哇）怎么样？"大师命甲裕哇到门外面，甲裕哇如命走出门外后敬安说："此子之信心和智慧天生广大，犹如向空中挥矛。"敬安讲说一切教法，都把他安置在座前。在年伯寺（nyan pavi dgon），芒若（mang ra）和甲裕哇同时接受灌顶法缘。芒惹来到普穹哇（phu chung ba）住处时，后者对他说："现在盛行以声闻之神变来成熟一菩萨有情。"敬安大师临终时，甲裕哇请求道："【善知识！】④ 在未来请记住我。"敬安道："直至法身未灭之际，我们都不分离。"⑤其他人会想，甲裕哇几乎完全在敬安座前作服役，肯定雇不上修法。但殊不知他因勤奋而获得内证。因此，有一次他【到外面丢弃灰烬】，⑥ 当走到第三台阶时，心中顿然清晰显起所有经藏教义。以此他深信对上师服役之功德而感叹道："吉麦巴（skyi smad pa）之诸位善知识不勤于对上师服役而只勤于闻法，这种做法是不对的。"在敬安逝世后，甲裕哇送上等礼物到普穹哇和博朵瓦座前，博朵瓦对他说："住在我这里吧！我要建造一幢房子，我将为你提供口粮和修行机会。"⑦但是他想，恐怕这会让堆龙巴不高兴，因而未住下来。后来，他住在普穹、察穹（vtshal chung）、珠地（brul）的惹哇嘎波（ra ba dkar po），并应敬达玛惹达纳（byan dar ma Ratna）迎请到聂地（gny-

---

① 【】中内容藏文（第350页倒数第3～1行）为：spyan snga shin tu mnyes pa la bgres po gzhan kun gyi phrag dog kyang byang/ spyan sngavi zhabs tog dang slob ma gzhan gyi ngo len gnyis ka la po to bas thag ring po nas bsngags pa mdzad/。郭译（第191页第14行）漏译。
② 此句藏文（第350～351页）为：spyan sngavi gsung nas khyod kyi shes rab vdi lha sa snye thang bavi grwa pa byed thang ba la gsung/。罗译（第287～288页）为："O your sidom! Why did you not become a monk at snye thang nesar Lha sa?（你多么智慧！为什么你没有在拉萨附近的聂塘出家为僧呢?）"
③ 此句藏文（第351页第2行）为：khyod ni thar zin gyi dam bzhag cig gsung skad//。罗译（第288页第2行）为："You who had attained liberation, don't leave me behind!" 这一英译跟郭译（第191页第16行）意思相近："甲裕你是必得解脱的，愿勿留下我"。
④ 【】中内容郭译（第191页倒数第4行）漏。藏文请参阅第351页第10行。
⑤ 法身是不会灭的，所以此句表示永不分离。
⑥ 【】中内容据罗译（第288页第21～22行）所补。
⑦ 此句郭译（第192页第4～5行）为："我这里正在修建住房，虽是温饱，但我要进入于修行"。恐误。藏文请参阅第351～352页。

er）并居住下来。在此期间，甲裕旧址有一对修密的夫妇，他们将此地供给了峡哇师，后者又转赠给朗日塘巴，朗日塘巴详细查阅后认为有凶险而未接纳。正恰甲裕哇在寻觅一个地点打算修建一座寺庙，峡哇师于是又将其地供献于甲裕哇，后者大喜! 于是甲裕哇修迁移地神仪轨，但有一大恶龙（鲁和念）。为了镇伏恶龙，他就在其居处上修建卧室（gzims mal）①。其地所有大磐石，他以极大努力将其中一些击成碎块，一些埋藏于地下等，【付出辛勤的劳动】②，于是修建成了一座十二柱的高顶大殿，以及有四十二柱的廊房。因为甲裕哇和峡巴哇非常友好，于是，那时峡巴哇也派出其僧徒前去帮助修建寺院工程。其侍者协桑（nye gnas sher sang③）从梁波（myang po）和纳雪（nags shod）运来许多木材。【高顶大殿完工之时，协桑说："完成了一项大工程，现在应该感到自豪。"但甲裕哇说："尽情地自豪吧！"】④ 当上部走廊修完，但是下部走廊还未修完时，上座色穹哇（gnas brtan se chung ba）给协桑下了毒。协桑中毒临死时，甲裕哇对协桑说："你勿恐惧，我也将随你而来。"说后给他修了《净瓶仪轨》，使他除离恶趣。寺庙修完之后，他在高顶大殿中安奉了约七十部《十万般若经》（vbum）⑤，几乎是上至天花板下至地板都装满了经卷。后来，他也就在甲裕寺修夏住（安居）。在其他时间，甲裕哇在吉麦等地也多次转法，并且广作利益众生之事业。他在甲裕寺居住时，达波尼贡（dwags po snyi sgom）问道："善知识啊，请问您心中是如何生起二谛？"甲裕哇答曰："我心中生起了世俗菩提心（kun rdzob byang chub）和胜义菩提心（don dam byang chub）二者。"又问道："那么，是否是理解自心而达空？或是理解外境而达空？"甲裕哇答曰："就像本来箭节是断在内脏里，反而在外伤口上涂抹酥油或脂肪，如此做法是没有任何作用的；又

---

① 此句罗译（第 289 页第 8 行）将"卧室"译为"mat（坐席）"。
② 【】中内容郭译（第 192 页第 12 行）漏。
③ 罗译（第 289 页第 15 行）把 sher sang 转写为 sher-seng。
④ 【】中内容藏文（第 352 页倒数第 5～3 行）为：dbu rtse tshar nas sher sang na re/ chen po zhig ni tshar/ da khengs par mdzod cig zer ba la/ bya yul bavi zhal nas shing bar gyis shig gsung/。罗译（第 289 页第 16～20 行）为：After completing the main shrine, Sher seng said："Now a great (shrine) has been completed and now you must try to fill it (with holy images)," to which Bya yul pa replied："Make sufficient space!" 郭译（第 192 页）为：高顶大殿完工时，协生说："完成了一巨大工程，现在当满足装修"。甲裕哇说："尽情装修吧"！
⑤ 梵文为：Śatasāhasrikā Prajñāpāramitā。又译《大般若经》。释迦牟尼在灵鹫山、王舍城等处，采用与舍利子、须菩提、帝释天等互相问答的形式，为诸菩萨僧众演说甚深空性教理的经典。全书共十万颂。参阅《藏汉大辞典》，第 1971 页。

好像沿着盗者足迹，入山林后入寺的做法同样是无济于事的。所以，应该自己的心要达到空，由此外境枷锁自然解脱，一切都是空性。"又问："您是何时心中如是生起？"甲裕哇说："是我最初在敬安大师座前服役时生起的。"又问："定（mnyam bzhag）① 与后得（rjes thob）② 有无分别？"答曰："定与后得无二（即无分别）。若有分别，那么我该如何行道？侍徒们又该怎么办呢？"又问："由诸事务对于修行能不妨碍吗？"答："不妨碍。"据说甲裕哇最初修行时，开闭门户之声对修定都发生妨碍，但他将卧榻移到近门而修。后来，他指导诸位弟子修行时，他曾奏乐而使之专注修行。其他人看来，就认为他喜欢音乐而已。敬安大师临终时对甲裕哇说："你不必受具足戒。"因此，甲裕哇很长时间内未受具足戒。后来，经过祈祷，梦中得到开示：一佛塔上不必要两种形式③。再作祈祷之后，梦得上师赐他一尊身着祖衣的印度佛像。这时他想这是许可他作比丘了。于是，他由格西俄却旺（dge bshes rngog chos dbang）作堪布，芒惹作轨范师，嘉·喜饶坝（rgya shes rab vbar）作屏教师而受比丘戒。【在朗塘巴座前听受《根本经》（mdo rtsa）一遍，在喜饶坝座前听法三遍，共听受了四遍。】④ 其他人问甲裕哇："听法时您是否作记录？"他回答说："作笔记有什么何用呢？是不能透达的，一切法应于瞬间而知其道。"然后他对甲裕的居民说："如果你们自己如能作商决，则无须由顺缘而产生。"在他圆寂的头一年，他说："你们应该在纪念敬安时给僧人们布施红糖，每人手里一份可以拿走。以后你等是否能办成就难说了。"说这些话，是在表示他快要圆寂，但甲裕的居民并未发现。于是，甲裕哇作了广大弘教事业之后，年满 64 岁时于戊午年（阳土马，公元 1138 年）年 10 月 18 日，他先是作跏趺坐状凝神修行，然后他微笑着对贡巴绛拉（sgom pa byang bla）说："我现在要作狮子卧状了。"于是，他的脑门有大股热气向上升腾，头上汗珠滴落，并示现圆寂。后来，他的遗体由诸上座来作主

---

① 定（mnyam bzhag；梵：samāhita）：又译修定。定，等引，平等住，根本定。梵音译作三摩呬多。修定时一心专注人法无我空性所引生的禅定。参阅《藏汉大辞典》，第 990 页。
② 后得（rjes thob；梵：prstha labdha）：后得位。修行者出定以后的时间。见《藏汉大辞典》，第 914 页。
③ 意即没有必要二次受戒。
④ 此处藏文（第 354 页第 10—11 行）为：glang thang pa la mdo rtsa tshar gcig/ shes rab vbar la tshar gsum ste tshar bzhi gsan/。郭译（第 193 页倒数第 11~10 行）为："在协饶坝座前听法三、四次"。其中漏掉了第一句，第二句译得也不准确。

管，其余两千僧人无权过问。后由绒波哇（rom po ba①）说：："大菩萨的肉身，如使它腐烂，嗅着臭气诸人生厌而有堕入地狱之危险，还是速作沐荼毗吧！"于是，在大殿顶屋作荼毗时，发现许多佛像等舍利，每人手中都获得一份舍利，烟火腾遍处也发现许多舍利。

甲裕哇所抚育的两千僧众中，生起三摩地（定）者有 500 人，成为上流善知识的 110 人。其中有"外九大师"（phyivi chen po dgu）；"中八大师"（bar gyi chen po brgyad）；"内三大得意弟子"（nang thugs kyi sras gsum）。所谓"外九大师"，是指康区的饶喀哇钦波（rab kha ba chen po）、达波的峡哇岭巴钦波（sha ba②gling pa chen po）、俄汤巴钦波（vo thang pa chen po）、嘉日哇钦波（rgya ri ba chen po）、后藏的温汤巴钦波（vom thang pa chen po）、姆曼恰钦波（mu sman phyar chen po）、涅姆哇钦波（nyag mo ba chen po③）、达钦波（ta chen po）、朗帕哇钦波（rnam vphar ba chen po, 也称昂昌哇钦波［ngang tshang ba chen po］）等九人。所谓"中八大师"，是指贡钦波（dgon chen po）、恰麦哇钦波（chag mal ba④chen po）、扎西岗巴钦波（bkra shis sgang ba⑤chen po）、杰贡钦波（dgyer sgom chen po）、冲协钦波（khrom bzher chen po）、布巴哇钦波（bul pa ba⑥chen po）、邦惹哇钦波（bang ra ba chen po）、古觉哇钦波（ku jol ba⑦ chen po, 也称为顿布日哇钦波［dum bu ri ba chen po］）等八人。所谓"内三大得意弟子"，是指后藏的仁波且多杰弥觉（rin po che rdo rje mi bskyod）、日莫坚巴嘉（ri mo can pa rgya）及恰杰哇·鲁却奈（phyag rje ba snubs mchod gnas）三人。此外，还有涅坝顿（gnyal bar ston）、藏巴坝日（gtsang pa vbav ril）、藏巴格汝（gtsang pa ke ru）、洛巴·扎西岗巴（lho pa bkra shis sgang pa）、杜巴雍协（dur pa⑧ g'yung she），闸地（grab）的帕仓巴（phag tshang pa）、薛地（zhogs）的纳姆哇（na mo ba）、哇朗巴喇嘛（ba lam pa bla ma）、拉姆哇（la mo ba）、梁堆坝勒（myang stod vbav le）、约窝格都（g'yor bo ke tu）、垛巴峡噶宣（dol ba

---

① 罗译（第291页倒数第3行）转写为 Pom-po-pa。
② 罗译（第292页第12行）转写为：sha-pe。
③ 罗译（第292页第14行）转写为：nya-ga-mo-ba。
④ 罗译（第292页第17行）转写为：chag-mal-pa。
⑤ 罗译（第292页第18行）转写为：sgang-pa。
⑥ 罗译（第292页第19行）转写为：bul-ba-pa。
⑦ 罗译（第292页第19～20行）转写为：ku-jol-pa。
⑧ 罗译（第292页倒数第13行）转写为：ngur-pa。郭译（第194页倒数第12行）为"欧巴"。

shavka gzhon①)、裕隆巴（g'yu lung pa）等许多人士。以上诸师也分别管理寺庙，并作广大利益众生之事业。

后来，由藏巴仁波且（gtsang pa rin po che）主持（甲裕）寺座。此师于甲裕哇年满2岁时的丁巳年（阴火蛇，公元1077）年诞生在后藏的鲁裕绒（snubs yul rong）地区，父亲名为鲁阿拉拉（snubs a la la），是一位大密修士；母亲名为热嘉萨江弥（ral rgyags gzav lcam mi）。在童年时期，由于宿世习染，他在碗中置入大麦粉并在其上注水，作半闭目状，好像在作水供（chu gtor）仪式。为此，其父亲收其碗食，他哭了。而他又忆起宿因，亲见天空中遍满空行母。特别是有一名焰炽空行母，身着青色衣服，面相极其凶猛，以光闪闪之剑向他手中抛来，他抓住其剑向空中飞去，但这样做时出现了一些阻碍。他说这是缺乏上师引导之故。年满12岁时，他对所见的一切事物，都是见其为虚伪而不实。这是宿世修持余习之故，但他认识不到这点。他说："假如我那时见过敬安师徒，我此生所作事业定会有成就。"对此，朗隆巴说："大师您的智慧和修持无须再度精进。您是否愿意像坝甲师（slob dpon bha bya）那样，乐意于此生到达持明地呢？"他答道："对，的确如此。"大约那时，他从一密修士座前获得灌顶而使其对事物的虚幻感消失，他想这些意念一定有害，必须通过（接受灌顶时的）加持来消除灾障。后来，他对显密教法无一不修习。他所依止的上师中，仅译师就有：峨译师、念译师、巴日译师、惹译师、赞·喀波且等五位上师。他在赞·喀波且座前，听受《庄严经论》，仅一次就能知晓。他阅读《玛哈玛雅》②密经时，对于句义都能入于心中，但他认为有一颂未能全部知晓。后来，他在涅穹哇（gnyal chung ba）座前听受此经时，涅师对其他各颂的解释与他过去的理解相同；涅师说那一未完全知晓的颂文，因在梵本中缺失故而未做讲说。他阅读《摄真实义上集释》（bsdus pavi stod vgrel）③ 时，对于其中甚深语教生起信解。曾有数日，他未经过修习，而油然现起如清净虚空之境象。（他听见）虚空中发出声音说："通达法性光明中，一切诸法能通晓。"在那时他的上半身有病④，但他隐约看见一位头挽发髻的白人，以净水小瓶中甘露泼洒其身，以致其身体都注满甘露，病痛全消。然后，他想自己应该前往印度，在那里亲近一两位班智达，看看他们是否与在藏的教法相符、【是否比在藏的

---

① 藏文（第356页第5行）为：dol ba shavka gzhon。
② 即Mhāmāyā。请参阅《甘珠尔》，rgyud vbum, No. 425。
③ 梵文：Tattvasamgraha。请参阅《丹珠尔》，Tshad ma, No. 4267。
④ 此处郭译（第195页倒数第11行）多一句"他在修中"。

教法更广大、是否比在藏的教法更出色。于是他走了，在定日与丹巴（桑杰）相遇，正逢丹巴（休息好几天后）准备起床说法。】① 人们都说："所有人中，此人有较大福德。"此位善知识（丹巴）把黑色之大氅衣掀起盖在他（藏巴仁波且）头顶上；又把一大菩提道场之瞻波伽花的果实递于其手；又以蒲公英花一朵投于水中；又以一石子抛向东方。对此，这些人就说："此人最善。"又说："以大氅衣置于头顶，表示你将为人天两类有情所尊仰；又以一大菩提道场之瞻波伽花的果实递于其手中，是表示你将成为教法之主；以蒲公英花一朵投于水中，是表示你不贪恋妙欲②；以一石子抛向东方，是表示假如你往东走便会遇到一位贤善之上师。这就是这些征兆的意义。"据说后来他住在洛地方时，他说过"这些似乎都是真的"。后来，当他被告知尼泊尔有大饥荒时，就返藏来到吉雪地方（即拉萨）。尽管当时诸位格西都在诽谤噶当派，但他认为噶当派诸格西有本身完整之教法。在那里，岗巴顿峡噶（gang ba③ston shavka）等诸位格西将他围起来并与之辩论，但无人能够取胜。由此，（藏巴仁波且）善巧经论的美名传遍大地。他有一叔父承诺为他提供所需要的一切必要的顺缘，他想："既然他愿供我（顺缘），我就要在叶尔巴（yer pa）和曲沃日（chu bo ri）两处修行。"那时，甲裕哇居住在仲地（vbrom），众人说道："他是上师加持之人，但他并不知晓如何教法。"但是他（藏巴）想他是上师加持之人和他不知晓如何教法这两种说法是相互矛盾的。因为"作为大乘密宗，则是以接受上师加持而作为道用。（这个甲裕哇）想必很奇妙！"继而他又想："我这就去拜见他！我一定要在一两个月内钻研并掌握其教法！"于是他来到师座前，供上一匹沙青骏马和一两黄金。一见师（甲裕哇）之面容，即刻生起信仰，泪流满面。他在僧会中听了一次（甲裕哇）说法，感觉法与自己内心不相符合。虽能记持诸法语句，但上师法义仍须在心中探索。他想到这位善知识福德广大，以此不知自己能否探索？故而心存怀疑。有一天，他就此来到师座前启问，师问："你以前是否修过？"答曰："未能作专门的修习。"于是上师说："依你所提问题看来，你一定修过。"此后，经过半个月修习后，他心中出现了他过去修习时所现的虚幻现象。并且心中生一意念："在诸师还未来时，此处过去是

---

① 【】中内容郭译（第 195 页倒数第 10～9 行）译得不全。
② 妙欲（vdod yon）：妙欲有色、声、香、味、触五者，故也表数字。见《藏汉大辞典》，第 1419 页。
③ 罗译（第 295 页第 2 行）转写为 lang-pa。

一屠牲场所，好像在诸师未来前它就消灭了。"①后来，他前往甲裕作服役。当甲裕哇来到他住的房屋为他传授秘密教授，【他说，感谢您亲自到我的卧室来，但我有问题要问。】②（问毕）甲裕哇说："热振寺中，瑜伽上下诸师将教法送到敬安师前去，我也如此将教法（给你）送来。"他说："哦，你对我真好！"然后如其所愿，献上大量的茶和红糖。然后请求灌顶。甲裕哇说："我将给嘉顿（rgya ston）和你作灌顶。"于是他获得灌顶。为此嘉顿亲见本尊不动佛。总的说来，藏巴仁波且不仅精通《四密续部》之教义，续部中的语句也是了然于胸。此外，他亲见许多本尊。尤其是他亲证法性真谛。当他在达波和耶（g'ye）等处生起大福德时，他能以一百多巨帙经卷和沙金一升献给上师。据说其所供黄金，一个年满8岁的女孩都搬不动。他获得大量肉、酥油、氆氇等供奉。由于他不考虑自己，因此在上半个冬天，他把自己所有财物全部献给其上师，等到下半个冬天就会缺衣少食。每次求法他最少也要供给上师半升黄金。后来，洛寺僧众前来迎请，他便住持洛寺法座。后来，甲裕哇临终时，曾派人送信，但送信人未送达，所以（甲裕哇）去世时他们未能互相联系上。上师逝世后，他便接管了洛和甲裕两寺。他知道这样做将使自己损寿，随后进修如意摩尼延寿法门，而使寿命延长了。他年满85岁于辛巳年（阴铁蛇，公元1161年）逝世。对于此位大德有颂赞曰："师名为南喀多杰（nam mkhav rdo rje），住虚空定性之中，不动金刚为师意，定与后得无分别，大宝师前恭敬礼。"③此师弟子，据说有后藏四弟子（gtsang pavi bu bzhi）等十四人。

继承其寺座者为仁波且朗隆巴（rin po che glang lung pa）：于癸卯年（阴水兔，公元1123年）诞生在堆龙楚地的岗惹（vtshur gyi sgang ra），系努·多杰赞扎（snubs rdo rje btsan grags）和霍尔萨姆（hor gzav mo）所生三子中的长子。喇嘛香（bla ma zhang）也诞生于此年。童年时期，（仁波且朗隆巴）就天生厌离此生；深信业果；有出离轮回之心，对众生有大悲心等。他年满18岁时，来到甲裕哇的弟子涅姆哇座前，受居

---

① 罗译（第295～296页）为："While this notion seems to be correct, the former teachers not only develop it, buteven destroyed it.（这个意念似乎是对的，过去的上师们不但没有去发展它，甚至把它给毁灭了。）"

② 【】中内容罗译（第296页第4行）漏译。

③ 此颂藏文（第361页第2～4行）为：mtshan nam mkhav rdo rje yin pas/ mnyam bzhag nam mkhav lta bu yi/ /ngang las ma gwos rdo rjevi thugs/ /mnyam bzhag rjes thob mi mngav bavi/ rin po che yi zhabs la vdud/。

士戒（go mivi sdom pa）①，生起极大敬仰。后来，他返回家乡取出家所用的资具顺缘，心中打算求巴操译师作亲教师，及奈邬素尔巴的弟子却吉白玛作轨范师而出家受沙弥戒。这时，他忽然听到河对岸有人在高声对他说："你若出家，巴操译师已经来到耶哇的帕邦喀（yer bavi pha bong kha），你赶快到那里去吧！"于是他前往那里，并迎请来却吉白玛，便出家受沙弥戒。取名为准珠宣奴（brtson vgrus gzhon nu）。他听了一次涅姆巴（nyag mo pa）②的助手讲律法，但是完全不懂。后来，听别人解释后，则通晓无碍。他在涅姆巴座下依止七年时间，请求教授《菩提道次第》，未能圆满讲授完涅师就逝世了。后来在梦中见师，涅师说："我送你到极乐世界去吧。"正向虚空腾起时从梦中醒来。年满25岁时，他在玛伦（mar snon）的江邸（gyang ba）地方，以嘉杜（bya vdul）为堪布，恰巴（phyaw pa）为轨范师，敦巴却曲（ston pa chos mchog）为屏教师而受比丘戒。他在涅姆巴和甲裕哇两人的弟子格西扎西岗巴（dge bshes bgra shis sgang pa）座前，依止八年时间③。在梦中求师加持，师给他一块生肉，他吃了它，便自然地入于自性三摩地（定）中。又有一次在梦中，他掀起一帷幔之后发现自己就在上师面前，见师前放置有一瓶，及时请授灌顶，师便传授灌顶，之后仍如前次一样入于无自性三摩地（定）之中。有一次，他阅读根本堕罪④之广释，其信仰力使他在六六三十六天中，亲见自己身体曼荼罗之诸论。⑤他还通读了月称论师所著的《入中论》（dbu ma la vjug pa），又亲见一切境相皆如彩虹。且大约有五六天里，一切举止行动，所有内外境相都消失，然后变为虚空一般。后来，又有一次（朗隆巴）师看见自己身体变成三十

---

① 罗译（第297页倒数第15～13行）行间注曰："Go mivi sdom pa-"vows of Go mi", abstainling from sexual life（禁绝性生活）. Some says that the term means the vows taken by / Candra/ gomin"。录于此供参考。

② 与前文所说的涅姆哇钦波（nyag mo ba chen po）似乎为同一人，系甲裕哇弟子中"外九大师"之一。

③ 此句郭译（第198页第6～7行）为："他在梁嘎谟巴和嘉裕哇的弟子格西扎喜岗巴两师座前，依止八年之久。"

④ 根本堕罪（rtsa ltung）：密乘律仪所说根本罪。律仪如大树之根，若善守护，则成生长一切道果功德之本；若不守护，则为生恶趣因及苦根本，未来生生世世由下堕下。故名根本堕。见《佛学词典》，第654页。也请参阅《丹珠尔》，rgyud, No. 2487。

⑤ 罗译（298）为"six days（六天）"。另，根据根本堕罪（rtsa ltung），修密者信解减弱以致其身体成为曼荼罗保护神，这就违反了14戒中第8戒。对此，请参阅 Mahamahopadhyaya Haraprasad 所编的 Advayavajra samgraha，系 Gaekwad 主编的《东方丛书》（Oriental Series）第XL卷，Baroda，1927年版，第13页。

字母之第一个字母（ཀ）。【又有一次，他修阿底峡尊者之方便道，对奈邬素尔巴的弟子敦巴·准珠僧格（ston pa brtson vgrus seng ge）说："我想知道修此道是否能够成为道，当梦中作印证。"于是大约午夜时分，准珠僧格说："因是象洲也就会果生象洲。又有一种声音说：火与风相顺。"又问："修阿底峡尊者方便道是否明智？"答道："是明智而未修，我想在梦中印证一下。"】① 据此看来，在敬安大师的传承中，显然是有阿底峡尊者的方便道，但是就噶当派某些著名的传承来看，并没有见到有阿底峡尊者方便道的记载。这样的事情发生在（他）依止藏巴的时期。朗隆巴听说俄觉（vod vjo）在那之前曾在僧会中宣说发菩提心法。然后他（仁波且朗隆巴）来到洛寺中听讲发菩提心，顺便在回来的路上拜见了藏巴仁波且。仅一见面，他便对藏巴生起了与众不同的敬仰。他再次从扎西岗（bkra shis sgang）来拜见藏巴仁波且时，后者说："你有一灾障，因此须闭关修法。"于是他在寺院范围内自己的小屋里闭关修法两个月。之后，他又来到藏巴座前，陈述自己关于中观的许多疑点，这些疑点后来都已得到解决。一次，有位陌生人问藏巴仁波且道："堆龙巴（朗隆巴）是什么样的人？"藏巴回答说："他是能够彻悟二谛之人。他对二谛获得极佳之定解。"堆龙巴依止藏巴仁波且五年时间，藏巴大师逝世后，由他住持寺座32年之久。年满71岁于癸丑年（阴水牛，公元1193年）逝世。在这一年中，邬色（dbu se）及香喇嘛②也逝世了。

此后住持寺座大师为桑杰贡巴③：系雄地区奈邬栋巴（gzhung gi sne-vu gdong pa）地方人。家族姓氏思察（zi tsha），为伯（vbe）支系。父亲名为伯·坚热惹（veb spyan ras gzigs），母亲名为季萨杰琼（byi gzav rgyas chung），父母生有三子，此师为次子，诞生于庚辰年（铁阳龙，公元

---

① 【】中内容藏文可参阅第363页第2~7行：lan cig jo bovi thabs lam bsgoms nas/ snevu zur pavi slob ma ston pa brtson vgrus seng ge bya ba zhig la/ ngavi vdi lam du vgyur ram mi vgyur rmi lam cig rtogs dang byas pas/ nam phyed tsa na khong na re/ rgyu glang gling la vbras bu glang gling vbyung/ me dang rlung du mthun zer bavi sgra zhig byung/ jo bovi thams lam bsgoms pas ni cang yin nam zer/ yin ni ma byas/ rmi lam ni thig rgyab snyam pa zhig byung gsung/。郭译（第198页第14~18行）、罗译（第299页第2~11行）有些不同，请参阅比较。
② 郭译（第199页第4行）漏译了"香喇嘛"的"香"。
③ 即上文所说的桑杰贡巴僧格杰（sangs rgyas sgom pa seng ge skyabs）。

1160年）。翌年即辛巳年（铁蛇，公元1161年），藏巴嘉热①诞生。桑杰贡巴在童年时期，就表现出能知许多隐秘事物。年满14岁时，他以坝邸（sba ti）为堪布，藏巴四师中的甲哇格西嘎（gya ba dge bhses vgar）为轨范师出家为僧，取名为多杰宣奴（rdo rje gzhon nu）。他前往拜见居住在当姆隆（dang mo lung）的朗隆巴大师而生起无量信仰。大师也赐给他一小块酥油（mar tshud）。他在坝邸师足下，听其讲授了《毗奈耶》两章。②然后，他回到家乡去取食物。年满18岁时，他前往朗隆巴住处，在那里居住一年后，生起殊胜三摩地（定）。他依止朗隆巴14年之久，获得完整教授。在朗隆巴逝世后，他监管当姆拉康六年时间。在此期间，他（住定或梦中）仍亲见朗隆巴大师，为他广说各种法类。有一天晚上，他梦见有一黄彩小门打开之后，里面有许多佛刹（佛的净土世界），当时此佛法门似乎就是为他敞开的。他年满38岁时，在丈惹姆且（brang ra mo che）以坝邸作为亲教师，梁师作为轨范师，格西坝作为屏教师而受圆满比丘戒。年满41岁时，他当众讲经③。42岁时住持寺座。朗隆巴于癸丑年（阴水牛，公元1193年）逝世。据说从是年起，直到桑杰贡巴42岁住持寺座之间，由色师住持寺座有六年时间，而洛寺之甲裕哇诸师的传承中是未算色师的。桑杰贡巴住持寺座时期很久，年满70岁于己丑年（土牛，公元1229年）逝世。

此师之后住持寺座者为胜仁波且（zem rin po che④）：于辛亥年（阴铁羊，公元1191年）诞生于罕垛（ham mdo）的代贡（der gom）地方。父亲名为巴雅哲窝（bsa yags rtse bo），母亲名为觉尊·玛扎西姬（jo btsun ma bkra shis skyid）。幼年时他多次看到自己的母亲是救度母。童年时期，其本性天然注入于无自性三摩地（定）中。许多非人（鬼神）前来拥护围绕他。他有一妹妹，口中常念说："我皈依甲裕哇，我皈依桑杰贡

---

① 藏巴嘉热（gtsang pa rgya ras）：又名藏巴嘉热·益西多杰（gtsang pa rgya ras ye shes rdo rje，1161～1211）。译言慧金刚。藏历第三饶迥铁蛇年，即宋高宗绍兴三十一年（辛巳，公元1161年）出生于后藏江孜地方。22岁到那浦寺从岭热·白玛多吉（意译莲花金刚）受戒学法。兴建隆乡寺、惹隆寺。46岁在拉萨河畔囊木地方建珠寺，首创藏传佛教徒围绕杂日大山巡礼之例。弟子极众，有"人半竹巴，竹半乞丐，丐半证士"之喻。藏历第四饶迥铁羊年（公元1211年）逝世，享年51岁。参阅《藏汉大辞典》，第2190页；《佛学词典》，第650～651页。
② 此句藏文（第364页第13～14行）为：sbal ti la vdul ba nyis khrid tshar hcig gsan/。郭译（第199页第12行）为："他在坝德师前，听讲《毗奈耶》一遍"。
③ 当众讲经（tshogs bshad）：在信徒集会中所宣讲的佛经。见《藏汉大辞典》，第2293页。
④ 藏文（第365页倒数9行）为 zim rin po che。

巴。"他听到此话便油然生起无量敬仰。他以披风（ral gu）捂着头而坐时，见到前面虚空中现起桑杰贡巴大师，有众多诸佛菩萨围绕之情景。年满16岁时，【桑杰贡巴大师到了拉邬（lha ngu）。】① 他前去拜见桑师并请求出家为僧。师说："在卓萨（gro sa）出家吧。"他在堪布伦觉绛僧座前出家为僧，取名扎巴僧格（grags pa seng ge），并学习《毗奈耶》。年满19岁时，他以伦觉作为堪布，麻巴奈丹（zhogs pa gnas brtan）作为羯摩师，胜钦姆（zem chen mo）为屏教师而受比丘戒。后来到甲裕拜在桑杰贡巴座前，得师摄受而传授其所有教授。他年满39岁时，桑杰贡巴逝世。此后住持寺座者为另一人，但我不知其名。洛·甲裕哇（lo bya yul ba）之次第传承诸师中，仍然是从桑杰贡巴到胜师之间，未列入其他人士。后来依伯拉姆（dpal lha mo）的命令，由胜仁波且住持寺座，胜师年满66岁于丙辰年（火阳龙，公元1256年）逝世。那时，从敬安大师诞生后算起，已经过了219年时间。此师抚育出许多弟子，其中俄色哇钦波（vod gsal ba chen po）在峡（zhogs）地方上部修建了俄色寺（vod gsal dgon pa），日麦哇钦波（ri mer ba chen po）在罗扎东部修建了日麦寺（ri mer）。

此师之后为善知识康巴隆巴②：于壬辰年（水龙，公元1232年）诞生在念地方（nyan）之嘎嘎洼（ka ka ba）。父亲名为伯·伦觉贡波（sbas rnal vbyor mgon po），母亲名为香江嘎雅（zhang lcam dkar yal）。年满12岁时，他从堪布雄巴（mkhan po gzhung pa）及惹玛哇轨范师（slob dpon rag ma ba）出家为僧。年满19岁时，他以觉莫隆巴细波（skyor mo lung ba zhig po）作为堪布，贝大师（slob dpon dpal）作为轨范师，旺大师（slob dpon dbang）为屏教师而受比丘戒。他听受《毗奈耶》。后来，又在仁波且（朗隆巴）师座前，求得传授而修行，从中能获所愿结果。曾一次次（向师）陈述自己（对佛法）所悟。广为人知的是，他对于求法者，不管是半夜或中午，都从不闭门谢绝。他年满25岁时的丙辰年（阳火龙，公元1256年），胜仁波且逝世。同年，他来到寺中掌管法座。他从这一丙辰（阳火龙）年直至壬午年（阳水马，公元1282年）间，共住持寺座27年时间。他在壬午年（【阳】水马，公元1282年）逝世。据说他于中时证得大手印悉地。

桑杰觉窝（sangs rgyas jo bo）：名为旺秋宣奴。他著有《桑杰贡巴本

---

① 【】中内容根据罗译（第301页第18~19行）补。
② 此处藏文（第366页倒数第5行）印为 kham pa lung ba。

生转》①。诞生于壬辰（水龙年，公元 1232 年），与康巴隆巴为同一年诞生。他在 22 岁时的癸丑年（阴水牛，公元 1253 年），在朗隆寺（glang lung）堪布觉莫隆巴及汤哇大师（slob dpon thangs ba）座前受沙弥戒。②他在 25 岁时受比丘戒。【51 岁时来到赞仲寺（btsan grong gdan sa）；60 岁时于辛卯年（铁兔，公元 1291 年）住持寺座。】③ 他 81 岁时于壬子（阳水鼠，公元 1312 年）逝世。此师获得护法拥护，他在修缮甲裕寺时，他在墙缝中藏了四护法像及其垛玛四套。直到止贡巴·姑香楚嘉（vbri khung pa sku zhang tshul rgyal）领来大军，进入洛寺并杀害了寺中九位僧人时，洛寺僧人根据（寺庙墙壁）藏有垛玛的说法，寻觅得一套，修法抛投后，姑香父子被擒杀。据说他们取出垛玛时，垛玛未干，还是新鲜湿润的。在康隆巴之后的癸未（水羊，公元 1283 年）、甲申（木猴，公元 1284 年）、乙酉（木鸡，公元 1285 年）三年时间中，由藏顿（gtsang ston）住持寺座。藏顿被止贡巴杀害，甲裕寺也被焚毁。从丙戌年（火狗，公元 1286 年）起，直到庚寅年（铁虎，公元 1290 年）之间无人住持寺座。庚寅（铁虎，公元 1290 年）年间，止贡内部发生内乱。此后的辛卯年（铁兔，公元 1291 年）系桑杰觉窝来（甲裕）寺住持寺座之年，元世祖忽必烈赐给桑杰觉窝很多升黄金，作为其修缮甲裕寺的资具顺缘。甲裕寺经过一年即修缮完毕。当他前去修缮甲裕寺时，在渡吉曲（skyi chu）时，船夫心想："看这老头得意洋洋的样子，能将寺庙修缮好吗？"（桑杰觉窝）通晓船夫的心思，就对他说："船夫伙计，明年此时，也就是屋顶挂起大片素色神幡之时。"④

　　仁波且桑杰顿巴（大觉导师）（rin po che sangs rgyas ston pa）：诞生在珠须阁（gru shul sgo）地方。父亲名为扎西蚌（bkra shis vbum），母亲名为色塔吉（sri thar skyid）。父母生有四子，他为长子。年满 14 岁时，

---

① 此句藏文（第 367 页第 8～9 行）为：sangs rgyas sgom pavi skye bar mdzad/。罗译（第 302 页倒数第 10～9 行）为："He proclaimed himself to be an incarnation of Sangs rgyas Sgom pa.（他宣称自己是桑杰岗巴转世。）"

② 此句罗译（第 302 页倒数第 7～5 行）有些细微不同：At the age of 22, he took up the noviciate in the presence of an upādhyāya, a monk of sKyor mo lung and the ācārya Thang pa pa at gLang-lung. 录于此供参考。此外，藏文（第 367 页第 11 行）把汤哇大师（slob dpon thangs ba）印为 slob dpon thangs bar grags pa。

③ 【 】中内容藏文（第 367 页第 12～13 行）为：lnga bcu rtsa gcig la btsan grong gdan sar byon/ drug cu pa lcags yos la gdan sar byon/。罗译（第 302 页倒数第 4～2 行）："At 51, he became abbot of btsan gro. He came to Bya yul in the year Iron Hare (lcags yos) at the age of 60.（他在 60 岁的铁兔年来到甲裕寺）"

④ 意即重修寺庙完成之时。

依止康隆巴座前。他于乙丑年（阴木牛，公元1325年）逝世。如果从康隆巴于壬午年（阳水马，公元1282年）逝世后的第二年——癸未年（水羊，公元1283年）算起，此乙丑（阴木牛，公元1325年）年应该是第43年了。此木牛年（公元1325年），布顿仁波且（bu ston rin po che）年满36岁。

桑杰贡巴奇玛（sangs rgyas sgom pa phyi ma，即后桑杰贡巴）：于甲申年（阳木猴，公元1284年）诞生在洛若（lo ro）。后来，他在桑波且哇和措纳哇（喜饶桑波）座前受沙弥戒，取名楚臣喜饶（tshul khrims shes rab）。他广大听受《毗奈耶》等经教。他前往甲裕寺拜见桑杰觉窝，并在其座前受比丘戒。又在桑杰顿巴座前求得甲裕哇所传一切教法。那时，密宗不存，因从康巴隆巴起而断传。于是，他只得在扣鲁阁顶（mon lug mgo stengs）的胜·泽仁莫哇（zem tshe ring mo ba）的弟子岗巴绛焦（sgom pa byang skyabs）座前求得密法。年满43岁于丙寅年（阳火虎，1326年）来到甲裕寺（住持寺座），作出了极大的弘法事业。年满55岁于戊寅年（土虎，公元1338年）逝世。

此师之后称为嘉顶巴·桑杰温波（rgyal stengs pa sangs rgyas dbon po）者住持寺座十八个月。桑杰温波之后掌管寺座者是赞卓哇·楚臣贡波（btsan gro ba tshul khrims mgon po）：他诞生在噶哇萨（ka ba sa①）。他前往桑杰觉窝座前出家为僧，又在桑杰顿巴座前求得一切教授。此师从辛巳年（铁蛇，公元1341年）到癸卯年（阴水兔，公元1363年）间住持（甲裕）寺座。在癸卯年（1363）之翌年——甲辰年（木龙，公元1364年），布顿波仁且逝世。（楚臣贡波）之后为敬安·洛卓朗达巴（spyan snga blo gros rnam dag pa）。此师之后为嘉顶巴敬安·却吉多杰（rgyal stengs pa spyan snga chos kyi rdo rje）。从阿底峡尊者壬午年（水马，公元1042年）到藏算起，直到敬安癸未年（水羊，公元1103年）逝世时止，已过去了62年时间。从此算起，直到楚臣贡波癸卯年（水兔，公元1363年）逝世，过去了259年时间。此后，从甲辰年（木龙，公元1364年）到现在（著书之时）丙申年（阳火猴，公元1476年）为止，又过了114年了。以上为从敬安大师至甲裕哇的阶段。

---

① 藏文（第369页第10行）为：ka bas。恐误。

八　甲裕哇之弟子阶段

布哇巴大师（bul ba pa① chen po）在麦卓（mal gro）修建杰波顶寺（rgyal po stengs）。下部的顿布日哇大师（dum bu ri ba chen po）修建顿布日寺（dum po ri），此位大师是下部著名的绛生达嘉（byang sems zla rgyal）。肖巴岭巴大师（shab pa gling pa chen po）在达波（dwags po）修建了肖巴寺（shab pa gling）。冲协大师（khrom bzher chen po）修建了岗岗寺（kam kam gyi gtsug lag khang）。冲协仁钦僧格（khrom bzher rin chen seng ge）于庚辰年（阳铁龙，公元 1100 年）诞生在渠地（vchums）一个密修士家庭。他是一位在家密修士。这一庚辰（阳铁龙）年，甲裕哇②26 岁。他曾依止过住在垛隆（mdo lung）的济汤敦巴（dbyig thang ston pa），后者是纳朗觉伯（sna nam jo dpal）及拉尊·绛曲峨（lha btsun byang chub vod）的弟子。他还依止过噶玛哇（ka ma ba）③、峡巴哇、甲裕哇等诸师。此师（冲协）年满 38 岁时于丁巳年（阴火蛇，公元 1137 年）修建岗岗寺，聚集了僧众约二百多人④。他年满 39 岁时的戊午年（阳土马，公元 1138 年），甲裕哇逝世；同年，嘉玛温顿（rgya ma dbon ston）诞生。他在 71 岁时的庚寅年（铁虎，公元 1170 年）逝世。在此庚寅（铁虎）年中，帕莫竹巴也逝世了。还有杰贡钦波、纳塘巴·冻顿、巴操译师、岛噶哇大师（stabs ka ba chen po）诸人也同时逝世。

冲协的继任者是寺座觉顿仁波且·绛曲仁钦（skyo ston rin po che byang chub rin chen）：他在冲协大师年满 27 岁时的丙午年（阳火马，公元1126 年）诞生在卓地（grog）的达觉宗（mdavi skyo grong）。他年满 13岁时遇冲协大师。21 岁时，他在嘉杜⑤座前出家为僧并受比丘戒。他曾依止柳绒巴（snyug rum pa）、峨觉哇以及甲裕的鲁却奈（snubs mchod gnas）等。他在 46 岁时的辛卯年（阴铁兔，公元 1171 年）来到岗岗寺住

---

① 罗译（第 305 页第 2 段首行）藏文转写为 gul-pi-pa。
② 罗译（第 305 页第 2 段第 10 行）藏文转写为 bya-yul-pa。
③ 疑为香·噶玛哇（zhang ka ma ba）。藏文（第 370 页第 8 行）为 kam pa。恐误。
④ 藏文（第 370 页第 10 行）为：nyis brgya tsam。罗译（第 305 页倒数第 12 行）为"208"。
⑤ 即嘉·杜哇真巴（rgya vdul ba vdzin pa）。

持，僧会中高僧约有五百人。与此同时，他还住持（彭域的）杰拉康寺座①。在他 18 岁时的癸亥（水猪，公元 1143 年），季丹贡波（vjig rten mgon po）诞生。在他 22 岁时的丁卯年（阴火兔，公元 1147 年），萨迦派至尊扎巴坚参诞生。在他 57 岁时的壬寅年（水虎，公元 1182 年）萨迦班智达②诞生。他在 75 岁时的庚申年（铁猴，公元 1200 年）逝世。此师与玛·噶瓦坚巴（mal ka ba can pa）系同年生人③。

住持此师寺座者冲协·觉色仁钦僧格（khrom bzher jo sras rin chen seng ge）：他于觉顿 38 岁时的癸未年（阴水羊，公元 1163 年）诞生在渠地（vchums）。他年满 14 岁时在觉顿座前出家为僧；19 岁时依止噶哇达僧、贝钦垛宣、伦楚绛甲哇（glan tshul byang bya ba）等诸师而受比丘戒。他年满 38 岁时住持（岗岗寺）寺座；同时也住持邦汤上部（sbangs thang stod）寺座。冲协师 10 岁时的壬辰年（水龙，公元 1172 年），措普译师诞生；他 46 岁时，班钦·峡噶细惹（pan chen shavka shriv）来到前藏上部、热振及其他寺庙。他在 58 岁时的庚辰年（铁龙，公元 1220 年）逝世。

此后住持寺座者为细波杜扎巴·仁钦穹奈（zhig po vdul grwa ba rin chen vbyung gnas）：此师在觉色仁钦僧格年满 25 岁时的丁未年（火羊，公元 1187 年）诞生。他年满 13 岁时在觉色大师座前出家为僧。22 岁时，他在卓萨（gro sa）地方的伦觉绛僧座前受比丘戒。他曾依止过伯·桑杰贡巴（vbe sangs rgyas sgom pa）、多杰宣奴、哲窝贡波（tre bo mgon po）诸师。他在 34 岁时的庚辰年（铁龙，公元 1220 年）住持寺座。在此师 29 岁时的乙亥年（阴木猪，公元 1215 年），元世祖忽必烈诞生；49 岁时的乙未年（木羊，公元 1235 年），法王八思巴诞生。此外，达隆巴·桑

---

① 此句郭译（第 203 页第 5 行）为："而且合并了嘉拉康寺"。
② 萨迦班智达（Sa skya Pandita, 1182~1251），萨迦五祖第四祖，本名贝丹顿珠，幼从伯父扎巴坚赞学法受戒，改名贡噶坚赞（kun dgav rgyal mtshan）。1244 年应蒙古汗窝阔台之子阔端（hor rgyal o go tavi sras go dan）之召，率侄八思巴和恰那多吉赴内地凉州。1246 年到达目的地，1247 年与阔端会见，议妥了卫藏地区归顺蒙古的条件后，由萨班写了一封公开信，劝说卫藏各地僧俗势力接受条件归顺蒙古，卫藏地区从此归入祖国版图。萨班同时也为萨迦派取得了它在卫藏地区的政治、宗教领袖地位，并为八思巴后来协助忽必烈直接在西藏施政开创了良好的开端。1251 年萨班死于凉州。著述有《三律仪论》和《萨迦格言》传世。有关萨迦班智达，可参阅陈庆英（1993）；王启龙（1998, 1999）等；《佛学词典》，第 833~834 页。
③ 此句藏文（第 371 页第 8~9 行）为：vdi mal ka ba can pa dang vkhrungs lo gcig/。罗译（第 306 页第 16~17 行）为 "This is the year of the birth of Mal ka-ba-can.（这一年，玛·噶瓦坚巴诞生）"。

杰雅俊（stag lung ba sangs rgyas yar byon）、季布（spyil bu）的拉钦波（lha chen po）、胜·泽仁姆哇（zem tshe ring mo ba）、色吉哇（se spyil ba）的弟子嘉邦巴（rgya sbangs pa）、拉更登岗巴（lha dge vdun sgang pa）[①]、甘巴达惹（gan pa da re）、嘉玛哇桑云（rgya ma ba sang yon）等师均是同年（丁未）诞生。仁钦穹奈68岁于甲寅年（阳木虎，公元1254年）逝世。

后来住持此寺座者为索南仁钦（bsod nams rin chen）：此师诞生于杜扎哇（vdul grwa ba）28岁时的甲戌年（阳木狗，公元1214年）。他年满19岁时在伦觉绛僧座前出家为僧并受比丘戒，曾依止过杜扎巴和胜泽仁姆哇两师。他在41岁时的甲寅年（阳木虎，公元1254年）住持寺座。在此师年满11岁时的甲申年（木猴，公元1224年），吉布的坝巴顿宣（sbas pa ston gzhon）诞生；在他年满19岁时的壬辰（阳水龙，公元1232年），吉布的拉钦波逝世；在他年满38岁时的辛亥（铁猪，公元1251年），萨班（萨迦班智达）逝世；在他年满67岁时的庚辰年（铁龙，公元1280年），法王八思巴逝世，同年去世的还有曼隆古汝（man lungs gu ru）、央贡巴（yang dgon pa）、绒巴嘎洛（rong pa rgav lo）、吉布的拉卓贡（lha vgro mgon）、甲裕的桑杰藏顿（sangs rgyas gtsang ston）、桑普哇·俄热贡波（gsang phu ba vod zer mgon po）诸师。索南仁钦大师年满73岁时于丙戌年（阳火狗，公元1286年）逝世。

此师之后住持寺座者为冲协·温波仁宣（khrom bzher dbon po rin chen）：他诞生于乙卯年（阴木兔，公元1255年）。年满14岁时，他在岗岗寺出家为僧。22岁时，他在卓萨（gro sa）受比丘戒。他曾依止索南仁钦大师及甲裕哇的桑杰觉窝（sangs rgyas jo bo）诸师。他在32岁时于丙戌年（阳火狗，公元1286年）住持寺座。当此师住持寺座已过四年时间，在第五年即庚寅年（阳铁虎，公元1290年），发生了止贡之乱。同年，布顿喀切（bu ston kha che）诞生；而且甲裕寺遭焚毁。在他30岁时的乙巳年（木猴，公元1280年），法王壤迥多杰诞生；止贡派的第28位敬安（掌教者）也是这一年诞生[②]。在他45岁时的己亥年（阴土猪，公

[①] 郭译（第203页倒数第3行）漏译"拉更登岗巴"。
[②] 此句藏文（第373页第5~6行）为：vbri khung pavi spyan snga nyer brgyad pa yang vkhrungs/。郭译（第204页第2段第7行）为："现年届二十八岁的直工敬安，也于是年诞生"。

元 1299 年）帝师贡噶洛卓（kun dgav blo gros）① 诞生。温波仁宣年满 73 岁时于丁卯年（火阴兔，公元 1327 年）逝世。

之后住持寺座者为其侄冲协·仁钦僧格（khrom bzher rin chen seng ge）：此师诞生于乙巳年（阴木蛇，公元 1305 年）。12 岁时，他在堪钦僧格伯哇（mkhan chen seng ge dpal ba）和仁宣巴大师（slob dpon rin gzhon pa）座前出家为僧。年满 20 岁时，他在卓萨寺中受比丘戒。他曾依止仁宣大师及甲裕寺的桑杰顿巴二师精心修炼。他在 24 岁时的戊辰年（阳土龙，公元 1328 年）住持寺座。在他 6 岁时的庚戌年（铁狗，公元 1310 年），帝师贡噶坚参（kun dgav rgyal mtshan）② 诞生。还有嘉玛哇·扎西嘉（rgya ma ba bkra shis rgyal）③、甲裕哇·桑杰贡波奇玛（bya yul ba sangs rgyas sgom pa phyi ma）、切喀哇·拉洛卓俄（vchad kha ba lha blo gros vod）、桑普哇·洛卓僧格大师（gsang phu ba slob dpon blo gros seng ge）、德哇坚巴·扎西僧格（bde ba can pa bkra shis seng ge）、却昆岭（chos vkhon gling）的洛桑大师（slob dpon blo bzang）也在同年诞生。他在满 59 岁时的癸卯年（阴水兔，公元 1363 年）任命其侄住持寺座，自己退职住寺。他在 61 岁时于乙巳年（阴木蛇，公元 1365 年）逝世。

之后住持寺座者为其侄桑杰俄色（sangs rgyas vod zer）：诞生于丙戌年（阳火狗，公元 1346 年）。年满 11 岁时，他在堪钦安玛（mkhan chen snga ma）座前出家为僧。后在卓萨寺中堪钦俄色杰波（mkahn chen vod zer rgyal po）座前受比丘戒。他曾依止却昆岭的绛巴大师（byams pa）及敬安仁桑哇（spyan snga rin sang ba）诸师。他在 18 岁时，于癸卯年（阴水兔，公元 1363 年）住持寺座。他在 24 岁时于己酉年（阴土鸡，公元 1369 年）逝世。自从此师逝世后，到新的继任者选出为止，其间长达 39 年时间。

后来住持者为堪钦·准珠桑窝（mkhan chen brtson vgrus bzang bo）：此师于癸丑年（阴水牛，公元 1313 年）诞生在龙学素尔热（klungs shod zur re）地方。10 岁时，他亲近绛央仁钦僧格（vjam dbyangs rin chen seng ge），并请求其为其堪布，请求堪钦准仁巴（mkhan chen brtson rin pa）为其亲教师而出家为僧。年满 27 岁时，他仍在过去出家为

---

① 此即元朝第 9 任帝师贡噶罗追坚赞贝桑波（kun vgav blo gros rgyal mtshan dpal bzang po，《元史》译为"公哥罗古罗监藏班藏卜"），1327 年圆寂，从 1314 到 1327 年担任帝师。

② 此即元朝第 11 任帝师贡噶坚赞贝桑波（kun vgav rgyal mtshan dpal bzang po，《佛祖历代通载》译为"公哥儿监藏班藏卜"），1358 年圆寂，从 1331 到 1358 年担任帝师。

③ 此处藏文（第 373 页倒数第 7～6 行）为：rgya ma ba bkras rgyal。恐误。

僧时的堪布和亲教师座前受比丘戒。他依止却柯岭（chos vkhor gling）的喜饶坚参大师（slob dpon shes rab rgyal mtshan）、洛桑巴大师（slob dpon blo bzang pa）。此外，他还依止过堪钦扎仁巴（mkhan chen bkras rin pa）①、法王喇嘛丹巴·索南坚参（chos rje bla ma dam pa bsod nams rgyal mtshan）、堪钦却旺巴（mkhan chen chos dbang pa）、敬安仁僧哇（spyan snga rin seng ba）、甲裕哇之堪布仁楚（mkhan po rin chen）、宣准大师（slob dpon gzhon brtson）、仁珠大师（slob dpon rin grub）及【堪布准嘉（mkhan po brtson rgyal）】②等师。他在 37 岁时的己丑年（阴土牛，公元 1349 年）住持寺座。在他 27 岁时，噶玛巴壤迥多杰（kar ma pa rang byung rdo rje）逝世。在他 39 岁时的辛丑年（铁兔，公元 1351 年），止贡派的敬安第 28 代逝世。在他 49 岁时的辛丑年（铁牛，公元 1361 年），衮铿觉囊哇（kun mkhyen jo nang ba）逝世。此后在癸卯年（水兔，公元 1363 年），卓钦巴楚洛（rdzogs chen pa tshul blo）③逝世。翌年甲辰年（木龙，公元 1364 年），布顿巴逝世。后来在丙午年（火马，公元 1366 年），垛丹桑丹伯（rtogs ldan bsam gtan dpal）逝世。之后的戊甲年（土猴，公元 1368 年），大元王朝灭亡。翌年即己酉年（阴土鸡，公元 1369 年），嘉色妥麦巴（rgyal sras thogs med pa）逝世。在堪钦·准珠桑波 63 岁时的乙卯年（阴木兔，公元 1375 年），却吉喇嘛（chos rje bla ma）逝世。之后在戊午年（阳土马，公元 1378 年），雅德班钦（g'yag sde pan chen）年满 80 岁时逝世。在准珠桑波 72 岁时的甲子年（阳木鼠，公元 1384 年），法王德辛协巴（de bzhin gshegs pa）诞生。次年他在 73 岁的乙丑年（阴木牛，公元 1385 年）逝世。随后的丙寅年（火虎，公元 1386 年），无人住持寺座。

之后住持寺座者为登珠伯哇（don grub dpal ba）：他于乙巳年（阴木蛇，公元 1365 年）诞生在彭域的隆（klung）地方。他 9 岁时学习念诵而且能够通晓，普遍传称为神童。年满 13 岁时，他在堪钦洛桑巴及古汝瓦大师（slob dpon gu ru ba）座前出家为僧。14 岁时，他来到堪钦座前不间

---

① 此处"扎仁巴"即扎西仁钦（bkras shis rin chen）。
② 【】中内容郭译（第 205 页第 2 段第 8 行）漏译。
③ 宁玛派著名学者隆钦巴（klong chen pa），又名隆钦绕绛·直美峨色（klong chen raab vbyams dri med vos zer, 1308～1363），宁玛派一祖师名，生于前藏扎恰地方，与噶举大司徒菩提幢同时，曾任桑耶附近岗日陀噶寺（gangs ri thod dkar）寺座。著有《隆钦七藏》（mdzod chen bdun）、《精义四支》（snying thig ya bzhi）、《三安息》（ngal gso skor gsum）、《三自解脱》（rang grol skor gsum）等佛教书籍二百余种。可参阅《藏汉大辞典》，第 48 页；罗译（第 309 页）脚注 1。

断地依止 8 年时间。22 岁时，他在堪钦释迦弥扎（mkhan chen shavkya mi tra）等师座前受比丘戒。此外他曾依止过桑普哇·洛卓丹巴（gsang phu ba blo gros brtan pa）、克珠·多杰坚参（mkhas grub rdo rje rgyal mtshan）、多杰真巴·宣奴坚参（rdo rje vdzin pa gzhon nu rgyal mtshan）、伦觉旺秋宣奴培（rnal vbyor dbang phyug gzhon nu vphel）、甲裕仁波且·洛卓朗达（bya yul rin po che blo gros rnam dag）、堪钦·僧嘉哇（mkhan chen seng rgyal ba）、日措巴·贡波益西（ri khrod pa mgon po ye shes）、达隆译师·释迦桑波（stag lung lo tsav ba shavkya bzang po）、汤桑巴·衮邦宣奴坚参（thang sang pa kun spangs gzhon nu rgyal mtshan）、衮邦·益西坚参（kun spangs ye shes rgyal mtshan）、克尊宣奴峨（mkhas btsun gzhon nu vod）、敦季巴·隆基嘉措（stan gcig pa lung gi rgyal mtshan）等诸师。他在 23 岁时的丁卯年（阴火兔，公元 1387 年）住持寺座。此后，在 31 岁时的丁酉年（阴火鸡，公元 1417 年），他撰著了《大宝佛教史显明论》（chso vbyung bstan pa rin po chevi gsal byed）。从丁酉年（阴火鸡，公元 1417 年）起直到现在的丙申年（阳火猴，公元 1476 年），已经过了 60 年了。从冲协大师逝世起，到现在的丙申年（1476），共过去了 307 年。以上是甲裕哇诸师的故事。

九　嘉玛巴（rgya ma pa）[①] 的阶段

贡巴哇的四大弟子之一噶玛巴·喜饶峨（ka ma pa[②] shes rab vod）：当阿底峡尊者来到兰巴季布（lan pa spyil bu）时，喜饶峨的母亲向尊者请求加持，后来如尊者授记所言将生一贤善之子。于是，在丁酉年（阴火鸡，公元 1057 年），她果然在兰巴达（lan pa mdar）[③] 生下一子。出家为僧时，取名为喜饶峨。后来他与贡巴哇相见，后者给予其佛法、财物两方面的帮助。他具足无量现证功德，内慧极为广大。【佛学家纳措译师所译论典中，关于《瑜伽行真实性抉择品》（rnal vbyor spyod pa bavi de kho na nyid gtan la dbab pavi levu）[④] 的改译

[①] 藏文目录（第 4 页）为 rgya ma ba。
[②] 罗译（第 311 页第 5 行）转写为：kam-pa。
[③] 罗译（第 311 页第 9 行）译为："Lower Lan-pa（下兰巴）"。
[④] 梵文：Tarkājvāla。请参阅 dbu mavi snying povi vgrel pa rtog ge vbar ba，载《丹珠尔》，No. 3856。

工作，据说是由两位善巧的智光师所译，其中一位应该是此师喜饶峨。】① 此师修建了岗寺（kam dgon pa），聚集僧众约七百人。他具有能将外界恶劣事物变成美好之三摩地（定）功能。他在75岁时的辛亥年（阴铁猪，公元1131年）逝世。此师诞生的丁酉年（火鸡，公元1057年），乃（阿底峡）大师逝世时的甲午年（木马，公元1054年）之后的丁酉（火鸡）年。

贡巴哇②的大弟子善知识奈邬素尔巴：此师在壬午年（阳水马，公元1042年）诞生于奈邬素尔村的阁拓巴（skor thod pa）地方。此壬午（阳水马）年正好是阿底峡尊者到藏之年。此师童年时代就在（彭域）闸角寺（brag rgyab）出家为僧，取名为益西坝（ye shes vbar）。从那时起，他天性具有很好的三摩地（定）力。喜饶旺秋（hses rab dbang phyug）曾就其天赋定力与具德贡巴哇（dpal ltan dgon pa' ba）交谈过，贡巴哇说："他如有善知识摄受，将获佳果。如果没有，他将入于疯癫。"于是，喜饶旺秋对他（奈邬素尔巴）说："你已获善知识之关怀，但暂时不能达到目的。"后来，他在26岁时的丁未年（阴火羊，公元1067年），来到热振寺，请求见贡巴哇，但被告知贡巴哇现在闭关，故不能拜见。于是，他在（热振衮巴贡）寺院上部之下一泉眼处用餐，点燃一炷明香，并顶礼数拜，发愿说："哦，圣者！愿我生生世世都能依止您！"（贡巴哇）以神通得知（其愿），不久便给他捎来见面的口信。奈邬素尔巴就来到座前见到了上师。最初，他在师座前学习了《焰口母垛玛供法》③。【贡巴哇对他说："我见到阿底峡尊者时，最先获传的就是此法。我想像阿底峡尊者所传那样传授此法，你应该将整个教授念于心

---

① 【】处藏文（第376页第2段第7~10行）为：rtog ge vbar ba nag tshos bsgyur ba las rnal vbyor spyod pa bavi de kho na nyid gtan la dbab pavi levu la vgyur bcos mdzad pa povi mkhas btsun shes rab vod gsal gnyis kyis bsgyur zer bavi ya gcig kyang khong yin pa vdravo/。罗译（第2段第10~16行）有所不同，估计是所据藏文版不同。谨录于此供参考：In the Tarkājvāla, translated by Nag tsho, it is stated that the text has been translated by the two-Nag-tsho and mKhan-btsun Shes-rab-vod who revised the Yogacarya Tathata (rnal vbyor spyod pa bavi de kho na nyid gtan la dbab pa), and he seems to have been this shes rab vod.

② 罗译（第311页倒数第9行）转写为：dgon-pa-pa。

③ 《焰口母垛玛供法》（kha bar mavi gtor ma）：给饿鬼女王焰口母供施的垛玛（食子）。见《佛学词典》，第64页。

中。"】①

【每当他在师座前顶礼时,心想到"但愿他能以足(zhabs)给我加持",上师就会向他伸出脚来。】② 有一次,上师以三指置于其头(dbu)上作加持,头上果然留下上师的三指印痕迹这一胜妙加持,直至一生都在。他得到不动金刚本尊法之传授,并多次闭关念修,由此获得亲见本尊。此外,他还依贡巴哇所传授《三誓句王教授》(dam tshig gsum gyi rgyal povi gdams pa)③ 而修,也亲见许多诸佛菩萨。在贡巴哇逝世后,他便依止博朵瓦。其他人对他心生嫉妒而造谣说:"此人与某女人有淫亵之罪过!"于是博朵瓦对他心生反感。(奈邬素尔巴)虽然告诉他自己根本无此罪过,但是博朵瓦呵责他说:"你这样说,只是满足你的虚荣。"他想:"要是我的上师在世,他具有广大神通,这种事情根本不会发生!"于是感到十分失意。后来,博朵瓦发现他是无辜的,就非常喜悦。博朵瓦住在达隆(stag lung)抚育僧众时,有十多位比丘患有龙(鲁)病④,博朵瓦吩咐奈邬素尔巴去治疗一下。奈邬素尔巴去成功治好了他们的病。以后,每当博朵瓦卧病,侍者们问他是否迎请某某善知识来作驱病仪式时,博朵瓦都听不进去。而当他们问"是否请奈邬素尔巴来"时,博朵瓦说道:"如果他能来,我看有他就可以了。"奈邬素尔巴遂作法(疗病),他在枕边念修时,发生自己腾升高空之现象。当把此情景告诉上师时,博朵瓦说:"嘿!我想他是为我而作,这是为他自利而作了。"有一次,他来到热振寺,在一磐石上面托足而系鞋带时,有一条白蛇窜出而去,那里有位麻风病人,为此而治愈⑤。他治愈了许多麻风病患者。但是,普通人总

---

① 【 】中藏文(第377~378页)为:ngas kyang jo bo dang mjal bavi dus su dang por vdi gnang ba yin gsung bas/ jo bovi gdams pa ji lta ba bzhin du gnang bar vdug snyan pa byung ba bzhin/ gdams pa sna tshang bar thugs la btags/。罗译(第312页第19~23行):…and said:"When I met the Master(Atīśa), I was also given this first." sNevu zur pa then thought to himself:"He seems to be giving me the complete secret precepts in the manner of the Master", and thus the complete precepts were bestowed on him. 谨录于此,供比较参考。

② 【 】中藏文(第378页第2~4行)为:res vgav phyag btshal nas/ nga la zhabs kyis byin rlabs gnang byung bsam pa na/ bla mas zhabs nar gyis brkyang nas vong/。郭译(第207页第12~14行)为:"勒邬树巴暂时向师顶礼后,想我已得着上师顶礼后,想我已得着上师所给的加持,将在上师座下得到抚育。"谨录于此,供比较参考。

③ 梵文:Trisamayarāja。请参阅 Trisamayarājasādhana,载《丹珠尔》,rgyud, No. 3144。

④ 龙(鲁)病(klu nad):麻风或疮疥发炎肿胀等皮肤疾病,有说此皆因龙(鲁)毒所致云。见《藏汉大辞典》,第45页。

⑤ 此句藏文(第379页第7~8行)为:de na mdze bo zhig yod pa gzhan ci yang ma dgos par de gcig pus nad sos/。郭译(第208页第4~5行)为:"……那里有一麻风病者,谁也不能治愈,他不需什么治愈。"恐误。

认为他是一位占卜术士而已，他们却不知道他具有神通和不可思议之三摩地（定）力。后来，他在（彭域）奈邬素尔村建寺，并住于此，这时来了许多善信人士，其中包括察绒（tsha rong）的觉丹纳波（jo stan nag po）①、噶哇达僧等许多持律大师也都来到其座前亲近。据说由于他有极坚定之三摩地，他和至尊米拉日巴也是众所周知的至交好友。他以道次第引导许多人并善为抚育；他对（阿底峡尊者的）道次第之首，作了对生死轮回取舍之开示。他还广大宣说佛教次第，由诸弟子作了大量的记录。大弟子有大善知识仁钦岗巴（dge bavi bhses gnyen rin chen sgang pa chen po）②、前后两藏顿（gtsang ston snga phyi）、涅巴弥（gnyal pa mi）、布尔巴裕曼（bur pa yul sman）、贝·敦琼（dpas ston chung）③、安色丹（mngav gsal ldan）、顿布日巴·达哇坚参（dum bu ri pa④ zla ba rgyal mtshan）、日姆坚巴（ri mo can pa）⑤、枳贡巴（rtsibs dgon pa）、阿里巴·绛曲格哲（mngav ris pa byang chub dge mdzes）、藏绒巴努贡（gtsang rong pa snubs dgon）、梁堆巴（myang stod pa）、丈熊巴（brang shong ba）、哇白玛（war pad ma）、尼普巴（nyi phug pa）、杏穹哇（zhing chung ba）、坚噶哇（rgyan dkar ba）、绛绒哇达准紫拉峨扎（rgyang rong ba dar brtson rdzi la vod grags）、堆龙巴达洛（stod lungs pa dar blo）、麦卓·扎西岗哇（mal gro bkra shis sgang ba）、伦曲弥隆杜哇（glan chu mig lung du ba）⑥、奇隆哇嘉哇（phyi lung ba rgya ba）、楚臣俄色（tshul khrims vod zer）等人，聚集僧众共约千人。后藏的丈波隆巴（drang po lung pa）及吉窝勒巴（spyi bo lhas pa）等人也是他的弟子。有一次，在朗塘（glang thang）地方，发生大瘟疫传染病，有很多人死亡。当非人（瘟神）前往奈邬素尔时，空中发出声音说："那里有一人是普贤菩萨的化身。"诸非人（瘟神）马上返回。以此普遍传称他是普贤菩萨化身。奈邬素尔巴年满77岁时于戊戌年（阳土狗，公元1118年）逝世。一般认为，这位大善知识传承和敬安传承都是一系传承的"教授派"（gdams ngag pa）⑦。

奈邬素尔巴的弟子杰贡钦波叔侄两师：是一对地上大菩萨，为了利他

---

① 郭译（第208页第8行）为：察绒·觉敦纳波。
② 郭译（第208页第13行）为：善知识业·仁清贡巴。
③ 罗译（第314页第11行）转写为：dbus-ston-chung。郭译（第208页第14行）为：邬·敦穹。
④ 似与前文所述顿布日哇（dum bu ri ba）同。
⑤ 罗译（第314页第12～13行）转写为：rin-can-pa。
⑥ 罗译（第314页第17行）转写为：glan chu mig-lung ngu-ba。好像把du识读为ngu了。
⑦ 此系噶当派两个主要支派（bkav gdams gdams ngag pa 和 bkav gdams gzhung pa）之一。

事业，他们获得转世再生。在杰·拉囊（dgyer lha snang）家族中，杰贡钦波生于庚午年（阳铁马，公元 1090 年）。他是噶当派教授派上师奈邬素尔巴和甲裕哇两师之弟子。由于他以修为主，故普遍传称为杰贡（dgyer sgom），名为宣奴扎巴。此师修建了仁钦岗寺（rin chen sgang gi gtsug lag khang）以及（同名）村落寺庙等，并作出了广大利益众生之事业。聚集僧众约八百人。他在 82 岁时于辛卯年（阴铁兔，公元 1171 年）逝世。

杰贡钦波的弟弟布姆达（bu mo stag）之子温顿仁波且（dbon ston rin po che）①：普遍认为他是贤劫众将来成佛之具缘车菩萨的转世。最初，有一位住在僧嘎岭（singhavi gling）② 的阿罗汉送给喀切班钦释迦西之弟弟一个篮子，里面放置香花四朵③，而且对他说："你将这些花朵献给你那将要前往藏区的哥哥吧，请他将一朵呈送枳地（vbri）受生为龙树菩萨之仁钦贝大师（slob dpon klu sgrub byang chub sems dpav rin chen dpav）座前；将一朵交给惹达纳姑枳寺（Ratnakūti）④ 中有一位具缘车菩萨之手中；将一朵请交给底坝西（dwi bha shi）⑤；把一朵装在底坝西所塑造大佛像之胸间。"喀切班钦就按其所说妥善完成任务。据说喀切班钦居住在桑耶寺时，他在至尊救度母前问温顿是否具缘车菩萨？度母说："他就是具缘车，然而尽量容载粗鲁众生之担子，将使此车迅速损坏！"此位具缘车菩萨（温顿仁波且）诞生于戊午年（阳土马，公元 1138 年），他做了修建大寺等许多利他的伟大事业。有一次，他聚集了一部分僧伽之首，并给他们作了不同的任务安排，但是他们没有听从他的话。因此，温顿仁波且说道："我原想能否住持乌汝北方之噶当教法，而如今如果你们心中对我不乐意，那么我从今天就可以迁居。"说完后他就回到卧室。大约有饮完两碗茶的工夫，他已经示现往生之地。年满 73 岁于庚午年（阳铁马，公元 1210 年）逝世。同年，喀切班钦在萨迦安居（夏居）⑥。当奈邬素尔巴

---

① 郭译（第 209 页第 5 行）为："次为杰贡钦波兄弟的女儿名布谟达（虎女）之子温敦仁波伽（指侄孙）"。恐误。
② 即锡兰（Ceylong），印度以南一岛国，现更名为斯里兰卡（Srilanka），首都为科伦坡（Colombo）。
③ 藏文（第 381 页第 8~9 行）为 "me tog bzhi"，罗译（第 315 页）为 "five flowers（五朵花）"。
④ 藏文（第 381 页第 13 行）写为：རཐྣ་ཀུ་ཊི།
⑤ 藏文（第 381 页第 15 行）：དྭི་བྷཱ་ཥི།。意为"懂两门语言者"，即措普译师（gkhro phug lo tsav ba）。
⑥ 安居：佛教律制比丘须于夏季雨期三月，安居一地，足不出户。

逝世时，杰贡钦波年满29岁。【杰贡逝世时，温波年满34岁。】① 温顿住持寺座42年。桑云巴（sang yon pa）住持寺座32年，年满61岁时逝世。德协大师（bde gshegs chen po）② 住持寺座25年，年满65岁时逝世。岗贡巴·宣奴蚌（skam dgon pa gzhon nu vbum）住持寺座18个月，年满68岁时逝世。桑杰俄穹（sangs rgyas vod vbyung）住持寺座25年，年满61岁时逝世。桑杰宣俄（sangs rgyas gzhon vod）住持寺座42年，年满60岁时逝世。法王扎西嘉哇（chos rje bkras shis rgyal ba③）住持寺座8年，年满61岁时逝世。敬安·衮桑哇（spyan snga kun bzang ba）住持寺座1年，年满73岁时逝世。宣奴僧格住持寺座1年，年满31岁时逝世。法王索嘉哇（chos rje bsod rgyal ba）住持寺座21年，年满55岁时逝世。桑云巴住持寺座5年，年满55岁时逝世。此后有3年时间无人住持寺座。继后由敬安·桑杰绛曲巴（spyan snga sangs rgyas byang chub pa）住持寺座21年，年满56岁时逝世。敬安衮洛哇（spyan snga kun blo ba）④ 住持寺座11年，年满59岁时逝世。敬安宣俄巴（spyan snga gzhon vod pa）住持寺座36年，此36年即为庚午年（阳铁马，公元1450年）。从前桑云的辛未年（铁羊，公元1211年）起，到此庚午年（铁马，公元1450年）之间，共有240年⑤。敬安洛卓坚参巴（spyan snga blo gros rgyal mtshan pa）也诞生于一个【庚】午年（【铁】马，公元1390年），他在49岁时的【戊】午（【土】马，公元1438年）来到寺中⑥住持寺务2年时间，年满59岁时于戊辰年（阳土龙，公元1448年）逝世。第二位洛卓坚参（blo gros rgyal mtshan）诞生于【癸】巳年（【水】蛇，公元1413年），年满27岁时于【己】未年（【土】羊，公元1439年）来到寺院住持寺座2年。现在（著书时）寺座是由洛卓季麦（blo gros vjigs med）住持。从杰贡钦波庚午年（阳铁马，公元1090年）诞生起，直到后宣俄（gzhon vod phyi ma）住持寺座的庚午年（阳铁马，公元1450年），其间已经过了360年。

---

① 【】中藏文（第382页倒数第7行）为：dgyer sgom gshegs pavi tshe dbon gyis lo sum cu rtsa bzhi bzhes/。郭译（第209页倒数第3行）为："当时温敦年届三十四岁"。恐误。
② 郭译（第209页倒数第2行）为"德辛协巴大师"。
③ 藏文（第383页第2行）为：chos rje bkras rgyal ba。
④ 郭译（第210页第8行）为"敬安洛卓哇"。
⑤ 此句藏文（第383页）为：sang yon snga mavi lcags lug nas lcags rta vdivi bar lo nyis brgya bzhi bcu yod/。郭译（第210页）为："由前桑云巴从辛未年起至此庚午年之间计有二百四十年"。
⑥ 罗译（第317页第8~9行）行间注："the chair must have remained empty for a couple of years（寺座一定空了几年）"。

此铁马年正是第 61 年。从杰贡（dgyes sgom）诞生的庚午年（阳铁马，公元 1090 年）起，直到温顿逝世的庚午年（铁马，公元 1210 年）为止，其间已过 121 年时间。从后宣俄住寺时的庚午年（铁马，公元 1450 年）起，直至到现在（著书时）的丙申年（阳火猴，公元 1476 年），其间已有 27 年。那段时期，洛卓坚参等人来寺住持。阿底峡尊者来藏是壬午年（阳水马，公元 1042 年），此年奈邬素尔巴诞生。应知奈邬素尔巴年满 49 岁时庚午（阳铁马）年，杰贡钦波诞生。以上是嘉玛哇①的阶段。

十　贡巴哇的弟子嘎玛巴②及峡巴哇弟子传承世系等阶段

奈邬素尔巴的弟子绛曲格哲：于甲子年（阳木鼠，公元 1084 年）诞生在阿里。此甲子（阳木鼠）年，奈邬素尔巴已年满 43 岁。绛曲格哲家族姓氏为格新（dge shing）。他少年时出家为僧并受比丘戒，学习了《毗奈耶》。聂译师（gnyags lo tsav ba）迎请班智达苏嘎达西（paṇḍita Sugataśrī）③ 到雅垄时，他去当后者的仆从，并在译师和班智达座前听受了少量《般若波罗蜜多》；【在赞师（btsan）座前】④ 学习《慈氏五论》；在察绒哇（tsha rong ba）座前学习《毗奈耶》。他曾拜见过普穹哇、朗日塘巴、嘎玛哇、康巴隆巴等诸位大师。他还亲见护法贡波（chos skyong mgon po），并向护法发誓说："我从别解脱戒至持明⑤（密戒）之间，如有矛盾，您就挖我心血。"护法贡波说："汝比丘！誓约如此恐怖！"他对奈邬素尔巴极为敬信，在师座前听受（阿底峡尊者的）《道次第》（lam rim）。格西哲巴为了到奈邬素尔巴座前印证所悟，来到耶地方（g'yer）时，他（绛曲格哲）也作为供奉上师⑥。奈邬素尔巴逝世后，他在甲裕哇座前听

---

① 罗译（第 317 页倒数第 7 行）转写为：rgya-ma-pa。
② 此处藏文（第 384 页）为 kam pa，在藏文目录里（第 4 页）为 kam ba，但据本部分文末（藏文 387 页）可知，应为 ka ma pa。
③ 藏文（第 384 页倒数第 6 行）写为：ཕྱག་ན་རྡོ་རྗེ།
④ 【　】中内容罗译（第 318 页第 5 行）漏。
⑤ 持明（rig pa vdzin pa）：修持密乘、证得成就者。明谓密乘本尊大乐智慧，深入修持此智慧者，称为持明。见《佛学词典》，第 772 页。
⑥ 供奉上师（bla mchad）：供奉之对象；每年供奉上师的一种宗教仪轨和活动。见《佛学词典》，第 591 页。

受了一部分教法，在杰参寺（byes tshan① dgon pa）中作静修。他年满 84 岁时于【丁】亥年（火猪，公元 1167 年）作送往生法②而逝世。

此师的弟子为果钦波（skor chen po）：在聂穹译师（gnyags chung lo tsav ba）座前出家受比丘戒。然后他前往后藏听受许多教法。他和奈邬素尔巴只短暂见过面。后来，他前往达坚地方（stag can），当时达坚寺寺主是聂译师。果钦波修建了寺院外围墙，并且迎请董登巴做开光法事。他在董登巴座前求授《发菩提心法门》时，出现了大地震动等许多征兆。总的来说，他曾依止了 60 位上师。衮巴哇（gun pa ba）曾为他授记：他在阿里巴·格哲（mngav ris pa dge mdzes）座前请求传授所有奈邬素尔巴之诸教法。他修建了达坚寺的大塔③。此事业普照上、中、下等人。他临示寂时任命果觉色（skor jo sras）住持寺座。觉色在格贡座前研究学习《毗奈耶》。格西顿达（dge bshes ston dar）和奈丹准协（gnas brtan brtson she）没有使他就任寺座，于是他便去了峡邬达阁（sha vug stag sgo）。在那里亲见大悲观世音。后来，他再次被迎请到达坚寺。他使昌珠寺（khra vbrug）④的影响力大大增强。他在嘉萨岗（rgya sa sgang）逝世。

后来住持寺座者为普遍传称的玛尔巴·普巴哇（mar pa phug pa ba⑤）：他在色顶巴（gser sdings pa）座前出家为僧，又在鲁噶（klubs dkar）座前受比丘戒。他精心学习和研究了《毗奈耶》，静修了 20 年之久，并在果觉色座前听受了噶当派诸教法。从 63 岁时起，他开始做弘法利益众生之事业。他掌管了达坚寺、色哇寺（ser ba dgon pa）、甲萨岗、赞塘、绒岗等寺。他在 73 岁时的【戊】子年（【土】鼠，公元 1228 年）逝世。

此师之后继承住持寺座者为细波衮卓（zhig po kun grol）：诞生在雅垄东部。他在扎杜（grwa vdul）和约甲（yol lcags）两师座前，受沙弥及比丘戒。他曾依止玛尔普巴（mar phug pa，即玛尔巴·普巴哇）四年。

---

① 罗译（第 318 页第 18 行）转写为：byes-can。

② 送往生法（vpho ba vdebs pa）：开路，一种宗教活动。佛教徒于人初死时诵咒使死者灵魂往生净土之法。见《佛学词典》，第 524 页。

③ 即雅垄的达坚蚌巴（达坚瓶）。

④ 昌珠寺（khra vbrub lha khang），7 世纪初，松赞干布为镇压古堪舆家所说罗刹女左肩所倡建的寺庙。在今山南乃东县境，为西藏最早寺庙之一。相传文成公主曾居此寺，寺内有公主炉灶、六柱六ання及公主珍珠卷轴像等文物。参阅《藏汉大辞典》，第 270 页。

⑤ 罗译（第 319 页第 8 行）转写为：mar-pa phug-pa。

他以不空绢索为主要本尊。细波衮卓是纳塘·桑杰贡巴（snar thang sangs rgyas sgom pa）的再传弟子①。萨迦巴（sa skya ba）来到前藏之时，他迎请到他棚仁（dpungs rings），为其作了多种供养。他又在库·敬野巴（khu spyan g'yas pa）座前，请求开光法事发心等法类；在甲裕寺胜师座前，求得教法次第等教法；在拉布故垛哇（lha sbu gu do ba）座前，听受道次第；在拉枳岗巴座前也听受教法一个月。他还在至尊敬安、止贡迥仁波且（vbri khung gcung rin po che）、雅桑努贡（g'yam bzangs snubs sgom）等诸师座前听受过教法；在班智达达纳西拉（pandita Dānaśīla②）座前，求得圆满四灌顶；在柏波（尼泊尔）蚌麦（bal po③ vbum me）和柏波（尼泊尔）扎蚌（bal po grags vbum）座前听受《垛哈》（do ha）法类；曲巴觉索（vchus pa jo bsod）座前听受息结派法类。他亲见许多本尊，曾讲说过《菩提道次第》116 遍。却普寺之不空绢索法门也是从此师而来的。

此师寺座的继承者桑杰顿巴诺姆哇（sangs rgyas ston pa lo mo ba）：系塔细（mthav bzhi）氏族。年满 18 岁时，桑杰顿巴诺姆哇在细波座前出家为僧。他在吉布寺拉·卓坝贡波（lha vgro bavi mgon po④）座前受比丘戒。广作弘法和利益众生事业之后，他于癸丑年（阴水牛，公元 1313 年）逝世。

此师之得意弟子桑杰温钦波（sangs rgyas dbon chen po）：曾依止拉素尔康瓦（lha zur khang ba）⑤ 座下，并在拉喀（la kha）的堪布喜饶坚参座前出家为僧。他在却普寺桑杰顿巴（sangs rgyas ston pa）座前听受噶当派诸法类；又在扎巴坚参译师（lo tsav ba grags pa rgyal mtshan）座前，听受《金刚鬘》（rdo rje phreng ba）之灌顶等法类。他依止了许多上师。后于戊戌年（阳土狗，公元 1358 年）逝世。却普寺之桑杰温波之后，次第继续住持寺座的是：却普巴·宣奴洛卓（chos phug pa gzhon nu blo gros）、扎巴坚参（grags pa rgyal mtshan）、扎巴桑波（grags pa bzang po）、多杰坚参（rdo rje rgyal mtshan）、桑杰多吉（sangs rgyas rdo

---

① 此处"再传弟子"藏文（第 386 页）为：yang slob ma。此句罗译（第 319 页倒数第 16~15 行）为："He had also been a disciple of Sangs rgyas sgom pa of sNar thang.（他也是纳塘·桑杰岗巴的弟子）"。

② 藏文（第 386 页倒数第 5~4 行）写为：པཎྜི་ཏ་དཱ་ན་ཤཱི་ལ།

③ 此处藏文（第 386 页倒数第 4 行）为：bal bo。

④ 罗译（第 320 页第 6 行）藏文转写为：lha vgro-bovi mgon-po。

⑤ 与上文所述拉索尔康巴（lha zur khang pa）系同一人。

rje）等人。在此期间《菩提道次第》的会法之规从未间断过。上述为达坚寺庙传承世系。本部分为贡巴哇的弟子嘎玛巴及峡巴哇弟子传承世系等的历史。

十一 阿底峡尊者传承的概况阶段

自从涅地（gnyal）的略乍阁哇（gnyos bra gor ba）修建乍阁寺（bra gor）之后，应该说由此传出的属于噶当经教传承派（bkav gdams gzhung pa）。略乍阁哇之后寺座传承次第我还未见到有关文字记载。后来，从拉·卓坝贡波的弟子桑钦巴·达玛索南（zangs chen pa dar ma bsod nams）门下出有四大弟子：措纳哇、哲噶哇（rtse dkar ba）、达玛岗巴（dar ma sgang ba）、绛康哇（byang khang ba①）四人，他们被誉为："桑钦巴之四大弟子"。其中的措纳哇·喜饶桑波（mtsho sna ba shes rab bzang po），驻锡于乍阁寺中。此师之后（驻锡者次第）为扪扎甲哇·楚臣扎西（mon grwa bya ba tshul khrims bkra shis）、叶尔巴·桑杰益西（g'ye ba sangs rgyas shes rab）、却焦桑波（chos skyabs bzang po）、却伯嘉哇（chos dpal rgyal ba）、索南伯丹（bsod nams dpal ldan，此师也称堪钦扎巴［mkhan chen brag pa］）、云丹仁钦（yon tan rin chen）、桑协哇（bsam she ba）、垛协哇（rdor she ba）、云旺哇（yon dbang ba）、却杰哇（chos rje ba）、却嘉桑波（chos rgyal bzang po）、却嘉桑波·邬纳巴（chos rgyal bzang po dbu nag pa）、准珠杰波（brtson vgrus rgyal po）、藏哇云丹俄色（gtsang ba yon tan vod zer②）。在此师（云丹俄色）之前共有堪布15人。在日顶寺（ri stengs）（住持）措纳哇大师之大弟为日顶巴·坚参桑波（ri stengs pa rgyal mtshan bzang po），在他之后次第为却杰仁钦（chos rje rin chen）、钢顿·喜饶多杰（kong ston shes rab rdo rje）、谷蚌巴（sku vbum pa）、却嘉哇（chos rgyal ba）、却杰贝桑波（chos rje dpal bzangs po）、阁季巴之转世者阁季巴扎巴（sgo gcig par grags pa）。在他（阁季巴扎巴）之前共有堪布7人。

---

① 罗译（第320页）藏文转写为：byang-khang-pa。
② 藏文（第388页）为：gtsab yon tan vod zer。恐误。

普遍传称的绒巴·恰索哇（rong pa phyag sor ba）①，他请求译师宣说如何迎请阿底峡尊者来藏之史事，译师说："我依止尊者十九年时间，而且他也是我迎请来藏的。"愉快地讲述了其史事。当他要回去时，纳措又说：你从东道而下时将在某一地方作修行。说后授记（预示）以后他将居住在拉索寺（lag sor dgon pa）。继后他从东道而下（回去）时得到了颇垛哇（phod mdo ba）的承事接待。他讲说了《根本集经论》（mdo rtsa）和《集学论》。后来，他舍离一切俗务活动，甚至连与自己的侍者也不见面，在拉索寺中长期静修。静修之后，他前去调解巴操和仓喀杰（vphrang kha rje）的纠纷时，在颇垛（phod mdo）②与玛措绛垛（rma tsho byang rdor）相会，于是迎请他和德邬巷垛（devu shang rdor）一起建立法会，在此法会上出现了著名的"绒巴四大弟子"，他们是嘉·杜哇真巴、若秦浦哇（rog vchims phu ba）、南帕哇（rnam par ba）、格西叙伦巴（dge bshis zhus lan pa）四人。由于嘉惹顿季（rgya ra ston brjid）是居士而没有列入大弟子中。南帕哇修建了朗巴和让巴拉顶（rams par dang lha sdings）两寺；并且掌管桑普寺③寺座八年之久。以南帕哇和若师所说秘密教授享有较高声誉。他们似乎并不特别注重（教派）史事。叙伦巴则特别注重史事，树普哇在其基础上撰写出阿底峡尊者的详细历史。树普哇曾在堆龙巴大师座前听受过许多噶当派教授，但是他的传承诸人只算为杜真巴的传承，好像没有一人被列入噶当传承系之中。

伦觉巴大师的弟子为芒惹·穹奈坚参（mang ra vbyung gnas rgyal mtshan），芒惹的弟子为柳绒巴·准珠坚参（snyug rum pa brston vbrus rgyal mtshan）：准珠坚参诞生于壬午年（阳水马，公元1042年），年满68岁时

---

① 与文中绒巴·恰索巴（rong pa phyag sor pa）系同一人。曾依止仲敦巴、贡巴哇、伦觉巴、前喀汝哇（kha ru ba snga ma）、香尊·叶尔巴哇、耶哲岗寺（yer rtse sgang）的贡巴德巴（sgom pa dad pa）等诸师。他（绒巴）能忆念十三生之史事；拥有广大神通。由于他修力集中，精通五明学。他想殊胜卓越之阿底峡尊者的教授中，一定存在如何迎请尊者来藏之史事，但是他未在任何地方获得。于是，他前往驻锡在喀贡塘（khab gung thang）的纳措译师座前，纳措译师传授给他许多密宗教授，他在师座前居住了三年时间。在第二年藏文（第389页）为：lo phyi ma tsam na。郭译（第213页）为"在最后一年"。

② 颇垛（phod mdo）：地名。也译作旁多。在西藏自治区林周县境。参阅《藏汉大辞典》，第1730页。

③ 桑普寺（gsang phu）：全称为桑普内托寺（gsang phu nevi thog gi gtsug lag khang），该寺在拉萨市南、拉萨河东，为阿底峡弟子俄·勒比喜饶于公元1073年所建。俄译师和大译师仁钦桑波在当时被誉为大小二译师，均为11世纪噶当派大师。据称桑普寺内收藏有法王八思巴改造藏文创制蒙古新字的一个蓝本。详见《佛学词典》，第864页。

于己丑年（阴土牛，公元 1109 年）逝世。身边聚集僧众约 800 人。系罗扎恰人（lho brag chag pa），名为赤却（khri mchog），以此称为恰·赤却（vchag khri mchog）①，他从阿底峡尊者座前获得许多教法；他曾三次作为尊者的使者，将尊者所得财物送往印度。据说，宣说经论和宗派教义者，没有人能像他那样的。【在阿底峡尊者将示寂时，他问尊者："尊者啊，您将住世不久。您走后，我是否该静修？"——尊者答曰："如此没有用。""那么我是否该讲说？"他问尊者，而尊者又答曰："如此没有用。""那么是否该时而讲说，时而静修呢？"——尊者答曰："如此还是没有用。""尊者啊，那么我到底该咋办呢？"——尊者回答说："应舍此世！"】② 此后，他在尊者逝世后为拉萨人众讲说经论大约一年之久。有段时间，他前往热振，用一伦朵（lung rdo）重量的茶叶来为僧众熬茶，并对僧众说："今天我要讲说，就像危岩跌下，恐怕要坏事！请各位多多谅解！"他后来请求善知识（仲）敦巴说："善知识！你拥有尊者如瓶全倾之一切教授，不要说'如此没有用'、'如此没有用'的话，请你不断地宣说尊者诸教授吧！"他对伦觉巴说："伦觉巴，你在世间事务中是恶劣！你把服侍尊者之事搁下，跑到巴嘉措（sba rgya mtsho）座下去了。你在佛法行道中也是恶劣的，你放下修尊者之教授而在前往坝敦巴（dpas chung ston pa）座下修《无我母修法》（bdag med mavi sgrub thabs）。"说了这许多话后，他说："我从今天起，我将隔绝此世之思（闭关专修）。"他们都以为他要在一所住室严密地闭关，但他没有待在隔绝的住室里，而是待在寺庙里，只是不与人众说话而默坐。有一次，善知识桑普哇（dge bavi bshes gnyen gsang phu ba）来到热振，作为其好友，他想："我一定要跟他谈谈，畅快畅快！"但是与柳绒巴（恰·却赤）相见时，他却说："善知识！我没有一点做人之决心，请原谅！"说后也就走向树林中去了。桑普哇说："我从未体会过如此失意！"在那里（树林中）柳绒巴大部分

---

① 根据松巴堪布的 Revu mig，他去世于公元 1058 年。见 JASB, No. 2. 1889，第 41 页。
② 【 】中藏文（第 390 页第 11～15 行）为：khong gis jo bo gshegs khar jo bo ni ring du bzhugs mi vdra/ jo bo gshegs rjes su bdag gis sgom mam zhus bas/ phan med gsung/ vo na bshad dam zhus bas kyang phan med gsung/ vo na res bshad res sgom mam zhus bas/ de la yang phan med gsung/ jo bo vo na ji ltar bgyi zhus bas/ tshe vdi blos thong gsung/。

　　郭译（第 214 页第 10～15 行）为："他在阿底侠尊者将示寂时感觉到尊者住世将不久了、继到尊者逝世后，他问（仲敦巴）说：'我是否静修？'答说：'无益.'继问：'那么，是否作讲说好？'答说：'无益.'又问：'那么，时而讲说，时而静修好么？'仍如前所答道：'无益.'最后问道：'阿底峡尊者是怎样做的呢？'答道：'是应舍此世心.'"

时间都在修平等摄持①。据说有一次，他在贡巴哇所居住之茅棚左边的一块磐石上向空行刹土而逝去。

在法王赤松德赞时期，有一位大臣名为俄钦波（rngog chen po）。当德赞王率兵到中原地方（rgya yul），他在一山丘口扎营。当军队离开去征服其他地区时，一些中原武士（rgyavi gyen po）突然来攻击和冲击赤松德赞。大臣俄钦波把其中一些杀死了，其他一些逃跑了。【于是，一个新的谚语产生了："中原脑浆（rgya zho hab）被吞下了，中原小子被摔碎在岩石上。"】② 此后，大臣的后裔在羊卓垛（ya vbrog do）之外的大湖边一村庄定居下来。其中有密乘宁玛派之格西多杰宣奴（dge bshes rdo rje gzhon nu），他有五子：长子为峨·勒比喜饶；次子为鲁赤（klu khri）；三子为鲁绛（klu byang）；四子为却焦（chos skyabs）；五子为吐巴（thub pa）。其中长子峨·勒比喜饶在郑·益西云丹（vbring ye shes yon tan）座前出家为僧。他为了学习经论前往康区，成为觉窝色准（jo bo se btsun）之弟子。他精通许多教法，并与库敦等人是至交好友。他在【乙】酉年（【木】鸡年，公元1045年）来到卫藏，此鸡年就是仲敦巴来卫藏之年（公元1044）的第二年。他在卫藏建立讲说院，前来学习的弟子众多。当阿底峡尊者驻锡在聂塘时，他在尊者座前听受了许多教法。由于他的性格和善，从未与尊者的任何弟子发生分歧。他在译师（纳措）和班智达（尊者）座前，启请翻译《炽然理智译论》（rtog ge vbar ba bsgyur bavi zhu ba）③。尊者表示赞同，并由纳措译师在拉萨完成全部译事。又应峨·勒比喜饶之请求，尊者撰述了《中观教授》（dbu mavi man ngag）④。他先在（拉萨附近的）乍纳（brag nag）修建一座寺院；后来，他依阿底峡尊者之授记，于癸丑年（阴水牛，公元1073年）修建内邬脱大寺（nevu thog gi gtsug lag khang chen mo）。就在同一年，款·贡却杰波修建萨迦寺。他曾多次从桑普到热振拜见仲敦巴诸师兄弟等。他在掌握阿底峡尊者教法方面享有盛誉。

此师（峨·勒比喜饶）之侄峨·洛钦波（rngog lo chen po，峨大译师）：是却焦之子，诞生于己亥（阴土猪，公元1059年）年。少年时他就来到伯父（勒比喜饶）座前，在伯父和树师（gzhus）的弟子波穹哇·

---

① 此句藏文（第391页倒数第4~3行）为：der khong gis phal cher mnyam par vjog pa kho na mdzal/。郭译（第215页）漏。另：平等摄持（mnyam par vjog pa）即等持。第九住心。定心相续，远离功用，平等摄持。见《佛学词典》，第288页。

② 【】中藏文（第392页第4~5行）为：de nas rgya zho hab kyis btab/ rgya phrug brag la brdabs zer ba devi brgyud pa/。郭译（第215页第9~10行）为："此后由嘉·学浩来创业，传称叫嘉楚扎那岛（意为嘉区儿子石上磨）"。

③ 梵文：Tarkajvalā。参阅《丹珠尔》，dbu ma，No. 3856。

④ 梵文：Mādhyamakopadeśa nāma。参阅《丹珠尔》，dbu ma，No. 3929。

楚臣喜饶（sbo chung ba tshul khrims shes rab）等师座前听受许多教法。获得无上智慧后，伯父对他喜欢不已！年满17岁时，他就被送到喀切（克什米尔）求学。那时，他同惹译师（rwa lo）、念译师（gnyan lo）、穹波确尊（khyung po chos brtson）、垛顿（rdo ston）、赞·喀波且（gtsan kha bo che）等人一起结伴前往。恰逢藏王哲德（rtse lde）迎请了前后藏康区三处的诸三藏法师，在丙辰年（阳火龙，公元1076年）举行法轮大会，他也参加了法会。这时哲德的王子旺秋德（dbang phyug lde）决定做峨氏的施主。然后，他来到了克什米尔，并依止包括班智达萨乍纳（panDita Sañjana）① 以及巴拉达坝扎（Parāhitabhadra）② 等在内的六位上师。有一段时期，他断粮了，只好【让喀切色隆（kha che gser slongs）】③ 带信到阿里去募化黄金，此时旺秋德（dbang phyug lde）④ 又给峨洛寄去了很多黄金，并且请求他翻译《量庄严论》（tshad ma rgyan）⑤。因此，班智达噶丹杰波（skal ldan rgyal po）同峨洛二人妥善地翻译出《量庄严论》⑥。峨洛在克什米尔精心研究学术17年之后返藏。又在西藏班智达蚌察松巴（vbum phrag gsum pa）及苏玛底嘎底（Sumatikīrti）⑦ 两师座前听受经教，并一度前往尼泊尔在阿都帕雅班遮（Atulya vajra）⑧ 以及坝热纳扎汝季（Varendraruci）⑨ 等师座前，听受密宗教法。然后，他再次返藏并且作了许多翻译事业，而且所译极为善妙。就其所翻译之数量，卓隆巴有颂曰："获译正法自在力，译出两种般若母，论藏十万及三万，七千有余颂卷等。"他在拉萨、桑耶、柳姑纳、涅岗脱（gnyal sgang thog）、藏绛喀（gtsang rgyang mkhar）等处讲经说法时，次第而来善巧戒严的僧众有

---

① 藏文（第393页倒数第7行）写为：བཛྲ་ཛན་。

② 藏文（第393页倒数第6行）写为：པར་བཟང་།

③ 【　】处郭译（第216页第8行）漏。

④ 此处藏文（393倒数第5行）为：dbang lde。恐误。

⑤ 梵文：Pramāṇālamkāra。请参阅 Pramāṇavārtikālaṃkāra，载《丹珠尔》，tshad ma, No. 4221。

⑥ 此句藏文（第393页倒数第3行）为：pandita skal ldan rgyal po dang rngog gnyis kyis legs par bsgyur/。罗译（第325页倒数第7～6行）为：…assisted by the pandita skal ldan rgyal po he made a good translation of it（在班智达噶丹杰波的帮助下，他做了很好的翻译）。

⑦ 藏文（第393页末行）写为：སུམ་ཏི་ཀིརྟི།

⑧ 藏文（第394页首行）写为：ཨ་ཏུ་ལྱ་རྡོ།

⑨ 藏文（第394页首行）写为：བ་རེནྡྲ་རུ་ཙི།

23000 人。在其副座说法者（zur chos pa）中：讲说《庄严论》（rgyan）①及《法上部经典》（chos mchog）② 的说法师 55 人，讲说《量决定论》（rnam nges）③ 法师约有 280 人，讲说经教法传（lung chos smra ba）④ 的约 1800 人。共聚集说法（chos smra ba）⑤ 者 2130 人。他多次讲说《量论》（tshad ma）、《慈氏五论》（byams chos）、《中观》等论典。这位圆满完成六波罗蜜多⑥一切行之大菩萨年满 51 岁时在去桑耶附近的途中逝世。他前后所立诸学法僧院所出的门徒是难以计算的，其中其"四大弟子"为：香泽邦·却吉喇嘛（zhang tshes sbong chos kyi bla ma）、卓隆巴·洛卓穹奈（gro lung pa blo gros vbyung gnas）、穹·仁钦扎（khyung rin chen grags）、哲·喜饶坝（vbre shes rab vbar）。此外还有诸如岗巴协邬（gangs pa shevu）、贡布惹坚（gong bu ra can）、香波麦底（sham po me dig）、麦朗泽（me lhang tsher）、玛格朗（damr sgas lang）、峨·迦窝（rngog skya bo）、哲窝却吉喇嘛（tre bo mchog gi bla ma）等许多著名大师。峨洛译师本人在其伯父座前听受阿底峡尊者诸法门后，也著有《道次第论》。又有卓隆巴所著《道次第广论》（lam rim chen po）及《教法次第广论》（bstan pavi rim pa chen po）。到此为止，住持叔侄（勒比喜饶及峨洛）二师及其直传弟子，都是阿底峡尊者法宗的传承者。峨·勒比喜饶也是仲敦巴的弟子，故也属于噶当派。总的说来，阿底峡尊者住藏的 13 年中，有许多人获其秘密教授而生起圆满功德，可谓难以计数。后藏方面有噶（vgar）、管（vgos）、约（yol）三师；前藏有库（khu、峨（rngog）、仲（vbrom）三师。以上诸师都是闻名遐迩的大师。由仲敦巴传承而出的噶当诸善知识见于记载的，我谨收摄于此而撰出。从西藏后期所出的其他诸善知识以及成就瑜伽行诸师的史事传略中，我们可以发现他们大多拜见过噶当派各善知识。而且仲敦巴长期从事广大利他之庄严事业。为此，我这里所撰诸人物，也不过是具德燃灯智（阿底峡）所转法轮硕果中的一小部分而已。本部分是阿底峡尊者的传承概况阶段。

---

① 梵文：Alatkāra（Pramānavārtikālatkāra）。
② 梵文：Pramānaviniścayatīkā。参阅《丹珠尔》，tshad ma, No. 4229。
③ 梵文：Pramānaviniścaya。
④ 梵文：Āgama dharmabhānakas。
⑤ 梵文：dharmabhānakas。
⑥ 六波罗蜜多（pha rol du phyin pa drug）：也称为六度，六到彼岸，六波罗密多。即：布施度、持戒度、忍辱度、精进度、禅定度、智慧度。此六种从生死此岸到达涅槃彼岸的方法或途径，是大乘佛教修习的主要内容。参阅《佛学词典》，第 499 页；《藏汉大辞典》，第 1698 页。

第六章 峨译师、巴操(pa tshab)传承及中观、因明以及慈氏法类等如何产生的历史

一 峨译师等的传承情况

我们认为，那些成为峨译师亲（直传）弟子的再传弟子，那些讲说大经论的持三藏大法师，都不一定是噶当派信徒。下面谨此讲述吉祥桑普寺座世系与诸位大师对佛教所做事业的史实情况：

大译师仁钦桑波诞生于戊午年（阳土马，公元958年），年满98岁时于乙未年（阴木羊，公元1055年）逝世。在大译师54岁时的辛亥年（阴铁猪，公元1011年），纳措译师诞生。在纳措译师49岁时的己亥（阴土猪，公元1059年），峨译师洛丹喜饶（rngog lo tsav ba blo ldan shes rab）诞生。洛丹喜饶18岁时，他参加了（阿里）王哲德所办的丙午年（阳火龙，公元1076年）法轮会，法会上与达波旺嘉、惹译师、念译师、穹波确尊、玛通·德巴喜饶、芒窝·绛曲喜饶（mang vor byang chub shes rab）、赞·喀窝且相聚在一起。峨译师在喀切（克什米尔）学习17年后，于壬申年（阳水猴，公元1092年），在他年满35岁时返藏。做了许多广大利益众生之事业后，他在51岁时于己丑年（阴土牛，公元1109年）逝世。次年庚寅年（阳铁虎，公元1110年），卓贡·帕莫竹巴（vgro mgon phag mo gru pa）诞生。峨译师逝世后，由香泽邦哇·却吉喇嘛（zhang tshes sbong ba chos kyi bla ma）①住持寺座32年时间。【在他之后，次第由涅巴惹鲁（gnyal ba ri lus）住持寺座2年时间】②；朗伯哇（rnam

---

① 即前文所述之香泽邦·却吉喇嘛（zhang tshes sbong chos kyi bla ma）。
② 【】中内容郭译（第221页第1行）漏；藏文（第400页第5行）为：devi rjes su gnyal ba ri lus lo gnyis/。

par ba）住持寺座 8 年时间；恰巴·却吉僧格（phyaw pa chos kyi seng ge）住持寺座 18 年时间。【恰巴·却吉僧格于己丑年（阴土牛，公元 1169 年）逝世。再过 17 年后，玛嘉绛尊（rma bya byang brtson）逝世。】① 恰巴之后，次第由查·旺秋僧格（rtsags dbang phyug seng ge）住持寺座 5 年时间；藏巴绛僧（gtsang pa vjam seng）住持寺座 13 年；涅哇·德巴桑波（gnyal ba dad pa bzang po）住持寺座 7 年；丈赞内（dzam tsan ne）住持寺座 7 年；桑波达玛峨（bzang po dar ma vod）和桑波登珠（bzang po don grub）两人住持寺座 30 年时间；觉南大师（slob dpon jo nam）住持寺座 15 年时间；若师（rog）住持寺座六个月；俄色贡波（vod zer mgon po）住持寺座 35 年。总之，以上住持寺座年数共计有 159 年；但是，住持者前后交接中有一些误差，比实际年限多了 3 年，实际年限应为 156 年。其中藏巴绛僧有无住持存两种说法，为此本人以为此师有三年不属于住持时间。此后，由绛央释迦宣奴（vjam dbyangs shavkya gzhon nu）从丙寅年（阳火虎，公元 1326 年）开始住持寺座 27 年之久。在他之后，由嘉玛哇·扎西坚参（rgya ma pa bkra shis rgyal mtshan）住持寺座 8 年时间；却勒南杰（phyogs las rnam rgyal）住持寺座 8 年；羊卓巴·宣杰（yar vbrog pa gzhon rgyal）住持寺座一个月；嘉德哇·宣僧（rgyal sde ba gzhon seng）住持寺座 8 年时间；藏嘎（gtsang dkar）住持寺座 3 年时间；洛卓僧格（blo gros seng ge）住持寺座 17 年时间；达旺（dar dbang）住持寺座 7 年时间；喇嘛益西峨（bla ma ye shes vod）住持寺座 10 年时间；喜饶坚参住持寺座 3 年时间；宣奴洛丹（gzhon nu blo ldan）住持寺座 6 年时间；洛卓丹巴（blo gros brtan pa）住持寺座 3 年时间；策玛恩波（tshad ma sngon po）住持寺座 5 年时间；索南培（bsod nams vphel）住持寺座 19 年时间；僧格坚参（seng ge rgyal mtshan）住持寺座 8 年时间；桑丹桑波（bsam gtan bzang po）住持寺座 7 年时间；桑杰坚参（sangs rgyas rgyal mtshan）住持寺座 10 年时间；准珠僧格（brtson vgrus seng ge）住持寺座 6 年时间；云丹嘉措（yon tan rgya mtsho）住持寺座 5 年时间；桑却巴（sang chos pa）住持寺座 14 年时间；之后住持寺座者为现在（著书时）的喜饶贝丹巴（shes rab dpal ldan pa）。

（桑普）寺庙上部（gling stod pa）寺座传承世系：直到绛伯僧格

---

① 此句藏文（第 400 页第 6~7 行）为：phyaw pa sa mo glang la gshegs nas lo bcu bdun la rma bya byang brtson gshegs/。罗译（第 329 页）为："…When Phya pa was seventeen rMa bya Byang chub brtson vgrus（byang brtson）died.（……恰巴 17 岁时，玛嘉绛尊逝世）"。恐误。

（vjam dpal seng ge）为止，上述世系与此（寺庙上部寺座传承）世系相同。此后，次第由西顿哈姆（zhu ston hral mo）住持寺座5年；洛卓坝（blo gros vbar）住持寺座5年；涅细（gnyal zhig）①住持寺座8年；嘉清如哇住持寺座18年；曲弥巴住持寺座18年；丹玛扎仁（ldan ma grags rin）住持寺座18年；罗扎巴（lho brag pa）住持寺座22年；索温（sog dbon）住持寺座7年；赞贡巴（btsan dgon pa）住持寺座20年时间；拉章巴·却贝坚参（bla brang pa chos dpal rgyal mtshan）住持寺座6年；宣仁（gzhon rin）住持寺座12年；拉顿细波（lha ston zhig po）住持寺座17年；央哲哇（yang rtse ba）住持寺座5年；拉裕哇（lha yul ba）住持寺座13年；本顿协桑（bon ston sher bzang）住持寺座7年；仁钦扎巴（rin chen grags pa）住持寺座7年；云丹嘉措住持寺座14年；贡却楚臣（dgon mchog tshul khrims）住持寺座7年；仁钦南杰（rin chen rnam rgyal）住持寺座22年；峨钦巴（vod chen pa）住持寺座6年；扎巴贝（grags pa dpal）住持寺座5年；贡却嘉措（dkon mchog rgya mtsho）住持寺座17年；木雅·仁钦桑波（mi nyag rin chen bzang po）住持寺座七个月；贝丹僧格（dpal ldan seng ge）住持寺座11年；贡噶旺秋（kun dgav dbang phyug）住持寺座13年；继后住持寺座者为现在（同上）的仁钦绛曲（rin chen byang chub）。从峨译师诞生起到现在的丙申年（阳火猴，公元1476年），已经过了418年了。

【峨译师的首位得意弟子为哲·喜饶坝（vbre shes rab vbar）：他朝拜格奈宁寺（skyegs gnas rnying）等地，并开启了佛法基础。】②他广大宣讲《般若波罗蜜多》和经论二者。据说在他讲经说法时，诸位天神也下来听讲。他所讲说的教法，是前弘时期《波罗蜜多》说规法流，是从康区发展而来的。他虽然有很多弟子，但是能够继承其讲说法流的主要弟子为阿·绛曲益西（ar byang chub ye shes）。此师在年老身体不能支持之前，在（热振附近的）南泽荡（gnam rtse ldang）等寺讲经说法。这段时间，他还住持杰拉康寺座，并多次宣讲和撰述《般若波罗蜜多经》释论。显然，

---

① 似为下文中的涅巴细波（gnyal pa zhig po）。
② 【】中藏文（第402页第3～5行）为：lo tsav bavi slob mavi mchog che ba vbre shes rab vbar gyis skyegs gnas rnying dang/ gzhan rnams suvang chos gzhi bskor zhing/。郭译（第222页第2段第1—2行）为："峨译师之首要弟子为哲·协饶吧（智焰）：他对杰勒宁寺及其他大众……" 罗译（第330页第14—16行）为："Shes rab vbar of vBre, the best of the lo tsav ba's disciples, visited the monastery of sKyegs gnas rnying and others. （峨译师最好的弟子是哲地的喜饶坝，他朝拜了格奈宁寺等地方。）"

当时在藏宣讲《波罗蜜多》经论，大多数是依照哲·喜饶坝和阿·绛曲益西两师之讲规而说。库·协尊虽然也到哲·喜饶坝座前亲近并听受过教法，但其《现观庄严论释》（mngon rtogs rgyan gyi vgrel ba）等广、中、略诸注释显然主要沿袭阿·绛曲益西的传统。著名的噶穹仁姆（skar chung ring mo），真名叫宣奴楚臣（gzhon nu tshul khrims），也在阿·绛曲益西座前学习过。他著出了《现观庄严论略释》（mngon rtogs rgyan vgrel chung）等，以及摄论（sdud pa）① 等许多释疏。库·协尊及噶穹哇（仁姆）二师的弟子香耶哇·门兰楚臣（zhang g'ye ba smon lam tshul khrims）也掌管了聂塘等许多说法基地，财富得到了很大积累。此师著作出了《明义释》（vgrel ba don gsal）以及《量决定论释疏》等大疏，做出了极大的利他事业。此师的弟子旺秋杰波（dbang phyug rgyal po）曾住在梓地方（grib）的普奈（phur gnas）等处抚育许多僧众团体。他还著有一部极为详细的《波罗蜜多释疏》。香耶哇的弟子涅巴细波（gnyal pa zhig po）次第传出的弟子有：嘉清如哇、曲弥巴·僧格贝（chu mig pa seng ge dpal）、罗扎巴、仓玛格乌（tshang mavi skyes bu）、布顿仁波且、堪钦达玛西（mkhan chen Dharmaśrī）②、汝昌巴·索南僧格（ru mtshams pa bsod nams seng ge），一直到波窝·云丹僧格（sbo bo yon tan seng ge）都是直传的。云丹僧格对我的上师（著者的上师）释迦旺秋（shavkya dbang phyug）讲授二十六次；使师极为圆满熟练。上述情况是我从上师处亲耳听闻而来的。

又，峨译师的最胜弟子卓隆巴·洛卓穹奈：他对峨译师最为珍贵的全部教授掌握得最为纯熟。总的说来，他著作了许多显密教法的释疏；根据噶当派宗传系统著有《道次第》（lam rim）以及《教法次第广论》（bstan rim shin du che ba）；特别是根据峨大译师之略释注疏，又著有疏解。卓隆巴在上半生一度贫困，但是遇到奈邬索尔巴的弟子恭巴拉杰（gung pa lha rje），后者为他传授了夜叉③财神的修法教授后，他就懂得聚集财富了。他修建了甄勒大寺（brin las kyi gtsug lag khang）。此位大师在晚年时期，恰巴大师（slob dpon phyav pa）曾在其座前勤奋地听受教法后撰著了

---

① 全称为 Vidyā karasimha 和 dpal brtsegs 所译的 phags pa shes rab kyi pha rol tu phyin pa sdud pa tshigs su bcad pa，梵文为：Ārya Prajñāpāramitāsancāya gātā。参阅《甘珠尔》，ser phyin, No. 13；《布顿佛教史》（bu ston chos vbyung），fol. 146a：sdud pa bam po gcig dpal brtsegs kyis vgyur pa ste。

② 藏文（第 403 页第 9 行）为：གས་ཆེན་དྷརྨ་ཤྲཱི།

③ 夜叉（gnod sbyin）：施碍。佛书所说一类鬼名。瞻婆拉。佛书所说一类财神名。见《佛学词典》，第 451 页。

略释之大疏。此后追随恰巴的诸学者则与哲（喜饶坝）和阿（绛曲益西）两师的追随者是相互不同的。

此外，岗巴协邬·洛卓绛曲（gangs pa shevu blo gros byang chub）对显教及密教续部极为精通。他和穹·仁钦扎（khyung rin chen grags）二人共同的弟子则是堆龙嘉玛哇·绛曲扎（stod lungs rgya dmar ba byang chub grags），此师在娘若（myang ro）等寺讲授教法，他由此培养出许多有具足才能的弟子。恰巴大师也是在嘉玛哇座前学习的《中观》和《因明》。而嘉玛哇不仅讲经说法，而且他具有足够的教授。他和阿师二人曾经在喀惹贡琼（kha rag sgom chung）的直传弟子洛巴·贡却贝（lho pa dkon mchog dpal）座前求得修心彻底教授。看来嘉玛哇又在款普哇的弟子达威俄色（zla bavi vod zer）座前求得许多教授。嘉玛哇门下出有许多大学者，其中包括觉若·却吉坚参（cog ro chos kyi rgyal mtshan）、贝帕莫竹巴、伯策玛哇（vbal tshad ma ba）、吉喀拉康哇（skyil mkhar lha khang ba）、杜松铿巴（dus gsum mkhyen pa）等善巧弟子。此师又著有《量决定论》（tshad ma rnam par nges pa）及《中观二谛》（dbu ma bden gnyis）① 等释疏，又著出许多摄要义论。香泽邦哇·却吉喇嘛（zhang tshe sbong ba chos kyi bla ma）也著有一些释疏，他的弟子梁真巴·却吉益西（nyang bran pa chos kyi ye shes）也给弟子讲说《集学处》（bslab pa kun btus）和《入菩萨行论》（byang chub sems dpavi spyod pa la vjug pa）② 等行法方面之论典，并传授给诸多弟子。因此，这位大师是以对行法方面有大恩惠而闻名。恰巴大师没有住持内乌托大寺③寺座之前，曾经抚育过很多经院；并且还著有《慈氏五论》、《量决定论》、《中观二谛论》、《庄严》（rgyan）④、《般若光明论》（snang ga）⑤、《入行论》等许多论典之注疏；各论之摄义也有不少著作；还有摄量论义之《灭除心暗论颂》（yid kyi mun sel）⑥ 以及颂体自释，《灭除心暗论本文》（yid kyi mun sel rkyang pa）两著作。中观方面也有广略两种，另外还著有不少其他的论文，但是我看到

---

① 全称为：bden pa gnyis rnam par vbyed pavi tshig levur byas pa；梵文为：Satyadvayavibhanggakārikā。请参阅《丹珠尔》，dbu ma, No. 3881。
② 梵文为：Bodhisattvacaryāvatāra。请参阅《丹珠尔》dbu ma, No. 3871。
③ 内乌托大寺（nevu thog gi gdan sa）：由噶当派高僧峨·勒比协绕依阿底峡尊者的授记，于水牛年修建，与昆②贡却杰布修建萨迦寺为同一年。见《佛学词典》，第 443 页。
④ 梵文：Mādyamak ālamkārakārikā。参阅《丹珠尔》，dbu ma, No. 3887。
⑤ 梵文：Mādyamakā loka。参阅《丹珠尔》，dbu ma, No. 3887。
⑥ 据罗译（第 333 页第 5 行）行间注介绍，有各种不同的同名著作存世，但恰巴大师所著者今已不存。

的只有上述而已。对于内外宗派摄义以及五根本所知之解说等。那时的持三藏法师大部分都是他门下之弟子，其中有藏纳巴·准珠僧格（gtsang nag pa brtson vgrus seng ge）、丹帕巴·玛威僧格（dan bag pa smra bavi seng ge）、竹峡·索南僧格（bru sha bsod nams seng ge）、玛嘉·佐毕僧格（rma bya rtsod pavi seng ge）、查·旺秋僧格（rtsags dbang phyug seng ge）、梁真·却吉僧格（myang bran chos kyi seng ge）、丹玛·贡却僧格（ldan ma dkon mchog seng ge）、涅巴·云丹僧格（gnyal pa yon tan seng ge）称为八大狮子（seng chen brgyad）。一些人士把此师称作为藏巴·绛伯僧格（gtsang pa vjam dpal seng ge）。（弟子）款·觉色哲姆（vkhon jo sras rtse mo）、峨·觉色惹姆（rngog jo sras ra mo）、库·觉色内卓（khu jo sras ne tso）、略·觉色贝勒（gnyos jo sras dpal le）被称为四觉色（jo sras bzhi）。（弟子）噶·旺珠（vgar dbang grub）、贡波甲琼（kong po vjag chung）、洛巴郭散（lho pa sgog zan）、坝普哇（bar phu ba）被称为四智慧者（shes rab can bzhi）。此外还有杰巴顿焦（vjad pa ston skyabs）、多吉俄色（rdo rje vod zer）等以及杜松铿巴和香蔡巴（zhang vtshal ba）等众多弟子。其中：

藏纳巴（gtsang nag pa）：他闭关念修至尊文殊（文殊菩萨的别名），为此不但内慧锐敏，而且极为善巧。他著有关于中观、因明等类的许多著作，著有《量决定论大疏》、《般若波罗蜜多经义合解》、《集学论》和《入行论》、《中观》等方面的释论。恰巴大师对于月称①作了很多反驳（dgag pa）；而藏纳巴对具德月称的理论，不但精通而且有深刻的研究，以此对论义获得定解而说道："像我这样精通月称之胜士今后不会再出现。"他所著之《中观摄义论》有广略多种都是以月称为宗。

又有玛嘉·绛曲准珠：他除了特别精通经教和因明之外，还根据中观广作利益他人之讲说。他著有《根本智论释疏》② 及《明句论大纲释疏》③、《中观摄义》（dbu mavi bsdud pa)④、《推理锤释论》（rtog ge tho

---

① 月称（zla ba grags pa）：古代印度一位佛学家。公元 7 世纪时，生于南印度一婆罗门家。出家后学龙树中观论等，后为那烂陀寺堪布。著有《中观释句》、《入中论》等，承佛之传，开中观应成派。见《藏汉大辞典》，第 2479 页。
② 《根本智论》（rtsa ba shes rab），梵文：Prajñāmūla。参阅《丹珠尔》，dbu ma, No. 3824。
③ 《明句论大纲释疏》（dbu ma rtsa bavi vgrel pa tshig gsal ba zhes bya ba），梵文：Mūlamādhyamaka vrtti Prasannapadā nāma。参阅《丹珠尔》，dbu ma, No. 3860。
④ 梵文：Mādhya makārthasamgraha。参阅《丹珠尔》，dbu ma, No. 3857。

bavi tīkā)① 等。这些论著除了依止恰巴之宗外，还特别信依扎雅阿伦达（ཛ་ཡ་ཨཱ་ནནྡ་，即月称）等之宗规。

丹帕巴著有《量论摄义》及《宝性论释疏》，此外我尚未看到其他著作。虽然他对恰巴大师所著的《微尘无边论》（dus rdul phran thug med bzhed pa）也作了许多驳斥之作，但是未能引起共鸣。

坝普哇：我见过他著的《中观根本论疏》（dbu ma rtsa bavi tīv ka）②。不过，他后来作了善知识竹须哇（dge bavi bshes gnyen gru shul ba）和具德帕莫竹巴的弟子，于是便成为大手印（phyag rgya chen po ba）瑜伽行者。

杰巴顿焦：进行过许多次讲说行持法类及经纶，同时抚育了许多正士弟子。

【涅细（gnyal zhig）在邬巷垛（vu shang rdo）闭关静修九年时间并且进行讲说，由此抚育出所谓"涅细九弟子"（gnyal zhig gi bu dgu）：桑仁（bzang rings）、普汤达衮（phu thang dar dkon）、藏巴珠古（gtsang pa gru gu）三人被誉为"前组"（snga tshar）；邬域巴·索南僧格（vu yug pa bsod nams seng ge）、博冻仁哲（bo dong rin rtse）、藏巴觉囊（gtsang pa jo nang）三人被誉为"中组"（bar tshar）；嘉清如哇、绛萨（vjam gsar）、基纳扎僧（skyil nag grags seng）三人被誉为"后组"（phyi tshar）。】③ 其中桑仁在措普（khro phu）进行讲说，由此出有洛巴竹僧（lho pa grub seng）等许多善巧之人士，布顿喀切（bu ston kha che）也是从此传承中而来的。

普汤达衮：在堆龙措麦（stod lungs mtsho smad）及雅垄等处进行讲说，于是出现了念·达玛僧格（gnyan dar ma seng ge）及嘉裕嘎姆（bya yul dkar mo）等许多弟子。

藏巴珠古（gtsang pa gru gu）在夏鲁寺④建立讲说院。在夏鲁寺依照涅巴（gnyal pa）所著论疏讲说时，布【顿】仁波且来到了那里。为了适合大众，他在扎西桑波大师（slob dpon bkra shis bzang po）座前听受涅巴疏论后，就自己进行讲说。

---

① 梵文：Tarkamudgarakārikā。参阅《丹珠尔》，dbu ma, No. 3869。
② 梵文：Mādhyamakamūla。亦即 Prjñāmūla。
③ 【】内内容藏文参阅第 407 页第 10～15 行。郭译（第 225 页第 5 段）为："梁细大师在邬学垛闭关静修九年；由他讲授之中而出有弟子九人：即桑日、普汤达衮、章巴·珠姑松安察、邬裕巴·索南生格（福狮子）、播东仁哲（宝顶）、章巴·觉朗松坝察、甲昌汝哇、绛色、杰纳扎生松奇察（名称狮子）等人。"
④ 夏鲁寺（zha lu dgon pa）：日喀则县所属寺庙名。初建于 11 世纪。14 世纪初，元代西藏著名历史学家布顿久住此寺，僧徒甚众，形成夏鲁派。相传旧时，寺中藏有梵文经典甚多。见《藏汉大辞典》，第 2369 页。

邬域巴（vu yug pa）在萨迦的萨迦班智达座前听受《释量论》后，也就在那里作讲说，【由此抚育出有大善知识香·垛德伯（zhang mdo sde dpal）等许多弟子。《释量论》能够传承到现在（著书时），都是班钦（萨班）和他两个人的恩德。在我年轻的时候，桑普寺的僧众都学习《定量论》（Pramāṇaviniścaya），而如今却（著书时）改而研习《释量论》。博冻仁哲在扎然（brag ram）建立讲经院。这里出有许多大学者，其中包括德峨大师（slob dpon der vod）、邬玛巴·协蚌（dbu ma pa sher vbum）和布顿扎僧（bu ston grags seng）等许多善知识。

绛央萨玛（vjam dbyangs gsar ma）在绛都（skyang vdur）建立讲说院并聚集了许多僧众。有名叫衮铿·却古俄色（kun mkhyen chos sku vod zer）者是他的弟子之一，此师下半生建立讲经院（bshad grwa）和修行院（sgom sgra）。有段时间，他前往五台山（ri bo rtse lnga），然后回藏。他对《现观庄严论》和《定量论》作了释疏。其中（对佛法）的解释前后所言有点矛盾，于是弟子问其原因，他回答说："由于平衡入定之宗有所不同，故而出现那点矛盾。"后来，他便成为时轮住持者，于是绒巴嘎洛（rong pa rgaw lo）成为他的弟子。秦钦姆（vchims chen mo）暗中指示杰纳扎僧（skyel nag grags seng）在纳塘①建立讲听院，但噶当派僧众对此不满意说要对此给予惩罚。于是，杰纳扎僧告知秦钦姆不太可能在那儿建立讲经院了。对此，秦钦姆暗中指示说："我将给你许多茶叶，你应该在那儿举行茶供仪式（mang ja）三次，以偿付此次处罚。喝第三旬时你就说你正在供上罚款（给僧团），现在你们就此进行商讨吧！说完你就开始辩论。"如此而行之后，他就能够（在纳塘）圆满建立讲经院了。那时，还出现了诸如吉顿扎蚌（skyi ston grags vbum）、曲弥巴·僧格贝等许多善知识。

觉丹热伯惹季（bcom ldan rigs pavi ral gri②）：普汤地方人（phu thang

---

① 纳塘（snar thang）：藏族历史上一座极有名的噶当派寺院（在今西藏自治区日喀则县曲米区）。公元1153年，格西夏惹哇的弟子冬盾·洛追扎巴（1106~1166）所建。继承噶当派所传教法和迦湿弥罗班禅释迦师利所传戒律。13世纪时，寺中堪布均乃朵热赤（即本书所说觉惹〔觉丹热伯惹季〕）及其弟子卫巴罗赛（即本书所说邬巴洛色·绛曲益西（dbus pa blo gsal byang chub ye shes））将当时所有的藏译三藏佛经编订为《甘珠尔》和《丹珠尔》，即佛说及论疏两部藏文经典刻板印行。但今所见之纳塘版大藏经，则是系1732年颇罗鼐主持所刻者。为此，该寺至今藏许多重要古迹文物，如《甘珠尔》和《丹珠尔》的木刻板，释迦佛诞生如意宝树画轴二十五卷的刻板，全套宗喀巴传记的画轴二十五卷的刻板等等。参阅《藏汉大辞典》，第1595页。

② 罗译（第336页倒数第11行）转写为：zal-gri。另，觉丹热伯惹季反对时轮（Kālacakra）学说，他认为这不属于佛教。另一位著名的反对者是至尊仁达哇（Red mdav pa，又为Red mdav ba）。关于仁达哇，参阅下文相关内容。

ba），在桑耶白塔处成为尊者①。他在噶哇冻寺的亚·尼玛准珠（dbyar nyi ma brtson vgrus）座前学习《现观庄严论》时，身上出现麻风病症状。他来到纳塘的觉敦巴（skyo ston pa）座前问诊疗病。这位觉敦巴乃双目失明念修恰那多吉②长达11年之人。觉惹（觉丹热伯惹季）来到纳塘，脚刚踏上纳塘寺的门槛头上便出现阳光，与此同时出现了纳塘寺僧众中有吹海螺者，出现了吉兆。于是，觉敦巴说："你的病并不严重，你自己应该避免焦虑，到那边峡谷中念诵《定量论》修养吧。"于是，他在纳塘寺外的一山洞里念诵《定量论》一千遍，麻风病就治愈了。后来，他加入了纳塘寺经院，进行教习并且圆满完成不动之念，修十三亿而获得智慧的破晓，却绛峡细巴（chos skyong zhal bzhi pa，意即四头护法）也做侍者并听受其法。于是，他有了许多博学的善知识弟子。据说当时持三藏师的三分之二都聚集在了纳塘寺。大善知识绛伯央（mkhas pa chen po vjam pavi dbyangs）也是他的弟子。有一次，在晚课结束后，他装扮成鬼神吓唬自己的老师而受到大师责骂③，不让他留在本寺。因此，他就住在了萨迦寺。他接到霍尔人（蒙古人）的邀请后，就成了巴颜图汗（bhavu yan du rgyal po）④ 的应供处（mchod gnas），并在那里著有《释量论注疏略》等。他通过皇室信使向觉丹巴座前献了无数次供品，但是上师并不欢喜。最后，他给其师寄去一箱中原墨水而使之欢喜无比。觉丹巴也著有十六经函之多的论著。有位名叫邬巴洛色（dbus pa blo gsal）的大善知识是觉惹（觉丹热伯惹季）和准巴绛央（btsun pa vjam dbyangs）两人的弟子。觉惹（觉丹热伯惹季）把善逝⑤经之卷数的长短和译跋⑥等进行了确定，他还撰著了《教法广说》（bstan pa rgyas pa）对诸论典进行了分类⑦，整理论

---

① 尊者（btsun pa）：大德。佛教徒对于受持佛教戒律的出家人的敬称。见《藏汉大辞典》，第2200页。
② 恰那多吉（phyag na rdo rje）：金刚手大势至。总集一切佛意，大势为性，手持金刚杵，随侍如来的八大菩萨之一。见《藏汉大辞典》，第1734页。
③ 这在西藏是家喻户晓的故事：有一次绛伯央戴上护法神面具，在月光下突然出现在觉惹面前。把觉惹吓坏了，随后还沿着寺庙周围追逐觉惹。
④ 巴颜图汗（Buyantu qan），即元朝第四位皇帝元仁宗（1285～1320）的汗号，公元1311～1320年在位，名爱育黎拔力八达。年号是皇庆（元年是1312年）和延祐（元年是1314年）。死后谥号圣文钦孝皇帝。
⑤ 善逝（bde bar gshegs pa）：梵文：Sugata，音译修伽陀。即《甘珠尔》。依安乐大道菩萨乘，趋证安乐上果佛位者。见《藏汉大辞典》，第1368页。
⑥ 译跋（vgyur byang）：译者在所译书后附加的跋文。见《藏汉大辞典》，第506页。
⑦ 这里指他对《丹珠尔》的编辑工作。

典之各章节，由此而作出了弘法事业】。① 此后，大德绛央寄给邬巴洛色等人大量的财物资具，并令他们印制全套《甘珠尔》和《丹珠尔》的奉

---

① 【　】中数段文字郭译（第 225 页倒数第 1 行处）漏。藏文请参阅第 408 页第 6 行至第 411 页第 2 行：

　　…mkhas pa chen po zhang mdo sde dpal la sogs pavi slob ma mang du byang zhing/ ding sang gi bar du rnam vgrel dar bavang pan chen dang khong rnam gnyis kyi drin yin/ gsang phu ba rnams kyang kho bo gzhon pavi dus na rnam nges kyi bdag po mdzad pa las/ ding dang ni rnam vgrel bar gyur to/ bo dong rin rtses brag ram dub shad grwa btsugs/ slob dpon der vong/ dbu ma pa shar vbum/ bu ston grags seng la sogs pavi mkhas pa mang du thon no//

　　Vjam dbyangs gsar mas ni skyang vdur du bshad pavi grwa btsugs pas grwa pa mang du thon/ kun mkhyen chos sku vod ser zhes grags pavang khong gi slob ma yin/ sku tshevi smad la bshad grwa dang sgom grwa gnyis su mdzad/ skabs shed du ri bo rtse lngar yang byon nas slar bod du byon/ phar phyin dang rnam nges la tiv ka yang mdzad snang/ snga sgros phyi sgros cung zad mi mthun par byung ba la/ slob mas de skad zhus pas/ ting nge vdzin la snyoms par vjug lugs mi mthun pa re la brten nas byung ba yin gsung zhing/ phyis ni dus kyi vkhor lo bavi ded dpon chen po mdzad pas/ rong pa rgwa lo yang khong gi slob mar gyur/ skyel nag grags seng la vchims chen mos lkog tu zhal brda mdzad nas snar thung dub shad nyan btsugs pas/ bkav gdams pa rnams de la ma dgav bas chad pa gco zer ba la/ skyel nag gis vchims chen mo la vdir bshad pa rang mi tshugs pa vdra zhus pas/ vchims kyi zhal nas/ ngas ja mang du byon gyis/ chad pavi ja lan gsum tsam du bskol la/ mang ja gsum pavi steng du chad pa ni phul yod/ da bgro gleng byed zer ba gyis la bgro gleng gyis zhes lkog tu zhal brda mdzad/ de ltar byas pas bshad pa yang legs par tshugs te/ skyi ston grags vbum dang/ chu mig pa seng ge dpal la sogs pa mkhas pa mang du thon/

　　Bcom ldan rigs pavi ral gri de/ yul phu thang ba yin pa zhig bsam yas mchod rten dkar po bavi btsun pa byas/ dgav ba gdong du dbyar nyi ma brtson vgrus la phar phyin slob kyi yod pavi tshes nad kyi rnam par rtog pa zhig byung nas/ snar thang skyo ston pa la khams vchos su vongs/ skyo ston pa de ni phyag na rdo rje la nyi ma mig gis mi mthong bavi bsnyen pa lo bcu gcig tu mdzad pa zhig yin/ bcom ral gyis snar thang gi them pa la zhabs bzhag pa dbu na nyi ma shar ba/ snar thang gi tshogs dung vbud pa rnams dus mtshungs su byung bas rten vbrel bzang bar yang go/ der skyo ston pas khyed kyi nad vdi la stugs po mi dgos/ khyed rang rnam nges kyi gzhung de grog sul pha gir skyongs dang gsung bas/ snar thang phyivi grog phug shig tu rnam nges tshar stong bshad/ des mdze yul bud/ de nas snar thang gi chos grwar bzhugs/ spyangs pa mdzad cing mi g'yo bavi bsnyen pa yang dung phyur bcu gsum du bskyal bas shes rab kyi nam langs/ chos skyong zhal bzhi pas kyang zhabs tog bsgrubs te bshad nyan mdzad pas/ slob ma shin tu mkhas pa mang bar byung zhing/ sde snod vdzin pavi sum gnyis snar thang du vdus par grags/ mkhas pa chen po vjam pavi dbyangs kyang khong gi slob ma min pa las re shig chos bar sar vdre rdzu byas nas slob dpon la bsdigs bskur bas/ shin tu bkav bkyon nas drung du vdug dbang ma byung bas sa skyar bzhugs pas/ hor gyir gdag drangs nas bhavu yan du rgyal povi mchod gnas mdzad/ der tshad ma rnam vgrel gyi tivi ka bsdus pa dang bcos pa brtsams/ gser yig pa rnams la bcom ldan pavi dreng du vbul bar ci thengs byas kyang mnyes pa tsam ma byung/ mthar snag tshar sgam chung gang bskur bas shin tu mnyes/ bcom ldan pas bstan bcos kyang pu sti bcu drug tsam brtsams/ khas pa chen po dbus pa blo gsal zhes grags de yang/ bcom ral dang btsun pa vjam dbyangs gnyis kavi slob ma yin/ bcom ral gyis bde bar gshegs pavi bkav rnams kyi bam tshad dang vgyur byang sogs lavang nges nges mdzad/ bstan bcos rnams kyang so sor phye nas tshan tshan du bsdu bavi bstan bcos bstan pa rgyas pa bya bavang mdzad/。

安在纳塘寺里。于是，在邬巴洛色·绛曲益西（dbus pa blo gsal byang chub ye shes）、译师索南俄色（lo tsav ba bsod nams vod zer）及江若绛曲蚌（rgyang ro byang chub vbum）三人的辛勤努力下，寻找到《甘珠尔》和《丹珠尔》原本，圆满完善地印制出来之后，奉安在（纳塘寺）称为绛拉康（vjam lha khang）的庙堂之中。据此版本，又在其他一些寺院广为印制流通，比如上部地区流通直到仲巴萨迦（grom pa sa skya）及考贡塘（khab gung thang）① 等地。在下部地区，一直流通到蔡公塘（vtshal gung thang），那里翻印了三部。达隆及其附近等处也印行了三部。布顿仁波且也从纳塘购得《甘珠尔》，并删除了其中重复的内容，由于纳塘版原版里面搜集了当时所有的文献。他把尚未进行分类的文献进行了妥善的次第分类，并且增补了新的法门项目千余种。这个新编辑的文集就奉安于夏鲁寺（zha luvi gtsug lag khang）中。后来，仁棚庄园（gzhis kha rin spungs）的南喀坚参大师（slo dpon nam mkhav rgyal mtshan）又以此作为原本，重新印制之后，奉安在泽当经院中。后来，人们又以此为原本而刻板印制（新的藏文大藏经），奉安在贡嘎（gong dkar）和丹萨梯（gdang sa thel）寺中。

　　后来康区诸人士（把上述诸版本）分别刻板印制并运回了康区。这些印本就作为康区印制其他印本之原本了。法王通哇邓丹巴（chos rje mthong ba dun ldan pa）也印制了一套。在前藏（dbus），杜温峡哇（du dben sha ba）也刻板印制了全套大藏经。粗普寺②法王壤迥哇也用珍宝（如金银）粉来书写了一套。绛巴（弥勒）寺（byams pa gling）③ 的雅嘉本钦格年巴（yar rgyab dpon chen dge bsnyen pa）也印制了一套。思贡邦巴（gzi kun spangs pa）也出资书写制造了 180 函。到那时，达孜哇（stag rtse ba）也建立桑波庙堂（gtsug lag khang bzang po），并在已有的《甘珠尔》和《丹珠尔》基础上，寻找到许多晚期原本，再据此补订建造出的经版数量多得不可胜数。【诸如此类，都是由觉丹热伯惹季的弟子大德绛

---

① 考（khab）：王宫、宫殿之藏音。
② 粗普寺（mtshur phu dgon pa）：又译楚普寺，藏传佛教噶玛噶举派主庙。公元 1189 年，为噶玛噶举派高僧杜松钦巴（dus gsum mkhyen pa）倡建。其地位于拉萨市西北堆龙的楚普地方。参阅《藏汉大辞典》，第 2316 页。
③ 绛巴（弥勒）寺（byams pa gling）：弥勒寺。藏族地区常作为一些寺庙的称号。例如山南扎囊寺（lho kha gra nang byams pa gling），昌都寺（chab mdo byams pa gling），青海塔尔寺（a mdo sku vbum byams pa gling）等。参见《藏汉大辞典》，第 1877 页。

第六章 峨译师、巴操传承及中观、因明……的历史

伯央之神力而实现】①，绛伯央之功绩归功于峨译师之恩惠，峨译师之功绩归功于喀切（克什米尔）诸位善知识，而后者之功绩归功于诸佛之恩惠。现在（著书时）是由善巧师喜饶僧格（mkhas pa shes rab seng ge）及其弟子善巧大师根敦珠②修建札什伦布大寺③，塑立大佛像；并聚会众多僧侣发展讲说和听受经教。名称上说为噶丹山派④之分支，实际上师徒二人都是纳塘的根本善知识。

又有泽当（rtse thang）的绛曲仁钦大师（chen po byang chub rin chen）之子，因为委托给自己的侍者照顾，侍者名为雅业（g'yag yu），故被称为雅楚·桑杰贝（g'yag phrug sangs rgyas dpal）⑤。桑杰贝的根本寺庙为桑普寺。他在此寺中学习研究了许多"布题卡"释疏论典⑥。普遍传称他能背诵以《甘珠尔》和《丹珠尔》为主的许多经论，没有比他记持经论更多的人士。此师曾担任萨迦甘丹（sa skya dgav ldan）之寺主，在前后藏上下各区进行讲经说法和听受经教的事业，使《般若波罗蜜多》教义得到广泛传播。他还著有许多关于《般若波罗蜜多》的广品和中品之释疏，同时也讲说《量释论》和《中观》等教义。最后，圆寂荼毗时遗体大都成为佛像和舍利。

此师的得意弟子绒敦·玛威僧格大师（rong ston smra bavi seng ge chen po）：少年时期，他从嘉莫绒（rgyal mo rong）来到桑普内邬脱（gsang phu nevu thog）。由于他具足圆满的精进和法缘，年满20岁时，就可以对大多数论典撰著释疏论文，既而成为大善知识。他前往前藏和勒堆（las stod）之间上下部各地弘扬佛法。通过其广大讲授之事业，他聚集了

---

① 此句藏文（第412页第9～10行）为：bcom ldan rigs pavi ral gravi slob ma btsun pa vjam pavi dbyangs kyi mthu las byung ba yin te/。郭译（第226页倒数第7～6行）为："诸如此类不仅都是由薄伽梵（即佛）的弟子理智之剑——曼殊室利的神力中而生出"。恐误。

② 根敦珠（dge vdun grub）：译言僧成（1391～1474）。宗喀巴弟子，明正统十二年丁卯年（公元1447年）倡建札什伦布寺，后人追认为其第一世达赖喇嘛。见《藏汉大辞典》，第448页。

③ 札什伦布大寺（bkra shis lhun po）：后藏最大的格鲁派寺庙，在日喀则郊区。明正统十二年丁卯年（公元1447年），第一世达赖喇嘛根敦珠所修建。自班禅洛桑却坚以后，即为历代班禅额尔德尼驻锡之所。见《藏汉大辞典》，第85页。

④ 噶丹山派（ri bo dge ldan）：即 ri bo dgav ldan pa，山居噶丹派。藏传佛教格鲁派祖庙甘丹寺，建于拉萨东郊卓日沃切山上，故有此名。见《藏汉大辞典》，第2676页。亦称山居格鲁派（ri bo dge lugs pa）。

⑤ 据罗译（第339页）行间注曰，此师和至尊仁达哇（rje btsun red mdav ba）是萨迦派最后两位著名学者。仁达哇曾名宣奴洛卓（gzhon nu blo gros）。

⑥ 即 Bu ti ka，意为布顿大师所撰之有关般若波罗蜜多之释疏。

许多善巧弟子。他还著有《明义释论注疏》①和《十万般若广释》等以弘扬佛教事业。后来，以讲说和听受来利益（人众）之诸师中，他应该是最胜者。

此师的弟子说法大师桑杰迫（chos smra ba chen po sangs rgyas vphel）：他由仁棚巴（rin spungs pa）做施主，掌管锡金抚育经院，启发许多求学大众的理智和智慧之眼，使得佛法弘扬起来。

庄园主仁棚巴还在绛钦（byang chen）修建大寺院，绛曲生贝嘉哇却（byang chub sems dpav rgyal ba mchog）在此讲经说法好几年时间，又由堪钦桑杰贝哇（mkhan chen sangs rgyas dpal ba）建立弘法讲座。之后，由古杰哇（sku skye ba）住持寺座；并且建造诸宝庄严之至尊弥勒大像。此师逝世后，由说法大师桑杰迫住持寺座，直至现在（著书时）还转大法轮。

此外，至尊仁达哇（rje btsun red mdav ba）依止大善巧师尼温贡噶（mkhas pachen po nya dbon② kun dgav）圆满学习波罗蜜多教。后来，经弟子们劝请，他才撰著了《明义释论疏》（vgrel ba don gsal gyi ti ka）。宗喀巴大师也是从仁达哇座前听受此教的，后来在还未离世务专修前（未正式出家为僧前）就著作了《金鬘疏》③。此后不久，他也就离世务专修（出家为僧）。为此，这一讲说传承的住持人未能够广大出现。后来，嘉操仁波且·达玛仁钦巴（rgyal tshab rin po che dar ma rin chen pa）撰著的《明义释论疏》，至今（著书时）极为盛行，并成为对利他极大饶益之论著。涅细师的弟子嘉清如哇修建了德哇坚（bde ba can，极乐）寺。此后由其侄子桑杰贝等在此讲说佛法。后来次第出有聂·扎楚（gnyags grags tshul）、嘉顿索仁（rgya ston bsod rin）、格·扎巴（dge brag pa）、聂塘巴·扎西僧格（snye thang pa bkra shis seng ge）、洛仁大师（slob dpon blo rin）、扎西僧格大师（slob dpon bkra shis seng ge）、绛仁（vjam rin）、僧扎（seng grags）、格贡哇·达玛僧格（dge gong ba dar ma seng ge）、楚江巴（tshul rgyam pa）、乌坚巴（dbu rgyan pa）等诸师。上述诸人都是岭堆巴（gling stod pa，意即上部寺院，即桑普寺 gsang phu）之执事。

峡噶宣大师（slob dpon shavka gzhon）得到蔡巴门兰巴（vtshal ba

---

① 此处《明义释论》即 Haribhadra 所著之 vgrel pa don gsal。
② 罗译（第340页倒数第7行）转写为：nya-dpon。
③ 《金鬘疏》（legs bshad gser phreng）：宗喀巴著，全名《般若波罗蜜多教授论现观庄严本注详解金鬘疏》（shes rab kyi pha rol tu phyin pavi man ngag gi brtan bcos mngon par rtogs pavi rgyan vgrel pa dang bcas pavi rgya cherˇ bshad pavi legs bshad gser gyi phreng ba）。见《藏汉大辞典》，第2803页。

smon lam pa）等人的帮助，建立了（拉萨附近）蔡公塘讲说院。峡噶宣巴来到勒邬脱寺并住持寺座后，却柯林（chos vkhor gling）寺座则堆选登珠贝（don grub dpal）来执掌。在他之后次第由洛桑（blo bzangs）、索南贝（bsod nams dpal）、绛巴（byams pa）、衮桑巴（kun bzangs pa）等人继承寺座。这些人都是岭麦巴（gling smad pa，意即下部寺院）之执事。以上各种情况我都只是说其大略而已。小寺和各寺中，能有讲说经论诸事业之传统，是从峨译师之恩惠中获得的。上述仅是峨大菩萨（峨师的尊称）事业（不同）阶段的简述。本部分为峨译师等的传承情况。

二　巴操的传承概况

现在叙述大乘中观讲释如何出现之情况：大译师洛丹喜饶弟子传承[①]等情况，主要根据喜饶卓玛（shes rab sgron ma）诸论著的说法，已经在本书上文叙述。那么，根据译师巴操·尼玛扎（lo tsav ba spa tshab nyi ma grags）对于月称大师的（中观）论[②]的解释，其来源又是如何呢？

巴操·尼玛扎：诞生在彭域地方巴操上下两村中之上村。少年时他前往喀切（克什米尔）在萨乍纳（Sañjana）[③] 的二大弟子等许多班智达座前听受教法。一直学习到年满23岁才返回藏区时[④]，布桑巴（spu hrangs pa）寺的僧伽一起供献给他一颗硕大的名为"帕古"（phag sgur）的松耳石，请求他翻译贡哇伯（gong ba spel）所著的《俱舍论释》[⑤]。于是，他非常完善地把它翻译出来了。他到彭域地方时，僧徒不是很多[⑥]；为此，善知识峡巴哇派遣自己的很多僧徒到他座前学习《中观》。在此建立了

---

① 弟子传承（slob brgyud）：就弟子说，从最近一代往下推算直至最后一代，称为弟子传承。就上师说，从最近一代上师往上推算，直到最初一代，称为上师传承。见《藏汉大辞典》，第2999页。
② 关于月称之中观论，请参阅《丹珠尔》，dbu ma, No. 3853。
③ 藏文（第416页第3行）写为：ཙནྡ་ན།。
④ 此句藏文（第416页第4～5行）为：lo nyi shu rtsa gsum du sbyangs pa mdzad nas bod du phebs pavi tshe/。罗译（第342页第1～2行）为："After studying for 23 years, he returned to Tibet…（学习23年之后，他回到了西藏……）"似有误。
⑤ "贡哇伯"梵文为：Pūrnavardhana。有关《俱舍论释》（Abhidharmatīkālaksanānusārinī nāma），请参阅《丹珠尔》，mngon pa, No. 4093。
⑥ 此句藏文（第416页第7～8行）为：vphan yul du phebs dus gdul bya ha cang mi che ba la/。郭译（第228～229页）为："他到屯裕时所有应化有情大都是大人物。"恐有误。

《中观》讲说和听受之规后,他抚育了许多僧徒,并很好地翻译出了月称大师所著之《入中观根本论释》(rtsa vjug bzhi gsum gyi vgrel ba)① 和《六十如理论释》(rigs pa drug cu pavi vgrel ba)② 诸论著。后来,在小昭寺(ra mo che)他又同班智达嘎纳嘎哇玛(Kanakavarman)一起,将以前所翻的译本与中藏的文献(yul dbus kyi dpe)③ 进行校正。月称所著的《七十空性论广释》(stong nyid bdun cu pavi vgrel ba),是由阿坝雅(Abhaya)和诺达玛扎(snur dharma grags)共同翻译的④。对此释论译本,巴操译师又同班智达莫智达(Mu di ta)共同校译了上部之两卷多内容。【又如《密集广释明灯论》(gsangs ba vdus pavi rgya cher vgrel pa sgron ma gsal ba)⑤ 之译本,虽说一般认为是妥善之译本,曾经过仁钦桑波校阅,然而见其校译审订,并非完全如此,而是由尼玛扎(即巴操译师)来进行纠正、注明,并且妥善地译出。】⑥ 同时他还译出许多密集法类,并且讲说和听受密集法类。

巴操之诸弟子中,藏巴萨博(gtsang pa sar spos)、玛嘉·绛曲益西(rma bya byang chub ye shes)、达·云丹扎(dar yon tan grags)、香·塘萨巴益西穹奈(zhang thang sag pa ye shes vbyung gnas),即为著名的"巴操之四大弟子"(spa tshab kyi bu bzhi)。由于诸人的讲说,使得《中观》在前后藏得以广泛传播。特别是恰巴大师的僧钦⑦玛嘉绛尊(rma bya byang brtson),在巴操座前

---

① 梵文为:Mūlamādhyamakavrtti Prasannapadā nāma。请参阅《丹珠尔》,dbu ma, No. 3860。
② 梵文为:Mādhyamakā vatārbhāsya nāma。请参阅《丹珠尔》,dbu ma, No. 3862。
③ 罗译(第342页第20行)为"texts from Magadha(摩竭陀文献)";郭译(第229页第5行)为:"中印度梵本"。
④ 据罗译(第342页倒数第12行起)行间注,更顿群培大师给罗列赫介绍说,在后藏的夏鲁寺(zhwa lu)至今保存有达玛扎的原稿。
⑤ 梵文为:Pradīpodyotana nāma tīkā。请参阅《丹珠尔》,rgyud, No. 1785。
⑥ 【】处藏文(第416页倒数第3行至417页第2行)为:gsangs ba vdus pavi rgya cher vgrel pa sgron ma gsal ba la/ sgyur byed bzang bar grags pa rin chen bzang po ltas/ bsgyur zhus gtan la phab par rlom yang ji lta bzhin min par mthong nas nyi ma grags kyis legs par bgyur bavi/ /zhes bya ba la sogs pa gsungs shing vgyur bcos yang dag pa zhig mdzad/。罗译(第342页倒数第8行至第343页第1行)为:He stated about the great Commentary on the Guhyasamāja (gsangs ba vdus pavi rgya cher vgrel pa) —the Pradīpodyotana nāma tīkā: "Rin chen bzang po who was famous as an excellent translator, had boasted that he had made a translation of it, had revised it and had edited it. Having discovered that the translation was not properly done, I, nyi ma grags pa, have retranslated it"(他是这样评述《密集广释明灯论》的:"著名译师仁钦桑波声称他翻译、校订并编辑了此论。而我,尼玛扎巴发现译文并不准确,就重译了该论")。估计是所据版本不同之故。
⑦ 僧钦(seng chen),意即"伟大狮子"。

听受《中观》和《密集》后，将其说法基地（chos gzhi）移至雅垄上下地区，长期讲说《中观》。由此他有赞塘巴·嘉哇贝（btsan thang ba rgya ba dpal）等许多弟子，并使《中观》在此得到了很好发展。

玛嘉绛尊是库译师垛德坝（khu lo tsav ba mdo sde vbar）和喀切（克什米尔）·乍雅阿伦达二师的弟子。他对乍雅阿伦达所著的《推理锤论》（rtog ge tho ba）① 撰论《推理锤论释》（rtog ge tho bavi ti ka）。我还发现他著有《根本智论释》（rtsa bavi shes rab kyi ti ka）②、《明句大纲释疏》（tshig gsal gyi stong thun gyi ti ka）、《入中论摄义及注释》（cjug vgrel gyi bsdus don dang mchan）、《中观摄义》（dbu mavi bsdus pa）等论著。他似乎还著有《中观》方面的许多教科书。

香·塘萨巴（zhang thang sag pa）：他修建（彭域的）塘萨寺（thang sag）后，广泛建立讲说和听受中观之规。我还发现他著之《入中论疏》（vjug pavi ti ka）、《六十如理论疏》、《四百颂疏》（bzhi brgya pavi ti ka）、《宝鬘论疏》（rin chen phreng bavi ti ka）等诸论③。除上述论著外，他似乎还著有其他一些教科书④。【因为此师，在塘萨寺讲说《中观》之法流直到今天（著书时）都从未间断。前后藏许多善知识也都前来（此寺学习）。该寺对中观法流有过极大助益。】⑤

香·塘萨巴之后，次第是仲敦（vbrom ston）、旺秋扎巴（dbang phyug grags pa）、喜饶多杰大师（slob dpon shes rab rdo rje）、顿楚大师（slob dpon ston tshul）和扎丹（grags ldan）两兄弟、鲁温萨喀德哇（lu dbon su kha de ba）、觉尊大师（slob dpon jo btsun）、喇嘛邬惹哇（bla ma dbu ra ba）、敦巴喜饶贝大师（slob dpon ston pa shes rab dpal）、达玛喜饶大师（slob dpon dar ma shes rab）、邦顿·喜饶仁钦（bang ston shes rab rin

---

① 梵文为：Tarkamudgarakārikā。请参阅《丹珠尔》，dbu ma，No. 3869。
② 梵文为：Prajñamūla。请参阅《丹珠尔》，dbu ma，No. 3824。
③ 《入中论》梵文为：Mādhyamakāvatāra。《六十如理论》（龙树著）梵文为：Yukti sastikā。《四百颂》（bzhi brgya pa）梵文为：Catuḥ śataka śāstrakānāma；请参阅《丹珠尔》，dbu ma，No. 3846。《宝鬘论》（rin chen phreng ba，龙树著）梵文为：Ratnāvalī；请参阅《丹珠尔》，spring yig，No. 4158。
④ 此句藏文（第 418 页）为：de dag las gzhan pa yang mdzad pa vdra vo/。郭译（第 230 页）为："除以上诸著外，似乎未有其他论著。"
⑤【】藏文（第 418 页第 1～4 行）为：thang sag du ni ding seng gi bar du kong la brten nas dbu mavi bshad pa rgyun ma chad par byung/ dbus gtsang gi dge bshes bzang po mang pos kyang der gtugs te/ dbu ma la phan pa chevo/。郭译（第 230 页第 3～4 行）为："汤萨大师：直至而今（著者当时）依此师之规而仍讲说'中观'法流。前后藏许多善善的善知识也都前来亲近此师，获得极大的饶益。"

chen)、至尊敦巴索南僧格（rje btsun ston pa bsod nams seng ge）、帕顿·桑丹桑波（vphags ston bsam gtan bzang po）、邦顿·宣奴桑丹（bang ston gzhon nu bsam gtan）、汤纳巴大师（slob dpon thang nag pa）、扎西僧格大师（slob dpon bkra shis seng ge）、达巴·宣奴桑波（rta pa gzhon nu bzang po）、萨康巴·却扎大师（gsas khang ba slob dpon chos grags）、塘萨巴·索南坚参（thang sag pa bsod nams rgyal mtshan）、哲哇·贡噶宣奴（rtse ba kun dgav gzhon nu）、释迦宣奴大师（slob dpon shavkya dzhon nu）、衮邦·宣奴坚参（kun spangs gzhon nu rgyal mtshan）、玛顿·宣奴坚参（dmar ston gzhon nu rgyal mtshan）、楚臣贝哇大师（slob dpon tshul khrims dpal ba）、扎巴坚参（grags pa rgyal mtshan）、仁钦嘉措大师（slob dpon rin chen rgya mtsho）、寺主洛卓贝仁巴（blo gros dpal rin pa）。直到上述最后一位大师，他们自己都以《入明句两论广释》（tshig gsal vjug gi vgrel chen gnyis）作为主要论典而讲说（中观）。当塘萨巴等在印度描述其世系传承时，他们次第提到如下人士：吐巴旺波（释迦能仁）（thub pavi dbang po；梵：Munindra）、堪布扎坚辛（mkhan po sgra gcan zin；梵：upādhyāya Rāhulabhadra）、龙树（klu sgrub①；梵：Nāgārjuna）、月称（zla ba grags pa；梵：Candrakīrti）、玛都甘底（Mañjukīrti）、德哇赞扎（Devacandra）②、婆罗门·仁钦多杰（bram zer rin chen rdo rje；梵：brāhmana Ratnavajra）、哇惹哼达（ba ra hi ta；梵：Parāhita）、哈苏玛底（ha su ma ti；梵：Hasumati）直至巴操译师。

以上为巴操译师及其传承概况。

三　阿毗（达摩）③的传承情况

在雪域藏区《大乘阿毗达摩集论》④之法流传承为佛世尊传出后，次

---

① 罗译（第 344 页倒数第 11 行）转写为：klu-grub。
② "玛都甘底"和"德哇赞扎"藏文（第 418 页末行）分别为：ཨཇུ་ཀིརྟི 和 དེ་བཙུན྄ྃ。
③ 阿毗（mngon pa）：论。梵音译作阿毗，义译对观（对法）。对向涅槃诸实义；详明辨析、反复演说每一法是有色否；克敌制胜；依此能通一切经义。以此四因，说名为对。佛说论藏，或对法藏，以此得名。见《藏汉大辞典》，第 688 页。
④ 《大乘阿毗达摩集论》（chos mngon pa kun las btus pa；梵：Abhidharmasamuccaya）：印度无著论师所著有关共乘摄颂，五卷。印度佛学家燃灯智与西藏译师戒胜（tshul khrims rgyal ba）共同由梵译藏，并加校订。唐代玄奘由梵译汉。见《藏汉大辞典》，第 834 页。有关此论，可参阅《丹珠尔》，Sems tsam, No. 4049。

第为弥勒佛（sangs rgyas byams pa；梵：Maitreya）、无著（Thogs med；梵：Asaṅga）、世亲（dbyig gnyen；梵：Vasubandhu）、洛丹（blo brtan；梵：Sthiramati）、邦伯（gang spel；梵：Pūrṇavardhana）、喀切（克什米尔）·枳纳弥扎（kha che dzi na mi tra；梵：Kashmirian Jinamitra）、噶觉香三师①。此三师传拉隆·贝季多杰、南囊·达威多杰（nam nang zla bavi rdo rje）和卫·嘉哇益西（dbas rgyal ba ye shes）三人。拉隆和南囊二人由于修行而获得成就。卫师因前藏发生战乱而前往康区，此师弟子有珠·嘉威益西（grum rgyal bavi ye shes），次传珠却（gru mchog）的益西（ye shes）、色准（se btsun）、噶弥·云丹雍仲（gar mi yon tan g'yung drung）、库敦·尊珠雍仲、惹·赤桑坝（rwa khri bzang vbar）、嘉·楚勒（rgya tshul le）、里堆枳扎（li bdud rtsi grags）等人。彰底·达玛宁波（brang ti dar ma snying po）前来惹赤桑（坝）座前由听受教法，并获得师传，弟子甚多。据说在峨大译师率领比丘三百人前来拜见班智达蚌察松巴（vbum phrag gsum pa；梵：Sthiapāla）时，在译师的每位比丘前，彰底巴都各派出自己的比丘弟子13人进行服役承侍。彰底巴座下出有阁窝·益西穹奈（ko bo ye shes vbyung gnas），益西穹奈门下出有若·却吉准珠（rog chos kyi brtson vgrus）。依止此师在雅垄上下部发展出许多讲说和听受《阿毗达摩杂集论》之人士。此师的弟子雅·嘉威喜饶（yar rgyal bavi shes rab）又著有《杂集论大疏》（kun las btus kyi ti ka che mo）。若师却吉准珠门下出有德隆色坝（te lung se vbar）、甲德哇（bya sder ba）、杰基巴·敬巴僧格（bye skyid pa spyin pa seng ge）、吉顿扎蚌、觉丹热枳（bcom ldan ral gri）等人。衮铿·却古俄色在杰吉巴·敬巴僧格座前听受教法。此外，由彰底传出秦·尊僧（vchims brtson seng）、江若·达玛贡（rgyang ro dar ma mgon）、秦·准嘉（mchims brtson rgyal）、雄·洛丹（shong blo brtan）、却丹译师（lo tsav ba mchog ldan）、榜译师（dpang lo tsav ba）、绛哲（byang rtse）、尼温波·贡噶贝（nya dbon po kun dgav dpal）②、却贝贡波（chos dpal mgon po），直传至大主宰洛卓嘉措（bdag nyid chen po blo gros rgya mtsho）之间。又由阁窝·益西穹奈、班师（vban）、陀噶哇绛德（tho gar ba gcam lde）、杰巴·绛焦（vjad pa byang

---

① 噶、觉、香三师（ska cog zhang gsum）：又译"噶、焦、祥氏三师"。8世纪中，吐蕃王赤松德赞时，噶哇坝则（ka ba dpal brtsegs）、觉若·鲁夷坚参（cog ro kluvi rgyal mtshan）和香·益西德（zhang ye shes sde）三位藏族青年译师的简称。参阅《藏汉大辞典》，第104页。

② 罗译（第345页倒数第11行）将此名译成两个名字：nya-dbon-po 和 kun-dgav-dpal。

skyabs)、杰巴·宣绛（vjad pa gzhon byang）、郑·苍香（vbring mtshams zhang）、博冻仁哲、措普仁波且·索南僧格（khro phu rin po che bsod nams seng ge）、泽玛杰乌（tshad mavi skyes bu）、布顿仁波且、堪钦达玛西等师在前藏为许多三藏法师讲说教法。由布顿仁波且及以上诸师所撰写的大疏很多。而在蚌察松巴的博冻寺中所居住的许多三藏法师大都研究学习此法（大疏）而成为善巧者。

我虽然未找到博冻唉喇嘛（bo dong avi bla ma）传承次第之史料，然而从此寺中确实出有许多具足对法教理和律仪，以及声明诗词功德之人士，此寺可谓神奇稀有之所！在教法前弘期，《对法藏论》（俱舍论）（mngon pa mdzod）以及许多《对法藏论释》等论典被译出。一般认为，宣说此法是从班智达弥底而开始的。虽然此论在前后藏地区得到广泛传播，但是我未找到其次第传承的明确史料。

以上系阿毗达摩的传承情况。

四 《量释论》的传承情况

《量释论》传承次第：土坝【旺波】（释迦能仁）、阿罗汉法护（dgra bcom chos skyob；梵：Dharmatrāta）、班钦麦旺噶（pan chen me wang ga）、世亲、陈那①、旺秋德（dbang phyug sde；梵：Iśvarasena）、法称、拉旺洛（lha dbang blo；Devendrabodhi）、峡迦洛（shakya blo；梵：Śākyabodhi）、杜哇拉（dul ba lha；梵：Vinītadeva）、【……】②、协穹（sher vbyung；梵：Prajñākaragupta）③、【尼玛坝巴（nyi ma sbas pa；梵：

---

① 陈那（约440~约520），也称方象：phyogs glang；梵：Diṅnāga。意译域龙、童授等。古印度中期大乘佛教瑜伽行派论师，佛教新因明学创始人，被后人称为"中世纪正理学之父"。生于南印香至国婆罗门家族。初为小乘佛教犊子部信徒，后改修大乘。据说他是世亲弟子。曾于南印度安达罗国作《因明论》，擅长因明比量，在与佛教以外其他教派的辩论中屡屡获胜，常在那烂陀寺讲《俱舍论》和唯识、因明学说。改革因明学是陈那的最大贡献。他的因明学说被称为"新因明"。主要著作为《集量论》（现存梵文译本）。此外还有《因明正理门论》、《取因假设论》《观总相论颂》、《佛母般若波罗蜜多圆集要义论》（以上现存汉文译本）、《因轮论》、《观三世论》、《普贤行愿义摄》、《入瑜伽》、《阿毗达磨（俱舍论）注紧要义灯》、《圣文殊瞿沙赞》（以上现存藏文译本）以及《解卷论》（《掌中论》）、《观所缘缘论》。

② 【 】中藏文（第421页第8行）有衍文：chos grags（法称）。

③ 郭译（第232页）为："协央"。

Ravigupta)、嘉玛日（ja ma ri；梵：Yamari)】①、扎年纳西弥扎（Jñānaśrīmitra)②、却季却（chos kyi mchog；梵：Dharmottara)、阿难达（Ānanda)③、旺姑班智达（wam ku paṇḍita)、喀切（克什米尔）班钦释迦师利（kha che pan chen Śākyaśrī)④、萨班（萨迦班智达贡噶坚参)、邬域巴、香尊·垛德贝、绛央迦窝（vjam dbyangs skya bo⑤)、贝丹巴（dpal ldan pa)、绛央顿宣（vjam dbyangs ston gzhon)、洛桑贝（nor bzangs dpal)、扎仁巴（grags rin pa)、绛敦巴（vjam ston pa⑥)、却僧巴（chos seng pa，即却吉僧格)、垛脱巴·却吉桑波（rdo thog pa⑦ chos kyi bzang po)、堪钦仁波且·坚参桑波（mkhan chen rin po che rgyal mtshan bzang po) 等。此外，在却僧巴⑧（chos seng ba) 座下，又传有杰拉康哇·桑珠益西（rgyal lha khang ba bsam grub ye shes)，此师门下又出桑珠桑波哇大师（slob dpon bsam grub bzang po ba) 等人。除此诸人外，未有其他人士。诸人士据说也是经过堪钦仁波且·坚参桑波之努力而找到的。

以上是《量释论》的传承情况。

五　慈氏法类赞派的情况

关于薄伽梵⑨《慈氏五论》的情况：虽然大译师洛丹喜饶和赞·喀窝切二人都在同一上师萨乍纳座前听受了《慈氏五论》教法，但是他们对此五论的讲说方法显然有些不同。

据赞派之史事载：《大乘宝性论》（the pa chen po rgyud bla ma⑩) 和

---

① 【】中内容郭译（第232页第4行）漏。
② 藏文（第421页第9行）：ཧྲྀ་གྲྀ་མི་ཏྲ།
③ 藏文（第421页第9行）：ཡུ་བནྡེ།。亦即 Śaṅkarānanda。
④ 藏文（第421页第10行）：ཁ་ཆེ་པཎ་ཆེན་ཤཱཀྱ་ཤྲཱི།
⑤ 罗译（第346页倒数第9行）转写为：vjam-dbyangs sa-skya-pa。
⑥ 罗译（第346页倒数第8行）转写为：vjam-sngon-pa。估计是把 ta 释读为 nga 了。
⑦ 罗译（第346页倒数第7行）转写为：rngo-thog-pa。估计也是释读的问题。
⑧ 此处藏文（第421页倒数第5行）为：chos-seng-ba。与上文 chos seng pa 同。
⑨ 薄伽梵（bcom ldan vdas)：出有坏，世尊。佛的别号。梵音译作薄伽梵。"出" 谓超出生死涅槃二边，"有" 谓有六功德，"坏" 谓坏灭四魔。见《藏汉大辞典》，第756～757页。
⑩ 罗译（第347页第10～11行）转写为：the-pa chen-po rgyud bla-mavi bstan-bcos。

《辩法法性论》（chos nyid rnam par vbyed pa①）两种论典在其他班智达中并未得到普遍传承，而是由至尊麦枳哇（rje Maitrī pa）② 见有一塔的缝隙中发光并射出来，由此寻找到两论的原本。此后他祈祷至尊弥勒佛（rje btsun ma pham pa），至尊弥勒现身云层空间而来并给他讲授此两论。后来由麦枳哇讲授给班智达噶威扎巴（dgav bavi grags pa）。班智达噶威扎巴乔装打扮成乞丐而前往克什米尔，萨乍纳见到班智达噶威扎巴时，用惊奇的目光看他（发现他是一位奇人）并为他服役承侍，以此获得二论的传授。萨乍纳将二论复制数份后，供献给大善巧乍纳西（Jñānaśrī）等师。由于赞·喀窝且是扎巴烘协的弟子，所以他前往克什米尔之前，到堪布（扎巴烘协）座前请求传授垛玛（gtor ma）法。堪布对他说："你从克什米尔未作周游访道，仅此闻法没有任何用处，我可以担保。"③【赞·喀窝且诞生于辛酉年（阴铁鸡，公元1021年）。】④ 年届56岁时，他前往克什米尔。他在萨乍纳（Sañjana）座前请求说："现在我已年老，不能掌握众多法门。我只请求授我《薄伽梵慈氏五部》（bcom ldan vdas byams pavi chos），作为我将死之前的最后求法。"于是，萨乍纳把他委托给译师树·噶委多吉（lo tsav ba gzu dgav bavi rdo rje），后者将慈氏诸法传授给了他。那时候，树译师已记录有《宝性论》（rgyud bla ma）的原文。有一位名叫白玛僧格（pad ma seng ge）的译师也与赞·喀窝且传授之教法相同。此外，白玛僧格译师在亲近萨乍纳时，就记录有一部《庄严经纶大疏》。

赞·喀窝且在峨译师之前就回藏了。他在不同地区给所有求义诸人士讲说《慈氏五部》，并获得极大利益。他所居住地主要在雅堆的乍甲（yar stod kyi brag rgya），他又给善知识江惹哇（dge bavi bshes gnyen lcang ra ba）讲授；江惹哇又向却地（vphyogs）的垛德布巴·达玛准珠（mdo sde sbug pa dar ma brtson vgrus）传授。垛德布巴·达玛准珠著有一部《庄严经论大疏》，此书之印本很是常见。还有一本《宝性论释疏》，未署作者

---

① 罗译（第347页第12—13行）转写为：chos dang chos-nyid rnam-par vbyed-pavi tshig levur byas-pa。

② 藏文（第422页第6行）： རྗེ་མི་ཏྲི་བ།。

③ 此句藏文（第422页倒数第3～2行）为：khyod kha che nas ma vkhor bar la so na ba tsam yang mi yong bar ngas khag khur cig gsung nas/。郭译（第232页倒数第3～2行）为："你从克什米尔未作周游访道，仅此闻法是无济于事。我切盼你有所作为。"罗译（第347页倒数第7～6行）为："Till your return from Kāśmīra, I shall be responsible for your safety, and you will never get even a toothache!（直到你从克什米尔回来之前，我一定负责你的安全，你甚至不会牙疼!）"。

④ 此句据罗译（第347页倒数第5～4行）所补。

名，但一般认为属于赞派的著作，其中所说诸种都与教授修法相互结合。还有一些关于教授智足（ye shes kyi bzhag sa）等的小注释，里面包含有赞派的法传。

直到今天（著书时）这一赞派法传，我已经听不到在哪位善知识那里有此法能够传授了。但是，从峨译师洛敦喜饶次第传出的许多善巧诸师也对此种法类（宝性论）著有释疏。其中有所谓"如来藏"（Tathāgatagarbha，即佛性的本质），大译师和藏纳巴都说："虽说此如来藏代表'胜义谛'（Paramārtha satya，即超验的真理），而'胜义谛'不仅不是文字言说和了知之真实境，更不用说是贪欲之境啦！"而另一方面，恰巴大师承许遮止（med par dgag pa，即全盘否认）诸有法之实有，无实之空，即为"胜义谛"，但是他又承许是文字言说和了知分别之贪欲境。在赞派诸师看来，心之自性光明即为"如来藏"，于是据说它是成佛之因，也是滋生力。当初，至尊仁达哇把《宝性论》视为"唯识"论典，甚至根据"唯识"派之观点撰述相同之释疏。后来，他在静修中所作之道歌中说："明空无别心，有情普遍有，犹如地宝藏，又如怀胎女，说为诸众生，具有如来藏。"

总之，这似乎是真实的：《慈氏五部》的后两部（即《辩法法性论》和《宝性论》）是至尊麦枳哇重新发现的；因为在《般若八千颂广释》（brgyad stong vgrel chen）等论典中，都有从《辩中边论》（dbus dang mthav rnam par vbyed pa）和《庄严经论》引用的文字，但却鲜见从后两部中援引的文字。【据说喀切班钦也在森波日传授《慈氏五部》法。而现在（著书时）早已不存在。虽然许多人驳斥一切智者觉姆囊巴（kun mkhyen jo mo nang pa）承认如来宝藏一切准确之错误，但是，前后藏勤勉研习过《宝性论》的许多至尊，显然都是他的恩惠。】① 《宝性论释》等最初是由阿底峡尊者和纳措译师所翻译的。后来峨译师、巴操译师、雅垄译师诸人又重译。觉囊译师（jo nang lo tsav ba，即觉姆囊巴）只译出本论原文。此外，据说玛尔巴·朵巴也译过《慈氏五论》。

以上是关于慈氏法类赞派的情况。

---

① 【】中藏文（第424页倒数第2行至第425页第5行）为：kha che pan chen gyis kyang srin po rir byams chos lngavi man ngag gnang zer ba ni vdug/ ding sang ni devi sgra mi grag go/ /kun mkhyen co mo nang bas de bzhin gshegs pavi snying po bden rtag tu kas blangs pa nor ro zhes kha zer ba dag yod kyang/ rgyud bla ma yi dam du byed pa dbus gtang na mang du vdug pa rnams ni khong gi drin las yin par snang ngo/。郭译（第234页第2行）漏译。

第七章　续部①说之规如何产生的情况

一　瑜伽②的历史阶段

下面我们将要叙述的是续部说规如何产生的情况：关于事续③行续④之诸续部，在佛教前弘时期，以桑杰桑哇大师的释论为主。译师们自己则根据其他班智达的释论，并在掌握了桑杰桑哇大师教法之后，翻译了《妙臂》（dpung bzangs）⑤、《秘密总续》（gsang ba spyivi rgyud）⑥、《禅定后续》（bsam gtan phyi ma）⑦ 等文献。行部之《毗卢遮那现证菩提续》（rnam par snang mdzad mngon par byang chub pavi rgyud）⑧，则由桑杰桑哇大师的《摄义释论》（bsdus don gyi vgrel ba）来讲解。桑杰桑哇言论由译师们妥善纪录成册，且翻译出一部《金刚手灌顶续释》（phyag na rdo rje

---

① 续部（rgyud sde）：怛特罗部。解说大乘教中金刚乘或密乘灌顶、道次建立、修法和法术等的佛说经典。参见《藏汉大辞典》，第574页。
② 瑜伽（yo ga）:梵文的音译。意为"相应"，即身语意相应,通过现观思悟佛教真理的修行方法。与坐禅义同。参阅《佛学词典》,第753页。
③ 事续（bya bavi rgyud；梵：Kriyā Tantra）：事部。梵音译作迦里耶怛特罗。佛教密乘中以盥洗清洁等外境外修行为主的一类。此部有静虑外续（bsam gtan phyi mavi rgyud），故亦得外续（phyi mavi rgyud）。详见《藏汉大辞典》，第1862页。
④ 行续（spyod pavi rgyud；梵：Caryā Tantra）：即 spyod rgyud。也称行部。梵音译作咱里耶特罗。平等修持身语外业，及内心三摩地行名内外续，亦称行部。见《藏汉大辞典》，第1682页。
⑤ 梵文：Ārya Subāhupariprcchā nāma tantra。有关此著，可参阅《甘珠尔》，rgyud vbum，No. 805。
⑥ 梵文：Sarvamandalasāmānyavidhīnām guhyatantra。有关此著，可参阅《甘珠尔》，rgyud vbum，No. 806。
⑦ 梵文：Dhyānottara patalakrama。有关此著，可参阅《甘珠尔》，rgyud vbum，No. 808。
⑧ 梵文：Vairocanābhisambodhi Tantra。有关此著，可参阅《甘珠尔》，rgyud vbum，No. 494。

dbang bskur bavi rgyud vgrel）①。显然，虽然早已有以上续释之讲说（bshad pa）和听受（nyan pa）之常规，但自从佛教后弘期起，得到广传和发展的讲说法流不同②。

在佛教后弘期，内外两种瑜伽之讲说法流等出现了很多种。其中著名胜士是大译师仁钦桑波。总的说来，该译师精通一切显密经论，并进行讲说。这里单独叙述一下译师如何讲说《瑜伽续》③ 的情况：大译师亲自前往喀切（克什米尔）三次，在那里依许多位上师；并且迎请许多班智达到藏，从而建立起讲说之规。他（仁钦桑波）翻译出：贡（噶）宁（波）大师（slob dpon kun snying；梵：Ānandagabha）所著的《摄真义续释自性光明论》（de nyid snang ba）④；贡噶宁波大师所著的《吉祥胜乐续释》（dpal mchog gi rgyud kyi vgrel pa）⑤，此论著中留下一些未能够妥善论述；贡噶宁波所著的《金刚生仪规》（rdo rje vbyung bavi cho ga）⑥ 及修法等；贡噶宁波讲说的《幻网经》（sgyu vphrul dra bavi rgyud）⑦ 及其讲解等；以及辛底巴⑧大师所著的《一切秘密续》（thams cad gsang bavi rgyud）及其释论⑨等，以及上述诸经类相关的许多小品。他还演示修法以很好地抚育弟子，在阿里和前后藏地区都有许多弟子。其中，洛穷（小译师）【峨】·勒比喜饶（lo chung legs pavi shes rab）、芒朗（mang

---

① 《金刚手灌顶续》（phyag na rdo rje dbang bskur bavi rgyud）梵文：Ārya Vajrapānyābhiseka mahātantra。有关此著，可参阅《甘珠尔》，rgyud vbum，No. 496。

② 此句藏文（第429页倒数第4～3行）为：bstan pa phyi dar nas ni bshad pavi rgyun cher byung ba mi vbravo/。郭译（第236页第8～9行）为：从西藏佛教后弘期起，不同的讲说法流，更是广大兴起。

③ 《瑜伽续》（rnal vbyor gyi rgyud）：即rnal vbyor rgyud。瑜伽续，瑜伽部，瑜伽怛特罗。以修习内心方便瑜伽为主，或以修习能知能证弱深若广胜义世俗二谛和合相应无二之定为主，故称瑜伽部。属佛教密宗。为四续部之一。参阅《藏汉大辞典》，第1577页。

④ 《自性光明论》（de nyid snang ba）梵文：Sarvathāgatatattvasamgraha nāma mahāyānasūtra。可参阅《甘珠尔》，rgyud vbum，No. 379。

⑤ 梵文：Śrī Paramādya nāma mahāyānakalparāja。可参阅《甘珠尔》，rgyud vbum，No. 487。

⑥ 关于《金刚生仪规》（rdo rje vbyung bavi chog），可参阅《丹珠尔》，rgyud，No. 2516。此处藏文（第430页第9行）把chog印为cho ga。恐误。

⑦ 《幻网经》（sgyu vphrul dra bavi rgyud）梵文：Māyājāla mahātantrarāja，关于此著，可参阅《甘珠尔》，rgyud vbum，No. 466。有关其讲解梵：Māyājāla mahātantrarā jatīkā ākhyā），可参阅《丹珠尔》，rgyud，No. 2513。

⑧ 此处藏文（第430页第11行）写为ཞི་བ（Śānti ba），与ཞི་པ（Śānti pa）同。

⑨ 《一切秘密续》（thams cad gsang bavi rgyud）梵文：Sarvarahasya nāma tantrarāja，可参阅《甘珠尔》，rgyud vbum，No. 481。关于其释论（Śrī Sarvarahasyambandharahasyapradīpa nāmaa），可参阅《丹珠尔》，rgyud，No. 2623。

nang）的古辛·准珠坚参（gur shing brtson vgrus rgyal mtshan）、扎巴·宣奴喜饶（grwa pa gzhon nu shes rab）、吉诺扎纳（skyi nor Jñāna①）四人被誉为"四大得意弟子"（thugs kyi sras bzhi）。

　　此外，还有布桑巴·安敦扎仁（pu hrangs pa an ston grags rin）、嘉·耶楚（rgya ye tshul）、贡巴格西（gung ba dge bshes）、芒域哇·贡却哲（mang yul ba dkon mchog brtsegs）四人是大、小译师（大译师仁钦桑波和洛穹·勒比喜饶）共同的弟子。另外，梁堆（梁地上部）江若哲邬玛（rgyang ro sbrevu dmar）的江巴却洛（rkyang pa chos blo）② 也来洛钦（即仁钦桑波大译师）座前亲近，在洛钦刚从克什米尔返藏时，他就来听受从峡惹达纳（Śraddha）③ 所传的《金刚生灌顶》（rdo rje vbyung bavi dbang）④ 以及《犏萨罗庄严》（ko sa lavi rgyan）⑤。他（江巴却洛）又与肖哲嘉噶（shab rtse rgya gar）同时听受《吉祥胜乐续》及其不尽妥善之释论⑥、灌顶等。他还认真听受了益西夏（智足）（ye shes zhabs）传的《密集》法。他在垛波贡钦（dol po sgom chen）座前学习传统作法，在洛穹（小译师峨·勒比喜饶）座前求得各种主要讲说法。在仁钦桑波第二次从克什米尔回来后，江巴却洛又在其座下听受了已经完整翻译的《吉祥胜乐续》，以及过去遗留的一些未讲完的法类。后来，项地方（shangs）的松顿耶坝（sum ston ye vbar）也依止洛钦（即大译师仁钦桑波）7年时间，求得《自性光明论释上卷》（de nyid snang bavi stod vgrel）、《吉祥胜乐续释上卷》（dpal mchog stod vgrel）和《吉祥胜乐续释中不妥善品》（dpal mchog hol khongs can）及《金刚生法类》（rdo rje vbyung ba）、《二种论释传规的灌顶经教》（vgrel pa gnyis kyi lugs kyi dbang bkav）、《吉祥胜乐金刚萨埵》（dpal mchog rdor sems）、《摄密部》（rigs bsdus）之灌顶经教等。他在洛钦座前仅作求得传法，而研究学习则大多数是在洛穹（小译师，即洛穹·勒比喜饶）座前求教的。

　　此后，梁堆的杰夏（lce zhar）成为大译师的弟子，但主要依止小译

---

① 藏文（第430页倒数第4行）写为：ཀྱེར་ནོར།
② 疑与下文的江波却洛（rkyang po chos blo）同一人。
③ 梵文：Śraddhākaravarman。藏文（第431页第2行）写为：དད་བྱེད།
④ 梵文：Vajradhā tumahāmandalavidhisarvavajrodaya nāma。可参阅《丹珠尔》，rgyud, No. 2516。
⑤ 梵文：Kosalālamkāratattvasamgrahatīkā。可参阅《丹珠尔》，rgyud, No. 2503。
⑥ 《吉祥胜乐续释论》梵文：Śrī Paramādyavivarana。可参阅《丹珠尔》，rgyud, No. 2511。

师（峨·勒比喜饶）7 年时间，总体上掌握一切瑜伽，特别是精通《吉祥胜乐》。后来，又有邦喀达穹（sbang kha dar chung）① 之父宣奴嘉措（gzhon nu rgya mtsho）、拉堆的扎登巴（brag stengs pa）、古钦汝（kul vching ru）的玛顿·却吉坚参（dmar ston chos kyi rgyal mtshan）、垛巴勒顿（ldog pa kle ston）②、柏·释迦多杰（bal shavkya rdo rje）、汤顿·恭喀哇（thang ston kong kha ba）、垛岗喀哇（ldog gong kha ba）③ 诸人只是在大译师座前亲近见面而已，而主要求学处则是在小译师（洛穹·勒比喜饶）座前求教研究学习。又有峨格色（rngog ge ser）和项地方的色耶宣（srad ye gzhon）则未亲近和跟随大译师（仁钦桑波），而是仅依止小译师学习。峨格色研究和学习《文殊名称经大疏》（mtshan brjod vgrel chen）并且精通此法。大译师逝世后，精通翻译的颇章·细哇峨（pho brang zhi ba vod）译出了许多经论，并迎请来许多译师和班智达将《吉祥胜乐》不妥善漏译之处，进行妥善的补译。

又有桑嘎·帕巴喜饶（zangs dkar vphags pa shes rab）未得到大译师摄受，而是依止小译师及其助手素尔却巴·安敦扎仁（zur chos pa an ston grags rin），很好地听受了《摄真实续》④、《吉祥胜乐》之释论和灌顶经教，及《行续部》（sbyod rgyud）⑤ 原本和抄本之释论、灌顶以及经教等。

后来，当班智达宣奴蚌巴（gzhon nu bum pa；梵：Kumārakalaśa）被迎请来藏后，他用此前由班智达嘎玛班遮（paṇḍita Karmavajra）⑥ 和桑嘎·宣奴楚臣（zangs dkar gzhon nu tshul khrims）在达木（vdam）译出的《佛顶部》（rtse mo；梵：Vajraśekharatantra）⑦ 稿本及其印度梵本进行讲说，并由桑嘎·宣奴楚臣口译，讲授给门卓（smon gro）的玛尔巴·垛耶（mar pa rdor yes）、康巴嘎顿（khams pa rgaw ston）、央修鲁穹（yam shud klu chung）三人。此后，译师和班智达来到拉萨时，有一位名叫涅巴·尼玛喜饶（gnyal pa nyi ma shes rab）的居士在译师和班智达二师座前听受

---

① 似与邦嘎·达穹哇（spang ka dar chung ba）同一人。
② 郭译（第 237 页倒数第 4 行）为："垛巴特敦"。
③ 后两位郭译（第 237 页倒数第 3 行）为："汤敦·工察哇、垛贡察哇"。
④ 《摄真实续》（de nyid bsdus pa）：梵文：Tattva samgraha。属密宗续部经典，布顿一切智著。详见《佛学词典》，第 380 页。也请参阅 Sarvatathāgata Tattvasamgraha mahāyānasūtra，载于《甘珠尔》，rgyud vbum，No. 479。
⑤ 即 sbyod rgyud ma bu，参阅《甘珠尔》，rgyud vbum，Nos. 483 和 485。罗译（第 354 页倒数第 14 行）将 sbyod 转写为了 sbyong。
⑥ 藏文（第 432 页）为：ཀརྨ་བཛྲ།
⑦ 可参阅 Vajraśekhara mahāguhyayogatantra，载《甘珠尔》，rgyud vbum，No. 480。

了《佛顶部》三遍，而转写了很多注释和论文。后来桑嘎（译师）和尼玛喜饶二人一同前往尼泊尔。此后，师徒俩来到阿里，译师又从那里前往克什米尔，涅巴则在那里讲说了一遍《佛顶部》。后来，克什米尔的连纳西到藏后，他居住在却科达窝（chos vkhor ta bo）。住了3年后，此位班智达已经精通藏语，于是，涅巴居士在连纳西座前直接听受经教7年时间。涅巴又在芒朗巴（mang nang pa）座前求得贡【噶】宁【波】师之传规；又在吉朗连纳（skyi nor Jñāna）① 座前求得阿底峡传规之行续部法类。后来，桑嘎译师又著出了《佛顶部之释疏》（rtse movi la ti ka）；班智达吐杰钦波（pandita thugs rje chen po）和桑嘎（译师）在娘若（myang ro）地方又将下卷释之三品圆满译出。梁巴·尼玛喜饶、玛尔巴·垛耶（mar pa rdor yes）、年敦楚坝（gnyan ston tshul vbar）、绛昌巴·僧格坚参（spyang tshang pa seng ge rgyal mtshan）四人为桑嘎的四大得意弟子。总的来说，桑嘎作了许多内外瑜伽之讲说，特别是对于《瑜伽续部》他有极大恩惠。松顿耶坝（sum ston ye vbar）门下弟子有年敦楚坝、梁堆藏波（myang stod gtsang po）的嘉姆却扎（rgya mong chos grags）、达察冻敦（stag tshal gdong ston）的布顿坝脱（sbu ston② vbar thog）、康巴喜饶多杰（khams pa shes rab rdo rje）等人。格西涅巴（dge shes gnyal pa）的弟子诺·尼玛俄色（snur nyi ma vod zer）门下有伦·却迥（glan chos vbyung）、乍嘉·贡却扎（rtsa skya dkon mchog grags）、玛·却嘉（dmar chos rgyal）、岗敦协蚌（sgangs ston sher vbum）四大弟子。诺·尼玛俄色之子多杰僧格（rdo rje seng ge）著有许多关于瑜伽之论文。【诺·却帕（snur chos vphags），法王嘉色仁波且（chos rje rgyal sras rin po che）曾经在其座下听受尊胜三界灌顶（khams gsum rnam rgyal）③，也属于（桑嘎译师）这一传承。】④ 诺·益西坚参（snur ye shes rgyal mtshan）之子名为却嘉（chos rgyal），衮铿帕峨（kun mkhyen vphags vod）曾在其座前听受过许多教法。后来由帕峨将一切灌顶以及讲释如瓶倾注般完全传授给布（顿）·仁波且。由布（顿）·仁波且著有《瑜伽续部摄义》（rnal vbyor rgyud kyi bs-

---

① 藏文（第432页）为：སྐྱི་ནོར་རཛྙཱན་།
② 罗译（第355页）转写为：spu-ston。
③ 梵文：。可参阅《甘珠尔》，rgyud vbum, No. 482。
④ 【】中藏文（第433页倒数第3~1行）为：chos rje rgyal sras rin po ches khams gsum rnam rgyal gyi dbang gsan pavi snur chosv phags zhes bya ba de yang vdi pavi brgyud pavo/。郭译（第239页第4 5行）为："法王嘉色仁波伽听受'尊胜三界灌顶'的传法师鲁·却帕协甲（法圣智）也由此师（多杰生格）所传出"。

dus don)、《大种广释》（vbyung pavi shad pa chen mo）和其他许多曼荼罗仪轨。他曾说过"自己对于瑜伽部中习染醒悟"。直到今天《瑜伽续部》之灌顶和经教大都还存在；但是密续之释等的讲说论著，则已经很难见到了。峨·却吉多杰（rngog chos kyi rdo rje）最初在吉·杰玛隆巴（skyi bye ma lung pa）座前，后来又在康巴·喜饶多杰门下，听受经教而次第传承。直至今天（同上），峨派诸人中还存在曼荼罗仪轨具密的传统作法，以及《文殊真实名称经》（mtshan yang dag par brjod pavi bshad pa）① 的讲释。

以上是瑜伽部的历史情况。

二　圣传密集阶段

现在我们叙述内瑜伽续部中的《吉祥密集续释》（dpal gsang ba vdus pavi rgyud）如何形成的情况：

所谓《吉祥密集续》，有两层意思：所诠意义续（brjod par bya ba don gyi rgyud）和能诠言词续（rjod par byed pa sgravi rgyud），前者将被诠释，后者诠释前者。

意义便为密集，所谓密集是指说为身、语、意三密；所谓集善说为聚集。唯一切诸佛能证说之故；对非具最胜善缘之声闻②、独觉③，及大乘人等为保密之故，应说诸佛之胜义身、语、意为秘密，而且不是说作为一方刹土，教一方应化有情之佛；应说是一切佛齐聚或聚集之主体双运身大金刚持（rdo rje vchang chen po）之说一切佛。此为究竟果位之故。所谓能诠义续，应说是诸密续（密经）之顶峰。所谓金刚持：在《明灯论》（sgron ma gsal ba）④中说："一切部种姓⑤之主宰者，无始无终，是为最

---

① 即 mtshan brjod；梵文：Nāmasangīti。
② 声闻（nyan thos）：弟子，佛弟子。三乘中的声闻乘人。对于大乘声教，自己虽不主要修习，但仍从佛等处所听闻，复以所闻大乘之法，向人宣说，故名声闻，亦名宣闻。参见《藏汉大辞典》，第 933 页。
③ 独觉（rang rgyal）：自胜。中等觉悟，即独觉，为自己觉悟而离生死之义。参阅《佛学词典》，第 762 页。
④ 梵文：Pradīpodyotana nāma tīkā。请参阅《丹珠尔》，No. 1785。
⑤ "一切部种姓"，指佛五种姓（kula）：Padma kula, Vajra kula, Ratna kula, Karma kula 及 Vairocana kula 或 Buddha kula。

初佛，大明智人士之形，智慧之身形，自性光明之主宰者，三世间①主宰，三身②之主宰者，三乘③之主宰者，三时④之主宰者，是三金刚之主宰者，二谛之主宰者。"因此，一部分密集修士在探索大金刚持的身色和手中标志器械如何时，就说过其身为白色，一面二手，如此言者，似乎还未领会《明灯论》之真谛。但此与所谓的性色是相同的。由于是假立之故，探索其身色以及手中标志器械如何：应知六部种类金刚萨埵身色如何，金刚持也应该如此。

于是，龙树大师的诸位弟子也坚持认为，密集代表（佛之）八万四千法蕴之根本义。直到今天（著书时），某些人士只承许，密集应该视为独立之法，不与其他任何密续有关。但（这种看法）表明，是偏爱小乘观点的倾向。故在《无垢光明论》（dri ma med pavi vod）⑤ 中也说："如是祈祷者则为密集，乃至由金刚手即薄伽梵金刚持成就加持，当作如是启言：'请由大密续王一切续中最为无上、一切佛中吉祥密集、一切诸佛现证所说薄伽梵作开示'。如此等语是由金刚手而作祈祷。因为《时轮释》（dus kyi vkhor lo vgrel pa）中也承认是密集成为能说者。《吉祥欢喜金刚》（dpal kyevi rdo rje）中也说：'所谓心，是密集之形色'。"⑥ 这是《欢喜金刚续》（kyevi rdo rjevi rgyud）现示《密集》方面而言。纳波巴大师（slob dpon nag po ba；梵：Krsnācārya）所著《秘密真实性显明论》（gsang bavi de kho na nyid gsal ba）⑦ 中也认为："密集之真实性，可借助《胜乐轮》（bde mchog vkhor lo）⑧ 解说。"此密集续在前弘期中由译师杰·扎西（lo tsav ba lce bkra shis）⑨ 译出。宁玛派的上师们则宣称密集乃其十八部密教经典中最重要经典，这从古代藏族上师们所著的一些密集释

---

① 三世间（vjig rten gsum）：也称为三域：即天世间、人世间和龙（鲁）世间。见《藏汉大辞典》，第897页。

② 三身（sku gsum）：如来三身：法身、报身、化身。见《藏汉大辞典》，第125页。

③ 三乘（theg pa gsum）：声闻、独觉和菩萨三乘。见《藏汉大辞典》，第1183页。

④ 三时（dus gsum）：过去、现在和未来。见《藏汉大辞典》，第1279页。

⑤ 梵文：Vimalaprabhā。请参阅《丹珠尔》，rgyud, No. 1347；《布顿全集》（Bu ston gSung vbum）第1卷（ka函），叶35b。

⑥ 纳塘版《甘珠尔》，rgyud, ka函之I载：de ni sngags bzlas de kav thub dang de sbyin sreg/de ni dkyil vkhor can de ni dkyil vkhor nyid/ /mdor bsdus nas ni vdus pavi gzugs can// （所谓心，是咒之诵；是苦修；是静一；是曼荼罗之主宰；是曼荼罗自身。简而言之，所谓心，是密集之形色）。

⑦ 梵文：Guhyatattva prakāśnāma。参阅《丹珠尔》，rgyud, No. 1450。

⑧ 参阅《甘珠尔》，rgyud vbum, Nos. 368 370。

⑨ 郭译（第240页）为"译师扎喜协甲（吉祥智）"。

论中也可看出。后来，又有大译师仁钦桑波翻译出此《密集续》，以及《密集续释明灯论》（vgrel pa sgron ma gsal ba）等释论并作讲说；并对密集生起次第以及圆满次第等许多详细论典且作了开示解说。如是后来又有许多译师前往印度学习密集，返藏后作讲说。

这些人中追随于管（拉泽）师及其追随者，都成为密集之教主。诸密集修士一致认为：此《密集续》由乌仗那（Oḍḍīyāna）① 由释迦牟尼佛在国王英扎坝提（Indrabhūti）② 祈请下，亲自前来灌顶并宣说《密集本续》。国王的诸位眷属也由有戏论行而善为修行，得成持明（持咒者）已，乌仗那圣地遂成如空无。又有龙（鲁）族所变成的瑜伽女，她从国王处听受密集法，而后传授给南方酋长毗苏嘎哇（bi su ka lba；梵：Viśukalpa）。

大婆罗门萨惹哈（bram ze chen po sa ra ha；梵：mahā brāhmana Saraha）又前来毗苏嘎哇座前听受此法，而后传授给龙树大师。龙树大师有许多弟子，其中主要弟子有四人：释迦协年（shavkya bshes gnyen；梵：Śākyamitra）、阿雅德哇（Āryadeva）③、鲁·绛曲（kluvi byang chub；梵：Nāgabodhi）和达哇扎巴（zla ba grags pa；梵：Candrakīrti）。达哇扎巴讲授给牢比多杰（slob pavi rdo rje；梵：Śisyavajra）；牢比多杰传授给纳波巴；纳波巴传授给萨哲巴（sa vdres pa；梵：Gomi Śra）；萨哲巴传授给烘协坚（mngon shes can；梵：Abhijña）；管（拉泽）师则在诸师座前听受此法。

管（拉泽）师：诞生地为达纳普库巴（rta nag phuvi khug pa）④ 地方，传说他母亲是救度母化身。此师名为拉泽（lhas btsas），也就是说由神佛救护之意。氏族名为管。又因为父母都是管氏，故名为管库巴（vgos khug pa，即近亲结婚的管氏）。又说因为他在一牲畜圈出生，故而称为"圈生"，但此为愚昧之言。他最初前往素尔巴（zur pa）处求学，由于完全为事务牵缠，未能够学习教法。为此，他直接前往大喇嘛卓弥（bla chen vbrog mi）座前，虽传授一些简短法缘，但想求师传授密续时，卓弥师说，要拿黄金来供献才可以传授，故未传授。于是，他鼓起勇气想："我自己前往印度学习，就会像他一样。"他便去了印度。

当他在诸班智达座前闻法时，他想："如果自己不勤奋，那么在卓弥

---

① 藏文（第437页倒数第7行）写为：ཨོ་རྒྱན། 。
② 藏文（第437页倒数第6行）写为：ཨིནྡྲ་བྷུ། 。
③ 藏文（第438页第2行）写为：འཕགས་པ། 。
④ 罗译（第360页）为："Khug pa of Upper rTa nag（上达纳之库巴）"。

乞丐（vbrog ldom）面前都会感到羞愧！"于是生起毅力，勤奋求学。一般认为，他共依止过远至尼泊尔的 70 位班智达上师，还有 2 位空行母上师，共有 72 位上师。其中，他听受过《密集》的主要上师为：摩揭陀（Bhaṅgala）① 之烘协坚、萨霍尔（za hor）之善巧准姆坚（mkhas pa btsun mo can；梵：Yosa）、工嘎纳（kong ka na）之王子敬季须坚（sprin gyi shugs can；梵：Meghavegin）、金刚座的纳波荡琦多杰（nag po dam tshig rdo rje；梵：Krsnasamayavajra）、阿底峡尊者、喀切枳丹（kha che gri bstan）的善巧师真扎惹呼拉（Candrarāhula）②、王舍城之细巴桑波（zhi pa bzang po；梵：Śāntibhadra）、耶让（ye rang）之大居士或柏波（尼泊尔人）吐杰钦波（bal po thugs rje chen po；梵：Nepālese Mahākaruna）、柏波宗（bal po rdzong）的纳坝姑枳巴（na ba kū ti pa）、那若巴的弟子喀切·连纳嘎惹（Kashmirian Jñānākara）③ 等。

按照峨杰·贡噶峨（ngor rje kun dgav vod）所说则是：由鲁·绛曲讲授（Samaja）给底里巴（Ti lli ba；梵：Tillipa）；底里巴传授给那若巴；那若巴传授给大孤萨里（ku sa li che ba）；大孤萨里传授给小孤萨里（ku sa li chung ba）；小孤萨里传授给色岭巴（gser gling pa），色岭巴传授给毗卓巴·索亮巴（Pindo pa bsod snyams pa）、烘协坚、准姆坚、连纳嘎惹四人。

而有部分人则说：由金刚持传授给多杰却（rdo rje chos）；多杰却传授给英扎坝提；英扎坝提传授给由龙（鲁）变成为空行母等人。由多杰却讲授给英扎坝提这一说法，源于《真实性明灯续》（de kho na nyid kyi sgron mavi rgyud）④ 所载："佛母祈言：'兹一大密续，谁能领悟和讲说？'佛世尊答曰：'在北方吉祥金刚圣地乌仗那国，有一位名叫英扎坝提的国王能领悟，并对有情众生讲授。'佛母又问：'啊！世尊！国王英扎坝提能达到何地，祈请开示。'于是世尊赐示言：'《吉祥智精滴续王》（dpal ye shes thig levi rgyud kyi rgyal po）⑤ 中说：何为我（佛自谓）所示金刚手

---

① 藏文（第 438 页末行）写为：ཐུགས་ལ།

② 藏文（第 439 页第 3 行）写为：མཁས་པ་བཙུན་མོ་ཅན།

③ 藏文（第 439 页第 5 行）写为：ཁ་ཆེ་ནུ་གར།

④ 梵文：Śrī Tattvapradīpa nāma mahāyoginītantrarāja。可参阅《甘珠尔》，rgyud vbum，No. 423；纳塘版《甘珠尔》，第 I 卷，ka 函，第 536b 叶。

⑤ 梵文：Śrī Jñānatilakayoginītantrarāja。可参阅《甘珠尔》，rgyud vbum，No. 422。

王？彼即英扎坝提之化身，成为十地①自在王；智慧身成为十四地②自在王。'"这是佛世尊授记未来将有如此情况到来，显见现在这种情况已经到来了。

此外，还有在《俱生成就》(lhan cig skyes grub)③ 中说："吉祥游戏大天母（dpal ldan rol pa lha mo che；梵：Śrīmtī Līlādevī），如是勇者吉祥金刚（de bzhin dpav bo rdo rje dpal；梵：Vajraśrī），所谓誓句吉祥金刚（dam tshig rdo rje dpal；梵：Śrī Samayavajra），如莲花吉祥金刚（pad ma rdo rje dpal；梵：Śrī Padmavajra），吉祥俱生金刚，具有金刚婆罗门女（rdo rje dang ldan bram ze mo），如此成就吉祥金刚（grub pavi rdo rje dpal），具德阎罗王于此，演说吉祥之法轮④，师僧入于睡眠中，如此何处有他佛。"此颂释文中说："在吉祥乌仗那珍宝严林中有一寺庙，此有一位秘密主（gsang bavi bdag po；梵：Guhyapati）化身的仙人，名为卓哇乌敬（vgro ba dbugs vbyin [pa]；梵：Jagadāśvāsa），他为了给具善缘诸有情开示《俱生大宝教授法》（lhan cig skyes pavi rin po chevi man ngag gi rgyud），而住于寺中"等语。这里是说，由仙人卓哇乌敬向国王的公主拉姆饶哇钦姆（lha mo rol ba chen mo，意即大游戏女）讲授密续；后来由拉姆饶哇钦姆讲授给大王勇金刚（dpav bo rdo rje）；大王勇金刚传授给宣议臣荡琦多杰（dam tshig rdo rje，即句金刚）；宣议臣荡琦多杰传授香巴·白玛多杰（zhang pa pad ma rdo rje，即农者莲花金刚）；香巴·白玛多杰传授给卖酒女兰久杰贝多杰（chang vtshong ma lhan cig skyes pavi rdo rje）；卖酒女兰久杰贝多杰授给塔巴噶哇多杰（thag pa dgav bavi rdo rje 即织者欢喜金刚）；塔巴噶哇多杰传授给婆罗门女多杰（bram ze ma rdo rje，即金刚婆罗门女）；婆罗门女多杰传授给哲铿·珠比多杰（vdreg mkhyen grub pavi rdo rje，即理发师成就金刚）；哲铿·珠比多杰传授给贝丹衮卓贡波（dpal ldan kun vgrovi mgon po，即具德众生怙主）；贝丹衮卓贡波传

---

① 十地（sa bcu）：大乘菩萨十地。1. 欢喜地；2. 离垢地；3. 发光地；4. 焰慧地；5. 极难胜地；6. 现前地；7. 运行地；8. 不动地；9. 善慧地；10. 法云地。也有资粮道十地。旧派密乘随类瑜伽所说资粮十地：1. 变异不定地；2. 能依因地；3. 重要修治地；4. 有学相续地；5. 福泽所依地；6. 坚固胜进地；7. 缘境生果地；8. 安住不变地；9. 流布法性地；10. 圆满周遍地。参阅《藏汉大辞典》，第2895页。

② 十四地（sa bcu bzhi）：胜解行地，加上大乘菩萨十地，再加上无喻地、具智地、普光金刚地，共十四地。见《藏汉大辞典》，第2896页。

③ 梵文：Sahajasiddhi。可参阅《丹珠尔》，rgyud，No. 2260。

④ 即 dpal ldan vkhor lo；梵：Śrī Cakra。这里指密集续。

授给瑜伽士荼季多杰（rnal vbyor pa thugs kyi rdo rje，即意金刚）；瑜伽士荼季多杰传授给江拉（妹妹）·枳峡玛钦姆（ljam la Laksmiṅkarā）①；江拉·枳峡玛钦姆传授给国王英扎坝提或拉哇巴（lwa ba pa）。拉哇巴从乌仗那前往印度大力弘扬诸密续。

  按照上述说法，想来这或许能成为密集师相传承之源头。我想，如果我们将这个故事与阿雅德哇所著《摄行明灯》（spyod pa dsdus pavi sgron me）②中所引拉哇巴之教典相比较，就会发现彼此相符，有关密集续传承方面的叙述是可信的。【这似乎与阿雅德哇在其《摄行明灯》中援引有关拉哇巴的授记是相符的，他还对此授记进行了解释。】③ 而有些人说：国王英扎坝提和拉哇巴是各不相同的两个人，于是就不能说这段叙述是《俱生成就释》（lhan cig skyes grub kyi vgrel pa）④ 的说法。《俱生成就释》也是依据《密集续》，因为在其释论大乘极广大论中说：能够开示一切佛之身、语、意三密，为《大瑜伽续》（rnal vbyor chen povi rgyud）。极为明显的是，国王英扎坝提所作的《智慧成就》（ye shes grub pa）⑤ 也是依据《密集续》。众所周知的《秘密成就》（gsang ba grub pa）⑥ 也是依据《密集》之说，这在《秘密成就》本论中就表现得极为明显。而阿雅德哇所著的《摄行明灯》也广泛引用其论典中教言。《秘密成就》作者白玛多杰（莲花金刚），似乎就是香巴·白玛多杰。如此出现之传承很多，成为一切密续之顶的是《密集续释明灯》（vdus pavi rgyud vgrel pa sgron ma gsal ba；梵：Guhyasamājatantra）等论典，管译师经过两次改译而成，获得了极大收益。另外，管译师还译出幕、品、桑（gung brtag sam）三种⑦、

---

① 藏文（第 441 页第 1 行）写为： ཐུགས་ཀྱི་རྗེ་མོ།

② 梵文：Caryāmelayanapradīpa。参阅《丹珠尔》，rgyud, No. 1803。

③ 【】处系据罗译（第 362～363 页）所补。

④ 《俱生成就》（lhan cig skyes grub）梵文：Sahajasiddhi，可参阅《丹珠尔》，rgyud, No. 2223。《俱生成就释》梵文：Sahajasiddhipaddhati nāma，可参阅《丹珠尔》，rgyud, No. 2261。

⑤ 梵文：Jñānasiddhi。曾被收入 Gaekwad 所编的《东方丛书》之第 XLIV 卷，其中第 XV 章有一些引自密集续的文字。

⑥ 梵文：Guhyasiddhi。可参阅《丹珠尔》, rgyud, No. 2217；《布顿全集》（bu ston gsung vbum），第 XXVI 卷，La 函，《丹珠尔目录》（bstan vgyur dkar chag），第 46b 叶。

⑦ 藏文（第 442 页第 2 行）为：gung brtag sam gsum。恐有误。"幕、品、桑三种"是指：(1) Ārya dākinīvajrapañjara mahātantrarāja kalpa nāma（Gur, 可参阅《甘珠尔》，rgyud vbum, No. 419）；(2) Hevajra tantrarāja nāma（brtag, 可参阅《甘珠尔》, rgyud vbum, No. 417）；(3) Samputa nāma mahātantra（Sam, 可参阅《甘珠尔》, rgyud vbum, No. 381）。

《喜金刚第二品释大宝鬘论》（brtag gnyis kyi vgrel pa rin chen phreng ba）、《胜乐释续》（bde mchog bshad rgyud）① 等、《四金刚座释》（rdo rje gdan bzhi bshad pa）② 等、《玛哈玛雅续释》（Mahā māyātantrarāja）③ 等的一切续释，并且作了讲说；对于《密集》诸论典也作了改译。

管译师门下具有大智慧的最胜弟子为：芒惹·僧格坚参（mang ra seng ge rgyal mtshan）、峨·卫巴格色（rngog dbus pa ge ser）、达弥·绛曲坚参（dab mi④ byang chub rgyal mtshan）、洛巴·多杰宁波（lho pa rdo rje snying po）、涅巴噶·却吉多杰（gnyal pa vgar chos kyi rdo rje）、卫巴霍松（dbus pa hwa gsum⑤）为六大弟子。在这六师座前，有绒巴嘉勒（rong pa rgyal le）和雪顿·多杰坚参（sho ston rdo rje rgyal mtshan）求得（密集续）教法。又有卓窝贡波（tro bo⑥ mgon po）在达弥·绛曲坚参的弟子嘉·南喀（rgya nam mkhav）和绒巴嘉勒的弟子香·嘉玛邦岗巴（zhang rgyab ma spang sgang pa）二师座前，听受教法后作广大讲说，并且由此而培养出了许多弟子，同时撰著了很多种密集论著。卓窝贡波的弟子有贡钦·却拉嘎（sgom chen chos la dgav）等人，讲说密集教法。由于卓窝贡波对于《密集》的讲释有极大收益，以此听说他的寺庙中精通《明灯论》（sgron ma gsal ba；梵：Pradīpodyotana nāma tīka）的僧人约有五百人⑦。

又有楚顿旺额（vtshur ston dbang nge）在管译师的弟子芒惹·僧格坚参、噶·却吉喜饶（vgar chos kyi shes rab）、峨·（卫巴）格色（rngog ge ser）、卫巴嘎松（dbus pa rgwa sum）⑧ 等四师座前听受管译师传派诸教法。楚顿旺额座前，有款·格巴基底（vkhon gad pa kiv rti）听受管译师传派诸法；款·格巴基底座前又有格西嘎（dge bshes vgar）以金书《八千般若》（brgyad stong pa）和十件财物供献而求得管译师诸法；格西嘎座前又有念顿日哲哇（gnyan ston ri rtse ba）前来求得诸法。

---

① 梵文：Śrī Vajradaka nāma mahātantrarāja。可参阅《甘珠尔》，rgyud，No. 370。
② 梵文：Śrī Catuhpīthamahāyoginītantrarāja。可参阅《甘珠尔》，rgyud，No. 428。
③ 藏文（第442页第4行）写为：བཤད་རྒྱུད།。可参阅《甘珠尔》，rgyud，No. 370。
④ 罗译（第364页第12行）转写为：ngab-mi。郭译（第243页第2段第2行）为"乌弥"。
⑤ 罗译（第364页第14行）转写为：rgwa-sum。
⑥ 罗译（第364页第16行）转写为：tre-po。
⑦ 此句罗译（第364页倒数第13～11行）为："…I have heard that there have been 500 copies of the Pradīpodyotana nāma tīka (sgron ma gsal ba) in his hermitage.（……我听说在其寺庙里就有《明灯论》约500本）."
⑧ 此师与上述卫巴霍松（dbus pa hwa gsum）疑为同一人。

阿底峡尊者将圣宗（龙树）传规的《密集》诸教授传给纳措译师；纳措译师讲授给了绒巴·恰索巴；绒巴·恰索巴传授给了须伦巴（zhus lan pa）；须伦巴传授给了拉杰日顿（lha rje ri ston）。峨杰·贡噶峨（ngor rje kun dgav vod）又在拉杰日顿座前求得讲授，并著有《密集略续》（vdus pavi rgyud phran；梵：（Guhya）samājatantra）等许多释著，由此传出有涅师（gnyal）和达波（dwags po）等许多人。

此外，雪顿·多杰坚参和绒巴嘉勒讲授给雄格译师达玛多杰（shung ke lo tsav ba dar ma rdo rje）；雄格·达玛多杰又在达弥①座前求得灌顶。据说巴操译师在雄格·达玛多杰座前听受了管译师传派诸法。雄格·达玛多杰座前还有垛巴嘎顿·旺秋珠（dol pa vgar ston dbang phyug grub）前来听受诸法。后来，垛巴嘎顿·旺秋珠传授给喇嘛色哇（bla ma gze ba）之子觉德（jo bde）；觉德传授给觉窝·察巴纳巴（jo bo vtshar pa sna pa）；觉窝·察巴纳巴传授给拉弥。

另外，芒惹·僧格坚参讲授给峨·益西（rngog ye shes）；峨·益西传授给峨·尼玛僧格（rngog nyi ma seng ge）。峨·尼玛僧格是一位著名的学者。他身边聚集许多了善巧大师并著出了《密集本续释疏》（rtsa rgyud kyi ti ka）等许多论典，故而广大弘扬了密集教法。他（峨·尼玛僧格）讲授给伦奘察·尼玛江（glan rtsang tsha② nyi ma lcam）。伦奘察·尼玛江好像还著有一本《密集续大疏》（rgyud；kyi ti ka mo che）。伦奘察·尼玛江讲授给峨·阿雅得哇（rngog Āryadeva）③。峨·阿雅德哇也曾经亲近过至尊扎巴坚参。峨·阿雅德哇又传授给达巴·仁钦扎（rtag pa rin chen grags）。达巴·仁钦扎座前，又有衮铿·却古俄色前来听受诸法。一般认为此师是克什米尔大班智达之转世，他对一切论典能够过目不忘、了悟于心，为此被称之为衮铿（kun mkhyen），意思是说一切遍智。由于他讲说《密集续释》时间很长，故培养出许多弟子。此师的弟子喇嘛帕峨（bla ma vphags vod）十分精通【龙树传派的密集续和】④圣瑜伽三世（vphags yog dus gsum），成为教授宝藏之弟子，在他（衮铿）座前听受教法。后来，帕峨来到一切智布（顿）仁波且的夏鲁寺，为他作了许多密集和瑜伽的传统做法和讲说，布（顿）仁波且也就成为十分精通密集者。

---

① 罗译（第365页第9行）转写为：ngab-mi。
② 罗译（第365页第20行）转写为：glan-rtsan-tsha。
③ 藏文（第444页第1行）写为：ཪྔོག་ཨཱརྱ་དེ་བ།
④ 【 】中内容据罗译（第365页倒数第4行）补。

由于圣宗（龙树师徒）论述的鞭策和鼓励，他（布顿）著出了《密集续释明灯论大疏》（sgron ma gsal bavi ti ka chen mo）①。此外，他还著有有关《密集》法类的许多论述。从管（拉泽）译师所培养出来的历代弟子传承中，布（顿）仁波且是最为著名的学者。布（顿）仁波且将密集诸法类讲授给穹波拉巴·宣奴索南（khyung po lhas pa gzhon nu bsod nams）。宗喀巴大师又前来宣奴索南座前听受这一法类。总的说来，确实是宗喀巴大师对佛法有着极大的积极作用，尤其是使密集教法遍布于大地。以上不过是略说管译师传承之概况，详情我实难言尽。

　　当桑耶的拉尊烘姆（lha btsun sngon mo）建立法轮会时，迎请来了对圣传（龙树）密集法类极为精通的雄格·达玛多杰和前藏精通圣传密集法类的巴操译师二人。巴操信受密集而在雄格大师座前听受，但对旧译本不满。于是，由底拉嘎嘎拉峡（Ti la ka ka la sha）做班智达，在其协助下，巴操完善地给予了重译，并把密集续释略等也妥善翻译出来，并作讲说。但是，现在已经不见有此传承存在了。

　　【恰·却杰贝（chag chos rje dpal）也讲授管师所传授的密集法类，最初是给在峨扪勒（rngog mun ne）的弟子觉尊达巴（jo btsun rtag pa）以及觉尊达巴的弟子贡塘的觉窝拉贡波贝（jo bo lha mgon po dpal）讲授。】② 后来，却杰贝在尼泊尔班智达尼玛旺贝俄色（nyi mavi dbang povi vod zer；梵：Ravīndraruci）座前很好地听受讲说，并修定了《密集续释》和《总摄五次第》（mdor byas ma rim lnga）③ 等著的译本。他还撰著出《密集续释明灯论摄义注疏》（sgron gsal gyi bsdus pavi don dang ti ka；梵：Pradī-podyotana nāma tīkā），对许多人士有极大助益。

　　此外，据说喀切达哇贡波（kha che zla ba mgon po）将《密集续释明灯论》及讲义传授给了岗巴贡却松（sgom pa dkon mchog bsrungs）。但如今这些著作已不存在。

　　以上是圣传密集（龙树传派）的情况。

---

① 梵文：Pradīpodyotana nāma tīkā。请参阅《布顿全集》（bu ston gsung vbum），第 IX 卷，Ta 函。

② 【】中藏文（第 445 页第 8～10 行）为：chag chos rje dpal gyis kyang dang po rngog mun nevi slob ma jo btsun rtag pa/ devi slob ma gung thang gi jo bo lha mgon po dpal zhes pa la gsang cdus vgos lugs bslabs/。郭译（第 245 页倒数第 7～5 行）为："又有恰·却杰伯（法王吉祥）最初在峨扪勒的弟子觉准达巴和觉准的弟子贡塘·觉窝拉贡波伯（怙主吉祥）座前学习廓师所传密集法类。"

③ 《总摄》梵文：Pindīkrtasādhana；请参阅《丹珠尔》，rgyud，No. 1796。《总摄五次第》梵文：Pañcakrama；请参阅《丹珠尔》，rgyud，No. 1802。

三　益西夏传规的情况阶段

　　大多认为，益西夏（ye shes zhabs；梵：Jñānapāda）所传规《密集》法类在藏宏传门类很多。现在先说桑杰益西大师（slob dpan sangs rgyas ye shes；梵：Buddhajñāna）：他是一位精通所有明处（大小五明）的班智达。他亲近过居住在依摩揭陀的分区喀毗（kha bi）之垛觉城（rdo vjog）中的僧格桑波大师（slob dpon seng ge bzang po；梵：Haribhadra），此师极为精通《波罗蜜多教法》（shes rab kyi pha rol du phyin pavi tshul），普遍传称他曾得见弥勒菩萨。桑杰益西在此师座前获得《般若波罗蜜多》（shes rab kyi pha rol du phyin pa）教授，以及其他许多论典和教法。他对这些论典和教授进行细心研究后，在那烂陀寺中著出《般若波罗蜜多略释》（shes rab kyi pha rol du phyin pa sdud pavi vgrel pa）等论著，同时也给其他有情者讲说。后来，他为了寻求密乘（sngags kyi theg pa）教法而从此地中部到往北 230 由旬①处的邬坚（U rgyan）②，那里因为有许多空行母加持而成为密教发源地。他前往邬坚，在一位诞生于珍宝洲（nor bu gling）的格巴多杰大师（slob dpon sgeg pa rdo rje）座前，听受了许多事续部和瑜伽续部的教法，并彻底地认真研究学习。又在邬坚另一地区求得《不可思议次第教授》（bsam mi khyab kyi rim pavi man ngag）；又前往有一位名为古内汝（gu ne ru）证得空性的瑜伽母座前作承事并使其欢喜，从而获得听受许多无上瑜伽续部（bla na med pavi rgyud）之教法。他还从她那儿获得灌顶及三昧耶等。后来，他进入静修之中。他在梦中得到本尊指示说："在邬坚守北门的女孩，名叫陀巴乍提乍拉（gdol pa dza thig dza la），年满 16 岁，是一位拉根喀巴大空行母（Mahā Lakmī）③，你应该到她那里去。"于是，他立刻按照指示前往，并与少女成为友伴住在一起达八个月，相亲相爱。她明白他渴望修炼大手印。为了使他能成办一切顺缘，

---

① 由旬（dpag tshad）：也称逾缮那。古印度长度单位名。五尺为一弓，五百弓为一俱卢舍，八俱卢舍为一逾缮那，约合二十六市里许。参阅《藏汉大辞典》，第 1622 页。

② 邬坚，邬金。意译飞行。古印度因陀罗菩提王国名。今之阿富汗。亦译邬仗那、邬丈耶那、欧提耶奈。参阅《藏汉大辞典》，第 31318 页。

③ 藏文（第 447 页第 6 行）写为：ཕྱུག་ཆེན་མོ།

她赐予他幻术，于是他获得了药叉①成就。之后，他又前往乍烂达惹（Jālandhara）②，在噶勒蔗城（grong khyer ko ne dze）的某个地方，有一名为琼威夏（chung bavi zhabs）的小孩精通《智慧续（母续）》③。他从此处听受了许多经教，并且进行勤奋修习。后来，他从此地中部向南部行走三百由旬，来到名为岗阁（kam ko）④的地方，空中出现一片林园，此地有一住所，居住者为龙树的弟子，名为松威夏大师（slob dpon bsrung bavi zhanbs），此师极为精通对《方便续（父续）》⑤，有许多具有神变的弟子围绕身边。当他来到松威夏座前时，师座前还有具有神变的弟子婆罗门扎咱惹（bram ze tsa tra ra）、婆罗门古哈雅达（bram ze gu hya brta；梵：Guhyaparta）、王种曼殊西（rgyal rigs Mañjuśrī）⑥、小王种布惹纳坝扎（Pūrnabhadra）⑦、戍陀罗种（dmangs rigs）⑧ 底巴嘎惹（Dīpaṅkara）⑨、戍陀罗种喀惹纳布扎（Karnaputra）⑩、妓女（smad vtshong ma）阿罗根（Ā lokī）妓女杜西拉（Duḥśilā）⑪ 等人。在他们大家的资助下，财流佛母⑫常常每天奉献金十块玛喀（masas）⑬，半条珍珠单垂璎珞⑭，三百嘎惹喀

---

① 药叉（gnod gnas）：瞻婆拉，佛书说一类财神名。见《藏汉大辞典》，第1553页。

② 藏文（第447页第10～11行）写为：ཛཱ་ལནྡྷ་ར།

③ 智慧续（母续）（shes rab bam ma rgyud）：续部之一。以阐述智慧空分为主的佛教密宗经典。据宗喀巴的解释是：密宗无上续部中以显现光明为主的教法，如胜乐本续。见《佛学词典》，第616页。

④ 藏文（第447页倒数第6行）写为：ཀཾ་ཀོ།。罗译（第368页第16行）转写为：kam-ko-na。

⑤ 《方便续（父续）》（thabs kyi rgyud）：方便续，谓依闻思了解续义，渐学二种次第。又：父续亦称方便续。见《佛学词典》，第342页。

⑥ 藏文（第447页末行）写为：རྒྱལ་རིགས་འཇམ་དཔལ།

⑦ 藏文（第448页第1行）写为：བྱེ་སྨན་བཟང་།

⑧ 杂工，杂役。梵音译作戍陀或戍陀罗。四种姓之一。参阅《藏汉大辞典》，第2136页。

⑨ 藏文（第448页第1行）写为：དཱི་པཾ་ཀར།

⑩ 藏文（第448页第2行）写为：ཀརྞ་པུཏྲ།

⑪ 藏文（第448页第3行）写为：ཨཱ་ལོ་ཀཱི།、妓女杜西拉（Duḥ śīlā）藏文（第448页第3行）写为：དུཿཤཱི་ལ།

⑫ 财流佛母（nor rgyun ma）：增禄天母，财续母，财宝天母。赐予财宝成就的佛教密乘一本尊名。见《藏汉大辞典》，第1531页。

⑬ 藏文（第448页第5行）：写为：མ་ཥ།

⑭ 单垂璎珞（do shal phyed pa）：搭在顶上分别垂在左右胸前的珠宝长链。见《藏汉大辞典》，第1296～1297页。

巴纳（kārsāpanas）①。他在松威夏座前依止九年时间。他等于是一来菩萨②，也就是以此一来菩萨而修成生起次第瑜伽中，究竟完成第三瑜伽。他还与诸瑜伽女同修密行十八个月之久，其间虽然如此努力修行学习，但仍然未现证真实性（空性）。他就在上师松威夏座前陈述此事，后者对他说："这种真实性我自己也未能现证。"于是，他心中感到些许失望。然后，他将自己手印母变化成为经卷形象，拴在自己腰上，前往北方金刚座之后名为姑哇乍（ku ba dza；梵：Kupaja）的森林中。森林中有老虎、熊等极为恐怖的野兽。他曾说："总之，坐落于菩提道场后方的森林中，遍布烦恼粗暴有情猛兽，为了能够从中解脱之故，我（益西夏）也住在其中。"他在林中勤修《催动威猛诸仪轨》（lha drag tu skul bavi cha ga）六个月之久，由此证得外境诸相的真实性。那么他是如何证悟的呢？

有一次，绛贝协年大师（slob dpon vjam dpal bshes gnyen）变为一位比丘穿着开衩禅裙，以法衣缠头，跟其品质恶劣的妻子和一条有斑点的白色母狗一道在耕地。桑杰益西大师见此情况，而想"他们是什么样的人呢？"，于是心生疑问。绛贝协年观察到桑杰益西处于最胜密行（sngags kyi spyod pa mchog）。为了帮助他，他自己变为文殊事利曼荼罗轮（vjam dpal dbyangs kyi dkyil vkhor gyi vkhor lo）。于是在金秋七月下弦初八日胜星出现黎明时而证道。当本尊问他："上师与曼荼罗，你敬奉何者？"他答："我敬奉曼荼罗。"（于是，曼荼罗消逝）而他发现自己和上师二者待在一小屋中。为求得真实空性，桑杰益西祈请道："您（至尊文殊）是众生之父亲也是母亲；您从大怖畏中救我等。您，众生之主至尊而消除诸痛苦；您，能作三界大布施，以此众生得抚育。"进行如此祈祷之后，曼荼罗主尊（vjam dpal dbyangs）为他赐示语教。由此大师心中悟得真实性正慧而成为空慧自在瑜伽士。后来，为了利益未来之有情，文殊室利对桑杰益西大师开示，吩咐其撰著了《生起次第修法普贤》（bskyed pavi rim pavi sgrub pa kun tu bzang po）③、《普贤母》（kun tu bzang mo）④ 和《普贤摄义》（kun tu bzang pavi don）⑤ 三种（普贤）；以及《两种护摩仪轨》（sx-

---

① 藏文（第448页第6行）：写为ཀུན་ཏུ།。
② 一来菩萨（skye ba gcig thogs）：只隔一生即便成佛的证声闻乘阿罗汉及十地菩萨者。参阅《藏汉大辞典》，第154页。此处郭译（第247页第7行）译为："等于历一生时间"。
③ 梵文：Samantabhadra nāma sādhana。参阅《丹珠尔》，rgyud，No. 1855。
④ 梵文：Catur aṅgasādhana Samantabhadrī nāma。参阅《丹珠尔》，rgyud，No. 1856。
⑤ 梵文：Śrī Herukasādhana。参阅《丹珠尔》，rgyud，No. 1857。

byin bsreg gnyis kyi cho ga）；《垛玛长修明灯》（gtor ma mi nub pavi sgron ma）；《会供轮仪轨》（tshogs kyi vkhor lovi cho ga）；《大宝焰》（rin po che vbar ba）；《密集分解》（rgyud kyi rnam bshad）①；《曼荼罗仪轨四百五十颂》（dkyil vkhor gyi cho ga sho lo ka② bzhi brgya lnga bcu pa）③；《根本大智慧》（rtsa bavi ye shes chen po）；《偈颂宝库》（tshigs su bcad pavi mdzod）；《解脱精滴》（grol bavi thig le）④；《自我成就》（bdag sgrub pa）⑤；《菩提心精滴》（byang chub sems kyi thig le）；《吉祥相广释》（dpal bkra shis kyi rnam par bshad pa chen po）；《入第四（灌顶）方便》（bzhi pa la vjug pa（vi）thabs）等；《水施王修法三种》（chu sbyin dbang povi sgrub pavi thabs gsum）⑥。他获准撰述了上述与《经教相顺之十四法》（lung dang mthun pavi chos bcu bzhi）相符的十四论。其中普贤（kun tu bzang po）三法应合而为一，视为一部。水施（chu dbang gi sgrub thabs）三法也应合而为一，视为一部。可是《密集分解》好像不是桑杰益西大师之著作。因此，在我看来，其余诸法或许就是著名的《经教相顺之十四法》（chos bcu bzhi）。既然《曼荼罗仪轨》也是带往克什米尔，中部西藏就没有了。据说桑杰益西大师虽然是现证高道（lam mthon po）真实空性，然而他的色蕴（gzugs kyi phung po）仍未转化。桑杰益西大师曾住在距离金刚座有五十俱卢舍⑦之地，住在旺钦日

---

① 梵文：Śrī Guhyasamājatantrarājatīkā candraprabhā nāma。参阅《丹珠尔》，rgyud, No. 1852。

② Sho lo ka, 颂。梵音译作偈或伽陀。诗歌每4句为一颂，名为偈句伽陀；散文每32字为一偈，名为卢伽陀，皆计算字数的一种方法。可参阅《藏汉大辞典》，第2867页。此处罗译（第370页第16行）转写为：shlo-ka。

③ 梵文：Śrī Guhyasamājamandalavidhināma。参阅《丹珠尔》，rgyud, No. 1865。根据布顿的观点，此著有250颂。参见《布顿全集》（bu ston gsung vbum），第XXVI卷，La 函；《丹珠尔目录》（bstan vgyur dkar chag），第35b叶。

④ 梵文：Muktitilakanāma。参阅《丹珠尔》，rgyud, No. 1859。

⑤ 梵文：Ātmasādhana avatāra nāma。参阅《丹珠尔》，rgyud, No. 1860。

⑥ 参阅《丹珠尔》，rgyud, Nos. 1861 1863：Bhaṭāraka Ārya Jambhala Jalendra sādhana, Guhya Jambhala sādhana 和 Vistara Jambhala sādhana。其他著述当时未译成藏文。参阅《布顿全集》（bu ston gsung vbum），第XXVI卷，La 函；《丹珠尔目录》（bstan vgyur dkar chag），第35b叶。

⑦ 闻距（rgyang grags）：梵音译作俱卢舍、拘卢舍。古代印度长度单位名。古印度以人寿百岁时代所用弓之长度为一弓，一俱卢舍约五百弓，相当于二百五十市尺。参阅《藏汉大辞典》，第542页。

山（dbang chen ri，意即大灌顶山）的山窟中①。除了《密集分解》之外，他还撰述了其他论典，并向诸弟子讲说这些论典。为此他有最胜弟子18人，其中有玛麦哲桑波（mar me mdzad bzang po；梵：Dīpaṅkarabhadra）、饶杜细威协年（rab tu zhi bavi bshes gnyen）、扎坚辛桑波（sgra gcan zin bzang po）、多杰德哇钦波（rdo rje bde ba chen po）四人在此生现证了大金刚持②果位。其余十四位弟子名字不详。曼巴夏大师（slob dpon sman pa zhabs；梵：Vitapāda）③也是桑杰益西大师的直传弟子。曼巴夏大师著作出了《言教释论》（zhal lung gi vgrel pa)④及其他著作。另外，曼巴夏的弟子次第传承中著有《密续释论》，以及有关《二次第（生起和圆满）》（rim pa gnyis kyi gzhung)⑤的许多论典，又把其中许多论典译成藏文。后来，阿坝雅（a bha ya；梵：Abhaya)⑥虽著出了《曼荼罗仪轨金刚鬘论》（dkyil vkhor gyi cho ga rdo rje phreng ba)⑦，但由于他主要是依据《曼荼罗仪轨四百五十颂》而作，故它仍然属于益西夏宗传系统之作。

　　大多认为，桑杰益西夏（益西夏）大师在后来居住在金刚座及金刚座附近等地时，新建寺庙⑧和大兴供养事业。在西藏，益西夏诸种传规，最初是大译师仁钦桑波译介进来的。译师还向诸弟子讲说，而后则次第传承。班智达弥底（pandita Smrti)⑨也在康区广大讲说益西夏的诸种传规。以前的桑杰桑

---

① 据罗译（第371页）行间注：山窟的名叫 dbang povi phug, Indasāla guhā。参阅 Bimala Churnde 的 "India as described in Early Texts of Buddhism and Jainism"，伦敦，1941年版，第29页。
② 大金刚持（rdo rje vchang chen）：金刚持的异名。金刚持（rdo rje vchang），诸佛共主。梵音译作伐折罗陀罗。佛书说为释迦牟尼讲演密乘所现身相。参阅《藏汉大辞典》，第1439页。
③ 此处藏文（第451页第7行）为：sman zhabs。同页第8行为：sman pa zhabs。
④ 梵文：Sukusuma nāma dvikramatattvabhāvanamukhāgamavrtti。参阅《丹珠尔》，rgyud, No. 1866。
⑤ 二次第（rim pa gnyis）指的是 bskyed rim（生起次第）和 rdzogs rim（圆满次第）。生起次第：为求得净治四生习气，解脱凡庸见、闻、觉知之缚，现见本尊、真言、智慧本性而修习之瑜伽。圆满次第：于金刚身严守要窍，凭借有堪能性风、脉、明点，以四空现证光明，以四喜现证俱生慧的殊胜智。参阅《藏汉大辞典》，第184和2361页。
⑥ 即阿坝雅嘎惹古巴（Abhayākaragupta；藏文：ཨ་བྷ་ཡཱ་ཀ་ར་གུཔྟ་）。
⑦ 梵文：Vajrāvalīnāma mandalasādhana。参阅《丹珠尔》，rgyud, No. 3140。
⑧ 参阅更顿群培大师的著作：rgya gar gyi gnas chen kha pa bgrod pavi lam yig, 加尔各答，1939年版，第23页。
⑨ 藏文（第451页末行）写为：པཎྜི་ཏ་སྨྲྀ་ཏི་。

哇和桑杰细哇二人也是益西夏的直传弟子。此二师所撰著和翻译的诸教法也是益西夏之传规。与此同时，班智达苏纳雅西（pandita Śūnyaśrī）① 和念译师（gnyan lo tsav ba）在藏也广大普遍讲授益西夏的各种传规教法。念译师的弟子囊喀乌哇（snang khavu ba）也广为传播其教义。

此外，尚有译师略迥波（lo tsav ba gnyos vbyung bo）② 前往印度，在哇里阿扎惹雅（Balin ācārya）③ 也称纳波夏穹哇（nag po zhabs chung ba）的大师座前，精心研究和学习益西夏传规诸法类。哇里阿扎惹雅系与具德那若巴同时代人。在他（哇里阿扎惹雅）之前的传承次第是：绛比多杰（vjam pavi rdo rje）、桑杰益西夏大师、玛麦哲桑波、【Mañjuśrīkīrti-mitra】④、绛贝扎巴协年（vjam dpal grags pavi bshes gnyen）、达枳巴·贝德哇钦波（rta rdzi pa⑤ dpal bde ba chen po，又名嘎玛拉姑里侠［ka ma la ku li sha；梵：Kamalakulīśa］，也称岩拉麦比多杰［yan lag med pavi rdo rje；梵：Anaṅgavajra］）、意格巴大师（slob dpon ye ge pa）。意格巴大师是国王西达玛巴拉（Śrī Dharmapalā）⑥ 手下的文职人员。除了受侠哇惹巴（sha ba ra pa）⑦ 加持外，他还获得了殊胜成就。他就成为前国王之上师。嘎惹纳巴（Karn pa）⑧ 出家为僧时，取名为真达纳扎坝哇（Candaniprabhava）⑨，灌顶名惹达纳班遮（Ratnavajra）⑩。此师也是获得殊胜成就者。扎年纳西弥扎是毗扎玛西拉寺的中柱似人物，据说由此师讲授给哇里阿扎惹雅，后来略迥波（gnyos vbyung po）⑪ 传授给其子多杰喇嘛（rdo rje bla ma），多杰喇嘛传授给其子略贝勒（gnyos dpal le），略贝勒传授给其子略扎巴贝（gnyos grags pa dpal），略扎巴伯传授给其子多杰思季（rdo rje gzi

---

① 藏文（第 452 页第 4 行）写为：ཀྱི་གསུན་ཡ་ཤྲཱི།
② 与下文之 gnyos vbyung po 为同一人。
③ 藏文（第 452 页第 8 行）写为：བལིའཱུ་ཙཱ།
④ 【 】处据罗译（第 372 页倒数第 11 行）补。
⑤ 达枳巴意为"看马者、马夫"。
⑥ 藏文（第 452 页倒数第 6 行）写为：ཤྲཱིདྷརྨ།
⑦ 罗译（第 372 页倒数第 6 行）转写为：shar-ba-pa。
⑧ 藏文（第 452 页倒数第 4 行）写为：ཀརྞ་པ།
⑨ 藏文（第 452 页倒数第 4～3 行）写为：ཙནྡན་པྲ་བྷ།
⑩ 藏文（第 452 页倒数第 3 行）写为：རཏྣ་རྡོ།
⑪ 玛尔巴译师的同伴。参见巴考（J. Bacot）：《玛尔巴译师生平考》（La Vie de Marpa），巴黎，1937 年版，第 16 和 80 页。

drjid），后者也称桑杰热钦嘉哇拉囊巴（sangs rgyas ras chen rgyal ba lha nang pa）。此师（多杰思季）还著有《根本续释疏》（rtsa rgyud kyi ti ka），并且在洛扎（lho brag）、吉雪（skyi shod，即拉萨）和拉囊（lha nang）等地进行讲说。特别是他曾经对拉·仁钦杰波（lha ren chen rgyal po）和藏格扎巴·楚臣宣奴（gtsnag sge brag pa tshul khrims gzhon nu）二人讲说。善巧师绛曲达（mkhas pa byang chub dar）在此二师座前学习。善巧师绛曲达传授给思季杰波（gzi brjid rgyal po）；思季杰波传授给喇嘛贡波仁钦（bla ma mgon po rin chen）；喇嘛贡波仁钦传授给念顿贡噶达（snyan ston kun dgav dar）；念顿贡噶达传授给喇嘛日巴·释迦桑波（bla ma ri pa shavkya bzang po）；喇嘛日巴·释迦桑波传授给略·多杰喇嘛（gnyos rdo rje bla ma），此师诞生在柳译师家庭，幼年时出家为僧并守戒清净，他在前后藏都作过极为圆满的研究和学习，因此对益西夏之传规教法极为精通。我（著者）于此师座前获得传授益西夏传规之《文殊金刚》（vjam rdor）① 及《世间自在主》（vjig rten dbang phyug）② 二者之灌顶，以及《密续讲义》（rgyud kyi bshad pa）③ 和《语教》（zhal lung）④ 等大多数教授。此种灌顶的另一支传承是：绛央（vjam dbyangs；梵：Mañjuśrī，即妙音）、益西夏、玛麦哲桑波、贡噶宁波、塔嘎巴（tha ga pa）、辛底巴、夏达嘎惹（Śraddhākara）、白玛嘎惹（padmākara）⑤。此二师（夏达嘎惹和白玛嘎惹）传给大译师仁钦桑波、江波却洛（rkyang po chos blo）⑥、格西焦色（dge bshes skyabs se）、多杰萨丹（rdo rje sra brtan）、贡却坝（dkon mchog vbar）、格西旺仁（dge bshes dbang rin）、康巴萨普巴·释迦多杰（khams pa sa phug pa shavkya rdo rje）、绒巴却贡（rong pa chos mgon）、却丹译师、贝丹僧格、布顿仁波且，又传给桑杰热钦（sangs rgyas ras chen）、顿姆隆巴·益西喀（ston mo lung pa ye shes mkhar）、喇嘛却古俄色（bla ma chos sku vod zer）、衮铿帕峨（kun mkhyen vphags vod）、法王布顿（chos rje bu ston）、仁南巴【扎策巴】（rin rnam pa [sgra

---

① 梵文：Sūguhyasamā jamañjuśrīsādhana。参阅《丹珠尔》，rgyud，No. 1880。
② 藏文全称是：dpal gsang ba vdus pavi vjig rten dbang phyug gi sgrub pavi thabs zhes bya ba；梵文：Śrīguhyasamājalokeśvarasādhana nāma。参阅《丹珠尔》，rgyud，No. 1892。
③ 藏文全称是：dpal gsang ba vdus pa rgyud kyi rgyal povi bshad pa zla bavi vod zer zhes bya ba；梵文：Śrīguhyasamājatantrarājatīkācandraprabhā nāma。参阅《丹珠尔》，rgyud，No. 1852。
④ 梵文：Mukhāgama。参阅《丹珠尔》，rgyud，No. 1853。
⑤ 夏达嘎惹、白玛嘎惹二师藏文（第453页）分别是ཤྲཱ་ཀར和པདྨཱ་ཀར。
⑥ 疑与上文之江巴却洛（rkyang pa chos blo）是同一人。

tshad pa］）、衮铿喜饶贝桑（kun mkhyen shes rab dpal bzangs），在此师座前，我很好地获得传授益西夏传规灌顶。此外，《密集世间自在主》的灌顶传承是：阿底峡尊者、拉尊巴·绛曲峨、窝哇·绛曲多杰（vol ba byang chub rdo rje）、嘉·恰日贡喀巴（rgya lcags ri gong kha ba）、正布喀巴（rdzing bu kha pa）、汤堆巴·却吉峨（thang stod pa chos kyi vod）、香耶（zhang yes）、色哇登珠贡（gze ba don grub mgon）、坝汤巴父子（bar thang pa yab sras）、达玛峡噶（dar ma shakya）、索南旺秋（bsod nams dbang phyug）、译师却丹、喇嘛贝丹僧格（bla ma dpal ldan seng ge）、布顿喀且（bu ston kha che）、绛钦绛仁巴（byang chen vjam rings pa）、衮铿喜饶贝桑（kun mkhyen shes rab dpal bzangs），此师传授给我（著者）。以上是益西夏传规的情况。

四　能怖金刚法类的情况阶段

《能怖金刚法》（gshin rje gshed）① 诸类是由阿底峡尊者传授给纳措译师的。他们还翻译出《能怖金刚法》和《能怖金刚续释俱生光明论》（rgyud dang vgrel ba lhan skyes snang ba）② 及其他教典。钠措译师又在纳波·荡琦多杰座前听受此法。后来荡琦多杰到前后藏讲授《能怖金刚法类》，从此获得广大发展和传播。纳措译师向绒巴·恰索巴（rong pa phyag sor ba）讲授《能怖金刚法》类，这一传规也得到了传播。管译师也对《能怖金刚续》作过一些讲说。他还根据宁玛派的仪式演示称之为"恰噶"（vchar ka）的能怖金刚法仪轨③。虽然其他译师也拥有《能怖金刚法类》经教，但是广泛讲说《能怖金刚法类》的是惹译师多杰扎（rwa lo tsav ba rdo rje grags），而且其法流流传时间很长。

此位惹译师多杰扎：诞生于聂纳朗（snye nam snang）④ 地方，幼年时期由惹玛底天女（lha mo re ma ti）⑤ 将他置于衣袖中，周游康区约两个

---

① 能怖金刚（梵：Yamāntaka）：阎摩敌、大威德。是佛教无上密乘一本尊。参阅《藏汉大辞典》，第 2874 页。
② 梵文：Sahajāloka。参阅《丹珠尔》，rgyud, No. 1918。
③ 此句藏文（第 455 页第 3～4 行）为：snying mavi vchar kar grags pa la yang phyag len mdzad do/。郭译（第 251 页第 2 行）为："领玛洽嘎扎巴也作'能怖'的传统修法"。
④ 郭译（第 251 页第 5 行）为："业廓朗"。恐误。
⑤ 郭译（第 251 页第 5～6 行）为："仁底天女"。漏译 ma。

月时间。之后，依旧将他还给其母。后来，他出家为僧，并受比丘戒，然后前往尼泊尔，主要依止柏波（尼泊尔人）·吐杰钦波。此师传承：那若巴传至坝若惹肯达（Prajñāraksita）①，坝若惹肯达又给坝波·吐杰钦波讲授。在此师前，由惹译师多杰扎很好地听受教法而获得众多智慧。比如像《胜乐本续》（bde mchog rtsa rgyud）、《桑布扎续》（Samputa）、《金刚空行》（rdo rje mkhav vgro）②、《无上续现示无上上师》（rgyud bla ma mngon brjod bla ma）③、《嘿汝嘎修持法》（he ru ka mngon vbyung）④、《普遍净治》（kun spyod）⑤、《亥母修持法》（phag mo mngon vbyung）⑥、《大黑天六法》（nag povi chos drug）、《鲁伊巴法类》（lvu yi pa）⑦、《作怖金刚法类》⑧、《黑尊能怖金刚》（gshin rje gshed nag povi skor）⑨、《六面尊法类》（gdong drug gi skor）⑩、《文殊名称经》（mtshan brdzod；梵：Nāmasaṅgīti)、《二面尊法类》（zhal gnyis mavi skor）⑪、《修习教授》（sgom gyi gdams ngag）、《巴布》（bar phu）⑫和《小护神保命》（mgon chung）等教授，惹师都非常精通。他也精通"索色"（srog ser）⑬教授。

---

① 藏文（第455页第10~11行）写为：དཔུང་རི་སྲུ།།
② 上述三著，可分别参阅《甘珠尔》，rgyud vbum, Nos. 368, 376和370。
③ 参阅 Abhidhāna Uttaratantra nāma，见《甘珠尔》，rgyud vbum, No. 369。
④ 梵文：Heruka abhyudaya。参阅《甘珠尔》，rgyud vbum, No. 374。
⑤ 参阅《甘珠尔》，rgyud vbum, No. 375。
⑥ 藏文全称为：mkhav vgro ma thams cad kyi thugs gnyis su med pa bsam gyis mi khyab pavi ye shes rdo rje phags mo mngon par vbyung bavi rgyud kyi rgyal po zhes bua ba。梵文：Dākinīsarvacittādvayacintyajñānavajra varāhyabhibhāvatantrarā ja nāma。参阅《甘珠尔》，rgyud vbum, No. 378。
⑦ 梵文：Śrī vajrasattvanāma sadhana。参阅《丹珠尔》，rgyud, No. 1454。
⑧ 《作怖金刚法类》（rdo rje vjigs byed）：大威德，古印度密宗成道者拉立达由乌坚地方发现的无上密乘中父续一本尊名。参阅《藏汉大辞典》，第1439页；《甘珠尔》，rgyud vbum, No. 468：Śrī Vajramahābhairava nāma tantra；《甘珠尔》，rgyud vbum, No. 470：Śrī Vajrabhairavakalpatantrarāja。
⑨ 参阅《甘珠尔》，rgyud vbum, No. 467：Sarvatahāgatakāyavākcittakrsnayamāri nāma tantra；《甘珠尔》，rgyud vbum, No. 469：Śrī Krsnayamāritantrarājatrikalpa nāma。
⑩ 参阅《丹珠尔》，rgyud, No. 2003。
⑪ 参阅《丹珠尔》，rgyud, No. 1550：Śrī Vajrayoginīsādhana；《丹珠尔》，rgyud, No. 1565：Yogānusāriṇī nāma vajrayoginītīkā；《布顿全集》（bu ston gsung vbum），第XXVI卷，La函，第18a叶。
⑫ 罗译（第375页倒数第3行）转写为：par-pu。此系萨迦护法神。
⑬ 即 srog gtad，向弟子传授护法神命咒，使天下冰雹的咒术。此据罗译（第375~376页）行间注。

如此法类完全是班智达之法（印度博学者所知法），而不是渗有藏族所译之法。因此，哲·喜饶坝（vbre shes rab vbar）说："藏族所翻译本法类中，过去的翻译文献没有比善知识惹译师所译之法类更有意趣者，因为惹译师能圆满达到诸善巧班智达之密意，且未掺入藏地译法之杂质。"由于惹译师之事业极为圆满发展，信仰徒众极为繁多。其中有拉尊烘姆等九大信徒，供奉的善知识有噶·东赞南喀（vgar stong btsan nam mkhav）、香泽穹哇（zhang tshes chung ba）、索操杜正（so tshab vdul vdzin）、聂日巴（gnyags ri·pa）、哲·喜饶坝、班·贡却多杰（vban dkon mchog rdo rje）、若·烘巴哇（rog mngon pa ba）、西·噶当巴（zhu bkav gdams pa）、塔细哇索塘巴（mthav bzhi pa so thang pa）、达巴喀切（stag pa kh che）、季译师贡噶多杰（dpyal lo tsav ba kun dgav rdo rje）、香·萨嘎巴（zhang sa ga pa）①、香·藏峨（zhang gtsang vod）、岗英扎（sgang Indra）②、诺·尼玛（snur nyi ma）、坝热·妥巴嘎（ba reg thos pa dgav）、拉杰哇（lha rje dba）、占布哇·仁钦扎（gran bu ba rin chen grags）、伦·嘉勒（glun rgyam legs）、伦·生窝释迦嘉（glun se bo shavkya rgyal）、伦·赞扎（glun Tsandra）③、伦·垛波（glun rdor po）④、嘉隆却扎（rgya long⑤ chos grags）、玛尔巴索仁（mar pa bsod rin）、【阿麦弥涅（a me mi nyag）、嘉达塞（rgya dar sed）、绛然敦巴（byang ran ston pa⑥）、梁师、若秋色（rog kyugs se）、穹波达玛坝（khyung po dar ma vbar）、穹波普惹（khyung po phu re）、纳译师（sna lo tsav ba）、策弥索南伯（vtshe mi bsod nams vbar）、策弥楚波（vtshe mi tshul po）、普真扎（phur Tsandra（candra））⑦、香师、惹贡·多吉杰波（rwa sgom rdo rje rgyal po）、绒巴嘉勒、玛喇嘛章巴（ma bla ma brang pa）、藏央达坝（rtsang yang dag vbar）、喇嘛塔（bla ma mthav）、本衮波（dpon rkun po）、宰察坚弥（btsad tsha lcam me）、峨垛德、库译师垛德伯、扎师（grags）、内措（ne tsho）、垛德扎（mdo sde grags）、肖·多杰坚参（sho rdo rje rgyal mtshan）、肖·格

---

① 罗译（第376页第15行）转写为：sag-pa。
② 藏文（第456页第11行）写为：བར་ཨིན྄ྡྲ།
③ 藏文（第456页第13～14行）写为：བུན་ཙནྡྲ།
④ 上述四人名之 glun 罗译（第376页第17～18行）均转写为：klun。
⑤ 藏文（第456页第14行）为"rgya lod"，恐误。
⑥ 罗译（第376页第19行）转写为：stan-pa。
⑦ 藏文（第456页倒数第2行）写为：ཕུར་ཙནྡྲ།

敦（sho dge vdun）、乍格波（vdzar dge po）、噶阿乍（vgar a tsa）、尼哇（snyi ba）、浪察顿纳（lang tsha ston nag）、卓珠巴（grol grub pa）、哲·喀角巴（vbre kha sgyog pa）、居惹阿焦（kyu ra a skyabs）、惹嘉觉色（rab dpya jo sras）、哲窝却喇（tre bo mchog bla，即哲窝却吉喇嘛）、峨确云楚（ngo khro① yon tshul）、旺师（dbang）、色驷（se rigs）、素尔·霍尔波（zur hor po）、邦绛喇嘛（spang gyang bla ma）、玛脱绛坝（ma thog byang vbar）等，特别是还有在藏族中称之为善巧者的哲窝贡波等。当涅地（gnyal）举行桑波惹（Sambho ra）② 法轮会时，其弟子参加者有1200名教徒持《纳波续》（nag povi rgyud）③ 教授，800密续者持有同样的著述，总共2000弟子。<u>惹译师规定（讲授酬劳）</u>④ 每讲一次《作怖金刚续》⑤ 为黄金一两（srang）。《纳波续》、《六面续》（gdong drug gi rgyud）⑥、《胜乐续八种》（bde mchog rgyud brgyad）⑦、《纳波六法》（nag povi chos drug）⑧、《鲁耶巴》（luv yi pa）⑨、《绛贝》（vjam dpal）⑩、《二面》（zhal gnyis ma）⑪ 等为黄金一钱（zo）。于是，他将上述著述作为著名的"金写佛经"⑫。他收到的未排列出来的所供财物难以计数。所收财物的处置情况是：他送100两黄金给印度波乍玛西拉（bi kra ma shiv la），只要佛法尚存，作为吟诵金写佛经《般若二万颂》（nyi khri；梵：Pañcaviṃśatisāhasrikā Prajñāpāramitā）一套，以及吟诵金写佛经《八千颂》（brgyad

---

① 罗译（第376页倒数第8行）转写为：do-khro。
② 藏文（第457页第11行）写为：ངོ་ཁྲོ。有些藏族学者认为此地是吞米桑布扎（Thon mi Sambhota）的诞生地。参见 Vasilyev 的《西藏地理》（Geografiya Tibeta），圣彼得堡，1895年版，第37页。
③ 梵文：Kṛṣṇayamāritantrarāja。参阅《丹珠尔》，No. 1920。
④ 下划线处据罗译（第377页）补。
⑤ 藏文全称为：rdo rje vjigs byed kyi rgyud；梵文为：Vajrabhairava tantra。请参阅《甘珠尔》，rgyud, No. 468；Śrī Vajramahābhairava nāma tantra。
⑥ 藏文全称为：gshin rje gshed nag po gdong grug pavi vkhor lovi sgrub thabs zhes bya ba；梵文为：Kṛṣṇayamārimukhaṣaṭcakrasādhana nāma。请参阅《丹珠尔》，rgyud, No. 2015。
⑦ 请参阅《甘珠尔》, rgyud vbum, Nos. 383~390。
⑧ 请参阅《丹珠尔》, rgyud, Nos. 1445~1451。
⑨ 梵文：Śrīvajrasattva nāma sādhana。参阅《丹珠尔》，rgyud, No. 1454。
⑩ 梵文：Bhaṭṭārakamañjuśrīyamāripūjākramavidhi nāma。参阅《丹珠尔》，rgyud, No. 1945。
⑪ 梵文：Vajravārāhī。参阅《丹珠尔》，rgyud, No. 1551；Śrī Tattvajñāna siddhi。
⑫ 金写佛经（gser chos）：金字经。在蓝黑色厚纸上用金粉所写佛经。参阅《藏汉大辞典》，第3023页。

stong pa)① 两部的酬劳；100 两黄金，只要佛法尚存，作为四部（sde pa bzhi）② 84 位班智达吟诵的金写佛经《摄论》（sdud pa）84 部之酬劳。他给喇嘛坝若恰登（bla ma bha ro phyag rdum）③ 供养黄金 100 两。他还供了 108 次法会，聚集了大约 200 "哈姆"（ha mu），每一"哈姆"大约花了三四两黄金。他邀请尼泊尔吐杰钦波到藏（传法），后者返回时他供献黄金 1000 两。此师未逝世前，他共供养 37 次。由于鲁麦（klu mes）和坝惹（sba reg）之间的妒忌，桑耶的栖身地于丙戌年（阳火狗，公元 986 年）被焚毁，以至于连砖墙都崩溃倒塌了。他（凭借自己神力之助）从峨喀（vol kha）把柏树运往江的上游，墙基、木匠、金匠、铁匠、佛像画师等工匠五百人经过了三年时间进行修缮工作。敦巴仁钦多杰负责监管这项工程。总的来说，花费了 100000 担建筑材料。他利用剩余的颜料供给，把大殿的院落和乌泽拉康（dbu rtse lha khang，桑耶寺主寺）重新修葺了一番。这项工程用了两年时间。工程的管理者为惹译师却饶（lo tsva ba rwa chos rab）。所需建筑材料共 10000 担。惹译师如是支持寺院：他给（后藏）度弥巴寺（dur smrig pa）④ 万分之三为首的僧人作了许多次供养，<u>其中包括 6 部《大般若经》（Śatasāhasrikā Prajñāpāramitā）</u>⑤。然后，他还供养了 30000 担，只要佛法尚存，作为国王僧客之膳食费用。他给伽达哇（bye mdav ba）⑥ 供献《经藏》为首的一百卷经书，30000 担物资供养分发给僧客作膳食之用。他给古塘寺僧人（dkyus thang pa）供献 2 部《大般若经》为首经书 50 卷，每年还用 10000 担物资为僧客提供一个月的膳食顺缘。同等数量的供献也给了念措寺僧人（nyan tsho ba）和江惹寺僧人（lcang ra ba）。他给肖江寺僧人（sho skyam pa）供献《经藏》为主的经书一百卷，还用 10000 担物资作为僧客之膳食供养。同等数量的供养也给了惹度寺僧人（re dul ba）。他制造出印度泥像（察察）供养 10000000 尊，每 100000 万尊印度泥像供献 40 担物资给制作佛像工匠之费用。<u>他还长期供养 7 位印度瑜伽师、梵文本两千</u>、供养 6 位印度瑜伽师念颂梵本《般若二万颂》（nyi khri；梵：）和《八千颂》，供养一位印度瑜伽师按照鲁耶巴传规修行。另外，他还组织诵读佛教经典 100000 遍。他

---

① 梵文：Ārya Prajñāpāramitāsañcayagāthā。参阅《甘珠尔》，shez phyin，No. 13。
② 四部是指上座部、说一切有部、正量部和大众部。
③ 惹师曾从他那儿求得 Yamāri Cycle。
④ 罗译（第 378 页）转写为：ngur-smrig。
⑤ 下划线处据罗译（第 378 页）补。下同。
⑥ 罗译（第 378 页）转写为：bye-mdav-pa。

还给峨译师供养,其中包括《大般若经》1部。】① 他举办了一次法会,

---

① 【 】中数页内容郭译(第 251 页末行)"玛巴索仁"(即本书所译"玛尔巴索仁")之后,漏译。藏文原文可参见第 456 页倒数第 5 行至第 459 页第 8 行:

…a me mi nyag dang/ rgya dar sed dang/ byang ran ston pa dang/ myang dang/ rog kyugs se dang/ khyung po dar ma vbar dang/ khyung po phu re dang/ sna lo tsav ba dang/ vtshe mi bsod nams vbar dang/ vtshe mi tshul po dang/ phur tsanadra dang/ zhang dang/ rwa sgom rdo rje rgyal po dang/ rong pa rgya le dang/ ma bla ma brang pa dang/ rtsangs yang dag vbar dang/ bla ma mthav dang/ dpon rkun po dang/ btsod tsha lcam me dang/ rngog mdo sde dang/ khu lo tsav ba mdo sde vbar dang/ grags dang/ ne tso dang/ mdo sde grags dang/ sho rdo rje rgyal mtshan dang/ sho dge vdun dang/ vdzar dge po dang/ vgar a tsa dang/ snyi ba dang/ lang tsa ston nag dang/ grol grub pa dang/ vbre kha sgyog pa dang/ kyu ra a skyabs dang/ rab dpya jo sras dang/ tre bo mchog bla dang/ ngo khro yon tshul dang/ dbang dang/ se rigs dang/ zur hor po dang/ spang gyang bla ma dang/ ma thog byang vbar la sogs pa dang/ khyad par bod la mkhas par grags pavi tre bo mgon po rnams so/ /grangs ni/ gnyal du samobha ravi chos vkhor la grwa pa btsun pa nag povi rgyud la dpe thogs stong nyis brgya/ sngags pa dpe thogs brgyad brgya ste nyis stong byung/ rdo rje vjigs byed kyi ryud la gser srang re/ nag povi rgyud dang gdong drug gi rgyud dang/ bde mchog gi rgyud brgyad dang/ nag povi chos drug dang/ luva yi pa dang/ vjam dpal dang/ zhal gnyis ma rnams la gser zho revi gser chos byas/ khrigs su ma bcad pavi vbul ba la ni grangs med pa byung/ phyag bzhes la/ rgya gar du bi kra ma shiv lar gser gyi nyi khri tshar gcig bstan-pa ma zhig bar du klog pavi cha rkyen la gser srang brgya/ gser gyi brgyad stong pa chagcig dang/ sde pa bzhivi pandita brgyad cu rtsa bzhi la gser gyi sdud pa brgyad cu rtsa bzhi bstan pa ma zhig bar du klog pavi cha rkyen gser srang brgya/ bla ma bha ro phyag rdum la gser srang brgya phul/ gser srang gsum bzi tsam re la rkyen byas nas ha mu nyis brgya tsam bsags pavi tshogs vkhor brgya rtsa brgyad btang/ bal bo thugs rje chen po bod du spyan drangs nas phyir thegs dus gser srang stong brdzangs/ ma gshegs bar du vbym ba thengs sum cu so bdun thengs/ bsam yas kyi vkhor sa klu mes dang sba reg gi chags sdang gis me pho khyivi lo la bsregs/ gyang tshun chad vgyel ba la vol kha nas shug pa rnams gtsang po la gyen la drangs/ gyang btang/ shing bzo/ gser bzo/ lcags mgar/ lha bzo la sogs pavi bzo bo lnga brgya tsam gyis lo gsum gyi bar du zhig gsos byas/ devi zhabs tog gi lag = len ni ston pa rin chen rdo rjes byas/ spyir na de la khal vbum tsho cig song/ devi tshon rtsilhag gis gtsang vphrang gi khyams dbu rtse dang bcas pa gsos/ yun lp gnyis song/ gnyer lo tsav ba rwa chos rab kyis byas/ yo byad khal khri tsho cig song/ gnas gzhi rnams su zhabs tog mdzad pa la/ dur smrig pa la vbum cha gsum gyis sba drangs vbul ba mang du phul/ der bstan pa ma zhig bar du vgron zan gtang bavi cha rkyen la ljid snyoms kyi khal khri tsho gsum phul/ bye mdav ba la mdo sdes sna drangs pavi pu sti brgya/ vgron zan rgyun gyi cha rkyen khal khre tsho gsum phul/ dkyus thang pa la vbum chas sna drangs pavi pu sti lnga bcu/ lo re bzhin vgron zan zla ba revi cha rkyen la khal khri tsho gcig/ nyan tsho ba dang/ lcang ra ba la yang de dang mnyam pa phul/ sho skyam pa la mdo sdes sna drangs pavi pu sti brgya tham pa/ vgron zan thes khal khri tsho gcig/ re dul ba la de dang mnyam pa phul/ sav tsa vbum tsho vbum btab/ vbum tsho re la khal bzhi bcuvi cha rkyen du bcad/ klog vdon rgya dpevi nyi khri dang brgyad stong pa vdon pavi atsa ravi mchad gnas drug/ luv yi ba sgom pa re dang bdun rgyun du vdegs/ gzhan yang gsung rab brgya tshar stong tshar mdzad/。

其间为 10000 人供养了膳食。他在朗日塘巴座前也作了同等数量的供养；在赞·喀波且座前也作同等量的供养。他在嘉杜寺（rgya vdul）作了供养，其中包括《十万般若经》为首的诸供品、举办一次法会，法会期间为 100 人发放布施。他还对觉真琼（jo btsun khyung）、蔗师（vbre）、班师（vban）、若·烘巴哇（rogs ngon pa ba）①、达巴喀切（stag pa kha che）等师座前也作了类似的供养。上述这些事迹都摘录于喇嘛益西僧格（bla ma ye shes seng ge）所著传记。总的说来，惹译师多杰扎广说教法，尤其是对二千多徒众讲说了《能怖金刚法类》，因此，从他的徒众所发展出来的人数是难以计算的。此外，此师的法类传授给了惹译师却饶（rwa lo stav ba chos rab）、惹·益西僧格（rwa ye shes seng ge）、惹·蚌僧（rwa vbum seng）、至尊嘎罗（rje btsun rga lo）②、喇嘛喜饶僧格（bla ma shes rab seng ge）叔侄及兄弟等人。由此诸人所培养出的徒众我在此也是难以计数的。《红尊阎罗敌续第十九品》（gshen rje gshad dmar povi rgyud levi bcu dgu pa）③ 是译师扎巴坚参和雄·洛丹二人所翻译的（藏译本），但是未听说有此续之说规。至于以《红阎罗敌》作为本尊者则很多，比如：季·却桑（dpyal chos bzangs）、恰译师（chag lo tsav ba）、布（顿）仁波且等多人。此外，还有大成就师达班（grub thob dar pan）和热奔达（Revenda）④ 的弟子洛窝译师喜饶仁钦（blo bo lo tsav ba shes rab rin chen）获得从毗汝哇（bi ruvu ba）⑤ 传来的《红阎罗敌之教授略本》等，在前后藏得到广泛传播，但是我还未听说有从达班所传的《红阎罗敌续》之讲说。

以上为能怖金刚法类的历史情况。

五　胜乐法类之阶段

《吉祥胜乐》（dpal bde mchog）的灌顶和续释及修法等的著述是很多的，这些都是最初在大译师（即仁钦桑波）及其弟子中间传承。后来，

---

① 罗译（第 379 页第 14 行）转写为：rog mngon-pa-ba。
② 郭译（第 252 页第 10～11 行）为："杰准玛诺（玛译师）"。
③ 梵文：Śrī Rakta Yamāritantrarāja。可参阅《甘珠尔》，rgyud vbum，No. 474。
④ 藏文（第 460 页第 7～8 行）写为：རེ་ཧྲ།。
⑤ 梵文：Virū pa。可参阅《丹珠尔》，rgyud，No. 2017：Raktayamāritakasādhana。

玛尔巴垛哇（mar pa do ba）、布桑洛穹（spu hrangs lo chung）和麦觉等师又广泛传授此法。《胜乐续》的讲授传承如下：金刚持（rdo rje vchang）①、恰那多吉（phyag na rdo rje）、萨惹哈（sa ra ha）、峡哇日旺秋（sha ba ri dbang phyug），此师的弟子即鲁耶巴、有人也称为鲁峨巴（lu i pa），也有人称之为鲁哼巴（lu hi pa）。我（著者自己）的上师班钦说过："此位大德所著《圆满次第十八颂》（rdzogs pavi rim pavi yi ge tshigs su bcad pa bco brgyad pa）的梵本中都载为鲁邬业（luvu yi），因此这种写法是准确的。"由鲁耶巴讲授给国王达日嘎巴（rgyal po dav ri kav pa）②及其大臣荡底巴（Dangi pa）③；又由大臣荡底巴讲授给多杰枳布哇（rdo rje dril bu ba；梵：Vajraghahanta）；多杰枳布哇讲授给汝柏峡坚（ru sbal zhabs can；梵：Kurmapāda）；汝柏峡坚讲授给乍伦哈达惹巴（Jayandhara）④；乍伦哈达惹巴传授给纳波觉巴哇（nag po spyod pa ba；梵：Krsnācārya）；纳波觉巴哇传授给南杰夏（rnam rgyal zhabs；梵：Vijayapāda）；南杰夏传授给底里巴（Ti lli pa）⑤；底里巴传授给那若巴。以上诸位大师的传记很多，也很容易找到，故而在此略而未撰。

那若巴大师：他是毗扎玛西拉寺（Vikramaśīla，也称戒香寺）北方的门卫。此师座前，有辛底巴大师和至尊麦枳哇前来听受教法。而前来辛底哇座前听受教法者为尊者阿底峡。阿底峡尊者在阿里对大译师（仁钦桑波）师徒讲授此法（即胜乐法类），又向藏绒（gtsang rong）的噶格瓦（vgar dge ba）讲授，据说他是依据"拉伯"（lha sbas；梵：Devaraski-ta）⑥的释论而讲说的。尊者还在前藏讲授给纳措译师和一位康巴老人两个人。

此外，尼泊尔有位名叫旁廷巴（pham mthing ba）⑦，也称扎阿德巴钦波（grags a des pa chen po）的人有四兄弟：兄长名为达玛玛底（Dharmamati）⑧，两位弟弟名叫堆柯哇（dus vkhor ba）和塘穹哇（thang chung

---

① 梵文：Vajradhara。此处藏文（第460页倒数第3～2行）为：rje vchang。恐有印刷错误。
② 梵文：Dārika；藏文（第461页第4行）写为：ཅུའི་པོ་དྲ་རི་ཀཔ།
③ 藏文（第461页第4行）写为：ཌྙི་པ།
④ 藏文（第461页第5行）写为：ཛ་ཨནྡྷ་ར་པ།
⑤ 藏文（第461页第6～7行）写为：ཏིལླི་པ།
⑥ 参阅《丹珠尔》，rgyud，No. 1407：Śrī Cakrasamvarasādhanasarvasāla nāma tīkā。
⑦ 与上文之 pham mthing pa 为同一人。
⑧ 藏文（第461页倒数第2行）写为：དྷརྨ་མ་ཏི།

ba)。其兄达玛玛底依止那若巴12年之久。当旁廷巴前来迎请兄长时，兄长达玛玛底说："你在这里住下来吧！我有上师授记，一定要前往五台山。"而后他就离开了，谁也不知道他去了哪里①。于是，旁廷巴依止那若巴9年时间，听受了《胜乐》和《喜金刚》等多种教法。特别是他借助胜乐法门而获得下品和中品成就。其弟堆柯哇在那若巴座前依止了5年时间，听受了《胜乐》等多种教法。最小的弟弟塘穹哇②前来迎接堆柯哇，就在那若巴座前求得一些灌顶和密续教授等。哥哥（堆柯哇）对小弟塘穹哇说："你应该修语自在！"③于是，他就按照兄长之言而修行。（为了检验他修行的成就）他将一朵鲜花扔进流水中，鲜花曾三次逆流浮出水面。前面两次他们没有注意到它浮出来，但第三次鲜花逆流而上时，他将鲜花取出，因此他未能够获得上、中两品语自在成就，而获得下品成就，能忆持很多颂偈。当花朵掉头顺流而下时，其仆人坝丹达（Bhadanta）④饮其水而获得智慧的极大增长。旁廷巴对塘琼巴（塘穹哇）说："你到藏寻找金子吧，你应该使这里（指那若巴驻锡处）法灯常明。"塘穹哇带领仆人坝丹达来到涅地方上部。仆人坝丹达在度弥（dur smrig）地方牧马时，学会了藏语。他在彰底师（brang ti）⑤前听习《阿毗达摩集论》（mngon pa kun las btus；梵：Abhidharmasamuccays）并掌握了它。当他同彰底师互相辩论时，他获得胜利。于是坝丹达对彰底师说："我作为班智达前来时，上师您应该对我作招待啊！"他们主仆二人（塘穹哇和坝丹达）共同获得黄金500两，于是（在那烂陀寺Pulahari）设置常供灯火和会供，长期没有间断。

译师洛嘉喜饶哲（lo tsav ba klog skya shes rab rtsegs）在旁廷巴⑥座前听受胜乐法类。而后他到藏后，麦觉译师洛卓扎（mal gyo lo tsav ba blo gros grags）在其座前求得胜乐灌顶和修法等。后来，麦觉译师亲自来到尼泊尔，又在旁廷巴兄弟、至尊那若巴的弟子绛曲桑波（byang chub bzang

---

① 据罗译（第381页）行间注：根据更顿群培大师所言，这两兄弟即著名的"大小旁廷巴二人（pham mthing pa che chung gnyis）"，载汉藏交界处的白塔（mchod rten）附近，伫立着旁廷巴及其密教助手（rgya mo gcig）的一座塔形坟墓（sku gdung）。其遗体至今藏于称之为 lo rgya dung bde mchog rang vbyung 的胜乐雕像之中。为汉藏民众所崇拜。
② 罗译（第381页第1行）转写为：thang-chung-pa。与 thang-chung-ba 同。
③ 语自在（ngag gi dbang phyug）：文殊菩萨的异名。见《藏汉大辞典》，第641页。
④ 藏文（第461页末行）写为：བྷཻགནྟདྷ。
⑤ 好像是指彰底·达玛宁波。
⑥ 郭译（第254页第5行）为："滂所巴"。恐误。

po),以及尼泊尔的嘎那嘎西(ka na ka shiv;梵:Kanakaśrī)的弟子吐杰钦波诸位大师座前,彻底地听受了胜乐法类。在麦觉译师座前,又有喇嘛萨钦(bla ma sa chen)① 听受了胜乐法类。喇嘛萨钦撰著《后续讲释》(phyis rgyud kyi bshad pa)时,由姑隆巴·索南多杰(sku lung pa bsod nams rdo rje)作了笔记。这个《后续讲释》的记录就是普遍传称为喇嘛萨钦之注疏②。萨钦又把它传授给其子孜摩(rtse mo)③ 兄弟。至尊(索南孜摩)又讲授给萨迦班钦④。玛·却吉杰波(dmar chos kyi rgyal po)在至尊(索南)孜摩座前听受胜乐法类;并在萨钦座前精研三种续部⑤及其教授等。这位玛·却吉杰波,是布桑洛穹的弟子玛·却吉坚参之侄儿。他有三位侄儿:玛·喜饶多杰(dmar shes rab rdo rje)、吐巴喜饶(thub pa shes rab)、准珠多杰(brtson vgrus rdo rje)。他在叔叔准珠多杰座下,学习上师所传之胜乐、瑜伽、译师六法(lo tsav ba drug)⑥ 等法。于是,可以说是从萨迦父子处发展出住持胜乐讲释弟子传承。但是,除了玛法王外,未听到有其他的讲释,所以在此无法撰写。

玛尔巴垛哇(mar pa do ba⑦):诞生在羊卓喇垛(yar vbrog bla do)的嘉(rgyags)地方,这里诞生过许多格西。玛尔巴垛哇的父亲名为格西却嘉(dge bhses chos rgyal)。他本人名叫却吉旺秋(chos kyi dbang phyug)。最初,他在一位班智达座前学习语言,并与绒松·却吉桑波相识。后来,他又在阁儒译师楚臣嘉哇(go rub lo tsav ba tshul khrims rgyal ba)座前学习。后来,他又前往尼泊尔,据说在那里与从印度归来途中的玛尔巴·洛扎巴(mar pa lho brag pa)相见。这(一说法)他(玛尔巴垛哇)跟觉若却嘉相见的叙述情况是相同的。此位译师似乎是至尊玛尔巴 31 岁时诞生的,他住世 95 岁。他在玛尔巴·洛扎巴座前,以黄金一钱作为赠品。于是,罗扎巴说:哪怕是一厘(se ba)黄金,你可能都非常需要,所以你自己拿去吧!我将自己去西藏淘采黄金。那若巴不在,因为他去修炼密法了。你应该到那若巴的四位弟子座前听受教法。"后来,当玛尔巴垛哇到达底惹呼底(ti ra hu ti;梵:Tirhut)时,看到有许多人聚集在一

---

① 即萨迦派贡噶宁波。
② 郭译(第 254 页第 11 ~ 12 行)为:"……,普遍传称喇嘛萨钦又作有注疏"。恐误。
③ 即萨迦派至尊索南孜摩(rje btsun bsod nams rtse mo)。
④ 即萨迦班智达·贡噶坚参(1182 ~ 1251)。
⑤ 参阅《甘珠尔》,rgyud vbum, Nos. 368, 369, 370。
⑥ 即仁钦桑波六法。
⑦ 罗译(第 383 页第 6 行)转写为:mar-pa do-pa。

起，他便问道："这是怎么回事？"他们答道："我们正看见那若巴走过来。"于是，他混入人群中，走到那若巴前，向他供献了黄金一钱（zho）。那若巴把它拿在手中，然后把它扔在地上，睁大眼睛注视着他。虽然那若巴什么也没有说，他明白自己已经获得其加持而生起信念。后来，他前往印度中部。按照罗扎巴的建议，他在那若巴的弟子玛纳嘎西（Manakaśrī）①、般若惹肯达（Prajñākṣita）②、喀钦绛曲桑波（kha che byang chub bzang po；梵：Bodhibhadra）、乍莫达班遮（Pramudavajra）③诸师座前听受那若巴传规的胜乐灌顶、续部及其教授等。又在其他班智达座前听受了许多教法。后来他再次回到尼泊尔，在旁廷巴和旁廷巴之弟阿根旺秋（ngag gi dbang phyug），以及尼泊尔嘎纳嘎西（Kanakaśrī）④诸师座前听受那若巴传规的教法。他又在来自印度居住在尼泊尔的麦底哇的直传弟子嘉噶恰纳（rgya gar phyag na）座前听受许多教法；又在尼泊尔乍吽（Dza hūṃ）⑤的弟子丈色纳波（bram ze nag po，意为黑婆罗门）座前听受教法；又依止善巧师苏玛底根底（Sumatikīrti）⑥翻译出了胜乐法类。译师返藏后，有许多弟子前来听受胜乐法类，其中有后藏的善巧者嘉南（mkhas pa rgya nam）、峨（ngo）⑦的塞瓦罗丹（gzer ba blo ldan）、康区的觉若却嘉（cog ro chos rgyal）等住持法的传承。至尊岗波巴（rje sgam po ba）⑧的一位弟子，具足圆满通达的雅巴·绛曲欧珠（yag pa byang chub dngos grub）也在喇垛（bla dor）于峨塞瓦（即塞瓦罗丹）座前求得玛垛（mar do，即玛尔巴垛哇）传规之胜乐诸法。他还按照具德岗波巴之命著有《根本续》（rtsa bavi rgyud）⑨和《作法》（kun spyod）⑩二者之广

---

① 藏文（第465页第6行）写为：མན་ཀ་ཤྲཱི།
② 藏文（第465页第6行）写为：པྲཛྙ་རྐྱིད།
③ 藏文（第465页第7行）写为：པྲམུད་རྫོ།
④ 藏文（第465页第10行）写为：ཀན་ཀ་ཤྲཱི།
⑤ 藏文（第465页第12行）写为：ཛ་ཧཱུྃ།
⑥ 藏文（第465页第13行）写为：སུ་མ་ཏི་ཀཱིརྟི།
⑦ 罗译（第384页第16行）转写为：do。
⑧ 藏文版中时而是，时而是 sgam po pa。本书通译为"岗波巴"。
⑨ 梵文：Mūlatantra。参阅《甘珠尔》，rgyud vbum, No. 368。
⑩ 梵文：Yoginī sañcaryā。参阅《甘珠尔》，rgyud vbum, No. 375。

疏。他还著有生起次第①的讲说，以及枳布巴（dril bu ba）②的《圆满次第五支论》（rim pa lnga pa）③之释。玛尔巴垛哇本人也著有《根本续》及《作法》二者的摄义和广疏。玛垛（玛尔巴垛哇）之子南喀峨（nam mkhav vod）出世时，就具有其父所有的一切讲释和教授。他还到过吉雪（今拉萨）等地，为其他人讲授一些简短教授，后来与他的父亲同时去世，因此其传承未能延续。塞瓦（罗丹）向其子德却多杰（bde mchog rdo rje）很好地讲授了（此传规之）胜乐法类。通过后者，这一传承得到了很好的发展。其中钦饶旺秋（mkhyen rab dbang phyug）在央哲哇·仁钦僧格（yang rtse ba rin chen seng ge）座前听受胜乐讲授。据说虽然他也在康萨巴·索南贡（khang gsar ba ④bsod nams mgon）座前听受过此教法，但是他说过他没有发现此前传承系统的准确资料。尽管如此，这仍然属于玛垛传规。

胜乐灌顶之传承是：佛世尊、智慧空行母（ye shes mkhav vgro ma；梵：Vajravārahī）、鲁耶巴、邓吉巴（Deṅgi pa）⑤、拉哇巴（lwa ba pa）、恩扎坝提（Indrabodhi［Indrabhūti］）⑥、嘎扎哇（ka tsa ba）、枳布巴、乍伦达惹巴（Jālandhara pa）⑦、纳波巴（nag po pa）⑧、姑峡拉纳（ku sha la na）、底里巴、纳若巴、曼嘎西连纳（Manakaśrījñāna）⑨、尼泊尔人坝丹达（bal po bhadanta）、玛尔巴垛哇、塞瓦罗丹、塞瓦觉德（gze ba jo bde）、库拉巴大师（slob dpon khu lhas pa）、洛仓巴大师（slob dpon lho tshang pa）、却丹译师、喇嘛贝丹僧格、布顿等。总之，布顿仁波且有七种不同性质的胜乐灌顶。布顿仁波且也著有《鲁耶巴传规胜乐修持法》（lvu yi pavi lugs kyi mngon par rtogs pa）及曼荼罗仪轨（dkyil chog）⑩等。

---

① 生起次第（bskyed rim；梵：Utpannakrama）：为求得净治四生习气，解脱凡庸见、闻、觉知之缚，现见本尊、真言、智慧本性而修习之瑜伽。参阅《藏汉大辞典》，第184页。
② 罗译（第384页倒数第11行）转写为：dril-bu-pa。
③ 梵文：Śrī Cakra samvarapañcakrama vrtti。参阅《丹珠尔》，rgyud, No. 1435。
④ 罗译（第385页第6行）转写为：khang-gsar-pa。梵：Vajraghanta。
⑤ 藏文（第466页倒数第6行）写为：ཏིང་བ།
⑥ 藏文（第466页倒数第6～5行）写为：ཨིནྡྲ་བོ་དྷི།
⑦ 藏文（第466页倒数第5行）写为：ཛཱ་འཛར་པ།
⑧ 即上文之纳波哇大师（slob dpon nag po ba；梵：Krsnācārya）。
⑨ 藏文（第466页倒数第4行）写为：མནཀ་ཤྲཱི་ཛྙཱན།
⑩ 请参阅《布顿全集》（bu ston gsung vbum），第VII卷，Ja函中所载的 dpal vkhor lo sdom pavi sgrub thabs rnal vbyor bzhi ldan 和 lvu i pavi dkyil mchog。

布顿①还著胜乐修持法释,《断离谬误大疏》(vkhrul spong zhes bya bavi ti ka)②;又著有《根本续》和《作法》二者的大疏③;又著有《胜乐戒源曼荼罗仪轨》(bde mchog sdom pa vbyung bavi dkyil vkhor gyi cha ga)。在其所撰曼荼罗仪轨中,他(布顿)广说第四灌顶法类。

觉若·却吉坚参(cog ro chos kyi rgyal mtshan):此师于戊子年(阳土鼠,公元1108年)诞生在垛麦地区。19岁时,他前往(堆龙)嘉玛寺。这一戊子年(阳土鼠,公元1108年)正是帕莫竹巴诞生之年,即庚寅年(铁虎,公元1110年)之前的那个戊子年(阳土鼠)。觉若师在嘉玛师座前听受了《量决定论》和中观自续派中④著名的中观教义而成为善巧者。24岁时,他就能够讲说《量决定论释》。在那一寺庙中,跟他一道学习者有至尊帕莫竹巴、堪布嘎哇、伯·策玛哇诸师。垛巴师(do pa,即玛尔巴垛哇)之子觉色南喀(jo sras nam mkhav,即上文之南喀峨)也随后到来,于是觉若也在其座前求得一些教授,并在阿尔(ar)和康巴埃僧(khams pa e seng)座前听受了许多种教法。在雄地方(gzhung),他依止峨·垛德(rngog mdo sde)听受了《喜金刚》和《玛雅》(Māyā)等教法,并撰著出教材《珍宝树世论文》(rin chen ljon shing zhes bya bavi yig cha)⑤。此后,他曾先后三次在喇嘛(玛尔巴)垛哇座前供养,并且令师感到喜悦。【他还在其座前听受《胜乐法类》四年时间,后来成为了善巧通达之人。】⑥ 觉色南喀也传授给他甚深教授。他的上师译师(bla ma lo tsav ba,即玛尔巴垛哇)年满95岁时逝世,大约与此同时觉色南喀也逝世了。此后,他在哈莫嘎波(ha mu dkar po)的直传弟子名叫季洛·贡噶多杰(dpyal lo kun dgav rdo rje)的师座前学习《金刚亥母》(phag mo)

---

① 藏文(第467页第2~3行)为"nag po pa",疑有误。
② 请参阅《布顿全集》(bu ston gsung vbum),第VII卷,Ja函中所载的dpal vkhor lo sdom pavi sgrub thabs vgrel pa vkhrul pa spong bar byed pa 或者 Nag po pavi sgrul vgrel。
③ 罗译(第385页)注曰:在《布顿全集》,第VI卷Cha函里,载有布顿所著关于《根本续》的两种释疏:bde mchog rtsa rgyud kyi bsdus don gsang ba vbyed pa 和 bde mchog rtsa rgyud kyi rnam bshad gsang bavi de kho nyid gsal bar byed pa。
④ 中观自续派(dbu ma rang rgyud pa):在世俗名言中承认事物自相实际存在的无性论者。参阅《藏汉大辞典》,1940~1941页。
⑤ 《玛雅》藏文(第467页倒数第5行)写为:ཧྲིཾ。《珍宝树世论文》系喜金刚教法之教材。
⑥ 【】中藏文(第467页倒数第2~1行)为:lo bzhir bde mchog gi phran dang bcas pavi gsan pa mdzad pas mkhas par mkhyen/。罗译(第386页倒数第11~10行)为:He studied the Samvara-Tantra together with its branches, and mastered it thoroughly. 疑为所据藏文本不同之故。

法类。然后，他又讲说另一种《量决定论释》，并在南措（gnam mtsho）地方静修了六年时间。后来，建立麦格拉措寺（me dge lha vtsho），并建立讲说院（bshad grwa）和静修院（sgom grwa）。【其弟子奇惹哇（khyi ra ba）不舍离肉躯而往生于空行刹中。】① 他（觉若）又著有《根本续释疏》，并且多次进行讲说。他于 69 岁时的丙申年（火猴，公元 1176 年）十月初二逝世。其讲说经论之宗风，由格西故西仲巴（dge bshes gu śrī② vbrom pa）和绒波格仁（rong po dge rings）等人继承并住持。其加持灌顶之遗教，则由止贡大师撰写。寺座则由香师来扶持，香师名为楚臣喜饶（tshul khrims shes rab），他依止止贡巴大师获得通达大手印（phyag rgya chen mo）。香师的弟子为衮都峨（kun du vod），此师徒二人的弟子为绒波哇（rong po ba）。这些史事为阿扎惹达玛格都（ācārya Dharmaketu）③ 所言，我怀疑是从善巧师约顿（mkhas pa gy'or ston）那儿获得的。其中，衮都峨是大名，他的真名叫旺秋僧格（dbang phyug seng ge），又称为诺惹哇（rno ra ba）。他的弟子名为香尊·门兰旺秋（zhang btsun smon lam dbang phyug），从丙申年（火猴，公元 1176 年）诞生起，一直住世到庚申年（铁猴，公元 1260 年），年满 85 岁时去世。他也是措译师（khro lo，即措普译师）的弟子，有极大神力。此师的弟子是倬巴（rdzod pa）④，诞生于壬寅年（水虎，公元 1182 年），在 20 岁时的辛酉年（铁鸡，公元 1201 年）被推选为寺院住持，在 69 岁时的庚戌年（铁狗，公元 1250 年）逝世。此师的弟子为喇嘛丹巴仁波且（bla ma dam pa rin po che），诞生于乙未年（阴木羊，公元 1235 年），于庚戌年（铁狗，公元 1250 年）16 岁时担任寺院住持，年满 39 岁时于癸酉年（水鸡，公元 1273 年）逝世，此师似乎又叫年陀觉蚌（gnyan thog jo vbum）。胜乐之讲说如此传承甚为久远。

哲窝贡波则在大善巧师嘉·南喀（mkhas pa chen po rgya nam mkhav）

---

① 【】中藏文（第 468 页第 6 行）为：slob ma khyi ra ba lus ma spangs par mkhav spyod du bzhud pa yang byung/。罗译（第 387 页第 1～3 行）为：(He) had hunters as disciples who proceeded to Heaven without leaving physical bodies behind. 疑为所据藏文本不同之故。

② guśrī（གུ་ཤྲཱི）源自"国师"。

③ 藏文（第 468 页倒数第 6 行）写为：ཨཱ་ཙརྱ་དྷརྨཀེ་ཏུ།

④ 罗译（第 387 页倒数第 11 行）转写为：rdzong-pa。郭译（第 257 页第 14 行）为："觉达巴"。

座前，听受了玛尔巴垛哇传规的四种胜乐释续（rgyud bzhi）①。此师（哲窝贡波）座前，又有冻惹岗巴·念多杰僧格（ldum ra sgang pa gnyan rdo rje seng ge）前来听受，此师又喜悦地传授给聂朵·唐杰铿巴。

玛尔巴垛哇派系的小译师扎巴喜饶（lo chung grags pa shes rab）前往印度和尼泊尔，在玛尔巴垛哇所受教诸师座前并且听受了教法。后来，他又在国王之子伯玛德哇（Bhīmadeva）②座前听受了许多种教法。人们常说这位著名的洛穹（小译师扎巴喜饶）比洛钦（大译师玛尔巴垛哇）法门广大，有众多徒众。他长期讲授胜乐法类，此也为传胜乐事业剩余之光，后来他在拉堆南边西普处闭关静修。此后不久，就往空行刹中而逝。后来仅存留玛·却吉坚参（dmar chos kyi rgyal mtshan）传承，此外并未听说有其他诸弟子传出的讲说法流。因此，我在此就无法撰写了。

另外，绒地方的松巴译师达玛云丹（sum pa lo tsav ba Dharma yon tan）③来到尼泊尔，他也向班智达乍雅色纳，也称为丹巴康萨巴（dam pa khang gsar ba④）的上师求法。后来，丹巴康萨巴来到西藏，至尊扎巴坚参也曾在其座前求法，他还译出大成就师措杰（莲花）所著的《胜乐空行海续释》（bde mchog mkhav vgro rgya mtshovi rgyud）⑤，以及乍雅色纳所著的灌顶及修持法等七宝⑥藏诸论典。对于本续及释论二者，他（丹巴）依其叔伯却荡比多杰（khu bo dpal mchog dang povi rdo rje）之命也作了改译。通过许多途径，本续得以传播全藏。法王壤迥多杰（chos-rje rang byung rdo rje）也撰写这些续释的许多论文。至于释论作者措杰的传承中，其传继人似乎是白玛多杰（pad ma rdo rje）。

对于《胜乐戒源》（sdom pa vbyung ba），惹达纳惹肯西达（Ratnara-k

---

① 据罗译（第388页）注，有关四种胜乐释续，可参阅《甘珠尔》，No. 370：Śrī Vajradāka nāma mahātantrarāja；《甘珠尔》，No. 372：Dākārnava mahāyoginītantrarāja nāma；《甘珠尔》，No. 373：Śrī Mahāsatvaraodaya tantrarāja nāma；《甘珠尔》，No. 375：Yoginīsañcāya。
② 藏文（第469页第10行）写为：ྦྷིམ་དེ་བ
③ 藏文（第469页倒数第3行）写为：སུམ་པ་ལོ་ཙྡུ་བ་རྣམ་ཡོན་ཏན
④ 罗译（第388页倒数第8行）转写为：khang-gsar-pa。
⑤ 《胜乐空行海续》梵文：Śrī dākārnava mahāyoginītantrarāja；参阅《甘珠尔》，rgyud vbum, No. 372。
⑥ 有关乍雅色纳所著之灌顶及修持法，请分别参阅《丹珠尔》，rgyud, Nos. 1521和1516。关于七宝（rin po che sna bdun）：七珍宝：映红、帝释青、吠琉璃、子母绿、金刚石、珍珠和珊瑚；或吠琉璃、金、银、水晶、冰珠石、红珠和绿玉。参阅《藏汉大辞典》，第2699页。

sita)① 也著有释论。我认为既然恰译师（chag lo tsav ba）是他的直传弟子，或许他有讲释之法。后来，至尊宗喀巴大师也著有从布顿仁波且传来的本续、释续、广释等善为编合的大疏；以及现观法和曼荼罗仪轨；枳布巴传规现观法和曼荼罗；枳布巴的五次第释；鲁耶巴传规的圆满次第大瑜伽修法；鲁耶巴的现观法和如意讲释等。于是，他就使（在西藏）本来已经衰败的胜乐轮宗风重新兴旺发达起来。

以上为胜乐法类阶段。

六　金刚亥母六论的阶段

依据胜乐诸释续，金刚亥母三十七尊纯为佛母曼荼罗中为弟子灌顶；依据此曼荼罗而作念修次第也出现了许多法门。尤其是依据《胜乐戒海续》（sdom pa rgya mtshovi rgyud）而出现的《金刚亥母六论》（phag mo gzhung drug）之加持论典的讲释，修行次第对于雪域（藏区）发展出的大多数密咒瑜伽修士都有此法类的传承。这是由英扎坝提的夫人拉姆贝姆（lha mo dpal mo）传授给至尊毗汝巴（rje btsun Virū pa）②的；至尊毗汝巴传授给阿哇杜底巴（Avadhūti pa）③，也称索纽巴钦波（bsod snyoms pa chen po；梵：Paindapātika），此位大师是东孟加拉④人，族姓为王族。他在大众部出家为僧，是一位修《密集妙吉祥金刚》（gsang ba vdus pa vjam pavi rdo rje；梵：Guhyasamāja Mañjuvajra）的瑜伽士。有段时间，他做了一个悲伤的梦，梦见自己吞食了日月，于是前往毗哇巴（Bir wa pa）座前求得《瑜伽母灌顶》（rnal vbyor mavi dbang；梵：Vajravārahī），由此亲见瑜伽母。他听受密续及其教授等，并进行修行。后来经过毗汝巴的引导，他进入了密行。当他开始在恒河（Ganges）⑤畔修密行时，有外道竖三尖铁杖，想跳跃到此三尖铁杖上寻死，认为死亡能给予他们解脱。这个三尖铁杖谁也不能够移动，索纽巴拔出

---

① 藏文（第470页第9行）写为：རྡུ་རྒྱོད།

② 藏文（第471页第7行）写为：རྗེ་བཙུན་བི་རུ་པ།

③ 藏文（第471页第8行）写为：ཨ་བ་རྒྱུ་ཏྲི་པ།

④ 藏文（第471页第9行）写为：རྒྱུད།

⑤ 藏文（第471页末行）写为：གངྒ།

扔进了恒河中。外道者们乞求他重新树立三尖铁杖，他又从恒河中取出并交给他们，同时对其开示说："此道中是没有解脱可言的。"如此成就大师就成了冻达哇（ldong dar ba）的上师，冻达哇是摩揭陀（Maghadha）① 人，出生于贱种（rigs ngan）。他生起了极大求法之心。当他打听到证得殊胜成就的阿哇杜底巴钦波（Avadhti pa chen po）② 居住在孟加拉地方时，他就装扮成一个和尚并携带很多财物前往拜见阿哇杜底巴钦波。（到达时）他看见有一位老僧在用牛耕地，其夫人在地里采集虫子。最初他虽然没有生起敬信，但是心里想应该向此人祈祷一下。供献钱币后，就向其请求摄受。那人（阿哇杜底巴）说："但是你对我无信解！"他（冻达哇）说："确实是如此。"经过再三地请求摄受后，阿哇杜底巴开始应允，说："你必须为我做三年奴仆。"于是，冻达哇由此而获得加持，并且亲见金刚亥母，证得殊胜成就。后来，他离开阿哇杜底巴后，居住在乍伦达惹寺（Jālandhara）③，这时，他听说有一外道师正和毗扎玛西拉寺中的诸师相互辩论并比赛超能力。寺中诸师发现很难找到（一位善巧者）能够打败外道。听说此事后，冻达哇④就前往那里（参加比赛）。他们请求国王来作证，辩论即将开始时，外道师问道："我们是比赛超能力还是进行辩论？"冻达哇答曰："随你的便！"外道师说："那么我就放一条蛇给你吧！"他放出一条光闪闪的毒蛇给冻达哇吃，冻达哇大师现出金刚亥母面而发出沉重吼声把毒蛇吃下。外道师失败而入于佛教。外道师说："金刚亥母面尊者！我本来是外道师而并非佛教徒呀！"因此，冻达哇为他作了使其成熟（内道）之方便。冻达哇又摄受索纽巴琼俄·嘉尾敬（bsod snyoms pa chung ngu rgyal bas byin）为徒。南方白达拉（be ta la；梵：Vetala）一国王无子。国王大办斋供，由此生得一子，命名为播乍德哇（Bhojadeva）⑤。后来，此子继任王位时，在侍从人等陪同下前往山林中。在那里，冻达哇以衣衫褴褛的行乞瑜伽士的形象出现，久久注视国王，惹得国王发怒！就命令侍从杀死此瑜伽士。于是，冻达哇对国王开示了许多真实理论，为此

---

① 藏文（第472页第4行）写为：མག་ཏུང་།
② 藏文（第472页第5行）写为：ཨ་བྷུ་ཏི་པ་ཆེན་པོ།
③ 藏文（第472页倒数第6行）写为：ཛཱ་ལནྡྷར།
④ 罗译（第391页第18行）均转写为：ldong-ngar-ba。
⑤ 藏文（第473页第7行）写为：བྷོ་ཛ་དེ་བ།

国王抛弃江山和王位而入佛修行。后来，国王获得成就即为著名的南国索纽巴·嘉尾敬（bsod snyoms pa rgyal bas byin）。

索纽巴·嘉尾敬率其侄子桑杰敬（sangs rgyas byin；梵：Buddhadatta）做侍仆而来到尼泊尔，他俩到玛黑坝若（Ma hebhā ro）门前化缘时，玛黑坝若命女仆送给他们食物和酒，当仆人把食物倒入其颅器中时，酒立刻沸腾起来。仆人感到惊讶就把此情况告诉了坝若，玛黑坝若心生敬仰而亲自出来供送乞物。【后来，玛黑坝若等人也作行乞时，与密号是东尼定埃增多杰（stong nyid ting nge vdzin rdo rje；梵：Śūnyatā samādhivajra）的德哇阿嘎惹真扎（Devākaracandra）① 相会面。】② 此位大师诞生在拉嘎（ya vgal）③ 大城中的王种姓，是个独子。年满8岁时④，父亲命他其娶妻住持家务。他说"我要进入法门"而并未听从父亲之命。父亲问他"你要到何处求法？"他答道："我知道自己向谁求法。"于是，他围绕【吉绒地方的】圣乍玛里（vphags pa dza ma li；梵：Ārya Jamali）转了七日。到了最后一天晚上，他（对父亲）说："把我送到印度吧！"于是，他就来到印度，在毗扎玛西拉寺中请求出家为僧，但被告知【出家人数不足，无法举行受戒仪式，故而未允许他出家为僧】⑤。因此，他只好在那里学习声明学和因明学，成为最饱学者。他与尼泊尔的惹达纳西（Ratnaśrī）⑥ 相遇后，在其座下听受了《桑布枳》（Samputa）⑦ 及《喜金刚法类》，由

---

① 藏文（第473～474页）写为：དེ་བཱ་ཀ་ར་ཙན྄ཏྲ།。

② 【 】内藏文（第473～474页）为：de nas bha ro la sogs pavi bsod snyoms la spyod cing bzhugs pavi tshe/ de ba av ka ra tsa ndra gsang mtshan stongs nyid vting nge vdzen rdo rje mjal te/。罗译（第392页第16～19行）有所不同，谨录于此，供比较参考：While Jinadatta was staying there partaking of food offered by Bha ro and others, he met Devākaracandra, whose secret name was Śūnyatā samādhivajra（stong nyid ting nge vdzin rdo rje）.

③ 藏文（第474页第2行）为：la vgal。罗译（第392页）行间注：Yam vgal，尼泊尔城市名。

④ 此句藏文（第474页第3行）为：lo brgyad lon pavi tshe。郭译（第260页第8行）为："年稍长时"。恐误。

⑤ 此句藏文（第474页第7～8行）为：dge vdun gyi grangs ma tshang zer nas rab tu vbyung du ma gnang。此处罗译（第392～393页）行间注：这个句子明显有个错误，应该是 dge vdun gyi grangs tshang zer nas…，意思是毗扎玛西拉寺额定僧人数已满。据说毗扎玛西拉寺固定僧人额为50人，以及13为见习僧人。在 Madhyadesa 地方，受戒仪式需要25名僧人参与，在边境地区只需要5名僧人。我们的文献似乎表明，当时毗扎玛西拉寺的正式僧人不足25人。

⑥ 藏文（第474页第9行）写为：རཏྣ་ཤྲཱི།

⑦ 藏文（第474页第10行）写为：སམྤུཊ།

此成为大学者。年满20岁时,他返回家中,随后成为最大之福德者。那时,他听说有一名叫索纽巴(bsod nyoms pa;梵:Paindapātika)的人居住在坝若的供养寺中时,于是他生起极大敬信携带着布、马、羊三物而前往拜见。

他请求加持时,索纽巴回答说:"你是一位班智达了!而我是一无所知之人,有什么可求呢?"但是,他再三请求赐予教授,索纽巴终于回答说:"那么,现在应该作加持,需要找顺缘吧!"德哇阿嘎惹真扎与玛黑坝惹一起同时获得加持。加持时,用酒倒满颅器中,上师作加持后,如何饮用颅器中的酒始终都是满的。其侄子桑杰敬作加持后也发生同样的效果。于是,上师给他们说法并传授教授。德哇阿嘎惹真扎请求上师写下所授的《二面大佛母法》(zhal gnyis ma che ba)[①]、《大成义母法》(don grub ma che ba)[②]、《护摩》(sbyin bsreg)[③] 等法,但是上师没有同意。关于护摩法,是桑杰敬受上师之命撰著的。此外,哈莫嘎波(ha mu dkar po)迎请上师,也为他圆满加持并传授全部教授。加持仪式中,招来五位少女作合法,并使哈莫之妻不见五女。妻子看见的只是空中有酒勺,看不见(举酒杯的)少女。于是她就问上师:"怎么会是这样?"上师答道:"是我的加持之故。"那时,在尼泊尔东尼定增(东尼定埃增多杰)、玛黑坝若、哈莫嘎波、桑杰敬等四徒众,与上师一起共五人构成一个集团。哈莫供养了黄金三两[④]。后来上师说要前往印度,于是,由三位弟子送师到金刚座,途中遇到强盗,他们问师应该如何处理时,师说:"有方便之法。"于是就对匪徒作加持法,匪徒受法力而舞蹈。匪徒跳舞的时候,他们全都安然脱逃。三位弟子由金刚座返回,上师则前往印度南部白达拉(Be ta la;梵:Vetala)。东尼定增修行六年而获得殊胜功德。但是,由于他著出《二面大佛母法》及《大成义母法》,故而多少有些违背师命,于是其财物受用之福逐渐减少,他常说:"这一定是世间空行母(vjig rten pavi mkhav vgro ma;梵:loka dākinīs)所作之障。"此师所作论著还有多种:《明显智慧论》(shes rab ye shes gsal ba)、《无我母修持法》(bdag med mavi mngon par rtogs pa)、《佛眼母净治恶趣法》(spyin mavi ngan song yongs su sbyong ba)、《喜金刚曼荼罗仪轨》(kyevi rdo rjevi dkyil vkhor gyi

---

① 梵文:Śrī Tattva jñānasidhhi;参阅《丹珠尔》,rgyud, No. 1551。
② 梵文:Sarvārthasiddhi sādhana nāma;参阅《丹珠尔》,rgyud, No. 1552。
③ 梵文:Śrī Vajrayoginī homavidhi;参阅《丹珠尔》,rgyud, No. 1556。
④ 罗译(第394页第10行)译为"five golden srangs(五两黄金)"。

cho ga)① 等已经翻译成藏文。其中哈莫嘎波真名叫索南穹奈桑波（bsod nams vbyung gnas bzang po；梵：Puṇyākarabhadra），赞其功德之名（yon tan gyi ming）叫坝热纳扎汝季，藏语为却度旺波色哇（mchog tu dbang po gsal ba）。此师又在东尼定增座前善求教法。东尼座前又有季·贡噶多杰前来听受教法。季氏家族传承如是：嘉族中有一人曾是法王赤松德赞的大臣，生有三子，由德赞王命名为白、黑、花三系，于是其后裔逐渐成为著名的嘉族白、黑、花三传系。早期后裔大多数似乎都是宁玛派纯洁之善知识。其中有名叫季·穹奈坚参（dpyal vbyung gnas rgyal mtshan）的携带许多黄金到诸尊长前，以黄金赎回当牧羊奴的班智达弥底（Smṛti）。后来，班智达弥底本人也获得受用福德。弥底在遮（bres）地方为众说法时，因此所获得的黄金和绿松石财宝等如同下雨。信众请求他留下，他未答应而前往康区了。季·穹奈坚参之侄子色察·索南坚参（se tsha bsod nams rgyal mtshan）前往尼泊尔依止旁廷巴座前，并从他那儿听受那若巴传规的喜金刚诸法类，还著出《喜金刚大疏》；这一讲说和听受法流也就在季族诸系中得到了长久的传播。色察·索南坚参还翻译出《坝哇坝扎释》（bha ba bha dravi vgrel pa）② 等许多论典。其侄子贡噶多杰精心研究和学习了在藏素尔宗宁玛派诸法而成为博学者，并且获得祖辈新派法类及从尼泊尔嘎雅师利（Kāyaśrī）③ 所传出的《虚空三法》（nam mkhav skor gsum）教授等等。他以黄金五十两供献给嘎雅师利，使上师极大地欢喜。后来，他去了尼泊尔，在哈莫嘎波座前求授《六论诸教授》（gzhung drug po）及加持；但是哈莫未传授他特殊诸教授。因此，他再次供养哈莫及其妻子，使两人生起欢喜，故而最终得以传授十三种特殊教授。那时嘉噶恰纳也居住在尼泊尔，他对于（恰纳）和东尼定增二人都以师礼事之。他想既然恰纳德福甚大他没有勇气迎请，只好迎请了德哇阿嘎惹，但未生起巨大福德。

此外，努顿（snubs ston）从尼泊尔哈莫座前求得《金刚亥母诸法类》，并传授发展。库内佐（khu ne tso）④ 本人在尼泊尔哈莫嘎波座前求得诸法，并且在努顿座前听受此法类，并翻译出一些法类，故而他也弘传了该宗传。

---

① 请分别参阅《丹珠尔》，Nos. 2226，1312，1907 和 1262。
② 《坝哇坝扎》梵文：Bhavabhadra. 参阅《丹珠尔》，rgyud, No. 1415。
③ 藏文（第 477 页第 4 行）写为：ཀཱ་ཡ་ཤྲཱི།
④ 与本书下文"库译师内佐（khu lo tsav ba ne tso）"同。

惹译师（rwa lo tsav ba）在印度班智达阿毗玉嘎达（pandita Abhiyukta）① 座前，听受了《金刚亥母诸法类》。惹译师座前又有峨垛德听受并撰著了一些论述。译师洛丹喜饶前往尼泊尔哈莫嘎波座前听受（金刚亥母法类），而且把东尼定埃增所作二论做了正净之译本。简言之，藏族诸位善知识大多数重视金刚亥母法类教授。此外，这些法类如何传承的，我将叙述如下：勒顿达日巴顿耶大师在季·贡噶多杰座前求得（金刚亥母）教授；喇嘛拉索（bla ma lha bzo）在顿耶大师座前求得教授；【萨顿（zar ston）又在季师座前求得教授；】② 觉色央达（ji sras yang dag）和星峨（zhing vod）二人在萨敦座前求得教授；季师之子和喇嘛吉顿（bla ma skyi ston）二人又在季师座前求得教授。此后，从喇嘛吉顿次第传出的有：仁波且嘉察（rin po che rgyal tsha）、措普译师、喇钦索旺（bla chen bsod dbang）、仁波且索南僧格（rin po che bsod nams seng ge）、漾哲哇·仁钦僧格（yang rtse ba rin chen seng ge）、布顿仁波且、乍纳巴·宣奴索南（brag nag pa gzhon nu bsod nams）、却隆措巴的堪钦仁（钦）嘉哇（mkhan chen rin rgyal ba）等人。

还有一支传承：是由季师传授给萨顿译师、纳顿细波（snar ston zhig po）、扎巴楚臣（grags pa tshul khrims）、竹脱·贡却扎（grub thob dkon mchog grags）、帕巴·云丹嘉措（vphags pa yon tan rgya mtsho）、喇嘛绛嘉（bla ma vjam rgyal）、堪布卢珠（mkhan po klu sgrub）、嘎细哇·贡却宣奴（dkav bzhi ba dkon mchog gzhon nu），然后是漾哲巴·仁钦僧格③。

季师的另外一支：在季师座前由温巴索僧（dben pa bsod seng）、季师之子季·贡噶扎（dpyal kun dgav grags）和拉隆巴（lha lung pa）三人求得教授。然后由季·却桑（dpyal chos bzangs）、绒巴·嘎洛（译师）、绒巴协僧（rong pa sher seng）、坝顿宣楚（bag ston gzhon tshul）、达顿宣奴贝（stag ston gzhon nu dpal）、喇嘛阿莫嘎班遮（bla ma Amogha vajra）④、堪钦仁嘉哇等人（传承）。

又一支是：季·衮多（dpyal kun rdor）、藏巴漾达多杰（gtsang pa yang dag rdo rje）、卫巴喜饶多杰（dbus pa shes rab rdo rje）、杰·垛德僧

---

① 藏文（第477页倒数第2行）写为：ཕྱག་བཞི་པ།
② 此句藏文（第478页第7行）为：Yang dpyal la zar ston gyis zhus/。罗译（第396倒数16行页）漏译。
③ 与上文漾哲哇·仁钦僧格同。
④ 藏文（第479页）写为：བླམ་ཨ་མོ་བྷ་ཛྲ།

格（lce mdo sde seng ge）、竹·释迦蚌（gru shabkya vbum）、杰·洛丹僧格（lce blo ldan seng ge）、杰·至尊索南贝（lce rje btsun bsod nams dpal）、杰·旺秋多杰（lce dbang phyug rdo rje）、堪钦仁嘉哇等人。

又一支是：阿里吉顿（mngav ris skyi ston）、吐拉巴·楚臣焦（thur la pa tshul khrims skyabs）、汤伯巴·帕巴焦（thang be pa vphags pa skyabs）、色顶巴·宣奴峨（gser sdeng pa gzhon nu vod）、衮铿却古俄色、杰·洛丹僧格等人。综上所述共五支传系。本部分为金刚亥母六论的传承情况①。

执笔者为垛巴尼峡（dol pa nyi shar）。

---

① 参阅《丹珠尔》，rgyud, Nos. 1551, 1552, 1553, 1554, 1555 和 1556。

青史（足本）
第二部

The Blue Annals

管·宣奴贝　著
王启龙　还克加　译
王启龙　校注

中国社会科学出版社

第二部目录

第八章　从大译师玛尔巴的传承至称为达波噶举派的阶段 ………… (365)

　一　峨宗传承情况阶段 ………………………………………… (365)
　二　玛尔巴传规的密集法类情况 ……………………………… (377)
　三　胜乐耳传和热穹耳传阶段 ………………………………… (385)
　四　岗波巴及其寺庙的情况阶段 ……………………………… (405)
　五　岗波巴直传弟子的情况 …………………………………… (418)
　六　转世活佛传承次第第一阶段 ……………………………… (422)
　七　粗普寺历代寺主 …………………………………………… (457)
　八　转世活佛传承次第第二阶段 ……………………………… (459)
　九　具德帕莫竹巴大师及其弟子的阶段 ……………………… (480)
　十　帕莫竹巴寺座的传承世系 ………………………………… (492)
　十一　止贡法王的弟子等的情况 ……………………………… (510)
　十二　止贡祖寺的寺主传承世系 ……………………………… (520)
　十三　达隆巴及其弟子阶段 …………………………………… (521)
　十四　漾桑巴传承史 …………………………………………… (549)
　十五　法王藏巴弟子及历代寺座传承世系阶段 ……………… (555)
　十六　麦珠的阶段 ……………………………………………… (564)
　十七　阁昌巴及其大弟子等的阶段 …………………………… (569)
　十八　堆珠的阶段 ……………………………………………… (575)
　十九　珠钦巴（大成就）传承弟子等阶段 …………………… (581)
　二十　措普哇的阶段 …………………………………………… (586)
　二十一　香仁波且及其弟子等的阶段 ………………………… (591)
　二十二　蔡公塘巴的历代上师阶段 …………………………… (594)
　二十三　修心教导的传承阶段 ………………………………… (596)
　二十四　略说著名的玛尔巴噶举派和达波噶举派的概况 …… (600)

第九章 阁乍巴和尼古的阶段 ………………………… (602)
　　一　阁乍巴的弟子等阶段 ……………………………… (602)
　　二　尼古的阶段 ………………………………………… (604)

第十章 时轮传承及其教授如何而来的情况 …………… (623)

第十一章 大手印法阶段 ………………………………… (685)

第十二章 息结派初、中、后三期传承情况 …………… (706)
　　一　初期传承 …………………………………………… (706)
　　二　玛宗阶段 …………………………………………… (710)
　　三　索宗阶段 …………………………………………… (713)
　　四　岗宗阶段 …………………………………………… (726)
　　五　小支系传承阶段 …………………………………… (732)
　　六　二十四位玛觉的史事阶段 ………………………… (736)
　　七　单传隐修三师的阶段 ……………………………… (742)
　　八　息结派后期传承的阶段 …………………………… (754)

第十三章 能断魔境行者和喀惹巴的阶段 ……………… (781)
　　一　姆觉阶段 …………………………………………… (781)
　　二　波觉阶段 …………………………………………… (794)
　　三　喀若巴的阶段 ……………………………………… (796)

第十四章 《大悲观世音法门》和《金刚鬘》等法类 …… (801)
　　一　贝姆传规的《大悲观世音法门》传承的阶段 …… (801)
　　二　不空绢索直观教导达嘉传规的阶段 ……………… (810)
　　三　拉堆玛波的阶段 …………………………………… (815)
　　四　措普哇传承法类的阶段 …………………………… (818)
　　五　能断生死流法门的阶段 …………………………… (824)
　　六　空行念修法门的阶段 ……………………………… (825)
　　七　大成就者弥扎所传出法门的阶段 ………………… (826)
　　八　直观教导称布传规的阶段 ………………………… (827)
　　九　达惹巴纳的阶段 …………………………………… (828)

    十　《金刚鬘》等如何出现的阶段 ………………………………（830）
    十一　零星传承阶段 ……………………………………………（832）
    十二　达乌惹寺的阶段 …………………………………………（834）

第十五章　四部僧团等僧众的来源、答复及圆满制版阶段 ………（841）
    一　喀钦班钦及其所传四部僧团的堪布传承史略 ……………（841）
    二　格鲁派的阶段 ………………………………………………（850）
    三　那烂扎寺的阶段 ……………………………………………（855）
    四　泽当巴的阶段 ………………………………………………（857）
    五　答复 …………………………………………………………（859）
    六　圆满制版的阶段 ……………………………………………（861）

书跋 ……………………………………………………………………（865）

后记 ……………………………………………………………………（866）

第二部

第八章 从大译师玛尔巴的传承至称为达波噶举派的阶段

一 峨宗传承情况阶段

在雪域藏地由密续之说修二者（bshad sgrub gnyis）之门成为教主者是至尊玛尔巴·洛扎巴（rje mar pa lho brag pa），他在壬子年（阳水鼠，公元1012年）①诞生于洛普曲且（lho phu chu khyer），父亲名为玛尔巴·旺秋俄色（mar pa dbang phyug vod zer），母亲名为嘉姆俄色（rgyal mo vod zer）。父母有子女四人，他是次子。幼年时，他开始在鲁杰巴大师（slob dpon klu brgyad pa）座前勤奋学习书法和诵读，并且通达无碍。但由于他行为顽皮，除了大师和一位朋友之外，没有人愿意接纳他到家中。于是，父亲想："如果我送他到外地求学，也许他会变得懂事一些。"因此，父亲把他送到卓弥大师（rje vbrog mi）座前，并送去以配有降真香②木鞍的良马一匹为主的许多礼品。那时，他年满15岁，渴望学习翻译事业，【在卓弥座前，他刻苦学习翻译诸语言③并且能够精通。后来，他常说："我在具德尼格隆寺（dpal myu gu lung gi dgon pa）④中至圣译师卓弥座前，学习声明及颂典籍，他（对我）的恩惠不小，而是

---

① 罗译（第399页第6行）漏译玛尔巴诞生之年。
② 降真香（seng ldeng）：檀木，担木，降香，紫檀。檀香科乔木名。一说为豆科乔木儿茶。梵音译作褐地洛迦木名。入药味甘涩，性凉，功能收敛败血黄水。参阅《藏汉大辞典》，第2935页。
③ lo tsavi skad，即梵文。
④ 据罗译（第399页）行间注，此寺位于后藏萨迦附近。

很大。"】① 但是，在卓弥座前学习诸教法需要许多财物资具，因此他想："卓弥诸法也是从印度学习而来的，我自己一定要去印度。"于是，他回到家乡筹备了黄金十五两。勒堆的洛甲觉色（klog skya jo sras）又送给他黄金、鞋帽等物资助（以前往印度）。他对洛甲觉色说："我从印度回藏时，希望仍得到你的接待。"洛甲觉色回答说："我已经年迈，不知能否再与你见面，但是我会告诉儿子们接待你的。"当玛尔巴来到尼泊尔时，他刚好遇到略喀惹巴（gnyos kha rag pa），后者对他说："由于你没有多少黄金，只好做我的仆役了！这样还可以同我一起去求法。"但是，玛尔巴未按照他的意思去做，而是为了适应当地水土（chu snyom pa），在尼泊尔住了三年时间。在此期间，他在尼泊尔吉特巴（spyi ther ba）② 座前听受了《四金刚座》③ 等一些密续。三年之后，尼泊尔本达巴（bal po Benda pa）④ 命他作迎请使者去布喀巴哈日（Puspahari）⑤ 的那若巴座前。由沙弥喜饶僧格（dge tshul shes rab seng ge；梵：Prajñāsimha）介绍给那若巴。那若巴非常高兴，玛尔巴曾七次从其座下获得《喜金刚灌顶》，并得妥善传授续部、修法和圆满次第（rdzogs pavi rim pa）教授诸法。此外，玛尔巴在西印度的拉格喀扎城（Tulaksetra）⑥ 中，在上师塔巴朗顿（bla ma thar pa lam ston），也称为益西宁波（ye shes snying po）座前，听受了《密集续》单行传规。后来，他又回到那若巴座前，妥善地听受了《明灯释论》（sgron ma gsal bavi bshad pa）⑦，并且获得《玛哈玛雅灌顶加持教授》（ma hav mav yav yang dbang byin rlabs man ngag）等圆满传授。而后，玛尔巴回到了西藏。在北方，他依照《炭烟天女法》（lha mo dud los ma）

---

① 【】处内容藏文（第 483～484 页）为：vbrog mi la lo tsāvi skad rnams bslabs zhing legs par mkhyen/ dus phyis/ dpal myu gu lung gi dgon pa ru/ sgra sgyur vbrog mivi lo tsā la/ sgra thad klog skad kyi yig tshang bslabs/ khong bkav drin mi chung che bar vkhums/。其中 lo tsāvi 应是 lo tsālavi。郭译（第 265 页第 9 行）漏译。

② 罗译（第 400 页第 11 行）转写为：spyi-ther-pa。

③ 《四金刚座》（dpal gdan bzhi pa），梵文：Śrīcatuhpītha mahāyoginītantrarāja。有两义：1. 自座、他座、加行座和秘密座；2. 一续部名。这里指第二种意思。参阅《佛学词典》，第 386 页；《甘珠尔》，rgyud vbum, No. 428。

④ 梵文：Paindapātika；藏文（第 484 页倒数第 4 行）写为：བལ་པོ་བེནྡ་པ།

⑤ 藏文（第 484 页倒数第 3 行）写为：པུཥྤ་ཧ་རི。据罗译（第 400 页）行间注：此地位于那烂陀附近。当代西藏朝圣者们认为，此地位于斯利那加，斯利那加为南亚克什米尔西部城市，印控克什米尔地区首府。

⑥ 藏文（第 485 页）写为：ཏུ་ལཀྵེ་ཏྲའི་གྲོང་།

⑦ 梵文：Pradīpodyotana nāma tīkā；参阅《丹珠尔》，rgyud, No. 1785。

第八章　从大译师玛尔巴的传承至称为达波噶举派的阶段　367

为一些富裕的幼儿医治疾病，每医治一个幼儿得酬金黄金十两。当时，在南惹（Nam ra）地方发现了一个金矿，赞隆（tsam lung）有位名叫玛尔巴·阁雅（mar pa mgo yags）的人，与玛尔巴同一姓族而来求传灌顶。玛尔巴就让他的亲戚邻居们贡献金子，于是，至尊玛尔巴手里就聚集了很多黄金。后来，玛尔巴·阁雅护送师玛尔巴一直到吉绒地方的山脚。玛尔巴师通过尼泊尔前往印度。当他来到印度中部时，上师那若巴已经去修密行去了①，未能获得亲见上师之面。上师那若巴前行时，他将佛像、经、塔诸物分别赐予诸位弟子，并留有一份转送给玛尔巴。【玛尔巴到其他上师座前听受与那若巴相同的教法，而他阅读《欢喜金刚续》的过程中生起寻觅上师那若巴的强烈欲望。】② 于是，他前往印度东部和南部许多地方。那段时间，他与索惹哇（gso ri ba）③ 等许多大成就者相见，又在许多瑜伽士和瑜伽女座前听受各种教授。由于他以极大诚信寻觅上师，有一天他在一密林中亲见上师那若巴之面。他当即供上全部黄金，上师全都抛撒于地上。对此，玛尔巴多少有些不高兴，但是那若巴用足趾触地，就使土地变成黄金，并说："一切都是金洲！"之后，他就消逝不见了。【关于此情，玛尔巴从往昔至尊底里巴授记说：藏地之无明除暗，普照智慧之光明。】④ 上师那若巴逝世后，玛尔巴再次见到上师之面以前，他如何生起修持之诸种情况，在此是难以撰写的。此后，他又返藏。到达尼泊尔时，他在旁廷巴等诸师座前，他歌唱那若巴的丰功伟绩和他遇见上师之事。这使诸位师友人等皆大欢喜！那时玛尔巴年满42岁。回到西藏以后，他定居下来，守护故乡之地，并娶达麦玛（bdag med ma）为明妃（妻子）。据说除她而外，他还娶有其他八位女子为手印舍取妃子。她们是配合喜金刚修习的九位明妃（第九位是其长妻达麦玛）。由于他又听说麦枳哇（Maitrī pa）的伟大博学，而对其生起敬仰，随后他再次前往印度。他在

---

① 在古印度，离开去修密行，意即已经去世。
② 【】中藏文（第485页倒数第4~2行）为：der bla ma gzhan la chos vdra ba gsan zhing/ dgyes rdor gyi rgyud la gzigs rtogs mdzad pa na/ nav ro pa tshol bavi vdod pa chen po skyes te/。郭译（第266页第15~17行）为："玛尔巴听得有一外地上师的教法和那若巴相同，而且他阅读《欢喜金刚续》的当中，油然生起了寻觅上师那若巴的愿望"。
③ 罗译（第401页第21行）转写为：Kasori-pa。
④ 【】中藏文（第486页第6~8行）为：de la rje mar pa ni snga gong nyid nas/ rje ti lli pas/ bho tavi ma rig mun sol la/ ye shes snang bas khyab par gyis/。罗译（第401页倒数第8~5行）有些不同："Master Tilli-pa had formerly prophesied to Nā-ro-pa concerning Master Mar pa：'Remove the darkness of ignorance in the Tibetan and encompass him with the light of wisdom.'"（底里巴大师曾经授记那若巴关心玛尔巴大师：'去除藏地的愚昧黑暗，使他赋有智慧之光。'"）

印度东部和至尊麦枳哇相见，并且听受了许多密续教法。通过大手印教授而生起现证通达。他曾说："通过至尊大师的恩德，使我意识到通法性本无生，心藏于真实之空性。由此而断除了我之戏论。"①

而后，他又一次回到西藏。自那以后，他又两次去过尼泊尔，并在诸位上师座前听受许多教法。后来他在返藏途中，尼泊尔统治者为了收税把藏人扣留了下来，他在那儿住了几天之后，梦见有一妇人将他扛在肩上送到吉祥之山萨惹哈（sa ra ha）座前，后者给他加持并传授了秘密教授。此后，他真实生起万物融为一味之觉悟。后来，在勒堆（las stod）地方，洛甲敦巴（klog kya ston pa）对玛尔巴做亲近承事而请求其开示，他把此义以无误道歌而释之。后来当他来到藏绒（gtsang rong）时，麦春波（mes tshon po）用几块颜料和红糖作为贡献前来求法，其价值相当于一块可以种植一钱（zho）种子的田地，于是玛尔巴很好地讲说了《欢喜金刚续》（kyevi rdo rjevi rgyud）及其释论。特别是玛尔巴还传授给他诸秘密教授，由此麦春波真实生起光明的智慧（vod gsal gyi ye shes）②。而后玛尔巴来到卓窝隆（gro bo klungs）并抚育了许多徒众，其中有：垛巴嘎顿（dod pa gag ston）、蔗弥乌琼（grevi mivu chung）、曲贡贝勒（chu gong dpal le）、格西克格（dge bshes khe gad）为"四大得意弟子"（thugs kyi sras bzhi）。另外，他还有"十大为首弟子"（dbu che bcu）③，即最早拜见上师的洛甲·穹奈坚参（klog skya vbyung gnas rgyal mtshan）、绛藏砻（byang tsam lung）的玛尔巴·阁雅、峨雄哇（rngog gzhung ba）、楚旺额（vtshur dbang nge）、麦春波、拉杰色仁（lha rje se rings）、嘉顿细波（rgya ston zhig po）、玛尔巴·甲色哇（mar pa ze ba）、梁贡章达（myang sgom sbrang ltag）、至尊米拉日巴等人。

此外，玛尔巴对涅地（gnyal）的雄格坝哇坚（shung ke lba ba can）圆满传授了《密集明灯释论》（sgron ma gsal bavi bshad pa）④。虽然坝哇坚对自己的弟子讲授了几次，但是此法流传时间不是很长。又，（玛尔巴）诸弟子中峨却多（rngog chos rdor）、楚旺额、麦春波、米拉日巴又称为"四大柱弟子"（ka chen bzhi）。峨却多最初以一匹良马作供礼，在洛

---

① 戏论（spros pa）：无益的思路和不切实际的仪节。见《藏汉大辞典》，第 1693 页。
② 梵文：ābhāsvara jñāna；可参阅《翻译名义大集》，第 3092 条。另，vod gsal，光音天，二禅天之上层。生于此中诸天，所发光明，照耀其他天处，故名光音，亦称极光净。参阅《藏汉大辞典》，第 2535 页。
③ 罗译（第 403 页第 7～8 行）转写为：dbu-che-ba bcu。
④ 《密集明灯》梵文为：Pradipodyotana nāma tīkā。请参阅《丹珠尔》，rgyud, No. 1785。

扎（lho brag）拜见上师时，上师玛尔巴说："若以此马作求法之供礼，那么供礼太小；若以此马作为见面礼，那么礼物又太大！"可玛尔巴对峨却多传授了一些灌顶和教授。后来他迎请玛尔巴到日沃（ri bo）时，给师献上了母牦牛七十头、牛毛帐篷、牧犬、乳品加工牧民①、奶桶一只等礼品。玛尔巴传授给他《欢喜金刚》（kyevi rdo rje）、《教言续幕》（bshad pavi rgyud gur）②、《金刚四座》（dpal ldan bzhi pa）③、《玛哈玛雅法类》（Mahāmāyā）④等，并给予他甚深指导而培养。峨却多曾说："对于无尽之上师教法，我所供师之财物甚少。"

至尊玛尔巴将逝世前，似乎去过熊日沃（gzhung ri bo），峨却多的女儿⑤垛德（mdo sde）从玛尔巴座前也获得过诵传经教。当垛德年满8岁时，玛尔巴逝世；13岁时其父亲逝世。玛尔巴对峨却多不仅传授了那若巴的法典教授，而且传授了麦枳哇的论说和教授等。因此，峨氏所传诸师都对《金刚幕法类》（gur gyi gzhung）逐字逐句地撰写有那若巴和麦枳哇二师不同的说法。

峨·却季多杰（rngog chos kyi rdo rje）诞生于玛尔巴大师25岁时的丙子年（阳火鼠，公元1036年），年满67岁时于壬午年（阳水马，公元1102年）前往空行刹而逝世。概言之，至尊玛尔巴于壬子年（阳水鼠，公元1012年）诞生，住世86岁于丁丑年（阴火牛，公元1097年）逝世。此位大德虽然是具足通达空性如江河水流不断的瑜伽士，然而在一般人看来，所见到的只是他拥有家室，与乡人争斗，自己忙于农活和修碉之事。但在那些具足善缘者看来，他作过四次夺舍⑥，普遍传称他是种毗巴的化身。玛尔巴31岁时（公元1042年），阿底峡尊者来藏。纳措译师和库敦·尊珠雍仲二人比玛尔巴大一岁。当玛尔巴年满6岁时，是丁巳年（阳火蛇，公元1017年），这年嘉噶恰纳诞生。同年，珠麦（gru mer）修建塘波且寺⑦。

---

① 乳品加工牧民（she ma）：牧户中专司制乳一类工作的牧民。见《藏汉大辞典》，第2856页。
② 梵文：Dākinīvajrapañjara mahātantrājakalpa nāma；参阅《甘珠尔》，rgyud vbum, No. 419。另，郭译（第268页）漏译"《教言续幕》"。
③ 梵文：Śrī Catuhpithamahāyoginītantrāja nāma；参阅《甘珠尔》，rgyud vbum, No. 428。
④ 藏文（第488页倒数第6行）写为：ཨ་ཧ་སྨུ་ཡ།。
⑤ 藏文（第488页倒数第2行）为：sras mo。郭译（第268页第5行）和罗译（第404页第6行）均译为儿子。
⑥ 夺舍（grong vjug）：迷信说使灵魂进入别人尸体的一种法术。见《藏汉大辞典》，第412页。
⑦ 塘波且寺（thang po che dgon）：卫藏一密宗寺院名，为卫藏十学者中的珠梅楚臣琼内于公元1017年兴建。后来库顿宗哲雍仲曾住锡此寺进一步扩建。详见《佛学词典》，第341页。或在以下的章节中有介绍。

至尊玛尔巴壬子年（阳水鼠，公元1012年）诞生的这一年，正好是嘉唯·多杰旺秋（rgyal ba rdo rje dbang phyug）年满37岁。著名的扎巴烘协也是与玛尔巴同年诞生。此二师年满16岁时，恰是诸历算师的火空海①之后所加的最初之丁卯年产生（624 + 403 = 1027）。当玛尔巴年满29岁时，恰好是至尊米拉（日巴）和坝日译师（ba ri lo tsav ba）二人诞生之年。玛尔巴年满33岁时的甲申年（阳木猴，公元1044年），玛班却坝（rma ban chos vbar）诞生。玛尔巴48岁时的己亥年（阴土猪，公元1059年），峨译师洛丹喜饶诞生。玛尔巴20岁时的辛未年（阴铁羊，公元1031年），博朵瓦诞生。玛尔巴23岁时的甲戌年（阳木狗，公元1034年），款·贡却杰波诞生。玛尔巴62岁时的癸丑年（阴水牛，公元1073年），首建萨迦寺②和内邬脱（nevu thog）两寺。玛尔巴65岁的丙辰年（阳火龙，公元1076年），举行安达哲德法轮会（mngav bdag rtse ldevi chos vkhor）。

  普遍认为，至尊玛尔巴的"四柱大弟子"（ka ba bzhi）中，由麦（mes）、峨（rngog）、楚（vtshur）三位弟子住持讲说教法，由米拉日巴住持修行教法。其中麦春波·索南坚参对娘若（myang ro，位于江孜附近）和藏绒（gtsang rong）二师多次讲授《喜金刚第二品》。【由奈细巴（gnas gzhi pa）作管理，并且著有释疏。此师之传徒中：从麦衮波（mes kun po）直到觉通洛卓（jo mthong blo gros）之间，也出有一些证得成就者。】③其教法传承是：由香·索南喀（zhang bsod nams mkhar）在玛尔（mar）、麦二师座前亲近得传，次第传出德协益西宁波（bde gshegs ye shes snying po）、香敦·贡噶扎（zhang ston kun dgav grags）、喇嘛仁钦（bla ma rin chen）、释迦杰波（shavkya rygal po），一直传到香敦巴扎觉（zhang ston pa grags vbyor），其间盛行麦宗讲说之法流。属于其传承系统的门徒众多，比如嘉措扎（rgya mtsho grags）等人，均能作金刚大疏。住

---

① 火空海（me mkhav rgya mtsho）：即403年。参阅本书上文注释；《藏汉大辞典》，第2106～2107页等。

② 萨迦寺（sa skya dgon）：在日喀则地区萨迦县。有南北两寺，公元1073年（宋神宗熙宁六年）萨迦初祖萨钦之父贡却杰波创建。藏传佛教萨迦派即由此传出。详见《藏汉大辞典》，第2889页；《佛学词典》，第832页。

③ 【】处藏文（第490页第12～14行）为：gnas gzhi pa do gzung/ti ka yang brtsams/ khong rang gi gdung brgyud mes kun po/ jo mthong blo gros kyi bar du grub pa thob pa vgav yang byon/。罗译（第405页倒数第9～5行）为："He took over the monastery of Ba do and composed a commentary on the Heavajra Tantra. Among his descendants up to Mes kun po, Jam-thon and blo grags there appeared several siddhas.（他［麦春波·索南坚参］接管了巴垛寺，并撰著了《喜金刚》注疏。此师传徒中，传到麦衮波、觉通和洛卓时，也出有一些证得成就者。)"估计是所据藏文版不同之故。

持祖寺的桑杰蚌麦贡德（sangs rgyas vbum mes sgom sde）也是住持麦宗讲说法流之人。峨师【在雄地 gzhung】（根据此系统）发展出的讲说法流，弟子众多，有如：让赞坚（ram tsan can）、巴·坝哇坚（spa lba ba can）、峨·德巴坚（rngog dad pa can）、嘉阿玛坚（rgya va ma can）、松巴·颇嘎坚（sum pa phod ka can）、洛巴·琼玛坚（lho pa chung ma can）和涅巴峨琼玛坚（gnyal pa rngog chung ma can）等。其弟子峨·垛德：据说是勒堆的堪布耶嘉（mkhan po spug ye rgyal）的化身，诞生于庚午年（阳铁马，公元 1090 年），父亲为峨钦波（rngog chen po，即峨·却季多杰），母亲为巴·坝坚金之妹，名为巴姆却尊（spa mo chos brtson）。峨·垛德年满 77 岁时逝世。在世期间此师广传灌顶、密续、秘密教授等诸法类，作出极大的利益众生之事业。人们认为他是一位具有大福德的藏族密修士。他曾亲见包括无我母（bdag mes ma；梵：Nairātmā）等在内的十五尊女神，获得方便道。因此，他能运用方便道真实通达诸弟子无生胜义；讲说如《大宝庄严》（rin chen rgyan）等许多论典。他在尼木居（nya mo gyur）召集了秦钦波（mchims chen po），以及香喇嘛（bla ma zhang）等九大善知识举行大法轮会。那时，至尊玛尔巴的一位侄女正在来到拉萨的途中。为此他在诸大善知识座前请求宽恕，并使此侄女作一日之列席首长。她携带着少许至尊玛尔巴之灵骨，峨师①向她请求赐予灵骨，她说："不仅我这里的少许可以给你，所有灵骨都奉安在降真香木制成的称之为扎西阁芒塔里，但玛尔巴之子嘉仁柯洛（ja ring vkhor lo）因赌博输掉了降真香木扎西阁芒塔。将所有灵骨转移在一仓库中，你自己前去取出便可获得。"她必须要周游拉萨，为此峨师派遣两位僧人前往取来全部灵骨，并且修建了一大灵堂。其中间放置一银塔将灵骨奉安其中。直至今天（著书时），此地仍最为吉祥。他（峨·垛德）曾亲近过惹译师、巴操、涅地的甲诺·达哇俄色（bya lo zla ba vod zer）、徐普译师穹奈坚参（shud phu lo tsav ba vbyung gnas rgyal mtshan）、念译师、桑嘎·帕巴喜饶（zangs dkar vphags pa shes rab）、坝日译师、玛译师等人。其父的遗嘱中说他必须在让师（ram）座前学习喜金刚法类。于是，他从后藏前往让师处。最初因不满而返回峨师座前听受法类。后来，（金刚法类）出现了两派，一派称为让宗，另一派称为峨宗。衮铿·却古俄色则著作出让、峨两宗密意合一之论著。让宗诸人说："让师为大善巧者，在辩论中曾打败班智达蚌

---

① 此处藏文（第 491 页倒数第 1 行）为"nga（我）"。恐误。此处从罗译（第 406 页倒数第 6 行）为"rngog（峨师）"。下同。

察松巴（vbum phrag gsum pa）。峨却多（rngog chos rdo，即峨·却季多杰）有一美妙手印母，也把她献给让师作供养（以便从其获得金刚法类教授）。【让师讲说（金刚）法时，诸具密修士齐来，请求讲授清净纯洁的至尊玛尔巴的论说领会于心中，由于求得上师之教化，以此讲说法流极为清净。】① 而垛德是在峨师座前听受法类，其讲说不净。"让师也撰写了不少（金刚法类）释续论典，以此其侄子让·多杰赞（ram rdo rje btsan）等人以及善巧师嘉南也都成为他的弟子。哲窝贡波当初是前来与嘉南辩论，但后来他发现自己无力取胜，就成了嘉南的弟子。当哲窝贡波在嘉南座前听受《喜金刚》灌顶时，虚空中形成齿木②庄严，因此他想："虽然我对《密集续》有信仰，但是我的因缘（las vbrel）也与《喜金刚》有善缘。"嘉南又妥善地著出《喜金刚释疏》，哲窝贡波对此熟记于心并广作讲说。哲窝贡波的弟子却拉格（chos la dgos③）沿袭让宗之译释，又著出（喜金刚）释疏。聂朵·唐杰铿巴也在哲窝贡波的弟子念多杰僧格（gnyan rdo rje seng ge）座前妥善地听受了让宗法类。聂朵本人的弟子贡噶登珠（kun dgav don grub）等人也传让宗讲说法流。

峨·垛德大师有扎·达玛惹乍（rsags Dharmarāja）④、噶·扎西仁钦（vgar bkra shis rin chen）、泽乌达热（vtshevu dar re）、玛·叶尔巴哇（mal yer pa ba）、哲窝贡波、峨杰·贡噶峨（rngor rje kun dgav vod）、辛巴·多杰僧格（gshen pa rdo rje seng ge）、梁麦·释迦益西（mnyam med shavkya ye shes）、觉若却嘉（cog ro chos rgyal）、拉秋喀哇（lha phyug mkhar ba）、垛察却古（sdo tsha chos sku）、占顿塔乍（dran ston mthav bral）、洛纳（lho nag）、嘉察仁钦贡（rgyal tsha rin chen mgon）等无数弟子。当峨·垛德居住于藏曲弥（gtsang chu mig）时，有一天晚上，他准

---

① 【】中藏文（第492~493页）为：chos gsung dus gsang ldan sogs kyi vdres byung ba na/ nga la rje mar pavi gsung gtsang ma de thugs la gdags par zhu byas nas/ bla ma gtsun gyi zhus pas bshad pa shin tu gtsang/。罗译（第407页倒数第13~9行）为：When Ram was expounding (the Hevajra system) and added to it passages from the Jam-dpal gsang-ldan and other Tantras, rngog said: "Pray give me the pure teaching of Master Mar pa." 两者有所不同，估计是所据藏文版不同之故。

② 齿木（so shing）：洗牙木。僧人刷牙所嚼的杨枝。参阅《藏汉大辞典》，第2957页。据罗译（第408页）行间注：在灌顶开始时，由弟子将齿木扔向曼荼罗坛城，齿木击中之坛城中的神灵塑像即为弟子之守护神。如果齿木没有击中曼荼罗，那么灌顶仪式就要中止。齿木漂浮空中说明他此生将会成佛。在西藏，这些齿木通常用鲜艳的色彩装饰。

③ 罗译（第408页第19行）转写为：chos-la-dgav。

④ 藏文（第493页第13行）写为：ཅགས་དྷརྨ་རཱ་ཛ།

备前往一手印母住地,有位名为觉莫哲姆(jo mo sgre mo)证得成就的女修士前来对他说:"你若今晚前去,将会有阻碍;若明晚前往,将会得一殊胜之子。"峨·垛德前生为布耶嘉(spug ye rgyal),布耶嘉是传授觉莫哲姆戒律之师,以此因缘觉莫哲姆对于峨·垛德极为礼敬。觉莫哲姆是一位住世长久的大成就瑜伽女。据说毗玛拉弥扎也将许多密续法类托付于她。后来,果然如哲姆所授记,一位名为藏察觉楚(gtsnag tsha jo tshul)的儿子诞生了。此子是其父(峨·垛德)26岁时的乙未年(阴木羊,公元1115年)诞生的,取名为楚臣喜饶(tshul khrims shes rab),在44岁时的戊寅年(阳土虎,公元1158年)逝世。藏察觉楚之子为峨·贡噶多杰(rngog kun dgav rdo rje),诞生于丁丑年(阴火牛,公元1157年),他依止祖父垛德、洛纳拉姆(lho nag la mo)的泽乌达热、贝钦阁窝(dpal chen go bo)、珠脱·学波哇(grub thob① shol po ba)、玛纳姆(ma nag mo)诸位大德,并创建了哲乌信(sprevu zhing,江孜附近)的四处寺院②。他10岁时祖父逝世,他自己年满78岁于甲午年(阳木马,公元1234年)逝世。贡噶多杰之子名为思吉扎巴(gzi brjid grags pa),是其父46岁时的壬戌年(阳水狗,公元1202年)诞生的。他在其父座前听受了诸教法,在嘉杜(bya vdul)的弟子哇恰哇(ba char ba)座前受比丘戒。他依止过洛热(lo ras)、洛珠(lo drug)、卓岗垛钦巴(sgrol sgom mdo chen pa)等师,并修建了绛玛寝宫和寺院。他还迎请了至尊玛尔巴之骨塔到他那里建立起灵堂,并住持寺座。他在年满80岁时的辛巳年(阴铁蛇,公元1281年)逝世。思吉扎巴的弟弟嘉布嘎大师(slob dpon rgyal po dgav),诞生于乙丑年(阴木牛,公元1205年),年满80岁时于甲申年(阳木猴,公元1284年)逝世。嘉布嘎之子为僧格扎大师(slob dpon seng ge sgra),诞生于其父31岁时的辛卯年(阴铁兔,公元1231年),年满74岁时于戊申年(阳土猴,公元1308年)逝世。他的弟弟喇嘛仁钦桑波(bla ma rin chen bzang po)是其父(嘉布嘎)39岁时的癸卯年(阴水兔,公元1243年)诞生的,他在其叔思吉座前听受诸法,年满10岁时就能够讲说教法,18岁时在树普师(zul phur)座前受沙弥戒,33岁时受比丘戒③。他在堪布树普哇·却扎贝(mkhan po zul phu ba chos grags dpal)、羯摩师俄色贝(las slob vod zer dpal)、屏教师益西贝(gsang ston

---

① 藏文(第494页第11行)为:gub thob。恐误。
② 藏文(第494页第12行)为:gnas bzhi。郭译(第271页第16行)为"寺院",漏译"四处"。
③ 郭译(第271页末行)译为"三十一岁"。

ye shes dpal)、自己的父亲（嘉布嘎）、多杰仁钦大师（slob dpon rdo rje rin chen）、桑莫哇穹波哇大师（slob dpon bzang mo ba vphyong po ba）、仁宣大师（slob dpon rin gzhon）等诸师座前听受教法。他年满 27 岁时，上师思吉逝世。他完成善后诸事并住持寺座。过了五年后，他在康区周游两年时间后，成为蔡巴（vtshal pa）的漾衮贡德（yang dgon sgom sde）及官家上师（dpon brgyud gyi bla ma）。他还金写了一套《甘珠尔》经函。（在其住持期间）庙堂和寺座规模得以扩大。他会集以伯细（spel bzhi）和树觉（zul skyor）为首的无数僧众，以此行善积德。其身像奉安在全部有联系的前后藏诸寺中。一般认为，他是至尊玛尔巴的化身，有伟大无量功德。在此师年满 42 岁时的甲申年（阳木猴，公元 1284 年），壤迥多杰（rang byung rdo rje）诞生；在他 48 岁时的庚寅年（阳铁虎，公元 1290 年）布【顿】仁波且诞生。他广作利益众生之事业后，年满 77 岁时于己未年（阴土羊，公元 1319 年）逝世。

仁钦桑波之弟为却多大师（slob dpon chos rdo）诞生于丙午年（阳火马，公元 1246 年），年满 66 岁时于辛亥年（阴铁猪，公元 1311 年）逝世。却多有五子，长子为却吉坚参（chos kyi rgyal mtshan），诞生于癸未年（阴水羊，公元 1283 年），他年满 37 时上师仁钦桑波逝世。他自己年满 77 岁时于己亥年（阴土猪，公元 1359 年）逝世。此师曾前往康区，培养出包括类乌齐（ri bo che）的仁波且等在内的、难以计数的弟子。曾远行到达哲垛①一带，他获得了许多供品，但把它们都捐给了哲乌信寺，后来住持那里的寺座。他在雅垄译师扎巴坚参（yar klungs lo tsav ba grags pa tgyal mtshan）座前听受了《金刚鬘》（rdo rje phreng ba）②，为此，直至今天（著书时）哲乌信僧众仍有始终不断的《金刚鬘》教法传流。

却多大师第四子僧格蚌大师（slob dpon seng ge vbum）之子为仁波且登珠伯哇（rin po che don grub dpal ba③），诞生于辛未年（阴铁羊，公元 1331 年），在他年满 29 岁时，仁波且却嘉哇（rin po che chos rgyal ba）逝世。他自己年满 68 岁时于戊寅年（阳土虎，公元 1398 年）逝世。此师

---

① 达哲垛（dar rtse mdo）：康定。旧名打箭炉。县名。在四川省甘孜藏族自治州东部大渡河西岸，现为州人民政府所在地。参阅《藏汉大辞典》，第 1252 页。

② 梵文：Śrī Vajramālābhidhānamahāyoga tantrasarvatantrahrdayaraha syavibhanga；参阅《甘珠尔》，rgyud vbum, No. 445。

③ 罗译（第 411 页第 15 行）转写为：don-grub dpal-pa。

第八章　从大译师玛尔巴的传承至称为达波噶举派的阶段　375

之子为仁波且绛曲贝哇（rin po che byang chub dpal ba①）：是仁波且却嘉哇逝世后第二年的庚子年（阳铁鼠，公元 1360 年）诞生的，在他年满 39 岁时，仁波且登珠伯哇逝世。【绛曲贝哇 9 岁时，仁波且登珠伯哇逝世。】② 他跟随其父亲的侍者③一起学习峨宗诸法成为精通善巧者。登珠伯哇逝世后，由他住持寺座，而且不间断地应时而讲经说法。由于有一些不正修士者在大主宰仲钦巴（bdag po drung chen pa）座前恶意中伤他，他便受到大主宰斥责，因此导致事业有所下滑。于是，在至尊宗喀巴大师在仲布隆（grum bu lung）讲经说法时，他前去相会，宗喀巴大师对他倍加礼遇，并且把自己所领悟的一切教法传授给他，在那里反复念诵最为惊讶之论著，后来他也作了许多赞颂。这样一来，诸位持经藏大师也对他有所顺便，随后聚集了哲蚌寺④法王扎西贝丹（chos rje bkra shis dpal ldan）和堪钦白玛桑波（mkhan chen padma bzang po）等许多具有智慧的弟子。达隆仁波且·贝阿吉旺波（stag lung rin po che dpal ngag gi dbang po）也在他座前听受了许多教法，却·桑杰坚参（chos sang rgyas rgyal mtshan）也在他座前求得峨宗灌顶。那以后，应大主宰扎巴穹奈迎请，大主宰在其座前妥善地听受了峨宗灌顶、释续、教授等；由此对他极为敬仰，且礼遇有加。冻穹哇·登珠伯哇（ldum chung ba don grub dpal ba）、绛领却季杰·索南朗坝嘉哇（byams gling chos kyi rje bsod nams rnam par rgyal ba）、说法大师贝却季扎巴（smra bavi khyu mchog chen po dpal chos kyi grags pa）、仲·索南坚参巴（drung bsod nams rgyal mtshan pa）诸人对他也极为敬仰，并多次在其座前听受法门。他有一本普遍传称为《喜金刚第二品》金刚母之卷本，每说法一次即有一征相现起，共现次数多达 182 次。同时，有段时期住持寺座者中断传《金刚四座》的讲说法流，至尊宗喀巴大师指示他说："你要想方设法使《金刚四座》讲说法流恢复起来。"哲乌信寺中有一老僧名为楚贡巴大师（slob dpon tshul mgon pa）有《金刚四座》经教传承，于是，他请其传授给自己，而后即广作讲说。这样，绛曲贝哇在广作利益众生事业之后，在年满 87 岁时的丙寅年（阳火虎，公元 1446

---

① 罗译（第 411 页第 21 行）转写为：byang-chub-dpal-pa。此师系宗喀巴同时代人。
② 【】中内容据罗译（第 411 页倒数第 12～11 行）补。
③ 藏文（第 496 页倒数第 4 行）为：yab kyi nye gnas。罗译（第 411 页）漏译"侍者"。
④ 哲蚌寺（vbras spungs dgon pa）：格鲁派前藏三大寺之一。在拉萨西郊更丕乌孜山下。公元 1416 年明永乐十四年丙申，绛央法王扎西贝丹（vjam dbyangs chos rje bkra shis dpal ldan）所倡建。公元 1642 年，五世达赖在寺中甘丹颇章建立地方政权，为格鲁派开始干预西藏地方政治之始。参阅《藏汉大辞典》，第 1990 页。

年）逝世。从丙寅年（阳火虎，公元 1446 年）直到今天的丙申年（阳火猴，公元 1476 年），算来已经过了 31 年。

哲乌信所出之峨宗传系都属于藏察（gtsang tsha）传系。而妥麦扎（thogs med grags）是嘉察（rgyal tsha）传系的垛德之子：诞生于其父 31 岁时的庚子年（阳铁鼠，公元 1120 年），年满 37 岁时于丙子年（火鼠年，公元 1156 年）逝世。他在世期间对其父所传诸法类极为精通且著有许多论著。妥麦扎之弟觉峨（jo vod），诞生于壬寅年（水虎年，公元 1122 年），25 岁时逝世。觉峨之弟觉索（jo bsod）诞生于戊子年（土鼠年，公元 1129 年），年满 17 岁时逝世。觉索之弟顿穹旺姆（ston chung dbang mo）诞生于癸丑年（水牛年，公元 1133 年），年满 13 岁就夭折。顿穹旺姆之弟觉德（jo bde）诞生于乙卯年（木兔年，公元 1135 年），年满 11 岁就夭折。妥麦扎之子为嘉察惹莫（rgyal tsha ra mo）①，诞生于其父 27 岁时的丙寅年（阳火虎，公元 1146 年），年满 37 岁时于壬寅年（阳水虎，公元 1182 年）逝世。嘉察惹莫之弟多杰僧格（rdo rje senge），诞生于其父 33 岁时的壬申年（阳水猴，公元 1152 年），年满 68 岁时逝世。当嘉察惹莫 21 岁及其弟多杰僧格 15 岁时，他们的祖父（垛德）逝世。嘉察惹莫有三子：江麦（lcam me）、觉释迦（jo shavkya）、觉索（jo bsod）。江麦之子南喀旺秋（nam mkhav dbang phyug）有二子：贡噶（kun dgav）和旺秋蚌（dbang phyug vbum）。贡噶之子是仁钦杰波（rin chen rgyal po），后者有三子：仁钦贝（rin chen dpal）、扎巴坚参（grags pa rgyal mtshan）、贡噶洛卓（kun dgav blo gros）。贡噶洛卓之子为贡噶桑波（kun dgav bzang po）。

哲乌信的仁波且扎西贝哇（rin po che bkra shis dpal ba）：诞生于仁波且绛曲贝哇氏族中。幼年时就出家为僧，依止泽当（rtses thang）的洛卓培哇大师（chen po blo gros vphel ba）学习因明。后来，他在仁波且巴（rin po che ba）② 座前听受祖父与父亲之诸教法类，并成为一位著名学者。由于仁波且巴寿数很长，除时节法会外，无其他前来听法者。在仁波且巴住世时，便将寺座之位让给扎西贝哇住持。扎西贝哇之子即为现在（著书时）的寺座住持者。从至尊玛尔巴于壬子年（水鼠，公元 1012 年）诞生，到现在（著书时）丙申年（阳火猴，公元 1476 年），已经过了 465 年。

---

① 藏文（第 498 页倒数第 4 行）写为：རྒྱལ་ཚར་མོ།。恐误。郭译（第 274 页第 2 行）译为："嘉恰谟"。

② 罗译（第 413 页倒数第 9 行）为：byang-chub dpal-pa。

总的说来，峨·垛德的弟子扎师（rtsags）等诸位大德所作的讲说极为广泛而使佛法得到传播。而他们后来传出诸师所著释疏也遍布于一切论著之中。对于玛尔巴密续讲释来说，峨宗传承是有着极大恩惠的。

以上为峨宗传承情况。

二　玛尔巴传规的密集法类情况

楚旺额①：是垛地（dol）下部之伽（vches）和楚（vtshur）两族姓中的楚姓。他是自修密士后裔，其父亲具有极大的咒术威力。幼年时期，他在善知识杰巴（dge bavi bshes gnyen lce pa）座前学习教法。由于财物资具缺乏，母亲心中难忍，不同意其计划就劝导他说："等你长大成人了，就可获得财物，那时你可以求学教法；但是现在你还是回家住为好。"他说："一切智者都是从苦行和勤奋中走出来的，请您不要拖我学法的后腿！我成佛时不会抛弃母亲您的恩德的。"他仍然极为勤奋地求学教法。到后来，他的财富增长后，他曾经要求写经人建造《十万般若波罗蜜多经》，并问写经人："现在谁有最大的《密集》教授？"写经诸人回答说："玛尔巴·洛扎巴有最大的教授！"于是，他生起敬信，携带少量承事礼物而前往洛扎请求玛尔巴传授《密集》续及教授。玛尔巴对他说："你有极大的诅咒威力，我的叔辈玛尔巴扪纳（mar pa mon nag）极大地伤害了我，你运用咒诅（他）吧！如果你能够成功，那么我就将诸法传授给你。"于是，楚旺额就闭关修法一个月，发现咒诅已经起到了殊胜象征，他向玛尔巴说："某月的天尽日②那人将会死亡。"玛尔巴也对玛尔巴扪纳说："你将会在某月的天尽日倒下的。"到了那个天尽日，玛尔巴扪纳在一墙之侧，自己正想着"今天是玛尔巴上师咒诅到来之日"，此后房屋栏杆③木之隙空中被风吹动而即刻坠下一块石头，砸在玛尔巴扪纳的头上而死去。上师玛尔巴心中大喜！于是对他（楚旺额）传授了一些较小的教法，并且承诺以后全部传授给他。后来，楚旺额迎请玛尔巴到自己的住地垛达（dol mdar），玛尔巴随之将《五次第教授》（chos rim lngavi man

---

① 此处藏文（第 500 页第 1 行）为：vtshur dbang de。恐误。
② 天尽日（gnam stong）：指每个月的三十日。时轮历每个月都有天尽日；汉历则不定，有者为大尽，无者为小尽。参阅《藏汉大辞典》，第 1539 页。
③ 栏杆（pu shu）：女墙，坤垠，栏杆。藏式屋顶短墙或楼上矮围墙。参阅《藏汉大辞典》，第 1618 页。

ngag)① 及密续单行讲说全部圆满地传授给了他。此外，玛尔巴拥有益西夏宗规所的乍雅纳达（Jinadatta）②、塔嘎纳（Sthagana）③、掌中花（snyim pavi me tog）④ 三种说法之规，对此诸法不是将密续意义和教授结合进行讲说，而是将那若巴单行密续当做教授之规。当楚旺额学完教法时，他举行了一次会供轮，玛尔巴则在宴会上唱出道歌，讲述自己到印度求法以及行苦行等情况，使他心中领悟到此等诸法来之不易。玛尔巴说："你应该勤奋修习而不能懈怠！"如此嘱咐之后，玛尔巴返回洛扎。楚旺额的真名叫旺季多杰（dbang gi rdo rje），他虽然弟子众多，但其中以康巴·若梁多杰（khams pa ro mnyam rdo rje）、款·格巴甘底（mkhon gad pa Kīrti）⑤、伽顿·索南坚参（vches ston bsod nams rgyal mtshan）三人为重要弟子。

其中的康巴·若梁多杰：他曾前往印度寻求《密集》法门。虽然他渴望在至尊麦枳哇座前听受此法，但由于麦枳哇逝世而未见到面；同时也未寻找到其他听受《密集》之师，于是他想到返藏并在玛尔巴座前听受。他在返回途中，遇到两位印度学游僧并与之同行，康巴·若梁多杰问他们："你二人要前往何处？"答道："到楚师座前听受《密集》。"他才明白那时至尊玛尔巴已经逝世了。于是，他就跟随他们两位前往楚师座前，并与款·格巴甘底一起听受《密集》教法。楚师对他二人⑥传授了密集教授等。康巴·若梁多杰依止楚师所教导而著出单行密续之释疏；又著出与此释疏相一致的灌顶仪轨。显见其所根据的是龙树所著的《曼荼罗之仪轨》（dkyil vkhor gyi cha ga）⑦。又见有一种与此相关的释论，是至尊玛尔

---

① 密集（Guhyasamāja）法类修行的五个次第：（1）身寂，身远离（lus dben）；（2）语寂，语远离（ngag dben）；（3）心寂，心远离（sems dben）；（4）光音天（the Shining/ābhāsvara, vod gsal）；（5）双运（yuganaddha, zung vjug）或者说最高成就，佛性。后者即智慧空性与方便大悲双运，智慧光明空性与方便俱生大乐双运，或指外境完美空性与内心永恒大乐双运。参阅《藏汉大辞典》，第 2796，642，2945，2534~2535 和 2462~2463 页。

② 藏文（第 501 页第 12 行）写为：ཇ་ཡསྣ，请参阅 rgyal bas byin 的 Śrī Guhyasamājatantrapañjika nāma，见《丹珠尔》，rgyud, No. 1847。

③ 藏文（第 501 页第 12 行）为：tha ga na；梵文：Śrī Guhyasamājatantravivarana；参阅《丹珠尔》，rgyud, No. 1845。

④ 梵文：Kusumāñjaliguhyasāmājani bandha nāma；参阅《丹珠尔》，rgyud, No. 1851。

⑤ 藏文（第 502 页第 2 行）写为：མགོན་གད་པ་ཀྱི་རྟི，罗译（第 416 页）转写为：mgon-gad-pa kīrti。

⑥ 罗译（第 416 页倒数第 8 行）为："them（他们）"。

⑦ 梵文：Śrī Guhyasamājamanda lavidhi；参阅《丹珠尔》，rgyud, No. 1798。

第八章 从大译师玛尔巴的传承至称为达波噶举派的阶段

巴所著的《密续大纲》（rgyud kyi spyi don）。据【恰译师、布顿等人】①看来，此大品《无二尊胜续》②是后来藏族人所撰写的伪著，有些人又说是甲坡哇隆巴（rgyal pho ba lung pa）所著。不管怎样，在康巴·若梁多杰关于密集的释疏中，有些内容援引自此大品《无二尊胜续》，因此，无论如何它不可能是甲坡哇隆巴③所撰。

款·格巴甘底：他是一位长久依止芒惹·僧格坚参（mang ra seng ge rgyal mtshan）的弟子，对于圣传法类（龙树师徒所传）极为精通。他心想："只要我能获得此法类的教授要诀，我就一定作修行实践。"他当时听说楚师有此教授，就前往楚师座前请求传授。他带上一匹良马以及包裹着的食品和财物等礼品（由于他的礼品被认为不够），白天没有得到拜见，而是在黄昏时才得以拜见。他（在僧舍里）见到一位身体较胖的上师，一见之下不知天地而生起敬信，并将马匹在内的一切礼品包供献给上师。后来，他获得《五次第教授》并进行实践精修，便获得了如幻之三摩地，并且见得了许多佛刹。后来，款·格巴甘底传授给甲康巴·索南仁钦（bya khang ba bsod nams rin chen），甲康巴·索南仁钦与款师二人是同母所生之兄弟。最初，他依止甲康巴·索南仁钦为上师，后来他对款师生起敬信而请求传授《五次第教授》。款师喜而说道："我的这一教授正如拴着的马儿等待马料，强壮肥猪夏天拱地进入狭路④一样！现在，我，作为上师，便为教主，你应该给我供养！"⑤ 款师说后，愉快地传授了教授且作了宣誓⑥。甲康巴·索南仁钦依教授精心修炼，获得如幻之三摩地，相⑦睾丸处下沉。弥留时他的头顶上突出肉髻。他临终时说："将我的遗

---

① 【】中内容据罗译（第417页第3～4行）补。
② 此处郭译（第276页第7～8行）将此书当成人名翻译：里麦朗嘉（无二尊胜）大师。实际上是指大品《无二尊胜续》（gnyes med rnam rgyal）：一部分藏族学者承认是密宗真实经典，有谓是伪经。大品《无二尊胜续》七十七章，无藏译。小品《无二尊胜续》有布敦大师的译本，二十二章，收入纳塘版甘珠尔密宗部 [ཆ] 字函。参阅《佛学词典》，第286页。也请参阅罗译（第417页）脚注。
③ 据罗译（第418页）行间注：甲坡哇隆巴生活在康巴·若梁多杰之后。
④ 狭路（dbyar lam）：窄路。固定的道途。夏季地里种有庄稼，不得任意通行，故道路是固定的。参阅《藏汉大辞典》，第1955页。
⑤ 此句罗译（第418页倒数第8～7行）为"……一定传授给你！（… must bestow it on you！）"
⑥ 据罗译（第418页）行间注：宣誓表明所传授秘密教授是完整的。在古代，尼泊尔和西藏的上师们常常要发誓自己所传教授是完整的。这一习俗至今在安多和康区某些地方存在。
⑦ 相（ཨིད་）：性征，生殖器。性别的标识。参阅《藏汉大辞典》，第2780页。

体净治后肉身奉安!"于是,就把其法身奉安在吐拉(thur la)之灵堂,并面向西方。据说由于这一缘起,使(附近的)甲卡上部(rgya mkhar stod),再不受色族人(srad pa)的马队前来践踏。总之以后没有任何灾难而得到平安。

甲康巴·索南仁钦又传授给了吐拉哇·楚臣焦(thur la ba tshul khrims skyabs)。吐拉哇·楚臣焦是一位精通显密经论之大德。【他曾长达12年之久,不穿禅裙并在一坐垫上修习,故而获得修法圆满成就。】① 因为他已修得坚固之生起次第,所以能够真实亲见诸位本尊。对于圆满次第也获得通达。语根已经精炼成金刚念诵。一切现相为幻化,意安住于光明中;并且住于双运②之三摩地而摧灭一切各异之分别,并如成佛那样安住。

然后,吐拉哇·楚臣焦又传授给汤伯哇·帕巴焦(thang be ba vphags pa skyabs)。后者最初出家为僧,就勤奋求学③,后来精修《生圆二次第》,生起殊胜通达。在他逝世时,发现有三道彩虹环绕其住室等许多令人惊讶的瑞相。

汤伯哇·帕巴焦又传授给色顶巴·宣奴峨(gser sdings ba④ gzhon nu vod)。后者系出生于松巴基喀(sum pa skyil mkhar)之僧族,幼年时期,他在杜嘎·宣奴楚臣(vdul dkar gzhon nu tshul khrims)座前出家为僧,听受了由阿底峡尊者传来的《道次第教授》(lam rim man ngag)等许多教法,而且能够领会于心中。后来,他在堪布藏纳巴(mkhan po gtsang nag pa)座前受比丘戒,成为大持律师而广研《毗奈耶》法类。【有一次,他去拜访扎特本(gral thebs dpon⑤),由于(途中)足疾之故,就在肖地(shab)的纳仁(sna rings)休息,其间由伦姆切哇(glan mo che ba)做仆役。】⑥ 伦姆切哇问:"大师是否通晓圣传密集法类?"色顶巴答曰:

---

① 【 】中藏文(第504页第2~3行)为:lo bcu gnyis sham thabs ma gyon par ston thog gcig tu bsgoms pas grub pa brnyes te/。郭译(第277页第3~4行)为:"他十二岁时就已获得未着禅裙一座中(言穿裙的短时中)即能修法圆满成就。"

② 双运(zung vjug):1. 并行。两种事同时地存在不相冲突。2. 密乘五圆满次第之一。智慧空性与方便大悲双运,智慧光明空性与方便俱生大乐双运,或指外境完美空性与内心永恒大乐双运。见《藏汉大辞典》,第2462~2463页。

③ 此处勤奋字面义是"直到地面变红"(sa gzhi dmar por),见藏文第504页第8行。此处,郭译(第277页第10行)将 sa gzhi dmar por 当成名词译为"萨细玛波"。

④ 罗译(第420页第3行)转写为:gser-sdings-pa。所据版本不同故。

⑤ 罗译(第420页第13行)转写为:grub-thabs-dpon。

⑥ 【 】藏文(第504~505页)为:lan cig gral thebs dpon la byon pas zhabs bsnyung nas shab kyi sna rings su bzhugs pavi tshe/ glan mo cha bas zhabs tog mdzad/。郭译(第277页第16~17行)为:"有一次他升至班席座首,因足疾住在肖区纳仁时,伦姆伽哇为做仆役"。

第八章　从大译师玛尔巴的传承至称为达波噶举派的阶段　　381

"拥有圣传密集法类的堪布在哪里有啊？"伦姆切哇说道："这正如拉萨的老妇未见过拉萨①！你怎么没听说过吐拉有一位密宗之树精通圣传密集法类呢？"他说此话后，色顶巴有点惭愧。回来后，他请求藏巴大师做他的靠山到帕巴焦座前请求其授法。因此，帕巴焦对他说："我一定马上为他做任何事！"②说后，就将一切密集讲释及教授全部传授给他。此外，既然帕巴焦懂得的法门众多，就随心所欲地传授给他，（未经请求）并将《五次第导释》（rim lnga khrid）密封保存起来。另外，他（色顶巴）又在至尊岗波巴之直传弟子诺普巴（log phug pa）座前求得【那若巴】③《六法》（chos drug）和《大手印导释》（phyag rgya chen povi khrid）。在藏巴萨窝（gtsang pa sa rbo④）讲说《中观附座法》时，【曾请他做助手，他同意了，但后来发现其他人】对他生起嫉恨之心，于是他前往【不丹境内】扪地（mon）的坝卓（spa gro）等地去了。然后他从【不丹的】蚌塘（bum thang）前往卓窝隆（gro bo lung）⑤。此外，他又在扎漾宗（sgras yang rdzong）和嘉地（rgyal）的枳日（rtsibs ri）等许多大圣地安住。他曾说在这些大圣地他生起修悟、灵感和通达。此后，喀切班钦来藏时，他们在崃莫切（klas mo che）与班智达相见，他在班智达及其侍众等前，咨询了六七个佛法问题。后来，他在色布温察（ser bu dben tsha）安住时，修建色顶之寺（gser sdings kyi dgon pa），从此成为当时诸学问者启问求教和诸大人物前来亲近之处。他还著出了广中略三种不少论著。修建完色顶寺后约过九年时间，他对弟子噶扎巴·旺秋（vgar grags pa dbang phyug）之妹噶准玛（尼姑）·喜饶坚（vgar btsun ma shes rab rgyan）修了生子仪轨法，噶准玛怀孕了。后来，僧会上他发出驱逐孕妇之夫和孕妇二人于外地的命令。孕妇只好住于外地安养胎儿，婴儿刚刚生下来就尽量模仿圣法的各种动作。当婴孩快要出生时，母亲发现自己身上现出密集三十二尊喜悦之相。当小孩在游戏时，人们都说："夫人的小公子真是可爱！叫什么名字呢？"噶准玛·喜饶坚说："叫达麦多杰（bdag med rdo rje）。"于是就取名为达麦多杰了。达麦多杰年满5岁时，其行为极为特

---

① 罗译（第420页）行间注：意思是，你没看见住在你旁边的上师。
② 此处藏文（第505页第7行）为：kho bo la ma vthogs pa cig bgyid。郭译（第277页倒数第6～5行）为"你不须挑摘何法"。
③ 【】处根据罗译（第420页倒数第2行）所补。
④ 罗译（第421页第1行）转写为：sar-bo。
⑤ 此处gro bo lung与前文gro bo klungs同。另外，前面数处【】中内容均据罗译（第421页）补译。

殊，帕巴（色顶巴）想已临到揭开其秘密（gsang brtol ba）的时候了。于是，他给僧众熬茶，请求宽恕。后来，由上师（色顶巴）将达麦多杰安置于自己跟前，令其听法。听法数日之后，他问："达麦多杰，你对我轻视还是对我的佛法轻视？"他挺直地坐着双手合十而问道："您是什么意思？"上师说："我一开始讲授教法，你就开始玩游戏；我讲完课时，你的游戏也结束了。"男孩问道："我用耳朵听法时，与我的手脚来做游戏有什么矛盾吗？"上师说："那么好吧，你就背诵课文吧！"而男孩却把他在三天中所听诸法一字不落地背诵出来。因此，众人都很惊奇！都说这是一位大人物的化身活佛。于是，上师（色顶巴）也亲口承认他是自己的儿子。在那之前，过去色顶巴所著各种著述署名均为"比丘宣奴峨（dge slong gzhon nu vod）"著，打那以后，所有著述都署名为"瑜伽自在师宣奴峨（rnal vbyor gyi dbang phyug gzhon nu vod）"著。

达麦多杰后来出家为僧，取名为却季俄色（chos kyi vod zer），卓威贡波帕巴（vgro bavi mgon po vphags pa）又给他取名为却古俄色（chos sku vod zer）。此师（却古俄色）不管到任何说法学院听受一切教法，只需一遍就都能够牢记于心。别人曾经对此进行过考证，以证实其真伪，结果发现此事确实无疑。这样的真实功德他还拥有许多，在此难以逐一赘述。对此请阅读衮邦香（kun spangs zhang）所著的此师传记即可详知，也可以在《时轮》传承史载中看到。由于此师依止其父时间很久，因此其父所有教法功德，他都具有。在此师座前，有具有许多教法功德的衮铿帕峨（kun mkhyen vphags vod）前来听受教法；在后者座前，又有布【顿】仁波且前来听受。布【顿】仁波且过去在上师多杰坚参（bla ma rdo rje rgyal mtshan）座前听受《时轮》法时，布【顿】仁波且对上师说："我乐于听受您的诸瑜伽法，但未寻觅到听法之处。"因此多杰坚参说："那么我有位师友名为喇嘛帕峨（bla ma vphags vod），你到那里去听法吧！"此后，当布顿来到夏鲁，探访帕峨时，寺庙里的同屋知道他找的是另一名帕峨，就回答他："这位帕峨虽然知识广博，但是德行操守不净"，于是布顿感到厌恶而离去。后来，他才听说真正的帕峨师居住在吐谷（thu gud）①的一小屋中精心修炼，于是就派人到师座前呈言请求闻法。帕巴俄色说："那么他是一位大寺的教主，在我这小屋里怎能容得下他呢？我自己到他那边去吧！"说后他就来到夏鲁。总的说来，布顿在帕师前听受了许多教法。尤其是在听受《密集》及其释论等时，帕峨对他说：

---

① 郭译（第279页第13行）漏译"吐谷（thu gud）"。

"你是一位善巧者,所以对你不需要逐字解说嘉(rgya)和噶(gar)①,我将只需给你一个简要的讲解,这样你就可以在较短的时间内学习大量的教法。"布【顿】仁波且请求说他对密集有一股极欲胜解之愿望,希望上师作详细广大的讲授。帕峨道:"那么,我这样对你讲无济于事。首先应该指导你学习《五次第》,此后再作详细的讲释,否则你对密续教义不可能很好掌握。"于是,布顿闭关六个月专门修习《五次第》,由此现起佛及许多诸菩萨三摩地游戏等清净瑞相。后来,他解禁出关。布【顿】仁波且向上师请求:"我听说您(对弟子)有训导,对密集导释之修规不立文字只作密诀传授。恩请您别把这条禁令加在我的身上。"帕峨说:"总之,如果写出了导修书本,就没有了实修。导修的书本,就将成为传诵经教之读本。导修法不亲自实修,将成为招来损坏的方法。因此会因不修遭抛弃。这正如拴着不给食吃饱的饿犬,狗腮肿起来反而认为长肥而死去有何异?"说后他双手一挥(表示不同意)。布顿遵循上师的指示,对此导修法未立文字,但是对于一切修法内容全部牢记于心。后来,在具德上师索南坚参劝请下,布顿才撰出了导修释本②。

---

① 嘉(rgya)和噶(gar)合起来就是 rgya gar(印度)。帕师这么说的意思是对他不需要逐字逐句解释经文文献。
② 据罗译(第424~425页)脚注,《五次第明示》(Rim lngavi dmar khrid)[《布顿全集》(Bu ston gSung vbum)第10卷(tha 函)第21a 叶]中说:

喇嘛扎钦巴(bla ma grags chen pa)对我的上师说:"我老了。对我来说难以记住准确的意义和词汇。即便在我能成功记住(佛经)的时候,也会很快就会忘记。因此,向上师、护法神和空行母祈祷之后,无论如何你应该把它们记下来。"扎钦巴是我上师的上师,因此,我的上师不能漠视其令。可是,因为受他对过去的上师的誓言所束缚,他不能把它写下来。因此,他只撰述了其索引。由于我过去听说过这个故事,因此,在学习【五次第】导修时,我急切地请求他不要把这一禁令强加给我。于是我的上师对我说:"把口诀教授记录下来,总之就好比一位国王被废黜王位,或者好比一位在村野漫无目标地游荡的国王。对此有许多缺陷。教授就会消失。如果一个人找到这本书,他就会想自己没有必要获得口传教授,可以通过阅读(这本书)而获得教授。最后,口诀教授之阐释就会变成简单的背诵。简言之,这会使口诀教授消失。如果你急切而为(即把它记录下来),就做吧。但是,请不要把它变成简单的背诵!对那些放弃尘世,追求佛法者,在此法上你不可贪讨。你应该全心全意给他们传授圆满口诀教授。你不能毁了口诀教授。你不能传授给那些不愿修习,只想获得许多阅读权利的人。不能传授给那些在世人面前假装宗教修士和善巧者的人,因为对他们而言深广渊博之教授毫无用处。不要为了衣食而浪费教授。我宁愿做一个打碎狗下巴和敲击他人家门的乞丐。"说了之后上师挥了挥双手。我感到这些是真心话,于是就放弃了把它记下来的打算。后来,具德上师索南坚参贝桑波劝请我把它们写下来。而我,不能拒绝一再的请求,且担心把它们忘记,就请比丘仁钦珠把它们写了下来……祈求上师和诸护法神饶恕我!我一定反对把此书给那些不修习的人们。愿 Vajradhara 把那些允许……的人们的脑袋劈开!

总的说来，布【顿】仁波且在衮铿帕巴座前听受了瑜伽法类灌顶、续释讲义和教授等；以及玛（玛尔巴）、管（vgos）二宗的密集法类。在闻法圆满时，布【顿】仁波且尽手中所有财物献出，敬供上师。帕巴说："我不需要这些财物，你自己住持寺众时需要！我的教法，你直到不死之前必须要讲说，此为你应该遵守之誓言！"于是帕巴允许他撰著瑜伽教本①和（龙树）圣传法类教本②。后来，布【顿】仁波且教言中说："我们修后只能获得言上师略法，由于（修本中）没有全聚帕巴之教言，所以那是尽一生才能说完的教法。"【布顿被视为瑜伽修法方面最伟大的藏族学者。】③ 从此以后，《五次第》导修传规，由法王丹巴上师等许多善知识彼此相传，直至当今（著书时）仍然存在。至尊宗喀巴大师对布【顿】仁波且所著的《五次第教授》和依止色顶巴的诸教授提出了质疑。总之，宗喀巴对显密经论，尤其是《密集本续》④ 以及印度所出诸大释续、藏族诸师之传规进行了详尽的研究，著出了《五次第导释》及广说此义的《五次第明灯论》（rim lnga gsal bavi sgron me）。于是，宗喀巴把已经衰落的密集诸传规复兴起来了。

又有《密集续》单行说规：由木雅（mi nyag）、香雄（zhang zhung）、拉哇巴（lwa ba pa）三人⑤在款·格巴甘底大师座前求得；在此三师座前，又有法王仁钦岭巴（chos rgyal rin chen gling pa）前来求得。

此外，又有康巴·若梁多杰传授给嘉隆普哇钦波（rgyal lung phu ba chen po）；嘉隆普哇钦波传授给麦拉康纳哇（me lha khang sna ba）；麦拉康纳哇传授给嘉隆普哇奇玛（rgyal lung phu ba phyi ma，即小嘉隆普哇）；此师座前，又由法王仁钦岭巴前来求得传授。从玛尔巴逝世之丁丑年（火牛年，公元1097年）的第二年戊寅年（阳土虎，公元1098年）算起，直至仁钦岭巴于戊申年（阳土猴，公元1188年）逝世为止，其间已经过了91年。戊申年（阳土猴，公元1188年）这一年岭热（gling ras）师也逝世了。在法王仁钦岭巴座前，又有嘉坡哇隆巴（rgya pho ba lung pa）前来求得教授。在嘉坡哇隆巴座前，又有年满41岁的聂朵·唐杰铿

---

① 瑜伽之教本载于《布顿全集》（Bu ston gSung vbum）第11~14卷。
② 参阅《布顿全集》（Bu ston gSung vbum）第9卷（ta函）。
③ 【】中内容据罗译（第425页）所补。
④ 参阅《甘珠尔》，rgyud vbum, Nos. 444~447, 450, 451, 452。
⑤ 藏文（第510页第13~14行）为：mi nyag/ zhang zhung/ lwa ba pa gsum。罗译（第426页第10行）将木雅（mi nyag）、香雄（zhang zhung）合而为一，译成了一个名字：mi nyag zhang zhung。

巴在汝昌坡哇隆寺（ru mtshams pho ba lung）亲近，并听受了《密集续》单行讲义，以及《大品无二尊胜续》（bshad rgyud gnyis med rnam rgyal chen mo）①之传规。第二年，聂朵·唐杰铿巴添加供养财物再来求法，听受了《无二尊胜大聚种之灌顶》（gnyis med rnam rgyal rigs bsdus chen povi dbang）②以及麦宗传规的《喜金刚讲义》等，此外，还听受了许多密宗之经教、灌顶和教授等。以上是玛尔巴传规的密集法类情况。

三 胜乐耳传和热穹耳传阶段

瑜伽自在成就师米拉日巴③：【在垛达日（ldog stag ris）地方，有一个人，穹波（khyung po）是其总族姓，米拉（mi la）是其支姓氏。有一次，他以庄园作为赌注而赌博输光所有财产，被迫离开故土，来到郭戎萨（ko ron sa）定居。后代中出有米拉协嘉（mi la sher rgyal）和雍嘉（g'yung rgyal）二者。】④ 至尊米拉日巴是父亲米拉协嘉和母亲梁萨噶坚（myang bzav dkar rgyan）之子，诞生于庚辰年（阳铁龙，公元1040年），取名为妥巴噶（thos pa dgav）。不久，父亲逝世。当时母亲只有24岁，其叔父强命她嫁给叔父之子为妻⑤。她不答应，叔父大怒而掠夺其母子的全部财产，导致其家境衰落。有一次，米拉日巴在教他读书的老师鲁杰巴（klu brgyad pa）家中饮酒，然后唱着歌回到家中。对此，母亲非常气愤，对他说："你父亲米拉协嘉怎么生了你这样的儿子！我们母子俩家境如此，你还有心思高兴歌唱吗？现在，你必须前往前后藏一带在精通诅咒的师座前学习诅咒，将来好消灭我们的一切仇敌！"至尊米拉日巴说："好吧，母亲！我一定按照您所说的去做！"于是，母亲酌量自力地为他筹备了足够的财物，送他去学习咒术。【米拉日巴在贝姆塘（dpal mo thang）

---

① 参阅《甘珠尔》，rgyud vbum，No. 453。
② 参阅《甘珠尔》，rgyud vbum，No. 453。
③ 郭译（第281页第8行）为："弥拉惹巴"。
④ 【 】中藏文（第511页倒数第7～4行）为：ldog stag ris na rigs spyi khyung po/ bye brag mi la yin pa zhig/ gzhis rgyal du btsugs te sho byas pas pham nas yul vthon te ko ron sar sleb pavi brgyud pa la/ mi la sher rgyal dang g'yung rgyal zhes bya ba gnyis byung/。郭译（第281页第8～11行）为："在达日王（吐蕃第三十一王）时，其族姓总名穹波，弥拉是其族姓的别名。其先辈于嘉区创建庄园，因赌博失败而远遁他方，来到阁润地方后传嗣，出有弥拉协嘉和雍嘉二者。"恐有误。
⑤ 这在《米拉日巴传》中没有提及。

的顶部等候同路伴友,他遇上一位可靠的旅途同伴并与之同行。】① 当他随后打听谁具有最大的咒诅法术时,有人告诉他雅垄地方有位名叫聂·雍顿措嘉(gnyags g'yung ston khro rgyal)的咒师有大咒术。因此他前往咒师座前,【把所有的财物供献给他】②,说道:"我是从拉堆(la stod)来到此地,我受人欺压、软弱无力,前来求教咒诅法。"聂师就开始对咒诅法夸夸其谈,米拉日巴同其他来学咒术的五人一起居住并学习了一年,一年期间在那里学了所有认为是咒术的教法。学完后,其他学友都心满意足地返回了家乡。至尊米拉日巴欢送同学一程后,仍然回到师处,聂师问:"你怎么不走?"米拉回答说:"他们只是为了消遣才来学咒术,而我是受人欺压,真心实意希望学到咒术,如果学不到真正的咒术教授,我决不回去!"咒师说:"好吧!我和藏绒地方的拉杰鲁穹(lha rje snubs chung)二人有咒诅术和降雹术互换之约。就是来我这里学诅咒的可以派送到他那边去学降雹,在他那边学降雹的也可以派到我这里来学诅咒。因此你到鲁穹那边去学吧!"于是,他给米拉一些资具和书信一封,内容是:"我有个可怜的门徒,请你传授他一种真实不虚之咒术吧。"当米拉到鲁穹座前时,鲁穹对他说:"那么,为了践修咒术之故现在你能够闭关修行吗?"米拉回答说他能够做到闭关而修。于是,他修建了一间较好的地下室,在室内精修咒诅。修了十四日之后,明显出现了正确的诅咒征兆。鲁穹知道后,来到米拉那里(看他),并说道:"妥巴噶,你出来吧!昨天空行母、护法神等配合协助如月光放彩,发现将仇敌35人除掉的征相;现在你应该在护法前供垛玛和酬谢。"③ 那时,其叔雍嘉之子娶妻,正在进行结婚喜宴时,房屋突然坍塌,压死35人,但是其叔和姑母逃脱未死。然后,米拉日巴在鲁穹座前听受了许多幻变法术。这时至尊米拉日巴心中想:"我为了听从母亲之言,而制造了这么大的罪孽",这样想着就感到内疚追悔。这时,母亲寄来训示说:"你父亲米拉协嘉生了你这样一个真正的儿子,能够在同一时间内,使仇敌35人丧命。我对此非常满意!但是家乡的人们对我十分恼恨,你必须在家乡的土地上降下有三层墙那么厚的冰雹。如果能够如此做到,那么我死而无憾!"鲁师见到此信件后,对米拉

---

① 【】中藏文(第512页第9~10行)为:dpal mo thang gi mgor lam grogs sgugs pas/ lam grogs bzang po dus ma vgor bar byung nas byon/。郭译(第281页倒数第7~6行)把dpal mo thang gi mgo译为"伯谟伯塘村头"。罗译(第427页倒数第10~9行)为:"on the border of the dpal-me dpal-thang"。所据版本不同故?

② 【】中句子郭译(第281页倒数第4行)漏。藏文参阅第512页倒数第7行。

③ 酬谢(gtang rag):酬谢鬼神和报答恩德。参阅《藏汉大辞典》,第1033页。

说:"那么,你去找雍顿坚(g'yung ston can)①吧!"于是,米拉日巴前往雍顿坚师处说明情况并请求传法。雍顿坚师就命米拉日巴在碉房内的土窑中闭关修降雹法。修了不到一个月的时间,就明显出现了降雹的正确征兆。米拉日巴配合日月时辰,带领雍顿坚师的一位勇敢仆人做伴而前往家乡,在抵达家乡之夜,先在许多田土上,预行投置冰雹法,然后前往山顶(在其护法神前)倾诉无辜并号啕大哭,以此法力使一切山谷地带都普降大冰雹。家乡人发现米拉日巴他们在山顶上作法。米拉日巴先逃走,与仆人约定在定日相见的时间。而当家乡的捕兵追赶山顶时,勇敢的仆人则对兵众说:"我就是妥巴噶!由于你们欺负我的母亲,我难以忍受,以此来复仇,现在这样你们快乐吧?我还要使此地不留任何一个人。"说后他直接冲入军队中,谁也不能抓他而逃走了。之后他俩去了前后藏。米拉仍然回到拉杰鲁穹师处居住下来,仆人则去了雅垄地区。米拉一心想修正法而不能求得上师。有一天,鲁穹师有一位贤良的施主逝世了,鲁穹师悲伤地说:"妥巴噶,我俩积下了最大的恶业!因此,你应该把自己献给清净正法,而且还能使我解脱!或者由我来求清净正法,而你供给口粮。"米拉日巴回答说:"那么,就由我来求清净正法吧!"于是,米拉前往绒地(rong)的哲顿拉噶(vbre ston lha dhav)座前求得《大圆满》法门。虽然经过了修习,但是米拉未生起成相。因此,哲顿对他说:"我过分吹嘘我的法门,而你也过于懒散,因此我们没有成功!现在,有一位玛尔巴译师,他是至尊那若巴麦枳(rje nav ro Maitrī)②的弟子,他住在洛普曲且(lho phu chu khyer),此师是一位能使身配合缘起而心能受法极大感染的大德,你到那里去吧!"米拉一听到(玛尔巴)上师之名便生起敬仰,极其欢喜地赶到曲且。一见上师之面,心情立刻改变。上师玛尔巴命他修筑许多碉墙、耕地务农等。米拉经常非常艰辛地背石头,直至他的背部磨穿而流血化脓。在他如此苦劳之时,上师玛尔巴为许多重要的弟子,比如楚师(vtshur)、峨师(rngog)③等传授灌顶。米拉日巴认为自己应该参加灌顶,并向上师请求,但是上师玛尔巴未给他传授任何法类。师母(玛尔巴之妻)心中不忍玛尔巴对米拉的态度,因此,把那若巴的珍贵加持

---

① 罗译(第429页第7行)转写为:g'yung-ston。郭译(第282页倒数第6行)也漏译了"坚"。

② 藏文(第515页第6行)写为:རྗེ་ནུ་རོ་མཻ་ཏྲི།。罗译(第430页第6行)将其译成两个人:"Master Nā-ro and Maitrī(那若师和弥枳)"。

③ 郭译(第283页倒数第5行)将两师合一,译成了一个名字:"楚峨"。

物红宝石①一颗给米拉日巴作为礼物，让他到峨师座前去，并且随之寄去书信一封说："由于上师（玛尔巴）繁忙，请你将诸法教授全部传授给此弟子。"于是，米拉日巴来到熊日沃后，峨师对他说："我的家畜被野姆哇（yal mo ba）抢走，你先给我修降雹法为我报仇！"米拉降雹后来到峨师座前说："我来这里是为了向您求取清净正法！可是我却被迫做出如此罪孽！"峨师说："无妨，不碍于事。"随后将方便道中诸教授都传授给了米拉日巴，且命他居住在洞中闭关静修。就在此时，峨师接到大译师（玛尔巴）的指示说："我的九层碉房已经修完了，但是上短围墙所需要的桎柳②，你采运过来吧。"峨师便带上米拉做仆役，并筹备以《宝积经》③为主的许多礼品，还在途中办齐了八十捆桎柳。他们将供品和桎柳等物供献给了玛尔巴上师。当他们把一切事务办完后，上师玛尔巴盼咐（其妻）达麦玛（ndag med ma，即无我母）设备会供。当玛尔巴师徒一起食用会供时，玛尔巴怒目注视峨师质问："峨，劣徒！你为何将教授传授给我的妥巴噶？"峨师答道："因为有你的礼物和印信而传授给他的。"玛尔巴看着米拉日巴问："是谁拿给你的礼品？"米拉日巴答道："是师母拿给我的。"上师玛尔巴闻到此言后，便突然起座手持降真香木棍时，达麦玛立即逃走了。于是，上师入座微笑而说道："把达麦玛叫回来吧！"达麦玛回来后，玛尔巴说："给我好好上酒，师徒们需要长谈！"之后他对米拉日巴说："你初到这里时，我就知道你是个有缘弟子，但是由于你有大罪孽在身，我才使你入于折磨苦行以便净治身心！峨所传教授，请你在这里复述一下。"④

当峨离开时，米拉日巴送他很远路程。上师玛尔巴便将诸教授完全正式地传授给米拉日巴，并说道："空行母可以作证，我发誓，已把我所有的殊胜教授全部传授给你了。"在卓窝隆有个地方叫达纳普（rta nag phug），米拉就到那里闭关静修。米拉虽然进行了勤修，但是并未生起巨大功德。关于此情况，后来在赐予细哇峨（zhi ba vod）的道歌中吟诵如是：

---

① 红宝石（pad ma rav ga）：映红，红莲宝石。一种红色宝石，功能治脑溢血、中风等。参阅《藏汉大辞典》，第 1612 页。

② 桎柳（spen ma）：一种野生灌木，藏式建筑中，常用作正房屋顶短墙的材料，亦有用以制扫帚者。参阅《藏汉大辞典》，第 1661 页。

③ 《宝积经》（dkon cog brtsegs）：全书四十九品，分别从梵汉及于阗等文字翻译成藏文。参阅《佛学词典》，第 23 页。关于《宝积经》的研究，尤其是梵藏汉文献对勘研究，以钢和泰（Stael Holstein）的著述最丰。请参阅前文相关注释。

④ 此段内容在《米拉日巴传》中没有提及。

第八章 从大译师玛尔巴的传承至称为达波噶举派的阶段

哦，如此可爱之孩子！
你欲通达听我所言，
可是否知晓我本人？
若你不知晓我本人，（我将告诉你）
我乃贡塘之米拉日巴！
贡塘下部断脐地，
前后藏地求广法，
我有恩师约十人：
绒顿拉噶（rong ston lha dgav）以前师，
以达敦（dar ston）、阿弥（ngab mi）为首①，
尤在拉杰鲁穹前，
求得威猛咒诅法。
内证高深见智慧，
导修作法极精通，
我戏论但没有断，
那若、麦杞施加持，
身合缘起诸要点，
心与法性母相会。
听师住洛普曲且，
译师美名远领心，
仅闻名而信毛竖，
途经苦难到师前，
一见师颜生感动，
似为我多生之师，
具恩父师之座前，
依止六年零八月，
如影随形不分离，
虽无财无物供师，
以身语作承事之，
意诚师喜尽传我，

---

① 罗译（第 432 页第 4 行）把 dar-ston 转写为：ngar-ston。此句郭译（第 284 页倒数第 4 行）为："诸师上人以为首"。

一切耳传诸教授。
……

对此,因为我(著者)看到过许多有关米拉生平的伪作,就详细撰写了(米拉的)生平故事。我相信据此在这里撰写出来是符合事实的。

据其他著述所载,至尊米拉日巴 38 岁时前往玛尔巴座前,一直依止上师到 44 岁。从 45 岁起,他开始专修。止贡法王(vbri khung chos rgyal)曾说:"至尊米拉日巴直至逝世,其间有四十年是身不离禅带①而专修的。"这与上述所言不谋而合。而后,他从玛尔巴上师座前回来的途中又拜见了峨师。到达家乡时,其母亲早已逝世,母亲的尸骨用一些破旧的衣服裹着放在自家空房子的灶台不远处。夜里他以此为枕而卧,专心为母修法使罪孽尽消,而后火葬了母亲遗体。虽然他有一妹妹,但早已游浪他乡。母子有一应得的田地,但是没有人敢去耕种。有一姑母,以前虽是他母子的仇人,但此时她来见米拉日巴,满嘴甜言蜜语,以博取米拉日巴欢心。她允诺耕种他的田地,并为他提供口粮。米拉日巴在城郊尽头的圣山脚下静修六个月②。之后他的"内热"并未增加,于是,他按照一位空行母的教导身中穴道处而修,才使"内热"炽燃起来。为此他想,如此一来我就已经可以行苦行了。于是他离开了自己故乡,来到吉绒(skyi rong)的各个山顶,普遍传称的米拉六宗(mi lavi rdzong drug)也就在吉绒的诸山之中③。他在诸山经过九年时间修行,有以荨麻为食的说法,以极为刻苦的精神修行而获得风(气)息自在功能,真空智慧也现起。在他人从外表看他时,他似乎极为辛苦疲劳,而米拉自己则是固住于大乐三摩地(定)④之中,并且唱出了六乐之道歌。九年过后,米拉日巴已经获得自在三摩地。为了利益众多牧民,他前往冈底斯山脉⑤一带。那里有一苯教徒,能够跨鼓腾升到雪山顶上,而至尊米拉日巴刹那间就到雪山之

---

① 禅带(sgom thag):参禅打坐时,套在双膝及颈上的带子。参阅《藏汉大辞典》,第 597 页。
② 郭译(第 285 页第 14 行)漏译"zla ba drug(六个月)"。
③ 吉绒位于尼泊尔边境附近。
④ 大乐(三摩地)定(bde ba chen povi ting nge vdzin):幻身。修习无漏空乐智慧之定。参阅《藏汉大辞典》,第 1368 页。
⑤ 冈底斯山脉(gngas te sevi ri rgyud):西藏大山脉名,在喜马拉雅山脉之北,发脉于昆仑山脉,南行复折而东进,蜿蜒达于林芝。其主峰在阿里专区普兰县境,通称灵雪山,是著名佛教圣地之一,每年由国内外前往朝拜者甚众,尤为马年为多。参阅《藏汉大辞典》,第 345 页。

顶,并展示他的亚麻外套①,使苯教徒连人带鼓一起从雪山上滚了下去。他还显示了其他许多类似的神变。此后,米拉日巴前往下部地区,有垛姆(rdor mo)等许多施主对他做承事服役。【他去了拉奇(La phyi)。那里下来大雪,长达一年时间不化。等雪开始化一点的时候,他的一些施主,包括垛姆女士等在内,心想至尊米拉一定断了生活资具,说不定都死了。】②他们想应该去寻找尸体(收尸),于是便前往(拉奇)。当他们走到一座山的山坡时,发现有一只雪豹在巡视着他们。雪豹返回后,他们就跟随其后前往。在雪豹走过的路上,他们还看到有人的足迹。再往前一点,他们看到一个山洞中冒出炊烟,而且传出道情歌声。当他们来到至尊米拉日巴座前时,米拉日巴说:"一群笨蛋!你们为何要花费这么长的时间?我在山那边就看见你们到了那里,为何现在才到我这里呢?"众人说:"我们没有见到您啊,只是见到了一只雪豹而已。"米拉日巴说:"那雪豹就是我。"并说最初他来离开时,只带了三斗糌粑③和一腿岩羊肉,到现在只消耗了四捧多糌粑,他要把剩余的糌粑和羊腿肉都给他们。【众人说道:"现在乡亲们为你而悲伤!众多的乡人也向你问安好!"米拉日巴以"瑜伽我身极为安乐!各施主之贵体也安否?"等语唱出了如此之许多歌词。】④

后来米拉日巴前往曲坝(chu bar),他在那里以德威镇伏了鬼神所发的大军。此后,他到各城乡和各种寂静处安住而培育弟子。当他来见印度的达玛菩提(Dharmabhodhi)⑤时,后者反而对他顶礼敬重。丹巴桑杰居

---

① 此处藏文(第519页倒数第5行)为:na bzav ras gos brkyang bas/。郭译(第285页)为"朗萨热葛江巴(苯波之名,意为单衣行者)"。

② 【】中藏文(第519~520页)为:kyang byas la phyir byon pas/ gangs mo che bab ste lo gcig tu zhur ma nyan/ de nas cung zad zhu ba dang yon bdag mo rdor mo la sogs pavi yon bdag vgav zhig gis rje btsun vtsho ba med pas gshegs nges mod/。郭译(第286页)为:"……并请求他到杠姆伽住一年,他未允请求而他去。不久垛谟等一些施主心想至尊弥没有生活资具一定会死去"。

③ 糌粑(rtam pa):以青稞炒磨而成的炒面。为藏族的主食之一。

④ 【】中藏文(第520页第12~16行)为:da yul ba rnams mya ngan gyis non yod bas gshegs par zhus te byon nas/ yul pa rnams kyis kyang bsnyun smed/ rje btsun gyis kyang/ rnal vbyor dbyar khams bde bar byung/ /yon bdag sku khams bdelags sam/ /bya ba la sogs pavi mgur mang du gsungs/。罗译(第434页倒数第4~1行)为:They begged jim to come down, saying that the country folk were worried over him and so Mi la came down. The country people inquired after his death, and he composed a song which began with the words: "I, the yogin, have been of good health. Supporters, were you also in good health?" 似有出入,版本不同故?

⑤ 藏文(第520页倒数第2行)写为:ཏྲ་ག་པོ་རྗེ།

住在定日（ding ri）时，也专门来见米拉日巴并与之畅叙。据昂宗顿巴（ngam rdzong ston pa）所说，米拉日巴在曲坝与鬼神之间的战争是壬辰年（阳水龙，公元1112年）发生的事，故那年至尊米拉日巴73岁。至尊米拉的弟子，著名的有八位热巴师兄弟：贡塘的年琼热巴（gnyan chung ras pa）；坚隆（lcem lung）的昂宗热巴（ngam rdzong ras pa）；达莫（rta mo）的直贡热巴（vbri sgom ras pa）；峨察（vod khra）的色班热巴（se ban ras pa）；尼巷（sni shang）的奇惹热巴（khyi ra ras pa）；热巴细哇峨（ras pa zhi ba vod）；德哇郡（bde ba skyong）；惹枳热巴（ra rdzi ras pa）。

又据穹仓巴・益西喇嘛（khyung tshang ba① ye shes bla ma）所说，米拉有如下弟子：首要弟子热穹巴（ras chung pa），一生菩萨、佛化身之至尊岗波巴大师（rje sgam po ba chen po），能忍修苦行者绒穹热巴（rong chung ras pa），获得暖火自在者瑜伽士细哇郡（zhi ba skyong），具足信仰者止贡漾勒（vbri sgom yang legs），以及觉垛（jo rdor）、香纳（zhang nag）、色班顿穹（se ban ston chung）、鲁岗热巴（lu skam ras pa）、女施主勒色（yon bdag mo legs se）、瑜伽女江麦（rnal vbyor ma lcam me）和仲内（sgron ne）等许多通达法性义的弟子。弟子中热巴细哇峨、桑杰焦和绒穹热巴三人离此世界（未留肉身而）前往空行刹土②。还有（米拉日巴的）妹妹坝达（lcam mo be ta）、哲色（mdzes se）③、却季绛曲（chos kyi byang chub）、郑昌玛・巴操萨（vbring mtshams ma spa tshab gzav）等也（未留肉身而）前往空行刹土。弟子中还有能调伏人类有情之胜尊上师岗波巴、能调伏非人之胜者扎西泽仁（bkra shis tshe ring）、能调伏扎根玛（dākima）④之胜者峨杰兰季杰贝卓梅（sngags skyes lhan cig skyes pavi sgron me）等。以上所述只是简述而已。此诸人士在一地方显示各种身相，能够刹那间来到在许多地区并作利益众生的事业。关于至尊米拉日巴的全部弟子，有哪位能够详细地举其数字呢？诸位成就大师所言：此位至尊米拉日巴即是绛贝协年大师（slob dpon vjam dpal bshes gnyen）。至尊米拉日巴大成就师住世到84岁，于癸卯年（阴水兔，公元1123年）在甄地（brin）示寂。茶毗后未发现一点点骨灰和舍利。有一些侍众在度母化

---

① 藏文时而为：khyung tshang ba；时而为：khyung tshang pa。本书通译为"穹仓巴"。
② 空行刹土（mkhav spyod gnas）：空行佛母所居净不净土。参阅《藏汉大辞典》，第299页。
③ 米拉日巴的妻子。
④ 藏文（第522页第2行）写为：ནུ་གི་མ།

第八章　从大译师玛尔巴的传承至称为达波噶举派的阶段

身的女修玛季夏玛①座前问道："至尊米拉日巴是否成佛？"答道："以米拉日巴之精进②而言，其他人是不能相提并论的，故他已经成佛。"

现在说说米拉日巴的弟子热穹巴（ras chung pa）：他于至尊米拉日巴最初修行时的甲子年（阳木鼠，公元1083年）诞生在喀贡塘（khab gung thang）地方。取名为多杰扎（rdo rje grags）。父亲去世很早，母亲与叔叔同居后，他就做了叔叔的家奴。年幼时，他就学会了阅读。每次以俗家诵经忏的礼品献于其母和叔叔，以此取悦他们。热穹巴年满11岁时，正好是至尊米拉日巴闭关九年圆满后的甲戌年（阳木狗，公元1094年）。至尊米拉日巴在贡塘的山谷中居住时就与热穹巴相见，后者当即在米拉日巴座前供献礼品。对此，其母和其叔叔对米拉和他都心怀不满。此后，米拉日巴命热穹巴修脐轮火③获得收益。当热穹巴在至尊米拉日巴座前依止时，由于过去其叔命他耕地触犯龙（鲁）神，以此导致他年满15岁时患有麻风病④，于是离开米拉日巴到一些空房中居住。那时正好来了三位印度游方僧，对热穹巴生起怜悯之心，并将他带到印度，在上师坝拉真扎（bla ma Balacandra）⑤座前亲近依止，坝拉真扎传授以《威猛鹏裙本尊法类》（gtum po khyung sham can），并命他进行念诵。诵修不久后，他身上的麻风病全都治愈了。之后，热穹巴返回尼泊尔，在阿都拉达峡拉（a tu la da sha la；梵：Atulyadāsa）等师座前听受了《胜乐》等一些密续经教。后来，热穹巴仍然回到米拉日巴座前时，至尊米拉日巴对他说："在印度无形空行母之法九种法门⑥，至尊玛尔巴所传语教中，九种法门中我只

---

① 玛季夏玛（ma gcig zha ma）：水虎年（公元1062年）诞生在帕竹，父亲为夏玛·多杰绛称，母亲为嘉格尔拉姆。她为修持密咒者们的一个效仿典型。于土蛇年（公元1149年）逝世，年满88岁。详见《东噶藏学大辞典》，第1585～1586页。也可查阅本书中关于她的史事之章节。
② 精进（brtson vgrus）：勤劳，努力。对于一切善法生起欢欣，喜悦，勇猛从事之心。佛书说十一种善心所之一。参阅《藏汉大辞典》，第2239页。
③ 脐轮火（gtum movi me）：猛厉火。或名绝地火，梵音译作占旃陀离。密乘圆满次第根本法之一。集中坚守脉、风、明点，以使脐中针影（形如倒竖文字母短阿）燃起乐暖。功能猛厉焚烧一切不净蕴界，灭尽一切烦恼寻思，迅速生起俱生妙智。参阅《藏汉大辞典》，第1046页。
④ 麻风病（mdze nad）：恶性黄水与疫虫巴尔巴达相结合，再由毒龙支使所致全身肢节变形，肉皮溃烂的一类恶疾，分十八种或三十六种。参阅《藏汉大辞典》，第2337页。
⑤ 藏文（第523页第10行）写为：བླ་མ་བ་ལ་ཙནྡྲ།
⑥ 无形空行母之法九种法门（lus med mkhav vgrovi chos skor dgu）：指印度大成就师底洛巴协绕桑波由智慧之空行无形而显示的九法。详见《东噶藏学大辞典》，第1964页。另据罗译（第437页）行间注，热穹巴对九法都分别撰有释论。

获得了五种法门①。上师玛尔巴曾对我说：'你应该到印度求得此全部九种法。'现在你热穹巴应该前往印度求得全部九种法门。"热穹巴依照上师米拉日巴之命，前往印度在那若和麦枳两师的直传弟子底普哇（ti phu ba②）座前求得全部九种法门。此外，还寻觅到许多教授。此后，他返回到米拉日巴座前，并把九种法门供献给上师米拉日巴。米拉日巴将此法传授给昂宗顿巴，昂宗顿巴又著出此种法门论本，由此发展成名为《胜乐耳传》（bde mchog snyan brgyud）。由热穹巴亲自发展而出者之故，称为《热穹耳传》（ras chung snyan brgyud）。这样一来，热穹巴通过依止至尊米拉日巴获得特殊通达；他自己又从印度求得许多教授。当他在米拉日巴座前请求允许前往前藏时，米拉日巴认为他对有情者将会有大利益而让他如愿以偿。与师分别起程时，至尊米拉日巴亲自远送他一程，并且叮咛说："从此之后应该如此这般而作。"并给了他许多口头指示。于是，热穹巴来到了炯却噶（cung mchog dkar）地区，做了利益一些弟子的事业，而且在那里居住了五年。此后，他前往前藏，来到乌汝（dbu ru）的北方，在那里与尼泊尔的阿苏（a su；梵：Asu）相见并请求传授教授。阿苏大师说："教授是可以传授给你的，但是我必须要养活母亲和女儿③啊！你必须代表我去化缘！化缘所得到的青稞必须供献给我。"热穹巴在吉麦（skyi smad）以上地方进行化缘，所获得青稞甚多，全都供献给了阿苏大师。在那段时间，他来到甲裕地方（bya yul）去乞化甲裕哇（bya yul ba）的斋僧茶，脚指头被挤于（寺）门中，他便放声唱出"无上师之教授，空谈如漱口，指望证菩提？"等句，甲裕哇闻歌而落泪，并对煮茶者说，"烟熏我使我流泪啊！"那以后，热穹巴前往南方，在喀曲（mkhar chu）有些耽搁故居住于此，并将那若巴的《六类一味》④诸法藏于秘窟之中。此后，他来到昂雪时，得到可夺他人性命的甚深咒诅秘法，但他想

---

① 据罗译（第 437 页）行间注，梵文原本今存于洛扎（lho brag）的卓窝隆寺（gro bo lung dgon pa）。

② 罗译（第 437 页倒数第 13 行）转写为：ti-pu-ba。此师梵文：Pārāvatapada。有人认为他是玛尔巴大师儿子之转世。其姓名演变源流为：ti phu ~ te phu pa ~ te pu pa ~ ti bu zhabs。请参阅巴考的《玛尔巴传》（La Vie de Marpa），1937 年，巴黎，第 57、105 页。

③ 罗译（第 438 页）为"wife and child（妻儿）"。

④ 《六类一味》（ro snyoms skor drug）：一味六法。佛书所说六平等。即：转寻思为道用、转烦恼为道用、转疾病为道用、转神鬼为道用、转痛苦为道用、转死亡为道用。此中前五是修大印与修菩提心转为道用的法门，是从《那若流法》中的中阴教授中分出来的。所谓"转为道用"等语，就是把不如意的事都变作为修道的有利条件。本来烦恼、疾病等都是妨害修道的东西，却专要在这些不顺心的事上下工夫，磨炼自己，增长道心，这是噶举派的特点。参阅《佛学词典》，第 787 页。

此法传播对他人极为不利，于是把它秘藏于宗山（rdzong ri）岩隙之中。他又在却地（vphyos）的吉仓（skyi tshang）因有耽搁而曾一度居住于此。此后，他在雅垄住了一段时间。这时，由于有一出身名门的手印母夫人和其他男人通奸，使他倍感悲伤而逃往香布雪山（Shambuvi gangs）处安住。而后，他前往涅地（gnyal），游历涅、甲（bya）、洛若（lo ro）三个地方，但大部分时间住在洛若。后来，热穷巴在甲地居住时，穷仓巴（khyung tshang pa）前来和他相会；热穷巴居住在洛若时，法王仁钦岭巴（chos rgyal rin chen gling pa）前来拜见，并在他座前求得耳传诸教授。总的说来，热穷巴在洛若居住时有许多弟子，其中出有得意弟子十三人，这里面诺吉阁哇（lo byi mgo ba）、藏巴松巴（gtsang pa sum pa）、嘉窝·坝协囊（byar bo par sher snang）、洛若·伦吉阁哇喇嘛贡却（lo ro glan byi mgo ba bla ma sgom chos）、洛若·弥纳哇松顿却达（lo ro mi sna ba sum ston chos dar）、布贡纳波（bur sgom nag po）、拉堆巴·桑日热巴（la stod pa zings ri ras pa）、野钦姆哇·直贡登珠（g'ye chen mo ba vbri sgom don grub）、扎奇哇·涅多杰峨（gra phyi ba gnyal rdo rje vod）、涅麦巴·郡顿敬内（gnyal smad pa cung ston rgyan ne）、涅麦巴·郡顿杰巴（gnyal smad pa cung ston rgyas pa）、野穷哇·格西穷波（g'ye chung ba dge bshes khyung po）等十二人都获得圆满灌顶，并且证悟智慧（ye shes kyang ngos zin）①；而雅垄巴·拉杰拉坝（yar klungs pa lha rje lha vbar）虽然得到圆满灌顶，但是未证悟智慧。此外，还有侍者仁钦扎（nye gnas rin chen grags）、聂杰布（gnyags gcer bu，又名达雪热巴［rta shod ras pa］）、贡钦门兰（sgom chen smon lam）、麦·野巴哇（mal yer pa ba）、阿里巴·色却（mngav ris pa gsal mchog）、觉姆哲姆、洛巴绛顿（lho pa byang ston）、楚顿旺额、杜松铿巴、扎日贡琼（tsa ri sgom chung）等弟子。过去热穷巴在措纳枳琼（mtsho sna dril chung）时，有五位姑娘与之相见。她们一起唱歌，站在中间那位姑娘后来依止热穷巴而修行。众所周知，次女离开色姆垛②未留肉身而往空行刹土了。热穷巴如此做了广大利益众生的事业后，于辛巳年（阴铁蛇，公元1161年）满78岁时逝世。据热穷巴传系所传出的《珠嘉

---

① 罗译（第439页第18行）转写为：ye-shes ngos-zin。此系噶举派一种最重要的教法，其中包括对自身意识自省式的研究。另一术语是 rang ngo zin pa，字面义是"洞察自己的面容"。这种方法是（密教）第四戒之基础。
② 藏文（第526页第7～8行）：se mo do。意为"双股项链"。参阅《藏汉大辞典》，第2932页。

玛长寿法》（grub rgyal mavi tshe sgrub）①之史载，说热穹巴享寿82岁。然而，其诸直传殊胜弟子所著的《佛教传流世纪计算法》（bstan rtsis zhib yang dag pa mdzad pa）中，则记载为78岁。

诺吉阁哇：是涅地上部人（gnyal stod pa）。他在热穹巴座前供献黄金曼札（mandala）②，并求得圆满灌顶和一切教授。他修到风息入于中脉（avadhūti）③后，亲见无量诸佛菩萨，他还亲见一面胜乐独雄本尊（bde mchog dpav bo gcig pa）。在他成为瑜伽自在大师安住时，有玛季漾阁（ma gcig g'yang dgos）的女儿为他做承事仆役，他本人在热穹巴的座前做首席助手并为其抚育一切徒眷长达25年时间。

至尊藏巴【松巴】（rje btsun gtsang pa）：是勒堆郡巴下部（las stod cung pavi smad）的松巴聂邬喀（sum pa nyevu mkhar）人。父亲名为松巴旺秋（sum pa dbang phyug），母亲名为玛姆切喀（rma mo khye mkhar）。父母二人生有五子，藏巴是长子。当到谈婚论嫁时，他拿着一块绿松石来到梁堆达察（myang stod stag tshal）地方④，在堆龙巴嘉玛哇（stod lung pa rgya dmar ba）和若烘巴（rog mngon pa）二师的寺庙中出家为僧，并在此寺中居住了一年时间。此后，他来到热穹巴座前，生起极大的信仰。他以断右手无名指（srin lag）作酥油灯⑤来供（热穹巴）师。他大约是在21岁或22岁见师，后做侍寝侍者。自此立下誓约，每见师面，必须敬见面顶礼三拜；并且每天必须顶礼百拜。由于藏巴的父母早已是至尊热穹巴的施主，又由于藏巴远道而来是为了求取佛法之故，据说自从藏巴做侍者以来，如果没有藏巴在座，那么热穹巴决不传一法门和教授。热穹巴逝世后，即由藏巴住持寺座。大约就在那时，他在恒河一带已经闻名遐迩，印藏二地均盛行其教授。他以大慈悲心摄受一切有情。上至所有三藏法师，下至妇女和孩子，没有一个不敬仰他，也没有任何针对他的诽谤言语。他

---

① 此系热穹巴之女上师之一空行母珠巴嘉姆所传的获得长寿的宗教仪式。
② 藏文（第526页倒数第5行）写为：མཎྜལ。这里指佛教所用供品之一。此词也可指坛城、轮圆、曼荼罗。参阅《藏汉大辞典》，第2057页。
③ 藏文（第526页倒数第4行）写为：ཨ་བ་དྷཱུ་ཏི。梵音译作阿法睹底。梵意译作能焚。作为人体风元素依附的一切脉络中之主要脉络。参阅《藏汉大辞典》，第3122页。
④ 此句藏文（第527页第4～5行）为：khyim thab byed khar g'yu rdog khyer nas myang stod stag tshal. 郭译（第289～290页）为："章巴夫妇俩从北道裕垛切来到梁堆达察地方……"恐误。
⑤ 酥油灯（mar me）：以融酥为燃料的灯火。参阅《藏汉大辞典》，第2060页。

的每一个行为都能使人受益。【由于他在其他大师座前听受了多次法义和教授，因此他所说的每句重要的话都能使人通达许多意义。】① 虽然他的内心富有广大功德，然而出言总是十分谦逊。至尊帕莫竹巴也曾说："热穹巴是真正的一位印度大成就者，但由于某些吉兆之缺失，他的利益功德并不那样大。"他（藏巴松巴）和热穹巴有一些共同的弟子，谨将其史事撰写如下：

布贡【纳波】（bur sgom [nag po]）：此师是至尊帕莫竹巴和摩觉巴（rmog cog pa）二位大德的上师。特别是他曾经对帕莫竹巴授记说："将有四位空行母摄受于你，你将有如此如此之寺庙。"后来如授记所言得到了实现②。

穹仓巴：于乙未年（阴木羊，公元 1115 年）诞生在堆龙（stod lungs）。在嘉杜（bya vdul）师座前出家为僧，又在嘉玛（rgya dmar）师前受比丘戒。他前往巴操译师座前听受《中观》，因译师没有空闲时间为他讲说，便在达云丹扎（dar yon tan grags）座前听受《理聚》（riga tshogs）③。他又在桑巴旺多（bzang pa dbang rdo）④ 座前求得诸行法类；在嘉玛哇（rgya dmar pa）座前听受《中观》和《量释》等论。他在色师（se）座前听受《般若》（phar phyin）和《妙吉祥法类》（vjam dpal）；在普巴哇（phug pa ba）座前听受《惹里》（ra li）⑤ 和（龙树）圣传诸法；在觉索（jo bsod）座前听受《胜乐》和《事部》（Kriyā Tantras）⑥；在洛巴（lho ba）座前听受《喀惹法类》（kha rag skor）；在那巴（nad pa）⑦

---

① 【】中藏文（第 527～528 页）为：slob dpon gzhan la chos dang gdams ngag tshar mang po nyan pa bas/ nad ka vdi yin gyi tshig re gsungs pas don mang po khrol nas vgro ba/。罗译（第 441 页第 8～10 行）为：A single explanation by him was better than the listening to many hidden precepts and doctrines at the feet of other teachers.（听他的一个解说，就比在其他上师座前听许多教授和法义要好。）似有所不同。

② 此句郭译（第 290 页倒数第 9 行）漏。藏文（第 528 页第 10 行）：ji lta ba bzhin du byung zer/。

③ 郭译（第 290 页倒数第 6～5 行）为："《中观》（龙树所著）诸论"。罗译（第 441 页倒数第 9 行）为："rigs-tshogs-drug（《理聚六法》）"。

④ 藏文（第 528 页倒数第 7 行）写为：བཟང་པ་དབང་རྫོ。恐误。

⑤ 32 种密典，请阅《甘珠尔》，rgyud vbum, Nos. 383 以下诸叶。

⑥ 藏文（第 528 页倒数第 4 行）写为：ཀྱ。以沐浴、清洁等身外行事为主。佛教密乘四续部之一。参阅《藏汉大辞典》，第 38～39 页：ཀྱའི་རྒྱུད。

⑦ 罗译（第 442 页第 7 行）转写为：nang-pa。

和惹译师（rwa lo）座前听受《时轮》①和《黑怖畏》②；在南帕哇（gnam vphar ba）座前听受噶当教法；在款·普哇绛星（vkhon phu ba lcam sring）座前听受《道果》；在岭喀哇（gling kha ba）座前听受《五种钉法》（gzer lnga）；在格西嘉（dge bshes rgya）座前听受《五次第》；在峨师座前听受《喜金刚法类》（dgyes rdo）等。那时他还未获得教授秘诀，为此他前往直贡·岭喀哇（vbri sgom gling kha ba）的居住地，在后者出涂泥③闭关七天之后才得见面。而后他请求上师传教授，岭喀哇传授以脐轮火、幻身、梦境合修诸法的导修教授；此外，他还听受了其他诵传经教。岭喀哇对他说："【你们前藏人真是愚蠢！】前藏热穹巴（dbus pa ras chung pa）现在就住在前藏，【你却跑来找我】。"④ 于是，穹仓巴前往热穹巴的住处求见，那里的人众说："至尊大师厌烦有人打扰，你极有可能见不到他。"尽管如此，他还是获得了接见。热穹巴对他说："我在梦中见月自显明，这告知我将有具足日光般的境相到来！【预言说：月亮是你的弟子，太阳便是你自己。因此，我将教授传授给你。】"⑤ 热穹巴用九十天时间，将全部耳传教授⑥传授给他，并且作了九次会供轮。之后热穹巴对他说："现在你不要住在这里了，你走吧！直至我死之前，你对你的上师和教授都必须要保密⑦。之后，大至国王到小至患有麻风病者，适合听受者你都可以讲说，但不要把教授当做商品出卖！"此后，穹仓巴在兰卓穹仓扎（lan gror khyung tshang brag）居住了七年时间。没有人前来对他作承事服役。他在哈乌雪山（ha bovi gangs）处也居住过一段时间。他居住在穹仓【扎】时曾作过鸽身夺舍法，他说这种现象是无阻碍的。此外，他还亲见许多本尊；身血降乳；断有漏流；修持功力达到无等持与后得之别等无量

---

① 郭译（第290页末行）漏译"《时轮》"。
② 《黑怖畏》（nag vjigs）：一种密法。Nag 代表 dgra nag po，参阅《甘珠尔》，rgyud vbum, No. 473；gshin rjevi gshed dgra nag povi vkhor lo las thams cad grub par byed pa zhes bya bavi rgyud kyi rgyal po，梵文为 Yamārikrsnakarmasarvacakrasiddhikara nāma tantrarāja；vjigs 代表 dpal rdo rje vjigd byed chen povirgyud ces bya ba，梵文为 Śrī Vajramahābhairava nāma tantra，参阅《甘珠尔》，rgyud vbum, No. 468。也请参阅《佛学词典》，第437页。
③ 涂泥（vdag vbyar）：在门窗户孔上用湿泥抹填。参阅《藏汉大辞典》，第1388页。
④ 此句【】中内容据罗译（第442页）补。
⑤ 【】藏文（第529页第8～9行）为：zla ba de khyong kyi slob mar vdug/ nyi ma de khyod du vdug pas gdams ngag sbyin no gsung nas/。郭译（第291页第10～11行）为："……我想月亮是你这一弟子，成为日光般显耀也是在你身上。因此，我将教授传授与你。"恐有误。
⑥ 郭译（第291页第11行）漏译了"snyan（耳传）"。
⑦ 此句郭译（第291页第13行）为："直至我未死之前，你对上师和教授都当正心诚意。"恐有误。

功德。他年满 62 岁时于丙申年（阳火猴，公元 1176 年）在噶贡（sga gong）地方逝世。荼毗后发现难以计数的舍利。

穹仓巴的弟子玛季旺觉（ma gcig ong jo）：诞生在峨裕（vo yug）地方，其族姓为嘉（rgya）。总的说来，从幼年起，她[①]就开始广习闻思之学，尤其时遇到穹仓巴上师后，她获得圆满耳传教授。她证得真实空性特殊通达（gnas lugs rtogs pa）。她能够行一切财物供献给上师的布施度，在噶贡不作灌顶中（真实）智慧母而生起意念，是由于她已成就具足三律仪[②]之持戒度能现证本源真性的忍度。对于生圆二次第，她具有如江水长流不断的精进度。在自心清净大圆镜中，她能达本尊与上师无二别之禅定度。由上师之恩，她得通达一切法无生无相的智慧度。具足如是六波罗蜜多功德。[③]

此外，穹仓巴的弟子格顶巴（dge sdings pa）：诞生在项地方（shangs），是拉普思顿玛日哲（lha phur zi ston ma ri tse）之子，名为觉色阿僧（jo sras a seng）。童年时期他就出家为僧，在岗巴协乌（gangs pa shevu）等许多善巧上师座前听受《中观》及行法诸类等。他又在嘉玛哇大师（slob dpon rgya ma ba）等师座前听受瑜伽等类许多密法。后来，他在穹仓巴座前求得耳传教授。他是一位具足通达法性者，常住于等持[④]之大德。

还有玛顿楚臣穹奈（mar ston tshul khrims vbyung gnas）：他于巳（蛇）

[①] 此段郭译（第 291 页）均把"她"译为"他"。

[②] 三律仪（sdom pa gsum）：1. 密乘、菩萨别别解脱。2. 由欲界地所摄别解脱戒；唷色界地所摄静虑戒；超出三界由圣者地所摄无漏戒。参阅《藏汉大辞典》，第 1481 页。

[③] 此段藏文请参阅第 530 页第 2～13 行。罗译（第 443～444 页第 2 段）与之差异较大，恐因所据藏文本不同故。录于此，谨供参考：Ma gcig Ong jo, a disciple of Khyung tshang pa, was born at O yug. Her family was rGya. In general, she studied and meditated from her childhood, and, in particular, having met Khyung tshang pa, she obtained complete hidden precepts of the Oral Tradition. She obtained excellent knowledge of the state of Nature (gnas lugs rtogs pa). She was endowed with six pāramitās. As her dāna pāramitā she offered to her Teacher all (her) possessions and acted as (his) Tantric assistant (prajñā or mudrā) during the performance of initiation rites, and a mystic trance was produced in her. As her śīla pāramitā she observed the moral precepts of the three kinds of vows (the So sor thar pavi sdom pa or Pratimok sa vow, the Bodhisattva vow or Byang chub sem dpavi bslab pa and the Tantric vow or sngags kyi dam tshig). As her kṣānti pāramitā she was endowed by an intuition into the state of Nature. As her vīrya pāramitā she constantly practiced the Utpanna krama and Sampannkrama degrees. As her dhyāna pāramitā she was endowed with a mental concentration during which she could contemplate the non differentiated nature of gods and the Teacher in the pure mirror of her own Mind. As her prajñā pāramitā she possessed Wisdom which by the grace of her Teacher could gras that elements of Phenomenal Existence had no origination and no characteristic marks.

[④] 等持（mnyam par vjog pa）：平等摄持。第九住心。定心相续，远离功用，平等摄持。参阅《藏汉大辞典》，第 989 页。

年①诞生在项地方珠地（brud）的德莫登（dad mo stengs）。父亲名为玛尔巴·坝哇坚参（mar pa vbar ba rgyal mtshan）。他童年时期就出家为僧。达到年龄后（即20岁），他就受了比丘戒。他听受噶当派教法及《毗奈耶》（vdul ba），又在江巴绛焦（vjang pa byang skyabs）座前听受《集学论》②等学行法类。他在松顿格敦（sum ston dge vdun）座前听受了许多密法；在穹仓巴座前，听受了所有耳传法类。他具足通达法性和中阴③修炼，从光明中能知诸师逝世时期等功德；并且能够运用菩提心作利他有情的事业；尤其是他广讲耳传法类作出了弘扬事业。

项巴芒顿（shangs pa mang ston④）及格顶巴的弟子香译师（zhang lo tsav ba），诞生在乌德（dbus sder）地方。是香·垛德扎（zhang mdo sde grags）之子，名为普巴焦（phur ba skyabs）。年满14岁时，他在嘉贡大师（slob dpon rgya sgom）座前学习念诵并进入佛法之门。他还听受了《那若六法》等文献。他又在梁师（slob dpon myang）座前求得玛尔巴传规的《大悲观世音法》⑤；在安达梁惹（mngav bdag myang ral）⑥座前求得伏藏⑦甚深法；在惹·桑杰贡噶（rwa sangs rgyas kun dgav）座前听受峨师传规的《喜金刚法》及鲁传规的《保卫佛教诫训》；在香策巴（zhang vtshal pa）座前求得发菩提心法及三摩地灌顶；在热巴旺额（ras pa dbang nge）座前求得《七支》⑧等许多热穹巴的教授；在邦索哇（bang so ba）

---

① 由于穹仓巴生于乙未年（阴木羊，公元1115年），逝世于丙申年（阳火猴，公元1176年）。作为穹仓巴之弟子，玛顿楚臣穹奈在其座下求法又比较靠后。因此至少在穹仓巴20岁（即乙卯年，木兔年，公元1135年）以后才诞生。因此，估计此蛇年应该是丁巳年（火蛇年，公元1137年）或者己巳年（土蛇年，公元1149年）。

② 《集学论》（bslab pa kun las btus pa）：藏纳巴所著之论著。参阅《佛学词典》，第890页。

③ 中阴（bar do）：中有，前身已弃，后身未得。即死后未投生中间。参阅《佛学词典》，第550页。

④ 罗译（第445页第11行）转写为：mar-ston。

⑤ 《大悲观世音法》（thugs rje chen po）：大悲，大悲心。二十一类无漏智之一。恒常照顾有情身心，救离苦等，成办一切无边有情利乐之大悲心。参阅《藏汉大辞典》，第1165页。

⑥ 据罗译（第445页）行间注，其真名是尼玛沃色（nyi ma vod zer，月光）。他是宁玛派两位著名地伏藏师之一，另一位是却旺大师（slob dpon chos dbang）。

⑦ 伏藏（gter chos）：从地下掘出的佛经经文。佛学家莲花生等人，因时机未到不宜宣示，而留待后世有缘者获取，特将密宗秘诀藏于山岩、水边、森林等处嘱托空行暂为守护以待未来成就者发掘，而后转述为文字的极密经文。参阅《藏汉大辞典》，第1047～1048页。

⑧ 《七支》（yan lag bdun pa）：修学佛法时加行七法。如积资七支、忏悔七支及密乘七支等。参阅《藏汉大辞典》，第2555页。

座前求得《聚积三法门》（spungs pa skor gsum）；在洛巴达贡（lho ba rta sgom）及温波觉索（dbon po jo bsod）座前求得玛垛（mar do，即玛尔巴·垛巴）传规的《胜乐》；在惹觉达（rwa jo dar）座前求得《时轮》和《金刚大威德》；在中观师索嘉（dbu mavi slob dpon bsod rgyal）座前求得让师（ram）传规及具密的《喜金刚法》（gsang ldan）①；在上师多杰焦（bla ma rdo rje skyabs）座前求得《摩觉巴法类》（rmog cog pavi chos skor）；在项巴芒顿②及格顶巴座前求得耳传法类；在达贡（rta sgom）座前求得父传法类的耳传解脱道及灌顶等；【在鲁麦（lus med）等涅巴松杰（gnyal pa gsung gcad）的一位弟子座前求得昂宗（ngam rdzong）传规的耳传法类；在玛季旺觉座前求传所有耳传教授及灌顶，但未获传授。】③ 他在班钦释迦西（pan chen Śākyaśrī）④及季译师（dpyal lo）座前受比丘戒，取名为珠巴贝桑波（grub pa dpal bzang po）。他依止班钦大师一年并且获授教法。他又在江若宣仁大师（slob dpon rgyang ro gzhon ring）座前听受《毗奈耶》和行持法类。他三次前往玛季旺觉座前，最后一次她才将耳传教授全部传授给他，并且赐予他穹仓巴的手册、圣物加持之丸、六骨饰等物，还对他作了多种授记。他在项巴芒顿⑤的弟子略贡（gnyos sgom）座前求得《方便道的导释》（thabs lam gyi khrid）；在哇日哇（ba ri ba）座前求得《增智法》（blo vphel）⑥等；在杰普（dgyer phu）的洛甲哇（klog skya ba）座前求得阿底峡尊者传规的《胜乐》和圣传法类；在上师阁乍巴（bla ma ko brag pa）座前求得夏玛（zha ma）⑦传规的《道果》

---

① 参阅《丹珠尔》，rgyud，No. 2593。
② 此处藏文（第 532 页第 6 行）为：shangs pa mar ston，疑与上文之 shangs pa mang ston 同。
③ 【】处藏文（第 532 页第 7～10 行）为：lus med la sogs gnyal pa gsung gcad kyi slob ma zhig lavang ngam rdzong lugs kyi snyan brgyud/ ma cig ong jo la snyan brgyud kyi gdams pa dbang dang bcas pa yod par rig nas zhus pas ma gnang/。该罗译（第 446 页第 8～14 行）为：From a disciple of gNyal-pa gSung-vgcad ("thr Silent") he obtained the Oral Tradition according to the system of Ngam-rdzong and the "Lus-med mkhav-vgrovi chos". Having learnt that Ma-gcig Ong-jo was keeping the intiation rite and precepts of the Oral Tradition, he made a request to her, nut she did not bestow them on him. 请比较。郭译（第 293 页第 4 行）将"昂宗（ngam rdzong）"译为"荡仲"，估计将 ngam 识读为 dam 之故。下同。
④ 藏文（第 532 页第 10 行）写为：པཎ་ཆེན་ཤཱཀྱ་ཤྲི།
⑤ 此处藏文（第 532 页倒数第 4 行）为：shangs pa mar ston，疑与上文之 shangs pa mang ston 同。
⑥ 即 vjam dbyangs blo vphel；梵文：Mañjuśrī sādhana。
⑦ 藏文（第 532 页倒数第 1 行）写为：ཞན།。恐误。

法类；在措普译师座前求得《多闻法》（rnam sras）等。他共在 70 位上师座前求得教法。此后，他前往尼泊尔南部①，在尼泊尔耶让（ye rang）地方的班钦·惹达纳惹肯西达（mahā pandita Ratnaraksita）② 座前学习《声明》和《量释》，他曾说自己获得讲授 200 多种密续释论，以及 84 种圆满灌顶。他又在班智达西毗玛拉甘地（pandita Śrī Vimalakīrti）③ 座前求得至尊救度母的灌顶和曼荼罗仪轨等许多法门。当他给汤顿（thang ston）讲授密续释时，发现其他密续释疏遗留在了别的地方而未达到全通程度。他真诚的祈祷上师加持，由此获得密续释论的一切金刚语句秘诀（rdo rje tshig gi mdud pa），一时得到解脱。他又向上师穹仓巴虔诚祈祷而在梦中获得上师灌顶。因此，他的著作也成为最胜之著。此外，当他在班钦座前获得《胜乐》灌顶时，大地震动；在听讲《密集》时，胜乐金刚亲自为他讲说《密集续》；在听讲《阎曼曼杂》（gshin rje；梵：Yamāri Tantra）时，是由大慈悲黄色忿怒本尊（thugs rje chen po ser bo g'yo ba）等为之说法；在听讲《胜乐》时，是由扎根玛传授；而他在传播导释时，非常音乐同时自鸣；在坝若（bha ro）座前灌顶时，他以垛玛调伏了空行母；在《上部续释》（stod vgrel）④ 的灌顶时，一只狐豺（lce spyang）（以空行母征兆）出现；他在翻译《金刚鬘》（rdo rje phreng ba）时，发现稀有的征兆。【他在梦中与大婆罗（bram ze chen po）相会，后者还给他讲授教法。】⑤ 他念诵《地魔灾害魔类法》（sa gdon gyi cho vphrul bdud skor）⑥ 驱除了魔灾。伯嘎（dpe dkar）魔神所作灾害时，他修威猛的禁行而获得调伏。在尼泊尔，他运用无畏行以破除外道所施恶咒等，这类奇异事迹很多。他翻译了包括《金刚鬘》在内的许多论著，还撰著出《教授穗释疏宝藏》（man ngag snye mavi tīkā rin po chevi gter mdzod）⑦、《喜金刚第二品断除二边论》（brtag gnyis kyi mthav gnyis rnam sel）、《开光法》（rab gnas）、《七期五钉》（bdun tshigs gzer lngav）等许多甚深教授。他在冲堆

---

① 藏文（第 533 页第 1 行）为：lho bal。罗译（第 447 页第 3 行）为："India and Nepal（印度和尼泊尔）"。

② 藏文（第 533 页第 2 行）写为：པཎ་ཆེན་རཏྣ་རཀྵི་ཏ།

③ 藏文（第 533 页第 4 行）写为：པཎྜི་ཏ་དྲི་བི་མ་ལ་ཀིརྟི།

④ 即 bde mchog stod vgrel，参阅《丹珠尔》，rgyud，No. 1402。

⑤ 【】中藏文（第 533 页倒数第 4～3 行）为：mnal lam du bram ze chen po dang mjal nas chos gsungs。郭译（第 294 页第 1 行）漏。

⑥ 驱鬼仪式，西藏古老的仪式之一。

⑦ 参阅《丹珠尔》，rgyud，No. 1198：man ngag gi snye ma。

古莫（tshong vdus vgur mo）的静修院——本仲寺（bon grong gi dgon pa）立誓（闭关）。闭关时，空行母亲自前来赞颂。他在本仲寺亲见本尊总摄论①。他获得证悟一切法性与智明无分别和聚合与分离亦无别。他于丁酉年（阴火鸡，公元 1237 年）逝世往生忿怒本尊庄严刹中。

香堆与略贡二师的弟子色顿觉措（se ston jo khro）：诞生于后藏的绛绒（rgyang rong）地区，【名为多杰措沃】②。年少时期，他就听母亲讲关于米拉日巴大师的故事，于是独自一人来到岩洞中打坐。③ 年满 12 岁时，他通晓念诵。18 岁时，他在上师协顿（bla ma gshen ston）座前学习《幻化法门》（sgyu vphrul）和《漾达》（yang dag）④。他听受过《大圆满心法门类大虚空篇》（rdzogs chen sems phyogs skor），故而通达心之本性。他获授《语根教导》（brda rtsavi khrid）⑤而粗通《大手印法门》。他还听受了《道果》等教授；又在帕觉努顿（pha jo snubs ston）座前求得撅金刚事业、灌顶、修法及《幻化》略释等。30 岁时，他在辛贡细波（gshen sgom zhig po）座前求得俱生四灌顶。32 岁时，他在略贡座前求得耳传教授，另外还求得《胜乐》和觉莫的加持法、《那若六法》、行境、修心教授等。37 岁时，他在觉若拉顶（cog ro lha sdings）的香译师座前求得耳传教授，从而断除了从穹仓巴传来诸教授中增益损减的疑问。他又听受了《金刚鬘》，从而通达一切法如梦如幻；并灭除对他身特起的执著而获得对治分别心。此师是一位全部事业都不逾越大宝菩提心之师。

现在说说昂宗顿巴菩提惹乍（ngam rdzong ston pa Bodhirāja）⑥：诞生在垛察金隆（mdo khri lcim lung）地方，其族姓为昂宗。据说由于他精心研究《慈氏五论》而被誉为顿巴（导师）。他又在至尊（弥勒）座前获得诸教授，并撰著了《至尊弥勒教语摄论》（rje btsun gyi bkav la bsdu ba）。昂宗顿巴将《胜乐耳传教授》全部传授给了贡塘热巴（gung thang ras pa），贡塘热巴又传授给嘉坡哇隆巴（rgya pho ba lung ba）。嘉坡哇隆

---

① 总摄论（vkhor lo sdom pa）：胜乐。无上密乘本尊泗鲁迦的异名。参阅《藏汉大辞典》，第 139 页。
② 此句藏文（第 534 页第 11 行）为：ming rdo gcig por sdod pa yang byas/。恐误。
③ 下划线部分在藏文原本（第 534 页第 11 行）中缺，此据罗译（第 448 页第 21～23 行）补译。
④ 宁玛八法（rnying ma bkav brgyad）之一。
⑤ 语根系那若巴传授给玛尔巴的符号语言。
⑥ 藏文（第 535 页第 8 行）写为：ངམ་རྫོང་སྟོན་པ་ཆོ་ཀྱི་རྗེ།

巴又撰著出此法的许多论著，他的密号叫若比多杰（rol pavi rdo rje）。

再说说昂宗巴的弟子涅巴松杰巴（gnyal pa gsung bcad pa）：是涅绒（gnyal rong）人氏。年满19岁时，他为了学佛法而逃亡到阁垛（gog dor），在贡喇嘛（bla ma mgon）座前求得《三界解脱缘起法类》（khams gsum yongs grol rten vbrel）及其教授。【后来，他靠乞讨来到拉堆附近。他见到了昂宗巴，后者当时居住在甄的山口（brin gyi la so）。】① 给昂宗巴供献了半两黄金后，他说："我厌离轮回，怖畏生死而求法，因此，恳求上师传授灌顶和教授等。"昂宗巴说："至尊米拉日巴的一切教授中，分为联系密续的方便教授和联系加持的耳传教授两者。其中耳传教授据说未传授给任何人，只传授给至尊热穷巴。不管怎样，热穷巴将《那若八法》全部传授给了我。"于是，昂宗巴将《特殊之八法教授》（khyad par gyi chos brgyad gdams ngag）等完全传授给了他，并引导他认识俱生通达后说："你应该如密行而修。能够传播密宗者极为少见！因此，你应该把全部教导只传授给一个人，此人将能延续传承。"总之，涅巴松杰巴前后两次依止在昂宗巴师座前，总共居住了十五个月。此后，他短暂访问了前藏拉萨和森波日等地。虽然他是徒步来到青汝（vching ru）② 的切波伽寺（vchad po chavi dgon pa），但他装扮成跛脚者。他还断绝言说，装扮成聋哑人。他就在那里待在小屋中专心精修18年而未返回。他在其住处不远处居住了一年时间，又在江萨色玛岩角（lcang sar ser ma brag gdong）处居住了几年时间。在此处，他获得殊胜和共通两种成就，并获得神通。他住世到70岁时逝世。由涅巴松杰巴尼玛僧格（gnyal ba gsung bcad pa nyi ma seng ge）把耳传教授传授给玛布扎巴·宣奴喜饶（dmar bu brag pa gzhon nu shes rab）；玛布扎巴·宣奴喜饶传授给仲敦·仁钦喜饶（vbrom ston rin chen shes rab）、杰贡日哇·仁钦楚臣（dgyer sgom ri ba rin chen tshul khrims）、漾江哇嘉哇登珠（g'yang skyong ba rgyal ba don grub）、色岭巴·扎西贝（gser gling pa bkra shis dpal）、法王贡却多吉（chos rje dkon mchog rdo rje）、克珠阿吽班遮（mkhas grub Ahūmvajra）③ 和哲乌信仁波且绛曲贝（sprevu zhing rin po

---

① 藏文（第535页倒数第3～1行）为：de nas la stod du ldom bu la byon pas brin gyi la so na ngam rdzong pa bzhugs pa dang mjal/。郭译（第295页第5～6行）为："继后前往那堆的冻布，因此来到正吉和荡仲敦巴相见。"恐误。

② 藏文（第536页倒数第7行）写为：འཆིད་རུ。恐误。

③ 藏文（第537页第4行）写为：མཁས་གྲུབ་ཨ་ཧཱུྃ་བཛྲ།

che byang chu dpal）。又由哲乌信仁波且绛曲贝传授给我（著者）《胜乐耳传灌顶》以及许多教授，【并且是同堪钦·僧格贝哇（mkhan chen seng ge dpal ba）在一起听受教法】①。

此外，又由嘉坡隆巴次第传授给藏昌哇钦波（gtsang vphrang ba chen po）、格哇邦喀哇（dge ba spang kha ba）、塔细甲扎哇（mthav bzhi bya bral ba）、喇嘛思吉巴（bla ma gzi brjid pa）、喇嘛贡却桑波（bla ma dkon mchog bzang po）、堪钦协垛哇（mkhan chen shes rdor ba）、却阁哇·却贝喜饶（chos sgo ba chos dpal shes rab）和阁楚·扎巴穹奈（rgod phrug grags pa vbyung gnas）。所有传承教授至今（著书时）尚未间断，传承犹在。此外，虽然过去诸师的传记中还有耳传教授的闻法录，然而却没有详细的传承世系。因此，我只好仅就传承到我（著者）的史料而撰写于此。佛世尊灭度后 300 年，大婆罗门出世；又过 300 年，至尊日措巴（rje ri khrod pa）出世。2400 年后，麦哲巴出世。此后，直到岭热（gling ras）逝世，共经过 170 年。自此以后，直到丙申年（阳火猴，公元 1476 年），又过了 288 年②了。总之，根据热穹巴传规的佛教事计算法，佛世尊灭度后到此丙申年（阳火猴，公元 1476 年），已经过了 3458 年。

以上是胜乐耳传和热穹耳传的情况阶段。

四　岗波巴及其寺庙的情况阶段

至尊岗波巴（rje sgam po ba）是至尊米拉日巴诸弟子中最为著名的弟子。正如嘉哇漾贡巴（rgyal ba yang dgon pa）所言：由化身而来作化身住持传承的岗波巴。这是说，最初诞生在印度王舍城（rgyal povi khab ba；梵：Rājagrha）中的豪富家庭，种姓高贵，名为达峨宣奴（zla vod gzhon nu 意即月光童子；梵：Candraprabhakumāra），即在灵鹫山③释迦牟尼佛前

---

① 【】中内容罗译（第 451 页第 2 行）漏。
② 藏文（第 537 页倒数第 3~2 行）为：lo nyis brgya dang brgyad cu rtsa brgyad。罗译（第 451 页第 17 行）为"188 years"。恐误。
③ 灵鹫山（by rgod phung povi ri）：佛说般若经处。一说释迦牟尼曾在此山修行。其地在中印度摩揭陀国内，旧称耆阇崛山，汉文旧译作灵鹫山，新译作鹫峰山。参阅《佛学词典》，第 575 页。

求得《三摩地王经》（mdo ting nge vdzin gyi rgyal po）①。在那以后，他曾迎请佛世尊及其侍众等到他家，并且作承事供养。佛对他开示说："你在这浊世时期当受持此经。"② 达峨宣奴当时就承诺道："我愿意舍生命来受持此经。"于是佛说道："当你受持此经时，我将会来为你助伴。"那时的菩萨达峨宣奴（byang chub sems dpav zla vod gzhon nu）就是现在的至尊岗波巴。人们一定会补充说，允诺作助伴的佛世尊就是帕莫竹大师。

再说成为达峨宣奴的因缘：在往昔无数劫之前，有如来名宝莲月清净现圣王③看不到教法时，他转生为菩萨名为花月美妙④。他在普贤林⑤中为众多菩萨讲经说法；此后不久，又给国王宫中的许多人士讲经说法。后来，国王巴尾敬⑥命刽子手杀害菩萨花月美妙，并将尸体剁碎。此后很长时间，这些尸体碎块色泽丝毫不变，国王见状生起痛悔而作忏罪等，这许多故事在经中有明载。那时的国王巴尾敬即为后来的佛世尊释迦牟尼；菩萨花月美妙即为后来的达峨宣奴。至于达峨宣奴的化身成为法王岗波巴等事，已经成为许多具善缘之上流人士所深信不疑，而住持其教语传承之诸人士也对于《三摩地王经》都作受持而供奉。对此义善知识博朵瓦说："现在所谓的大手印一称号，就是《三摩地王经》之义。我们对此义既不应该加以贬低，也不应该完全遵循。"他说此言的意义，即岗波巴就是达峨宣奴（《三摩地王经》的守护者）。由此看来，岗波巴的伟大功德，就是一切经中所说佛的各种功德。既然如此，其无量功德还用讨论吗？但是，在此我还是要根据他对普通人示现的生平故事之片段撰写如下：此位大德岗波巴诞生在涅尼（gnyal snyi）地方，种姓为尼哇（snyi ba）。父亲名为尼哇杰波（snyi ba rgyal po），母亲名为雪姆萨且江（sho mo gzav che

---

① 梵：Samādhirāja sūtra。参阅《甘珠尔》，mdo sde，No. 127：Ārya Sarvadharmasvabhāvasamatāvipancit samādhirāja nāma mahāyānasūtra。此经梵本，可参阅"Skrt. Text of the Samādhirāja sūtra edted by Dr Nalinaksha Dutt and Vidyavaridhi Shiv Nath Sharma in Gilgit Manuscripts"，Vol. III，斯利那加，1941 年版。

② 经（mdo sde）：契经，经藏。梵音译作素怛缆，义译贯穿。叙于何处为何人说，为契合处；叙世俗谛及胜义谛一切相性，为契合相；叙说蕴界处等，为契合法；叙说深密义理，为契合义。经文契此四者，故名为经。参阅《藏汉大辞典》，第 1383 页。

③ 藏文（第 538 页倒数第 2～1 行）：rin po che pad mavi zla ba rnam par dag mngon par vphags pavi rgyal po；梵：Tathāgata Ratnapadmacandra viśuddhyabhyudgatarāja。

④ 藏文（第 539 页第 1 行）：me tog zla mdzes；梵：Supuspacandra。

⑤ 藏文（第 539 页第 1～2 行）：kun tu bzang po；梵：Samantabhadra。罗译（第 452 页第 16 行）转写为：kun-du bzang-po。

⑥ 藏文（第 539 页第 4 行）：dpav bas byin；梵：Supuspacandra。罗译（第 452 页第 18～19 行）转写为：dpav-ba-sbyin。

lcam），父母二人生有三子，岗波巴为次子。此位大德诞生于己未年（阴土羊，公元 1079 年）。年少时，他学习医学且能善巧通达。曾娶一位妻子，但他在 20 多岁时妻子死亡，使他非常悲伤。年满 26 岁，他在善知识肖巴岭巴（dge bavi bhses gnyen pa gling pa）座前出家为僧并且一次完成具足戒。他又在达波下部（dwags po smad）的玛裕洛丹（mar yul blo ldan）座前听受《胜乐》和《大宝六庄母》①等的许多灌顶法类。后来，前往乌汝北方，在甲裕哇、柳绒巴（snyug rum pa）、恰日贡喀巴（lcags ri gong kha ba）等诸师座前听受了许多噶当派教法。后来，他在绛曲生贝大师（slob dpon byang chub sems dpav）座前求得修行教授而进行修炼，仅仅修了 13 天就获得生起不败坏三摩地②。此后，他返回了家乡安住。在他精心修炼时，他注意到附近有三位乞丐。其中一乞丐说："如果能吃上一大坨糌粑团和一碗蔬菜，那是多么幸福之事啊！"另一乞丐说："若要发愿，最后发愿转生为最上君主那样的君王。"其中最老的那位乞丐说："如让我发愿，就希望变成米拉日巴那样，对衣食没有贪恋，还能在虚空中飞翔。"岗波巴一听到米拉日巴这个名字，就立刻生起敬信！他施舍给诸位乞丐所乐意的饮食，并且询问在哪里能找到（米拉日巴）那位瑜伽士。那位老乞丐说："他居住在甄聂南（brin snye nam）山顶，据说有些人去朝拜他时见不到他；有些人虽然见到了，但见到的只是一座佛塔。"此后，岗波巴在夜间修行时梦见自己在击鼓，鼓声传遍整个山川；他又梦见自己吹铜号，号声极大，据说在藏族地区没有比此更大的铜号声。因此，他想此现象就是他与至尊米拉日巴相见的征兆。于是，他起程先前往乌汝地方，在诸师座前送礼致敬，并对他们说："我听说有如此这般值得赞颂之上师，我请求让我前往朝拜他。"有些上师说："难道我们的教授对你还不够吗？"但是，他再次请求说："我愿在这位上师座前表示敬仰。"诸师许可说："那你去吧！但不要遗弃我们的印记！"③ 于是，他便与一位名叫贡顿（vgongs ston）的结伴前往，来到藏冲堆（gtsang tshong vdus）时，贡顿因病不能前往，便留在那里了。他独自一人前行，来到距离至尊米拉日巴住处约一日半行程时，他突然生病；到了快死的时候，他

---

① 《大宝六庄母》（rin chen rgyan drug ma）：密乘经名。参阅《佛学词典》，第 780 页。
② 不败坏三摩地（mi vchor bavi ting nge vdzin）：一种定的名称。参阅《佛学词典》，第 626 页。
③ 这里罗译（第 454 页）：But he repeated his request and then got permission to proceed. Ond of the teachers (Po to ba?) said to him: "You should not abandon our sgins！"（但是他在此请求后获准前行。其中一位上师［博朵瓦？］对他说："你本应该遗弃我们的印记！"）这里的"印记"，据罗译（第 454 页）行间注，指的是教派的僧袍。

祈祷至尊米拉日巴而很快得到康复！当他到甄地时，有一僧人前来迎接并说："你的福德真大啊！"岗波巴问："何出此言呢？"答道："你要到这里之事，上师去年就有预言，现在是命我来迎接你的。"于是，岗波巴想自己具有福缘而略生矜持。因此，至尊米拉日巴内心已知他所生之矜持，因此半个月时间未允许他拜见。有一天，米拉日巴让他来相会。他去见至尊米拉日巴时，看见后者坐在一磐石上。岗波巴向他供上黄金一块和茶一包。米拉日巴说："黄金嘛，与我年龄不顺①而不能收；对于茶来说，我这里没有熬茶的灶具，还是还给你吧！"说后盛满了一颅碗酒给他，并且让他喝完。岗波巴想自己是比丘不可饮酒。至尊米拉日巴已知其想法而再三叫他喝完。于是，他就喝得一干二净。米拉日巴问他："你叫什么名字？"答曰："我叫索南仁钦（bsod nams rin chen）。"米拉日巴口中"索南、索南、索南"地念三遍，而后唱道："积二资粮②生福德，一切众生之大宝。"唱后说："把他当做前藏弘法师招待。"③ 之后，岗波巴请求至尊米拉日巴传授甚深教授。米拉日巴问道："你获得过灌顶吗？"岗波巴答道："我在玛裕洛丹师座前获得过《大宝六庄母》（rin chen rgyan drug）及《胜乐》等许多灌顶；在乌汝北部听受过噶当派许多教授。经过13天就获得了不败坏三摩地。"米拉日巴听后哈哈大笑起来，说道："那样的三摩地在色界④与无色界⑤诸天众长久劫中都有不败坏三摩地，然而对于成佛来说没有丝毫的作用啊！犹如'无论如何压榨沙子，也是压不出酥汁'一样。噶当派虽然有教授（gdams ngag），但他们没有秘诀（man ngag）⑥。由于有一魔鬼侵入了藏族人的心中，所以导致阿底峡尊者没有能够讲说秘诀⑦。但是如果允许他开示密法的话，那么现在将有许多大成就者遍布于整个藏区的！噶当派只有一种单行的五种生起次第和收摄情器

---

① 意思是说他出生的年份与金子相克。在西藏，某些年份是相克（有害）的，比如，一个猪年出生的男人不能与鼠年出生的女人订婚。请参阅 Phag la byi blangs kha mchu mang. Baidūrya dkar po，第 229a 叶。
② 二资粮（tshogs gnyis）：福德资粮和智慧资粮。参阅《藏汉大辞典》，第 2291 页。
③ 此句藏文（第 542 页倒数第 7 行）为：de la dbus pa ston pavi sna len gyis gsung。罗译（第 455 页第 15 行）为：This will be your welcome!（这是对你的欢迎!）
④ 色界（gzugs khams）：须弥山顶上空中，自初禅至四禅无所居天人，光明身莹澈妙好，离欲界贪，未离色界贪。参阅《藏汉大辞典》，第 2499~2500 页。
⑤ 无色界（gzugs med khams）：包括空无边处乃至非想非非想处四定诸天，除净色意识而外，全无粗色，超离欲、色两界食欲，但尚有无色界贪。参阅《藏汉大辞典》，第 2503 页。
⑥ 虽然这两个词（gdams ngag 和 man ngag）意思都是 upadesa 或"教授"（precept），米拉日巴在此刻意要区分。
⑦ 据罗译（第 455 页）行间注：当阿底峡尊者准备讲授 Dohā 时，仲敦巴反对。

世界于光明中的圆满次第。现在，你就修我的《脐轮火阿通》（gtum mo a thung）①吧！"于是，岗波巴就把二钱黄金交给甄地的一位店主，请求其给他送口粮。他还在一磐石的侧面，搜集木材和厚毛毡搭起一小屋。再请求至尊米拉日巴传授教授时，米拉日巴却说："你过去所获得过的灌顶，我不是说那些灌顶都不管用，而是必须依照我的传规而修。"于是，就传授给他一种《金刚亥母加持法》。他依上师米拉日巴所传教授而修，生起了无边无际之征相。他把这一情况报告给上师米拉日巴，后者对他说："所有这一切都是此身要害之处，风（气）息和各界（身、津液、暖气等）住持气来的征相，不是有什么危害，也不是有什么功德，还要努力修呀！"岗波巴继续精修。后来，他发现自己每天都生起了一次足够的风息和风息达到手指尖端（即通过指尖呼吸）。他将此情报告上师，上师米拉日巴说："这并非意味着你已获得风息和风息自在，不过是表明你可以修业风息了。"等到岗波巴发现日月被星曜遮蚀的现象时，上师米拉日巴说了三遍"现在我呢，现在我呢，现在我呢"后，就传授给他以最胜之脐轮火法，【并说："当此特殊征相生起时，你将变成一位英雄！（意即你将获得成功）】② 就这样，岗波巴在上师米拉日巴座前修行十三个月后，上师对他说："你这位前藏导师（弘法师）到前藏去吧！"米拉日巴把他送到一座桥头，并吩咐道："你现在应该舍世间心而一心一意地修行，不要与三毒③旺盛之人相处，【因为他们的气息会使你的善行衰退。】④ 你应该依止山林和寺庙，成为一位纯正的修善者，三年后你将生起真正的修力。那时，你再次见到我时，你就与如今大不相同了"等等许多嘱咐之教语。岗波巴与师分别后，来到涅地（gnyal），居住在色哇隆寺（se ba lung）。此寺中有许多噶当派僧侣，他想如果不去支援寺中僧侣的法行⑤，那将会是自己的罪孽。于是就去支援僧侣们的法行，并顺应他们而使他自己的三摩地稍衰。于是，他想如此下去实为不妥，因此他三年不离坐垫而

---

① 据说西藏瑜伽师"内热"的气流或者说 gtum mo 犹如一条线，因此很像一根针，或者像印度天城体字母中称之为 a thung 的字母"ᛝ"。

② 【】藏文（第 544 页第 1～2 行）为：devi rtags khyad par can byung ba na khyod pho rgod rab tu vdug gsung/。郭译（第 299 页倒数第 10～9 行）为："依修生起特殊征相时，上师弥拉对他说：'你真是个好汉子！'"

③ 三毒（dug gsum）：贪、嗔、痴三种烦恼。参阅《藏汉大辞典》，第 1260 页。

④ 【】处藏文（第 544 页第 5～6 行）为：de rnams kyi kha rlangs kyis rang gi dge sbyor vgrib pa yin pas/。郭译（第 299 页倒数第 5 行）为："……须承许做到这些事，由于你是个隐退的沙门……"恐有误。

⑤ 法行（chos spyod）：1. 宗教活动。2. 念经供佛的事。参阅《藏汉大辞典》，第 840 页。

勤奋修行。由此而证见最初（本来）之心性，而通达一切法之真实性。他想，这就是上师米拉日巴所说的纯正修善；并且想到至尊米拉日巴也是法身①，然而他被误认为是大成就者。然后，他按照米拉日巴的教导，离开人群助伴，前往许多寂静处，每处暂住而修。最后，他到窝德贡嘉②雪山住了许多年。有一天，他座前来了一位身着豪华服装缠头的老人对他说："我想在这里作你的服侍，可是现在我的儿子达拉岗波（dwags lha sgam po）来接我走，为此我就要走了。"说完后就不见踪影了。他依止至尊米拉日巴座前时，恰好米拉日巴年满71岁，他年满32岁时的庚寅年（阳铁虎，公元1110年）。后来返回时是第二年辛卯年（阴铁兔，公元1111年）。离开时，至尊米拉日巴嘱咐他说12年后再回到甄地的山上。他住在静修处时，回想起上述事情，心想自己应该到甄地③去了。途中他在雅垄听到至尊米拉日巴示圆寂的消息；【他还收到上师遗留给他的一些圣物】④。于是，他不再前行而返回。由空行母变化处住舍和特殊食物，使其获得宿食交媾。食用后，住舍等一切都不见了。后来，他又依止寂静处修行，从窝德贡嘉来到岗波（sgam po）就居住了下来。在窝德贡德居住之前的那段时间，他去朝拜乌汝地区的诸上师。当时，诸师嘱咐他应该作利益众生之事。他回答说："我没有利益众生的分别思择⑤，因为我只有三年寿命。"上师柳绒巴建议他修劝解仪式，并说："我看不碍事！即便你在坟墓里也要把你拉出来。"于是就传授给他白度母⑥修法，以此得

---

① 法身（chos sku；梵：dharmakāya）：1. 智度八事之一。修行所成之究竟果位法身，即具备诸多无漏功德，可以从此分出四身之佛身。2. 佛二身之一。断证功德已达究竟的果位身。参阅《藏汉大辞典》，第830页。
② 窝德贡嘉（vo de gung rgyal）：山南专区桑日县沃卡地区所属雪山之名。参阅《藏汉大辞典》，第2526页。
③ 此处藏文（第545页第10行）为：yar klungs（雅垄）。恐误。
④ 【】处藏文（第545页第11行）为：khyod kyi skyal pa yin zer bavi rten sna vbra ba yang sprad byung bas／。郭译（第300页）："而且上师所说'你是具福德之身'的话，似乎言犹在耳。"恐误。
⑤ 分别思择（rnam par rtog pa）：1. 构想，想象。佛书译为寻思。2. 妄念，胡思乱想，想入非非。佛书译为妄分别、虚妄分别。参阅《藏汉大辞典》，第1569页。
⑥ 度母（sgrol ma）：救度佛母。梵音译作多罗。佛教依救度八难而立的一类本尊佛母名。依身色、标志、姿态不同，分为二十一度母。参阅《藏汉大辞典》，第625页。二十一度母（sgrol ma nyer gcig）为：奋迅度母、威猛白度母、金颜度母、顶髻尊胜度母、吽音叱咤度母、胜三界度母、破敌度母、催破魔军度母、供奉三宝度母、伏魔度母、解厄度母、烈焰度母、颦眉度母、救饥度母、大寂静度母、消疫度母、赐成就度母、消毒度母、消苦度母、明心吽音度母和震撼三界度母。见《藏汉大辞典》，第625～626页。

第八章　从大译师玛尔巴的传承至称为达波噶举派的阶段　411

以延长寿命。他来到野地（g'ye）格西哲巴坚（dge bshes sgre ba can）①座前时，哲巴说：【"你这次将我的护法神带走！他对你是很欢喜的。"】②但他那次没有将护法神带走。后来，当他来到岗波，其寺庙大兴起来时，他派遣了两个弟子前去向格西哲巴问安并陈述想带走护法神之事。格西哲巴对他们说：【"如果你们过去将护法神带走，他早会为你清扫满积的灰尘。现在把我亲手所制的这块酥油给他自己供食吧！"】③ 岗波巴按照格西之言做了之后，由那坨酥油而得到《贡波护法的修法》（mgon povi sgrub skor）并弘扬起来。他又写出贡波护法的一些修法。后来，他想到这尊贡波太严厉凶猛，于是就说："我的撰文有些错误，凡每个人手中所有的文录都要收回。"他将撰文搜集到手后，就再没有返还给他人。而另外撰写了一种温顺的贡波修法。据说有一位名为格西年巴（dge bshes nyan pa）的人手里的撰文未被收回，从此撰文中也流传出一部分。后来，他来到岗波。在《陀罗尼④自在王问经》⑤ 序言（gleng gzhi）中他读到这么一句：薄伽梵初于一切法平等性中现证圆满佛陀。于是，他自己所修的《大手印》也成为最胜通达，正如上述经中所言：佛转妙法轮；因此他也昼夜不间断地转广大教授法轮。就至尊米拉日巴来说，对于方便道和《大手印》是相互不分开的；但岗波巴曾对适合密宗法器诸人开示方便道。（另一方面）对于虽然没有灌顶然而适合《般若波罗蜜多》法器诸人，岗波巴则传授《大手印教授》。他还撰著了《俱生合教导次第》（lhan cig skyes sbyor zhes bya bavi khrid rim），又名《达波证法》（dwags povi rtogs

---

① 　与上文的格西哲巴似为一人。
② 　【】处藏文（第 546 页第 2～3 行）为：khyed rang da lan ngavi chos skyong vdi khyir na khyed rang la shin tu dgav ba cig vdug gsung pa la/。罗译（第 458 页倒数第 5～3 行）为：Should you accept the Religious Protector of our Lan pa monastery, he would favour you a great deal.（假如你把我们兰巴寺的护法神带走，他对你将有极大助益。）这里，罗译可能把 lan ngavi 误读为 lan pavi 了。
③ 　【】处藏文（第 546 页第 6～8 行）为：sngar bsnoms zhus pavi tshe bsnams na thal ba yang vchag pa cig vong bar vdug ste ma bsnams/ da mar tshud vdi dge bshes pa rang gis phyag tshud la gsol cig gsung nas mar cig gnang byung ba la/。郭译（第 300 页倒数第 3～1 行）为："过去叫他将护法神带去，他未带去，如果带去的话，哪怕有大的敌对和障难，都会粉碎而无余。现在我将这亲手所制的酥油块给他供食吧！"
④ 　陀罗尼（gzungs）：总持，执持。梵音译作陀罗尼。以持久不忘诸法词义的念力和神验不测的智力为其体性，以受持善法，遮止不善法为其功用。参阅《藏汉大辞典》，第 2506 页。
⑤ 　藏文：gzungs kyi dbang phyug rgyal pos zhus pavi mdo；梵：Dhāranīśvaraājapariprcchā sūtra。

chos)。他说:"诸经中虽是说有许多上师和弟子应具性相①,但(本宗)对弟子不需要有许多性相,唯有敬信也就可以传法。"他甚至对一些愚鲁、贫困、罪恶诸人传授《大手印》,在很短的时间内生起《大手印》之通达。岗波巴又著有《噶当教法次第论》(bkav gdams kyi bstan pavi rim pavi bstan bcos),并讲说该派许多教授。据说,从此以后,噶当和手印两种法流相互融合。岗波巴的功德是其他善知识无与伦比的,其美誉传遍四面八方。正如上述经所言,佛世尊有无数高贵的弟子,同样,岗波巴也有无数徒众,他们大都具足净治功德,对师敬信,而且能够断除世间诸缠缚而前往雪山丛中、岩石、石山、林丛、寂静等处精心修行。在出家为僧的众徒中,他使许多事先没有经过闻思的小僧人也获得证悟。有一些法相宗的大善知识说:"有许多聪明的人被岗波巴误导了。"对此,岗波巴则说:"诸法相师②责骂我,但是我的这些小僧人的修境也能利益广大众生。"③他居住在岗波时,【虽然在闭关修行】④,但是有些人请他开光,也有些人请他赴宴会之首席,还有些人看见他(同时)在不同的地方讲经说法。所以,他能够示现同一时间做很多事情的神通妙用。在他的住所中,也有些人看见他示现释迦牟尼或观世音菩萨,有些人看见其寝室床榻上本来空空如也,而突然又看到师身示现其上。他示现了许多类似的不可思议的神变。卓恭(grol sgom)在色姆垛湖畔(se mo dovi mtsho vgram)生起邪风(失去知觉)而晕倒在地。当卓恭生起邪风时,岗波巴说:"找颗肉蔻放在我的茶中吧!"于是在茶中放入肉蔻而饮用。当卓恭苏醒过来时,他感到腹部有突出,据说是肉蔻之功。后来,当卓恭来向岗波巴敬礼时,一位知情者问卓恭:"大师,您在去年的某月某日发生了什么事?"他说:"那天我生起了邪风。"那人又说:"嘿!师徒同一心体,这多么奇妙!"岗波巴弟子中,有像卓恭这种神变的弟子是很多的。又,当贝钦嘎诺(dpal chen rgwa lo)以拇指在色姆垛作舍身之乘时,卓恭说:"这一手法法王岗波巴称之为亲细中品。他曾试图用这一奇迹胜伏我,因此我想自己应该用同样的办法胜伏他。"于是,他就运用夺舍法自己进入一死雁尸体中,大

---

① 性相(mtshan nyid):实有三法全具备者,为诸法性相。如能托屋梁是柱之性相。参阅《藏汉大辞典》,第2304页。
② 法相师(mtshan nyid pa):采用辩论的方式研究佛教法相学的人。参阅《藏汉大辞典》,第2305页。
③ 郭译(第301页)为:"……但我的诸小僧人的修境是会开朗的。"恐有误。藏文请参阅第548页第4行。
④ 【 】处郭译(第301页倒数第3行)漏。藏文请参阅第548页第5行。

雁活起来围绕色姆垛飞了三圈,又在贝钦嘎诺面前叫了许多声。然后将大雁尸体遗留在原地,他自己又变回卓恭,并与贝大师畅谈佛法。此外,轮到(弟子)伦觉却雍(rnal vbyor chos g'yung)为岗波巴作会供时,他取来三十三天界之甘露来作供品献给上师。他还表演了许多类似法的神变事迹。

以上只不过是略举其神变事迹而已。岗波巴抚育僧众的时间很长。最后,当他在癸酉年(阴水鸡,公元1153年)快要示寂时,【有二小僧手捧垛玛对他痛哭哀求:"我二人是求方便道的,求师发慈悲允许赐予。"岗波巴师(对其侍者)说:"挡住(tho)①,别让他们进来打扰。"侍者就告诉两小僧:"大声求《大手印》吧(而不要求方便道)。"于是,那二小僧高声求道:"我们也是来求《大手印》的。"师说:"现在马上让他们进来吧!"而后给他们传授了《大手印》教授。】② 如此看来,在此师传诸法中,唯以大手印教授为首要教法。他年满75岁时于癸寅年(阴水鸡,公元1153年)仲秋15日上午逝世。净身荼毗时,他的心脏经焚而不坏,并出现了许多不可思议之瑞相,比如空行来此集合,诸非人也来此集合,集虹霓彩光遍照整个山川等。诸僧团都来请求分一点灵骨之份。贡楚大师(slob dpon sgom rshul)将灵骨分而赐之,使得一切人心满意足。由岗波巴言教所出的大弟子有:肖绒帕巴(sho rom vphags pa)、盛新·益西宁波(zim shing ye shes snying po)、色贡·益西宁波(gser sgom ye shes snying po)、让尼哇·却季雍仲(ram nyi ba chos kyi g'yung drung)为"四大成就者"(grub pa thob pa bzhi);达波贡楚(dwags po sgom tshul)、帕莫竹巴、坝绒巴(vbav rom pa)、杜松锓巴为"四大住持传承者"(brgyud pa vdzin pa bzhi);达波杜真(dwags po vdul vdzin)、噶贡嘎波(vgar sgom dkar po)、拉雅觉色(la yag jo sras)、杰窝耶多(skye bo ye rdor)为"四亲近"(nye ba bzhi);觉顿(jo ston)、勒哲(legs mdzes)、色绛(gsal

---

① 这里的tho实际上指界牌(thovam tshams tho):专指闭关的宗教徒为拒绝外人越入住处在修行的地界上所置关石。参阅《藏汉大辞典》,第1188页。

② 【】处藏文请参阅第549页第10~16行:btsun pa ngyis kyis lag tu gtor ma re thogs te/ nged gnyis thabs lam zhu ba yin pas thugs rjes vdzin par zhu zer bavi skad btang bas/ tho phyir ma gtong gsung/ der nyi gnas shig gis phyag rgya chen po zhu ba yin gyis la skad thong byas pas/ de gnyis kyis kyang phyag rgya chen po zhu ba lags na byas te skad ring po btang bas/ da lta thong gsung nas nang dub tang/ phyag rgya chen povi gdams pa yang gnang ngo/。郭译(第302页倒数第10~5行)为:……有二小僧手捧垛玛(供食)而高声呼求道:"我二人是求方便道的,求师慈悲允赐。"师说:"在此近前不便寓。"就在那里有一侍者高声呼求道:"我是求'大手印'的。"那二小僧也高声呼求:"我们也是求'大手印'的。"师说:"到内面现在传给你们。"遂将大手印传授给他们。

byang)、色耶（gsal yes）为"四近侍"（nye gnas bzhi）。以上的十六位弟子称为岗波巴的十六位大弟子。另外，还有摩觉巴、穹仓巴、聂纳（gnyags nag）、聂玛波（gnyags dmar po）、色东学热（gsal ldong shor re）、香松脱巴（zhang sum thog pa）、喇嘛峨喀哇卓贡（bla ma vol kha ba grol sgom）、洛巴达贡（lho pa dar sgom）、吉贡杰色（rdzi sgom skyes se）、甲贡·多杰僧格（bya sgom rdo rje seng ge）、卓玛裕（vbro dmar yu）、南巴彭内（nam pa vphan ne）、宰波拉贡（btsad po lha sgom）、贡穹大师（slob dpon sgom chung）等许多弟子。其中，有许多成就师相继跟随康巴乌色（khams pa dbus se）学法。而岗波巴的弟子比丘楚臣贝（dge slong tshul khrims dpal），也成为乌色①的弟子，年满37岁时逝世。后来受生而为比丘南喀峨（dge slong nam mkhav vod），继续不断地受生。这些后来又成为岗波巴的弟子，这些情况下面将会有所叙述。

至尊达波仁波且（rje dwags po rin po che）的侄儿贡巴大师：至尊岗波巴的兄长嘉哇色惹（rgya ba se re）和其妻泽江（tshe lcam）生有三子：长子为贡巴大师、次子为贡巴扎哲（sgom pa grags mdzes）、三子为贡穹（sgom chung）。据说次子贡巴扎哲是一位具有三摩地功德之人士，但却英年早逝。长子贡巴大师于丙申年（阳火猴，公元1116年）诞生在涅崩尼（gnyal bong snyi）地方，出生时母亲梦见特殊胜瑞相。年满11岁时，他拜见至尊岗波巴，岗波巴说："他是一位印度大班智达！"这男孩一见到岗波巴，即刻生起如幻三摩地。17岁时，他在格西阿里巴（dge bshes mngav ris pa）座前出家为僧。同年，由至尊岗波巴摆设生都惹曼茶罗②为他灌顶，并且传授给他生起次第及圆满次第的教授。年满18岁，他即生起大手印无所修之证悟，并且获得方便道。因此，当他20岁居住在聂拉甲玛的雪山（gnyags lha byar mavi gangs）上时，虽然身处雪山顶峰，但却身着单衣仍感到温暖。他还能够看见四大种③风息的颜色，而且让风息上下移动和左右移换都毫无困难。他还能引导风息随意到手指或诸毛孔。他在帕策（vphar tshad）于岗波巴座前陈述发生的这些情况，作为回应，至尊岗波巴只捻搓法衣遮挡阳光。就在同年，他在肖巴岭（shab pa gling）受比丘戒，取名楚臣宁波（tshul khrims snying po）。岗波巴大师将一切教

---

① 此处藏文（第550页倒数第2行）写为：དབུས。恐误，似应为：དབུས་སེ。

② 藏文（第551页倒数第7行）写为：སིན་རྟ་རིའི་དཀྱིལ་འཁོར.

③ 四大种（vbyung pa bzhi）：地（sa rlung）、水（chu rlung）、火（me rlung）、风（rlung rlung）为四大。参阅《藏汉大辞典》，第1982页。

第八章　从大译师玛尔巴的传承至称为达波噶举派的阶段　415

授圆满传授给他后，他到了兰普（lam phug）和峡乌达阁①等处，在那些地方居住了两年后又前往岗波地区。在桑隆（zangs lung），由上师作会供轮欢迎他时，问他："在肖贡帕巴（sho sgom vphags pa）座前，你是否明白修悟之现况？"他用道歌答曰："证与悟融为一体，法身无离与集，我不羡慕证悟。"据说肖贡帕巴感动得流泪！岗波巴说："现在我们不能辩胜他，只能去睡觉了。"楚臣宁波又在坚钦桑（gcan chen srangs）和色伦（gser len）居住了三年。【他在35岁时的庚午年（阳铁马，公元1126年），他被提名为寺座】②。岗波巴说："我已经老了，你们以后去亲近楚臣宁波吧！"后来，在辛未年（阴铁羊，公元1151年），他讲说了一些教授。两年之后，岗波巴在癸酉年（阴水鸡，公元1153年）逝世。毗荼后，楚臣宁波手中获得未焚坏之心脏。他用所剩之法缘修建了奉安心脏的吉祥多门金塔（bkra shis sgo mangs），并且修缮古式灵堂（mchod khang）及修行僧众之室（sgom sde）。此后，他到了桑普（gsang phu），在那里集会僧众约一百人，并且在那里亲见欢喜金刚九尊（dgyes sdor lha dgu）。在那里给涅顿（gnyal ston）讲述以上情况时，涅顿说："我也见到过与你同样的情况。"此后，堆龙的奈丹喜饶扎（gnas brtan shes rab grags）前来迎接楚臣宁波，楚臣宁波也就修建了楚拉隆之寺（vtshur lha lung gi dgon pa）。在他周围，聚集了前后藏和康区三地方的众多僧人。他前往拉萨时，他想拉萨战乱频仍，大昭寺被毁，自己或许可以把它修复。这时，他在梦中见到至尊岗波巴对他说："你敢把我留下吗？"释迦牟尼像也真实地流泪，他也就在像前妥善修复了寺庙，并做了庄严圆满装饰。

　　后来，他前往羊卓（yar vbrog）寺以及其他备受内乱之苦的寺庙，并从中作了妥善的保证和调解。他所亲见的内本尊无数，他还显示给弟子们看。由于他证悟大手印之故，他远离心中的障碍而成为无障碍地说一切经教的说法大师。恰索哇（phyag sor ba）等诸多闻人士也对他十分礼敬。大善巧师藏纳巴（mkhas pa chen po gtsang nag pa）写了一首颂词赞颂他："无福人士虽诽谤师，熟识见者对师敬信，威慑百余傲慢之者，具福威师前我皈依。"楚臣宁波在峨喀的噶普（vol khavi mgar phug）广泛讲经说法

---

　　① 峡乌达阁（sha vug stag sgo）：后藏拉孜县境内一佛教秘密圣地名。参阅《藏汉大辞典》，第2827页。
　　② 【 】处藏文（第552页倒数第8～7行）为：dgung lo sum cu rtsa lnga pa lcags pho rtavi lo la gdan sar dbang bskur/。郭译（304第8～9行）为："他年届三十九岁时岁次庚午在总寺中受灌顶。"恐误。

达一年时间。到了秋季,他到岗波对僧众说:"从现在起我不见任何人,要闭关静修。格西康巴(dge bshes khams pa)和阿里巴等人之前,随你们的信愿去作依止吧!"随后,他在54岁时于己丑年(阴土牛,公元1169年)的9月20日逝世。同年,恰巴大师也逝世了;而漾桑法王(g'yam bzang chos rje)在当年诞生。七天过后,茶毗楚臣宁波的尸体,发现心脏和舌经火不坏等奇迹,以此遗物因缘也使众生更生信仰。

此后,由贡穹大师住持寺座,他在岗波巴座前听受过所有教授,是一位具足无边功德之大德。他住持寺座两年时间,名为喜饶绛曲(shes rab byang chub)①,年满44岁时逝世,茶毗后留下心和舌。此师之后,为至尊岗波巴叔侄三代的弟子达波杜真继续掌管寺座。此师诞生在达波舍嘎(dwags po zes dkar)地方的苯教家庭中,有兄弟三人,长兄为酿德(gnyal sde),次为协穹(sher vbyung),三弟即为堪布(mkhan po)。两位兄长都是岗波巴的弟子。有一次,堪布给兄长送口粮到寺时,遇到了岗波巴。在寺院里岗波巴给他传授了《白度母法》(sgrol dkar),护法贡波随后给予加持②,还介绍传授了大手印诸法。此后,他在奈喀(gnas mkhar)的努·贡琼(snubs sgom chung)座前出家为僧,并且受比丘戒。当天晚上,他梦见自己摆渡许多人过藏布江。后来,果然如梦中预兆而成真。由于他剃度了太多的弟子,弟子中常常相互问:"你是在达波杜真座前受戒的吗?你也是?你也是?"后来,他在垛喀哇(mdos khar ba)座前听讲《般若波罗蜜多法类》。由于当时变得极为懒散,他就前往峡弥杜真坚(sha mi vdul vdzin can)处,在那里与却松哇(chos gsung ba)相见面,在此师座前精心研究一切戒律,并作副座进行讲经说法。后来因为得了重病,而不得不以此搁下讲说。他来到贡巴大师座前,贡巴将岗波巴的教法全部传授给了他。他以侍从的身份依止贡巴大师很长时间。后来,贡巴大师在尼木喀(nya mo kha)作会供时,他的两位施主,名为垛德嘎波(mdo sde dkar po)和赛玛嘎波(srad ma dkar po)发生口角而大吵大闹。因此,贡巴大师很悲伤,他对杜哇真巴说:"从今以后,我再不要作会供,过去所作的都在你面前忏悔。现在我的寺庙也由你来掌管寺座吧。"【在场的所有人进行祈祷(别放弃会供),他也没有允许再作。杜哇真巴

---

① 藏文(第554页第11行)写为:ཤེས་རབ་བྱང་ཆུབ。恐误。

② 给予加持(rjes gnang):允许修、诵、授、受某一本尊仪轨之权。参阅《藏汉大辞典》,第915页。

第八章　从大译师玛尔巴的传承至称为达波噶举派的阶段　417

总想贡巴会回到寺中，但没有过多少年贡巴大师就逝世了。】① 后来，由贡穷住持寺庙仅仅两年而已（就去世了）。此外，虽然有肖贡（巴）等许多大师，然而寺庙仍然托付杜哇真巴来掌管。杜真住持寺庙有许多相当难办之事，而僧众也大多奔向他方。为此杜真想："这也许是我自己没有修善之因。"于是，他在八年时间中严密闭关，一心专修，远奔他乡的僧众又开始返回到寺院中。那以后，有名叫涅巴·绛曲蚌（gnyal ba byang chub vbum）者对杜哇真巴下了毒药，杜哇真巴中毒而患病，于是前往粗普寺（vtshur phur），遇到一位良医治疗而获得康复。后来，他居住在羌塘（byang thang）等地，又聚集了许多僧侣。当他待在卓地（vgrol）时，至尊止贡巴对他大兴供养，并且对他说："除了你本人，没有人能够来住持寺庙！无论如何也要请你扶持寺庙。"因此他又来到岗波居住。后来，至尊止贡巴来到岗波时，对他以诗赞曰："叔侄三代之得意弟子，具足三学并持金刚者，证悟无生之义瑜伽士，为堪布善知识者敬礼！"此后，他讲说教导（khrid yig），并且宣讲《毗奈耶》。然后，他同老年诸僧伽共同商量后，修建一座有十六柱基的佛殿，但是堪布哇为佛殿奠基做了四十根柱子。他们用三年才完工。【至尊止贡巴在修建达波（rta pho）、嘉玛（bya dmar）、隆夏（rlung zhags）等寺时，也助捐了很多顺缘财物。】② 有一次，他做了一个梦，获准将旧佛殿中所有佛像经塔都迎请到新佛殿。至尊止贡巴将帕莫竹的法典迎请到岗波堆满了一侧。杜哇真巴座前出有仁波且卓哇（rin po che vgrol ba）等许多弟子。他做了很多对于世间法中的保证和调解等以及利益他者的事业。最后，他在75岁时逝世。茶毗后发现心和舌，以及左手均经火不坏。这些遗留物都安奉在纳扎的灵堂（na kravi gdung khang）中。此师的寺庙则由著名的止贡岭巴·扎巴温喜饶穷奈（vbri khung gling pa grags pa dbon shes rab vbyung gnas）来掌管。此后历任寺主的为：丹却岭巴

---

① 【】处藏文（第555页第14~16行）为：tshogs mi shol bar gsol ba btab pas kyang ma gnang/ gdan sa dang ga la vong snyam yod pavi lo mang po ma lon par slob dpon sgom pa gshegs/。罗译（第467页第2~6行）为："vDul bavi vdzin pa begged the Teacher not to abstain from holding religious feasts, but the Teacher did not agree. While he was thinking how to become abbot, after a few years, the ācāya sgom pa passed away.（杜哇真巴恳求上师不要放弃会供，但是上师没有同意。几年后，当他在想如何当好住持时，贡巴大师去世了。）"两者有些不同，版本不同故？

② 【】处藏文（第556页倒数第4~3行）为：rje vbri khung pas kyang rta pho bya dmar rlung zhags la sogs pa gtsug lag khang rtsig pavi cha rkyen mang du gnang/。罗译（第467~468页）为：The Master vBri khung pa also provided funds towards the building of the vihāra, such as a horse called "Red Bird Airy Lasso"（Bya dmar rlung zhags），etc. 恐有出入。

(dam chos gling ba)、敬安却楚哇（spyan snga chos tshul ba)、仁波且拉隆哇（rin po che lha lung ba）、仁波且本奈巴（rin po che bon gnas pa）、仁波且却旺哇（rin po che chos dbang ba）等人。以上是岗波巴及其寺庙的情况。

五 岗波巴直传弟子的情况

至尊岗波巴的大弟子伦觉却雍（rnal vbyor chos g'yung）：是隆雪绒（klungs shod rong）的安达约人（ngal mdar yo mi）鲁秋（klu phyug）之子。他诞生于庚辰年（阳铁龙，公元1100年）。他19岁时在甲裕哇座前出家为僧。22岁时，他与岗波巴相见。他获得了特殊功德。在岗波巴①兄弟在世期间，他未抚育僧会。后来，他抚育僧会有七年之久。年满78岁时在丁酉年（阴火鸡，公元1177年）逝世。

达波（岗波巴）的弟子中道貌②最为出众者为卓贡却雍（grol sgom chos g'yung）：是峨喀人氏（vok kha ba），诞生于癸未年（阴水羊，公元1103年），父亲名为拉杰门兰坝（lha rje smon lam vbar），母亲为朗协姬（rnam shes skyid）。在他诞生之年，至尊岗波巴恰好年满25岁。卓贡年满10岁时，就学习父亲教授密法和医药学。年满15岁时娶妻，但当年妻子死亡。因此，他悲痛欲绝而前往格西扎乍哇（dge bshes brag rtsa ba）座前受戒。不久，他又前往杜卓（vdul gro）在香敦喜饶坝（zhang ston shes rab vbar）座前学习《毗奈耶》。此后，他对至尊岗波巴生起了无量信仰，他施舍器物③而求得教授。一昼夜间他就住于光音天一座④等成为誓言之胜，世间空行母都归顺于他。他将一切资具送给助伴而在洛若·热穹巴（lo ro ras chung pa）座前求得《耳传》教授。他亲见文殊菩萨⑤，后者授记他前往乌汝。他在恰裕（phyav yul）居住了两年时间，其间他亲见马头

---

① 罗译（第468页第2段第7行）转写为：sgom-pa。恐误。
② 道貌（grub rtags）：证果迹象。修学佛道成正果者的外表行迹。参阅《藏汉大辞典》，第403页。
③ 施舍器物（spang thag）：施舍病人用具以祈求脱病的一种旧习惯。参阅《藏汉大辞典》，第1665页。
④ 一座（thun gcig）：修行人座到下一座的一段时间。参阅《佛学词典》，第347页。
⑤ 文殊菩萨（vjam dpal dbyangs）：妙吉祥。梵音译作曼殊室利瞿沙。参阅《藏汉大辞典》，第888页。

金刚①为他授记将有具缘弟子到来之预言。正如预言那样，卓贡香（vgro mgon zhang，即喇嘛香）前来依止。嘎洛（rgwa lo，嘎译师）想招收他为弟子时，他显示夺舍法进入已经死亡的大雁尸体中而显示游戏神通，反而使嘎译师对其生起敬信而请求传授《中阴教授》（bar dovi gdams pa）。那时，他已经获得运用密法调治（gsang gso）和看法（lta stangs）召唤神之极大功能。他在坝日译师（ba ri lo tsav ba）座前听受《一百根本修法》（sgrub thabs brgya rtsa）②等。他在 97 岁时的己未年（阴土羊，公元 1199 年）显示稀有瑞相而逝世。

法王坝绒巴·达玛旺秋（chos rje vbab rom pa dar ma dbang phyug）：诞生于彭域（vphan yul）地方的达嘎哇（mdar ka ba）族姓。幼年时期，来了一位学习密法的青年人，讲述了许多赞颂法王岗波巴的言语，并说："你也应该前往法王座前！"他对此青年密士说："既然如此，那你能做伴与我一起前往吗？"此青年密士答应他的请求。于是，他俩一同前往并来到了岗波，但是，在他们到达岗波之前，这位青年密士就消失了。传说此青年就是岗波巴所化现。后来，坝绒巴与岗波巴见面，岗波巴极为欢喜而摄受他，并且传授其《直观教导法》（dmar khrid），使其获得殊胜通达。后来，坝绒巴·达玛旺秋在北方修建了坝绒寺（vbab rom gyi dgon pa）。他住世时间很长，并且拥有许多弟子。那里（坝绒）常常有许多飞禽聚集，据传说是常有空行来光顾此地。坝绒的传承由坝绒巴之后裔来住持。后来，坝绒巴后裔经常发生内讧，因而出现频繁更换寺庙住持的现象。帝师热巴（Tiśrī ras pa）也是坝绒巴·达玛旺秋的弟子。因此帝师作增长缘③而建的内部供物大银塔一座，至今未毁坏而奉安在寺中。

又有法王岗波巴的弟子朵拉雅巴·绛曲欧珠（lto la yag pa byang chub dngos grub）：【他祖父达嘎窝底惹乍（star ka Bodhirāja）④，是擅长旧密宗、获得功德成就的一位大师，住世 112 岁。父亲达嘎贝基（star ka dpal

---

① 马头金刚（rta mgren）：马头明王。密乘一本尊名。参阅《藏汉大辞典》，第 1056 页。
② 郭译（第 307 页第 2 段倒数第 2 行）为：《成始百法》。
③ 增长缘（bdag rkyen）：四缘之一。对于生果能增强势力，如眼等五根对于生起自果眼等五识能增加效力，名增长缘。参阅《藏汉大词典》，第 1354 页。
④ 藏文（第 559 页倒数第 4 行）写为：སྟར་ཀ་བོ་རྫི་རཱ་ཛ།

skyid），是一位精心学习过对法藏和新、旧密宗之人士】①；母亲达诺达准（stag lo zla sgron），据说是一位智慧空行母。此师诞生在这样的家庭中，诞生后取名为却季欧珠（chos kyi dngos grub）。在幼年时期，没有人照看他时，有一位双手洁白并且带有装饰品的人（lag pa dkar po rgyan can）来看护他。年满3岁时，他跟父亲学习念诵，他对父亲说："哦，父亲！您所教的这些我都是会的。"所以不用多教导他自己便可以通晓。他年满5岁时，有一童年伙伴被火烧着，他见到后不由自主地昏倒。此为他获得与生俱来之大慈悲心，哪怕对于微小之罪孽都忌讳去做。10岁左右，他在格西门达哇（dge bshes smon mdav ba）座前听受了《幻化静猛法》（sgyu vphrul zhi khro）②和行（yang dag）③，并且加以修习。他到居住在曲切达（chu khyer mdar）的叔父座前详细听受了《慈氏诸法》（byams chos）、对法藏和法行等。他听受了两遍《庄严论》（mdo sde rgyan），就完全领会于心中，并圆满掌握了《慈氏诸法》。他年满17岁时前往后藏，在格西江惹哇·冻顿（dge bshes lcang ra ba ldum ston）和达觉麦（dar skyogs me）等师座前，又听受了一遍《慈氏诸法》和法行。在那里，他遇见一位获得成就的小僧人，名为坝惹噶底（pa ra ga te），送给他一条霍尔（hor，蒙古）产的上品绸的彩帷后，对他授记说："你前往日出东方，到了那里会有快乐日子出现，不要忧伤！"于是，他回到家乡，有一名叫格西恰（dge bshes chab）死后做超荐法会而迎请了拉堆·衮却喀（la stod dkon mchog mkhar）和桑耶巴（bsam yas pa）二师，于是他就在此二师座前听受了《波罗蜜多难释》（pha rol du phyin pavi dkav vgrel）。后来，他参加了一次辩经。人们都这样议论他："确实，那位又老又矮的密宗喇嘛学习过许多教法！"而拉堆却师对他说："能追随我就足够了，一年时间内可以使你精通《般若波罗蜜多》！"据说在他刚要走时，他的家乡来了一位岗波巴的弟子，是一位大修行者，他对绛曲欧珠说："我送你到岗波去吧。"于是，他在家乡住了一段时间，便由此大修行者引领来到了岗波。引领他到此地的那位大修行者名为贡巴细哲（sgom pa zhi mdzes）。至

---

① 【】处藏文（第559页倒数第4～1行）为：mes po star ka bo Bodhirāja zhes bya ba sngags rnying mavi yon tan dang ldan zhing grub pa brnyer pa/ lo brgya dang bcu gnyis bzhugs pa cig gi sras/ star ka dpal skyid ces pa mngon pa dang gsar rnying mang po la sbyangs pa cig dang/。郭译（第308页第7～9行）为："他如像祖辈系一位具足嘎底惹旧密宗功德；而且获得成就的大德。父名达嘎伯吉享寿一百一十二岁，是一位精研《现对法》和新旧各宗的人士。"恐有误。
② 据罗译（第470页）行注：即42位面相温和的神和68位面相凶煞的神。
③ 旧密八支之一。

尊岗波巴（对他）说："虽然我已如日落西山，但洛巴与我之间的缘分，正如我与至尊（米拉日巴）有缘分一样！"然后他告诉贡楚（sgom tshul）："赶快为他打开教法之门吧！"于是，法王岗波巴让他闭关并给他传授灌顶和教授，并且对他说："你是我上半生的一位弟子死后转生而来的。此次你可以把我的寿命延伸到彼岸。"在此得到上师加持故，他对于大手印生起的证悟如同遇到往昔的熟人一样，迅速地生起证悟。上师又传授他许多不同的《脐轮火法》，然后吩咐他："将这些法门记录下来吧！"但他回答说："我一心专修，请上师不要传我这么多种法门。"上师说："这样是不行的。"并给他授记说："你将享寿很长，哪怕已经是满头白发的大修士都还要做百余人的大师。"又说："我最初学习的是坝日传规之《胜乐》法类。那时没有书本，也没有得到讲说。弟子啊，你应该在一位那若巴传派师座前请求传授《胜乐》法类。"说后，上师将鲁业巴胜乐法，即阿底峡尊者传规之释论，由大译师仁钦桑波所作的论本和诵授一并传授给了他。当岗波巴在闭关时，他不敢到师座前时，侍者来叫他到上师座前去，上师对他说："我此次闭关，是为你而闭关，因此，你任何时候都是可以前来拜访。"他将生起幻身等修悟情况汇报给上师，上师说："这些都是附带而生起。现在你已成就大义。"后来，他再回到家乡，接受了许多供品。他将几件铠甲供献给上师，后者十分喜欢。那次，他居住了近一年的时间，前后总共居住了四年时间。他对教授、三摩地和证悟谦虚听受。年满22岁时，他在菩萨达哇坚参巴（byang chub sems dpav zla ba rgyal mtshan pa）座前受比丘戒，发特殊菩提心。堪布对他说："从现在起，你应该做利益众生的任何事情。"

  他过去也是关怀一切众生，他从来没有生起过私欲。此后，他前往卓窝隆（gro bo lung）、七处修行胜地及坡玛拉喀（pho ma lha khab）等地专修很长时间。在坡玛附近的岩洞中居住时，许多鬼神分两大股聚集而来，见他所居住岩洞侧面有火焰炽燃，鬼神就不能走近他。那个地方虽然有凶恶的鬼神，但是都被绛曲欧珠师降伏。后来，他又学习《那若六法》，而后又听受了《喜金刚密续》（dgyis pa rdo rjevi rgyud）。他又前往日沃（ri bo）地方的峨师座前，听受了许多密续教授，又前往上师垛哇（bla ma do ba）座前很好地听受了《胜乐》灌顶及密续。然后，他携带了包括两匹骏马在内的许多礼品来到拉萨。当贡巴大师到来之前，他在梦中得知后者很快要到。他刚与贡巴大师见面，立刻将礼品供献给大师，贡巴大师对他说道："你在我这里居住下来吧！在诸人中你将成为一位有大福德之人。"总之，这位上师能够亲见本尊，仅仅一听到名字就可生起证悟；而且能调伏癫狂等无量之事业。在此我不过是略举数例简述而已。

以上是岗波巴的直传弟子的情况阶段。

六 转世活佛传承次第第一阶段

至尊岗波巴的大弟子杜松铿巴（dus gsum mkhyen pa）：在贤劫①中菩提萨埵②薄伽梵弥勒之后，便成为一名如来佛狮子（de bzhin gshegs pa seng ge）。正如《妙法白莲经》（pad ma dkar po）中所说：贤劫中一切佛都已究竟圆满而成佛，然后才示现菩提萨埵。为此，本生之数量，即便是菩萨十地者也很难知晓。因为他们已经成佛，我谨撰写一些比较著名的如下：最初是往昔龙树的弟子名为扎连阿朗嘎惹（Prajñālamkāra）③；次为措杰（mtsho skyes）的弟子名为嘎玛杜内（Kāmadhanu）④；次为赡部洲西南方中有一获得观世音成就者达玛菩提（Dharmabodhi）⑤；次为嘉哇却央（rgyal ba mchog dbyangs）⑥，他是法王赤松德赞的大臣，莲花生大师为他灌顶，并获得马头金刚成就者；后来成为善知识博朵瓦·仁钦赛（po to ba rin chen gsal）大师；博朵瓦·仁钦赛逝世后转生，即为此师杜松铿巴。此师于庚寅年（阳铁虎，公元1110年）年诞生在垛康（mdo khams）地区的哲削雪山围绕地方（tre shod gangs kyi ra ba）。父亲是一位修大威德的瑜伽士，名为岗巴多杰贡（lcam ming vdren sgom pa rdo rje mgon）；母亲是一位自性瑜伽母，名为拉脱萨岗（lcam ming vdren lha thog gzav sgang）。此师和帕莫竹巴是同一年诞生的，取名为格培（dge vphel）。他在父亲前求得《自生佛母之命根心要教授》（rang vbyung rgyal movi thugs kyi srog snying）而修行，没过多久他就顺利获得了成就。他与上师嘉噶毗若（bla ma rgya gar Bai ro）⑦和贝真（dpal vdzin）⑧相见之后，听受了许多教授，

---

① 贤劫（bskal ba bzang po）：有千佛出世的光明时代。参阅《藏汉大辞典》，第180页。
② 菩提萨埵（byang chub sems dpav）：菩萨。大乘有学道补特伽罗。为证大觉之故，经长久劫，尽众生边际，布施自己头颅手足，心不怯懦，故菩提萨埵，义谓觉勇识。参阅《藏汉大辞典》，第1871页。
③ 藏文（第564页第3行）写为：པྲཛྙཱ་ཨ་ལཾ་ཀྲ།
④ 藏文（第564页第4行）写为：ཀཱ་མ་དྷ་ནུ།
⑤ 藏文（第564页第5行）写为：དྷརྨ་པོ་དྷི།
⑥ 藏人，系莲花生25位大弟子之一。
⑦ 藏文（第564页倒数第5～4行）写为：བླ་མ་རྒྱ་གར་བཻ་རོ།
⑧ 据罗译（第474页）行间注：止贡贝真（vbri khung dpal vdzin），宁玛派的主要敌人。

第八章　从大译师玛尔巴的传承至称为达波噶举派的阶段

又求得婆罗流支①之怙主法而修行。他在岩石上留下清晰的手脚痕迹。年满 16 岁时,他请求年满 70 岁的哲窝却吉喇嘛(tre bo mchog gi bla ma)做亲教师而出家为僧,取名为却吉扎巴(chos kyi grags pa)。哲窝却吉喇嘛既是峨·勒【巴】协【饶】(rngog legs [pa] she [s rab])和恰·僧格扎(chag seng ge grags)的剃度弟子,又是峨译师(rngog lo)的弟子。在两年时间内,他建立了僧伽居住地。后来在阿底峡尊者的弟子约却旺(yol chos dbang),以及约却旺的弟子扎惹哇(kra ra ba)兄弟俩座前听受了阿底峡传规《胜乐》灌顶和许多密咒修法,以及不动如来等的许多阿底峡传规法门。之后,他作精心修行各种法门,都如其法典所述,发现了许多成就之象征。他 19 岁时前往前藏地区。20 岁时,他到了堆龙色塘(stod lungs se thang)地方,在堆龙·甲玛巴(stod lungs rgyad mar pa)及其弟子唯独善巧藏语的恰巴大师(slob dpon phyav ba)二师座前听受了《慈氏诸法》以及《中观三智慧》(dbu ma sher gsum)②,并精心研究成为善巧。此后又在峡巴哇(shar pa ba)及其弟子伦觉巴·喜饶多杰(rnal vbyor pa shes rab rdo rje)二师座前依止六年时间,听受了噶当派的许多教法。又在巴操译师座前听受《理聚》。他请求麦·杜真巴(mal vdul vdzin pa)做亲教师,益西洛卓(ye shes blo gros)做羯摩师;麦·杜真巴之弟做屏教师而受比丘戒;并且精心研究《毗奈耶》后,对他者讲说。上师嘎译师和康巴阿僧(khams pa a seng)二师住在杰拉康时,他前往并求得《六加行(六支瑜伽)》③和《鸦面护法》④。年满 30 岁时,他说他要拜见岗波巴并前行。因此,在达波扎喀(dwags po brag kha)会见居住在那里的贡楚大师和峡哇岭巴(sha ba gling ba)师。在贡巴大师座前听受了《金刚四座》(gdan bzhi)⑤并亲见白度母。此后,他来到岗波和法王(岗波巴)叔侄相见,供上丝绸围巾礼品请求传授教授。上师当即给他讲授了一次《噶当道次第》(bkav gdams kyi lam rim),并且对他说:"我也修过此道次第,你也修

---

① 婆罗流支(mchog sred):古印度一著名佛学家名。参阅《藏汉大辞典》,第 854 页。
② 郭译(第 311 页第 12 行)为:"《中观》三遍"。
③ 《六加行》(sbyor drug):即身远离、语远离、心远离、整持、随念、静虑,是密宗《时轮金刚》的六种修风脉的瑜伽法。参阅《佛学词典》,第 612 页。
④ 《鸦面护法》(mgon po bya gdong):即鸦面明王。护法神之一。参阅《佛学词典》,第 122 页。
⑤ 梵文:Śūcatuhpīthamahāyoginītantraraja。请参阅《甘珠尔》,rgyud vbum,No.928。

吧！"【引荐者和管理人都是贡巴大师担任。】① 过了一段时间，他在法王岗波巴座前求传灌顶。法王传授他《方便道教授》（thabs lam gyi gdams ngag）后，他精心修行，从第九天起他依靠强制法而燃起暖乐。他只穿一件棉布单衣修行，九个月中手不离尘而修。因此，传称他是八百大修士中最大的修忍者，生起了三摩地的无量功德。他按照法王所授记，前往桑日②修行。他在底普（til phug）修行四个月，在帕莫竹处修了一个月零五天。由此修力自在地获得九住心③，并生起风息之态无量。胜观④也如云中现日而生起。最后，他又来到上师近前，行苦行而住了三年时间。他在洛若与热穹巴相见后，也就在师前听受《那若六法》⑤ 和《座中修法》（thun vjog）等那若、麦枳的所有教授。他撰写出《方便道直观教导》（thabs lam dmar khtid），为此对于空乐俱生智（bde stong lhan cig skyes pavi ye shes）的认识如镜中观相而现起。他在枳莫南喀（rtsi mo nam mkhav）⑥ 座前求得甚深教授而生起通达；在绒哇嘎格巴（rong ba vgar dge ba）的弟子本普巴·顿嘉（spen phug pa ston rgyal）座前求得《金刚亥母》（rdo rje phag mo）、《法行》（chos spyod，系祈祷文）、《大宝六庄母释》（vgrel ba rin chen rgyan drug，系密教著作）、《四灌顶修法》（dbang bzhivi nyams sgom）等。他又在麦春波⑦的弟子江姆邦喀哇（rkyang mo sbang kha ba）⑧ 座前求得《喜金刚教授讲说》（dgyes rdor gdams bshad）；

---

① 【】藏文（第 566 页第 5~6 行）为：zhu sna dang bdag gnyer thams cad slob dpon sgom pas mdzad/。罗译（第 476 页第 7~8 行）为：The Teacher sGom-pa helped him and introduced him（to the practice）. 供比较参考。
② 桑日（zangs ri）：县名。清代称桑里城。在西藏自治区南部雅鲁江布江沿岸。参阅《藏汉大辞典》，第 2450 页。
③ 九住心（sems gnas pavi thabs dgu）：九种住心，修止对次第所生九种住心：从外境中内敛其心，使住内境，是为内住；内住之心，不他散逸，是为续住；若时散逸，立即了知，引还原境，是为安住，数敛此心，使渐微细，是为近住；三摩地德，积而生喜，是为调伏；观散逸为过患，息灭不喜三摩地心，是为寂静；息灭一切贪及不悦等心，是为最极寂静；励力求得无功用住，是为专住一境，此心任运，住平等舍，是为等持。参阅《佛学词典》，第 853 页。
④ 胜观（中观见）（lhag mthong）：观。梵音译作毗婆舍那。一切禅定的总括或因。以智慧眼，观察事物本性真实差别。参阅《藏汉大辞典》，第 3092 页。
⑤ 《那若六法》（nav ro chs drug）：11 世纪印度佛学家那若达巴所传六种修习方法。一说脐火瑜伽、光明、幻身、中有、迁识、入舍。另一说为脐火、光明、幻身、双远、迁识、入舍。参阅《佛学词典》，第 436 页。
⑥ 郭译（第 312 页第 9 行）为："枳谟·朗喀色（空明）"。恐不确。
⑦ 玛尔巴大师门下"四柱弟子"之一。
⑧ 藏文（第 567 页第 4 行）写为：ཀྱང་མོ་སྦར་ཁབ。恐有误。

在雅垄普姆伽（yar klungs phug mo che）地方的辛巴·多杰僧格座前求得《道果》教授；在扎噶姆哇（brag dkar mo ba）座前求得《阿若耳传》①教授；又在达域哇·热甲顿楚（dar yul ba ral lcags ston tshul）座前听受《胜乐》、《喜金刚》、《玛哈玛雅》②等密续讲义及许多教授。他按照岗波巴所示预言，到峨喀的乍姑山（vol khavi brag gu ri bo che）一山洞中安住静修。来了一位妇女说："你不能待在这儿，我的母亲要回来了。"以此，他抓着慈悲和菩提心要扼而修行，安住并修了十四个月之久，以此暖火达到一定深度，并且发现许多惊奇征相，还生起特殊信念。之后，他前往法王居住的甲阁寺（bya lkog dgon）中，陈述自己的修悟通达。法王对他说："你的特殊信念错了，我对你有很大希望啊！你继续修行吧！"于是，他又修了六个月，仍如以前一样没有任何变化。又将此情况禀报上师，上师以手置其头顶而说道："徒儿！你可以断绝生死轮回的联系啊！"说后就给他传授了认识真实义即认识如意摩尼心性教授（gnas lugs don gyi ngo sprod）。此后出现很多贤良之见景色。他按照岗波巴授记之预言，带了五升盐巴前往门域王嘎通（mon gyi rgyal po ga thung）处，门域王给他作施主，他前往峡乌达阁安住静修，获得有寂无别③之证悟。后来，他又到岗波居住了一年时间。而后，他向上师告假到各地游方。于是他来到巴卓（sba gro，位于不丹境内），之后，来到勒堆（las stod）地方一土洞，米拉日巴的直传弟子两昆仲沙弥居住在此，他也前去求得教授。他又到彭域甲桑（vphan yul bya bzang）的岩石处居住了三年时间，他示现通行岩石无阻之神通，故称他为喇嘛扎巴（bla ma brag pa）。然后，上师又指示他去岗噶（gangs dkar），他就来到岗噶，在莲花生大师居住过的白色扁形磐石上住修了四个月，由空行母供给他食物。从尼木（snye mo）的峡谷下行时，有空行母引他入室内并供给食物。为此因缘，他生起了无量三摩地。此后在须（gzhu）、聂（snye）两地之间有一名叫宗（rdzong）的寺庙，有一位那若巴的直传弟子居住在其中。与

---

① 《阿若耳传》（a ro snyan brgyud）：阿若巴口授的密法传承。参阅《佛学词典》，第912页。

② 《玛哈玛雅》（ma hav mav yav；梵：Śrī Mahāmāya tantrarāja）：一母续经典名。参阅《佛学词典》，第621页。

③ 有寂无别（vkhor vdas dbyer med）：轮回涅槃。谛实非有，法性平等，无二无别。参阅《佛学词典》，第78页。

此师相见后，此师给他讲述了许多神通①。他在此师座前求得《大手印上落》（phyag chen thog babs）和方便道的许多教授，此师还将上师拉杰（bla ma lha rje，指岗波巴）所言之许多口教传授给他。之后，他前往拉日敬波（lha ri rgyan po）及居波（jug po）地方，并到了雅德②和彭域③等地。后来，他到竹细寺（gru bzhi dgon）中安住。后来他到了岗波，上师在他自己陈述之前就说他已经到过宗巴（rdzong pa）等地方。他在这里居住一个夏天。然后，上师对他说："你应该到岗波奈囊（kam po gnas nang）处去精心修行，将会大宏利益众生之事业。"此后，他前往曲沃日（chu bo ri，位于拉萨附近）和竹细玛（gru bzhi ma）处居住并修行。在那里，他听到岗波巴逝世的消息。他立刻赶去时，与贡巴大师和帕巴（vphags pa）大师相见。他握着法王岗波巴衣衫作祈祷而哭泣，因此，法王岗波巴在虚空中真实来到的情景，被师徒三人同时看见。此后，他来到竹细寺时，正想去拜访岗波奈囊，而这时岗波多杰伯哲（kam po rdo rje dpal brtsegs）也来迎请他。于是，他带了一些马匹和铠甲④前往贡巴大师居住的拉隆（lha lung）处送致告别礼。他在楚峨桑（vtshur ngos bzangs）小住了一段时间。总之，他在前后藏居住了三十年，其间都在精勤闻、思、修三事业。年满50岁时，他才前往康区的岗波奈囊安住。然后，他到哲寺（tre，位于康区哲波地方）会集僧众约千人，并使那地方的乱事自然和息。他寄给岗波（sgam po）之供礼有七大块松耳石、茶叶及奶牛七十头等物。此后，他前往南方（lho rgyud），来到前藏又供上岗波的礼品，其中有金写《十万般若波罗蜜多经》四部、全部经藏共计一百一十函、十大块松耳石、马匹及奶牛五十头等物。他在前后藏诸寺庙中也作了广大积福结缘供养。他说："我到前藏的理由，是为了完成贡楚昐咐之言：无论发生什么事，我都应该从康区回来，必须在须（gzhu）、楚（vtshur）两地之间要修建寺庙，在达拉岗波（dwags lha sgam po）寺将供上金书经函一百部，并要求香喇嘛别再作乱，骚乱已经使民众极为不满。"于是，他请求香喇嘛不要再制造骚乱。香喇嘛握着他的手指多次发誓说道："今后我决不再作乱了。"

---

① 神通（mngon shes）：通慧，神通，前知。佛书所说明现见一切远时、远地、现前、不现前、极不现前各种情况的一种神秘智力。参阅《藏汉大辞典》，第691页。
② 雅德（g'yag sde）：后藏聂拉木县境一地区名。参阅《藏汉大词典》，第2612页。
③ 彭域（vphan yul）：与彭域为同一地名。在西藏自治区拉萨市北面，彭域年曲流域。参阅《藏汉大辞典》，第1779页。
④ 在古代西藏，铠甲是非常贵重的礼品。

他又修建了粗普寺（vtshur phu）。后来，他临终时对年老侍徒们留下遗嘱说："要以许多财物来作佛像经塔；要给僧伽作承事供养。"而后，他就于癸丑年（阴水牛，公元1193年）在84岁时许多空行母前来迎接而逝世。出现了许多稀奇之瑞相。但我在此不赘。

杜松铿巴的弟子桑杰热钦（sangs rgyas ras chen）：诞生在雅垄地方，珠古（gru gu）①为他的族姓，父亲名为藏哇贝扎（gtsang ba dpal grags），母亲名为准琼玛（btsun chung ma）②。童年时期，无论他走到哪里，哪里就有彩虹随之出现，并且有四位身着金饰的空行母跟随其后。年满9岁时，他前往桑日热巴（zangs ri ras pa）座前听受了从热穹巴传来的全部教授，由此内心深处现起了乐明无分别心之悟境。由于他经常只穿单衣，为此被称为热钦（ras chen）。年满15岁时，桑日热巴逝世。上师临终时还有一些未授完的教授，他大哭着说："我在此教授还未圆满受得，而法王上师将示圆寂。"法王说："现在你去亲近嘉贡（rgya sgom），无论如何你也会得到安乐的。"此后，他去拜见帕莫竹巴请求传法。后来，他到垛地（dol）在楚旺额座前求得新旧密法的许多教授。他在垛居（rdo rgyus）的岩石处居住修行时亲见至尊二面母（rje btsun ma zhal gnyis ma），仅心生信托而使病魔消除。此后，到涅地（gnyal）在藏顿衮内（gtsang ston dkon ne）师徒座前听受了许多教法。在那时，他亲见苏喀舍底本尊（Sukhasiddhī）③之面。在萨曲堆（za chu vdus），有一岗波巴的弟子名为达玛喜饶（dar ma shes rab）不断地常住于光音天之中，桑杰热钦前往此师座前求得灌顶和许多教授。他在涅地方的卓普协（grogs phugs shed）处精修时，生起天眼通等神通。此后，他前往雅垄在法王贡细波（chos rje sgom zhig po）座前求得所有无垢友的一切教授。在那里，他想到由于环境对他的精修不利而前往野脱巴·桑珠（g'yer thod pa bsam grub，玛季的一个儿子）座前求得觉姆（jo mo）所传的觉法（gcod）诸教授。那以后，他来到巩波（kong po）与阿里巴上师相见，在此师座前听受了许多教授。他又在波窝（spo bo）地方涅巴觉色（gnyal pa jo sras）座前求得《金刚亥母》和《六法》等法，特

---

① 罗译（第480页）行间注：此姓部族至今存在于安多地区。在古代，属于中亚突厥人。

② 罗译（第480页）行间注：在西藏，如果一个女儿出生在前一个女儿逝世之后，就会取名为尼姑（btsun ma），以消除其不幸。与此情况相似时，男孩则取名为和尚（ban de）。

③ 藏文（第571页第7行）写为：སུ་ཁ་སིདྡྷི།

别求得《护法黑色披衣》（mgon po ber nag can）并亲见护法。母亲从雅垄地方派来一位名为若善纳波（ro zan nag po）的人来叫他回家，可他未返回。相反，他却前往察哇岗（tsha ba sgang）以及马尔康（dmar khams）地方了。在这些地方，他生起福德。他建立密僧院（sngags grwa），并调解了很多纠纷。然后，他听到杜松钦巴居住在岗波奈囊的消息后，他想自己应该前往见面加持，但是没有必要请求教法。他去了之后，有居士多杰贝哲（dge bsnyen rdo rje dpal rtsegs）前来迎接。当他见到杜松钦巴时，后者对他说："你是一位有智慧的小密士，你适合做我的弟子。"他问杜松钦巴："你有什么样的弟子？"杜松钦巴回答道："我有伯察达额哇（vbal tsha stag ngel ba①）和德琼桑杰（vde chung sangs rgyas）等弟子，你可以到他们座前去。"他到德琼桑杰处时，后者对他说："你是一位具有智慧的小密士，你适合做我上师的弟子，现在你就到伯察达额哇处吧！"他到他那儿时，看见伯察达额哇居住的洞中有一只大老虎，由于惊恐而逃跑到德琼桑杰处，德琼桑杰说："你再去吧！"他再次前往时，他见有一湖并绕湖而行并投掷一些小石子而又返回到德琼桑杰处。这时德琼桑杰仍说："你再次前往吧！"于是他再次前往，他见到那里坐着一位大修士，大修士怀中搁着他前次所投掷之小石子。大修士说："你是一位有智慧的小密士，你适合做我上师的弟子。"他想连杜松钦巴的弟子都有如此功德，那上师的功德就更不用说了。于是，他来到杜松钦巴座前求法听受诸教授，立七年时间头不落枕之誓言，并且彻底弄清教授之底细。正如法王（杜松钦巴）所说："我所获得的你（桑杰热钦）和噶当巴大师，算是两大收获。"桑杰热钦无法独自安住下来，他成为发展广大无边事业的人物。他在噶当巴大师座前也精心修行了三年时间。由于过去杜松钦巴对他有可以出家之盼咐，并经过噶当巴之劝告，他年满37岁时在亲教师玛哲哇（mkhan po ma drel ba）和噶当巴座前受比丘戒，取名为索南扎巴（bsod nams grags pa）。后来他与嘎玛仁波且（kar ma rin po che，指杜松钦巴）相见后，在那里依止了三年时间。当杜松钦巴起身前往前藏时，他短途送师直到哲雪纳江（tre shod rna rgyang）地方。继后，他自前往马尔康，广作利益众生之事业。那段时间，他感知到法王杜松钦巴已经逝世。后来，他对寺院也作了极大的承事服役。至于他亲见诸师、大成就者及本尊的事迹，那是难以言尽的。他圆满完成了利益众生的事业后，年满70岁时

---

① 罗译（第482页第5行）转写为：stag-dol-pa。

于5月25日示寂往生净土。示寂后仍对诸弟子示现各种庄严身像。荼毗后发现许多佛像和舍利。

桑杰热钦的弟子为法王棚乍巴（chos rje spom brag pa）：他的前生是在灵鹫山和金刚座之间，受生后成为登地菩萨益西洛卓（sa thob pavi byang chub sems dpav ye shes blo gros）。后来受生于此世间之名为枳嘉丹巴却秋（vbri rgyal dam pa chos phyug）者。他5岁时即已精通书法和诵读。9岁时在上师念拉康贡哇（bla ma gnyan lha khang sgang ba）师徒座前听受了《胜乐》、《喜金刚》等许多密法。年满14岁时，他听到热穹巴①的许多功德，一生信就生起三摩地之多门法。有一次，他梦见一位红色身材高大的妇女，身边围着许多少女，她对他授记预言道："你的上师桑杰热钦（sangs rgyas ras chen）之前生就是达波贡穹（dwag po sgom chung）。"过了十多天后，他就在布嘎岗（vbobs dkar sgang）与桑杰热钦相见了。他见桑杰热钦显示出真金刚手菩萨。他又在鲁顿楚座前顺便听受了佛母灌顶，因此，到灌顶中的加持阶段时，他见上下一切方隅清楚地现起佛母曼荼罗。上师说道："你这个年轻学者真实得到了我的灌顶！"从此以后，他们如同父子一般，相互关照。此后，他居住在贡寺（kungs dgon pa）中时见到胜乐轮曼荼罗，他惊异地凝视着它，而后顿证悟真实心性。此后不久，就证悟无修之通达。他在上师座前请求想前往其他地方时，上师没让他走。在此期间，他亲见无数佛尊和护法等现象。当桑杰热钦临示圆寂时，他问师道："你的教法，应该由谁来住持？"师说："我门下诸弟子有一两个已经能够独立自主。其中我对你和洛卓仁钦（blo gros rin chen）抱有很大希望。其中你将会成就更广大的事业，你的直传弟子以及再传弟子也都会有广大事业之成就。"后来，正如上师所言，他获得无量之事业。他刚想前往其他地区时，杜松铿巴赶来并对他授记说："不要去任何地方，就在这里修行，可以成就自利和他利。"正如预言，他来到伯果寺（spel sgo dgon pa）中精修了十六年，发现许多不可思议的净相。他的美誉传遍四面八方。有一次，他想到："嘎脱寺②中的藏顿（gtsang ston）声名远播，他到底是什么样的人呢？"于是生起求见之愿，就见师在虚空中显起报身像，他便在藏顿师座前听受教法，以此便变得非常通达。此后，他接管了察学邦扎寺（khra shod spam brag），在那里他亲见无量的不斗如来，并且发现许多瑞相。桑杰热钦对他说："你不要到玛康岗（dmar khams sgang）去！"但是他还是去了玛康岗，为此身体

---

① 藏文（第574页第4行）为：ras chen pa。恐误。
② 嘎脱寺（ka thog）：12世纪中期，公元1159年由嘎当巴德协所修建，现位于四川甘孜藏族自治州境内。详见《东噶藏学大辞典》，第4页。

略有不适。上师噶玛巴（bla ma Kar ma pa）为其治病，他说："此次患病，使我必须离开这里，因为我违背了桑杰热钦的指令'你不要前往玛康岗'。可是于我而言，生死没有什么区别。"棚乍巴临示圆寂时，他对噶玛巴大师表达了如何竭尽全力来弘扬法王杜松钦巴教法的愿望："我已尽力。现在杜松钦巴这一教法直到粗普寺，都应该由你来抚育了。"噶玛巴问："您往生何处？"答曰："往生于兜率天。你们可以向那里进行祈祷。但是嘎底嘎（Kārttika）①地方，有杜松钦巴的化身示现在那里，我将作为其后继者在那里的寺庙长期住持。"于是噶玛巴又问："我能继续您的事业吗？噶举这一传派，弟子比上师的事业还要大。我以前的噶举派一切事业，都将会比不上你的事业大。"此后，他便在那年四月间（sa ga zla ba）②逝世。去世时发生大地震动和轰隆隆大响声等稀有征相，并且遗留下了心脏、舌和许多圣缘等。

　　棚乍巴的弟子仁波切噶玛巴③：是枳隆荡却秋（vbri lung dam chos phyug）人氏，赞波邬（btsad po u）是其族姓。父亲名为甲旺楚察窄达（rgya dbang tshur tsha sprad dar④），母亲名为僧萨芒姬（seng gzav mang skyid）。他诞生于杜松钦巴逝世十年之后的甲子年（阳木鼠，公元1204年）。同年，喀切班钦（喀湿弥尔达班智达）到藏。诞生后取名为却真（chos vdzin）。五六岁时，他就已经精通诵读。9、10岁时，他对所有佛经仅需念诵一遍就能领会于心。【他的心性不变，本性如大海般存在。他与棚乍巴虽然过去未见过面，但当他与棚乍巴一见面后者就认识他。】⑤

---

① 藏文（第576页第6行）写为：ཀརྟྀཀ。
② 氐宿月。藏历四月氐宿出现，故名氐宿月。相传释迦牟尼于藏历四月十五日降生、成道和圆寂，藏俗在此月中，宗教活动极为频繁。参阅《藏汉大辞典》，第2893页。
③ 噶玛巴（kar ma pa）：又称噶玛巴协、噶玛拔希、噶玛拔希却季喇嘛。噶玛拔希（1204～1283），南宋藏传佛教噶玛噶举派第二祖，生于康赤隆地方，被认定为噶玛·杜松钦巴转世的化身，开藏族活佛转世制度的先例。依杜松钦巴的再传弟子棚乍巴为师，公元1247年赴楚普寺，居住了六年。1253年应邀拜见忽必烈于绒域色堆，地在今四川嘉绒地区。游方传教，于内蒙古与宁夏交界处建立显化寺。宪宗蒙哥时，赐金缘乌纱帽、金印等。从此所传遂称为噶玛噶举派黑帽系。蒙语谓轨范师为拔希。1260年在蒙哥逝世，忽必烈兄弟不睦，噶玛拔希被涉入狱，流放边地，后得释放，遂启程返藏，沿途经过康青等地传教八年，始抵楚普寺，加以扩建，使成为该派另一主寺。参阅《藏汉大辞典》，第10页。
④ 罗译（第485页第16行）转写为：rgya-dbang tshur-tsha sprang-dar。
⑤ 【】藏文（第576～577页）为：sems nyid gshis vgyur ba med pa la rang bzhin du gnas pa rgya mtsho lha bu byung yang/ ngo cung zad ma mkhyen pa na rin po che spom brag pas ngo sprad de/。罗译（第485页第7～10行）为：He understood the Mind to be of an unchangeable nature and meditate on it as an unmovable state like an ocean, but was unable to grasp it completely, and the Precious sBom-brag-pa explained it to him. 请比较。

与棚乍巴见面时，棚乍巴说："今天虚空中现见勇士空行如云来集，你是由空行加持的一位人士。"当天晚上给他灌顶后说："你是一位有福缘者，杜松钦巴等噶举诸师都明显到来。现在我传授给你教法，你去修行吧！"此后，他在嘎脱巴·绛巴棚（ka thog pa byams pa vbum）和江芒普巴（lcang mang phu ba）座前受了《别解脱戒学处》（so sor thar pavi bslab pa），取名为却季喇嘛（chos kyi bla ma）。他在棚乍巴座前求传修法指导讲授时，以念诵一遍《十万般若经》的供资作供养，此外黄铜器具中盛满财物来供于上师。上师说：一位认识心智本性的大修士得到了欢喜。他如法勤修，获得上师欢喜。他无间断地修行了十年时间，亲见天神和世间许多鬼神前来为他服役。他在康区聚集僧众大约五百多人并为他们讲经说法；又远在姜裕（ljang yu）① 之地示现威猛作业来作禁路法规。后来，他来到粗普居住了六年时间。岗噶玛（gangs dkar ma）和塘拉（thang lha）等大神也为他做奴仆。当他声名远播时，大元皇帝派金字使者（gser yig pa）来迎请他；因此，他前往中原内地，沿途对僧伽大众供施，并且作修缮残破寺庙等许多事业。他给元帝及其侍眷等传授了发心②仪轨而使其进入于无上菩萨道。他到访中原内地和蒙古各地区，特别是在木雅（mi nyag，宁夏）地区建立了一座大寺庙。同时，他在上述各地示现了无数道貌和神变；并将许多外道和持执恶见者都安置于正道之中。【后来，当内地各处发生战乱时，他又前往中原，修法遮止消灭了（皇帝给予的）许多不合理对待，比如驱逐到海边去的暴行等。】③ 噶玛巴的名声传播更广。特别是当他被关在一所坚堡中时，其中各个门道均用烊铜焊闭，且不给饮食；但是，他仍然示现了安然无恙的神通。因此，忽必烈也亲近过他（成为弟子）。于是皇帝颁旨曰："你可以在整个藏区等地任意传播你的教法，并令你为我进行良善祈祷。"他从觉垛喀（cod to mkhar）到粗普，沿途经过八年时间。到达粗普后，役使建造了诸如"大神像"（lha-chen）

---

① 又为 vjang yul，指我国的西南部。参阅《东噶藏学大辞典》，第 912～914 页。
② 发心（sems bskyed）：发菩提心。以希求他利为主因，以响应希求自证菩提为助伴，成为趣入大乘正道之门，住大乘种姓引生大乘特殊意识。参阅《藏汉大辞典》，第 2938 页。
③ 【】处藏文（第 578 页第 8～10 行）为：de nas yang phyis rgyavi yul du rgyal khams vkhrugs pavi tshe byong pas/ rgya mtshovi mthar skrod pa la sogs pavi tshul ma yin pa mang po byang ba rnams bzlog ste zil gyis mnan pas/。罗译（第 486 页倒数第 8～4 行）为：At the time of the War, he again came to China. (The Emperor) treated him in an improper manner, such as exiling him to the shores of the ocean, but he overcame all these attempts and curbed (the Emperor).

等许多佛像，这就如同法王松赞干布运用三摩地之情形相同。他也做了极为广大的事业。后来，由于嘉哇岗巴（rgyal ba gangs pa）的行为令他略有不悦，他于癸未年（阴水羊，公元1283年）三月年满80岁而示圆寂。到初九日荼毗后发现心脏、舌及眼没有焚坏，舍利以白色为多，也有各色的，并发现右旋海螺三联体、佛像、字形、器具等许多加持物。此等诸物大多奉安在上下寺院的灵塔中。他的衣服和鞋则剪成碎片给一切具信者以满心愿，而作为于此世间能够一切吉祥的缘起。

噶玛巴的弟子大成就师邬坚巴（u rgyan pa）：他来到粗普依止在法王噶玛巴座前，并且听受许多教授。后来，他成为（噶玛巴·壤迥多杰）受生中的导师（vdren pa）。他的伟业将在竹巴（vbrug pa）噶举的阶段中叙述。

邬坚巴的弟子法王壤迥哇（chos rgyas rang byung ba）：法王噶玛拔希（chos rje kar ma pa shi）于癸未年（阴水羊，公元1283年）三月初三逝世后，在堆龙拔昌（stod lungs vphar tshang）那里运用夺舍法（欲借已故男孩尸体复活）。男孩的父母想死后返回是不适合的，于是就用针刺男孩的眼睛，因此多舍咒未能成功（即他未能借其尸体成功转世）。于是，法王由中阴色身（srid pa bar mavi gzug）而来到至尊米拉日巴诞生地——扎地的普岗须姆（tsavi phu gangs zhur mo）附近时，有胜乐六十二尊的曼荼罗为其灌顶，他亲见生母水晶胎宫，如具足正念与正知而住入于胎宫中，无受生苦的感觉。后来，（壤迥哇）于甲申年（阳木猴，公元1284年）初八诞生，他本来能够说话但却装作哑巴。后来，他跟随父母渐次来到定日，见丹巴大德（dam pa sangs rgyas）之身犹如彩虹飘来与自身相融合。继后，其父传授他以息结派诸法（zhi byed kyi chos）。他又在修密士（咒师）峨纳（sngags vchang ngo nag）和乌哲哇（dbu rtse ba）二师座前听受《金刚撅法》。他不需要教导自知念诵和书写。在梦中，他常见许多净相（dag snang）。他前往基仲帕巴（skyid grong vphags pa）座前时，观世音对他作加持，基仲帕巴心想此子将会做利益众生之事。善巧大德色康哇（mkhas btsun gser khang ba）以敬信而发问时，他讲说了许多《中阴自传》（bar do rnam thar）等等。他年满5岁时，大成就师邬坚巴说"明天我的密法大师噶玛巴将到来"将其设列高座。后来，当男孩到大成就师座前时，就毫不犹豫地爬上去，坐在上面。成就大师问他："孩子，你何故坐于吾师之座？"答道："你的上师就是我，现在就指望你了。"说后他突然从座位上下来。于是，邬坚巴对他传授《发殊胜菩提心仪轨》（by-ang chub du mchog tu sems bskyed pa）、枳布巴传规的《胜乐轮灌顶》、

第八章 从大译师玛尔巴的传承至称为达波噶举派的阶段

《母续金刚橛灌顶》(ma phur gyi dbang)①等，又给他讲说了《喜金刚事业》(dgyes mdzad)、《幻变网》(sgyu vphrul dra ba)②、《时轮》(dus kyi vkhor lo)、《调伏部多诸密续》(vbyung po vdul byed kyi rgyud)；还传授给他（热穹巴传规之）《一味六法》(ro snyoms skor drug)、《和合往生》③、（玛尔巴传规之）《认识三身》(sku gsum ngo sprod)、《八大导引》④、《胜海》(rgyal ba rgya mtsho)、《垛哈》(do ha)、（麦枳哇传规之）《俱生和合》(lhan cig skyes sbyor)，以及其他许多略法。年满 7 岁时，他在堪布衮丹喜饶 (mkhan po kun ldan shes rab) 座前出家为僧，很好地学习了诸《戒品》(bslab tshigs)。也大约就在那时，一些善知识亲见观世音给他们讲了（这位小孩）的功德，他们把信息转告了他。在拉堆卓隆 (lha stod gro lung) 居住时，邬坚大师 (u rgyan gu ru) 作灌顶，因此他亲见上师为胜乐。在拉堆布刹 (la stod sbu hra) 居住时，贡波和安达 (sngags bdag) 二大护法前来对他说："赶快前往粗普吧！"于是，他来到粗普寺，在年热 (gnyan ras) 师座前听法时，见到许多传承诸师围绕他的情景。在那里，安达护法神供他以一眼新泉水，他种植了一干柴而能够生根发芽生成长为一棵大树。他在扎西萨玛 (bkra shi gsar ma)，达玛岗哇 (dar ma sgang ba) 请求加持时，噶举派诸师来到面前。此外，他的闻法次第如是：他在上师喜饶贝 (bla ma shes rab dpal) 座前求得《集论释难》(sdud pavi dkav vgrel) 和《巴尼扎嘎具莲论》(pañjikā Pad ma can)⑤；又在善知识嘉哇 (dge bavi bshes gnyen rgyal ba)⑥ 座前求得《喜金刚》等法；在年热格顿蚌 (gnyan ras dge vdun vbum) 座前听受了许多新旧密续成就法和教授等；在南措哇弥觉多杰 (gnam mtsho ba mi bskyod rdo rje) 座前求得《玛季行境》(ma gcig spyod yul) 等许多教法。他年满 18 岁时，以宣奴绛曲 (gzhon nu byang chub) 作为亲教师，格敦仁钦巴 (dge vdun

---

① Ma phur 指宁玛派两种密法：ma gshen 和 phur pa。
② 一宁玛派密法之名称。
③ 《和合生法》(bsre vpho)：法界心识融合一体，即于法性光明之中任运往生。九种和合往生。见《佛学辞典》，第 889 页。
④ 《八大导引》(khrid chen brgyad)：即密集五次第直接导引、胜乐多直二派导引、大威德金刚四次第瑜伽、时轮六加行、金刚手大轮四加持、纳若六法、迁识导引开金门法。藏传佛教噶举派之八大教授。即上师三身教授、大慈大悲教授、因果缘起教授、五法甘露教授、俱生和合解教授、纳若六法教授、八平等教授、密行回修教授。见《佛学词典》，第 87~88 页。
⑤ 此二著请分别参阅《甘珠尔》，Sher phyin, No. 3798 和《丹珠尔》，rgyud, No. 1420。
⑥ 郭译（第 320 页第 16 行）为"达比协业嘉哇"。

rin chen pa）作为上师而受比丘戒；并且听受了四分律①等许多毗奈耶法门。他还求得《救度母修法》（sgrol mavi sgrub thabs）等一些略法。继后，他在桑普岭下寺院（gsang phu gling smad kyi gdan sa）释迦宣奴（shavkya gzhon nu）座前听受了《中观法类》、《慈氏五论》、《上下对法》②、《瑜伽师地论》③、《因明》等许多教法。此后，他前往康区的嘎玛（kar ma）修建了特拉顶寺（thegs lha stengs kyi dben gnas）。他还前往察哇岗（tsha ba sgang），诸地方神也都来作盛大欢迎，诸非人也前来受命，由此他平息了格底（kol ti）大战乱。然后，当他来到前藏时，塘拉地神也来迎接他。当他到达粗普时，诸护法神对他表示欢喜。当他给拉萨释迦牟尼佛像供法伞时，见到自己如在十方④世界诸佛前也都作供养的景象。为了圆满邬坚巴上师的愿望，他在聂朵哇·贡噶登珠巴（snye mdo ba kun dkav don grub pa）⑤座前仔细地听受了《时轮讲释》（dus vkhor gyi bshad pa）；并且听受了密续和密续释新旧灌顶，以及许多教授，又听受了《宝积经》（dkon mchog rtsegs pa）和《正法白莲经》（dam chos pad ma dkar po）等以及许多经教诵授及《上下对法》等广大教法。他又在坝热（sba ras）座前听受《医学诸论》（gso ba rig pavi gzhung）；又在楚臣仁钦（tshul khrims rin chen）座前听受圣传（龙树）《密集》等许多新旧教法；又在宣奴蚌（gzhon nu vbum）座前听受了许多护法的法类和《一味》（ro snyoms）及《五能》（thub lnga）等法门；又在连纳西（Jñānaśrī）⑥座前听受《六种边释》（vgrel ba mthav drug）等；又在惹真（持明）姑玛惹热

---

① 郭译（第 320 页倒数第 7 行）为"《四部教》"。此处实际上是四分律（lung sde bzhi）：即四毗奈耶。佛灭后，上座部采集律藏，四度完结，故名四分律。此分：《广戒经》、《十七事》、《请问品》和《杂事品》。四阿含。小乘经四阿含：《中阿含经》、《长阿含经》、《杂阿含经》和《增一阿含经》。此为释迦初成道于鹿野苑中所说。参阅《藏汉大辞典》，第 2788 页。也请参阅《甘珠尔》，vdul ba, Nos. 1, 3, 6, 7; klong rdol gsung vbum, 第 XII 卷, Na 函, 第 4a 叶。

② 《上下对法》（mngon pa gong vog）：《阿毗达磨集论》和《阿毗达磨俱舍论》。参阅《藏汉大辞典》，第 688 页。

③ 《瑜伽师地论》（sa sde [lnga]）：又称《五部地论》。本书分为：本地分、摄抉择分、摄事分、摄异门分、摄释分。藏籍说为无著所著，汉籍说为弥勒所说，唐玄奘译，共一百卷。汉籍五分次第，本地分、摄抉择之后，次摄释分、次摄异门分、次摄事分，与藏籍次第有异。参阅《藏汉大辞典》，第 2899 页。郭译（第 320 页）为"《瑜伽师地论五分》"。

④ 十方：东、南、西、北及其四隅，以及上下，共为十方。参阅《藏汉大辞典》，第 1763 页。

⑤ 似与上文的"聂朵·衮噶登珠（snye mdo kun dkav don grub）"为同一人。

⑥ 藏文（第 583 页第 3 行）写为：ཛྙཱ་ན་ཤྲཱི།

乍（rig vdzin Kumārarāja）①座前听受了《大圆满精要心滴》②略论等和《勒古》（ne gu）③等法类，他还在日空热巴（ri khong ras pa）座下听受了这些法类。后来，他前往岗波和巩波④作了许多利益众生的事业。他也到过杂日玉湖（tsa ri g'yu mtsho）。总的说来，他在巩波居住了三年时间，在香布雪山（Śambuvi gangs）前面现起了许多内外缘起征兆；在觉姆雪山（jo mo gangs）居住时，现起莲花生大师像，并且对他作了加持；在粗普的棍（kungs）地方居住时，他亲见内外星曜符合，因此，著出了《历算之论著》（rtsis kyi bstan bcos）。后来，他修建了德钦顶寺（bde chen stengs kyi dgon pa），在寺庙中发现了许多净相。他前往喀惹峡（kha rag shar）的山间岭昆（ri khrod snying khung）等处的途中，也发现了许多净相。后来，再返回到德钦顶寺时，亲见内外缘起清净，因此，著出了《甚深教法论著》（zab mo nang don gyi bstan bcos）。他曾到后藏的许多地方，比如萨迦、赞乍（btsan brag）、梁堆（myang stod）等地，并作了广大的利益众生的事业。后来，他再返回到巩波修建了许多寺庙而安置许多应化有情于解脱道中，后来安住于纳普（nags phu）等处。他在阁春（lkog phreng）居住时，又撰著了《甚深教法论释》（zab mo nang don gyi vgrel pa）。【丙】寅年（【火】虎，公元1326年），他前往拉萨。此后，他来到嘎玛（kar ma）处修缮了寺庙还讲授了许多教法，又著出了《法界颂》⑤注疏。【戊】辰年（【土】龙，公元1328年），他修建了索桥（sog zam）。然后，他来到纳普，他想有必要前往霍尔（蒙古地区）。此后，他修建了伦珠顶（lhun grub stengs）的山中小庙。于【辛】未年（【铁】羊，公元1331年），他来到前藏。【壬】申年（【水】猴，公元1332年），他应元朝皇帝（hor rgyal po）前往霍尔，此后应元帝召请，于同年10月来到元帝宫⑥中，

---

① 藏文（第583页第4行）写为：རིག་འཛིན་ཀུ་མཱ་ར་རྗ།。
② 《大圆满精要心滴》（rdzogs chen po snying tig）：大圆满"宁提"法门。"宁提"（snying tig）意为精要中的精要，是圆满内法要门部中特殊教授。内中特重策却和妥噶法。策却意为断坚，属修见性的法要，妥噶意为超越，属修光明证佛身的法要。由无垢友阿阇黎西先传藏王（赤松德赞）和娘·丁增桑波（赤松德赞之经师）二人。丁增桑波建伍如的夏拉康寺（在墨竹工卡东北，为前弘期传播宁玛派教法的主要道场），将教授埋藏于此，成为单传。见《佛学词典》，第693页。
③ 即 ne gu chos drug, ne gu 是那若巴的妹妹，系八十四大成就者之一。
④ 郭译（第321页第12行）把"岗波和巩波"译为"岗波冻贡波"。把连词 dang（和）音译成了"冻"。
⑤ 《法界颂》（chos dbyings bstod pa）：为龙树所著。见《佛学词典》，第238页。
⑥ 即北京，元中都。

为皇帝皇后等人灌顶,并且预言仁钦贝王将会发生灾障。他为其他众生作了无量利益之事业。在他返藏途中,于【甲】戌年(【木】狗,公元1334年)来到五台山(ri bo rtse lnga)。后来,他到木雅嘎(mi nyag vgar,宁夏)地方,讲说了许多教法。此后,他来到康区,调解和平息了许多内乱。后来,他来到前藏,塘拉和岗噶神等也来迎接他。此后,他在桑耶秦浦(bsam yas vchims phu)居住并入三摩地。他在此新制《甘珠尔》和《丹珠尔》经卷帙,做开光法事时,现见许多菩萨宣说正法之相。后来,他又到了中原,在内地把法身行蕴示现自己住在月轮中而圆寂。元帝及其侍眷见此景象极为敬信。其时为己卯年(阴土兔,公元1339年),他年满56岁。此师传记中记载了其诞生以来多闻正法时期,及其修三摩地时期和现起净相等许多情况。我阅读后谨略撰于此。法王壤迥哇所著《教历》(bstan rtsis)与其他承许《时轮》师的年数相比,虽然欠缺柳宿二八月数(182年),但与大成就师邬坚巴所著《教历》是相符合的。

  法王壤迥哇的弟子雍顿·多杰贝哇(g'yung ston rdo rje dpal ba)①:他在法王壤迥哇座前听受了所有教法。法王若比多杰宣奴(chos rje rol pavi rdo rje gzhon nu)在世期间,他曾为传授前生诸法而来到法王居住处,【当时法王只是个男孩】②。这些在雍顿·多杰贝哇的简略事记,已在上述《幻变法类》的阶段中讲述过了。

  法王若比多杰(chos rje rol pavi rdo rje):是法王壤迥多杰意乐重新受生而来。大元国师③来到其座前问:"大师你想再生于何处?我也愿意到何处。请给我说明白。"大师说:"如果你满怀如此献身精神,我就如实对你说,我要到巩波。"正如所言,他幼年时代就到了巩波。他诞生在夺(rdod)地方的阿拉绒阁钦邦嘎(a la rong go chen sbang dkar)之南宗(gnam rdzong),父亲名为拉冻索南登珠(lha mdong bsod nams don grub),母亲为智慧空行母名为卓哇萨准珠坚(ye shes kyi mkhav vgro vdzo ba gzav brtson vgrus rgyan)。父母二人同居时,此位至尊大师居住在兜率天宫,由薄伽梵弥勒清净劝说而入于母胎之中。那时,他无疑是居住在清净胎宫之中④。在住胎时,他就传出诵嘛呢⑤之声;而且由于修幻轮之故,其母亲

---

① 布顿四大弟子之一。
② 【 】处据罗译(第493页第19行)补译。
③ 国师(gu shiv):元明以来对藏族高僧所加之封号。参阅《藏汉大辞典》,第236页。
④ 罗译(第493~494页)行间注:因为他已经达到菩萨次第,此阶段中可入于已变成宫殿的母胎之中,正如《神通游戏》(Lalitavistara)里所述的佛陀一样。
⑤ 嘛呢(ma ni):指六字真言。

第八章 从大译师玛尔巴的传承至称为达波噶举派的阶段

也具有能腾身和动摇等成相。他诞生于庚辰年（阳铁龙，公元1340年）3月初八。他刚生下来就口诵嘛呢和印度元辅音字母，为此其父生起疑虑，但其母亲说："你不应该有疑虑，我曾有过许多好梦兆。"于是，父亲便消除了疑虑。他年满3岁时，他们就来到梁波（myang po）。这时，他对母亲说："我是噶玛拔希的转生！在此赡部洲中将有我的许多应化众生。母亲等着瞧吧！"说后，他撰出《长生幻轮法》（vchi med vkhrul vkhor）①。并补充说"这些事情请母亲暂时不要外传。"于是母亲说："我们现在应该前往拉萨！"孩子说："我们现在能去吗？"然后补充说："我们不如先前往巩波的学喀（zho kha）和乍奇（brag phyi）以及纳普等处，观察一下再说。巩域（kong yul）的辛杰冻喀（gshin rje dong kha）的地下有烊铜地狱，因此我必须从那里救度诸有情者。他们见了我的面，就不会堕入恶趣②。我还需要渐次前往粗普、噶玛以及王宫等地。王宫那里有我无量之应化有情。"母亲问他："你既然是噶玛拔希之转生再来，难道你不是法王壤迥多杰吗？"他（孩子）答道："此二者无甚区别，但是不可告诉一般凡庸之人。"【其母亲眼睛得了白翳病后，叫苦不迭。】③ 因此，他对母亲说："您不要悲伤，你是一百零八位空行母之一。明年的此时，将会有许多人前来向你顶礼。我们要在纲布曲色（kong bu chu gser）的拉康后面再修建一座新庙，并在那里居住。从【戊】子年（【土】鼠，公元1348年）起，我将有大批应化有情前来。"此后，他前往梁波和巩域各处，在许多人士面前，他能回忆其从前的经历，说"你是某某，你的房子如此这般，你供养过我某物"等等。因此，人们对他充满敬信；此外，也讲说了许多教法。有人对他说："假若你是成就者，就请你演示一下成就者之象征吧！"于是，他演示了在庙堂的捕鸟网上安住等奇迹。【把他推入熊口中，熊不但不伤害他，反而对他表示恭敬。】④ 当他来到达瓦嘉

---

① 罗译（第494页第16～17行）为："…saying so, he assumed the posture of Amithabha.（说了之后，他做出了一个礼佛的姿势。）"

② 恶趣（ngan vgro）：恶途，三途。佛书所说多行上品恶业为因，往趋忍受单纯上品痛苦为果的三类有情。参阅《藏汉大辞典》，第646页。

③ 【】中藏文（第587页第1～2行）为：yum gyi mig la ling thog byung bas smre sngags bton pas/。其中白翳（ling thog）：角膜溃疡，角膜实质炎。热毒蕴蒸眼内引起病变后所成疮疤。参阅《藏汉大辞典》，第2780页。此句郭译（第323页第13～14行）为"其母眼生眼疗，他念咒出毒而愈"。恐有误。

④ 【】中藏文（第587页）为：dom gyi khar vphangs pas dom gyis gus pavi rnam rgyur kyang byas/。郭译（第323页倒数第6～5行）为："峨寺人借口推诿责任。但峨寺人对他仍表恭敬的态度。"恐有误。

镇（rta bar rgyal vdzin）时，拉堆巴·垛丹贡嘉哇（la stod pa rtogs ldan mgon rgyal ba）来到他（孩童时的若比多杰）跟前，【在一次僧众聚会，孩子对拉堆巴说："生起火来吧！"】① 他就生起了火。孩子又说："太热了！给我一把扇子吧。"他给了孩子一把扇子。孩子一边扇扇子一边说："扇起来真像中原，中原哪怕挥动扇子，也是热烘烘的。这里也应当照样搞成热烘烘的。"他们又问："尊师（邬坚巴）亲口许诺住世 84 岁，又何故只住世到 56 岁呢？"孩子回答说："这是由于上师作抚育善恶的事业太多之报应。"他们说尊师在世时，【入住于月中之事是许多人士看到的】②。他们就问："您真的有入住月中之事吗？"孩子答道："这是由于他们（对我）的信仰和我（对他们）的慈悲，他们才看到的。（当我入住月中时），他们是这样看我的。"说着就模仿蒙古人（看他）的姿势。此后，他入座安坐而说："不管住于月亮、大象还是狮子等，那都是我啊！"他们又询问："当至尊邬坚巴在 14 日黎明示圆寂时，垛丹扎僧（rtogs ldan grags seng）所见到的是：邬坚巴拿着白布短裤住于虹光满布的虚空之中。他问邬坚巴：现在的徒众们何故不能看到安善而逝之奇迹呢？答道：我虽然有善良之心，但是浊世之众生没有成就之福，而且造了无数之罪行故多生忧恼！又说往生兜率。他的净相中也有所发现。请问：至尊邬坚巴真的这样说过吗？"孩子答道："当然是那样说过的。我到了那里，而且是生起悲感而离去的。我变幻成骏马和灵鹫等而离去，总之，兜率路途不远！"后来，为了使人们生信，他们又开玩笑地问了一些问题，供给他一些酒③说："请分享吧。兜率有这样的酒吗？"孩子回答说："没有，兜率没有这样让人发疯的酒，那里只有甘露！"他们又问："据有些人说，黑色甘露是最好的，这是否属实？"孩子答曰："我未见过黑色甘露。（我见过）白色甘露则具有各种妙味。"他们又问："我们不相信兜率那里会有诸如贡塘（gung thang）的绫绸伞盖那样的多种供物。"孩子答道："哦，至尊（邬坚巴）说，在兜率是轻视人间物质和资具的。每朵鲜花都有网罟（kog vphreng）那么大。"他们又说："我们认为兜率那里也没有如像雅恰

---

① 【】中藏文（第 587 页）为：tshogs gral cig tu me bus gsung bus pas/ tshad pa tsha bsil g'yab da khyer la shog gsung/ 郭译（第 323 页倒数第 4～3 行）："他说：'在同一僧会行列中，烧起火来吧！'"
② 【】中藏文（第 588 页第 2 行）为：zla bavi nang na bzhugs pa mi mang pos mthong zer ba/。郭译（第 324 页第 3 行）译为："……见许多人士仅于月中存在的。"恐误。
③ 此处"酒"（chang）藏文（第 588 页倒数第 1 行）为 chad，恐为印刷错误。

第八章　从大译师玛尔巴的传承至称为达波噶举派的阶段　439

藏布（yar chab gtsang po）① 那样的河流，也没有如像贡布的大街小巷和达柳（rtag myog）那样的碉堡房舍，在兜率好像没有如人世间的有花纹的灶石。"孩子答道："至尊（邬坚巴）说，兜率的一切泉水都是甘露，它们与人世间的雅恰藏布不同；兜率也没有如人世间的土和石头，而兜率的一切土和石头都是由珍宝组成；薄伽梵弥勒的无量宫殿，或菩萨洛卓仁钦的无量宫殿，或三十三天胜妙宫等都是由各种各样的珍宝所建造。人世间之碉堡房舍在那里毫无价值！"他们又问："在兜率是否有如达柳的骏马？"孩子答曰："如果一个人没有时间学习佛法，他是老僧也会成为废物！"

虽然他（若比多杰）能把一切佛法领会于心中，但为了不断与大师亲近的联系，他在垛丹贡嘉哇座前听受《那若六法》、《六加行（六支瑜伽）》等许多生起次第和圆满次第之略教授，并听受了许多灌顶法类。在那期间，以及后来的其他时期中，他亲见许多本尊和护法。【撰写其传记的作者们描写过他所见诸相，但我认为，由于他作为佛能观见一切所知境之故，没有必要在此叙述这种不甚重要的境相，而最好对他所作的利益众生事业的情况作详细记载。】② 从前，法王壤迥多杰在法座后面种植了一棵干柏树后说："等到它与法座后幔一样高时，我就会来到这里。"他来到了南陀策（rnam thos tshal）道场，登上法座后广为讲经说法，并且作了许多利益众生之事业。在纳普官邸（nags phu gzims khang），他在垛丹耶嘉哇（rtogs ldan ye rgyal ba）座前听受了《空行海续释》（mkhav vgro rgya mtshovi rgyud vgrel）③ 等新密法类，以及《空行心滴》④ 和毗玛拉等的许多旧密教授。又在喇嘛扎雄巴·喜饶贝（bla ma rdza gshongs pa shes rab dpal）座前听受了所有《甘珠尔》和许多论著的经教诵授。又在洛卓僧格大师（slo dpon blo gros seng ge）座前听受了所有《慈氏诸论》。后来，他

---

① 罗译（第496页）行间注说，"网罟"可能是地名；"雅恰藏布"是雅如藏布（ya ru gtsang po）的古名。

② 【】中藏文（第590页第4~7行）为：rnam thar mdzad pa po dag gis bkod snang yang sangs rgyas kyis shes bya thams cad gzigs pavi phyir gzigs snang rnams vos med du byas nas/ sems can gyi don mdzad tshul vgav zhig brjod par vos so snyam mo/ 郭译（第325页第7~9行）为："因此，诸撰写传记的人士心想以佛始能观见一切所知境之故，对他所见诸相不作为适可的，但想到他所作的一些利益众生的事业情况，是值得称道的。"

③ 《空行海续》，可参阅《甘珠尔》，rgyud vbum，No.372；有关其释，参阅《丹珠尔》，rgyud，No.1419。

④ 《空行心滴》（mkhav vgro snying thig）：堪卓宁提法，《空行要旨》。意为空行心要，是藏传佛教宁玛派的最高法门。由噶饶多杰从金刚持听受后，流传于世。参见《佛学词典》，第72页。

来到聂窝（snye bo）之后，他说："现在不要过河，将有灾障发生。"【当他们（对他的话）不以为然，继续往前过河时，以此招来了一些灾障，但是没有人受到伤害。】① 后来，他前往科囊（khe nang）时，也未遇到灾障。之后，他来到杂日，亲见了噶举派诸师和许多本尊。为了垛丹贡嘉哇等人之故，他唱了许多道歌。他又在杂日顿烘（tsa ri ston sngon）② 座前求得《古汝古里》③ 修法。后来，由于粗普哇（vtshur phu ba）寺座之迎请，他从达波（dwags po）出发来到岗波（sgam po），途中曾现许多净相。此后，他来到帕莫竹示现证得无二智④。后来，他就去了温冲堆（von tshong vdus），桑耶人克珠巴（bsam yas pa mkhas grub pa）前来启问，他答道："这些问题我在拉萨江塘（rkyang thang）地方时已经答复过。"⑤ 为此克珠巴对他更加生起敬信。【达地（ta）的司徒⑥绛（曲）嘉哇（byang [chub] rgyal ba）作了盛大的恭敬，更加敬信他。后来，他前往拉萨，并现见无数征兆。在贡塘地方的司徒格洛哇（si tu dge blo ba）曾迎请他并对他进行承事服役，他讲述了自己数次转世的身世，司徒格洛娃（dge blo ba）对他生起敬信。】⑦ 然后，他去了奈囊（gnas nang）。刚到奈囊时，他对喇嘛达嘉哇（bla ma dar rgyal ba）说："今天清晨，我想观世音端坐于云中时，我发现其周围有许多诸佛菩萨围绕而坐。"又说："过去这里有这样的各种庄严茅蓬。"并说了类似的其他话语，使喇嘛达嘉哇（对其数次转生）生起决定信。然后，他来到粗普寺，在堪钦登珠

---

① 【】中藏文（第590页倒数第4~2行）为：de nas snye bor phebs nas zhal brda la chu phar khar mi vgro bar chad vong gsung bzhin du nan ma theg par byon pas/ bar chad cung zang byung yang skyon par ma gyur/。郭译（第325页倒数第11~9行）为："继后来到业窝后，如谈话中所说那样不要过河那边去，将有灾障。他去到伦玛特巴，以此来了一些灾障，但未成大害。"
② 罗译（第498页第14行）转写为：tsa-ri sngon-sngon。郭译（第325页倒数第7行）译为："咱日烘烘。"版本不同之故。
③ 《古汝古里》（ku ru ku le）：作明佛母。梵音译作拘留拘里。萨迦金法所传怀柔佛母。参阅《藏汉大辞典》，第14页。
④ 无二智（gnyis med ye shes）：密法中谓甚深光明无二证净如虚空，为无二智。参阅《佛学词典》，第286页。
⑤ 意思是说他前生为壤迥多杰（rang byung rdo rje）的时候回答过这些问题。此句藏文（第591页第7行）"拉萨"（lha sa）被误印为 lhas（ཧྶ）。
⑥ 司徒（si tu）：古代一官职名。参阅《藏汉大辞典》，第2920页。
⑦ 【】内为汉译本中（第325页倒数第3行）漏译。藏文（第591页第8~11行）为：tavi si tu byang [chub] rgyal bas bkur sti rgya chen po bgyis shing/ lhag par dad pa mdzad/ de nas lha sar phebs gzigs snang grangs med pa byung/ gung thang du si tu dge blo bas spyan drangs bsnyen bkur/ sngon gyi skyes rabs rnams gsungs pas dad par gyur/。

第八章 从大译师玛尔巴的传承至称为达波噶举派的阶段 441

贝（mkhan chen don grub dpal）和索南蚌大师（slob dpon bsod nams vbum）座前于【癸】巳年（【水】蛇，公元1353年）出家为僧，取名为达玛甘地（Dharmakīrti）①。他在堪布座前听受了许多毗奈耶法类。又在法王索南坚参贝桑波（chos rje bsod nams rgyal mtshan dpal bzang po）② 座前求得《红文殊法之缘》（vjam dbyangs dmar povi chos vbrel）。继后，他来到（拉萨附近的）德庆（bde chen）。在将要拜见嘉哇雍敦巴（rgyal ba g'yung ston pa）的时候，他亲见许多和静猛曼荼罗（zhi khrovi dkyil vkhor）。他和雍敦巴见面后，后者对他说："由于我对前辈上师有敬信而来的，请您讲述邬坚巴前辈诸师的一段实际情况吧！"于是，这位男孩（若比多杰）就告诉雍敦巴自己就是噶玛拔希转世而生，他从前是如何前往海岸尽头，如何调伏了霍尔人等的史事。于是，雍敦巴对此男孩极生敬仰并感动流泪。③ 后来，男孩就在雍敦巴座前听受了《金刚鬘》（rdo rje phreng ba；梵：Vjramāla）、《空行海》（mkhav vgro rgya mtsho）④、《总义心要》（mdo sems）、《幻变》（sgyu vphrul）等灌顶；以及许多新旧密灌顶和密续教授。后来，在他年满18岁时的丁酉年（阴火鸡，公元1357年），他请求过去的堪布和大师，以及堆阁哇大师宣奴贝（dus bsgo ba slob dpon gzhon nu dpal）做屏教师而受比丘戒。从此，毗奈耶中虽然细分诸戒他也谨守不犯；他不允许在眼前出现丝毫酒肉。在自己身边随时放着许多经卷，以使他能于梦中阅读，并将一切句义领会于心。他通晓60种各种不同的文字。后来，他前往色姆垛（se mo do）和措莫汝穹（mtsho mo ru khyung）等处；另外，他还到过北方（byang）各地。此后，他在德庆于大师座前听说了元大都宫室的庄严，以及居民数量等，并被告知："记住这些，以后你会到那里，你会发现这些都是真的！"后来，元帝脱欢铁穆尔（rgyal po chen po thog na the mur）及太子等听说了他的美名，故而特派定胡温本（ding hu dben dpon）和酋长衮却坚参（sde dpon dkon mchog rgyal mtshan）等许多蒙藏金册使者携着元帝诏命和太子的盛大礼物前来迎接他。为了利益众生的广大事业着想，他在年满19岁时的戊戌年（阳土狗，公元1358年）5月20日，从粗普起身上路。途经楠地（gnam）和

---

① 藏文（第591页末行）写为：ཁྲུན་གྱི་རྗེ། 另，此句中的年代罗译（第499页第2～5行）漏译。
② 郭译（第326页第3行）漏译"贝桑波"。
③ 此句藏文请参阅第592页第6～8行；郭译（第326页第5～8行）有些不同，请参阅比较。
④ 梵文：Śrī Dākārnava mahāyoginītantrarāja；参阅《甘珠尔》, rgyud vbum, No. 372。

宁仲（snying drung）等地时，当地虽然发生了雷击之灾，但是对人畜未受到损害。因此，他想这是吉祥之缘起。随后，他来到（蒙元）王室和（内地）北方各地，作了广大的利他事业，并且撰述了无数论著。后来，他回到（藏地）的嘎玛（kar ma），在这里他显示其修本尊护法常在，并且作出了各种事业。康区的地方酋长们都很好地迎接他、拜访他。发生灾殃之后，群众前来请求消除，于是他当即就修法消除。之后，他来到哲（tre）地方撰写了《正法语悦意明灯论》（chos kyi dtam dam pa dgyes pavi sgron mavi bstan bcos）①。当他访问岗曲岭（kam chu gling）② 时，在法座处生长出了本地从未生长过的花，一根有百枝，每枝各有一百朵花，一朵花上有黄色花瓣一千，花心为红花，花蕊为黄色。见此花者和听说此花者都为此惊叹不已。那里蔓延疔疮③时，他修法使疔疮平息多年不发。后来他来到嘎曲（ga chu）④ 时，元帝又来迎请，他想到将有地时之变异，于是就转道察昌纳波（tsha vphrang nag po）来到木雅饶岗（mi nyag rab sgang），他调解了阁冻（sgo ldong）长达 25 年时间的乱事。他在昂嘎窝山（vang vgav bovi ri）居住时，元帝颁来诏书和盛大赏赐，由喜饶呼西（shes rab hu shri）等许多官吏前来迎请。于是他就到了朵麦（mdo smad）。又有绛央国师（vjam dbyangs gu shri）捎来皇帝的书信说："若比多杰大师鉴：为了我等众生之利益，无论如何祈请驾前来！"他刚一接到书信即刻从饶岗（rab sgang）起身上路。当他来到辛衮喀（shing kun mkhar）⑤ 讲经说法时，将此地以堪布贝丹却（mkhan po dpal ldan mchog）为首的无数人士都安置于解脱道中。此后，他来到萨迦班智达（过去的）驻锡地幻化寺（sprul pavi sde）⑥。在许多讲各种不同语言的人士面前，（他要传法）。法座之右安置了蒙古（hor）和回鹘（yu gur）⑦ 的译师，法座左边安置了西夏（mi nyag）和汉族译师。各位译师分别把上师的传法翻译成各自的语言，因此使弟子们都能理解上师的每句话语。后来，他于庚子年（阳铁鼠，公元 1360 年）来到元大都（tavi tu）。一见到他的面

---

① 此著收入了其文集之中，由粗普寺印制。
② 即甘肃的甘州。
③ 疔疮（lhog pa）：疔毒。急性瘟疫中于肌肉，症见肌肉块震颤擎动生起丘疹。依人体地水火风四大元素分为四种，依风胆涎液分为三种，依属性分为四种。见《藏汉大辞典》，第 3112 页。
④ 此即甘肃临夏地区的藏语名称。
⑤ 即凉州。
⑥ 凉州附近的四大寺庙之一。此处郭译（第 327 页）音译为"粗比德"。
⑦ 即畏兀尔、维吾尔。

容、一听到他的声音,元朝皇帝及其眷侍等便生起了极大敬信。他特别为元帝和太子传授了《瑜伽母灌顶》和《方便道那若六法》(thabs lam navrovi chos drug)等,对皇太子讲授《百种本生事记》(skyes rabs brgya rtsa)①、《究竟一乘宝性论释》(rgyud bla rtsa vgrel;梵:Uttaratantra)②、《经庄严论释》(mdo sde rgyan rtsa vgrel)③、《时轮本续释》(dus vkhor rsta vgrel)④ 及其支分的梵本等,又传授了《佛海灌顶》(rgyal ba rgya mtshovi dbang)。此外,他为以王室成员和行省首长为首的,来自中原、蒙古、回鹘、西夏、高丽等地的许多地方官吏和重要人物等讲经说法,使他们对于无上菩提道生起定解。当法王比若多杰未到之前的九年时间中,断绝了播种麦子,以此导致大饥荒发生,用一大块银宝仅换五袋大米。此外,瘟疫流行、叛乱内外一起爆发,使大元疆土没有安宁。法王修法降伏了一切非人,调伏平息了各地叛乱。他劝动药师(sman bla;梵:Bhaisajyaguru)的悲心,使一切瘟疫得到消除。他又修《多闻天子的事业》(rnam thos kyi bus phrin las),使各地方都获得了丰收,用一大块银宝可换得五十袋粮食,以此使饥荒消除了。(这段时间)皇子麦枳巴拉(Maitrīpāla)⑤ 诞生了,大元疆土全境国强民安。当旱灾发生时,人们请求法王降雨,法王在日出时开始修法,中午时分便降大雨。于是,所有的人都心满意足,但是法王对古贡巴大师(slob dpon chen po guvi gung pa)说:"元帝寿命将有危险,大元政权也将会发生灾害。所以,我现在必须西上返藏。"因此,他在元帝和太子等前再三请求返藏。太子⑥悲伤流泪挽留,也未得到法王的许可。又有劳昌丞相(音译 lavo byang ching sang)和细惹穆丞相(音译 zhi ra mu ching sang)前来恳求说:"上师你未来之前,各方叛乱,断粮无耕,瘟疫蔓延。自从上师到来之后,叛乱平息,粮食丰收,且增长了八十倍。所有的人都为粮食增长而称法王为吉祥上师,请求法王留下来

---

① 罗译(第502页)行间注:此系噶玛·壤迥多杰所撰 Jātakmāla 的附录。
② 可参阅 Mahāyānottaratantraśāstra,载《丹珠尔》,sems tsam, No. 4024;Mahāyānottarat-antraśāstra vyākhyā,载《丹珠尔》,sems tsam, No. 4024;
③ 有关《经庄严论》(Sūtrāamkāra)和《经庄严论释》(Sūtrāamkāra vyākhyā),请分别参阅《丹珠尔》,sems tsam, No. 4020 和 No. 4026。
④ 《时轮本续》(Kālackra)和《时轮本续释》(Vimalaprabhā),请分别参阅《丹珠尔》,rgyud, No. 1346 和 No. 1347。
⑤ 藏文(第595页倒数第6行)写为:རྒྱལ་བུ་མེ་ཏྲི་པཱ་ལ།
⑥ 郭译(第329页第5行)把太子(rgyal bu chen po)译成了"元帝"。

吧！"法王答道："游戏确也奇异，但在大集市之前就该收场啊！① 我对于国政之事一窍不通。僧侣之责是哪里安宁就该到哪里去弘扬佛法和作利益众生的事业。"【两位丞相将其所言记录下来，并作为敬仰的圣物保存起来。】② 后来，他再三请求返藏并获得皇上允准之诏书，并赐予乌拉③等。他西上行至西夏地区的塔特（tha thal）【转道而来到北方】④。在那里，他和皇子惹达纳（Ratna）和其妃布纳雅达日（Punyadharī）相见后，向他们讲经说法，将他们安置于大乘道中。此后他在学贡莫伽（zhor dgon mo che）修建了一座大寺，他在寺院所属的一所寂静处居住下来。他在岗曲（kam chu）⑤ 附近汇集了许多来自遥远地方的无量人士，对他们制定了"若今天传了加持之人，明天就不允许再来"的规定。从日出一直到黄昏，他不断地传授加持，如此进行了十九天。大约就在那时，他收到了上部霍尔王脱鲁铁木尔（stod hor gyi rgyal po tho lug the mur）的邀请，但是他婉拒而未前往。当岗曲一带流行瘟疫时，人们担心传染给其他地方的人，古贡哇（guvi gong ba）请求法王修法消除，他说："那么，请你们不要把我从梦中惊醒！"有一段时间，他假装进入睡眠状态。然后，只听见房顶上一声巨响，他醒了，并说：【"我刚才化现为一大鹏金翅鸟，将放出瘟疫诸魔吃掉后，而降落在房顶上了，因此就发出了一声巨响！现在旧瘟疫已平息，而新的瘟疫将不会再来了。"】⑥ 此后，他前往宗喀（btsong kha）和白利（be ri），他将自己在这些地方所得一切供物，都施舍给了前后藏寺庙，凡十人以上僧伽的寺庙都供施斋僧茶七次。【他特派喇嘛日

---

① 罗译（第503页）行间注：这里意思是说，在他的行为受到人们称赞时，对他而言，最好是离开中原。
② 【】藏文（第596页第11~12行）为：zhes gsungs pas mi dpon de gnyis gsung de rnams ye ger btab nas mos gus kyi rten du gsung/。郭译（第328页）为："说后将两官所说一切话笔记下来以作备忘。"恐误。
③ 乌拉（vu lag）：是音译，意指差役。按驿站支应的畜力和人力。参阅《藏汉大辞典》，第2522页。
④ 【】中内容罗译（第64页倒数第5行）漏译。
⑤ 与上文岗曲岭（kam chu gling）同，指甘肃的甘州。
⑥ 【】藏文（第597页第6~9行）为：da lta ngas khyung chen po zhig tu sprul nas nad yams gtong bavi gdon rnams zos nas/ khang pavi steng du babs pas sdigs chom de byung ba yin/ da nad rnying pa zhi zhing sar pa mi vong gsung/。郭译（第328页倒数第5~3行）为："我现在化现为一大鹏金翅鸟，将放出的瘟疫诸魔吃掉后，而降落在房顶上，以此是来了大盗。现在旧的病灾已息；而新的病灾将不会来了。"

第八章　从大译师玛尔巴的传承至称为达波噶举派的阶段　445

窝岗巴（bla ma ri bo sgang pa）负责监督供物的分配，以此为佛教承事服役。】① 他又用十一颗大银翘宝制造的大艮灯一盏供于释迦牟尼佛像（拉萨大昭寺内）前；用五颗金翘宝锤出之金箔以装饰粗普寺大佛像佛身，并且供以三十一颗艮翘宝制造的五盏大银灯；在更敦岗巴（dge vdun sgang pa）前供三颗银翘宝制造的银灯一盏；德庆寺供三颗银翘宝制造的银灯等。此外，他在垛康（即康区下部）地区的嘎玛等寺，都供银灯和安置长明灯【等无数供品】②。王妃布纳雅达日对法王说，她做了一梦，假如塑造一尊高度和坝达漾温山（ba dan yang dban gyi ri）相等的佛像为皇子惹达纳祝福，皇子就会成功。为此请求法王占梦，法王说："塑造这尊佛像是能够成功的，我一定作助伴。"说后法王当即赞助了1090③两财宝。当工匠们不知如何制造之时，法王亲自指导，用白色鹅卵石在山坡上画了一个（佛像）轮廓，因此就把一尊释迦牟尼大像图像画出来了。根据这一图样，700工匠用13个月时间塑造了大佛。大佛左右两耳之间的距离为十一庹④。据此，人们就可判断出这尊释迦牟尼大像的大小。释迦牟尼佛像的左边和右边分别塑有文殊（vjam dpal）和弥勒（byams pa）。佛像的上方⑤为天子和天女来作供养。莲花座（pad gdan）下面塑有小鸟等以作美饰。法王主持了开光仪式，开光时出现了许多瑞祥。（当时）将幡（vphan）供献给了法王，现在此幡安奉在梁波。后来，王妃布纳雅达日迎请法王到六盘山（lu be shan）。当人们大声呼叫里枳枳（li tsi tsi）大军来了的时候，法王说："我对众生不作损害是准确无误的，大军是不会来的。"他这么说，以安慰他们。【那以后，他前往藏地而眷侍们不知如何选择道路时，法王准确无误地选择道路并且到了丹地（ldan）。从那里，法王来到嘎玛讲说了许多教法。】⑥ 此后，法王

---

① 【】中藏文（第597页第11~13行）藏文为：vbul ba rnam bzhag dang bcas pa sgrub pa la bla ma ri bo sgang ba btang nas/ bstan pa la zhabs tog mdzad/。郭译（第328~329页）似有缺漏："法王上师供施这些是为佛教承事服役。"
② 【】中内容郭译（第329页第6行）漏。
③ 藏文为：stong dang dgu bcu。罗译（第505页第10行）为：1019。
④ 庹（vdom pa）：成年人两臂左右平伸时，从一只的中指端到另一只手的中指端的长度约五尺。参阅《藏汉大辞典》，第1422页。
⑤ 罗译（第505页第18行）为：below（下方）。
⑥ 【】中藏文（第598页倒数第4~2行）为：de nas bod yul du chas pa la vkhor rnams kyis lam rgyus ma shes pa la/ chos rje nyid kyi gsung gis lam ma nor bar ldan du phyags phab/ de nas kar mar phebs te chos mang du gsungs/。郭译（第329页倒数第9~8行）："继后西藏佛教徒众们不知应行之道，为此法王光临指示正道，继到嘎玛讲说许多教法。"恐有误。

来到康区上下部许多地方并住在那些地方。后来，他到巩波作了广大的利他事业后前往波窝（spo bo）。然后再回到巩波，在途中与止贡的敬安法王（spyan snga chos kyi rgyal po）相会后，他讲授了《那若六法》、《如意宝藤》①等，使闻法者心满意足。后来在乍阿本雪山（rdza a ban gangs）正面的山脚下居住时，他觉得身体有些劳倦，但他对侍众说："此次我是不会死的，你们不要惊慌！还有此后如果我在浮沉许多血肉的洁净之地生病，你们不可散失所有书籍！"对大幡和书籍作了郑重的保管委托后，法王说："前辈法王荼毗灵塔骨时，是从汉地②采来沉香和檀香木。现在我在北方是缺乏烧柴，必须砍伐许多柏枝并携带前行。"【于是，他从北方向北而行来到更北的一座非常寂静的山前。那时这座山顶上正好荼毗一位清净比丘的尸体，又传说内地大军来到了藏地。】③就在那里，当时法王44岁，正好是癸亥年（阴水猪，公元1383年）7月3日那天，他略现倦容。到了15日夜间，他在佛像经塔前饶行55圈之后，到拂晓④时分示现圆寂。在当地荼毗时发现虹光、地震、天雨之花等许多瑞相。皈依诸人看见了法王的许多瑞相，比如看见他坐在虚空虹光之中，或见他骑着狮子，或见他坐在日月星三光之上等。后来，由古贡巴大师用八十颗大银翘宝制造银灵骨塔，并用许多佛像作庄严而奉安于粗普和嘎玛二寺之中，以弘扬佛法。

　　法王若比多杰的转世活佛即为法王德辛协巴（chos rje de bzhin gshegs pa）：于甲子年（阳木鼠，公元1384年）诞生在梁波地方的唉拉梁（e la myang），父亲名叫古汝仁钦（gu ru rin chen）是位修密士，母亲名叫拉姆

---

① 《如意宝藤》（dpag bsam vphri shing）：1.《如意宝藤》。印度王格卫旺波所著。其内容是把释迦牟尼的本生传记，用诗歌写出，载于丹珠尔佛经之中，共有一百零八章。2.《如意宝树》。系松巴堪布所著的佛教史名称。此书述印度、西藏、汉地、蒙古佛教流源，有印度达斯英文译本，颇为世界重视。参阅《佛学词典》，第475页。关于此著，也可参阅《丹珠尔》，skyes rabs, No. 4155。
② 郭译（第330页首行）为"印度"。
③ 【】中藏文（第599页第11～13行）为：byang phyogs nas byang phyogs kyi sa shin tu dben pavi ri zhig gi drung du phebs/ devi tshe ri vdivi rtser dge slong gtsang ma zhig gi spur sbyangs na/ bod du rgyavi dmag mi vong ba vdug ces pavi gsung yang byon par grags/ 罗译（第506页第15～19行）为：He then journeyed towards a solitary mountain situated in the far North. He is also known to have said at that time: "Should the remains of a strict monk be cremated on the summit of this mountain, Chinese troops wouldn't invade Tibet." 两者不甚相符，可能是所据藏文版不同之故。照录于此谨供读者参考。
④ 拂晓（skya rangs tha ma）：即黎明后期，太阳全出地面，天空出现红色时。旧译将旭。参阅《藏汉大辞典》，第140页。

姬（lha mo skyid）。孩子住胎时①就口诵六字真言以及藏文三十元音和辅音字母，人们也可以听到其声。其母亲在梦中梦见许多瑞相，比如前往嘎巴（sgar pa）②地方、天降花雨、虹霓成网、异香芬芳等。通过占卜问神，神灵向众生宣称，他们已经确认法王若比多杰将在这个地区转世。孩子诞生后刚满两个月时，堪钦阁伦巴（mkhan chen mgo blon pa）前来见面，婴儿对他示现了许多欢悦姿态。孩子满周岁时，就开始示现在刃具和捆在柱子上的绳上走动的奇迹。【在他两岁时，有要人迁到那里扎营，而后其眷属加入扎营者，他就到了奈窝（sne bo），还说出广大预知神通和示现无数神变次第。】③来到奈窝大河岸边时，他踩过的石头上留下了他的足印。年满4岁时，他居住在达孜④时与法王喀觉巴（chos rje mkhav spyod pa）相见，并听受《金刚鬘灌顶》、《六法》、《大手印》、《六加行（六支瑜伽）》等许多教法。在年满7岁时的【庚】午年（铁马，公元1390年）⑤，他在哲拉岗⑥（rtse la sgang）堪钦索南桑波（mkhan chen bsod nams bzang po）和堪钦云洛哇大师（slob dpon mkhan chen yon blo ba）座前出家为僧，取名为却贝桑波（chos dpal bzang po）。他在年满18岁的【辛】巳年（【铁】蛇，公元1401年）前往康区下部（朵康），贡觉（gon gyo）的大长官俄色南喀（dpon chen vod zer nam mkhav）为他作了盛大供养。当贡觉地方受到洽巴（chag pa）的军事带来的极大灾害时，据说他去请求下发消灭这些乱事的上谕文书，才消除了灾害。此后，他去了岭（gling）地方。还到了嘎玛、类乌齐（ri bo che）等地广转法轮。后来，他来到了巩波。在20岁时的【壬】午年（【水】马，公元1402年），他在哲拉岗堪钦索南桑波和堪钦云洛哇座前及约有僧伽八十多人前，受了比丘戒。【当他指导教授某个人时，此人不守善行（dge sbyor）而睡懒觉。法王便用其神力跃上此人的房顶，时而示现上半身，时而只现头部。然后，当此人到师座前时，上师只是看着他不停地微笑。此人变得恐惧，

---

① 郭译（第330页第2段第3行）为"诞生时"。
② 罗译（第507页第5页）转写为：Kar-ma-pa。
③ 【】中藏文（第600~601页）为：lo gnyis pa la sgar ba rnams phabs nas sgar mdzad nas sne bor thegs/ mngon par mkhyen pa rgya chen po gsung pa dang cho vphrul du ma bstan pavi rim pa rnams ni grangs las vdas so/。
④ 达孜（stag rtse）：地名，西藏自治区拉萨市的东面拉萨河沿岸，县人民政府驻德庆。参阅《藏汉大辞典》，第1097页。罗译（第507页第19行）转写为：stag-rtsa。
⑤ 郭译（第330页倒数第3行）译为"十七岁"。漏译"【铁】马年"。
⑥ 哲拉岗（rtse la sgang）：西藏自治区米林县旧名。别名则岗、工布则拉和则拉。参阅《藏汉大辞典》，第2228页。郭译（第330页倒数第3行）译为"达卓扎"，恐误。

从此开始勤奋修行，由此生起特殊之修善功德等而示现无数之稀有事迹，并且对他者说法，意乐受施，相互会晤，严守戒规等，将他者安置于正道中。①那时，由于大王（gong ma rgyal po，意为大皇帝）派遣的使者带着诏书来了前藏（召请他）。因此他渐次来到著名的前藏各地，他访问了拉萨和粗普，然后接受了金册使者之启请和皇帝的诏书等。【此后，他次第到康区各地，作利益其他有情的事业。】②在那段时间里，他示现光明普照中原，在其妙室中的柱子上扎入彩虹，云层中真实显现诸佛菩萨，空中有天子和天女等真实前来作供养等神变和许多稀有瑞相。因此，大王和其侍眷等对他更加生起极大敬信，由此都被安置于正道中。由皇帝赐其名号为德辛协巴（de bzhin gshegs pa）③。他亲见无数佛、菩萨、本尊和护法等像；并获得传授所见诸尊之许多修法。总而言之，他作出了最胜而稀有的事业108种，【使徒众安置于正道之中】④。皇帝对他的供养，单说白银就有大银翘宝700颗，而后他返回西藏。【途中经过康区各地】⑤，他又对诸有情说法而安置于正道之中。他第一次和最后一次来到前藏时，他对诸大善知识、诸大修士、闻思诸人、修密士等无边会众，包括旺扎巴坚参（dbang grags pa rgyal mtshan）等人在内的大小官员，甚至普通人士都有所馈赠；并给他们讲授佛法，以互相会晤，作摩顶赐福等方式，安置众生于菩提正道。总之，他在堪钦索南桑波、古贡巴大师、法王喀觉旺波（chos rje mkhav spyod dbang po）、堪钦坚参贝

---

① 【 】中藏文（第601页倒数第4行到第602页第4行）为：gcig la khrid gnang bas khos dge sbyor la vbad pa ma bton par nyal bas khovi khang thog tu byon nas sku stod rib tsam dbu rib tsam mdzad de gzigs pavi rdzu vphrul bstan/ de nas kho spyan sngar byung dus zhal vdzum vdzum mang du mdzad pas/ kho shing tu vjigs nas dge sbyor la vbad pas dge sbyor khyad par du gyur pa skyes pa sogs ngo mtshar bavi mdzad pa grangs med pa bstan/ gzhan la chos gsung ba dang/ vbul ba bzhes pa dang/ zhal ston pa dang/ khrims la sogs pas yang dag pavi lam la bkod do/。已有汉译本和英译本均有所不同，读者可参阅罗译第508页第5～17行，郭译第331页第611行。
② 【 】中藏文（第602页第8～9行）为：de nas rim gyis khams kyi savi cha rnams su gzhan gyi don skyong zhing gong du thegs/。罗译（第508页第9～11行）有些不同：He slowly journeyed towards Khams, maintaining the interest of others on his way to the Imperial Court.（他慢慢来到康区，在前往朝廷的途中始终在做利益他人的事业。）
③ 梵文：Tathagata，即"如来"之意。
④ 【 】中藏文（第602页倒数12）为：gdul bya rnams yang dag pavi lam la dkod ces zer/。此句郭译（第331页倒数第8行）漏译。
⑤ 此句罗译（罗译第509页第6行）漏译。

（mkhan chen rgyal mtshan dpal）、堪钦云洛哇、四书格西①仁钦贝（bkav bzhi pa rin chen dpal）、嘉·桑杰旺秋（rgya sangs rgyas dbang phyug）等师座前，他假装不知道，听闻了无量甚深显密教授和灌顶等广大教授，并显示广大神通。他又说了许多预言，说过去发生过某某事未来将要发生某某事等。其他人得到他的传法，并由此而得成熟的人士难以计数。但其中出有的最胜人士为国师·桑杰仁钦（guśrī sangs rgyas rin chen）、国师·洛卓坚参（guśrī blo gros rgyal mtshan）、国师·仁钦贝（guśrī rin chen dpal）、国师·登珠俄色（guśrī don grub vod zer）、国师·却吉坚参（guśrī chos kyi rgyal mtshan）、国师·释迦桑波（guśrī shavkya bzang po）、四书格西·仁钦桑波（bkav bzhi pa rin chen bzang po）、活佛却贝益西（sprul sku chos dpal ye shes）、昂巴甲扎哇（ngom pa bya bral ba）②、玛色垛丹（rma se rtogs ldan）等许多著名弟子。【后来，他渐次来到拉萨的布达拉，在那里修三摩地而获得极大增长，不久他对其地众生讲授了许多能生广大利益的言论。】③ 后来，他身患疾病时，弟子们为他作法启请长久住此世间。他说："由一种缘起我已在康区下部嘎玛附近的地方发过愿，【你们就为此祈祷吧！】④ 将会获得那里的请愿而我以悲心来摄受。"并吩咐侍寝官（gzims dpon）说："所有书籍和佛像等均不可丢失！这些物品的主人将会前来。"在乙未年（阴木羊，公元1415年），他在32岁时逝世。荼毗时出现了彩虹、光轮及降天雨花等无量瑞相，荼毗后发现有舍利聚积而成的大悲观世音、胜乐、欢喜金刚双尊等像，还有难以计数的各色舍利。总之，他的历代受生而来的诸位活佛中，虽然都是不可思议地广作众生事业的大德，但是具足众多通达的弟子，对于其他众生能作利益之事，仍然只是以法王德辛协巴为最多。

特别是弟子玛色垛丹（rma se rtogs ldan）：此师诞生在木雅隔仓（mi nyag gi tshang）地方，父母去世之前一直住在家乡。依止上师；请求教

---

① 四书格西（bkav bzhi pa）：指学通《中观》、《现观庄严论》、《律经论》和《俱舍论》四部佛书，经过辩论考试后取得的佛教学位名。宗喀巴大师就是四书格西。参阅《藏汉大辞典》，第77页。

② 罗译（第509页倒数第3行）转写为：dom-pa-bya-bral-pa。

③ 【】藏文（第604页第1~4行）为：de nas rim gyis lha sa po ta lar phebs pa na/ gnas vdi ting nge vdzin shin tu vphel/ ring por mi thogs par gnas vdir vgro ba la phan pa rgya chen po vbyung bar vdug ces pa la sogs pavi zhal brda mang du gnang/。罗译（第509~510页）有些不同：After that he gradually journeyed tp the Potala of Lha sa. On many occasions he said about that place that the concentrated trance would be on the increase, and that soon after, great benefit for living beings would arise in that place. 可能是版本不同之故。录于此，供参考。

④ 【】藏文（第604页第6~7行）为：der gsol ba thob dang/。郭译（第332页第13行）漏译。

授；勤修誓言。在能够增善力的一段时间中，法王德辛协巴及侍眷等来到了他的家乡，由此他对法王生起极大的敬信而来座前拜见法王。由于那时他极为富有，他就作了盛大供养，并通过送礼与营队（sgar pa）的大小官员们成为好友。后来，（法王的）营队居住在西藏时，他前来拉萨欢迎法王。最初相识时他自以为是好友而矜骄，当他请求谒见法王时，官员扎西穹奈巴（bkra shis vbyung gnas pa）不太同意。他在幕门解开辫子（表示恭敬）向法王顶礼，侍官在他的头发上用足践踏而表示由矜骄对他人作不敬之态。之后法王前往粗普时，才将他安置在身边。既然那时身着僧装而留有长发，他就在更敦岗巴（dge vdun sgang pa）座前出家为僧。法王德辛协巴对此非常满意，允许他随时想见面都可以。法王甚至还把未传给其他人的教授也都传授给他而作为耳传。直到今天所谓的"素尔芒巴之耳传"（zur mangs pavi snyan brgyud），对他者也是有广大利益的。后来他（玛色垛丹）来到康区，前往由父族木雅所主管的羌拉卡（cham la khar）① 抚育广大利益他人的事业。他想在那里修建寺庙，请求父族诸人施给土地，但未得到许可。有一天，拉来一对耕牛，他亲自犁地，犁出了一沟作为修建寺庙的范围，并说："在这范围以内的土地所有权是我的，就要在此修建寺庙。"【其他人不敢再抵制，因为僧人去作犁地，都要得到此父族诸人之默许，所以无人来反抗。】② 后来，就在那里修建了素尔芒寺（zur mang），并抚育了应化有情者，由此而聚集了许多僧众，僧众中出有住寺和住茅蓬二系。这二系僧众中出有最胜的八位通达士（mchog tu gyur pa rtogs ldan ya bryad）、彩虹三大德（vjav mo mi gsum）。他们都有极好的修持，而且全是能做利他有情之事业者。其中衮嘉大小二师（kun rgyal che chung）在丹堆（ldan stod）修建了寺庙；【索耶巴（bsod yes pa）担任素尔芒寺副法座培养出了许多弟子】③；曲索俄色桑波（chu gsol vod zer bzang po）在丹美（ldan smad）的阴面修建了曲索寺（chu gsol dgon）；库卓垛丹（khu dro rtogs ldan）也管理过寺院。其他二人均未广做太大的利他有情之事业，而花费一

---

① 郭译（第333页第8行）为"洽玛那喀"，恐怕原文识读成了 cha ma la khar。
② 【】藏文（第605~606页）为：gzhan rnams kyis rgol ma nus/ devi thong mkhan de grwa pas byas na sus byas pha chen rnams kyis gsong bar byas/。罗译（第511页第18~20行）为："Others were unable to resist it. Had the ploughman been a disciple of his, he would have been killed by the relatives"。郭译（第333页第11~13行）为："由于那里的犁地者不管是谁僧人去作犁地，都要遭到父族诸人的杀害，法王亲自去犁地，所以其他人等都不敢反抗"。各种译本不尽相同，录于此，谨供参考。
③ 【】藏文（第606页第7~8行）为：bsod yes pas zum mang gi zur chos mdzad pas slob ma mang du thon/。郭译（第333页倒数第10~9行）为："由索耶巴任副法座教出了许多门徒"，这里郭和卿先生指的是担任上面提到的丹堆寺。恐误。

生之精力来专一静修。（玛色垛丹）还有一位表弟则抚育寺院，而且也有极高的修持，他是以方便道为主而修，得名为仁波且哇（rin po che ba）。可见，法王德辛协巴的弟子中，玛色垛丹所做的事业是最大的。

（法王德辛协巴弟子中）还有昂巴甲扎哇·南喀坚参（ngom pa bya bral ba nam mkhav rgyal mtshan），他修持极好，并且作出了广大事业。此师又是法王通哇邓丹（chos rje mthong ba don ldan）的再传弟子①。据说最初他见对面山上有鹿，他从这面山的磐石上伸膝放出一箭射死其鹿，并且在磐石上留下了他的足迹。后来，他在一所寺院中闭关专修。有段时间有人察觉到房中无人居住，僧众便从门缝往里面偷看，只见他未留肉身而只留下僧衣而空行而去。此后人们便称他为喀觉巴（mkhav spyod pa，意为空行师）。当永乐皇帝（gong ma ye dbang）派泰江钦波（thavi skyams chen po）金册使者到印度南方迎请毗汝巴（Virūpa）②时，据说（喀觉巴）身着斗篷作为毗汝巴的侍从来到了内地皇宫楼屋顶。

法王通哇邓丹（chos rje mthong ba don ldan）：他于丙申年（阳火猴，公元1416年）2月8日诞生在嘎玛附近的昂（ngom）地方。父亲为一位修密士，母亲为空行母种姓。住入胎宫时，父母亲都梦见极佳之相。他刚一生下来，就直立坐起来，并注视着母亲笑。剪断脐带时香味布满整个乡土。在【丙】申年（阳火猴，公元1416年）3月12日，他们来到昂巴甲扎哇（ngom pa bya bral ba）的住地附近乞食时，孩子一见到昂巴甲扎哇就多次露出微笑，口中不断地发出"啊！啊！"的惊叹声。昂巴甲扎哇就悄悄问他："孩子你是谁？"孩子用手抓住昂巴甲扎哇之手指说："此时我远离诸名而未生，我无居所而为众生之荣誉，引导无助众生入解脱，除非童年结束，否则不变我的住所。"又说："必须还要保密几天"，口中诵出"啊啊伊伊呜呜"的声音。【昂巴甲扎哇对他生信而为他服役。】③【孩子满四个月时，有传言说昂巴甲扎哇来到马尔康（dmar khams），为达玛所杀④。在那些为此悲痛欲绝的人们面前，孩子表现得欢天喜地、手舞足蹈。母亲问（他）："你认为甲扎哇发生了什么事？"孩子回答说："不会发生什么坏事的。我们一定还会相见。"孩子还说了许多过去和未来如何

---

① 罗译（第512页第5行）把"yang slob ma（再传弟子）"译成了"disciple（弟子）"。
② 藏文（第607页第5行）写为：བི་རུ་བ་。毗汝巴即南喀坚参。
③ 【】藏文（第608页第2行）为：ngom pa bya bral ba dang nas zhabs tog byas/。罗译（第513页第5行）漏译。
④ 此处藏文版为 gsang，恐误，似应为 gsad。Nga 和 da 相混淆之故。

之言论。】① 当孩子年满七个月时，频频念叨诸佛名称，口诵六字真言。他还登上高座而作加持。当他被迎请到聂康（nya khang）观看圣物（rten rams）时他特别注视着黑帽笑。有人问他："这是谁的？"他把手指向自己的胸口说："是我的。"有一次，父亲把他抱在怀中，昂巴甲扎哇握着孩子的手问他："你是谁？"他答道："难道您不知道我是德辛协巴的转世？"当昂巴甲扎哇和类乌齐巴争吵时，他盼咐昂巴说如果您如此这般就可以取胜等言语。按其所言而为之后，乡境果然成了安宁之地。在【丁】酉年（【火】鸡年，公元1417年）二月，前往拉青（lha khyim）时，喇嘛觉巴（bla ma gcod pa）的侄儿②问："孩子你为什么到这儿来？"孩子用手指着寺庙说："为了这个！"孩子来到寺中后，他认识杜松铿巴的灵塔，并抓住黑帽说："这是我的。"说着自己戴起来就不放。此外，他还说了许多神通预知的言语。那里的修觉法者（gcod pa）发现了许多净相。有三天时间，那里天降雨瑞花。那里修觉法者们四方遍传此孩子就是法王德辛协巴（嘎玛寺教主）。他们寄信到嘎玛寺，当管家来供茶时，孩子叫出了管家的名字。后来，他到了嘎玛赐寺加持，使零星病③消除。他辨认出了圣物等之后，大众生起坚信，故宣布他就是德辛协巴的转世。当他对佛像画轴作开光法事时，向空中投去青稞时有七颗粒停驻于空中。当旱灾发生时，他戏水就即刻降雨。有一次，他模仿堪钦巴（mkhan chen pa）的姿态说："将会有见证人到来。"堪钦阁伦巴曾获得过大悲观世音的授

---

① 【】处主要根据罗译本（第513页）译出：When the child was four months old, a rumour spread that Ngom pabya bral pa who had gone to dMar khams, had been killed by Dar ma. To all those who were afflicted with sorrow, (the child) showed a happy countenance and danced about. His mother asked (him): "What do you think has happened to Bya bral pa?" The child replied: "Nothing bad (has happened to him). We shall meet again." The child used to make many similar statements about the Past and Future.

本书所据藏文（第608页）不太合情理，似乎有误：zla ba zhi lon dus su bya bral ba dmar khams su yon pa dar mas gsang（似应为 gsad）zer bavi skad chen po byung bas thams cad sdug bsngal ba la khong mnyes pavi rnam vgyur dang bro yang mdzad/ yum gyi bya bral ba la ci byung dgongs sam zhus pas/ ci yang ma nyes phrad vong gsung/ de la sogs pa vdas ma vongs mang du gsungs/。

郭译（第334页）似乎也有问题："孩子满四月时甲扎哇来到玛康地方，突然一种大声说'壮年所杀'，因此一切人等都在愁苦，而孩子却喜笑而欢舞。孩子的母亲问甲扎哇道：'你想将发生什么？'答：'不会遇着任何祸患。'说了许多过去和未来的话"。译者均谨录于此，供读者比较参考。

② 藏文（第608页倒数第4行）为：dpon po，恐误，似应为 dbon po。
③ 零星病（thar nad）：病理学主要篇章中所不论列、散见于各科的十九种病症，如声音嘶哑等。参阅《藏汉大辞典》，第1198页。郭译（第335页第7行）为："痘疹疾病"。

记。孩子说:"我的上师已来到康区了,召集仆人吧。"于是他给每人发放了一方绸缎,说:"这是我父母的绸缎",并补充说:"我的上师可能会有些失望,我最好决定前往。"他来到康区,在嘎玛的分寺与喇嘛(堪钦巴)相见。当堪钦巴供上礼物时,他辨认出是他(前生)的念珠。【奉酒茶时,嘎玛贡邦巴(kar ma kun spangs pa)说道:"请你给你的一位亲近者送一件礼品。"孩子说了声"敦巴(ston pa)"并给了他一件礼物,使后者泪流满面。】① 所有人都对他生起坚信。他的母亲临终时,把他叫到枕头边对他说:"请你对阿妈大悲摄受一下。"他说:"我和阿妈会在兜率相见的。"说后作了回向②祝愿。后来,他被迎请到拉顶(lha stengs)时,在月食时分,他详细说出了内地皇帝的体态颜容,身材高矮等详细情况。他在楚岗寺(tshur sgang dgon)中闭关修行时,亲见嘉哇嘉措(rgyal ba rgya mtsho)、救度母、四臂护法(chos skyong phyag bzhi pa)、黑色披风护法等像。四书格西给他传授《不动佛赐灌顶》时,他亲见铁橛佛母(lha mo lcags phur ma)。此外,他又亲见无数佛尊,并说出许多神通预言。有一段时间,他住入三摩地,以此导致那里所有诸大修士也获得极佳修境。后来,他从仓空(mtshams khong)来南杰岗(rnam rgyal sgang)。【而后在归途中】③,在初十会供中他亲见至尊瑜伽母。贡觉达波细看黑帽,为此他解释说:"这是元代时候的,并非汉帝的。"他在那里亲见许多佛菩萨和十六尊者等像。他对大约两万多僧俗人众讲说了《大悲观世音修法诵》(thugs rje chen povi sgom bzlas)和《上师瑜伽》(bla mavi rnal vbyor)等教法。那时,他虽然未满3岁,但是对他者的任何问题和诸教法已经能够宣说无碍。当发生旱灾时,昂巴甲扎哇来到他的座前请求降雨,他立刻就说:"奈波嘎雅格年钦波(gnas po vgav ya dge bsnyen chen po)④,马上

---

① 【】藏文(第609页倒数第5~3行)为:chang javi dus su kar ma kun spangs pas/ khyed rang gi thugs la btags pa cig la gsol ras cig gnang bar zhu zhus pas/ ston pa gsung nas gnang bas gdong mchi mas gang/。郭译(第335页第8~11行)为:"茶罢时所有嘎玛诸人都已离去,堪钦巴请求道:'请你将自己挂怀之一物赏赐给我。'他说:'是释迦佛世尊。'说后以佛像赐予,堪钦巴油然泪流满面。"似有误。另外,"敦巴"(ston pa)是一位通达者的名字,是法王前生好友。

② 回向(bsngo ba):转变、增长,是回向义。转变轮回因力诸善根成为大菩提因,增长有尽之诸善根成为无尽。亦即欲求转变、增长自他三世所积一切有漏无漏福泽皆为无上菩提之因,名为回向。参阅《藏汉大辞典》,第720页。

③ 【】藏文(第610页第10行)为:de nas tshur phebs pavi tshe/。郭译(第336页首行)为:"继到楚寺时",恐误。

④ 一当地神灵名。郭译(第336页)把此神灵名分译成两个名字:"勒波嘎雅、格业钦波"。并行间注为"护法神名"。

降雨！如果不降，则会严厉鞭打你！"刚刚说完立刻就降了大雨。他常宣说兜率庄严等，类似的稀有事业也作了很多。后来，他次第来到巩波，作出了广大利益其他有情的事业。他又经过达波来到峨喀扎西塘（vol kha bkra shis thang）。【堪钦索桑波迎请他到垛里（do li），他示现出家之相。】①【旺扎巴坚参巴（dbang grags pa rgyal mtshan pa）向他供茶。】② 另外，他依止活佛却贝益西巴（sprul sku chos dpal ye shes pa）和法王绒波（chos rje rong po）等许多上师广泛听受诸教法。总之，他的足迹走遍整个康区、巩波、达波和藏区各地、康区和前藏各地，且其作成熟解脱诸有情的事业难以计数。壬申年（阳水猴，公元1452年），他居住在哲拉岗③时，女卜者观诸梦兆后说征相极为不佳。于是桑杰僧格哇大师（slob dpon sangs rgyas seng ge ba）启请他长久住于此世间。他说："今年我不会有事的，九个月之内我可以担保自己安然无恙。"后来，他来到桑普寺闭关时，那里的圣物（像、经、塔等）都大兴供养和供衣饰等。在诸护法神前，他供垛玛后吩咐他们要护教。个别佛像等则奉安于箧中而加盖了封印，并且对法王聂窝哇（chos rje snye bo ba）说："我未来到之前不可弄坏印章！"后者问："为什么？"他回答说："由于香巴拉哇（Śambhala ba④）和玛喀（ma kha）双方发生战争，以此具种之友我必须前往帮助。"虽然信众们请求他在这里长久住世而进行祈祷，然而，仍然发生他将圆寂的许多征兆，比如地震、日光晦暝、天降雨花等。有一天，他说："我仍然会在噶举派的行列之中。"说后（为自己）作祈愿，并说"你们也应该作祈祷！"大约就在那时，他还将佛像、法籍、黑帽、往生口诀等书籍都交给国师哇（guśrī ba），并作了保密授记。之后，他在癸酉年（阴水鸡，公元1453年）年满38岁时逝世。他的殊胜弟子难以计数，其中以班嘎哇·绛贝桑波哇（ban kar ba vjam dpal bzang

---

① 【 】藏文（第611页第4～5行）为：mkhan chen bsod bzangs po do li la spyan drangs nas rab tu gshegs pavi tshul yang bstan/。罗译（第516页第1～4行）为：The maha upadhyaya bsod bzangs pa sent a sedan chair to receive him, and he manifested the manner of proceeding there. 谨录于此，供比较参考。

② 【 】藏文（第611页第5～6行）为：dbang grags pa rgyal mtshan pas ja zhus kyang btang/。郭译（第336页第12行）为："旺扎巴绛称请他施茶，他也放施"。此外"旺扎巴坚参巴（dbang grags pa rgyal mtshan pa）"与上文"旺扎巴坚参（dbang grags pa rgyal mtshan）"同。

③ 此处藏文（第611页倒数第8行）为 rtse lta sgang，恐误，似应为 rtse la sgang。

④ 藏文（第612页首行）写为：ཤཾ་བྷ་ལ་བ།

po ba）和国师贝觉登珠巴（guśrī dpal vbyor don grub pa）① 二人为主要弟子。

法王通哇邓丹现在的转世活佛为壤迥衮锉却吉杰波（rang byung kun mkhyen chos kyi rgyal po）：此师于甲戌年（阳木狗，公元 1454 年）诞生在峨地（rngod kyi sa）的邬坚小庙（u rgyan ri khrod），父亲名为扎巴贝珠（grags pa dpal grub），母亲名为拉姆姬（lha mo skyid）。此师是一位在各地作成熟解脱无量众生事业的不可思议的大德。

具德杜松锉巴历代转生诸活佛的最胜弟子依次列出：杜松锉巴的四大弟子（slob ma vod bzhi）是塔玛·楚臣峨（mthav ma tshul khrims vod）、南喀峨（nam mkhav vod）、麦乌·绛曲峨（smevu byang chub vod）、嘉贡·益西峨（rgya sgom ye shes vod）四人。此外还有香仁波且②、克巴旺多（mkhas pa dbang rdor）、达德巴（stag del ba）、藏索哇（gtsang so ba）、嘉·颇哇隆哇（rgya pho ba lung ba）、法王岗巴（chos rje gangs pa）、杰宗哇·仁钦僧格（rje rdzong ba rin chen seng ge）、桑杰热巴钦波（sangs rgyas ras pa chen po）等人。

噶玛拔希的弟子有：益西旺秋（ye shes dbang phyug）、仁钦贝（rin chen dpal）。【据说在蒙古地方，皇帝谴责噶玛巴，下令对噶玛巴及其随扈给予八种处罚，上述两人被烧死了。】③ 此外，（噶玛拔希弟子还）有雅汝热巴（g'yag ru ras pa）、垛丹夏色哇（rtogs ldan zhwa ser ba）、夏玛哇（zhwa dmar ba）、夏察哇（zhwa khra ba）、达阁哇（stag mgo ba）、思阁哇（gzig mgo ba）、栋阁哇（dom mgo ba）、敬安达学巴（spyan snga stag shod pa）、绛央洛卓僧格（vjam dbyangs blo gros seng ge，据说此师因观点不同而受到［噶玛巴］责难）、温·仁波且（dbon rin po che）、南措哇钦波（gnam mstho ba chen po）、绛生嘉耶（byang sems rgyal yes）、珠钦邬坚巴（grub chen u rgyan pa）、年热（gnyan ras）等人。

法王壤迥多杰的弟子有：垛丹桑丹仁钦（rtogs ldan bsam gtan rin chen）、协·扎巴僧格（she grags pa④ seng ge）、垛丹哲窝（rtogs ldan trev

---

① 郭译（第 337 页第 3~4 行）把此二人译为："坝嘎·绛伯让波（文殊贤）和顾实伯觉邓珠"。恐不确。
② 藏文（第 613 页第 2 行）为：gang rin po che。恐误。根据下文相关内容，似应为 zhang rin po zhe。
③ 藏文（第 613 页第 5~7 行）为：hor yul du rgyal pos nag la gtugs te mer bsreg pa sogs brgyad byas pavi dus du vdi gnyis kyang mer bsregs zer/。郭译（第 337 页第 4 段）为"在蒙古地方和纳那王相善，出有麦色巴八人时，其中二弟子也称麦色"。
④ 罗译（第 517 页倒数第 4 行）转写为：Sha-grags-pa。

bo)、垛丹库约哇（rtogs ldan khu yo ba）、察鸠巴（khrag skugs pa）、耶嘉哇（ye rgyal ba）、东顿宣奴蚌（ldong ston① gzhon nu vbum）、敬安垛仁巴（spyan snga rdor rin pa，此师常有黑色披风护法神护持）、达隆衮邦仁波且（stag lung kun spangs rin po che）、嘉哇雍敦巴、克珠达玛惹乍（mkhas grub Dharmarāja）②、雅德班钦（g'yag sde pan chen）、克珠达嘉哇（mkhas grub dar rgyal ba）、喇嘛达穹（bla ma dar vbyung）、堪钦枳坝哇（mkhan chen rtsi bar ba）、绛涅大师（slob dpon vjam nyag）、洛甲四书格西僧格坚参（klog skya bkav bzhi pa seng ge rgyal mtshan）、烘巴哇（mngon pa ba）、曼垄巴（sman klungs pa）、拉堆巴贡嘉哇（la stod pa mgon rgyal ba）、【更敦岗哇（dge vdun sgang ba）的堪布克尊巴（mkhan po mkhas btsun pa）】③等人。

法王若比多杰的弟子有：古贡哇·仁钦贝大师（slob dpon guvi gung ba rin chen dpal）、法王日乌岗巴（chos rje rivu sgang ba）、衮邦贡噶登珠（kun spangs kun dgav don grub）、洛仁波且（lho rin po che）、杰尊纳阁哇（rje btsun nags mgo ba）、日阁哇（ri mgo ba）、峡惹巴（sha ra ba）、措·嘎姆哇（mtsho dkar mo ba）、绛却哇·绛曲坚参（byams chos ba byang chub rgyal mtshan）、噶玛巴衮宣（kar ma pa dkon gzhon）、法王喀觉巴等人。

杜松铿巴的著名弟子称为法王岗巴（chos rje gangs pa）：于乙未年（阴木羊，公元1175年）诞生在甲坝（gya bar）地方，父亲是一位旧密宗修士。那时杜松铿巴已经年满66岁了。他出家为僧后取名为仁钦俄色（rin chen vod zer），曾依止止贡法王、达隆塘巴（stag lung thang pa）、摩觉巴（rmog lcogs pa）、拉雅巴（la yag pa）、达波杜真、尼奈色绛（nye gnas gsal byang）、喀切班钦等许多上师。他的主要上师是垛窝热【巴】（mdo bo ras [pa]），法王岗巴从此师得证《大手印》通达。法王岗巴曾在觉姆雪山（jo mo gangs）的大磐石嘎勒（pha bong dkar leb）等圣地精心修行，后来广作利益众生之事业。他晚年时期元军来藏，他在75岁时的己酉年（阴土鸡，公元1249年）逝世。

---

① 藏文（第613页倒数第6行）为：ldod ston。恐有误。
② 藏文（第613页倒数第4~3行）写为：མཁས་གྲུབ་རྣམ་རྡོ་རྗེ།
③ 藏文（第614页首行）为：dge vdun sgang bavi mkhan po mkhan po mkhas btsun pa。罗译（第518页第6~7行）为：the upādhyāya of dge vdun sgang pa and mkhas btsun pa。与藏文有些不符。

法王岗巴的弟子桑岭仁波且（bsam gling rin po che）：诞生在梁下部（myang smad）的卓隆色穹哇的库隆（sgro lung ser chung bavi khu lung）地方。祖父名为峨·多杰旺秋（rngog rdo rje dbang phyug），有三子：长子为普巴贡（phug pa mgon）、次子为普巴嘉（phug pa rgyal）、三子为普巴达（phug pa dar）。长子普巴贡在达纳（rta nag）地区给他人做仆役，之后来到定日成为瑜伽士。有夏学安哇（shab zho nga ba）名叫达玛江（dar ma lcam）的瑜伽修女也在定日，二人结为夫妇，并于己酉年（阴土鸡，公元1189年）生下桑岭仁波且。桑岭仁波且年满21岁时，在季·却桑（季译师）和藏巴萨博（gtsang pa sar sbos）二师座前出家为僧。他依止过许多上师，广泛地听受经教。他担任过季译师（dpyal）的助手多年。梁上部（myang stod）的色成寺（ser phreng dgon）中有一达波噶举派的大修士，他在此师座前求得《修行五分》①教法，由此而获得《大手印》证达。他亲近岗巴仁钦俄色（gangs pa rin chen vod zer）听受了许多教法。他又是阁乍巴（ko brag pa）的再传弟子。到晚年时，他在梁下部修建桑岭寺（bsam gling）。他证德极高并且广作利益众生的事业。他于72岁时在庚申年（铁猴，公元1260年）逝世。此师与法王阁昌巴同一年诞生，寿数比阁昌巴长两年。

以上是转世活佛传承次第第一阶段。

七　粗普寺历代寺主

粗普寺历任寺主：粗普寺最先由至尊杜松铿巴修建，杜松铿巴作了抚育众生的事业。杜松铿巴示寂后，由朵拉雅巴（lto la yag pa）住持寺院约两三年，此后由杜松铿巴的弟子【堆龙丈巴（stod lung gram pa）的壤迥桑杰】②住持寺院。之后由杜松铿巴的弟子甲哇岗巴（gya ba gangs pa）住持其寺。之后由嘉措喇嘛（rgya mtsho bla ma）住持寺院约两三年，再由仁钦扎（rin chen grags）（住持寺庙）。此三师均是甲哇（gya ba）地方人③。由仁钦扎任寺主时，噶玛拔希从康区返回后接任寺主。此后，由

---

① 《修行五分》（lnga ldan）：修菩提心、修自身为本尊、修上师为本尊、修无分别观和发愿回向。参阅《藏汉大辞典》，第702页。
② 【】藏文（第615页末行）为：stod lungs grim pa dang rang byung sangs rgyas/。恐误，似应为：stod lungs gram pavi rang byung sangs rgyas/
③ 此句郭译（第339页第5行）漏。

噶玛巴的表亲兄弟（snag dbon）①【继续担任寺主并被传称为温仁波且（dbon rin po che）。此后寺主为噶玛派的汝色温喇嘛】② 奈囊巴（kar ma pavi ru se dbon bla ma gnas nang ba）。他之后，寺主为噶玛巴的兄弟珠垛焦（gtsug tor skyabs）之子阿旺益西旺秋（a dbang ye shes dbang phyug）。后者之子喇嘛扎西蚌巴（bla ma bkra shis vbum pa）继续担任寺主。【此后为扎西蚌巴的兄弟阿贝（a dpal）之长子喇嘛旺仁（bla ma dbang rin）担任寺主。然后，策玛班智达（tshad ma pandita，即因明学班智达）从此师手中接过寺座后，仅住持六个月就逝世了。】③ 又由喇嘛旺仁住持寺座几年之后，由法王壤迥多杰任命喇嘛奈囊巴（bla ma gnas nang ba）之侄喇嘛仁钦贝（bla ma rin chen dpal）继任寺主，此师又叫喇嘛纳波（bla ma nag po，即黑喇嘛）。此后由喇嘛纳波的堂兄弟（pha spun）④ 喇嘛却绛（bla ma chos byang）任寺主。在他之后，由阿贝的次子喇嘛却嘉（bla ma chos rgyal）住持寺院，时间比较长。此师先是获得国公（音译）头衔及金印和水晶诏书等物；后来，他又获得灌顶国师称号及晶印和诏书等。此师逝世后，由他的兄弟却洛（chos blo，即 chos kyi blo gros）接管寺座并继承封号。却洛逝世后，由其弟弟嘎吐（dkav thub）的长子仁波且贡噶洛卓（rin po che kun dgav blo gros）继承寺座和封号达15年之久。后来，他将寺座托付给他的兄弟却季俄色（chos kyi vod zer），此师接管寺座和继承封号24年之久。此师逝世后，由其弟喇嘛索南嘉措（bla ma bsod nams rgya mtsho）的长子绛央登珠俄色（vjam dbyangs don grub vod zer）继承寺座和封号。此师在位时，适逢法王德辛协巴到上都。他获得金印和灌顶大国师和诰命封号，返藏后住持寺务43年之久。此后，寺主即现在（著书时）的国师巴。

以上为粗普寺历代寺主的阶段。

---

① 郭译（第339页第7行）当成人名译成"纳温"。
② 【】处罗译（第519页倒数第2行）漏译。
③ 【】藏文（第616页第8～10行）为：de rjes bkra shis vbum pavi mchad ya dbon po a dpal gyi sras che ba bla ma dbang rin/ vdivi lag nas tshad ma pandita tas blangs nas zla ba drug gdan sa gzung ste gshegs/。郭译（第339页第9～11行）为："此后为扎喜协绷巴的兄弟温波阿伯的长子喇嘛旺仁任寺主，此师取得因明班抵达（博士）后，任寺主仅六月而逝世"。恐有误。
④ 此词又意为"叔伯"（参阅《藏汉大辞典》，第1695页），郭译（第339页第14行）为"叔父"。

八　转世活佛传承次第第二阶段

转世活佛传承次第第二阶段：至尊底里巴（rje btsun tilli pa）① 的弟子柯窝嘎（khol bo dgav）往生转世为那若巴的弟子生于乍伦达惹（Jālandhara）② 地方，名为丈色衮日（bram ze kun rig）。丈色衮日转生为尼泊尔的宣奴桑措（gzhon nu gsnag tshol）。此师多闻密宗教授。然后他经过思考后说："据说从密宗教理来说，如果不修密宗则不能成佛；又说，密宗（的修行）只能凭借于上师。"当他正修祈愿，希望见到某位上师大德时，来到林中采花，就看见云层中出现一位多种美饰庄严的少女。少女对他授记曰："哦，徒儿，位于北方雪域丛中，佛所授记称为藏区，前往那里即可实现你的愿望，并能够亲见佛本身之化身！"于是，他将此授记告知了自己的上师嘉噶恰【那】（rgya gar phyag [na]），得到上师的许可后来到北方雪域藏区。与许多善知识相见，他的敬信大增。因此，他给他们发下许多祝愿和祈祷。之后他与至尊米拉日巴相见，并且好几次向米拉日巴顶礼，流下敬信泪水，且顶米拉日巴之足而庄严发愿。米拉日巴对他作了许多授记说："于此雪域丛中，你将屡次转世，传播佛法。你将见到那些超人而引导众生者。你通过先前之福德，定使他们生起不二信仰，定能迅速成熟知果。你一切所愿均会实现！"后来，当他前往尼泊尔和西藏交界处行苦行中而往生。

此师逝世后于丙子年（阳火兔，公元 1096 年）诞生于乌汝上部（dbu ru stod），父亲名为格年穹松（dge bsnyen vbyung song），母亲名为卓玛蚌（sgrol ma vbum）。后来，他前往至尊岗波巴叔侄住处，在 19 岁时就在叔侄座前受比丘戒，取名为楚臣贝（tshul khrimw dpal）。他还依止噶当派的许多善知识和至尊热穹巴等许多上师。但是，他仍然以叔侄二师为主，对二师视如真佛而作为根本上师。他见杜松钦巴来拜见至尊达波叔侄时，他又生起无量敬信，并且求得许多教法。此师在 37 岁时于丙子年（阳火兔，公元 1132 年）逝世。

楚臣贝的转世活佛为比丘南喀峨（dge slong nam mkhav vod），此师在

---

① 藏文（第 617 页倒数第 7 行）写为：ཇེ་བཙུན་ཏི་ལླི་པ。

② 藏文（第 617 页倒数第 6 行）写为：ཇོ་ལན་དྷ་རར。

癸丑年（阴水牛）诞生于汝仓（ru mtshams）地方，父亲名为贡巴登珠喇嘛（dgon pa don grub bla ma），母亲名为拉姆江（lha mo lcam）。幼年时期他就可忆念昔日上师而生敬信。年满8、9岁时，把他托付给了杜松铿巴。此后他未离开过杜松铿巴，作了八九年的仆役。他在杜松铿巴座前学习了许多教授和随缘教授。他没有普通孩子的一切行为，而只是敬信依止上师，并且以教导进行探索，因此，至尊上师非常喜欢他。在法王前往康区后，他到岗噶、色莫垛、喀惹、塘拉等寂静处精心修行。在不修行期间，他拜见了卓贡香（即喇嘛香）、洛巴（lho pa）、杰岗巴（skyer sgang ba）、岭大师（gling）等许多大德，并在这些师座前听受了教授，特别是对德协达隆汤巴（bde gshegs stag lung thang ba）的信仰极为甚深，求得传法，主要以修为主。之后法王来到前藏时，给他传授了许多未传授的教授和随缘教授。他曾用17年时间进行闭关专修，也获得一些成就的道貌。而后于己未年（阴土羊，公元1199年）在年满67岁时逝世。

南喀峨的转世活佛为扎西扎巴（bkra shis grags pa）：此师于庚申年（阳铁猴，公元1200年）诞生在垛康（下部康区），父亲是一位修圣马头金刚的瑜伽士（vphags pa rta mchog gi rnal vbyor），名为旺秋勒巴（dbang phyug legs pa），母亲名为卓玛措（sgrol ma vtsho）。由于他宿世生中信愿的影响力，他来到前藏后，在达隆巴古耶哇（stag lung pa sku yal ba）座前求得教授。达隆巴大师对他极为喜爱，并把自己最后的一切教法传授给了他。桑杰雅俊（sangs rgyas yar byon）也对扎西扎巴慈悲摄受，使他多年精修。【扎西扎巴在仓空（mtshams khongs）地方与法王噶玛巴相见】①，对法王生起无量敬信。法王对他说："你的前世是杜松铿巴的弟子，此生又成为我的弟子。现在你的正修应该如此这般修。"说完后还将教授疑难解释传授给他。扎西扎巴于壬午年（阳水马，公元1282年）满83岁时逝世。

扎西扎巴逝世后不久，于癸未年（阴水羊，公元1283年）转世诞生在邦波（spom po）地方，名叫垛丹·扎巴僧格（rtogs ldan grags pa seng ge）。父族是峡（sha）、布（vbu）二族系中的峡族。族姓为丈姑（dbrang gu）。父亲名为达琼（stag chung），母亲名为阿阁萨（a rgod gzav）。父母及其儿子（三人）来到喇嘛顿绛哇（bla ma ston byang ba）座前请求灌

---

① 【】藏文（第620页第7~8行）为：chos rje kar ma pa dang mtshams khongs su mjal/。罗译（第523页第5~6行）为："During his seclusion he met the Dharmasvāmin Kar ma pa（他在闭关期间与法王噶玛巴相见）"。

第八章　从大译师玛尔巴的传承至称为达波噶举派的阶段　461

顶。当迎请智慧尊降临时，其母身体舞动并且口中说出了许多梵语，上师说："她是一位智慧空行母。"在 5 岁时，垛丹扎巴僧格亲见救度佛母；且在童年时期就发现了他有许多无碍神通。年满 13 岁时，垛丹扎巴僧格在至尊柯哇（rje khol ba）的弟子洛卓扎巴（blo gros grags pa）座前受居士戒，并在那里依止上师居住了两年时间。然后，他被送到喀吐协巴（kha thun shes pa，某种黑咒神）处，经过勤奋念修，对他的敌方示现了许多神奇征兆。年满 17 岁时，在上师益西僧格（bla ma ye shes seng ge）座前，于邦寺（dgon pa spom）中出家为僧，并听受了《俱生》（lhan skyes）和《觉姆舍生法初生要义》（jo mo hrīh bskyed dang ba bskyed）①。益西僧格哇便是嘉坡哇隆巴（rgya pho ba lung ba）②的弟子，嘉坡哇隆巴又是在杜松铿巴座前求得教授的。在这些上师座前，他求得许多教授，特别是在益西僧格【哇】座前求得《方便道导释》（thabs lam gyi khrid）而修生起了特殊暖火。他穿着单衣就足以御寒，因此，都称他叫丈姑热巴（dbrang gu ras pa）。大约那时，他亲见黑色披衣护法（ber nag can），护法对他授记，指示他应该前往前藏。于是他想到前藏，并想学习一部经卷。于是请求父亲允许他走，但父亲未许可他前往前藏。因此，他就悄悄牵出一匹骏马和携带一大堆金银，与坝日却桑（vbav ri chos sang）结伴而逃走，一路上未遇到任何灾障而平安到达。来到索曲喀（sog chu kha，意即索曲的源头）时，他梦中见到黑色披衣棒护法前来并对他说："我来作你的助伴。"醒来后感觉意识生起平乐。后来，他在戊申年（阳土猴，公元 1308 年）来到粗普寺。那时，法王壤迥多杰已应邀来到巩波，正住在巩波。他在楚仁大师（slob dpon tshul rin）座前听受了许多教法，其中包括《密集灌顶》（gsang vdus kyi dbang）和《密集续》一遍；又在索南僧格大师（slob dpon bsod nams seng ge）座前求得《五五灌顶》（lnga tshan lngavi dbang）等修法，后者还赐给他相传是杜松铿巴使用过的手铃。他又在南瓦（gnam ba）的上师邬玛哇（slob dpon dbu ma ba）座前求得《胜乐》和《喜金刚》的灌顶，以及瑜伽灌顶的做法，并学习音书弹线（dbyangs bri thig）等法。之后他来到桑普寺，依止拉却哇·绛央释迦宣（blo chos ba vjam dbyangs shvak gzhon）和副法座洛卓冲麦（zer chos pa slob dpon blo gros mtshungs med）座前，求得法相论藏《瑜伽师地论五分》（也称《瑜伽师地论》或《五部地论》）、《慈氏五论》、《量决定论》

---

① 藏文（第 621 页第 4～5 行）写为：ཇོ་མོ་ཧྲཱིཿབསྐྱེད་དང་བ་བསྐྱེད།
② 即上文的嘉坡哇隆巴（rgya pho ba lung pa）。

(tshad ma rnam nges)、《摄论》(sdud pa)、《入行论》(spyod vjug)等许多讲授。特别是,当洛卓冲麦看了他所撰述的《波罗蜜多大疏》一书后说:"著作虽然好,但是没有人会采纳它。放那儿吧!"于是他只好将撰述著作之事搁置一边。此后,当法王壤迥多杰从刚波来主持蔡巴·嘎德协巴(vtshal pa dgav bde gshegs pa)举办的宴席时,他到宴会地点与法王相见。他在四年时间里精心研究和学习《波罗蜜多》,并且达到精通的地步,遍游后藏各辩经场,以此获得熟悉精通《波罗蜜多》法语之美名。他在桑普居住时,前往会晤了闻名遐迩的甲扎却杰(rgya brag chos rje)。刚一见面,感觉就彻底改变,并使空性和大悲成熟。任何人坐在他的座前,都能使三摩地(定)力生起,继而生起敬信。他还获得传授息结派的《三种离边教授识真》(zhi byed mthav bral gsum gyi gdams pa ngo sprod)和《中观派发菩提心法》(dbu ma lugs kyi sems bskyed)。他总共在桑普居住了七年。由于他对新旧教语之争辩渐生厌倦,他来到了恭地(skungs),法王(壤迥多杰)及其十位爱徒就住在那里。法王对他说:"昨晚黑色披衣护法到来了,说你有护法作护眷!"那年,法王修建了德钦顶寺(bde chen stengs)。由于那里未修建茅蓬,以此他(扎巴僧格)求得《六法导释》后,夏季前往僧格隆(seng ge lung)静修生起了极好的悟境,发现一切山川被水淹没之相。他给法王叙述了此事,法王说:"这是你已经掌握了水的呼吸之相。"是年冬季,他在德庆寺中静修而获得生起了幻身和梦中契合之修力。当到处要传说霍尔上部(stod hor,即中亚突厥)大军即将来到时,他幻现这支军队到达无热池[①]后返回了。果然半个月后传出不需要征兵马的消息。他在梦中屡次梦见自己前往邬坚的真实境相,于是他想自己若能够前往邬坚,就做一个像邬坚巴大师那样的大成就者。他把此情况告诉了法王(壤迥多杰),法王只说:"修境中的野马真神奇!"并未告诉他是否能够成功到达。之后,有一秋季,法王被迎接到尼木(snye mo)[②]居住,他随同作服役。在那里他最后一次(跟法王)告别后前往后藏,在觉莫囊寺(jo mo nang)与绛生嘉耶(byang sems rgyal yes)相见并对他说:"我是法王的扎巴(弟子),名为扎巴僧格,现在我要前往邬

---

① 无热池(mtsho ma dros pa):无热恼池。梵音译作阿耨达池、玛那萨罗池。西藏自治区普兰县湖名,藏史中有认为即汉族典籍所载瑶池,则是距今三千年前周穆王西游之地,佛书载此湖作正方形,方各五十瑜缮那,周二百瑜缮那,八功德水盈满其中,在香醉山北十瑜缮那处,实即今日马法木措湖。参阅《藏汉大辞典》,第 2320 页。
② 县名。位于西藏自治区拉萨市西面雅鲁藏布江北岸。《元史》译作聂摩。《明史》译作聂母。参阅《藏汉大辞典》,第 1012 页。

坚。"后者答道："在印度佛教已经灭亡，将有都汝喀（Turuskas）①的灾难到来，因此不要前往。"他对绛生嘉耶大师生起敬信，随一些人一起求得《时轮上灌顶》（dus vkhor dbang gong ma）后，又求得《六加行摄要》（sbyor drug gi sor sdud）而精心修行，获得圆满诸征相。他将此情况告知上师，上师说："这是到达随念，你过去修过吗？"他回答说："我曾在法王壤迥哇座前求得许多修法导释，特别是求得《心滴教授》（snying thig）后也见诸征相。"以此情况陈述于上师，上师说："也许已经在顿超种姓中。"之后，他前往普姆乍（phug movi brag）绛生嘉耶大师的住处作服役，在那里居住了一年时间，后者给他圆满传授了《六加行导释》，并且传授了许多梵文版经教授，【并获准可以传授给他人】②。此后，他前往萨迦，有一晚上，他在梦中听到度母说："你到不了邬坚。"因此，他断除了前往邬坚的迷执。后来，在前往西日（śrī ri）③和米拉六宗（mi lavi rdzong drug）的途中，他与洛卓丹巴译师（lo tsav ba blo gros brtan pa）相见。在那里居住了几天，在译师座前求得《胜义念修法》（don dam bsnyen pa）④和《修法海》⑤的经教诵授。在萨迦上部的枳江（vbri lcam）的山间修行处，他在一位康巴人座下听受一些风息、脉络等教授，此人身色神采极佳，因为他修习过六支瑜伽（Sadanga）和羯磨印（Karma mudrā）。而后，他前往西日在阁昌（rgod tshang）居住时，他能清楚地听到住在觉姆雪山处法王所唱的道情歌声，又在梦中和法王阁昌巴（chos rje rgod tshang ba）相见而谈论了许多教法。他还在那里见到米拉日巴所留足印之上复有阁昌巴所留下的足印。昔日的北方住着成就师丹巴细波（grub thob vdam pa zhig po），扎巴僧格从他那儿获得法缘联系（chos vbrel）之教法。此后，扎巴僧格来到米拉六宗，在扎噶（brag dkar）、库鸠温巴宗（khu byug dben pa rdzong）和扎玛（brag dmar）三宗居住了一段时间；其他地方他只是短暂停留。在梦中又与至尊米拉相见，后者为他宣说道情歌。他的修持得到极大增长。他在那个地区住了三年时间，到过帕巴哇底（vphags pa lba ti）⑥地方。此后，他在返回途中在法王诞生地也居住过。他又

---

① 藏文（第623页倒数第3行）写为：དུ་རུ་ཥ།。
② 郭译（第343页倒数第3行）为："……和利他一座修法教授"。
③ 藏文（第624页第9行）写为：ཤྲཱི་རི།。
④ 梵文：Śrī Paramārthasevā；请参阅《丹珠尔》，rgyud, No. 1348。
⑤ 《修法海》（sgrub thabs rgya mtsho）：为阿底峡所著。参阅《佛学词典》，第170页。
⑥ 此地位于吉绒（skyi rong）。罗译（第528页第4行）转写为：vphags-pa wa-ti。

前往定日。继后来到布扎（sbu tra），这里有一大成就者的转世活佛年满13岁且各根清净的小沙弥，他也到其座前听受获得法缘。他又在堪钦索南俄色（mkhan chen bsod nams vod zer）座前求得教法。【在那里，与本钦温波顶真桑波（dpon chen dbon po ting vdzin bzang po）相见，后者供上黄金一两。】① 此后，他来到德庆处的法王座前，居住了五年时间，一直在德庆寺中一心专修，并且听受了许多教授。他在堪钦宣奴绛曲（mkhan chen gzhon nu byang chub）和扎西仁钦大师（slob dpon bkra shis rin chen）座前受比丘戒，又在堪钦座前听受了一些教法。然后，在那里的一次密教僧会上，他现起光明修境，亲见达拉岗波山（dwags lha sgam povi ri）和达波拉杰大师坐在彩虹霓光中，这时他顿时能忆起宿世住地，并清楚地看见前世诸生中的事迹，于是他在那里也唱出道情歌来讲述这些事迹。他说："从那时（即起前代转世）起，峨顿（vod ston）和雅桑巴（g'yam bzangs pa）二师就是我的弟子。"有段时间，法王壤迥哇身患疾病，他（扎巴僧格）吩咐我们说："在后藏方向，有人对我们念了恶咒，你们诸通达者作诵经祝福禳灾之法事吧！"于是各赐诵经祝福法事之费用。一些人诵修《长寿法》（tshe sgrub）；一些人诵修《摧坏金刚法》（rnam vjoms）②。他说："我同楚洛（tshul blo）二人修《阎罗杂（阎罗王）避免法》（gshin rjevi bzlog pa）。"一个月之后，萨迦以下地带都出现了光明之相；有一密宗寺院听到许多门隅小儿（mon bu）③ 的哭泣之声。第二天上午，修法者都来到法王近前，逐一禀告法王修法效果在各处有如此光明发生。因此，法王派遣多杰僧格大师（slob dpon rdo rje seng ge）的侍者前去观看，侍者回来后报告说，在修法寺庙后面咒师们患痢疾（dmar nad），其中有些死在那里了。至尊仁波且（法王）的身体也已经康复，于是，他为垛丹耶嘉（rtogs ldan ye rgyal）、堪布楚洛（mkhan po tshul blo）、敦巴（ston pa）、拉杰雅桑哇（lha rje g'yam bzang ba）等二十人传授了五种大灌顶。这是法王首次传授灌顶修法，从此以后，他通过灌顶和导修之门广作利益其他众生的事业。当法王来修建巩波纳普寺（kong po nags phuvi dgon pa）时，郑重地委托德庆寺之寺座，但是寺院方面未按照命令去办理。因此，法王说："后期中将有一批不听话的徒众。"扎巴僧格在仁真

---

① 【】藏文（第625页第9～10行）为：der dpon chen dbon po ting vdzin bzang po dang mjal/ gser srang gang khong gis phul/。郭译（第344页倒数第11～10行）为："在这里和温钦温波顶真让波（定贤）相见；并供上黄金一两。"

② 梵文：Vajravidāraṇā nāma dhāraṇī。请参阅《甘珠尔》，rgyud，No. 750。

③ 罗译（第529页第7行）为："Indian（印度人）"。

姑玛惹惹乍（rig vdzin Kumārarāja）① 座前听受《大圆满秘密法类》（rdzogs chen gsang skor）等教授。然后，他居住在普姆静修处（phug movi ri khrod）。此后，扎巴僧格又在桑普寺喇嘛顿达（bla ma ston dar）座前求得《那若空行母法类》（nav ro mkhav spyod skor）。获得加持授记，依此授记修持为主。之后，他来到惹察（ra tshag），在觉姆座前献供养，以此发现许多加持之现相。他说："能够与印度金刚座媲美的地方是拉萨，而与邬坚地区媲美的则是惹察。"他在普姆伽（phug mo che）居住了五年时间后，来到楚甲惹的沟头（vtshur ca ravi phur），这里是杜松锵巴的弟子成就师曲贡玛·桑顿坚（grub thob chu sgom ma bsam gtan rgyan）所修建的山间修行处（茅蓬），名为达普喀卓岭（rta phug mkhav vgrovi gling）。他发现奈囊（gnas nang）地方的风水很好。有一天晚上，他在梦中见到曲贡玛·桑顿坚在空中对他说："在普（phug）地方修建寺院将能获得广大利益众生之事业。由于我（作为女人）受生于下等之身而不能够成功，而兄长你一定能够成功。"说后立刻消失不见了。于是，他打算于【壬】申年（【水】猴，公元1332年）在那里修建寺庙。有一天晚上，他见一度母身着简陋，面带尘土而来，于是那年他没有动工修建，【并假装未经占星家推算过】②。他于【癸】酉年（【水】鸡，公元1333年）年初在奈囊修建寺庙。当他开始奠基时，他亲见黑色披衣护法把寝殿下的土都填好了，于是他就在那里修建寝室。经过一个半月的修建，寺庙就竣工了，并且会聚了一百多僧众。他们都能精勤修持，在此修《那若六法》和《六支瑜伽》的许多人会获得成相。扎巴僧格说过"在这一山间修行处（茅蓬），修持兴旺将经过人世三代。我将来此执犁动土"③等语。他在那里长时间作利益有情事业后，将寝室托付给顿巴，【请他讲经说法，并把寝室也改建成寺院。】④ 他在那里专心精修一年时间未见任何人。此后，（北京）皇宫中法王仁波且派来致书使者，命他到德庆寺去居住。因此，他在德庆寺中安住，在那里他修建上妙寝室并夏居。后来，他感到身体略有不适，心想奈囊水土应该更有利于自己的健康。他搬到奈囊，不久病情好

---

① 藏文（第626页倒数第4~3行）写为：རིག་འཛིན་ཀུ་མཱ་ར་རྗ་.

② 【】处根据罗译（第530页第17行）补译。

③ 罗译（第530页第7~9行）行间注："他说这话的意思是，三代之内，寺内教友都会潜心修习；之后，僧人们就会染上村民的习性。"

④ 【】藏文（第627~628页）为：khrid khong vdebs su btsug nas gzims khang yang dgon btab ste/．罗译（第530页倒数第7~4行）为：He made give instructions and founded the mansion of Yang dgon.

转。于【己】卯年（【土】兔，公元 1339 年）他在德庆寺闭关专修时，真实预知法王仁波且在皇宫中是如何逝世的。扎巴僧格 61 岁那年是他关键的一年，他在奈囊身患疾病时，见前面空中有一美饰庄严，异香芬芳之救度母，因此病愈。后来扎巴僧格又在【戊】子年（【土】鼠，公元 1348 年）年 11 月患病，他见有救度母次第排列中有许多妙龄美女在舞蹈，因而疾病立刻痊愈。在此之前，他还亲见许多诸佛刹土，真实现见中阴，在中阴作诸事业。他还为诸大修士消除许多魔障灾厄等，其类似事业是难以言尽的。最后，在 67 岁时的己丑年（阴土牛，公元 1349 年）3 月，扎巴僧格开始示现病容，从 14 日起身体每况愈下。于是，他对堪布和弟子等作详细的交代说："你们应该把我的所有财物分了！我此生本想成就虹身而去，但由于某些障难而未能如愿。现在我的遗体不要火葬，而应该以六种装饰（六种骨饰）来庄严我体，并奉安于白银塔中，让我面向东方。"而后他在 19 日正午逝世。于 23 日修丧祭法事时，众人都见大降天雨之花。那时，据说与他前生有关系的达隆地方也降天雨花。当迎请遗体奉安于塔中时，四面八方都现起彩虹交织，又在所陈设佛母会供上面现起彩虹之光。

总之，此师有许多弟子，其中著名的四大弟子（bu chen bzhi）是：垛丹贡嘉哇、绛央却多哇、雅德班钦、克珠达玛坚参四人。四大弟子中的雅德班钦：于己亥年（阴土猪，公元 1299 年）诞生在雅德杰玛（g'yag sde bye ma）① 地方，父亲名为阿弥贡却贝（a mi dkon mchog dpal），母亲名为甲嘉却姬（skya rgyal chos skyid）。这个猪年正是布顿仁波且年满 9 岁时的亥（猪）年。雅德班钦年满 5 岁时，就在班波却旺（vban po chos dbang）座前听过一次《净治恶趣密经》（ngan song spyod rgyud）②。他在垛丹仁门（rtogs ldan rin smon）和觉丹达尊（jo stan dar brston）座前学习语法。后来，又听受《毗奈耶》和《对法》。在堪钦却贝（mkhan chen chos dpal）座前受居士戒（dge bnyen）和近事男戒（bar ma rsb byung）③，并且听讲了几次《毗奈耶》。又在热顿索仁（ras ston bsod rin）座前受沙弥戒（dge tshul），并听讲《毗奈耶》，后来在堪钦俄穹（mkhan chen vod vbyung）和夏钦仁穹（zhwa chen rin vbyung）座前受比丘戒（bsnyen par rdzog）。雅德班钦在桑普哇·洛卓冲麦（gsang phu ba blo gros mtshungs

---

① 郭译（第 346 页倒数第 3 行）漏译"杰玛"。
② 参阅《甘珠尔》，rgyud，No. 483。
③ 近事男（bar ma rab byung），受居士戒后尚未受沙弥戒以前，为速得沙弥禁戒，而受近事男戒者，须于殊胜境前启白并换三相。参阅《藏汉大辞典》，第 1822 页。

med）座前，求得《量决定论》、《慈氏五论》、《入行论》、《摄量论》（tshad ma bsdus pa）①、《修词学如意宝树》（snyan ngag dpag sams vkhri shing）②等。他还在法王壤迥多杰座前，求得《佛海》、《亥母》、《胜乐》、《能怖（或大威德）》③、《四座》等灌顶，以及《六加行（六支瑜伽）》、《那若六法》、《俱生和合》（lhan cig skyes sbyor）、《三身认识》（sku gsum ngo sprod）等的导释（khrid），又求授《胜乐本续》（bde mchog rtsa rgyud；梵：Samvara mūla tantra）④、《喜金刚第二品》、《垛哈》、《甚深内义》（zab mo nang don）⑤、《前后二生本事》（skyes rabs snga phyi gnyis）⑥等释论（bshad pa）；并求授《念修修法》（bsnyen sgrub）⑦、《热穷耳传法》（ras chung snyan brgyud）、《金丹术⑧鬘》（bcud len phreng ba）等。他又在潘波尊峡噶（vphan po btsun shavka）座前，听受了念译师的《四面怙主法类》（zhal bzhi pavi skor）等；在垛丹扎僧哇（rtogs ldan grags seng ba）⑨座前求得《那若六法》、《六加行（六支瑜伽）》、《俱生觉母加持法》（lhan skyes jo movi byin rlabs）、《热穷传规金刚手威猛法》（phyug rdor gtum po ras chung lugs）、《消除灾障法》（gegs sel）等许多教授。雅德班钦又在勒堆旺嘉（las stod dbang rgyal）座前，求授《六加行（六支瑜伽）》、《灌顶略示》（dbang mdor bstan）⑩、《日月并修》（nyi zla sgrub pa）⑪、《启开暗眼》（sbas pa mig vbyed）等法。他又在仁真姑玛惹惹乍座前，求得《大圆满心滴法类》等；又在衮邦却扎贝（kun spangs chos grags dpal）座前听受《时轮根本续释》（dus vkhor rgyud vgrel gyi bshad pa）的讲解，以及《红阎摩灌顶》（gshed dmar gyi dbang）⑫、《金刚心要

---

① 参阅《丹珠尔》，tshad ma，No. 4203 所载之 tshad ma kun las btus pa。
② 梵文：Bodhisattvāvadānakalpallatā；参阅《丹珠尔》，skyes rabs，No. 4155。
③ 《能怖》（vjigs byed）：大威德。指本尊金刚大威德。此神有十三尊，即：中间为主尊佛父佛母，四面为四阎摩敌，四守门神，四界为四天母。参阅《佛学词典》，第262页。
④ 参阅 Abhidhāna uttaratantra nāma，载《甘珠尔》，rgyud，No. 369。
⑤ 系大手印法类的一部藏文著作名。
⑥ 这是《菩萨本生鬘论》（Jātakamāla），参阅《丹珠尔》，skyes rabs，No. 4150；以及4152的 Hari bhattajātakamāla nāma。或者参阅壤迥多杰所著的 skyes rabs phyis ma。
⑦ 此系邬坚巴所著的 U rgyan bsnyen grub。
⑧ 金丹术（bcud len）：佛教徒采炼花草药石求延年益寿之术。参阅《佛学词典》，第211页。
⑨ 与上文垛丹扎僧（rtogs ldan grags seng）同。
⑩ 即 Sekoddeśa，参阅《甘珠尔》，rgyud vbum，No. 361。
⑪ 即 Śrī Kālacakropadeśasūr yacandra sādhana，参阅《丹珠尔》，rgyud，No. 1369。另，此处罗译（第533页倒数第5行）将 nyi zla 转写为：nyi-sla。误。
⑫ 参阅《甘珠尔》，rgyud vbum，Nos. 475 和 478。

释》（rdo rje snying vgrel）①、《胜乐上集释》（bde mchog stod vgrel）②、《时轮后续》（dus vkhor rgyud phyi ma）③ 等。他又在邦译师洛卓丹巴（dpang lo tsav ba blo gros brtan pa）座前求得《金刚顶》、《瑜伽师地论五分》、《阿毗达磨杂集论》（mngon pa kun las btus；梵：Abhidharmasamuccaya）、《能仁密意庄严论》④、《诗镜》（snyan ngag me long ma）⑤、《文殊真实名称经》等许多教法。又在雍敦巴座前听受《智慧秘密圆满续和教授》（ye shes gsang rdzogs kyi rgyud gdams pa）⑥、【《秘密心要》（gsang snying）及其灌顶仪式等】⑦、《阿若教授》（a rovi gdams pa）经文诵授、《空行心滴的灌顶导释、诵授》（mkhav vgro snying thig gi dbang khrid lung）等、《阿若略续诵授》（a rovi rgyud chung gi lung）、扎弥（tsa mi）所译的《时轮续释》经教诵授和灌顶等，《阎曼罗杂经教诵授》（gshin rje gshed kyi lung；梵：Yamāntaka）、《集经密意论》（mdo dgongs vdus）、（宁玛派）《心部本十八种》（sems sde ma bu bcos brgyad）等教法。雅德班钦又在布顿大师座前听受《时轮》圆满灌顶、续释讲解、《密集灌顶和教授导释》、《密集续释》、《摄行论》（spyod bsdus）⑧、《成就七种》（grub pa sde bdun）⑨、《波罗蜜多》、《量决定论》、《红阎圆满次第》（gshed dmar rdzogs rim）⑩ 等许多教法。又在秦·洛桑扎巴（vchims blo bzang grags pa）座前求授《集学论》和《入中论》等教法。又在衮铿垛波哇（kun mkhyen dol po ba）座前听受《时轮》续释的讲授、《最胜灌顶》（mchog dbang）、《六加行（六支瑜伽)》、《了义海论》⑪ 等许多教法。又在贝丹喇嘛丹巴（dpal ldan bla ma dam pa）座前听受《摄金刚幕种性灌顶》

---

① 即 Śrī vajramandālamkāra mahātantra pañjikā，参阅《丹珠尔》，rgyud，No. 2515。
② 参阅《丹珠尔》，rgyud，No. 1402。
③ 即 Śrī Kālacakra tantrottaratantrahrdaya nāma，参阅《甘珠尔》，rgyud vbum，No. 363。
④ 《能仁密意庄严论》（thub pa dgong rgyan；梵：Munimatālamkāra），计美窘内著。参阅《佛学词典》，第 351 页。也请参阅《甘珠尔》，dbu ma，No. 3903。
⑤ 即 Kāvyādarśa，参阅《甘珠尔》，sgra mdo，No. 4301。
⑥ 《智慧秘密圆满续》（ye shes gsang rdzogs kyi rgyud）系宁玛派密教经典名称。
⑦ 【】藏文为：gsang snying dbang dang bcas pa。郭译（第 247 页倒数第 3 行）漏译。有关《秘密心要》（gsang snying；梵：Guhyagarbhatattvaviniścaya），可参阅《甘珠尔》，rnying rgyud，No. 832。
⑧ 参阅《丹珠尔》，rgyud，No. 1803。
⑨ 参阅《丹珠尔》，rgyud，Nos. 2217～2223。
⑩ 参阅《丹珠尔》，rgyud，No. 2036。
⑪ 《了义海论》（nges don rgya mtsho）：阐述藏传佛教觉囊派他空见论点的书。参阅《佛学词典》，第 181 页。

(gur rigs bsdus kyi dbang)①、《中观传规之发菩提心法》（dbu ma lugs kyi sems bskyed）、《道果》等教法。总而言之，他前后一共依止108位上师。在一些上师座前，他仅听过一次教法的；在某些上师座前，他仅听受一些修法的；在某些上师座前，他听受过广大的显密经释。他的上半生资具财富不富足，自从在大德桑丹贝（skyes mchog bsam gtan dpal）座前求得教授后，他的受用财富缘起才备足圆满。他说："直到去年我的口还愁找不到财食；而现在是财食受用多得愁找不到我的口了。"于是，他变得吉星高照、财富圆满，因此他修建了厄旺寺（E vam gi dgon pa）。既然他具足神通，他依止因缘作了利益广大有情事业。他有善巧而有甚深修持的弟子，其中：居住在山间修行处（茅蓬）的著名弟子有贡波益西（mgon po ye shes）；住持寺务的弟子有绛比央却贡巴（vjam pavi dbyangs chos mgon pa）、克珠·绛曲坚参（mkhas grub byang chub rgyal mtshan）、堪钦桑杰洛卓巴（mkhan chen sangs rgyas blo gros pa）等许多弟子。哪怕对仅听受其教法一天或者一个小时的诸人士，他都要派发食物和礼品，这就是雅德班钦的规矩。因此，徒众中出现了许多能作利益众生的大善知识。最后，他于戊午年（土阳马，公元1378年），年满80岁时逝世。从此以后，厄旺寺的法流代代相传，从未间断，直到今天（著书时）。居住在山间修行处（茅蓬）的弟子贡波益西在（雅德）班钦逝世后，曾在较短的时间内住持厄旺寺。他修建了哇拉纳寺（lba la snavi dgon pa），此寺戒法谨严，并聚集许多僧众，他作了广大利益众生的事业。后来，由堪钦桑洛哇（mkhan chen sang blo ba）任僧会堪布，他在（西藏）上、下部许多地方居住，并且广泛讲授导修教法，抚育出了许多作利益众生之事业者，其中有如弟子堪钦仁波且嘉桑哇（mkhan chen rin po che rgyal bzang ba）等人。后来，堪钦桑洛哇修建了裕仁钦寺（yol rin chen gling），并作出了利益众生的事业。又有法王绛嘉哇（chos rje byang rgyal ba）长久居住在却柯岭（chos vkhor gling）中，后来有一段时间他居住在曲弥新寺（chu mig dgon gsar）。他的弟子中能够抚育利益众生事业的为南喀扎巴大师（slob dpon nam mkhav grags pa）等人。又有绛央却贡巴（vjam dbyangs chos mgon pa）②住持过厄旺寺，并作出利益众生之事业。由此出现绛央仁嘉哇（vjam dbyangs rin rgyal ba）和江钦巴·释迦西（rkyang chen pa Śākyaśrī）③等许多

---

① 参阅《甘珠尔》，rgyud，No. 419。
② 似与上文之绛比央却贡巴（vjam pavi dbyangs chos mgon pa）同。
③ 藏文（第633页第6行）写为：རྐྱང་ཆེན་པ་ཤཱཀྱ་ཤྲཱི།

弟子。

克珠达嘉哇（mkhas grub dar rgyal ba）：诞生在塘拉附近，父亲名为索南贡（bsod nams mgon），母亲名为扎西。其母曾梦见有一位印度瑜伽修士赤裸而着白绸短裤，头戴冠冕、耳戴金饰，手中持有盛满甘露的颅器以为标志，有以美饰而庄严的五百妇女随侍而环绕于他，瑜伽修士就这样来到她的面前作灌顶、说法并示现神变。继后，他的随侍诸妇女一一相入相合，最后入合于瑜伽修士一人身中。之后瑜伽修士又从她的眉间入合于她的身中。此梦没有使她不舒服，并连续七日出现同样的梦。此外还发现许多稀有征相。克珠达嘉哇童年时期就具有敬信和大悲心，喜欢佛像、经、塔等；对僧伽恭敬；不仅自己不作恶行，见他人造恶，他就难忍而作阻止等许多功德。年满6、7岁时，他学习诵读成为善巧者。阅读广、中两种般若①，即能将成句文和大意粗略领会于心。他依止过喇嘛牟桑巴·仁钦喇嘛（bla ma rmugs sangs pa rin chen bla ma）等上师。有一天，他和许多同伴去采摘花朵游玩时，不慎跌倒，由这一痛苦作助缘而生起唯佛能作救怙的定解，于是，就皈依于佛，并且生起回忆往昔生事而感到悲伤，并唱出歌来；因此，有些人听着觉得惊奇，有些人认为是被魔鬼所加持的结果。此后不久，他与法王壤迥多杰相见，他亲见法王是圣观音菩萨而生起强烈敬信，便来到德钦顶寺为法王作服役。于是，由法王做亲教师；由堪钦宣奴绛曲巴（mkhan chen gzhon nu byang chub pa）做轨范师，为年满19岁的达嘉哇授出家戒和比丘戒。他依止聂朵巴·贡噶登珠（snye mdo ba kun dgav don grub）②、喇嘛楚仁（bla ma tshul rin）、法王扎巴僧格（chos rje grags pa seng ge）、甲扎却杰（rgya brag chos rje）、堪钦南喀坚参（mkhan chen nam mkhav rgyal mtshan）、喇嘛索仁（bla ma bsod ren）、绛曲贡波（byang chub mgon po）、索南僧格（bsod nams seng ge）等善巧、有成就、戒精严的许多上师，并且广泛地听受了许多显密经论，特别是他以教授秘诀为主，发愿一心精修。他便在各地的山间修行处（茅蓬）断除懒散进行精修，因此获得一切人士的尊敬。他头不落枕（昼夜正坐修定而不睡），背不靠垫（rgyab rten），行水、石僻谷之苦行，常修甚深调治风息法等，因此，获得各种经验并生起了许多修悟。特别是他发生过险恶修感，他有三年患剧烈的虱瘟，有二年患心风病，有一年患遗漏（遗

---

① 广中略三种般若（yum rgyas vbring bsdus gsum）：十万颂、二万五千颂和八千颂。见《藏汉大辞典》，第2585页。
② 与前文的聂朵·贡噶登珠（snye mdo kun vgav don grub）、聂朵哇·贡噶登珠巴（snye mdo ba kun vgav don grub pa）同。

第八章　从大译师玛尔巴的传承至称为达波噶举派的阶段　471

精）灾障；但是，这些险恶的修验，他都依靠自己的修持力而脱险，并且生起了殊胜的修悟通达。他能召唤不动金刚、阎曼罗杂（阎罗王）、摧坏金刚等为他摧伏魔障。贡波护法向他下跪而承许做他事业的助伴。他还亲见无量寿佛和释迦牟尼等许多正净相，此外还能亲见他方的疆土、他者的种姓、行为、心态等，犹如镜中显现。他不用勤奋努力，就使圆满次第之定力在修镜中运行。【当他向法王壤迥多杰和仁波且桑桑奈仁巴（rin po che zang zang ne rings pa）提问时，他把他们视为萨惹哈（Sa ra ha）。】①【当他求授《胜乐》灌顶的时候，亲见嘿惹嘎（He ru ka，即饮血金刚）、多杰瑜伽母（rdo rje rnal vbyor ma）等。在聂朵哇（snye mdo ba）座前听受息结派后期传承的诸法门时，他亲见108位丹巴桑杰空行母围绕其四周。】② 在垛丹耶宣巴（rtogs ldan ye gzhon pa）座前求得发菩提心时，他亲见玛僧（smra seng）③ 等，上述类似不可思议的事迹不可胜数。他在塘拉山间修行处（茅蓬）等处也居住过很长时间。之后，他在普姆（phug mo）山间修行处（茅蓬）亲近于法王扎巴僧格座下时，为其作服役，并伴随他一起到大成就师曲贡（grub thob chu sgom）的住地德钦顶寺，以及奈囊寺等处随从作仆役而听受《念修法》（bsnyen sgrub）、《心滴》（snying thig）、《空行母念修法》（mkhav spyod bsnyen sgrub）等不可思议的教授。他获得净治纯熟之梦修力，能在一日之内亲见邬坚圣地十三次等难以叙述的功德。当求得甚深灌顶时，他亲见上师犹如本尊。他游走于险恶山间修行处时，发现恶神显示许多神变，他就运用修证力把它威镇下去。法王扎巴僧格座前虽然弟子众多，但是法王将他这一山间修行处（茅蓬）的修士视作为持密衣钵弟子，并且自己的一切教授全部传授给他，并且任命他为奈囊寺主，使其扶持利益众生之事业。他依教授而弘扬《那若六法》和《六加行（六支瑜伽）》等法，以抚育应化有情者，并且把他们安置于成熟解脱道中。由于他广大的慈悲力得到增长，他对于那些贫苦者、疾病者，以及浊世中邪行诸众生，特别作了有益之事。后来，他在将要逝世前曾说：

---

① 【】藏文（第635页倒数第7~6行）为：chos rje rang chung rdo rje dang rin po che zang zang ne rings pa dri mol mdzad pa na sa ra har gzigs pa dang/. 郭译（第350页第13~14行）为："还有当法王让郡多杰和仁波伽桑勒仁巴来到窗前慰问时，他亲见萨惹哈"。此外，藏文（第635页倒数第6行）为 sar ha，恐误，应为 sa ra ha。

② 【】藏文（第635页倒数第6~3行）为：bde mchog gi dbang zhus pavi tshe he ru ka rdo rje rnal vbyor ma dang bcas par gzigs pa dang/ snye mdo ba la zhi byed brgyud pa phyi ma gsan dus dam pa sangs rgyas mkhav vgro ma brgya rtsa brgyad kyis bskor ba gzigs pa dang/. 郭译（第350页第14行）漏译。

③ 即 smra bavi seng ge，系文殊菩萨骑在狮子上的形象。

"自我少年时期起，我就猛利精进，为了佛法而放弃了身体和生命。因此，我在上半生中勤行苦行和修持，发生许多灾障和罪过；但是我没有去寻求其他方法，惟靠修善而消除之，而且修证功德也生起了很多种。我的人生在离世务中渡过，只想依靠修行祛除今生和来世之墙，为此我应献出毕生；但是我的上师早教诫我，应作利益众生之事业。我安敢违抗师命！我无愧悔并使心得到安宁。此外，我很满足，我未曾想到会活到这般寿数，见到上师手中念珠时这一缘起让自己走上此道。在人世间我也住得太久了，对诸有情我也作了一些有益之事。现在，我前往极乐刹土无量寿佛之座前，看来是没有丝毫怀疑和二心之事了。"如此说了许多之后，他于【乙】丑年（【木】牛，公元1385年）3月23日黎明逝世。荼毗时发现许多佛像、字迹、标志和舍利以及空中降雨花。传说此师的转世活佛诞生在南方海岸商人种姓中的瑜伽士。是乍色（brag gser）的甲基坚（bya skyibs can）地方英扎坝提最后的弟子岗巴拉（Kambala）所摄受弟子。

垛丹·扎巴僧格的转世活佛法王喀觉旺波（chos rje mkhav spyod dbang po）：于庚寅年（阳铁虎，公元1350年）诞生在北方乾闼婆王五髻者①所依圣山附近，朗季切玛隆（gnam gyi bye ma lung）的喀纳坝哇（kha na bar ba）②地方，父亲名为拉嘉（lha rgyal），母亲名为卓姆（vbrog mo）。喀觉旺波诞生后七天，便能看见杜松铿巴等所授记和所说之法。在3岁时，他便在许多人士聚集之中传授《观世音诵修之法》（spyan ras gzigs kyi bsgom bzlas），而且能知他人心性，并如实说出许多通达他心之言。年满6岁时，他在历世教化过的一些人士面前，承认自己是垛丹·扎巴僧格的转世活佛，并且详细叙述了前生行事。克珠达嘉哇详细听说了喀觉旺波前世故事，许多师徒都来邀请他。他们都是一见到喀觉旺波之面，就能说出确信之言和表示尊敬之态，并生欢喜。在他们回奈囊寺途中，行至切隆（bye lung）的河水之尾时，师徒中有些人堕入了水中。正在恐慌时，至尊救度母真实前来解救而平安无事。在粗普寺时，孩子（喀觉旺波）对比丘达楚臣（dge slong dar tshul khrims）讲述了其前生转世南喀峨的故事。年满7岁时，在措麦（mtsho smad）③与法王若比多杰相见后，他得到传授居士戒和发菩提心戒，并听受《六法》和《大手印》等的导释。之后，在德庆寺由堪钦仁波且登珠贝哇（mkhan chen rin po

---

① 五髻者（zur phud lnga pa）：文殊菩萨的异名。参阅《藏汉大辞典》，第2467页。
② 罗译（第540页第16行）转写为：kha-na bar-pa。
③ 罗译（第541页第2行）转写为：mtsho-snang。

che don grub dpal ba) 做亲教师，法王若比多杰作轨范师给他授出家戒，取名为益西贝（ye shes dpal）。他在堪钦仁波且的座前听受了一些零散教法，比如偈文（Kā ri kā）①等；又在法王雍敦巴（chos rje g'yung ston pa）座前求得《白度母长寿法》（sgrol dkar gyi tshe sgrub）；又在日措巴座前获准听受了《俱胝恒特罗》（rgyud vbum）②及显教经文的大部分诵授和许多随赐灌顶，特别是对于噶举派的甚深而且广大的大部分教授作了认真的研习。有天晚上，他在拉萨暂住时，梦中见到法王壤迥多杰在许多人众中给他传授发菩提心戒，并赐弥滂贝丹（mi pham dpal ldan）之名。他在惹察觉姆（ra tshag jo mo）像前伫立时，看见觉姆像自身变成俱生母，从眉间放出光明成为自性的红色雍仲符号，此光接触到他的身体，使其顿生大乐。又在雅桑巴·索南峨（g'yam bzangs pa bsod nams vod）座前听受了许多导修讲释，而后进行闭关精修，为此他能现见奈囊寺诸大修士所行之道；因此，他对他们分别作出根本的断论和摄受他们的谈论，使诸大修士感到极为惊奇。后来，他年满18岁时的【丁】未年（【火】羊，公元1367年），由堪钦仁波且登珠贝哇做亲教师，绛央却季多杰大师（slob dpon vjam dbyangs chos kyi rdo rje）做轨范师，宣奴贝哇（gzhon nu dpal ba）做屏教师，在僧众当中受比丘戒。当天晚上，他在梦见空中现有四日轮之坛城（曼荼罗），自己身着三法衣向人和神之大众讲经说法而使其心满意足之稀有征相。他在喀觉旺波在德哇坚巴·绛仁大师（bde ba can pa slob dpon vjam rin）座前听受《慈氏五论》、《量决定论》、《律根本》（vdul ba mdo rtsa）③等教法；又在法王壤迥多杰的及门弟子④堪钦贡噶俄色（mkhan chen kun dgav vod zer）座前听受了《金刚鬘灌顶》等许多灌顶法门。此后，他往北走，经达木（vdam）和索地（sog）而来到热雪（re shod）地方。在热交（re rgyab）和约江（yo rgyang）⑤雪山处，他见到法王上师为他戴上佛冠，并且对他授记："那些地方的一切僧俗众人等送来许多供品献给上师，上师把那些供品都送给了奈囊寺作与法相顺的规章和僧众之顺缘（资具财物）。"在至尊日措巴逝世后，他对于愚昧野蛮的僧众心生悲伤，而将寺座托付给喇嘛索南蚌（bla ma bsod nams vbum），独自一人来到奈囊寺后山等山间修行处居住。喀觉旺波曾在堪钦俄色嘉措（mkhan chen vod zer rgya mt-

---

① 即Vinayakārikā，参阅《丹珠尔》，vdul ba, No. 4123。
② 即《甘珠尔》密教部。
③ 梵：Vajramāla；参阅《丹珠尔》，vdul ba, No. 4117。
④ 及门弟子（zhal slob）：直接教诲的徒弟。参阅《藏汉大辞典》，第2383页。
⑤ 罗译（第542页第13行）转写为：po-rgyang。

sho）座前听受《心滴法类》分支等；又在俄色贝大师（slob dpon vod zer dpal）座前求得旧译的《续释》和《上下秘藏》（gter kha gong vog）的大部分的经教诵授。他夜以继日、专心致志地研读这些密续经论，但主要的修持是为三摩地使心不散乱。之后，他带着9位弟子，师徒十人从邬堆（dbur stod）借道梁波而来到甲玛达（rgya ma dar）时，他亲见杜松铿巴之授记。然后，他次第来到巩波的一切地方，特别在杂日萨玛敬勒（tsa ri gsar ma byin legs）那里居住了很长时间。【他遵照法王若比多杰的指令，接管了坝约日温（ba yo ri dbon）等赐给的增上缘】①，又在法王座前求得《那若六法》等广大教授；并且听受《中观思择焰论》（dbu ma rtog ge vbar）② 等中观诸论典。他在杂日参的乍嘎莫（tsa ri mtshan③ gyi brag dkar mo）那里居住了三年时间，其中亲见许多勇士空行的稀有神变。他前往达拉岗波（dwags lha mgon po）安住时，清楚地意识到比丘戒变为具德的情况，并且使其修持得到极大的提高。他又在巩波的达玛普（stag ma phu）和阁春（lkog vphreng）④ 等处居住了很久，聚集了约三百人的僧众，随各自的愿望讲经说法。夏冬两季闭关三个月后，他还是不断地为众传授修学导释。当他前往嘉裕（byar yul）时，亲见德巴协巴佛（bde bar gshegs pa）所授记。在【戊】午年（【土】马，公元1378年），由达孜南杰寺院（stag rt-se rnam rgyal gyi dgon pa）的诸施主供财物，他在那儿修建一座寺庙，聚集了约二百僧众。另外，他在杂日萨玛居住时，预知法王若比多杰将要逝世而发出悲哀之声。又在【丙】寅年（【火】虎，公元1386年），他修建嘎玛姆寺（dgav ma movi dgon），并且与法王德辛协巴相见，在达孜（stag rtse）为他传授许多经教诵授而使一切承诺和愿望完成。后来，他在新寺伦珠顶（dgon gsar lhun grub stengs）和甲冲寺（vjav tshon gling）中安住时，诸空行母也来听他唱金刚歌。他还在嘉山顶上（rgyal gyi ri bo）真实地见到山中珍宝女根相等无量之正净相。当法王德辛协巴前往前藏时，他

---

① 【】藏文（第640页倒数第2～1行）为：chos rie rol pavi rdo rjevi bkav bzhin du ba yo ri dbon dang bcas pavi bdag rkyen kyang mdzad/。罗译（第543页第2～4行）为：Following instructions from the Dharmasvāmin Rol pavi rdo rje, he took over Ba yo, the monastery and village. 郭译（第353页第6～7行）为："并遵照法王若比多杰的谕令对坝日约寺等赐给了鼓励的奖品"。

另，增上缘（bdag rkyen）乃四缘之一。对于生果能增强势力，如眼等五根对于生起自果眼等五识能增加效力，名增上缘。参阅《藏汉大辞典》，第1355页。

② 梵：Mādhyamakahrdayavrttitar kajvālā；参阅《丹珠尔》，dbu ma, No. 3856。

③ 罗译（第543页第9行）转写为：tsa-rin-chen。

④ 似与上文 lkog phreng 同。

第八章　从大译师玛尔巴的传承至称为达波噶举派的阶段　475

跟随其后，师徒一行从梁波次第来到堆龙粗普（stod lungs vtshur phu）。他在僧格阁顿（seng ge sgo mdun）处讲说《那若六法》，为蒙古官员日饶（sog dpon rigs ral）等人说法。之后，他又来到巩域（kong yul）①，绝大部分时间住山间修行处，以静修为主。【他花费三年时间调息了纲隆（kong lung）、隆哇（lung ba）及饶地（ral）的乱事。】② 他在玛顶（mar stengs）居住并讲经说法时，远离两俱卢舍（rgyang grags）外的所有人士都能清楚地听到他讲法的声音。他还将许多凶恶山妖③降伏后使其持居士行戒，他又用各种方便来调伏了极为愚顽难伏的有情者。显见他有许多方便之道。对甚深诸教授有不清楚的，他著有特别明晰之导释鬘论和悟道歌及许多零散的论著。

喀觉旺波的弟子有：法王德辛协巴、四书格西利比惹支（bkav bzhi pa rigs pavi ral gri，其真名为仁钦桑波）、乍贡衮邦·却季益西（rdza dgon kun spangs chos kyi ye shes）、格涅垛丹·却贝益西（vger nyag rtogs ldan chos dpal ye shes）、索尔衮四书格西仁钦贝（zur dgon bkav bzhi ba rin chen dpal）、日米坝巴·索南仁钦（ri mi vbabs pa bsod nams rin chen）、拉思·仁钦坚参（lha gzigs rin chen rgyal mtshan）、粗息·索南蚌（vkhrul zhig bsod nams vbum）、曲参喀巴·喜饶贝（chu tshan kha ba shes rab dpal）等人。

当喀觉旺波的事业将近最后圆满时，法王德辛协巴从皇宫（gong）④回来拜见他。他在哲拉岗（rtse lha sgang）等处为他（法王）讲说了许多教法，也从法王那里得到了大量供养。最后，他在杂日居住时，著有以"永生常存"（vchi med rtag pa）一词开篇的悟道歌。他来到甘丹玛姆（dgav ldan ma mo）后，在诸书册上加盖印章，并对侍者们说："我不久就会回到这里来的！"在康区的僧徒们的再三请求下，他前往曲尼玛（chu nyi ma），途中他（法王）不停地重述道："这次没有足够的缘起"，但他（因为他们）不得已为之。他们一搭建好帐篷，他就在那儿传授了剩余的未传授的诸法，而后便略示小病。之后，他于乙酉年（阴木鸡，公元

---

① 罗译（第 544 页第 4 行）转写为：kong-po。
② 【】藏文（第 642 页第 5~6 行）为：kong lung lung ba ral gsum gyi vkhrugs pa zhi bavi rgya lo gsum mdzad/。郭译（第 353 页倒数第 4 行）为："继后为调息公隆三惹的乱事费时三年之久"。罗译（第 544 页第 5~6 行）为：He arranged a three year truce in the feud of the Ral gsum valley in Kong po。
③ 山妖（btsan rgod）：迷信所说山野中一类妖怪。参阅《藏汉大辞典》，第 2197 页。
④ 罗译（第 544 页倒数第 14~13 行）行间注：即北京，安多话里用 pho brang 表示。

1405年）7月29日，年满56岁时逝世。他去世时，那里普降天雨花，空中布满彩虹交织。遗体用肩舆抬运到甘丹玛姆修建金塔，由喇嘛却桑（bla ma chos bzang）和比丘扎巴坚参（dge slong grags pa rgyal mtshan）二人出色地完成了奉安遗体到塔中和祈愿法事等任务。

乍贡贡邦巴（rdza dgon kun spangs pa）：居住在乍寺（rdza dgon）中作抚育众生的事业。虽然此寺最初是帕莫竹巴的分寺，但自从这位仁波且在位之后，就依大德喀觉旺波之法传行并虔诚修行，且享有盛誉。格涅垛丹大师的家乡是（康区）邦波岗穹（spom por sgang chung）。贡邦巴在大德喀觉巴（即喀觉旺波）座前作亲近依止，并获得师所传教授以修持。他只住在山间修行处，僧徒较多时可以达到五六百人，他有许多能够作利益众生事业的弟子。

格涅垛丹的弟子法王枳麦巴（chos rje dri med pa）：他曾经是姜纳王（ljang nag rgyal po）的上师，作了一些利益众生的事业。又有斯噶桑希（sri dkar sang shi）：他是邦波岗（spom por sgang）人。他以喀觉巴作为自己的根本上师。在邦波岗修建萨色寺（sa ser dgon）作利益众生的事业。聚集僧众约三百人。以上是格涅垛丹诸弟子之事略。

四书格西仁钦贝（bkav bzhi pa rin chen dpal）：在丹嘎堆（ldan sga stod）修建了素尔寺（zur dgon），居住在山间修行处（茅蓬）和寺庙之间的僧众约四百人。

拉思巴（lha gzigs pa）：此师最初是止贡巴大师的侍寝仆人，后来他亲近喀觉巴获得师传教授之加持，以此修持也得到圆满。他对所说诸法都作有记录，因此也获得很大利益。他前往（藏区）上下各处，并且作出了利益广大众生之事业。

拉思巴的弟子堪钦释迦扎巴（mkhan chen shavkya grags pa）：此师最初虽然是在喀觉巴座前亲近，然而关于一切教授都是依止在拉思巴座前而听受的。此外他还依止了无数上师；并在很长时间内作利益众生之事业。于甲戌年（阳木狗，公元1454年）年满82岁时逝世。

粗息·索南蚌：此师诞生在奈囊附近的裕玛（g'yu ma）地方，依止喀觉巴等师座前听受许多教法后，入住于奈囊寺，他将上师喀觉巴所说诸法作出记录后，又撰出《念修导释广论》（bsnyen sgrub kyi khrid yig）等论著。此师的弟子即为喇嘛坚参巴大师（slob dpon bla ma rgyal mtshan pa）等人。

又有喇嘛却桑巴（bla ma chos bzangs pa）：诞生在纳雪（nags shod）地方。依止于喀觉巴座前之后，他从师座处求得一切教授。他曾经担任达

第八章 从大译师玛尔巴的传承至称为达波噶举派的阶段

孜寺和坝约寺寺主,作出了广大的事业。

又有喇嘛仁桑噶波(bla ma rin bzangs dkar po):也诞生在纳雪地方。他修建枳冻(grib gdong)寺后,聚集僧众约有百人,并且继续成就上师喀觉巴的事业。以上喇嘛却桑巴和喇嘛仁桑噶波二人也是活佛却贝益西的上师。

又有法王日弥坝巴(chos rje ri mi vbab pa):此师于诞生于戊寅年(阳水虎,公元1362年),那年喀觉巴大师刚好13岁。他依止格丹巴(dge ldan pa)座前出家为僧,并成为颁令僧。他亲近喀觉巴之后,大部分时间都住入于大手印定中。他在癸酉年(阴水鸡,公元1453年)【年满92岁时】① 在达波拉坝(dwags po la bar)逝世。

喀觉巴的转世活佛法王却贝益西(chos rje chos dpal ye shes):喀觉巴曾经授记说:"后世我将以密教瑜伽修者漫游。"这与他临终时,亲口所许将转世再来是相吻合的。转世诞生地为梁窝(myang bo)地区的克乍垛(khe brag mdo)。他于丙戌年(阳火狗,公元1406年)诞生,父亲名为桑珠(bsam grub),母亲名为坝萨(bar gzav)。孩子看上去很可爱,名字也具有幸福圆满之意。他的足心中现有蒙文金字王的字迹来装饰。他五个月大时,就有一些松喀人(sum mkhar ba)前来请求加持,他就能够次第加持。【他的父亲领他到哲地(vbras)居住时,有一部分喀觉巴的一些僧徒们前来拜见他,他们都生信是喀觉巴的转世活佛。】② 年满周岁时,由比丘温扎巴(dge slong dpon grags pa)和喇嘛却桑巴等人运用善方便之道在梁河(myang chu)中用皮船将他迎接到达孜安住下来。在峨普铺(vo phug phu),他到了一切人士难以攀登的岩窠之中,请求他回来时,人们未见到他如何回来时他就到了。他示现通行城墙和墙壁无碍,也说了许多神通预知的言语。之后,他前往芒惹顶(mang ra stengs)③ 和嘎玛姆,对前生的徒众们详细叙述了其史事;并且向一位施主传授教授。他还发现了喀觉巴秘藏的遗嘱纸卷。此后,他在喇嘛却桑巴座前听受了《金刚亥母》、《佛海》、《黑色披衣护法》等灌顶修法,以及噶玛巴、若比多杰和喀觉旺波诸师的语教全集:《那若六法》、《大手印》、

---

① 【 】郭译(第355页末行)漏译。

② 【 】藏文(第646页第3~5行)为: yab kyis vbras su gdan drangs nas bzhugs pavi tshe/ mkhav spyod pavi grwa pa kha cig gis mjal bas thams cad yid ches par gyur/。罗译(第547页第9~11行)为: When his father brought him to vbras, (the child) was seen by some former monks of vbras, and faith (in him) was born in all of them.

③ 罗译(第547页第20行)转写为: mngar-stengs。

《风心无二》(rlung sems gnyis med)、《大圆满》、《五次第》等的导释及《俱胝恒特罗》等。他见上师却桑巴是阁昌巴转世活佛而为其撰有赞词。又在比丘温扎巴座前听受《密续十七心滴》(rgyud bcu bdun snying thig) 等, 此外还听受了许多教法。此后, 他被迎请到波窝, 又前往耶巩 (ye gong) 等地。年满 8 岁时, 他在巩波与前藏交界处的邦垛 (bang mdo) 地方和法王德辛协巴相会后, 后者给他传授了居士戒, 并对他大加赞赏。之后, 他在达孜由法王做亲教师; 洛卓坚参贝桑波 (blo gros rgyal mtshan dpal bzang po) 做大师而度他出家为僧。他在法王座前听受了无量灌顶、经教诵授和导释等。大明皇帝 (tavi ming rgyal po) 也赐给他金刚持佛像、铃杆和坛板等物。年满 13 岁时, 他来到了聂窝。之后他对巩波的诸寺院的发展作了宏大利益, 并在坝约 (ba yo) 等处安住。又在杂日扎西郡 (tsa ri bkra shis ljong) 处修《无量寿佛长寿法》(tshe dpag med kyi sgrub pa) 而亲见无量寿佛。而后, 在【癸】卯年 (【水】兔, 公元 1423 年), 他同法王通哇邓敦一起从达波来到峨喀扎西塘, 也就与从垛里 (do li) 处前来的泽敏仁波且·索南桑波 (mtshal min rin po che bsod nams bzang po) 相见, 在那里受比丘戒。奈邬栋巴 (snevu gdong pa) 和梯巴 (thel ba) 很好地供养了他。然后他就回来了。回来时在嘉措岗 (rgya mtsho sgang) 寺的四书格西日比热枳 (bkav bzhi ba rigs pavi ral gri) 座前听受《自生金刚全集》(rnag byung bavi bkav vbum)、《慈氏五论》、《杂协》①、《回诤论》(rtsod bzlog)、《六十正理论》(rigs pa drug cu pa)、《七十空性论》② 等许多论著。无论他去什么地方, 他都要讲说许多教授和道情歌等。后来, 他做了法王通哇邓敦巴的侍从, 并从【癸】丑 (【水】牛, 公元 1433 年) 开始, 从梁波次第来到乍松 (brag gsum)、绛奈 (vjam ne)、玛察通 (dmar tsha thung)、峨阿日塘 (rngog a rig thang) 等地。此后, 他去了贡德 (sgom sde), 远至索地。之后, 喀觉巴的弟子噶波仁桑 (dkar po rin bzangs) 迎请他到纳雪后, 他在枳冻和布达 (sbud mdar) 讲说了许多教法。他又在喇嘛仁桑座前听受了《坐山法类》(ri chos skor) 等许多教法。然后, 他转北道来到粗普寺, 作了广大的供施僧粥和供养; 又在奈囊寺讲经说法。他又在喇嘛

---

① 《杂协》(rtsa she; 梵: Mūla Mādhyamaka kārikā): 龙树所著《中观》的简称。参阅《藏汉大辞典》, 第 2214 页。也可参阅《丹珠尔》, dbu ma, No. 3827。
② 《七十空性论》(stong nyid bdun cu pa): 龙树所著中观理聚六论之一。论述物质无生无灭, 排除与佛说经典有异的一部著作。译者为循努却、凝·达玛札、库等人, 另由他人修辞润色。参阅《藏汉大辞典》, 第 1108 页。

岗巴旺秋坚参（bla ma gangs pa dbang phyug rgyal mtshan）座前听受了《尼古六法》①、《蔡巴法类》（vtshal bavi chos skor）和《垛哈》等教法。那以后，他来到拉萨作供养和发广大宏愿。他从邬堆（dbur stod）开始上路，借道梁波而来到巩波，在嘎玛姆地方楚顿·却季仁钦（vtshur ston chos kyi rin chen）座前听受《空行海》灌顶等许多灌顶；以及《甚深内义》、《喜金刚第二品》、《威仪》（kun spyod）等许多讲释要法。后来，为了父母等人祝福作广大布施，因此他在达孜迎请法王通哇邓敦，并作了广大的供养。他还对僧会一切僧众都布施钱财而使其获得欢喜。那时，在喇嘛益西旺波玛巴（bla ma ye shes dbang po ma pa）的住处，他骑着一头大犏牛两次来到喇嘛的小门洞前，也就在这位法王座前听受了法王之言论集和《集学论》；他也将许多要法回供于法王。此后，他在堪钦释迦扎巴（mkhan chen shavkya grags pa）座前听受了《坐山法类》和珠系法类及息结派索系传规等许多教法。此后，当他在嘎玛姆筹备并修建寺庙时，由于他们寻觅不到合适的石料，他亲自（运用自己的神力）挖掘出大石矿。【此后波窝上下各方迎请他，他便前往。】② 他又修驱魔法事，把随塑造神像工匠之后而来的鬼魔赶走。（仪式中）发生了真实的叫声。那时，达隆法王绛曲嘉措巴（stag lung chos rje byang chub rgya mtsho pa）前来和他相见，彼此互相传授和听受教法。他又在嘎玛姆讲《俱胝密续》。此后，他在玛恝顶赐施许多物品，使有十二天路程一带的乱事都得到了平息。对于那些违背其法规的村民，他施魔法治之，以致河流改变河道，流到村边。他在准备供垛玛时，亲见护法神像，并且显示无人掌持而高举起黑色旗帜等许多神变。后来，他在松喀地方闭关安住时，听得法王通哇邓敦患病的消息后，他立刻从巩波而前往梁波、洛绒（lho rong）、类乌齐等地。当他行至昂河（ngom chu）畔时，法王营帐的官员们前来迎接，并把他护送到嘎玛（kar ma）。他和法王相见后，修法事将凶顽鬼神降伏。之后，他来到约达（yor mdav）和拉顶（lha stengs）等处。那里，他收到了当初他出家和受比丘戒的亲教师，以及曾启问过许多教法的诸师一再的邀请，但他

---

① 《尼古六法》（ni guvi chos drug）：也译作《妮谷六法》。密乘妮谷空行所传六种秘法：脐火暖乐自然、幻身贪愤自解、梦境迷乱自净、光明愚钝自醒、往生不修自觉、中有如来报身。总为妮谷空行所传六法。参阅《藏汉大辞典》，第 1524 页。

② 【】藏文（第 649 页第 6 行）为：de nas spo bo stod smad thams cad du drangs nas byon/。郭译（第 357 页末行）为："此后他从上下各方迎请来诸耆老。"另外，波窝（spo bo）：也称薄窝，地名。今西藏自治区波密县和林芝县东久区所属地区的总名。习惯上分上下两部，以帕隆藏布流域为波堆，以易贡藏布流域为波麦。参阅《藏汉大辞典》，第 1664 页。

决定不去。然后，当他被迫无奈时，就前往了。到达时他的身体略感不适，又返回约达安住。法王通哇邓敦也迎请他去，于是他便从贡德转道穹波（khyung po）而先来到巩波。法王营帐也尾随其后。在嘎玛姆安住时，是在壬申年（水阳猴，公元1452年）的七月，他刚好47岁，虽然天空晴朗但却不断在天空降天雨瑞花。他说："法王德辛协巴和至尊救度母等都来了！准备供品吧！"说了之后就逝世了。人们看见白虹如旗带直立等许多稀有瑞相。他的遗体奉安在大菩提塔中。

法王却贝益西的转世活佛即住持红帽冠冕法王仁波且第四代活佛：于癸酉年（阴水鸡，公元1453年）诞生在哲雪梯（tre shod mthil）地方。刚生下来就作广大的利他众生的事业。他在法王噶玛巴、喇嘛本嘎巴绛贝桑波（bla ma ban dkar pa vjam dpal bzang po）、国师贝觉登珠巴（gu śrī dpal vbyor don grub pa）等师座前听受了许多教法后，他应喇嘛坚参巴大师（slob dpon bla ma rgyal mtshan pa）之邀来到巩波。在巩波，他就在坚参巴座前广大地听受《金刚鬘》等许多灌顶教法；以及许多导修讲释和许多论著的经教颂授等，并且前往（巩波）上下各地。而后，他离开垛康（下部康区）地区，直接来到西宁城（zi ling mkhar）①，为一切有情说法而安置于解脱轮回道中。之后，他来到蒙古地区度化霍尔隆巴等人，并且使其知道酒的大罪恶而戒酒，使其对僧众生恭敬心；使其依于正法，使其接纳供施而决定勤求菩提。后来，他又经过康区各地，由巩波来到前藏各地广作利他众生的事业，并且住世很长时间。

以上是转世活佛传承次第的第二阶段。

九　具德帕莫竹巴大师及其弟子的阶段

至尊达波大师的弟子在大师的晚年亲近依止后，获得量等于虚空般的证达，达波大师任命他安住那里，列一切僧伽席位中的首席。达波大师说："善知识，了不起的康巴人，你就列僧伽首席吧！"于是，他就直接被任命为噶举派教主了。他的名字叫帕莫竹巴，其美誉名声遍于三世间。伟大的权威人物，普遍传称有三类：成为最上根者，则为佛；成为中根者，则为获证成就之士夫及其传系；成为下根者，则为具善缘之普通凡夫

---

① 西宁城（zi ling mkhar），位于青海湖东北部湟水中游南岸。参阅《藏汉大辞典》，第2458页。

第八章　从大译师玛尔巴的传承至称为达波噶举派的阶段

由次第净治身心而居住于地上的大菩萨。其一，即作为上根而言，也就是指过去和未来的佛世尊，如此也就可以高声宣称我是释迦牟尼王佛。【至尊止贡巴他自己装成龙树大师的居士装饰而前往其座前，（帕莫竹巴对他）说："居士你对我来说是有很大的希望，我为了你们很长时间在行苦行。"】① 这么说，实际上是间接表明自己就是佛。

其二，获证成就之士夫传系情况：《俱生成就根本释》（lhan cig skyes grub rtsa vgrel）中也说：邬坚地方有名为丈松卓哇乌敬（drang srong vgro ba dbugs vbyin）所摄受的巴窝多杰（dpav bo rdo rje），次第传出荡琦多杰（dam tshig rdo rje）、白玛多杰（pad mavi rdo rje）、伦季杰比多杰（lhan cig skyes pavi rdo rje；梵：Sahajavajra）、塔巴嘎尾多杰（thag pa dgav bavi rdo rje）、丈色姆多杰（bram ze mo rdo rje）、卓堪珠比多杰（vbrog mkhan grub pavi rdo rje）、贝丹衮卓贡波（dpal ldan kun vgro mgon po）、伦觉巴·吐季多杰（rnam vbyor pa thugs kyi rdo rje）等人。前辈为后继者引导入于成就三摩地境界庄严。上述最后一位吐季多杰度化其夫人拉绛拉敏喀拉（lha lcam Lakṣmīnkarā）② 安置于成就的地位；又由夫人度化其兄长英扎坝提王安置于成就的地位，英扎坝提王为了度化诸空行母，仅留下一件毡衣而自己身躯忽然消失不见。因此，诸空行母扯碎其毡衣而食之后，都变成羊身。③ 王知道此事向大师祈祷，并且诸空行母承认了自己上述罪过，最后恢复其妇女之身相。以此普遍传称作瓦哇巴（lba ba pa）的英扎坝提王即是具德帕莫竹巴，这是他（帕莫竹巴）亲口所说的。

其三，普通凡夫由次第成熟并且获得解脱的情况：帕莫竹巴多吉杰波（phag mo gru pa rdo rje rgyal po）：他于庚寅年（阳铁虎，公元 1110 年）诞生在垛康南部枳隆奈雪的达峨色康（mdo khams lho rgyud vbri lung rne shod kyi stag ngos sab khang）。卫维纳彭脱（dbas we na vphan thog）是其族姓，父亲名为卫维纳阿达（dbas we na a dar），母亲名为若切萨仲内（re vbye gzav btsun ne）。【他母亲梦见生有一个九顶端的黄金金刚，她把

---

① 【 】藏文（第 652 页第 6~9 行）为：rje vbri khung pa de nyid slob dpon klu sgrub kyi ngo bo nyid dge bsnyen gyi cha byad du byas nas drung du lhags pa na/ dge bsnyen khyod nged rang la re che bar vdug ste/ ngas khyed rnams kyi don du bskal pa mang por dkar ba spyad pa yin/。郭译（第 359 页倒数第 12 行）漏译。

② 藏文（第 652 页倒数第 4~3 行）写为：ལྷ་ལྕམ་ལཀྵྨཱི་ཀ །。

③ 这一故事也可见于图齐的"Travels of Tibetan Pilgrims"，加尔各答，1940 年，p. 52ff。

它抱在怀里放在膝盖上,只见它光芒四射并照亮一切方隅。】① 帕莫竹巴说过:"佛陀说孩子出生时,其痛苦如同从老虎钳里拉出来一样。不管怎样,我没有那样的感觉,我出生时仅见从一只无底空桶而出之相。我记得当时父亲带来一块猪腔肉。"帕莫竹巴满2岁时能居住自生。当一男孩玩耍时骚扰他,帕莫竹巴对他生起大慈悲,心想"他要是我"。年满3岁时,他在母亲怀里遗尿,而能生起难以掩饰的羞愧心。由此而失去忆念往生之事。他说:"那时我曾杀死过一条蛇,因此,后来我的上身热烘烘的,这是杀了那条蛇的报应。"年满7岁时,他又能忆念宿世生处,以及在迦叶(光饮)佛(sangs rgyas vod srungs)之教法住世时他曾受生为猴子等事迹;但是,当父母给他有创伤之肉食后,他的宿念遗忘。幼年时期父母俱亡,他将自己的弟弟安置在家中由其叔父作抚养。年满9岁时,他在杂奇拉康(bya khyi lha khang)的堪布岭德应吐布楚臣(mkhan po lhing de yan thub bu tshul khrims)和岭德俄色坚参大师(slob dpon lhing de vod zer rgyal mtshan)② 座前出家为僧,取名为多吉杰波(rdo rje rgyal po)。对于文字他不学而知晓。堪布新制一部银水所写的《十万般若波罗蜜多经》时,他为制经而服役。同时,他没有学习过画佛像而自知画法。他在喇嘛嘉钦波(bla ma rgya chen po)座前传灌顶的僧会中,立誓一生中绝不饮酒。因此,大师感到很满意。之后,他听受《入行论》等许多教法。又在邬仁敬坝(u ring rgyan vbar)的主座前听受了《三界九地》③ 等许多教法。他说:"以他人见境看来,主座只是一凡夫;然而在我之见境看来,主座则是十地菩萨。"总的说来,他在康区有十六位上师。他讲说过几次《入行论》。堪布及其徒众都很喜欢他。因此,大家都同意派遣他到前藏,但是他所携带财物只不过是几颗小松耳石而已。幸好这时他遇到了卫大师(dbas chen po)并且一起同行,卫大师具有大量财富并说:"我们两个人共同享用这些财物吧。"这样他们就有足够的财富了。当他们来到索地(sog)的麦纳喀(mer nag kha)时,他发现前后藏各地暗无天日,【有一尊不动金刚用宝剑

---

① 【】郭译(第360页第8行)漏译。藏文(第653页第10~12行):yum gi rmi lam dug ser gyi rdo rje rtse dgu pa cig skyes pa thu bar bzhag pa las phyogs bcur vod zer vphros pas phyogs thams cad snang bas khyab pa zhig rmis/。
② 罗译(第554页第18和19行)将 lhing de 转写为 lhing-nge。
③ 三界九地(khams gsum sa dgu):欲界、色界四禅和无色界四定总名。参阅《藏汉大辞典》,第227页。

砍掉了（光亮），灰暗就遍布了四面八方。】① 年满19岁时，他前往前藏，在堆龙嘉玛（stod lungs rgya dmar）地方卸下马鞍。在善知识约年（dge bshes g'yor nyan）座前请求旁听讲《中观》和《量释论》。

在此期间，他又在噶当派善知识漾岗巴（dge bavi bshes gnyen yang gang ba）、登顶巴（don stengs pa）和甲裕哇等师座前求得发愿菩提心，并听受教法次第等。他说他在嘉玛（巴）座前听讲教法和安住时，冒犯了善知识恰巴（dge bshes phywa pa），八年了均未能赎罪。帕莫竹巴年满25岁时，在树普（zul phu）由嘉杜（bya vdul）做亲教师，嘉玛做轨范师，阿尔（ar）做屏教师而受了比丘戒。又在亲教师座前听受了《律经根本》等许多密法。又在梁真（myang bran）座前听受许多《行法》（spyod phyogs）方面的教义。【他居住在法相院时，夜以继日地修四座瑜伽。】② 因为神通广大，因而被普遍传称为却察哇（chos tsha ba，即燃烧的教法），以此通达广大教法。他又召集了除疣的会议，之后在布桑洛穹（bu hrangs lo chung）的直传弟子玛·却吉坚参（dmar chos kyi rgyal mtshan）座前听受了《胜乐母续》等许多密法。他还与贝钦嘎诺相见，并在此师座前听受了许多法门和教授。嘎诺没有讲说完的所有教法，则在喇嘛阿僧（bla ma a seng）座前听受，这时他借茶给喇嘛而后者没有接受，于是就对上师略生不信。此后，他梦见上师背对着他，（他注意到）上师衣着褴褛。而后他所受三摩地灌顶的一百零八次，遂全部恢复（对上师的）敬信。他又听受《六加行（六支瑜伽）》等嘎诺所传许多法类。之后，他前往后藏在扎噶波哇（brag dkar po ba）座前求得阿若（a ro）的教授。他想这仅仅是单纯的奢摩地③法，因而心生不满足之感。又在管译师（vgos）和坝日（ba ri）的弟子江乍达巴（vjang brag stag pa），江乍达巴的侄儿峨牟尼（rngog mu ne）座前听受圣传法类和《对法》。之后，他前往布尔（bur）的布尔贡纳波（bur sgom nag po）座前，求授洛若哇（lo ro ba，即热穹

---

① 【 】藏文（第655页第2~3行）为：jo bo mi g'yo bavi sku chung ngu zhig gi ral gris bcad pas/ phyogs thams cad skya seng song bavi snang ba byung gsung/。郭译（第361页第3~4行）为："有一尊不动金刚的宝剑折断，由此他发现一切方隅的僧俗都逃亡之相。"

② 【 】藏文（第655页倒数第7~6行）为：mtshan nyid kyi grwa sar bzhugs pavi tshe yang thun bzhivi rnal vbyor ma chag par mdzad/。郭译（第361页第12行）漏译。另，法相院（mtshan nyid grwa tshang）：佛教徒辩论显教佛学的经院，参阅《藏汉大辞典》，第2304页；四座瑜伽（thun bzhi rnal vbyor）：修观行的佛教徒于黎明、上午、中午及傍晚四段时间中对生次圆次进行的相应修习，参阅《藏汉大辞典》，第1173~1174页。

③ 奢摩地（zhi gnas）：止，寂止。梵音译作奢摩他或三摩地。一切禅定的总括或因。心不散往外境，专一安住所修静虑之中。参阅《藏汉大辞典》，第2384页。

巴）诸教授，布尔贡将全部教授圆满传授给了他。在布尔贡师座前他进修八月，全身充满大乐，足上被荆刺扎入也生乐感。然后，他前往萨迦，在萨迦派大师座前听受《道果》等教授。大师是一位喜欢问教法者，向他问了许多教法，他详细地回答了所有问题。因此，大师喜欢他并且称为"康区智者"。之后，他在喇嘛英译师姑玛惹布多哈（bla ma vbyim lo tsav ba Kumārabuddhi）[①] 座前听受了《三种融和法》（thim pa rnam gsum）[②] 等许多密法教授。他又在降生·达哇坚参（byang sems zla ba rgyal mtshan）座前求得大悲观世音和发愿菩提心的传统做法。喇嘛对他说："你上弦日进行闭关；下弦日进行讲法、仪轨和作灌顶及加持。如果这样，对他有情是会有很大益处的。"[③] 帕莫竹巴又在洛巴（lho ba）的弟子梁岗阁波（myang sgom rgod po）座前听受《喀惹三法》（kha rag skor gsum），洛巴刚好是喀惹贡琼的弟子。他又在喇嘛芒喀哇（bla ma mang mkhar ba）座前听受了《芒喀哇八法》（mang mkhar bavi chos brgyad）。他与顿绛（ston vjam）结伴前往堆龙，来到桑杰梁穹哇（sangs rgyas gnyal chung ba）座前求法时，通过一位女修士向师座求见，师座未允许他们拜见。经过再三请求后，并说："那好吧，将供上一次垛玛！"供了垛玛后见师而求法。师说："我今晚当观察梦相！"（说完）他就上楼安寝，（帕莫竹巴看见）他到了寝室后饮了许多酒，用狗毛外套蒙头就酣睡了。（帕莫竹巴）"他这样会有梦吗？"心中略有不信。他的这种想法上师早已感知，翌日晨上师说："康区法师！你的后面跟随着四位金饰庄严的空行母，昂雪日纳（ngam shod ri nag）山脚下你将会作出对许多众生有益的事业。因此，我就给你说法吧！"说后他将《方便道甚深教授》的传统做法和幻轮法等传授给他。此后帕莫竹巴便对他人说法，以此获得一些供物。后来又前往萨迦大师座前（求法）。此外，他还亲近依止过玛季夏玛（ma gcig zham ma）等十三位瑜伽修女。总之，只要哪大师位教法造诣深厚，他都无一例外要前往请求听受。由于他在萨迦大师座前时被称为"康区智者"的名声极大，因此，香格西也对他生起敬信而前来迎请他并结伴而行。香格西留他下来，希望他成为甲萨藏波（bya sa gtsang po）等地方王室的上师，但是，帕莫竹巴不愿意讨人欢心，为此香喇嘛略有不喜。可是无辜的

[①] 【 】藏文（第 656 页倒数第 6 行）写为：ནག་མ་འབྱིམ་ལོ་ཙཱ་བ་ཀུ་མཱ་ར་བུདྡྷི།

[②] 罗译（第 556 页倒数第 7 行）行间注：据说这是与死亡过程相应的一种密教仪式。

[③] 此处藏文（第 656 页倒数第 2 行）为：dbang bskur dang byin rlabs ma byas na gzhan la phan che bar vong gsung/。

第八章　从大译师玛尔巴的传承至称为达波噶举派的阶段

香喇嘛却因此而遭到了某些人的诽谤，香喇嘛就在卓贡（帕莫竹巴）座前问道："我根本无罪，发生如此流言飞语，要如何作才能平息下去？"卓贡说："难道依止一位大善知识，你都不能平息吗？"香又问："那么谁是大善知识？"卓贡回答说："现在唯一的大善知识是达波尼贡（dwags po snyi sgom），他的声誉最大。"香说："如果您这位康区智者跟我做伴，我们就去他那里吧。"于是，两人结伴而来到岗波。他们到达岗波时，发现岗波巴略患小病，为此数日未能拜见。他们见到岗波巴后，后者讲说了许多教法史，而且每天都在进行传法。有一天上师对他们说："格西康巴和你等应该分别地传授导释。"其他诸人听完一座法就都回去了。岗波巴对卓贡说："到我那儿来吧！"于是就到了岗波巴僧房。后者问他："你过去曾听受过何种教法？都修行什么？"他便将自己所听受的许多教授和过去修行的情况禀告了大师。喇嘛萨钦（bla ma sa chen）意识到这些修行即传《见道无分别慧认识教授》（mthong lam rnam par mi rtog pavi ye shes su ngo sprad）。【岗波巴说："唉呀！你真的如此敬信他！"帕莫竹巴答道："是的，我的确敬信他！"】① 于是岗波巴手里握着一团糌粑，其中他自己吃了一半，说道："我发誓这个糌粑，比你的（修行）还要好！"帕莫竹巴心里变得非常沮丧，岗波巴对他说：【"你到东面山丘去走走，他们所学到的教法都会传授给我们的。"】② 于是，他前往东面的山丘走了走并仔细思考。过一会儿，他次第感觉到过去所知的一切法都类似外表和谷壳，便生起如净洁虚空般的善妙通达，为此心境也如同向空中旋矛般瞬间空逝。后来，他到岗波座前，岗波巴早已经预知（其变化）而说道："我自己也没有更好的法用来开示你了，但我还有自己的一种传规教法应该专门为你开示。"说后，岗波巴便将《俱生和合》（lhan cig skyes sbyor）导释传授给他。他在岗波师座前询问了一些关于本性方面的问题。岗波巴说："格西啊，你对于教法有较好的通晓，因此我要给你讲法。"帕莫竹巴说："我祈愿成为十地菩萨。"此后不久，至尊岗波巴逝世。帕莫竹巴帮助塑立了岗波巴灵骨塔等，并作为岗波大师的难友而安住下来。之后，他起程

---

① 【】藏文（第658页倒数第5～4行）为：a ba khyed de la de tsam gyi rtsis yod dam gsung/ rtsis bdog lags zhus pas/。郭译（第363页第6～7行）为："师说：'唉呀！你对于那法，仅有那样的打算么？'答：'是有那样的打算。'"

② 【】藏文（第658～659页）为：khyed rang shar gyi ri devu pha givi khar sku khams gseng ba la byon/ khong vgav zhig gi chos zin pa dang vo skol gsung gleng byavo gsung bas/。郭译（第363页第9～10行）为："你去到东山德邬那边姑康生巴面前，他掌握有一些教法我们应当思考。"

西上，心想"当初萨迦大师曾赞美我为康区智者而生喜悦。现在我生起了如此智慧，应该到他的座前拜访并禀告诉他。"于是，他再次来到萨迦，但此次萨迦大师一个问题也不问他，似乎有些不高兴。【后来他前往温地（von），在察岗（mtshal sgang）居住下来。】① 在这里他聚集了很多弟子，五年中，他对所集弟子们传授以达波教授为主的许多法门，使其全部感到心满意足。而对诸僧众，他则以佛语所制定的《毗奈耶》正法来加以约束，使其不逾越戒律威仪。对授予教授诸人，使其生起禅定而容易达到目的。因此，他的盛大名誉不但在当地人人皆知，而且传遍一切方隅。如普遍传称他是将至尊岗波巴的噶当派传规和至尊米拉的传规的噶当教法和大手印两种法流合而为一者。他在察岗所作的《九种舞姿》也比较符合上述两种法传。后来他想到那里距离城市很近而对他不适合，应当前往一处寂静之地。他作出了祈祷文说："祈愿幸运而在寂静处，能如法行而依自在之。"【然后，有一天早晨，他未与僧众商量，而前往（止贡）寺主处，途中他到察绒王（tsha rong btsad po）的门前送上了一条绸缎彩帘说："我原安住在察岗，现在我想到帕莫竹上河谷的森林那边去居住。请求寺主给一答复。"察绒王说："进来吧！请用斋膳。"他回答说："我发过誓不跃过（俗人家的）门槛。请端出来吧！"察绒王本人走出门来，端（给他）并跟他交谈。于是帕莫竹巴骑着一头骡子前往与帕莫竹城较近的地方去了。】② 由于他的身体沉重，将骡子的四腿压得如柱子僵直而不能走动。之后，他也下来，就在仁钦棚哇（rin chen sprungs ba）的附近处设座安住下来，由此普遍传称他为仁波且塔扎哇（rin po che mthav rtsa ba）。僧伽大众也来追随他。他在芒嘎岗（mang gar sgang）和德协普巴（bde gshegs phug pa）处，也小住过一段时间。那里有一位名为嘉贡弥热（rgya sgom rmi ras）的苦修者居住了很久。因此，苦修者迎请他到他的山间修行处（茅蓬）用斋饭，嘉贡弥热让他连说三遍："你这山间修行处（茅蓬）很是安乐！"他说了之后，嘉贡弥热说："如果你乐意，我可以供献给你。"帕莫竹巴想此地为胜地之心脏。便说："那么给我拿垫子来吧！"于是安居于此。总之，帕莫竹巴于壬寅年（阳土虎，公元1158年）来到那里的寺院之中。贝·达隆汤巴（dpal stag lung thang ba）是壬戌年

---

① 【】藏文（第659页倒数第3~2行）为：phyir von du phebs nas mtshal sgang du bzhugs/。罗译（第559页倒数第4~3行）为：Phag mo gru pa returned home and took up residence at mtshal sgang.

② 【】藏文请参阅第660页第10~17行。与上下文似乎不太衔接。此处主要依据罗译第560页第18~28行所译。请参阅比较。

（阳水狗，公元 1142 年）诞生，他在癸酉年（阴木鸡，公元 1165 年）满 24 岁时来到其座前。那里弥热所供献的山间修行处（茅蓬）确实是茅草屋，于是他请求用柳木（为帕莫竹巴）修建山间修行处。帕莫竹巴说："如果你能够在一天时间内完成的话就修建吧！若要更长的话就不要修了。"他（达隆汤巴）确实在一天之内就修建了山间修行处。此后，四面八方的僧众聚集于此。在茅屋里，虽然帕莫竹巴的盒子仅可以装一克多青稞，他却能给聚集于此地所有僧人提供口粮。达隆汤巴刚到不久，就成了帕莫竹巴的近侍。达隆汤巴请求为自己做一较好的衣服时，帕莫竹巴说："你对我是如何看待的？你应该知道我主要是抚育众多的弟子。"说后只作抚育僧众的事业。这一情节与绛曲生贝达哇坚参（byang chub sems dpav zla ba rgyal mtshan）所说相吻合，他在下弦日进行闭关，上弦日则是上午闭关，下午讲说导释和在僧会中讲经说法。僧众也对师座极其敬信，因此从新建山间修行处（茅蓬）到法座之间，沿途（为师）铺上了衣帽和绸缎等物。在那里除极少数人之外，一切人士通过修行都生起了美满感觉。他的美誉遍布一切方隅，人们都认为只需来师座前见上一面就满足了。他从许多来自四面八方的施主那里收到的承事供养和供献财物等，他都用来纯作抚育僧众之用，而决不用来作装饰山间修行处（茅蓬）寝室以图快乐之用。可是对于来到其座前的一切施主，对王公长者他赐以瓷碗，对穷人乞丐赐予剩余食物等分等级进行布施。从戊寅年（阳土虎，公元 1158 年）到庚寅年（阳铁虎，公元 1170 年）的十三年里，他一直住持那里的寺院。弟子中出有许多有成就者。据说，寺中有八百僧人和五百竖伞①者。以前他说法时，他常说还没有聚集到他的僧众，后来，止贡法王以居士身来到他的座前时，他说："现在知道聚集了我的僧众。"当法王到来之前，他在所有那些获得大手印证境的人们面前发誓说，他的双肩上不会扛着自己的头颅（意即：如果他不能传授教法，就不苟活于世）。但是，法王到来之后，据说他生起通达法轮（密法）等而开始得到与从前不同的许多法门。自从他开始抚育僧众，他就常常同时在不同地方示现出十二种身相庄严，以及到邬坚在诸空行母座前听受《大密续部》；而且著作了《摄彼密续》的品数和教仪的论著。一切方隅都造就了许多他的肖像以作利益有情等广大的事业。有关其生平事迹，在前辈诸师传记中有较为详细之叙述。因此，本人在此仅是略述而已。如此犹如第二佛陀的大师（帕莫竹巴）于庚寅年（阳铁虎，公元 1170 年）7 月 25 日逝世。当时，出现

---

① 竖伞（gdugs thogs）：有名说法师于座后方可竖起伞盖。参阅《佛学词典》，第 389 页。

了许多瑞相。在迎请他的遗体到法座时大地震动，供水碗中的水一半溢出，还有天雨之花、美乐齐放、稀有神变等不可思议之瑞相。许多僧人亲见有许多诸佛菩萨前来以及许多勇士空行聚会的净相。还发现许多舍利，以及未焚坏的心脏和舌根。舌分作两部分奉安在灵骨殿中，据说现在保存于康区。心脏奉安在吉祥光焰灵骨塔中，现在就是大寺中的主要圣物供品。

此位大师所抚育的弟子：信解究竟弟子为达隆汤巴，通达究竟弟子为纳普哇（sna phu ba），智慧究竟弟子为巴普哇（sbar phu ba），能力究竟弟子为钦普甲热（vchan phu rgya ras）。以上称作"究竟四弟子"（mthar thug gi bu bzhi）。甘丹益西僧格（dgav ldan ye shes seng ge）①、垛丹木雅贡岗仁（rtogs ldan mi nyag sgom rings）、大成就师涅热色窝（grub thob nyag re se bo）、衮丹藏巴热穹（kun ldan gtsang pa ras chung）等称作"教授四弟子"（gdams pavi bu bzhi）。却杰季丹贡波（chos rje vjig rten mgon po）、班帕普巴（vban bha phug pa）、却杰冻（chos rje ldum）、却杰杜（chos rje gtum）等称作"通达一味的三个半弟子"（ro gcig rtogs pa phyed dang bzhi）。辛贡噶哇（gshen sgom dkar ba）、梁辛仲巴（myang gshen grong pa）、峨僧格喀巴（rngog seng ge kha ba）、枳隆哇（rtsi lung ba）等称作"得意四弟子"（thugs kyi sras bzhi）。【仁波且·须杂哇（rin po che shug rtsar ba）、拉萨哇·格敦焦（lha sa ba dge vdun skyabs）、赤谷顿巴·洛卓僧格（phri ku ston pa blo gros seng ge）、坚汤巴（rgyan thang pa）称作"文字之母子四弟子"（yi ge mavi bu bzhi）。喇嘛玛哇（bla ma dmar ba）、耶普巴（ye phug pa）、杰贡格威协年僧格贝（dgyer sgom dge bavi bshes gnyen seng ge dpal）称作"近者四弟子"（nye bavi sras bzhi）。】② 上述所列也是前代著名诸论著中所说的。此外，还有衮丹热巴（kun ldan ras pa）之叔父仁波且嘉察（rin po che rgyal tsha）等人，以及示现许多成就道貌的比丘南喀峨等众多有成就人士传称于各地，而且也有极大的事业。然而，前辈诸师所撰著中仅仅如此摄略而已。止贡贡巴峡噶仁（vbri khung sgom pa shavka rin）说："吉祥帕竹之寺院，称为百泉之源头。"此话不无道理，在藏区所有佛教寺庙和僧人是难以计数的，然而大部分都是

---

① 藏文（第663页倒数第2行）为：skal ldan ye shes seng ge。恐有误。
② 【】藏文（第664页第4～8行）为：rin po che shug rtser ba/ lha sa ba dge vdun skyabs/ phru ku ston pa blo gros seng ge/ rgyan thang pa rnams la yi ge mavi bu bzhi zer/ bla ma dmar ba/ ye phug pa/ dgyer sgom dge bavi bshes gnyen seng ge dpal rnams la nye bavi sras bzhi zer/。郭译（第366页第12行）漏。

第八章 从大译师玛尔巴的传承至称为达波噶举派的阶段 489

由此（帕竹）寺分流出来并发展起来的。由止贡法王流传而出的诸支系遍布藏族三区也是难以计数的。普遍传称由岭热巴（gling ras pa）流传而出的珠系（vbrug）诸支也是遍布于鹏飞十三日里程的大地之上。具德达隆汤巴分出的支系也是广大流布于前藏和康区大地之上。由格丹益西僧格（skal ldan ye shes seng ge）摄受努·杜哇真巴（bsnubs vdul ba vdzin pa），由此而发展出了雅桑巴塔杰（g'yam bzangs pa mthav rgyas）等人流传极为广大。在康区也是由法王玛哇（chos rje dmar ba）修建学寺（sho dgon），而发展出约有两千人的僧会。在法王玛哇之后，又发展出峡漾贡巴（sha yang dgon pa）、摩·敬安仁波且（rmog spyan snga rin po che）、峡邬哲哇（sha dbu rtse ba）、伦仁钦岭巴（rnal rin chen gling pa）等许多殊胜人物。由此传出的大弟子根里却峨（sgi li chos vod），修建了日嘉寺（ri rgya dgon）。此寺有许多分寺，包括杰寺（rgyal dgon）等在内。特别是伦仁钦岭巴座前出有邦俄色喇嘛（sbong vod zer bla ma），后来成为著名的修大悲观世音获得成就者，他所造出的圣水丸遍布于藏汉一切地区。他的大弟子出有垛丹格哇坚参（rtogs ldan dge ba rgyal mtshan）、贡却坚参（dkon mchog rgyal mtshan）、星阁哇（shing mgo ba）等许多能够利益他人事业的人物。此外，聂热色窝（nyag re se bo）拜见卓贡大师（帕莫竹巴）后，获得成就，而后前往康区修建勒寺（gles dgon），而且示现许多成就之相。有人说此师就是噶玛拔希的转世，这一点噶玛拔希本人也亲口说过。

辛贡噶哇：其族姓为辛（gshen），名为多杰旺秋（rdo rje dbang phyug）。他在杂地（tsa）修建寺庙，由此普遍传称他叫丹雪麦巴（dam shod smad pa）。此师抚育了香察哇（zhang mtshal ba）等许多弟子。

此外还有梁辛仲哇（myang gshen grong ba）：又名为雅垄辛仲之人（yar klungs gshen grong ba）。此师幼年时期就出家为僧，拜见卓贡大师（帕莫竹巴）求得圆满教授后在他的家乡进行精修，而且前往空行刹土。

峨·僧格喀哇（rngog seng ge kha ba）：此师在姜僧格喀（ljang seng ge kha）修建寺庙，因此称他为僧格喀巴。他担心这座新寺对上师的寺庙有害，就解散僧众，他自己就回到家乡。他示现将身和法悬挂于阳光中等事迹，由此利益众生的事业也获得增长。此师的弟子即是贝钦却耶（dpal chen chos yes）。

枳隆哇（tsi lung ba）修建了枳隆寺（tsi lung）之后，就作利他众生之事业。此师是季丹贡波（vjig rten mgon po）出家受戒的大师。

喇嘛敬汤巴（bla ma rgyan thang pa）：此师拜见卓贡大师（帕莫竹巴）后，听受了许多教授。他在由护法神所变化的乌鸦衔垛玛放置的地方上建立寺庙，直至现在（著书时），事业法流仍然没有间断过。

喇嘛耶普巴·益西哲（bla ma ye phug pa ye shes rtsegs）：此师修建了绛达纳寺（byang rta sna）、洛耶普寺（lho ye phug）和峡洛宗（shar lhovi rdzong）等寺庙。抚育出的弟子有杰岗两弟子（dgyer sgom gnyis），其中一人在麦卓（mal gro）地方勤行修持。止贡法王也对他多次进行赞颂。又由喇嘛仲（bla ma vbrom）修建了岗阁隆寺（skam dgos lung），而后作出广大利益众生的事业。

钦布甲热（vchan bu rgya ras）：总的说来，此师已获得成就，特别是护法神时刻保佑着他。

木雅贡仁（mi nyag sgom rings）：此师拜见卓贡大师（帕莫竹巴）后，就在其座下听受修法导释。有一次，卓贡大师在他面前放了一张绳网并对他说："你（用它）随身带一把剑吧！"（贡仁就带了一把剑）和他的山间修行处（茅蓬）处附近的前方有一位杀父仇人，卓贡大师把他领到了贡仁前面。木雅贡仁生起了嗔恨，拿起宝剑冲上去。因此，卓贡大师向他说："你应该观察你的嗔恨心。"由此他生起了殊胜之真实通达。由于他有极大的利他之心，因此对卓贡大师的诸位新弟子也很好地教导修法。后来，他在止贡修建寺庙安住，聚集僧伽约有一百人。由于他不精通念诵，因此对于利他事业有所不利。他在临终时，僧众悲伤哭泣，因此他说："你们上师不会堕入恶趣，在耶（g'ye）地方那边有一磐石，在那下边有一会修行的居士，你们去叫他吧！"说后便逝世了。

巴普哇：此师诞生在约汝乍（g'yo ru gra）地方，恩（rngan）是其族姓。从青少年时期起，就作过许多闻、思学业。特别是他长期依止恰哇大师。因此，在恰哇的众多弟子中，普遍传称他是智慧最大的。他撰述了许多正理方面的论著，并且进行讲说。在后期中，他与卓须哇（gro shul ba）相见。从阿苏（a su）座下获得的《垛哈法类》，使他心满意足。

喇嘛耶巴·益西哲（bla ma yel ba ye shes brtsegs）听受过《垛哈法类》。喇嘛耶巴·益西哲心想："这只是单纯的讲说！如果我与上师相见，一定会有殊胜修验获得。"于是，他来到巴普哇座前，请求前往卓贡大师座前去一趟。巴普哇说："他有比我们更好的（教法）吗？"喇嘛耶巴答道："无论如何也要前往。或许他是比我们好。"因此，巴普哇对他心生欢喜。巴普哇拜见了卓贡大师，并与卓贡长谈。于是，巴普哇心里想：

第八章　从大译师玛尔巴的传承至称为达波噶举派的阶段　491

"上师（指帕莫竹巴）持有唯识见①。"卓贡大师通晓他的心思而说道："我的这一教法总有一天会对你有帮助的。"然后卓贡大师详细传授以《导释》，但巴普哇想"我对此已详细知晓。"为此没有生起功德。巴普哇听受对僧会所说法后，心中生起喜悦而回来。喇嘛耶巴又说："在上师仁波且座前有敬信者会有一种功德现起。在我看来，上师您在大师座前未见到生起敬信。"于是他请求巴普哇再去拜望（帕莫竹巴），上师（巴普哇）允诺再去。此后，师徒俩一起来到帕莫竹，卓贡大师想，为了摧毁他（巴普哇）持有由多闻而来之我慢，作了一缘起征相，在蔗糖上很好地印出莲花模像，真是美丽耀眼，把它给巴普哇，后者接受了，但没有吃它。喇嘛耶巴站起来，将糖打碎而供献给诸师并说："请吃吧！"巴普哇就把它吃了②。然后卓贡说："《波罗蜜多》和《中观》等为因之教法，《果法密宗金刚乘》（vbras bu gsang sngags rdo rje theg pa）和《方便异门》（thabs lam gyi bye brag），以及《大手印教授》等一切也都是纯为证此心通达的方便而说的。你等必须专心修此诸教义。"但是巴普哇想："什么？他没有给我开示任何教授，而只是叫我修习。"如此略作思考时，真实意义显现于前。后来，巴普哇（为帕莫竹巴）撰写了颂词《祈祷众生怙主（卓贡大师）如意牛③愿文》（vgro mgon la gsol vdedas vdod vjovi ba mo）。后来，巴普哇修建巴普寺（sbar phur dgon pa）。他亲见许多本尊佛像，他也成为著名的成就者。他聚集僧会人数大约五百人。他认为，自己的证达和佛的证达是一体无别的。因此，有名为证达无生之宗。所以他说自己不是四瑜伽修语次第④中证达次第。此师的座前大成就者岭热巴等许多法友也前来听受《垛哈》；还有年热格顿蚌（gnyan ras dge vdun vbum）和耶哇（yel ba）等许多大师也来亲近过他。

卓贡大师的弟子桑杰年热（sangs rgyas gnyan ras）：此师诞生在桑耶康松巴（bsam yas khams gsum pa）地方，年（gnyan）是他的族姓。他在帕莫竹巴和洛若热巴（lo ro ras pa，即热穹巴）的弟子里热（li ras）座前听受教授。在玛裕绒（ma yul rong）的垛让塔（rdo rang thag）的洞中精

---

① 唯识见（sems tsam pa）：唯识宗，是随顺圣者无著主张的一个宗派，他以理论破斥外境的实在，唯许心识实有。此分实相派和假相派。参阅《藏汉大辞典》，第2946页。
② 罗译（第567页倒数第11～8行）行间注：这意味着巴普哇过去学习的教法就好像甘蔗上的莲花图样，而帕莫竹巴的教法就好像甘蔗的味道。
③ 如意牛（vdod vjovi ba）：能随心所欲产生乳汁等的理想牛。参阅《藏汉大辞典》，第1415页。
④ 四瑜伽修语次第为：1. rnal vbyor，即Yoga；2. rnal vbyor chen po，即Mahāyoga；3. shin tu rnal vbyor，即Ati yoga；4. rnal vbyor bla med，即Anuttara Yoga。

修九年后，依空行母授记在玛裕（ma yul）地方修建寺庙。后来，他又在洛若帕拉（lo ro vphar la）修建寺庙并且在此安住。他的侄子嘉哇（rgyal ba）也在玛裕寺中一座中①精修九年，因此，他的发间和坐垫间都发现有虫窠。嘉哇达到智慧怙主之成就等境界。桑杰年热出有喇嘛宗巴（bla ma rdzong pa）等能住持修派传承的许多弟子。

喇嘛香（香喇嘛）：此师最初和卓贡是法友，后来他对卓贡生起净信而做了卓贡的弟子。他修建色塞哇（se gse ba）和昂嘉（ngang rkyal）两大寺院，并且抚育僧众。他在卓贡大师逝世后对寺院作了许多有利的事业。他又做过止贡法王的堪布。关于《道果》等教授，最初他是在萨钦座前求得后，自己又著出论著。住持这一教授之弟子传流，仍然常兴未断。

以上是具德帕莫竹巴大师及其弟子的阶段。

十　帕莫竹巴寺座的传承世系

如此所出诸弟子传承的大次第将在后面详细叙述，这里只是略说寺座之传系：大宝上师逝世后，弟子们在用草盖山间修行处（茅蓬）奉安大宝上师肖像，肖像用药物、珍宝、绫绸、糅合黏土和灵骨灰混合塑造而成。此像有极大的加持力，且曾多次说过话。肖像基座角落之土被老鼠挖掘成洞窟时，肖像便对香灯师②说出了此情，后者将老鼠损坏的痕迹及时修补好并防止再次发生。他们用老鼠所挖掘出的土发酵而塑造的肖像也很多。这些肖像即为著名的西萨玛（byi sa ma，老鼠泥）。塑像时从像身各肢所剪切下来的多余泥土，他们又用来塑造了许多小肖像，称为乍萨玛（dras sa ma，切割泥）。

安奉在法座上的那一尊肖像，是名叫玛尔巴拉宁（mar pa lha snying）的人在芒嘎岗（mang vgar sgang）塑造的。肖像大体上快要完成时，出现了一位不知从何而来的尼姑，她说："此肖像与我的上师无别，现在不需要再修改了。"所有人都为她的话感到惊奇。他们就把肖像奉安在法座上了。

---

① 一座中：入座后不再起座。
② 香灯师（dgon gnyer）：也称庙祝。寺院中管理佛像、经、塔的人。参阅《藏汉大辞典》，第62页。

第八章　从大译师玛尔巴的传承至称为达波噶举派的阶段　493

卓贡逝世后，虽然有喇嘛香位列僧众之首，但他只是作一些回向而已。从庚寅年（阳铁虎，公元 1170 年）年底到丙申年（阳火猴，公元 1176 年）的七年时间里，没有寺主。又从丁酉年（阴火鸡，公元 1177 年）到己亥年（阴土猪，公元 1179 年）的三年间，虽然有止贡法王来作寺主，但是由于财富受用微薄；堪布等僧众也对他不够敬信并且希求较大。【于是，他虔诚地祈祷于卓贡大师，后者出现在他面前并授记说："锦缎下面有一旧软垫拿出来给他们，你自己应该往北到邬汝去！"于是他三更半夜带着仆从四人逃走了。】① 他们来到奈波垛哇（gnas po rdo ba）住地的察哇（tsha ba）处，奈波垛哇为他们服役并给法王供献了一件新大氅。之后，法王于己亥年（阴土猪，公元 1179 年）从桑普借道来到止贡。所以，从己亥年（阴土猪，公元 1179 年）下半年起到丁卯年（阴火兔，公元 1207 年）间，（丹萨梯）仍然没有寺主。戊午年（阳土马，公元 1198 年）达隆法王 57 岁，止贡法王 56 岁，是年（在丹萨梯）修建了大寺。止贡法王说："若修建在芒嘎岗处的话，那么金刚座以内（四面八方的）僧伽将会云集于此。"但是，达隆法王回答说："让我的上师肖像没有房屋遮蔽，是极为不妥的。我们在（帕莫竹巴的）茅蓬处修一寺庙吧。"为此，两位法王采掘石料，很好地修建起了寺庙。寺中保存了许多佛像圣物和经典②。后来，昂雪（ngams shod）的两酋长互相争斗时，当地的妇女们说："我们摧毁寺庙吧，让（肖像破碎后的）瓦砾碎片将我们织布机所在的地方掩埋起来。"止贡法王带走了大量财物，留下来用于桑耶寺的修缮。同时，他对两酋长也供给了许多财物，想以此来调解矛盾，但未能达成一致意见。不过，幸亏他的努力调解，才使得这里十八年内没有再次发生乱事。另外，止贡法王率领仆从僧众将上师寺（丹萨梯寺）中的诸经典都搬运到岗波寺去了。这使世间诸人士不悦，导致卓萨（gro

---

① 【】藏文（第 672 页第 5～8 行）为：vgro mgon la gsol ba btab pa ni/ vgro mgon byon nas za vog gi vbol rnying pa zhig vdug pa vdi kong rang tsho la gtong la/ khyer rang dbu ru byang phyogs su song gsung bavi lung bstan byung bas nam phyed na dpon g'yog lngas bros byon bas/。郭译（第 370 页倒数第 5～2 行）为："他只好虔诚祈祷于卓贡大师，见卓贡大师来对他授记说：'粮食下面有一旧软垫拿来给他们。你前往邬汝北方去吧。'他遂于夜半主仆五人相率而逃去，……"罗译（第 570 页第 6～10 行）为：While praying to vGro mgon, the latter appeared before him, and delivered a prophecy: "There is an old gold brocade rug, give it to them. You, yourself, should proceed northward towards dbu ru." He therefore left the place at about midnight accompanied by four attendants.

② 止贡寺和丹萨梯寺都以其图书收藏而闻名。

sa）的伦觉绛僧（rnal vbyor byang seng①）也诽谤止贡法王说："他毁了上师的寺庙。"达隆法王也感到失望，对他说："你为什么就不能把诸经典都留在上师的寺中呢？"甚至有人说，为此达隆法王气得心脏病发作而逝世。对此，止贡法王本人想到是依因缘而生起，因此他说："那些和世俗凡人不合的行为是伟大卓越的！"总之，那段时间，虽然止贡法王和达隆法王两师都对上师寺庙抱有极大的关怀，然而他们都无法阻止上师寺庙的衰落，它已经到了不能修缮复原的地步。之后，在戊辰年（阳土龙，公元 1208 年）止贡法王 66 岁时，34 岁的敬安大师来担任（帕莫竹）寺座。有一天，止贡法王在高座上铺设了昂贵的毯子，迎请敬安大师坐于高座之上，自己躬身在他面前服役，并说："过去你是我之子，我之弟子。从今天起你是我之上师，就是我之父亲。"于是将敬安送到了帕莫竹。

敬安大师：诞生于勒住（gnas drug）地方。出身于由堪布菩提萨埵（mkhan po Bodhisattva）②的弟子康巴果恰（khams pa go cha），以及莲花生大师的直传弟子阿弥降秋蔗阁（a mi byang chub vdre bkol）二人的世系有成就者和酋长历代传衍而来的朗拉索（rlangs lha gzhigs）的种姓中。父亲名为云钦嘉哇焦（yon chen rgyal ba skyabs），母亲名为卓多萨居姑（vbro sdog gzav gyu gu）。此师诞生于乙未年（阴木羊，公元 1175 年），此年为帕莫竹巴逝世后的第六年。年满 13 岁时，他在季奈约谷（spyi gnas g'yo gu）处的堪布宗阁哇（mkhan po rdzong mgo ba）和敦巴大师（slob dpon ston pa）即塘波且巴（thang po che ba）两师座前出家为僧，取名为扎巴穹奈（grags pa vbyung gnas）。出家后的三年时间里在上师耶普巴（bla ma ye phug pa）座前求得《座修安定法》（thun vjog）和《俱生和合》（lhan cig skyes sbyor）等一些导释。年满 15 岁时，他告诉父亲说他想去为上师耶普巴服役要前往达地（ta）；于是其父亲送给他一匹良马，他骑上马就逃往嘎雪（dkar shod）地方。温喇嘛（dpon bla ma）也给他送来一匹迎宾马和一仆人，另外临时需要什么东西都送给他。他便同前往止贡送礼的惹西（rag shi）结伴同行，他们一起来到止贡。其堂兄弟堪布益西喇嘛（mkhan po ye shes bla ma）出来迎接，对他（的到来）表示欢喜，并且陪伴他去拜见法王，法王就坐在红色法座（chos khri dmar po）上。法王对他微笑，并用手给他摩顶说："此子极为聪慧，从你戴着小帽的样子看来，你的积福很大，将来会成为一位大修士的。"紧靠法王以手

---

① 藏文（第 673 页第 8 行）为：byang sang/。恐误。
② 藏文（第 674 页第 5 行）写为：མཁན་པོ་བོ་རྗེ་ས་ཏུ།

置其头上的加持力,他就顿然生起一切法平等性中戏现三摩地王的悟觉。在一次僧会上,他便把良马供给勒法王,后者对他生起无量之欢喜。此后三年时间,他和温绛峨(dbon byang vod)二人在法王所赐的茅蓬中,共同勤修。【17 岁时,他作为仆从陪同法王到达波。】① 当法王在桑隆(zangs lung)居住时,他在岗波巴身像前虔诚祈祷,因而亲见由像眉间放出光明遍照达隆地方的稀有征相。他(敬安)的身体略有不适时,法王说:"藏族孩儿中,他最可爱。若这次不死的话,他将来会成为主持达波噶举②之支柱。"说后他作了经忏③。法王对他说:"现在你的寿命无任何灾厄,应该说是伦觉巴阁嘉哇(瑜伽士首先得胜)。"后来法王前往帕莫竹时,他做法王的侍者。法王去温地(von)见拉枳岗巴(lha vbri sgangs pa)师时,他对敬安说:"你受比丘戒吧!"敬安答道:"但是我只有 18 岁(故不能受比丘戒)。"法王说:"我是精通戒律的,18 岁时是可以受比丘戒的。"于是,他在 18 岁时由香松脱巴(zhang sum thog pa)做亲教师,拉枳岗巴做大师,堪布仁波且(mkhan po rin po che)做屏教师而受比丘戒。④ 之后,他在止贡做了法王侍寝(gzims gyog),由此都称他为敬安哇(spyan snga ba)。法王说法时,他常坐在其右边听受所讲之法。在做完日常侍寝服役之后,他经常在黄昏将所有诸法都熟习于心中。半夜时分,他都要修定。在僧会中法王接收供物之后,通常要回到寝室,端坐念修。在此期间,他就饮茶吃少许食物。此后,他就协助堪布仁波且和觉窝昂雪巴(jo bo ngam shod pa)等人(给他们)解释上师的话语,复习说法中未理解之处。从 18 岁一直到 34 岁之间,他都未离开过法王而作服役。当法王从帕莫竹寺把经典搬到岗波寺时,达隆巴和昂雪巴诸人(为此)责难他说:"他怎么能对寺庙做出这种事情呢?"法王说:"我要改善我的寺庙一百次,甚至上千次!"说后便派遣敬安大师到帕莫竹去了。法王说:"我派遣我的爱子不但是尊重抚育那里的僧众,而且也是供献给至尊帕莫竹巴的。"虽然敬安大师没有在一处寂静处精修过,但是他对法王

---

① 【 】藏文(第 675 页第 9~10 行)为:bcu bdun pa la chos rje dwaga por gshegs pavi phyags phyir byon/。郭译(第 372 页倒数第 11 行)为:"他年届十七岁时为法王在达波逝世而前往服务"。

② 达波噶举(dwags po bkav brgyud):从玛尔巴、米拉日巴、达波拉杰师徒三代传出,在达波拉杰时兴盛起来的噶举派。见参阅《藏汉大辞典》,第 1312 页。

③ 经忏(rim gro):福寿法事。念经拜忏以消灾祈福。参阅《藏汉大辞典》,第 2701~2702 页。

④ 罗译(第 573 页)行间注:通常情况下,要满 20 岁才能受比丘戒,但某些特殊情况也有 18 岁受比丘戒的,这时常把在娘胎里的时间算一年,再把多余的几个月也算一年。

视如真佛的思想连刹那间都没有失去过。虽然如此，他从未说过因为法王是佛而无须任何东西，恰恰相反，无论法王何时需要，他都经常为他供上饮食、衣物，甚至为他擦脚等。由此看来，他真是最好的。法王对昂雪的酋长和库贡（khu sgom）等有关上层人士赐给茶叶和绸帛等佳品之后说："先师曾有意愿前往冈底斯山脉而派遣爱徒到那边祖寺来的。他将会成为包括神在内的人世间中无与伦比的人物。因此，你等昂雪人士也应该在他的足下顶礼！"当敬安大师刚来到祖寺时，立即给法王一卷盖印的纸。法王拆开看时，书有偈句说："内不坚固大乐之定，身语意三处又散乱，他传承不加持之故，修明之水而不倒出。"于是，敬安大师在祖寺安住时，沿袭法王的传统作风，从不犯佛所称赞之戒规。除说法时间外，他一心专注于闭关精修，不与外界做口角之争。他坚持认为，僧众应该花时间修持。由于他如此至高无上的作风，昂雪巴诸人常说："深信完全如法王所言，是祖寺有千变万化。我们有了如此之上师！"并都为他感到骄傲。

桑耶的拉尊（酋长）细哇峨（lha btsun zhi ba vod）之子患病，召来路过的珠峡仁真巴（bru sha rig vdzin pa）作卜算，卜者说："此子本年冲犯阁下，故有生命危险。"拉尊问："有无消除之法？"答曰："若送阁下母亲代替之，则能消除。"于是他们把拉尊之母送去代替，母亲死了。此子年满6岁时（又病了），拉尊再问卜人有何办法可获得饶益？卜者答："没有饶益办法，今年必死无疑。"拉尊问："全无办法吗？"卜者答："昂雪地方有一贤良的善知识，他要能代替，则能够免厄。"拉尊问："谁最贤良？"大家一致认为敬安大师最贤良。他们就对卜者说："我们就迎请敬安来，把孩子的危机转移到他的身上。"卜者珠峡说："此师获得缘起证达擅长吉兆仪式。我们恐怕不能把威胁你儿子生命的厄运转移（到他身上）。"他们都不听卜者的话，坚持说："我们一定要请他来，把危及孩子生命的危险转移到他身上。"他们便派人前来迎请。大家都请求敬安大师不要离开，但是，敬安说："无妨！正如具有四足之一切野兽中以狮子就能威慑一切，我是犹如狮子的瑜伽士，以此能够威慑其他一切的。"说后也就前来了。珠峡（做好了多种准备）。最初，他把水灌入一只羊的胃里，然后把它放在桥头上；并在羊的肚腹上画了各种各样的图案，在风吹之下肚腹不停地摇动。在桥头入口处他放了狼的雕像，并把羊的肚腹放在其上。在房屋上他搁置了各种各样的肖像。在座位下，他又搁置两条颈脖交错的狗尸，而且在一髑髅竖牙的口中，他放置了一肖像。此后，敬安大师到来时，珠峡说："如果骑马人骑着一匹黑马走在队伍前头，那么厄运将无法转移。"（敬安大师的侍者）底斯哇大师（slob dpon ti se ba）骑着一匹黑马最先来到，珠峡就说："现在厄运无法转移了。"敬安大师对丈色大师（slob dpon bram ze）说："你把自己带来的铜号吹起来吧"，于是后者奋力吹起了铜号。敬安说："够了！"而且他们并没有骑马过桥，而是涉水过河。同时，搁置在桥头上的狼肖像面朝下倒在了朝珠峡那边。敬安大师对诸侍者说："先帮我将这座位摇晃一下，然后将化缘之钵放置其上，如此就能破除他的一切诅咒。"说后他将左脚踩在座上，座位发出"嚓嚓"声响就垮了。他们把座位面朝东，但敬安大师面朝南而安坐。珠峡已经黔驴技穷了。他的魔法回击了他们。他说："难道我们没有告诉过你们，我们不能成功将厄运转移到他的身上吗？但是你们就是不听我的！现在我回到家后就会死了，或许在那之前就死了。现在，拉尊啊，你要是有办法就尽量做吧，否则你也会死！"七天之后，珠峡死了。卜者的施主拉尊三个月后也被人所杀。而敬安大师和徒眷未发生任何祸患和灾厄。这个故事传到止贡时，止贡法王对敬安说："如果你安置一本摄论（sdud pa）代替钵，魔法的效果就会更弱了。"由于敬安大师未被桑耶拉尊的魔法所制伏，人们普遍传称他为杰·唐杰铿巴（rje thams cad mkhyen pa，即至尊一切智者）。嘉哇漾贡巴（rgyal ba yang dgon pa）也撰赞文说："伟大的圣者敬安哇，殊胜伏凶魔……"总之，此位杰·唐杰铿巴总依圆满戒律之基础，并追踪先贤作风。他自己连放入油脂而熬之粥也不食用。由于过去祖寺长时间破旧失修，僧众中有些变得懈怠，他带领他们勤持戒律、一心专修。他运用大慈三摩地（byams pa chen povi ting nge vdzin）的定力，不但使梯地（Thel）的人停止争斗，而且使梁青雅垄（gnyal phyin yar klungs）等处，甚至远至涅地（gnyal）的世仇乱事也得到了平息。饥荒消除了，一切人士都来到敬安仁波且之座前无休止地请求皈依。就这样，他住持祖寺有26年时间。之后，温仁波且逝世时，他到止贡主持祭礼，并作供养灵塔。几天后，迥仁波且（gcung rin po che）、止贡岭巴（vbri khong gling pa）、噶·却顶巴（vgar chos sdings pa）和贡巴等人经过共同商量后，请求他在止贡寺安住下来。经过十三日（挽留）他仍未答应。最后，他意识到为了避免与达隆巴及噶当巴（bkav gdams pa）等人再起争斗而答应居住下来。他住此寺（丹萨梯）22年之久。在寺居住到第七年，即庚子年（阳铁鼠，公元1240年）时，谣传大元大军将来到达木（vdam），并且声势浩大。当止贡梯寺（vbri khung thel）僧众准备逃走时，敬安大师对他们说不要害怕，安慰众人安住下来。当初是元军武官弥里奇（hor gyi dmag dpon mi li byi）来到寺中，仅仅一见面就对敬安大师生起了敬信，而且生起如父子般的情感。他当时承许以后送来供物礼品。

于是，蒙古大军对人畜均无任何伤害而撤退。经过 28 天后，由多达（那波）（dor rta）作为武官而来到寺中①。当他抓着贡巴峡噶仁（sgom pa shavka rin）的手想带走时，天空便降石头雨。多达问道："这是何因？"他们回答说："由于你抓走了敬安大师之徒②贡巴峡噶仁，敬安大师不高兴，至尊敬安大师不高兴就使天公也不喜悦之故。"多达又问："这人是干什么的？"答曰："敬安大师并不务农，而把他人所供诸物用来抚育僧众。"邪恶的武官听说此言后，也变得极大的和善；他率领的军队也都比商队还要温和而销声匿迹。此后，除个别罪过外，未发生杀人和烧毁寺庙等事。所以，敬安大师一切运用三摩地之力，使止贡获得极大的兴旺。普遍传说止贡徒众达十八万数（khri tsho bco brgyad）也是这个时候的盛况。大约就在那时，有些人偏爱迥仁波且而对敬安略有不敬。因此，敬安大师说："我走了！"于是，就在（寺院）下面的一块平地上扎营居住。迥仁波且从闭关室隙观而明白了事情原委。他便突然出关而来到敬安大师座前，请求其继续居住，敬安大师未答应。迥仁波且发誓说："现在，即使别人说您健在印度，我也绝对不会觊觎法座的位置。"③ 敬安大师说："既然如此，即使有九位证人（gzu pa）赶我走，我也绝对不走了！"之后，他仍安住在止贡。总之，敬安大师的恩惠遍于整个藏族地区。他又用珍宝修建两佛塔，并对印度和藏区的像拉栋巴（lha gdong pa）等一切贤士都开示正法使其悦意满足。他在年满 81 岁时的乙卯年（阴木兔，公元 1255 年）11 月 18 日逝世。荼毗时发现无数舍利。诸弟子为了圆满祈愿，修建了一座殊胜之灵骨塔，此后也成了最胜吉祥之缘起。

敬安大师的弟子有：嘉哇仁波且（rgyal ba rin po che）、居尼巴（bcu gnyis pa）、迥仁波且、嘉哇漾贡巴、嘉色脱喀哇（rgyal sras thog kha pa）、仁波且扎索（rin po che grags bsod）、仁波且德嘉巴（rin po che ter rgyab pa）、敬安阁芒巴（spyan snga sgo mangs pa）、聂朵·唐杰铿巴等许多徒众。

其中的仁波且扎索巴：是温喜饶嘉（dpon shes rab rgyal）④ 之子，也是嘉哇（rgyal ba）之兄。他获得预知神通和神变等功能。人们都传称他

---

① 1239 年，蒙古王子阔端令多达那波进军西藏，邀请萨迦班智达贡噶坚参，后者于 1244 年携侄子八思巴和恰那多吉从萨迦起程，经过两年的艰苦跋涉，终于在 1246 年 8 月抵达凉州。从此开启了蒙藏政治联盟，进而为后来八思巴与忽必烈联合，将西藏正式纳入祖国版图奠定了政治基础。另外，Schmidt, Gesch 在其著 *Ost Mongolen*（圣彼得堡，1829 年，第 110~113 页）中认为萨班一行是 1247 年到达凉州的。恐误。
② 罗译（第 578 页数处）把"敬安大师之徒"译为"Son of Ngam"。
③ 意思是只要敬安健在，他永远不会住持寺院。
④ 罗译（第 579 页第 14 行）转写为：dbon shes-rab-rgyal。

叫温波峡岭巴（dpon po shar gling ba）①。后来他在垛曲河（rdo chu）的下游萨雪（sa shod）地方修建塔寺（zla dgon）②后，事业也固定兴旺。他曾花钱支持过杂日（tsa ri）的隐居者，这种行为一直沿传至今。

阁芒巴：由于他是监管阁芒寺的修建事宜，为此称为阁芒巴。他拥有预知神通等无量功德，比如当他前往冈底斯山处修行时，在途中断绝了食物，地神（gzhi bdag）投以牦牛尸体而得以生活。他在阁隆（sgos lung）居住时，作出了广大的利益众生的事业。

嘉哇仁波且：诞生于癸亥年（阴水猪，公元1203年），父亲名为云钦桑杰焦（yon chen sangs rgyas skyabs），母亲名为益西措嘉（ye shes mtsho rgyal）。年满15岁时，他在堪布顿巴和伦哇大师（slobdpon lan ba）座前出家为僧。取名为扎巴准珠（grags pa brtson vgrus）。他16岁时前往前藏。得到敬安大师加持而生起证悟。他在19岁时来到止贡，以堪布顿巴做亲教师，峡岭巴做轨范师，雍哇巴（yung ba pa）做屏教师而受比丘戒。此后专修，由此发生神变功能。在33岁时的乙未年（阴木羊，公元1235年）他登上止贡寺主之位。这正是敬安大师来到止贡的第二年。他住持寺务共有33年。有一次遭霹雳袭击，由于他用法力庇护全身而安然无恙。因此，人们都称他为脱杜巴（thog rdugs pa）（意为雷无奈师）。由于他的功德美誉传遍他乡，使得藏地上部（西部西藏）的胡拉王（rgyal po hu la）对他作三次盛大供养。此外，还有僧嘎岭（Singgha gling）、底惹烘底（ti ra hu ti）、亚泽（ya tshe）等王也对他供了许多财物。③后来，他于丁卯年（阴火兔，公元1267年）的某18日，年满65岁时逝世入净界。茶毗时发现天雨花，出现两股大明光和三日齐现。遗体两次说话。净治遗体时，大菩提塔四角出现舍利而为庄严等许多瑞相。此师弟子众多，其中有如大成就门兰巴（grub thob smon lam vbar），他有流血如乳水等奇迹。嘉哇仁波且之弟为居尼巴（bcu gnyis pa）。德嘉仁波且（gter rgyab rin po che）所生之子就是垛仁巴（rdor rin pa）。

居尼巴：普遍传称他是卓贡大师（帕莫竹巴）的转世活佛。他诞生于戊寅年（阳土虎，公元1218年），后在南嘎巴大师（slob dpon nam vgag

---

① 罗译（第579页第17行）转写为：dbon-po shar-gling-pa。
② 罗译（第579页第18行）把 rdo chu 转写为：rngo-chu。另外，此处藏文（第682页倒数第6行）为：phyis rdo chuvi rgyud kyis shod du/。似应为：phyis rdo chuvi rgyud kyi sa shod du。
③ 僧嘎岭（Singgha gling），藏文（第683页倒数第6行）写为：སིངྒ་གླིང་，指锡兰；底惹烘底（ti ra hu ti），即土尔扈特（Tirhut）；亚泽（ya tshe），即拉达克。

pa）座前出家为僧，取名为仁钦多杰（rin chen rdo rje）。他22岁时来到前藏与敬安大师相见。他在25岁时由香色舍坝巴（zhang se gseb bar pa）做亲教师，雅康巴（yar khang pa）做大师，堆龙巴做屏教师而受比丘戒。此后，他在敬安大师座前听受噶举派的所有教法，立下十二年内头不落枕的誓言而一心修持，由此生起多门一味之悟达。敬安大师临终时对他作加持，以此他的证达得到究竟。之后他在嘉哇座前听受未听完的《甚深导释》诸法。他于丁卯年（阴火兔，公元1267年）年满50时前来祖寺，在寺中居住了14年时间。他获得开光和缘起法门的成就，具有无碍的预知神通。他祈祷布桑洛穹（bu hrangs lo chung）传规的黑仇（属于大威德法类）本尊而使南方一带的乱事平息。他还具有使曼垄巴（sman lung ba）、垛脱巴（rdo thog pa）、温通日哇多杰贝（dpon thung ri ba rdo rje dpal）诸人得见仁波且哇黑汝嘎、马头金刚、弥勒等像之无量功德。他到祖寺【就任寺座】后，就修建嘉哇仁波且逝世后圆满祈愿的美好无与伦比之灵骨塔，这算是祖寺诸塔中最初之塔。他在63岁①于庚辰年（阳铁龙，公元1280年）的十二月吉日逝世。同年，卓贡八思巴（vgro mgon vphags pa）也逝世了。居尼巴之遗体净治时，天雨瑞花，灵骨中发现有胜乐、马头金刚、救度母、观世音等像，并发现无数舍利。此师的许多弟子中，堪钦衮色哇仁钦杰波（mkhan chen kun gsal ba rin chen rgyal po）的修证，虽然是获得犹如至尊米拉日巴修持中所生起之诸证悟，但是他居住在山林静修的时间是很短的，【（遗体净治时）留下了一把遗骨，而至尊米拉日巴（遗体净治后）却没有。】此外，此师弟子中出有汝巴却哇雅嘉岗穹（rus pa khyor ba ya gyal gang byung）以及顿纳大师（slob dpon ston nag）等，【另外还有仁波且扎巴益西巴（rin po che grags pa ye shes pa）】。②

【仁波且扎巴益西巴（rin po che grags pa ye shes pa）：是温贡波嘉（dpon mgon po rgyal）之子，名为措窝本（khro bo vban）；此子生布仁钦喜饶（bu rin chen shes rab）、仁波且哇、里却巴（gnyis mchod pa）、温·仁钦焦（dpon rin chen skyabs）四子。】③ 仁波且扎益巴（rin po che grags

---

① 郭译（第378页第7行）漏译"63岁"。
② 此段中【】中内容据罗译本（第581页）所补，而下划线部分罗译本中缺。
③ 【】藏文（第685页倒数第8~5行）为：rin po che grags pa ye shes pa ni/ dpon mgon po rhyal gyi sras po khro bo vban la/ bu rin chen shes rab/ rin po che ba/ gnyis mchod pa/ dpon rin chen skyabs dang bzhi vkhrungs pa la/。罗译（第581~582页）为：…also rin po che grags pa ye shes pa. The four sons of Khro bo vban, son of dpon mgron po rgyal were: rin chen shes rab, rin po che pa, gnyis mchod pa and dbon rin chen skyabs.

ye pa)① 诞生于庚子年（阳铁鼠，公元1240年）。他童年时期就与敬安大师相见。他在塔寺中精心学习念诵，之后奉嘉哇之命而来到帕莫竹出家为僧。他听受了一切教法后，前往萨迦卓贡八思巴座前。每日清晨他念诵《略本般若蜜多经》（mdo sdud pa），仅一遍便能够生起通晓，普遍传称他有大智慧。【后来，他在居尼巴座前听受甚深教法并且作专修。】② 他于辛巳年（阴铁蛇，公元1281年）在42岁时来到祖寺住持寺座，安住了8年时间。于戊子年（阳土鼠，公元1288年），他年满49岁时逝世。扎巴益西来到祖寺住持的辛巳年（阴铁蛇，公元1281年），元军进攻藏区，并摧毁了甲若宗（bya rog rdzong）。本钦贡噶桑波（dpon chen kun dgav bzang po）被元军杀害。③ 第二年壬午年（水马，公元1282年）大成就邬坚巴在桑耶撰著了《教历》（bstan rtsis）。大成就师来到梯（thel）寺的时间，就恰好是仁波且扎巴益西住寺之时。他来到寺院中的第三年即为【癸】未年（【水】羊，公元1283年），这年噶玛拔希逝世，峡扎僧哇（sha grags seng ba）诞生。第二年为甲申年（木猴，公元1284年），壤迥多杰（rang byung rdo rje）诞生。

仁波且里却巴（rin po che gnyis mchod pa）：诞生于庚子年（阳铁狗，公元1250年）。他6岁时，敬安大师逝世。【在居尼巴座前听受了《会供导释》（tshogs khrid）并出家为僧，取名为扎巴仁钦（grags pa rin chen）。】④ 他在己丑年（阴土牛，公元1289年）年满40岁时来到祖寺，住持（寺座）大约有22年⑤。由帝师扎峨（Tiśrī grags vod）⑥ 及王子二人赐他虎头状，于是他成为政教之主。他到祖寺的第二年即庚寅年（阳铁虎，公元1290年）萨迦摧毁了止贡。也是在里却巴在位时，雅

---

① 即仁波且扎巴益西巴（rin po che grags pa ye shes pa）。
② 【】藏文（第686页第1～2行）为：slar bcu gnyis pa la zab chos gsan nas sgrub pa mdzad/。罗译（第582页第12～13行）为：At the age of 12, he heard the exposition of the hidden Doctrine, and practiced meditation.
③ 这段历史，可参阅Luciano Petech (1990)；陈庆英《元朝帝师八思巴》，中国藏学出版社1992年版；王启龙《八思巴评传》，民族出版社1998年版，《八思巴生平与〈彰所知论〉对勘研究》，中国社会科学出版社1999年版等相关内容。
④ 【】藏文（第686页第11～13行）为：bcu gnyis pa la tshogs khrid gsan/ rab tu byung ba- vi mtshan grags pa rin chen du btags/。罗译（第582页倒数第4～2页）为：At the age of 12, he attended classes on religion, and on ordination, received the name of Grags pa rin chen.
⑤ 郭译（第379页第5行）为"二十多年"。
⑥ 指元代第5代帝师扎巴俄色（khang gsar ba）grags pa vod zer，《元史》为乞剌斯八斡节儿，1291～1303年在帝师位。

泽王（ya tshe rgyal po，拉达克王）供来了十万佛像塔东西方的溜金屋顶等殊胜诸建设，因此里却巴被誉为敬安色脱巴（spyan snga gser thog pa）。他于庚戌年（阳铁狗，公元1310年）3月23日年满61岁时逝世。（著名伏藏师）冻措热巴（dung mtsho ras pa）也是此师在位时前来亲近依止的。

泽细·宁玛哇（tshes bzhi rnying ma ba）：诞生于癸巳年（阴水蛇，公元1293年），父亲名为温仁钦焦（dpon rin chen skyabs），母亲名为香绛玛（zhang lcam ma）。将要诞生时其母亲在梦中见有许多瑞相。童年时期，他就在堪布楚达（mkhan po tshul dar）和香尊布桑巴大师（slob dpon zhang btsun bu hrangs pa）座前出家为僧。取名为扎巴坚参（grags pa rgyal mtshan）。堪布楚达是贡噶若哇（kun dgav ra ba）的知事僧①，温波宣奴桑波（dbon po gzhon nu bzang po），之所以叫温波是因为是他（堪布）的侄子之故。泽细·宁玛哇自己在里却巴座前求得诸法导释。又由喇嘛拉康哇（bla ma lha khang pa）给他开导教法之门；他又在上师扎巴仁钦（bla ma brag pa rin chen）座前听受诸护法修法。那时上师对他授记说："你有护法在守护。"他又在上师底斯哇达玛嘉波（bla ma ti se ba dar ma rgyal po）等座前详细听受噶举派的所有教授。之后，他在庚戌年（铁狗，公元1310年）年满18岁时来到祖寺住持寺座，抚育僧众直至年满51岁。他对乍底哇（pra ti ba）和底斯哇诸山人开示预知神通。临示圆寂时，见有空行母前来迎接他，并且入于狮子座等。年满68岁的他于庚子年（阳铁鼠，公元1360年）的十月初三逝世。荼毗时发现许多舍利。此师之殊胜弟子为居尼仁波且。早期众多弟子中有：喇嘛喀脱巴（bla ma mkhar thog pa），此师专修十二年并且获得预知等神通；又有喇嘛奈邬哇（bla ma snevu ba）；垛真桑杰坚参（rdor vdzin sangs rgyas rgyal mtshan），此师具有无戏论证达；喇嘛贡宣巴（bla ma mgon gzhon pa），此师亲见益西贡波（ye shes mgon po）像等。后期弟子众多，其中有一位名叫冲麦仁宣巴（mtshungs med rin gzhon pa）的成为住持传派之教主。

居尼色玛哇（bcu gnyis gsar ma ba）：母亲名叫赤门玛蚌姬（khri smon ma vbum skyid），父亲名为温仁钦焦（dpon rin chen skyabs），生有大司徒（tavi si tu）、居尼色玛哇、仲索南桑波（drung bsod nams bzang po）三子。其中扎协巴（居尼色玛哇）诞生于庚戌年（阳铁狗，公元1310年）。出

---

① 知事僧（zhal ngo）：管理僧团的执事僧。梵音译作维那。参阅《藏汉大辞典》，第2379页。

第八章　从大译师玛尔巴的传承至称为达波噶举派的阶段　503

生时，发现枯树开花等稀有瑞相。年满 8 岁他就来到梯寺（丹萨梯寺）。9 岁时，他在堪钦雍仲索南（mkhan chen g'yung drung bsod nams）和旺索大师（slob dpon dbang bsod）二师座前出家为僧，取名为扎巴喜饶（grags pa shes rab）。他还在泽细巴（tshes bzhi pa）座前听受了所有教法导释等。他 20 岁时在堪钦僧嘉哇（mkhan chen seng rgyal ba）座前受比丘戒。又在法王喇嘛丹巴、布顿仁波且、嘉色脱麦巴（rgyal sras thogs med pa）① 等师的座前听受了许多教法。又在雅垄上部的纳姆宗（sna mo rdzong）念修护法千万遍，普遍传称他获得了预知等神通。他讲说《发菩提心》教授时，出现很多次天雨瑞花。他在 51 岁时的庚子年（铁鼠，公元 1360 年）来住持祖寺，住寺有 11 年之久。他在 61 岁时的庚戌年（阳铁狗，公元 1370 年）9 月 13 日逝世。

泽细色玛哇（tshes bzhi gsar ma ba）：父亲名为仲仁垛哇（drung rin rdor ba），母亲名为胜·扎西姬（zin bkra shis skyid）。夫妇俩生有二子，长子为嘉色扎仁巴（rgyal sras grags rin pa），次子为泽细巴（tshes bzhi pa）。泽细巴诞生于丙申年（阳火猴，公元 1356 年）。由于（父母）迎请堪钦桑仁巴（mkhan chen sang rin pa），后者亲见药师宫中的佛像心中放出光明入合于泽细巴之身，因此，作出贤善的预言。泽细巴从 4 岁开始学习念诵。他在嘉色扎仁巴座前听受了《喜金刚第二品》经教诵授。他在 12 岁时受居士戒，取名为扎巴绛曲（grags pa byang chub）。他还听受了《六法》导释，楚嘉哇大师（slob dpon tshul rgyal ba）借助于四符（brda bzhi）② 使他成熟。此后，他在泽当讲说《喜金刚第二品》。15 岁时，他在具德喇嘛丹巴（dpal ldan bla ma dam pa）和堪钦宣旺巴（mkhan chen gzhon dbang）座前出家为僧。后来，他仍由过去的堪布和大师，以及嘉楚哇做屏教师而受了比丘戒。他在 16 岁时来到祖寺（丹萨梯）住持法座。从 19 岁开始，长达八年时间，政教两方面都一直由他来住持和担任高级官职；这段时间，他对世间各种事务从不介入，而是专心修持。他总共任职有 16 年时间。他在嘉色脱麦巴和诺钦绛泽（lo chen byang rtse）等师座

---

① 布顿大师的弟子。
② 四符象征 Vajravārahī 灌顶的四个次第。据《白玛噶波文集》（Pad ma dkar povi gsung vbum）第 VII 卷 ja 函所载 snyan rgyud las zab mo brda bzhivi dbang gi cho ga 第 6b 叶第 2 行可知，"四符"（brda bzhi）灌顶属于热穹巴传规之 lus med mkhav vgro chos vkhor，并解释此段的深义为：smin grol sems kyi rgya mdud bshig（人们必须通过灌顶和导引解开心结）。"四符"如下：1. thod pa，头盖骨，象征净化的器官；2. vphreng ba，玫瑰花，象征永恒的声音；3. sna tshogs rdo rje 或 visva vajra，象征大手印；4. dbu rgyyan，头饰，象征饮血金刚的能量。

前听受了许多教法,并亲见观世音和胜乐金刚像,拥有预知等神通。喇嘛聂塘巴·扎西僧瓦(bla ma snye thang ba bkras seng ba)曾见他(泽细)的头上有弥勒安住;却康喇却(chos khang bla mchod)又见他头上有观世音安住。他在31岁时于丙寅年(阳火虎,公元1386年)的二月初五日逝世。同年法王聂尼巴(chos rje nyer gnyis pa)诞生。(泽细师)逝世后出现天雨花瑞相,并且发现许多舍利。至尊宗喀巴大师也是泽细弟子,曾来到其座前亲近并听受《六法》等诸甚深教法;此外,至尊宗喀巴大师对泽细极为敬信,并撰著出描述其生平事迹的《本生事记妙高山》(rtogs brjod lhun pavi bstan bcos)。

法王索扎巴(chos rje bsod grags pa):此师诞生于己亥年(阴土猪,公元1359年),父亲名为本仁垛哇(dpon rin rdor ba),母亲系峨乍哇女官(ngo brag pa dpon mo)名为仁措(rin mtsho)。他在9岁时在居尼巴座前受居士戒,并且听受诸法导释。之后,他在奈邬栋处由法王喇嘛丹巴作亲教师,堪钦宣旺巴作大师给他授出家戒。年满10岁时,他来到泽当住持寺座有五年时间。他在拉萨有许多善知识聚集之地大转法轮(说法)。此后由诺钦(大译师)绛扎、堪钦宣旺巴和楚嘉大师给他授比丘戒。他继续担任奈邬栋最高职位五年时间。在丙寅年(阳火虎,公元1386年)他年满28岁时来到(丹萨)梯寺住持寺座有二十年时间。他曾在措噶哇(mtsho dkar ba)座前听受大手印导释等许多教法而生起殊胜修持。他在具德喇嘛丹巴座前听受护法随赐灌顶时,上师说:"这一小护法①将守护索扎巴大师。"结果正如上师所说,他得到护法帮助成就其事业。【穹波(khyung po)部族诸人抢劫了寺主的信使(gdan sa bavi phrin las pa),上师就对穹波诸人士显示了无量之神变。下了一场大雪之后,故乡变得荒芜破败,连他的许多对手也都变得穷困潦倒。】② 他在释迦牟尼水佛(thub pa chu khol ma)像前作祈祷后,堆龙上部的泉水也开始沸腾起来。他又在北方洛昌顶(lhog tshang stengs)处设帐讲经,为此那里的人和牲畜都平安无恙。有一名为囊贡(snang sgom)的人,虽然他修持佛法,但是日常生活仍持苯教徒之礼,传说他具有神通,亲见索扎巴面前有年塘地神

---

① 郭译(第381页倒数第9行)漏译"小"(chung ba)。
② 【】藏文(第690~691页)为:khyung pos gdan sa pavi phrin las pa la rgyab pa la khyung po rnams la cho vphrul dpag tu med pa byung/ gangs rdib kyis yul khams brlag pa sogs mang du byung/ log par sgrub pa gzhan mang povang phung/。郭译(第381页倒数第8~6行)为:"由此之力,穹波(护法)对'对萨祖寺'职员那交巴,及穹波诸人显示无量神变;岗底(护法)对乡土做了许多破坏等事;对其他邪修者也摧毁了多人。"

(gnyan thang lha)前来作欢迎,并且出现有许多护法神到来。因此,他生起敬信而在索扎巴座前出家为僧。又有朗隆巴(glang lung pa)亲见索扎巴为金刚持等无量功德。索扎巴住持祖寺二十年之久。他交付寺务之后,又住世了四年,后于戊子年(阳土鼠,公元1408年)年满50岁时逝世。逝世后四十九日中不断地天雨无量瑞花。

敬安·贝丹桑波哇(spyan snga dpal ldan bzang po ba):此师的父亲名叫达波峡噶仁巴(bdag po shavka rin pa),母亲名叫思纳仁钦宗巴(zi na rin chen vdzom pa)。夫妇二人有六子,贝丹桑波为四子,诞生于癸亥年(阴水猪,公元1383年)。孩子年满3岁时在敬安·扎巴绛巴(spyan snga grags pa byang pa)座前受居士戒,取名为贝丹桑波。他9岁时学习《喜金刚第二品》。10岁时他在敬安·衮邦巴(spyan snga kun spangs pa)座前听受诸法导释,并且在堪钦扎垛哇(mkhan chen grags rdor ba)和细哇贝大师(slob dpon zhi ba dpal)二师座前出家为僧,取名为扎巴洛卓(grags pa blo gros)。由喇嘛却贝喜饶(bla ma chos dpal shes rab)给他开教法之门。他14岁时在泽当讲说《喜金刚第二品》。他在21岁时闭关修持成为静修者之主。年满22岁时,他由堪钦桑洛哇(mkhan chen sang blo ba)做亲教师,堪钦嘉桑巴(mkhan chen rgyal bzang pa)做大师,堪钦噶居巴(mkhan chen dkav bcu pa)做屏教师而受比丘戒。在年满23岁时的乙酉年(阴木鸡,公元1405年),他升职为敬安之职位。他在喇钦仁宣巴(bla chen rin gzhon pa)座前圆满听受噶举派诸教授。贝丹桑波哇仅抚育僧会二年之后,就于25岁时的丁亥年(阴火猪,公元1407年)的10月29日逝世。

敬安·索南桑波哇(spyan snga bsod nams bzang po ba):诞生于庚申年(阳铁猴,公元1380年)。他在敬安·扎绛巴(spyan snga grags byang pa)①座前求得居士戒。又在敬安·索扎巴(spyan snga bsod grags pa)座前求得许多法门导释。之后他在堪钦扎垛哇和楚嘉哇二师座前出家为僧,由却阁哇·楚臣桑波(chos sgo ba tshul khrims bzang po)给他传四符(brda bzhi)灌顶。他听受并研究学习《喜金刚第二品》之后,在泽当讲说此法。至尊宗喀巴罗桑扎巴和堪钦索桑巴(mkhan chen bsod bzangs pa)曾在上面所说诸师座前听受许多灌顶、密续教授等。索南桑波哇在29岁时的戊子年(阳土鼠,公元1403年)来到寺座。在喇嘛仁宣巴座前,他听受了噶举派诸法导释。后来,在己未年(阴土羊,公元1415年)由至

---

① 即敬安·扎巴绛巴(spyan snga grags pa byang pa)。

尊宗喀巴罗桑扎巴、堪钦嘉桑巴和屏教师班智达贡噶坚参（pandita kun dgav rgyal mtshan）在扎西垛喀（bkra shis do kha）给他授了比丘戒。他住持祖寺有九年之久。他在37岁时的甲申年（阳木猴，公元1416年）12月28日逝世。

　　法王索南坚参贝桑波（chos rje bsod nams rgyal mtshan dpal bzang po）：父亲名叫达波释迦仁钦巴（bdag po shavkya rin chen pa）①，母亲名叫思纳仁钦宗巴（zi na rin chen vdzom pa）。夫妇二人有六子，法王索南坚参·贝桑波为五子。他诞生于丙寅年（阳火虎，公元1386年），是一位不闭眼睛就能够入睡的孩子。堪钦噶居巴（mkhan chen dkav bcu pa）也说："喇嘛八思巴（bla ma vphags pa）幼年时期也是一个不闭眼睛就能够入睡的孩子。"法王萨班说："这是宿世有深厚之光明习气。此孩子也有光明的深厚习气。"他（索南坚参·贝桑波）幼年时期就显得心思聪明，若见其他受苦人时，自己便悲伤而堕泪。年满6岁时，他就在堪钦桑洛哇座前听受《红色阎罗灌顶》（gshed dmar gyi dbang）②；从7岁时起，他听受《喜金刚第二品》并作研究和学习。在那年冬季（devi dgun）③他在堪钦扎垛哇、细哇贝大师和杜阁哇却阁哇·却贝喜饶巴师（dus sgo ba chos sgo ba chos dpal shes rab pa）座前出家为僧。他曾用三年时间听习密续，与此同时，在法王勒巴哇（chos rje legs pa ba）座前受《胜发菩提心戒》（byang chub mchog tu thugs bskyed），并听受《喜金刚第二品中圣号摄义》（brtag gnyis vphags mtshan bsdus don）等经教诵授。他又听受了《益西贡波护法随赐灌顶》（ye shes mgon povi rjes gnang），并在法王绛嘉哇座前听受《长寿》灌顶。他又在却阁哇·却贝喜饶（chos sgo ba chos dpal shes rab）座前听受《金刚亥母四符灌顶》（phag mo brda bzhivi dbang）。他又在敬安·索扎巴座前听受《六法之速导释》（chos drug gi mgyogs khrid）、《益西贡波护法随赐灌顶》、《姑惹玛》（sku rags ma）梵本教授，以及《具德帕莫竹巴全集》（dpal ldan phag mo grub pavi bkav vbum）等。他在堪钦噶居巴（mkhan chen bkav bcu pa）④座前听受《喜金刚九尊灌顶》（kye rdor lha dguvi dbang）及《金刚鬘灌顶》（rdo rje phreng bavi dbang）等许多教法；在堪钦索桑巴座前听受《长寿修法》和《马头金刚法门》

---

① 即上文之达波峡噶仁巴（bdag po shavka rin pa）。索南坚参·贝桑波系上述敬安·贝丹桑波哇之弟。
② 关于红色阎罗，请参阅《甘珠尔》，rgyud vbum, Nos. 474~475。
③ 罗译（第589页倒数第8行）译为"at the age of 9（9岁时）"。
④ 应与前文 mkhan chen dkav bcu pa 同。

第八章 从大译师玛尔巴的传承至称为达波噶举派的阶段   507

等许多教法;在法王绛嘉哇座前听受《时轮智慧品释》(dus vkhor ye shes levuvi bshad pa)及班钦的《七种耳传法》(snyan brgyud bdun)等不少的教法;在夏鲁仁波且扎巴坚参(zha lu rin po che grags pa rgyal mtshan)座前听受《瑜伽大灌顶》等许多灌顶法门。特别是他将净治意念后结合胜乐之念修而修。因此,他在9岁时,就修完念修三十万遍(vbum tsho gsum)。他11岁时①在泽当撰著新释而讲说《喜金刚第二品》。此后,他依止喜顿巴大师(slob dpon sher don pa)座前研究和学习《量释论》而获得精通。他还邀请包括泽钦巴·扎云(rtse chen pa grags yon)在内的许多人士来到自己面前开展辩经。无论何时,只要等到法王讲完,他们在进行辩论时,他就会修护法念修法九百万遍(sa ya dgu)。15岁时,他从泽当召来讲说理论三藏法师大约二百人,又迎请来拉萨的吉雪(lha sar skyi shod)的诸三藏大法师等而转法轮大会。那时,吉雪地方有一位最年长的善巧者是嘉哇之子,名为邓郡哇(bde vbyung ba)的这样赞颂他:"广大通晓三藏者为达钦绛央巴(bdag chen vjam dbyangs pa);评论导师仍然以此师(索南坚参)最为贤良。"那时,他在觉、释迦双尊(jo shavka rnam gnyis)②像前也分别供献了许多成对衣物等物品。【那时,由于有人在大王前离间,为此喜顿巴大师被迫前往巩波的喀觉巴座前。】③ 而后大王任命聂塘巴·仁钦杰波(snye thang pa rin chen rgyal po)为大师,在说法期间居住在色康④。他在离间之人前供一垛玛,据说所供垛玛显示了很好的征相。于是使大师居住于小寝宫。侍寝官桑杰(gzims g'yog pa dpon sangs rgyas)不忠于职守,因此他们得以夜间逃脱,但遇到天降大雨使他感到非常疲惫。于是当晚他就来到善姜昌(shan ljang vphrang)的下边。⑤(翌日)上午把衣服晒干后,他继续尽力徒步前行。当他双脚有点承受不了时,巴希垛仁(ba shi rdor rin)骑马而来⑥。因此,他说:"需要用你的

---

① 郭译(第383页末行)将藏文"bcu gcig pa la (11岁时)"(第694页第9行)译成"在居里巴座前"。
② 即 jo bo mched gnyis,指拉萨大昭寺和小昭寺内的两尊大小释迦牟尼佛像。
③ 【】藏文(第695页第2~4行)为:devi tshe gong ma chen po la gzhon gyis snyan phra byas pas/ slob dpon sher don ba kong por mkhav spyod pavi drung du thegs dgos byung/。此处的大王指的是司徒绛曲坚赞。此句郭译(第384页第9~10行)为:"又那时大教皇听得由他方传来的美誉名声,以此必须阿阇黎协邓巴前往公波去喀厥巴的座前。"罗译(第591页第9~10行)为:About that time due to some slander, his arcaya sher don pa had to go to Kong po to mkhav spyod pa. 均有不妥之处。
④ 色康(gsas khang):道观。苯波教的寺庙。参阅《藏汉大辞典》,第3012页。
⑤ 此句罗译(第591页第18~20行)有些不同,请参阅。
⑥ 此句郭译(第384页第14~15行)似有误,请参阅。

马迎接（大师）。"他被迎接到漾贡朗索（yan dgon nang so）处的敬安·衮邦巴座前，敬安与他探讨了许多感兴趣的话题，并在小寝宫为他换了装。他想此后应该一心专修而在恩噶（mngon vgar）居住下来。他迎请了喇嘛仁宣巴，向他很好地听受诸导释。而后他不宽衣解带就进行修行，用绳子把头发系在梁上，以使其身体端直而安住。他如此专心修习，不顾腰部多次生疮而继续勤修，最终获得最善清净三摩地生起。由于大王申斥之故，只好让他的两个兄弟请管家神不知鬼不觉地给他送食物。三年时间之后，由法王绛嘉哇在大王前进言以解释过去的嫌怨。上师与施主二者都来居住在嘉桑（rgyal bzangs）处的座前，大王心想需要贬低一下这位大师，就让钦波云仁巴（chen po yon rin pa）与之辩论。而后宣称法王（云仁巴）获胜，并说："你这位大人物在前藏是最善巧者！但在所谓的哲学辩论方面，我的大师好像更为善巧。"于是，大王想过去的逸言是不实的，并且解除了一切宿怨。此后，他（索南坚参）获准又以弟子身份与喜顿巴大师住在一起。后来，他（索南坚参）去了漾思（g'yang hril），在喇钦巴座前听讲以前在僧众法会中未听完的诸教授。有一天，他顿然生起等同虚空般的《大手印》通达，而对过去未学过的一切经教也一阅读便可通晓。这种通达是：凡是噶举派之宗，在将生起殊胜功德之前有过一定的障灾。障灾消除之后，立即生起了许多功德。要知道此师的通达应该是如此的。索南坚参在祖寺（丹萨梯）和泽当等处住了几年。之后，他由桑杰洛卓巴（sangs rgyas blo gros pa）做亲教师、乍绛巴·坚参桑波（dgra bcom pa rgyal mtshan bzang po）做大师、堪钦噶居巴·索南僧格（mkhan chen bkav bcu pa bsod nams seng ge）做屏教师而受比丘戒。此外，他还在喜顿巴大师、洛仁波且·扎巴云丹（lho rin po che grags pa yon tan）、法王衮邦巴、法王德辛协巴、法王罗桑扎巴、堪钦嘉旺洛卓巴（mkhan chen rgyal dbang blo gros pa）、却阁哇·却贝喜饶等师座前听受了许多教法。在这段时期，纳塘的堪钦竹巴喜饶巴（mkhan chen grub pa shes rab pa）等同纳塘的诸老者商谈之后，迎接他（索南坚参）到纳塘并将纳塘寺以及各分寺供献给他。此后，他回来后，曾患了一年严重的心风病，但他未使他人知道。有一天，他来到贡萨（新寺）时，他的心风病不治而愈。因此，他著有《哈哈快乐感觉中》（a la la snang bavi bde sha la）等语悟道歌。从此以后他的证达未出现增减。即使在睡眠中也全成为光明境界。哪怕是已经入于沉睡中，他也生起思维时仍然未忘记用念珠记录失念诵之数。他在任何时候都不动摇并安住在大手印中。当第 28 位敬安（掌教者）逝世时，他迎请达隆法王扎西贝哲尼玛旺波松尾阁恰（stag

第八章 从大译师玛尔巴的传承至称为达波噶举派的阶段 509

lung chos rje bkra shis dpal rtsegs nyi mavi dbang po bsrung bavi go cha）为丧事之法事的领诵人。祭事刚完，达隆法王陈设起四柱撑持的高座，并且紧握着法王仁波且的手说："请你登于此座。现在噶举派，特别是此寺的寺主除你担任之外实在没有他人能够担任。"说后立刻散掷赞颂吉祥之花朵，并且拜敬仰之礼。这样一来，就由这位修行自在师住持祖寺，虽然当时尚未顾及与一切大小人物讨论如此是否合理。从丁酉年（阴火鸡，公元1417年）至甲寅年（阳木虎，公元1434年）之间，他因"换水"之故轮流住持（丹萨梯）和泽当寺。他对这两寺不计其数之贤良和大小人士，以及一切求法者传授以《大手印》导释，而祖寺所有师徒与住山住寺一切人等谁也不敢违反寺主之命。四面八方都在说祖寺中居住有一位如佛之寺主。尤其是那些主要在山谷中修行的诸人士对他无不心悦。邪恶之人则感到他就像压在他们肩膀上的比金牛轭[①]还要沉重的法规而不敢轻举妄动。他从阿里做盛大事业回来时，途中虽然遭到由拉哲哇（lha tse ba）为首的许多土匪抢劫，但是他仅仅经过修诵真言就足以使敌方发生死亡和赤痢等大传染病。所以，这些人受到了护法神的惩罚。类似的事情还有，布桑（pu hrangs）地方有一名为嘎栋巴（dkar gdum pa）的苯教徒对佛教的诸大修士作了极大的损害时，法王也在僧会中修诵真言而使他们背井离乡。在祖寺附近，住有几户对他不信敬的人家，他们的家道也日益衰落并最后断子绝孙。玛威僧格绒顿大师（smra bavi seng ge rong ston chen po）等许多三藏法师都来到寺主座前拜见，与之探讨之后无不敬畏。甲玛仁波且·宣峨巴（rgya ma rin po che gzhon vod pa）对寺主视如真实胜乐金刚而敬依于其座下。大弟子埵丹色赤（bu chen rtogs ldan zab khrid）是一位能教导众生的大德，至今还居住在芒（mang）地方。索南坚参在46岁时用珍宝等材料建造了一座佛塔，其中神等从他处而来并且圆满完成。虽然如此，他见得浊世中最浊恶世的来到，于甲寅年（阳木虎，公元1434年）正月下弦二十一日在法空中示现圆寂。诸侍徒们为了更加美化崇高他，称他是法王聂尼巴的转世，住世49岁。之后，虽然当时时局不稳，还是由弥旺（王）扎巴穹奈（mivi dbang po grags pa vbyung gnas）主持了华而不实的葬礼，大力完成殊胜意愿。扎巴穹奈王又在祖寺供养佛堂中建造（奉安索南坚参灵骨的）大银塔，如吉祥塔一样。后来，扎巴穹奈王虽然是心愿极大，并对于密法也是广

[①] 牛轭（gnyav shing）：双牛枊挡。架在双牛肩上曳引犁辕的横杠。农具之一。参阅《藏汉大辞典》，第978页。

大的通晓，然而他想到祖寺的宝座有极大的严厉和风险之故，他未前来住持祖寺。但是他对到诸大圣地住修士们讲说速捷之导释，故而不久便逝世。能持对师时节纪念恭养的弟子出有很多。而祖寺（从公元1434年起）直到癸酉年（阴水鸡，公元1453年）的28年中无人住持寺座。后来，达波钦波贡噶勒巴（bdag po chen po kun dgav legs pa）和伽·桑杰坚参（ches sangs rgyas rgyal mtshan）共同商量后，于甲戌年（阳木狗，公元1454年）十一月初十日启请年满16岁的法王贝阿季旺波（dpal ngag gi dbang po）登上祖寺狮子宝座。后来，因南北争战之故，他本人于戊寅年（阳土虎，公元1458年）从乃东寺（sne gdong）亲自到祖寺来掌握寺座。经过16年之后，他于癸巳年（阴水蛇，公元1473年）由诸神、空行、护法和地神等的迎请而登上祖寺狮子宝座。从卓贡仁波且（vgro mgon rin po che）诞生起，直到现今（著书时）丙申年（阳火猴，公元1476年），已经过了367年。以上是帕莫竹巴寺座的传承历史。

十一　止贡法王的弟子等的情况

大宝世系传承中为我们耳闻目睹而又远离世俗居住于山林寂静处的，则是大宝两兄弟：

洛仁波且扎巴云丹（lho rin po che grags pa yon tan）：诞生于丁亥年（阴火猪，公元1347年）。他获得法王若比多杰等师传授教授之后一心专修。后来，他成为康区上部的洛巴诸人士的上师。因此，人们都称他为洛仁波且。此师年满68岁时逝世。

峡仁波且（shar rin po che）：诞生于甲午年（阳木马，公元1354年）。他对三藏经论作过广大的学习研究，后来成为垛麦的峡巴诸人士的上师。因此，人们都称他为峡仁波且。他同时也成为王子和王妃等人的上师。他对热振（rwa sgreng）寺和桑普（gsang phu）寺等地也作过广大的承事服务。他在74岁时的丁未年（阴火羊，公元1427年）逝世。

现在（著书时）能随诵法王聂尼巴教语，而且以《教法次第导释》来抚育弟子的最胜上师是：堪钦仁钦桑波哇（mkhan chen rin chen bzang po ba）和伦觉季旺秋邦仁巴（rnal vbyor gyi dbang phyug bang rim pa）两代大师。其中贝帕莫竹巴让法王止贡巴以瑜伽修士的姿势入座后，就高声对他授记说："你将来会成为一位大修士的，并且是一位贤良大修士！"

第八章 从大译师玛尔巴的传承至称为达波噶举派的阶段

这是指法王止贡巴：他的诞生地也是丹堆藏（ldan stod gtsang）。父亲是珠甲居惹（vbrug rgyal skyu ra）氏族，宁玛的成就师不断出现在这一家族。父亲为修《佛金刚大威德》（bcom ldan vdas rdo rje vjigs byed）的瑜伽修士，名为多杰（rdo rje，金刚）；母亲为隐修的瑜伽母尊玛（rnal vbyor ma btsun ma）。此师诞生于癸亥年（阴水猪，公元1143年）。幼年时期父亲所通晓之法他都已经通晓。由于家乡发生悲惨饥荒而前往南方为富裕人家念经，以此所得到的报酬用来养活自己和家人。此后，他9岁时就已经成为他人的上师。他不时修行佛法并为他者讲说。大约就在那时，他听说了帕莫竹巴的美誉名声，于是生起了无比敬信。当月亮出现时，他就想："要是在月亮中能够见到我的上师（帕莫竹巴），那是多么令人欢喜的事啊！"而后他准备了一些顺缘便前往帕莫竹巴住处，并向他供献茶叶和马匹。他将茶叶和马匹等物供给帕莫竹巴时，后者收纳了茶叶，但是却说："马是畜生，我不收畜生之供。"说着就未收留马匹，而将把茶叶熬成茶后召集了大约有八十位大头首之僧会。饮用其茶后，卓威贡波（vgro bavi mgon po）的面容顿现光彩，心情也略感高昂。卓贡对他说："居士你对我有极大的希求，应该知道我多劫以来是为你们而行苦行。"对于僧会中所有的僧伽大众，止贡巴都顶礼致意，因而普遍传称他为具信居士。听受许多教授后，他生起了照见一切法真实性之大智慧。他来到卓贡座前两年零八个月之后，卓威贡波逝世。此后，他在唉穹普巴（e chung phug pa）中安住修持时，突然患上了麻风病。他心想自己应该走入岩隙中以避免族人看见。他将要起程时，有一尊观世音本尊像，他想在此像前作告别顶礼，但是由于他的体力衰弱，只好略作匍匐而坐，这时他最先想到自己的痛苦，之后想到了一切众生的痛苦。以此生起了无暇的大悲心如水流不住，直到睡觉时还悲泪不止，竟至湿透了一切铺被。他亲见龙（鲁）敦（协魔①）及其眷属等离开了其身体。与此同时，他感到自己的疾病已经完全痊愈。他常对别人说："三日发生暖热，而第四日则自我恶业自处净。"其中因果一切法也成为真实；具德嘿汝嘎（dpal he ru ka）也为他示现；他获得等同佛之佛果位。之后他突然声名远播，其他人开始迎请他坐宴会之首席。有一次，有脱巴桑珠（thod pa bsam grub）的女儿南喀坚（nam mkhav rgyan）裸体跑到他的座前，因此，他想："这是由于我仍是居士身而出现此相。现在无论如何我也要出家为僧！"就在那时，他依大悲观世音而治愈许多麻风病患者。在35岁时，他由香松脱巴（zhang sum thog pa）做

---

① 协魔（gdon）：所谓危害人的非人鬼物。参阅《藏汉大辞典》，第1353页。

亲教师，枳隆哇做大师，涅巴杜真（gnyal pa vdus vdzin）做屏教师而给他授比丘戒。他在郡喀隆（gyung kha lung）处的涅巴杜真座前听受《律经根本》，由此而成为善巧精通者。上师的寺庙他也管理过将近三年时间。他于己亥年（阴土猪，公元1179年）年满37岁时来到止贡。在这一年中，他聚集了将近一百个新僧人。有段时间①，他起程前往岗底斯处，年塘地神也前来作盛大欢迎。师徒24人中，除一人外其余的都亲见大神来作迎接。【他还看见身躯巨大的庆喜并听取了其教导。】② 后来又回到止贡寺，难以计数的众多比丘也得到聚会。许多弟子遍于邬坚和那烂陀内，以及五台山各地及一切山林中的山间修行处（茅蓬），他以其甚深教授使他们通达真实。有一天，在略师（gnyos）主持的"蔗糖"僧会上，他的弟子就聚集了55525人。其中又有一些藏族大善知识认为，佛说了不了义③和了义④二者，但是其中佛所开示的一切不了义意在（为他人利益）发贤善菩提心，虽然不立名为虚妄，然而仍承认对正见有害。另一方面，法王仁波且（止贡）他所说教语确实是佛语，并且嘱咐以后大家连一个字也不可以违背。这不仅是我们唯一导师（佛）之规，而且也是一切佛之规。因此，他认为应该承许一切佛同一意。佛语所说教法也只是波罗蜜多和所有密教诸法，除此之外并无他义。因此，语是不能有偏私之语。意是两种菩提心（世俗和胜义）无分别自性，个中虽刹那间也不动摇。法王发现佛教的根本为僧伽（dge vdun），而僧伽又依赖于大宝戒律之后，他自己对于戒律哪怕是细微之处也从不违犯，对荤食和酒水连嗅都不嗅。他所有的弟子也都圆满具足戒律，即使是在山林寂静处居住的诸弟子也都不散乱放逸。他的美誉名声遍于整个南赡部洲。如是具有佛事业之大德（止贡巴）：最初杜松铿巴大师来到止贡时对他说："你是龙树大师（slob dpon chen po klu

---

① 郭译（第389页第6行）将 bar skabs shig tu 译为"中间有一时期"。
② 【】藏文（第704页第10～11行）为：sku shin tu che bavi kun dgav bo zhig kyang gzigs shing gsung gi snang ba yang byung/。郭译（第389页第7～8行）为："并见得有一身躯极大名衮嘎窝（庆喜）的；而且也发现在说话。"另外，庆喜（kun dgav bo）：梵音译作阿难陀，略作阿难。释迦牟尼十大弟子之中，为多闻第一、第二代付法藏师，第一结集时诵经藏之上座及佛说医明四续时内侍弟子之一。参阅《藏汉大辞典》，第16页。
③ 不了义（drang bavi don）：未了义，为诱导寻常徒众，以世俗之现象为主，指出补特伽罗、有情和蕴、界、处等，及其生灭往还，能渐次以言说思议称量而增益者，以及开示此义之佛典及其注疏等。参阅《藏汉大辞典》，第1319页。
④ 了义（nges don）：佛对殊胜化机，所说诸法性远离生灭戏论之甚深空性，及实有事性自然光明，超出一切思议言说境界之究竟义等，均是了义。此等经典及其注解为了义经。参阅《藏汉大辞典》，第655页。

sgrub)。"后来，在他 60 岁时，有僧嘎岭（singhavi gling）的阿罗汉①。【喀切班钦的弟弟住在克什米尔时，听说锡兰有这么一位著名的阿罗汉。他就来到内陆地区核实这个说法，并对阿罗汉生起敬信。他与阿罗汉一起在善财至师子城住了几个月。他告诉阿罗汉说他的哥哥（喀切班钦）准备前往西藏，于是阿罗汉就通过喀切班钦的弟弟送给他。】② 阿罗汉把四朵鲜花放置在一个盒子里加上印封，祈愿加持后，其花不到交付之前则会不凋谢。他将花交给喀切班钦之弟吩咐道："请将一朵呈送枳地（vbri）受生为龙树菩萨之仁钦贝大师（slob dpon klu sgrub byang chub sems dpav rin chen dpav）座前；将一朵交给惹达纳姑枳寺（Ratnakūti）③ 中有一位具缘车菩萨之手中；请将一朵交给底坝西（dwi bha shi）④ 手中；把一朵装在底坝西所塑造大佛像之胸间。"⑤ 由此看来，此位阿罗汉也认为（法王止贡巴）是龙树的转世。当喀切班钦居住在勒莫伽（glas mo che）时，有一止贡巴的康区僧人到班钦座前募化法衣，班钦的侍者对康僧说，除了班钦身上穿着的那件法衣外，根本没有别的法衣，因而未施与他。但是，康僧手抓着班钦身上的法衣求施。于是，侍者愤怒地推了康僧一把，康僧摔在地上，以致鼻血直流。喀切班钦修持时，常有杰尊玛（rje btsun ma 救度母）无碍来到。但是从那天起共有七日未来。班钦不知何故，于是就修总忏悔并作祈祷。后来，第七日度母又出现，但却以背对着他。班钦就问她："圣母！我有何罪过？"杰尊玛说："你师徒在龙树大师的弟子前积下了罪恶呀。"又问："这事我自己不记得啊。"答曰："就是前些日子鼻血直流的那位僧人。"又问："既然如此，那么现在如何才能够除净罪过？"杰尊玛又对他说："你有多大岁数，就以多少件法衣施给其他出家僧人。如此可以除净。"后来，班钦来到前藏住在森波日时，粗普哇、止贡巴、甲玛哇诸师前来迎请他。班智达毗布底真扎（Pandita Vibhūticandra）⑥ 对他说："这些

---

① 有关此阿罗汉的故事，在措普（khro phu）译师所撰的《喀切班钦（Śākyaśrībhadra）传》中有载，在此传中该阿罗汉名叫 Gunatana。另，僧嘎岭（singhavi gling）藏文（第705 页）写为"སིངྒ་གླིང་"即སིངྒ：锡兰。今改名为斯里兰卡。佛书旧译僧伽罗。是亚洲南部印度洋中的一个岛国。参阅《藏汉大辞典》，第 2922 页。
② 【 】中内容据罗译（第 599 页第 20～27 行）译补。
③ 藏文（第 705 页末行）写为：རཏྣ་ཀཱུ་ཊི།
④ 藏文（第 706 页第 2 行）写为：དྭི་བྷཱ་ཤི།意为"懂两门语言者"，即措普译师（kro phug lo tsav ba），迎请喀切班钦到藏的人正是措普译师。
⑤ 这个故事在本书第五章第九节"嘉玛哇的阶段"中有述。
⑥ 藏文（第 706 页倒数第 3～2 行）写为：པཎྜི་ཏ་བྷུ་ཏི་ཙནྡྲ།

恰甲哇①太虚伪！我们最好到噶举派的地方吧。"班钦大惊失色，说道："布底！布底！（班智达毗布底真扎之名）不可以这样说啊！对于佛来说是无淆惑颠倒的。止贡巴就是（就是佛，因为他是）龙树大师！你造下了大罪业，现在你应该到他的座前忏悔罪过！并请求说法！"毗布底也依班钦所说而做了。后来，班钦启问救度母道："毗布底之罪孽是否已经除净？"答曰："如果在此地修建一胜乐拉康就可以除净。"之后毗布底依照救度母所示很好地修建了拉康。如此伟大的止贡巴在75岁时的丁丑年（阴火牛，公元1217年）逝世。同年，嘉登内（rgyal brten ne）也逝世了；而聂朵·唐杰铿巴却在是年诞生。当止贡巴将近圆寂时，近侍诸人问道："法王仁波且，您逝世后到何处去？"答曰："我哪儿都不去。我仍居住在尔等诸弟子心中。"从前，止贡巴来到杂日裕措（tsa ri g'yu mtsho）后，见到过殊胜灵塔之庄严。他按照所见原样用木料修建了一座灵塔，后来用珍宝建成一塔。他逝世后，首要诸弟子又修建了一座大塔。

止贡巴的弟子中获得成就的是难以计数的，而后作广大利益众生事业的弟子有如：至尊敬安·仁波且、温仁波且、迥仁波且、略噶却三师（gnyos vgar chos gsum）②、温协穹（dpon sher vbyung）③、索柳岭巴（bsod snyoms gling pa）、底西热巴（Ti śrī ras pa）、西日普巴（śrī ri phug pa）、坝鲁贡巴（ba lu gong pa）、波波扎西僧格（sbo sbo④ bkra shis seng ge）、尼玛绛曲（nyi ma byang chub）、甲隆巴·绛塘热巴（bya lung pa byang thang ras pa）、雅汝贝扎（g'yag ru dpal grags）、【扎岗巴（spra gangs pa）】⑤、居格岗巴（vju ge gangs pa）、布班岗巴（vbu ban gangs pa）、绛曲多杰（byang chub rdo rje）等许多弟子。

其中的略·嘉哇拉囊巴（gnyos rgyal ba lha nang pa）：是略译师的后裔。诞生于甲申年（阳木猴，公元1164年），父亲是富有佛法和世间大笔财富者略纳扎巴贝（gnyos nags grags pa dpal）⑥。喇嘛香认定此子是纳波觉巴哇（黑行者）（nag po spyod pa ba）⑦转世活佛。童年时期，他

---

① phyag rgya ba，即修大手印师。这里他用洽甲哇表示止贡派僧人。
② 即略嘉哇·拉囊巴（gnyos rgyal ba lha nang pa）、噶当巴·却顶巴（vgar dam pa chos sdings pa）、却贝钦·却耶（chos dpal chen chos yes）。
③ 与下文的 bpon sher vbyung 同。
④ 罗译（第601页倒数第8行）转写为：spo-spo。
⑤ 郭译（第391页第12行）漏译。
⑥ 即前文所说的略扎巴贝（gnyos grags pa dpal）。
⑦ 即黑行者（nag po spyod pa）：古代印度八十成就者之一。参阅《藏汉大辞典》，第1499页。

就已经很好地学习了其父所知诸法，对法相也作了广泛的学习研究。他想自己应像父亲和诸位祖先那样前往印度学习翻译事业。为此，他应该去见止贡法王，请求帮助，以避免障碍灾厄。法王前往麦卓（mal gro）时，他去拜见了他。法王对他说："你应该先到塔玛垛宣（thag ma rdor gzhon）座前出家受比丘戒，然后再到我这里来。"于是，他就到那里由塔玛垛宣做亲教师，伯底（sbal ti）做大师而给他同时授了出家戒和比丘戒。他再次回到止贡座前，听受教授并精修，以此生起了殊胜通达。他将自身、财富和眷属等一切都供献于法王。后来，他在底斯的拉囊（ti sevi lha nang）地方一心专修，因此，人们都称他为嘉哇拉囊巴。他身边聚集无量的侍从服役僧众之后，在罗门（lho mon，门地南部）和前后藏抚育僧伽会众并转法轮。晚年时期，他在北方修建了拉特仁钦寺（lha thel rin chen gling）。此后不久，他于甲申年（阳木猴，公元1224年）在61岁时逝世。此甲申年（阳木猴）是止贡法王逝世后的第八年。

噶当巴·却顶巴（vgar dam pa chos sdings pa）：此师于庚子年（铁鼠，公元1180年）诞生在康区。他修其祖先的大威德法门瑜伽。幼年时期，他就来到止贡寺，作过几年的收拾灶灰者（thal nyal ba）。之后，他获准在寝宫中做内侍。最初，他前往杂日，勤奋修养密行。后来，他在达波的嘎洞（dwags por vgar phug）中住修时，藏地的一切鬼神都聚集在其身边。最初，他们向他身体直接投击许多锐利兵器伤害他，将近天明时，大多数鬼神疲倦不堪而来皈依供出命根心。后来，他也到过勒堆和吉绒等地。他观察到若来大量的应化有情者（徒众）投靠他，这将会有碍（他的修习）。为了阻止灾障，他斥责那些来到法王止贡座前的徒众，他们就不再来了。后来，他再到止贡地方，修建隆雪达达寺院（rlung shod dar da chos sdings）。他在那里聚集了许多僧伽，于是他想这寺可能变成止贡寺的对手。之后他放弃该寺院来到雅堆（yar stod），又经由达波次第来到（巩波附近的）波窝。他在那里为普贡仁钦寺（phur dgon rin chen gling）奠基，过63天后，噶当巴·却顶巴逝世了。通过其加持力的影响，该寺成为（其教法的）根本寺院，后由其侄子邬坚巴等人掌管。一般认为，噶当巴·却顶巴是圣龙树的弟子阿雅德哇大师（Aryadeva）[①]的化身。

贝钦却耶（dpal chen chos yes）：此师在止贡法王座前听受诸教授，

[①] 藏文（第709~710页）写为：ཨཱརྱ་དེ་བ།

并且长期做侍寝内务。他曾经同略（gnyos）、噶（vgar）二师一起前往杂日，但是那时他未同略、噶二师一起修习同样的密行。因此，法王盼咐他说："你再次前往杂日去修密行。"他依法王所言进行修行，故获得许多殊胜功德。此师也是峨·僧格喀哇（rngog seng ge kha ba）的弟子。著有《大宝四种驰行》（rin po che bzhi vgros shes bya bavi bstan bcos）等论著。此师以止贡的纳昌巴（vbri khung na nag tshang pa）而著名。直到今日，仍未间断以其名义派人前往杂日施舍。

泊布贡巴（bal bu gong ba①）：此师是依寺名而立其名。他又名为峨杰热巴（ngor rje ras pa）。由于他精通法相，以此他来到（止贡）法王座下，想考考法王，但他来到脱昌（mtho vtsham）一见到法王的面便生起敬信。以此他求法王传授教授而获得极大殊胜功德。他还在喀切班钦座前听受了许多教法，并著有《教法心要广论》（bstan pavi snying po）。

温协穹（dbon sher vbyung）：此师种姓是居惹（kyu ra）②部族的峨仲玛（vo phro ma）支系，此支系分拉乍（lha dgra）和拉囊（lha snang）二系，此师出自拉乍。而拉乍又分贝钦（dpal chen）和阁（rgod）两支，此师出自贝钦。父亲名为顿巴桑杰贝（ston pa sangs rgyas dpal），据说是至尊米拉日巴转世化身；母亲是通晓许多教法者，名为却丹（chos ldan）。夫妇二人有六子一女，共有七个子女。温协穹是长子，次子为吐巴索纽巴（thub pa bsod snyoms pa），最小的是敬安·岗波巴（spyan snga sgam po ba）。温协穹是在季丹贡波（vjig rten mgon po）年满45岁，而杰·敬安是在年满13岁时的丁未年（阴火羊，公元1187年）诞生的。8岁时，他学习念诵并获得善巧；11岁时他善巧书法。【后来，他一天之内就能把《多杰仁波且传记》（rnam thar rdo rje rin po che）的作者原稿誊写一遍。】③ 13岁时，他已经善巧精通道情歌和歌舞。最初，他只有做瑜伽士的意愿，可是当他年满17岁时，贝当普哇（dpal dang phu ba）④来到他的家乡，父亲就把他托付给了贝当普哇，他便生起敬信，有了出家为僧之真实心。也就在17岁那年，他前往当普（dang phu）出家为僧。他在此请求传授教法导释，并且依师四年时间。真实生起对于大手印的修法。由于他服装破烂

---

① 罗译（第603页倒数第5行）转写为：gong-pa。
② 此处藏文（第710页倒数第5行）为：skyur/。恐误。
③ 【】藏文（第711页第4~6行）为：dus phyis rnam thar rdo rje rin po chevi rtsom stan las dpe gsar pa blangs pavi dus nyin cig la tshar/。郭译（第393页第9~10行）为："后来他从撰著席中接受《多杰仁波伽传记》新著时，仅一日即撰写竣事。"
④ 罗译（第604页倒数第10~9行）转写为：dpal ngang-phu-ba。

第八章 从大译师玛尔巴的传承至称为达波噶举派的阶段 517

而遭到侍者们蔑视。(当普哇)说:"除我本人而外,没有人了解他!随着时间的推移,他必将成为一位众生大导师。"他 20 岁时,上师当普哇逝世。第二年他同大约 300 名旅伴一道来到前藏,他与季丹贡波相见。后者命他做家庭修士,他同意了。经过三年时间担当起供施,消耗完他的资财。此后,他在季丹贡波座前很受欢迎。于是,他就担任了侍寝内侍。他能够记持以前所闻之法,因此过去上师所说何法他都记于心中。后来,季丹贡波说法时,他常常提醒上师似已忘却的段落内容。他对上师的服役和智慧通达二者都是广大无边的,因此大家称他为洛本巴(slob dpon pa,老师)。上师再三命他住持寺座,但他请求专心修行。后来,他获准专心修行。他想他的特殊任务是承担起修造季丹贡波的吉祥多门塔的内部供物和一切缘起(修造条件)。法王逝世后,他负责管理上师灵骨,哪怕一根灵骨也没有漏掉,他把全部灵骨置于宝石匣子里,并奉安于塔顶基座中。【他在止贡梯哇中经过很长时间修复大灵骨塔(sku vbum chen mo)的墙垣、外表以及内部等诸吉祥缘起。】① 他很好地完成全部丧葬仪式后,于戊寅年(阳土虎,公元 1218 年)前往纳木错②,住在却寺(mchog dgon)。己卯年(阴土兔,公元 1219 年),他到了圣山冈底斯。对阿地噶王(mngav bdag a di ga)传授了《大手印导释》并使其安置于通达一味之中。又雅哲哇王(mngav bdag ya tse ba)带着军队而来,但是敌人(对温协穹)生起敬信后,温协穹仍给王及其随从传授灌顶和《发菩提心法》。他所作的如此利他有情之事业无量无边。有许多(印度)班智达与他相见后,也生起极大的敬信。那时,他被疾病和内乱等方面灾障所围困。通过这些灾障,他认识到一切因果缘起之理更成为真实,并承许为直至十地(菩萨第十地)之间作利益众生之事业。他在西藏上部地方居住了七年后,在 39 岁于乙酉年(阴木鸡,公元 1225 年)前往止贡,同年年底又到了洛扎。途中他在桑耶寺与萨迦法王③相见。【法王自己赤脚出来,手捧长香同僧众一起迎接他。(法王)为他安排了高座,把所有的坐

---

① 【】藏文(第 712 页第 7~8 行)为:sku vbum chen mo rtsig pavi dang ngos dang nang bzhugs vbri khung thel ba yun rin du bkra shis pavi rten vbrel rnams kyang mdzad/。罗译(第 605 页倒数第 14~11 行)为:He also erected the great caitya (sku vbum chen mo), and performed the consecration rite which had as its object the bestowal of blessings on vbri khung thel pa. (他还建造了一座大灵骨塔,并举行了献祭仪式,以之作为对止贡梯巴的加持)。
② 纳木错(gnam mtsho):也称朗措。湖名。蒙语称藤格里海。在西藏自治区拉萨市以北当雄、班戈两县间,有波曲等水注入,面积 1993 平方公里。为西藏第一大湖。参阅《藏汉大辞典》,第 1540~1541 页。
③ 即萨迦班钦贡噶坚参(sa skya pan chen kun dgav rgyal mtshan)。

垫都叠在一起，请他上座。他们探讨了许多教法，萨迦巴恳请他在那儿暂住，但他去了洛扎，并于【丙】戌年（【火】狗，公元1226年）从洛扎运送大批供物到止贡寺。】① 同年夏末，贡桑巴大师（slob dpon sgom sang pa）也供献了卓窝隆寺（gro bo lung）②。在此狗年（公元1226年）冬季，他（温协穹）前往喀曲（mkhar chu）将八种特法和九、十两种一并编撰成书，就是《一意集》（dgongs gcig）；后来，他在同一个地方把它们缩减为150法。就是在同样的地方，他为了利益不同层次诸有情，还撰述了许多论著。总之，温协穹于乙酉年（阴木鸡，公元1225年）年底到洛扎；于甲午年（阳木马，公元1234年）年初到止贡，然后，他在喀曲居住过八个冬季。八年中的第一个夏天他居住在卓窝隆，此后的六个夏季都住在雅嘉（ya rgyal），最后的一个夏季他前往羊卓（yar vbrog）。虽然他未抚育僧众，而是纯粹在山林修行处（茅蓬）修行，但是他周围也聚集了约500名品行端正的僧人。他从洛扎出发，经雅垄而来到帕莫竹。敬安·仁波且徒步来到恰察岗（phyag vtshal sgang），并率领僧众来欢迎他。他也在敬安座前供上礼物，并请求说法。因此，敬安讲说了关于大宝传承中传承之法以及传承之宗派两者。此后，他去了止贡梯。为了避免有人前来欢迎，他秘密前往那里；与温仁波且相见后，供上大量礼物。三兄弟也在这里得以相聚。就在那年，岗波方面前来迎请他，于是到了岗波。在那年，温仁波且逝世。也是在那年，他来到止贡梯，将《一意集》分作七品来讲说③。贡巴（sgom pa）为他接任寺座安排仪式，但是他没有同意，而是推举了敬安大师担任其寺主。后来，他再次来到岗波。尽管觉窝·雅泽哇（jo bo ya tse ba）再次邀请了他，但他并未前往。仁波且丹巴嘎（rin po che dam pa vgar）来到珠达（vbru mdar），他们彼此听受对方教法。他在晚年，抚育绝大部分应化有情（徒众）者后，于癸丑年（阴铁牛，公元1241年）年满55岁时逝世。他亲自允诺他来世将与法王季丹贡波的身

---

① 【】藏文（第713页第1～5行）为：khong rang gis zhabs rjen dang phyag tu spos reng bsnams nas dge vdun dang bcas pas bus ba mdzad/ khong rang la bzhugs stan ci yod brtsegs nas bzhugs su bcug/ chos kyi gsung gleng mang du mdzad/ re shig bzhugs gsung yang lho brag la thegs te phyivi lo la lho brag nas vbri khung du vbum ba tshan cher brdzangs/。郭译（第394页第12～15行）为："他自己赤着脚手捧私自礼物同僧众前来迎接法王。对他是折叠起所有坐垫（成为高座）而使他坐上去，对他也谈了许多法语。他虽是说要暂住一下，可是继即去到妥扎，而于子年从妥扎运送大批供物到枳空寺去。"
② 该寺曾是玛尔巴大师驻锡地。另，罗译（第606页倒数第15行）把sgom sang pa 转写为 sgom-pa。
③ 萨迦班钦贡噶坚参在其著名论著 sdom gsum rsb dbye 驳斥了《一意集》。

语意无二分别。在堪布杜真（mkhan po vdus vdzin）之后，他也担任过岗波的寺主。

贝西日普巴（dpal śrī ri phug pa）：此师在季丹贡波大师座前听受教授，以此获得成就。他来到垛麦（sdo smad，即安多），做出了无量事业后，修建了裕江拉康（yul skyong lha khang）。

波波扎西（sbo sbo bkra shis）①：此师诞生在桑日鲁贡岗（zangs ri lu gung sgang）。在（法王的）诸大弟子举行的神变比赛中，他示现了许多功德，比如把他自己变化成法王的胸间阿（ꨅ）字母。

此外，法王有一名获得成就的弟子名为藏细（gtsang zhig），在涅地（gnyal）修建了达甲寺（dad rkyal）。他生性喜欢饮酒，因此，他死后给他供酒的习俗至今未中断过。

【此后是香·当甲哇称（zhang dang rkyal ba mtshan），名叫色杰仁钦（gzi brjid rin chen），也是略·嘉哇拉囊巴的弟子。他在喀切班钦和查扎仲（chag dgra bcom）座前受的比丘戒。】②

此后是尼哇涅细（gnyi ba gnyal zhig），名叫嘉哇·日措僧格（rgyal ba ri khrod seng ge），他先是曲弥巴的弟子，后来成为他的上师而把曲弥巴安置于大手印之中。在达波贡楚所修建珠寺（vbrug）中精修。此后同曲弥共同修建第二寺名为昂珠寺（ngang vbrug）③。

此后为色杰哇（gsal rje ba）：此师使裕贝（g'yur sbe）地方居民放弃了杀生。至今每年都有在护法神前发誓（不杀生）之规，从未间断过。

此后为克珠仁钦坚参（mkhas grub rin chen rgyal mtshan）。迄今（著书时）他共经历六师，但前三师之名尚未找到，后三师是：却嘉仁钦（chos rgyal rin chen）、仁钦洛卓（rin chen blo gros）和仁钦贝桑（rin chen dpal bzang）。

藏细的转世活佛就是萨惹哇钦波（za ra ba chen po），萨惹的三个驻锡地（之一）是甘丹（dgav ldan）。此师是比丘身。有一种说法是："无论何时，裕贝的居民都要在藏细像前供酒，甘丹的萨惹比丘都会酒醉。"④

---

① 即上文的波波扎西僧格（sbo sbo bkra shis seng ge）。
② 【】藏文（第714~715页）为：devi rjes su zhang dang rkyal ba mtshan gzi brjid rin chen byon/ vdi gnyos rgyal ba lha nang bavi yang slob ma yin/ kha che pan chen dang chag dgra bcom las bsten par rdzogs/。郭译（第395页）漏译。另，罗译（第608页第9行）将dang rkyal ba转写为ngang-rgyal-ba。
③ 藏文（第715页第6行）为：dang。恐系印刷错误。
④ 因为他被视为藏细的转世，藏细生前生性喜酒。

以上是止贡法王及其直传弟子阶段。

十二　止贡祖寺的寺主传承世系

寺庙住持传承世系如下：

堪仁波且·多杰楚臣（mkhan rin po che rdo rje tshul khrims）：此师诞生于甲戌年（阳木狗，公元1154年）。止贡法王逝世时，他年满64岁，并住持寺庙。他于庚巳年（铁龙，公元1221年）的昴宿月①，年满68岁时逝世。

此后为温仁波且：此师是（止贡）法王血统之侄。他诞生于丁未年（阴火羊，公元1187年）。童年时期他就在法王座前获得诸教授。他年满31岁时，法王逝世。从壬午年（水马，公元1222年）到甲午年（木马，公元1234）的十三年时间里，他担任寺庙住持。

此后为敬安大师（rje spyan snga）：诞生于乙未年（木羊，公元1175年）。他在甲午年（木马，公元1234年）年满60岁时前往止贡担任寺主22年。他于乙卯年（木兔，公元1255年）年满81岁时逝世。

此后为底里巴（ti li pa）转世活佛的迥仁波且·多杰扎巴（gcung rin po che rdo rje grags pa）：此师诞生于辛未年（铁羊，公元1211年）。法王逝世时他只有7岁。温仁波且逝世时，他24岁。他在乙卯年（木兔，公元1255年）年满45岁来到寺院住持寺座。他于己卯年（土兔，公元1279年）年满69岁时逝世。

此后为脱喀哇·仁钦僧格（thog kha ba rin chen seng ge）：此师诞生于丁亥（阴火猪）年。迥仁波且·多杰扎巴逝世时，他53岁。从己卯年（土兔，公元1279年）直到乙酉年（木鸡，公元1285年）间，他担任寺主，掌管寺庙七年。他在59岁时逝世。

此后为昌杰巴·扎巴索南（mtshams bcad pa grags pa bsod nams）：此师诞生于庚子年（阳铁鼠，公元1240年）。脱喀哇逝世时，他46岁。他于【戊】子（土鼠，公元1288年）年满49岁时逝世。

此后为仁波且阁哇·多杰益西（rin po che chos sgo ba rdo rje ye shes）：诞生于癸未年（水羊，公元1223年）。昌杰巴·扎巴索南逝世时，

---

① 昴宿月（smin drug zla ba）：藏历九月十六至十月十五，望在昴宿，故名昴宿月。参阅《藏汉大辞典》，第2170页。

他 66 岁。他于癸巳年（水蛇，公元 1293 年）年满 71 岁时逝世。

此后为仁波且垛仁巴（rin po che rdor rin pa）：此师诞生于戊寅年（阳土虎，公元 1278 年）。仁波且却阁哇逝世时，他 16 岁。他于乙卯年（木兔，公元 1315 年）年满 38 岁时逝世。

此后为多吉杰波（rdo rje rgyal po）：此师诞生于甲申年（阳木猴，公元 1284 年）。垛仁巴逝世时，他 32 岁。他于辛卯年（铁兔，公元 1351 年）年满 68 岁时逝世。

此后为却吉杰波（chos kyi rgyal po）：此师诞生于乙亥年（阴木猪，公元 1335 年）。他 17 岁时，多吉杰波逝世。至尊仁钦且·罗桑扎巴（宗喀巴）是此师的弟子。多吉杰波之后为仲·协年巴（drung bshes gnyen pa）；此后为旺哇（dbang ba）；此后为却杰仲钦（chos rje drung chen）。却吉杰波 23 岁时（公元 1357 年），宗喀巴诞生。

从季丹贡波诞生起，直到多吉杰波逝世时止，共计已经过了 209 年。到现在（著书时）的丙申年（阳火猴，公元 1476 年），共计已经 334 年。

以上是止贡祖寺的寺主传承世系阶段。

十三　达隆巴及其弟子阶段

贝达隆汤巴的传承次第如下：

达隆汤巴大师扎西贝（stag lung thang pa chen po bkra shis dpal）：此师于壬戌年（阳水狗，公元 1142 年）诞生在漾雄崩惹顶（g'yang shong bong ra stengs）。父亲名叫哇纳伦坝波（ba na blon vbar po），母亲名叫乍希萨格松措姆（brab shi gzav dge sum khro mo）。第二年止贡法王诞生。扎西贝的族系是乍思中支的鲁格（dbrag zi vbring povi nang tshan klu dge）族系。其生母早年就去世，为此父亲娶其姨母为妻，但姨母不善待他。于是父亲又娶另一姨母为妻，此姨母很喜欢他。据说，扎西贝师稍长时，曾经几次试图为学法而逃走，但是都被父亲阻拦。他年满 18 岁时，逃到汤嘉拉康（thang skya lha khang）的喇岗巴（bla gang pa）座前，嘎顿·喇岗巴喜饶多杰（ga ston bla gang pa shes rab rdo rje）给他做亲教师，察顿·阁芒哇（tshar ston sho mangs pa）为他做大师而出家为僧。出家仪式完成后，父亲派来追赶的人才到。父亲说："我听说你自己已经成为名副其实的合法僧人。当你说是鲁格坝波之子时，请切勿安座在次下之席位。"于是堪布将他安置在前一排的首席之座。此后，他在格西扎贡巴（dge bshes brag dgon pa）座前听受了《略释》、《入行论》、《集学论》、《道炬论》、《垛哈》等教法。那时，他有要前往印度的愿望，听说有一名叫丹玛喇嘛色坝（ldan ma bla ma ser vbal）的人要去印度。因此，他请丹玛喇嘛色坝来商定前往印度之事，但是后者未按时赴约。之后，他打算同邦波惹哇·喇嘛阿焦（sbom por ba bla ma a skyabs）结伴前往印度，可是喇嘛阿焦提前在早晨起程，未与他结伴而行。于是他只好随后追赶，当他来到当康玛（rdang khang dmar）时，追捕他的人赶来故不得不返回。【后来，他又听说喇嘛哈项（bla ma hwa shang）要前往印度，并与他商定好出发日期，但是喇嘛哈项（在他到来之前）就提前走了。】① 于是仁波且（达隆汤巴大师扎西贝）以一匹马驮运着两个皮口袋（sgro ba）用物，夜里起程。途中遇到降雪，他感到又冷又渴。当他行至乍希松巴的珠莫（brab shi sum pavi gru mur）处时，追捕者又赶来，又被迫返回。在汤嘉拉梯（thang skya lha thel），他见到许多人忙于秋收，由此他心中生起了大悲，依此悲心而证达一切现相自性本空。一天夜里，他梦见在一条荆棘遍布几无坦道可走的路上遇到了一个大黑妇女前来紧抱着他的颈脖，他生起佛慢②将她压服于佛威之下。因此，那女人说："现在你放开我吧！将有十三佛尊加持于你！"也是在汤嘉，有一死后复活的（shi log）老妪说："这样的事情将来也会在你身上发生！而且你会拥有许多仆从眷属！"此话与后来卓贡大师所言完全吻合。【后来，有一次，他从汤嘉前往顶康（steng khang）时，在一位女占卜者前占卜建造帕莫竹巴的肖像之事。据说是一幅大威势庄严之像，似乎是铺满黄金的。她对扎西贝说："你会到日隆色哇汤嘉（ri klung ser ba thang skya）的一位说胡话者座前。如果你不施魔法，那么你的头部将会损坏或遇到石雷之击。"】③ 后来，达隆汤巴大师扎西贝在定色（rting ser）居住过一个夏天。此后，他在陧德（snyel de）④居住时，喇嘛摩（bla ma rmog）寄来一尊帕莫竹巴的身像，并（对他）说："看你是否能够供奉此像。"因此，他拿着酥油灯前往并做供奉。为此，他自己感到他必须前去拜望这位上师。当他准备到前藏时，梦见自己

---

① 【】藏文（第718页倒数第9~8行）为：de nas yang bla ma hwa shang rgya gar du vgro zer bas khong dang vgrogs par chad pas kyang khong sngon la song vdug/。郭译（第397页倒数第5行）漏译。
② 佛慢（lhavi nga rgyal）：密乘自生仪轨中，行者自己显现成为本尊佛身的观想。参阅《藏汉大辞典》，第3101页。
③ 【】藏文请参阅第719页第4~9行。罗译（第611~612页）有些不同，请参阅。
④ 罗译（第612页第3行）转写为：snyel-nge。

第八章 从大译师玛尔巴的传承至称为达波噶举派的阶段

在一长梯上攀登,还未登上梯顶时,来了一位大白人握着他的手说:"我不拖着你上来的话,你是不可能登上梯顶的。"后来,卓贡大师(帕莫竹巴)告诉他说:"那白人就是我。"然后,他向基峨(vbyi ngos)① 逃跑而来到定色。此后,他来到桑杰焦大师(slob dpon sangs rgyas skyabs)在顶绛(steng byang)的住地,在那里居住了几天。此后,当他到垛洛顶(mdor lho stengs)时,他安排了一位护送人和一匹马渡河。他们错过了浅滩,差点被湍急的河水冲走,但是他的马踏上了一块大石才得以过河。【之后,他向北道而走,同前往甲裕(bya yul)供灯的东协居敦(stong bzher bcu ston)汇合。他们结伴而行来到钟塘(com thang)。】② 那时正好是钟塘人和颇垛人(phod mdo ba)收割时节,有一年坝的医生(nyan pavi sman pa)说:"现在有一些我的堂兄妹将带着食盐前往帕莫竹的门口兜售。"他听到此话后便同此医生结伴取道隆雪(klungs shod),来到年地(nyan)。然后他又和商人们结伴而来到温地(von)③。此后,他独自一人穿过姜昌(ljang vphrang,即姜峡谷)并前往察绒(tsha rong)。然后,他和一对苯教夫妇结伴同行,他们尚未走完路况最差的支路时,就能够清楚地看到(帕莫竹)寺的白墙了。他继续朝寺庙门口走去,正打算进入寺庙时,卓穹哇(vbrog chung ba)门前拦住了去路。后来,辛敦(sing ston)接待了他,他到卓底见到了卓贡大师。于是,他向大师供上礼物黄金一块。卓贡大师问:"你不感到疲劳辛苦吗?"他答道:"人马几乎被河水冲走,但我的马踏上一块大石头渡过了大河。"帕莫竹巴大师说:"虽然当时我住在金刚座,但那时是我就在那里等你到来。因为我不仅仅是你此次转生的上师,我还是你生起证悟之上师(nyams rtogs bskyed pavi bla ma)!"之后在供施垛玛时,大师又说:"刚才新来者来到门前,但未进入寺内时,就从他身上分出一与之相似之身来与我融合!以后你(达隆汤巴大师扎西贝)身边将会聚集如此众多的僧众,那段时间内将会有像你这样的人前来。"达隆汤巴想:"如果这样,到时候这地方是否还有胜得过我的人呢?"大师又对侍者坝贡(nye gnas sbas sgom)说:"哦,坝贡啊!你看这新来者多么像甲裕哇啊!"【此后过了三个月,他(达隆汤巴)

---

① 罗译(第 612 页第 13 行)转写为:vbyi。
② 【藏文(第 720 页第 1~3 行)为:de nas byang lam la vthon nas stong bzher bcu ston bya yul du mar me vdzigs su vgro ba dang vgrogs nas byon pas com thang du sleb/。郭译(第 398 页倒数第 8 行)为:"继后出北道同前往冻谢居敦嘉裕供灯人结伴而行到郡塘。"
③ 郭译(第 398 页倒数第 4 行)将"来到温地(von la phebs)"译成了"到峨纳山"。

想即便自己脑浆流出，他也可以通过祈祷治愈。】① 他想用一钱黄金请求作为曼荼罗供养，就把黄金供奉给大师后说："我只是想求取您的加持，而不是求教授。"卓贡微笑着接受了黄金，作了曼荼罗供养后，他说："有种说法是，通过敬信能使身体康复！供养此曼荼罗，并且很好地祈祷吧！你还会发现许多示现的。"后来，有一次大师对他说："记住任何你听受过的教法，但是不需要逐行追溯传承。所以这些教法你将来都需要用。在藏地，没有人比徐结欧珠（zhu byas dngos grub）更无私，但他拥有一部鲁伊巴②；在印度，没有人比毗汝巴更无私，可是他拥有《般若八千颂》。"又有一次，他（卓贡）说："依止上师是教授，而自修经验是则是秘诀（甚深教授）。"（达隆汤巴）常说："从那以后，对一个四句偈以上一切佛之语都应该书写下来。"每当卓贡（为他）讲说某一教授，达隆汤巴都唯恐遗忘而将此教授写在墙壁上再出门。等他回到屋里后再看墙壁上的录语，于是他就不会忘记了。达隆汤巴大师扎西贝到帕莫竹满三年后，卓贡大师对他说："虽然你现在要离开寺庙，也会有堪布和大师来你座前求法的。"有一次他又说："你将会成为我的教法之主！"卓贡告诉他说："受比丘戒吧！"他回答说："我要修行，请求不作比丘。"卓贡说："这不碍事，具德嘎译师（dpal sgwa lo）也是比丘，但他在纳木错修行了七年。"继而补充说："我看现在是应该学习（如嘎译师）大人物传统作风的时候了。"有段时间，（达隆汤巴大师扎西贝）坐在床榻上，他心中顿然生起过去未生起过的诸法。于是卓贡大师手持手杖而来，以手杖指着其心间说："除我之外，是无人知晓的！"有天晚上，扎西贝梦见其父给他一小水壶（tevu chu）。卓贡说："这意味着你将拥有受用无穷的财富。"此后，他又梦见父亲给他一把钥匙，打那以后，对他而言就不需要作任何（修行的）努力了。

  达隆汤巴大师扎西贝 24 岁时在收割季节来到帕莫竹。在帕莫竹居住了六年时间。帕莫竹巴大师逝世后，他在帕莫竹寺居住了一个月。而后他同温恰（dbon phyag）和施主摩贡（yon bdag rmog sgom）等人结伴前往麦卓，在切喀哇（vhcad kha ba）座前听受教法。之后，他在隆雪地方同几位噶当派人士结伴前行，他们对他说："你这帽（宗派）改一下吧！"他想："我要用我的帽子在卫地上部（对付盗贼）保护自己。"此后，他到

---

① 【 】藏文（第 721 页第 3~5 行）为：de nas zla ba gsum na nga ni klad pa lug kyang gsol ba btab pas chog snyam pavi dgongs pa byang/。郭译（第 399 页第 9~10 行）为："此后大师说：'现在是牛年，但是我想在羊年作祈愿也是可以的。'"
② 指鲁伊巴《胜乐》传规的一部书籍。

第八章　从大译师玛尔巴的传承至称为达波噶举派的阶段　　525

了颇多康钦（phod mdo① khang chen）。善知识康钦巴早已出门来迎接，他们在门外过道上相见。他对康钦生起敬信，因此，他作为康钦的应供喇嘛（上师）② 在汤阁寺（thang mgo dgon pa）住了一个冬季。第二年春季他住在塞勒（se gle），大约就在这时，他得到了康区的迎接，并得到一匹良马，便前往帕莫竹了。他在那里商谈修建灵骨塔和造佛像的承事服役事项，在那里居住了一个夏季，并且将马匹等作供养。他在塞勒居住的第二年，贡巴大师也到来了。他在爬通向贡巴房屋的石梯时，贡巴清楚地听到有帕莫竹巴在里面说话的声音。进屋后，他说："我听到你的声音，犹如帕莫竹巴的声音。我记得以前帕莫竹巴对我说过：无论我到什么地方，都将带你前往。我想这应该是在履行他的诺言。"此后，达隆汤巴请求香雪玛巴（zhang sho mar pa）的老比丘做亲教师，玛尔巴仲塘哇（mar pa rtsom thang ba）做大师，香敦阁弥巴（zhang ston sgo mig pa）做屏教师而在雪玛让（sho ma rang）受比丘戒。此后，他再返回到塞勒居住时，有人从康区牵来马队迎接他。当此人去后藏后，达隆汤巴就带着供礼到帕莫竹了。不久他又回去了。同时，康钦巴已经得知他要前往康区，便召集许多村民前来，请求不要前往康区。为此，他只能答应继续居住下来。之后他聚集了许多僧众，由于寺院容纳不下，他想把他们迁往另一寺庙。这时，他听到塞勒的空中传出声音说："从现在起，在七年中达（dar）、哲（sbras）、绒（rong）三寺都归你管辖。"【此后，他远到乍波伽（brag po che）寻找建寺之地，但未找到合适的地点，就回来了。在返回途中，他到搭达（tar mdar）时，】③ 贡鲁（vgong lug）对他说："对面山名为达隆，是善知识博多哇的居住地。山沟中还有一个很好的岩洞。"因此，他就前往达隆，对此地给予加持，并在岩洞中住了一夜。之后，他在达隆的凿惹（mdzo ra）上面修建寺庙而安住。那时，他们师徒共有18人。总的说来，达隆这个地方是卓威贡波仁波且（mgro bavi mgon po rin po che）年满60岁时于己丑年（阴土牛，公元1169年）示现十二种身相庄严之地。当时，他借助其中一种身相庄严，就能以其足踏遍达隆的土地而作加持。于是，仁波且将达隆的一切土成为咒土，一切水成为咒水。卓威贡波仁波且曾经对达隆汤巴大师扎西贝说过："北方那边，是你的事业大宏之地。或

---

① 罗译（第614页倒数第2行）转写为：phong-mdo。
② 应供喇嘛（bla mchod）：受佛教信徒供养的喇嘛。参阅《藏汉大辞典》，第1912页。
③ 【】藏文（第723页倒数第3～1行）为：de nas dgon sa vbrag po che phyin chad du gzigs pas ma rnyed par log byon pas tar mdar sleb tsa na/。郭译（第400页倒数第2～1行）为："此后他亲见乍波伽寺中有加持圣酒，但未获得。返回途中到达达区村头时，……"

许你不得不前往康区,如果这样,你就去康区一次。之后,由于宿业之安排你将会遇到一胜地,那里便是你的一切事业能够发展之地。另外,那地方十分凶险,有一个由人变成的魔鬼率领无数凶恶鬼神在那里居住着,(迄今)谁也不能捕捉制伏。我用我的脚将这一切踩在下面制伏了这一切鬼神,我做了具足慈心之事业(把他们变成了人)。现在你可以来掌握这一胜地了。"如此说了之后,他授记说:"在北方,在雪域之地(将如何如何)。"而后又在空中传出声音:"既然你还未镇伏达隆,可能发生不安宁,那就迁移到他处吧。"后来,他的一位朋友旺秋扎(dbang phyug grags)到颇垛,哲巴(spras pa)的一个乞丐打破了他的头,就这样(授记预言的)事故发生了(达隆汤巴必须迁址)。他说:"我们要在色哇隆居住七年。"于是迁到了那里。在那里聚集了许多僧众。由拉杰蚌穹哇(lha rje bong chung ba)和颇垛哇作碉堡大工程,仅用八天时间就完成奠基。达隆汤巴对他们说:"我们不会住在这里!僧众将会很多,我们在这里将容纳不下他们。我一定把达隆变成驴驮青稞成群结队的地方。"这样说后,碉堡工程也就被迫停工。之后,他由达、哲、绒三区及颇垛的人士迎请,到了达隆。他在39岁时的庚子年(阳铁鼠,公元1180年),被迎请到拉章纳波(bla brang nag po)①中安住。那时乌鸦们经常衔来树枝土石,不管它们找到什么,都堆积在今天漾寺(yang dgon)所在地。于是,他就把拉章迁到了那里。此后经过几年后,有喇嘛达峨巴(bla ma zla vod pa)等人从康区前来迎请。他们坚持(要他去)而发了一些牢骚。达隆汤巴大师扎西贝师徒五六人来到朗凌山口(glang ling la kha)时,饮用山对面的僻涧泉水,他吩咐道:"哎,旺生!熬些浓茶,以冰块和红糖置口中团转而食。"又说:"我将要前往古雍岗(ku yung sgangs)。"当晚,他在那里过夜,面对东方而睡。只见东方有云密布,而西方虚空则晴朗明亮。他们问其原因时,达隆汤巴大师扎西贝说:"这是汤嘉地方将要走向衰落的征兆。"翌日晨,他宣布说他将对东方诸有情作出利益之事业,说后又讲说《不离三念法门》(mi vbral ba dran pa gsum)。后来,他返回后居住于果钦(ko khyim)。之后,颇垛哇对前来迎请他的人们说,不要让他前往康区,他们同意了。于是得以迎接过来。

　　第二年夏季他居住于扎顶(bkrab ting)②。当时协巴达热(she pa dar

---

① 拉章(bla brang):拉丈。大活佛居室。因经济力量不同,乃有大小之分。参阅《藏汉大辞典》,第1913页。

② 郭译(第402页第4行)为"扎哇顶",可能将藏文释读为 bkra na ting 了。

re）被杀，他被迎请去处理达域哇（dar yul ba）和绒巴之间的不和。他们给他献达热的首级，并释放许多死囚。这样一来，达、绒两区都在他的管辖之下了。后来，哲巴（spras pa）来迎请他，他们也将哲巴归于他的管辖权。

扎西贝日常生活习惯：每月初一起至最末一日，他都会在黎明时分起床，而后浴身。然后，他去作礼拜，之后作供曼荼罗，之后作祈愿。天明之后，侍者换其座前的供品，启问是否说法，并问师体安否。然后用膳，这时侍者向其禀告僧人的活动及其他事务。其他任何人他都不见。用膳完毕到午餐之前，他不说法（断语）。到了午餐时间，侍者换好供品。启问是否说法，启问师体安否。然后他向上师供上些许热汤。若需召唤大宾客时，侍者问了之后便召唤。午餐毕，他即来到法座上与可见诸人相见并传佛法。午茶时分，他们将为他供上热茶。上师仁波且将回到寝室后断言语（不说话）。饮用热茶时，他再开语禁（可以说话）。侍者将供上热水，他们会要求他人，招待他们。之后到僧伽大会堂中，用餐完毕后断语而来到法座。他不饮晚茶。供施玛垛后，他就断语。侍者会启问熬供垛玛茶。有宾客时，他们在屋内招待宾客。而后，他们就供献明灯，换好供品。之后奉献上师热水。之后，假如师体安康，则说法和作许多指示。此后，安寝时侍者启问寝宫内外进何饮食，而后断语。这就是上师日常作息。

假如师体不适，则不说法。师体安康，也需上弦日才开始说法；从16日到月末日，如没有提前作启询，则不见任何人。总的说来，（达隆汤巴大师扎西贝）自从出家后，面前从未供过酒肉。他也从未造访炊烟熏过的牛毛帐篷和房屋。从未解过腰带。住在帕莫竹寺期间，他未到过其他左邻右舍。无论何时帕莫竹巴哪怕只讲一个四句偈，他也无不在座听讲受。从来不准肉食和女人进入其寝室。从漾寺（yang dgon）到纳昌（nag tshang），他们从未用肉食招待过客人。寺中院巷严格禁酒。寺边空房中妇女（如僧人的母亲姐妹等）借宿不得超过三日。此外厨房熬茶，击犍稚①通知用水，吹螺，分发螺耳杯，僧人行住等一切作为都应在纳昌禀报。

至于（僧人们所见的）某些稀有景象如是：哲巴的当惹哇·觉窝蔗

---

① 犍稚：（gandī, གཎྜཱི）打木，檀板。梵音译作犍稚。义译声鸣。集合僧伽的响器之一。《毗奈耶》中所说尺度：木质为旃檀、木瓜树、巴罗沙、紫檀、醋柳、桐树等；长八十四指，宽六指，厚二指，削去四角成为八方，四角断口，各长二指，两端刻成蛤蟆头形。参阅《藏汉大辞典》，第349页。

波（dang ra ba jo bo bgres po）亲见他（达隆汤巴大师扎西贝）是教主（即佛）；喜饶贝（shes rab dpal）亲见他是大悲观世音；还有人亲见他是胜乐俱生金刚与至尊救度母等是无量无边的。还有许多其他人亲见他同时示现许多身相庄严等。卓贡大师（帕莫竹巴）对他说："有三位英扎坝提王发现，前、后两位是我，中间那位是你（达隆汤巴大师扎西贝）。三位都是一体的！"他坐在法座上时，贡桑（sgom bsam）亲见他呈现帕莫竹巴之身。他在临终时说："我从未离开安善逝（指帕莫竹巴），他和我是一体的。"在寝宫中，他对侄子及诸侍者说："我未曾离开过安善逝"，但由于他们没有听懂其语，他又补充说："我就是善逝本人。"

总的来说，这位大师（达隆汤巴大师扎西贝）诞生于壬戌年（阳水狗，公元1142年）；18时出家为僧。24岁时，他到前藏依止卓贡大师六年。29岁时，他前往颇垛，在颇垛、塞勒、汤阁等处一共居住了七年时间。他在色哇隆居住过三年。他于庚子年（铁鼠，公元1180年）到达隆后，一直居住30年之久，并聚集了无数僧众。将要示寂时，他还聚集有僧众约三千人。献给他的金银和正法（书籍）供品是无量的。他三次到帕莫竹巴，最后一次他供施金银等铸造的佛像，经函青白两种（涂青纸及白纸）共550函；金块和松耳石共40块，茶叶60篓，上缎3000匹，牛马100头；黄金百余两铸造的明灯，大氅和铠甲等许多物品。他总共在帕莫竹寺中安立明灯283盏。临终时，他供寺经函青色纸函700函；白纸函难以计数；金块和松耳石共50块，丝缎2500匹等许多供品。在己巳年（阴土蛇，公元1209年），当他听说帕莫竹寺中的经函将要请出时，他感到灰心失望而身体不安。在那个冬季，他仅作过几次的指导和接见。大众请求为他修法禳解，但是未得许可。当他在69岁时【庚】午年（【铁】马，公元1210年）春夏二季，也只作了几次的指导和接见。觜宿月的16日①月圆之夜，他将书库的钥匙交给温波大师并说："你过去一直是他们所尊重的，因此，你就在他们所安置的位置上住下吧！"温波说："请求上师亲手将钥匙交给我，就为众生利益而作祈祷吧！"17日，他来与僧会露面，并且开示许多法语和谈论。18日，他仍到僧会露面。19日进晚茶时，他逝世了。荼毗时发现心、舌、眼三者遗留下未焚毁，也有无数佛像和舍利。

新年正月初三日，经过迎请，古耶·仁钦贡（sku yal rin chen mgon）前来继承寺座。此后不久，桑杰贡巴（sangs rgyas sgom pa）也逝世了。桑杰贡巴是卓贡大师的弟子。后来卓贡大师逝世后，他同达隆汤巴（扎

---

① 觜宿月（Mrgasira），指孟秋九月十六日至十月十五日。这里的16日，应为九月十六。

第八章　从大译师玛尔巴的传承至称为达波噶举派的阶段

西贝）居住在一起。古耶·仁钦贡又是达隆汤巴大师的侄子，名叫噶波（dkar po），由于他是为卓贡（仁波且）大师（就是达隆汤巴）抚育众生的事业作助手而来的，因此，又称古耶哇（sku yal ba）。他的真名叫仁钦贡。其父亲是姑隆（ku lung）地方的杠漾雪隆（sgang g'yang shed lung）人。邦惹顶（bong ra stengs）的饶杠地方（rab sgang）有三个碉堡，他就诞生于下面那个碉堡中。其族姓与达隆巴大师一样。父亲名为班伦阁雅（ban blon mgo yags），母亲名为觉思萨扎西措（jo zi gzav bkra shis mtsho）。此师住胎时，其父到达隆拜见大师并居住在寺院内。有一天，达隆汤巴大师说："叫班伦阁雅（父名）到这里来。"班伦阁雅到来后，大师说："你的后代诞生后将会是一个男孩，这孩子献给我。供献吧！供献吧！"父亲说："可以供献给您。"此后大约两三年后，粗普哇（vtshul phu ba）逝世。有人问："粗普哇的寺座有谁去住持？"达隆汤巴大师说："不管粗普哇的寺座谁去住持，但我已经准备好了一位寺主。"仁钦贡是达隆汤巴大师年满50岁时的辛亥年（阴铁猪，公元1191年）诞生的。在他3岁时的癸丑年（水牛，公元1193年），卫（dbus）、喇嘛香和朗隆巴（glang lung pa）诸师逝世。仁钦贡11岁时，达隆汤巴大师寄来许多礼品，其中包括孩童启程时穿的大氅外套（僧服），并叮嘱说："让孩子出家为僧吧！取名为某某。"但是其母说："我不让孩子出家为僧。"父亲说："我们问问孩子自己吧！"孩子说："我出家为僧后，到达隆去做善知识，求学教法后，给你们二老寄来教授。"就在那年，他以喀波吉本巴（mkhar po spyi dpon pa）为亲教师；管·拉康拉巴（vgos lha khang lhag pa）做大师而在汤嘉出家为僧。他在师徒二人（亲教师和大师）及纳隆巴（nags lung pa）诸师座前听受了许多教法。13岁时，他前往前藏，父老乡亲们都来小送一程。母亲对他说："孩儿！你前往学法，虽然与我不能相见，但是无妨碍！你就去求法吧！"说后也就返回了。他在朗凌山口与从达隆来迎接的人相见。从那条路来到乌汝隆（dbu ru lung）。他到达的当日，达隆汤巴大师吩咐道："用白布为他铺路，在他的后面升幡旗！在山腰上先扬起一面小幡旗，诸僧众前往雅塘（ya thang）迎接吧！"一见到达隆汤巴，仁钦贡就以缎子一匹做见大师的礼品，他与大师相见就互问安好。达隆汤巴大师也问道："男儿，你一路是否辛苦？"他答道："托尊长之恩惠，一切比较顺利的。"他们彼此慰问了很多话。有一次，他骑马奔驰，他的父亲请求达隆汤巴大师说："祈求您管好这小僧人吧！"大师说："你闭嘴吧！你不了解小僧人的禀性。他将派上大用场！"之后，仁钦贡住寺中偏僻的门对着东方的修行处（茅蓬）里面闭关修行。除了请示指导或教法导释的时间外,他不去造访大师(达隆汤巴),一心专修了七年之久。那时达隆汤巴大师说:"寺中偏隙处住的那一小僧人将是一位能利益无量众生之人。"年满19岁时,他由藏巴(gtsang pa)做亲教师,桑杰贡巴做大师,桑杰大师做屏教师而受比丘戒。他示现了许多神力,比如抬起茅蓬的大柱后将他人衣服置于柱下,每次用拇食两指捏豆七粒成为面粉形状而撒出,能捏砖茶成为门形玩耍,能作跏趺将自己抛掷到大殿屋顶上去等。总之,他依止达隆汤巴大师八年时间。他年满20岁时,达隆汤巴大师患病,有一天,大师将自己的大氅和僧帽(zh-wa theb)授予古耶哇(即仁钦贡),把帕莫竹巴的手杖交到他的手中,让他坐上厚垫,说道:"站起来!转一圈!抖擞抖擞精神!"仁钦贡这么做了之后,达隆汤巴说:"这很好!你将会做得比我更大的福德!"他还将书库的钥匙交给仁钦贡并说道:"这寺偏隙处有一种还未传称之法!我密藏此法,不是我对此法相关事宜吝啬,而是需要依靠一种契合帕莫竹巴之缘起。但是你可以开示此法,任何人来求法你都可以传授。"他对绛僧(byang seng)说:"绛僧和仁钦贡二人抚育达隆寺的担子重量是相同的。此后由仁钦贡来寺办理达隆汤巴和桑杰贡巴逝世后的广大事务。"堪布哇(仁钦贡的戒师)对仁钦贡说:"现在,我请求仁波且(仁钦贡)检查一下书籍!"仁钦贡回答说:"堪布哇,我们的传承应该是,只要弟子一到面前,就知道如何开示合适的教法。除了阅读书籍的善知识外,谁还能办到?"

对求教授诸人,仁钦贡随类应化而作开示;对优、劣、中庸三种有情者是一视同仁的。人们无数次亲见他就是达隆汤巴;他也无数次示现过许多身相庄严。此外,亲见仁钦贡为释迦牟尼或胜乐金刚等的也有不少。有关其有广大神通的故事也很多。他曾经无数次对那些手脚残疾者、聋耳者、盲者和重病缠身者,仅诵一遍缘起法语就立刻治愈。此外他还修建了佛像塔和塔堂。由于修建时挖掘了塔堂的地基岩石,使他患了足疾。依堪舆①师说这事是因为挖掘了上师的神魂山②而使他得到的报应。于是,他首先修造了一座气势高超的一肘高的银灵塔,之后又建造了一座大银灵塔,在塔的日坛中奉安有黄金十七两铸造的帕莫竹巴像。他又建造两座灵塔,在有银伞盖的日坛中银斗拱内奉安有达隆汤巴像。在此之

---

① 堪舆术(sa dpyad):相地术,旧时,堪舆家迷信山脉、地势、流水等走向吉凶之说者。参阅《藏汉大辞典》,第2900页。

② 神魂山(bla ri):迷信所说魂魄依附的山。参阅《藏汉大辞典》,第1915页。

上，还建造了达隆汤巴的大银像。他又要求师徒二人（亲教师和大师）等商议，对他们说："积存所有物品后，佛像、经典太多，殿房内已经不能容纳。大家商议一下修建两座殿堂供奉，请大家给我一个决定。"库大师（slob dpon khu）说："什么样的供堂都是可以的！但是我觉得我们应该注重指导修行，今写一百部十万波罗蜜多经还不如修建一大修院好。"其他人说："那我们就修建吧，既可用来指导修行，也可抚育。"在仁钦贡年满34岁时的甲申年（阳木猴，公元1224年），他们开工修建大庙堂。当派人到纳雪（nags shod）去砍伐木材时，止贡寺人出面阻拦。于是就从在藏地寻找木材，从垛地（rdo）运来大量木材。大约就在那时，颇垛的钥匙已经得到手中。因此，止贡巴的侄子请求从纳雪处砍运木材，他们便从纳雪处运来了许多木材。占嘎（bran ka）观察地形风水后说："如果我们建造时在主路处奠基，那将会很吉祥。"于是，他们在主路上开始修建。他们在供堂内共竖立80根圆柱，在上部走廊有四排柱子，共32根，在下部走廊有三排柱子共24根。两边廊房各竖立6根柱子，共12根柱子。两旁墙外的房间每边2根柱子，共4根柱子。门房（sgo khang）4根柱子。大门外的护道4根柱子。以上共计有80根柱子。共有13个扎仓。在【戊】子年（【土】鼠，公元1228年），上下走廊竣工。仁钦贡委任了堪布和大师，让他们办理出家为僧之事项，启开法门。仁钦贡使大众入于闻、说、修之道中。仁波且（仁钦贡）自己则依照达隆汤巴的传记典范而作。对于教授他决不掺杂混假，对于祈祷和愿文一句也未作任何修改。他时常危坐而睡，头从不落枕而眠。当他来到北方时，其侍徒等众也都禁止食肉。无论何时，只要有人供来武器，他就在座前当众销毁。他常常亲手接受供给他的诸圣物缘起，其他供物由手下人接受。他不对女性作罪恶贪欲的指导，不与之作罪恶贪语之问答。他不讲无意义之谑言。他来住持寺庙时，虽然诸施主的地方都比较贫穷，但当（他使）他们兴旺发展起来后，供来的物品则不计其数。从内部应分给他的粮食也是很多，可是他对于所分粮食，每月仅取半克（一克约二十八斤）外，其余均交给负责人。对某些人他（从自己殿里取物）满足其需要。他以自己殿里所有资助了82家烟户。看到供物源源不断流进，人们不禁会想："他们在哪儿储存这么多物品呢？"而想到他的殿里的花费，人们不禁会想："他（仁钦贡）还能满足自己的需要吗？"他在大寺中布置满了三佛田[①]。当初，

[①] 三佛田（rten gsum）：三所依：佛像为身所依，佛经为语所依，佛塔为意所依。参阅《藏汉大辞典》，第1076页。

他刚到寺中住持时,虽然对僧人作了不离开寺院的规章制度,但是也有人不听从他而离开了寺院。僧房倒塌成了废墟,那时大约只有700僧人留了下来。但是到后来,僧人数量剧增,他抚育了2800名僧人。僧人数继续增长,最后发展到了3700人的僧会。同时,他也修建了许多新的僧房,到他逝世时,已经发展到5000人的僧会。他最初来到寺庙时,只有青稞七克①,还贷有外债黄金500两。后来,他的拉章里装满了金银绸缎等物。寺外属地遍布牛马数千。"连达隆巴的一条狗也不能比"这种说法,就是这位大德仁钦贡在位时出现的。在仁钦贡年满47岁时的丙申年(阳火猴,公元1236年),天空示现虹彩、声音、光明和大地震动等情景。他的坐骑(马)珠空僧格(vbrug khyung seng ge)患了皮肤病。他对诸僧众发布命令,不要随意走动,要留在寺里。他对有些人说,他给诸僧众的指示教授已完毕,类似的嘱咐很多。他吩咐侍者们准备好大量的饮茶、红糖和柴火等会供。然后,作了许多训导之后,他逝世了。荼毗时,发现舍利如雨下降,心、舌、眼、手指都发现许多舍利,并发现许多奇异情景。

  仁钦贡的寺座接任者是桑杰雅俊喜饶喇嘛(sangs rgyas yar byon shes rab bla ma):诞生于癸亥年(阴水猪,公元1203年)。父亲是蕃惹顶(bod ra stengs)氏族的首领名为贡嘉(mgon rgyal),母亲名为拉姆贝(lha mo dpal)。此水猪年(公元1203年)时,达隆汤巴62岁,止贡巴61岁,古耶哇13岁。同年,绒巴嘎洛(rong pa rgwa lo)②诞生。桑杰雅俊喜饶喇嘛童年时期就有极大的信仰、勤奋和慈悲之心。他使同龄孩子消除罪孽而行于善业。他性喜独处。16岁时,他在堪钦嘎顿喇嘛(mkhan chen ga ston bla ma)和拉康达巴大师(slob dpon lha khang lhag pa)座前出家为僧,取名为喜饶喇嘛(shes rab bla ma)。他听受了诸戒律,并且在纳巴大师(slob dpon nags pa)座前听受了许多教授。他在萨普寺(sa phu dgon)中精心修行时,乌鸦来其寝室屋顶上扫雪。19岁,他前往前藏。在达隆汤的古耶哇座前,他听受了所有教法导释。他由藏巴作亲教师,库顿做大师,邓莫日巴大师(slob dpon don mo ri pa)做屏教师而受比丘戒。此后十五年时间里,他一心专修,具有足够的广大神通。在他年满34岁时的丙申年(阳火猴,公元1236年),古耶仁波且逝世,由他继承寺主。他建造有金塔(gser vbum)、银灵塔(gdung khang)以及大供堂(mchod khang chen mo)的画线测量房(thigs khang)和许多布绘(ras bris)。他

---

① 郭译(第407页倒数第4行)为"七头牛"。
② 与前文绒巴嘎洛(rong pa rga lo)同。

第八章 从大译师玛尔巴的传承至称为达波噶举派的阶段

还塑造了许多银制大小佛像。他建立了许多规章制度，比如常诵经规和年度诵经等。他塑造的（擦擦）小泥塔、佛像更是不计其数。他以正法和财物抚育3600名僧众，使其满足诸希求。他以戒、定、慧三学为主，对于诸僧院戒规严厉，不许女性入内。当卓贡法王八思巴（vgro mgon chos rgyal vphags pa）从（元朝）皇宫回来时，芒嘎拉古如（Manggala gu ru）①到颇垛去迎请。法王八思巴对芒嘎拉古如说："你的上师桑杰雅俊喜饶喇嘛如果能来到僧会中，我也就会前往，否则我要前往隆雪。"为此芒嘎拉古如请求桑杰雅俊喜饶喇嘛参加僧会，后者到来后说："我本来的想法是，直到未死之前都不跨过寺庙之门槛；可是现在我不能违背上师的命令。"说后，他来到拉耶塘（bla ye thang）与法王八思巴相见，他们以额头相互顶礼。法王八思巴对僧会说："桑杰雅俊喜饶叔侄是谁也见不到的，今天见到了，这是你们给我的赏赐啊！"桑杰雅俊喜饶祈求道："以我侄儿扎西喇嘛（bkra shis bla ma）为首的达隆寺所有母寺和分寺等，希望由您来接管和保护。"（桑杰雅俊喜饶喇嘛）在年满70岁时的壬申年（阳水猴，公元1272年）逝世。临终时，侍者请他明示他将到何处去。他回答说："东方离尘刹土中诸法王父子等居住在那里，以此尔等向那里祈祷可得如愿。"荼毗时发现彩虹布满空中，花及舍利如雨下降，并发现心、舌（未毁）和许多舍利。

芒嘎拉古如：此师的祖父班朗坝波（ban glang vbar po）②有四子，长子为达隆汤巴，次子为云达阁雅（yon bdag mgo yags）、三子为阁嘉（mgo rgyal）、四子为喇嘛达峨（bla ma zla vod）。次子阁雅有古耶坝哇（sku yal bar ba）、云达却雅（yon bdag chos yags）、阿衮（a kun）、却焦（chos skyabs）四子。云达却雅有芒嘎拉古如、香焦（zhang skyabs）、吐巴（thub pa）、隆波（long po）等四子。喇嘛达峨巴后来到达隆寺后，正是古耶哇担任寺主期间在寺中逝世的。芒嘎拉古如诞生于辛卯年（阴铁兔，公元1231年），父亲为（云达阁雅的次子）云达却雅，母亲为树思萨孙贡（zo zi gzav gzungs sgom）。此铁兔年（公元1231年），桑杰雅俊29岁。芒嘎拉古如年满16岁时，在堪布汤嘉哇（khan po thang skya ba）和克巴扎巴桑波大师（slob dpon mkhas pa grags pa bzang po）座前出家为僧，就在堪布和大师座前听受《毗奈耶》、《道炬论》（lam sgron；梵：Bodhipatha pradīpa）以及阿底峡尊者传来的许多教法。他在上师克珠钦波座前求得

---

① 藏文（第738页第7行）写为：ཨཙྪ་གུ་རུ་。
② 郭译（第409页第14行）漏译"班朗坝波（ban glang vbar po）"。

《欢喜金刚》、《时轮》、《密集明灯》（gsang vdus sgron gsal）①、《金刚四座》②、《玛哈玛雅》、《金刚亥母》、《季（译师）传六法》（dpyal gyi chos drug）、《金刚幕》、《桑布枳》（Samputa）③、《达隆汤巴大师的甚深教法》（stag lung thang ba chen pavi zab chos）、《亥母四种标示》（phag mo brda bzhi）④、《那若巴的四法本释》（nav ro pavi bzhi chos rtsa vgrel）、《胜乐耳传法》（bde mchog snyan brgyud）、《发心三合》（sems bskyed sum sbrel）、《大宝阶梯》（rin chen them skas）、《灌顶作法》（dbang gi lag len）、《甚深上师随赐灌顶》（zab mo bla mavi rjes gnang）、《五道解说及教授次第多种》（lam lngavi bshad pa dang man ngag gi rim pa mang po）、《释续多种》（bshad brgyud mang po）、《耳法传多种》（snyan brgyud mang po）、《灌顶加持之指示》（dbang byin rlabs kyi bkav）。芒嘎拉古如25岁前往前藏时，上师克珠钦波（bla ma mkhas grub chen po）也小送一程，并在送行说唱道情歌。此上师（克珠钦波）是一位具有贤善通达和修持的大德。

芒嘎拉古如来到达隆寺的第二天，就在漾寺中⑤与桑杰雅俊喜饶喇嘛相见了。他是与从康区前来求学的许多人一起拜见大师的。师问："他们是谁？"他回答道："这些人都是从垛康前来求学的大人物之子。"师对那些康巴人说："如果你们希望求学，就到桑普去吧！但是，温波你自己就在寺的僻静处，不要化缘，从朗索处领青稞五钱。从明天起就闭关专修吧。如果仅是求学，那么在康区也就可以学到的。你应该知道我们的这一传承是修派传承。因此，修行极为重要，应该主要以修行作为突破口，勤奋则可以达到目的！"清晨他在喇嘛岭巴（bla ma gling pa 即桑杰雅俊）座前献上了见面的哈达，拉章的朗索寄给喇嘛岭巴两钱茶叶，红糖一格（sgo gang）⑥及大红大氅一件，并捎信说："明日早上你的弟弟将要来见

---

① 梵文：Pradīpodyotanaāma tīkā。请参阅《丹珠尔》，rgyud, No. 1785。
② 参阅《甘珠尔》，rgyud, No. 428。
③ 藏文（第739页倒数第4行）写为：ས྄ུ྆་ཏི།。梵文为：Samputa nāma mahātantra。参阅《甘珠尔》，rgyud, No. 381。
④ 罗译（第629页倒数第7～5行）行间注：1. thod pa, kapāla, 顶骨、天灵盖；2. vphreng ba, māhā, 思念、怀念；3. sna tshogs rdo rje, Viśvavajra, 斑杵、交杵；4. dbu rgyan, mauli, 头饰、冠冕。
⑤ 罗译（第630页第10行）为：at yang dgon (a branch of stag lung) （在漾寺［达隆寺分寺］)。
⑥ 此处（藏文第740页倒数第5行）sgo 为藏语量词。

你，你应该穿起大氅以谨防八风①扰动。"此后他就与扎西喇嘛相见。在当年，由堪布汤嘎巴·俄色穹奈（mkhan po thang dkar pa vod zer vbyung gnas）和堪温巴·仁钦扎西大师（slob dpon mkhan dbon pa rin chen bkra shis）等人给他（芒嘎拉古如）传授比丘戒。此后，芒嘎拉古如来到桑杰雅俊喜饶喇嘛座前求得《那若六法》和《大手印》等许多教授后，就闭关专修16年，未与任何人相见。他常时住于禅定之中，获得不可思议的三摩地，心中生起一味的修证。他便以黄金11两、唐卡13幅和一味的证悟情况等供献于桑杰雅俊座前。16年之后，法王八思巴从皇宫回来，来到颇垛时，芒嘎拉古如前去见八思巴，并迎请他到达隆。那时，法王八思巴及其侄子和徒众，一行七人来到嘎珠（ka drug），芒嘎在其座前求得加持修法和许多经教诵授。桑杰雅俊喜饶喇嘛启请八思巴接管和保护（达隆）寺庙，八思巴也就亲口答应下来。后来，桑杰雅俊临终之时，当着达隆寺众、施主等对芒嘎拉古如说："你按照我如何抚育此寺那样抚育此寺吧！"又说"嚼食②和传记风范都按照我的规模去作吧！"说后他以足置于其顶而作加持。芒嘎拉古如在43岁时的癸酉年（阴水鸡，公元1273年）继承寺座后，一切作法传记风范都如前辈诸师之规而作。他具足广大神通的故事是不胜枚举。比如，在建造威镇三千世界的释迦牟尼大像时，诸议士说："那么大的像，用黄金建造是不能够做到的，建造一座如拉萨觉窝铜像身量的像是很合适的。"芒嘎说："我虽然没有黄金，但是大王有！"后来，元世祖忽必烈果然赐以黄金六藏升③。如此等等的奇事很多。芒嘎拉古如住持寺座后，他继续做扎西贝坝（bkra shis dpal vbar）灵塔之基座和灵塔未完工程等事务。在开工塑立威镇三千世界释迦牟尼大像时，他请求与垛巴达协（do pa dar she）商谈，后者说："仁波且（芒嘎拉古如）你的意愿将会实现！我一定竭尽全力帮助和支持你。"说后他供献马298匹。但竖立起大佛像身中的骨柱④时，发现大地震动等许多特殊征象。大佛像建造完成时，由法王贝桑波（chos rje dpal bzang po）、迥甲扎哇（gcung bya bral ba）、堪布藏巴、嘉哇大师、公巴达协（kong pa

---

① 八风（vjig rten chos brgyad）：八世风，世间八法。对自己稍有损益即生喜怒的世间八事：利、衰、誉、毁、称、饥、苦、乐。参阅《藏汉大辞典》，第895页。
② 嚼食（bcav ba）：副食品。佛教律经译为嚼食、啖食。梵音译为珂但尼食。参阅《藏汉大辞典》，第750页。
③ 藏升（bre）：西藏容量单位名。约可盛青稞市制一斤又二、三两。每升为六藏合。参阅《藏汉大辞典》，第1906页。
④ 骨柱（rus shing）：泥塑佛像或塔像内的中柱。参阅《藏汉大辞典》，第2714页。

dar she)、年陀南耶（gnyan thog nam ye）诸师前来做开光法事。他又做了其他许多事情，比如在东门内作壁画和塑造许多泥像等。他住持寺庙25年之久。在67岁时的丁酉年（阴火鸡，公元1297年）的5月16日，他召集仁波且贝桑波兄弟为首的堪布、大师和许多僧众并且指示说："按照我如何抚育此寺之道，你温波贝桑波抚育此寺！以居（甲扎）为首的尔等诸人，也应当追随其后！"他还作了一些更为详细的指示，而后就平静地逝世了。荼毗时发现留下心、舌、眼没有毁坏，而且发现了许多舍利。

法王贝桑波：父亲象焦有子四人，长子仁波且贝桑波、次子云达吐杰焦（yon bdag thugs rje skyabs）、三子为云达雍仲蚌（yon bdag gsung drung vbum）、四子为迥甲扎哇。母亲名为却江（chos lcam）。贝桑波诞生于丁巳年（阴火蛇，公元1257年）。他亲近于法王八思巴座下听受许多教授。曾在萨迦等处居住过。他在芒嘎拉古如座前听受噶举派的一切教授。他在41岁时的丁酉年（阴火鸡，公元1297年）前来继承寺座。他年满53岁时于己酉年（阴土鸡，公元1309年）祈请惹达纳古如（Ratnaguru）接任寺之主后，自己舍弃一切成为一位隐居者。他于54岁时的庚戌年（阳铁狗，公元1310年）逝世。

法王惹达纳古如：此师于戊子年（阳土鼠，公元1288年）诞生于漾雄崩惹顶（g'yang shod bong ra stengs）①，母亲名为松江（gzungs lcam）。他在堪钦索南益西巴（mkhan chen bsod rnams ye shes pa）和僧桑巴大师（slob dpon seng bzang pa）座前出家为僧。16岁时，他拜见绛央仁钦坚参巴（vjam dbyangs rin chen rgyal mtshan pa），并在其座前听受了许多教法。19岁时，他来到前藏在仁波且桑杰贝桑巴（rin po che sangs rgyas dpal bzang pa）座前听受了《欢喜金刚》、《胜乐》、《黑仇阎罗》（gshin rje dgra nag）②、《六面》（gdong drug）③ 等许多教法，还有《那若六法》等一切应修法门。他在22岁时的己酉年（阴土鸡，公元1309年）就迎请仁波且桑杰贝桑巴前来为所造大佛像开光，并请求其住持（达隆）寺座。同年，他前往萨迦依止绛央巴（vjam dbyangs pa）、达尼钦波（bdag nyid chen po）、扎巴坚参、贡噶僧格（kun dgav seng ge）等诸师座前听受了许多经教。后来，他到觉莫囊（jo mo nang）拜见衮邦巴（kun spangs pa）

---

① 似与前文的 g'yang shong bong ra stengs 同。
② 参阅《甘珠尔》，rgyud vbum, Nos. 469~470。
③ 参阅《丹珠尔》，rgyud, No. 2015。此密教文献刚好未载于藏文《甘珠尔》。

后，由衮邦巴做亲教师，丹巴坚参（bstan pa rgyal mtshan）做大师，衮铿云丹嘉措（kun mkhyen yon tan rgya mtsho）做屏教师而受比丘戒。也就在衮邦巴座前听受《时轮大灌顶》（dus vkhor gyi dbang mo che）、《六加行（六支瑜伽）》等无量教授。生起了殊胜功德，衮邦巴十分喜爱他。之后，他于【庚】戌年（【铁】狗，公元1310年）返回。这一年，仁波且桑杰贝桑波逝世。他（惹达纳古如）办成了建造金制灵塔等广大事务，年满52岁于己卯年（阴土鼠，公元1339年）逝世。

法王热达纳嘎惹（chos rje Ratnākara）①：父亲名为云达吐杰焦，母亲名为松江，生子三人，长子为法王惹达纳古如，次子为热达纳嘎惹。此师诞生于庚子年（阳铁鼠，公元1300年）。他在汤嘉拉康的堪钦索南益西（mkhan chen bsod nams ye shes）和桑杰桑波大师（slob dpon sangs rgyas bzang po）座前出家为僧，取名为仁钦穹奈（rin chen vbyung gnas）。之后，由住持班钦释迦西（mahā pandita Śākyaśrī）②的戒律传承之堪钦协贡巴（mkhan chen sher mgon pa）和索南旺秋巴大师（slob dpon bsod nams dbang phyug pa）等师给他传授了比丘戒。他又前往萨迦，在喇嘛达尼钦波（bla ma bdag nyid chen po）、喇钦衮洛（bla chen kun blo），以及邦译师（dpang lo tsav ba）、绛央邓约巴（vjam dbyangs don yod pa）、法王索南坚参（chos rje bsod nams rgyal mtshan）诸师座前听受了许多教法。而后，他到了（后藏的）觉莫囊寺，在绛生嘉耶（byang sems rgyal ye）座前听受《瑜伽六支导释》（sbyor drug gi khrid）和《心释法类》（sems vgrel skor）教授，因此启开了三摩地之门。此后，他前往达隆，在惹达纳古如座前听受噶举派一切教法。此外，他还听受《道果》等许多教法，之后安住在嘎珠。他在40岁时的己卯年（阴土鼠，公元1339年）来寺接任寺座。此后不久，惹达纳古如逝世。他继续建造完大佛像背面高21卡③，以及金塔高20卡和《丹珠尔》等广大事业。他建立了讲说密部和教法藏之规；并传授《六法》、《道果》、《瑜伽六支》等导释。他自己也严格遵循前辈诸师传记风范，并使他人也遵循前辈诸师制定的规章制度。他在62岁时的辛丑年（阴铁牛，公元1361年）逝世。以上诸师都是来自康区。而衮邦南喀贝桑波（kun spangs nam mkhav dpal bzang po）开始则生

---

① 藏文（第744页倒数第8行）写为：ཚོས་རྗེ་རཏྣཱ་ཀར།
② 藏文（第744页倒数第4~3行）行为：པཎ་ཆེན་ཤཱཀྱ་ཤྲཱི།
③ 卡（mtho）：虎口尺。旧称磔手。拇指尖和食指或中指尖张开的长度。参阅《藏汉大辞典》，第1217页。

于西藏。

法王南喀贝桑波（chos rje nam mkhav dpal bzang po）：于癸酉年（阴水鸡，公元1333年）诞生于彭域（vphan yul）的达域（dar yul）。父亲名为云达益西仁钦（yon bdag ye shes rin chen），母亲名为秋姆贝勒（phyug mo dpal le）。从5岁时起，他见到别人受苦时就流泪而生起大悲心。幼年时期，他总是感觉自己是个饥饿的乞丐。因此，母亲也给他取名为仗波（sbrang po，乞丐）。此外，他又有云丹嘉措、贡噶窝（kun dgav bo）和南喀仁钦（nam mkhav rin chen）等名字。他说过："这是由于宿业招致有此多名。"

他在7岁时的丁卯年（阴火鼠，公元1339年），在堪布喇嘛南勒巴（mkhan po bla ma nam legs pa）和邓约巴大师（slob dpon don yod pa）座前出家为僧。取名为南喀坚参贝桑波（nam mkhav rgyal mtshan dpal bzang po）。8岁时，他就生起预知神通。10岁时，他研究学习《喜金刚第二品注疏》并且达到通晓。从《瑜伽六支》所生诸相征，他未经修行而实现。11岁时，他依慈悲无量心、猛利厌离心和甚深经教而通达甚深真实义，并且生起了真实之死无常等观念。他能忆起往昔生命中生于印度和后藏等地的史事。后来，安住于三摩地（定）时，他也通达过去和未来诸事。他常说有两个晚上他发现在圣自在菩萨①座前闻法的境相。类似的境相数不胜数，但是他大多数情况下是不会告诉别人的。他发愿在此居住十八年。他说："总的说来，我的寿量只有34岁。但是，通过甚深教授的加持力，寿量是不确定的。"他年满18岁时在却杰喇嘛（chos rje bla ma）和大译师绛哲（lo chen byang rtse）座前听受了《时轮》、《入行论》、《能仁密意庄严论》（thub pavi dgongs rgyan）②和《佛本生事记》（skyes rabs；梵：Jātakas）等，仅一遍就能够领会于心；而且心中暗说："我多生中勤奋研究学习《时轮》，但是今生仍然感到难解。可是对于了义来说虽未用功也能够知晓。最初我也想（时轮）是否为外道之法？现在看来，没有比我更贪恋者了！"有一次，他说他见到不空成就佛手中捧着满盛甘露的琉璃钵，从其臂饰的珍宝放出光明照射着他的全身。他以此获得坚固的三摩地。他还说："我前生在后藏长时间地修行，为此生我生起三摩地的时间很快。"上述证明他承认自己是大成就者优摩（yu mo，觉囊派创始人）

---

① 自在菩萨（spyan ras gzigs dbang phyug）：观世音菩萨。八大菩萨之一。象征一切如来大悲本性，以慈悲眼平等照见一切有情，救度所化一切众生的十地菩萨。参阅《藏汉大辞典》，第1674页。

② 梵：Munimatālamkāra；参阅《丹珠尔》，dbu ma, No. 3903。

第八章　从大译师玛尔巴的传承至称为达波噶举派的阶段　539

之子，名为达麦峡惹（Dharmeśvara）①。他在修习《瑜伽六支》时，梦见饮一碗牛奶，但是喝不完剩了一些。他说："这是我还需要修一年，就可得特殊成就之相。"总的说来，他依止的上师是大译师绛哲、邓约坚参（don yod rgyal mtshan）、妥麦巴（thogs med pa）、法王喇嘛丹巴（chos rje bla ma dam pa）和法王热达纳嘎惹等六位。27岁时，他在拉萨由觉丹堪钦扎西楚哇（jo stan mkhan chen bkra shis tshul ba）、羯摩师楚喇哇（tshul bla ba）和顿嘉大师（slob dpon ston rgyal）诸师给他传授比丘戒。此后直至29岁之间，他从未中断过夏、冬两季的法会，而且讲说《时轮》、《喜金刚第二品》、《入行论》、《能仁密意庄严论》、《佛本生事纪》和《道果》等。他29岁时，热达纳嘎惹逝世。由他承办治理遗体，建造大佛像及尊胜灵塔等事。而后他继任寺主，他抚育僧会大众达15年时间。他著有《瑜伽六支导释简介》（sbyor drug gi khrid yig ngo sprod）和《算法》（rtsis yig）等无数论著，并运用甚深教授很好地教育应化众生。他虽然是广讲《时轮》，但是未获得很好的成就，主要是他专一在作闭关。索②地方以上地区他去过六七次。他住持寺庙一直到43岁，使一切僧院都兴旺起来，诸僧伽团部也得到了很好的发展。此后，他启请仁波且扎西贝哲（rin po che bkra shis dpal brtsegs）继续担任寺主。之后，他在塞勒居住了4年。他修行生起次第时则修《胜乐》和《红色阎摩》，修《圆满次第修瑜伽六支》（rdzogs rim sbyor ba yan lag drug pa）。他在39岁时曾经说自己年满四十七八岁时有寿厄。正如此说，他年满47岁时于己未年（阴土羊，公元1379年）逝世。此后第二年即【庚】甲（【铁】猴，公元1380年），建造了他的灵塔和大佛像等。如此看来，此位大德是过去多生熟修久炼之大士。其他殊胜成相如他所作颂说："圣地之处我们为初，虽然由邪见引心之，但遇到时轮之法，后来在雪山此藏区，修行瑜伽六支法。"他又说过："年满5岁习气③清，7岁时遇正法，年满9岁通密咒，16岁时已精通，波罗蜜多和密乘，现证三乘之密意，一味无别我通晓。"

　　法王扎西贝哲：诞生于己亥年（阴土猪，公元1359年），父亲名为

---

① 藏文（第747页第11行）写为：ཧརྨེ་ཤྭ་ར།

② 索：（sog）县名。元代译作索格，清代译作销庄子。在西藏自治区东北部，怒江上游。县人民政府驻赞丹需。参阅《藏汉大辞典》，第2960页。郭和卿先生的译本认为是蒙古地区。

③ 习气（bag chags）：习惯，内心对种种善、不善、处中之外境，长期惯习之气隐存沾染于心识之上者。参阅《藏汉大辞典》，第1805～1806页。

贡噶协年（kun dgav bshes gnyen），母亲名为绛贝姬（vjam dpal skyid）。法王热达纳嘎惹从北方回来时见到此子，便用手杖对他进行加持并示预言说："此子将成为无量众生之应供处。"6岁时，他在贡巴仁宣大师（slob dpon sgom pa rin gzhon）座前学习书法和诵读等。年满11岁时，他正好遇到仁钦贝哇大师（slob dpon rin chen dpal ba），当时此师已经成为噶举派一切法门之教主，富有许多显密功德。

扎西贝哲持戒极严并且具足广大神通。他依此在仁钦贝哇座前听受三续①教授等，特别听受了《喜金刚第二品法类》并熟练掌握，并听受了《入行论》和《般若百颂》②等许多教法。年满17岁时，他由仁波且南喀贝桑波（rin po che nam mkhav dpal bzang po）做堪布，奈丹仁钦峨（gnas brtan rin chen vod）做大师而受出家戒，取名为扎西贝哲·尼玛旺波松威果恰（bkra shis dpal brtsegs nyi mavi dbang po bsrung bavi go cha）。这是仁波且南喀贝桑波据梦中示现而给他取的名字。之后就在却旺尼巴（chos dbang gnyis pa，第二却旺）座前完整听受《时轮灌顶》，此后又听受《那若六法》和《大手印》等，故而生起道中不可思议之暖相。他还听受了噶举派大宝所有法类。求得《瑜伽六支导释》后，得以启开许多三摩地之门。此外他又听受了峡哇惹（sha ba ra）的《六加行（六支瑜伽）》③、法王索南坚参的《六加行（六支瑜伽）》、《密集五次第导释》（gsang vdus rim lngavi khrid）及其《易知导释》（nag khrid）和《直观教导》（dmar khrid），以及邬生（dbu sems）的《发菩提心仪轨》（sems bskyed）、《修心七义论》（blo sbyong don bdun ma）、《红阎摩极无戏论》（gshed dmar shin tu spros med）、《道果》、《断境》（gcod yul）等许多教法。

他在18岁时的丙辰年（阳火龙，公元1376年）前来担任寺主，并且转了广大法轮。在20岁时的戊午年（阳土马，公元1378年）9月16

---

① 三续：（rgyud gsum），认为有两层意思。1. 认为与三常念同义。2. 三续。萨迦派正修道果时，总集密咒金刚乘中诸基、道、果成为三续而修习之；基位为因续，持生死涅槃无二无别之见；体位为方便续，修四灌顶相属之道；究竟位为果续，现五身智之德。见《藏汉大辞典》，第576页。三常念。布萨仪规之一。初为寺庙神主，神众举腔念经，为地祇等施食，向三宝例行礼忏；次为使天、人等众生听法，故讽诵《宣法经》中经文四偈，依敬礼、讽经、回向等念头，讲听《戒行清净经》。参阅《佛学词典》，第163页。

② 《般若百颂》（shes rab brgya pa）：也称《百颂论》。古印度佛学家龙树所著世俗道德论。书中论述符合善良世风，亦不违佛说妙法，在上种与解脱二者之间，主要论述招致上种之道。是龙树劝诫国王的箴言汇编之一。参阅《藏汉大辞典》，第2865页。

③ 参阅《丹珠尔》，rgyud，No. 1375。此外，罗译（第639页第6行）将sha ba ra转写为：sha-ba-ri。

日至10月15日前往拉萨时，受到蔡巴（mtshal pa）的司徒格隆哇（si tu dge slong ba）和奈巴本扎巴（snel pa dpon grags pa）的盛大欢迎。大译师绛哲（lo chen byang rtse）来到前藏，他在惹嘎乍（ra ka brag）拜会了他。之后，他由大译师绛哲做亲教师，译师扎巴坚参做大师；译师南喀桑波（lo tsav ba nam mkhav bzang po）做屏教师而受比丘戒。他在大译师（绛哲）座前听受《时轮圆满灌顶》（dus vkhor gyi dbang yongs su rdzogs pa）、《纳波巴传规胜乐法类》（bde mchog nag po ba）、《无量寿》（tshe dpag med）之灌顶；在译师扎巴坚参座前听受了《密集直观教导》（gsang vdus dmar khrid；梵：Guhyasamāja）、《喜金刚》及《胜乐》等许多灌顶，《时轮续释》、《灌顶略示本释》（dbang mdor bstan rtsa vgrel）①、《盛义念修》（don dam bsnyen pa）②、《心部释义》（sems vgrel）、《堆夏耳传法》（dus zhabs snyan brgyud）、《优摩四种明灯》（yu mo gsal sgron bzhi）③、《智慧眼修法》（ye shes spyan sgrub）④、【《日月修法》（nyi zla sgrub pa）】⑤、《伯麦措的六加行》（dpe med vtshovi sbyor drug）⑥、《曼隆巴的六加行》（man lungs pavi sbyor drug）⑦、《密集的六加行》、《时轮后续》（dus vkhor rgyud phyi ma）⑧、《第一略品释不动光明》（mdor bsdus dang povi vgrel pa mi g'yo snang ba）⑨、《布（顿）的六加行》（buvi sbyor drug）⑩、《金刚四座释论》（gdan bzhivi vgrel pa）⑪、《噶当派道次第》等无量教法。他又在释迦牟尼像前供献衣装、涂金（供涂佛面）、佛灯等盛大供养。

据说在己未年（阴土羊，公元1379年），仁波且南喀贝桑波逝世。但是，在仁波且自传中是说他于【戊】午年（【土】马，公元1378年）43岁远离世务（辞寺职）后于47岁时逝世，他住持寺座15年。而在扎西贝哲所作的传记中，说他于【丁】巳年（【火】蛇，公元1377年）选

---

① 参阅《甘珠尔》，rgyud，No. 361；《丹珠尔》，rgyud，Nos. 1351，1352，1353，1354。
② 梵：Śrī Paramārthasaeva。参阅《丹珠尔》，rgyud，No. 1348。
③ 梵：Śrī Kālackrapodeśasūryacandrasādhana。参阅《丹珠尔》，rgyud，No. 1369。
④ 梵：Jñānacaksusādhana。参阅《丹珠尔》，rgyud，No. 1370。
⑤ 【 】罗译（第640页第8行）漏译。
⑥ 梵：Sadanga yoga nāma。参阅《丹珠尔》，rgyud，No. 1367。
⑦ 曼隆巴（man lungs pa），13世纪初人，后藏著名的朝圣者。
⑧ 梵：Kāla cakrottaratantra。参阅《甘珠尔》，rgyud vbum，No. 363。
⑨ 梵：Śrīmanvimala prabhātantrāranīvādācalahrdayāloka。参阅《丹珠尔》，rgyud，No. 1349。
⑩ 参阅《布顿全集》（Bu ston gSung vbum）第3卷（ga 函）。
⑪ 梵：Arya Catuhpīthatīkā。参阅《丹珠尔》，rgyud，No. 1608。

任寺主之职，此后的【己】未年（【土】羊，公元1378年）年法王南喀贝桑波逝世。两种传记所说的时间显然不相符合。南喀贝桑波逝世后，荼毗时发现天雨花，并有无数佛像、舍利等。（扎西贝哲）成为其逝世后盛大的善后事务处理者。他们也建造一肘高的银制灵塔、大佛像和许多经卷。此后，他一直做到仲吉（dzong ji）① 领来大军进攻喀哲哇（mkhar rtse ba）的时候。之后，他前往达隆（寺），建立了无数导释的讲规，并广转法轮。他的一切行为都遵循前辈诸上师所为。为此，他的美誉名声遍布于四面八方。他制定了寺中不许带入肉类的清规。有一次，他给普遍传为龙树化身的杰尊吉拉巴（rje btsun spyi lhas pa）供献礼品，并给僧伽供斋僧茶，因此他梦到自己头上戴着五佛严饰天冠。这种授权为教主灌顶的梦兆出现过好几次。总的来说，为了弘扬教法尤其为了圆满衮邦南喀贝桑波之意愿，他便在前后藏一切寺院中都广大供施斋僧的茶和粥等。此后，他严密入正而闭关精修4年时，三摩地（定力）平等摄持②获得极大提高。之后，当法王衮【噶】扎【西】哇（chos rje kun bkras ba）来到热振时，他与法王相见并在法王座前听受《无我佛母十五尊灌顶》（bdag med lha mo bco lngavi dbang）等，以及《道果》和《尼古法类》（ni guvi skor）等许多教法。后来，帕莫竹巴内部发生了乱事。同时，他作了许多供献和赏赐，并且进行许多谈论。此后，旺·扎巴坚参（dbang grags pa rgyal mtshan）来到拉萨时，他前往拜见；他还在释迦牟尼像前供献300克酥油之佛灯，以4两黄金供涂佛面，还供袈裟、华盖③、曼遮等广大供养。此次，他来到叶尔巴（yer pa）和察（vtshal）等地方。他又建造了达隆汤巴的肖像，迎并且迎请到岗波。他又在达波大师像前供衣和金灯盒，并安置佛灯费和口粮等。他在桑隆寺（zangs lung dgon）也供佛灯和衣装，并在敬安·却吉僧格（spyan snga chos kyi seng ge）座前供献大氅等九件礼品，以及供斋僧茶和布施等。他先后两次到绛日（byang ris，北方地区）和康区上部，为他人作调解，并收纳供礼，说法次第是很多的。当索巴（sog pa）的绛温僧格（vjam dbon seng ge）迎请他前往时，他顺便来到港地（skong）而为港哇（skong ba）的敬安·南喀贝哲嘉波（spyan snga nam mkhav dpal rtsegs rgyal po）做传授比丘戒的亲教师。那时，止贡寺的仲吉·索南仁钦（dzong ji bsod nams rin chen）带领来兵马进攻绒波

---

① 藏文（第751页末行）为dzong zi，下文出现两次为吉（dzong ji），似为后者正确。
② 郭译（第417页第3行）漏译"平等摄持（mnyam par bzhag pas）"。
③ 华盖（bla bre）：悬在神像顶上的垂帷。参阅《藏汉大辞典》，第1913页。

（rong po），他在堆通波（stod mthon po）为双方作中间调解人，但仲吉未听其言。之后，他前往帕莫竹，路上来到桑耶寺，得到从乃东运来的茶叶。他朝拜了桑耶寺的一切佛像、经、塔等，尤其是他捧着堪布的颅盖在胸前端坐了很长时间。那次，他去了秦浦，由于地势险峻，众徒们难以前行，仁波且自己则足不触地面而行。之后，他到了乃东，旺·扎巴坚参前来在江岭竹细（lcang gling gru bzhi）迎接他。他居住了四天，并收到银翘宝、金碗和衣装等许多供品。他又去昌珠寺（khra vbrug）以及泽当等处。他在冲堆（tshong vdus）居住了一天后来到【丹萨】梯寺（thel），梯巴（thel ba，此地的官员）为他做了盛大的欢迎。他在修行处（茅蓬）中拜见仁波且肖像，作了许多祈愿。侍徒们也获得加持，并生起许多惊奇的悟境。他在敬安·索南扎巴（spyan snga bsod nams grags pa）的座前作了盛大供养，并供斋僧茶、粥等。而梯巴（thel pa）① 也对他承事服役并作不可思议的供养。他又到达隆乍阁（stag lung brag mgo）。而后在归途中又到了拉萨和朗塘（glang thang）等处。特别是他来到甲扎（rgya brag）说法时，降天雨瑞花压覆尘埃。大约就在那时，法王德辛协巴受汉地官员（ta zhing）邀请到了中原。当觉察到垛丹·雪纳甲嘉窝（rtogs ldan sho nag rgya bo）需求茶叶和阁姆仁波且桑贝哇（sgo mo rin po che bzang dpal ba）需求酥油时，他赐予他们了一些（茶叶和酥油）。当建造大佛像时，他说："就在这里动土吧！"他们就在那儿掘土，如他所预知，果然挖掘出一块大石基，他还预感把手快要破的天蓝色的罐子。类似预知神通的言行是难以计数的。有段时间，他患上了重病，他令给经卷除尘之后诵经，为此有250名僧人花了三年时间给经卷除尘诵经，进行禳灾之敬事②。那个时候，阿里人供献的礼品已送到。

从前，在扪象（men zhang）地方有人亡故后尸体同殉葬的六七个活人一起火焚之规。迥甲扎哇显示了许多神通，使此罪孽之规中断并且杜绝了30年之久。【之后，前辈至尊大师派一隐修山人为代表到达那里，他们立誓12年不杀无辜。】③ 现在，他（扎西贝哲）应请求要另派一人前往时，他就派遣喇嘛绛贝僧格前往后，后者就为扪象的塔姑尔王（rgyal po

---

① 此处（藏文第754页第7行）thel pa，上面（藏文第754页第3行）为thel ba。两者同。
② 敬事：（sku rim）事奉。引申其义为延僧诵经修法以事佛。参阅《藏汉大辞典》，第124页。
③ 【】藏文（第755页第3~4行）为：de rjes rje rin po che gong mas ri pa cig btang bas lo bcu gnyis su phul。郭译（第418页第12~13行）为"由此十二年中都在派遣"。恐误。

tha gur)① 讲经说法，又在扪象王足下献赐予佛像和帽子等许多供品；并且对大臣毗玛拉（blon po bi ma la）和梯玛勒（thir ma le）二人也捎去赐物和口信。扪象王说："总的来说，从玛姑古汝（mar gul gu ru）时期起，扪象的皈依处为达隆巴。"说后，他将所谓的火轮车②献出。喇嘛绛贝僧格还给了一位名叫曼隆巴（sman lung pa）者许多黄金，将火轮赎买回去。后来，柳底热达纳（nyungs ti Ratna）③ 王又将（火轮车）献出。

此后，有段时间他（扎西贝哲）说："王国将有灾难来临！"他令一切寺庙都必须诵经禳解，并请旺·扎巴坚参主持这一重大仪式。他也在自己的拉章内举行了许多诵经祈禳敬事。但是尽管如此，依然发生了大地震，大寺东门的房屋倾倒，寺院的许多僧舍也倒塌了。为此，他只好在灵塔后面搭起帐幕暂作奉安达一个半月。侍者们不在场时，有一大群岩羊（rna ba）下山来到仁波且座前。其中大多数走远了，但还有一些没走，用舌头舔上师的僧衣，扎西贝哲身上发出美妙的戒香④，甚至连搁在他座前诸用具物品也有那种香气。他常在夜间点灯，这时可隐约见其不变大的身影。他可以从未开的门那里进进出出，无碍地来回走动。诸大长官和汉地官员（rgyavi ta zhing）等也都为此师身态庄严威光所慑服而生畏惧。他应邀到帕莫竹，主持了敬安仁波且索南桑波哇逝世的祝福法会。大王扎巴坚参巴（gong ma grags pa rgyal mtshan）在垛达（rdo mdav）迎接他。当他来到【丹萨】梯寺（thel）的那天，天空中现起彩虹组成的完整牌坊⑤有三处，半个的有四五处。那次他在此安住四日。经过两天之后，大约正午时分，他准备去漾贡囊索（yang dgon nang so）时，他说："一切日子都是吉日，一切星辰都是良辰！今天我将非常繁忙！"说后他就走了。用午餐后，他略作祈修，而后他说："在僻静室中准备茶饮，并把【丹萨】梯寺的堪布、大师、新旧寺院一切人等请到那里！我要给诸位供一次茶（ja vdren mtshon cig）。还要为法王索南坚参准备高座，其座上安置我的红色法垫。我的侍从服役等人护送法王到这里，请他就座。"法王入座后，

---

① 扪象位于后藏地区古格王朝东部的洛窝（glo bo）。参见弗兰克（A. H. Franke）的 *Antiquities of Indian Tibet*，第 2 卷，第 243 页，加尔各答，1926 年版。
② 火轮车（me vkhor）：旧俗神灯上方案装自动转经轮。参阅《藏汉大辞典》，第 2107 页。这里指活活烧死无辜者的陋习。
③ 藏文（第 755 页倒数第 9～8 行）写为：ཉུངས་ཏི་རཏྣ།
④ 戒香（tshul khrims kyi dri ngad）：据说佛教徒持戒精严者身上常发出一种如沉檀的香气，称为戒香。见郭译第 474 页。
⑤ 牌坊（rta babs）：宫殿门处下马处。参阅《藏汉大辞典》，第 1060 页。

第八章　从大译师玛尔巴的传承至称为达波噶举派的阶段　545

扎西贝哲供献广大供养并对他说:"由拘留孙①佛所化现的贡波帕莫竹巴 (mgon po vphags mo grub pa) 在此圣地作出利益无边众生之事业;之后由居惹仁波且 (kyu ra rin po che)② 抚育此寺;之后由敬安仁波且来管理此寺;之后直至现在都是由无垢传承抚育此寺。现在法王继承人由你(敬安仁波且)来担任,你应该引度无边众生。诸前辈大师所生起的慈悲和广大事业将会到来的。"敬安仁波且答道:"我当依您令而行!"后来,他来到乃东时,从梁波(nyang po)渡船到对岸,距离约有二庹(寻)。有人看见他骑马过河的。勒钦仁嘉哇(las chen rin rgyal ba)则看见他是弃马而步行,且足不沾水而前行。类似的情景很多。旺·巴坚参巴在上岸处 (shan kha) 迎接他,对他作承事服役和广大供养,并护送他一直到甲萨 (bya sa)。

人们请求他以后再来,他答道:"我再不来了。"说后就回(达隆)来了。明朝永乐皇帝 (rgyal po ye dbang) 赐予他国师称号、银印、诰命等许多赏赐。之后,有段时间由于邪气使他得了心疾,于是作了无量的诵经禳解敬事。他委任法王绛曲嘉措哇 (chos rje byang chub rgya mtsho ba) 住持寺庙。此后不久,他的病情有所好转,有人问其病情好转之因,他说:"依靠猛利之出离心使心风收摄于心间而入于中脉。由此增上之缘我发现前面虚空中出现从金刚持直至根本上师等全部上师传承世系。他们之下有许多本尊,以及相近之诸佛、菩萨、声闻、独觉;再下层现出勇敢男女以及护法等。此后列有诸师自愿安住大手印之中。"他曾多次承认自己就是达隆汤巴转世。由于喉症瘤之疾病 (mgur cham gyi mnyel gzhi),他在66岁时的甲辰年(阳木龙,公元1424年)逝世。临终时,(徒众)问:"我们应该向何处祈祷?"他答道:"送灵之日我将来到茅蓬上空,及时祈祷即可。此外,跟前辈诸师一样,往生于兜率,故祈祷其处即可。"逝世时,可闻到各种天乐声音,寝室顶上现起白光,犹如立柱,这些都是众人所目睹的情景。荼毗后发现右旋螺四只,留下心脏和许多舍利。遗体焚烟遍布之处,天雨四瓣瑞花,花心为舍利而降,诸僧众的茶碗中也落下许多花雨舍利。

法王绛曲嘉措:诞生于癸未年(阴水羊,公元1403年)。在此癸未年(阴水羊,公元1403年),法王扎西贝哲45岁。关于这位法王,贝喀

---

① 拘留孙:(vkhor ba vjig)灭累佛。贤劫第一佛,七佛之第四佛。参阅《藏汉大辞典》,第316页。
② 藏文(第757页首行)为:kyur rin po che。

觉巴（dpal mkhav spyod pa）的语录中说："由于许多宿世殊胜，他愿在北方居喇嘛（rgyud bla ma）的圣地修行而成就他的事业。"他成为古耶哇的弟子扎西扎巴（bkra shis grags pa）之因缘，因此，有许多证据说明他就是贝喀觉巴。他在22岁时的甲辰年（阳木龙，公元1424年）来担任寺主，一直至庚戌年（阳铁狗，公元1430年），共7年时间。此后，他辞去寺座之职，离世事务周游一切上下各部做利他之事业。于是他以寝室作茅蓬（gzims spyil）。最后，他渐次来到巩波、垛康，教化无量众生。他在46时的戊辰年（阳土龙，公元1448年）在垛康逝世。

法王扎西贝峨巴（chos rje bkra shis dpal vod pa）：诞生于戊子年（阳土鼠，公元1408年）。他在23岁时的庚戌年（铁狗，公元1430年）前来担任寺主。他一直担任寺主达31年时间。在53岁时的庚辰年（铁龙，公元1460年）逝世。

法王仁波且昂旺扎巴·贝桑波（chos kyi rje rin po che ngag dbang grags pa dpal bzang po）：诞生于戊戌年（阳土狗，公元1418年）。此师曾近依止许多大德，听受《波罗蜜多》以及《续部》等无量教法。他还听受了修派传承的许多教授。特别是他前往后藏，依止唐杰铿巴却季嘉波（thams cad mkhyen pa chos kyi rgyal po）等许多善士①。他曾在贝姆却顶（dpal mo chos sdings）和拉奇（la phyi）等许多胜地居住并修行。他的美誉传遍四面八方。他在44岁时的辛巳年（阴铁蛇，公元1461年）接任寺主。此师的内证通达（nang gi mkhyen pa）和一切修持均举世无双。他对大寺的一切承事服役也是殊胜卓越的，对僧伽大众也作了弘扬事业。贝达隆汤巴（dpal stag lung thang pa）的世法事务也是这位法王（昂旺扎巴·贝桑波）担任寺主时发扬光大的。他未离法座就成功完成一切事务，远至姜（ljang）王土。所有来到其座前的三藏法师，都感觉他那深不可测的智慧而生敬畏。他的行事传记贤善，里里外外充满一切财富。他建造大佛像、供施广大等事业说来可谓不可思议。后来，他命年满13岁的温仁波且继承寺座，他自己也就离一切事务而长久安住。

法王仁波且扎西贝哇（chos rje rin po che bkra shis dpal ba）：此师于辛巳年（阴铁蛇，公元1461年）诞生在杰玛（bye ma）地方。他依止法王（昂旺扎巴·贝桑波）听受了噶举派所有的教法。他在13岁时继承寺主之职。

---

① 善士（skyes bu dam pa）：圣者，贤者。能利济大众的人。佛书译为善士、善人、正士、善丈夫。参阅《藏汉大辞典》，第163页。

第八章　从大译师玛尔巴的传承至称为达波噶举派的阶段　547

总之，此间雪域藏地的传承，正如拉萨甥舅盟碑①中所说："自从天神之化身藏王拉赞布峨德（vphrul gyi lha btsan po② vod lde spu rgyal）统治藏地，开疆辟土以来，他们未改变传承而作为历代诸王统治吐蕃。"这是说从尼赤赞普峨德（gnyav khri btsan po vod lde）起，一直到热巴坚（ral pa can）为止，共有王朝42代未改变传承，并且抚治其吐蕃子民。因此应知如此的传承世代是源远流长而具有大恩德的。由法王赤松德赞（chos kyi rgyal po khri srung lde btsan）做施主，堪钦细哇措（mkhan chen zhi ba vtsho）做堪布，而有预试七人（sad mi mi bdun）等出家为僧，具足一切无罪过之戒律。从而开始有一切人士能以善巧才智讲说三藏教法。【但好景不长，由于朗达玛灭佛之故，出家为僧的教法在藏传播时间只有67年而已】③。此后70多年间，由于前后藏遍地都在战乱中，没有僧伽团部。之后开始由喇钦波（大喇嘛）和前后藏六人或说十人之恩德，才发展出许多僧伽各部，但是由于各部彼此斗争，加上后来大元官兵攻到热振寺，杀害僧众约500人。在嘉地（rgyal）约500人马④遇害。类似的战乱频仍。后来，由于上师八思巴之恩德，萨迦派成为了藏、卫、康三区之主。然而后来，由于萨迦后裔中出现亲爱疏憎的现象，使得萨迦统治藏区仅存75年时间。后来，又由至尊达波（达波噶举派）的弟子和再传弟子等建立大寺庙和僧团，但是丹萨梯寺（帕竹噶举祖寺）中，自从卓威贡波（帕莫竹巴）逝世后，很长时间中无人继承寺主故而发生衰败。此间，藏区在一个地方建立大僧团的，应该只是止贡梯大寺。可是，后来萨迦派焚烧了该寺，以致寺庙和一切佛像、经典、佛塔全部毁坏，使之步履维艰。

对于达隆派系（达隆噶举派）来说：最初由达隆汤巴修建寺庙。从那以后，至今（著书时）出有很多代上师传承，寺庙和僧伽各部也都圆满。而且至今任何人都不敢损害他们。大元军队到来时，虽然游荡于颇垛

---

① 拉萨甥舅盟碑：（lha savi rdo ring）也称为长庆会盟碑，唐蕃会盟碑。碑铭时间：公元821～822年造，823年立。所在地点：拉萨大昭寺（Gtsug lag khang）前。目前状况：尚存。记载了公元821～822年唐蕃会盟内容的石碑，是古代遗迹中最著名的纪念碑之一。详细内容见（美国）李方桂、柯蔚南著《古代西藏碑文研究》，王启龙译，西藏人民出版社2006年版，第21～93页。
② 罗译（第648页倒数第10行）转写为：lha-btsun-po。
③ 【】藏文（第761页第7行）为：dar mas bstan pa bsnubs pas rab tu byung bavi bstan pa lo drug cu rtsa bdun tsam las ma gnas/。郭译（第421页倒数第4～3行）为："自从朗达玛毁灭佛教，因此（以前的）出家教法的存在时间不过六十七年之久"。
④ 罗译（第648页第15行）将"mi rta lnga brgya（约500人马）"译为"about a hundred men and horses（约100人马）"。

的前方，但对达隆巴没有丝毫的伤害。后来，止贡派带领寺院和俗人二者组成的军队在扎塘（rtsa thang）的大平原上安营扎寨时，达隆派以一支仅有百余人的兵马使其大败。总之，（必须说）自从达隆派修建寺院以来，直到今天（著书时），虽然年代悠久，但是寺中妇女们连用眼睛看都很难的清规①和修行立规没有毁坏，一直受到保护和发扬，因此，该寺是（其他寺庙）无法超越的。应该知道这都是由于次第而来的诸成就师者的加持所致。我相信诸成就师都配合缘起极为善巧，故而修建寺院后能够久存不衰。自从该寺院于庚子年（阳铁鼠，公元1180年）修建直到现今（著书时）丙申年（阳火猴，公元1476年），共计过去297年了。

桑杰温（sangs rgas dbon）：此师在桑杰雅俊49岁时的辛亥年（阴铁猪，公元1251年)②诞生于垛康地方。幼年时期，父母就把他带走（到别的地方）。当他们经过朗凌山口（glang ling la）时，他足穿小藏靴③。当他走在雪地上时，雪地上留下了脚趾印。此师是至尊岗波巴的转世活佛。他在显示许多神变中的第一个就是上述穿靴留下脚趾的奇事。后来，当本村的男孩们一起到山中拾柴时，他变化出与他们相似的许多儿童与之玩耍。在哲地（sbras）他强夺了一些女孩子的装饰品，为此许多男人追他时，途中他就变化了一个大湖泊横在这几个人和他之间，使追逐者无法前行。如此的童年时代神变故事有很多。年满13岁时，他在桑杰雅俊座前出家为僧，并在其座前很好地听受了噶举派的一切教法和卓威贡波帕莫竹传给达隆派的耳传诸法。此外，他对于三藏和密续部也无不通晓。他曾经对堪布塘萨巴（mkhan po thang sag pa）等人讲说《中观广释》（dbu mavi vgrel pa chen mo）等教法。为了利他之故，他还讲说《密集释明灯论》（gsang ba vdus pavi vgrel pa sgron ma gsal ba）等许多论著。他的真名为扎巴贝（grags pa dpal）。桑杰雅俊逝世时，将寺座托付给他。总的说来，桑杰雅俊是花大量时间闭关专修之大德，但是，当八思巴到来时，他来到僧会中与八思巴相见。那时，他将侄子芒嘎拉古如托付给八思巴主管照顾。而桑杰雅俊本人也对芒嘎拉古如说了许多其应作寺主的理由。（因此）两师（扎巴贝和芒嘎拉古如）在寺座问题上意见不一。因为上师八思巴支持芒姑哇（芒嘎拉古如），因此，桑杰温担任寺主一年后，被迫前

---

① 此处藏文（第762页倒数第9行）为：bud med kyis mig blta bar dkav bavi chos khrims/。郭译（第422页倒数第11行）为"禁止妇女到来的清规"。
② Revu mig 勘误表（JASB, II, 1889, 第547页）记为公元1250年。
③ 藏靴（ཟོམ་པ）：棉毛织物所缝藏式长筒鞋。见《藏汉大辞典》，第2472页。

往康区。可是，达隆法王（桑杰温）连清凉室中的毗卢乾像等都裹进皮包，随身带走了。他还带走了诸佛像加持物等，至尊米拉日巴的手杖和用瓢等稀有圣物。萨迦派派来金册使者，请他还回手杖以及用瓢，但他没有交出。于是，金册使者用智慧之言语而说道："请求给我一顶骨碗和一木棒吧！我要用此物来糊口。"但是温说："不要这样做！事后会对这些真真假假的遗物失去敬信。"陪同他一道走的僧伽大众也请求他留下这些物品，但是他说："桑杰雅俊对我说过，我直到死亡都不能和它们分开！如果分开，那我的死期也就到了。"说后他便病倒了。僧众通过猛利祈祷才得以痊愈。此后，他就到了康区，在 26 岁时于丙子年（阳火鼠，公元 1276 年）建立了类乌齐寺。直至现今（著书时）该寺还是康区最大的寺庙。依次看来，或许桑杰雅俊也善为洞察这些事件的始末，而使两位侄子（桑杰温和芒嘎那热达纳）都住持了寺座。桑杰温在 46 岁时的丙申年（阳火猴，公元 1296 年）逝世。

垛巴·达玛喜饶（do pa dar ma shes rab）：此师在桑杰雅俊年满 26 岁时的戊子年（阳土鼠，公元 1228 年）诞生于果德垛惹（vgod de do ra）。成为桑杰雅俊弟子之后，他在其座前听受了诸教授。他在自己的语录中说："桑杰雅俊成为英扎坝提时起，我就与他见过。从此经过多生中都得到师（桑杰雅俊）之摄受。此世我已获得圆满恩惠。"达玛喜饶师在 61 岁时修建了公寺（skong dgon），在 83 岁时逝世。他也是获得大手印道之人，仅仅念诵佛语就能够摧动护法神等。因此，阿扎惹巴希（a tsa ra pa shi）来到达木（vdam）时，催要马仆，他派出许多猴子前往做马仆。最初，他只对桑杰温敬信。因此，所有供献都送到类乌齐寺。对芒嘎拉古如略有不敬。后来，他常说芒嘎拉古如也是获得成就者，先后也供献了不少供品。

从温波芒嘎拉热达纳起，历代寺主是：梁麦扎巴嘉波（mnyam med grags pa rgyal po）、杰却南咯宁波（skyes mchog nam mkhav snying po）、南咯贝哲嘉波（nam mkhav dpal brtsegs rgyal po）、贝哲嘉措（dpal brtsegs rgya mtsho）、贝哲桑波（dpal brtsegs bzang po）等人。以上是达隆巴及其弟子阶段。

十四 漾桑巴（g'yam bzang pa）传承史

卓贡大师（帕莫竹巴）的大弟子萨惹·嘎丹益西僧格（zwa ravi

skal ldan ye shes seng ge）：此师前生诞生于康区枳普（tsi phug）地方时，名为卓哇（tsol ba）。族姓为莱汝（klad ru）。那时的母亲名为玛萨白玛（dmar gzav pad ma）。从尼泊尔和藏地交界处来了一位瑜伽师德却堪布（rnal vbyor pa bde mchog mkhan po），给他灌顶。此瑜伽师有一位明妃和一个黑奴，都赐予了他。当地有五兄弟，其老五将他的妃子抢夺而去，并且还要来杀他时，他惊惧而睡在仓库之深处。黑奴对他说："你不要害怕！我肯定能够（把他们全部）杀死。"黑奴掌心中有利剑的标志。他将老五杀死了。萨惹·嘎丹益西僧格说："可以肯定地说，作灌顶的堪布就是胜乐，那妃子就是扎根母①（空行），黑奴就是吉祥怙主明王。"萨惹·嘎丹益西僧格此生诞生在扪嘎（mon vgar）。童年时期去牧山羊，到山口遥望帕莫竹巴寺所在的山头，便自然生起修行。有两位大修士彼此谈论修法。他想："如果他们谈论的是修法的话，那么这种修法我也是知道。"于是他前往帕莫竹巴寺中拜见卓贡大师。大师说："你前生是一位贤良大修士，但是尚有怨恨需要消除。由于你是贤良大修士，你在母胎中时，母亲身心感到安乐，你自己也自然地现起修行。有怨恨需要消除的相征是：睡觉时只会俯面而睡。"于是，卓贡经过此次导释，使他生起了殊胜觉悟，并给他取名为嘎丹益西僧格。后来，他在扎饶（gra rabs）修建萨惹寺（zwa ra dgon pa）。他在寝室的陶土墙壁上绘制记录了他的多生事记。他在帕莫竹祖寺中也建有大茅蓬等，以表示极大敬意。

萨惹·嘎丹益西僧格之弟子为雅桑却杰（g'yam bzang chos rje）（法王雅桑，雅桑噶举派之祖）：此师于己丑年（阴土牛，公元1169年）诞生在藏协（gtang zhal）的玛姆（dmar mo）地方，父亲名为章姆江（sbrang mo lcam），母亲名为香绛蚌姬（zhang lcam vbum skyid），是一位空行母。童年时期，他被送到甲信（bya zhing），成为于敬供宝②善巧精通者。房东对他说："你若能够出家为僧，会更适合自己。"他在一位后藏人名为正·堪布却顿（sgrin mkhan po chos ston）的座前出家为僧，取名为却门兰（chos smon lam）。那以后，他来到强嘎（vchang dkar），在诸大师座前

---

① 扎根（ཎི་ཀི）：空行。梵音译作突吉。参阅《藏汉大辞典》，第1236页。
② 宝（dgon mchog）：至宝。最上稀世之珍。未积福者不见，故是稀有；本非污浊之法，故是污垢；成就自他利益，故是有力；是众生善心之因，故是世间美饰；最胜第一超出世间；性非可变，故是不变。具此六德，称为至宝。参阅《藏汉大辞典》，第61页。

听受了《毗奈耶》和《噶当法类》，于是他能自然生起修行之功能①。大师说："这位小僧人有贤善的三摩地。"于是，他想受比丘戒，年满 18 岁时，他在嘉度寺（rgya dur dgon）的亲教师鲁噶（klubs dkar），大师贡格巴·涅达玛思吉（gong gad pa gnyal dar ma gzi brjid），屏教师麦恰大师（slob dpon me char）师座前受比丘戒。此后的五六年里，他都依止在亲教师鲁噶座前，精研《毗奈耶》，继而以努持律师（bsnubs vdus ba vdzin pa）而闻名。【他在 22 岁时的庚戌年（阳铁狗，公元 1190 年），他（在修持中）看见顶巴译师（steng ba lo tsav ba）逝世的超荐法事和热闹法会场面，比那些在场参加的人看得更清楚。】② 他在 25 岁时③，大师在尼达岗（nyi zla sgang）讲说四种法类时，他担任副法座并能心中讲说根本律经（mdo rtsa ba；梵：Prātimokṣa sūtra）。他在堪布座前献上以《华严经④八断行》（phal mo che spong brgyad ma）⑤ 一本和优质铠甲一件为首作供礼供献时，堪布十分喜悦而说道："你在此生将会集摄许多教法。" 28 岁时，他成功地担任过甲信寺僧众的极善管家。那年堪布鲁噶逝世，他悲痛欲绝。为了排解悲伤，他与波日哇（bos ri ba，山中修行者）结伴来到扎地（gra）。他听说萨惹（zwa ra）有一名叫嘎丹益西僧格的真佛，群蜂在其顶上结成伞盖，据说是帕莫竹巴之大弟子。于是，他生起敬信而前往萨惹。刚一见师面，他就立刻生起同师心体无二无别之证悟。此后，他到后藏漫游，与细波杜枳（zhig po bdud rtsi）相见，而获得所布施的青稞（nas vgyed blangs）。他还亲见了扎邦大师（slob dpon bra sbang）和江若达贡（rgyang ro dar mgon）的真颜。后来，他前往乌汝。他听说了喇嘛香所造乱之事，为此他有点不敬而未前去拜见。但是后来他对喇嘛香生起无量信解，并且持他如上师。他又在彭域扎噶（vphan yul brag dkar）的乍噶哇（brag dkar ba）座前求得《发菩提心法》传授，甲裕努贡（bya

---

① 罗译（第 654 页第 8 行）将 vchang dkar（藏文第 767 页倒数第 4 行）转写为 vchad-dkar；将 slob dpon rnams 译为 "a teacher（一位上师）"。

② 【】藏文（第 768 页第 5～7 行）为：lo nyi shu rtsa gnyis pa lcags pho khyivi lo la steng pa lo tsav ba gshegs pavi vdad dang/ ltad mo byas lugs rnams der phyin pa rnams bos kyang gsal bar gzigs pavang byung/。郭译（第 425 页倒数第 9～7 行）为："他年届二十二岁时岁次庚戌，顶巴大师逝世的超荐法事和热闹的法会作法等，他同前往那里的诸人也都看得一清二楚。"

③ 罗译（第 654 页倒数第 15 行）为 "at the age of 29（29 岁时）"。

④ 华严经（phal po che）：全称《大方广佛华严经》。即 phal chen 又译为《耳饰经》。共十万偈，百品。由印度论师姿纳迷扎和藏族译师益西德藏译，大译师毗卢遮那订正。参阅《佛学词典》，第 502 页。

⑤ 梵：Buddhāvataṃsaka nāma mahāvaipūlyasūtra；参阅《甘珠尔》，phal chen，No. 441。

yul bsnubs sgom）座前求得《皈依》（skyabs vgro）。此后他前往楚温（tshur von）①而与杰·止贡巴相见，并在其座前听受了一次教法。30岁时，他放弃了全部俗务而在蚌信（vbum zhing）专修。第二年，他来到萨惹哇（zwa ra ba）座前，后者问道："你是否获得过灌顶？"答道："未曾获得。"因此，萨惹哇授命于温波大师（slob dpon dbon po），由温波传授他《瑜伽母灌顶》。他于是生起了无量三摩地之门，萨惹哇又对他作了许多贤良授记。此后，他在米拉日巴对热穹巴授记的塔隆（mthav lung）地方的惹姆（ra mo）、曲姑的山脊（vchu guvi mgul）等处安住。第二年，他来到萨惹哇座前获得传授以《大手印心要》（snying po phyag rgya chen mo），《特传耳传识面之方便道那若六法》（khyad par snyan brgyud kyi ngo sprod thabs lam nav rovi chos drug）等。上师对他说："现在我有传人了！"说后十分欢喜。他居住在蚌信时冬季刺蘾树②上开出花来。因此，据说是龙（鲁）所献的鲜花，其美誉名声普遍传扬。他父亲患病临终时，细波堆积前来为之作加持。他在塔隆居住时，生起通达因果等不可思议的功德。他又在聂贡大师（slob dpon gnyags sgom）座前求得《洛若哇之六法》（lo ro bavi chos drug）③和《长寿修法》（tshe sgrub）。这位聂贡是松巴（sum pa，即热穹）的侍者。那以后，他来到峨德贡杰（vo de gung rgyal）④，但没想在此安住，于是就返回了。然后，他在康布雅勒（kham bu ya le）座前求传《觉法一法座》（gcod thun gcig ma）之修法。之后萨惹哇修建帕莫竹寺的房屋碉堡工程时，他也参加修建。萨惹哇对他说："你必须前往南方运木材来。"但是他未完成这一任务，萨惹哇又对他说："虽然你没运来木材，但是我想运些木材的想法没有改变！"在他36岁时的甲子年（木鼠，公元1204年），喀切班钦来到藏区。香布（Shambu）⑤答应给他当施主。他在38岁时的丙寅年（阳火虎，公元1206年）修建了雅桑寺⑥。翌年即乙卯年（阴火鼠，公元1207年），萨惹哇逝世。此后

---

① 罗译（第655页第15行）转写为：on。

② 刺蘾树（se ba）：土名螳螂树。蔷薇科，药用植物名。参阅《藏汉大辞典》，第2931页。

③ 洛若哇即热穹巴。

④ 位于吉绒附近，宗喀巴大师对此地很崇敬。

⑤ 藏文（第770页第8行）写为：གཤ།

⑥ 雅桑寺（g'yam bzangs dang g'yav bzang gnyis don gcig vbri srol mi vdra bavo）：山南地区琼结县境上雅垄香波雪山附近一古寺名。公元1206年，即宋宁宗开禧二年，由雅桑·却吉门兰（雅桑却杰）所倡建，从此传出者为雅桑（雅桑）噶举派。参阅《藏汉大辞典》，第2615页和2617页。

由他抚育其僧会一段时间。有一次他说自己就是松赞干布，并说出松赞干布修建昌珠寺的情况和秘藏财宝及密法等许多情况。又作颂说："当我五百岁之末期，四百二十五年时，南方裕波①地域中，大象将于金年（glang chen gser gyi lo）生，达摩扎尼（Dharmaprānin）是吾名②，王者如此所言之，讲说一切诸正法。"雅桑法王在修建雅桑寺后，接受上、下涅部（gnyal stod smad）。措那③、洛扎（lho brag）、雅垄东西等处各施主的迎请，主要是请求转法轮。在洛扎说法的法座就有45台，在涅地有47台。他说："这些法台比灵塔更有加持力。"东、西雅垄以及其他地方，作为转法的主要场所，他主持的法台无数。前后有好几次，转法轮时供献来的诸供物都次第送往了萨惹寺。他多次亲见显示具足威仪面带笑容的萨惹哇。有段时间，他指出有必要在香布杰（Shambu lcal）举行大法会驱避雹灾，以此应召而来集会的黑白帐篷就有350顶，出家僧人有15000人，堪布库巴（mkhan po khu pa）委派而来的领诵师就有300人，雅桑派来的居山修士就有121④人。而且他对甲窝窝（byar og og）以上，嘎扎（sga vdra）以下，达波仲喀（dwags po krongs kha）以上，扪嘎贡波冻（mon vgar mgon po gdong）以下，卓须恰措（gro shul cha khrod）以内；岗巴色曲喀（gangs par gser chu kha）以上，洛扎当须（lho brag gtam shul）以内，直至雅垄甲萨（yar klungs bya sa）之间都作了禁猎法规⑤。雅桑法王作了很长时间的利益他人事业后，在65五岁时的辛巳年（阴铁蛇，公元1233年）逝世。此师所教化的无量有情者中，有著名的"四贡（修行）弟子"（slob ma sgom bzhi）：聂麦贝日哇·桑杰甲贡（gnyal smad dpal ri ba sangs rgyas bya sgom）、阁栋巴·桑杰拉贡（gor gdong pa sangs rgyas lha sgom）、色德哇·桑杰勒贡（gser lter ba sangs rgyas le sgom）和衮萨巴·桑杰嘉贡（dgon gsar pa sangs rgyas rgya sgom）四人。雅桑法王逝世后，其侍者仁钦觉色（rin chen jo sras）从甲午年（阳木马，公元1234年）直至壬寅年（阳水虎，公元1242年）之间担任寺主9年后逝世。其后从癸卯年（阴水兔，公元1243年）直至庚辰年（铁龙，公元1280年）的38年间，由

---

① 裕波（g'yor po）：西藏山南地区札溪、扎囊一带地区名。参阅《藏汉大辞典》，第2632页。
② 藏文（第770页倒数第6页）写为：ཧཱུྃ་ཅ་པ་ཎི།。
③ 措那（mtsho sna）：县名。在西藏自治区错那县境内。县人民政府驻雪下村。参阅《藏汉大辞典》，第2320页。
④ 郭译（第427页倒数第12行）把"brgya tsho nyi shu rtsa gcig（121）"（藏文第771页第9行）译为"二千一百"。
⑤ 郭译（第427页倒数第10行）为"作封路不准通行"。

垛丹杰波格哲峨（rtogs ldan rgyal po dge mdzes vod）担任寺主。此师修建了大庙堂。其后，从辛巳年（铁蛇，公元 1281 年）直至戊戌年（土狗，公元 1298 年）的 18 年间，由喀曲哇·却桑峨（mkhar chu ba chos bsam vod）担任寺主，此师曾获得大成就师邬坚巴（grub chen u rgyan pa）的弟子多杰伦觉玛（rdo rje rnal vbyor ma）授记。其后，从己亥年（阴土猪，公元 1299 年）直至壬戌年（水狗，公元 1322 年）的 24 年间，由萨惹哇·德勒峨（zwa ra ba bde legs vod）担任寺主。他后来也是捏参三部（gnyal tshan gsum）的塔巴林寺（thar pa gling）的住持。此后，从癸亥年（阴水猪，公元 1323 年）直至庚寅年（阳铁虎，公元 1350 年），由冻居巴·扎西峨（gdung brgyud pa bkra shis vod）任寺座 28 年时间。此师是译师扎巴坚参的再传弟子。① 他将寺庙托付给拉·扎巴峨巴（lha grags pa vod pa）后，自己远离所有世务。拉·扎巴峨诞生于乙亥年（阴木猪，公元 1335 年）。他从 17 岁时的辛卯年（阴铁兔，公元 1351 年）至甲申年（阳木猴，公元 1404 年）间的 54 年中，一直担任寺主之职。他在 70 岁时逝世。从此寺主之职由拉松瓦（lhas gzung ba）来继任。此师又做过法王喇嘛丹巴的侍寝者，并且依止布顿仁波且等许多上师听受了很多教法。此师座前有法王拉康顶巴（chos rje lha khang stengs pa）前来亲近听受许多教法。此师之后，由拉·索南俄色巴（lha bsod nams vod zer pa）从乙酉年（阴木鸡，公元 1405 年）直至丙午年（阳火马，公元 1426 年）间担任寺主达 22 年。此后，又由敬安·索南峨哲巴（spyan snga bsod nams vod mdzes pa）从丁未年（火羊，公元 1427 年）直至壬申年（水猴，公元 1452 年）担任寺主共 26 年。此后为【癸】酉年（【水】鸡，公元 1453 年），无人住持寺座。此后于甲戌年（木阳鼠，公元 1454 年）选派出敬安·垛嘉哇（spyan snga rdor rgyal ba）担任寺主，一直任到癸巳年（水蛇，公元 1473 年），共 20 年时间。从癸巳年（水蛇，公元 1473 年）到现在（著书时）丙申年（阳火猴，公元 1476 年），已经过了 3 年。总之，从雅桑法王于己丑年（火牛，公元 1169 年）诞生起，直至现在的丙申年（阳火猴，公元 1476 年），已经过了 308 年了。在拉·索南峨热色巴住持寺座期间，（雅桑）寺庙是接受上师萨迦巴仁钦贝（bla ma sa skya pa rin chen dpal）监管和指示，并由藏巴·南喀绛曲巴（gtsang pa nam mkhav

---

① 罗译（第 658 页第 12～13 行）把此句译为：The latter has been also a disciple pf the lo tsav ba Grags pa rgyal mtshan（后者也是扎巴坚参译师的弟子）。藏文（第 772 页第 9 行）为 yang slob ma（再传弟子）。

byang chub pa）提倡听闻和讲说教法之规，直到现在（著书时）此规仍然没有中断。

以上是雅桑巴的传承史。

十五　法王藏巴弟子及历代寺座传承世系阶段

具德帕莫竹巴的弟子杰尊岭（rje btsun gling）：在梁堆日比穹奈（myang stod rig pavi vbyung gnas）之鲜地（gzhengs）的朗波纳，有两个部族——上下两岭（gling stod smad gnyis），此师诞生于下岭（gling smad pa）。父亲名为嘉布焦伯（rgyal po skyab be），是一位通晓许多密咒修法，以医学及卜算维持生计之人士。母亲名为树姆达穹（gzus mo dar chung）。此师（杰尊岭）诞生于戊申年（阳土猴，公元1128年），取名为白玛多杰（pad ma rdo rje）。童年时期他就通晓书法和念诵。8岁时，他在拉杰惹曼（lha rje[①] ra sman）座前供献了一块田，向他求学医道并成为善巧通达者。13岁时，其父逝世。17岁时，他在岭巴大师（slob dpon gling pa）座前受居士戒。他还听受了贝央大师（slob dpon dpal dbyangs）的《六种明灯论》（sgron ma rnam drug）等许多教授。之后，他与一长官为断嗣而不睦，于是他使对方衰亡，由此便传说他有大神咒力。他在格西窝塘巴（dge bshes vom thang pa）座前出家为僧。修觉丹（jo stan）所传禁戒苦行[②]。后在惹（rwa）、季（dpyal）二师的弟子卫巴香（dbus pa zhang）座前求得觉姆诸法类。之后他到努地（bsnubs）的色巴隆（sreg pa lung）在惹译师（rwa lo tsav ba）座前听受《时轮》、《胜乐》、《能怖或大威德》、《胜乐》和《亥母》诸法。后来，他乞食周游时，被一女医（sman mo）引诱而使其破戒，他曾说此因缘是：往昔佛清除邪信教法时，两位身为比丘的菩萨为妇女大众讲经说法，另有60人的比丘僧团诽谤两菩萨所说教法是淫欲之法。为此，人们对两菩萨失去敬信。由此猛利之业力使60比

---

① 拉杰（lha rje）：太医。吐蕃王赤松德赞赐给医生的称号。参阅《藏汉大辞典》，第3081页。
② 禁戒苦行（brtul zhugs）：1. 禁止，止旧行新。禁止平凡俗之行为禁止，奉行不共非常之约为行。2. 戒，禁戒，勤息，清净律仪。有关服装、姿态、言行举措的定规章法。参阅《藏汉大辞典》，第1124页。

丘堕入地狱①并使长久受苦。后来，释迦牟尼出现于此世后，60 比丘获得人身而来到释迦牟尼座前。佛世尊为他们讲说往昔业力之因缘，于是 60 人多次忏悔②，但是还有余业未净，佛为 60 人授记，将会生于恶劣地方的贫穷族姓中等语。杰尊岭就是（60 人）其中的一位，名为绛曲生贝准珠峨（byang chub sems dpav brtson vgrus vod），后来阅读《宝积经》而获得预知神通。但因余业未净而此生又与女医相结合，使其导致破戒。因此，女医说："我的父母很富有，无子嗣。如果我们求助于他们，他们一定会给我们钱财。穹仓巴座前拥有破除我俩罪业的教法，我们去向他求取此法。可是，据说穹仓之法是金法（用黄金换来的秘法）。因此，我们可以从我父母手中要点黄金去求法。"如此，他俩来到穹仓巴座前听受热穹巴之诸教授。在那里他们夫妇俩穿上了棉布衣服。由于穹仓巴说了许多亲见热穹巴之经论，为此他有所怀疑。因此后来他（gling ras 杰尊岭）说过"虽然他获得很高的证悟，然而暖火（drod）的功德仍然不大。"此后，夫妇二人都着白色棉布衣服。穹仓巴说："你们应该前往热穹巴的寺庙。"因此，他们携带了一部分财物前往洛若（lo ro）。他们到达洛若的那个壬午年（阳水马，公元 1162 年），杰尊岭年满 35 岁。可是他们没有见到热穹巴，后者已于上一年，即辛巳年（阴铁蛇，公元 1161 年）逝世。此后，他前往热穹巴弟子松巴座前，在准备闭关的当天晚上相见。他向松巴祈求道："我们千里迢迢来此求法，希望能够求得教授。"松巴说道："教授肯定是要传授给你，但是你先到洛大师（slob dpon lo）座前求授灌顶之后再来我这里吧！"他们去见洛大师，向以其为首的僧众，熬供饮茶并献上好礼，于是他们就求得了灌顶。之后，他在松巴座前求得诸教授。他曾说："我每次求法都供一次饮茶。后来一直未间断过供茶。"松巴将所有教授完全传授给他，而且使他心中生起每句有多义之通达而以此作用很大。得到完全传授之后，他心中生起了一种想法："现在赡部洲中说到教授方面没有人比我更广博了。"一天晚上，当他（杰尊岭）开始在松巴座前求传教授后，他梦见一位白人对他说："从此五年之后，你将会心想事成。"此外，他又在布尔贡（bur sgom）和甲窝巴（byar bo pa）等诸大德座

---

① 地狱（dmyal ba）：梵音译作那落迦。佛教所说三恶趣之一。参阅《藏汉大辞典》，第 2147 页。

② 忏悔（bshags pa）：犯罪还净之一。比丘忆念自身犯罪者，内怀欲行忏悔之心，向彼未犯同类堕罪比丘之前，依照各自仪轨全文，念诵三遍，忏悔未曾还净之罪、覆藏之罪及正行罪。最后互道：已见、当护、方便、善哉。以此完成还净仪式。参阅《藏汉大辞典》，第 2879 页。

第八章　从大译师玛尔巴的传承至称为达波噶举派的阶段　557

前也求得一些教授。后来，在他38岁时的乙酉年（阴木鸡，公元1165年），丹巴松巴（dam pa sum pa）对他说："现在你走吧！我们这个涅地是个穷地方，饿鬼都会饿死。"于是，当年他前往帕莫竹，在冬至过后的第18天的回日①，卓威贡波大师登法座时得以拜见，对大师生起无量敬信，甚至他认为那里的树木和飞鸟都是（上师）变化②而来的。卓威贡波对瑜伽士成为夫妻是极不喜欢的，但是对岭热（杰尊岭）极为欢喜，并在此给他传授了修法导释。他立誓闭关而修行，仅修了三天便生起了无比殊胜的证悟。于是，尽管他决定闭关修行七年七月七日，他还是开关来到卓贡座前作出证悟道情歌供师道："至尊亲说本性义，命我修行我善修，抛能所修获通达，无须座间修行之。"因此，卓威贡波对他极为欢喜。就这样他于丙戌年（阳火狗，公元1166年）在帕莫竹居住了夏季的三个月。此后，他与夫人一起在温弥顶（von rmi sdings）居住。后来，他重新回到卓威贡波座前。师下令说："现在你让觉姆（夫人）走吧！"答道："此前我曾多次让她离开我，但是她不想走！"师说："这次她会走，送她走吧！我也将作缘起。"之后他送女医走，直到羌塘（byang thang）的雅鲁（yar lugs），（杰尊岭）师对女医说："你父母的财物我没花多少。现在你回家乡去享受你父母的财物吧！"说后命她离开了。之后他就回（寺）了。有段时间，杰尊岭又有桑日（zangs ri）一位妇女依止他作手印。但是，他想这极为不妥，于是吩咐她说："请你不要跟着我！"③但是她仍然追随不舍。因此，他就逃往康区，并取道岗波（sgam po），并与贡巴大师（slob dpon sgom pa）相见。他又从梁窝（myang bo）来到纳雪（nags shod），在这里虽然有人供来许多供物，可是他说："我不出卖噶举派之股骨！"④为此没有收纳。后来，桑日的那位手印母来到康区，死于寻找杰尊岭的路途中。此后，在达贡（zla dgon）附近山中长出一树林形如妇女，她掌管此地的非人。哇顿（wa ston）对

---

① 回日（nyi ma rdog gdong），夏至白昼又最长转短，冬至白昼又最短转长的变迁。参阅《藏汉大辞典》，第947页。
② 变化（sprul pa）：幻象，变化。佛教谓有佛身幻变成的人、物和现象，如殊胜化身指释迦牟尼，受生化身指转世活佛，事业化身指身语等活动，人物化身指各种生物及无生物。参阅《藏汉大辞典》，第1689页。
③ 此处藏文（第777页）为：da ngavi rjes lam vbrang cig/。恐误。似应为：da ngavi rjes la ma vbrang cig/。
④ 意思是他不能毁坏噶举派的好名声。此句藏文（第777页末行）为：nga bkav brgyud kyi bla mi vtshong gsung nas ma bzhes/。罗译（第662页倒数第5~1行）行间注曰：原文为bla mi vtshong，实际上应为 brla mi vtshong，意思是一个人不会在父亲死后处置其股骨。根据古老的苯教信仰，股骨被视为灵魂之座。

他说："你不收纳其他财物，但是你必须骑我这匹马，并要熬我这块茶！"说后就要供献给他。因此，他把这匹马献给帕莫竹巴，后者说："我不需要马，把它献给嘉哇洛（rgyal ba lo）吧！"于是来到洛若，把马供于洛师，松耳石供于松巴上师。他也对其他诸师作了一些承事供养，并在莫塞（mog se）① 安住一段时间。之后他回到帕莫竹时，卓威贡波已经逝世，而且茶毗诸事也已做完。他供施一次斋僧茶饮，在约有千人僧会列席中他所作道歌曰："具德帕莫竹寺中，犹如根本殊胜城。"之后他周游前后藏许多地方。宰波（btsad po，本地王）前来迎请他到昌波（vphrang po），他在那儿居住了一些时间。喇嘛香对他说："助我平息乱事吧！"【他就阻止了喀曲勒邬穹哇宫（pho brang mkhar chu glevu chung ba）等的兵马。】② 由于他的福德旺盛，以此获得许多财物，并在喇嘛香建造大佛像时供献了足够一半费用的财物。他人献给他的经卷等都寄供于帕莫竹寺。他在前往帕莫竹寺的途中，在桑耶净相中发现有一蓝色妇女往他的嘴里塞了一卷经函，之后凡他看到著述均获得通达。由于他得到空行母之授赐，他对于一些续部的释论，进行自创的著作也不少。总而言之，他著有《续部解说》（rgyud kyi rnam bshad）、《明灯六论》（sgron me rnam drug）、《心金刚赞》（sems kyi rdo rje）、《入瑜伽论》（rnal vbyor vjug pa）、《胜乐曼荼罗仪轨》（bde mchog gi dkyil vkhor gyi cho ga）等论著。上师修行传统作风也是由杰尊岭引进的。他在一切方隅广作利众生之事业。他去过果若若（sko ro ro）。后来，他掌管了纳普寺（sna phur dgon）的产业，对于利他事业也作了许多扶持。当他以导释次第和僧会说法来教育那里的诸弟子并在此安住讲五密戒时，由于来了两位破戒之人来到大师面前，使他气得咬牙，遂于戊申年（阳土猴，公元 1188 年）4 月 28 日年满 61 岁时逝世。在一本书中发现了他早已立下的遗嘱说："我的身、语、意三者和一切如来的身、语、意无二无别。它们将住于一切有情的身、语、意三者。无论是谁，若能够恭敬并作祈祷，定将获得如愿成就。"根据某些记载，杰尊岭在巴普哇（sbar phu ba）③ 座前听受过《垛哈》的说法。可是他所著的《垛哈释疏》显见与巴普哇的言论略有不同。

杰尊岭的弟子法王藏巴·益西多杰（chos rje gtsang pa ye shes rdo

---

① 罗译（第 663 页第 13 行）转写为：mog-sa。

② 【】藏文（第 778 页倒数第 7～6 行）为：pho brang mkhar chu glevu chung ba rnams kyi dmag kha bkag/。郭译（第 431 页倒数第 10～9 行）为"喇嘛香请他为乱事做助友，他阻止了颇章喀曲、特邬穹哇等处的兵马"。

③ 罗译（第 664 页第 1 段倒数第 2 行）转写为 spar-phu-ba。

rje）：此师的诞生地是哈窝雪山（havo gangs kyi）的古梁堆（mgul myang stod，古梁上部）库勒（khu le）的恰地（cha）。父亲名为嘉索尔窝操伯（rgya zur bo tshab pe），母亲名为玛萨达姬（mar gzav dar skyid）。父母共有七子，藏巴·益西多杰为幼子。藏巴诞生于辛巳年（阴铁蛇，公元1161年），因父母多子，父亲不怎么喜欢他，母亲把他托付给一苯教徒，后者给他取名为雍仲贝（g'yung drung dpal）。8岁时其母逝世。12岁时兄长嘎丹（ska ldan）带他到藏绒（gtsang rong），在洛聂喀巴（slob gnyer mkhas pa）座前学习诵读。13岁起，他在达【隆】汤巴大师（slob dpon stag[lung] thang ba）那里居住了3年，并且求得《现对法》、《瑜伽》、《息结》等教授。15岁时，他前往喀隆哇大师（slob dpon mkhar lung ba）座前，依止8年时间，听受了《大圆满》和《因明》等教授。在那里他虽然患病，但是未经闭关而自愈。他又在柯热哇大师（slob dpon vkhor re ba）座前听受《大圆满智理圆满》（rdzogs chen rigs rdzogs）①。在藏察大师（slob dpon btsang tsha）座前，他听受《幻化》和《大悲观世音秘藏法》（thugs rje chen po gter ma）等。在索·达玛僧格（so dar ma seng ge）座前，他听受了《入行论》。在库隆（khu lung）的拉杰衮嘉（lha rje kun rgyal）座前，他听受《文殊名称经》。在温塘（vom thang）的杜真大师（slob dpon vdul vdzin）座前，他听受阿底峡尊者传规的《大悲观世音法门》。年满22岁时，其父迎请喀隆巴大师（slob dpon mkhar lung pa）登法座讲经说法。他曾在安哇桑（mngav bar bzang）山间修行处（茅蓬）居住。此后杰尊岭在惹隆（ra lung）居住时，他以一升盐作为见面礼品而求得许多论典。他说："我与他的缘分从那时起似乎有所觉悟。"之后，他到纳普（sna phu）求得教授。七天之后他便能着（噶举派苦行者）单衣行②。后来，他长期患天花病（vbrum pa）。【病愈后，他献给上师一匹称之为"众兽之王后"（byol song gi rgyal mo）的母马，他还献给上师茶和红糖。】③ 当时上师正在那里修建供殿，以此制定僧人如前往其他地方和间断工作时，要罚黄金一钱（之规）。因此，他献黄金一钱求准间断以便誊写经卷。上师说："你到勒邬穹（dlevu chung）去修习吧！"他想假如上师不喜，我会成为修何教授都不起功用之人而哭泣。于是，他捧着一盘

---

① 罗译（第665页第9行）行间注：一本书名。
② 郭注（第474页第80注）：仅穿一件棉布单衣的苦行僧，业因其有气功而能御寒。
③ 【】藏文（第781页第1~2行）为：de dwangs nas rta rgod ma byol song gi rgyal mo blangs nas bla ma la phul/ ja bur yang drangs/。郭译（第433页1~2行）为"病愈后求得达阁玛觉松的妃子而供献于上师；并呈献茶房工役"。恐有误。

红糖来到上师座前说道："我错了，请求忏悔！"师说："嘿！这才是知道佛法的行为。"说后大生欢喜！此后，他做了五个月时间的修造工作，修行也生起了极为稀有的进步。供殿完成之后，四天之中他写完一张纸的文字（所以完成了誊写经卷的任务），也求得了一切教授。他还与一位名为达垛（dar rdor）的谈论教义，后者不能胜他。因此，他获得了智者的美誉。上师对他说："你问我一法义吧！"他说："使不得！若对上师过分，那怎么可以呢？"上师说："我可以开许。"于是他对上师说："那么请师开示安立法身之相。"上师说："应该是离生灭三要。"他反驳师说："那么，虚空也应该是法身啊！"师无言以对，但对他极为喜欢。而后他到家乡取些口粮时，顺便给父亲作了一次《亥母》加持。后来，他前往纳普，冬季闭关精修，获得风息（气息）内外都能增长之功能，并能无碍穿透墙壁，战胜释论所言之诸烦恼等功能。他以此情况禀告上师，师说："至尊米拉日巴也有如此经历！非常稀有难得啊！"概而言之，他在纳普居住了五年时间，听受完一切教授。听受完一切释义导修后，他进行精修。他还做过讲经助理，自己从不缺席僧会和日常事务。在峨巴大师父子（slob dpon rngog pa yab mched gnyis）座前，他听受了《金刚幕标示》（gur brtag）①、《玛哈玛雅》和《文殊名称经》等法及其轨范仪规等。他又把至尊纳普巴（rje sna phu pa，即岭惹巴）的论著笔录了一遍，【并把僧友中水平欠佳者的写本错误给予了纠正】②。然后，他请求前往他处修行，师作授记说："不要前往他处修行，在纳普做住持吧！"并且授记他还要住持珠寺（vbrug）。上师又说："现在你应该依止嘎桑（bskal bzang）学习方便道。"于是他前往嘎桑座前，对他说了上师的指示。嘎桑说："我可以为你服役，我要依止你的好梦做了许多。现在出家为僧吧，去做利益众生的事业。我的这位上师（岭惹巴）算得是恒河以内具有最高证达的一位大德，像我本人一样自愿聚集于此的难道不多吗？"藏巴·益西多杰说："请代为请求，准我前往喀曲（mkhar chu）修行。"获准后，他去了垛达下部的玛色顶（dol mdar mar ma gser stengs）。他乞求糌粑时，有一老人问："你是谁的弟子？"答："我是杰尊岭的弟子。"因此，老人说："他已经去世了。"他不相信老人的话，而返回到纳普寺时，岭师真的已经逝

---

① 梵：Dākinīvajrapañjarā。参阅《甘珠尔》，rgyud vbum，No. 419：Arya Dākinīvajrapañjarā mahātantra rājakalpa nāma。

② 【藏文（第782页第8~9行）为：mched grogs snyoms chung rnams kyi dpe vbri ba rnams vkhrobs par mdzad/。其中 vkhrobs 为"舞蹈""跳舞"之义，但整个句子看有"纠正"之义。

世。他就安住那里，直到完成上师葬礼的准备工作。【之后，他带着洛若耶贡（lo ro ye mgon）等四人一道，在夏季来到惹隆，在那里传授完诸导释。】① 此后他的福报随之增长。他以一匹棕色小马供献给纳普寺的阿妈觉姆（a ma jo mo）。直到给（岭惹巴）灵塔作开光法事和圆满完成寺庙事务之后，他带上徒弟，师徒七人一道来到喀曲。他在甲普坚（lcags phul can）闭关精修，【但是发生了障碍之开悟】②，鬼神作乱，疾病缠身等灾障。然而，他在那里将一切灾障镇伏后，证悟也如同虚空中旋矛挥舞般无碍。他还掌握了一些佛法缘起之扼要。在此他还亲见了益西贡波。如果当时他修风息加行，仅穿一破衣也有摧毁一切敌人的大神力。但是考虑到可能会伤及侍眷和财富圆满等而未修。他在那里居住了3年时间，他将至尊热穹巴所埋藏的《等味六法类》（ro snyoms skor drug）③ 掘出。那时是己酉年（阴土鸡，公元1184年），他年满29岁。此后，他前去拜见垛窝热巴（mdo bo④ ras pa）求得《（那若）六法导释》的传授。垛窝说："你是一位修行者。"此后，他在嘉郡（bya skyungs）和曲沃日（chu bo ri）等处都居住过一段时间。而后，他来到止贡寺，在僧会中听受教法。他上书请求传《生起悲心之方便》（snying rje skye bavi thabs）。因此，他被叫到上师座前，后者命他出家为僧。他未从命，悲心也未得到有利增长。此后，他由梁波转道而来到岗波和杂日居住了一个夏季。后来他到了吉雪（skyi shod）后，修建了隆垛寺（klong rdol）⑤。此后不久，他来到喇嘛香座前陈述证悟之情况，喇嘛香心生欢喜。他请求传授《生起悲心之方便》。喇嘛香说："你应该求传教授。"说后便传授他以《悲心强行生起法》（snying rje blo rdeg ma），于是获得了悲心极大有利生起。师对他说："你无论如何也出家为僧吧！"于是他请求桑唯（bzang ba）做授沙弥戒的亲教师；喇嘛香亲自作授比丘戒的亲教师，他在33岁时出家为僧，沙弥、比丘等戒一次全部圆满受完。【之后他在后藏和波玛（pho ma）等

---

① 【】藏文（第783页第4～6行）为：de nas dbyar de lo ro ye mgon la sogs pa bzhi khrid nas ra lung du byon/ de rnams kyi khrid tshar bar mdzad/。郭译（第434页第10～11行）为："继后在夏季有诸若耶贡等请传四种导释，他来到惹隆，传授完诸导释后，……"

② 【】藏文（第783页第9行）为：bar chad kyi klong rdol/。其中klong rdol意为"开悟，开始证得广大智慧"，见《藏汉大辞典》，第49页。"bar chad"意为"障碍、波折"。故此句可译为"障碍之开悟"。

③ 热穹巴所著一本书之名。

④ 罗译（第668页倒数第16行）转写为：mdo-po。

⑤ 罗译（第668页倒数第6～4行）行间注：拉萨附近一寺庙，著名的隆垛喇嘛曾驻锡于此。

地区的牧区（vbrog bod），以及绛察喀湖（byang tsha kha）以内的地方建立讲说导修之规。】① 他人的财富用于有利的事业上，又作调解纠纷乱事以及给上师寺庙贡献财富等类似的无量事业。他在珠地（vbrug）修建寺庙（珠寺）② 后，当年发展到大约一千座茅蓬。此后，他又到各地广作利益众生的事业，并且获得无尽的财物，这些财物只用于教法事业之中。这样，无论他前往任何地方，都会收到受用无尽的财富。他使广大弟子主要修持三者：一是厌离世贪，二是修舍此世心，三是敬信上师。而且能现起大手印证悟者约有 5000 人。他建议他们应到邬坚、那烂陀、喀切、灵鹫山、汉地五台山、杂日、峡邬达阁、底斯等圣地作终生之修行。所以他将徒众侍眷等分别派出去。据说他前往灵鹫山十八日途程中，到处都遍布他的珠寺徒众（噶举派支系珠巴噶举）。而且凡是珠寺的大修士，都没有部类和派系门户的纠纷和亲爱疏憎之成见，全都是意气极为温和之人士。这位法王藏巴被誉为那若巴转生活佛，大多数人士都认同此点。后来，他圆满完成了此生事业之后，在 51 岁时的癸未年（阴铁羊，公元 1211 年）六月下弦初十日③黎明逝世。火葬遗体之日，空中现起虹幕以及天雨瑞花。21 节脊椎骨上都各现有一尊观世音像，共 21 尊观世音菩萨像。这些全都奉安在惹隆内部的灵塔之中。此师作了广大的利他事业，也出有最胜弟子：最初出有坝、江二大弟子（che ba spa rkyang gnyis）；中间出有甲、哲二大弟子（che ba rgya vbras gnyis）；最后出有洛、阁二大弟子（che ba lo rgod gnyis）。

（其中的）坝日哇（sba④ ri ba）：【此师原先是喇嘛香的陈设垛玛供者。当他来到法王藏巴座前出家为僧时，藏巴也十分欢喜他；他也对藏巴生起敬信。藏巴预知坝日哇是个大有饶益之人，喇嘛香也让他在藏巴座前求传教授。因此生起殊胜修持。】⑤ 此师修建了坝日绛曲岭贡寺（spa ri

---

① 【】藏文（第 784 页倒数第 9~8 行）为：de nas gtsang phyogs dang pho ma la sogs pavi vbrog bod dang byang tsha kha tshun chad du khrid btab pa dang/。罗译（第 669 页第 8~11 行）为：He then established the expositon of the Doctrine in gtsang, in the Nomad country, and in Tibet, such as pho ma and other places, as far as Byang tsha kha（name of a lake）. 谨录于此，供比较参考。

② 珠寺（vbrug dgon pa）：译言雷音寺。为珠巴噶举派祖寺。公元 1205 年宋宁开禧元年，藏巴甲热（益西多杰）在拉萨河下游朗地方倡建此寺，奠基之时，适闻巨雷三响，故得此名。参阅《藏汉大辞典》，第 2001 页。

③ 下弦初十（mar ngovi tshes bcu），藏历月之二十五日。见《藏汉大辞典》，第 2059 页。

④ 此处的 sba 与文中的 spa 同。

⑤ 【】藏文见第 785~786 页。罗译见第 670 页第 2 段前 6 行。彼此有些不符。请参阅比较。

byang chub gling gong)。普遍传称他拥有广大神通，而且作了广大的利益众生事业。从这里分出的支寺在曲窝山口东部等处不少。此师的最胜弟子名杰·贡萨巴（rje dgon gsar pa），是一位亲见益西贡波并有许多成就徵相之大德。据说他的寺庙就在坝日（spa ri）附近。

江莫喀哇（rkyang mo kha ba）：当初，此师是德哇坚寺（bde ba can）的一位善知识。当法王藏巴住在珠寺时，他和法王相见而听受教授。由此生起修证。他在布尔（bur）修了江莫喀寺（rkyang mo kha）后，作出了广大的利益众生事业。

甲雅巴（rgya yags ba）：此师在扎地（gra）的萨波普（zar po phu）修建了甲雅寺后，广作利他事业。并出现了名为甲雅噶举派（rgya yags bkav brgyud）的噶举支系。

哲姆哇（vbras mo ba）：此师以寺名成为人名。寺庙坐落于梁堆（myang stod）地方。

至于（法王藏巴）最后所出洛、阁二大弟子，将在下文详述。

法王藏巴逝世后，由温热·达玛僧格（dbon ras dar ma seng ge）住持寺座。【此师是藏巴之侄及弟子】①，也是至尊阁昌巴等后收的诸大弟子的上师。此师诞生于丁酉年（阴火鸡，公元1177年）。他年满35岁时，法王藏巴逝世。他自己在61岁时逝世。

温热·达玛僧格之侄宣奴僧格（gzhon nu seng ge）：此师诞生于庚申年（阳铁猴，公元1200年）。此师修得暖乐自在，因此，凡是在他座前诸人都没有畏惧寒冷者。他年满38岁时，温热·达玛僧格逝世。他自己在67岁②时的丙寅年（阳火虎，公元1266年）逝世。

宣奴僧格之侄名尼玛僧格（nyi ma seng ge）：诞生于宣奴僧格52岁时的辛亥年（阴铁猪，公元1251年）。此师担任过坝卓多杰岭寺（bar vbrog rdo rje gling）寺主，在37岁时的丁亥年（阴火猪，公元1287年）逝世。

播甲哇·僧格仁钦（sbos skya ba③ seng ge rin chen）：此师诞生于宣奴僧格59岁时的戊午年（阳土马，公元1258年），年满56岁时的癸丑年（阴水牛，公元1313年）逝世。

居松巴·僧格杰波（bcu gsum pa seng ge rgyal po）：此师诞生于己丑年（阴土牛，公元1289年）。他25岁时，播甲哇·僧格仁钦逝世。他自

---

① 【】藏文（第786页倒数第3行）为：de ni rigs kyi dbon po chos kyi sras yin pas/。郭译（第436页倒数第11行）为"此师系日季温波却的儿子"。
② 郭译（第436页倒数第5行）为"六十八岁"。
③ 罗译（第671页倒数第14行）转写为：spos-skya-pa。

已在 37 岁时的乙丑年（阴木牛，公元 1325 年）逝世。

绛央贡噶僧格（vjam dbyangs kun dgav seng ge）：此师诞生于播甲哇·僧格仁钦逝世后的第二年，即甲寅年（阳木虎，公元 1314 年）。他在 34 岁时的丁亥年（阴火猪，公元 1347 年）逝世。

洛卓僧格（blo gros seng ge）：此师诞生于绛央贡噶僧格 32 岁时的乙酉年（阴木鸡，公元 1345 年）。他在 46 岁时的庚午年（阳铁马，公元 1390 年）逝世。

喜饶僧格（shes rab seng ge）：此师诞生于洛卓僧格年满 27 岁时的辛亥年（阴铁猪，公元 1371 年）。他在 22 岁时的壬申年（阳水猴，公元 1392 年）逝世。

益西仁钦（ye shes rin chen）：此师诞生于洛卓僧格年满 20 岁时的甲辰年（阳木龙，公元 1364 年）。他在 50 岁时的癸巳年（阴水蛇，公元 1413 年）逝世。

南喀贝桑波（nam mkhav dpal bzang po）：此师诞生于益西仁钦年满 35 岁时的戊寅年（阳土虎，公元 1398 年）。他自己在 28 岁时逝世。

法王贡噶贝觉哇（chos rje kun dgav dpal vbyor ba）：此师诞生于戊申年（阳土猴，公元 1428 年）。他曾经住持过珠惹隆（vbrug ra lung）寺，并且依止楚细·南喀伦觉（vkhrul zhig nam mkhavi rnal vbyor）等许多上师。后来他又担任岗波寺（sgam po）寺主。他在 49 岁的丙申年（阳火猴，公元 1476 年）逝世。此师在巴卓（sba gro①）、后藏、前藏、达波、巩波、涅地、洛若、罗门等处发展有情者。他曾在法王岗波巴之寺庙中担任寺主。后来，他将寺庙托付于岗波巴之传嗣而作教化众生之事业。

以上是法王藏巴弟子及历代寺座传承世系阶段。

十六　麦珠（smad vbrug）的阶段

毫无疑问，（法王藏巴）最初与中间的四大弟子，都绝对是以利益众生的事业为主。可是尚未发现有关他们具体事迹的清晰传记。

现在说说最后出现的洛、阁二大弟子：

法王洛热巴（chos rje lo ras pa）：此师族姓为洛囊（lo nang），据此而立族名。系雄地（gzhung）有名部族。父亲名为伦觉（rnal vbyor），母

---

① 罗译（第 672 页第 2 段第 7 行）转写为：spa-gro。

第八章 从大译师玛尔巴的传承至称为达波噶举派的阶段

亲名为麦萨姬（me gzav skyid）。由于夫妇二人无子，为此在大悲观世音菩萨前作供养祈祷而得子嗣。因此，获得观世音菩萨加持，母亲怀孕期间出现各种瑞相，此后此师于丁未年（阴火羊，公元1187年）诞生。童年时期，由于有宿世修法的习气，他不与其他孩子作玩耍的伙伴。6岁时他就已经精通诵读。他16岁时，法王藏巴来到雄地，他去拜见法王并生起敬信，对法王作出广大之恭敬承事。他17岁时，杰贡玛（先师）① 到聂塘调解纠纷，他和父母一行三人获得拜见先师的机会。18岁时，他逃到觉莫隆寺，在堪布伯底（mkhan po sbal ti）座前出家为僧，取名为旺秋准珠（dbang phyug brtson vgrus）。之后他在先师座前安住下来，当他的家乡来人要带他回去时，先师对他说："为了不入于灾厄，此次你就跟随他们回去吧！"他来到家乡之后，诸亲戚商量决定，让他娶妻，把他约束起来。于是他的母亲向他发出了暗示，他就再次逃到先师座前求法，并从他那儿获得传授《脐轮火》等没有传授的教导。自此以后，他生起殊胜之暖火，就能够作单衣行。秋天，他家乡的父老乡亲来迎请先师去说法时，他的亲戚众人请求先师命他还俗留乡，但是，对此他请求先师允许他自己做主，于是他答道："我要死时你们也不能把我弄回来。你们可以杀了我，但我死也不会还俗留在家乡！"等等。当时，整个僧会上听到此言无不为之动容流泪。父亲及其他亲人也已经断绝了（让他回来的）希望。法王说："在今生和后世（即在家与出家）之间，今天他自己表现为一位英雄。"说后对他十分欢喜！此后父子俩都来到珠寺作服役，并且请求传授灌顶。那年秋季，他受了比丘戒，听受了《经根本》等并研究学习，还听受《喜金刚第二品》和《玛哈玛雅》等密续部，以及《垛哈》等甚深法，《胜乐》等许多修行教法。此后，他因父患病而返回家乡。此后不久父亲逝世，他迎请法王及侍眷等来到雄地方，供献了包括2800头驮子在内的不可思议的众多供物。他对僧伽大众也供献佳宴，对诸大首领和事务人员等都供不同之供品和优厚之待遇酬金等，然后转法轮（说法）。对于父老乡亲，他也摆设盛宴并进行布施。对于四周大众，他也大约抛掉数以千计的财物。此外，他所得一切财物全部用于教法方面，甚至连一藏升（谷物）都没留给自己。来到珠寺后，他守持七种清规誓约：不返回家乡、不下山、常蹲踞而坐不卧姿而睡、不进俗家门槛、只着单布衣、禁语、不断供施百粒食子法等。法王对他（洛热巴）说："你虽然不需要这

---

① 先师（rje gong ma）：先主。已经去世的师长或国君。参阅《藏汉大辞典》，第910页。这里指藏巴法王。

些誓约，但是应知释迦佛世尊也作过六年苦行，因此这些誓约你要遵行六年。六年之后看如何方便安好而行事。"后来，他想前往印度的尸林等处体验《一味修法》（ro rnyoms；梵：samarasa）时，法王对他说："在上师身体安康时，你应该在此居住。"于是，他就继续居住下来。

　　后来，当他听到父系弟兄们虐待母亲和妹妹之言语，同师弟子作爱憎之事，自身也患了虱病和心风等猛力违缘时，他都不离开对上师的敬信，一切都作为修善之助缘而修行。此后，他来到后藏在至尊座前听受了许多教授。在前藏，他在法座附近盖起一间小屋，僧会中说法时也可以从闭关范围之内听受教法。他年满25岁时，法王藏巴逝世。然后，他居住在喀惹（kha rag）的顶峰觉姆卓萨（jo mo gro sa），有时没有生活资料；从山顶出现大雪崩后，使柴火水源都无处可取，在此情况下他也能够安住。他就这样在觉姆雪山（jo mo gangs）和色姆垛（se mo do），以及后来再返回到觉姆雪山等处行无量之苦行。发生内有气滞病侵袭、外有魔鬼①的灾厄和苦行的障碍等出乎意料的许多障难。但是，他把这些障难都作为修证的助缘而修行之后，增长了内慧之力，使他具足广大神通。为了完成诸上师和本尊对他的授记，他在诸处所集会许多僧众建立修规之后，并多次派遣他们到山中修行。他还修建了曲弥嘎姆（chu mig dkar mo）、辛岗（s-hing skam）、甲吉（lcags spyil）和邬日（dbu ri）等小寺，并作利他之事业。尤其是他在邬日居住了七年时间，在此聚集僧众也有千余人。此地是个危险之地，他掌管了，为此，使其他上下一带地方都没有危险了。他对行路人也广泛布施，给予财物。从此以后，他给上下寺庙供施之物难以计数。后来，他到了娘若（myang ro），再到觉姆神山②安住，这使他们一切师徒人等都未遭受大元兵马的伤害。之后于【辛】丑年（【铁】牛，公元1241年），他又修建嘎波却隆寺③。僧会人数多时，可以聚集到一万余人。他还用黄金书写许多修法书册，以为供奉。此后，他来到洛扎喀曲（lho brag mkhar chu），并将内乱中喀曲受损的拉康修葺一新，又在寺中竖立金幢。而后，他又前往孟蚌塘寺（mon bum thang），使孟地（mon，即不丹的vbrug yul）蠢如畜生诸人也受持斋戒。他又修建了塔巴林寺（thar pa gling dgon pa）。此后，他前往僧格日（seng ge ri），对寺中比丘守戒不严

---

　① 魔鬼（vbyong po）：魑魅。梵音译作部多。参阅《藏汉大辞典》，第1982页。
　② 觉姆神山（jo mo lha ri），位于西藏自治区亚东县东部。见《藏汉大辞典》，第880页。
　③ 嘎波却隆寺（dkar po chos lung）：此寺位于卫藏上部江孜境内珠若隆附近。法王诺热巴（扎巴旺秋）年满五十四岁时的铁牛年公元1241年修建的一寺院。参阅《东噶藏学大辞典》，第134页。

第八章　从大译师玛尔巴的传承至称为达波噶举派的阶段　567

者，他迫使其严守戒律，并对 1500 名僧众传授了《胜乐大灌顶广轨》（bde mchog gi dbang mo che rgyas pa）。之后他作盛大节供（dus mchod chen mo，以纪念其上师），约有一个半月时间他从未间断过说法。后来，他在 64 岁时的庚戌年（阳铁狗，公元 1250 年）9 月 21 日逝世。在下月的初一日荼毗时，发现心脏和舌均未毁坏，并且有许多舍利，以及数不胜数的稀有瑞相。于 11 日召集洛扎传系的僧众作超荐祝福法事。如此看来，此位大德确实是一位能圆满供施、无贪恋、一心勤修、善巧通达和以悲心作利他事业而使一切大众都成为静修之友的师表。

　　洛热逝世后，由其侄子扎日哇（tsa ri ba）接管寺座；总的来说，这位寺主作出了广大的利益众生事业，其弟子中出有大成就师贡耶（grub thob mgon yes）等许多殊胜弟子。

　　洛热的弟子绛央贡波（vjam dbyangs mgon po）：此师诞生地为梁堆（myang stod，梁上部）的康仲（khang grong）地区。此师诞生于戊辰年（阳土龙，公元 1208 年），父亲名为穹波索南贝（khyung po bsod nams dpal），母亲名为哲姆切正贝（vdre mo khye vdren dpal）。藏敦大师（slob dpon gtsang ston）收养了他。当上师催动六臂明王作事业时，短时间内亲见六臂明王。他取名为索南贡波（bsod nams mgon po），能忆起前生天界等多生中的事迹等。他经常掌握梦流，但不乐意趣于光明之中。4、5 岁时，他自然生起修行，但他意识不到。6、7 岁时，他在杰顿桑杰大师（slob dpon lce ston sangs rgyas）、杰顿贡波和宇妥觉嘉（g'yu thog jo rgyal）等师座前听受《采集花英僻谷法》（me tog sdud pavi chos），他能够记于心中并转述给童友们。此外，其他童友相互谈论的话他都记在心中。他又在觉孙（jo gzungs）座前学习读诵，只用了一个月零 17 日就能精通。年满 10 岁时，其母逝世。他放弃了一位与自己订婚的女子，（从家中）逃到野汝（g'yas ru），在上师玛尔顿（bla ma mar ston）座前出家为僧，取名为喜饶穹奈（shes rab vbyung gnas）。他求得传授修法导释，并发现这与其从前的修行和导释没有什么不同。然而，他仍然在窝裕（vo yug）等处严格闭关并修行。之后由仁波且玛尔顿做亲教师，冻隆巴（dung lung pa）做大师，逈波大师（slob dpon gcung po）做屏教师而给他传授比丘戒。他在甲塘（bya thang①）地方措普译师（khro phu lo tsav ba）座前求

---

① 罗译（第 677 页倒数第 5 行）转写为：bye-thang。

得《心性安息》①和《九宝谷法类》（rin chen vbru dgu）等教法。他修持一坐便是 14 年，不食肉食达 17 年之久。之后，他听说了邬日哇（dbu ri ba②，即洛热巴）的美名而来到邬日，依止邬日哇 8 年时间。后者对他非常友善，他能听受到珠巴师传法类的一切灌顶经教。20 岁时，他生起了极大的地邪鬼之分别心，于是，他闭关念修文殊法。他以此除疾病的分别心，并能够与本尊谈话，智慧也极大增长。他后来又在拉日姆（lha ri mo）、梁堆和却隆（chos lung）等处作过闭关精修。当邬日哇在僧格日（seng ge ri）传大灌顶时，师说："无他（绛央贡波）则不能灌顶。"邬日哇等（他）一个月后，这样他得以传授灌顶。他在堪布堆龙巴（mkhan po stod lungs pa）、堪布冻隆巴③和堪布勒堆巴（mkhan po las stod pa）等座前听受《毗奈耶》；在坝哇伦顿大师（slob dpon sba ba glan ston）座前听受了《因明》；在公纳却季索僧（kong nag chos kyi so seng）和绛萨（vjam gsar）座前听受《因明》；在喇嘛拉岗哇（bla ma lha sgang ba）座前听受《时轮》灌顶和续部诸法；在达扎大师（slob dpon zla grags）座前听受《中观》、《瑜伽师地论》、《行法》、《一切圣传密集诸法类》（gsang vdus vphags skor thams cad）和《母续诸法类》（ma rgyud kyi skor）等；在喇嘛卫巴（bla ma dbus pa）座前听受《行境经教传承》（spyod yul bkav brgyud）和《证悟传承》（nyams rgyud）；在珠寺的桑杰温热（sangs rgyas dbon ras）座前求得珠师所传法类。他又在羊卓寺（yar vbrog）的若顿大师（slob dpon rog ston）座前求授《声明》等诸论著；在穹仓巴的大弟子衮却仁钦（dkon mchog rin chen）座前求授《热穹耳传法类》；在顿宣大师（slob dpon ston gzhon）座前求授《瑜伽六支》。由于他求灌顶所供的花朵大多数投中不空成就如来，故而他的密号也取名为邓约多杰（don yod rdo rje）。他的心中熟记显教方面的《中观论本》等许多部论著以及密宗方面的《时轮》等许多教法。阁乍巴为遮除大元军兵之祸禳解而策动修法时，派遣格西 23 人，绛央贡波则受命主持冲堆（tshong vdus）以上的寺众修法。人们说："这位年轻出家人智慧大得与文殊无别。"所以，普遍传称他叫绛央贡波。梁地方上、下部致书于法王洛（热巴）师座前，

---

① 《心性安息》（sems nyid ngal gso）：14 世纪时，宁玛派佛学家隆钦饶绛著。全书有本文及注释共十三章，阐述显宗密乘一切法轮皆是圆满之理。参阅《藏汉大辞典》，第 2941 页。
② 罗译（第 677 页末行）转写为：dbu-ri-pa。
③ 藏文（第 795 页第 4 行）为 dung lungs pa，罗译（第 678 页第 14 行）转写为：ngur-lungs-pa。

法王便任命他为他们的大师。因此，他在梁的上、下部交界处古汝隆（ku ru lung）修建寺庙。他年满43岁时，洛热逝世。他的身边聚集了珀东①以外至洛扎以内和唉绒以下，以及邬日以内一带地方的许多人物。他宣说《发菩提心》、《灌顶》、《教授秘诀》和《一切学处》等，作出了无尽利他之事业。

此师所作论著密宗方面有：关于灌顶、续部释论和教授密诀法类；显教方面有多种释论总摄；关于世论方面有相人、相马和医疗等许多论著；工巧方面也有许多论著，其中有制造汉灶等工艺书。此外，他还著有汉地星算法等许多论著。他也到过汉地五台山。我们把洛热师传出的热师承传诸师统称为麦珠（下珠宗传系）传系。从阁昌巴所传出诸师，统称为堆珠（上珠宗传系）。其他一切珠宗法门都合入于此上、下两珠宗之中。

以上为下珠宗的阶段。

十七 阁昌巴及其大弟子等的阶段

法王阁昌巴·贡波多杰（chos kyi rje rgod tshang pa mgon po rdo rje）：此师于己酉年（阴土鸡，公元1189年）诞生在洛扎（lho brag）的鲁穹季察（lu chung gi khra）地方。父亲名为曲恰孟扎（chu chal mon grags），母亲名为树姆贝坚（zug mo dpal rgyan）。此师诞生之年是岭热（gling ras）逝世（公元1188年）后的第二年。由于其两兄长早年夭折，因此父母将他托付给舍邬索哇（养孩）②的树顿大师（slob dpon zug ston）座前，取名为贡波贝（mgon po dpal）。幼年时期，因其长相英俊而人人喜爱。他声音悦耳，善于唱歌。他心性善良而为人友善，少年时期曾经担任过舞蹈巴希（ba shi，教练）。因此，普遍传称他为巴希登珠僧格（ba shi don grub seng ge）。这段时间，他在哇峡大师（slob dpon wa zhwa）座前听受《道次第》，在堆大师（slob dpon stod）座前听受《中观》，在裕毗哇大师（slob dpon yu pi ba）座前听受《入行论》，在香大师（slob dpon zhang）座前听受《略释》等。大多数经教他只听受一遍便可通晓。他到过拉萨三次，都只祈愿求得正法。有一次，在家乡人们饮酒时，从后藏来了四位歌唱家，他们

---

① 珀东（bo dong）：后藏一地名。参阅《藏汉大辞典》，第1842页。
② 舍邬索哇（srivu gso ba，养孩）：佛苯两教依靠宗教活动使小孩能长寿、无疾病、长智慧等的方法之一。参阅《东噶藏学大辞典》，第2072页。

唱道："惹隆寺①中的法王嘉热（chos rje rgya ras），具有现世来世的祥福，我们两友是否应该前往？我们从心底里想为求法而前往。"阁昌巴一听到此歌以及大师的名字，便生起了没有比这更大的敬信。他在父亲面前请求前往师处，父亲也就允可了。于是，他携带了一包货物，而且求得嘉热的一位名为树贡（zug sgom）的弟子引路，而来到惹隆。

　　法王嘉热在僧会说法时，他拜见了法王，并就在那里出家为僧，取名为贡波多杰（mgon po rdo rje）。无论何时他见到法王，后者都喜笑颜开，似乎很关心他。法王给他传授了一种垛玛灌顶后，他根据所讲修法导释修习了 21 天时间。虽然阁昌巴（修行中）身体出现过一些不安，但是逐渐恢复了。然后，他听受了许多教法，比如《皈依发心》（skyabs vgro sems bskyed）、《大发心》（sems bskyed chen mo）（发菩提心）、《四瑜伽》（rnal vbyor bzhi）、《俱生和合》（lhan cig skyes sbyor）②、《方便道导释》（thabs lam gyi khrid）、《一味法中许多所缘》（ro snyoms kyi dmigs pa mang po）、《七世系》（rabs bdun）、《一全能》（chig chog）③、《密行广略作业》（gsang spyod las phra rgyas）④，以及《十四根堕罪》（rtsa ltung bcu bzhi pa）等誓言法类，还有《十三种修法》（sgrub thabs bcu gsum）和《两面母法类》（zhal gnyis ma）等经教诵授。之后，他来到珠寺，用三个月时间修《上师修法》（bla sgrub），并且听受了许多僧会中所说之法。他曾为僧众拾捡公用柴火并为上师服役承等事，甚至打扫上师灶膛灰尘。因此，他获得了罪障清净之相。后来，他在师前请求前往止贡寺，得到师之许可。他来到乌汝北方喇嘛桑蔡（bla ma bzang tshad）座前求授一法缘后，来到止贡寺。当初，他听受僧会中所说之法，后来，当止贡巴讲说一甚深教法时问他："你听完过此甚深教法之导释吗？"阁昌巴答道："听完了。"师说："那么，你在这里住下来吧！"于是就给他传授了甚深教法。

　　他也对法王生起清净敬信。他来到热振寺，与达隆巴（stag lung pa），以及蔡巴（vtshal ba）等师相见后，他仍然对法王热巴有极大的敬信。之后就去法王座前，但此后不久法王便逝世了。第二年，他建立盛大转法轮会，召集大师 270 人，僧众 4800 人。法会结束后，他就前往洛扎喀曲（lho brag mkhar chu）、冈底斯雪山、克什米尔、那烂陀等处安住专修去

---

　　①　藏文（第 797 页第 10 行）为：dgon par lung。恐误，应为 dgon pa ra lung。
　　②　止贡（噶举）派一经卷书名。
　　③　大手印系一传法名。此处罗译（第 681 页第 14 行）转写为：chig-chag。
　　④　有关夜间密行，比如在墓地修行等的一部书。

了。从喀曲修行以来，他在以后诸圣地住修也示现过一些成就征相。特别是在那烂陀时，他见到有一些瑜伽母蜂拥来到作会供轮。当他奋力进门（她们拥堵于此）时，主持会供的瑜伽母对他说："放这位瑜伽士走吧！"他在此享受了会供食品，而且得到很大加持。① 所谓瑜伽母，就是后来来到阁昌巴尊者前的卓哇桑姆（vgro ba bzang mo）。盗匪们想可以从他身上得到黄金，便在路途中等着抢劫他，但是他将上师观相在头顶上专心修行，故而没有发生任何伤害。后来，他又回到藏地。走到贝姆贝塘（dpal mo dpal thang）中部时，食品耗尽，他感到体力虚弱。这时他碰到一位苯教徒，就请求道："哦，辛饶米沃（gshin rab mi bo）的化现者，你有吃的吗？"苯教徒答道："你们这些学经人都是如此啊！不适合行苦时偏行苦行。"说后给了他一包食物和一些熟肠，因此阁昌巴嘴嚼着食物继续前行。后来他曾说："现在的一百种礼物也抵不了那位苯教徒的赠品。"说后又说了一些欢喜的言语。此后，他来到惹隆，与温热·达玛僧格（dbon ras dar ma seng ge）相见，温热对他说："你自己住在拉喀（lha khab）修行吧！"这样将会增长修证。因此，他前往颇玛拉喀（pho ma lha khab），在一茅蓬里勤修上师修法3年时间。【有段时间他生起了如是想法："我的这位上师法王热巴（chos rje ras pa），犹如十地菩萨。"于是，他立刻责备自己，说道："哦，你个坏家伙，竟敢独自一人，视引你心智入佛的上师为十地菩萨！"从此以后，他从未将上师与佛之观念分别开来。】② 他在那里安住三年时间里，湖水上涨淹没了他的茅蓬，但是，即使他的下半身淹没于水中他也是纹丝不动。他的饮食则只靠饮水。有一天，他发现湖边有一只死鹿尸体，于是前往拾起。这时有一头野骡在那里，他就用野骡驮运到茅蓬中。又有一次，他发现空中降下蛇雨的现象，其结果差点患了麻风病，但很快就康复了。然后，他来到温热（dbon ras）座前受了比丘

---

① 据罗译（第682页第16～22行）行间注曰：更顿群培大师告诉我（罗列赫）说，在洛扎却穹（lho brag chos vbyung）的书里，这个故事有详述。阁昌巴进入了一个寺庙，里面聚集了二十位瑜伽母，其中最年长者请他进来坐，并给他食物。也可参阅图齐的著作 *Travels of Tibetan Pilgrims in the Swat Valley*，加尔各答，1940年，第90页，附录。

② 【】藏文（第799页倒数第2行至800页第3行）为：skabs shed du ngavi bla ma chos rje ras pa de sa bcu pavi byang chub sems dpav yin snyam pa byung pas/ de ma thog tu sems sangs rgyas su ngo sprod pavi bla ma la sa bcu pa bar mthong ba khyod kho na byas nas rang la smad/ de phyin chad sangs rgyas kyi vdu shes dang vbral ma myong/。郭译（第444页第9～12行）为："有一时间他生起了我的上师法王热巴是十地菩萨的思想时，他立刻亲见心中认为上师即佛的上师真是登十地者。自己暗说，已见到而仍作浮浅的看法是自贬。从那以后他未离过上师即佛的想法。"

戒。此后，他前往杂日安住并修行了3年时间。他前去绕游翠绿湖（g'yu mtsho）（应该指羊卓雍湖或玛旁雍湖）时，狮面空行母赐他一勺黄金，但他又把这勺黄金作了供湖之物。当他在杂日安住时，为住在那里的所有人作仆役。因此，人们把他称为山岭东西方之部的黄毛驴（bong bu ser po）。他经常为诸厨师背送糌粑，直到磨坏背脊起脓包为止。可是他常说："干这种活我心中非常愉快！"有天晚上，他梦见自己腹内一切器官外溢出来之后，腹中空无一物。正在思索腹内器官是否会重新进入体内时，有一白人对他说："这次它们是不会回到你体内的。"① 此后他的修持有了极大增长。后来，他又返回【惹隆】与法王温相见，温对他说："你的修持大有增长。因此，现在应该学习我的导释。"但是，他请求允许他前往拉堆。法王未许。其诸友也对他说不会让他走的。他想看看自己的修持是否有增长，暗自供了许多次曼荼罗后，再次请求温师时，师许可他前往。师说："那么，现在你走吧！如果你在无佛法之地去弘扬上师教法，那是对师最大的承事服役。"于是，他来到拉堆，并在甲若昌（bya rog tshang）与帕珠巴细波（pha sgrub pa zhig po）相见。他想所谓的普贤（kun tu bzang po）就是此人，便生起了敬仰。珠巴细波将甚深教授详细地传给了他。之后他在穹嘎（khyung dkar）居住了三年时间，修持更加增长。那里发生严重的虱瘟，他也染瘟即将临死时，侍者前往乞食也在甲若昌患瘟病（而没有回来）。他想："现在他必须舍弃我，不会回来的。"于是，他准备自己去（乞食），这时他身上的虱瘟突然之间便消除了。然后，他前往甲若昌，把侍者接了回来，便对侍者进行治疗，虱瘟便好了。师徒二人瘟病痊愈后，他又前往漾嘎（yang dkar），在有米拉日巴足印的地方居住了一个夏季，修持也获得了增长。此后，他到了阁昌，发誓严密闭关修行。他在梦中问一妇人道："我作闭关和说法利他，此二者哪一种更为广大？"妇人说："作闭关修行，也会生起广大利他的事业。"因此，他决定闭关修行。友人贡扎（sgom grags）修方便道而生起内通外达的神通，他见上下方隅的一切鬼神都聚集阁昌而来听阁昌巴讲法。因此，他（友人）改变了过去认为闭关修行作不到利他事业之想法。此后，他离开阁昌，在勒堆（las stod）之山谷诸处修密行（gsang spyod）。这些都是这位法王（阁昌巴）所言：与在各大圣地生起的各种苦乐因缘相结合，虽然发生了十三次虱瘟，然而由菩提心虽一虱也未杀害，助缘与大手印相结合，为此虱瘟迅速消失。由缘起作业，他拥有使一切如意而来之成相，尤

---

① 此梦预示其体内污秽已经净除。

第八章　从大译师玛尔巴的传承至称为达波噶举派的阶段

其是寻思或分别思择为二而饮，今后成为大手印三摩地而不能饮之，丝毫不生起对此世之寻思或分别思择。他修善者主要为：修不断离于大手印的纯粹敬信上师之心。每当早晨醒来时，他立刻应该想到："很好！昨晚我未死。今日应该如何获得成就！"于是修精进不懈之心，他对任何正法都有无碍智慧。他还讲到，在西日（Śrī ri）①居住时，见一红色妇女把一经函塞入其口中，此后藏族所译法典无所不知。此位法王下半生中修建了顶卓（steng gro）、布乍（spud dra）、绛岭（byang gling）、德钦顶、坝卓多杰岭（bar vbrog rdo rje gling）等寺庙。每一寺庙中又出有成千的修行僧众。

法王19岁出家为僧后，在藏巴座前依止了3年时间。21岁时，他在修行阶段抽空作了一些利他事业。之后，他在喀曲居住了3年时间后，已年满25岁。在底斯（雪山）和那烂陀居住了4年时间后，已年满29岁。在拉喀居住了3年后，已年满32岁。在杂日居住了3年后，已年满35岁。在穹嘎和漾嘎两地居住了3年时间后，已年满38岁。在阁昌居住了7年时间后，已年满45岁。在顶卓居住了13年时间后，已年满58岁。在德钦顶和嘎敦两地居住了9年时间后，已年满67岁。在绛地（sbyang）的僧格岭（seng ge gling）和宏塘（hong thang）两处居住了1年后，已年满68岁。在多杰岭（rdo rje gling）居住了2年后，已年满70岁。【他在戊午年（阳土马，公元1258年）圆寂。这是他住持噶举派教法的一生。

阁昌巴法王之后，是绛曲生贝·玛恰白玛敬（byang chub sems dpav ma mchags pad ma spyan）：此师诞生在上部，一生用功作利他之事业。】②他曾开示说：此后所谓世间③无垢就是如来离尘为大觉。他还说自己逝世后不要收租税和建造佛像、经、塔等事，而应该完全居住于诸山林之中舍此世心而进行修行，至少也应该在山林中居住一年时间的命令等。此师弟子众多，其中得意弟子有如：漾贡巴（yang dgon pa）、大成就者邬坚巴（grub chen u rgyan pa）、绛岭巴（byang gling pa）、法王奈仁巴（chos rje ne rings pa）、普日哇（phu ri ba）、梁麦坝日季噶哇（mnyam med pa ri sbyil dkar ba）、杰玛邓巴（rje ma bdun pa）、息结贡波（zhi byed mgon po）、桑杰冲热（sangs rgyas khrom ras）、贝杰新热巴（dpal skyer shing ras

---

① 位于后藏 shel dkar 附近。
② 【】处藏文请参阅第803页倒数第9～5行。罗译表述有些不同，可参阅第686页倒数第16～10行。
③ 世间（vjig rten gyi khams）：刹土，世界，世间。佛家认为包括四大洲、须弥山和太阳、月亮。参阅《藏汉大辞典》，第893页。

pa)、释迦热巴（shavkya ras pa）、达热（vdar ras）等许多弟子。

修行与师（阁昌巴）同等的弟子为坝日季噶哇（ba ri sbyil dkar ba①）：此师在管域（vgos yul）和郑地（vbring）的交界处修建寺庙，拥有峨塞（vod gsal）周围一带地方且广做利益众生的事业。直至现在（著书时）还有一尊他的肖像奉安在寺中，像身不沾尘垢。

苦行与师（阁昌巴）同等的弟子为普日哇·衮却坚参（phu ri ba dkon mchog rgyal mtshan）：此师为请求阁昌巴完全结集一味法类者。他在帕珠（pha drug）修建寺庙。他的传承人有德钦僧格活佛（sprul sku bde chen seng ge）和玛季却准（ma cig chos sgron），以及玛季却准的弟子四书格西南喀俄色（bkav bzhi pa nam mkhav vod zer）。后者最初是拉堆绛巴（la stod byang pa）的住持四书格西，一位大善知识。他来到却坝（chos bar）与玛季相见而向她求得教授。因此，是一位生起殊胜修持之大德。

南喀俄色的弟子为喀惹扎嘉哇（kha rag grags rgyal ba）：此师诞生于丙午年（阳火马，公元1186年），曾经作过敬安·扎绛巴（spyan snga grags byang ba）的献茶侍者（gsol ja ba）。在敬安贡邦巴（spyan snga kun spangs pa）时期他做管茶长（ja dpon）时，逃到曲坝（chu bar）修行。之后与四书格西南喀俄色等师相见，求得许多教授。他（与南喀俄色）在日（ri）、梯（thebs）两地（来回）居住后，返回仁钦岭（rin chen gling）住大约一年时间。大约那时，他生起证悟。后来，他在喀惹住了很长时间。因此，普遍传称他叫喀惹巴（kha rag pa）。之后他住持丹萨梯寺，做利益众生的事业。他在86岁时的辛未年（铁羊，公元1271年）逝世。

悲心与师（阁昌巴）同等的弟子为玛邓巴：此师又名垛窝伽哇（mdo bo che ba）。

净相与师（阁昌巴）同等的弟子为奈仁巴：此师祖辈出自西日的东山脚下。吉顿却扎（skyi ston chos grags）在曲弥仁姆（chu mig ring mo）成为甲阿玛坚（rgya va ma can）的弟子。他住世115岁高龄。他的儿子名为伦察坝（slan tsha vbar②），是娘若寺阁甲察（mgo bya tsha）的弟子。伦察坝修建了冻惹拉康（ldum ravi lha khang）。英年早逝。伦察坝之子拉杰·澎巴哇（lha rje phan pa ba），是热顿甲（reg ston skya）的弟子。拉杰有非亲子而为侄子者五子（sras min tsha mched lnga），第五子为甲昌

---

① 与上文 pa ri sbyil dkar ba 同。
② 罗译（第688页第7行）转写为：zman-tsha-vbar。

（bya tshang）的珠巴细波（sgrub pa zhig po）。五子中最长者邬佐沃顶巴（dbugs gtso bor sdings pa）有子尼玛坚参（nyi ma rgyal mtshan），他曾与班钦幼年相识。尼玛坚参有子七人，第七子就为奈仁巴。奈仁巴名为德勒坚参（bde legs rgyal mtshan），诞生于乙酉年（阴木鸡，公元 1225 年）。他在 22 岁时的丙午年（阳火马，公元 1246 年）在阁昌巴座前听受教授后修行。他在阁昌巴逝世后的第二年即已未年（阴土羊，公元 1259 年）修建了奈仁寺（ne rings）。那时他 23 岁。他在 57 岁时的辛巳年（阴铁蛇，公元 1281 年）逝世。一般认为，他是麦枳巴和觉若纽巴（lcog ro smyon pa）的转世活佛。

以上是阁昌巴及其大弟子等的阶段。

十八　堆珠（stod vbrug）的阶段

嘉哇·阁昌巴的著名弟子嘉哇·漾贡巴（rgyal ba yang dgon pa）：此师诞生地为拉堆洛寺（la stod lhovi dgon pa）的拉冻（lha gdong）地方。是当地一宁玛派世家，出了许多大成就师，传承不断。其中有一位叫达玛的大成就者，曾在 60 年间不间断修行，名为珠脱达玛（grub thob dar ma）。漾贡巴之父为珠脱达玛之弟，名为觉桑（jo bsam），拥有广大的密宗才能，是一位以昼夜修善度日者；母亲名为瑜伽母却通（rnal vbyor ma chos mthong）。此师（漾贡巴）诞生于癸酉年（阴水鸡，公元 1213 年）。东（stong）是其族姓。其住于母胎时，母亲梦见双日出现等许多殊胜瑞相，并且自然地生起三摩地。诞生后不久，他就能说话，最早说出的是："我要皈依啊！"对他而言，念诵和书法无师自通。从他会说话时起，便规劝以母亲为首的近侍诸人修学佛法。于是，可以说他刚一生下，就已成为众生怙主。【他出生前父亲就逝世了，但是父亲过去曾说："这里将会诞生一位活佛之故，小孩就要取名为冻索哇坝（gdung so ba vbar）。我① 要前往他方作利益众生之事业了。"说后于 75 岁那年逝世。】②

---

① 此处藏文（第 807 页）为 khu bo，恐误，似应为 kho bo，即我。
② 【】藏文（第 807 页第 1～4 行）为：sku bltams pavi dus nas yab de mi bzhugs kyang snga gong yab kyi zhal nas/ vdi la sprul pavi sku gcig vbyung bar vdug pas/ ming gdung so ba vbar du thogs/ khu bo gzhan du vgro don la vgro gsung nas bdun cu don lnga la gshegs/。郭译（第 448 页第 5～7 行）为："他诞生时父亲虽未在眼前，但往日曾经说：ّ这里将生一位活佛，取名冻索坝（软面焰）。叔父前往他方作利生。'说后年七十五岁而逝世。"

为此，小孩（漾贡巴）自己曾唱道："我，坝哇，乃幻化小儿……"年满5岁时，他就能够说出许多利他的道情歌，继而四面八方普遍传称他为出世的活佛。那时，有一位名叫桑杰·弥觉多杰（sangs rgyas mi bskyod rdo rje）的行乞者，谁也不能认识他，可是这位仁波且小孩却认识，并且投入其怀抱玩耍。以此，桑杰弥觉多杰仁波且十分欢喜，修悟得到大增。桑杰弥觉多杰再三说："我在漫游拉堆四部期间，只有一位5岁小孩认识我。"他还说了好几遍："我有个儿子，他认识他的父亲。我要去见他。"后来，桑杰弥觉多杰前去那儿时，与仁波且（小活佛）相见，并对他说："哦，觉色（上师儿子）！唱首歌吧。"于是漾贡巴发出妙音唱道："向上师至尊敬礼，幻化小儿我名坝哇，宿世余业早已净，已入上师之加持，所迷之见我远离，所缘之修我远离，取舍之行我远离，疑望之果我远离。"弥觉多杰听后心生欢喜，双手合十说道："这小孩确实系上了大圆满的腰带了。这是普贤之子，佛之化身，我皈依！"说后泪流满面。大约那时，漾贡巴就在弥觉多杰座前听受了《安达梁之秘藏诸法》（mngav bdag myang gi gter khavi skor）和《息结法类》。年满6岁时，他到普玛哇（phul dmar ba）座前听受《幻化灌顶》（sgyu vphrul gyi dbang）和《大圆满续部教授》（rdzogs pa chen povi rgyud gdams ngag），以及《噶当教法》、《息结教法》、《能断境界》（spyod yul）、《道果心要法类》（lam vbras snying po skor）教授秘诀等无量教法。他在普玛哇座前依止3年时间。9岁时，他住持拉冻寺。幼年时期起，他就拥有神通。此生所依止上师有：喇嘛阁乍巴（bla ma ko brag pa）、阁昌巴、萨迦班钦、敬安大师、桑杰热钦（sangs rgyas ras chen）、喇嘛卓穹巴（bla ma drod chung pa）等人。从以上诸师，他求得一切教法。他从9岁起，就开始抚育僧众，对他人立教导之规。22岁时，他由拉尊索喀哇（lha btsun sog kha ba）作亲教师，阁乍巴做羯摩师，卓穹巴做屏教师，在80位见习僧众（las gral ba）前受了比丘戒。取名为坚参贝（rgyal mtshan dpal）。后来，他修建了西日南顶寺（Śrī ri gnam sdings dgon pa）。在那里他为了对他人作示范，在一年时间里紧结跏跌而坐。不仅如此，他还在布勒（bu le）等圣地讲说修法教导并住寂静处。总之，由于他名声极大，从各地来聚集于其周围的僧众超过10000人。应诸弟子的请求，他著有《住山法三种》（ri chos skor gsum）和《本母六种》（ma drug）等许多论著。最后，他在46岁时的戊午年（阳土马，公元1258年）前往坝卓（bar vbrog）。后来，他在甲度（lcags dur）①

---

① 罗译（第691页首行）转写为：lcags-nur。

第八章　从大译师玛尔巴的传承至称为达波噶举派的阶段　577

时现身体衰弱之相。之后被迎请到西日后，他于 19 日逝世。此师有许多具有证达，而且不贪恋于此世的修行弟子，其中主要弟子是：敬安·仁钦丹（spyan snga rin chen ldan），敬安从幼年就开始亲近于漾贡巴座前而未离开过，后来做漾贡巴的言教结集者。还有洛热却郡贝（lo ras chos skyong dpal）是一位获得脉洛、风息自在的修士。以上两师为其主要弟子。

漾贡巴的弟子敬安·仁钦丹：此师于壬戌年（阳水狗，公元 1202 年）诞生在定日地方，父母很富有。他比漾贡巴早诞生了 11 年。年满五六岁时①，他已经朝拜过拉柯（gla vkhor）的嘎汝拉（ga ru la）灵塔等地。从那以后，他心中自然生起求法欲念，而对俗世生起强烈厌恶。

有一次，有一些住山修士告诉他说，拉冻有一位杰出活佛，他便极为敬仰。后来，他年满 5 岁时，与住在定日的拉冻活佛相见，生起了特殊敬仰，并且不用功而生起了三摩地。于是，他在（活佛拉栋巴）前祈求法缘，听受《上师瑜伽》（bla mavi rnal vbyor）和《大手印四字法》（phyag rgya chen po yi ge bzhi pa）；又在父亲觉顿巴（jo ston pa）前学习念诵和书法，并且听受了许多教导。之后，他在 11 岁时前往拉栋巴·法王阁乍巴（lha gdong pa chos rje ko brag pa）座前拜见，便生起了无量敬仰。法王对他说："如果你愿意，可以追随我。"于是他追随法王，为其做仆役，直到法王逝世为止，在长达 35 年的时间里，他一天也没有离开过法王。因此，普遍传称他为敬安哇（侍从）。法王所有的新旧灌顶、教授、经教诵授等，他全部都听受过。在阁乍巴座前他还听受了许多教法。【在阁昌巴座前，他听受了珠宗的一切教法。在萨迦班钦座前，他听受了萨迦派的一切教法。在杰敬安（敬安大师）座前，他听受了止贡巴的一切教授。】②此外，他还依止喇嘛桑谷（bla ma bzang dgu），在其座前听受了《九种甚深教授》。而且建立修幢，显证真实之性。后来，他在定日安住时教化无边僧众。此师出有树普哇和大成就者尼玛贡（grub thob nyi ma mgon）等许多有修证之弟子。

树普哇的弟子为著名的法王坝惹哇（chos rje vbav ra ba）：此师是项地（shangs）的恰隆人（chab lung pa），父亲温蚌（dbon vbum）是个大头人。坝惹哇诞生于漾贡巴逝世 52 年之后的庚戌年（阳铁狗，公元 1310

---

① 罗译（第 691 页 2 段 4 行）漏译"六"。
② 【】藏文（第 810 页 7～9 行）为：rgod tshang pa lavang vbrug skor thams cad gsan/ sa pan la sa skya pavi chos skor rnams zhus/ rje spyan snga la vbri khung pavi chos skor rnams gsan/。郭译（第 449 页末行）漏。

年）。年轻时，他做法王索南坚参的进茶侍者，那时就生起了猛利厌离之心。于是，他前往卓扪坚巴（sgro mon can pa）等师座前求传修法教导，故而生起如教之证悟。后来，他在树普巴和须色日巴（shug gseb ri pa）等师座前听受了《九种甚深教授》。他异常勤奋地修行而获得殊胜证悟。他又在坝日修建了坝日寺（vbav rivi dgon）。然后，他又前往坝卓（spa gro），作了许多教化事业。他再次来到项地后，又作了很长时间利益众生的事业。此后再次前往坝卓，并在自己82岁时的辛未年（阴铁羊，公元1391年）逝世。

又有树普哇的弟子日哇·宣奴坚参（ri ba gzhon nu rgyal mtshan）：此师诞生于辛亥年（阴铁猪，公元1311年），年满80岁时逝世。

又有坝惹哇的弟子为著名的藏巴·洛卓桑波哇（gtsang pa blo gros bzang po ba）：此师于庚子年（阳铁鼠，公元1360年）诞生在温地（von）的敬帕（byin phag）地方。童年时期，由于其父亲住在仁棚（rin spungs），他也跟随着前往仁棚，并担任仁棚巴的管家。之后，他对佛法生起正信；于是便前往喇嘛却英巴（bla ma chos dbyings pa）座前依止。他在此师座前居住一段时间之后，他就成为法王坝惹哇的弟子而求得许多教授并进行修持。他依止过无数上师，并在诸师座前听受了许多教授，以此之力诸师对弟子所传教导次第中教授也有所不同，普遍传称他有一百八十二种不同教授。他也到冈底斯（雪山）居住过。之后，他为了求法，曾经前往西印度江伯王国（lcam be，即Campa）；又到过东印度的辛根日（shing gi ri）。他在拉堆南部也居住过几年时间。司徒却仁（si tu chos rin）将他安置在自己的座下。后来，他在吉雪的邦波喀（spang po kha）和丹宗等处安住。之后他前往约地（g'yor），拜雅焦巴·本钦格年巴（yar rgyab pa dpon chen dge bsnyen pa）为自己的上师。他如此前往上下各地方作了广大的利益众生事业后，在64岁时的癸卯（阴水兔，公元1423年）于扎奇珠寺（gra phyi vbrug gi dgon pa）中逝世。

此师的弟子为阁楚法王（rgod phrug chos rje）和堪钦释迦扎巴（mkhan chen shavkya grags pa）等人。

此外，藏巴甲热有弟子名雅热（g'yav ras）；雅热的弟子为德却桑杰（bde mchog sangs rgyas）；德却桑杰的弟子为乍日热巴喜饶贝（rdza ri ras pa shes rab dpal）；乍日热巴喜饶贝的弟子为江钦热巴·宣奴索南（rkyang chen ras pa gzhon nu bsod nams[①]）；江钦热巴·宣奴索南的弟子为温波·

[①] 此处藏文（第812页第10行）为：bsod nasm。恐为印刷错误，应为：bsod nams。

第八章 从大译师玛尔巴的传承至称为达波噶举派的阶段

旺秋宣奴（dbon po dbang phyug gzhon nu）；温波·旺秋宣奴的弟子为克尊·登珠宣奴（mkhas btsun don grub gzhon nu）；克尊·登珠宣奴的弟子为法王喜饶贝（chos rje shes rab dpal）。

法王喜饶贝：是江钦活佛（rkyang chen sprul sku）的侄子。在做江钦内部的侍仆和工作时，他常想："我应该求学正法，现在的工作不适合我。"于是，他就在活佛座前求得教授后，前往山沟上部的恰巴嘎姆（khyag pa dkar mo）作修持，由他的哥哥温波仁珠（dbon po rin grub）给他送口粮。有一次断了口粮，他就自己来到江钦取粮。温波仁珠对他说："有人已经把口粮送走了，你在途中没有遇到吗？"他返回住处后，发现谁也没有来过。于是他想："我再也不会对你（哥哥）有所祈求了！"如此决定之后，他来到嘉康（rgyal khams）在父亲那里与杰却·桑丹贝哇（skyes mchog bsam gtan dpal ba）相见。后者说法时，他安坐于法座附近。杰却·桑丹贝哇用手拉了拉他的头发，同时注视空中。以此，他也注视天空，亲眼见到现有一尊具足威光的丹巴桑杰身像。如此，他在杰却巴·桑丹贝和烘波云垛哇（sngon po yon rdor ba）座前也听受了教授。之后他前往拉隆（lha lung），在日比珠扎（rig pavi vbrug sgra）座前求得教法。又前往巩波，在法王喀觉哇（chos rje mkhav spyod pa）座前听受了许多教授，而且在上师到波窝（spo bo）时，他也追随为上师作服役。这样，他从许多上师座前求得教授。之后，他在雄地（gzhung）的居惹玛哲（gyu ra dmar rtse）处修行。而后他在乍波（rdza spo）居住了很长时间，因此，普遍传称他为法王乍波哇（chos rje rdza spo ba）。之后，他到曲村喀（chub tshan kha，温泉），在那里的麦康（man khang，房子）安住。他又在曲村喀（chu tshan kha）的碉堡（mkhar）中居住了一段时间。他经常面带微笑，使上下一切人等能够与他见面。他的赏赐物有随便放有调料和各种各样蔬菜的食品；以及广为分赐前后的两种密物（内供水、甘露丸）。他住寿时间很长。手中所有的财物都供给各寺院的僧伽大众。普遍传称他是大成就者。

此师出有著名的二大弟子为拉日喀哇法王南喀桑波（lha ri kha ba chos rje nam mkhav bzang po）和扎普杰却门兰哇（gra phub skyes mchog smon lam ba）。此二师均是从法王喜饶贝获得证悟的。另外的法缘上师也有很多的，尤其是法王喜饶贝哇，由于哥哥去世后给他遗留下了许多黄金。有一天，垛达（dol mdar）的募化者前来募化时，他满足他们的希望而施舍了自己所有黄金的四分之一。其余的黄金寄给了南喀桑波并附言道："对大修士在修行中所缺少粮食者，以及求学显教的诸人缺乏粮食者都应该供献一部分；对诸贤良上师，尽管他们富有也应该供给黄金。"他依此所说而行事，而且从吉雪到萨迦之间，所有诸师前他都供上黄金并求传了教授。因此，他有许多上师和教授。法王南喀桑波最初修建了朗隆（glang lung）寺，后来他住持了上师在曲村喀（chub tshan kha）的寺庙。杰却巴则修建了牟底寺（mu tig）。总之，由两师教化的求学弟子很多，并且使洛扎到约地方的卓（vbrug）都是信珠宗的教法。①

嘉哇漾贡巴的直传弟子是具足通达的仁波且坚参蚌（rin po che rgyal mtshan vbum）：此师的诞生地为拉堆。童年时期他就与漾贡巴相见，并生起敬信而在师座前出家为僧。年满16岁时，他生起大手印证悟。后来他依止大成就师邬坚巴等人，并且竖立起修派之幢。

仁波且坚参蚌的弟子拉堆巴·喜饶贡波（la stod pa shes rab mgon po）：其族姓是雍（g'yung）。父亲名为桑杰焦（sangs rgyas skyabs），母亲名为梁姆贝丹蚌（myang mo dpal ldan vbum）。此师诞生在拉冻寺地方。4岁时，他就在贡萨巴（dgon gsar ba）②座前受居士戒着黄色衣服，学习书法、念诵以及仪式仪轨等。又在上师坚参蚌等师座前听受教法。17岁时，他亲近拉栋巴，后者给他取名为喜饶贡波（shes rab mgon po）。19岁时，他在树普巴和堪钦索宣巴（mkhan chen bsod gzhon pa）师座前受比丘戒。之后，他在喇嘛桑杰温（bla ma sangs rgyas dbon）、树普巴、堪钦却顶巴（mkhan chen chos sdings pa）、卓穹巴、喇嘛仁钦贡（bla ma rin chen mgon）、喇嘛达桑（bla ma dar bzang）、克珠察哇活佛珠钦巴（mkhas grub khra ba sprul sku grub chen pa）、克尊·索南俄色（mkhas btsun bsod nams vod zer）、珠脱旦细（grub thob vdam zhig）、喇嘛仁钦佐巴（bla ma rin chen rdzogs pa）、喇嘛喜饶达（bla ma shes rab dar）、喇嘛邦嘎巴（bla ma spang dkar pa）、垛丹纳察巴（rtogs ldan na khra ba）、垛丹峡香（rtogs ldan shag shang）等师座前听受了许多教法。他前往西日闭关静修了7年时间后，生起证悟。他从17岁开始生起证悟，但没有极大的增长，当中更获得极大彻悟。如此，这位有证悟的大德前往前藏，依止了噶玛巴壤迥多杰和仁真宣奴杰波（rin vdzin gzhon nu rgyal po）等许多上师。之后，他在香布和色杰岗（gsal rje gangs）等寂静处安住而修；并在巩波以上地方作了广大的利益众生事业。此师座前喇钦仁宣巴（bla chen rin gzhon pa）

---

① 此段藏文参阅第813~814页；罗译请参阅第694页倒数第3行到第695页段末。罗译有些不同，请参阅。

② 与上文dgon gsar ba同。

也来依止过。此师曾著有噶举派诸师传记,并且著录有一些利他经典选集。由于此师是一位极负盛名之大德,阅读详细传记就知道他的诸多功德。

以上为堆珠的阶段。

十九 珠钦巴(大成就)传承弟子等阶段

阁昌巴的得意弟子为大成就者邬坚巴(grub chen u rgyan pa)。其族姓世系:邬坚巴是垛麦地区(安多)雅姆塘(dbyar mo thang)地方居·绛曲宣奴(rgyus① byang chub gzhon nu)的后裔。居·绛曲宣奴是莲花生大师的直传弟子,成为藏王赤松德赞的一位应供上师。居·绛曲宣奴之子为绛曲却(byang chub mchog),绛曲却之子为绛曲云丹(byang chub yon tan)。绛曲云丹有二子,长子名为绛曲嘉措(byang chub rgya mtsho),次子名为却季嘉措(chos kyi rgya mtsho)。兄弟二人领着仆人多杰衮吐(rdo rje kun thub)前往前后藏。他们到达梁麦坝南(myang smad spa snams)时,主仆三人被阿措班德(ar tsho ban des 盗僧)18 人所抓捕并且说是要用他们来作祭祀空行的祭品。② 他们将主仆三人的手脚捆在木桩上,使其伸展起来。仆人多杰衮吐对两位主人说:"您二位如真有修证成相,那么现在已经到显示的时候了。"弟弟说:"我是否到该挥金刚撅之铠(phur pavi khrab shon)?"哥哥说:"你不必惧怕!"说后作起了吉祥马头金刚法来,经过三次马鸣之后,周围的一切人等立刻昏倒。苏醒过来时,此诸人等也就对他们二位生起敬服而亲近。之后,他们二位将诸人引入了正道。绛曲嘉措之子为索南扎(bsod nams grags),索南扎之子为居纳德协(rgyus nag bde gshegs),居纳德协之子位嘉察哇索南帕(rgyal tsha ba bsod nams vphags),嘉察哇索南帕之子为温觉彭(dbon jo vphan),他与其妻杜格麦(dug ge me)生有四子三女。珠钦巴在兄弟姐妹中为最小者,诞生于庚寅年(阳铁虎,公元 1230 年)。取名为僧格贝(seng ge dpal)。他从

---

① 罗译(第 696 页倒数第 10 行)转写为:rgyu-sa。
② 据罗译(第 696 页末行)行间注:在公元 10 世纪,印度一位名叫喜饶桑哇(shes rab gsang ba;梵:Prajñāgupta)的班智达,也叫桑塔玛波大师(sham thabs dmar po),翻译过《大印精要读》phyag chen thig le rgyud(请参阅《甘珠尔》,rgyud vbum, Nos. 420~422)。据某些著述,这 18 个阿措班德就是他的弟子。这 18 人经常劫持男女,用于密教仪式中的人祭。据说,就是他们的行为迫使古格王朝诸王迎请阿底峡大师。

童年时期起就自然地生起三摩地。他心想:"首先,我应求闻法,此后再作修行,然后再观察过去的心与现在的心有何区别。"父亲对他说他应当娶妻,但是,他来到叔父座前说:"我是渴望学习教法,但父亲想让我娶妻。"为此他哭了很长时间。叔父安慰了他。从7岁到16岁期间,他一直听受《母续普巴金刚》(ma phur)、《胜乐》、《喜金刚》、《金刚手》(phyag rdor)和《瑜伽》等续释、修法和轨范仪则等,并成为善知识。年满16岁时,他到博冻唉(bo dong o)在法王仁钦哲姆(chos rje rin chen rtse mo)座前听受《上下对法》①、《量决定论》和《般若略释》。他由此获得讲说、辩论、著作三者无与伦比的美誉名声。之后,法王阁昌巴从德钦顶来到绛隆(spyang lung),途中应邀来到阁隆普汝(go lung phu ru)时,法王阁昌巴授记说:"今天将会与一个有缘者相会。"果然,他一见师(阁昌巴)面,就生起无量敬信。之后,他来到布扎(sbud tra)时,他以一口铜锅和一包红糖为礼品供在法王座前,求受得守持戒酒及四根本戒②的居士戒。法王对细波绛贝(zhig po byang dpal)说道:"觉色,现在你守持了与出家人无别之戒是有所不能啊!但是守戒是极其困难的。但是他再三说他能做到。因为他宿世也是一位出家人啊!哦,我这老头说这干吗呢?"于是,法王抓一把砂糖给他,让他全部吃完,以作圆满之缘起。法王说:"你必须再来我这里一次,我将开示大手印。对你而言解脱不难获得。"此后他在阁隆巴·垛德贝(go lung ba mdo sde dpal)座前听受《般若略释》。他阅读《毗奈耶》诸律典时,有深厚之习气,尤其是仅阅读一遍《百一羯摩》(las brgya rtsa gcig)③,就能领会于心。年满20岁时,由博冻仁哲(bo dong rin rtse)做亲教师;香桑岭巴(zhang bsam gling pa)做大师,索南俄色大师(slob dpon bsod nams vod zer)做屏教师,同时受完比丘戒,取名为仁钦贝(rin chen dpal)。此后的12年中,他都守持一坐禁行,且不食肉。他在法王仁哲座前很好地求得卓师(vbro)传规之《时轮法类》,又在阁隆巴座前很好地学习恰(chag)传规之《时轮法类》。他也学习星算法而获得精通。阁隆巴对他说:"时轮师桑杰多吉(dus vkhor ba sangs rgyas rdo rje)精于扎弥(tsa mi)传规,

---

① 《上下对法》(mngon pa gong vog):指《阿毗达磨集论》和《阿毗达磨俱舍论》。参阅《藏汉大辞典》,第688页。

② 四根本戒(rtsa ba bzhi):四根本戒,别解脱的四根本学处;谓不杀、不盗、不淫、不妄说上人法等,为出家僧人的四根本戒。如犯此戒,即败坏戒律根本,故名四根本。参阅《藏汉大辞典》,第2210页。

③ 参阅《丹珠尔》,vdul ba, No. 4118。

第八章　从大译师玛尔巴的传承至称为达波噶举派的阶段　583

你应该去听受。"于是，他花了 11 个月时间扎弥传规及其分支细节等。上师中断讲法而去到色恰（ser chags），对此他心中略有悲伤！而向大德上师作祈祷。他在梦中梦见上师并得到授记。完成修习后，他到德钦顶拜见法王阁昌巴。他一到寺中就立刻生起了一味通达。他就在法王（阁昌巴）座前听受了噶举派的一切教授，并且如实生起了通达。有段时间，他对阁昌巴说："我想前往香巴拉①，解决我对时轮中不容易通晓的各种疑难问题。"法王说："你与香巴拉无缘，但你和邬坚有缘，应前往那里。你（对时轮）有什么不容易通晓之处？"他就如此这般作了回答，并提到了其中一些不容易解的问题。法王如实地给他作了解答，因此，他感到极为惊奇！问法王："法王仁波且未曾学过《时轮》，怎么会如此精通善巧？"法王说道："我在西日居住时，有一红色妇女赐我一经函，我接之吞入腹中之相。因此，在藏族所翻译的一切法典我无不知晓。"他又请求说："既然如此，那么，请求法王传我一次《时轮灌顶》。"法王（阁昌巴对邬坚巴）说："觉准，你自己应该在梦中祈祷便可以获得。"于是他作祈祷，在梦中他见法王仁波且穿着时轮师桑杰多吉的服装给他传授了广详的《时轮灌顶》。翌日清晨，醒来时他来到法王座前，法王问道："觉准，你心满意足了吗？"答曰："极为满足！上师精于如此轨范仪则，是在哪位善巧上师座前学到的呢？"师说："是空行母教我的。"此后他请求师许可前往邬坚。最初，他到绛弥麦（byang mi med）山中静修，修持有了很好的增长。因此，过去忘记的一切教法都回忆起来了。之后，他前往底斯居住了一段时间。此后，他取道玛域（mar yul）和惹绛（ra byang）而走，友伴一行五人前往那烂陀。此后，其余诸人返回藏地，他们同贝耶（dpal ye）结伴继续前行。总的说来，他沿途走过许多危险的关隘，尤其是蒙古军队将他们的颈部用修带捆绑起来，并用脚踢他们的身体。有时，他稍微昏倒过去，顿时又站起来，并且舞蹈，大声惨叫起来。因此，他们说："这肯定是位成就者。"②他们又问他："你的女人和孩子怎么样？"又行至一条大河岸边时，他发现天翻地覆之相。如此之境相，他们用禁行修力震慑下去了。到达邬坚杜玛塔拉（u rgyan dhuma tha la）③山时，那

---

① 香巴拉（sham bha la）：又译香拔拉，意译持极乐世界。佛教一净土名。此世界地为圆形，雪山环绕，状如八瓣莲花，花瓣之间河水周匝。贵种王朝，世领其他。佛说时轮经教，今犹盛传。参阅《藏汉大辞典》，第 2836 页。
② 参阅图齐的"Travels of Tibetan Pilgrims"，加尔各答，1940 年，p. 44。
③ 藏文（第 820 页倒数第 7 行）写为：ཨོ་རྒྱན་དྷུ་མ་ཐ་ལ།

里有一金刚瑜伽母装扮成妓女的色相给他一碗菜肴作了加持,以此除净所余下的一切业障,心中生起三金刚①真实之义。然后,金刚瑜伽母显示真实身传授给他口诀教授。之后,他回藏取道克什米尔,因此,克什米尔王派了密探30人前来追杀他②。虽然在途中相遇,但是他与助伴一行二人无任何危险而得以逃脱。到达藏区时,法王阁昌巴已经(于1258年)逝世,法王有遗教说不必建造他的灵塔等语。但是邬坚巴说:"我认为立这一遗教时的范围,我不在其中。"于是,他建造了灵塔,还修造了几种佛像、经、塔等。此后,在辛酉年(阴铁鸡,公元1261年),他师徒多人前往金刚座。在那里一见到菩提树(byang chub kyi shing),便生起真实的世俗菩提心③。他立刻想:"过去法王阁昌巴对我说过,十二年后将生起真实的修善,应该是这一菩提心之生起。"由于他继续在清凉寒林④居住并进行修行,地方神使他生了疔疮(或作背瘩)。他用刀拔掉疔疮,并修幻轮法使疔伤痊愈。后来他降伏了这一地方神,无论何时他必须修威猛法,此地方神都来助他。在金刚座,作为圣众海会之主,他虽然示现了大神变而不成立盛会,但是承许做了施主。从此以后,他刹那间也未舍离无别三摩地和菩提心,而成为如狮子一般的大瑜伽士。他仅以目斜视或用棍杖一触,就能够使一切病魔消除而痊愈。他能威光镇伏人、鬼、天神三者,显密一切诸法无不通晓。他也曾到过邬(dbu)、约(g'yor)两区和涅洛若(gnyal lo ro)及措纳(mtsho sna)等地,作出了轰轰烈烈的利他众生事业。后来,忽必烈王(rgyal po go be la)迎请他到霍尔(蒙古)地区。他在纯以珍宝建造的时轮曼荼罗为王作灌顶,曼荼罗彩土变成的珍宝都投掷于江河之中。在他打算迅速返藏时,王向他呈书信。因此他对王说:"我已在博冻仁哲断发(出家为僧),应向阁昌巴大师作祈祷。即便是帝释天王(lhavi dbang po brgya byin)来到面前,我也要劈开额头舐其脑汁。"他说这些话对王有慑服力,王也泪流满面!他从汉地(霍尔等处)回来时,所得财物一针也未带走而返藏。获得如此成就的大宝上师,在年满80岁的己酉年(阴土鸡,公元1309年)逝世。

后来正如师所说:"倘若我传此念修法,将出现获得授记的成就者遍

---

① 三金刚(rdo rje gsum):指身、语、意。参阅《佛学词典》,第425页。
② 参阅图齐的"Travels of Tibetan Pilgrims",加尔各答,1940年,p.63。
③ 世俗菩提心(kun rdzob byang chub kyi sems):世俗谛菩提心。由文字言说可以理解的粗分菩提心。参阅《藏汉大辞典》,第24页。
④ 清凉寒林:(bsil ba tshal):古印度金刚座东南一尸林名。参阅《佛学词典》,第878页。

布各方，而作为住持珠宗传承者，我是以八大指导（khrid chen brgyad）为主。"正因为如此，主要的教授成为两系的珠宗法门中出有很多的大手印证悟者。

他的弟子中出有许多对毒物、水、火、仇敌和任何险地也无畏惧的成就者。求得三金刚念修法的主要弟子有：仁波且喀曲哇（rin po che mkhar chu ba）、法王壤迥哇（chos rje rang chung ba）、喇嘛邬玛巴（bla ma dbu ma pa）、堪钦索南俄色、垛丹达哇僧格（rtogs ldan zla ba seng ge）、法王贡噶登珠（chos rje kun dgav don grub）等人。其中，从法王壤迥哇传来的念修教授的要领略有不同。后来，此法传承发展出噶玛巴历代转世活佛及其弟子等传承。同样，邬玛巴所传出诸传承中，也有《金刚句释》（rdo rje tshig gi bshad pa）及其秘诀和轨范仪则。而且由堪钦索南俄色哇著出《金刚句广释》。从法王岗巴（choas rje gangs pa）起，直传至具德上师索南坚参（bsod nams rgyal mtshan）。

法王达哇僧格也著有《金刚句释》，以及《导释次第》（khrid rim gyi yig cha）、《消除灾障》（gegs sel）和《认识真实》（ngo sprod）等许多论著。而且他给弟子传授这些论著都与《续释广论》（rgyud vgrel chen mo）相配合，以摄受应化诸有情。达哇僧格还对珠钦仁波且及时所说教语记录下来后，撰著出著名的《珠鬘法门类》（phreng skor）。法王达哇僧格的弟子就是秦浦的堪钦绛曲僧格（mkhan chen byang chub seng ge）。

堪钦绛曲僧格的弟子为帕却索南贝（vphags mchog bsod nams dpal）：此师诞生于己丑年（阴土牛，公元1349年）。在奈邬栋（snevu gdong）①担任房产管理，后来为求法而逃到后藏。最初他依止法王岗巴，但大部分导释还没听完时法王岗巴就逝世了。之后，他在堪钦绛曲僧格座前听完了所有教授。此后，他成了丹萨梯哇（gdan sa thel ba）的住山修士。他还在曲坝（chu bar）处精修获得大手印的证悟。后来，贡巴扎勒（sgom pa grags legs）在芒嘎山（mang dkar sgang）脚下修建了一处茅蓬。当他在此安住时，著名的法王仁波且阁楚扎巴（rin po che rgod phrug grags pa）也在此茅蓬附近的洞中安住。有一次，阁楚扎巴来给帕却巴（索南贝）传授念修法，以及噶举派诸教授秘诀所缘时就求赐了一些茶。之后，阁楚扎巴也在同一个洞穴精心修行，生起了大手印之证悟。帕却索南贝也十分为他高兴，而将自己的僧衣也授赐给了他。此后，他在其他各处依止过法王梯钦巴（chos rje theg chen pa）等许多上师，并向他们求得诸教授。他又

---

① 据罗译（第703页倒数第5~4行）行间注：当时是宗喀巴在藏的行政中心。

在诸山林中造了许多险要山居。在岗波（sgam po）居住时，住屋上方发生山洪暴发的危险，他运用悲心使其无恙。有一次，他从瞿尔（phyur）①的桥②上堕入河水中，众空行母发生喧哗声将他救出。他有一陶壶，任随如何斟注，佳酿美酒不能用尽。类似神通他有很多。为了摄受弟子，他修建了却顶（chos sdings）的山林修院。他成为人王扎巴穹奈（mivi bdag po grags pa vbyung gnas）的上师，后者对他极为顶敬。他作了广大利益众生的事业。总的说来，法王阁楚扎巴生于癸卯年（阴水兔，公元1363年），年满85岁时于丁卯年（阴火兔，公元1447年）3月22日往于法界③（逝世）。此后继承寺座者，为法王索南坚参、法王桑杰洛卓（chos rje sangs rgyas blo gros），此二师对阁楚扎巴上师也都一心顶敬，而且从大手印获得不动三摩地。

他们之后，为法王协乍巴（chos rje shel brag pa）：此师如法王阁楚热巴（chos rje rgod phrug ras pa）所授记那样，由无边法门而作度化一切应化有情事业。

寺主法王索南坚参：诞生于戊子年（阳土鼠，公元1408年），他住世到56岁时的癸未年（阴水羊，公元1463年）。从那时起到现在（著书时）的丙申年（阳火猴，公元1476年），已经过去13年了。概而言之，帕莫竹巴逝世的那一年为庚寅年（铁虎，公元1170年），61年后，珠钦巴（邬坚巴）诞生（公元1230年）。珠钦巴61岁时，布顿仁波且诞生（公元1290年）。布顿61岁时，法王喀觉巴、法王卓玛巴和堪钦仁波且·坚参桑波等诞生（公元1350年）。从那时起到现在的丙申年（阳火猴，公元1476年），已经过去两个六十年零七年（127年）了。

以上是珠钦巴（大成就者邬坚巴）弟子传承等的阶段。也是珠宗的总阶段。

二十　措普哇（khro phu ba）的阶段

卓贡仁波且的大弟子仁波且嘉察（rin po che rgyal tsha）：此师诞生于戊戌年（阳土狗，公元1118年），是肖哇麦乍山沟（sha ba④ smad vdzal

---

① 罗译（第704页倒数第15行）转写为：Byur。
② 藏文（第824页第8行）为：jam pa。恐误，应为：zam pa。
③ 法界（chos dbyangs）：自性空之色等五蕴。参阅《藏汉大辞典》，第840页。
④ 罗译（第705页倒数第6行）识读为：shab。

第八章 从大译师玛尔巴的传承至称为达波噶举派的阶段

gyi lung pa）拥有正宗密宗的宁玛派成就者努·南喀宁波（snubs nam mkhav snying po）之后嗣，母亲名为拉吉（lha gcig，意即公主）。5岁时，他学习了文字与算法。从童年时期起就不贪恋于世法，希望求于正法。所依上师有：努·尼玛（gnur nyi ma）、更恰巴大师（slob dpon gan chag pa）、让顶玛哇（ram sding ma ba）、格西枳年（dge bshes rtsi gn-yan）、卓顿拉蚌（grol ston lha vbum）、喇嘛岗日窝伽哇（bla ma sgang ri bo che ba）、素尔穹哇之子杰·卓普巴（rje sgro phug pa）、喇嘛峨喀巴（bla ma vor kha pa）、岗喜饶喇嘛（sgang shes rab bla ma）、阿里吉顿（mngav ris skyi ston）、季·贡噶多杰（dpyal kun dgav rdo rje）、尼泊尔的班智达萨扪达希（Samataśrī①）、库译师内佐（khu ko tsav ba ne tso）②、班智达释迦室利（Pandita Śākyaśrī）③、博岗哇（spos sgang pa）、拉杰觉柯（lha rje jo vkhor）、拉杰·喜饶桑波（lha rje shes rab bzang po）、觉尊麦坝（jo btsun me vbar）等人。他在诸师座前听了各别的许多教法。19岁时，他前往前藏。他在约波路麦（g'yor po lugs smad）拜见了布桑译师（pu hrangs lo tsav ba）的直传弟子玛·却吉杰波（dmar chos kyi rgyal po）、麦顿衮宁（mes ston kun snying）、峨垛德（rngog mdo sde），以及译师却季桑波（lo tsav ba chos kyi bzang po）的弟子——80岁高龄的喇嘛辛钦波（bla ma gshen chen po）。25岁时，他返回家乡，登位就职，也讲说一些教法。其父亲对他说："你必须娶一妻子。"他心中决定不娶，但对父亲说此事慢慢来，最终获得父亲许可。此后，他依止学法的上师有：扎噶波哇、须邓莫日哇（zhu don mo ri ba）、阿里巴香贡（mngav ris pa zhang sgom）、格西脱顿（dge bshes thoston）、格西嘉顿（dge bshes rgya ston）、甲汝温察（bya ru dben tsha）的格西辛（dge bshes gshen）、吐拉哇·楚臣焦（thur la ba tshul khrims skyabs）、班智达毗若遮那（pandita Vairocana④）、格格霍尔扎（ke ke hor grags）、格西松巴（dge bshes sum pa）、丹巴恰穹（dam pa phyar chung）、班遮卓达（Vajrakrodha⑤）、喇嘛峨哇钦波（bla ma vol ba chen po）等。后来，喇嘛玛

---

① 藏文（第826页第2行）写为：ས་མཀྲ་ཤྲཱི།
② 与本书前文"库内佐（khu ne tso）"同。
③ 藏文（第826页第3行）写为：པཎྜི་ཏ་ཤཱཀྱ་ཤྲཱི།
④ 藏文（第826页倒数第6行）写为：པཎྜི་ཏ་བཻ་རོ་ཙ་ན།
⑤ 藏文（第826页倒数第5行）写为：བཛྲ་ཀྲོ་དྷ།

(bla ma dmar）建议他到帕莫竹寺，他拜访了寺主（帕莫竹巴），生起敬信，听受了许多教法、教授，并在那里生起了大手印殊胜证达。此后，他又与桑仁嘉热（zangs ring rgya ras）相见，并求传教法。大约那时，他也和贡楚师相见，求传教法。他还在玛季姥准（ma gcig lab sgron）的弟子妥顿珠巴（thod ston grub pa）座前求得传授觉法①。此时这位传法师已经 88 岁高龄。他又在丹巴嘉噶（dam pa rgya gar）和岗（sgam②）师二人的弟子森波达哇（zings po zla ba）座前求得传法。据统计，他共依止的上师有 82 位。此后，他返回家乡。他常派商人出去进行商品贸易。他对帕莫竹寺献供物，其中包括给每位僧人的礼物，以及给各僧团供献斋僧茶与粥。【对此，格西香松脱巴（dge bshes zhang sum thog pa）等人大加赞扬。与此同时，他求得诸上师所有的全部教法，比如《道法》（lam skor）等。他还在协邬杜哇真巴（shevu vdul ba vdzin pa）座前听受教法。】③ 然后，他向上师（帕莫竹巴）告假，请示他今后该做什么。上师答复如下："在你自己家乡对所有那些为生、死而生怖畏者传法吧。"途中有许多人接待他。然后，他到了邓莫山（don mo ri），此时已是他年满 54 岁时的辛卯年（铁兔，公元 1171 年），他请求香息哲（zhang zhi mdzes）作亲教师而受比丘戒。他想自己应该与四部僧伽结成友伴；于是，他便从名叫香尊温琼（zhang btsun dbon chung）的人手里购买了措普之地。他在此建造了佛殿屋顶（dbu rtse）和僧房，聚集僧伽约有 20 人。他主要是为修持心智。有一次，他对顿巴楚协（ston pa tshul shel）等人士传授了一些详广灌顶。他在 61 岁的年灾月难④中感觉到身体略有不适时，见贡波帕莫竹巴来到他那里而说道："弟子！自己心清净虚空之中，现起十二因缘之岁数，从此经过十八年后，揣心乐时再来依我。"说后，见师跨骑狮子消失年嘎（gnyan dkar）对面的山中。于是，他在 78 岁的乙卯年（阴木兔，公元 1195

---

① 觉法（gcod kyi gdams pa）：断行教诫。由麻吉拉准（玛季姥准）传出的舍身、施食的教诫。参阅《藏汉大辞典》，第 746~747 页。
② 罗译（第 706 页倒数第 3 行）转写为：skam。
③【】藏文（第 827 页第 7~9 行）为：dge bshes zhang sum thog pa la sogs pas bsngags pa chen po mdzad/ de res lam skor la sogs pa bla ma la mngav tshad kyi chos rnams zhus/ shevu vdul ba vdzin pa lavang chos gsan/。郭译（第 459 页倒数第 4~2 行）为："对在位格西香、松等人作赞扬；并说：'这次绕道而来诸人应在上师座前求其拥有的诸法；在协邬杜哇正巴（持律师）座前也听受正法……'"
④ 年灾月难（skeg，与 skag 同义）：五行算中所说依各人出生年月日时定期出现的灾难。参阅《藏汉大辞典》，第 104 页。

第八章　从大译师玛尔巴的传承至称为达波噶举派的阶段　589

年）逝世。

仁波且嘉察的弟弟衮丹（kun ldan）：此师诞生于戊辰年（阳土龙，公元1148年）。当他为哥哥送口粮来到帕莫竹寺时，恰逢（帕莫竹巴）讲说《至尊米拉日巴传》。他想："我自己也应该成为如此（米拉日巴）之人。"他在学院里三次请求允可参加学法。之后，他在卓贡座前求得教授并修行，获得了殊胜证达而成为大成就者。在发生饥荒的时期，他用杖在措普供殿门上连敲几下而说道："所有瑜伽母！今天请对我瑜伽士布施一下吧！"说后供殿的门隙中涌出许多青稞，父老乡亲都前来取用青稞，一直取了五天青稞，仍未取尽。显示了如此成就征相道貌。此师在70岁时的丁丑年（阴火牛，公元1217年）逝世。

嘉察和衮丹热巴（kun ldan ras pa）两兄弟之侄就是措普译师（khro phu lo tsva ba）：此师诞生于卓贡帕莫竹巴逝世后第三年的癸巳年（阴水蛇，公元1173年），父亲名为觉澎（jo vphan），母亲名为色姆色杰（bsregs mo gsal byed）。年满6岁时，他学习念诵。8岁时，他与嘉察相见。10岁时，由仁波且嘉察和衮丹作亲教师兼大师而给他授沙弥戒，取名为楚臣喜饶（tshul khrims shes rab）。11岁时，他前往格西藏巴（dge bshes gtsang pa）座前听受了《量决定论》。12岁时，他前往萨迦寺去参与索南孜摩逝世的法轮会。须顿萨姆（zhu ston hral mo）和甲巴宣绛（vjad pa gzhon byang）参加了那次法会。直到16岁时，他都在藏嘎（gtsang dkar）座前听受很多教法。在诸法轮会中，他都作辩论，而且每次都使对手败在手下。他还在藏噶哇大师（slob dpon gtsang dkar ba）座前作了承事服役以及盛大供养。17岁时，他迎请诺巴（snur pa）的得意弟子，时年88岁的哲顿衮桑（rtse ston kun bzangs）来到措普，他在哲顿衮桑座前研究学习《金刚界》（rdor dbyings）等曼荼罗五百多种，以及轨范仪则等。后来，在哲顿衮桑将离开返寺时，他梦中见甲阁雄（bya rgod gshongs）的毗沙门天王（rnam sras；梵：Kuvera）告诉他把颇巴（phog pa）介绍给觉色！因此，他又听受了《毗沙门随赐灌顶》（rnam sras kyi rjes gnang）。【19岁时，他在仲藏象（vbring mtshams zhang）的侄子，名叫香格哇（zhang dge ba）的善巧译师座前学习翻译并成为善巧者。同年，他以仁波且嘉察作为堪布，藏嘎大师作为亲教师，衮丹热巴作为屏教师而受比丘戒。之后，为了跟藏纳（gtsang nag）学习《毗奈耶》，他在其座前承事服役两年，而成为善巧者。21岁时，他在衮丹座前听受了洛若热巴（lo ro ras pa）其《离尘》（thun vjog）和

《方便道》等。】① 那时，他怀疑因其父诅咒厌胜②之因缘，他染上了麻风病。于是，他闭关三年修行，使得病症大部分除净。这一时期中，早上，他就在嘉察座前求得传授不同传规之教授 136 种，以及 13 种有缘教法。他 24 岁时，至尊嘉察逝世。在即将逝世时，嘉察唤他前来，为他讲说了许多教戒，并授记说："你将如铜号一样次第粗壮起来。"又传授给他《迁移智慧尊灌顶》（ye shes vpho bavi dbang）。此后两个月后，嘉察逝世了。他也就在那里很好地净治嘉察尸身，建造灵塔等事项。就在 24 岁这年，他前往尼泊尔。到了尼泊尔后，他在班钦菩提希（mahā pandita Buddhaśrī③）座前研究学习许多显密教法。在那里他与至尊弥扎（rje btsun mi tra）相见后就迎请弥扎到藏地居住了 18 个月，并且对措普的寺庙作了加持。至尊弥扎返回时，他一直护送到吉绒山口（skyi rong gi la kha）④。此后，他迎请班钦坝提希，做有关修建（措普绛钦，khro phu byams chen）大佛的计划。因此，他致书于恰扎仲巴（chag dgra bcom pa），迎请班智达来到涅地方。在那里他聚集了无数殊胜的应化有情，并向班钦供献 300 两（金子），而后班钦回去了。此后，他令其侍眷诸人加入建造佛像的工作中。有一些师徒取道卓姆（gro mo）山口去印度的外杜尔（Vai dur）⑤ 集市。之后他于甲子年（阳木鼠，公元 1204 年）迎请班钦来到藏区。从北方热振（rwa sgreng）到洛扎（lho brag）和涅（gnyal）以下一带地方，班钦都作了利益众生的事业。他在藏区一直住了十年，期间他（措普译师）为班钦作翻译。班钦所得大量供物，大多数为建造（措普绛钦）佛像作顺缘，其余部分为持律者作了供施。后来，班钦返回克什米尔时，措普译师为他短送一程到了阿里。当师徒临别时，班钦使侍眷诸人不在面前，而赐给措普译师散碎黄金三百两。如此，班钦丝毫没有带走藏区供他

---

① 【　】藏文（第 829 页倒数第 7～1 行）为：lo bcu dgu pa la vbring mtshams zhang gi dbon po zhang dge ba zer bavi lo tsa_ mkhas pa cig yod pa de la lo tsav ba bslabs pas phul du byung bar mkhyen/ lo de la rin po che rgyal tshas mkhan po dang/ slob dpon gtsang dkar gyis las slob/ kun ldan ras pas gsang ste ba mdzad nas bsnyen par rdzogs/ de nas gtsang nag la vdul ba slob pavi phyir lo ril po gnyis su bsten nas mkhas par bslabs/ lo nyer gcig pa la kun ldan la lo ro ras pavi thabs lam dang thun vjog la sogs gsan/。郭译（第 461 页第 5 行）漏。此外，据罗译（第 709 页第 9 行）行间注：《离尘》（thun vjog）是书名。
② 诅咒厌胜（mnan gtad）：诅。祈求鬼神加祸于人的活动。参阅《藏汉大辞典》，第 1555 页。
③ 藏文（第 830 页第 10 行）写为：པཎ་ཆེན་བུདྡྷ་ཤྲཱི།
④ 位于中国西藏与尼泊尔交界地带。
⑤ 藏文（第 830 页末行）写为：ཝཻ་ཌཱུ།

的财物，双手空空回到了克什米尔。此后，班钦在克什米尔居住了十二年时间，他对克什米尔已经衰落之诸佛教进行了很好地恢复，而且使其发展壮大起来。据说班钦逝世于乙酉年（阴木鸡，公元1225年）。如此说来，措普译师迎请过三位大班智达。他修建庙堂并建造大佛像等。其生平事迹极其广大而详细，这里谨从其中选摘少许撰写于此。措普译师下半生中，到前藏之前，他著出了《措普大勇者生起仪轨》（khro phu sems dpav chen po bskyed pavi cho ga）；而后到前藏。他逝世的地点也在前藏。仁波且嘉察和衮丹两位大师，是法王帕莫竹巴所传大手印获得证达的直传弟子。而法王措普译师又依嘉察所传教授生起大手印的证达。后来，译师来到吉绒时，有至尊岗波巴的直传弟子喇嘛隆哲哇（bla ma klong rtse ba）发挥了大手印证达效用，然而，这纯属于至尊岗波巴的噶举传派。

  诞生在达纳地方的著名大成就者杰贡①：此师也是从嘉察座前听受教法，尤其是在衮丹座前听受大手印而获得量等虚空之广大证达。与此师同时而来的玛季热玛（ma gcig re ma），也是最初生起三摩地中最佳修境，后来又生起无比猛利之心风。据说杰贡听说她病了，就为她教授，于是她由此而真实证见真实法性。在措普译师之后出有喇钦索旺（bla ma bsod dbang），以及措普生巴钦波（khro phu sems dpav chen po）等人。生巴钦波的弟子为漾哲哇·仁钦僧格（yang rtse ba rin chen seng ge）。漾哲哇·仁钦僧格的弟子为布【顿】仁波且。

  以上是措普哇的阶段。

二十一　香仁波且及其弟子等的阶段

  从贡巴楚臣宁波（sgom pa tshul khrims snying po）处获证真实义的香仁波且（zhang rin po che）②：诞生地为察哇珠（tsha ba gru），其父亲是一位修密士，名为多杰生巴（rdo rje sems dpav）；母亲名为芒姬（mang skyid）。此师于癸卯年（阴水兔，公元1123年）出现了许多瑞相而诞生。此年恰好是帕莫竹巴年满14岁。从幼年时期就发现他有着深厚的佛法习气。尤其是在5、6岁时，父亲讲说了地狱的各种痛苦，为此他心生恐怖，思考后问父亲："如何才能避免呢？"父亲说："在佛祖前做礼拜和绕行就能

---

① 藏文（第832页第4行）为：lce sgrom。似应为：lce sgom。
② 香仁波且和宗喀巴、帕莫竹巴合称为"西藏三宝"（bod nor bu rnam gsum）。

避免。"于是，他在祖辈所供养的经卷前，昼夜不断地做礼拜和绕行。7岁时，他向母亲及兄长很好地学习读写。9岁时，他在杰邬顿巴（byevu ston pa）师座前听受了《摄论》和《现观庄严论》（mngon rtogs rgyan）等。10岁时，他在辛大师（slob dpon gshin）座前听受《文殊真实名称经》等。11岁时，他在峨·垛德座前听受《欢喜金刚》、《金刚幕》和《玛哈玛雅》等；又在绛贝桑丹（vjam dpal gsang ldan）座前听受讲解。他在桑布译师（sam bu lo tsav ba）座前听受了《对法》和《因明》等许多教法。18岁时，为了对付父系亲属对他的欺负，他修诅咒三年而全部清除。此后，他去了康区，那时已经年满23岁，他在洛顿大师（slobdpon blo ston）座前受五戒。在那里作了一年诛法①的事业。24岁时余业已净。他在梦中看到自己鼻中流出许多脓血，最后流出一条似蛇之长条动物向西而远去。梦中他想到："我已经长期与你结伴，但现在我们不会再见了。"在垛地（mdo），当他付出全部金子和绿松石也未能从一个朋友那里买到一头犏牛（mdzo）②时，他对此轮回世间生起了清净厌离心③后，摔掉了修诅咒所余之供品，搬开血陶灌。为此弟子们说师父发疯了，劝师不要如此！此后，除未作罪孽之外，未做任何大事。26岁时，他阅读《宝积经》而生起敬信，请求格西年喀阁哇（dge bavi bshes gnyen mkhar sgo ba）作亲教师，扎喀哇（grab mkhar ba）作大师，宋姜垛哇（gzung ljang mdo ba）作屏教师给他授比丘戒。取名为准珠扎（brtson vgrus grags）。一年时间内，他守持蹲坐，身不离座而修持。除了换衣之外，决不解腰带。在绕行《菩提三聚经》而居住时，具德嘎译师来到索地④，他前去其座前拜见，一见面就生起了敬信。他请求传授修法诵授时，嘎译师说："最初应有想此生当修得忿怒本尊果位之心。"听到这话后，他意识到这是上师将传授给他一种密宗清净的教授。后来果然所料，上师传授他以彩色和布绘三摩地之灌顶，以及《六加行（六支瑜伽）》等许多风息。他修行时，出现了头疼等现象。译师说："这是因为大种⑤扰乱之过，必须受用骨肉

---

① 诛法（mngon spyod）：威猛法。祈祷鬼神加祸于敌人的诅咒仪式。参阅《藏汉大辞典》，第690页。
② 公黄牛和母牦牛或公牦牛和母黄牛杂交所生之牲畜。
③ 厌离心（yid vbyung）：意倦。了知身躯、资财不断滋生生、老、病、死诸种痛苦，故生厌患出离轮回之心。参阅《藏汉大辞典》，第2575页。
④ 此处藏文（第834页第9行）为sogs，恐误，应为sog。
⑤ 大种（vbyung ba）：地、水、火、风四元素。从此四种元素，形成一切色法，故名为种；其体广大为一切色法所依附处，其极微尘普遍存在于一切色法集合体中，故名为大。合称为大种。参阅《藏汉大辞典》，第1982页。

等，病愈后可不食。"此后，他在自己家乡各寂静处修行，可是鬼魔常来打扰，因而发生精液灾障。这时由于距至尊嘎译师比较遥远，他只好寄信给至尊耶哇巴（rje btsun yer ba pa）求治。耶哇巴将治方写在木牌上，并说："如此方不治，可在月上弦日前来我处。"最后，他仍前往耶哇巴座前而请求传授《那若巴方便道诸法》（nav ro pavi thabs lam rnams）进行修行，当天晚上自身就生起暖火。后来，他想到过去所受诸法与此世心有渗混之过，就到上师座前作忏悔，并且修到能忍饥渴寒冷，并去住于山林中常修。

三年后，他又与嘎译师相见，求得未传完之诸教授。此后，他又在仲布（vbrong bu）等处安住并且勤奋精修，以此发现许多极佳的修悟。33岁时，他与贡巴大师相见，后者给他传授了《俱生和合》。他依此进行修行并生起智力。他认为，他明白经典中许多语句的意义，但是，贡巴大师对他说："所有这一切都是观察之知识（brtag dpyad kyi shes pa）。不作观察而进行修行吧！"香答曰："我是寄希望于此种加持。"说后他依教而修行，油然证达诸法之真实性。他的心中领会离有寂①、地道②、能作所作所有根本。过去他对他人所说的甚深诸法，这时才获其真实义。他兴高采烈地击起小鼓（te te）来。他将此情况禀告于贡巴大师，大师说："此噶举派（佛语）传承法确有加持！这种事情会真实发生！现在，这是突然的增长。"他虽然是拥有如此证达，但是（他注意到）也有衰旺。因此，他勤修方便道而获得大增长。有一次，他和喇嘛峨喀哇（bla ma vol kha ba）相见，求得传授仁慈心、慈悲心和菩提心，得到增长并获得成就后，他创建寺庙和大佛像。建造所需的财物顺缘为：有些是化缘来的，有些是供来的，有些似乎是强夺而来。甚至对于有些违抗命令者，他屡次用兵去讨伐。这些成就者的各种行为，确实使他人心量难容莫测。香仁波且自己也说，觉窝拉尊（jo bo lha btsun）座前获得教授后，"我乃舍此世之心，断绝与此世间联系之绳。从无生虚空里彻底超出后，我已到高龄了。考量我后来之诸行为时，除赤心之诸弟子外，其他许多弟子会有质疑。来到世间法中，我的行为如塑造佛像、建立寺庙、国法、禁路（禁猎）、偷窃、战乱等世间行为，但是我发誓，如果我与此世间根深蒂固地联系，我就该死。"香仁波且作了伟大的利他事业后，年满71岁时于癸未年（阴水牛，公元1193年）逝世。

---

① 有寂（vkhor vdas）：生死涅槃。生死轮回和涅槃寂静。参阅《藏汉大辞典》，第315页。
② 地道（sa lam）：大乘菩萨十地和五道的简称。参阅《藏汉大辞典》，第2910页。

香仁波且的弟子，以地名为人名的有拉日哇·南喀峨（lha ri ba nam mkhav vod）、拉秋巴·尼玛峨（lha phyug pa nyi ma vod）、喀惹扎巴·杜哇峨（kha rag gra pa vdul ba vod）、枳惹哇·释迦峨（vbri ra ba shavkya vod）等著名弟子，以及无等释迦益西（mnyam med shavkya ye shes）和乍嘎协耶（brag dkar shes yes）等许多具足通达，能作利他事业的弟子。其中，扎杰巴·南喀峨（gra vjad pa nam mkhav vod）被普遍传称为桑杰热钦（sangs rgyas ras chen），由他创建了拉日喀寺（lha ri khavi dgon pa），温波拉格（dbon po lha dge）担任寺主。继任人出有温（dbon），之后为德哇姑玛惹（Devakumāra）① 等人。他们修建了拉日（lha ri）、绛（gyang）、脱（mtho）等三寺，以及卓漾顶（vbrog yangs stengs）等寺。又由尼达峨（nyi zla vod）修建了拉秋（lha phyug）寺，普遍传称他是护法有缘人。

喀惹哇·杜哇峨：此师诞生在扎地（gra）。他在喀惹（kha rag）修行。他制伏了龙（鲁），使其受居士戒。他的侄儿修建寺院，会集僧众约有一万人。有一尊加持过，并且他见过的护法像奉安在喀惹苯竹（kha rag bon drug）。枳惹哇·释迦峨在北方（羌地）修建寺庙，也出有很多能作利众和利他事业的弟子。此外，还有乍嘎协耶的弟子垛丹乍贡（rtogs ldan sbra sgom）等所传出的许多弟子。

以上是香仁波且及其弟子等的阶段。

二十二 蔡公塘巴（mtshal gung thang pa）的历代上师阶段

香仁波且的寺庙继承者无等释迦益西：此师诞生于丁卯年（阴火兔，公元1147年）。他在48岁时的甲寅年（木虎，公元1194年）被选任为寺主。他在61岁时逝世。此后的第二年即戊辰年（阳土龙，公元1208年），由绛耶大师（slob dpon byang yes）继任寺座。三年后的庚午年（阳铁马，公元1210年），绛耶将寺庙托付给拉秋喀哇（lha phyug mkhar ba）。五年后的甲戌年（阳木狗，公元1214年），选任桑杰蚌巴（sangs rgyas vbum pa）为寺主。此后18年为辛卯年（阴铁兔，公元1231年），

---

① 藏文（第837页第6行）写为：དེ་བ་ཀུ་མཱ་ར།

贡巴益西丹（sgom pa ye shes ldan）赶走了桑杰蚌巴，提名桑杰宁波（sangs rgyas snying po）继任寺主。此师在任后第七年的丁酉年（火鸡，公元 1237 年）逝世。【第二年为戊戌年（阳土狗，公元 1238 年），仁波且桑杰宣奴（rin po che sangs rgyas gzhon nu）被选任为寺主，他担任寺主五年后的壬寅年（水虎，公元 1242 年），前寺主桑杰蚌巴成为眷属，并修建了功德寺（sgom sde）。桑宣巴（桑杰宣奴）担任寺主 23 年后，于庚申年（铁猴，公元 1260 年）逝世。】①

继后选任仁波且色康顶巴·贡噶坚参（rin po che gser khang stengs pa kun dgav rgyal mtshan），此师诞生于癸未年（阴水羊，公元 1223 年）。他在 38 岁时担任寺主，担任寺主 33 年时间。他在 70 岁时的壬辰年（水龙，公元 1292 年）逝世。

继后选任仁波且桑仁巴（rin po che sangs rin pa），此师诞生于丁未年（阴火羊，公元 1247 年）。他在 46 岁时担任寺主，在 55 岁时的辛丑年（铁牛，公元 1301 年）逝世。

同年，选任仁波且释迦蚌巴（rin po che shavkya vbum pa），此师诞生于乙丑年（阴木牛，公元 1265 年）。他在 37 岁时担任寺主。此后在壬寅年（阳水虎，公元 1302 年）12 月，帝师扎巴俄色（grags pa vod zer）② 逝世。此壬寅（阳水虎，公元 1302 年）是绛嘉大师（slob dpon byang rgyal）诞生之年。次年为癸卯年（阴水兔，公元 1303 年），绛央仁嘉（vjam dbyangs rin rgyal）③ 赴元朝皇宫。仁波且释迦蚌巴担任寺主十年后于庚戌年（阳铁狗，公元 1310 年）逝世。

同年，选年满 30 岁的仁波且绛曲贝桑波（rin po che byang chub dpal bzang po）就任寺座之职。此师诞生于辛巳年（铁蛇，公元 1281 年）。担任寺主 47 年后，于丙申年（阳火猴，公元 1356 年）逝世。此后选任敬安·扎巴协年巴（spyan snga grags pa bshes gnyen pa），此师诞生于壬戌年（阳水狗，公元 1322 年）。他在 36 岁时于丁酉年（阴火鸡，公元 1357 年）担任寺主。担任寺主之位 24 年，年满 60 岁时于辛酉年（铁鸡，公

---

① 【】藏文（第 838 页第 9～12 行）为：devi phyi lo sa pho khyi la rin po che sangs rgyas gzhon nu gdan sar bton/ khong gis gdan sar lo lnga lon pa chu stag la gdan sa sangs rgyas vbum me vkhor du bcug nas sgom sde btab/ sangs gzhon pa gdan sa lo nyi shu rtsa gsum pa lcags spre la gshegs。郭译（第 465 页倒数第 6 行）漏。
② 此即元朝第 5 任帝师康萨巴·扎巴俄色（khang gsar pa grags pa vod zer），1291～1303 年担任帝师。《元史》载为乞剌斯八斡节儿。
③ 此即元朝第 6 任帝师绛央·仁钦坚赞（vjam dbyangs rin chen rgyal mtshan），1304～1305 年担任帝师。《元史》载为撑真监藏。

元 1381 年）逝世。从次年壬戌年（水狗，公元 1382 年）至此丙申年（火猴，公元 1476 年），共经过了 95 年。概而言之，从香仁波且诞生之年（癸卯年，阴水兔，公元 1123 年）起，至现在的丙申年（火猴，公元 1476 年），已经过了 354 年了。

以上是蔡公塘巴（香仁波且的寺庙）的历代上师阶段。

二十三　修心教导的传承阶段

法王岗波巴的弟子杰窝益多（skye bo ye rdor，即益西多杰）的转世活佛冻措热巴（dung tsho ras pa）：此师诞生于雅垄坚巴萨（yar klungs gcen pa sa）的雅喀烘波（g'yag mkhar sngon po）地方。父亲名为香贡穹奈峨（zhang sgom vbyung gnas vod），母亲名为库姆切正蚌（khu mo khye vdren vbum）。夫妇俩生有三子，此师为次子。少年时，冻措热巴就前往丹萨梯寺中敬安·色脱巴（spyan snga gser thog pa）座前亲近依止。剃度之后，他就求取佛法，取名为喜饶坚参（shes rab rgyal mtahan）。此后，他在一位居住在乡村中的珠巴派（vbrug pa）大修士贤者和拉贡（lha sgom）二师座前亲近。再后来，他在喀惹拉措（kha rag lha mtsho）的楚细康巴（vkhrul zhig khams pa）座前求受了很多苦行时，楚细康巴对他授记说："你到坝裕玉措（ba yul g'yu mtsho）去吧！你在那里能够达到自己的目的。"他按照授记，前往坝裕玉措，他发现那里一小山口前有一茅蓬。他住了进去并在里面依苦行而勤奋修行，于是出现了广大神变。在茅蓬下面不深的土壤里，最初发现零碎的木炭块。经他挖掘之后就发现有雕刻的封蜡软包一个。打开一看，里面记有在岗波的后湖黑曼遮湖（mtsho Mandal nag po）① 中，有至尊岗波巴所埋秘藏的标签，并且授记掘出秘藏人就是他自己；于是他生起离开此地前往后湖的愿望。但是，由于积雪太厚，他无法通过野地（g'ye）。于是，他将一根绳子系在一棵树上，顺着大悬岩直下到了达波（dwags po）。而后，他通过渔夫的船只渡过大河而来到了岗波。他在仁波且垛洛哇（rin po che rdor blo ba）座前受了比丘戒，取名为仁钦桑波（rin chen bzang po）。有天晚上，他又求得诵经之诵授。由于标签上说他要在乙卯（阴木兔，公元 1315 年）和丙辰年（阳火

---

① 藏文（第 840 页第 11 行）写为：མཚོ་མཎྜལ་ནག་པོ།

第八章　从大译师玛尔巴的传承至称为达波噶举派的阶段　　597

龙，公元 1316 年）之间的无尽日①那天去挖掘经藏，因此，他在乙卯年（木兔，公元 1315 年）的 12 月 29 日领了一个仆人而去。所有人都告诉他，他找不到那个地方。但是根据路标所示，他找到了那个地点。仆人看见湖下面的结冰上有一黄色吐宝兽（nevu le）铜像，就说："这一定是死秃鹫的胸膛，我们最好把它移开。"说着他就用脚推开。冻措热巴对仆人说："在空旷无人的圣湖上这样做，你会招来麻风病的。"说完之后，他逃离了。仆人也逃了。后来，他命仆人返回岗波。之后，他砍了一棵一人高的柏树，用白绸拴在枝上，插在湖边。他发现据路标所示，他要给岗波地方神和山妖等作必须的祭供。这么做了之后，他就在冰下约一屈肘（khru）深的地方取出了一石匣，里面有一只金属吐宝鱼。他解开把它绑缚在匣子里的带子，取出放在湖岸边。然后他用火烤热盖口的蜡，熔化后打开盖口。他发现里面有些秘藏经卷，外面均用皮革裹着，里面还有各种彩绸、珍宝、五谷等。其中，他发现了一卷纸。他将纸卷上有关秘藏的记事牢记心，然后将秘藏书本放入吐宝兽像里，再将吐宝兽像秘藏在岩缝之中。其他诸物他带走并回到了岗波。他害怕有人来抢劫，就未居住几天便一走了之。他来到杂日，打算在嘎拉冻湖（kwa la dung mtsho）精修一年。他想："助伴只会添乱，我自己知道。"于是继续干下去。他自己在那里建起茅蓬，并储存资具，而修行了一年时间。在秋季初霜未降之前，朝拜圣地住山的修行者来了大约有 800 人。其他一些人继续前往上部。有一位蔡巴秋波人（mtshal pa phyug po ba）名为卓贡仁钦哲（vgro mgon rin chen mdzes）来到他那里并对他说："你有挖掘出的秘藏甚深法，我是来请求您授这一秘法的。"冻措热巴问："是谁告诉你的?"回答说："是一只乌鸦告诉我的。"冻措热巴想这人具有贤善之善缘，因此，就将对他者不传的一味以上的效用法传授给他，于是卓贡仁钦哲生起了殊胜证达。此后，他又对八百热巴（ras pa）开示教导。后来，他在洛地（lho）、涅地（gnyal）等许多地方作利益众生的事业。最后，他在漳姆（grang mo）的乍曲达姆（rdza chu dar mo）居住了很长时间。冻措热巴有很多弟子，其中住持其教授传承的弟子有：喇嘛楚细纳邬哇（bla ma vkhrul zhig snavu ba）、杂日热巴（tsa ri ras pa）、杰玛热巴（bye ma ras pa）、栋昌热巴（dom tshang ras pa）、卓隆巴（sgrod lung pa）、达昌热巴（stag tshang ras pa）等人。

其中纳邬甲扎哇（snavu bya bral ba）（楚细纳邬巴）：此师诞生在素

---

① 无尽日（gnam stong）：无尽天。指每个月的三十日。时轮历每个月都有天尽日；汉历则不定，有者为大尽，无者为小尽。参阅《藏汉大辞典》，第 1539 页。

尔喀（zur mkhar）。在萨隆①出家为僧，取名为多杰哲（rdo rje mdzes）。他拜会了卓贡冻措哇（vgro mgon dung mtsho ba）和嘎拉冻措哇（kwa la dung mtsho ba）②之后，请求传授了诸法，他也妥善地为上师承事服役，并在纳邬雪山（snavu gangs ri）中居住修持，以此普遍传称他叫纳邬甲扎哇（snavu bya bral ba）③修士。此外，他还在其他很多山林中居住并修行，获得了大手印之成就。此师圆寂荼毗后，发现无量之舍利。

纳邬巴所摄受的弟子就是大喇嘛仁钦宣奴（bla ma chen po rin chen gzhon nu）：此师族姓为喀热（mkhav re）。他诞生于癸酉年（阴水鸡，公元1333年），出生时正好是确喀岗（vphyos kha sgang）牧区泽细宁玛哇（tshes bzhi rnying ma ba）年满41岁的时候。后来，他在泽细宁玛哇座前依止。9岁时，他出家为僧，并圆满地听授完了修法教导。22岁时，他到了底斯，在那里居住修行了4年；又在曲坝（chu bar）前后共居住了18年，因此，他总共花了22年一心专修，获得大手印之证达。他拥有预知神通的能力，尤其是他证见真实性，智慧渊深而锐利，所以，他能够压倒一切大智辩才自负无敌之骄气。噶玛巴衮宣（kar ma pa dkon gzhon）来到曲坝时，他们共同辩论佛法教义而使噶玛巴衮宣失败。【他把自己的一顶唐徐帽④戴在噶玛巴衮宣头上说道："导师不是你而是我。"】⑤ 他遇到任何智者都从不示弱。他整个一生中守持离世务并苦修禁行。他虽已成为包括大王弥旺扎巴坚参（gong ma chen po mi dbang grags pa rgyal mtshan）等大人物在内的许多人的上师，可是他无论何时到寺中都独自安住，并且亲自下厨做饮食。在其僧房里，他穿着也随所得衣服而穿。据说他勤精力和苦修的忍耐力极大，因此，他的双股（chos pho che gnyis）变得跟至尊米拉日巴的十分相似。⑥

---

① 萨隆（za lung）：后藏一地名，其地旧有苯教寺院。参阅《藏汉大辞典》，第2444页。
② 藏文（第842页第11~12行）为：kwa la dung mtshor。恐有差错。
③ 藏文（第842页倒数第6行）为：snam du bya bral bar。恐误，似应为 snavu bya bral ba。
④ 唐徐帽（thang zhu）：原西藏地方政府僧官夏季所戴圆盘高顶涂有油漆的帽子。参阅《藏汉大辞典》，第1143页。
⑤ 【】藏文（第843页第6~8行）为：khong gi thang zhu cig vdug pa dbu la gsol nas/ khyed ston pa min nga ston pa yin gsung pa mdzad/。郭译（第468页第2段第9~10行）为："衮迅有一油漆帽献给他后，他对衮迅说道：'你不是导师而我是导师了。'"
⑥ 据罗译（第721页第16行）行间注：在《米拉日巴道歌集》（mi lavi mgur vbum rgyas pa）中，有关岗波巴地章节讲述了这样一个故事：当岗波巴要离开米拉日巴的修行处时，后者为他送行来到一条小溪边，并对他说："我还有一个甚深教授，我应该传给你呢还是不应该传授？"说后他将屁股给岗波巴看，双股上明显有长期坐着苦修的印记。米拉日巴尊者补充说："所有这些深深教授均在于勤奋苦修！"岗波巴后来常说："这些话就像一颗钉子刺入他的心灵。"

第八章 从大译师玛尔巴的传承至称为达波噶举派的阶段

大喇嘛仁钦宣奴有许多弟子，其中主要的弟子是敬安·仁波且索南坚参贝桑波（spyan snga rin po che bsod nams rgyal mtshan）：此师在大喇嘛座前听受了《修心教导》（sems khrid）后，著作出《修心教导释论》，并且对无数应化众开示此导释。此后，二大师的弟子就是大德南喀索南巴（skyes bu dam pa nam mkhav bsod nams pa），此师得到两位大师传授教授之后，有一小段时间，他前往江地（rkyang）的普厥（phur gcod），在有凶险的独木上安住而修行，生起了大手印证悟。从此以后，他摧毁了一切此世分别思择心，在萨姆乍（bsag mo brag）能身不离座住入三摩地之境界中。此师是大喇嘛仁钦宣奴巴46岁时的戊午年（阳土马，公元1378年）诞生之人。他在89岁时的丙戌年（阳火狗，公元1466年）逝世。

著名的却英巴（chos dbyings pa）：此师依止过冻措热巴的六位直传弟子，比如纳邬巴等人座前听受了《修心教授》。他的诞生地是堆龙占（stod lungs gram）的垛地（mdo）①，梁（myang）是其族姓。此师诞生于甲子年（阳木鼠，公元1324年），父亲名为普巴焦（phur pa skyabs），母亲名为多杰坚（rdo rje rgyan）。幼年时期，父母带领他到法王壤迴多杰座前加持，法王给他取名为多杰扎西（rdo rje bkra shis）。年满7、8岁时，他开始学习书法和读诵，之后在喇嘛贝桑波（bla ma dpal bzang po）②等师前学习了一些小仪轨。12岁时，他为了学法而逃走，在察寺（mtshal）请求堪钦旺秋喜饶（mkhan chen dbang phyug shes rab）为亲教师，仁波且绛曲贝桑（rin po che byang chub dpal bzang）为大师而出家为僧，取名为旺秋多杰（dbang phyug rdo rje）。他在上师班智达贡噶坚参等座前听受了许多教法。他在14岁时就讲说《喜金刚第二品》和《红氅护法》（be dmar③）。21岁时，他依止桑丹贝哇（bsam gtan dpal ba），并在此师和堪布僧格贝哇（mkhan po seng ge dpal ba）座前受了比丘戒，取名为却英旺秋（chos dbyings dbang phyug）。此外，他又在雅德班钦等师座前求传许多教法。由察寺堪布命令，他担任了喀寺（mkhar dgon）寺主时，有天晚上，他梦见有五位美女前来对他说："你到这里来吧！"之后将他领到一座大庙中。门开后，里面极为宽广，有许多法台建筑，并有许多新木板门。每开一门，里面都储满了许多经函。美女交给他一大串钥匙而说道："你作此储存经室之管理者吧！这是对佛教的最大服役。"清晨醒来时，

---

① 罗译（第722页第2段第4行）译为：Lower sTod-lungs-gram（下部堆龙占）。
② 郭译（第469页第8行）为"索朗绛称"。
③ 藏文（第844页倒数第4行）写为：ོ་དམར。即 be vbum dmar po，系密教一书名。

九年时间不下山而一心专修的喇嘛纳邬巴（bla ma snavu pa）到了那里并与他相见。他们就教法彼此辩论，使他对喇嘛纳邬巴生起敬信，并将《大手印宝箧》（phyag rgya chen po gavu ma）① 等教法转献给喇嘛纳邬巴。喇嘛纳邬巴又对他传授了《修心》诸法。这也是在梦中一位美女策划的，喇嘛纳邬巴说："现在教法有了归主，我此生总算有意义了。"说后大生喜悦！仁波且却英巴也说："一切有法如量平斗口，无聚散平等法性界中，开启轮回、涅槃、因果一切法的慧眼，而能通达要扼、彻底了解、透出根基、达到究竟。这些都是由纳邬巴的恩惠而得之！"却英巴据楚细巴（vkhrul zhig pa）之语教而著出所有的论著。总的说来，却英巴依止上师共有108人②。他也在嘉色枳麦巴（rgyal sras dri med pa）③ 的座前求传过教法。后来，他的事业也极为宏大。他在藏绒（gtsang rong）的北部安住时，法王洛卓桑波（chos rje blo gros bzang po）前来求传《修心教导》。这一故事上面已述。后由堪钦巴·仁钦贝桑波（mkhan chen pa rin chen dpal bzang po）在法王聂尼巴和洛桑巴（blo bzangs pa）两师座前求得此一教导后，他又转献于夏玛·垛丹仁波且（zhwa dmar rtogs ldan rin po che）。此后继续传承，活佛仁波且贝却季扎巴（sprul sku rin po che dpal chos kyi grags pa）也获得此一教授。计《修心教导》这一掘藏秘法，从丙辰年（阳火龙，公元1316年）掘出后，直至现在（著书时）丙申年（阳火猴，公元1476年），已经过了161年④了。

以上是《修心教导》的传承阶段。

二十四　略说著名的玛尔巴噶举派和达波噶举派的概况

如此著名的具德达波噶举派（dpal dwags povi bkav brgyud）这一传承，不是仅语句传承，而且是具义（don）传承。此义也就是大手印无垢通达的传承。而且任何一位上师获得此大手印证达，就可安立此名为根本上师。【这种大手印的证达，也是在至尊玛尔巴和米拉日巴时期。首先要

---

① 据罗译（第723页第12行）行间注：另一标题是 lhan gcig skyes skor，这是止贡噶举派有关大手印的根本经典。
② 藏文（第845页末行）为：brgya rtsa brgyad。郭译（第470页第3行）为"八十八人"。恐误。
③ 即 klong chen rab vbyams pa。
④ 罗译（第724页第8行）为：162 years（162年）。

生起脐轮火智后，依止此力而生起大手印证达。因此，也说此是圆满次第。而达波仁波且（dwags po rin po che）则对未得灌顶的初业有情也使他们生起大手印证悟，这是依《波罗蜜多》之规。达波仁波且曾经对帕莫竹巴说："我们的大手印论典，就是薄伽梵弥勒所著的《究竟一乘宝性论》。"而帕莫竹巴对止贡巴也是如达波所言那样而作指示。因此，止贡巴师徒的论著中，有许多《究竟一承宝性论》的说法，其原因就在于此。】① 关于此点，法王萨迦巴认为：《波罗蜜多》之规中，没有大手印之名，而且什么是大手印之智？应该说唯独是从灌顶而生之智。但是，益西扎巴大师（slob dpon ye shes grags pa）所著《入真实性论》（de kho na nyid la vjug pa②）中说："对《波罗蜜多》真实勤励之上根者是：由于修处与胜观，在处于初业有情阶段时，决定具有大手印清净证达。以此就不还原之相。"【唯俱生金刚（lhan cig skyes pavi rdo rje）所著《入真实性论十相导释》（de kho na nyid bcu pavi vgrel pa）③ 明载："自性波罗蜜多，但与密有联系，之后所共名为大手印之称。而具有三区别如真证达之智慧……"】④正如至尊阁昌巴所说："至尊岗波巴的波罗蜜多大手印为麦枳巴大师传承的。至于成为密宗道大手印，至尊岗波巴则对门内诸弟子绝对作开示。"

应该知道，从至尊玛尔巴诞生（公元1012年）起，直至现在（著书时）的丙申年（阳火猴，公元1476年），已经过去465年了。

以上是著名的玛尔巴噶举派和达波噶举派的情况概述。⑤

---

① 【】中内容在班多杰所著《拈花微笑》，青海人民出版社，1996年，第185~186页有翻译，可参考。
② 梵：Tattva avatāra；参阅《丹珠尔》，rgyud，No. 3709。
③ 梵：Tattvadaśatīkā；参阅《丹珠尔》，rgyud，No. 2254。
④ 所以大手印之语不见于般若波罗蜜多，而萨迦巴一定是错的。此外，【】藏文（第847页倒数第3行至848页首行）为：de kho nyid bcu pavi vgrel ba lhan cig skyes pavi rdo rjes mdzad par yang/ ngo bo pha rol tu phyin pa/ sngags dang rjes su mthun pa ming hyag rgya chen po zhes bya bavi khyad par gsum dang ldan pavi de bzhin nyid rtogs pavi ye shes gsal bar bshad do/。郭译（第471页第2行）漏。
⑤ 罗译（第725页末行）行间注：今天的藏族学者，尤其是格鲁派不承认大手印法属于经部。但在 dge lsan phyag rgya chen po 一著中，有一章为"格鲁派中的大手印法"认为，大手印法确实曾经属于般若波罗蜜多经类。

第九章　阁乍巴和尼古的阶段

一　阁乍巴的弟子等阶段

　　闻名遐迩的阁乍巴·索南坚参（ko brag pa bsod nams rgyal mtshan）：定日人。【族姓为东（ldong）】①。诞生于壬寅年（阳水虎，公元1182年），父亲名为卓窝嘉雍（gtso bo rgyal g'yung），母亲名为堆姆杰玛（stod mo rje ma）。萨迦班智达（贡噶坚参）诞生于同一年。【童年时期】② 对于书法和读诵无需用功就能够自然通晓。他在色弥巴（se mig pa）座前受了居士戒，又在班钦释迦室利（pan chen Śākyaśrī③）座前听受《修心法》（blo sbyong）④ 等教法。他在甲木（gyam）于喇嘛多杰贝哇（bla ma rdo rje dpal ba）座前听受《十种持明》（rig vdzin bcu）和《大圆满直观教导》（rdzogs chen dmar khrid）等许多教法。他又在甲普觉色（rgya phu jo sras）座前听受了《大圆满》之教法。他在江仁（gyang rim）和巩穆山（kong movi ri）闭关精修而生起了大手印证悟。他在班钦惹达纳惹肯西达（mahā pandita Ratnaraksita）座前听受《胜乐》灌顶。此后他在拉奇（la phyi）等处安住。29岁时，他请求法王搁（chos rje sgos）作亲教师，恰如杜真（phya ru vdul vdzin）作大师，洛大师（slob dpob lo）作屏教师受出家戒和比丘戒，并取名为索南坚参（bsod nams rgyal mtshan）。后来，他来到底斯居住修行5年时间。他获得如所有和尽所有真实之智慧，特别是亲见了金刚身（rdo rje lus）如所有之实质，以及无能胜龙（鲁）王供

---

① 【】藏文见第851页第2行。郭译（第475页第3行）漏。
② 【】罗译（第726页第6行）漏。
③ 藏文（第851页第5行）写为：པཎ་ཆེན་ཤཱཀྱ་ཤྲཱི།
④ 罗译（第726页第8行）转写为：blo-byong。

献他以泉水之成就。后来，他在年堆①修建了阁乍寺（ko brag gi dgon pa），在无水旱地上奇迹般地自然出现泉水，因此他就名为阁乍巴，此名也成为寺名。【一切修行者和最上善巧智士师都在他座前亲近依止，对他而言，任何教法无不通晓。】② 他曾从尼泊尔迎请毗布底真扎（Vibhūticandra）来到定日，他在这位班智达座前听受了由夏哇日自在大师（sha ba ri dbang phyug）所传来《六支加行》③。班智达也在阁乍巴座前求传教法。阁乍巴师不间断地作了广大的利益众生事业后，于辛酉年（阴铁鸡，公元 1261 年）80 岁时逝世。因为我不知道这位大德属于何种特别的传系，故而将其事迹另行撰写于此。

阁乍巴的大弟子有：贝漾贡巴（dpal yang dgon pa）、贝漾贡巴之兄仁波且坚参巴（rin po che rgyal mtshan pa）、仁波且拉哇（rin po che lha ba）、仁波且杰波（rin po che rgyal po）、仁波且坝卓巴（rin po che bar vbrog pa）、仁波且却顶巴（rin po che chos sdings pa）、占敦峡僧（bran ston shar seng）、仁波且噶丹巴（rin po che dgav ldan pa）、仁波且藏索哇（rin po che gtsang so ba）、仁波且顿珠巴（rin po che ston grub pa）、垛丹衮僧（rtogs ldan dkon seng）等；以及觉窝拉（jo bo lha）、秦·南喀扎（mchims nam mkhav grags）、堪钦德汝巴（mkhan chen lde rus pa）、库隆巴（khu lung pa）、洛兴巴（lo zhing pa）、扎绛哇（grags byang ba）、峨阁巴（vol rgod pa）、普日哇·顿洛且（phu ri ba ston lo che）、朗日哇（glang ri ba）等许多住持佛教之教主（bstan pavi bdag po）；又有季哇译师（dpyal ba lo tsav ba）、措普译师、恰译师（chag lo tsav ba）、南喀贝译师（nam mkhav dpal lo tsav ba）、惹巴译师（ras pa lo tsav ba）、涅哇译师（gnyal ba lo tsav ba）等许多译师；又有格西藏巴（dge bshes gtsang pa）、格西尼玛（dge bshes nyi ma）、绛央萨玛（vjam dbyangs gsar ma）、江若宣仁（rgyang ro gzhon rin）、阿里扎仲（mngav ris dgra bcom）、尼玛斋纳（nyi ma sbral nag）、藏巴珠波（gtsang po drug po）、克尊绛曲（mkhas btsun byang chub）等许多善巧之弟子；又有色巴（gsal pa）、洛扎隆巴（lho brag lung pa）、噶江巴（rgal gyam pa）、内江巴

---

① 年堆（myang stod）：年楚河流域江孜以上地区名。参阅《藏汉大辞典》，第 2128 页。
② 【】藏文（第 852 页第 1～3 行）为：/vdi la ni sgrub pa po dang mkhas pavi mchog thams cad kyis kyang zhabs la gtugs/ chos lavang vdi mi mkhyen bya ba med/。罗译（第 727 页第 3～5 行）为：He then became the disciple of all the best adepts（sādhaka）and scholars, and there did not exist a doctrine which he did not know.
③ 《六支加行》（sbyor ba yan lag drug）：佛教密乘时轮金刚圆满次第修炼气息时，于所缘境上进行的收摄、禅定、运气、持风、随念和三摩地。参阅《佛学辞典》，第 613 页。

(rnel gyam pa)、柳阿巴（snyo mngav pa）、坚参扎（rgyal mtshan grags）、色玛哇（ser ma ba）、普姑惹巴（phu gu ra pa）、桑迦巴（srang skya pa）、梁察巴（myang vtshal pa）、拉杰觉巴（lha rje skyob pa）、颇若巴（pho rog pa）、焦白哇（lcab pe ba）、章顿普玛巴（dbrang ston phul dmar pa）、巩顿巴（kong ston pa）、索素尔巴（so zur pa）、喇嘛坝日哇兄弟（bla ma pa ri ba sku mched），僧格宗巴（seng ge rdzong pa）、江兴（gyam zhing）、绒通巴（rong thong pa）、略顿细波（gnyos ston zhig po）、香蚌（sham vbum）、欧却协（dngos chog shes）、扎日哇（rdza ri ba）、梁若哇（myang ro ba）、裕甲巴（g'yu rgyal pa）、曲弥巴（chu mig pa）、羊卓嘎波（yar vbrog dkar po）、色细（se zhig）、康季窝波（khams kyi vod po）①、扎沃巴（bra vo pa）、栋脱坚（dom thod can）、达僧（dar seng）等许多寺主和上师格西；又有彭域垛脱洛巴（vphan yul mdo thod lo pa）、萨隆巴（za lung pa）、洛扎巴（lho brag pa）、堆龙巴（stod lungs pa）、雅隆巴（yar klung pa）等许多前藏的格西。此外，还有格西玛（dge bshes ma）、成就母玛贡真（grub thob ma dgon vdzin）、喇嘛（bla ma）、细波（zhig po）等人。总之，新旧教主、宰官显宦、贵族僧侣以及霍尔的大人物和官吏、庄园主等都前来座前亲近。其中还有甲炯巴（bya skyungs pa）又名颇若垛德贡（pho rog mdo sde mgon）：诞生于乙卯年（阴木兔，公元1195年），年满63岁时于【丁】巳年（【火】蛇，1257年）逝世。

以上是阁乍巴的弟子等的阶段。

二　尼古（ni gu）的阶段

叙述了具德那若巴（dpal nav ro pa）传授给玛尔巴的《方便道六法》（thabs lam chos drug）传承次第之后，现在说说那若巴明妃尼古玛所传出六法次第，并由此而获得成熟和解脱的次第。

接受此法传授者为大成就者穹波伦觉（grub thob khyung po rnal vbyor）：穹波（khyung po）为其族姓，父亲名为达杰（stag skyes），母亲名为扎西姬（bkra shis skyid）。此师于【丙】寅年（【火】虎，公元1086年）诞生在尼木惹芒（snye mo ra mangs）。诞生不久就有印度大成就者阿

---

① 藏文（第853页第9行）为：khams kyi vong pho。恐误。

莫嘎（grub thob Amogha）① 来到那里，为他作了很好地授记。10 岁时，他就掌握了读诵印、藏两种文字，并且善巧《时轮法类》（dus kyi vkhor lo）。13 岁时，他在雍仲嘉哇大师（slob dpon g'yung drung rgyal ba）座前精心学习和研究苯教教法后，对他人进行讲经说法，【大约能列举出 700 部书册】②。此后，他在喇嘛穹奈僧格（bla ma vbyung gnas seng ge）座前听受了《大圆满心部法类》（rdzogs chen sems sde skor）等教法后，为他人进行讲说。因此，在他座前就聚集约有 700 弟子。此后，他在堆龙学玛惹（stod lungs sho ma ra）座前听受了所有尼汝巴（ni ru pa③）的教法后，携带很多黄金前往尼泊尔在班智达巴苏玛底（pa su ma ti；梵：Vasumati）座前学习翻译，并求得事瑜二续④的灌顶和续部修法约 50 种。由阿都拉班遮（Atulyavajra⑤）作助伴，与多杰旦巴（rdo rje gdan pa）相见而受沙弥戒，并听受了许多教法。然后，他在希坝乍萨连纳（Śrī Bhadrasajjāna⑥）、毗卢遮那、克什米尔贡巴哇（kha che dgon pa ba）、麦枳巴的弟子杏季多杰（zhing gi rdo rje）、弥梁多杰（mi mnyam rdo rje）、仁钦多杰（rin chen rdo rje）等三金刚，以及德布阁枳枳更玛嘎纳希（de bi ko ti dī ki ma Kanaśrī）⑦、婆罗门惹达纳拔拉（brāhmaṇa Ratnapāla）⑧ 等座前听受了许多密宗教法。他回到藏地后，曾两次遭遇土匪抢劫，但是，他能够借助其神力把对方打败。【他把一个护身符"麦措"（med vtshol）和"德居"（lte sgyur）给了家乡的姨母（sru mo），以确保他生男

---

① 藏文（第 854 页第 6~7 行）写为：གྲུབ་ཐོབ་ཨ་མོ་གྷ།。
② 【】藏文（第 854 页倒数第 7 行）为：dpe vgrems bdun brgya tsam byung/。罗译（第 728 页倒数第 7 行）为：…and about 700 scholars (possessing manuscripts of the text) attended his class.（……大约有 700 位（携带书本）的善知识听了他的讲说。）
③ 藏文（第 854 页倒数第 4 行）写为：ནི་རུ་པ།。
④ 事瑜二续（krī yog）：佛教密乘事部和瑜伽部的略称。汉音译为迦里耶怛特罗。参阅《佛学词典》，第 39 页。
⑤ 藏文（第 854 页倒数第 2 行）写为：ཨ་ཏུ་ལ་བཛྲ།。
⑥ 藏文（第 855 页首行）写为：སྲཱི་བྷ་དྲ་སཛྫན།。
⑦ 藏文（第 855 页第 3 行）写为：དེ་བི་ཀོ་ཏིའི་ཌཱི་ཀི་མ་ཀ་ན་ཤྲཱི།。
⑧ 藏文（第 855 页第 3 行）写为：བྲཱཧྨ་ཎེ་རཏྣ་པཱ་ལ།。

孩。于是她生了三子。】① 有一白色天女为他授记说"此三子！将对你著名的喇嘛项巴（bla ma shangs pa）每年供献青稞一千克，并且作你的根本施主"等语。穹波伦觉过去的弟子们对他也供献了不少财物之后，他刚好又发现了古廊（gu lang）金矿，因此获得黄金千余两。此后，他再次前往尼泊尔，在旁廷巴座前求得《胜乐本续》和《金刚四座》。而后，他又前往印度，在多杰丹巴座前供献了黄金百两。他又在那烂陀于那若巴的弟子达钦波（mdav chen po）、苏玛底嘎底、惹玛巴拉、纳德嘎惹（na te ka re；梵：Natekara）、杠嘎达（Kam ka ta）② 的至尊母仁钦拉姆（rje btsun ma rin chen lha mo）、古古日巴（ku ku ri pa）的弟子大成就者尼玛宁波（grub thob nyi ma snying po）等师座前听受了许多教法。他又与麦枳巴相见，求得许多密续教授，并供黄金七两而请求道："由于藏区受用财富薄弱，我请求传授一种增长财富的教法。"麦枳巴当时就传授他《六臂如意怙主法》（yid bzhin gyi mgon po phyag drug pa）。于是，他携带黄金五百两，向他人打听："谁真实遇过金刚持？"答曰："有一位叫尼古玛（ni gu ma）的（见过），是那若巴的明妃。可是她居住在清净圣地（dag pavi sa），身体已变成虹身，因此不是任何人随便可以看到的。但是，她是常常主持索萨岭（so sa gling，位于东印度）尸林处空行母会，如有纯洁之心是可以见到的。"于是他前往索萨岭，一心祈诵囊莫布达雅（Namo Buddhāya）③，为此，他见天空中有七多罗树那么高的一位空行母，身装紫黑色，以骨器作装饰而庄严，手持喀章嘎（khatvāngga）④ 和颅盖，示现了一尊或多尊身相，并且在舞蹈。他想这绝对是尼古玛，随后顶礼并绕行，请求她传授清净教授。但是，尼古玛说："我是食肉扎根空行母。"他再三顶礼，仍然请求传授教法。尼古玛说："如果你请求传授密咒教授，须要供献黄金啊！"因此，他供上黄金500两。尼古玛用手接过黄金

---

① 【】藏文（第855页第5~6行）为：yul du sru mo la med vtshol dang lte sgyur phyin/ de la bu gsum byung。郭译（第477页第13~14行）为："又寻找了在乡中失去的姨母，姨母有三子。"恐误。另外，据罗译（第729页第18~19行）行间注："麦措"保佑孩子出生；"德居"保佑怀男胎。

② 藏文（第855页倒数第6行）写为：ཀཾ་ཀ་ཊ།。

③ 藏文（第856页第4行）写为：ན་མོ་བུདྡྷཱཡ།。意为敬礼佛。梵音作南无佛陀耶。参阅《藏汉大辞典》，第1494页。

④ 藏文（第856页第6行）写为：ཁ་ཊྭཱཾ་ག。意为天杖。梵音译作喀藏嘎。佛教密宗本尊手中所持杖，上端有三重骷髅，上有三个铁尖的一种标志。参阅《藏汉大辞典》，第194页。

之后把黄金撒向林中。他开始怀疑她是否是食肉空行母。正在这么想时，眼前看到空中有许多空行母聚集而化现成一曼荼罗，也就在那里给他传授了《幻身梦修灌顶法》（sgyu lus rmi lam gyi dbang）。之后，空行母将他带到三由旬外的金山口安置下来。在这里多杰尊姆（rdo rje btsun mo，此即尼古玛）以梦的形式，传授他由金刚明妃所说《六法》一遍，直传三遍《金刚句髓》（rdo rje tshig rkang），《幻化道次第》（sgyu ma lam rim）等。此外，她还对他讲说了很多种续部与修法。尼古玛对他授记说："知此六法教授等者，只有我和瓦哇巴（lba ba pa）二人。传七代后，当做单传。对于这些人我会作加持，并给予授记。"此后，他【在一位隐修的瑜伽师座前】① 求得《胜乐五尊法》（bde mchog lha lnga）、《红白空行法类》（mkhav spyod dkar dmar）、《五次第一座修法》（rim lnga stan thog gcig ma）、《六加持》等许多教法；他又在若比多杰、阿雅德哇、扎根苏玛底（Dākisumati）② 等师座前也听受了许多教法。正如诸师对他授记的那样，他也见到了具德毗汝巴（dpal bi ru pa；梵：Śrī Virūpa）的弟子空行母苏喀舍底（mkhav vgro ma Sukhasiddhī）③。他给她供上一些黄金后，得以传授灌顶。她对他说："对于你的传承诸人，我等将现身并作加持。"并且传授给他各种教授。此外，他又在空行母杠嘎达惹（Gangādharā）④ 和衮杜桑姆（kun tu bzang mo；梵：Samantabhadrī）座前供黄金而求得教授。又在班智达德威多杰（pandita bde bavi rdo rje；梵：Sukhavajra）座前求得《阎摩敌》；在若比多杰座前求得《吉祥天母法类》（lho mo）等。另外，他又在喇嘛阿达雅班遮（Advayavajra）⑤ 等师座前听受了许多教授。而后，他返回了藏地，开采了许多金矿，到尼木⑥时获得许多黄金。此后，他再次前往印度在金刚座供黄金80两。为此，上师和人众都感到惊讶。【那时，虽然尼古玛、苏喀舍底、多杰丹巴、金刚三兄弟，以及麦枳

---

① 【】藏文（第857页第1~2行）为：sbas pavi rnal vbyor pa la；郭译（第478页倒数第10行）为"在坝比伦觉座前"。

② 藏文（第857页第4行）写为：ཌཱ་གི་སུ་མ་ཏི།

③ 藏文（第857页第5~6行）写为：མཁའ་འགྲོ་མ་སུ་ཁ་སིདྡྷི།

④ 藏文（第857页第9行）写为：མཁའ་འགྲོ་མགྷ།

⑤ 藏文（第857页第11行）写为：བླ་མ་ཨ་དུ་ཡ་བཛྲ།

⑥ 尼木（snyi mo）：县名。位于西藏自治区拉萨市西面雅鲁藏布江北岸。县人民政府驻塔荣。《元史》译作聂摩。《明史》译作聂母。参阅《藏汉大辞典》，第1012页。

巴均不在，但对包括麦枳巴明妃杠嘎达惹（Gangādharā）① 等在内的共150 上师座前供献黄金为礼，为此，他获得传授许多教授。】② 后来，当他再到阿里时，与底班嘎惹（Dīpankara③，即阿底峡）相见，获得尊者传授《密集》等许多教法。他自己有些梵本遭到损坏的，也根据阿底峡所有的梵本得以修缮，而且由仁钦桑波（rin chen bzang po）和达玛洛卓（Dharma blo gros）翻译成藏文。他在朗日塘巴座前受的比丘戒。他又在彭域觉波（vphan yul jog po）处修建了恰噶寺（vchad dkar dgon pa）。而后有黑山空森（ri nag povi khong gseng）的瑜伽士惹呼拉姑巴达班遮（Rāhulaguptavajra）④ 来到该寺，给他传授了《五续部灌顶》（rgyud sde lngavi dbang）和《贡波护法》等许多教法。后来，他在乙未年（阴木羊，公元 1055 年）前往绛地（vjam）的察隆（tsha lung）；在丙申年（阳火猴，公元 1056 年）前往帕里⑤的峡扎（shag rtsa）；在辛丑年（阴铁牛，公元 1061 年）前往卓木⑥的顿扎（stong gra）。他又应觉波（jog po）迎请，前往项地。在三年时间里，他修建了包括熊熊寺（zhong zhong）等在内的 108 座寺院。他对诸僧众多次讲经说法。僧人们过于注重佛教经书的研习，而对修行则很懒散松弛。因此，他有时就给他们示现许多天母身像，有时又见示现为许多可怖的地狱卒⑦之像。用这种方式，他再度把他们引入修行之中。其他有些僧众因为嫉妒，就引来兵马。这时，他用幻变出来的兵马击退敌军。因此，他们就对他生起敬信，并且成为他的弟子。对于塘拉（thang lha）和肖地（shab）的坝惹纳波（vbav ra nag po）等能作灾厄之诸鬼神，他白天运用雷击，晚上以三摩地之力镇伏并使其献出命根咒而立誓守护正法。他还示现了各种神变和佛尊身像等。最后在他生命的尽头，他对僧众说："今天是我最后一次说法"，说后便逝世了。逝世前他说："如果遗体未净治而奉安于金银棺中，熊熊金刚座（zhong zhong rdo rje gdan）将等同！"然而康区的诸僧众不听从如此安置，进行火葬时现起《五续部》的佛众等许多圣众同一时间到来之瑞相。先后共来聚集僧伽约有

---

① 藏文（第 857 页倒数第 3 行）写为：གྷུ་ངར།

② 【 】藏文见第 857 页倒数第 5～2 行。郭译见第 479 页第 2～5 行。请参阅比较。

③ 藏文（第 857 页倒数第 2 行）写为：དུ་ཧི་ཀ

④ 藏文（第 858 页第 4 行）写为：རཱ་ཧུ་ལ་གུཔྟ་ཛྲ

⑤ 帕里（phag ri）：西藏自治区亚东县辖一城名。海拔 4200 米，有世界第一高城之称。参阅《藏汉大辞典》，第 1701 页。

⑥ 卓木（gro mo）：亚东。唐代译作卓摩。县名。在西藏自治区南部，该县东面是不丹，西面与锡金为邻。县人民政府驻下司马。参阅《藏汉大辞典》，第 408 页。

⑦ 地狱卒（gshin rjevi skyes bu）：地狱中行刑的人。参阅《藏汉大辞典》，第 2874 页。

八万人。

此师的主要弟子有：麦邬顿巴（rmevu ston pa）、约波嘉姆且（g'yor po rgya mo che）、峨顿仁旺（rngul ston rin dbang）、拉堆·衮却喀（la stod dkon mchog mkhar）、莫觉巴（rmog cog pa）、香贡却僧（zhang sgom chos seng）等人。据说穹波伦觉住世有 150 年，这如同汤巴桑杰来到定日之时，杰赤巴（rje khri pa）问他："你能活到多少岁？"他答道："99990 岁。"对于大成就者如此具有密意之言语，不应该看做虚妄之言。后来，从这里所传承出许多大成就者，据此看来，我们应该把他看做是真正的成就者。准确得如见烟而证明有火那样！

第四代传承莫觉巴·仁钦准珠（rmog cog pa rin chen brtson vgrus）：据此师语录载："我生在拉普邦扎（lha phu sbang rtsa）。"其族姓为锡协（zhi she），父亲名为协甘曼穹（she rgan sman chung），母亲名为伯姆白玛准（vbe mo pad ma sgron）。17 岁时，他在熊熊寺入佛法之门。喇嘛项巴（bla ma shangs pa）给他传授了《喜金刚》灌顶，并且对他说："小僧人，你在少年时期应该多闻法。过早专修就容易受到魔崇。我会给你顺缘和经书！"他在法王的庄园处有一位名为仲敦（vbrom ston）者，说了许多使人失望之言语，且对他说："小僧人，你应该专修才对啊！"此后，他再在上师前求传教授时，师仍旧如前所言那样答复他（即不要过早专修）。此后，他在上师的弟子拉庆巴（la chings pa）座前听了一些教授而进行修行，但是没有生起多大的修悟。他又一次前往上师座前，上师给他传授了以《贡波护法法类》以及《忿怒母教授》（nyi khros kyi gdams pa）的教法。恰好遇到了约波·嘉姆且（g'yor po rgya mo che）来送礼品，上师给仁钦准珠以黄金六钱、绫六匹和《庄严经论》一部并对说他应该跟随约波·嘉姆且学法！当时他 21 岁，也就跟随约波·嘉姆且而来到堆龙，后者对他说："你应该到吉雪去！"于是，他前往吉雪，在途中他遇到一位善知识随身携带着许多经卷，捶胸表示对他的闻习（学习）失望，并感到难受。他听说贝钦巴（dpal chen pa）有一弟子叫康巴阿僧（khams pa a seng），是一位多闻而获得通达者，修行而具有教授的大德，于是，他前往阿僧居住的南净喀（gnam rdzing kha）。他来到此师座前时，后者正在传授灌顶，他请求说："请发慈悲给我也传灌顶吧。"贝钦巴问："你是谁的弟子？"答曰："是项巴师的弟子。"贝钦巴说："那么，你这样做岂不是舍马骑驴吗？"经过再三请求贝钦巴后，后者才传授给他灌顶。阿僧开示说："这里有包括大格西恰巴、梁占巴·却耶（myang bran pa chos yes）、吉窝楚帕（sky bo tshul vphags）、约年（g'yor gnyan）、喇嘛香和康巴译师、顿蚌（ston vbum）等在内的约60位上师,他们都说一胜义谛①。最初,我对他所言不空乐②,经过我认真努力而得空乐。"正行(根本位)之夜,他对上师生起了真实佛意识。灌顶之后,他在那里求得了依《彩色》(rdul tshon)和《三摩地》两种曼荼罗法,《鲁伊巴》和《俱生》两种生起次第,《六加行(六支瑜伽)》两种根本释圆满次第,《加行鬘》(sbyor phreng)③ 两种根本释,《三心要》(snying po gsum)④ 两种根本释等。然后他在上师近前修了一些瓶风⑤法。上师只喜欢寂静处,以此叫他秋季去见布贡坚(bur sgom can)。他便以红糖作为见面礼物,并在师前说:"我是香巴之弟子。"布贡师也说了一些你舍马骑驴之言语。然后就给他传授热穹传规的灌顶和教授等。有一次,布贡的牲畜被雄巴人(shun pa)带走了,布贡对他说:"仁钦准珠啊,你降冰雹吧!"他只好降了三层墙厚的冰雹,有些雄巴人死了,另一些给上师献供并臣服。因此,他认为降冰雹积下了罪孽,来到上师座前哭诉,师说:"你这是为了教法和上师之故而作的。所以对于地道(sa lam)之进程要快得多。如果你的心无论如何也不安宁的话,哪怕作了无间往生⑥,也有能成为佛的教授。"说后就给他传了教授。他修习时梦中亲见至尊佛母面,获得那若巴开示说:"成为上根者,一年内可能亲见。"为此他很喜悦,上师对他说:"现在你该将《贡波》和《忿怒母》二法献给我吧!"他当即献给上师。他在尼木巴(nyag mo pa)的格西贡喀(dge bshes mgon mkhar)座前求得《五眼修行次第和开光法》(spyan sngavi sgom rim dang rab gnas);又在格西乍惹(dge bshes rdza rab⑦)座前求得许多经论和教授。他在约波坚大师(slob dpon g'yor po can)座前依止了5年,并且求得了《波罗蜜多》和《摄行论》教法。又在梁贡

---

① 胜义谛(don dam bden pa):真谛,第一谛。二谛之一。佛家四派对此有不同的说法:有部师说事物虽破灭,或虽经分析仍不排除觉其存在者为真谛,如无方分及无时分二者;经部师说不待名言臆测假设,其本质即已存在且能经受正理观察者为真谛,如诸法自相;唯识师说观察实质的智慧所能察觉为真谛,如圆成实;中观师说直接现量在内心与外境合二为一的情况下所觉察者为真谛,如空性。参阅《藏汉大辞典》,第1303页。

② 空乐(bde stong):空性和大乐,即大乐的内心和空性的外境二者。参阅《藏汉大辞典》,第1367页。

③ 时轮文献。参阅《丹珠尔》,rgyud,No.1376。

④ 梵:Triyogahrdayaprakāśa nāma;参阅《丹珠尔》,rgyud,No.1371。

⑤ 瓶风(bum pa can;梵:Kumbhaka):一种气功修炼法。参阅《藏汉大辞典》,第1836页。

⑥ 无间往生(mtshams med):死后立即往生地狱,无、中有等从中间隔。参阅《藏汉大辞典》,第2311页。

⑦ 罗译(第736页第8行)转写为:rdza-ra-ba。

(myang sgom) 座前求得了《喀惹三法》（kha rag skor gsum）。此后，他就返回家乡。由于父亲已经亡故，他将家里的田地卖出去后，处理善后事宜。之后，他在嘉·扎索（rgya grags bsod）座前求得《六加行（六支瑜伽）》和《金刚句髓》等许多教授；又在格西须（dge bshes zhu）座前也求得许多教授；在香大师座前求得《毗茶耶具光论》（vdul ba vod ldan）等；在伯贡岗恰纳（vbal sgom phyag na）座前求得息结派许多教授。后来，他想再次返回到约波坚座前，拜见上师。他在上师座前讲述在梦中见到瑜伽母之面时，师斥责道："你是知道《波罗蜜多》的，但装作不知，你不必呆在我这里了！"可是当天晚上，上师又把他叫到自己座前，把《灌顶法》和一切教授都传授给他。他被命为上师侍寝。经过先前五年和这次一年零七个月时间，上师将九种深甚法全都传授给他后，吩咐道："你要住持我的传承，要一心勤修。"说后上师就逝世了。在冬季末他办完善后诸事后，前往顶玛（sdings ma）处闭关精心修行两年时间，生起了许多证悟。但是项巴上师已经不在世，因此，无可问之处。于是，他想到应该前去杰·岗波哇座前询问。途中他与帕莫竹巴相遇，彼此互相传授教授。之后，他来到岗波，在上师仁波且座前求得《六法》等教法，对于大手印的见解也获得决定性的效果。返回时上师也送他一段路程，他在途中又作了许多降伏凶恶鬼神的事业。此后，他在莫觉（rmog cog）居住。他只靠食用芜菁叶（nyung lo）①就一心勤修了12年时间。以此，其美名声誉远播，各派许多弟子前来聚集，在那里僧众容纳不下时，他就修建了古垄（lkugs lungs）寺。直接得到他传授教授的诸人就不必说了，连那些对他略生敬信而入道者也有许多生起证悟。他授记说：我的这一传承将由温顿·杰岗巴（dbon ston skyer sgang pa）来住持，之后传承由桑杰年顿（sangs rgyas snyan ston）来住持，之后传承由桑杰顿巴（sangs rgyas ston pa）来住持，此师之诸弟子弘扬这一法传等语。又说迎请他到极乐世界的使者虽然已经到来，但他回答说："这次我不会前往。"说后又住世三年。最后，他对弟子们说："我要前往妙喜世界②，因此，向此方向祈祷吧！"说后也就逝世了。

其第五代传承是由仁波且莫觉巴语教而出生能持师传承的大成就者杰岗巴·达玛僧格（grub thob skyer sgang pa Dharma seng ge）：此师诞生于堆龙南（stod lungs gnam），族姓为伯（vbal）。12岁时，他就念修阎摩敌（大威德）法门。17岁时，他在叔父伯·唐杰铿巴（vbal thams cad mkhy-

---

① 郭译（第482页第9行）为："溜译师"。
② 妙喜世界（mngon dgav）：东方不动佛刹土。参阅《藏汉大辞典》，第686页。

en pa）座前出家为僧，听受了许多教法。当在拉萨举行一次法轮会上，他作为叔父的仆役前往，一个僧人给了他分内礼品：绫子三匹，装满糌粑和酥油等的茶碗一个。他带着这些礼品来参加鲁普岩①举行的一个婚礼（nye vton）②。他见山上有一灰白色的小茅蓬。他问："谁居住在那里面呢？"答："有一位名为帕巴杰贡（vphags pa lce sgom）的修大悲观世音成就者住那儿。"他听后生起敬仰，便将所带礼物等供献后问道："上师你见过圣者之面吗？"师说："是否大悲观世音不一定，但在此阴暗处看见过稷山（Grib）上有一道白亮亮的东西。"他说："那么，请求传授我以大悲观世音法吧！"上师最初未给他传授启智灌顶。他以两克酥油作供灯，再以两克酥油作素供③之宴而求得修法三遍。然后他又问："上师您经过多长时间后亲见观音之面？"师说："秋季时前去化缘，之后就闭关而修，经过八年时间后亲见主侍三尊④。从此以后，就可以经常看见了。"于是温顿（dbon ston）在杰岗（skyer sgang）处闭关修行，经过三年半而亲见圣观音自在，随后又亲见过去念诵的阎摩敌。之后，上师叫他前往其叔父处。他遵命来到叔父座前，叔父说："你亲见观音和马头金刚，不必听受我康巴之言，但应该以专修为主！你拿这些东西到（后藏）拉堆地方热穹巴的弟子杂日贡巴（tsa ri sgom pa）那里去吧！"说后给了他黄金一钱和绫子六匹。他携带着这些东西前往拉堆。走到一山口处时，虽然日光热烈，然而突然天降猛烈之冰雹，依此因缘他生起了真实性证悟。之后，他来到杂日贡巴座前时，侍者前来迎接并且向他顶礼。他说："你为什么对我顶礼？"侍者说："上师说，今天将会有一成就者前来，看来上师所说的成就者就是您了。"于是将他迎请到上师座前。他顶礼后，供上绫子一方⑤，就请求道："由于自己没有足够的糌粑口粮，我请求快速传授教法。"上师说："用尽你的黄金一钱和绫六匹时，教法也应该传授完毕了。"除此之外，他未给上师说过谎言。经两年时间，上师将热穹巴传规的所有灌顶和教授传授给他。此后，他在邬域（vu yug）地方名为喇嘛本普（bla ma spen phug）的师座前依止了五年时间，后者将拥有的阿底

---

① 鲁普岩（brag lha klu phug）：拉萨药王山一岩壁名，上刻佛像甚多，相传是松赞干布王妃如容萨命良工刻成者。参阅《藏汉大辞典》，第1901页。

② 郭译（第482页倒数第3～2行）为："业邓山"。

③ 素供（tsav ruvi ston movam bzav ba）：开光时，所用的未涂染红色的供神食品。参阅《藏汉大辞典》，第2183页。

④ 主侍三尊（gtso vkhor gsum po）：主尊和左右两侍尊之简称。

⑤ 一方（kha gang）：以织物等本身的宽度作为长度单位。称为一方。参阅《藏汉大辞典》，第188页。

峡尊者的全部密咒教授都传授给了他。在这里,他听到莫觉巴的美誉名声,因此,他在项地的山口脚下睡觉时,梦见有一黑人穿着棉布狮子衣服而来,并且对他说:"明天山口上将有朋友要来,我假装成你的仆人,不要不加选择地把我交给他们。"说后就走了。醒来后同许多朋友前往山上,在古垄(lkugs lungs)与上师相见,师说:"昨天派一黑人去迎接你,黑人来了吗?"答:"来了。"师说:"那是贡波护法,现在我让他做你的仆人。"于是上师给他逐渐传授了诸教授。他在修悟的过程中次第极有大力,与佛尊和有成就的瑜伽士相见次数是难以计数的。中间有一段时期,上师告诉他:"可以向他者启开佛法之门了。"于是,他给他人传了一些灌顶。因此障蔽了他的修悟。此后,他闭关努力专一修行而得到恢复。当他想最好一心专修时,他们告诉他说他必须去继任伯策玛哇(vbal tshad ma ba)逝世后的寺主职位。大约来了三百匹的马队迎接他前去,他说:"我在一心专修,我不去。"可是,上师命他前去杰岗当了寺主,并修建了佛塔。当他想修建寺庙院墙时,堆集了土石后,其他人阻止他做此工程。他说:"我没有足够的力量修建院墙,据说护法将来作我的仆役。"可是,毁坏(旧)院墙的那几户人家死了,人们就来忏悔。于是,他心中感到悲伤,并对这些人作了七期荐亡①。此后,除伯(vbal)寺的节供外,他都在闭关修持,于是对于利他事业他的神力大大增长。嘎国(vgav,即西夏)王和汉地皇帝送来的大批供物。他想送一大批供物供给上师之寺时,僧众对他说:"伯·唐杰铿巴的寺中供物送往其他寺院是不合理的。"于是他制定不允许任何人遣送供物的规定。然后,他遣动护法乔装打扮成彭域的商人而将供物送给上师,到能从古垄看见之地时,护法神众说:"此刻我等难受这黑暗尸林,要前往达纳桑枳达(dha na samskrta)②的会供轮那里。"说后也就不见了。如此运用神通策动其他有情事业中,他真实通晓一切,而且通晓诸弟子一切粗细心相门而作伟大的利他众生事业后,他在73岁时逝世。

第六代传承者桑杰年顿·却季喜饶(sangs rgyas gnyan ston chos kyi shes rab):此师是杰岗巴的得意弟子,诞生地为约区下部(yol gyi mdav),年(gnyan)是其族姓。他对一切生死轮回生起厌离,对财富断

---

① 七期荐亡(bdun tshigs):七期。人死后每满七日之期,藏俗七期,为金城公主创始。参阅《藏汉大辞典》,第1365页。而在《佛学词典》第396页说:七期荐亡。人死后在四十九天之内美满七天要作七期荐亡法事。相传此俗为金城公主带至藏地。

② 藏文(第867页第3行)写为:ད་ན་ས་སྐྲ་ཏ།

除贪执。他总想："我一定要使此暇满①身获得解脱。"11岁时，他在贡布喀（gung bu mkhar）的顿耶大师（slob dpon ston yes）座前入佛法之门。17岁时，他在堪布绛曲生贝（mkhan po byang chub sems dbav）座前受沙弥戒。20岁时，他在堪布索巴（bzod pa）座前受比丘戒后，也就在堪布和堪恰（mkhan phyar）座前听受了《毗奈耶》和《般若法类》等。他又在耶大师（slob dpon g'ye）座前听受《量决定论》、《中观》、《集学论》、《入行论》等；又在喇嘛扎巴坚参（bla ma grags pa rgyal mtshan）座前求得《密续部教授》（rgyud gdams ngag）以及息结派教法，《亥母六法》（phag mo chos drug）②、《喀惹三法门》（kha rag skor gsum）、《那若六法》、《索穹巴教授》（so chung pavi gdams pa）等。此后，他在贡布喀作了多闻教法时，有一同师弟子名为拉堆羌波（la stod vkhyams po，拉堆流浪者）说："闻法也仅仅是如此，知识是无边无际如阳焰③。（对你而言）现在应当修一种法特别重要。我到过前、后藏和康区，寻访了许多上师，尤其是依止了法王止贡巴、杰岗巴、埵波哇（mdo po ba）和萨迦派诸上师，而其中比任何上师修行品德较大者，对我而言饶益最大的上师为粗普寺的杰岗巴，可谓一位真佛住世！于是我追随于他座下，住了少许时间，就幻身④之暇满得到增长。"（桑杰年顿·却季喜饶）刚一听到（杰岗巴）大师的故事，就油然感动而堕泪如血，生起了无量敬信而祈愿能够迅速与师相见。此后，他所闻上师名字的时间为秋天，但那个春天都还未完，他就去见上师（杰岗巴）了。刚一见面，上师就说："去年秋天在一座山峰顶上的屋中，黄昏时分熬茶，茶叶下沉茶水未开时，我得到你猛利的祈愿。我当时想你明后天就会来的。何故延迟而来呢？"答："由于有些繁忙之事而未能迅速到达。"于是他请求上师传授所有一切教授。师说："总的说来，上师项巴的这一法门是很紧严的！但是对于你，所有单传诸

---

① 暇满（dal vbyor）：八闲暇和十圆满，意谓有闲暇时间，身心圆满无缺陷，此乃修学佛法最好的条件。见《佛学词典》第374页。又八闲暇指：远离地狱、饿鬼、旁生、边鄙人、长寿天、执邪见、佛不出世、暗哑等八种无暇。参阅《藏汉大辞典》，第1254页。十圆满指：生为人、生于中土、诸根全具、未犯无间、敬信佛教、值佛出世、值佛说法、佛法住世、入佛法和有善师。前五为自圆满，后五为他圆满。参阅《藏汉大辞典》，第1986页。

② 参阅《丹珠尔》，rgyud, Nos. 1551~1556。

③ 阳焰（smig rgyu）：夏季日照沙滩，反光映成如流水的幻景。参阅《藏汉大辞典》，第2170页。

④ 幻身（sgyu lus）：无上密乘圆满次第所说虽无行相而有种种现分，虽有现分而无自性，故名幻身。参阅《藏汉大辞典》，第602页。

法我都传授给你。"说后就将灌顶和诸教授都传授给了他。他勤奋学习并精心修行，生起了与师相同的修证。上师授记他某人会为他除障。有一次，他正依照上师所言修行时，获得亲见苏喀苏哼哈（Sukha siddhī）①，后者对他说："瑜伽士！把智明摆在无依中！"连说三次②。以此他就生起了殊胜的真实性证达。又有一次，上师对他授记说将来他会有某寺庙的名称和有十位殊胜侍徒。为了检验（授记）上师问："我把佛法全部传给你了吗？"而后补充说："当你在给他人讲经说法时，应该身穿褴褛之衣服，食物方面也不要太讲究。讲经说法之前应该发菩提之心，其后应该作回向。"他对诸法作了很好地笔录和审校。他自己常想："除自己外，没有谁拥有更大的教授。"他在杰岗处居住了13个冬夏。而后，他前往止贡，拜见喇嘛藏巴坚（bla ma gtsang pa can）。他在其座前求传教授，但是未除去修行的障碍。此后他决定："我要么前往须隆邦喀（shug lung spang kha）成佛，要么就一死！"于是，他闭关专修了三年时间。有一时来了一位瑜伽士对他说："上师杜措纳波（dur khrod nag po）派遣我来给你送教法。"说后给他传授了《长生法》（vchi med），并且与他一起居住了七个月。他刚一获得长生传授之力，就使障碍立刻消除了。瑜伽士去游拉萨，回来时，他给瑜伽士大量献供，其中包括金、银、绸缎等供物。瑜伽士说："我不需要这些财富，我是因给你送教法之缘分而来。"说后也就离去了。于是他就修建了日贡寺（ri gong gi dgon pa）。此师曾经到过许多佛刹和江诺金③等刹土，亲见索喀苏哼哈等许多空行母，并且与他们谈论等，还与80位大成就者相见。他的身体虽然曾遭雷击，但是毫发未损。他对诸护法神虽然未遭差，但是若有违背不合者护法神就立刻予以除灭。他对诸弟子开示许多教法，而且凡与他相遇的他都赐予教言。他还成为当时的佛教教主。

第七代传承是成为桑杰年顿的代理者，即著名的桑杰顿巴（sangs rgyas ston pa）：此师于卯（兔）年诞生于思玛（sil ma）地方信仰苯教的漾阿拉噶波（yang nga la dkar po）族姓中。他从懂事时起就对佛法生起敬信。年满8岁时，他就能够通晓书法和读颂。10岁时，他在岗桑（gang bzang）听受从玛季活佛（ma gcig sprul sku）传来的觉派（gcod，能断派法）单传诸法。童年时期他就有悲伤厌离之心，而不分昼夜勤绕行圣物

---

① 藏文（第869页第3行）写为：སུ་ཁ་སི་དྷཱི།
② 罗译（第742页倒数第3行）为：twice（两次）。
③ 江诺金（lcang lo can）：1. 夜叉住处。2. 金刚手和毗沙门（多闻天王）之宫。3. 古印度地名，神话中须弥山的地名。参阅《佛学词典》，第213页。

等诸善业。13岁时,他在杂日热巴上师(bla ma tsa ri ras pa)座前出家为僧。师说:"你将来对有情能作饶益,将会成为一位学法精进者。"为此给他取名为准珠僧格(brtson bgrus seng ge)。可是上师过早逝世,使他未能长期依止。此后,他在色大师(slob dpon sregs)座前听受了许多教法。17岁时他讲经说法,使法事圆满。之后,他在松顿热巴(sum ston ras pa)座前求得详广的觉派法门,供物也使师生起悦意。上师授记说:"由于有了你,觉派法门将广泛传播。"他又在上师邬玛巴(bla ma dbu ma pa)座前求得《喜金刚》等教法。听说桑域哇(bzang yul ba)是位大成就师,他又在其座前求传《无量寿灌顶》(tshe dpag med kyi dbang)七天。师说:"你本来在秋季会死的,但是以此灌顶又得到了延寿。秋季庄稼变黄成熟时,你会想自己不死是有福泽(造化)。是我与无量寿二者的加持使你阳寿获得延长。在你没满30岁前你不要对他人讲授此法。在此以后无量寿对他有情将会饶益。你年满19岁时一定要受比丘戒!"之后他在喇嘛邦波哇(bla ma spang po ba)座前求得香策巴(zhang vtshal pa)所传授的法类。年满19岁时,他在堪布却嘉坚(mkhan po chos rgyal can)座前受比丘戒。他又在喇嘛朗普巴(bla ma glang phug pa)、措顿峡噶大师(slob dpon tshogs ston shavka)、喇嘛措普哇、喇嘛萨迦巴、藏巴大师、觉顿大师、珠脱大师、喀焦巴、觉嘉大师、康顿(khams ston)等师座前听受了很多教法。然后,他决定自己应该寻访一位成就上师并要依止专修。有一位名为喇嘛峨顿(bla ma rngog ston)的大善巧者,据说比萨译师(萨迦班智达)和措译师(措普译师)还有智才且具戒者。于是,他去喇嘛那里拜访,与他一起过夜。夜里,喇嘛大声呼叫:"至尊度母护我出怖畏之恶趣吧!"他问喇嘛:"出了何事而如此大叫?"喇嘛说:"梦见有并排三个又黑又深的洞,我差一点堕入其中。"问:"这是为什么?"答:"因为这是三恶趣①之洞。因此我恐怖而失声大叫。我必须到一位有成就的上师座前。听说约普(yol phu)有一名为日贡哇(ri gong ba)的大成就者,他精炼幻身梦修法且具足神通,亲见许多本尊,是一位隐修瑜伽士。"他决定无论如何也要到他那里去,可是时间已经过了三年也尚未成行。到那期间,峨顿大师已经逝世。此后他(桑杰顿巴)去拜见时,黎明时分上师对侍者喇嘛巩波哇(kong po ba)说:"今天有一位大修士从饶仲(rab grong)要来拜见我,他将能够成为我的教授之主。(通过

---

① 三恶趣(ngan vgro [song] gsum):三途:地狱、饿鬼和旁生。参阅《藏汉大辞典》,第646页和649页。

他）我的教授将遍行于邬杖那和扎兰达惹（Jālandrada）① 以内，以及外至海滨以上一带。今天清晨诸空行护法已经前往迎接。现在你清扫供室。因为他喜欢清洁。"等侍者扫净供室并陈设诸供后，上师又说："现在他已经到了色吉玛（gser gcig ma）的草坪上用膳。你去迎接吧！"侍者喇嘛巩波哇来到草坪上就看见了他。他们来到漾寺刚与上师见面，师就说："你原想明天来、后天来，而三年内未能够前来！在这期间，与你授记你将与我相见的峨顿大师（slob dpon rngog ston）和须巴纳波（gzu pa nag po）二人已经逝世了！"他想此师果然有无碍神通。师又说："你为何来此，对我有敬信？"答："我是听说上师您精通幻身梦之修法，显示光音天，亲见许多本尊，诸护法如奴仆人听师之命等功德，为此来拜见上师您的。请求传授喇嘛项巴的教授。"于是，上师将灌顶、诸教授次第混合修法传授给他。他进行修行而获得诸修行功德，作出了许多广大稀有并利益人与非人等的事业。

在其下半生中，他次第说出了许多未来的预言。尤其是授记说：将来要出现决定能往生于清净刹土的弟子有108人。他在72岁师于日贡（ri gong）示现圆寂。荼毗后发现有许多佛像等，连同内藏都奉安于金塔中，作为众生之应供处所。以上是将单传的次第说完。至于支系和每一小支的解脱事迹，是难以言尽的。其中诸师的寿数年月日时等大多数是很不清楚的。虽然难以撰写，但是莫觉巴是与帕莫竹巴同一时代的人；杰岗巴是与止贡巴同一时代的人；桑杰年顿是与杰敬安（敬安大师）同一时代的人；桑杰顿巴是与漾贡巴同一时代的人。桑杰顿巴逝世后净治遗体和举行丧宴的当日，顿巴自己出现在喇嘛阿（bla ma a）处授记说："今日因缘已具足，以此明天大会将是和平安处。"

---

① 扎兰达惹（Jālandrada；藏文写为：ཛཱ་ལནྡྷ་ར）：城名。现在称为岗惹。详见《东噶藏学大辞典》，第1738页。但内容引自更敦群培所著的《印度诸圣地旅游纪实》如下：从安巴尔萨（ཨམ་འབར་སར）乘火车可到巴坦戈直（པ་ཐན་གོ་ཌི）和纳直札（ནག་ཌི་ཏ）。距纳若札（ནག་རོ）两个码头是（ཀུང་ར）。岗惹城坐落于河流北岸的山坡上。那是24个大圣地被誉为西方扎兰达惹（ཛཱ་ལནྡྷ་ར）的名城。尊者郭仓巴·贡布多杰（rje rgod tshang pa mgon po rdo rje）及其弟子邬坚巴（o rgyan pa）、达仓巴（stag tshang pa）和让日热巴（rang rig ras pa）等均曾光临此方，在他们各自的传记中都有明确记载。尤其是郭仓巴，曾在此居留约半年之久，作者详细的圣地解说，一切诱惑均可由此以解除。可供瞻仰的主要是岗惹闷德（kang ra man dir）城内那大如人头的男根。抵达岗惹之前先到札拉木克（ཛཱ་ལ་མུ་ཁེ）。那里可以看到正在燃烧的地火，此事在《郭仓传记》中有明确记载。参阅《更敦群培文集精要》，格桑曲批译、周季文校，中国藏学出版社1996年版，第107~108页。

这位喇嘛阿僧（a seng）：诞生在汝昌鲁惹喀（ru mtshams lug ra kha）地方的一位修密咒士家中，须（gzhur）是其族姓。具有旧密宁玛派密续和传统作法等大功德。他从桑杰顿巴座前获得教授后，成为一位修成幻身、光音天得到自在之大德。

又桑杰顿巴的弟子著名的克珠项顿（mkhas grub shangs ston）：诞生在空江漾康（kong rkyang yang khang）地方。克珠项顿诞生于甲午年（阳木马，公元1234年）。父亲名为温波衮却桑（dbon po dkon mchog bzang），母亲名为觉格（jo dge）。童年时，他就对世间有极大悲心。年满8、9岁时，他已学会书法和诵读。13岁时，他由尼脱巴（nyi thog pa）作亲教师，楚协（tshul shes）作大师而给他授沙弥戒，取名为楚臣贡波（tshul khrims mgon po）。他在楚协大师和释迦蚌大师（slob dpon shavkya vbum）座前研究学习《波罗蜜多》和《入行论》后，18岁时他著作前两论的新解。大师对他说："你将学会《量释论》，好好记持！"说后给他以《量决定论》书本。大师给他讲第一行字时，他就能够领会第一颂的一切余义。他精通《量论》，享有贤良导师之盛名。此外，他听受过《慈氏五论》、《五部地论》①、《七部量理论》②、《中观理聚六论》③ 和《集学论》等，以及许多密宗教法。在喇嘛萨敦拉仁（bla ma sa ston lha rin）座前，他听受了许多密续和修法。他又在亚隆新寺（g'yav lung dgon gsar）的堪布座前听受了噶当派教法，在垛波（mdo po）的噶玛巴座前听受其甚深诸法类。以此而成为善巧精通者。由于他对世间无贪恋④，将农庄全部出售后，为纪念父母而布施十一次。他一听到桑杰顿巴的美名，立刻就生起敬信而前往日贡求得教授。顿巴师想到他是合法器之人，因此将尼古所有教法门类全部传授给他。上师对其修悟也极喜悦而赞扬他说："你比我生起

---

① 《五部地论》（sa sde lnga）：《瑜伽师地论》别名。本书分：本地分、摄抉择分、摄事分、摄异门分、摄释分。藏籍说为无著所著，汉籍说为弥勒所说。唐玄奘所译，共一百卷。汉籍五分次第，本地分、摄抉择分之后，次摄释分，次摄异门分、次摄事分，与藏籍次第有异。参阅《藏汉大辞典》，第2899页。
② 《七部量理论》（tshad ma sde bdun）：也称《因明七论》。古印度因明家法称发扬陈那所著《集量论》的七部注释，即《释量论》、《定量论》、《理滴论》、《因滴论》、《关系论》、《悟他论》和《诤理论》。前三者释因明之本体，后四者释因明的组成部分，故有三本四支之称。参阅《藏汉大辞典》，第2257页。
③ 《中观理聚六论》（dbu ma tshogs drug）：中观理聚五论为：古印度龙树所著的《中论》、《迴净论》、《七十空性论》、《六十正理论》、《细研磨论》。再加上《宝鬘论》为中观理聚六论。参阅《藏汉大辞典》，第1941页。
④ 此处藏文（第875页第5行）为：vjig rten la chags pas yul gzhis thams cad btsongs…/。恐误，似应为：vjig rten la ma chags pas yul gzhis thams cad btsongs…/。

的修悟更好。"当须·乍玛哇（gzhu brag dmar pa）的上师衮焦（bla ma dgon skyabs）来到日贡时，他在师前听受《心滴要法》（snying thig）。仅看他一眼，他就广大地现起真实法性悟境。他到杂日净修中修持得到极大增长。他又在更姆拉巴（rgan mo lhas pa）的上师康巴座前听受《道果》，并且求得《除障秘诀》而消除诸障。此后，他居住在甲地（vjag）做了广大的利益有情事业，并且出现许多有证悟的弟子。他在76岁时的己酉年（阴土鸡，公元1309年）5月15日入于调柔的境相，追踪上师桑杰顿巴而逝世。

克珠项顿的弟子甲巴·坚参蚌（vjag pa rgyal mtshan vbum）：此师在项顿年满28岁时的辛酉年（阴铁鸡，公元1261年）诞生。他在74岁时的甲戌年（木阳狗，公元1334年）逝世。此师在项顿座前获得教授，而生起贤善之三摩地，作出了利益众生的事业，名声也极大。

坚参蚌之侄绛巴贝（byams pa dpal）：此师是在其叔父法王坚参蚌50岁时的庚戌年（阳铁狗，公元1310年）诞生，此年也是项顿逝世后的第二年。此师具有极大的尼古修持力，诸大人物也都到他座前亲近过，广作利益众生事业的时间很长。他在82岁时于辛未年（阴铁羊，公元1391年）逝世。此师与法王坝惹（chos rje vbav rab）的诞生和逝世之年是相同的。

甲巴·坚参蚌的弟子大成就者却郡仁钦（grub thob chos vbyung rin chen）：此师于辛卯年（阴铁兔，公元1351年）诞生于哲喜饶坝（vbre shes rab vbar）所加持过的雄裕（shong yur）地方。父亲名叫本译·宣奴仁钦（dpon yig gzhon nu rin chen），母亲名叫索南贝（bsod nams dpal）。幼年时，他开始学习书法和诵读，毫不费力地通晓一切楷书与草书等。12岁时，他由堪布为仁钦桑丹贝桑（rin chen bsam gtan dpal bzang）、雄顿饶丹（shong ston rab brtan）作为大师而出家为僧。他学习了《波罗蜜多》后，在奈宁（gnas rnying）著出了《波罗蜜多新解》，并且讲经说法。年满32岁时，他以仁钦坚参贝桑波（rin chen rgyal mtshan dpal bzang po）为堪布，勒却巴（legs mchog pa）作大师，四书格西·仁钦多杰（bkav bzhi pa rin chen rdo rje）为屏教师而受比丘戒。他在家乡居住时，亲见贡波坚（怙主装饰者）之像，并生起真实性修悟。阅读《穷波传记》（khyung po-vi rnam thar）后的当天晚上，他就能够轻松持梦而修。38岁时，他首先寄发一封信给甲钦·绛巴贝哇（vjag chen byams pa dpal ba），然后再去拜见他并求得所有教授。他在大师贝桑巴（slob dpon dpal bzang pa）座前求得《后援经教诵授》（rgyab skyor gyi lung）。后来他在奈宁和约地（yol）

居住时,大部分时间都处于闭关专修之中。他拥有神通妙用,并使其他许多众生成熟。他在58岁时的戊子年(阳土鼠,公元1408年)牛宿星满月之14日逝世。荼毗时发现无量舍利。总之,这位大德是修建泽当寺那年诞生。从克珠项顿诞生起直至现在(著书时)丙申年(阳火猴,公元1476年),共计已经过了243年了。

桑杰顿巴的弟子克尊宣奴珠(mkhas btsun gzhon nu grub):此师诞生在梁下部(myang smad)的居哇裕哇冻(gcung ba yu ba gdong)地方。父亲名为嘉布切培(rgyal po che vphel),母亲名为嘉姆切正贝(rgya mo khye vdreng dpal)。年满10岁时,他在纳塘寺的大堪布南喀扎(mkhan chen nam mkhav grags)座前出家为僧。他又在曲弥巴(chu mig pa)等师座前学习经论并成为善巧者。20岁时,他在大堪布(南喀扎)座前受比丘戒。22岁时,他到萨迦派八思巴座前听受许多密续解说。他在(萨迦)寺中居住时,又在其他诸大善知识前听受许多续部教法并获得善巧精通。当他正在培育大众弟子时,萨迦派内部发生乱事,使他灰心悲伤。他依止过上师83人,所得甚深九种教授用作导修中的修养,尤其是他听得桑杰顿巴的美名而生起无比敬信。他来到顿巴座前听受了香巴噶举①的所有教授,以及其他所有甚深教法。他的修悟也使上师极为欢喜!他对此生的贪恋十分厌离之故,上师四次命他做利益众生事业,他前往前后藏许多地方,修舍此身命心的觉法(gcod),使许多鬼神有情利济。后来,他在梁下部修建了桑顶(bsam sdings)寺,而以《道果》、《大手印》、《尼古法类》等作为主要法门来教导许多应化有情者。于是其美誉名声远播,聚集了许多侍众。夏鲁姑香巴(zha lu sku zhang pa)做他的主要施主。最后在将示圆寂以前他作了许多谈话后,于己未年(阴土羊,公元1319年)8月逝世。此己未(阴土羊)年正是仁波且著作了《波罗蜜多疏论》之年。

克尊宣奴珠的弟子色岭巴·扎西贝(gser gling pa bkra shis dpal):此师于壬辰年(阳水龙,公元1292年)诞生在约普色岭(yol phu gser gling)地方。父亲名为杰尊参坚(rje btsun mtshan can),母亲名为衮却坚(dkon mchog rgyan)。年满6、7岁时,他已经学完诵读。他在奈巴班钦(nel pa pan chen)座前受比丘戒,并在奈巴叔侄(nel pa khu dbon)座前

---

① 香巴噶举(shangs pa bkav brgyud):为噶举派的一支。创始人为穹波瑜伽士,曾三次去印度、尼泊尔,从师150余人受学显密佛教。回藏后在前藏澎域及后藏香巴地方倡建寺庙多处,弘扬佛法三十多年,形成香巴嘎举派。据说他享年159岁(约900~1140年)。参阅《藏汉大辞典》,第2833页。

研究学习《毗奈耶》、《俱舍》、《密集》、《金刚撅》、《波罗蜜多》、《量论》等许多经论而成为善巧通达。【依止法王让郡多杰、嘉扎却杰、杰却桑敦伯等许多大德。】① 尤其在家乡附近的许多上师座前听受了许多密法；又在莫觉巴·仁钦洛卓（rmog cog pa rin chen blo gros）等师前求得香巴传规的许多教授。他亲见许多本尊，尤其是贡波（怙主）护法示现在他的眼前承许助他之事业。他具足可信之圆满修悟。在香巴教主克尊·宣奴珠座前很好地听受了所有教授，将从桑杰顿巴传来的觉法门（gcod）牢记心中。后来，他教化诸有情也以二师教法为主要来培育他人。所有善知识中之教主和宰官大人物等都来依止他。他作出了利益无边众生之事业后，在74岁时于乙巳年（阴木蛇，公元1365年）正月19日逝世。

色岭巴·扎西贝的弟子乍波伽哇·多杰贝（brag po che ba rdo rje dpal）：诞生在桑地（bzang）。自入教法之门后，他在许多善知识座前获得许多教授传法，尤其是在仁波且色岭巴（·扎西贝）座前听受了香巴法门和行境法类后，作了广大的利众事业。贡波护法也对他摄受而护持。

乍波伽哇·多杰贝的弟子却阁哇·却贝喜饶（chos sgo ba chos dpal shes rab）：此师诞生在后藏地区。他前往塔巴林（thar pa gling）在大堪布喜饶俄色（mkhan chen shes rab vod zer）座前出家为僧并受比丘戒。他又在大堪布喜饶多杰巴（mkhan chen shes rab rdo rje pa）等师前广细地听受了诸经教。又在法王坝惹哇（chos rje vbav ra ba）座前听受了《山法》（ri chos）和《大手印》等法，以此于梦中生起无遮障光音天。他念修《二面亥母法》过程中，发现礼供之酒也变成香味殊胜之酒等。他又念修红色阎摩等多种闭关念修使其圆满完成，又在乍波伽哇·多杰贝座前听受香巴法门和觉法（gcod）并一心专修。后来，他入于梯（丹萨梯寺）法门时，使许多应化众生引入成熟解脱之道。当他前往昂甲（ngang rkyal）寺，转这些教法之广大法轮时，引用修证力而威慑三域②，以加持力降伏一切金刚空行母，成为一切人和非人等的应供处，普遍传称他为阁楚热巴（rgod phrug ras pa）。美誉名声诸方听得后，都在修中观修其肖像对诸应

---

① 【】藏文（第879页第2~4行）为：chos rje rang byung rdo rje dang/ rgya brag chos rje/ skyes mchog bsam gtan dpal la sogs pavi dam pa mang po bsten/。郭译（第491页第2段第5行）漏。

② 三域（srid pa gsum）：有几种解释，1. 三世界：地下、地上和上空；2. 三有：生有、死有和中有；3. 三界：旧派密乘说，身为现分是欲界，语为半现分是色界，意为不现分是无色界；4. 三有，三世间：天世间、龙世间和人世间。参阅《藏汉大辞典》，第2976页。

化有情也起了教训作用。如此克珠穹波伦觉（mkhas grub khyung po rnal vbyor）的语教甘露法流传承次第传记，是我据阅读所获而撰写于此。此外，由于他们的声名遍布于赡部各地，有谁能够全部搜集到呢？以上从克珠穹波传出的甘露法流如何传承的情况。也是尼古玛的阶段。

第十章 时轮传承及其教授如何而来的情况

下文将叙述《时轮续》及其教授如何而出现的情况。总的说来，大乘密宗在此瞻部洲中兴起的情况是这样：最初，是东方饶色达哇王（rgyal po rab gsal zla ba）等人获得摄真实性（de kho na nyid bdus pa）①等诸《瑜伽续》（密宗经典称续）并进行讲说；之后，是龙树大师（slob dpon klu sgrub）及其弟子等人获得吉祥密集诸等的《瑜伽续》并进行讲说。它们先盛行于南方（印度南方）。此后，由贝拉哇巴②等人从窝德牙纳③发现诸《瑜伽母续》，而盛行于中部（印度中部）；此后，从香巴拉（Śambhala）④由诸菩萨⑤著作出《吉祥时轮续释》，而盛行于中部（印度中部）。《无垢光明》（dri ma med pavi vod）⑥中说："这里对时代计算的决定是：从佛世起经六百年为妙吉祥时代（vjam dpal gyi dus）；此后八百年为纳洛

---

① 梵：Sarvatathāgatatattvasamgraha；参阅《甘珠尔》，rgyud vbum, No. 479。
② 拉哇巴（lwa ba pa）：也称罗婆师。为大乘佛教顺假中观师之一，常着毡衣，故名。参阅《藏汉大辞典》，第2819页。
③ 窝德牙纳（O di ya na；梵：Oddīyāna），藏文（第885页第8行）写为：ཨོ་རྒྱན，恐误，似应为：ཨོ་རྒྱན。指印度的一圣地。参阅《东噶藏学大辞典》，第2204页。其内容选择更敦群培所著的《印度诸圣地旅游纪实》。
④ 香巴拉：意译持乐世界。佛教一净土名。此世界地为圆形，雪山环绕，状如八瓣莲花，花瓣之间河水周匝。贵种王朝，世领其地，佛说时轮经教，今犹胜传。参阅《藏汉大辞典》，第2836页。
⑤ 菩萨（byang chub sems dpav）：大乘有学道补特伽罗。为证得大觉之故，经长久劫，尽众生边际，布施自己头颅手足，心不怯惮，故名菩提萨埵，义谓觉勇识。参阅《藏汉大辞典》，第1870～1871页。罗译（第753页倒数第12行）行间注：此处菩萨指的是香巴拉诸国王。
⑥ 梵：Vimalaprabhā；参阅《丹珠尔》，rgyud, No. 1347和《甘珠尔》，rgyud vbum, No. 845。

时代（kla klovi dus；梵：Mlecchas）①；【纳洛时代过后的大约八十二年时，不到一百年是诸难胜（rgyal dkav）者略施造作即能净治身心之贵种王族难胜时代（rigs ldan rgyal dkavi dus）。】②【这一时代其难胜者作决定能成，所以是超纳洛年代（vgyur te kla klovi lo）。所谓已过六十丁卯③等年代，是说六十年周期的第一起算年丁卯即称六十等年。从那些年代各个经过直到现在之年代，以前之年代就称为已过六十丁卯等年代。如此看来，后来大多数诸智者认为中原（印度中部）出现时轮的时代是与最初起算六十丁卯的时代相同。既然如此，很显然时轮是从古代起就在印度存在，而且大成就者枳布夏（grub chen dril bu zhabs）所著的《胜乐俱生修法》（bde mchog lhag cig skyes pavi sgrub thabs）中说：在《无垢光明》礼赞第二颂中也有（时轮出处）等语明显的记载。】④ 又枳布巴（dril bu pa）⑤ 之后为汝伯夏（rus sbal zhabs；梵：Kūrmapāda）；汝伯夏之后（传于）那烂陀日巴（dza landha ri pa；梵：Jālandharapāda）；那烂陀日巴之后（传于）纳波巴（nag po pa；梵：Krsnnpāda）；纳波巴之后（传于）桑波夏（bzang po zhabs；梵：Bhadrapāda）；桑波夏之后（传于）南杰夏（rnam rgyal zhabs；梵：Vijayapāda）；南杰夏之后（传于）底里巴；底里巴之后（传于）那若巴。从枳布巴到那若巴之间次第出有八位上师。那若巴又与堆夏师徒（dus zhabs yab sras）是同时代人。毗汝巴所著的《阎摩敌迦轮显明论》（gshin rje gshed kyi vkhor lo）⑥ 是依据《时轮》而著出，这是因为《阎摩敌迦轮显明论》中是这么说的。枳鲁巴（tsi lu pa；梵：Celuka）寻求《时轮》的史事来说，由于枳鲁巴见到仁钦日窝寺

---

① 纳洛（kla klo）：野蛮人。居住边地、没有开化、昧于取舍的人。参阅《藏汉大辞典》，第40页。而《东噶藏学大辞典》则说，佛教认为诸不承认前世来世，不承认因果，不承认至宝，不承认父母之恩惠，损他人之利益则承认为法者为纳洛，持如此之习俗的团体和城市称为纳洛之地，保护和发扬此种习俗者为纳洛之王。参阅《东噶藏学大辞典》，第113页。

② 【藏文（第885页倒数第3～1行）为：kla klovi dus de las brgyad cu rtsa gnyis lhag pavi brgyas dman pa ni rgyal dkav gang gis nyung nguvi byed pa rnam par sbyong ba rigs ldan rgyal dkavi dus so/ 罗译（第753～754页）有些出入：…by lowering the era of the Mlecchas by 182 years, (one obtains) the time of rigs ldan rgyal dkav (Kilika Durjaya) …

③ 六十丁卯（rab byung）：亦译胜生、胜生周、佳端、良缘。藏历六十年周期之名。是以公元1027年为起算点。倡始自启觉译师月光。参阅《藏汉大辞典》，第2664页。

④ 【藏文请参阅第885页末行至886页第11行。罗译英文与之有出入，估计是所据藏文版本不同之故。请参阅罗译第754页第3行至倒数第7行内容。

⑤ 枳布巴（dril bu pa；梵：Ghantapāda）：也称铃尊者。古印度一得成就者名。参阅《藏汉大辞典》，第1332页。

⑥ 梵：Yamāriyantrāvali；参阅《丹珠尔》，rgyud，No. 2022。

(rin chen ri bovi gtsug lag khang) 未遭克什米尔突厥族①之害。因此观察到成佛必须依大乘密教，而密教又必须有菩萨的解释，以此来寻求《时轮》。因有如此说法，据此看来，我们必须承认《时轮》在印度是较早的古代时期就兴起的，《时轮》在堆柯夏师徒（dus vkhor zhabs yab sras；梵：Kālacakrapāda）时期就广为人知。据伦邦索哇（glan bang so ba）等人所言，在藏区《时轮》最初的译本为吉觉②所译，这种说法合乎情理；因为班智达达哇贡波是在扎巴烘协（grwa pa mngon shes）下半生时期到来的，据说后者少年时在其叔座前听受过《时轮》。此外，在此雪域藏区，使《时轮》法门极为盛行的创立者，是布【顿】和垛【巴哇】两位大师。这两位大师最初听受惹译师的传承；后来正规进入卓师传规，所以主要有惹宗、卓宗两系。

其中卓系诸师是：由大堆夏巴（dus zhabs pa chen po）③ 在日丹（rigs ldan）座前听受法传。从大堆夏次第传承诸师是：小堆夏巴（dus zhabs chung ngu）、达哇贡波、贡巴·衮却松（sgom pa dkon mchog bsrungs）、卓顿·南拉哲（sgro ston gnam la brtsegs）、优摩（yu mo）、色·达麦峡惹（sras Dharmeśvara）④、克巴南喀峨（mkhas pa nam mkhav vod）、色钦·南喀坚参（se chen nam mkhav rgyal mtshan）、法王绛央萨玛（chos rje vjam dbyangs gsar ma）、衮铿·却古俄色（kun mkhyen chos sku vod zer）、衮邦·吐杰准珠（kun spangs thugs rje brtson vgrus）、绛生·嘉哇益西（byang sems rgyal ba ye shes）、衮铿·云丹嘉措（kun mkhyen yon tan rgya mtsho）、法王衮铿钦波（chos rje kun mkhyen chen po）等人。

惹系传承的诸师是：日丹（rigs ldan；梵：Kulika）、枳鲁哇（tsi lu ba；梵：Celuka）、毗洛达哇（Pindopa）⑤、大堆夏、小堆夏、曼珠甘底

---

① 克什米尔突厥族（གར་ཏུག）：《东噶藏学大辞典》，第958页写作（གར་ཏུག），认为是纳洛，以前不喜欢佛教之外国人的总称。郭译为克什米尔突厥族。很显然认为是（གར་ཏུག），见《藏汉大辞典》，第1030页。

② 吉觉（gyi jo）：全名为吉觉·达尾峨色，此师在第一饶迥火兔（1027）年，第一次翻译时轮经，西藏从此年开始使用饶迥纪年。此师作品收录在《甘珠尔》和《丹珠尔》。详见《东噶藏学大辞典》，第553页。

③ 罗译（第755页倒数第5行）转写为：dus-zhabs chen-po。

④ 藏文（第887页倒数第7行）写为：སྲས་རྗེ་སྒྱུར。

⑤ 藏文（第887页倒数第2行）写为：བིནྡོ་བ།

(Mañjukrīti)、尼泊尔萨扪达希（bal bo Samantaśrī）①、惹却让（rwa chos rang）、惹益西僧格（rwa ye shes seng ge）、惹蚌僧（rwa vbum seng）、杰尊嘎洛（rje btsun rgwa lo）、绒巴喜饶僧格（rong pa shes rab seng ge）、喇嘛多杰坚参（bla ma rdo rje rgyal mtshan），由喇嘛多杰坚参传授布顿仁波且等人。此为一种承许情况。另一种是说传到绒巴喜饶僧格后，又由他传授给季顿绛央（skyi ston vjam dbyangs），季敦绛央传授给衮铿钦波。布、埵巴（bu dol ba）二师②最初听受了惹系传法，后来听受了卓系传法等许多教授。对于在印度是在哪位上师期间，从日丹那里传来《时轮》，以及在上师前最初有哪些弟子听受等史话，则众说纷纭。在哲窝贡波③的弟子伦邦索哇·却季旺秋（glan bang so ba chos kyi dbang phyug）所著《开启入密续大宝教授宝愜论》（rgyud la vjug pavi man ngag rin po chevi za ma tog kha vbyed pa）中则说："诸成就师及其后学等传出的传承是：开示彼等后由此情况和此师而传承。但其中次第又依最后授记，是说由观音菩萨化身白莲王传授给堆夏巴大师。"

这位堆夏巴大师，属于印度中部王种，系王与王妃二者所生王子。他善巧五明学处诸才能，普遍传称他是圣妙吉祥化身，为至尊度母所加持而亲见度母容颜，是一位获得一切有共通达成就的大德。有一次，度母对他说："在北方香巴拉地方，有佛所说并授记的许多密续释论。你去寻求，并要听受！"于是他便生起前往那里的想法。有说他是根据某些学者的意见，与商人结伴而去的；有说他是由一幻化比丘引导而去的；有说他是由至尊度母前来作摄受。还有些人说，当他决定前往香巴拉并作准备时，在净相中到了香巴拉，并在真实观世音座前请求传诸法。（堆夏巴大师）则认同最后一种说法。堆夏巴④居住在印度中部时，对五位班智达进行传法。这五位班智达是：毗洛扎阿扎惹雅（Pindo ācārya）⑤、杜哇穹奈洛卓（vdul ba vbyung gnas blo gros）、塔巴穹奈坝巴（thar pa vbyung gnas sbas pa）、僧格坚参（seng ge rgyal mtshan）和塔耶南巴嘉哇（mthav yas rnam

---

① 藏文（第887页末行）写为：བལ་བོ་ས་མནྟ་ཤྲཱི།
② 指上文已出现过的布【顿】和埵【巴哇】两位大师。
③ 罗译（第756页倒数第14行）转写为：tre-po mgon-po；本书所据藏文本（第888页第9行）则为：tre bo mgon po。
④ 罗译（第757页第13行）为：枳鲁哇（tsi lu pa）。
⑤ 藏文（第889页第9行）写为：པིཎྜོ་ཨཱ་ཙཱརྱ།

par rgyal ba)。诸班智达获得法传后，前往布纳巴哈山（Puspahari）[①]中，将法传给那若班钦（nav ro pan chen）等人，而且就在那里居住下来。他们都具足多种圆满，而其中以毗洛扎阿扎惹雅为最胜。此师的合理成因是：最初他是一位思维比较迟钝的比丘，为了成就锐利才智，依梦中神所授记进行修行，以珊瑚造作一明佛母[②]，装入一女尸的口中，然后于其上结跏趺坐修了七日。然后，（那死去的女人）向上看看并说："你想要什么？"那时，如果他说自己希望能忆持所见一切，他就会获得此功德。但是，在突如其来之中，又对自己智力没有信心，于是他不敢说出来，只请求说："我希望自己所记一切笔记都能记于心中。"后来果如所求，他就成为了著名的班智达毗洛扎阿扎惹雅。在印度中部，则普遍传称他为语自在[③]。他成为有十二位小班智达围绕侍奉的大师。他在堆夏大师座前听受教法，而一切教法仅听一次就能牢记在心中。

持这位大师的传承者，是格年绛曲（dge bsnyen byang chub；梵：Upāsakabodhi）：这位居士（dge bsnyen）有一位儿子是最大的班智达，此子在伯父贡巴哇座前求过传法；此外，他同那若巴一起在大堆夏巴座前听法，因此，他继而成为著名的小堆夏。可是父子二人也有不同的见解。如果说如此父子二人不懂《时轮》；那就是说他们不懂密宗。他们居住在印度中部时，所有的班智达心怀不善而一起来印度中部聚集，在毗扎玛希拉寺[④]制定主座举行辩论，辩论中觉窝钦波（jo bo chen po）的辩才谁也不能获胜。所有人都离座，他以足践其头顶。从此除达·绛曲生贝（dav byang chub sems dpav）外，一切人士无不在其座前求《时轮》法门。他的名字也普遍传称为堆柯哇（dus vkhor ba，即小堆夏巴），他对弘扬《时轮》贡献极大。

那时，克什米尔疆土中有名为仗色·夏桑波（Bram ze zhabs bzang

---

① 藏文（第889页倒数第8行）写为：པུ་ཧུ་ཧ་རི། 据恰译师（chag lo tsav ba）所说，此山位于那烂陀附近，后期的著述中此山记为 Pu la ha ri。参阅罗译（第757页）行间注。
② 明佛母（Kurukullā，藏文第889页倒数第3行写为：གུ་རུ་གུ་ལླེ།）：与藏文（གུ་རུ་གུ་ལླེ།）同意思。梵文译作拘留拘里。萨迦金法所传怀柔佛母。参阅《藏汉大辞典》，第14页。
③ 语自在（ngag gi dbang phyug）：文殊菩萨的异名。参阅《藏汉大辞典》，第641页。
④ 毗扎玛希拉寺（Madhyadeśa）：藏文（第890页倒数第6行）写为：ཞི་གུ་མ་སྦྱིལ，恐误，应为ཞི་གྲ་མ་ལ་སྦྱིལ）。此寺即戒香寺，古印度恒河岸边一小寺名。阿底峡等许多印度佛学家曾居于此。参阅《佛学词典》，第552页。

po),又名为苏惹雅格都(Sūryaketu)① 的杰出的婆罗门善巧者。此师对班智达索奈希(pandita so nas hi)、里岗喀玛嘎惹(Lakṣmīkara)、达纳希(Dānaśrī)、真扎惹呼拉(Candrarāhula)、索玛纳塔(Somanātha)② 等人说法,并在那里居住下来。这时,又由班智达杜哇穹奈洛卓(vdul ba vbyung gnas blo gros)寄来《灌顶略作法》(dbang mdor bstan;梵:Sekoddeśa)和《灌顶广作法》(dbang rab byed;梵:Sekaprakriyā)③ 两本,阅读后众人都惊叹不已,视为稀有!特别是喇嘛喀切达贡(bla ma kha che zla mgon)极为生起敬信,暂停未听完的教法说道:"我得去寻找此教法。"于是,他便前往印度中部,与堆柯哇相见,求授了《时轮》传授,而且获得所有时轮灌顶、教授、续释等圆满法传。喇嘛喀切达贡是婆罗门种姓,年满10岁之前,都在父亲座前学习父亲的法规,一次就能够记下十六偈颂。之后母亲使他入佛教之门,他掌握了喀切尼玛坚参(kha che nyi ma rgyal mtshan)和小堆夏(dus zhabs chung ba)的智慧之后而成为班智达。他想在藏地传播《时轮》教法而来到藏地,他问略穹波(gnyos vbyung po):"你能翻译此教法吗?"答道:"虽然我不能翻译此教法,但是有办法翻译。在约波的桑域(g'yor povi bzang yul)地方,有格西杰巴(dge bshes lce pa)的儿子所依之施主极为贤善,派人送一封信到他那里去吧!"说后派出信使,于是杰巴父子前去迎请。他们请求他后,他对此教法做了很好的翻译。杰巴父子伟大功德是:总的说来,他们对一切译师和班智达,都能恭敬如仆人承侍,尤其是具有大乘密教的大智慧;他的一切资具用来作法而供施。如他们最初见到上师喀切哇(bla ma kha che ba)时,即以3两黄金作见面礼,并且供上包括大氅一件在内的全套衣服,请求他留下来。此后,他们为上师送行至曲须(chu shul)时,还预办了以30驮酒的礼物。以夏嘉噶哲(zha rgya gar rtsegs)任译师,一年期间对译师供人役和马匹30。法事完毕时的酬谢,供黄金30两及散金30两共60两,而使其欢喜。而后,羌塘(byang thang)的嘎顿(vgar ston)、格西扎巴(dge bshes grwa pa)和嘎琼(skar chung)的顿巴·多杰敬(ston pa rdo rje rgyan)三人从各方迎请译师和班智达而来。哪怕是

---

① 藏文(第890页末行)写为:ཟུང་གི་ཏུ།

② 上述五人的名字藏文(第891页第1~2行)分别写为:པཎྜི་ཏ་སོ་ནས་ཏི, ལཀྵྨི་ཀ་ར, དཱ་ན་ཤྲཱི, ཙནྡྲ་རཱ་ཧུ་ལ, སོ་མ་ནཱ་ཐ.

③ 此二著请分别参阅《甘珠尔》,rgyud vbum, No. 361和No. 365。

请求传一次密续法缘单传，也有格西杰父子在场听受。此后，喀切达贡在印度的上师座前作供养，并前往金刚座供养。当他供了许多黄金时，消除了从前兄弟杜哇穹奈洛卓和僧格坚参座前的疑问。当他再返回藏地时，杰父子再次向他请授教法，并且见有由卓译师（vbro lo tsav ba）所译的一种后译本。后由杰父子传授给垛地的喇嘛阁钦波尼玛（bla ma vgo chen po nyi ma）；喇嘛阁钦波尼玛继续传授给大善巧鲁桑嘎甘底（mkhas pa chen po klubs Sangghakīrti）①；大善巧鲁桑嘎甘底传给自己的儿子；其子又传给伦钦波（glan chen po）。

据第二种传承情况，乃是上师喀钦哇再次来到藏地时，有彭域的格西衮却松（dge bshes dkon mchog bsrung）师徒二人长时间依止喀钦哇，并且恭敬承侍，尽心服役而取得上师的欢心。因此，上师将未传给藏地其他法师的单本续和续释讲规，以及教授等完全传给衮却松师徒。【他们又传授给杰尊优摩钦波（rje btsun yu mo chen po）。】② 杰尊优摩钦波师传给智者哲窝贡波钦波（mkhas pavi skye bo tre bo mgon po chen po）和色却季安达（se chos kyi mngav bdag）；智者哲窝贡波钦波又传给伦师，又由色却季安达传给鲁觉色（klubs jo sras）；鲁觉色传给伦·却季旺秋（glan chos kyi dbang phyug）。

又有第三种传承情况：由后期的堆季柯洛哇（dus kyi vkhor lo ba）和具德那若巴传给曼殊甘底（Mañjukīrti）和阿坝雅嘎惹（Abhayākara）③ 二师；又由二师传给喇嘛念译师（bla ma gnyan lo tsav ba）和嘎译师（rgwa lo tsav ba）二人，但是显见对单本续作信解，是将单本续和续释每一遍都交叉讲说的。又由杰尊管师（rje btsun vgos）在念、嘎二译师座前求得法传后，直传至安达（mngav bdag）之间。

又有第四种传承情况：由阿坝雅（a bha ya；梵：Abhaya）两兄弟传给班智达萨扪达希诺班（paṇḍita Samantaśrī lo pan）④，又由班智达萨扪达希诺班传给鲁（klubs）师；而后鲁师又传给阿努巴玛惹肯达（Anupama-rakṣita）、萨都布扎（Sādhuputra）、达玛阿嘎惹辛底（Dharmākaraśānti）

---

① 藏文（第893页首行）写为：གཁས་པ་ཆེན་པོ་གྲུབས་སངྒྷ་ཀཱིརྟི།

② 【】处藏文参阅第893页第7行。郭译（第499页）漏。

③ 此二师藏文（第893页倒数第8行）分别写为：མཉྫུ་ཀཱིརྟི和ཨ་བྷ་ཡ་ཀར་。

④ 藏文（第893页倒数第4行）写为：པཎྜི་ཏ་མནྟ་ཤྲཱི་ལོ་པན།

和毗嘎喀纳达德哇（Vikṣāntadeva）①；毗嘎喀纳达德哇传给地上无与伦比的克什米尔大班智达释迦希班扎（paṇḍita chen po Śākyaśrībhadra）②；据说后者又传给伦父子。

喇嘛索南俄色巴（bla ma bsod nams vod zer pa）所著的《时轮摄义论》（dus kyi vkhor lovi bsdus don）中说："因此，时轮续释和教授等虽然存在于香巴拉王国，然而在印度中部，最初是由印度一位比丘索纽巴钦波（dge slong bsod snyoms pa chen po）前往香巴拉，在一幻化菩萨座前求得时轮法传的。可是何菩萨的幻化？却不得而知。由索纽巴钦波传给南方的丈色·达日嘎巴（bram ze dav ri ka pa）③；丈色·达日嘎巴传给枳鲁巴；枳鲁巴传给堆夏巴；堆夏巴传给堆柯哇钦波；此师传授给二弟子，就是菩提班扎（Bodhibhadra）和萨都布扎（Sādhuputra）④；菩提班扎传授给三弟子，就是喇嘛阿坝雅、扎弥哇大师（tsa mi ba chen po）和阿毗殊嘎达（A bhi dzu kta；梵：Abhiyukta）⑤；萨都布扎传授给二弟子，就是达玛阿嘎惹（Dharmākara）⑥和坝嘎惹（Bhāskara）⑦；又由色大译师（slob dpon se lo tsav ba chen po）在上师阿坝雅座前听受本法一遍，在扎弥哇座前听受二遍，在阿毗殊嘎达⑧座前听受一遍，在坝嘎惹座前听受一遍；又有略峨玛（gnyos vod ma）在色大译师座前求得法传，【经过三年时间听受此法。后来上师色大译师去了前藏。在上师不在期间，略峨玛将文中尚未弄懂的段落做了标记。在他（色译师）从前藏前往印度的途中，略峨玛就把这些不懂的段落向他问难探讨，当上师到印度时，他的一切疑问均已解决。也

---

① 此四人名字藏文（第 893 页倒数第 3～2 行）分别写为：ཨནུ་པ་མ་བརྒྱུད, སྲོ་རྗུ་པུ་ད, རྣམ་ཡན་གར་བྱུང, བི་བྱུང་དེ་བ。

② 藏文（第 893 页末行）写为：པཎྜི་ཏ་ཆེན་པོ་ཤཱཀྱ་ཤྲཱི་བྷ་ད。

③ 即 brāhmaṇa Dārikapā [da]。

④ 此二人名字藏文（第 894 页第 8 行）分别写为：པོ་བྷི་བྷ་ད和སྲོ་རྗུ་པུ་ད。

⑤ 藏文（第 894 页第 9～10 行）写为：ཨ་བྷི་དོ་བྲ。恐误，似应为：ཨ་བྷི་དྷུ་བྲ。藏文本下文正确。

⑥ 藏文（第 894 页第 10 行）写为：རྣམ་ཡན་གར。

⑦ 藏文（第 894 页第 10～11 行）写为：བཀྲེ་ར。恐有误，似应为：བྷ་ཤེ་ར。藏文本下文正确。

⑧ 此处藏文（第 894 页第 12 行）正确：ཨ་བྷི་དྷུ་བྲ。

说是在他获得经典灌顶语教和教授等后，而一切疑问尽释。】① 又由峨玛传给扎西仁钦（bkra shis rin chen）和略贡（gnyos sgom）二人。略贡修习教授而获得成就征相，他虽获准传授经卷教语，但没有成为善巧者。扎西仁钦用12年时间在峨玛座前听受上师所知的一切，获得如满瓶甘露完全倾注的教授。在此基础上，又听受了惹、卓两系和吉觉等的教法，故而常说'没有胜过他自己的多闻本法者'。堆柯哇大师前来扎西仁钦座前求法，听受了32遍之多，以此获得满瓶甘露之通晓。普遍传称他叫克珠毗嘎喀惹达纳希（mkhas grub Bhiksu Ratnaśrī）②。邬坚巴前来克珠毗嘎喀惹达纳希座前听受而获得法传；我（喇嘛索南俄色巴）在邬坚巴座前求得法传。"此为这一传承。

又一传承的说法是：堆柯大师夏钦波是一位瑜伽母之子，以此由瑜伽母领他到香巴拉。在那里，有一身色美妙的比丘为他作加持，因此他每天能够牢记一千颂偈于心中。以此成为有智慧者。此后，他在观自在菩萨幻化的比丘座前听受了《本续》、《略续》（bsdus pavi rgyud）③和《续释》后，全记于心中而来到印度中部。他出家为僧后普遍传称他为枳鲁巴，又称作村布哇（tshim bu ba）。之后枳鲁巴大师在嘎达嘎（ka ta ka；梵：Orissa）王（宫殿）处居住期间，有三位弟子，他们请求上师将续和释写成书。他应允并写成之后，将此书卷帙交给三位弟子。后来其中有一位弟子成为班智达，有一位弟子成为修行士，但有一弟子仍旧是一般凡夫。后来，有外国军队入侵该国。诸弟子将《续释》埋藏在洞中而逃亡。等战事结束后，他们回来了，并寻找（藏书）时，（他们发现）两略本《续释》④的下册不见了。弟子们请求上师再书（遗失部分），但师拒绝道："这是空行母所隐藏，不能再写成书。"说后未得到允许写成书。【之后，枳鲁巴在东方鲜花宫室中逝世。之后由格年绛曲在他弟子中的那位成为班

---

① 【】藏文（第894页倒数第7~3行）为：lo gsum gsan nas bla ma se lo ni dbus su gshegs/ devi shul du ma go ba la dkar bskus kyin bzhag nas/ dbus nas rgya gar du gshegs pavi lam du dri gtugs mdzad pas the tshom thams cad khrol gsung/ gzhung dbang bkav man ngag dang bcas pa thob ste the tshom thams cad khrol gsung ngo/。此处郭译将gshegs理解为"去世"，故而译为："……听受此法经三年之久，后来上师色大译师在前藏逝世。此后遗留有未知者记下难点后，由前藏去到印度的途中作问难探讨而获得解除一切疑团；一说是获得经典灌顶语教和教授等后，而解除一切疑团。"

② 藏文（第895页第5~6行）写为：མཁས་གྲུབ་བྱི་ཀྵུ་རཏྣ་ཤྲཱི།

③ 梵：Paramādibuddhoddhrta Sri Kālacakra nāma Tantrarāja；参阅《甘珠尔》，rgyud vbum，No. 362。

④ 即rdo rje snying vgrel和phyag rdor don vgrel。参阅罗译（第763页首行）行间注。

智达的座前听受法传。】① 此弟子绛曲作出了"若不知时轮则不知佛法，尤其不知密咒"的论调，为此一切班智达聚集并认为此种论调极不合理，而应当进行辩论。他们在毗扎玛希拉寺中进行辩论时，觉窝（jo bo, 即格年绛曲大师）提出《时轮》要义，各别密续上下部分之矛盾点来问难，使对方无言对答。于是所有人都请求他原谅，并在觉窝座前请求传授《时轮》，成为一切都以《时轮》来大宏正法。觉窝之名也普遍传称为堆季柯洛哇（dus kyi vkhor lo ba）②。觉窝传出的弟子有曼殊甘底和阿坝雅嘎惹二人。在此二师座前，有康巴须译师（khams pa zhu lo）前来求得法传；略译师也求得此法传。管上师（bla ma vgos）又在须、略二师座前得法传。

如此惹、卓两系的传承如何而来的情况，在布仁波且所著《可爱之钥匙》（gces pavi lde mig）③ 中有详细说明。而伦却旺（glan chos dbang）和智者索南俄色巴所著的论著，则与略译师所传承的诸卷本略有不同，尤其是将班智达阿扎惹④说为堆夏巴钦波的上师，继而又有人把他作为堆夏巴的弟子。有些人认为他与阿根旺秋扎巴（ngag gi dbang phyug grags pa）是同一人。他们似乎认为他就是四守门人之一的阿根旺秋，但这似乎是不可能的。这是因为阿根旺秋所著的《具足七支论》（yan lag bdun ldan）⑤一书中，他对第四灌顶表达了许多不同的观点，但从未提及过《时轮》传规。【索纽巴大师所著的《时轮修法要义饰》（dus kyi vkhor lovi sgrub thabs snying po rgyan）⑥，很显然从著作之名可知是依止《时轮》的。】⑦若依惹系所说，在堆柯哇钦波之前，开示《时轮》的上师已经过去了两代，这是比较合理的。然而这与由日丹（rigs ldan）对堆夏巴大师作加持且开示时轮本续，是没有矛盾的。因为正如尼玛贝（nyi ma dpal；梵：

---

① 【】藏文（第896页第5~6行）为：de nas tsi lu pa shar phyogs me tog gi khyim du gshegs so/ /devi pandita de la dge bsnyen byang chub kyis gsan no/。罗译（第763页第5~7行）有些不同，请参阅：After Tsi lu pa proceeded towards the East to Kusum pura（Me tog khyim）Upāsakabodhi obtained the system from him.
② 郭译（第501页第6行）略为：堆柯哇。
③ 参见《布顿全集》（Bu ston gSung vbum）第4卷（nga 函）。
④ 藏文（第896页末行）写为：པཎྜི་ཏ་ཨ་ཙརྃ，似应为：པཎྜི་ཏ་ཨ་ཙརྃ。
⑤ 梵：Saptānga；参阅《丹珠尔》，rgyud, No. 1888。
⑥ 梵：Kālcakra sādhanagarbhālamkāra；参阅《丹珠尔》，rgyud, No. 1365。
⑦ 【】藏文（第897页第6~8行）为：slob dpon bsod snyoms pas mdzad pavi dus kyi vkhor lo-vi sgrub thabs snying po rgyan ni bstan bcos kyi rang ming gis dus kyi vkhor lo la brten pa nyid du grub po/。郭译（第501页倒数第11行）漏。

Sūryaśrī）所说，由金刚持（rdo rje vchang）亲自乔装打扮成阿哇都底巴（Ava dhūti pa）① 来对白麦措大师（slob dpon dpe med vtsho；梵：ācārya Anupamarakṣita）传授《六支加行论之教授》（yan lag drug gi gdams ngag；梵：Sadanga yoga）；又因为其他诸人也承许《胜乐轮》（bde mchog vkhor lo）的许多上师传承中，居住在边地的南杰夏的弟子底里巴，是金刚持的直传弟子。白麦措大师的出世不可能晚于那若巴，因为那若巴在其著《灌顶略示释》（dbang mdor bstan gyi vgrel ba）② 中引用白麦措的教言。总的说来，甚至某些印度上师的叙述也是靠不住的。比如尼玛贝所著的《六支加行论释》（yan lag drug gi vgrel ba），旺【洛卓丹巴】（dbang [dlo gros brtan pa]）译师的译本中将尼玛贝说为却穹细哇（chos vbyung zhi ba；梵：Dharmākaraśānti）的弟子；但是，班钦仁波且（pan chen rin po che）的语教中则说尼玛贝是却穹细哇之上师。【虽说《六支加行论释》是尼玛贝的著述，但正如标题所示，里面似乎包含了其某一弟子所撰的注释。】③ 我（管·宣奴贝）曾见过两种梵本也就是这样说的。关于《喜金刚第二品》和《胜乐续释》的末尾说所谓空行母隐藏之说也不可靠，因为实际上藏文所译出的数量和质量也就是那样，也就是绛曲生贝随后所允可而传之，此种说法比较合理。由于《金刚心释》④ 中将《胜乐续释》记述为十二颂半的注释，【而这些颂的全部注释藏文中保存完好】⑤；而《胜乐续释》本论中也说：主要是《本续》或诸菩萨著续释所说六边之义，这一切都应该由某位前往南方和北方地区之人学习过。《金刚心释》又说，"除此而外，《外行品》（phyi ma spyod pavi levu）等当做广大通达。"⑥ 虽然各种说法存在一定程度的异同，但是有一点是完全相同的，都认为略、色译师系的阿坝雅，惹系的曼殊甘底，卓系的达哇贡波等人都是小堆夏巴的直传弟子。还有一点相同，就是都认为小堆夏巴是大堆夏巴的直传弟

---

① 藏文（第897页倒数第8行）写为：ཨབ་ཧུ་ཏི་པ.
② 梵：Sekoddeśa tīkā；参阅《丹珠尔》，rgyud，No. 1351。
③ 【】内容本书所据藏文本（第898页第3行）阙，此据罗译（第764页倒数第9～7行）补。
④ 《金刚心释》（rdo rje snying vgrel；梵：Vajragarbhaṭīkā）：三菩萨释之一。金刚手菩萨依时轮派的解释而著的《欢喜金刚经》第二会的注释。参阅《藏汉大辞典》，第1439页；《丹珠尔》，rgyud，No. 1180。
⑤ 【】据罗译（第765页第5行）补。
⑥ 意思是说，最后几品是作者自己略去的，而非空行母所藏。参阅罗译（第765页第14～16行）行间注。

子。对此乃毋庸置疑。多少有些难以接受的观点，就是把火海空之后的初年①说成是与玛嘎达（ma ga dha）地区传来《时轮》法门是同一时间。阿坝雅所著的《入时轮论》（dus kyi vkhor lo la vjug pa）里说，自《入时轮》出现（他撰写本书时）起，已经过了60年。但恰译师的著述中载，惹达纳惹肯西达（Ratnarakṣita）说过尚未经过60年，而是经过了45年。如果我们认为这个年代与藏族诸上师给出的年代相符的话，就会发现这个年代即玛尔巴和喇嘛烘协16岁那年。那时藏区已经传来了《时轮》。在我看来，小堆夏巴之父希坝扎菩提（Śrī Bhadrabodhi）②似乎就是与吉觉译师一起翻译《时轮》之人。也有人说小堆夏巴的弟子那烂扎巴（Nālandā pa）③也曾一度来到藏区等说法。

喀切（克什米尔）达哇贡波（kha che zla ba mgon po）：此师只需诵读一次就能够牢记十六颂偈于心中，具足菩提无漏梵行功德。在藏区，他著有《时轮无尽明灯教授释论》（dus vkhor du ma zad sgron gsal man ngag gi bshad pa）和《根本智论释》（rtsa ba shes rab kyi bshad pa）④。我曾见有其书本传承的文字记载。由于此师精通藏语文，他所译的《胜义念修》⑤藏文本极为精妙。据说后来他到了阿里，又译出《时轮广释》（dus kyi vkhor lovi vgrel chen）⑥。杰父子在喀切达哇贡波座前求得《时轮》后，杰父子继续传给阁尼玛（vgo nyi ma）。【据说阁尼玛又从念译师等师前再次听受此法传。】⑦ 裕确（yu cho）⑧也是阁尼玛的弟子，但是对其讲说法流似乎没有盛行于世。

贡巴·衮却松搜集自己所有财物，共变卖得黄金6两，用绫包卷拴在

---

① 即藏历第一饶迥的第一年，公元1027年。此处郭译（第502页第13行）误为"麦喀嘉措逝世的初年"。
② 藏文（第899页第7行）写为：ཤྲཱི་བྷོ་རྗེ།
③ 藏文（第899页第9行）写为：ནཱ་ལེནྡྲ་པ།
④ 梵：Prajñā nāma mūlamādhyamakakārikā；参阅《丹珠尔》，dbu ma，No. 3824。
⑤ 《胜义念修》（don dam pavi bsnyen pa）：达哇贡波所译。后来也有雅垅译师的译本。参阅《佛学词典》，第385页；《丹珠尔》，rgyud，No. 1348。
⑥ 梵：Vimalaprabhā；参阅《丹珠尔》，rgyud，No. 1347。
⑦ 【】藏文（第899页倒数第3~2行）为：de la vgo nyi mas gsan la slar yang gnyan lo sogs las kyang gsan par grags la/。罗译（第766页倒数第16~15行）将阁尼玛译成了"they (lce, father and son)（他们［杰父子］）"。
⑧ 藏文（第899页倒数第2行）为：yu cho/。但据本书上文可知，大堆夏次第传承诸师中有优摩（yu mo）其人，但无yu cho。又据罗译（第766页倒数第15行）转写为：yu-mo。郭译（第503页）为"裕却（yu cho）"。恐系所据藏文本不同之故。但综合观之，yu mo应该是正确的。

项上，此后供于班智达手中，并以自己的身、语、意三门虔诚作供，而求得《时轮续释》的讲解教授等圆满传授。【但是译本不是卓师所译本，故拜卓师为师。】① 传承次第则是：达哇贡波，之后为卓译师，然后才是贡巴·衮却松。

卓顿·南拉哲（sgro ston gnam la brtsegs）：此师在少年时研究学习经论（藏）并获得精通善巧，年龄稍长他前往达哇贡波座前求传《时轮》时，后者对他说："你将我的诸财物送到芒域（mang yul）去，以后等我返回藏区时再给你传授教法。"他在那里的一些朋友对他说："在这位班智达座前是得不到教法的，到贡巴座前去求法是比较合理的选择。"于是，他依照朋友所说前往贡巴·衮却松座前求传《续释》以及教授等。贡巴·衮却松全部教授圆满传授给他。他经过修行学习，心中获得证悟。后来，班智达（达哇贡波）来到藏地时，他去见班智达。班智达说："现在我传教法给你。"他说："我年轻时你不乐意传法给我，现在我老了，我不想再求法了。"班智达说："你虽然拥有贡巴·衮却松所传的教法而炫耀，但是那法不是从我这里传出的，又是从哪里来的呢？"说后班智达便捶打了他。南拉哲回答说："是，就是大师您的恩惠！"然后，班智达问他："他对你传授了哪些教法？"他说如此这般作了回答。班智达说："除此之外我也没有其他教法。你现在发誓不再传授给他人。"说后班智达用念珠栓其颈。南拉哲回答说："这又不是上师您传给我的！"② 班智达大叫道："好个恶徒！"说了之后抓起一把沙土打在他的头上。过了一会儿班智达又说："那么，现在我许你对其他人开示此法，但你必须从头到尾完全传授。"于是，他获得上师许可（传授此法）。同样，当优摩在班智达座前求法时，班智达也指着一包袱来对优摩说："你将这包袱送往尼泊尔去，以后再给你传法。"也是经过与朋友商议后而前往卓顿（sgro ston）座前求法。卓顿将《续释》教授以及《明灯论》教授完全传授给了优摩。之后优摩前往邬域精心修行获得了成就。而且出有殊胜弟子，年满82岁逝世。优摩的弟子为哇乍嘎哇（wa brag dkar ba）和涅巴卓（gnyal pa gro），此二弟子长时间进行闭关修行噶当教法，后来前往喇嘛钦波（bla ma chen po）座前求得教授。在修习教授的第一天晚上，他们就圆满

---

① 【】藏文（第900页第4～5行）为：von kyang vgyur vbro vgyur gyi steng nas min pas vbro yang bla mar gzung dgos pavi phyir/。郭译（第503页第7行）为："但是译本所遗未完译文，是从译本上面而得知的。"罗译（第766页倒数第5～4行）为：Having heard it (recited) in the translation of vBro, he had to accept vBro as his teacher.

② 意即：既然如此，我为什么要发誓呢？

获得一切成就征相；且获得胜道定解。由修行而具足广大的神通。

又有略吉空巴（gnyos skyi khung ba）：此师年满70岁依止亲近喇嘛钦波座前（求法）。他又传给峨杰（ngor rje）；峨杰传给垛哇嘎顿旺秋竹（dol ba vgar ston dbang phyug grub）。大成就者达玛菩提（grub thob Dharmabodhi）① 也是优摩的弟子。【哲窝贡波获得经典和一切教授传授后，也作广大的讲法。】② 这支法流中也出现了许多历代传承。

克巴·达麦峡惹（mkhas pa Dharmeśvara）③：是喇嘛钦波④年满56岁时所生之子。年满12岁时，喇嘛钦波向他略说灌顶法门。16岁时给他讲说《续释广论》（rgyud vgrel chen mo）⑤。他曾与甲岭哇（rgya gling ba）等诸智者相互辩论佛法，辩才极好，并能够打败一起智者。其弟子康萨哇·南喀峨（khang gsar ba nam mkhav vod）是一位精通《中观六论》等论典，而且讲说《续释广论》，又具圆满的三摩地功德的大德。

达麦峡惹的女儿觉芃（jo vbum）：童年时期，在她母亲的劝说下，学会诅咒，摧毁了许多敌人。后来，她精心修行《具足六支之瑜伽》，成为此生成就和自性成就瑜伽母福缘相等的圣母。

觉芃的哥哥色莫伽哇·南喀坚参（se mo che ba nam mkhav rgyal mtshan）：童年时期因为听力和说话都不灵活，因此人们都认为他没有多大的希望。后来，他依止康萨哇·南喀峨而善巧精通《续释》教义，并且勤修《具足六支》和《那若六法》，获得清净三摩地。他能忆往昔无量生中的事迹。由于他居住在色姆伽，以此普遍传称他为大成就者色莫伽哇（grub thob se mo che ba）。

色莫伽哇的弟子绛色·喜饶俄色（vjam gser shes rab vod zer）：此师诞生于梁堆（myang stod，梁上部）。他依止涅细⑥等师学习，对很多经论十分精通。他经过很多年的苦行以净治身体。他还长期闭关念修金刚手菩

---

① 藏文（第901页倒数第3行）写为：གྲུབ་ཐོབ་དྷརྨ་བོ་དྷི།
② 【】藏文（第901页倒数第2~1行）为：Tre bo mgon pos gzhung gdams ngag thams cad mnos nas rgya cher bshad cing/。郭译（第504页第3段）："……他复获得哲窝贡波将经典和一切教授传授给他后，作广大演讲。"
③ 藏文（第902页首行）写为：མཁས་པ་དྷརྨེ་ཤྭ་ར།
④ 罗译（第768页第2段第8行）行间注此喇嘛钦波为"yu mo（优摩）"。
⑤ 梵：Vimalaprabhā；参阅《丹珠尔》，rgyud, No. 1347。
⑥ 此处藏文（第902页倒数第3行）为：gnyav zhig。恐误，似应为：gnyal zhig。

萨①，因此他很有把握地认为一切鬼神都不敢违其命令。他在江渡（rkyang vdur）传法和讲说之余，前往色莫伽哇座前居住的仲穹寺（grong chung don pa）的途中要渡过藏布江时，非人降下冰雹来打击他；但他唱出八法一味②的道情歌，因此毫无恐惧。他在色莫伽哇座前研究学习灌顶、续释以及支分等，成为善巧。他修圆满次第，一日之内便生起圆满成相，故而成为瑜伽自在者。【他对于教授极为敬信，他常说："若达波噶举派大修士中的忍苦修士有此教授，那么此藏地满山遍野都成为成就者居住之地。"】③ 后来，他亲见释迦能仁王佛及其侍眷等时，以七支④作供养。【就在师佛座前将成佛之因一切道果中所有疑问完全解除，因此他不曾请求讲法。】⑤ 讲说经、律、论三藏时，他也是运用平等摄持而说。【极乐世界等许多清净佛土会进入他的梦乡。】⑥ 他在诸山林中修建修处，以教授而使其弟子成为说、修双优者。

绛色·喜饶俄色的弟子喇嘛却古俄色（bla ma chos sku vod zer）：此师为色顶巴·宣奴峨（gser sdings pa gzhon nu vod）的私生子。他诞生于甲戌年（阳木狗，公元1214年），是年恰好喀钦班钦于癸酉年（阴水鸡，公元1213年）回到克什米尔的第二年。却古俄色的史传概略已经在上文

---

① 金刚手菩萨（phyag na rdo rje）：金刚持。密宗一菩萨名。其像身呈青金色，右手持金刚杵，左手持金刚铃，表示金刚部菩萨摧毁魔敌之坚毅智力。密宗谓释迦牟尼讲说密宗时，所现身相，此相为密宗的秘密主。参阅《佛学词典》，第528页。

② 八法一味（chos brgyad ro snyoms）：八风不动。对利、衰、毁、誉、称、讥、苦、乐等世间八风同等看待，无有差别。参阅《藏汉大辞典》，第833页。

③ 【】藏文（第903页第7~9行）为：gdams ngag la shin tu yid ches pas dwags po bkav brgyud kyi sgom chen povi sgom sran la gdams ngag vdi yod na lung pa grub thob kyis vgengs shes gsung ba dang/。郭译（第505页第9~11行）为："他对于教授极为生信，以此若达波嘎举派大修士中的忍苦修士有此教授，而获得隆巴大成就者尽自所知而对他说出。"

④ 七支（yan lag bdun；梵：Sapta anga）：这里指修学佛法时加行七法，即：1. 敬礼支（phyag vtshal ba）；2. 供养支（mchod pa）；3. 忏悔支（bshags pa）；4. 随喜支（rje su yi rang ba）；5. 请转法轮支（bskul ba）；6. 请住世支（gsol ba vdebs pa）和7. 回向支（psngo pa）。此词又指密乘中修七支：满报（longs spyod rdzogs）、结合（kha sbyor）、大乐（bde chen）、无性（rang bzhin med）、悲满（snying rjes yongs gang）、不断（rgyun me vchad）及无灭（vgog pa med）。参阅《佛学词典》，第741页。

⑤ 【】藏文（第903页倒数第9~7行）为：sangs rgya bavi rgyu lam vbras bu thams cad bla ma sangs rgyas kyi drung du sgro vdogs bcad zin pas chos ni ma zhus gsung ba dang/。罗译（第770页第3~7行）有些不同，请参阅。

⑥ 【】藏文（第903页倒数第6行）为：bde ba can la sogs pavi zhing dag pa mang por mnal lam du bsgrod/。郭译（第505页第2段倒数第2行）漏。

《密集续》传规阶段中叙述。① 这里我将详说他与法王绛色②·喜饶俄色相见的情况：其父亲色顶巴·宣奴峨对他说："你和绛色·喜饶俄色有缘，应该前往他那边去！"按照父亲之命来到绛色·喜饶俄色座前听受《阎摩敌灌顶》时，见师即是阎摩敌。此外，他还听受了无量教理和教授等。尤其是他听受《时轮之灌顶》时，见上师即是金刚力。他将此见境禀报上师时，师说："这似乎是金刚力德我慢（本尊之慢心）。我们师徒能获得魔障不入。"在进入曼荼罗时，他亲见智慧曼荼罗。又在第四灌顶时，他仅听师说"如我身要法，应住心于无分别中"时，立刻断除粗细外驰心，而成为大空乐之三摩地（bde stong chen povi ting nge vdzin）。后来，他在修室中精修也不断突然生起证悟。法王对他说他已经达到深明之究竟。他在那里的学法院中讲说《定量论》等教法，法王对他评价极高。他前往色莫伽哇座前求传一法缘时，后者说："你们二人（即绛色哇和却古俄色）是多世师徒。"却古俄色在他座前听受了《时轮续释》等所有句义等全部听受。却古俄色对他者传授了灌顶、续释、教授等作广大利益众生的事业。

却古俄色的弟子衮邦·吐杰准珠（kun spangs thugs rje brtson vgrus）：此师于癸卯年（阴水兔，公元1243年）③ 诞生在拉堆绛④的当哇恰之邦杠⑤地方。此师童年时期已经研究学习了许多经论诸藏而成为善巧。他还在江渡学法院中培育过很多僧众，他以辩才能力极强而闻名。在闻法和说法的一段时间，他在衮铿·却古俄色【哇】座前圆满地听完《时轮讲释》，并且求得教授。修行时，他开启许多三摩地之门。有一段时间他有命厄，衮铿·却古俄色哇预知此情况，不等来迎请就主动来到他面前说："你此次如果死去，虽是能够获得圆满四身而去，然而你要为许多众生的利益而必须要住世。"说后便为他解除其命厄。此后，他便抛弃闻、说教法的事务而一心精修，为此普遍传称他为衮邦巴。他又听受了凡是在藏区所有异同的《六加行（六支瑜伽）》教法。他迁到北方一带的诸山寂静处而修行时，以修持力召集了许多非人在自己的权力之下。特别是觉姆纳嘉

---

① 可参阅本书第八章相关内容。
② 本段落中"绛色"的藏文（第904页第1～2行）两处均为：vjam gsar。上文（第902页倒数第4行）则为 vjam gser。
③ 根据松巴堪布的 Revu mig，则为壬寅年（阳水虎，公元1242年）。
④ 拉堆绛（la stod byang）：萨迦县属地名。为13世纪八思巴建立的十三万户之一。参阅《藏汉大辞典》，第1745页。
⑤ 此处藏文（第904页倒数第2行）为 dba phyar spang sgang，而在《东噶藏学大辞典》第83页中为 dang ba phyar spang sgang。

(jo mo nags rgyal) 迎请他到觉囊寺①时，他承诺三年后再去那里。三年到期后，他去了，并在那里修建寺庙，并以讲说和教授二者来抚育很多弟子。此师的诸弟子中，绛生嘉哇益西（byang sems rgyal ba ye shes）、拉堆巴·旺嘉（la stod pa dbang rgyal）、蒙麦乍喀哇（mun me brag kha ba）、孙巴衮嘉（sron ba kun rgyal）等普遍传称为衮邦巴的四大弟子。

绛生嘉哇益西：此师诞生于丁巳年（阴火蛇，公元 1257 年）。幼年时期，噶玛拔希（kar ma pa shis）在违背其父意愿的情况下收其为徒，为其讲授噶玛巴教法，倾其所有财物来抚育他。后来，他前往觉摩囊②听受衮邦巴的所有经教、教授等并且进行圆满精修。

拉堆巴·旺嘉：此师由于勤修而获得彻底证悟。与此同时，他还从中善（bar du dge ba）③开始，撰著了有关上师语教的修学指导著作。他使许多徒众获得许多修益并断除了所有修障。

蒙麦乍喀哇·扎巴僧格（mun me brag kha ba grags pa seng ge）：他于乙卯年（阴木兔，公元 1255 年）诞生在野汝北部嘉德塘喀（rgyal te thang kha）地方。伦（glan）是其族姓。童年时期，他在措普仁波且索南僧格（khro phu rin po che bsod nams seng ge）座前出家为僧，取名为扎巴僧格（grags pa seng ge）。后来，他以措普仁波且索南僧格为亲教师，邬玛巴·协蚌（dbu ma pa sher vbum）为大师，布顿僧格峨（bu ston seng ge vod）作屏教师而受比丘戒。他在萨迦的恰汝哇·僧格贝（phya ru ba seng ge dpal）座前听受《释量论》。他虽然通晓《慈氏五论》、《中观六论》（也称理聚六论）和续部（密经）等无量教法，然而想到教法的心要是修行，便前往觉摩囊在衮邦巴和绛生嘉哇益西座前求得《六支加行》的导释后，又请求他们讲授了《本续》，他们对他说："前往绒地（rong）吧！"于是他在嘎译师（rgwa lo）的小儿子阿嘎惹悉德（Ākarasiddhi）座前听受了《续释》和分支等。之后，他前往亚隆（g'yav lung）山林之中专修而负盛名。顺便他以讲授《续释》和《导释》来摄受许多弟子。【后

---

① 觉囊寺（jo nang）：藏传佛教觉囊派主寺。初建于宋代。在日喀则西彭措林山沟尽头处。参阅《藏汉大辞典》，第 878 页。
② 觉摩囊（jo mo nang）：藏传佛教觉囊派主寺所在地名。在日喀则地区拉孜县境内。参阅《藏汉大辞典》，第 880 页。
③ 据罗译（第 772~773 页）行间注：大多数藏文指导著作部分三部分：1. 首善（thog mar dge ba）；2. 中善（bar du dge ba）；3. 末善（mthav mar dge ba）。有关《六支加行论之教授》（Sadanga yoga）的指导著作一般分为六部分，前两部分相当于"首善"，中间两部分相当于"中善"，最后两部分相当于"末善"。拉堆巴·旺嘉撰写了后面四部分的指导著作。

来，在戊寅年（土虎，公元 1338 年），当王国发生特大雪灾时，由洛白哇·衮桑（lo be ba kun bzang）作施主，把他安置在乍喀（brag kha）。他在那里闭关念修《时轮》法门，烧护法十亿遍，以此出现火焰也成为诸宝焰之许多稀有徵相。】① 每日除修《六加行（六支瑜伽）》外，他以修持生起和圆满二次第为主。他以《六加行（六支瑜伽）》、《觉法》、《五钉秘法》取名为四大教导为主要修持。在夏季闭关期间，他大部分时间入于觉法（gcod）之中。他常将所得财物全部供施于诸师的寺庙。由于他具有神通，其所预示的萨迦派苦乐等结果都准确无误。他在 89 岁时的癸未年（阴水羊，公元 1343 年）在稀有瑞相中逝世。净治遗体时，成为舍利身蕴。此师的弟子出有法王喇嘛丹巴（chos rje bla ma dam pa）、噶久巴·宣奴僧格洛卓（dkav bcu pa gzhon nu seng ge blo gros）②、邦姆须哇·宣奴贝（bang mo zhu ba gzhon nu dpal）等许多弟子。在孙巴衮嘉的弟子孙巴却贝（sron pa chos dpal）座前，有乍纳巴·却军贝（brag nag pa chos skyong dpal）前来听受孙宗教法（sron）。在乍纳巴·却军贝座前，又有噶久巴·宣奴僧格听受教法。

孙巴·贡噶嘉（sron pa kun dgav rgyal，即孙巴衮嘉）：此师为元帝的速古尔赤（zu gur che），八思巴上师（bla ma vphags pa）③ 令其出家为僧并使他学习经论诸藏。后来，他在衮邦哇座前求得教导而修，生起了殊胜修悟；并亲见观音菩萨和峡哇日旺秋。所求得的教授也属于孙宗，但略有不同。他以此种法传作了利益众生的事业。

贝丹喇嘛（dpal ldan bla ma）在孙巴·贡噶嘉以及此师弟子却贝（chos dpal）、堪钦索扎巴（mkhan chen bsod grags pa）三师座前听受孙宗教法传规（sronlugs）。就这样，衮邦巴作了长久的利益众生事业后，将寺庙托付给绛生嘉【哇】益【西】（byang sems rgyal ye），而后在 71 岁时的癸丑年（阴水牛，公元 1313 年）逝世。绛生嘉哇益西在年满 57 时的癸丑年（阴水牛，公元 1313 年）担任觉囊寺寺主。像喇嘛衮索巴（bla ma kun bsod pa）

---

① 【】藏文（第 906~907 页）为：phyis rgyal khams su kha mo che chung bavi stag gi lo la lo be ba kun bzang gis sbyin bdag byas nas brag khar phyags phab/ der mtshams bcad de dus vkhor gyi bsnyen pa bye ba dang/ sbyin bsreg vbum phrag bcu mdzad pas me lce rnams rin po chevi rnam par vbyung ba la sogs pavi mtshan ma khyad par can byung/。郭译（第 507 页第 12~14 行）为："后来在藏疆发生极大困难的寅年中，由诺白哇·衮桑（普贤）作施主，他去乍喀闭关念修《时轮》法门，烧护摩十亿遍，以此出现火焰也成为诸宝焰的稀有征相。"
② 噶久（dkav bcu），后藏扎什伦布寺中对格鲁派必修的五论本注已经粗通的格西。参阅《藏汉大辞典》，第 50 页。
③ 郭译（第 508 页首行）为"喇嘛帕巴"。

等许多善知识,以及像绛垛(byang rdor)和云尊(yon btsun)大宰官等诸大人物也来到他的座前亲近依止。他常说:"得到我所建立的导修教授者,大多数人能够生起殊胜修悟,最后无不获得圆满成相。"此师住持寺庙八年时间,在年满64岁时于庚申年(阳铁猴,公元1320年)逝世。此师是一位殊胜大德,因此,法王让郡多杰为他写过传记。

绛生巴的弟子克尊·云丹嘉措(mkhas btsun yon tan rgyal mtsho):诞生于庚申年(铁猴,公元1260年)。他在61岁时担任寺主,在丙寅年(阳火虎,公元1326年)他将寺主之权交出后,在年满68岁时的丁卯年(阴火兔,公元1327年)逝世。【其诞生地是夺地(mdog)的奔坝(spen pa)。】① 少年时期,云丹嘉措就在萨迦依止绛央巴(vjam dbyangs pa)等许多善巧上师而精心研究诸经论。【他曾经作为绛央巴的仆从一起到过(北京)皇宫。】② 之后,求得绛央巴准许后,他迅速前往前、后藏。来到觉摩囊后,他就在衮邦巴和绛生巴两师座前听受灌顶、续释、教导等。他修持极高,成为无边众生敬供之处。

云丹嘉措的弟子③衮铿喜饶坚参(kun mkhyen shes rab rgyal mtshan)④:诞生在垛波的班仓(dol povi ban tshang)家族。童年时他在吉顿绛央巴(skyi ston vjam dbyangs pa)叔侄二人座前亲近而听受四大论等经论,以及《金刚鬘灌顶》等许多密法,尤其是在叔侄座前听受了惹系传规的《时轮》讲释。他在少年时就在萨迦讲说了《四难论讲释》(dkav bzhivi bshad pa)。虽然别人不喜欢他这样做,他仍调伏使其入于菩萨行中。他前往前后藏广游过诸辩场,普遍传称他为贤善导师。此外,他在许多上师座前广大地听受过诸经教。后来,他到觉摩囊克尊·云丹嘉措座前听受《续释》以及教授等。他依教授而修之后,获得无比证悟。他在35岁时担任寺主,并住持说修兼备的教法直至圆寂之前为止。此外,他建造了见者得解脱之大佛塔。在他的指令下,其弟子玛底班钦(ma ti pan chen)和译师洛卓贝(lo tsav ba blo gros dpal)二人在甲戌年(阳木狗,公元1334年)修订《时轮》译本。衮铿大师在此译本基础上撰著出《续

---

① 【】藏文(第908页倒数第4行)为:de yang yul mdog gi spen pa/。郭译(第508页倒数第9行)为"又有嘉哇耶协的弟子裕垛区的本巴"。恐误。

② 【】藏文(第908页倒数第2行)为:vjam dbyangs pavi phyags phyir gong duvang byon/。郭译(第508页倒数第8~7行)为:"……他曾经到贡区(上都)给绛央巴当仆从。"

③ 由于郭译将上述地名"奔坝"理解为云丹嘉措的弟子,故而此处(第508页倒数第4行)译为"本巴的弟子……"。误。

④ 据罗译(第775~776页)行间注:衮铿喜饶坚参系觉囊派著名学者,通常被称之为垛波巴(dol po pa)。在拉萨大昭寺里陈列的西藏著名上师塑像中,也有他的一尊。

释广论摄义》（rgyud vgrel chen movi bsdus don）和注解。此外，他还撰写了灌顶修法和星算等方面的许多小论著。他建造了大佛塔后，生起了一种新的意念。他想"对我而言，这就好比立山以穿海"。因此，他撰著《了义海摄义》（nges don rgya mtsho bsdus don）以及科判章节等；又著有盛行于前、后藏的《宝性论》（也称究竟一乘宝性论）及《现观庄严论之注疏》、《教法总注释》（bstan pavi spyi vgrel）、《第四结集》（bkav bsdu bzhi pa）① 等开示他空见的论著。许多智者对于此种宗见认为是恶见，嫉妒不赞同而前来与他辩论，之后这些诽谤声犹如大雪降到大海渐次销声匿迹。他将寺庙交付给译师后到了前藏，并安住在拉萨，教导《具足六支论导释》（yan lag drug gi khrid），以此导修的舞姿遍行于拉萨诸寺庙庄园。后来，衮锉来到觉摩囊，在70岁时于辛丑年（阴铁牛，公元1361年）逝世并往生于极乐世界。此师出有善巧弟子衮邦却扎贝桑波（kun spangs chos grags dpal bzang po）、却勒南杰（phyogs las rnam rgyal）、尼温贡噶贝（nya dbon kun dgav dpal）等许多勤修《具足六支论之瑜伽》的修士，遍布于前后藏的一切山谷之中。这一修行传承在康区也极为盛行，直到今天（著书时）黄河畔还有许多守持三年三分②为期的誓约而修行的修士。

其中法王却勒南嘉哇：此师的诞生地为阿里地区，【诞生于丙午年（阳火马，公元1306年）。】③ 少年时期，他到前藏在却柯岭寺中研究学习《波罗蜜多》和《因明》等法相论典，继而成为大善巧者。他还游遍前、后藏的诸辩经场。有一次，在参加辩论之余，顺便与法王衮锉大师相见，并对师生起敬信。前往觉囊寺住在那里，在衮锉大师座前听受《时轮》灌顶、续释及教授等，以及其他许多教法。他依教授而修，生起极佳的三摩地；而且对上师有绝对的信仰。他以衮锉大师作为自己上师之中的主要上师。④ 衮锉大师的弟子绛巴达（byang pa ta）的侄子在衮锉师徒座前求

---

① 《了义海摄义》（nges don rgya mtsho bsdus don）和《第四结集》（bkav bsdu bzhi pa）是觉囊派两部名著。格鲁派禁止僧人在僧舍中保存这两部书。参阅罗译（第777页第10~14行）行间注。

② 三年三分（lo gsum phyogs gsum）：佛教徒闭关修行三年零三个月。参阅《藏汉大辞典》，第2812页。

③ 【】藏文（第911页第2~3行）为：me pho rta la vkhrungs/。郭译（第509页倒数第5行）漏。

④ 此句郭译（第510页第1~2行）为"他四十九位上师作为自己的主要上师"。估计将下文的"49岁"挪到这里，理解为"四十九位上师"了。藏文（第911页第10行）无此内容。

得允许后修建了昂日寺①。衮铿也在此寺中居住过一段时间。之后,他把昂日寺交付给却勒南嘉而来到觉摩囊。却勒南嘉长时间以《波罗蜜多》和《因明》为主要论藏进行讲说,并且聚集了许多智明弟子。后来,他把寺座托付给丹巴坚参巴(bstan pa rgyal mtshan pa)后,【在49岁时】②他当了觉摩囊的寺主。五年之后,他又将觉囊寺寺座交出后前往前藏。在察邬寺(vtshal dbus gling)中他向广大弟子讲说《时轮》灌顶、续释和教授导释等。此后,他前往雅隆地区,在朵地(rdo)居住时,译师绛曲哲姆(lo tsav ba byang chu rtse mo)前来听受《时轮》最胜灌顶。到雅隆后,他在昌珠寺(khra vbrug)等处居住时,度化无量众生都安置于善道之中。之后他前往后藏,在色喀琼(se mkhar chung)处安住。此师于丙午年(阳火马,公元1306年)诞生,年满住世到81岁时于丙寅年(阳火虎,公元1386年)逝世。

却勒南嘉座前由我的上师桑杰仁钦巴(sangs rgyas rin chen pa)求得法传。我的上师具足善巧和成就之传承,是克珠却贝巴(mkhas grub chos dpal pa)之子。他于己卯年(阴土兔,公元1336年)诞生在奈邬喀(snevu mkhar)地区。从童年时起就住于大乘姓中,为此从未与童年好友发生过口角之争。少年时期,他听受父亲和祖父法传峨派传规的《喜金刚第二品》的讲释,以及宁玛派的《金刚撅》和《马头金刚》,以及《上师密集》等许多秘藏教法。之后他前往泽当依止在钦波却生哇(chen po chos seng ba)和俄色贝哇大师(slob dpon vod zer dpal ba)座前研究学习《波罗蜜多》,并且广泛参加辩经。此后,他研究学习《释量论》。当他把《释量论》的注疏都完全领会于心中时,他感到很喜欢听受《时轮》。于是,他在大译师绛曲哲姆座前听讲《续释广论》(rgyud vgrel chen movi bshad pa)的讲释一遍半;在译师南喀桑波(lo tsav ba nam mkhav bzang po)座前听受其讲释两遍;在法王却巴(chos rje phyogs pa)座前听讲《时轮》的圆满灌顶和《续释广论》的讲释两遍,以及教授《六加行论》和闭关念修法;又在法王却巴的弟子垛丹峨涅玛益西坚参(rtogs ldan sngo nyal ma ye shes rgyal mtshan)座前听讲《续释》以及注解等。他又在绛格大师(slob dpon vjam sgeg)座前听讲《胜义念修》和《见解略说》(lta vdod mdor bstan)③;又在羊卓喀哇隆巴·香敦索南扎巴(yar

---

① 昂日寺(ngam rings):在西藏自治区西部多雄藏布江流域,雅鲁藏布江在该县西南部横穿而过。参阅《藏汉大辞典》,第649~650页。
② 【】藏文(第911页倒数第3行)为:zhe dgu pa ls。郭译(第510页第6行)漏。
③ 参阅《丹珠尔》,rgyud,No.2304。

vbrog kha ba lung pa zhang ston bsod nams grags pa）座前听讲《续释》以及衮铿钦波所著的注解等。在日顿洛钦峨（ri ston blo chen vod）座前，他听受了由曼隆巴（man lungs pa）和译师扎巴坚参（lo tsav ba grags pa rgyal mtshan）传承下来并由译师扎巴所译的《续释》，以及那若巴所著《灌顶略释》等教法。衮铿钦波来到拉萨时，他在师座前受了比丘戒，并听了一些简略教法。在诸师中，他以却勒南嘉的传规为主。此后，他自己专注于修行。当他勤修《具足六支论之瑜伽》时，身体上下一切支分都如塘煨①在燃烧，在病重九年时间里，但他未间断过修持。疾病痊愈之后，修持也获得了极大增长。于是，他就传授《续释》讲解。他常常对一切僧俗男女大众传播《六支加行》之导释，长期作利他众生之事业。而后，他在86岁时的甲辰年（阳木龙，公元1424年）逝世，而往生于他前生所住处兜率天宫，依止在薄伽梵弥勒座前。

我（管·宣奴贝）在这位上师（桑杰仁钦）座前听受了衮铿钦波的殊胜曼荼罗中《时轮》圆满灌顶；我还听受了《续释广论》经教、《六支加行》之导释，那若巴的《灌顶略论释》，以及诸菩萨（指香巴拉诸王）所著的时轮注释等其他法类。

仁波且索【南】桑波（rin po che bsod［nams］bzang po）也在法王却勒南嘉和克巴尼温两师座前听受了《时轮具足六支论》以及教授等。他还长时间以导释、讲说、灌顶三者教化众多众生，并且著有《灌顶修法》论著，而成为诸大修士的上师。法王德辛协巴和通哇邓丹二师也曾亲依止于此师。如此善巧获得成就的瑜伽自在大师在93岁时的癸丑年（阴水牛，公元1433年）逝世。

仁波且索【南】桑波的弟子②噶久巴·白玛桑波（dgav bcu pa pad ma bzang po）曾经多次讲说《续释》讲义，且著有《续释大疏》。

此外，仁波且索南桑波的弟子法王却桑尼玛（chos rje chos bzang nyi ma）修建了雅囊山中小庙（g'yav snang ri khrod），出有许多能够讲说《时轮》讲义和修法二者的弘法传教者和专一修行《六支加行》的修士弟子。

又有衮铿钦波的弟子绛央却季贡波哇（vjam dbyangs chos kyi mgon po ba），住持雅德班钦的寺庙后，很长时间内进行《时轮》讲说。他培育出了包括绛央仁嘉哇（vjam dbyangs rin rgyal ba）在内的许多善巧弟子。他前往泽当学法院后，对许多三藏法师讲说《时轮续释》。听法弟子中最胜

---

① 塘煨（me mdag）：可以煨物使热的灰烬。参阅《藏汉大辞典》，第2111页。
② 郭译（第511页倒数第3行）为"却勒朗嘉的弟子"。恐误。

弟子为堪钦仁波且坚参桑波（mkhan chen rin po che rgyal mtshan bzang po），他在布顿仁波且年满 61 时的庚寅年（阳铁虎，公元 1350 年）诞生。他在桑普和泽当两处研究和学习教法，精通以四书为主的一切论典，而且喜欢学习别解脱戒等。他具足圆满菩提心，在绛央却季贡巴座前听受《时轮》而成为善巧者。他常（开玩笑）说所有段落都是观自在菩萨所说，后者所说的"容易懂得"等语都是为他授记的。他所作的讲说对于众人来说是有益的。他著有《时轮生起次第现证颂》（dus kyi vkhor lovi bskyed pavi rim pa la ma ngon par rtogs pa tshigs bcad ma），并经常以《时轮》为修持法门。他从大僧会的大堪布桑杰洛卓巴（mkhan chen sangs rgyas blo gros pa）座前听受了《六支加行之教授》。此外，他以导释次第对其他大众广作利益。他在 76 岁时于乙巳年（阴木蛇，公元 1425 年）逝世。

我（管·宣奴贝）的上师释迦希（Śākyaśrī）[1] 在绛央却季贡波座前学习《时轮》成为精通者。他又在堪钦仁波且嘉桑哇（mkhan chen rin po che rgyal bzang ba）和仁波且索桑哇座前听受了《时轮》；又居住在杰拉康中的喇嘛旺仁巴（bla ma dbang rin pa）、布【顿】仁波且的直传弟子座前听受了布师传规的大部分教法法门。大堪布勒季多杰（mkhan chen las kyi rdo rje）[2] 授记为：释迦希前生是纳塘寺的一位善知识，并且精通《时轮》的大师。上师释迦希说：他在梦中，见到自己登上一长梯而入佛塔的瓶腹中时，有一灿烂的时轮曼荼罗边上居住有法王衮铿钦波并与他相见。由于法王对他作了加持，因此他对于许多教法都获得真实。释迦希在 80 岁时的戊辰年（阳土龙，公元 1448 年）逝世，并往生于极乐世界。

另外，杰正（je rdzing）僧会堪布名为仁钦楚臣西（rin chen tshul khrims shes），他在法王衮铿钦波座前求得《时轮》法门和教授等，修行后获得大智慧。此师的弟子学隆措喀哇（zho lung kha ba）也以《六支加行》的教授来作利益众生的事业。

仁钦楚臣巴的又一弟子法王索南坚参，是一位获得具足《六支加行》的修证大德。此师也以其修学来教导许多弟子。

又有衮铿钦波的弟子绛央洛卓坚参（vjam dbangs blo gros rgyal mtshan），人称曼曲喀哇（sman chu kha ba），也以《时轮》灌顶、续释、教

---

[1] 藏文（第 915 页倒数第 5 行）写为：བྱེ་བརྒྱད་ཅན།

[2] 至尊宗喀巴的上师。

授等教化许多众生。此师的弟子法王弥日哇（chos rje smi ri ba）修建了弥日寺（smi ri dgon），而且引导许多有情于修行中。此师住世80多岁，现在（著书时）他的传规仍在。

又有绛生嘉哇益（byang sems rgyal ye）的弟子，诞生于达裕切玛（dar yul bye ma）地方的格西达隆仁波且桑杰贝（dge bavi bshes gnyen stag lung rin po che sangs rgyas dpal）：他是垛哇达协（do ba dar she）① 的再传弟子。他从绛曲生贝嘉哇益西座前，获得《六支加行》的教授传规。他到过五台山等处精修而获得成就。此人还在北方各地弘扬了《六支加行》教法。

【又有云丹嘉措哇和仁波且喜饶蚌巴（rin po che shes rab vbum pa）的弟子，生于达木（vdam）的惹达纳玛惹（Ratankumavra）和坝绒巴（vb-ab rom pa）种姓的僧格贝（seng ge dpal）二人，也在北方大宏《六支加行》教法。】②

又有涅细（gnyal zhig）的九子之一博冻仁波且·仁钦哲姆（bo dong rin po che rin chen rtse mo），也在上师色莫伽哇（se mo che ba）座前求得《时轮》续释和一切教授的传授。他还建造了著名的博冻仁哲之时轮佛母大像。此师在一坐垫之上能圆满念修【千万曼陀罗】③，而且所烧护法摩（烧施火供）的火焰发现吉祥结④和雍仲符号等形火焰吉祥瑞相。由于他常讲说《时轮》，以此培育出许多弟子。其中出有殊胜的竖伞（大法师座后竖立伞盖）盖十八顶弟子。另外，由于传播修法指导，以此也出有大成就者的弟子。博冻仁波且在51岁逝世往生于香巴拉。

博冻仁波且的弟子达德哇·僧格坚参（stag sde ba seng ge rgyal mts-

---

① 罗译（第783页第9行）转写为：ngo-pa dar-she。
② 【】藏文（第917页第6～9行）为：yon tan rgya mtsho ba dang rin po che shes rab vbum pa gnyis kyi slob ma vdam du vkhrungs pavi ratankumavra zhes pa zhig dang/ vbab rom pavi gdung rgyud seng ge dpal zhes pa gnyis kyis kyang byang phyogs su yan lag drug gi bstan pa rgya cher spel lo/。其中，ratankumavra 写为：པཛྲ་ཏུ་ཨལ་ཙོན། 此句郭译（第513页第4段）为："又云敦嘉措（能海）的弟子生于盥区的惹达纳姑玛惹，及坝绒巴种姓的生格伯（狮子吉祥）二人也在北方大宏《瑜伽六支》教法。"罗译（第783页第14～17行）为：A disciple of Yon tan rgya mtsho ba and rin po che shes rab vbum pa, named Seng ge dpal, propagated the Doctrine of the Sadanga yoga in the Northern Quarter. 若据藏文看来，郭译和罗译均有缺漏，谨录于此共比较参考。
③ 【】处据罗译（第783页第2段第6行）补。
④ 吉祥结（dpal bevu）：梵音译作室利靺瑳。八种瑞相之一。参阅《藏汉大辞典》，第1631页。

han)：他于壬申年（阳水猴，公元1212年）诞生在帕日隆（pha ri lung）地方。他在博冻仁波且座前听受《波罗蜜多》、《因明》和《现观庄严论》三种论典，尤其是听受了《时轮》灌顶、续释、教授等。博冻逝世后，他掌管了诺仲（log grong）等许多寺庙庄园，并宏昌讲说和听受教法。他培育出许多善巧弟子，其中有如雄师兄弟（shong sku mched）、大小衮宣（dkon gzhon che chung）、大小土协（thur she che chung）等。在其早期弟子中，出有竖伞师（gdugs thog pa）十三人。后来，他又使纳察绒巴协宣（sna tshar rong pa① sher gzhon）、达德准嘉（stag sde② brtson rgyal）、喇嘛更邓丹（bla ma dge vdun brtan）、堪布云贡（mkhan po yon mgon）等人入于成熟之道。以此普遍传称弟子胜过大师的智慧通达。达德哇·僧格坚参83岁时于甲午年（阳木马，公元1294年）鬼宿月③初八日逝世。

雄顿·多杰坚参（shong ston rdo rje rgyal mtshan）：诞生在江隆峡喀的邦惹（spyang lungs shar khavi bong ra）地方。他在达德哇座前学习了《因明》等许多论典，尤其是他以书写的《时轮》法类四十页，作为献礼供于上师而求得《时轮灌顶》圆满传授，他还听受了依据卓师译本的《续释》等的讲义。在阁隆巴·垛德贝坚参（go lung pa mdo sde dpal rgyal mtshan）④座前，他研究学习了许多密宗论典和星算等论著。当八思巴上师⑤早先一次来藏地时，他作了极佳的颂言书呈献于其座前，请求八思巴上师派遣他去（印度）学习翻译事业。上师答道："你这想法极好！虽然很难再能做到新译经论，但应该到班智达座前去很好地求学钻研。由于我自己依止法王的时间不久，故而对于法王（萨迦班钦）所著的《诗律花束论》（sdeb sbyor me tog gi chun po）和《辞库》（tshig gi gter）等，显然不能如法知晓。因此，你无论如何也搞得懂这些著作！"说了之后，八思巴上师就赐给他上述诸书，黄金五两，绫绸十匹等物，派遣他前往尼泊尔求学。到达尼泊尔后，他依止班智达玛哈纳扎坝遮（pandita Mahendrab-

---

① 罗译（第784页第8行）转写为：sna-tsha rong-pa。
② 罗译（第784页第8行）转写为：stag-sde-ba。
③ 鬼宿月（rgyal zla ba）：藏历十二月。仲冬月。藏历十一月十六至十二月十五，望在鬼宿，名鬼宿月。按吐蕃王朝旧制，本月初一日，即是岁首。参阅《藏汉大辞典》，第557页。
④ 与上文阁隆巴·垛德贝（go lung pa mdo sde dpal）同。
⑤ 郭译（第514页第10行）为"喇嘛帕巴"。

hadra)① 五年时间，研究学习五小明学处②；尤其是对《声明》的研究学习极为精通，之后返回萨迦，对《时轮续释》等作了极佳的翻译。此译本呈献给八思巴仁波且阅览后，后者寄来信函赞扬他的译本比过去诸译师所译的《时轮》有极好的功德。雄顿译师还最先译出《如意宝藤》（dpag bsam vkhri shing）③ 等，并对其他旧译作了修订。他还将梵文《声明》和《藻词》等规引入（藏地）。雄顿又教授其弟雄·洛卓丹巴（shong blo gros brtan pa）很好地学习翻译事业，并且向他讲说《时轮续释》。后来由洛卓丹巴讲授给扎策巴·仁钦坚参（sgra tshad pa rin chen rgyal mtshan）和译师却丹（lo tsav ba chog ldan）；译师却丹又讲授给绛央吉顿（vjam dbyangs skyi ston）；绛央吉顿讲授给衮铿钦波。

又有善巧《七部量论》（tshad ma sde bdun，也称集量七注）的喇嘛贝丹僧格哇（bla ma dpal ldan seng ge ba），在译师却丹座前听受雄顿译出的教法。他还在绒巴喜饶僧格哇（rong pa shes rab seng ge ba）座前听受惹译本。在贝丹僧格哇座前，又有衮邦却扎贝桑波（kun spangs chos grags dpal bzang）听受灌顶，以及雄译的讲释。

此外，衮铿晋巴（kun mkhyen vdzims pa）在烘扎巴·仁钦哲姆（mngon gra ba rin chen rtse mo）座前听受法传。在衮铿晋巴和上师嘎译师座前，又有邬巴格隆楚臣坝（dbus pa dge slong tshul khrims vbar）前来求得卓译师和惹译师传规的全部法类。在邬巴格隆楚臣坝座前，又有堆柯哇益西仁钦（dus vkhor ba ye shes rin chen）前来听受法传。在堆柯哇益西仁钦座前，又有衮铿云丹嘉措（kun mkhyen yon tan rgya mtsho）听受法传。

在达德哇座前，又有智王邦·洛卓丹巴（dpang blo gros brtan pa）④ 前来听得法传。邦·洛卓丹巴于丙子年（阳火鼠，公元1276年）诞生在拉堆南部（la stod lho）的甲木（gyam）。由于母亲早年逝世之故，以羊奶来喂养长大。幼年时，法王绛岭巴（chos rje byang gling pa）和大成就者邬坚巴（grub chen u rgyan pa）两师说："此子将来会成为一位大善知识。"之后对他作抚育。【7岁时，洛卓丹巴在堪钦色康巴（mkhan chen

---

① 藏文（第919页第6行）写为：ཨབཧྲདྲི་པ།

② 五小明学处（rig gnas chung ba lnga）：小五科，小五明：修辞学、辞藻学、韵律学、戏剧学和星象学。参阅《藏汉大辞典》，第2682页。

③ 梵：Bodhisattvāvadāna kalpalatā；参阅《丹珠尔》，skyes rabs, No. 4155。

④ 一般认为，此人和其兄弟雄顿·多杰坚参（shong ston rdo rje rgyal mtshan）是西藏声明学的创立者。

gser khang pa）座前与麦顿杜真（me ston vdul vdzin）一起出家为僧，并且学习《律经根本律》①。】② 13 岁时，他对《律经根本律》作新释。之后他听到达德巴的美誉名声后，就前往察纳（tsha sna），在达德巴座前听受了许多显密经论；尤其是研究学习《时轮》成为善巧者。当他年满 19 岁时，达德巴逝世。而后他就依止译师却丹学习《声明积分论》③ 和《旃陀罗波声明论》④。他还听受了《诗镜》⑤。他在阿扎惹柴材（a tsa ra vphrad tshad）座前学习通行语（白话，流行语）。不久，他就成为重要文书的翻译者。他曾七次前往尼泊尔。他对于许多显密经论作了根本翻译和修订，并著有《因明》以及《现对法》等许多注疏。总之，此师住世之年，没有任何人的才智能高出过他。后来，他来到前藏，对奈邬脱（nevu thog）、贡塘、达隆等处的难以计数的三藏法师开启了无限智慧之门。连绵伯央邓约坚参巴（vjam pavi dbyangs don yod rgyal mtshan pa）兄弟等持萨迦种姓传承之诸大人物也都来到他的座前听法，而且其他时间也对他非常尊敬。他曾一度担任博冻唉寺⑥寺主。法王索南坚参在他的座前听受《时轮续释》经教诵授时，他对法王严肃地说："你对此法应该勤奋修持。"他曾长期在奈波伽（gnas po che）居住，其间对自己所知诸人也作了不少的讲说。他夜以继日地专注在修持中，其美誉名声上传至雅哲（ya tse），下传至汉地，闻名遐迩。他完成利他众生事业后，在 67 岁时的壬午年（阳水

---

① 《律经根本律》（vdul ba mdo rtsa）：注释四部律典总义的一部著作。古印度论师功德光著。全书九卷，二千七百颂。印度班智达姿纳迷札和西藏译师焦若·鲁坚赞由梵译藏。参阅《藏汉大辞典》，第 1405 页。

② 【 】藏文（第 920 页倒数第 8～6 行）为：dgung lo dbun pa la mkhan chen gser khang pavi drung du me ston vdul vdzin dang gnyis la rab tu byung nas vdul ba mdo rtsa bslabs/。郭译（第 515 页第 11～12 行）为："年七岁时在堪钦色岭巴和麦敦杜正两师座前出家为僧而学习《律本事》。"

③ 《声明积分论》（ka lav pa）：是一部集合声明学重要部分的著作。印度学者洒巴达维摩所著。参阅《藏汉大辞典》，第 6 页；《丹珠尔》，sgra，No. 4282。

④ 《旃陀罗波声明论》（tsan dra pa；梵：Candra pa）：7 世纪时印度语言学家八戒居士皎月所著，是古印度声明十大论之一，此书后译成藏文，至今仍流传于西藏。参阅《藏汉大辞典》，第 2184 页；《丹珠尔》，sgra，No. 4269。

⑤ 《诗镜》（snyan sngags me long；梵：Kāvyādarśa）：古印度诗人旦志，译言持杖，综合古印度东南两派诗家相同的和不同的修辞方法，著成的作诗格律，全书共分三章。公元 13 世纪，由匈译师多杰坚参等在萨迦寺中译成藏文，后曾由邦译师洛追登巴和夏鲁译师却窘桑波等先后根据梵文原本校订改译。参阅《藏汉大辞典》，第 997 页；《丹珠尔》，sgra，No. 4301。

⑥ 博冻唉寺（bo dong avi dgon pa）：公元 1049 年，格西木札巴在后藏地区倡建的一座寺庙名。参阅《藏汉大辞典》，第 1843 页。

马，公元 1342 年）逝世。

此位智王的座前有他的侄子贝丹绛曲哲姆（dpal ldan byang chub rtse mo）前来听受法传。绛曲哲姆于癸卯年（阴水兔，公元 1243 年）诞生在拉堆南部。幼年时期，他就在至尊旺（rje btsun dbang）座前学习三藏和诸密续。他精通梵语，对诸小五明也能一切无碍地而熟悉于心中。受贝丹喇嘛丹巴之命，他担任了博冻寺寺主。当贝丹喇嘛丹巴前往（北京）皇宫时，他作为仆从一直护送到达隆①。这时，达隆仁波且惹达纳嘎惹（rin po che Ratnākara）②向贝丹喇嘛丹巴请求："让此译师哲姆（贝丹绛曲哲姆）给我这侄儿作大师吧！"喇嘛丹巴当时就应允其请求，说他可以自己做主。

又有温波·南喀贝桑波（dbon po nam khav dpal bzang po）：是优摩（yu mo）之子达玛峡惹（Dharmeśvara）③的转世活佛。他能清楚地记忆前生往事。译师哲姆传授给他《时轮续释》以及教授等，另外还传授了其他许多教法。南喀贝桑波后来成为无与伦比的大善巧者，同时撰有很多论著。【后来，在担任达隆寺寺座期间，他将寺庙托付给扎西贝哲（bkra shis dpal brtsegs），他自己却名叫塘拉凿（thang lha mdzod）的寝室中一心修持而安住。】④后来，这位大译师在雅隆、邓萨梯、贡塘居住，并且以《时轮》等法雨普润满足许多渴望教法的善巧者。特别是敬安·扎巴绛曲巴（spyan snga grags pa byang chub pa）在大译师座前听受许多教法。见大译师日夜专修，为此敬安·扎巴绛曲巴也仿效在小寝室中闭关一心修持。后来，大译师到了后藏，居住在曲弥仁姆（chu mig ring mo），使许多应化有情者入于成熟之道，而后在 78 岁时的庚申年（阳铁猴，公元 1320 年）逝世。

此位大译师的弟子译师南喀桑波（lo tsav ba nam mkhav bzang po）：此师精通《声明》、《因明》和《时轮》。他常作大译师（温波·南喀贝桑波）的仆从，并且在其他地方多次讲说《时轮》。

大译师的侄子译师扎巴坚参及其侄子贝季麦扎巴（dpal vjigs med

---

① 达隆（stag lung）：在西藏自治区浪卡子县中部。参阅《藏汉大辞典》，第 1098 页。
② 藏文（第 922 页第 4~5 行）写为：ཉིད་པོ་རྗེ།
③ 藏文（第 922 页第 8 行）写为：དྷ་མེ་ཤྭ་ར།
④ 【】藏文（第 922 页倒数第 8~6 行）为：phyis stag lung gi gdan sar bzhugs nas kyang gdan sa de bkra shis dpal brtsegs pa la phog/ thang lha mdzod ces pavi gzims khang du thugs dam la rtse gcig tu bzhugs so。郭译（第 516 页第 3 段第 4~6 行）为："……后来虽任达隆寺主，但此寺复前往扎喜伯哲，他也就在汤拉卓室中，一心修持而安住。"

grags pa）都能守持前辈上师之规，并以善巧作法做了饶益许多众生事业，继而成为教法主宰。贝季麦扎巴诞生于乙卯年（阴木兔，公元 1315 年），年满 77 岁时于辛未年（阴铁羊，公元 1391 年）逝世。也有人说他是癸丑年（阴水牛，公元 1313 年）诞生的。贝季麦扎巴的弟子大多数都是对上师敬信而赞颂的，其中具通达者有王南杰扎巴（mivi bdag po rnam rgyal grags pa）和大智者索南朗巴嘉哇（mkhas pa chen po bsod nams rnam par rgyal ba）两大弟子。

索南朗巴嘉哇（bsod nams rnam par rgyal ba）①：他最初研究学习许多经论，成为善巧。后来，他前往羊卓的季麦扎巴的座前听受许多教法。以他的宗规来说，他对于密宗心要的言论极为信解，并且撰著了许多论著，其中主要有如《时轮》的七部注疏，以及《密宗誓句解释》（gsang sngags kyi dam tshig gi rnam par bshad pa）约十余部等。关于《时轮》的讲释，他是从很长时间进行学习和研究《时轮》之理而成为善巧的登珠贡噶（don grub kun dgav）座前听受而得。

普遍传称通达《时轮》惹系的传规者，是求得《时轮》新译的枳鲁巴大师。枳鲁巴大师的传徒为索纽巴，索纽巴的传徒为大堆夏巴，大堆夏巴的传徒为小堆夏巴，小堆夏巴的传徒为曼殊甘底，曼殊甘底的传徒为尼泊尔耶让的班智达萨扪达希。

惹译师多杰扎（rwa lo tsav ba rdo rje grags）的侄儿名为惹却饶（rwa chos rab），他精通密续部，尤其是通达惹多杰扎巴所拥有的诸法，成为极善巧者。故惹却饶迎请班智达萨扪达希来到藏地，（在其帮助下）翻译出了质量极佳的《时轮续》，以及《时轮续释无垢光论》（dus kyi vkhor lovi rgyud vgrel pa dri ma med pavi vod）后，他听受其教法。他还译出《时轮》的许多支分。他以诸财物供献班智达而使其生喜，并且护送班智达直到尼泊尔。班智达十分喜欢他而赐予他"蚌察三代"（vbum phrag gsum）② 的帽子。惹却饶前往前藏后，在前藏和康区作了许多利众的事业。惹却饶将《时轮》为主的诸法传给惹·益西僧格（rwa ye shes seng ge）③；惹·益西僧格传给惹蚌僧；惹蚌僧传给了嘎译师。

嘎译师（rgwa lo）：当初，在藏王赤松德赞时代，曾派遣巴色囊（sba gsal snang）和桑希（sang shi）到中原迎请佛教僧人（和尚），他们迎请

---

① 罗译（第 788 页倒数第 11 行）转写为：bsod-rnam-par rgyal-ba。
② 据罗译（第 789 页第 17～19 行）行间注："蚌察三代"似乎是一种头衔，因为他能忆持 300000 颂经教。
③ 郭译（第 517 页倒数第 6 行）为"惹协饶生格"。

来了一位西夏和尚（mi nyag hwa shang），并且成为藏王的应供上师。其所传的修行大乘教规经久不衰，其持密传承者有如：羊卓杠（yar vbrog sgang）地方的木雅·宣奴宁波（mi nyag① gzhon nu snying po），木雅·宣奴宁波之子为宣奴僧格（gzhon nu seng ge），宣奴僧格之子为仁真宁波（rin vdzin snying po）。仁真宁波来到绒的甲玛裕（rgya mavi yul）后，生子多杰僧格（rdo rje seng ge），此子掌管了绒地方的塞堡。

多杰僧格有四子，其中长子名为益西多杰（ye shes rdo rje），是一位不但善巧而且获得成就者。益西多杰掌管了对于大手印裕师法派（dbyug chos）的教授获得成就的旺秋杰波（dbang phyug rgyal po）的温玛寺（dben dmar）寺座。

益西多杰之子于癸亥年（阴水猪，公元1203年）诞生，被认定为嘎洛（嘎译师）的转世，以此名为嘎洛（rgwa lo）。真名为南嘉多杰（rnam rgyal rdo rje）。幼年时，他在欧弥（ngur smrig）与喀切班钦相见，后者知其为殊胜有情，以手摩其顶而作赞颂吉祥之词。【少年求学时，他被"王祸"（rgyal povi bar chad，系一种鬼神）所害，他就到了塔巴（thar ba）②的季师（dpyal）座前，于是远离了祸灾。】③ 他在那里用三年时间学习研究梵文和梵语念诵，并且听受了《喜金刚》和《金刚亥母》二法后著出了新解说。因此，大众都惊叹不已。他又从惹蚌僧座前听受求得以《时轮》为主的惹系传规诸法。一经修行，他获得殊胜成就，而且获得新著密宗论著的智慧之力。他讲说《时轮》后出有许多善巧弟子。嘎洛（嘎译师）在80岁时的壬午年（水马，公元1282年）逝世。

嘎洛的最胜弟子为至尊曼隆巴钦波（rje btsun man lungs pa chen po）④：诞生于己亥年（阴土猪，公元1282年）。后来，于庚子年（阳铁鼠，公元1300年）在金刚大菩提道场前，立誓每日只进食一粒米和一滴水，以便等待授记。（立誓的）第十二天，感觉到有人以水倾注其头上；

---

① 藏文（第925页第3行）为：me nyag。恐误。
② 罗译（第790页第15行）转写为：thar-pa。下同。
③ 【 】藏文（第925页倒数第8～6行）为：gzhon nus slob gnyer mdzad pavi tshe/ rgyal povi bar chad byung ba thar bar dpyal gyi drung du byon pas bar chad dang bral/。郭译（第518页第8～10行）为："少年求学时，来了藏王的犒劳酒，他避开而来到塔巴的甲师座前舍弃勒犒劳酒。"恐误。
④ 此师是西藏著名的朝圣者，著有《曼隆巴游记》（man lungs pavi lam yig），详细描述印度各地圣地。扎什伦布寺第三世班禅喇嘛贝丹益西在此著基础上撰写了《羌香巴拉游记》（byang shambalavi lam yig）。参阅罗译（第790页倒数第11～7行）行间注。

到了第十八天，大菩提①说："善男子，你前往普陀洛伽山（po ta lavi ri bo）去吧！到观世音菩萨座前，与诸菩萨同梵天行之。"获得如此授记后，他便起来而前往南方。在哲蚌（米聚）佛塔②前住下，足被檀木刺扎伤，流血不止。治愈之后，他获得殊胜的不变之乐（mchog tu mi vgyur ba-vi bde；梵：Paramākṣarasukha）。然后他穿上印度瑜伽士服装，在海上行走如履平地，来到了普陀洛伽山。

嘎洛弟子③众多，其中有如：八思巴上师、仁波且措普哇、洛巴珠僧（lho pa grub seng）和塘顿译师（thang ston lo tsav ba）等许多善巧有成就者。

嘎洛的长子嘉噶扎巴（rgya gar grags pa）：僧名为洛卓南喀贝（blo grosnam mkhav dpal），其父亲的《时轮》等所有诸功德他都了然于心，并掌管温玛寺。他还修建了庙堂，在作了广大的弘法事业之后逝世。

嘎洛的次子喜饶僧格（shes rab seng ge）：此师诞生于辛亥年（阴铁猪，公元1251年）。幼年时期，他学会了书法与念诵后，求学《时轮》教法。16岁时，他就能讲说《时轮》教法。20岁时，他前往塔巴求得季师传系诸法。22岁时，他前往达德桑嘉（stag sde sang rgyal）座前，依止五年时间，学习《波罗蜜多》和《因明》。他尤其精通《因明》，曾广泛参加前后藏诸辩场之辩经。30岁时，他在上师八思巴法王和堪布秦（mkhan po mchims）师座前出家为僧，并受比丘戒。之后，他听受了许多教法。他迎请译师扎巴坚参，在其座前听受《金刚鬘》灌顶，以及《妙吉祥本续》（vjam dpal rtsa rgyud）④等密续和《医法八支》（sman dpyad yan lag brgyad pa）⑤等。他掌管温玛寺座并且长时间在那里讲说教法。此外，他还在其他许多寺庙讲说许多教法，比如塔巴、措普、桑耶、达隆、须衮嘎惹哇（gzhu kun dgav ra ba）、项哲冻（shangs rtse gdong）、曲弥、顿姆隆（ston mo lung）、裕嘎丹（g'yus dgav ldan）等寺。他年满41岁时，将温玛寺座托付给喇嘛多杰坚参巴（bla ma rdo rje rgyal mtshan pa）后，

---

① 大菩提（byang chub chen po）：大觉，梵音译作摩诃菩提。超出有寂二边的大乘有学道。应断二障及其习气无有永净，应证二智一切功德完全证得，故称佛为大觉或大菩提。参阅《藏汉大辞典》，第1869页。
② 哲蚌（米聚）佛塔（dpal ldan vbras spungs kyi mchod rten），详见《东噶藏学大辞典》，第1284页。
③ 郭译（第518页倒数第4行）理解为扣隆巴（曼隆巴）的弟子。下文中"嘎洛的长子"、"嘎洛的次子"、"嘎洛第三子"等，郭译均理解为扣隆巴（曼隆巴）的儿子。
④ 梵：Mañjuśrīmūlatantra；参阅《甘珠尔》，rgyud vbum, No. 543。
⑤ 参阅《丹珠尔》，gso rig pa, No. 4306。

他自己住在了牟地（dmu）①。他修建了（后藏的）香巴拉寺，并且筹建了续部经典和毗奈耶教典，以利益许多有情者。最后，法王索南坚参刚刚诞生时，他前去为之灌顶。此师在 65 岁时的乙卯年（阴木兔，公元 1315 年）逝世。此师弟子众多，其中有帝师衮洛（ti śrī kun blo）等萨迦派种姓传承的许多弟子。此外，弟子中还有许多大人物，以及以雅、塔、邦三师（yar thar dpang gsum）为首的善巧、贤士、持戒的许多弟子，尤其是还有许多精通《时轮》的弟子。

嘎洛第三子伦觉大师（slob dpon rnal vbyor）抚治疆土。四子为喇嘛阿嘎惹悉德（bla ma Ākarasiddhi）② 通晓惹系、卓系、季巴系传派的《时轮》教法和萨迦派法类等全部教法。

喇嘛阿嘎惹悉德之子为喇嘛多杰坚参巴（bla ma rdo rje rgyal mtshan pa）：此师诞生于癸未年（阴水羊，公元 1283 年）。他在幼年时学会了书法和念诵，并以绛央仁嘉（vjam dbyangs rin rgyal）作亲教师和协嘉大师（slob dpon shes rgyal）作大师而出家为僧。从 16 岁起，他就掌管温玛寺座，并且抚育《时轮》讲说院。之后，他在堪布噶细巴（mkhan po bkav bzhi pa）和堪布谢安哇（mkhan po zhal snga ba）师座前受比丘戒。他又在塔巴译师（thar pa lo tsav ba）座前学习《旃陀罗波声明论》③ 和各种文字，并且听受《现对法》和许多修法。他又在喇嘛喜饶僧格哇（bla ma shes rab seng ge ba）座前求传以《时轮》为主的灌顶教法等获得如瓶全注般精通。此外，在堪布谢安哇座前，他求传《毗奈耶》和《俱舍》。他又在觉波莱巴·桑杰贡巴（mjo bo④ lhas pa sangs rgyas sgom pa）座前求传了由岗译师（sgang lo tsav ba）传来的《金刚鬘》、《密集》，以及阿底峡传规的《胜乐》、《道果》等教授和其他许多续部教法。还在色邬穹哇·洛丹僧格（srivu chung ba blo ldan seng ge）座前听受《密集》、《瑜伽》、《具密》、《金刚四座》等许多密续经教。喇嘛喜饶僧格逝世后，由他兼管香巴拉寺，他长期弘扬《时轮》的讲说和听法事业。为此，其名声大振，传遍于四面八方。于是，大皇帝也派使者前来迎请。他于【庚】戌年（【铁】狗，公元 1310 年）来到（北京）皇宫，皇帝和一切臣僚对他都极为敬信。他在 43 岁时的乙丑年（阴木牛，公元 1325 年）逝世。

---

① 郭译（第 519 页第 13 行）为"姆汝"，可能是将 dmu 后面的介词 ru 合在一起而译之故。
② 藏文（第 928 页第 5 行）写为：གྲབ་འོབ་རྣམ་པོ་རྗེ།
③ 参阅《丹珠尔》，sgra, No. 4269。
④ 罗译（第 793 页第 7 行）转写为：mdzo-po。

布【顿】仁波且在多杰坚参座前求得法传。最初，布顿在塔巴译师座前学习《旃陀罗波声明论》，也精通翻译。之后，他听受《六支加行论教授》并作修行，以此生起了殊胜修悟。他对《时轮》中的许多难点，作了详细咨询并牢记于心中。后来，他来到香巴拉寺的喇嘛多杰坚参座前居住了九个月时间。在此期间他每日照常听受《时轮续释》和详细地咨询疑难之处。他对星算也作了很好地学习和研究，并听受了《时轮》的细微诸分支。在多杰坚参的指示下，他翻译出了《时轮灌顶略释三百六十颂》（dbang mdor bstan gyi vgrel pa sum brgya drug cu pa）[①]。到了（后藏的）夏鲁寺后，他建立了时轮法会节日并讲说时轮。他还撰述了许多《时轮》方面的论著。后来，他又在喇嘛帕峨巴（bla ma vphags vod pa）座前听受衮邦巴传来的许多《六加行教授》等。他对《续释》作注解时，对雄师所译本作了许多修订。觉囊寺两位译师作翻译时，都按照他修改的译本而书写。总之，《时轮》传承中出了许多善巧者和有成就者，但是对于传承的细微讲说而言，以上诸人中仍是以布【顿】仁波且为善和为首，也是最胜者。由于布【顿】仁波且讲说时间较长，因而出有许多弟子，其中主要为贝丹喇嘛丹巴：此师具有极大的勤奋之力，他曾前往上下各地区，撰著论著时，与《时轮》卷帙不离而作参阅。推敲考察了过去所译的许多不同卷本和以前所作的一切释本后，他著出了《时轮显现曼荼罗》（dus kyi vkhor lovi mngon dkyil）等许多支分论著。他著出大疏并在聂塘作释论时，聚集了拥有此著的智者有500多人。后来，他对大疏又作了多次详细修改。即便到了晚年疾病缠身，他仍然对许多大善知识心生喜悦，为他们传《时轮》圆满灌顶。法王布【顿】仁波且的继任者，译师仁钦南嘉哇（rin chen rnam rgyal ba）也建立时轮法会节日而作讲说。他的法流直到今天（著书时）仍然存在。

一切遍智布【顿】仁波且的弟子贡松德钦巴·却季贝哇（gong gsung[②] bde chen pa chos kyi dpal ba）座前，由法王仁波且项巴衮铿巴（shangs pa kun mkhyen pa）前来听受所有《时轮》法类，并以灌顶、讲释、教授来利益众生事业。至尊宗喀巴大师（rje btsun tsong kha pa chen po）也在贡松德钦巴座前听受《时轮》。后来他于戊戌年（阳土狗，公元1418年）撰著《续释解说》。由于（宗喀巴）大师是教主，故其讲说胜于其他解说百倍，使一切智之解说成为不堕之幢。此说法为我（管·宣

---

① 参阅《丹珠尔》，rgyud，No. 1354。
② 罗译（第794页倒数第2行）转写为：gong-gsum。

奴贝）的上师所言。

另有与喇嘛多杰坚参巴同一种姓的索南伦珠巴（bsod nams lhun grub pa）：在其座前，有喇嘛昂季旺却扎巴（bla ma ngag gi dbang phyug grags pa）前来听受《时轮》分支等。索南伦珠巴抚育了许多弟子。他善巧精通《时轮》的不了义和了义二者，尤其是对舞蹈音乐等的实践使他者无不愉悦。他对于星算也具有广博才智，撰写过关于星算方面的论著。而且他的曼荼罗作法的传统法流也极为盛行。据说在此师座前，法王阁楚热巴（chos rje rgod phrug ras pa）前来听受《六支加行论》的导释支时，亲见峡哇日旺秋（sha ba ri dbang phyug）。

又有色译师宣奴楚臣（se lo tsav ba gzhon nu tshul khrims）听受《时轮续释》的情况是：在扎弥（tsa mi）座前听受两遍；在阿坝雅座前听受一遍；在毗嘎惹（Bhāskara）① 座前听受一遍；在阿毗裕嘎（Abhiyukta）② 座前听受了上部分。

阿坝雅和曼殊甘底二师也是那若巴的弟子。阿坝雅又是扎弥的再传弟子。毗嘎惹③又名毗嘎惹德哇（Bhāskara de ba），即贝真（dpal vdzin）的弟子峨杰拉（vod byed lha）。

色译师到藏地后，传给略·达玛峨（gnyos dar ma vod）；略·达玛峨传给堆柯哇·扎西仁钦（dus vkhor ba bkra shis rin chen）；堆柯哇·扎西仁钦传给堆柯哇·桑杰多吉（dus vkhor ba sangs rgyas rdo rje）；堆柯哇·桑杰多吉传给贝·邬坚巴（dpal u rgyan pa）；贝·邬坚巴在拉堆以及雅隆等处依扎弥译本而作了多次讲说。

另外，聂朵巴（snye mdo pa）从珠钦巴（grub chen pa）座前听受教法后，依照扎弥译本传授给了法王壤迥哇（chos rgyas rang byung ba，即壤迥多杰）。嘎译师在扎弥座前获得《加行六支论》教授的传授，他又在阿坝雅座前听教法后，精修而获得成就。他的美誉名声传到了桑岭（zangs gling）④ 一带。他来到藏地后把此法教授传给香察哇（zhang vtshal ba）等人。他也在前后藏以及朵康等地区传授灌顶和教授，并且做了许多利他众生的事业。他住世到89岁。

---

① 藏文（第931页倒数第5行）写为：གབས་པ་རྗེ་ཤུར་。
② 藏文（第931页倒数第5行）写为：ཨ་བྷྱུ་ཡུག
③ 藏文（第931页）此处为：bha ske ra，而此前又为：bka ska ra。见同页倒数第3行和第5行。
④ 某些作者认为是指锡兰（Ceylon）；另一些作者认为是Tāmralpit。

还有，班智达毗菩提真扎（pandita Vibhūticandra）① 在尼泊尔对五位弟子教导《声明学》时，一位穿着黑布短裤的瑜伽士来到他的座前。开始时众弟子把他视为奇异者并向班智达报告。班智达知道这是贝峡哇日旺秋②。他便向瑜伽士请求传授一切续部心要《六支加行论》的瑜伽法并获得极好的传授。瑜伽士在那里住了21天后说他要前往克什米尔去。他离开后，班智达问了来到尼泊尔的所有藏人："现在藏族的善知识中，谁的名声最大？"他们回答说："阁乍巴的名声最大。"班智达说道："我拥有峡哇日旺秋的甚深教授，给阁乍巴写信让他来领取吧！"于是阁乍巴派人送来极善礼物到班智达师徒座前，并且邀请班智达前往藏地。班智达来到定日后，对阁乍巴、季阿姆嘎（dpyal a mo gha）、雍普巴（g'yung phug pa）、聂波却丹（nyeg po chos ldan）、玛顿漾坝（mar ston g'yang vbar）等人传授此甚深教授。而班智达自己也在阁乍巴座前听受教授。那一（峡哇日所传）教授传播甚广。尤其是衮邦香（kun spangs zhang）传六支加行论教授时，这是其所据的唯一法规。

又由喀钦班钦对译师季·却季桑波（lo tsav ba dpyal chos kyi bzang po）传授了那若巴所著《第二品释》，以及《六支加行论》的教授。这一教授由译师搜集在《大宝箧钥》（rin po che sgom gyi lde mig）。《大宝箧钥》的释论则由译师的弟子涅巴苏波（gnyal ba hrul po）著出。此书至今（著书时）犹存。

此外，《时轮》最殊胜的灌顶和教授则是从至尊大善巧贝纳季仁钦（rje btsun mkhas pa chen po dpal nags kyi rin chen）而来。此位班钦仁波且诞生于印度东部③，是圣贤城（grong khyer dam pa；梵：Sadnagara）国王之子。年满8岁时，他在玛哈哲达雅寺（Mahācaitya）④ 由领导成千上万僧众的导师桑杰央（sangs rgyas dbyangs），一位精通所有明处且具德神通的大德为他作亲教师，又由领导众多千数僧伽的苏乍达惹达纳（Sujataratna）⑤ 为他作大师而出家为僧并受沙弥戒。他又在亲教师和大师二师座前

---

① 藏文（第932页第10行）写为：བྷི་བི་བྷུ་ཏི་ཙན྄ད྄ར།
② 藏文中也称为日措巴旺秋（ri khrod pa dbang phyug）。参阅 A. Gruenwedel 的 *Die Geschichten d. Vierundachtzig Zauberer* /Mahāsiddhas/，p. 148。参阅罗译（第796页倒数第6~3行）。
③ 据罗译（第797页倒数第15行）：孟加拉东部 Chittagong 地区。
④ 藏文（第933页倒数第2行）写为：མཆ྄ོད་ཆེན་དུ།
⑤ 藏文（第933~934页）写为：སུ་ཛ་ཏ་རཏྣ།

以及其他善巧者座前钻研许多明处；又在亲教师座前听受《发菩提心》和甚深灌顶以及教授等。年满20岁时，他在过去给他受沙弥戒的二位师座前受比丘戒。之后他离一切世务而前往僧嘎岭，在那里居住了六年时间，朝拜了许多圣地和殊胜佛像、灵塔等，出现许多稀有加持之神变。他在却季扎巴大师（slob dpon chos kyi grags pa）座前听受了《毗奈耶》和《净罪月光论》（vod ldan）等。他主要以修持心智专注为主。之后，他要回到瞻部洲时，亲见了大雪山佛海。为了避免外道迫害，他前往印度南方的嘎岭嘎（Kalinga）① 国土。那里有一位在瞻部洲闻名遐迩的善巧者大班智达弥尼玛（pandita chen po mivi nyi ma），赞颂他：

大上座部大德林中之宝，洗净烦恼浊证离贪婪，
为灭众生生死之故，我以敬信故而作依止。

他对此师作了相当一段时间承侍服役后，又前往吉祥哲蚌（米聚）大塔前，在那里的一座鲁菩提尊者之寺（kluvi byang chub kyi dgon pa）中居住了一段时间。他先与具德峡哇日旺秋见面。此后，他前往摩揭陀（Magadha）② 途中，在一位外道班智达哈日哈惹（ha ri ha ra；梵：Harihara）座前听受一部比藏地较为著名的《声明论》还大七倍的《声明积分论》③。他大部分时间都在一心精修《六支加行论》的瑜伽法，尤其是在嘎纳学底（ka nag shro ti）河彼岸的林中勤修三年三分后，而成就最胜修持，并在邬汝坝萨寺（Uruvāsa）④ 中，与瑜伽自在师毗汝巴嘎喀（Virūpaksa）⑤，以及其弟子成就者坝嘎拉（Pāghala）⑥ 相见。在那里有一尊神变的圣观世音菩萨石像对他授记道："前往藏地，依靠一位藏王就能对大众有利。"他依授记，先到了尼泊尔，在那里有一大班智达希拉萨嘎惹（pandita chen po Sīlasāgara）⑦，他在其座前听受了入菩萨行传规的

---

① 藏文（第934页倒数第8行）写为：ཀ་ལིང་།
② 藏文（第934页末行）写为：མ་ག་དྷ།
③ 参阅《丹珠尔》，sgra，No. 4282。
④ 藏文（第935页第5行）写为：ཨུན་བྲ་ས།
⑤ 藏文（第935页第6行）写为：བི་རུ་བྲ་ཀྴ།
⑥ 藏文（第935页第7行）写为：པྲ་གྷ་ལ།
⑦ 藏文（第935页第10行）写为：པཎ་ཏ་ཆེན་པོ་ཤཱི་ལ་སཱ་ག་ར།

《发菩提心法》。后来他在丙午年（阳火马，公元 1426 年）来到藏地。【到了拉萨和雅隆后，只有一些人来问询教法。】① 于是，他再次回到了尼泊尔。当他在那里的帕巴辛衮先达布日寺（vphags pa shing kun Śāntapurīvi gtsug lag khang）中居住时，最初喇嘛桑杰央前来，之后具德峡哇日旺秋到来。他们在那里变化出曼荼罗轮，为他传授《胜乐》灌顶，他分别依照甚深外灌顶而获得不变之乐。最后，司徒饶丹巴（si tu rab bstan pa）派遣名为蕃嘉哇（bod rgyal ba）的使者迎请他，他就到了江孜。大约就在那时，说法大师绒顿一切智者（smra bavi khyu mchog chen po rong ston thams cad mkhyen pa）也前来座前亲近。他在那里对他及其他善知识传授了一些教授。后来，他又来到拉萨。他与玛威僧格钦波（smra bavi seng ge chen po，即绒顿）以及师徒等一起居住在森波日时，他接到了大法王扎巴穹奈（chos kyi rgyal—po chen po grags pa vbyung gnas）邀请，于是到泽当寺大学法院中居住过一段时间。在那里法王扎巴穹奈及其臣僚等向他求授了鲁伊巴传规的《胜乐》各别的教法。后来，上师和施主一起来到贡嘎（gong dkar）②。大约那时，扎巴穹奈在森波日听受《不动如来无上教法》（mi g'yo ba blan na med pavi bkav），亲见那里奉安的胜乐之像变为佛世尊。然后，班钦仁波且师徒来到坝卓（spa gro）居住了一段时间，并且与白玛桑坝哇（Padmasambhava）相见。后来，他在丙辰年（阳火龙，公元 1436 年）前往乃东（sne gdong）③。此后不久，他居住在泽当。他为以纳塘堪钦·索南却珠巴（snar thang mkhan chen bsod nams mchog grub pa）、钦波扎桑巴（chen po grags bzang pa）、钦波洛卓坚参巴（chen po blo gros rgyal mtshan pa）、特哇堪钦衮嘉哇（thel ba mkhan chen kun rgyal ba）、玛威旺秋（smra bavi dbang phyug）、却季扎巴（chos kyi grags pa）等为首的我们 32 三藏法师传授了伯麦措大师（slob dpon chen po dpe med vtsho；梵：ācārya Anupama raksita）传规的全部《六支加行论》的教授。

---

① 【】藏文（第 935 页倒数第 8～7 行）为：lha sa dang yar lungs su yang yud tsam phebs te chos zhu ba cher ma chung/。郭译（第 524 页第 5～6 行）为："……来到拉萨和雅隆仅留短暂时间，也未广求佛法。"
② 县名。又译贡噶。明史译作公哥儿寨。地处西藏雅鲁藏布江中游、羊卓雍湖北面。县人民政府驻腊麦（rwa smad）。参阅《藏汉大辞典》，第 370 页。
③ 县名。清代称奈布东城。在西藏南部雅鲁藏布江和雅拉香波曲（雅隆河）汇流处。参阅《藏汉大辞典》，第 1598 页。

过去，布【顿】仁波且①在塔巴译师座前听受过伯麦措大师传规的教授。但是，其中除索、桑（sor bsam）二法外，如命力②等法属于其他班智达的传规。而此间的《六支加行论》是伯麦措大师传规，故而其恩德极大。以此作为殊胜传承，其次第为：观世音菩萨、伯麦措大师、贝真嘎哇（dpal vdzin dgav ba；梵：Śrīdharnandana）、峨杰拉（vod byed lha；梵：Bhāskaradeva）、成就者尼玛贝益西（grub thob nyi ma dpal ye shes；梵：siddha Sūrya śrījñāna）、却郡细哇惹达纳惹肯西达（Dharmākaraśānti Ratnarakṣita）③、弥旺洛（mi dbang blo；梵：Narendrabodhi）、却卓（phyogs grol；梵：Muktipakṣa）、释迦惹肯达（Śākyarakṣita）④、杰勒解（rje legs skyes；梵：Sujata）、桑杰央（sangs rgyas dbangs；梵：Buddhaghosa）。后由桑杰央传给却季杰仁波且班钦（chos kyi rje rin po che-pan chen；梵：Vanaratna）。（却季杰仁波且班钦）在泽当传授《六支加行论》之导释圆满后，又（为我们）传依《不动如来无上灌顶教法》（mi g'yo bla na med pavi dbang bkav）和《六种论典》（gzhung drug）⑤的亥母诸加持法。第二年，（却季杰仁波且班钦）又对法王扎巴穹奈传授了阿坝雅大师传规的《金刚鬘灌顶》45 种圆满曼荼罗。此传承次第如下：金刚持、班遮约根尼（bdzra yo gi ni；梵：Vajra yogini）、阿坝雅嘎惹（Abhayākara）⑥、纳雅嘎巴达（Nāyakapāda）⑦、达峡哇拉希（Daśabalaśrī）、毗恰达德哇（Vikhyātadeva）⑧、希坝扎（Śrībhadra）、拉里达班德（Lalitavajra）、达玛姑坝（Dharmagupta）、惹达纳嘎惹（Ratnākara）、白玛班遮（Padmava-

---

① 此处藏文（第 936 页末行）为 sngan bu rin po che。郭译（第 524 页倒数第 5 行）为"烘布仁波伽"，可能是将 sngan（过去）与 bu rin po che 连起来当成人名翻译之故。
② 命力（srog rtsol）：如来金刚云：由于脐处修细音韵阿利噶利加行瑜伽，或于心处修习明点等瑜伽静虑，能遮命向外转，故名命力。参阅《佛学词典》，第 885 页。
③ 藏文（第 937 页第 5～6 行）写为：ཆོས་འབྱུང་ཞི་བ་རཏྣ་རཀྵི་ཏ།
④ 藏文（第 937 页第 6～7 行）写为：ཤཱཀྱ་རཀྵི་ཏ།
⑤ 参阅《丹珠尔》，rgyud, Nos. 1551～1556.
⑥ 藏文（第 937 页倒数第 7 行）写为：ཨབྷ་ཡ་ཀ་ར།
⑦ 藏文（第 937 页倒数第 6 行）写为：ནཱ་ཡ་ཀ་བྱུ་ད།
⑧ 藏文（第 937 页倒数第 6 行）将达峡哇拉希和毗恰达德哇合而为一：དཤ་བལ་བྱི་ཏ་དེ་བ།。这里似应为两个人：达峡哇拉希（དཤ་བལ་ཤྲཱི）、毗恰达德哇（བྱི་ཁྱཱ་ཏ་དེ་བ）。

jra)、惹达纳甘底（Ratnakīrti）①、桑杰央、法王班钦仁波且②。大法王钦波听受灌顶之后，在其曼荼罗中，有许多持三藏自在通达经教者也请求传圆满灌顶。

那时，法王扎巴穹奈对持三藏法师约五人传授《广释教授花穗》（vgrel chen man ngag snye mavi lung）的经教诵授。此传承次第：阿坝雅、纳雅嘎、惹达纳菩提（Ratnabuddhi）③、却伯（chos sbas）、伦杰扎（lhan skyes grags；梵：Sahajakīrti）、达玛希（Dharmaśrī）④、释迦坚参（Shavkya rgyal mtshan）、昂旺扎（ngag dbang grags）、仁钦扎（rin chen grags）、班钦仁波且（pan chen rin po che）。最后，（班钦仁波且）接受国王派的随扈护送下从吉绒前往尼泊尔，他决定先到金刚座建造大喇嘛桑杰央的大像。【盗贼们】听说他已经成为藏王的宗教上师，就在途中的险要处等着他。为此，他只好推迟去那里的行程。他派人到金刚座供献礼品。在尼泊尔，他建造了金刚持的殊胜金像为桑杰央的替身等，同时他也传授一些利他而随宜之教法。不过，他主要仍然是以修行为心要，唯以无与伦比之非凡行事来度日。

再后来，班钦仁波且于癸酉年（阴水鸡，公元1453年）来到藏地。途中他为绛巴（byang pa）父子及其侍眷等众人传授了《胜乐灌顶》等，沿途各处次第传授了许多教法。来到雅隆后，他为大主宰衮噶勒巴（bdag po chen po kun dgav legs pa）及其侍眷，以及玛威旺秋索南囊巴嘉哇（smra bavi dbang phyug bsod nams rnam par rgyal ba）等许多三藏大法师圆满传授《六支加行论》导释。对其他一部分人他则传授《亥母圆满次第》（phag movi rdzogs rim）。此外，在泽当、桑普、贡塘等寺，他在僧会中对僧众传法。对各地众生，他大都讲说《发菩提心》而使其安置于解脱生死道中。他又应邀前往邓萨梯等寺。他在修持中常见殊胜征相，并作出了广大的利益他人之事业。显示出他是后期来到藏地的班智达中事业最大者。尤其是对于《金刚乘了义教法》（rdo rje theg pavi

---

① 希坝扎、拉里达班德、达玛姑坝、惹达纳嘎惹、白玛班遮、惹达纳甘底藏文（第937页倒数第6~5行）分别写为：ཤྲཱི་བྷ་ད, ལ་ལི་ཏ་བཛྲ, རྒྱ་མ་གུ་པྟ, རཏྣ་ཀ་ར, པདྨ་བཛྲ 和 རཏྣ་ཀི་རྟི。

② 罗译（第801页第5~8行）行间注：根顿群培大师说西藏有关于法王班钦仁波且的详尽传记，里面有许多有关锡兰的有价值的史料。

③ 藏文（第938页第2行）写为：རཏྣ་བུདྡྷི。

④ 藏文（第938页第3行）写为：དྷརྨ་ཤྲཱི།

seng don），他作出了延长生命一样的恩德。我们初次见面时，他为我传授了《文殊金刚曼荼罗》（vjam pavi rdo rjevi dkyil vkhor）等一些灌顶，特别是传授了《时轮》的圆满灌顶，依《续释》所言中的其他的一些仪轨。

此传承次第如是：最初为桑杰（sangs rgyal）、达哇桑波（zla ba bzang po）、日丹南杰（rig ldan rnam rgyal）、大堆夏哇、小堆夏哇、释迦僧格坚参（shavkya seng ge rgyal mtshan）、乔答摩希（Gautamaśrī）、玛达陀惹萨弥（Madhangarasvāmin）、惹达纳芒嘎拉（Ratnamangala）、枳纳楞伽惹（Jinālamkāra）、萨弥玛底曼（Swāmin Matimant）、释迦惹肯达（Śākyaraksita）、苏乍达（Sujata）①、桑杰央、法王班钦仁波且。于是，这位班钦仁波且虽未传《续释广论》之讲说，但由其所传《时轮》生起和圆满二者次第的教授，犹如自己成长一样传播，对于藏族来说作出了极大的恩德。

后来，由译师兼学者索南嘉措（lo tsav ba mkhas pa bsod nams rgya mtsho）的徒众前往尼泊尔，在班钦仁波且座前求得了许多口传教授和修悟。此外，关于纳波巴大师的《春点论注》（dpyid kyi thig le zhes bya ba levi vgrel ba），过去《十全教法释论》中未译处，索南嘉措全部译出后传授了经教诵授。此论典传授，后来由法王仁波且敬安阿根旺秋（chos kyi rin po che spyan sngag gi dbang phyug）请求，他第二次（访藏）时撰著出《枳布五次第导释》（dril bu rim lngavi khrid）②，并且传授论著的讲释。而过去藏区有的五次第是作为有相，此种新著则作为无相的圆满次第。

此传承次第如是：金刚持、金刚瑜伽母（rdo rje rnam vbyor ma）、金刚枳布巴（rdo rje dril bu pa；梵：Vajraghanta）、汝伯夏（rus sbal zhabs；梵：Kūrmapāda）、乍伦达哈日巴（Jālandharapāda）③、纳波巴、桑波夏、南杰夏、底里巴、那若巴、伦觉旺波梯勒（rnal vbyor dbang povi thig le；梵：Yogendratilaka）、白玛噶波（pad ma dkar po）、益西真（ye shes vdzin）④、

---

① 乔答摩希、玛达陀惹萨弥、惹达纳芒嘎拉、枳纳楞伽惹、萨弥玛底曼、释迦惹肯达、苏乍达藏文（第 939 页倒数第 4～3 行）分别写为：གཽ་ཏ་མ་ཤྲཱི,　མ་ཏྱ་ན་རཏྣ,　རཏྣ་མཎྜལ,　རི་ན་ལ་ཀ་རེ,　སྭཱ་མི་ཏི་མན,　ཤཱཀྱ་རཀྵི་ཏ和སུ་ཛཱ་ཏ。

② 梵：Śrī Cakrasamvarapañcakramavrtti；参阅《丹珠尔》，rgyud, No. 1435。

③ 藏文（第 940 页倒数第 6 行）写为：ཛཱ་ལནྡྷ་པ。

④ 藏文（第 940 页倒数第 4 行）为：sa vdzin。但郭译（第 527 页首行）为"耶协正（持智）"，罗译（第 803 页倒数第 10 行）为：ye shes vdzin（Jñānadhara）。估计是本书所据藏文本印制错误，故译为"益西真"。

格威洛（dge bavi blo；梵：Kalyānamati）、桑杰益西（sangs rgyas ye shes；梵：Buddha jñāna）、杰钦波勒杰（rje chen po legs skye）、却卓、却季扎巴、仁钦扎巴、法王班钦仁波且。

此外，还有由班钦仁波且向贝索南伯嘉哇（dpal bsod nams rnam par rgyal ba）等人传授了阿雅德哇所著的《鲁伊巴的圆满次第佛陀显现论》（lvu yi pavi rdzogs rim sangs rgyas vchar ba）和《喜金刚圆满次第八心要》（kyevi rdo rje rdzogs rim snying po brgya pa）①，以及嘿汝嘎德哇（Herukadeva）所著的《喜金刚圆满次第八心要注释》②。他在藏广宏教法，比如上述各著他均有善巧译品。后来，他依其上师和本尊授记再次回到尼泊尔。在阁布真扎寺（Govicandra）③ 中一心修行心要为其解脱本身，因此他见到了大成就者鲁伊巴等，并让后者非常喜悦。他不间断地对尼泊尔所有乞食者赐施财物，对具缘诸人随其所宜施予佛法，令其满意。在戊子年（阳土鼠，公元1468年）8月，班钦年满85岁时对众人说："我必须作一次前往兜率的盛宴。"说后对尼泊尔的一切饥饿贫弱者和所有乞食大众等普赐盛宴。此后，直到11月间，发现天雨瑞花，大地震动，虹贯寝室等一切瑞相。尤其是在11月18日在其法座的上空中降下如乳一样白水长流。到了22日半夜，班钦同具誓言之众弟子一起享用会供轮供食，在生起最胜欢喜中对徒众传授甚深教法，并且示现未来广大的预言后，来到寝室中，在禅座上结跏趺坐，端坐身体而向空行刹中示现圆寂。在23日黄昏时分，迎请遗体到惹玛垛里尸林（dur khrod ra ma do li）中荼毗时，尼泊尔的一切地方为大光明所遍照，荼毗火焰与虹彩交织遍布在一切虚空之中，如此一切瑞相成为大神变充满不可思议。在尼泊尔，哪怕是其蠢如牛者也不分派别地对之生敬信，人们显然见到这一具足福缘无上解脱者的事迹。总的说来，此位伟大的班钦是远离诸密续部中所说不堪作大师者所有的一切过失，而是圆满一切功德，尤其是圆满具足《时轮续》中所示能赐如愿成就的具德上师应具有的一切德相，而成为我们的唯一无上的救怙主。

下面说说大译师索南嘉措德（bsod nams rgya mtsho sde）：此师在往昔历代受生中，行无边三身④资粮善行。他为利于有情者而进入究竟道。虽

---

① 参阅《丹珠尔》，rgyud，No. 2334。
② 参阅《丹珠尔》，rgyud，No. 2335。
③ 藏文（第941页第5行）写为：གོ་བི་ཙནྡྲའི་དགོན་པ།
④ 三身（tshogs gsum）：名身、句身和文身。参阅《藏汉大辞典》，第2293页。

已获得未彻底的断德和智德二者的现证菩提，但忧苦的生死海①中翻起虚妄分别之巨浪，充满着烦恼如旋涡和业力如巨鲸；为此他对沉沦堕入取蕴（即受生）马头环绕中而使得无救怙的众生，竖立起悲智的风幡，推起救度事业之船筏。在解救合机众生于安全陆地上时，无疑此师是精明的船长而持大菩萨行者。在一般共通众生的见境中，是往劫以来此师圆满受生为导师之身，其所作教法的事业情况，应该从八种事体中叙述：

第一，为成就种姓传系中而受生：具有恩兰王光明曼荼罗（ngan lam btsan po vod kyi dkyil vkhor）殊胜种姓，氏族为若（rog）。往昔护法王赤松德赞为了建立佛教，迎请来堪布菩提萨埵（mkhan po Bodhisattva）和仁真白玛（rig vdzin pad ma），使得预试七人出家为僧，其中有名恩兰·嘉哇却央西（ngan lam rgyal ba mchog dbyangs shes）获得马头金刚成就，并成为对密续部善巧有成的贤士。其后人中贤人不断出现，其中有名日巴真巴钦波索南俄色（rig pa vdzin pa chen pob sod nams vod zer）者。此师的母亲为自性扎根玛贝丹宗哇（rang bzhin gyi tav ki ma dpal ldan vdzom ba），生有子女五人，大译师为长子。其母怀孕时，在梦中见到从清泉中找到一支黄金五股金刚杵，并且大乐遍满心身。他们（母子）时刻由日光照护，彩虹围绕。各种音乐齐鸣等非常稀有的瑞相。后来，在甲辰年（阳木龙，公元1424年）10月25日在雅隆赞塘（yar klungs btsan thang）地区的姜康色（khyams khang gsar）中示现诞生的神变事迹。原有的美满财富极为增广，故取名为贝觉嘉措（dpal vbyor rgya mtsho）。后来，桑普乍纳（gsang phu brag nag）的仁波且巴贡嘉哇（rin po che pa mgon rgyal ba）为他更名为索南嘉措德，取名与事实相符而使此名闻名遐迩。他在财富如海之中，由与众不同的众眷敬重下成长，犹如水中莲花，成为众眼所喜爱的妙相。

第二，童年时期如何显示稀有行事：大译师刚刚诞生在母亲怀抱中时，就成为众人喜爱的孩子，具有与众不同的天性和善行。年满4、5岁时，他前往桑耶寺，见到宫殿宝顶处的密宗事部三怙主②之佛像时，便频繁地礼供。他生起出离心和无上信心，感动得使汗毛竖立起来而哭泣。有些时候，他为许多童年朋友讲说轮回和恶趣苦之差别，并使其发出离心之教法。对诸念诵课本，他比一些教师还要精通，并且能毫无困难领会于

---

① 生死海（vkhor bavi rgyal mtsho）：生死轮回无边苦海。见《藏汉大辞典》，第317页。
② 密宗事部三怙主（rigs gsum mgon po）：佛部文殊、金刚部金刚手和莲花部观世音。参阅《藏汉大辞典》，第2693页。

心，所有讲说和念经都很符合规则。由于其母喜欢诗，他写出辞藻和意义均佳的优美诗歌呈献给她。他由修行圆满次第三摩地之力而居住在禅定中，现起广博境相中常久安住。无论在哪，他都要在三宝前陈设供养。他还常作大善士们难作的善业。任何时候他都居住于平等舍①中。

第三，在佛教中身为僧人，勤学无尽的教法事：大译师年满7岁时，绒顿巴·玛威僧格师徒来到桑耶转法轮时，他前往学法院生起了极大的恭敬。他想从轮回苦如火焰中出离，故而想出家为僧。于是，他便请求绒顿法王为作亲教师；达波·扎西囊巴嘉哇（dwags po bkra shis rnam par rgyal ba）为作大师，四书格西喜饶贝丹（bkav bzhi pa shes rab dpal ldan）为作报时师（dus bsgo ba）而出家为僧。亲教师道："此人将成为一位对佛教作伟大事业的圣者。"以如此话语鼓励的同时，给他取名为释迦仁钦。之后他依舅父阿旺哇大师（slob dpon ngag dbang ba）座前学习《量释论》和《波罗蜜多》时，每天清晨都将《量释论》的三页内容领会于心。他对于其他诸论也极为熟练，句句都能倒背如流。13岁时，他在贝泽当（dpal rtses thang）说法院中第一次广大讲说《波罗蜜多》和《因明》的欢庆法宴，使得在场一切人士都惊叹了不起。这一情况引起了法王扎巴穹奈的关注并说："这小僧人可以充当吾子。"说后为他提供了一切求学的增上缘，并把他托付给钦波贝觉嘉措哇（chen po dpal vbyor rgya mtsho ba）。他在钦波贝觉嘉措哇座前勤研十大论时，起早贪黑中勤奋研习，睡觉时间很少。上师每天讲说七种不同论著，他每天都要大声诵读复习。对他而言，要温习和熟练掌握二十多箭杆相等的书籍并非难事。有一次在旅行途中，他在马背上就能够将《劝诫亲友书》②完全领会于心中。如此，他天生智慧美满，加之后天勤奋、加行，行事传奇。21岁时，他在贝泽当僧会中，选择了《慈氏五论》、《中观理聚》、《宝鬘论》、《劝诫亲友书》、《入行论》、《入中论》、《四百颂》（bzhi brgya pa）、《上下对法》、《五蕴品》、《律经根本》、《毗奈耶颂》（me tog phreng rgyud）、《三百颂》（sum brgya pa）、《别解脱律经》（so thar gyi mdo）、《七部量理论》（也称因明七论）等经本及（萨迦班智达贡噶坚参著）《正理宝藏》诸论著连续讲说了很多个月。因此，一切善巧者都对他生起喜悦。尤其是法王扎巴穹奈巴特别满意而说道："这是由我所给予增上缘，超我所希望，使我心满

---

① 平等舍（btang snyoms）：行舍，舍。于身于心无损害故不欲远离，无利乐故不欲值遇，平等正直无功用住。十一善心所之一。参阅《藏汉大辞典》，第1053页。
② 《劝诫亲友书》（bshes springs）：古印度佛学家龙树劝诫亲友乐行贤王的信函。参阅《藏汉大辞典》，第2885页。

意足的唯一弟子。此子将来会成为我的太师①。"说后极为欢喜。大译师在此生密咒曼荼罗中最初所受灌顶是，在幼年由其父亲仁巴真巴钦波（rig pa vdzin pa chen po）②于具德大法轮之曼荼罗中给他灌顶，得赐密号名为弥觉多杰（mi bskyod rdo rje）。此外，他还听受了帐面明王等许多随赐灌顶，以及《时轮》等许多教法。之后，他毫无偏见地遍求广闻各宗派和部类等的教法，以此使得其智慧才思圆满充实。

他到那烂陀（彭域一寺庙名），在绒顿·玛威僧格座前听受《慈氏五论》、《入中论》、《入行论》、《毗奈耶颂》、《修次三篇》（sgom rim gsum）③等的讲释；以及《波罗蜜多》和《中观》见之导释等许多略论。他又在杰·扎西囊巴嘉哇（rje bkra shis rnam par rgyal ba）座前听受《波罗蜜多》和《因明》，以及中观法类、《喜金刚双尊语教》。在峨系七传中的最后一位上师，即峨·绛曲贝哇（rngog byang chub dpal ba）座前，（他听受了）峨系七种曼荼罗等语教及许多随赐灌顶。在玛顿·坚参俄色（dmar ston rgyal mtshan vod zer）座前，他听受了许多密宗语教以及随赐灌顶。在纳塘堪钦索南却珠巴（mkhan chen bsod nams mchog grub pa）座前，他听受了《五部地论》的经教诵授等④。他又在堪钦衮嘉哇（mkhan chen kun rgyal ba）座前听受了《金刚鬘》和《枳雅萨姆扎》（Vajracaryākryasamuccaya）⑤等广大灌顶、《道果》、《邬坚念修法》（u rgyan bsnyan sgrub；梵：Sevasādhana）、《那若六法》、《大手印》等广泛导释。他还参加了《续部》等广泛经教诵授，以及《明灯论》等广泛讲释。到了粗普寺后，他在绛央登珠俄色（vjam dbyangs don grub vod zer）座前听受贝噶玛巴如大海教法中的灌顶、教授、讲释等。又在益西嘉措哇大师（slob dpon ye shes rgya mtsho ba）座前，以及前往乍纳（brag nag）后依止杰·仁钦坚参巴（rje rin chen rgyal mtshan pa）座前，他听受了《时轮》等许多密宗内外曼荼罗灌顶以及讲释。他又在管译师宣奴贝（本书作者）座前，听受了《波罗蜜多》、《噶当六论》，以及旧译的许多灌顶和随之而赐予灌顶，尤其是翻译的对字、声明的粉板字、《时轮》、《明灯论》、《喜金刚》等所有续部讲释。他每

---

① 太师（yongs vdzin）：上层喇嘛、活佛的经师。意译全面护持。谓能教养保护，使能脱离生死、涅槃两极端的老师。参阅《藏汉大辞典》，第2603页。
② 郭译（第530页第12行）为"仁珍钦波"。
③ 参阅《丹珠尔》，dbu ma, Nos. 3915～3917。
④ 参阅《丹珠尔》，sems tsam, Nos. 4035～4042。
⑤ 藏文（第948页第11行）写为：ཀྱ་སྲུ་ཙ། 有关此灌顶文献，参阅《丹珠尔》, rgyud, No. 3305。

天还将当日所讲的一切密义串合温故，因此，他成为名副其实博通显密的大善巧者。此外，他还精通诗词、医药、工巧等，凡称为学术之诸种学术他都很精通。对于密宗的传统作法中的舞蹈、腔调、绘画、弹线等，他都无不善巧，是无难通晓。尤其是印度东部萨达纳嘎惹（Sadnagara）①的大班智达纳季仁钦（pandita chen po nags kyi rin chen）来到藏地时，他在此班智达座前听受一切金刚乘道的究竟法门《瑜伽六加行论》（rnal vbyor yan lag drug pa）等导释，以及班智达自己所修而得成就之本尊枳布传规的胜乐金刚十三尊，还有《时轮》等灌顶和随赐灌顶等。大班智达前往尼泊尔时，他跟随其后作服侍一直到垛喀巴（vdol kha pa）地方，途中广大听受阿雅德哇的《一百心要》（snying po brgya pa）②等讲释。关于《时轮续释》虽未全部得以传授，但班智达将难义解释问答都传赐给了他。为此一切定解他都领会于心，所以他对此地的《时轮》来说特有恩德。后来，他又在一切智绛巴岭哇钦波（thams cad mkhyen pa byams pa gling ba chen po），以及具德噶玛巴受持红帽教统第四代活佛（dpal Karma pa zhwa dmar cod pan vdzin pa bzhi pa）座前，听受了许多灌顶、经教、诵授和教授讲释等。他前后共依止善巧有成上师约30人。因此，他成为达到多闻海彼岸之智者，其美誉名声遍于四面八方。

第四，受具足戒，获得比丘的事实：大译师年满22岁时，求得喀钦班钦的无垢戒流的大僧会堪钦登珠贝哇作亲教师，管译师宣奴贝作大师（羯教师），钦波贝觉哇作屏教师，并在有二十僧众之会中，受得圆满比丘戒而成为圣者所喜的具德梵行者。

第五，从思维中而开启智慧之门：大译师过去作广大的闻法时，不仅是多闻各种教法，而且是由许多句义之门作推敲和研究；又在诸上师座前详细询问而作抉择，又与有名之诸智者相辩论，并由破驳之门等而将所有经论密意，彻底领悟于心。此外，他还在泽当、桑顿岭、雍布拉康③、嘉桑（rgyal bzangs）、桑耶秦浦、称康岭（khrims khang gling）、乍拉鲁普（brag lha klu phug）等处闭关并安住时期，阅读《甘珠尔》等所有经藏，对于其中一切句义，生起极好的思慧。在泽当和勒堆绛（las stod byang）

---

① 藏文（第949页第11行）写为：ས་ཧྲུ་གར།

② 梵：Āryadeva；参阅《丹珠尔》，rgyud, No. 2334。

③ 雍布拉康（pho brang yum [vum] bu bla sgang）：在山南地区乃东县境内，是西藏最早的一座王宫遗址，公元前一百多年，涅赤赞普所居地方。参阅《藏汉大辞典》，第2586页。

所奉安的《丹珠尔》他阅读了两遍,他还阅读了《布顿全集》以及那里所收集的所有藏文版论著等。总之,无论他前往何地,他都要阅读那里所有的一切大小经论典籍。因此,知识的珍宝充满了他的才智大海中,并与日俱增,以此成为如意宝王的一切智大师,满足所有那些欲求解脱人士的各种愿望。

　　第六,由加持力如何获得心中安息之事:这里我是以显示获得殊胜成就的情况来讲说。大译师愿于入此大地现证大菩萨菩提果位,而示现受生的神变事迹。仅以显示于他方面来说,从童年时期起,其心趣已趋于了义故,为此,他能从诸师听受许多导释,极为认真,现实成就了许多功德。他在管译师、堪钦衮嘉哇、粗普·绛央国师(vtshur phu vjam dbyangs gośrī)等座前听受了《那若六法》。他修行他们所传的教授,心中生起全无颠倒真实性的大手印证悟。当他在空行海曼荼罗中受灌顶时,智慧尊(ye shes lhag pa)来到并获得其大加持之感。他在乍纳的杰·仁钦坚参巴座前听受《瑜伽续灌顶》时,现起了一切情器世间都是吉祥、顶上、内部三种大曼荼罗清净境相。后来,在噶玛巴住持红帽教主贝·却季扎巴座前听受峨系七种曼荼罗灌顶时,他亲见峨系七种曼荼罗周围有宏光围绕。他又前往杂日达的大圣地(tsa ri travi gnas chen po),当时那里的地神护法真实现身而成帮助他的事业者。他又在其他特殊诸圣地内、外、他三方面都显现与实际相合的勇士和空行的真容净相。他在圣地用合格之颅器修制两次甘露丸时,发现药香遍满一切内部,而且盛酒陶器中的甘露取之不尽。他又在洛乍喀曲(lho brag mkhar chu)获得金刚妙翅鸟成相。在卓窝隆,他见到胜士玛尔巴并得到加持。因此他作出道情歌曰:

　　　　在北方香巴拉教法之宫中,
　　　　他入座于五百名明妃之中央,
　　　　此时此刻他来到我的面前,
　　　　如你具有缘成或许见此情。

　　他在以上各圣地,以及香布(sham bu)、嘉布考(rgyal po khab)、曲坝(chu bar)、蔡岷(vtshal min)、桑丹岭(bsam gtan gling)等圣地获得修证时,著有许多道情歌词,不管是句子结构还是语义推敲,都令众人叹服。他又在梦中幻化为管译师宣奴夏(gzhon nu zhabs)、卓贡帕姆竹巴、贝钦却等师相说法并作法会之主。他说他见管译师眉间放出一缕浓烟，最后遍满虚空而成光明广阔无垠的境相。后来，他在贝绛巴岭巴钦波座前听受《尊者大愿文》（gnas brtan gyi smon lam chen mo）经教诵授时，亲见佛世尊和诸尊者等同在的美妙境相。他又在药叉金刚伏魔（gnod sbyin rdor rje bdud vdul）帮助下成其事业，而法王敬哈惹（chos kyi rgyal po byin ha ra）也给他赠献教主诏书。他清楚地亲见在绛巴岭（byams pa gling）大塔中所奉安的，如来堆积光满其中的贤劫千佛像成为真实般的诸佛聚会。尊妙吉祥（rje btsun vjam pavi dbyangs）也伸其金色右臂为他摩顶作加持。贝绛巴岭巴钦波示现往生兜率时，也为他说了许多暗示预言和教法。他常见班钦仁波且穿着班智达和瑜伽士或佛本尊的装束，劝说班钦本人往生兜率，并且说将前往杂日翠玉湖（tsa ri g'yu mtsho）等预言，还将他作为首要弟子为他说法和灌顶。在真实生活中，他过去用来为上师作供的颅器变成蚌壳之色，而上面自然现出班钦仁波且极为明显的身像。他亲见绛巴岭大塔内外的一切法函慧眼亲见尽为清净法轮，因此，他作道情歌曰：

　　法身远离念之菩提心，
　　北方三七极为清净之，
　　见其便为大佛塔之中，
　　显现法门八万又四千，
　　对于那些究竟极微尘，
　　皆净刹之地不可思议，
　　你如有缘是否能见到？
　　我瑜伽眼见此真实已。

又在堪钦衮嘉哇座前听受《六支加行论》导释的经教诵授后，他便一下亲见十相全现，并且发现大乐充满全身，此感觉极其罕见。在定日拜见汤巴的白色塔葬时，他发现了异同的境相，见其身自性为佛身。他在镜中所现之影确实为汤巴身披毛大氅之身，而顶上有一小菩提塔。他看见汤巴眉间有一明点中，见空色之相浩瀚无边等。于是，他成为真实之成就广大相。我们在其传记中频繁见到这样的记述，他多次发现所谓空色之相浩瀚无边。这无疑是指生起圆满次第诸佛尊和菩萨于一尘之上，所有尘数相等所住的清净是智慧所见成为真实。如此他在南方卓窝隆的桑普地方获得授记：他将会在尼泊尔获得殊胜成就。此后他也就获得自我加持等稳固的诸三摩地，而后前往尼泊尔，由成就自在师纳季仁波切（grub pavi dbang phyug nags kyi rin po che）给他传授《胜乐》十三尊内、外、密三种无别大曼荼罗灌顶，示现真实并且生起了智慧尊，进而成为真实获证第四次第光明，也称获三摩地支分而居大地果位的大菩萨，并转成就大法轮之教政，暗示直至获得伟大功德将召来最胜果位。这在大译师所作道情歌词中如是说：

> 甲申年（木猴，公元 1464 年）① 之四月，
> 南方一带地区，
> 在卓窝之隆②的丹玛室（tam mravi khyim），
> 空行（dākinīs）欢宴时，
> '土中禾生双穗熟，
> 便可得知你欲果。'
> 此乃化身所授之记，
> 说如此真实非虚。
> 定解最初为安息，
> 乙酉年（木鸡，公元 1465 年）③ 之三月④，
> 离贪婪并具种时，
> 谷拉香布真枳嘎（Ku la Sham bu）⑤，
> 自加持力生之时，
> 乌鸦（kav ka）她堕我首而言：
> '向往遇到父亲之子，
> 将遇艰难与险阻。'
> 听后我如此气忿，
> 成为妙翅鸟之身，
> 聚集四方之云朵，
> 诸方隅满水流淌。
> 示现嘎拉汝巴身，

---

① 甲申（木猴）年（nyi sgrol byed）：救日者。甲申年、木猴年的异名。参阅《藏汉大辞典》，第 944 页。
② 郭译（第 534 页倒数第 11 行）漏译"隆（klungs）"。
③ 乙酉（木鸡）年（sa skyong）：乙酉年、木鸡年的异名。参阅《藏汉大辞典》，第 2892 页。
④ 三月（nag pa can）：角宿月。藏历三月的异名。参阅《藏汉大辞典》，第 1498 页。
⑤ 藏文（第 956 页第 10 行）写为：ཀུ་ལ་ཤམ་བུ་རྗེ།

第十章　时轮传承及其教授如何而来的情况

化身马哈噶拉曰：
'坏名声将阻汝世业，
所谓暗示定趣胜果。'
乃为次得安息。
此乙酉年（木鸡，公元1465年）六月，
上弦之初三日①，
南方宝洲之寺②，
祖先黑色为猎人。
我父毗姑惹哇（Vanaratna）③，
传代并且以加持。
木室门扉拼饶，
便由贤母养安乐。
吾众弟子抵制密劝，
此是强制之语语，
说是不合资粮行，
此为便是三胜安息。
渴望返家之子啊，
符合事实并启行，
一国王持杖者，
第三离贪爱佛，
被称昂仁（ngam rim）北方之地，
嘎拉杂扎宫（kav la tsa kravi pho brang）之眷属，
由神所授记示善时，
便作明美妙女。

---

① 罗译（第817页末）行间注：六月第8天。根据时轮历，半个月可以分为五组，即：rgyal ba dang po, rgyal ba gnyis pa, rgyal ba mthav ma; dgav ba dang po, dgav ba gnyis pa, dgav ba mthav ma; rdzogs pa dang po, rdzogs pa gnyis pa, rdzogs pa mthav ma; bzhang po dang po, bzhang po gnyis pa, bzhang po mthav ma; ston pa dang po……第1天是dgav ba dang po；第2天是bzhang po dang po；第3天是rgyal ba dang po；第4天是sten pa dang po；第5天是rdzogs pa dang po；第6天是dgav ba gnyis pa；第7天是bzhang po gnyis pa 等等。

② 罗译（第818页第7~8行）行间注：似指尼泊尔仁波且林寺（rin po chevi gling；梵：Ratnadvīpa）？

③ 藏文（第956页末行）写为：ཉིག་ནུ་བ།

裸形空行①之母，
定来彼土之中，
享胜乐金刚之戏，
那枳（nav ti）权使萨哈乍（sa ha dza）。
了义之示极为密，
难以获得四安息。
渐次第修行处，
所谓曲坝唉央（chu bar e dbyings）处。
昴宿（smin drug）② 般的具种母，
离贪婪庆宴之后，
手持金色法衣父，
美饰一切圣地母。
敬礼并且使深喜，
儿子持金色法衣，
穿法衣③并授记父母，
毗若扎那大师与
班遮达热（Vajra Tārā）④ 等，
是稀有之中的稀有，
此是并非异语密语，
此是胜得五安息。
逐渐进入嘴宿⑤者，
离贪欲之佛中，
称为尼玛喀（nyi ma mkhar）之山，
坐落扎拉阁乍（tsa la ko ta）处。
胜焰燃烧姑扎拉（kundala）⑥，
家中如有自己父，

---

① 裸形空行（phyogs kyi gos can）：1. 裸体外道的异名；2. 大自在天的异名。参阅《藏汉大辞典》，第 1761 页。
② 指 10 月 26 日。
③ 郭译（第 535 页第 2 行）漏译"穿法衣（legs bgos）"。
④ 藏文（第 957 页倒数第 4 行）写为：བརྫུ་ར།
⑤ 指 11 月 23 日。
⑥ 藏文（第 958 页首行）写为：ཀུནྜ་ལ།

交乐者为毗喀尼①，
劝请演奏密音乐，
我与好友底邦（Dīpam）②俩，
属于学习处之言，
在此胜者毗玛拉（bi ma la），
阿嘎峡（av kav sha）乃无边际，
为扎坝索惹（Prabhāsvara）③做祈祷，
索桑白雅（svasamvidyā）④自性为种子；
其后为玛雅萨德哈（māyāsvadeha）⑤，
燃烧火焰极为旺盛。
抛之犹如蛇之皮，
浊垢者为阿哇底（a lba sti），
自闻之声虽极胜，
但大胜则为授记之示，
此是第六安息。
鬼宿望日⑥之底，
父之祖辈十三尊，
律仪三门身语意，
智慧成熟再成熟。
共通弟子都满意，
黎明时分之前夕，
最现明则为萨玛底（samādhi 智慧），
正如真实之出现。
出自贤室之家坐垫，
父亲座前起乐后，
便说此为你之座，

---

① 藏文（第958页第2行）写为：བྱི་གུ་ནེ།
② 藏文（第958页第3行）写为：དི་པ།
③ 藏文（第958页第5行）写为：པ་བྷུ་སྭ་ར།
④ 藏文（第958页第5行）写为：སྭ་སོ་བིད།
⑤ 藏文（第958页第6行）写为：མཱ་ཡཱ་སྭ་དེ་ཧ།
⑥ 指12月圆月日。

头顶之上诸饰相,
右手抚摩头顶已,
由十七字之文字,
离字处而作灌顶,
密语广博中广博。
大义密之安息为,
第七支之部分意,
在满无支分之处,
第七处幻乐之中。
放逸如儿童之性,
父亲授了真实记,
并以得到真安息。①

如此说了之后,就让那些成为贤善因缘和信解善力,愿具合量正法和慧眼诸人士去作了知与探讨。此后,大译师前往(尼泊尔的)帕巴辛衮寺(vphags pa shing kun;梵:Svayambhūnātha caita),在夏达布日寺(Śāntapurī vihāra)②中传授会供轮时,与瑜伽自在大师峡哇惹③相会并且获得加持。因此,他作有道情歌词说:

由祖辈峡哇惹加持,
从父亲伟大悲心中,
世界中现欲乐之相,
蕴界精华体内成熟,
佛勇空行之圆满持。

他作了如上等许多罕见稀有道情歌词。在那里大译师班钦由三喜④之门使师生喜,而获得由峡哇惹亲自传授给他的《瑜伽六支加行论》;以及仁真白玛所传授给(班钦)的《莲花无量寿教授》(pad ma tshe dpag med kyi

---

① 道情歌词中的父亲指却季杰仁波且班钦。下同。
② 藏文(第959页第5行)写为:གཤམ་བུ་རིའི་གཙུག་ལག་ཁང་།
③ 此处藏文(第959页第6行)为:sha ba ri。但据上下文,恐应为 sha ba ra。
④ 三喜(mnyes pa gsum):财、物、服侍。以此三喜承事上师。参阅《佛学词典》,第289页。

gdams pa）等所有教授秘藏，犹如以瓶泻水般全部传授给他。之后，他勤修灌顶要义俱生智慧，从而得到完全满意后，他开始打算来到藏地，这时上师告诉他说："我所闻的这些各别教授，都有其传承，可是我的一切法从峡哇惹坝达（sha ba ra pav da）那里是可以听到的。但是，由我所传承的诸教授，是对为求双运①道具缘诸有情者而日夜作开示，这是由我的萨玛底（智慧）眼所看到的。"这样一来，他获得极大的信心去作利他处之事业。根据上师授记，他所授教和由他所摄受而传播的一切教授，说来是无任何灾障，所有道之证悟，都是无难地生起于心中。而且对于这些是如何生起，是由他的智慧观察而能够通达其为如何之密意，并能通达各别有情和特殊与共通根器缠缚等情况。

　　第七，具有三藏和续部经教自在权威并获得最胜成就后对佛教所作弘法之事：此位大译师认为，一切利乐根本，便是佛的教法。而从一切法门中他以许多方便持不分教派，都进行持法、护法和弘法。他在扶持教法事业中认识到，如要教法持久以恒，则要建造三宝所依（佛像、经典、佛塔）。他最初建造的是：他的父母奉为内部佛像中的弥勒庄严美饰身像一尊，高约膝到足胫。他又造有释迦牟尼金像一尊高约1拃。之后他对贝泽当大寺作彩画油漆，并建造弥勒大像和不空成就佛大像各一尊，每尊背高22拃。他修缮桑耶称康岭（bsam yas khrims khang gling），中间有大菩提主侍诸尊像，细哇措（zhi ba vtsho）及嘉哇却央（rgyal ba mchog dbyangs）等诸师像，并奉安师尊的金塔两座。他还建造了（彭域的）那烂扎的大像、经、塔等，捐助顺缘以帮助其完成，等同于自己建造。后来，在扎地（grwa）的绛巴岭（byams pa gling），一切智索南囊巴嘉哇（rje thams cad mkhyen pa bsod nams rnams par rgyal ba）的神龛虽然正在修葺中，他也特别关怀并且给予了捐助。而后，他又在大施主大长官仁钦桑波（sbyin pavi bdag po chen po sa la spyod pavi dbang phyug dpon chen rin chen bzang po）及其妃子以其高贵福德财富和卓越之心量的施舍下，在贝·多杰德玛（dpal rdo rje bde ma）及其子——大长官仁钦杰波弟兄（dpon chen rin chen rgyal po mched）的财物捐助下，修造转法轮吉祥多门大塔，高32度半，每面宽度为22度；还修造看圣者和弥勒化身立像，背高57拃。修造大塔他用了18个月，大像用了14个月才完成。这些善行超出了一般初业

---

① 双运（zung vjug）：密承五圆满次第之一。智慧空性与方便大悲双运，智慧光明空性与方便俱生大乐双运，或指外境完美空性与内心永恒大乐双运。参阅《藏汉大辞典》，第2463页。

人士的心境，而显现出善业高山罕见稀有无尽的美丽景观。这些世间中无与伦比的像塔，成为从智者到孩子，一切有情者都不畏道途艰难而愿意前往朝谒和礼拜的圣境。此种圣境对我而言，是难以言表的。

此外，在上述施主的支持下，他又修缮了极大的三世如来像，释迦世尊和16尊者眷属等金像，以及秦浦修院殿堂佛像等，扎塘（grwa thang）等寺庙。他还创立了桑丹岭（bsam gtan gling）的大修行部，并且绘画了大译师的各具大恩师修持上师彩绘像轴以及唐卡；四续部主要诸尊画像轴及唐卡。他还金书了《密续部》和主要诸密续。另外，他书写出的显密诸释论等是难以计数的。在他的鼓动下，南方王贝扎西达杰勒比杰波（sa skyong ba dpal bkra shis dar rgyas legs pavi rgyal po）也出资并建造释迦牟尼金像一尊，背高25拃，且供佛殿堂、大塔、学法僧院，以及金书《甘珠尔》和用白纸书写《丹珠尔》。（也是在他的建议下）桑德囊索·扎巴塔耶巴（bsam bde nang so grags pa mthav yas pa）也建造了从密经开始的金书《甘珠尔》。他建议由雅焦朗索·大长官仁钦桑波（yar rgyab nang so dpon chen rin chen bzang po）父母出资，补足金书《甘珠尔》所剩下的未完成部分。由于杂日大地发生乱事，具相颅器也迁移到达波时，局势不是很乐观，他运用修持力和许多方便，使时局平定下去等等。他扶持了佛教根本弘法的事业。无论大译师走到哪儿，他都要建造和修缮佛塔、寺院、佛经等。他还要作供养，对于僧众多次供施的情况更是不计其数。

大译师翻译事业的情况：班钦来到藏区后，多次传授教法时都由他作翻译。之后，他新译出《心要百颂本释》（snying po brgya pa rtsa vgrel）①，以及金刚亥母教典中的《金刚嬉女》（rdo rje rnam par sgeg ma）② 等许多略苯教典，并且修订了《喜金刚》、《金刚幕》、《律生》（sdom vbyung）③ 以及善巧真实性达巴多杰（de kho na nyid mkhams pa brtag pa rdo rje）所著的《律仪疏》（sdom pavi vgrel pa）④ 和《十三尊曼荼罗》（bcu gsum mavi dkyil chog）等旧译本。从遣词和语义二者来说，他的译本都是极为善巧的。

大译师所著的论著有：《时轮一二两品疏》（dpal dus kyi vkhor lovi le-vu dang po gnyis kyi vgrel bshad）、《金刚心释》、《金刚手上部两释中的释难》（phyag rdor stod vgrel gnyis kyi dkav vgrel）⑤，这在解释心法门类的藏

---

① 参阅《丹珠尔》，rgyud, Nos. 2334～2335。
② 梵：Vajravilāsinī nāma Vjravārahī sādhana；参阅《丹珠尔》，rgyud, No. 1602。
③ 梵：Samvara udbhava；参阅《丹珠尔》，rgyud, No. 373。
④ 梵：Tattvaviśada nāma Śrīsamvaravrtti；参阅《丹珠尔》，rgyud, No. 1410。
⑤ 参阅《丹珠尔》，rgyud, No. 1402。

第十章 时轮传承及其教授如何而来的情况

文著作中，堪称佳作。此外，他还著有《三摩地王经》（mdo sde teng nge vdzin gyi rgyal po）①、《宝积经》、《华严经》等的笔记，《空行大海》（mkhav vgro rgya mtsho）②、《词藻学》、《金刚空行》等许多续部的笔记，以及《律仪十三》（sdom pa bcu gusm ma）、《无上不动》（mi g'yo bla med）、《亥母》等大都由班钦所传承的曼荼罗之修行。他还著有《密集世间自在》（gsang vdus vjig rten dbang phyug）、《能怖金刚》、《妙吉祥幻网》（vjam dpal sgyu dra）、《金刚手灌顶》（phyag rdor dbang bskur）③、《峨系七种曼荼罗》（rngog dkyil bdun）④、《和威法类》（也称静猛）（zhi khro）、《金刚撅》、《马头明王》等的曼荼罗之修行，以及《六支加行论五次第》（sbyor drug rim lnga）等之导释，《护法总论》（bkav bsrungs）、《内外黑烟母》（dud sol phyi nang）、药叉等的酬愿文等。其全集共有 12 函。

大译师对于上师、三宝及僧众承侍服役的情况：在持因果乘教导事业的上师及诸上师座前听法时，他都极为恭敬。尤其是说法时，他不间断地供师茶饮而求法。对讲说三藏大论之诸大师讲论圆满时，他供献法筵等，均为众人所称道。在听受灌顶和传授诸续部时，他要供会供轮和供续部诸经。在求传诸教授时，他要供教授导释法筵等。任何时候他都要供最佳和无罪性的供养，并且以身语之恭敬承侍来作不动摇供养。尤其是在班钦仁波且来到藏区时，他不仅一次供黄金和衣物等丰硕的供养。仅佛像上面所盖饰物就供有十八种之多。班钦仁波且到尼泊尔后，他每年都供黄金一两和衣物等。后来，在班钦仁波且逝世后，在一切期供逢年或月中都要在僧众中供施大量财物。【管译师宣奴夏座前，刚开始他是每年供献大量财物，后来是每月要供献完美无损的食物，夏季和冬季衣物，还有大量的黄金及青稞。】⑤ 此外，对住世诸上师更是不缺供养，对自己已故父母和逝世诸师逢年或月按期供养。

---

① 参阅《甘珠尔》，mdo sde，No. 127：Ārya Sarvadharmasvabhāvasamatāvipancit samādhirāja nāma mahāyānasūtra。

② 梵：Śrī Dākārnavamahāyoginītantrarāja nāma；参阅《甘珠尔》，rgyud vbum，No. 372。

③ 梵：Ārya Vajrapānyābhiseka mahātantra。有关此著，可参阅《甘珠尔》，rgyud vbum，No. 496。

④ 梵：Śrī Buddha kapāla nāma yoginītantrarāja；参阅《甘珠尔》，rgyud vbum，No. 424。

⑤ 【】藏文（第 965 页第 4～7 行）为：vgos lo tsav ba gzhon nuvi zhabs kyi drung duvang snga sor lo re zhing vbul ba stobs che ba dang/ phyis zla re zhing gsol chas bzang zhing rma med pa mang po dang/ dbyar dgun gyi na bzav/ gser nas kyi vbul chen mang po/。郭译（第 538 页第 13 行）漏。

大译师在一切大小寺庙等增加期供之事迹：对杂日扎圣地诸尊神像供会供轮，对僧会等极多僧众斋僧众茶饮，对堪布仁波且作期供，在称康岭之供佛基金中增加洛（glo）和嘎曲（ka chu）等处的供养配合而行事。在绛巴岭夏季法会上他兴办显密教海法轮大会；在大愿法会中，他聚集三大僧会以及大小寺庙的成千上万的僧伽，从上午开始诵修十六尊者和药师大愿，下午结集一切愿和所有人士作配合一切善业之殊胜项目等。这一切是他在一切叹为稀有的大节筵中的承侍服役，以及特（thes）大小修供等。他又对桑丹岭修行僧众作了资助，鼓动诸大施主的信心使其捐献等，成为如大海般超越心境的事业。大译师童年时期听讲法相时，每日在三宝前供两次食品和灯明，夏冬两季则搜集新鲜花朵或制作花朵不断地作供献。在已故父母双亲和逝世诸师灵前作祭祀时，以及后来在赞塘、称康岭中受《贝泽央三类》（dpal rtse dbyings gsum）、《胜三界》（khams gsum rnam rgyal）和《曼殊幻网》（vjam dpal sgyu vphrul dra ba）等灌顶时，在新寺中受《时轮》灌顶及其他仪式时，在绛巴岭中大塔开光时作《幻化网》等仪式，以及在垛伦珠拉哲（dol lhun grub lha rtse）和囊嘉（rnam rgyal）等处对活佛仁波且夏玛哇（sprul sku rin po che zhwa dmar ba）传授许多新旧密法和峨系七种曼荼罗教法等时，在作开光和护摩等曼荼罗作业次第等时，他都要特设供献与曼荼罗诸尊数量相等的胜妙供养。而且时常陈设的一切供品，不是劣质和少分的，而是以大量和物源纯洁的供品来陈设。由于大译师已经获得虚空宝藏的伟大神变，其他人士一见之下就能够引生起敬信并成为有益的良好典范。

大译师转法轮的事业：总的说来，他认为教法之心要在于修行，故应勤奋于此心要。班钦仁波且也说："现在是结集教法心要之时，无需许多花样，主要是修行。在专修期间，不管讲说任何教法，总要开示一种双运道。甚至可以决断地说：没有比开示双运道更为殊胜的利他事业。"诸仆从请求大译师转法轮时，他对他们说："应该断除为恭敬、利养和希求名誉之说法心。这似乎仅是摄受徒眷的利他事业，然而如此去作对说法和闻法两者都是可以的。我本人以修行为主要的三门（身、语、意之行）作业中，一切都是为利他而作。但是其中不过是有意和无意二者，常是应知者为有意义是为决定。因此，现在当舍弃丝毫放松利他之心后，逐步每一刹那都能行于诸佛刹土海和成熟众生海的广大利他机缘之中。"关于大译师摄受侍众和教育闻、说三藏的事业，未见广泛。以此看来也是配合应化有情者的心思，对于每一位有情者的每种修法，仍以一切显密密意为心要，而以教法甘露使其饱满。他在法相学院中居住时担任副座讲师时，使许多聪明智慧者得以广其才能和智慧。在乍纳时，他对许多从康区来的人讲说了《瑜伽》的传统作法，以及舞蹈、弹线等的导释。对于受灌顶的五十余人，他传授了《曼殊幻网灌顶》（vjam dpal sgyu vphrul dra bavi dbang）和许多随赐灌顶。对秦浦许多人士，他传授了《马头金刚四尊灌顶》（rta mgrin lha bzhivi dbang）。在泽当，他对梁惹十论师（nyang re bkav bcu pa）和伦德·饶绛巴（lhun sde rab vbyams pa）等许多人士传授了《喜金刚第二品释》等，以及《和威法类》等的灌顶和许多随赐灌顶。对塔巴林（thar pa gling）、曼嘉（sman rgyal）、雅桑（g'yam bzangs）等寺的许多求义人士，他传授了《密集世间自在》、《观世音密修法》（spyan ras gzigs gsang sgrub）等的教法，以及《大手印六法》（phyag chen chos drug）等的导释，还有《三摩地王经》（mdo sde teng nge vdzin rgyal po）等的讲释。对王舍城的喇嘛丈日哇（bla ma vbrang ri ba）和喇嘛楚拉（bla ma tshul bla）等人，他传授了《六支加行论》的导释。对杂日的诸觉桑（jo bzangs），他传授了《一意集》（dgongs gcig）的讲释、《大手印六法》等的导释以及《金刚瑜伽母加持法》（rdo rje rnal vbyor mavi byin brlabs）。对旺波寺（dbang po dgon pa）的喇嘛丈日哇等，他传授了《胜乐》、《欢喜金刚》的麦枳传规等教法。对洛扎东部贝阿姆嘎（dpal Amogha）①和法王博冻哇的侍寝官峨桑哇（gzims dpon vod bzang ba）等人，他传授《喜金刚第二品》的讲释以及所有灌顶、经教诵授、导释等。与此同时，他对噶久巴索桑（bkav bcu pa bsod bzangs）等人传授了《时轮总纲》（dus kyi vkgor lovi spyi don）；对西南部的法王丹仁巴（chos rje bstan rin pa）和昂措堪钦巴（ngang spro mkhan chen pa），以及喇嘛乍纳哇（bla ma rdza sna ba）、勒邬琼巴（slevu chung pa）等50余人传授了《六支加行论》两遍、《一意集》、《枳布师传身曼荼罗》（drul bu lus dkyil）、《上师密集》（bla ma gsang vdus）等的灌顶。他给在羊卓喀巴隆（yar vbrog kha pa klungs）的法王贡噶杰波（chos rje kun dgav rgyal po）和烘嘎却德（mngon dgav chos sde）的许多长老，以及珠德桑顶（sgrub sde bsam sdings）的诸修士传授了《六支加行论》、《胜乐灌顶》和《大手印》，对许多修密士传授了《和威法类》、《金刚橛》、《马头金刚》等灌顶，随其所愿而进行施法。他对拉堆北部主官曲喀哇（bdag po chud kha ba）等许多密僧传授了《和威灌顶》等、《密教心要释》（gsang snying gi

---

① 藏文（第968页倒数第2~1行）写为：དཔལ་ཨ་མོ་གྷ།

bshad pa)。后来，在绛巴岭夏季大法会中，他对岗巴·绛曲南嘉哇（sgang pa byang chub rnam rgyal ba）等三大退职者，以及钦波索南俄色哇（chen po bsod nams vod zer ba）、丹色哇大师（slob dpon bstan gsal ba）、协旺巴大师（slob dpon sher dbang pa）等为首的僧伽千余人讲授了《三摩地王经》、《集学处》、《能仁密意庄严》、《瑜伽师地论五分》、《兰犊瓶集》（be bum sngon po）、《弥勒宏愿广释》（byams smon tika chen）等讲释。正如给了了义之生命恩德极大。尤其是对绛巴岭诸人为首的显密大师，以及终年勤奋的许多人士，他用许多年传授以上教法。此外，他对法王帕巴拉（chos rje vphags pa lha）等许多人士传授了《喜金刚第二品金刚心释》、《那若广释》（nav ro vgrel chen）①、《一意集》、《甚深内义》（zab movi nang don）等的讲释、《无上不动》等的灌顶。他曾先后四次对以康巴格西噶久哇（khams pa dge bshes dkav bcu ba）为首的许多徒众，以及木雅饶绛巴·却季扎巴（mi nyag rab vbyams pa chos kyi grags pa）、饶绛巴·德桑巴（rab vbyams pa bde bzang pa）、阿里饶绛巴·协嘉哇（mngav ris rab vbyams pa sher rgyal ba）、饶绛巴·勒协巴（rab vbyams pa legs bshad pa）等许多善巧格西讲释《甚深内义》和《一意集》前后共4遍。对却柯岗巴（chos vkhor sgang ba）和帕巴邓萨巴·贝桑哇（vphags pa gdan sa pa dpal bzang ba）等约50人，他传授《垛哈一百六十颂》（do ha brgya drug cu ba）、《戒律品》（tshul khrims levu）、《文殊真实名称经》等广大的讲释。他多次给饶绛巴·协嘉哇和勒协巴等善缘诸人，以及桑丹岭诸修行人传授了《六支加行论》的导释。在那段时间里，半年他就传授了导释约30多次。有随世行之大酋长也就是羊卓的首长耶都衮坚参兄弟（khrid dpon Hyendu kun dgav rgyal mtshan mched）及酋长之子耶都伦珠扎西（Hyendu lhun grub bkra shis），雅焦大长官仁钦桑波（yar rgyab dpon chen rin chen bzang po）和妃子多杰德玛（rdo rje bde ma），还有他们的儿子大长官贡噶仁钦杰波（dpon chen kun dgav rin chen rgyal po），衮噶仁钦杰波之弟法王索南益西贝桑波（chos rje bsod nams ye shes dpal bzang po），布察巴·朗索拉旺巴（bu tshal pa so lha dbang ba）及其子，桑德哇·朗索扎巴塔耶（bsam bde ba nang so grags pa mthav yas）长官和臣僚，甲哇（bya ba）的首长嘉哇巴（khri dpon rgyal ba pa）及其子贝扎西达杰勒比杰波兄弟（dpal bkra shis dar rgyas legs pavi rgyal po mched）等，以上诸人都依止和顶敬大译师。大译师也对他们传授了教授并随赐许多开示，并且随赐净

---

① 梵文：Vajrapādasārasaṃgrahapañjikā；参阅《丹珠尔》, rgyud, No. 1186。

治身心及防护灾障的教言。尤其是他为他们传授了能作福善吉祥的三种曼荼罗和能赐明智的教法。于是，他作出了使地方吉祥，敌对提出异议和反对都不能损害的事业。他们都得到受用圆满丰足成为暂时和永久的福善大海。他把财物用作勤取心要之方便，对广大善根的善法加行有极大的恩德。有北部主人囊嘉扎巴父子（byang pa bdag po rnam rgyal grags pa yab sras）虽种姓高贵但对他者骄慢，不过实际上他们对大译师却如上师一般顶敬，并且请求询问许多教义后更表示恭敬。特别是欢舞自在佛尊大金刚持（rgyal ba gar dbang rdo rje vchang chen po）的化身活佛，具德噶玛巴住持红帽教主第四代却季扎巴益西贝桑波，为了启请大译师多生摄受中，今后生中仍作摄受起见，他就派使者来到康区迎请并供盛大礼品。使者到达时大译师住在杂日，但未能前往那里。后来，使者有目的地来到前藏，他们便成为教法师徒，比好友还要亲近。大译师首先对噶玛巴传授了《金刚亥母二面法》，后来又传授了《枳布传规十三尊法》、《不动无上》、《峨系七种曼荼罗》、《六种幻轮》（vkhor lo sgyur drug）、《佛顶》、《金刚橛利刃》（phur pa spu gri）、《金刚界曼荼罗》（rdor dbyings）、《金刚手灌顶》、《三誓句庄严尊》（dam tshig gsum bkod）①、《哲达日传规无量寿佛》（tshe dpag med dze tav rivi lugs）、《胜乐等虚空等灌顶》（bde mchog nam mkhav dang mnyam pa la sogs pavi dbang）②、《至尊救度母》、《黑烟母》（dud sol）、《龙树传规四臂怙主》（phyag bzhi pa klu sgrub）、《那若空行母》（nav ro mkhav spyod）、《成义母》（don grub ma）③、《文殊五尊法》（vjam dbyangs lha lnga）、《上师密集》（bla ma gsang vdus）、《毗那耶迦》（tshogs bdag）、《长寿五昆仲等加持法》（tshe ring mched lnga la sogs pavi byin brlabs）、《欢喜金刚》、《金刚幕》、《桑布里》（Samputa）④、《金刚四座》、《玛哈玛雅》、《文殊名称经》等密续，以及峨系论说等。他（噶玛巴）又在译师座前听受了《智慧金刚集广本》（ye shes rdo rje kun las btus che ba）⑤、《心要百颂根本释》（snying po brgya pa rtsa vgrel）、《成就心

---

① 梵文：Trisamayavyuharāja nāma tantra；可参阅《甘珠尔》，rgyud vbum，No. 502。
② 梵文：Śrī Khasam tantrarāja nāma；可参阅《甘珠尔》，rgyud vbum，No. 386。
③ 梵文：Sarvārthasiddhisādhana nāma；可参阅《甘珠尔》，rgyud，No. 1552。
④ 藏文（第 972 页第 8 行）写为：གསུག་ཏུ་。梵文全称：Samputa nāma mahā tantra；参阅《甘珠尔》，rgyud vbum，No. 381。
⑤ 梵文：Śrī jñānavajrasamuccaya；可参阅《甘珠尔》，rgyud vbum，No. 450。

要》(grub snying)、《阿玛纳色》(A ma na si)①、《甚深内义》、《一意集》等论释,《卓贡全集》(vgro mgon bkav vbum) 等经教诵授、《六支加行论》、《金刚瑜伽母圆满次第》(rdo rje rnal vbyor mavi rdzogs rim)、《班钦传规枳布五次第》(dril bu rim lnga rnams pan chen lugs kyi khrid) 诸法的导释、《往生和合教授》(bsre vphovi gdams pa)、《六法喀嘎玛》(chos drug mkhar dkar ma)、《玛雅圆满次第乳教授》(Mā yāvi rdzogs rim pavi nu mavi man ngag) 等汇集。因此,却扎 (却季扎巴益西贝桑波) 听受并获得甚深和广大法雨后,成为大译师的首要弟子。

此外,大译师对许多具足善缘人士传授灌顶、经教诵授、讲释等,使其心满意足。

大译师说过:"《时轮》是一切经教的心要,并且无隐地开示了双运教法。如果人们能领会其义于心中,就能够领会一切显密经教于心中,且其他一切教法都成为通达此《时轮》之方便。尤其是成为教法心要中的心要。离开诸经卷而传授任何显密教法,一切都必须以《时轮》的定解来作清楚的说明。一切教义之究竟心要,都是趣向这唯一双运教乘。"等语。他又作无畏狮子吼般宣称:"多闻经藏成为善巧精通中。若信依此乘,亲依此诸卷首《时轮》,则于一时机中已经接近佛位了。"

这样看来,译师非常喜爱《时轮》,而且他多次给以却柯岗巴为首的诸三藏法师和侍从服役等许多人士广大传授《时轮总纲》(spyi don)。他也无数次地在法轮会上讲说(时轮)《续释》等。尤其是传授《六支加行论》等的导释次第,以成熟具善根人士是难以计数的。

上述我不过简略叙述而已。实际上,译师是一位不放舍菩萨之种相、毅力、悦意、禁行、学处等,从不离其所誓之戒,对低贱和凶恶诸人更加慈爱,对不熟悉者也很亲睦,对有功者必有酬恩,对回向长寿无病者作饶益。他具足多闻等善知识的德相,能够发起胜乘之心,善持出离心之戒,也从未犯染性戒和制戒,丝毫未犯开禁学处,已达梵行究竟,拥有毗奈耶中所言的依其圆满诸功德。尤其他是成熟进入金刚乘之身心,对共与不共三昧耶戒也未违犯过,而勤修灌顶真实义俱生智慧之身,一切密续金刚地位为第四灌顶的定解,他都领会于心中。他具足四明造作福恩事业之中,能毫无畏惧,并且拥有具德上师名称的圆满德相,而成为一切世间天、人

---

① 梵:Amanasikāroddeśa;参阅《丹珠尔》,rgyud, No. 2249。A ma na si 是 26 个标题的总名称。参阅布顿《丹珠尔目录》,载《布顿全集》(Bu ston gSung vbum) 第 26 卷 (la 函),叶 47a。

等众人中唯一的皈依处。其行传大海入于心中，口诵其名，生起坚信，于一切时应恭敬顶礼，欲记其行传是难以言尽的。

第八，示现涅槃事业：诸登地绛曲生贝钦波（大菩萨）虽然解脱于生死之缚，然而示现他义无常之出离中所出的法门。译师他每天都要和察弥堪钦却季扎巴（vtshal min mkhan chen chos kyi grags pa）、阿里饶绛协嘉哇（mngav ris rab vbyams sher rgyal ba）、却柯岗巴（chos vkhor sgang pa）、法王德邬惹巴·仁钦却嘉（chos rje rtevu ra ba rin chen chos rgyal）等人一起勤习深广诸法，突然于壬寅年（阳水虎，公元1482年）① 九月初七日，在年满59岁时示现收摄化身，于初十日往生兜率。其间人们发现虹光、天雨瑞花，异香扑鼻等许多稀有瑞相。即日住持红帽第四代教主噶玛巴前来师处，示定译师往生兜率以安慰众多弟子，并一直昼夜跟他们在一起【直到（七七）第49天】②，策动他们修法、荼毗译师遗体、供诵圆满意之回向，为师肖像开光、彻底地编撰译师广赞和传记，以圆满上师意愿。他们用白檀香、沉香（a ga ru）、索哈拉（si ha la）焚化遗体时，发现各色舍利、如水晶一般透明的灵骨、无数佛像等，以作应化众生供养之所依。虽然译师已经示现圆寂，但其悲念无间断地摄舍弟子大众。他们建造银质一层楼高的宝塔，其门嵌饰等用纯金而作，又以翡翠石（margad）、红宝石、珍珠、碧垭宝石（nal）、松耳石等嵌镶不可思议之严饰，奉安在绛巴岭大塔上一层。此外，他们还建造了用金银铸造、身量略小的（上师）肖像，其他一些身量较小的用金银所造的肖像，以及绘制的一些大小不等的肖像；另外，数千万的用灵骨灰以及药物泥土所造的肖像。他们还编辑了大译师全集书帙。后来，又有贝多杰德玛以及其子法王索南益西贝桑波如愿建造彩缎缀文所制稀有的弥勒大像。此外，语教弟子和各地施主用金银所造肖像大小应有尽有，并广为发行了许多译师全集卷帙，而成为教法之本以及诸信众供养之所依。特别是诸大弟子中，在各不相同的地点发展出讲说和修行事业者不计其数。至于大肖像、佛像、经、塔之供具和译师书册等，由原先旧有的诸老侍从将所有译师著作的供修等传统作法，以及《六支加行论》等的导释的法流，仍存在于垛桑丹岭以及绛巴岭中。

我在此仅是简述，可作上文之补遗。此外，由于书面文献缺乏，我未能在本书中描写其生平的其他内容，以及能够成为有用功能诸情况。如以

---

① 据罗译（第835页倒数第15～13行）行间注：此传记一定是在译师于公元1481年去世之后由本书编辑加进去的。
② 【 】处据罗译（第835页倒数第6行）补。

后获得，我可以再加增补。这是我著者一切智管译师的意愿。尤其是治抚南方大王，对于三宝作出事业，对上师传承诸师中，特别扶助发展一切学术和教法，使佛教犹如夏天河流一样兴旺。他是福与慧不衰者，大智丰富的扎西达杰勒比杰波（bkra shis legs pavi rgyal po）。我在著作此广大教史之中期，于伽塘（chē thang）完成此诸善业，是唯依此至尊之命而作的。特别依大王所说"以能够弘扬我南方王之教法和获得究竟成就道的开端，造作恩德者来说，没有谁比至尊大译师的恩德更大；因此，在此阶段中无论如何应当了知译师的一段简略行传"等语，故而在此也是遵命而撰写。

总的说来，关于《时轮》：有吉觉译师、洛卓宁波（blo gros snying po）等，玛·格威洛卓（rma dge bavi blo gros）、芒窝·绛曲喜饶（mang vor byang chub shes rab）、索南益西、阿夏嘉噶哲（va zha rgya gar brtsegs）、扎弥桑杰扎（tsa mi sangs rgyas grags）、底日却扎（ldi ri chos grags）、念译师、喀惹·略译师（kha rag gi gnyos lo tsa ba）、卓·喜饶扎（vbro shes rab grags）、顶巴译师（stengs pa lo tsav ba）、绒岭译师（rong lings lo tsav ba）、惹却饶（rwa chos rab）、恰·却杰贝（chag chos rje dpal）、雄顿·多杰坚参、雅隆译师扎巴坚参、邦译师洛卓丹巴、邦译师的弟子两位洛卓等人。《时轮》是唯一一部拥有众多译本的著作。

又有《时轮后续》，则是念译师和协邬译师（shevu lo tsav ba）所译。后来鲁译师洛卓贝（klubs lo tsav ba blo graos dpal）的译本中，补充了所缺译的11颂。

关于《灌顶略示》（dbang mdor bstan），则有卓师、惹师、曼隆巴、扎策巴仁嘉（sgra tshad pa rin rgyal）、邦译师、雅隆译师等人的译本，而布尚诺琼（bu hrang lo chung）所译则命名为《灌顶近示》。

又有《金刚心释》，则有觉珠顶真桑波（cog gru ting vdzin bzang po）、涅觉喜饶扎（gnyel cor shes rab grags）、穹波却尊（khyung po chos brtson）、雅隆译师、邦·洛卓丹巴等人所译本。

恰那多杰所著的《胜乐释》由觉珠顶真桑波译出后，由雄洛丹修改。又见有一种库欧珠（khu dngos grub）所译本。

《胜义之修念》有达瓦贡波的自译本，又有雅隆译师所译本。

《正见意乐略示》（lha bavi vdod pa mdor bstan），过去没有藏文译本。后来，由衮邦·却扎贝（kun spangs chos grags dpal）译出。

又《灌顶略示》之那若巴释本，见有雅隆译师、扎策巴、邦译师等人的译本。

以上是《时轮》阶段。

第十一章 大手印法阶段

现在我将叙述佛教的基础大手印法（phyag rgya chen po），它把别解脱①直至修密宗《密集》中的修行以及实践一切法融为一体。对于不愿意远离生死轮回的普通人士，以及外道中的顺世派②诸人而言，他们都不把心趣向于解脱，其情况没有必要在此叙述。外道中外道裸形派③诸人明白轮回痛苦的根本乃不善之业，以此主张遮止于业力。弥曼差声论师④认为，不可能有可靠的解脱，为了取得暂时的解脱而应该远离烦恼。数论师⑤和毗婆娑师⑥诸人认为，生命轮回的根本为烦恼，而其根本中的根本是不识我之无明。因此，他们为认识我而修禅定，随其修力由初禅之定直至有顶天界，然而，以持有残余之我见，而最终不免堕入阿鼻地狱⑦之中。这正如世亲大师所说："若问舍此有无解脱？没有。此为何故？爱执

---

① 别解脱（so so thar pa）：持戒人自己从恶趣及生死轮回中解脱出来。参阅《藏汉大辞典》，第2959页。
② 顺世派（rgyang vphen pa）：古印度佛教以外一宗教派系名，是主张没有来世、没有业果的断见派。参阅《藏汉大辞典》，第543页。
③ 裸形派（gcer bu pa）：离系子。古印度一教派名。创始人离系子不惭裸体，因名无惭派，以灰涂全身，因名涂灰派；流浪远方，因名周游派。此派所乘许之九句义为命、漏、律仪、老、缚、业、罪、福和解脱。时轮中所说九句义为有命、非有命、漏、律仪、所断、缚、跳跃、去和来。参阅《藏汉大辞典》，第744页。
④ 弥曼差声论师（spyod pa ba）：古代印度的一宗教派系的名称。参阅《藏汉大辞典》，第1683页。
⑤ 数论师（grangs can pa）：古印度一教派名。其创始人为迦毗罗，有说为黑自在者，倡通晓二十五谛即得解脱之说。二十五谛，谓自性、大、慢、色声香味触五唯、地水火风空五大种、口手足大遗、男女五作业根及眼耳鼻舌身五知根，业知并具之意根及神我而为二十五。参阅《藏汉大辞典》，第394页。
⑥ 毗婆娑师（bye brag pa）：1. 古代印度小乘佛教的一派系之名。2. 胜论师，古印度一哲学派系。参阅《藏汉大辞典》，第1981页。
⑦ 阿鼻地狱（mnar med）：无间地狱。八热地狱之一。在炽热之铁房中，阎罗鬼卒将无数地狱众生投置于堆积如山之炽热铁炭内，烈火与身躯二者遂成一体，并使之受沸热铁汁灌注入口之无比痛苦。参阅《藏汉大辞典》，第1556~1557页。

于不正我见之故。"佛教学者认为，若不断离我见之无明，那么是无解脱的。而我见又分人、法而使我见有二者。其中诸声闻和独觉已断离人我见，因此不再受生而获得可靠的解脱。然而具德诸位菩萨则说：只有自己一人的解脱，若为自己一人解脱，没有比此更为羞愧之事。故而应该寻求能够解脱一切众生之方便。能够通达此一切方便者，除佛祖外，谁也做不到。为此观察看到为断离所知障之故，必须断离法我之所见，应该为断离此见而努力。然此也由通达空性见而使得能断离法我见，而且是由反执之门而断离。为生起空性见之故，须入于经教和理智之大海。大手印的智慧，是反执而修断离之对治①法。若由理智力而获得比量②的话，比量只是虚妄分别；若是虚妄分别，那么大多数就是无明。此为具德法称大师③所言。对于断离此而言，若无反执之对治，但是比量和执情相矛盾时，成为完全颠倒（不正）之故。

因此，未获得正见的对治法，是大手印的智慧。这由上师大德的加持而获得。所以我解释了总教法之次第。在这方面，正如法王阁昌巴所言："对于佛世尊释迦牟尼的教法，名为大手印的超越之道，首倡者为大婆罗门萨惹哈达哇布（bram ze chen po sa ra har gdav ba bu），住持此传规之印度人为杰日措夏师徒（rje ri khrod zhabs④ yab sras）。"大师日措夏之传规，由徒麦枳哇受持后，使诸弟子安置于大手印道之中，由此而传遍瞻部洲中。【如今，大手印上宗（stod lugs pa）诸人认为：麦枳哇享寿到【丁】未年（【火】羊，公元1007年），但是热穹哇传规诸人认为麦枳哇生于【庚】戌年（【铁】狗，公元1010年），享寿78岁。如何出现两种传规呢？】⑤

先说麦枳哇：最初他虽然是对内外道各宗派大多精通善巧，但并不满

---

① 对治（gnyen po）：压服、医治、制止、灭除对立面事物的方法。佛书译为治、对治。参阅《藏汉大辞典》，第984页。
② 比量（rjes dpag sthad ma）：二量之一。依各自所依正因，对各自所量隐蔽事物从新生起的真实耽张识，如直接比量等。参阅《藏汉大辞典》，第916页。
③ 法称大师（dpal chos kyi grags pa）：瞻洲六严之一。六世纪时诞生在印度南部一婆罗门族家中，长从陈那弟子自在军学《集量论》三次，著解释量学本旨之《释量论》等七论，如实阐述陈那之学，成为著名因明论师。参阅《藏汉大辞典》，第832页。
④ ri khrod zhabs 梵文为Śabarapāda。
⑤ 【】藏文（第985页第6~9行）为：de yang phyag rgya chen po stod lugs pa rnams kyis Maitripa lug gi lo bar bzhed la/ rje ras chung bavi lugs kyis khyivi lo bar bzhed cing bdun cu rtsa brgyad pa la mya ngan las vdas par bzhed do/ ji ltar yang lugs gnyis kas/。郭译（第549页第13~15行）为："又大手印上宗诸人所许可是：麦枳哇享寿到羊年，后来由热穹哇传规直至戌（狗）年享寿七十八岁而逝世。是如何又有两种传规呢？"

意，经过多方面努力后寻访到具德峡哇日成就自在。后者为他作加持并作显明教语后，他现证心要义已是无想念、无作意等情况。为此大善巧师辛底巴不悦而与之辩论，结果麦枳哇获得胜利。从此以后，普遍传称为胜者麦枳哇。

麦枳哇虽弟子众多，但主要弟子是"四大弟子"（che bzhi）、"七中等弟子"（vbring bdun）和"十小弟子"（chung ba bcu），共二十一位弟子。"四大弟子"是：纳德嘎惹、德哇阿嘎惹真扎（Devākaracandra）①、惹玛巴拉、恰那多吉四人。纳德嘎惹是他信仰外道时之名，后来取名为伦季杰比多杰（lhan cig skyes pavi rdo rje；梵：Sahajavajra）。德哇阿嘎惹真扎，别名为董尼顶恩真（stong nyid ting nge vdzin；梵：Śūnyatāsamādhi），即《显明智慧》（ye shes gsal ba）② 的作者。惹玛巴拉，译成藏语是嘎哇军哇（dgav ba skyong ba），他是《定示灌顶释》（dbang nges par bstan pavi vgrel pa）③ 的作者。南喀宁波（nam mkhav snying po；梵：Ākāśa garbha）和萨伊宁波（savi snying po；梵：Kṣitigarbha）和恰那多吉三兄弟中，恰那多吉年龄最小。通过萨伊宁波引荐，恰那多吉前往麦枳哇座前请求摄受，麦枳哇生喜，而用布一匹缠裹自己和恰纳二者之身并发誓：愿直至菩提，师徒永不分离。恰那多吉诞生于丁巳年（阴火蛇，公元 1017 年），少年时期他就聪明而智慧，精通内外道一切学术和许多密宗续部，尤其精通心要诸法门而为主宰者。

"七中等弟子"是：梁比多杰（mnyam pavi rdo rje；梵：Sāmavajra）、弥梁多杰（mi nyams rdo rje；梵：Atulyavajra）、南喀多杰（nam mkhavi rdo rje；梵：Kha vajra）、若比多杰（rol pavi rdo rje；梵：Lalitavajra）、定日西乍纳（Dhītiśrījñāna）、阿毗约嘎（Abhiyukta）、乍嘎达巴拉（Jagatpāla）④ 七人。

"十小弟子"是：梗达巴（Skandha pa）⑤、麦阁巴（me go pa）、惹却伦觉巴（rwa cho rnal vbyor pa）、底布巴（Ti bu ba）⑥、西纳伦达巴（Śrī

---

① 藏文（第 985 页倒数第 3 行）写为：དེ་བ་ཨ་ཀ་ར་ཙནྡྲ。
② 梵：Prajñājñānaprakāśa；参阅《丹珠尔》，rgyud, No. 2226。
③ 梵：Sekanirdeśa pañjikā；参阅《丹珠尔》，rgyud, No. 2253。
④ 定日西乍纳、阿毗约嘎、乍嘎达巴拉藏文（第 986 页第 11～12 行）分别写为：རྒྱ་གར་སྟོན，ཨ་བྷི་ཡུཀྟ 和 ཇ་ག་ཏྤཱ་ལ。
⑤ 藏文（第 986 页第 12 行）写为：སྐནྡྷ་པ。
⑥ 罗译（第 843 页第 11 行）转写为：Ti-pu-pa。

Nālandā pa)①、白玛昌哇（pad mavi phreng ba）、阁恰玛（go cha ma）、纳波巴穹哇（nag po pa chung ba）、西纳巴（Śrī Arnapa）②、坝里阿扎惹（Balyācārya）③ 十人。有人说嘎若巴（ka ro pa）、恰纳、玛尔巴、尼泊尔西那坝若（bal po Śrī labharo）④ 等人被誉为"得意四弟子"。

其中，由大手印上宗诸人将大手印传播到藏区的，分为初、中、后三类法门。初传法门，是从尼汝巴（Nirūpa）⑤ 所传诸法；中传法门有上下二系，上译系（stod vgyur）是由恰纳来到藏区后对诸大导师所说诸法，下译系（smad vgyur）则是由阿苏（A su）在前藏一生所说诸法。

后译者（phyi vgyur）：是由阿里人纳波协德（mngav ris pa nag po sher dad）到印度后遇到了年迈的恰纳，后来他回到藏区后所说诸法。此外，从至尊玛尔巴所传诸法称为暗译（zur vgyur）。但是（大手印）最初创立者是觉窝钦波杰拉季（jo bo chen po rje lha gcig，即阿底峡大师）从麦枳巴座前听受《大乘宝性论释》（theg pa chen po rgyud bla ma rtsa vgrel）⑥ 以及《垛哈》诸法。后来，（阿底峡）到桑耶居住期间，曾去秦浦几天时间，向仲【敦】（vbrom［ston］）师讲说《垛哈》以及《成就心要法门》（grub snying）等等，以及《普贤行》（kun tu bzang povi spyod pa byed tshul）⑦ 诸法。仲师担心这些（教法）会对藏人道德行为造成不良影响，故而未广作宏传，但是，《成就智慧》（ye shes grub pa）⑧ 有一种译本是仲师所译。【至于《大乘宝性论释》，则是（阿底峡）在叶尔巴应峨·绛曲穹奈请求而翻译的。】⑨ 在他之后，至尊玛尔巴是先得传者（他翻译了

---

① 藏文（第986页倒数第7行）写为：སྦྱིན་ལཎྜ་པ།
② 藏文（第986页倒数第6行）写为：སྦྱི་ན་པ།
③ 藏文（第986页倒数第6行）写为：པ་ལིཀྱ་ཙརྱ།
④ 藏文（第986页倒数第5行）写为：བལ་པོ་སྦྲི་ལ་བྷ་རོ།
⑤ 郭译（第550页及以下）数处译为"汝巴"，漏掉了藏文的ni。但是，后文中又译为"尼汝巴"。
⑥ 参阅《丹珠尔》, sems tsam, No. 4024：Mahāyānottaratantraśāstra; Mahā yānottaratantraśāstravyākhyā。
⑦ 某种密行名称，梵文为 Samantabhadracaryā。
⑧ 这是大手印法的"早期"译本。梵：Jñānasiddhi；参阅《丹珠尔》, rgyud, No. 2219。
⑨ 此据罗译（第844页第11~14行）所译。【】藏文（第987页倒数第9~7行）为：theg pa chen po rgyud bla ma rtsa vgrel ni yer bar rngog byang chub vbyung gnas kyis zhus nas vgyur yang mdzad do/。郭译（第550页倒数第4~3行）为："《大乘宝性论释》在耶巴，由绛秋迥勒（菩提生处）求得后复作翻译。"

第十一章 大手印法阶段 689

大手印法传）。玛尔巴之后，班智达毗若扎那惹肯达（pandita Vairocanaraksita）① 来到藏区，"最先"讲说此法。班智达之后的法传就是尼汝巴；尼汝巴之后就是上宗、下宗；此后，就是至尊热穹巴；最后就是纳波协德（nag po sher dad）。

其中，班智达毗若扎那惹肯达，诞生在印度南方阁萨拉（ko sa la；梵：Kośala）的索玛布日城（grong khyer so ma pvu ri）的萨扎那国王（rgyal po sa tsa na）种姓中。母亲名为格哇桑姆（skal ba bzang mo；梵：Subhaginī）。12岁时，他跟随其舅父学习，舅父是一位外道班智达。之后，他到印度西部大约住了一年。此后，他前往印度中部的摩揭佛陀和一位瑜伽士相见，在其座前听受了《妙吉祥独勇法门》（vjam dpal dpav bo gcig pa）。后来，他追随此瑜伽修士到哇惹纳色。瑜伽修士在那里娶妻并居住下来。他自己继续旅行到了印度东部。他住在那烂陀时，和一位名为苏惹巴拉（Surapāla）② 的瑜伽修士相见，此人系坝热那扎（Bharendra）③ 地方人氏，诞生于作文书之家族。该瑜伽士是一位大善巧师，用手置于他人头顶之上，能使对方心中即刻生起无分别悟境，直至把手移开为止。瑜伽士摄受他作弟子后，他为师作仆役长达八年时间。在此期间，他听受了《阿玛纳萨》（a ma na si）④ 及《垛哈》等大手印法类和麦枳巴的法门，以及《欢喜金刚》的教授和《僻谷》《bcud len》等许多教授。他去印度西部那烂陀⑤行苦行六年时间。之后，他在那烂陀的密林中同瑜伽士悉地（rnal vbyor pa si ti）和玛达纳（rnal vbyor pa ma da na）等人一起作会供轮。他又在毗扎玛西拉（也称戒香寺）的班智达姑纳惹肯达（pandita Gunaraksita）⑥座前听受了《波罗蜜多》、《中观理聚》、《父续密集》等、《母续》和《枳雅》许多法类。而后，他在惹达纳惹肯西达（Ratnaraksita）座前听受《行法》（spyod phyogs）、《成就略法》（sgrub thabs bsdus pa）⑦、《狮子吼修法分别心》（seng ge sgravi sgrub thabs rtog pa），以及《救度母古汝里品》（sgrol ma ku ru kullevi rtog

---

① 藏文（第987页倒数第7行）写为：པཎྜི་ཏ་བཻ་རོ་ཙ་ན་རཀྵི་ཏ།

② 藏文（第988页第6行）写为：སུ་ར་པཱ་ལ།

③ 藏文（第988页第6行）写为：བྷ་རེ་ནྡྲ།

④ 参阅《丹珠尔》，rgyud, Nos. 2229~2254。

⑤ 此处藏文有误，请参阅第988页倒数第8行。

⑥ 藏文（第988页倒数第6~5行）写为：པཎྜི་ཏ་གུ་ན་རཀྵི་ཏ།

⑦ 梵：Sādha nasamuccaya；参阅《丹珠尔》，rgyud, No. 3400。

pa)、《竭地洛迦林度母》① 以及《脐轮火》等许多修法教授。他又在达摩根日达（Dharmakīrti）② 座前听受了《因明之因（或理由）》（tshad mavi gtan tshigs）。之后，他在印度东部坝热那扎的班智达乍雅阿嘎惹（pandita Jayākara）③ 座前听受了《胜乐十三尊》、《亥母五尊》（phag mo lha lnga；梵：Vajravārahī）、《觉莫邬坚母》（jo mo u rgyan ma）④ 等法；又在印度东部索玛布日城（grong khyer Somapurī）的瑜伽士会众首领班智达萨惹纳（pandita Sarana）⑤ 座前，求得一些修法和教授；又在班智达苏达纳古巴达（pandita Sudhanagupta）⑥ 座前，听受了《妙吉祥独勇续》（vjam dpal dpav bo gcig pavi rgyud）⑦；又在阿坝雅嘎惹古巴达（Abhayā karagupta）⑧ 座前，听受了《胜乐现证》（bde mchog mngon vbyung）⑨ 以及《金刚空行上部释修法和加持法》（rdo rje mkhav vgrovi stod vgrel sgrub skor rang byin gyis brlabs pavi sgrub thabs）⑩ 等。此师虽然学识通达渊博，但仍然保密而行事谦虚。二十四圣域中，除邬坚外，他都去过。他曾想过去邬坚地方，甚至到了南方，在那行持密行，但被一国王逮捕，将他投入火中焚烧，未被烧坏而脱逃。之后他来到藏区，并打算前往五台山，但被（藏地）国王任命为供养处而没有能够离开。当他和辛衮喀的牟塘布（mu thang bu）结仇时，他示现了许多神变，但他密而不言。后来，他来到汉地。国王将他置于刀箭丛中而其身体没有丝毫伤害。他饮水银一碗，但这对其身体亦无任何损害。他周游了瞻部洲三分之二地方，其中藏区来过五次。其所到的藏卫上下一切地方，难以数计。他在彭域的杰地（rgyal）居住了很长时间，翻译出《垛哈》等经教。所谓《垛哈三法门》（do ha skor gsum

---

① 《竭地洛迦林度母》（seng ldeng nags sgrol）：担木度木，绿度母女神之一。参阅《藏汉大辞典》，第2935页。
② 藏文（第989页首行）写为：ཚད་ཀྱི་རྟེ。
③ 藏文（第989页第2行）写为：པཎྜི་ཏ་ཛ་ཡ་ཀ་ར。
④ 梵：Śrī Oḍḍīyā natārābhisamayakrama nāma；参阅《丹珠尔》，rgyud, No. 1707。
⑤ 藏文（第989页第4～5行）写为：པཎྜི་ཏ་སུ་ར་ན。
⑥ 藏文（第989页第5行）写为：པཎྜི་ཏ་སུ་དྷ་ན་གུཔྟ。
⑦ 梵：Siddhikavīra mahā tantrarāja nāma；参阅《甘珠尔》，rgyud vbum, No. 544。
⑧ 藏文（第989页第6行）写为：ཨ་བྷ་ཡཱ་ཀ་ར་གུཔྟ。
⑨ 梵：Śrī Herukā bhyudaya nāma；参阅《甘珠尔》，rgyud vbum, No. 374。
⑩ 梵：Śrī Vajradāka nāma mahātantrarājavrtti；参阅《丹珠尔》，rgyud, No. 1415。

ga)① 就是其代表，"垛哈之王"和"垛哈之后"两著②是阿苏所著这种说法是不真实的。此师的弟子中，拉堆有活佛达哇俄色（sprul sku zla ba vod zer）；后藏有仁波且嘉察（rin po che rgyal tsha）；前藏有香·仁波且（zhang rin po che）。此师在藏区居住时间很长，可以肯定他弟子众多，然而我未能见到相关历史记载，故而无法详述（其他弟子）。仅述如此。关于夺舍法门，毗若扎那在聂塘求得此教授，是尼汝巴来到藏区后首创的。如此的大成就者最后在温地（von）的杠喀（sgang kha）地方示现圆寂。

麦枳哇的弟子嘎若巴：诞生在东方萨霍尔（za hor）的布鲁萨拉城（grong khyer bu lu sa la）中，父亲名为嘉布曲窝郡（rgyal po chu bovi rgyun），母亲名为婆罗门女尼达坝（bram ze mo nyi zla vbar）。父母有子三人，此师为次子，名叫罗布宁波（nor buvi snying po）。年满7岁时，依照空行母预言，他被送到教授文字之师座前学习，用五年时间精通掌握语法。此后，他在辛底巴的弟子班智达格哇桑波（dge ba bzang po；梵：Kuśalabhadra）座前研究学习唯识（rnam parrig pa）四年时间。然后，他在班智达纳波（nag po）和垛金纳波（stobs can nag po）两师座前学习《声明》十四年时间。在此以前他已经年满30岁。34岁时，他前往毗扎玛西拉寺在说一切有部大善巧弥扎达惹（thams cad yod smravi mkhas pa chen po mi tra ta ra）座前出家为僧。此后，他在大持律师毗玛拉阁萨（vdul vdzin chen po bi ma la ko sa）座前精心研究《四部教》（lung sde bzhi）。而后在39岁时，他在班智达苏达姑纳（pandita Simhaguna）③座前精心研究《因明》四年时间。44岁时，他又在班智达洛丹（blo brtan）座前精心研究密宗事续部、行续部和父母续。之后在克什米尔拉根康玛钦姆（Kashmirian Lakṣmī chen mo）④座前研究学习《大瑜伽续》（rnal vbyor chen po）。54岁时，他在婆罗门塔嘎纳（bram ze tha ga na）座前学习《波罗蜜多》。之后，他在金刚座西部善巧师饶桑当（mkhas pa rab bzang mdangs）座前学习《现对法》（mngon pa）。他遇到苏底哈达惹（Simhatāra）⑤之后，在金刚座修《大宝》（rin po che）之修行，一直到64岁。他年满72岁之后，依然面如16岁童相。在生善巧的基础意乐讲

---

① 指 rgyal po do ha、btsun mo do ha 和 dmangs do ha。
② 有关垛哈法门的两部著作。
③ 藏文（第991页首行）写为：པཎྜི་ཏ་སིང་གུ་ན།
④ 藏文（第991页第2行）写为：ཁ་ཤྨི་ཆེན་མོ།
⑤ 藏文（第991页第6行）写为：སིང་ཏ་ར།

说之中，与智慧到彼岸之瑜伽母白玛坚（rnal vbyor ma pad ma can）相遇，瑜伽母对他说：

> 自身虽有佛，
> 可悲未悟实，
> 词虽极精通，
> 若此心未悟，
> 如乞丐敲洞，
> 岂能获得果，
> 虽获长生术，
> 若恋世间事，
> 如入贪嗔泥，
> 非乐苦之源。
> 修自己心悟非任何之物吧！
> 依胜师而勤奋教授，
> 远离八世风而迁至大乐之处，
> 轮回无生若印定获得证。

此后，嘎若巴依照瑜伽母和两位幻化童子（sprul pavi khyevu）的预言，携带从父亲那里取得的大宝财物等，渡过42由旬之遥的大海，和瑜伽士纳嘎布日（Nāgapuri）① 相见，后者依会供轮为他作了加持。此后三年中，他修炼了《唯识三十颂》（sbyor ba sum cu pa）。之后，他用14年时间学习研究《大般若经》（gzhung vbum pa）②、《大般若经续》（rgyud vbum pa）③、《等虚空续》（nam mkhav dang mnyam pavi rgyud）④、《十一万五千三昧耶品续》（dam tshig gi rtog pa stong phrag phyed dang bcu gnyis pavi rgyud）、《四种桑布枳续》（Samputivi rgyud bzhi）⑤ 以及《空行母加

---

① 藏文（第992页第3行）写为：དུ་ག་པུ་རི།
② 郭译（第553页第14行）为"千百种密经论"；罗译（第848页倒数第12~11行）行间注：Prajñāpāramitā in 100000 verses?（般若波罗蜜多十万颂？）。
③ 郭译（第553页第14行）为"千百种密经"。
④ 梵：Śrī Khasamatantrarāja nāma；参阅《甘珠尔》，rgyud，No. 386。
⑤ 藏文（第992页第7行）写为：སམྤུཊའི་རྒྱུད་བཞི།。梵：Samputa nāma mahātantra；参阅《甘珠尔》，rgyud vbum, Nos. 376, 381, 382。

行》（mkhav vgro mavi sbyor ba）和《近加行续》（nye bar sbyor bavi rgyud）等许多教授。然后，他再次回到金刚座，有学习《声明》时的学友纳得嘎惹（na te ka ra）对他说："如果你想修行，麦枳巴大师有修大手印教授之秘诀，你到他那里去吧！"他到巴达寺（ba tavi① dgon pa）后，用7年时间精心学习研究《心要义》（snying pavi don）。此后，他在岗日尸林（kem rivi② dur khrod）中修行5年时间。后来，他就在南方的捷地（gyad）、萨拉达哲（sa la ta tse）、岗巴拉城（Kampalavi grong khyer）③、克什米尔等地行各种密行。他的别名也叫作毗达嘎玛（Pītakarma）④。

此师的弟子丹巴阁（dam pa skor）⑤：此师于壬寅年（阳水虎，公元1062年）诞生于涅地上部（gnyal stod）的塘拉格察（thang la dge tsha）。父亲名为阁敦·欧珠坝（skor ston dngos grub vbar），母亲名为略姆萨准玛（gnyos mo gzav sgron ma），是夫妇二人所生第五子⑥。据说由于五（这个数字）犯冲其年近之亲人，于是其父亲为他举行了避鬼仪式，备足粮食将他送到乌汝（dbu ru）的一位僧人座前求学。【他将要离开时，他注意到妹妹（sring mo）在他身后洒灰并挥动扫帚，于是他明白自己要被驱逐出家。】⑦ 后来，他来到拉萨出家为僧，普遍传称他为阁穹哇（skor chung ba，意为小阁）。他与阿底峡尊者的两位弟子——尼泊尔觉巴桑哇（bal po vgyod pa gsang ba）和毗若扎那相见。他患病时，只摸了一下毗若扎那的几根头发就感到病情好转。他请求毗若扎那师传修法，后者给他传授了一种甚深持心（sems vdzin zab mo），并预言说："你将获得瑜伽士峨桑（sngo bsangs）的加持。"他在觉巴桑哇座前学习《声明》，仅用一年时间就通晓，许诺将来酬师黄金3两。此后，他到了彭域。有位译师逝世后的寡妇供献给他发育增长法（vivarta）⑧。后来，他年满10岁时在色空岗

---

① 罗译（第848页末行）转写为：pa-ta。
② 罗译（第849页第3行）转写为：keng-ri。
③ 藏文（第992页倒数第7～6行）写为：ཀམ་ལའི་གྲོང་ཁྱེར།
④ 藏文（第992页倒数第5行）写为：པི་ཊ་ཀརྨ།
⑤ 郭译（第553页倒数第5行）漏译"dam"。
⑥ 藏文（第992页倒数第3行）为：sras snga。恐误，似应为 sras lnga。
⑦ 【】藏文（第992～993页）为：phyin tshur sring mos thal ba gtor/ dul mo byas pas spyugs bar yang shes/。郭译（第553页倒数第2～1行）为："继后返家他的妹妹想灭除他，而故作和善，他也知道将驱逐他。"
⑧ 藏文（第992页倒数第8～7行）写为：བི་བརྟ། 这是一本用 Vartula 语和 Lantsa 语写的书籍。参阅罗译（第849页倒数第9～8行）行间注。

(gser khung sgang)担任护金者。当他的资具被贼所盗时，他施诅咒而成功追回。他有了很多黄金，就如前所许，在觉巴桑哇师前供上黄金3两。11岁时，他返回家乡，为逝世的父亲培福念诵了百卷经卷。他盗出妹妹所藏的一块松耳石之后就到乌汝去了。12岁时，他已经能讲说《毗奈耶》。此后他将那块松耳石卖出得到黄金13两、绫绸一匹和值一钱黄金的麝香。13岁时，他携带这些物品同巴顿多协（sba ston rdor she）和公顿仁钦（kong ston rin chen）一行三人前往尼泊尔。在雅嘎（yal gal），他学习了枳雅（Kriyā）①【和瑜伽续】②。（他们看见）人们都去看望漾布（yam bu）的瑜伽母，他们三位藏人也随同前往。那位瑜伽母经常食用村民们丢弃的供品（朵玛）。她进入小涅槃寺（mya ngan vdas chung gi gtsug lag khang）中。瑜伽母之后跟随一名叫惹汝坚（rwa ru can）的瑜伽士对他说："在尼泊尔我最富有，咱们去看看我的住所吧。"阁穹哇到了那里一看，除有一砖房，有些砖瓦和一片穿眼岩石片和一兽角及一木屋外，一无所有。他明白这些象征而生起信解。（他当时发现）瑜伽母在佛世尊入涅槃之卧佛像上躺着，裸露其乳房和阴部而（对他）笑。他请她传授教授，而惹汝坚对他说："她不传教法，只作加持。"他问："那么如何加持呢？"惹汝坚说："我们有十三位商客，除我之外其余都死了。瑜伽母她在我背后撒土，我问：'为何如此？'她说：'这是恒河之沙，你七天将死，经过撒此沙子可活十三天，过此天数将死。'我问：'有何解救之法？'她说：'你的一切财物资具，谁需要就给谁，之后跟随我走，可以得救。'我按其所言而做。之后她说：'我将给你加持。'说后吐口唾沫在我手掌中。然后她用她的手放在我头顶上，我立即生起了真实三摩地。现在我不需要教授，由此加持我能得解脱。"惹汝坚又说："在尼泊尔虽有嘉噶恰纳、旁廷巴、坝若恰东（bha ro phyag rdum）等许多班智达，然而他们对你没有任何作用。在雅嘎，有一瑜伽士名为达须坚（mdav gzhu can），他对别人径直射箭出去，即使穿过身体，也不会发生任何不幸。他对你有作用。你向他祈祷就可获得加持"等语。阁穹哇如是祈祷，但达须坚只给他说了几颂，未传给任何东西。之后阁穹哇多次真诚祈祷，并将所有财物供献于他。于是瑜伽士将他领到印度塘考（thang khab）的真枳凌尸林（dur khrod tsin tsi ling）中，安置于野外与野狼等野兽在一起。第二天，上师交给女仆姑莫达惹（g'yag mo ku mu da ra）一些黄金，让她到

---

① 藏文（第992页倒数第3行）写为：ཀྲི་ཡོག

② 【　】据罗译（第850页第7行）补。

集市购买许多会供轮的饮食。又命阁穹哇去采摘花朵。然后,他便依花束曼荼罗给他传授瓶灌顶,给阁穹哇命名为般若西乍纳甘地(Prajñāś-rījñānakīrti)①。那段时间,上师说的许多史事,他都记录在桦树皮(gro ga)上,但是上师用水将记录的字迹全都洗去。他学习《声明》四年时间,通晓十七种声明位格(sgravi gnas bcu bdun)。此后,他敬礼至尊母姑莫达惹(rje btsun ma g'yag mo ku mu da ra),请求她加持。至尊母姑莫达惹传授给他一种瓶灌顶法,她称之为生智慧之法。至尊母姑莫达惹对他说:"童子,你敬畏生死而勤于正法。这是罕见稀有的!我给你一种金刚乘不共之无邪正法。童子,你应该修此法。"说后她以足置于其顶上而作加持。此后,他听受了《黑色阎罗法门》(gshin rje gshed nag povi chos skor)等一切生起次第法类,并获得通晓。由此他智慧之火焰增炽,通达一切法;于是上师夫妇双尊也都对他大生欢喜而说道:"此后当为你授圆满灌顶。"口头虽然已乐许,然而由于无灌顶资具而未成。他就到尼泊尔去了。他的两位法友藏人也生起信解,也想求得传授,对他说道:"我一定会成功!"之后,他在19岁时返回藏区。在拉堆的冷译师(leng lo tsav ba)那里,他给13人传授了瓶灌顶,并获供一匹良马。此后,他往下部走,在扎塘(gra thang)格西扎巴烘协座前,后者于黄昏时分对他秘传鲁伊巴(lū yi pa)、底邦嘎惹(Dīpangkara)②和那若巴两传规之《胜乐法门》,他供上黄金半两。那时,扎巴烘协已经是69岁。他总共获得黄金13两,就在年底前往真枳凌(尸林),以七两③黄金作为曼遮坛供供于上师(达须真巴,即嘎若巴)座前,上师预言道:"七年后将获得福德光明。"他以六两黄金为请求圆满灌顶资具,于是(嘎若巴)上师夫妇双尊齐入双运和合定中,给他传授了秘密灌顶。之后,以尼泊尔姑娘枳鲁(bal mo vbri snu)作他的手印,上师夫妇给他传授了智慧灌顶,之后以语言开示第四灌顶。此后,他听受了一切《心要法类》,由此开悟而生我慢。于是,上师派遣他到印度之边城有行密行的地方。那里有一供室陈设有一幅唐卡佛像画,像前设有五供(mchad pa lnga)。他在那里坐下,看见有一身着比丘衣服,手持钵盂和禅杖者从城市乞食而返,(比丘)对他说:"你是瑜伽士达须真巴的弟子来此处。"然后,到了晚上比丘收起唐

---

① 藏文(第995页第8行)写为:པནྡི་ཏ་ནོ་བ་གི་ཀི。

② 鲁伊巴、底邦嘎惹藏文(第996页第5行)连在一起写为:ལུ་ཡི་པ་དི་བཀར。罗译(第852页第12~13行)和郭译(第555页倒数第4行)均分开翻译。

③ 郭译(第555页末行)漏译"七两"。

卡，打开了后面的一道小门，从门那里出来许多真相手印母，以骨饰作装饰。比丘以之为伴作了各种密行使他（阁穹哇）乐益增，可是对内道佛徒也须隐秘。之后比丘在早上又把那些手印母藏起来，将门关闭，仍以那幅唐卡掩盖。然后，比丘仍旧前往乞食时，并对他说："我们印度人就是这样作密行的。"他也生起强烈的定解，便在那里作了六个月的密行。当他决定回到藏地时，上师对他说："邬仗那地方有一空行母之整颅（颅盖是整片无缝的），额间有一眼。你如果得此物，则一切障厄不能侵害于你，但须有取求的意愿。"由于他未生证悟，生起我慢而未前往。于是上师对他说："那么你将它带走吧！"说后给了他一个无接缝的整颅。离开时他顿觉悲伤。他在真枳凌撰写出对至尊嘎若巴之赞美词。之后，他去朝拜帕巴辛衮圣地，居住了三天时间后，有名为坝哈（bha ha）的尼泊尔施主对他说："请求你作我的供养处吧！"为此他在那里居住了一个月。

那时，修行夺舍之史事是：印度有名为杰尊嘎若巴（rje btsun ka ro ba）者，他精通五明学处，由班智达而成为瑜伽士。他拥有九代传承之教授秘诀，是一位具足神通者。此师弟子众多，而最胜弟子则是尼汝坝达瑜伽士（ni rū pa tavi rnal vbyor pa）。最初，尼汝坝精心学习善巧修心法，之后将九代传承教授都领会于心中。到了74岁时，开始获得成就。有段时间，至尊嘎若巴对他说："呀！尼汝坝，你应该前往藏区。"又有一段时间对他说："若你前往藏区，对诸有情者将会有很大的作用。"他答道："我真的能够作饶益有情之事吗？"又有一段时间，上师对他说："终有一天你对藏区有情者能作饶益，无论如何你必须去藏区。"他问师道："那么，我如何去好呢？"师预言说："你从这里前往垛曲岭（石泉洲）（rdo chu gling）。石泉也不能伤害你。那里有空行母洲（mkhav vgro mavi gling），因此诸空行母将加持于你，并作你的助伴。"然后，尼汝巴依师教导，前往石泉洲，那些石泉对任何有情者仅触摸便会死去并且变为石块。但是，石泉并未伤害他。之后，诸空行母出来迎接他。他对诸空行母作了供赞，并且以会供轮为首供，绕诸空行母三圈。于是，诸空行母对他授记说："你到尼泊尔去吧！那里有一藏族青年，幼年时期就出家为僧，具有足够的智慧。你将和他相遇，他已至死时。因此，你必须运用夺舍法，然后到藏区去吧！我们保护你，灾厄不侵并作你的助伴。"于是，至尊尼汝坝就前往尼泊尔，他和阁穹哇在施主坝哈住处相聚会。阁穹哇逝世后的尸体，尼汝坝运用夺舍法入于其中，将自己原来的身体荼毗后，（以新的身体）前往藏区。当初，他以化缘者行作乞食，在拉萨至尊嘎若巴的父母双尊与他相见。至尊母姑莫达惹从沙隙中呼其名"般若甘地（Prajñākīrti）"①。他问她："您怎么到这儿了？"至尊母答道："至尊嘎若巴也居住在此，我们是因为你将有灾厄而来到此。"他便（向他们）敬礼和绕行，并且求其足置其顶上。上师（嘎若巴）为他作了加持。他常说："因为上师为我作了加持，后来杰热协乌琼巴（gye re② shevu chung pa）决定杀害我时，事情并未发生。"在拉萨，他听受了一遍灌顶定论。此后，他送至尊父母双尊前往芒域贡塘（mangyul gung thang）。后来他返回时身着桑岭（zangs gling）的班智达装束，因此藏区普遍传称印度桑岭巴（rgya gar zangs gling pa）来了。之后，他又换成自己的藏族装束，在21年间向13位比丘等诸弟子讲说密宗教法，传授灌顶，并译出许多密宗教法，宣说许多续部和教授等法类。他极力弘扬密宗甚深正法和心要教法。总之，此师（尼汝坝）从5岁到21岁之间勤作求学。20岁前往藏区。从21岁起讲说心要之义。年满41岁时的壬午年（阳水马，公元1102年）逝世。

由此师（尼汝坝）将诸法类讲授给恰达喜饶僧格（cha dar③ shes rab seng ge），后者传授给儿子益西僧格（ye shes seng ge），益西僧格传授给康巴朗顿（khams pa glang ston），康巴朗顿传授给喇嘛查巴钦波（bla ma khrag pa chen po），喇嘛查巴钦波传授给喇嘛梁钦波（bla ma myang chen po），喇嘛梁钦波传授给桑杰觉色（sangs rgyas jo sras），桑杰觉色传授给峡噶协大师（slob dpon shavka she），峡噶协大师传授给比丘惹得纳峡惹（bhiksu Ratneśvara）④。大成就师虽然在藏区居住了很长时期，然而此师之情况，藏族的诸善知识却叙述不多，故而作者在此略广记其史事。

又有嘉噶恰纳（rgya gar phyag na）去作密行，在尼泊尔化缘时，他先观察在尼泊尔是否能弘扬佛法。他认为可弘法并能够兴盛之后，就在50岁时⑤来到耶让（ye rang）居住。那时有卓觉色（vbrog jo sras）等藏族诸师前来谒见求法。他给他们传授之法为《成就心要略分》（grub snying phra mo）等论典；以及随行于显教之后的九种零散教授，随行于密宗

---

① 藏文（第999页第8行）写为：པྲཛྙཱ་ཀིརྟི。
② 罗译（第855页第3行）转写为：gye-ru。
③ 罗译（第855页倒数第12行）转写为：chang-ra。
④ 藏文（第1000页第9~10行）写为：དགེ་སློང་རཏྣེ་ཤྭར།
⑤ 罗译（第856页第4~5行）行间注：公元1066年。参见达斯的文章《松巴堪布传》（Life of Sum pa mkhan po），载 JASB，1889，第42页。

父续（pha rgyud）之后的九种零散法，随行于母续（ma rgyud）之后的九种零散法，共二十七种；而以业手印（las kyi phyag rgya；梵：karma mudrā）、法手印（chos kyi phyag rgya；梵：dharmamudrā）、大手印、誓句手印（dam tshig gi phyag rgya；梵：samaya mudrā）等四种手印约束。他还给他们传授六种联系：正见必须与教理联系，修行必须与体验联系，行为必须与时间联系，果必须与他义联系，道必须与暖相联系，灌顶必须与教授联系，共六种联系。

至于论典，其中主要有成就七论（grub pa sde bdun）：《莲花生秘密成就》（mtsho skyes kyi gsang ba grub pa）；【……】①《无肢尊者金刚方便和智慧成就》（yan lag med pavi rdo rjevi thabs dang shes rab grub pa）②；《英扎菩提智慧成就》（Indrabhūtivi ye shes grub pa）③；《拉格康玛嘎惹无二成就》（Laksmīkaravi gnyis med grub pa）④；《仲毗嘿汝嘎俱生成就》（Dombhī Herukavi lhan cig skyes grub）⑤；《达日嘎哇大密真实性成就》（Dā ri ka pavi gsang ba chen povi de kho na nyid grub pa）⑥ 和《瑜伽母枳垛所著随行于显明有法之后的真实性成就》（rnal vbyor ma tsi tos mdzad pavi dngos po gsal bavi rjes su vgro bavi de kho na nyid grub pa）⑦ 等。

心要论是：国王、王妃、庶民垛哈三种。此外，略法类还有麦枳巴所著《定示灌顶》（dbang nges bstan）⑧；《无我母显明论》（bdag med ma gsal ba）⑨；伦季杰比多杰所著的《真实性第十释》（de kho na nyid bcu

---

① 【】处罗译（第856页第11～13行）多列了一部书：rgyud ma lus pavi don nges par skul bar byed pa；梵：Sakalatantrasambhavasañcodanī śrīguhyasiddhi nāma。参阅《丹珠尔》，rgyud, No. 2217。
② 参阅《丹珠尔》, rgyud, No. 2218。
③ 藏文（第1001页第8行）写为：ཨིནྟྲ་བྷུ་ཏིའི་ཡེ་ཤེས་གྲུབ་པ། 参阅《丹珠尔》, rgyud, No. 2219。
④ 藏文（第1001页第8行）写为：ལགྨོ་ཀར་བའི་གཉིས་མེད་གྲུབ་པ། 参阅《丹珠尔》, rgyud, No. 2220。
⑤ 藏文（第1001页第9行）写为：ཌོམྦྷི་ཧེ་རུ་ཀའི་ལྷན་ཅིག་སྐྱེས་གྲུབ། 参阅《丹珠尔》, rgyud, No. 2223。
⑥ 达日嘎哇著 Śrī Oddīyānavinirgataguhyamahāghyatattvopadeśa。参阅《丹珠尔》, rgyud, No. 2221。
⑦ 梵：Vyaktabhā vānugatattva siddhi；参阅《丹珠尔》, rgyud, No. 2222。
⑧ 梵：Sekanirdeśa nāma；参阅《丹珠尔》, rgyud, No. 2252。
⑨ 梵：Nairātmya prakāśa；参阅《丹珠尔》, rgyud, No. 1308。

pavi vgrel pa)①和《收摄居住》（gnas pa bsdus pa)②；恰纳所著《金刚句分析》（rdo rje tshig vbyed)③和《上师传承次第》（bla ma brgyud pavi rim pa)④；德哇阿嘎惹真扎（Devākaracandra)⑤所著的《智慧显明论》（shes rab ye shes gsal ba)⑥；惹玛巴拉所著的《定示灌顶释论》（dbang nges bstan gyi vgrel pa)⑦；龙树大师所著的《四手印随后开示诸简略法类》（phyag rgya bzhi rjes su bstan pa)⑧等。

此后，由卓·觉色迎请上师恰纳来到藏区，后者居住在后藏曲阁（gtsang chu sgo)，对藏族诸师讲说许多大手印法门。其受法弟子是：协顿绛坝（she ston⑨ byang vbar)、香安仁姆（zhang snga ring mo)、康巴嘎顿（khams pa rgwa ston)、布尚纳波协达（spu hrangs nag po sher dad)、卓·觉色多杰坝（vbrog jo sras rdo rje vbar)、峨杰顿琼（vor brgyad ston chung)、隆雪巴·穹赤（klung shod pa khyung khri)、奇邬准珠（khyevu brtson vgrus)、坝热妥巴嘎（ba reg thos pa dgav)⑩、丈底洛卓旺（brang ti blo gros dbang)、召棚拉坝（bravo vbum la vbar)、扎巴衮扎（brag pa dkon grags)、色顿扎金胜（se ston sgra gcan zin)、楚·伊根坚参（mtshur dbyig gi rgyal mtshan)等人。弟子是译师的有四人：纳措·楚臣嘉哇（nag tsho tshul khrims rgyal ba)、玛班却坝、念达玛扎（gnyan Dharma grags)⑪和楚·益西穹奈（mtshur ye shes vbyung gnas)。此诸弟子若广为计算，则有所谓藏族法师30人。当卓·觉色迎请恰纳时，允诺以80两黄金作供养。为其父亲作葬礼仪式时，他竟以黄金50两充作80两而供养。上师恰纳的诸侍者秤金只有50两。上师对此事不悦而说道："卓·觉色对我不该弄虚作假，如此作为是表明其父（意即上师）非一纯正之人。有其父必有其子。"说后用匕首直剖自腹，侍徒们惊骇而哭泣。师说："如果你们不

---

① 梵：Tattvadaśatīkā；参阅《丹珠尔》，rgyud, No. 2254。
② 梵：Sthitisamuccaya；参阅《丹珠尔》，rgyud, No. 2227。
③ 梵：Vajrapāda nāma；参阅《丹珠尔》，rgyud, No. 2255。
④ 梵：Guruparamparakramopadeśa nāma；参阅《丹珠尔》，rgyud, No. 3716。
⑤ 藏文（第1001页倒数第4～3行）写为：དེ་བ་ཨཱ་ཀ་ར་ཙནྡྲ།
⑥ 梵：Prajñājñā naprakāśa；参阅《丹珠尔》，rgyud, No. 2226。
⑦ 梵：Sekanirdeśa pañjikā；参阅《丹珠尔》，rgyud, No. 2253。
⑧ Caturmudrāniścaya；参阅《丹珠尔》，rgyud, No. 2225。
⑨ 罗译（第857页倒数第13行）转写为：she-sngon。
⑩ 这是一位著名学者。
⑪ 藏文（第1002页第9行）写为：གཉན་དྷརྨ་གྲགས།

喜欢，什么事也不会发生。"说后仅以手顺抹一下伤口，竟然就没有一点疤痕了。而后恰纳立刻前往尼泊尔南部去了。

此师（恰纳）的八种成就象征（grub rtags brgyad）是：（1）毒蛇攻击他时，他以阎罗瑜伽法而消除。（2）遇到发疯的大象时，空行母作阻止之助伴。依照空行母之授记，他前往城中，有一婆罗门老人娶一空行母为妻。由于邬仗那两王之间发生战争。其中一王名阿伯扎（A bhram）的"七世王"，被另一王之大臣孟哲孟（mong rtse mong）用金刚石箭镞射中其眉间而死。诸空行母来争夺该王尸体，撕成了碎片。那位婆罗门老人的妻子空行母获得王头拿回家中，婆罗门发怒！妻说："我和你有业缘，以此为你作仆役。如果现在你不需要我了，我就走。"说后空行母以头颅供献给恰纳而自寻短见了。恰纳将头颅埋于地下，于是空中发出响声，他知此为悉地（dngos grub，有魔力）。（3）他又从地下把它挖掘出保存，以此而得到悉地。他往其颅盖中略注酒少许，而再倾注于他器中，酒增长而满器。（4）他在恒河上游之滨游走时，有俩空行母供之以石质无缝禅带。（5）他修亥母第三净瓶护摩法，就能令金刚瑜伽母对诸弟子显示真面目。（6）他以未沾地的红奶牛之粪置于宝器中，其上搁置于水果作加持后，水果可以取之不尽。（7）恒河岸边国王被盗匪攻击时，他以阎罗三摩地之力，使得盗匪僵而不动。（8）觉色·多杰坝供黄金时，他以匕首剖腹而安然无恙，据说这是他的第八种成就象征。

当款普哇（vkhon phu ba）之子达哇俄色（zla ba vod zer）前往尼泊尔时，也记有曾见他示现稀有成就象征的故事。

恰纳的弟子有名为喀钦·达摩西敬季巴（Kashimirian Dharmaśrī spyan gcig pa）①，恰纳上师（赴藏时）的仆从，他曾广说大手印法门。他和藏族诸弟子协商后，著出《十万般若疏》和《摄义之钥》（sdud pavi lde mig）②。

恰纳的弟子拉堆·藏雄巴（la stod gtsang shong ba）：从拉堆·藏雄巴起，（恰纳）次第传出协贡达僧（sher sgom dar seng）、觉准麦坝（jo btsun me vbar）、杏·邓波隆哇（zhing deng po lung ba）、阁隆巴（go lung ba）、珠脱准巴（grub thob btsun pa）、阿里恰穹哇（mngav ris char chung ba）、拉堆纳冬巴（la stod na zlum pa）、堪布宁波坚参（mkhan po snying po rgyal mtshan）、堪布坚参峨（mkhan po rgyal mtshan vod）、堪布南喀坚参（mkhan

---

① 藏文（第1004页第7行）写为：ཁ་ཆེ་རྣམས་རྗེ་སྤྱན་གཅིག་པ།

② 参阅《丹珠尔》，Sher phyin，No. 3806：Prajñāpāramitākośatāla nāma。

po nam mkhav rgyal mtshan)、绛央仁钦桑波（vjam dbyangs rin chen bzang po)、木雅喜饶桑波（mi nyag shes rab bzang po）等人。我（著者）曾获得至尊日弥坝巴（rje btsun rin mi vbabs pa）所传的由木雅巴所著的修法导释本，所以，从恰纳师徒所传出者，普遍传称为大手印上宗传规。

阿苏（A su）：其祖先是从印度来的班智达，是尼泊尔坝若徒众所敬奉的供养上师。由于其子未接受过教育，只好成为坝若的仆人。此仆人之子即为阿苏。幼年时期，阿苏即敏捷聪明并具足智慧。他曾获得【嘉索喀以上地区】① 的商品供献于主人坝若，坝若大喜而说道："现在我给你修盖一房屋。"他说："我不请求主人给我修盖房屋，而我意乐求正法，请求让我前去求法吧！"坝若准许了他的请求。最初，他前往尼泊尔乍吽（Dze hūm）② 即普遍传称的班智达辛底坝扎（Śāntibhadra）③ 座前听受灌顶和许多密续部释。之后，他在恰纳座前求得教授，由此见谛（真理）而成为正士。他想前往汉地，可是在彭域的松仓（sum vphrang）④ 留滞下来为众多徒眷说法时，他与贵妇仲姆萨季（jo mo vbrom mo gzav cig）相好，生下一子名为扎巴僧格。看到儿子的脸，他就放弃了前往汉地的念头，在隆雪（rlung shod）居住了很长时间。那时，玛贡·却季喜饶（rma sgom chos kyi shes rab）也在隆雪与阿苏相见。后来，施主鲁秋（yon bdag klu phyug）迎请阿苏到仲堆（vbrom stod）安住。在那里，阿苏讲说自己的要法《亥母加持法类》（phag movi byin rlabs），垛哈以及大手印，为此聚集了上万僧伽。那时，法王热穹巴也和阿苏相见并求法。阿苏对他说："我需要养活老婆孩子，你去化缘给我一些青稞吧。"热穹巴乞得许多青稞，在上师座前供了二十驴驮之青稞。阿苏有子四人是：扎巴僧格、却季扎巴、英都（Indu）⑤、旺额（dbang nge）四人。有女三人，取天、鬼、人三种名称，共兄妹七人。

至尊扎巴僧格：究竟达到父亲的意旨，他心中生起大手印如虚空般的证悟；通晓世间的现象如梦如幻，是一位获得两种成就⑥的瑜伽士。

---

① 此处藏文为：rgya so kha yan chad。罗译（第 859 页）为"远至印度一带"。
② 藏文（第 1005 页第 5 行）写为：ཛེ་ཧཱུྃ།
③ 藏文（第 1005 页第 5 行）写为：གཉིས་ཁྲིད།
④ 罗译（第 860 页倒数第 11 行）转写为：sum-vphreng。
⑤ 藏文（第 1005 页末行）写为：ཨིནྡུ།
⑥ 两种成就（dngos grub rnam pa gnyis）：殊胜成就和共通成就。共通成就指一般的成就，殊胜成就指最上的成就。参阅《佛学词典》，第 187 页。

却季扎巴：概言之，他精通共通法和法相，尤其是善巧大手印法门。至于英都和旺额，则未能继续传承。

扎巴僧格的长子珠脱贡波（grub thob mgon po）、次子桑杰贡巴（sangs rgyas sgom pa）、三子僧格扎（seng ge grags）、幼子白波季丹（bal po vjig rten）。

珠脱贡波：此师研习并修大手印法门而成为大善巧。精修本尊金刚亥母，获得亲见本尊；世间空行母给他为奴作婢。护法贡波（chos skyong mgon po）和天龙八部①以命根心咒供献于他。他是一位获得两种成就之瑜伽士。

桑杰贡巴：他对于祖辈们的高位无所贪爱，如唾沫一样抛弃。他断绝了原来受用的一切饮食，只靠饮水维持生命而修苦行，生起了大手印证悟。他是证得人法二者根本不分离的智者。

白波季丹大师：由宿世所积福德，他生为祖辈们都具恩德的尊贵之子。他继持诸兄长的意愿，圆满达到前辈诸师的志愿，登上祖辈们的高座讲说大手印教授，如旭日出现，以此灭除众生之心暗。他是一位亲见本尊，役使空行母，能与护法江扎（chos skyong lcam dral）和具誓男女诸神相谈并而吩咐他们作事业的大师。

上师杰麦（bla ma skye med）的得意弟子中有修行的四柱（sgom ka ba bzhi）、六梁（gdung drug）和跷波②哇三师徒，以及玛巴杠（dmag pa sgang）。四柱是：嘉季贡措（rgyal gyi sgom tsho）、召季贡措（grab kyi sgom tsho）、杰玛隆堆根贡措（bye ma lung stod③ gi sgom tsho）、喇季贡措（klags kyi sgom tsho）等四人。六梁是：惹译师、巴操译师、垛窝益西（dol bo ye shes）、格西念（dge bshes gnyan）等人。跷波哇三徒是指若巴玛垛僧（rog pa dmar rdor seng）、香召乍扎哇（zhang bravo brag rtsa ba）、隆敦多杰喇嘛等（rlung ston rdo rje bla ma）。此外还有阿里巴布巴（mn-gav ris par bu pa）、岗敦峨坝（sgang ston vod vbar）、邦敦却坝（spang ston chos vbar）等人。

---

① 天龙八部（lha srin sde brgyad）：鬼神八部。《大威德本续经》说，阎罗、鬼、罗刹、药叉、人非人、地祇、妖、魔等为天龙八部；一说，天、龙、药叉、寻香、非人、金翅、人非人、大腹行等为八部；一说，阎罗、鬼、魔、妖、部多、龙、药叉、星曜等为八部。说法众多不一。参阅《藏汉大辞典》，第 3090～3091 页。

② 跷波（g'yor po）：西藏山南地区札溪、扎囊一带地区名。参阅《藏汉大辞典》，第 3632 页。

③ 藏文（第 1007 页第 10 行）为：lung stong。恐误。

此诸人中据说若巴垛僧曾在桑杰座前听法。

隆敦大师（slob dpon rlung ston）：因以三喜作供使上师欢喜，于是他生起了大手印之证悟。他获得白波杰麦之心法精滴。他比其他弟子更为超越，并获得《垛哈广释》。他的座前，有珠脱贡波和桑杰贡巴二人前来求得法传。在他及其兄弟座前，有白波季丹前来求得法传。而在白波季丹座前，又有垛哇觉色前来求得法传。

又有名叫喇嘛阿里巴（bla ma mngav ris pa）者：幼年时期就出家为僧，广闻教法。尤其是他讲说过《律根本》十四次。听说上师恰纳拥有稀有的至尊断首母教授，他便前往并请求传授此法。上师恰纳问他道："殊胜（mchog）和共通成就（thun mong）二种成就，你想得到哪一种？"他答："想得到殊胜成就。"上师说："那么，从你身体看来是能得到的。因此，我拥有过去对他人未传授的教授，名为《大手印石子法门》（phyag rgya chen po rdevu skor）。此教授是以方便和智慧双运而为修道之用，从轮回因果到俱生智慧以下，以173枚石子布置于道中，建立三种释论，从雅根大婆罗门（ya ki bram ze chen po）到现在时，词句仍无增减，义仍无相似之处，中间三昧耶仍未除掉，清净史事未与其他渗合的一种教授。"说后，他就将教授传给喇嘛阿里巴。喇嘛阿里巴心中领会而生起证悟，并决意精行。之后，他到乌汝仲巴（dbu ru vbrom pa）去了。因为喇嘛白波的声誉最大，他想白波是否有一种不需要修大手印法门呢？经探听得知，白波将方便放置而以论典和正见相适应进行讲说，于是他对白波说："我有一种往昔恰纳传授给我的《石子法门》，大喇嘛你如此讲说有何道理呢？"白波说："藏人喜欢这种讲说，前先易懂而全面详尽。因此，我对他们不开示石子法门。但我要向你开示！"于是，他陈设会供轮经请求而获得传授。他后来发现与过去所传的无丝毫差别。后来，由隆·多杰喇嘛寻得此教授，依照原来的分量改编为150枚石子而传授。喇嘛阿里巴以白波为应供处依止了8年时间。

阿里巴的弟子为珠须哇（gru shul ba）：先是阿里巴前往珠须时，长老未提供给住处，因此他在一围墙中居住下来。珠须哇迎请他到里面去居住，但他婉拒未入。后因降雪，他再受邀请而进入了（珠须哇的）房屋中。由于看到了（大手印）传承之唐卡，阿里巴问他："对此法门有信解吗？"答曰："有信解。"师说："那么，对于此教授是否知道？"答曰："不知道。"师说："那么我有此教授。"说后阿里巴用18日全部传授给了珠须哇。珠须哇以黄金五钱供师，师说："我不需要黄金"而未接纳，又说："明年某日，你前来曲沃日吧！"然后约定好时间后他就走了。之后到了所约定的时间，珠须哇到曲沃日时，发现上师已经提前五天到了那里。珠须哇在那里居住了一个月修密行（gsang spyod）。谁也不知道他上哪儿去了或者死在哪儿了。

于此师（珠须哇）座前，有善巧者巴普巴·洛卓僧格（bar phu pa① blo gros seng ge）听受《大手印垛哈法门》（phyag rgya chen po do ha skor）后作出三种摄义、注疏、连系进入等八种论著，而这些论著也就遍行于一切方隅。

善巧者巴布巴·洛卓僧格的弟子有：杰贡钦波（sgyer sgom chen po）、桑杰温波（sangs rgyas dbon po）、喇嘛乍普哇（bla ma brag vbur ba）、须色日巴（shug gseb ri ba）②、法王喇嘛丹巴、木雅喜饶桑波（mi nyag shes rab bzang po）、法王日弥坝巴·索南仁钦（chos rje ri mi vbabs pa bsod nams rin chen）等人。由索南仁钦将巴师传规的《垛哈》等法传授了我（著者）。应知此法仍属于阿苏之诸法类中著名的大手印下宗传规。

后期译传演变（phyi vgyur）：在恰纳师高龄时，在印度东部有阿里人纳波协达（mngav ris pa nag po sher dad）在其座前安住，听受广略两种《垛哈》③，以及《身宝藏永生金刚》（skuvi mdzod vchi med rdo rje）④、《语宝藏妙音金刚》（gsung gi mdzod vjam dbyangs rdo rje）⑤、《意宝藏无生金刚》（thugs kyi mdzod skye med rdo rje）⑥、《身语意不作意宝藏》（sku gsung thugs yid la mi byed pavi mdzod）⑦、《第六修次》（sgom rim drug pa）⑧、《临终教授》（vchi kha mavi gdams ngag）⑨、《无浑浊续》（rnyog pa med pavi rgyud）⑩、《无浑浊续释》（rnyog pa med pavi rgyud kyi vgrel pa）⑪等大手印十种法典。此师（纳波协达）是管译师的弟子。后来，他在须珠纳（gzhur gru sna）⑫ 的后面建立寺庙后，也就成为朗措（lhang tsho）

---

① 罗译（第864页倒数第9行）转写为：par-pu-ba。
② 与前文的 shug gseb ri pa 同。
③ 参阅《丹珠尔》，rgyud, No. 2224: Dohākośagīti; No. 2263: Dohākośa nāma caryāgīti。
④ 参阅《丹珠尔》，rgyud, No. 2269: Kāyakosāmrtavajragīti。
⑤ 参阅《丹珠尔》，rgyud, No. 2270: Vākkkosarucirsvaravajragīti。
⑥ 参阅《丹珠尔》，rgyud, No. 2271: Cittakosāja vajragīti。
⑦ 参阅《丹珠尔》，rgyud, No. 2272: Kāyavākcittamanasākāra nāma。
⑧ 参阅《丹珠尔》，rgyud, No. 2299: Bhāvanākramasatka nāma。
⑨ 参阅《甘珠尔》，rgyud vbum, No. 122: vphags pa vdav ka ye shes zhes bya ba theg pa chen povi mdo。
⑩ 参阅《甘珠尔》，rgyud vbum, No. 414。
⑪ 参阅《丹珠尔》，rgyud, No. 1204。
⑫ 罗译（第865页倒数第7行）转写为：gzhung-gru-sna。

之首长。他是被僧人下毒害死的。喇嘛索（bla ma so）在此师和阁穹哇二师座前听受教授；尤其是在纳波协达座前依止了六年时间。喇嘛索年迈之后将法传授给娘敦泽色（myang ston rtsags se）①，娘敦泽色传授给喇嘛若德（bla ma rog bde）等人。

至于《成就心要细分》（grub snying phra mo）等的诸释法典，本人至今（著书时）已无法找到，而经教诵授传承次第如是：峡哇惹、麦枳哇、嘉噶恰纳、丈底、藏漾达坝（gtsang yang dag vbar）、普颂焦（phug zungs skyabs）、藏穹色（rtsangs vbyung se）、杰顿垛僧（lce ston mdo seng）、喇嘛顿峡噶（bla ma ston shavka）、杰·洛丹僧格（lce blo ldan seng ge）、衮铿帕峨（kun mkhyen vphags vod）、布顿仁波且、译师仁钦南嘉（lo tsav ba rin chen rnam rgyal），直至至尊扎巴坚参（rje btsun grags pa rgyal mtshan），始终没有失传。我（著者）从扎巴坚参座前仅求得《成就七论》（grub pa sde bdun）② 和《真实性第十根本释》（de kho na nyid bcu par tsa vgrel）③，从嘉噶恰纳诞生（公元 1017 年）直至丙申年（阳火猴，公元 1476 年），已经过了 460 年了。

以上是从胜者麦枳哇所传出大手印的阶段。

---

① 似应与上文第三章中的 myang ston rtsegs se 为同一人。
② 参阅《丹珠尔》，rgyud, Nos. 2217~2223。
③ 参阅《丹珠尔》，rgyud, No. 2232：Tattvadaśaka nāma；No. 2232：Tattvadaśakatīkā。也可参阅巴塔查雅（B. Bhattacharyya）的 Advaya vajrasamgraha，载 *Gaekwad's Oriental Series*, vol. XL, Baroda, 1927, 第 9 页。

第十二章 息结派初、中、后三期传承情况

一 初期传承

在此叙述正法能灭苦①之传承：由何义而说能灭苦？大部分传入藏区的教授和导释传规主要是说：为使弟子遮止不善而使其能净治其身心之烦恼。此法门则能很快熄灭，由往昔生之业力，在此生成为卑贱、疾病、贫困和非人残害所生之苦，而有能耐行于瑜伽，故而名为能息灭苦（sdug bsngal zhi byed）。佛经中所说："完全灭一切苦之密咒。"②依此言而立名。此法门之主为丹巴桑杰（dam pa sangs rgyas）。此师是一位大成就自在，故而其功德诚然难以计数。但是佛经中所说：上师引导弟子时，应以四摄事③来作引导。其中利行摄（don dpyod pa）是说以何方便使弟子进入道之方便。同事摄（don mthun pa）是说开示弟子以何种道。上师也应住于其道中，因此，丹巴引导弟子时，也以身具足三律仪之身、道则为苦行之道、果利他行等三者来引导弟子。故而有必要在此叙述丹巴本身通过这三者的功德。

丹巴桑杰诞生在印度南方白达拉（be da la）④所属的扎惹生嘎（tsa ra sing ga；梵：Carasimha）省的冲比岭（khron pavi gling；梵：Kūpadvīpa），

---

① 能灭息结（sdug bsngal zhi byed）：意为令弟子遮止不善而能净治其身心的烦恼。用此法门来很快熄灭由往昔中业力感得此生成为卑贱、有病、贫困和非人残害所生诸苦已，而有能耐行于瑜伽。故名能灭苦。属藏传佛教希结派的密法，彼来自印度僧当巴桑结。参阅《佛学词典》，第430页。

② 参阅拉露（Lalou）《法国国家图书馆藏藏文写本目录》（*Catalogue du Fonds Tibetain de la Biblitheque Nationale*），第40页第101注。

③ 四摄事（bsdu bavi dngos po bzhi）：四摄法。菩萨摄持众生的四种方法：布施摄，随愿布施法、财；爱语摄，善言慰藉；利行摄，随顺众生意乐行利益事；同事摄，随顺众生意乐，同其所作使得利益。参阅《藏汉大辞典》，第1487页。

④ 罗译（第868页第10行）转写为：be-ba-la。

这里居住着许多敬信人士。其父亲家族为珠宝商家族，父亲名为准珠果恰（brtson vgrus go cha）；母亲家族为善于供奉三宝和名香的家族，母亲名为巴惹萨哈（pa ra sa ha）。丹巴出生时就已经长有牙齿，以此请相师前来看相，相师授记说："此子作班智达或瑜伽士都是具足神通，并将成为无与伦比之功德者。"由于丹巴是七世者（skye ba bdun pa），故而无罪恶习气并天性喜欢善行。幼年时期，他就学习《声明》等一切明处，并成为善巧者。此为他具足殊胜种姓之功德。后来，他在毗扎玛希拉寺堪布格尾拉（mkhan po dge bavi lha）座前出家为僧，精通正法《毗奈耶》，而且对《别解脱戒》最为善巧。又从上师色岭巴（bla ma gser gling ba）受发菩提心戒，而行处于伟大（菩萨）行。又从许多上师于曼茶罗中受灌顶，受得持明三昧耶（rig pa vdzin pavi dam tshig）和圆满诸戒。此为身具足三律仪之功德。之后，他在大成就男女上师 54 人座前获得一切甚深教授。其中显教声明上师有 11 人：龙树、喜饶桑波、云丹峨（yon tan vod）、却扎（chos grags）、阿嘎惹悉德（Ākarasiddhi）[①]、香嘎惹（Śaṅgkara）[②]、益西宁波、无著、阿雅德哇、细哇拉（zhi ba lha；梵：Śāntideva）、喇嘛色岭巴。密宗父续传授流动风息上师有 11 人：阿根旺秋（ngag gi dbang phyug）、布达古巴达（Buddhagupta）[③]、固达日（Go dha ri）、嘎玛班遮、乍哇日巴（dza ba ri pa）、益西夏、鲁绛（klu byang；梵：Nāgabhodhi）、阿难达、枳喀纳巴（Krsnapāda）、坝苏达日（Vasudharin）[④]、白玛班遮等人。传授母续大乐修习的上师有 11 人：措杰多杰（mtsho skyes rdo rje；梵：Anaṅgavajra Saroruha）、英扎菩提（Indrabhūti）、仲毗巴（Dombhī pa）[⑤]、多杰枳布巴、底里巴、纳波夏（nag povi zhabs）、格巴多杰（sgeg pa rdo rje）、鲁伊巴、毗汝巴、贡噶宁波、古古日巴等人。传授大手印示语义上师有 11 人：萨惹哈、扎惹雅哇（Caryā pa）[⑥]、古纳日（Gu na ri）、斗哲巴（tog tse pa；梵：Kotali）、阁峡巴（Kośa pa）[⑦]、

---

① 藏文（第 1017 页第 7 行）写为：ཨཱ་ཀ་ར་སིདྡྷི།
② 藏文（第 1017 页第 7 行）写为：ཤཾ་ཀ་ར།
③ 藏文（第 1017 页第 10 行）写为：བུདྡྷ་གུཔྟ་ཡེ།
④ 枳喀纳巴、坝苏达日，藏文（第 1017 页第 11 行）分别写为：བར་ཧྣིབ་ 和 བ་སུ་དྷུ་རི།
⑤ 英扎菩提、仲毗巴，藏文（第 1017 页倒数第 8 行）分别写为：ཨིནྡྲ་བྷུ་ཏི 和 ཌོ་བྷཱི་པ།
⑥ 藏文（第 1017 页倒数第 5 行）写为：སྤྱོད་པ།
⑦ 藏文（第 1017 页倒数第 5 行）写为：ཀོཥ་པ།

峡哇巴（sha bar ba）①、麦枳巴、萨嘎惹悉德（Sāgarasiddhi）②、尼玛坝巴（nyi ma sbas pa）、阿嘎惹悉德、惹达纳班遮等人。传授认识明智的上师10人：日措玛（ri khrod ma）、枳麦玛（dril med ma）、白莫夏（pad mo zhabs；梵：Padmapādā）、姑莫达（ku mu da）、德威穹奈（bde baḥi vbyung gnas；梵：Sukhākarā）、杠嘎桑姆（Gang gaḥ bzang mo）、枳多玛（tsi to ma；梵：Cintā）、里岗喀玛（Lakṣmī）③、杏洛玛（shing lo ma）、苏喀悉德（Sukhasiddhi）④等人。从这些上师求得外显教法，以及内续、父续、母续等一切教授之后，他就自己勤修。他在僧格宗（seng ge rdzong）闭关念修师名，因此获得无边通达。他在东方僧格宗居住并修行6年；在金刚座居住并修行15年；在自然生塔（rang byung gi mchod rten）居住并修行4年；在古汝古拉山（ri ku ru ku lla）居住并修行5年；在恒河之滨居住并修行5年；在印度东部的尸林中居住并修行5年；在印度南部的尸林中居住并修行5年；在尸林清凉园（dur khrod bsil baḥi tshal）居住并修行7年；又到金刚座居住并修行了3年；在现喜国土（mngon par dgav baḥi yul）居住并修行10年。

他在以上地方经过勤修，因此获得亲见的本尊有：妙音、观世音、金刚持、救度母、喀萨巴里、阎摩敌、自生佛母、除障母、光明母、普贤、坝惹哼（Vārahī）⑤、不动金刚等12本尊。之外，他还亲见毗卢遮那、马头金刚、胜乐、喜金刚等难以数计的佛尊。此外，他还亲见36位稀有空行上师等无量持明诸尊。所得成就有：眼药成就⑥、神行成就⑦、丸药成就⑧、

---

① 罗译（第869页第17行）转写为：sha-ba ri-pa。

② 藏文（第1017页倒数第4行）写为：སུ་གར་སི།

③ 杠嘎桑姆、里岗喀玛，藏文（第1017页末行）分别写为：གངྒཱ་བཟང་མོ་ 和 ལཀྵྨི།

④ 藏文（第1018页首行）写为：སུ་ཁ་སི།

⑤ 藏文（第1018页第11行）写为：བཱ་ར་ཧཱི།

⑥ 眼药成就（mig sman gyi dngos grub），八种共通成就之一。将炼成之眼药涂于眼上能见世上大、小、远、近一切物件。参阅《藏汉大辞典》，第2091页。

⑦ 神行成就（rkyang mgyogs kyi dngos grub）；八种共通成就之一。将修炼之药物涂于足上瞬息即可环游世界。参阅《藏汉大辞典》，第88页。

⑧ 丸药成就（rol buḥi dngos grub）：八种共通成就之一。口含炼就之药丸即能隐身，并能如夜叉随意变化身形。参阅《藏汉大辞典》，第2705页。

土行成就①、夜叉母成就、宝剑成就②、飞游成就③等。所得最胜成就为证得大见道之智慧。

果为利他者：是丹巴在二十四域等一切圣地行密行（以利他），并且因为获得成就之美名而有各种不同称谓。

关于丹巴在藏区如何作利他之事业：总的说来，丹巴来藏五次。第一次情况如是：他从甄塘勒阁（vbrin thang las sgo）来到杂日，在热玛底（re ma ti）座前求得神行成就后，转道巩域（skong yul）和松域（sum yul）之间，麦康（smad khams）三区，无处没有他的足迹。虽然当时当地没有他可传法宏教的合器者（合格人），但他授记说："将来这些地区佛法将会兴盛。"

第二次他是从克什米尔起程来到阿里，对象雄岭喀哇（zhang zhung gling kha ba）和苯波察昌珠喇（bon po khra tshang vbrug bla）传授了一些教授。

第三次他是从尼泊尔与商人结伴而来到藏区的，他在雅隆与芒惹色波（rmang ra ser po）相会，便结伴前往后藏，对觉·索南喇嘛（skyo bsod nams bla ma）和芒惹色波二人传授了许多觉传教授。

第四次是他来到峡峨达阁后，居住在涅地，为母亲修为明妃净治业障。之后，他前往前藏对玛宗、索宗（rma so）④等作利他事业。

第五次是他前往汉地居住了十二年时间，然后又返回定日。

总的说来，丹巴在藏作各种成熟应化有情事业，由此获得解脱染污的有情，究竟有多少？贡噶（kun dgav）问于丹巴说："尊者在藏区传播教授，究竟有多少弟子？"丹巴说："定日上空的行星数目你能知道其数吗？"答曰："定日天空广大，是难计其星数的。"丹巴说："只是得解脱染污普遍传承诸弟子也没有其数，诸人士也是难以知道的。"虽然说有无量弟子，也有无量教授。然而最著称者，有初期、中期、后期等三期传承。其中初期传承是：由丹巴给克什米尔的业纳古哈雅（Jñānaguhya ཇྙཱནགུཧྱ）传授息结派救度母三法门，以及阎摩敌等修法。又有丹巴和业

---

① 土行成就（sa vog gi dngos grub）：土行悉地。八种共通成就之一。能取出地下伏藏或宝瓶，随意施与众生的成就。参阅《藏汉大辞典》，第2907页。
② 宝剑成就（ral grivi dngos grub）：八种共通成就之一。无论何人手持炼成之宝剑即可登天或空行。参阅《藏汉大辞典》，第2668页。
③ 飞游成就（mkhav spyod kyi dngos grub）：八种共通成就之一。获得世间八自在或飞游于六欲天等天界空行之中。参阅《藏汉大辞典》，第298页。
④《东噶藏学大辞典》则认为玛、索、纲三宗（rma so kam sum）等作利他事业。参阅《东噶藏学大辞典》，第1313页。

纳古哈雅二师讲授给翁波译师（ong po lo tsav ba）；由翁波讲授给洛尊穹（lo btsun chung）和喇穹俄色（bla chung vod zer）。

洛尊穹：他到印度修行，后来未回藏区。由喇穹俄色传授给曲巴达尊（vchus pa dar brtson）；曲巴达尊传授给曲巴尊僧（vchus pa brtson seng），曲巴尊僧传授给若·喜饶峨（rog shes rab vod）。

又由克什米尔的业纳古哈雅讲授给布桑洛穹；布桑洛穹传授给玛顿却嘉（dmar ston chos rgyal）；玛顿却嘉传授给格西约弥（dge bshes yol me）①；格西约弥传授给辛顿南喀（gshen ston nam mkhav）；辛顿南喀传授给季仓细波（kyi tshang zhig po）；季仓细波传授给若·喜饶峨。而翁波译师派系中没有诸修法。以上是初期传承。

二　玛宗阶段

中期传承：主要是说玛、索、纲三支系传承。此中，丹巴在涅地的囊卓（snang gro）②为僧众作仆役三年，然后到了却阁（chos sgo）。当他来到雅堆（yar stod）时，与聂译师（gnyags lo tsav ba）相见，并给译师传授胜乐独勇金刚法（bde mchog dpav bo gcig pa）。【丹巴对库译师说："你的三昧耶已经衰败"而未允许其见面。】③ 之后，他与玛见面。

这位玛正士（dam pa rma）：于乙未年（阴木羊，公元1055年）诞生在雅堆的杰纳地方，其父名为玛·门兰（rma smon lam）。此乙未年（阴木羊，公元1055年）正是阿底峡逝世的第二年，那年博朵瓦年满13岁。此师幼年时期就出家为僧，取名为却季喜饶（chos kyi shes rab）。他在其父座前听受了《莲花大灌顶》（pad ma dbang chen）；之后又听受《行法》、《中观》和《垛哈上宗》，以及《成就心要》诸法类。他在19岁时【的癸丑年（阴水牛，公元1073年）】④与丹巴相会。当喇嘛玛身体患病在自家房顶居住时，他看见来了一位黑色游方僧，身着单衣披于肩头，家中的猛犬不但不咬他，而且摇着尾巴环绕。喇嘛玛心生惊奇，命仆人前往

---

① 罗译（第872页第2行）转写为：yol-mo。
② 罗译（第872页第9行）转写为：snyed-gro。
③ 【】藏文（第1020~1021页）为：khu lo tsav ba la dam tshig nyams vdug gsungs nas mjal du ma gnang／。郭译（第569页倒数第4~3行）为：盪巴说："库译师退失三昧耶（誓戒）"，未允其见面。
④ 郭译（第570页第3行）漏译。藏文见第1021页第7行。

详细察看。仆人回来后说是一位游方僧。于是喇嘛玛知道此人并非凡人，就请其到屋里，不需要指示屋门而知其门，即时入内。喇嘛玛请求游方僧加持，一经加持，他的疾病就好了。于是，他请求传一教授。游方僧（丹巴）说："你与我有多生业力之因缘，我可传你给教授。"接着又问："你知何法？"喇嘛玛答道："我知《父续》和《大手印法》。"游方僧说："你所知为语句大手印。现在我将开示你意义大手印。"之后，游方僧便依所谓"不须闭眼遮止心，阻止风息上师悟"等论典而为他开示，由此玛生起殊胜证悟。过了十八日后，丹巴说："现在我要走了。"喇嘛玛请求他留下来，但是他婉言谢绝。他请随师作仆役，也未得到丹巴允许。玛请求道："无论如何请师慈悲摄受。"【丹巴说："此次你必须回去，明年冬天你到彭域来吧！"】① 之后，玛进行修行而获得定解。待到次年冬天，他带领索穹哇（so chung ba）作仆人而来到彭域。在坚域（byen yul）丹巴座前，他请教教授中疑难，丹巴给他传授了《建立六十四石子导释》（bkod pa drug cu rtsa bzhi pavi rdevu khrid）。他在丹巴座前居住了三个月。那时，阿苏居住在隆雪，也与他相见。之后，他返回家乡，抛弃眷属和财物而作修行者。他在玛洞（rmavi phug pa）中居住并且修行了一年时间。之后，他前往公波扎松（kong po brag gsum）中的措宗（mtsho rdzong）居住并修行了九年时间。当地发生大战乱时，地方神对他说："你降伏乱事吧！"他说："我降伏不了。"神说："我帮助你降伏。"他相信地方神的话，于是便前往发生战乱的地方。当人们又开始交战时，他在双方之间挥动法衣说："我有降伏之法，无论是谁，若不听从，将会遭到九种凶事。"他说后走开了。无论他走到哪儿，其身后总有一股大暴风卷起随之。（因暴风阻止）士兵们无奈，只好停止战斗。于是他想："我这或许就是利益有情之事业。"之后，他在达波宗喀（dwags po rdzong kha）聚集许多徒众，并前往雅隆。玛师在季仓（kyi tshang）地方居住了三年时间。然后，他在那里聚集了许多弟子求法，无论何处，只要有弟子求法他便住下来。玛师有五大弟子：杠巴辛（gang bar gshen）、须普译师（shud bu② lo tsav ba）、喇嘛协乌（bla ma she-vu）、索波垛德（sog po mdo sde）、香嘎丹巴（zhang dgav ldan pa）五人。

其中索波垛德：系肖江人氏，有兄弟三人，长兄名为拉杰索麦（lha rje sogs sman）。索波垛德排行老二。他精通医学和佛法。由于他是玛师之

---

① 【】藏文（第1022页第4~6行）为：cis kyang thugs rjes vdzin par zhus pas da res log la sang res dgun vphan yul du shog gsung/。郭译（第570页第14~15行）为：盬巴说："此次我回去，明年冬天你到彭域来吧。"

② 罗译（第874页倒数第14行）转写为：shud-phu。

父的弟子，曾到玛师所住之洞贡杰纳（sgom skyer sna）送礼物，而与玛师相会。玛师对他说："我与一位印度大成就师相会而得到如此佳境，否则我的床上只留下一具凡夫的尸体罢了。"索波垛德请他讲述自己与丹巴相见的故事，以此生起定解而求传教授。玛师说过"由于他是旧有弟子，就必须传给他教授"。玛师将他引入导释中，将全部教授传授给了他。索波垛德也生起定解而放下世务作了修士。后来，玛师离开达波时，索波垛德前往雅达（yat mdar，下部雅隆）向他顶礼致敬。他问玛师道："哦，我的上师，您说的是什么法？"师说："我有发菩提为修道之用，名为大纲散失而后补之法。"他想这暗示上师还有未传授给我之法，便启请传授。玛师说："我已经将丹巴所传印度之法全部传给你了，一句也没有增减。我现在所说之法，包含丹巴上师和我的一些教法，是以听法人为对象而开示大纲，还停滞在名称各异之中。"

索波垛德居住在真塘时，有19岁的人前来求见而听受全部教法；又由此人传授给若·喜饶峨（rog shes rab vod）。

玛师的弟子香嘎丹巴：诞生在雅堆藏协（yar stod gtsang zhal）地方的秦香（mchims zhang）家族。他在丹巴郭尼汝巴（dam pa skor ni ru ba）座前求得了《大手印》，以及圆满四灌顶后，为玛师服役而追随到嘉萨曼达哲（rgya sa sman stag rtse）。玛师带领他到嘉地（byar）的烘穹处（sngon chung gnas）的柏林深处，在那里他心中获得断证。香嘎丹巴的弟子是：涅顿·嘎琼坝（gnyal ston dgav chung vbar）、觉贡桑丹（skyog sgom bsam gtan）、库贡觉嘎（khu sgom jo dgav）、嘉达僧（rgya dar seng）、曲巴达尊等人。

嘉达僧①：生于扎奇普（gra phyi phu）地方，系嘉隆却坝（rgya long chos vbar）之子。年满30岁时，他【因脚部受箭伤】② 而前往曲村喀（chu tshan kha）【温泉疗伤】③，在那儿和热巴喀觉·多杰僧格（ras pa kha kyog rdo rje seng ge）相见而求得《大手印》。【当香（译师）住在曼莫（sman mo）时，他又在其座前求得教授，因此而成为具足量等虚空之通达瑜伽士。】④ 此师的大弟子有"上区觉色两兄弟"（stod du jo sras spun

---

① 罗译（第875页倒数第9行）转写为：rgya-dar seng-ge。
② 【】藏文（第1024页倒数第7行）为：zhabs la mdav phog pas/。郭译（第572页首行）为"因迁移所属人等"。
③ 【】处据罗译（第875页第6行）补。
④ 【】藏文（第1024页倒数第6~5行）为：zhang sman mo na bzhugs pa la gdams pa zhus pas rtogs ldan nam mkhavi rnal vbyor par gyur to/。郭译（第572页第2~3行）为："又在香麦扪住求得教授。因此他成为具足量等虚空的通达瑜伽士。"

gnyis），名为垛巴旺嘉（dol pa dbang rgyal）和喜饶麦穹哇（shes rab me chung ba）；有"下区有聂察两兄弟"（sman du gnyags tsha spun gnyis），即香敦觉布（zhang ston jo spu）和喇嘛洛穹哇（bla ma slob chung ba）二人。其住持传承由中区嘉地的宁穹（smyon chung）延续。宁穹诞生在曲沃日的察纳甲（khra sna rgya）下区，名为嘉恰坝（rgya cha vbar）。他24岁时，有积布栋巴（gri bu gdong pa）来到曲沃日修行，因此与他见面。积布栋巴依止其座前，嘉宁（rgya smyon）为他开示法传。嘉师令他和三尊部多空行相识，故而他心中生起了无分别之证悟，得名为纽巴邓丹（smyon pa don ldan）。后由纽巴邓丹传授给日措巴（ri khrod pa）。

库岗觉嘎：此师居住在鲁达次隆（klu mdav tshe lung），有情弟子众多。由此师将法门讲授给了堆龙熊巴顶（stod lungs zhong pa steng）的嘉哇衮却焦（rgyal ba dkon mchog skyabs）；嘉哇衮却焦讲授给若·喜饶峨。若·喜饶峨在那里生起了大手印之证悟。

又一支系是：由香尊·嘉哇扎西（zhang btsun rgyal ba bkra shis）传授给了曲巴达尊；曲巴达尊传授给了曲巴尊僧；曲巴尊僧传授给了若·喜饶峨。玛师法类有语传和义传（语句和真义）二种。义传教导中，有手导十六种；语传中则有发心、大纲、散集、伤人之语、后加等法类。

以上是玛宗的阶段。

三　索宗阶段

索宗：索师为惹姆人（ra mo ba）。因为家乡发生年荒，所以全家老小都出门行乞。他们兄弟二人，因其兄长身体矮小，故名为索穹哇（so chung ba）；其弟身躯高大，故名为索仁哇（so ring ba）。索穹哇生于壬寅年（阳水虎，公元1062年）。大约在他10岁时，他们在雅堆杰纳（yar stod skyer sna）行乞为生。玛贡（rma sgom）对其家人说："让长子跟随我吧，我将供给他衣服和食物。"于是，他们将他留了下来，就前往雅隆去了。在那里玛贡让索穹哇出家为僧，取名为格敦坝（dge vdun vbar）。格敦坝12岁时，丹巴来见玛贡，他匆匆见过一面丹巴。丹巴离开之后过了几年，玛贡身体略有不适，于是生起追随丹巴的念头。他带领索穹哇前往丹巴师处。当师徒俩在惹玛达（rag ma mdav）时，丹巴居住在彭域杰库（vphan yul bye khud），索穹哇碰巧化缘至此。丹巴也来到了那里，相距大约三段地处看见索穹哇，丹巴便叫道："啊呀！我多幸福啊！我可爱之子（tsi lu）来了！"说着快步向索穹哇跑过去。他握着索穹哇的手说："你已三世为我的弟子，现在你必须跟我走！"说完带他到杰库（bye khud）。在那里，丹巴只给他略传授了一点认识本来之教授，索穹哇就犹如看见曙光，心中生起无垢大智力。此后返回后，他与玛贡师徒俩磨糌粑时，索穹哇松开握着的手磨柄①，突然呆呆地伫立良久。玛师说："你怎么了？是丹巴传授教授给你了？"玛师觉得丹巴一定给他传授教授了。于是，师徒俩来到丹巴座前，丹巴给玛师也传授了一些教授，玛师说："现在我们师徒俩返回家乡吧！"但索穹哇回答说："我要在丹巴师座前请求一种教授。"玛师对他说："教授我也可以传给你啊。你最好回去。"于是索穹哇回答说："上师，您应该先回去，大约一个月后我将去跟随您。"索穹哇没有走。然后，丹巴在此将《义传传授》（don brgyud kyi gdams）全部传授给了他。无论丹巴走到哪里，他都随侍左右，故而丹巴将《五十四位男女之成就教授》也全部传授给他。索穹哇请求笔录下来，也获得允许，他便用达喀多杰扎（star kha rdo rje grags）之塔造纸框底布将诸教授记录下来。之后他一直跟着丹巴作仆役。当他们来到喀惹（kha rag）前方时，丹巴就对他说："你必须回去了！"他回答说："您不论走到哪里我都作仆从。"丹巴说："你从此以后就不需要追随我了。"说后他立刻就不见了。此为丹巴前往汉地的那次。索穹哇就回去了。为观察智量（rig pavi tshad lta ba），他在拉萨大昭寺，以舌触铃，出现铃音自奏之事。他还多次作了如此观察智量之事。此后，他前往雅隆，心想他应该将诸教授贡献于玛师，于是前往玛师在乌汝②的住地。玛师嘲讽地对他说："此刻我通达什么也不能遮阻。我知道你的父母以乞为生，你还去帮助他们吧！"索穹哇获得通达，知道病者为何鬼魔在损害，以及是何病症等，于是作了多次降伏鬼魔之事。他也获得大批报酬供物，由于得到很多资具，他用其资具在雅达购买了一所庄园，把父母和兄弟安置于此。之后，他又在嘉地的宁穹，使其弟索仁巴在此成家立业，其余诸人则安置在雅达。【他将《五十四位男女成就师》之书册寄托给母亲匈姆峡噶准（shung mo③ shavka sgron）。书册是匾额纸所成，又因有八位传承散佚，其他诸人

---

① 手磨柄（rang yu，藏文版为 rang yul，恐误）：手推小磨子的把手。参阅《藏汉大辞典》，第 2627 页。
② 藏文（第 1027 页倒数第 4～3 行）为：dbu ri。恐误。
③ 罗译（第 878 页倒数第 3 行）转写为：shud-mo。

是否为索穹哇自己增撰也不得而知，而且有一篇详广之散文。}① 后来，又有曲巴达尊用颂文把它们编撰在一起，立名《大中小三种荡巴胜士颂文》（dam pa skyes mchog che vbring chung gsum）。索穹哇得知丹巴居住在定日的消息时，他携带着治病所得的报酬黄金三两和一匹良马前往定日。（他发现）丹巴端坐于人群中，他将三两黄金抛向丹巴怀中。由于过于欢喜，他跳入丹巴怀中，并从后者头上扯下一绺头发。人们便高喊："揍他！揍他！"丹巴说："不要打他，他有极好的护法。"那黄金被一妇人强夺而走，有人说那是苏喀悉德（Sukhasiddhī）拿去作操办空行母会供轮的物资。于是，丹巴在那里站起来唱了一首道情歌，以此在场的人都知道他是大成就者。这一次，丹巴给索穹哇传授了以《除边五十一种教授》（mthav sel lnga bcu rtsa gcig gi gdams pa）。后来，他又回到了前藏。有一时间，有人问丹巴，定日的寺院由谁来住持？丹巴说："定日之寺如由索穹哇来住持，白脂石会变酥油②，砖头会变成肉，这一带所有的野蒿③都将会成熟为青稞；但是他正如狗贪恋其食瓢，而不能在此居住下来。"

贡钦·门兰坝（sgom chen smon lam vbar）和索穹哇相遇的情况：峡弥（sha mi）是贡钦·门兰坝的族姓，此师于乙丑年（阴木牛，公元1085年）诞生在普塘贡波（phu thang mgon po）上部的山谷。郭尼汝巴游方来到嘉曼（rgya sman），峡弥在其座下求得教授，并生起了少许住心。索穹哇也到那里与他相见。索穹哇对他说："你所修者犹如雪下面的燃火，且不能分辨出哪是土块哪是石头。但我有一决定的丹巴桑杰之教授，你能跟随我吗？"峡弥答应可以跟随。于是他作了索穹哇浪游涅地等

---

① 【】藏文（第 1028 页第 5~8 行）为：grub thob pho mo lnga bcu rtsa bzhivi dpe rnams a ma shung mo shavka sgron la bcol bas dpe la them shog byas pas brgyud pa brgyad ma tshang gzhan rnams la so chung pa rang gis byas pa de yin nam lhug pa rgyas pa cig bzhugs/。罗译（第878~879页）为：He entrusted the book containing the precepts of the 54 male and female siddhas to (his mother) Shu mo Shavka sgron, but she damaged the book, and in this manner (the precepts) of eight Lineages were lost. Others were then discovered giving minute details, probably written daown by So chung ba himself (他将《五十四位男女成就师》之书册寄托给母亲匈姆峡噶准。但她把书册损毁了，有八位传承散佚。人们发现其他诸人描写详尽，或许就是索穹哇本人所撰。)

② 此处藏文（第 1029 页）为：dkar gong mang du vgro，恐误。应为：dkar gong mar du vgro。另外，白脂石（dkar gong）：别名羊脂玉、真言石子等。据说有除虫、解毒和所谓驱魔之效。参阅《藏汉大辞典》，第 53 页。

③ 野蒿（mkhan pa）：菊科药用植物名。味甘而苦，性凉，功能止血，熬水漫浴，能消肢节肿胀。参阅《藏汉大辞典》，第 296 页。

处的仆从，随身为他搬运所得财物。他这样做其仆从很长时间也未得到教授。有一次，师徒俩在彭域时，索穹哇用石块装满了搁糖的革袋，让峡弥搬运，并说："这些蔗糖我们师徒二人到堆隆时需要吃它。"峡弥背着袋子前行，感到疲惫不堪。索穹哇问道："你不累吗？"他回答说很累。于是索穹哇说："那么，我们休息吧！"说着他在一台阶处作出跏趺坐之姿势。如此得以解除一些疲劳。他们到了山口时，索穹哇说："这里没有什么有用的东西。"说后将石块倒出来，都滚到山坡下面去了。后来，师徒俩来到堆隆，在一人家里居住下来，到了黄昏时分，峡弥心想此师绝对没有什么教授，我还是应该另投一上师！大约到了半夜，他又想："此师有时也知我心之心智，或许有教授。"

到了黎明时，他又想自己应该侍候他，看他是否给我传授教授。到了第二天天亮时，索穹哇说："门兰坝！你黄昏时的想法要不得；半夜时的想法还算可以；黎明时的想法是可取的。"如此说后他就仍旧与索穹哇在一起。有一天，索穹哇暗地里吃了食物，而对峡弥说："今天早上有一人要给我们饮食，我们到他那里去吧！"说后前往各户人家门前时，索穹哇说："不是这家。"接着走，师又说"也不是这家"……使得峡弥整天没有吃到一点食物，饥渴难忍。因此，回来后峡弥生气了。又有一天，峡弥为索穹哇在外服役后回来时，见到索穹哇旁边有一陌生人跟索穹哇在一起。（峡弥听见）索穹哇压低声音对那人说："门兰坝来了，把你的东西藏好，他可能会偷它们！"峡弥心中暗想，"我忠心耿耿给他作了很长时间的仆人，他还这么说我！"他心中怒火中烧，拔出匕首向索穹哇刺过去，索穹哇逃进一库房中将门紧闭。他跑到门前时，索穹哇在门内说："门兰坝！你的愤恨之心达到顶点了，你看看此时此刻的心吧！"观心之后，他赤裸裸地见到本愿心性，获得清净之证悟。故而他狂喜起来，用手拍着胸前的两片衣襟而跳起来唱道：

　　您是大悲师呀！
　　您是善巧师呀！
　　您是通达师呀！

于是，索穹哇把门打开，出来后说道："过去我对你作出生起愤恨之方便，但是未生起过如此大的愤恨啊！"随即将一切教授完全传授给他。【他一直追随索穹哇，直到后者年满67岁时于戊申年（土猴，公元1128年）逝世为止。所以，他为索穹哇作仆役达34年时间，从未间断过。】① 后来，峡弥自己在桑仲粗喀（bzang grong tshugs kha）建筑了一所小楼房，屋顶作卧室，楼下安置乳牛②。他整天拾牛粪，并和孩童们投掷石头玩，但是，因为他自身具有广大功德，其美誉名声传遍各方。他年满87岁时于辛卯年（铁兔，公元1171年）逝世。峡弥有弟子三人：曲巴达雅、麦嘎哇坚巴（mal ka ba can pa）、廷·杠巴协楚（mthing gang pa sher tshul）③。我曾见此三师之传记，但鲁若细波（lug ro zhig po）等其他上师的传记则未见过。

当峡弥居住在堆隆达④时，曲巴达尊曾前来求传教授。他虽然寄来书信请求传授教授，但峡弥师未允许他入见。曲巴达尊来到那里，在他（峡弥）房前忍受其苦居住了几天（等待见师的机会）。有一施主来迎请峡弥去参加一些格西的法宴（chos ston）。峡弥说："我不去那里。若我去，顶真峨大师（slob dpon teng vdzin vod）要来，（看见我在那儿）他会生气的。"但是他的妻子说："有人来迎请，无论如何你也是应当前往。我们房子外面有一僧人，领他来到这里作仆役前往吧！我想此人是可以一比高下的。"峡弥说："你去问一下吧！"于是她对曲巴达尊说："如果今天你作为上师仆人而前往，有位名叫顶真峨大师者，你能跟他辩论吗？"他说："可以。"于是，师徒俩出发前往，来到施主之屋。过了一会儿，顶真峨大师以及五位徒众进来了。顶真峨说："哦，门兰坝也来了！你就作班首先开口谈吧！"曲巴达尊说："因为我上师的思虑已经被切成片段零杂，故而不作教法的谈论。但如果我喜欢谈教法方面的话，可以谈吗？"顶真峨回答说："可以啊！我习惯对谁都不问，你们对我发问吧！"由于曲巴达尊过去已经对《中观六论》善巧研究过，因此他问道："好吧，我请问《中观》中所言，顺有法（一切事物）则无所见之义，应当如何解释？"顶尊峨智穷而无言以对。贡门（sgom smon，即峡弥）突然站起来从顶尊峨旁跨越过去而跳起舞来。这时，施主也来到楼上，他抓着曲巴达尊的衣领大吼道："你这恶僧，使我两位上师闹起来了，你滚出去吧！"贡门（峡弥）说："你安置了他的五位弟子，而我唯一的弟子也不

---

① 【】藏文（第1031页第7～9行）为：so chung ba drug cu rtsa bdun pa sa spre la gshegs gshegs kyi bar du rjes su vbrangs te/ lar ni g'yog bar med tu lo sum cu rtsa bzhi byas/。郭译（第575～576页）为："说是他一直追随索穹哇到戊申年逝世，年届六十七岁之间，但根本没有作仆役的过程有三十四年。"
② 此处藏文（第1031页第10行）为 vog tu da vjug，恐误。应为：vog tu ba vjug。
③ 郭译（第576页第6行）为"所·杠巴协楚"。
④ 郭译（第576页第8行）将"堆隆达（stod lungs mdav）"译为"堆隆沟尾"。

容安置，那我当然要离开！"于是施主说："那么，请居住下来吧！"为此只好让曲巴达尊安坐下来。开法宴后，师徒回来时，贡门（峡弥）对曲巴达尊说："此次你的讲话比供我满升金沙还要令我高兴，我还欢喜啊！我一定要传你教授。"说后将曲巴达尊领到屋里，有很多天，他们联枕欢谈，讨论许多教法。峡弥将教授完全传授给了他。之后曲巴达尊传授给其子曲巴准珠僧格（vchus pa brtson vgrus seng ge）；曲巴准珠僧格又传给大智者若·喜饶峨。

又有一支，是由索穹哇传其弟索古仁（so sku rings，即索仁哇）；索古仁传授给嘉地的喇嘛邦（bla ma spang）；喇嘛邦传授给曲巴父子。

另有一支，是由索穹哇传授给峡弥；峡弥传授给格西德乌（dge bshes ldevu）；格西德乌传授给嘉哇衮焦（rgyal ba dkon skyabs）；嘉哇衮焦传授给若·喜饶峨。

还有一支，是由峡弥传授给廷杠巴（mthing gang ba）；廷杠巴传授给邦桑巴·哇日贡钦（spang bzangs pa ba ri sgom chen）；邦桑巴·哇日贡钦传授给昌喀觉尊（vphrang kha jo btsun）。此三师的确切年龄我尚未查到，但峡弥在87岁时的辛卯年（铁兔，公元1171年）逝世。【此后从壬辰年（水龙，公元1172年）起，到壬午年（水马，公元1222年）之间，计算大约有53年，三师似乎是在此时期中逝世。】①

此中宁波法王穹奈益西（nyan po chos rje vbyung gnas ye shes）：诞生于戊午年（阳土马，公元1198年），住世到甲子年（阳木鼠，公元1264年），年满67岁逝世。

又有桑杰贡巴·绛曲多杰（sangs rgyas sgom pa byung chub rdo rje）：诞生于丙子年（阳火鼠，公元1216年），住世直到辛巳年（阴铁蛇，公元1281年），年满66岁逝世。

又有甲扎法王益西宣奴（rgya brag chos rje ye shes gzhon nu）：诞生于丁巳年（阴火蛇，公元1257年），年满71岁时于丁卯年（阴火兔，公元1327年）逝世。

又有胜士桑丹伯哇（skyes mchog bsam gtan dpal ba）：于辛卯年（铁兔，公元1291年）诞生在羊卓丈达（yar vbrog brang mdav），住世到丙午

---

① 【】藏文（第1034页第1～2行）为：de rting chu vbrug nas chu pho rtavi bar lo lnga bcu rtsa gsum tsam zhig bla ma gsum po devi ring la song ba vbra/。罗译（第883页第1～5行）有些不同：The first three years from the year Water Dragon（chu vbrug—1172 A. D.）to the year Water Male Horse（chu pho rta—1222 A. D.）seem to have been the time of these three Teachers.

年（阳火马，公元 1366 年），年满 76 岁时逝世。当初，他出家为僧后，在觉丹大僧伽会众中，有一次他为大堪布却季坚参巴（mkhan chen chos kyi rgyal mtshan pa）服役时，大堪布因受马惊吓坠地而死。因此，他在那里生起了极大的悲伤和厌离之心，就与哲信堪布宣仁（spre zhing mkhan po gzhon rin）结伴前往居住在彭域沟头的甲扎法王益西宣奴哇处。他们刚走到那地方的溪口就嗅到一种美妙的戒香气味。他问结伴者哲信宣仁是否闻到，宣仁回答道："没有闻到，但应该是刺蘪树（螳螂树）之气味吧！"

到了法王座前，刚一见面桑丹伯哇就生起极大敬信。之后，他得到了法王传授义传导释。桑丹伯哇未过多久便生起了圆满证悟，并对上师则视师如佛。此后，无须磨炼很多苦行，他就成为瑜伽自在喇嘛。无论他走到何处，一切应化有情都蜂拥而至聚集起来。他拥有的饮食财物堆积如山。他到杂日，也亲见无量无边之净相（dag pavi snang ba）。在他住过的每个寺庙，他都以甚深导释来作教化一切寺众。后来，他在同一日建造雅却顶（yab chos sdings）和阁莫却顶（sgo mo chos sdings）两寺，无数得证男女从四面八方聚集起来。他所唱的每一道情歌句都充满悟道情趣。他所住的山脚下都建满了能容纳自身大小的修行房。他虽然未阻止财物受用来到手中，但他个人决不占取一针一线。大到成千的乳酪供物者和小到针线的供物者，他从不区别对待，均赐予好茶以及最佳的路资。一切师徒均以化缘为生，哪怕是一块晒垫①大小的田地寺庙也没有。最初，他虽然未以闻思为重，但由于内慧透达而成为许多智者学法的命脉。由于其美名传遍四面八方，（北京）皇宫遣使来迎请，但他不屑一顾，仍留在自己的驻地。当法王衮铿觉囊巴（chos rje kun mkhyen jo nang pa）来到拉萨时，给他（传话）说："您也来吧，咱们讨论讨论佛法。"但是，他回答说："关于成佛的因、道、果这一切，我都已经在喇嘛桑杰座前断决增损，为此我没有必要对任何人提任何问题。"说后而未前往拉萨。此后，古汝衮宣（gu ru dkon gzhon）等一切住持者，都守持上师（桑丹伯哇）之史事作风，完全不掌握和取用两寺的基本顺缘，而依化缘为生。总之，到年间（新旧年之间）以不少于一百头乳牛作分发口粮之用，舍此世之心而进行修行，对于任何教派不言讥毁之语。他们认为要把遇到的所有人，哪怕是在家众，也要视为菩萨等众，更不用说出家人了。这就是他们的宗教行为风格。

胜士桑丹伯哇的弟子法王泊雅巴·桑丹伦珠（chos rje vphel g'yag pa

---

① 晒垫（phyar ba）：牛毛或山羊毛所织的粗厚毯子，通常用以摊晒粮食，有时亦用作卧具。参见《藏汉大辞典》，第 1738 页。

bsam gtan lhun grub）：诞生于乙亥年（阴木猪，公元1335年），住世到乙酉年（阴木鸡，公元1405年），年满71岁时逝世。

索（穹哇）宗之法派：分为语传（tshig brgyud）和义传（don brgyud）二种。语传又分广大传派（brgyud pa chen po）和小支传派（rgyud phran）二者。

广大传派中有54位大胜士，中士有32人，下士有17人。其中每一位成就者，都有其各自全部之史事、教授体性和引导弟子之规。因此，有54种传承；或作103种传承。因此名为广大传派。

小支传派有：5义门支（don skor）；4次第支（rim pa）；大小禅定座，名称8支，父子3支，有过（skyon can）与无过（skyon med）等32支。

义传派中分有偏私（lhung ba）和无偏私（ma lhun ba）二者。

有偏私者：是指（自宗）有54位男女瑜伽者就有54种义传派；有32位上师就有32种义传，有17位正士就有17种义传。

无偏私者：指开眼法类（mig vbyed kyi skor）和空行母法类（mkhav vgro mavi skor）二者。

开眼法类中有4子1母共为5，其中又有隐秘典籍开眼，此之支分为时分和微小时分教授，166种认识；清净无遮，金刚萨埵之密道等。

空行母法类：指索宗四大首要法类，即为殊胜成就示语法类（mchog sgrub pa la brdavi skor）、共通成就四字法类（thun mong sgrub pa la yi ge bzhi pavi skor）、胜共两者成就乍嘎达法类（dza ga tavi skor）、座修法类（thun skor）。示语法类中有嘿汝嘎示语法类（He ru kavi brdavi skor）、善逝示语法类（bde bar gshegs pabi brdav skor）、多杰枳布哇示语法类（rdo rje dril bu bavi brdavi skor）、丹巴示语零散法类（dam pavi brdavi thor bu ba）。共通成就中有红色母语成就法（dmar mo gsung gi sgrub pa）、黑色母意成就法（nag mo thugs kyi sgrub thabs）。此中又有亥母法身成就法（phag mo chos skuvi sgrub thabs）、报身成就法（longs skuvi sgrub thabs）、化身成就法（sprul skuvi sgrub thabs）等。

乍嘎达法类：脐轮火（gtum mo vkhor lo）一种。座修养之规。此诸法类之根本心要：则是顺应续部和法言说狮子义传（rgyud sde dang chos skad bstun pa smra bavi seng gevi don rgyud），不顺应法语的第四传承未普遍传称之义传（chos skad ma bstun pa brgyud pa bzhi pa yongs su ma grags pavi don rgyud），略摄过失（mtshan mdor bsdus），直入索宗明智（sovi rig pa srangs vjug）等四种耳传法（snyan brgyud）。

大德门兰所加持的弟子麦·嘎哇坚巴（mal kwa ba can pa）生平：此

师诞生于约地（g'yo）的杰金巴（bye can pa），系麦德乌惹巴（mal rtevu ra ba）村人。父亲名叫麦达玛贡（mal dar ma mgon），母亲名叫浩达萨垛哇（hab brdal gzav mdo ba）。父母有三子，嘎哇坚为次子，诞生于丙午年（阳火马，公元 1126 年）。【是位极其凶恶而愿终生为乞之人。】① 他与一位极为富有的寡妇同居，寡妇对他说："如果你学佛法，口粮由我提供，如不愿意学法，你就离开我吧！"因此，他进入佛法之门。他在峨喀的达玛扎大师（vol khar slob dpon dar ma grags）座前求取玛宗教法。在麦波嘎哇门兰泽（mal spos kwa ba smon lan btsal②）座前求得那若巴法门和慈乌母修法后，他继续行乞缘。当他来到策岗（tshir sgang）时，（他发现人们）正在准备盛行的大德索师逝世祭供斋僧茶饮。首座有一戴熊皮眉帘③的瑜伽者，注视着他说道："你喝茶吗？"说着给了他一碗剩茶。又问："你喜欢糌粑吗？给你。"说着从一小皮口袋脚下提出糌粑给他，之后就走了。由于大德门兰坝名声很大，他想看一下师容如何。于是他就向在场的僧人打听："丹巴门兰在哪儿？"有人说："你真是个废人，门兰不就是刚才给你茶和糌粑的那位大师吗？"他立刻前往寻找，看见他在田边尽头处给一位瑜伽者和一位比丘讲经说法。嘎哇坚巴立刻顶礼而生起敬信，眼泪盈眶，眼睛也迷糊不清，心入于无分别之中。贡门（门兰）于是对他说：【"当你抢到一个人时，你会为之而得到赎金；当你了悟心智时，你不会得到赎金。这有何用呢？放手吧！"】④ 于是，他在那里生起证悟。当天晚上，他就在那里住了下来。第二天他再寻访时，听说上师已经前往拉哇昌（la ba vphrang）了。他也前往那里，看见上师正对一位僧人说法而得见面。他就请求上师传授中阴教授，并得到传授。他请求跟随作仆人，上师说："我有位魔女般的妻子。"说后未答应他的请求。之后，嘎哇坚巴前往约波（g'yor po），用化缘来的青稞买油，拿着油又来拜望上师。上师责骂他说："所谓瑜伽者，一定要像一条卖了的狗，不该回来！"嘎哇坚巴是这么回答的："洛若细波（lo ro chig po）对我说过，上师您有名叫《言说狮子之义传教授》（smra ba seng gevi don rgyud），我来求法！"上师

---

① 【】藏文（第 1038 页第 3～4 行）为：shin tu thu ba sprang zhi tshe byed pa cig yod/。罗译（第 888 页第 11～12 行）不同：(In his childhood) he was very naughty and mischievous.（［幼年时］他顽皮而淘气。）

② 罗译（第 888 页第 19～20 行）转写为：smon-lam-btsan。

③ 熊皮眉帘（dom ra）：老年人戴用的护眼额罩。参阅《藏汉大辞典》，第 1309 页。

④ 【】藏文（第 1038～1039 页）为：mi gzung na blud ma vong ba yin/ sems gzung bas blud ma ni mi vong ci byed thong gsung/。郭译（第 580 页倒数第 11～10 行）为："不取执时财物来了，心有所取反而财物不来。怎样做得到呢？"

大叫道："是谁说的？我没有这种教授。"他回答说："洛若细波所言。"师责骂道："他是弃信背盟之徒，凡是与他相遇者都要堕入地狱。"嘎哇坚巴一而再、再而三地请求，最后上师将全部义传教授传给了他。后来，上师对他说："以后你也会像洛若细波那样的！"然后，上师令他先保密修行十二年（不传此法），"过了这段时间，才是解除保密的时间"。嘎哇坚巴说过去上师给他的茶和糌粑就作为灌顶的替代品。嘎哇坚巴年满35岁时与峡弥相见，依止峡弥12年之久①，精修40年。他在施主格阁（ge rgod）那里居住了两个月。除此而外，完全在进行学习修行，未进乡村漫游过。他在86岁时于【辛未年】（【铁】羊，公元1211年）逝世。荼毗时发现不可思议之舍利。

此师是在卓威贡波帕莫竹巴17岁时和峡弥42岁时的丙午年（阳火马，公元1126年）诞生的。是年的第二年为丁未年（阴火羊，公元1127年），丹馁（rten ne）诞生。在嘎哇坚巴61岁时的丙午年（阳火马），聂朵巴·玛威僧格（snye mdo ba smra bavi seng ge）诞生。据说衮桑协大师（slob dpon kun bzangs shes）曾经亲近依止过嘎哇坚巴，并且求得义传教授。而且有在嘎哇坚巴之明妃和其子的座前也求传过义传教授的说法。关于衮桑大师的史事，应在《金刚桥续》之史事中详细叙述。

嘎哇坚巴所加持的弟子为杰贡钦波（sgyer sgom chen po），其史事如下：此师诞生于甲子年（阴木鼠，公元1144年），父亲为武官衮却焦（dmag dpon dkon mchog skyabs），母亲名为嘉察玛·垛德坚（rgyal tsha ma mdo sde rgyan）。此师系雅隆雄巴（yar klungs gshong ba）的杰白古巴（dgyer be gu ba）和馁古巴（ne gu ba）两村中的杰白古族人。他属于康萨巴（khang gsar ba）家族，也是昌珠巴（kha vbrug pa）皇室后裔。此师取名却季僧格。其弟为武官却多（dmag dpon chos rdo）。却季僧格年满11岁时出家为僧，取名为楚臣僧格。他曾作过昌珠寺长官管家！并且在格西霍尔（dge bshes hor）座前求得《密集》灌顶，取密号为多吉杰波（rdo rje rgyal po）。他又在师座前听受《密集本续释》等。那时帕莫竹巴的声誉很大，因此，他在19岁时就前往塔扎（mthav rtsa）②，一见到寺庙就生起不共之敬心。当帕莫竹巴前往僧会中时，有些僧人用大氅铺地，有些僧人则以法衣垫道。由于他是从新来的僧人，只

---

① 罗译（第890页第2行）行间注：11年时间，因为峡弥逝世于1172年。
② 此处的塔扎（mthav rtsa）并非地名，而应理解为帕莫竹巴的别名较为合适，因为藏文 mthav rtsa ba 就是帕莫竹巴·多吉杰波的别称。参阅《藏汉大辞典》，第1205页。

好在一路边上以大氅铺路。卓贡转身而向其大氅上走来,足踏其大氅注视他而说道:"比丘金刚持,稀有啊!"他说:"我还是沙弥。"师说:"虽然是沙弥,然而也为比丘金刚持,大为稀有啊!"他听受说法时能视师如佛。他不用费力就生起了乐明无别的殊胜证悟。然后他简要求得《方便六法》(thabs lam chos drug)等奇异的教授。他回家去取口粮时,其父亲被仇人抓走而被迫卷入纠纷。与此同时,帕莫竹巴逝世,他生起极大悲伤!他想自己需要到一位贤良上师座前去依止。有一导师对他说:"达波的弟子伦觉却雍(rnal vbyor chos g'yung)是一位殊胜上师。"他一听到名字便生起敬信,于是前往拜谒。他走到姜地(ljang)的下方时,听说那里的山沟上方居住着一位名叫麦·嘎哇坚巴的大成就者,他也前去谒见。与明妃相见后,请求她引见拜师。麦师说:"我恨僧人家眷,别让他进去!"他借一具喂狗的食器,不经洗刷而熬茶。上师听到此事而说:"他能成为瑜伽士!"变得大喜,并允许他相见。师对他说:"你来了我可欢喜啦!我对你能有饶益。"他便与师联枕相谈,共处大约一个月。麦·嘎哇坚巴对他讲授了义传心要教授等许多教法,并畅谈佛法。师说:"所说法语太多,对他人必须重复讲说,但是对于你就只需讲说一遍就够了。显示出你是一上根者。"此后,他在嘎哇坚巴的一洞窟中安住而修。有一晚上,来了一染障空行母。大宝师(杰贡钦波)使她识得本性之障,继而染障消失。后来,空行母以注满颅器甘露供师进饮,为此他的无漏乐大为增长。之后,他在嘎哇坚巴双尊(师和明妃)座前供上僧伽 50 人,103 件礼品,其中包括《二万五千般若》一部和三匹良马,请求(12 年)保密期解除后,在僧会中讲授义传授。上师在五月间传授了教授!

上师对他说:"你是法之主宰,可以传授给那些你觉得合适的有情人众!"杰贡钦波在同月十五以后传了此法。此后,他在峨喀与伦觉却雍相见,他向他讲述在麦·嘎哇坚巴那里现证无生的情况。但是,伦觉却雍告诉他:"我也有一少而能成之教授。"说后就将《大手印》传授给他,并给他传授了《至尊二面母加持教法》(rje btsun ma zhal gnyis mavi byin brlabs),以及《六法》等导释圆满传授。他自己也摆脱了世间八法,杰贡钦波在上师前请求云游四方,前往无定的一切地方。他降服了麦卓思金(mal grol gzi can)和聂之喀纳(snyevi mkhar nag)等凶恶鬼神。他又前往坝普(bar phu)求得《入垛哈三法类释》(do ha skor gsum vgrel vjug gi bkav khrid bshad pa)的所有教导讲解,那时他年满 30 岁。此后,在堆隆的昌喀乍(phreng kha brag)由尼蚌(nye vbum)为他作施主，在那里居住了五年，撰著了《缘起广海》（rten vbrel rgya mtsho yangs pa）等许多缘起教授法类。之后，他应空行迎请前往邬仗那显示其身体庄严。他在英扎菩提等五位大成就者座前求得教授，并亲见胜乐等许多本尊并且获得灌顶。此后，他在 38 岁时于辛丑年（阴铁牛，公元 1181 年）建立了聂普须色（snye phu shugs gseb）寺，住寺 24 年中广作利他事业。他在朵地（stod，即西藏西部）有三个有情弟子：嘉、玛卓玛哇（dmar mdzod rmar ba）、倬（vdzod）；在麦区（smad，即西藏东部）又有有情弟子三"智者"。其他应化有情，他为之作过成熟解脱事业的难以计数。他在 61 岁时的甲子年（阳木鼠，公元 1204 年）9 月 14 日太阳升起时，发现许多稀有瑞相中而逝世。甲子年（阳木鼠，公元 1204 年）这一年中，喀钦班钦来到了藏区。此后，由杰贝嘉喀哇（dgyer dpal rgya mkhar ba）住持寺座。

杰（贡钦波）所加持的弟子为桑杰温（sangs rgyas dbon），其史事如是：其父亲是杰细（dgyer zhig）的弟弟①，是个武官，名叫却垛（chos rdor）；母亲名为伦琼玛（rlan chung ma）。父母有五子，长子名为仁钦宁波（rin chen snying po），童年时期母亲将他寄托给杰贝嘉喀哇，让他到须色（shug gseb）学习佛法。此事为杰大师预感到后说："今天仁钦宁波要来，你们僧众前去迎接吧！他将成为比我贤良的大德。"僧众前往达隆山口（stag lung la kha）迎接，大家对他的行为举止都十分喜欢！他居住在寺庙中与杰师相见。他在师座前出家为僧，取名为仁钦旺秋（rin chen dbang phyug）；并在杰师座前求得缘起等聂普哇之三法门，以及《垛哈》三种导释。杰师逝世后，玛布乍巴（dmar bu brag pa）说愿意为侄子作施主，并迎请他到岹玛（mdzod ma）。他做其施主时，他们整理了聂普哇的诸法门著述。他还（为玛布乍巴）传授了《胜乐耳传法》和《无身空行法类》等。嘉喀哇逝世后，他住持聂普寺，以教授培育诸僧弟子。最后，他在须色寺寝室中发现稀有瑞相而逝世。

桑杰温的弟子乍布哇（brag vbur ba）之史事：武官却垛有五子，其中次子达热（dar re）有三子：桑杰多吉（sangs rgyas rdo rje）、杂日哇却季喇嘛（tsa ri ba chos kyi bla ma）和乍布哇。乍布哇从幼年时期就在桑杰温师座前亲近依止。出家为僧后，取名为仁钦旺秋（在此安多木刻版中说：取名为仁钦棚［rin chen vbum］——藏文本编者）。他在垛温（rdo von）等寂静处猛利勤修方便道教授，并且获得生起暖乐修悟。之后，他

---

① 郭译（第 583 页第 2 段第 2 行）将"弟弟"（gcung po）译成了"熊波"。

住持须色寺。当卓贡八思巴前往（北京）皇宫时，前藏诸法师都前来谒见他。八思巴为仁波且（乍布哇）的生暖之相而欢喜，并听他讲授了教授。他在仁波且哲嘎哇（rin po che vbras dkar ba）座前求得《垛哈三法注疏》等。其弟子中，扶持广大利他事业者有：武官却垛的第四子贡波（mgon po）所生二子中的长子杰温日哇（dgyer dbon ri ba）、桑杰多吉的长子昂雪仁波且（ngams shod rin po che）、喇嘛香敦·衮噶杰波（bla ma zhang ston kun dgav rgyal po）、喇嘛日巴（bla ma ri pa）等许多善巧持戒及对佛法有饶益者。

乍布哇的弟子须色日巴（shug gseb ri ba）史事：此师诞生在昂雪喀曲（ngams shod mkhar chu）的下部，族姓为鲁（klubs）。父亲名叫基巴贝（skyid pa dpal），母亲名叫扎西丹（bkra shis ldan）。此师取名宣奴多杰（gzhon nu rdo rje）。在须色寺乍布哇座前亲近依止，出家后取名为宣奴仁钦（gzhon nu rin chen）。他以树普哇作堪布，卫康巴（dbus khang ba）作羯摩师，嘎普（gab phu）作屏教师而受比丘戒。他在乍布哇座前求得《言说狮子义传教授》、《甚深四义》等息结法类、《缘起如意珠宝》（rten vbrel yid bzhin nor bu）等缘起法类、《胜乐耳传》、《垛哈三法》巴宗注疏等，《入上师关联》（bla ma vbrel vjug）、《智慧轮根本释摄义》（ye shes vkhor lo rtsa vgrel bsdus don）等教法。此外，他在卓贡八思巴、嘎穹哇·宣奴绛曲（vgar chung ba gzhon nu byang chub）、曲桑巴（chu bzangs pa）、朗嘎里巴大师（slob dpon lang ga li ba）等许多上师座前听受了许多灌顶、显密教授、修法等类。他又在杂日、【定日的】①朗惹（blang ra）等寂静处勤修心要。后来，他出任须色寺寺座，对僧会中的一切人众及其无数有情弟子等，他随其各自根器说法，使其饱餐法味。其弟子为坝惹哇·坚参贝（vbav ra ba rgyal mtshan dpal）。坝惹哇·坚参贝到拉萨后，就前往聂普。途中遭遇大雪，极为辛苦。他在僧会上与喇嘛日巴相见，后者大声告诉他说："前排首座那位藏巴大师是一位殊胜人物。"【开讲法门时，坝惹哇·坚参贝被安排在（在场听法）僧众的前排，（日巴）为他传授了《息结义传教授》、《垛哈三法》、《缘起》等所有须色法类。他要离开时，（日巴）为他特设高座，并作极大承事恭敬。日巴师说："坚参贝大师，你是获得我们须色的一切法类者，因此，你应该对求导释者传导释；对于讲释者说讲释。"他

---

① 【 】处据罗译（第 895 页倒数第 6 行）补。

将此请求极为郑重地说了三次。】① 此外，在喇嘛日巴座前，还有法王上师胜士索南坚参巴（chos rje bla ma dam pa bsod nams rgyal mtshan pa）曾前来听受《垛哈》巴宗传规诸法。在坝惹哇座前，藏巴洛桑巴（gtsang pa blo bzangs pa）前来听受麦·嘎哇坚巴的义传诸教授后，又由藏巴洛桑巴传授给堪钦·释迦扎巴（mkhan chen shavkya grags pa）。从丙午年（阳火马，公元1126年）麦·嘎哇坚巴诞生起直到现在（著书时）的丙申年（阳火猴，公元1476年），应该有351年了。

以上为索宗之阶段。

四　岗宗阶段

岗宗：岗师是格西扎巴（dge bshes grwa pa）的弟子。身为比丘，他通达《般若波罗蜜多》。他与扎巴的另一位名为康贡·楚臣敬（khams sgom tshul khrims rgyan）一道，作格西扎巴之仆从前往腊八兰（klags pa lam，字面义为卓越之道）。在那里，扎巴为一位被土魔所害的施主作金刚手坝哇玛之灌顶法《phyag na rdo rjevi bha ba mavi dbang》。灌顶仪式结束后，便由两位弟子烧护摩一百遍，但是由于土魔愤怒使岗师被疮症缠绕，康贡·楚臣敬也患内脏水肿，后来得了麻风。那时，丹巴在（彭域）嘉寺中为僧众作了很长时间的仆役，他在灶中示现不点火而自燃的奇迹。有一次，他背来很大一捆禾秆放在门槛处，无人能够搬动它。丹巴大叫道："我嘉寺僧伽求法信门被阻塞了！"说完他便前往中土汉地去了。丹巴在嘉寺居住过很长时间，在此期间，有一天他前往嘉寺的草坪消遣，康贡·楚臣敬也在那里，正受病痛折磨（但没有表现出来）。因此丹巴问他："修士你有病吗？"答曰："我没有病！你自己没有病吗？"第二天，两人

---

① 【】藏文（第1046页倒数第10～3行）为：chos sgo vbyed pavi skabs su thams cad kyi gral mgor bton/ zhi byed don brgyud dang/ do ha skor gum/ rten vbrel la sogs shug gseb pavi chos skor rnams rdzogs par gnang nas/ vbyon khar bzhugs gdan mthon po grtsegs/ bsnyen bkur chen po mdzad nas/ slob dpon rgyal mtshan dpal khyod kyis rang re shug gseb pavi chos skor thams cad thob pa yin pas/ khrid zhu ba la khrid/ bshad pa zhu ba la bshad pa gyis gsung gnas/ lan gsum du nan chen po mdzad do/。郭译（第584～585页）为："开讲法门时，果然举出（章巴）为一切僧众的班首而传授了《息结义传教授》、《垛哈三法》、《缘起》等所有须色法类。此师到法会时，特设最高座位，作极大承事恭敬。此师（章巴）说：'阿阇黎绛称伯你是获得我们须色的一切法类者，因此，你应对求导释者传导释；对求讲释者说讲释。'极为郑重地传授了三次。"

相遇时丹巴再问同样的问题。康贡答道："是的，我病了。你有治方吗？"丹巴说："你是一位深藏不露具有才华者，治方不是你自己有吗？"于是，康贡·楚臣敬生起了定解而说道："无论如何求你传教授秘诀。"于是丹巴便传授给他波罗蜜多教授后，病痛顿时痊愈。他生起惊奇而寄信给师兄喇嘛岗说："这里有一位印度稀有的成就上师，他已经治愈我的病。你也来请求他吧！"因此，喇嘛岗派哥哥来上书请求，丹巴在为施主枳垛（rtsi rdo）的《大般若经》① 典籍作开光法事。虽然得以见面，但他的请求未得到允许。又经再三请求后，丹巴才问："他叫什么名字？"答："他叫岗·益西坚参（skam ye shes rgyal mtshan）。"丹巴说："那么我对他有利益。我后天上午会到他那里。"于是，哥哥回到岗的住处，告诉他说："这是一位奇异稀有之上师！他后天要来，我们准备一下吧！"当夜降雪，翌日天亮时分，屋内来了一位游方僧。他们问："您是上师吗？"答曰："是的。"他们又说："我们以为您明天来呢。"丹巴回答说："我担心（你们）发生灾障。故而今天早上就来了。"他们问："降雪了，上师一路辛苦吧？"答曰："无妨！我足未触雪地。"他们问："我们未曾开门啊（您怎么进来的？）"丹巴说："好在墙壁对我无阻。"说后，他就坐了下来。于是，有关亲近者等都对他顶礼和承事恭敬。在僧会空隙中，丹巴对他们作了一次认识本性的暗示，为此喇嘛岗生起了定解。他想此为人丛隙中抛出的一次暗示，这时丹巴说："暗示是具慧眼人才能够看得到，无慧眼者是不能看到的。而且别人都不明白。"【丹巴在此共居住了十四天。其中有五天安排讲说；其余九天他安排特别时段讲说，传授佛法。第一阶段，他围绕其病症和修行方面，各两次讲说认识本性；第二阶段他讲说四谛和皈依及零散诸法。十四天之后，丹巴说："现在我该走了。"】② 他们请求他继续留下来，但未得到允许。于是他们只好请求以后能够见面。丹巴说："在内地五台山我同智慧空行母居住在一起，你向那里祈祷可得加

---

① 《大般若经》（vbum）：释迦牟尼在灵鹫山、王舍城等处，采用与舍利子、须菩提、帝释天等互相问答的形式，为诸菩萨僧众演说甚深空性教理的经典。全书共十万颂。参阅《藏汉大辞典》，第1971页。

② 【】藏文（第1049页第6～10行）为：der zhag bcu bzhi bzhugs pa la zhag lngar gleng slangs mdzad/ zhag dgu chos thun du bcug nas gsungs te/ skabs dang po la nad thog tu skor ba dang sgom thog tu skor ba gnyis gnyis su ngo sprad/ bar du bden bzhi dang skyabs vgro dang thor bu pa rnams gsungs/ zhag bcu bzhi lon nas nga vgro gsung/。郭译（第586页第14～17行）为："荡巴那里共住了十四天。在第五天安排讲说；在第九天令人听法座中而说为之说法。初段中围绕其病症和修行方面，各两次讲说认识本性；中段讲说四谛和皈依及零散诸法。到第十四天时荡巴说：'现在我当走了'。"

持。"然后岗喇嘛又问："您走后，以后我身体不适时，该向谁请问？"丹巴回答说："极为明智就者是善知识。有一位能够解决增损上师将从你心内而来；中间为圣者善知识，为此你应阅读般若广、中、略三种经教。凡庸的有情也是善知识，如与我不能相遇，可以与修悟之师兄弟相谈论。勤修八年吧！你会显现神通的。之后，你要作广、中般若经的讲释。"岗说："我不可能像你所言那样长久修习，我的腹中有九块痞，扎巴烘协预言说三个月后我将死亡。"丹巴回答说："修《般若波罗蜜多》者，不要说死，就连头痛的事也不可能发生。"说后丹巴便离开了。后来，喇嘛岗运用修力使诸痞魔立刻消失。如师所说，他修了八年后就神通显现，并能解说八种现观。他在略本般若的基础上引据广中两种《般若经》来作讲解。

此师传出的弟子又分上传和上传两支系。

上传支系：是由弟子坤枳漾温巴·旺秋多杰（vkhun vdzi yang dben pa dbang phyug rdo rje）和蒋·喜饶喇嘛（rgyams shes rab bla ma）二人传承。由于他俩人皆疾病缠身，以此缘于病苦而使见本愿心性。初期所说经论，是讲授四谛教授；实践零散集等。由坤、蒋二师传授温波觉衮（dbon po jo dkon）；温波觉衮传授给管师；管师传其子管达玛（vgos dar ma）；管达玛传授若顿赞波（rog ston btsan po）；若顿赞波传授给若·喜饶峨。

又一支系是由喇嘛岗传授给拉杰哲（lha rje sprad）；拉杰哲传授给管达玛；管达玛传授给藏巴额（gtsang po rngog）；藏巴额传授给嘉哇衮焦；嘉哇衮焦传授给若师（rog）。

又一支系是由喇嘛岗传授喇嘛恰乍玛哇（bla ma chag brag dmar ba）；喇嘛恰乍玛哇传授给喇嘛略（bla ma gnyos）；喇嘛略传授给喇嘛郭隆巴（bla ma sgog lung pa）；喇嘛郭隆巴传授给喇嘛香敦喜饶（bla ma zhang ston shes rab）；喇嘛香敦喜饶传授给喇嘛辛（bla ma gshen）；喇嘛辛传授给杰麦香（skye med zhang）。由喇嘛杰麦香撰著出《耳传》和《四种九系的教授》（bzhi tsho dguvi gdams pa）的教材。

又一支系是由喇嘛岗传授给格西坤；格西坤传授给恰乍玛哇；恰乍玛哇传授给拉堆藏索的活佛塘穹哇（sprul sku thang chung ba）；活佛塘穹哇传授给嘉顿·宣奴僧格（rgya ston gzhon nu seng ge）；嘉顿·宣奴僧格传授给萨顿（sag ston）。

又一支系是由喇嘛岗传授给蒋师；蒋师传授给阁阁霍扎（ke ke hor grags）；阁阁霍扎传授给喇嘛略；喇嘛略传授给嘉顿·宣奴僧格。嘉顿·宣奴僧格读过游方僧德哇的四谛后心生信解。他虽然依止了三位上师也未满足意愿，便前往拉堆藏索那里。他在活佛塘穹哇座前依止而求得教授，以此解决增损而生起证悟。在塘穹哇和聂师以前没有佛法教材，于是嘉顿·宣奴僧格著作出岗宗教授广集教材，命名为《般若波罗蜜多心法实践耳传宝鬘理据幻化钥》（sher phyin thugs rgyud lag len snyan rgyud rin chen phreng ba rigs pavi gtan tshigs vphrul gyi lde mig）。

又一支系是由喇嘛岗传授给甲嘎觉色（rgya gar jo sras）；甲嘎觉色传授给热巴拉日巴（ras pa lha ri pa）；热巴拉日巴传授给松（sum）、贡（sgom）两弟兄。又由项巴·格格霍扎（shangs pa ke ke hor grags）依止岗译师九年时间而求得诸教授。后来他又在坤漾温巴座前依止过三个月。后来，格格霍扎又传授给仁波且嘉察（rin po che rgyal tsha）。

下传支系：由卓（sgro）师传承而出。但是不缘于疾病缠身，而是分别渐、顿二根有情，以心要和现观两种教授令其认识本原心性，讲说一切经教是以缘起四轮而说。下传是围绕修行方面开示教训的。下传的卓上师是彭域上区（vphan yul stod pa）人氏，他是三个兄妹中的兄长，名叫卓·却尊（sgro chos brtson）。其父名为卓顿澎嘉（sgro ston vphan rgyal），其母名为杰姆扎西（rje mo bkra shis）。他在幼年时期就出家为僧。当他在格西杰甘蚌巴（dge bshes rje rgan vbum pa）座前听受了《般若波罗蜜多》，并在那里居住时，后者身患疾病，用任何治方也未见效。侍眷们说："迎请喇嘛岗前来吧！"格西杰甘蚌巴说："我俩都是讲说《波罗蜜多》的堪布，如果我向他表示礼敬，恐有损于吾之福德。"僧众说："我们秘密将他请来。"格西说："那就这样吧！"于是，他们迎请岗师到另外的一所住宅中，求传教授。岗师说："你不把我迎请到你自己的房屋中，而唤我到此处来，是何原因？"杰甘蚌巴说："我顾虑对我的福气有损害，因此秘密将你迎请于此。"为此岗师很是不悦。在未传教授之前，岗师前往杰甘蚌巴的寝室，见到里面有许多佛像，其中一些比另一些更庄严美丽，一些比另一些更好，这些佛像前有供物列供。因此，岗师把灰撒在唐卡上，并将诸供物推倒在地。后来，杰甘蚌巴进屋后，很是生气，问他："是谁如此横行霸道？"岗师说："你对佛作了亲爱疏憎之别，因此，你身患疾病。"后来，杰甘蚌巴更加小心，最后传了教授。杰甘蚌巴病也好了，于是生起定解。那时，岗师讲说教授，卓·却尊在一旁偷听而心生惊奇！后来，卓·却尊请求杰甘座前往岗师住处。杰甘蚌巴说："就这么定了！他是一位奇妙上师。去吧！"于是，卓·却尊来到岗师座前。岗师给卓·却尊传授了心要和现观两种教授，令其认识本原心性，又使他在广、中两种般若经教授中获得悟心体。他心生稀有。大约那时，据说丹巴居住在定日①,卓·却尊问岗师:"我可以去见他吗?"岗师说:"那么你就去吧!应当知道我的上师的手和足都比其他人大。"② 卓·却尊修《般若波罗蜜多》而生起了智慧暖火。丹巴以此使其体内诸虫外出。为此,他上身又痛又痒而东摸西摸,左足上有疮,头顶上有一窟窿能容纳一个大拇指头。于是喇嘛卓备办了口粮,要去(定日的)朗柯(glang vkhor)。大约在中午时分,他就到达了(do nub sleb pavi nyin phyed tsa na),他听到了丹巴的声音。当天晚上,他去看丹巴,发现他在人群之中。他向丹巴顶礼并献上礼品,但是后者拒绝接受。喇嘛卓有一匹紫色绫绸。他剪下一小方块供给丹巴,并拴在丹巴头发上,丹巴喜悦。于是,卓喇嘛将绫绸全部剪成小块,供师束发和作羊毛氇氆。这使丹巴大喜! 此后,为示缘起扼要,丹巴以青稞混和各种药物一包,骨髓涂抹之筋线一束,以及升斗称秤等物装入秤袋中交给喇嘛卓。卓不知道这些礼品的象征意义,故而问于贡噶(kun dgav)③,贡噶说:"第一是以此表示通达一切法皆融于一味中;第二是说你当持传承精髓;第三是你将建立法的衡量。"卓将药物跟他分摊时,贡噶说:"这是你自己的。"说后将药物还给卓。之后丹巴让五位僧人把卓一直护送到澎喀(phung mkhar)。同伴中有四僧对他说:"我们是不会得到教授的。"然后他们就去聂南(snye nam)集市了。(丹巴)对喇嘛卓说:"跟我走!"他就跟着走。丹巴问他:"你有何要问的?"喇嘛卓便问过去思考过的许多宗派。丹巴说:"你应该去问各宗派的大师。"贡噶对卓说:"你应该问自己的修悟或上师的教授。"于是,卓再到丹巴座前,告诉他岗·益西坚参如是这般给他讲说过《般若波罗蜜多》之义。为此丹巴大喜而问道:"你是岗的弟子吗?岗·益西坚参是否安好?"这时卓明白了丹巴就是(岗过去提到过的)上师。卓请求丹巴传给教授,获准后就在那里住了下来。在僧会上丹巴问:"我需要一部《圣般若八千颂》(vphags pa brgyad stong pa),不知谁有此颂?"索霍坝(so hor vbar)兄弟供养处回答说:"我可以誊写来供师。"丹巴说:"应该写楷书的写楷书,应该写草书的写草书,要在一个月内完成。"一个月后,丹巴问道:"现在《般若八千颂》誊写如何了?"他们答道:"还未写完。"丹巴极为不悦地说:"你们打败了游方僧,打得措手不及,我现在必须搬住处。"说后也就住进苦行室里去了。他们问:"《般若八千颂》如何处理?"丹巴

---

① 藏文(第1053页首行)为:ring ri/。恐为编印错误。
② 罗译(第902页第10~12行)行间注:这么说他是指丹巴,但是那位是否就是丹巴?
③ 丹巴的大弟子。

第十二章 息结派初、中、后三期传承情况 731

说："我要把它放到铜号口里，要向东方吹奏。"此后，丹巴作了七日苦行，就逝世了。丹巴直至苦行往生时，依托卓徒27年，其间他们为卓提供口粮。喇嘛卓在那里将师遗体荼毗，收拾灵骨后，他返回家乡与岗师相见。岗师问道："他是我的上师，对不？"卓答曰："就是！"岗师于是欣喜若狂："唉呀！我也该跟你乘马而前去。"喇嘛卓在岗师座前住了两年时间，之后岗师也逝世了。那以后，喇嘛卓在（彭域）伦巴（lan pa）的蔷薇丛中（se gseb）精修29年时间，亲见本尊观世音，达到了最后的心愿。从72岁起，他不断地讲说佛法，直至75岁逝世。

　　喇嘛卓的座前，前来依止的弟子为曲巴达尊：此师的父亲名为曲巴杠波（vchus pa gang po），母亲名为库姆准内江（khu mo sgron ne lcam）。此师有兄妹三人，他是长兄。出家后，他听受了许多经论和教授，尤其以善于判决息结派的所有根由而成为善巧者。他听受完了玛（rma）、索（so）两宗的教授后，前去卓师座前听受了《般若波罗蜜多》诸教授。卓师对他说："你应该经过12年苦行，之后我的传承应该由你继续住持。"之后曲巴达尊返回家乡，修苦行7年时间后，空行母为他授记修建吉德寺（spyi de dgon pa）。在建筑房屋工程中，发生纠纷而使他的苦行中断。然而，他已经圆满其最后意愿，他亲见救度母主侍诸尊，丹巴五次示现在其梦中，空行母给他竖起伞盖十三柄。他在前后藏四翼建立起了佛教的根本。在76岁时的收获季节，有一天他说："我要回家了。"说后就回去了。此后，他的明妃来收取禾麦。他说："我现在将要死去。"明妃说："这不会是真的！如果你真的去世了，你的遗体该怎么办呢？"【他说："将遗体放置这房间的角落处，用石头埋起来。"明妃说："如果这样做，虫子会吃的。"他说："对于虫子来说，没有吃到我尸体的福气。没有关系！有一段时间，我的尸体会成灶石那样坐立起来，那时将有乱事到来。"说后就逝世了。】① 此后过了许多年，他的尸体果然成了灶石那样坐立起来，这时，雅隆大长官嘉桑（dpon chen rgyal bzang）的兵马来到雅隆，他们打开墓地，把他的尸体能拿走的都拿走了。曲巴达尊之子名为曲

---

① 【】藏文（第1056页第2~5行）为：khang pavi gra khugs vdir rdo bas skyor la zhog gsung/ de vdra pyas pas sems can vchor byas pas/ sems can la ngavi ro la vjug pavi bsod nams mi vdug pas avu tsi/ nam zhig na ngavi phung po ltag pa sgyed de vgro/ devi tshe dus mi bde ba vong gsung nas gshegs/。郭译（第590~591页）为："他说：'将遗体放置在这房间的谷芒袋中，用石块栏起来。'明妃说：'这样做将失落在有情手中。'他说：'对于有情来说，搞到我的尸体上来是损福的。但这也无妨！有一时间我尸体的后背成了灶石那样，那时将有乱事到来。'说后也就逝世。"

巴准珠僧格（vchus pa brston vgrus seng ge），他的座前由若·喜饶峨在酒房中（chang khyim du）① 听受了岗宗诸教授。据推算，丹巴逝世时，卓师 40 岁。岗师逝世时，卓年满 42 岁。他完成修行时已经年满 71 岁。此后他讲经说法四年时间。他诞生于戊午年（阳土马，公元 1078 年），比岗波哇大 1 岁。

曲巴达尊则诞生于丹巴逝世时的丁酉年（阴火鸡，公元 1117 年），逝世于 76 岁时的壬子年（阳水鼠，公元 1192 年）。曲巴达尊比帕莫竹巴年轻 7 岁。从曲巴达尊诞生起到现在（著书时）丙申年（阳火猴，公元 1476 年），已经过去 360 年了。

以上是岗宗阶段。

五 小支系传承阶段

中期所出现的小支系传承：此中有扎巴（grwa pa）、杰宗（lce）和姜宗（ljang）三支系。

扎巴传系：格西扎巴获得丹巴传授给他的《息结明灯九门》（zhi byed sgron ma dgu skor）教授即：教授身明灯（man ngag skuvi sgron ma）②、乘语之明灯（theg pa gsung gi sgron ma）③、秘密意明灯（gsang ba thugs kyi sgron ma）④、清净正见明灯（yang dag lta bavi sgron ma）⑤、大宝修行明灯（rin po che sgom pavi sgron ma）⑥、菩提行明灯（byang chub spyod pavi sgron ma）⑦、平等性根本明灯（mnyam nyid gzhivi sgron ma）⑧、瑜伽道之明灯（rnal vbyor lam gyi sgron ma）⑨ 和成就果明灯（dngos grub vbras buvi sgron ma）⑩ 九类。当初丹巴来到扎塘（gra thang）时，扎巴想："这是一位普通的游方僧。"故而未作特殊礼敬。第二天上午，他们发现

---

① 罗译（第 905 页第 14 行）把 chang khyim 转写为 ching-khyim。
② 参阅《丹珠尔》，rgyud，No. 2315：Upadeśakāyapradīpa nāma。
③ 参阅《丹珠尔》，rgyud，No. 2316：Yānavākpradīpa nāma。
④ 参阅《丹珠尔》，rgyud，No. 2323：Citta guhyapradīpa nāma。
⑤ 参阅《丹珠尔》，rgyud，No. 2317：Sa mdarśanapradīpa nāma。
⑥ 参阅《丹珠尔》，rgyud，No. 2318：Ratnapradīpa nāma。
⑦ 参阅《丹珠尔》，rgyud，No. 2321：Bodhicaryāpradīpa nāma。
⑧ 参阅《丹珠尔》，rgyud，No. 2319：Samatāvastu pradīpa nāma。
⑨ 参阅《丹珠尔》，rgyud，No. 2322：Yogapatha pradīpa nāma。
⑩ 参阅《丹珠尔》，rgyud，No. 2320：Kotinistha phalapradīpa nāma。

游方僧所坐坐垫的所有麦秆，都没有压扁。他们把这一情况禀告了格西扎巴，格西扎巴心想"此人一定是丹巴桑杰"，并急忙去追他。跑到扎外的沟里才追上，并向他供以黄金。虽然丹巴并不接受，但他允诺以后再来。后来丹巴来到扎塘，为格西扎巴传授了（上述）明灯九门。于是由格西扎巴传授给森曲（srin chu）的乍拉松准琼（brag la sum btsun chung）；乍拉松准琼传授给垛日（do ri）处的梁顿垛巴（myang ston do pa）；梁顿垛巴传授给肖地（shab）的喇穹俄色；喇穹俄色传授给项地的曲巴达尊。曲巴达尊撰写出法门的注疏。【（安多木刻版说：给明灯九门都作了注疏——藏文本编者）】① 又由曲巴达尊传授给曲巴尊僧；曲巴尊僧传授给若·喜饶峨。

杰宗传系：系住在桑域（bzang yul）的名叫格西杰哇（dge bshes lce ba）的父子二人。楚顿旺额（vthur ston dbang nge）最初引领他们进入（佛法知识）的上师。后来，喀钦达哇贡波（kha che zla ba mgon po）来到藏区传播《时轮》法门，略译师也前来，于是由杰巴父子作施主，用美满的财物受用作为基础，供整块黄金三十两和散碎黄金三十两作翻译经典的报酬。他在一年之内把译事完成，且学懂所译经典。最后，丹巴桑杰来到杰达岗（lce dal sgang）时，杰巴因在闭关专修中而没有机会得以相见。

格西扎巴之子达哇扎巴（zla ba grags pa）：诞生于格西扎巴35岁时的丙戌年（阳火狗，公元1046年）。他出家为僧并修苦行，而且拥有圆满密法才能。没有丹巴时他很伤心，故而寻访丹巴居所。他听说丹巴住在叶尔巴（yer pa）；又听见空中有空行母为他授记说："善男子：至尊嘎玛拉希（rje btsun Kamalaśrī）② 是具足三律仪的瑜伽士，他能够无颠倒准确地通达佛之密意，是拥有由龙树大师父子传来的修行传承并未曾经中断过的教授。因此，你前往至尊座前去求法吧！"那时，叶尔巴有名为贡钦尼赤（sgom chen nyi khri）者在给丹巴作施主。喇嘛杰派遣他的叔父贡钦楚扎（sgom chen tshul grags）和库布（khul bu）地方名叫龚贡（kong sgom）的一位弟子，一行俩人前去迎接丹巴。贡钦尼赤对他们说："我已年老体衰，不能堪任至尊上师的仆役。倘若至尊走时，我的福泽已尽。对你们的喇嘛杰这样一个大人物如此说话虽然欠妥，但是我能说，因为不管怎样他

---

① 【】藏文（第1057页倒数第3~1行）为：A mdovi shing dpar las "des dgu po thams cad la tivka mdzad do" zhes vbyung/ sgrig pa povi mcgan/。郭译（第591页倒数第4行）漏译。

② 藏文（第1058页倒数第6行）写为：ཇེ་བཙུན་ཀ་མ་ལ་ཤྲཱི།

比我年轻一些。我可以做他的施主，因此，请他到这里来。"如此说后，他不让至尊上师离开。于是杰达岗巴氏父子倾其所有，手中的黄金，以及明妃腰带上的金饰和父亲大喇嘛的服装外用上缎，内用羔皮做的大氅和许多氆氇等，带着这些物品前往叶尔巴。他们在至尊上师座前供上金曼遮和大氅氆氇等物品。至尊上师对于这些礼品看都不看一眼，可是对杰巴如母子相遇那样笑容满面而生起疼爱之心。此后，至尊嘎玛拉希向杰真扎甘德（lce Candrakīrti）[①] 发问：愿、行两种菩提心和波罗蜜多之义为何？之后又问了密宗四灌顶之语义为何？还问了许多密教究竟之义。杰巴相继回答了愿、性两种菩提心是如何生起法，波罗蜜多之义；回答了密宗四灌顶的语义和密教究竟之义。他们说法的声音越来越大，以致隔壁的人等都来听讲。至尊上师（丹巴）说："现在可以停止说话了。"说了之后进了月亮洞穴。贡钦尼赤问丹巴："这位格西杰巴他心里能有多少学识呢？"至尊丹巴说："再好的狗也必须用棍再三地调教。"此后，丹巴对杰巴说："我将给你秘传教授！你到拉日宁波（lha ri snying po）山口来吧。"杰巴如命来到后，先是问师关于心方面争论的史事，之后求传关于此类教授。至尊上师依其所求对他讲授了《波罗蜜多》共通道教授，之后传授了《波罗蜜多》不共道教授；并且传授了密宗共与不共两种教授。总之，九个月的时间里他共讲授了108种不同的教授。然后，杰巴请求丹巴无论走到哪儿都允许他跟随做仆役。于是，丹巴将所有法语如瓶泻水全倾入给杰巴后说道："你我二人现在平等了！你没有必要跟着我。如果你跟随我，你的父母也不会高兴！你回家乡去勤修吧！"杰巴返回家乡后，按照丹巴所言，一心专修。丹巴也在叶尔巴沟头亲见嘛呢白玛[②]。当杰巴的堂兄弟尼玛绛曲（nyi ma byang chub）在坝日哇（pa ri ba）座前听教法并居住在那里的时候，在定日与丹巴相见。除某些暗示法外，丹巴未给他传授任何语句讲授。虽然得到信解，然而未得到丹巴的语句讲授。因此，尼玛绛曲还乡后，以一匹马供于杰真扎甘德座前求传教授。因此，杰巴对他讲授了密宗身语意不共教授，比如《唯一心性》（sems nyid gcig pu）；《一手印和四印》（phyag rgya gcig bzhi）；《五次第》（rim pa lnga pa）；《次心商榷》（sems la gros vdebs）等教授。他对自己的父亲、峡塘（sha thang）和贡钦乍波（sgom chen brag po）等前来求丹巴教授诸人，仅讲授了不多的几种。

[①] 藏文（第1059页倒数第6行）写为：ཁྱེའུ་ཟླ་གྲགས།

[②] 罗译（第908页倒数第2~1行）行间注：可能是某位著名上师所凿的著名石刻铭文。

杰真扎甘德的侍者惹呼拉班遮大师（ācāya Rāhulavajra）①：此师17岁就出家为僧。他一直依止在上师真扎甘德座前，直到上师逝世为止，其间连一个晚上都未离开过师座。因此，他获得上师将至尊上师丹巴的教授完全传授给他。杰师对他说道："你要像我一样勤修！不能讲授给他人。这腿肉你自己吃吧！内脏吸收这酥汁吧！当缄口如顽石。"说后让他立誓保密。

在惹呼拉班遮座前，有比丘绛曲益西（dge slong byang chub ye shes）前来听受教法。最初，绛曲益西在格西漾杠巴（dge bshes yang gang pa）和格杠巴（dge gong ba）等师座前听受噶当派教授和法行等许多教法，并获得通达。之后他学习了《对法》和《中观》许多教法，并且领会新旧密宗许多教法。后来，他又在尼玛绛曲（nyi ma byang chub）座前求得丹巴所传诸教授，尼玛绛曲逝世于邦达姆（spang dag mo）。之后，他听受丹巴传授杰巴诸教授不同名称后，又在惹呼拉班遮座前听受此诸教授。知道丹巴传授杰巴诸教授是法之最主要者后，他前往真扎甘德的静修室安住。由于生起极猛的敬仰，他在梦中见如昔日容颜的真扎甘德来到，居于空中对他讲说教授。他心想这是由自己敬仰心而感梦，或许是伯嘎（dpe dkar）的神变。翌日晨，惹呼拉班遮大师派来使者叫他到师前去。他来到师座前，大师面带笑容并赐予所剩食物后而说："昨夜我得上师真扎甘德给我授记说：我的一切法他将通达，传授给他吧！现在，我取出一切佛法著作，当您的面前收拾好，就给您了。"饮茶之后，他将诸教授旧本拭去尘土赐给他，并叮咛说："不要传授给退失三昧耶者，也不要传给恶劣根器者。"说后立下保密誓愿。后来由此师（绛曲益西）传授给曲巴（vchus pa）父子；曲巴父子传授给若·喜饶峨。

这一法门又名为显密合说教授，显教是以《般若经略颂》和续部经《真实名称》配合而说的《波罗蜜多教授》；密法是指此法门中有58位男女成就者的诸教授。

姜宗小支系：由（丹巴）传授《波罗蜜多》无字教授给秦域（vchims yul）的姜·噶当巴（ljang bkav gdams pa）；姜·噶当巴传授给姜穹哇（ljang chung ba）；姜穹哇传授给曲巴父子；曲巴传授给若·喜饶峨。据说诸师中无一人没有证见本原心性的。以上是小支系传承阶段。

由（丹巴传出的）零散传系（brgyud pa thor bu ba）如下：（丹巴）

---

① 藏文（第1061页第7～8行）写为：སློབ་དཔོན་རཱ་ཧུ་ལ་བཛྲ།

给卓贡（vgro sgom）传授《真实名称经金匙》（mtshan brjod gser gyi thur ma），给古贡（vgu sgom）传授《业手印教授》（las rgyavi gdams pa），给曲贡（chu sgom）传授《散文心语教授》（snying gtam lhug pavi gdams pa），给贡巴玛贡（sgom pa dmar sgom）传授《举一返三教授》（chig chod gsum gyi gdams pa），给聂译师（gnyags lo tsav ba）传授《胜乐独勇金刚教授》（bde mchog dpav bo gcig pavi gdams pa），给杰姆贝准（lce mo dpal sgron）传授大成就修悟十六法类，给涅堆峨（gnyal stod ngo）的杰贡巴（rje sgom pa）传授《一座俱生和合法》（lhan cig skyes sbyor），给曲坝（chu bar）的奈丹穹扎（gnas brtan vbyung grags）传授《般若心经教授》（shes rab snying povi gdams pa），给密师喜饶坚参传授《时轮教授》，给项巴乌德（shangs pa dbu sdebs）传授《四字教授》（yi ge bzhi pavi gdams pa），给尼木嘉顿季哲（snyi mo rgya ston skyi rtsegs）传授《欢喜金刚教授》（dgyes pa rdo rjevi gdams pa），给香萨穹哇（zhang sag chung ba）传授《亥母密修教授》（phag movi gsang sgrub），给喇嘛衮嘎哇（bla ma dkon dkar ba）传授《金刚手教授》（phyag na rdo rjevi gdams pa），给吉雪的班弓嘉（vban gung rgyal）传授《胜乐耳传法》，给玛季姥准（ma gcig labs sgron）传授《觉能断教授》（gcod kyi gdams pa）。以上诸宗支系是中期传承情况。

六 二十四位玛觉的史事阶段

丹巴到中原内地时，在登五台山的途中遇到一位手持樵杖的老仙人。他就是妙音的化身，仙人对他说："此地发现有瘟疫。金刚座有能除瘟疫的尊胜佛母之陀罗尼①，如果你今天能够到那里取来，此地的瘟疫就有断除。"丹巴答："金刚座离此很遥远，我今天怎么可能到达呢？"仙人回答道："此山岩上有一洞穴，里面有一洞口，从此洞进去即可到达。"丹巴钻入洞中并立刻就到达金刚座，也取得了陀罗尼，回来后消除了瘟疫。此后，丹巴在那里也亲见了至尊妙音。内地之人士将此等图境绘成图画刻板印制，并传播到了藏区。丹巴在那里（中原）居住了12年时间，讲说息

---

① 陀罗尼（gzungs）：总持，执持。梵音译作陀罗尼。以持久不忘诸法词义的念力和神验不测的智力为其体性，以受持善法，遮止不善法为其功用。参阅《藏汉大辞典》，第2506页。

结派诸法,并且使之得到很好的传播。据说丹巴的教授和修行传承到今天(著书时)还未(在中原)中断而继续存在。有些人认为丹巴是在内地示现圆寂的。不管怎样,丹巴回到藏区后,于丁丑年(阴火牛,公元1097年)来到定日。当他在朗柯的塘吉(thang dkyil)小住时,那儿的一些老人说:"在我们这地方允许异乡人居住是不恰当的!"故而前去驱逐他。丹巴对他们说:"咱们看看谁最早来到此地,是你们还是我?"丹巴继续说,他最初来到此地时,有如此的情况,此后是如此情况,再后又是如此情况等!这些老人无言以对,只好离去。这次丹巴来到定日,是第五次。在此以后他所说诸法名为后期传承(brgyud pa phyi ma)。

在那里丹巴以人参果①为食而住修时:最初与丹巴见面者,是觉若纽巴(lcog ro smyon pa),由于丹巴的加持早已入其内心,因此他和丹巴仅一见面就获得解脱。后来觉若纽巴在吉雪居住并修行,普遍传称嘉玛哇温顿(rgya ma ba dbon ston)也胜不过他。

纽巴之后为洛甲热巴坚(klog skya rsl pa can):他与丹巴上师刚一见面便生起不需要衣食的三摩地。他虽然是连藏文字母嘎喀(ka kha)都不认识,但能答对所有教法之难问。

洛甲热巴坚之后为卓达峨(vbro zla vod):此师是一位执一切法实有者,并离世间八法。

卓达峨之后,是松巴库操(sum pa khu tshab)来与丹巴上师相见,由此获得消除一切暗障,而显现昼夜无别之光明。

最早来(为寺庙)建筑房屋者是喇嘛恰钦(bla ma phyar chen):他是哲德王(mngav bdag rtse lde)②之子。由于该寺是一位王嗣奠基所建,故被视为吉祥道场。

交给缘起物最早之女尼为玛觉居姆萨·更敦姬(ma jo cug mo za dge vdun skyid):此瑜伽母之后,相继交付缘起物之女尼有许多修行成就者。

依承事供养为生最早者是杰赤巴(rje khri pa):他终生无须务农和养畜就可独立生活。

传播教授最早者为恰穹哇(phyar chung ba):此师之后出有许多大师。

此外,还有称为守门四瑜伽师(sgo pavi rnal vbyor pa bzhi):东有丹

---

① 人参果(gro ma):非人参之果,系蔷薇科植物。地下茎入药,味甘,性凉,能止热泻。参阅《藏汉大辞典》,第408页。
② 一位古格王朝君王。

巴恰钦（dam pa phyar chen），南有班遮卓达（Vajrakrodha）①，西有恰穹（phyar chung），北有绛曲生贝贡噶（byang chub sems dpav kun dgav）四人。还有卓越圣超的大弟子108人；错乱永灭者②26位弟子；喜座弟子（gdan non gyi slob ma）③ 12人。对此诸弟子丹巴不是以一以贯之的教授而作引导，而是按照其自身特点分别地讲授无数教授。

其中喇嘛恰钦：从《般若波罗蜜多》有修和无修两种获得认识本原心性后，断离教命仪轨、合经和集义三者所生诸戏论。

恰穹是在密宗和《波罗蜜多》无二的教授中证得本原心体，从而直入于四种念修道中。丹巴说"此是班遮卓达加持之道"，让他持续进行祈祷。

绛曲生贝贡噶：上师说其是渐根器。传授以修心教授，使其由苦行直入五道相合中。

喇嘛宗巴（bla ma rdzong pa）：丹巴说他是顿悟者。传授以《大手印》唯一灌顶中证得悟本原心体而入于道。

喇嘛嘉贡（bla ma rgya sgom）：丹巴使其入于无垢正直道中。传授以持明教授。

喇嘛居（bla ma bcug）④：丹巴传授其由暗示而得解脱，以四灌顶作修道之用，使其入四灌顶对治之道。

卫巴卓顿（dbus pa sgro ston）：丹巴引导其依《心要之义》（snying povi don）和《现观》两教授而入于渐道和顿道两途中，并讲授能起决断作用的义传三法门。

喇嘛耶思坝热（bla ma ye gzi vbar re）：得丹巴教导依离思心镜入于《大手印之义》中，认识本原升心性。

夏玛姊妹（zha ma lcam sring）：师以教导依《垛哈》经典，而于渐顿二者有道中，使其证悟本原体。

所以，此等不同诸教授大都为自修和解脱而励力，而没有普遍传扬。

丹巴从丁丑年（阴火牛，公元1097年）起直至丁酉年（阴火鸡，公元1117年）间，一直住在定日，共住了21年时间，对不同的民族作了许

---

① 藏文（第1066页首行）写为：བཛྲ་ཀྲོ་ཏ。

② 错乱永灭者（vphrul zhig pa）：一切幻象皆已消散无余者，即通达空性的人。参阅《藏汉大辞典》，第332页。

③ 即不愿离开禅座之僧人，适合修行之僧人。藏语有一谚语：rtavi gong non pa sla/ gdan gyi gong non pa dkav。意思是"骑马容易坐禅垫难"。

④ 罗译（第914页第19行）转写为：bla-ma-cug。

多利益的事业而逝世。

守门四弟子中的绛曲生贝贡噶撰集丹巴诸教语,题为《教语轨则法类》(bkav cho luvi skor),大约撰有三本。

又有喇嘛恰穹撰有一篇半,题为《鳞爪列编》(dum dum khrigs kyi skor)①。

又由恰钦撰出的书册,题为《教语合经法类》(bkav mdo sbyor gyi skor)。

又由班遮卓达著出的书册,题为《义集法类大宝》(rin po che don sdebs kyi skor)有半篇,这是摄略教语而撰出的。

诸师中获得丹巴单独传授者:是说峡曲贡噶(shwa chu kun dgav)方面得此传。这里是指绛曲生贝贡噶。是由绛曲生贝贡噶说出托心的玛觉(ma jo)24人的史事如下:

(觉姆)桑杰:希日地方(śrī)的曲桑(chu bzangs)人。其父母系有经部者,但并不爱她。由于敬信之心她与八九位少女结伴来到丹巴座前依止。后来,她返回家乡精修了九年时间而获得证悟。由于丹巴预知到她将要死去,就说道:"贡噶!今天你的附近有一位遇到桑杰(佛)的人将会死去,你知道那人是谁吗?"他问:"那不是丹巴您自己吗?"丹巴说:"不是我,但是一位与我相似者。"没过多久,觉姆桑杰死去。荼毗时虹光遍布四面八方。

(觉姆)色尊玛(gser bstun ma):夏玛帕珠(zha ma phag drug)地方人。她征求父亲意见说:"我要前往丹巴座前去求法。"父亲说:"不要去!瑜伽者和尼姑法规不顺。"但是她仍然前往丹巴座前,求得教授而获得证悟。丹巴使她立名缘起,显见教授功德。她修行极为勤奋,口中常说:"盗贼来了!"② 她住世百岁。逝世时,虹光满布虚空。荼毗时,发现金刚萨埵像和许多舍利。

觉姆伦琼(jo mo klan chung):拉堆达德(la stod stag sde)人。她在丹巴上师(贡噶)师徒二人座前求得教授,修行并获得成就。丹巴逝世后,她仍然居住在朗柯。她在81岁时逝世。荼毗时发现许多舍利。

觉姆坝玛(jo mo vbar ma):梁堆(myang stod)人。作丹巴居(dam pa cug)的明妃,并在丹巴座前求得教授。她曾如野鹿般荡迹于山中,勤

---

① 意为"未完成,但精确"。
② 罗译(第916页第2行)行间注:死亡临近了。藏文(第1068页倒数第5~4行)为:rkun ma vod zhi tshe zer/。

修三年而获得证悟。后来，她在梁堆的泽邦（tshes spang）地方逝世，荼毗时发现了许多舍利。

觉姆日玛（jo mo ri ma）：藏绒纳（rtsang rong sna）人。与人结婚后，由于丈夫是凶恶之人，因此各自分离。她随商人一行，与丹巴相见。她从丹巴座前获得教授，修习七年而获得证悟。她死后，丹巴在安放尸体的灵堂作了多次绕行，一切人众都生起了惊奇！荼毗时发现许多舍利。

觉姆益西姜（jo mo ye shes lcam）：芒域贡塘人。【她是住世101岁才仙逝的大成就女仙觉姆杰姆（jo mo rje no）的近侍女。】① 她善巧上师供养法；尤其是对丹巴敬信，获得证悟。后来在贡塘（gung thang）逝世时，发现声、光、彩虹等许多瑞相。

觉姆却准（jo mo chos sgron）；拉堆垛巴（la stod ldog pa）人。她是绛曲生贝贡噶的明妃。有一次，贡噶在丹巴座前依止太长，她愤怒不已，抓住丈夫头发拖了出来。不管怎样，贡噶尊重她，并没有斥责她，相反只是说："慢点儿走！这下你心满意足吧？"然而对觉姆来说，已犯三昧耶的罪过；因此，她临终时曾受痛苦。为此，她成为24位觉姆中最恶劣的一个。

觉姆玛洁（jo mo ma gces）：拉堆芒嘎（la stod mang vgar）人。贡噶娶她为明妃后，她从师徒俩（丹巴和贡噶）② 座前求得教授而次第勤修，获得成就。后来她在梁堆北部（myang stod③ byang）逝世，荼毗时发现金刚萨埵像和许多舍利。

觉姆却焦（jo mo chos skyabs）：梁堆库勒（myang stod khu le）人。她对（丹巴）师生起敬信而来到朗柯，舍弃所得的许多财物，饮清泉而修苦行12年时间。由勤修而获得证悟。逝世时发现光明和许多舍利。

觉姆却吉（jo mo chos skyid）：羊卓柯哇勒（ya vbrog kho ba le）人。结婚成家后，虽然她拥有子嗣和财物，但她说自己志向于求法。因此，她的兄长格西涅顿（dge bshes gnyal ston）对她说："如果你欲求纯洁正法，丹巴桑杰居住在拉堆的定日地方，你前往他那里去吧！"于是，她前往（定日附近的）朗柯，在那儿住了很长时间。在丹巴逝世后两年她也逝世了。荼毗时发现许多舍利。

---

① 【】藏文（第1069页倒数第8~7行）为：jo mo rje mo zhes bya ba grub thob ma lo brgya dang gcig la vdas pa devi nye gnas ma yin/。郭译（第598页倒数第3~2行）为："原是一位名叫杰谟的明妃享寿一百零一岁的大成就女仙的近侍女。"

② 郭译（第599页第8行）为："衮嘎和儿子（另一妻之子）。"

③ 罗译（第917页第10行）转写为：la-stod。

觉姆古姆（jo mo sgur mo）：拉堆希日的曲桑人。她在朗柯住了 10 年而逝世。荼毗时发现了许多舍利。

觉姆拉姆（jo mo lha mo）：堆隆日玛（stod lungs ril ma）人。种姓为坝姆（vber mo）①。她离开家乡，前往朗柯住了 6 年时间。丹巴逝世后，她返回家乡住了 3 年。后来又前往定日居住了很长时间而逝世。临终时发现彩虹光明。

觉姆梁姆（jo mo myang mo）：肖地（shab）的察绒（tsha rong）人。她生起敬信后来与丹巴相见，在朗柯住了 10 年时间后逝世。荼毗时发现有二面母像和许多虹光。

觉姆旺秋姜（jo mo dbang phyug lcam）：堆隆东腔（stod lungs stong khung）人。她前往尼泊尔与丹巴相见。她在朗柯住了 11 年后逝世。临终时发现许多瑞相。

觉姆多杰敬（jo mo rdo rje rgyan）：定日冻哇（ding ri gdong ba）人。她是一位极为漂亮的女人。她对于丹巴的教语生信后，在朗柯住了 15 年。最后获得错乱永灭。逝世时先作了和合修法之准备。因此，有一股光明作前导而向北山峰顶逝去。此情此景众目共睹。据说是依空行母的授记——明日天明时分运送到北方。因此，有光明在前导引其尸体，经过七日后光团开始消散。此情此景为人所共睹。

觉姆南喀色（jo mo nam mkhav gsal）：前藏的峨喀（vol kha）人。她皮肤白净，从小聪明。她在丹巴近前住了 6 年时间，求得教授后修行获得成就。丹巴逝世后，她继续居住了 4 年。她的尿水会变成蜂蜜。之后，她回到前藏，年满 84 岁时在北部（byang）逝世。荼毗时遗体完全成为舍利。

觉姆准内（jo mo sgron ne②）：她很喜欢教法，堆积大量供食，拥有许多侍眷。由于她生性孤傲，无论何时丹巴接受她的礼供都要起立说道："嗨呀！难得！"说后接受礼品。她对丹巴生起敬信并且获得加持。她离开一切眷属而一心专修。后来成为一位优良的修女士。

觉姆彭姆（jo mo vphan mo）：彭域地方人。她同两位近侍女在朗柯居住并修行，三人同时逝世。乡境都遍满了药物异香，发生许多瑞相，一切人士都叹为稀有。

觉姆杰乌玛（jo mo rjevu ma）：翁波（ong po）地方人。她是一位天

---

① 罗译（第 917 页倒数第 4 行）转写为：vber。
② 罗译（第 918 页倒数第 4 行）转写为：sgro-ne。

才织女，心善驯顺，侍候丹巴言听计从。因此，她在定日住了很多年。（后来）她在贡塘居住了许多年后逝世。送她的尸体上山后，留有一尊救度母像。

觉姆若善玛（jo mo ro zan ma）：贡塘人。她是嘉贡玛（rgya sgom ma）的新娘。过去丹巴就预言她要前来座前。后来她生起证悟，获得成就，断离分别。后来，她在贡塘逝世。荼毗时，升起的一切烧烟全部都变成光明。

觉姆项琼玛（jo mo shangs chung ma）：项普（shangs phu）人。她去看望一位当地的女友①，而与丹巴相见。由于对丹巴生起敬信而进入法门。她在朗柯住了6年。丹巴逝世后，她回到项地方居住。逝世后，荼毗时发现许多舍利。

觉姆峡琼玛（jo mo zha chung ma）②的史事，已叙述过。③

定日冻（ding ri gdong）之女宣奴玛（gzhon nu ma）：乌汝上部（dbu ru stod）的麦玛（mar ma）人。有一次，她随父亲前去买卖，与丹巴相见。她对丹巴之教生起定解，由此获得加持而证悟。她自己禁语装作哑女而精修。此后不久，她就逝世了。临终前丹巴说："明天我们这里将有一成就者逝世。"有人问："会不会是丹巴？"丹巴说："不是我。而是有一姑娘将要前往乌仗那。"第二天，她无疾而善终。

（觉姆）尼玛青巴姆（nya ma khyim pa mo）：邦雪（bong shod）的尼玛垛色（nyi ma rdor gsal）人。她不但是一位不缺儿子、丈夫、财物之女，而且具足信心、精进、胜解和悲心，乐善好施者。她死时，山谷普现虹光。荼毗时发现舍利。因此一切人士都叹为稀有！

以上是24位觉姆的史事阶段。

七 单传隐修三师的阶段

绛曲生贝贡噶：他在前五世中都得到了丹巴大师的摄受。此世大师于

---

① 此处藏文（第1076页第11行）为：yul lngar。似应为yul sngar。
② 此处藏文（第1076页倒数第6行）为：jo mo zha chun ma。恐误，似应为 jo mo zha chung ma。
③ 参阅本书第四章相关内容。

壬寅年（阴水虎，公元1062年）诞生在定日东部察贡（tshe gung）① 地方，父亲名为堆巴赤桑（stod pa khri bzangs），母亲名为觉姆达玛（jo mo dar ma）。给他取名为堆琼蚌麦（stod chung vbum me）时，他说："我叫贡噶。"此后，贡噶就成为他的名字了。后来，他娶妻名为觉姆鸠姆萨（jo mo skyur mo gzav），生子名为色峨（gser vod）。他在世间事务不断增多，所有家中财物也已用尽，只剩下妻儿俩。在他39岁时的庚辰年（铁龙，公元1100年），丹巴来到朗柯已经三年时间，他骗妻子说："我要前往聂南山口（snye nam la kha）作盗匪之事。"而实际上是前往朗柯的丹巴座前，第二天早晨丹巴发出赞颂之声说："寺众们听着！今天有勇敢金刚要到来。因此，一切人等扫除垃圾，陈设供品，携带乐器，准备前去迎接吧！"大家都按照丹巴盼咐去做，并在四面八方巡视，也未看到任何人来。到了下午时，有一位容颜憔悴，衣着破旧，随身携带极少口粮的人，躲躲闪闪地前来。众人都一边嘲笑，一边作迎接。丹巴则大喜！迎上前去说道："巴窝多杰（dpav bo rdo rje）来此，可喜啊！恰穷你去给勇敢金刚设个高座吧！"恰穷没有听懂上师之言，丹巴亲自作了一土堆，在堆上交错地放置四支箭而说道："皆皆欢喜之子，你若现在坐在这上面，那将很好！"于是，绛曲生贝立刻抓着丹巴的衣服启问："什么是生死轮回之相？"丹巴说："贡噶！是狗屎中的蛆虫。"贡噶问："生于其中的有情有安乐的机会吗？"丹巴把手指更番交叉而说道："那是痛苦的连环套②啊！"又问："何时可以从其中解脱呢？"丹巴说："解脱二取险关的道中不受打击，那时才有解脱的可能。"因此，贡噶对这些教语生起定解后，不回望一眼家乡而专心修苦行，专一地向上师祈祷而获得加持。丹巴见他能持善行之本，欢喜地说："我要使你这位从察贡（tsha gung）来的勇士在战阵上获得胜利。"贡噶问："我该披什么样的铠甲？"丹巴开示说："应睡在仅容纳自身之洞中，穿着仅能蔽风之破衣，靠仅能维持生命之食物；仅是不厌烦中而修行，仅与不熟知的人为友。"又问："我在修行中应如何取用而修？"丹巴说："你应该向上凝视而修，这是《波罗蜜多》的一种特殊缘起的姿势。"他经过勤修，熟练到不偏执智力，达到了解缘起的暗示征象。因此，丹巴非常高兴！让他前来。贡噶来到丹巴座前时，丹巴问他道："给王种顶上灌顶时，有能压座的重量吗？使你登上神变的梯子时，有壮年人的矫健身躯吗？使你和千辐转轮王

---

① 罗译（第920页第17行）转写为：tsha-gung。但藏文下文中又为tsha gung，比如第1075页第3行。
② 连环套（lu gu rgyud）：活结连环套。用绳索系缚羊群颈部一个接一个的拴索方式。参阅《藏汉大辞典》，第2781页。

比赛时，有能够权统四洲的力量吗？"喇嘛绛曲生贝贡噶答道："看来是一个对世间事务知与不知，来与不来，能作与不能作，已作与未作的问题。但是我看对上师本尊的这一正法要有一段了解和毅力的问题。"丹巴大喜道："最初犹如是去盗取国王宝库，须带有多种钥匙；中间好比举灯照明暗室，须有燃灯用的火具囊袋；最后譬如江河上来了船夫，须备有很好的桨橹。"说后丹巴就给他传授由五道、三种苦行直趣《般若波罗蜜多》的义传，并且将《灌顶法流》（dbang gi chu bo）和《四种教语书册耳传》（bkav bzhivi phyag dpe snyan brgyud）等都传授给他。而后（丹巴）说道："与我等同唯贡噶，下坡速降只有水，空中明显唯日月。"后来丹巴将要圆寂时，他说："我梦见天空中日轮湮没，传劣徒们未完成事业。此梦预示着边境有一位游方僧恶言。"贡噶请求说："那么请作一缘起。"丹巴说："在亚达①中须有你，你代替我。上前来吧！"贡噶走上前来，丹巴手结五佛总手印放置在贡噶的身要五处而说道："日轮虽然沉没，还有月轮现起。"贡噶在那里作丹巴的助伴有 18 年之久，此后，有 4 年时间一直在巴操寺（pa tshab dgon pa）中传授诸教授。此后住世 3 年时间，于甲辰年（阳木龙，公元 1124 年）往生空行刹土而逝世。他在将示现圆寂时，前往珠垛岗（gtsug tor sgang）之巅一切大法师的僧会中，念诵了一遍颂说：

无知垢秽释续善巧一切能净治，
修行传承三苦行已经获得究竟到彼岸……

等句全文。当天晚上他就往生空行刹土而逝世。

贡噶的弟子巴操贡巴（pa tshab sgom pa）：在丁巳年（阴火蛇，公元 1077 年）诞生于彭域下部雍波达（g'yung po rta）。父亲名为巴操顿蚌扎（pa tshab ston vbum grags），母亲名为野姆贝正（g'yas mo dpal vdren）。年满 12 岁时，他在热贡奈穹（reb gong gnas chung）寺博朵瓦的弟子卓穹哇（sgro chung ba）座前出家为僧后，又在野杜哇真巴（g'yas vdul ba vdzin pa）座前学习《毗奈耶》。19 岁时，他在此师座前受比丘戒。之后，他前往博朵瓦座前受发起行善提心戒，并且听受噶当派道次第。他又在堆隆嘉玛（stod lungs rgya dmar）座前听受《中观》和《因明》略释；又在巴操译师座前听受《慈氏五论》和《集学论》等；又在仲绛曲生贝（vbrom byang chub sems dpav）座前听受了《对法上集》；又在容格旺秋扎（yong

---

① 亚达（ya stags）：本教禳灾送祟用品，其状如十字架。参阅《藏汉大辞典》，第 2541 页。

ge dbang phyug grags）座前听受桑嘎（zangs dkar）传规的《胜乐》法类。然后，他想现在自己的闻思已足，需要的是一种修法。因此，他问他人道："谁在教授方面最著名？"他们答道："岗贡（skam sgom）有重大教授。"于是，他想起以前博朵瓦曾说过喇嘛岗玛季（bla ma sgam ma gi）通达《般若波罗蜜多》清净教授。《般若波罗蜜多》的基本经论，借助《现观庄严论》来解释之后，犹如开慧眼般的功能，他想这一法门也许是会有与之相关的如密宗般锐利的教授。因此，他前往岗师座前，后者给他传授了八段一座间识得原本心性教授。由此他获得如暗室中明灯朗照的证悟。在那里他生起了定解而请求岗师道："创此法之主宰人是谁？"岗师说："这一法门我是在名叫丹巴桑杰的大成就师前求得的。他到中原内地去了，据说现在或许应该到定日地方安住。我年龄已高，不能前往。你还年轻，应该到那里，或许能够见到。"于是，巴操将父亲的田地换成黄金、绿松石和绸缎后，前往定日，一路无伴，因此，花费了很长时间。将到达定日的那天晚上，他住在察空（tsha khung）。第二天早晨，他又上路，来到珠垛岗之巅一看，见下面有一大集市，他想丹巴一定居住那里，就不假思索地急速下山。快到达街市时，他看见升起一缕青烟，就问附近站着的一位乞婆："那是怎么回事？"乞婆说："这是荼毗丹巴遗体之烟。"一听到这个消息，他昏过去了很长时间。苏醒时，乞婆已经拥其头于怀中。他禁不住一次次痛哭！为此，乞婆对他说："大师不必如此！丹巴虽然逝世，但有许多与丹巴相等的大师住世。你的目的能够达到，而且可以满足你的心愿。东方那边住有一位名叫丹巴恰钦波（dam pa phyar chen po）者，与你一样是位比丘，你到他那里去吧！"他慢慢地往前走去。那乞婆随后跑来说道："前藏大师：你不是恰钦的弟子；你应该是丹巴贡嘎的弟子。因此，你前往石屋那边去吧！"他到了那边，在门前念诵道：皈依啊！并作许多拜顶礼。里边的贡嘎本是闭目而坐，但这时开目注视着他说："野姆贝真之子，你一路辛苦吧？"巴操明白了贡嘎拥有前知神通，便生起大信而得到加持。于是，他在绛曲生贝贡嘎座前供上金曼遮而请求道："我因福薄，无机会与丹巴相见，请上师您大悲摄受吧！"师说："未成熟之身要使其成熟，就必须灌顶。你有必要的资粮吗？"为此，他以黄金一两和绫绸一匹作供礼献上。贡嘎师说："缘起甚善！今晚你就住在白洞中吧！明天你到这里来！"翌日他去时，发现案头已经陈设好经卷，贡嘎正坐着修法。然后，贡嘎把经卷置其头上，为之灌顶。灌顶完毕后，上师绛曲生贝（贡嘎）说道："密宗和显教《波罗蜜多》二者中，密行者是由成熟道灌顶。然后，开示解脱道。但是，（我给你的）这一灌顶是成熟和解脱同一时间作开示，如此作法以前从未向他者传扬，而是游方僧纳波（a rsa ra nag po，字面义：黑游方僧，指丹巴桑杰）的特别之法：将灌顶四法流糅和为一。这样够格吗？"答："够格！"在那里的一年时间里，他将修心法（blo sbyong）修完时，在师座前请求允许返回前藏。师说："还需准备口粮，你再闭关专修一年吧！"贡噶为他长声颂五道[①]。闭关修完时，贡噶说："徒儿，你过去也是具有神通者。此次仍行苦行道来此，得到一切教授。你自己对于修行，应该懂得了。既然来到此处，以此有起好作用的修悟没有吗？如有，你说吧！"他答道："在此以下是知道离一切法的戏论边，且比量道还要暗穴之支分。关于此点，由于我现证法性，以此获得断除分别边。"师说："很好！"在贡噶师的头顶上方，挂着一个纸袋，师说："这里面有些好盐，拉堆地方无人能品尝此盐。"说着将袋子给了巴操，并说："在纳玛（sna mar）的梯地方（thel）再启封吧！"巴操到了那里后，启封一看，发现里面是：最初入根本法问答九则（thog mar zhug pavi rtsa bavi chos sde zhu lan dgu）；次为注释成卷树干之法义传三门（vgril ba sdong povi chos don rgyud skor gsum）；其下为分丫法（gyes pa yal gavi chos）分为法喻法（mtshon dpe）和零散法类（brul tsho）；再下为叶瓣法十六法类（lo vdab kyi chos sde bcu drug）；再下层为鲜花法五种法类（mdzes pa me tog gi chos sde lnga）；又再下为结果法辅音和元音字内外密诸修法（vbras buvi chos sde Ā li Kā li phyi nang gsang gsum）。然后，他将它们交还给上师，上师说："盐你自己受用吧！"说后并将书卷和誊写纸等都交给他。经过一年时间，他求得诸种直诵（nag khrid）导释，又将它们校订一遍并以问答形式记录下来，题为"定本"（vphra tig）。他又与其他诸大弟子讨论佛法教授并记录下来，题为"校本"（vphra gcod）。后来，他请求贡噶允许他在定日住下来，但贡噶师说：【"现在你最好回前藏家乡。你的母亲在哭泣道'我的儿子一定死了！'回去的话我同意。"】[②] 巴操在师座前立下了修行12年的誓约。因此，上师令他进入缘起室中，把所有经卷书籍都交给了他，说道："你带着这些书走吧！它们

[①] 五道（lam lna）：资粮道（tshogs lam）、加行道（sbyor lam）、见道（mthong lam）、修道（sgom lam）和无学道（mi slob lam）。参阅《藏汉大辞典》，第2764页。

[②] 【藏文（第1081页第1～2行）为：dbus su bzhud pa rang vthad/ khyed kyi ma yang ngvi bu de shi ba yin la che zer nas ngu zhing vdug/ byon pa rang vthad gsung/。郭译（第605页第5～7行）为：师说："你正适合回前藏的时候，你的母亲也是我的女儿一样她大概是已死了。"说而落泪！又说："回去是适合的。"

的主人将从大河右岸而来，你就把它们交给他吧！"于是，巴操贡巴将购口粮所余的3两黄金供师。以此贡噶师说："游方僧（阿扎惹）的传承人，虽然不需要黄金，但是为了圆满你的福资，我收纳了。"说完后，贡噶将黄金向空中撒去。临走时，巴操贡巴请求在回去的沿途和修行时能不生起灾障。因此，上师给他赐镇魔的青蓝色卵石一颗和驱鬼魔的黑石一颗，并说："你应该不离开菩提心，祈祷上师可得如愿成功。"并且衮嘎还小送他一程。

此后，他前往下部花三年时间来寻觅初、中两期传承诸法，并储积修时之顺缘。【然后，他在德贡（de gong）的乃琼（gnas chung）修行了13年时间。】① 修行完毕后，他做利他的事业。由于他的教授声誉极大，身边聚集徒眷人数也极多。他为名叫绛巴本贡（byang pa bon sgom）的弟子传以教授，此人是讲法相时的副座讲师。此后，绛巴本贡在纳木错逝世往生空行刹土。

名叫巴操贡纳（pa tshab sgom nag）者得到上师所传教授后，前往中原内地，后来在汉藏交界处逝世。那里还留有他的骨塔等。

名叫布匈岗巴（bu shong sgom pa）者正如打开的书夹②。他得到上师传授教授后前往西夏③王那里，王依止他为供养处。他广传直诵导释问答法类，传遍于北疆等地。

又有名叫香安伦觉哇（zhang nga rnal vbyor ba）者：此人虽然自己是教授之主，但是与巴操贡纳相见后，情不自禁地向巴操贡纳求法。他求得教授并且进行修行而获得成就。他住世118岁。

导师（巴操贡巴）近侍徒眷中，又有著名的法门善巧究竟弟子曲弥仁姆巴嘉扎巴（chu mig ring mo pa rgya grags pa）；僧德究竟弟子名为塘萨顿楚（thang sag ston tshul）；大官究竟弟子为香裕卓拉康巴（zhang g'yu sgro lha khang pa）；神通究竟弟子为峨格色（rngog ge ser）。此诸弟子都是得到上师传赐教授后，均为获得错乱永灭的成就者。

导师年迈时所出弟子有：有名为辛岗热土坚（gshen sgom re thul

---

① 【 】藏文（第1081页第6~7行）为：de rting de gong du gnas chung du sgrub pa lo bcu gsum mdzad/。郭译（第606页第6行）为：最后他在得贡和勒穹地区修行十三年。罗译（第927~928页）为：Before that date and after that date he practised meditation for 13 years。
② 书夹（ka ba li）：盛藏式活页书的长夹，上下夹板后方用布帛连接，前方可以启闭。参阅《藏汉大辞典》，第5页。
③ 藏文为mi nyag，有两解：一是指西夏。宋代时曾于宁夏银川建都的党项羌政权。另外，又译木雅，旧译弭药，指四川省甘孜藏族自治州康定县折多山以西道孚以东地区。参阅《藏汉大辞典》，第2068页。

can），得师传教授后，获错乱永灭后来前往康区，身躯无遗尽化虹光而逝世。

又有卓贡·索南绛曲（vbro sgom bsod nams byang chub）：得师传以《空行甘露瓶修法》（mkhav vgro ma bdud rtsi bum pavi sgrub pa），由此获得无依托而解脱，诸空行前来迎往空行刹土。

又出有一名叫邬坚热巴（u rgyan ras pa）者，善巧密宗教授，著作了《三道导释》（lam gsum gyi khrid），由般若传承而得解，证得缘起而说神通事迹。

丹馁（ten ne）是以上单传（chig brgyud）教授所出诸人之一。

巴操贡巴在37岁时的癸巳年（阴水蛇，公元1113年）以前勤于闻、思二者。此后，从甲午年（阳木马，公元1114年）起进入修行。他在41岁时的丁酉年（阴火鸡，公元1117年）前往定日，经过4年时间在绛曲生贝贡噶等诸大师前求得教授后，于辛丑年（阴铁牛，公元1121年）返回前藏精修13年时间，细算起来为15年。在他74岁的庚午年（阳铁马，公元1150年），丹馁来到座前。丹馁32岁时，巴操贡巴年满82岁于戊寅年（阳土虎，公元1158年）逝世。

巴操贡巴的弟子嘉哇丹馁（rgyal ba ten ne）：其父亲是从后藏的肖阁安（shab sgo lnga）地方迁移到雅安西部（yar mngav nub）的曲柯（chu vkhor）安住，名为觉色焦白（jo sras skyab be）者，母亲名为楚姆萨芒姬（vtshur mo gzav mang skyid）。此师诞生于丁未年（阴火羊，公元1127年），大约3岁时就可以回忆起前生往事。他自己说：我是麦·准珠上师（mal brtson vgrus bla ma）。索·姑仁（so sku rings）来到雅达请时求加持。索·姑仁（对其母亲）说："觉姆，你这孩子将来会是一位大成就者。以此应该住持我的传承。"说后给丹馁传授了《大悲观世音的圆满次第》（thugs rje chen povi rdzogs rim）和《六字大明咒的诵授》（manivi bzlas lung）经文。年满5岁时，他在惹姆曼曲喀（ra mo sman chu kha）与热穹巴相见，热穹巴也说："他将会成为成就者，他应该住持我的传承。"说后给丹馁传授了底普（ti phu）传规的《垛哈》。年满7岁时，在与雅达岗波哇（yar mdar sgam po ba）相见，后者也说："此子将来会成为成就者。"之后又说，"让他跟随我吧！"说后传授给他《大手印法门》。9岁时，他在纳措（nag tsho）的温波·贡巴大师（dbon po slob dpon sgon pa）座前求传《救度母诵授经》（sgrol mavi vdon lung）时，温波·贡巴大师说："与我有缘。"说后传授给他《羯摩喀惹》（las kha tshar ba）等广法和阿底峡传规的教授。在15岁以前，他掌握了父亲所知法玛、辛、普三法（ma gshen phu gsum）和白、锁、藏三法（dpe srog gtsang gsum）。后来，他在甲萨（bya sa）的觉窝拉钦波（jo bo lha chen po）和拉尊烘波（lha btsun sngon po）两人座前担任宰臣三年时间，直到18岁为止，在此期间还领会了《活人医术精滴论》（skye bo gso thigs）等论著。在25岁时，他生起看望前生乡土的意念而前往羊卓。遇到两位离世务修行者同来。那俩人问他到何处去？他说："打算到我前生的家乡——妥扎绒（lho brag rong）去。"那俩人说："上边羊卓朗布寺（yar vbrog glang buvi dgon pa）中，活佛色觉舍（sprul sku se jo sras）有四疯供养处，其中一位名为溜玛嘉勒江（smyon ma rgyal le lcam），她是具有神通者，咱们去看看她。"那寺庙就在一小山口。他们三人来到山脚时，有一位穿着破旧披风的老妪跑下山坡，紧抓着丹馁之手说道："唉呀！哥哥真的还在，丹馁真的还在，比我这妹妹还有能耐，不要前往妥扎绒，由于囊康（snang khang）被战乱破坏，已经不像往常那样平静正常了！乌汝北方有野姆贝真之子，在那里可以与他相见，你到那边去吧！"他的名字在此之前为吉丹扎（vjig rten grags），但从此以后就叫丹馁了。另外那两人也问老妪的话，老妪全无所答。丹馁便返回家乡，打算前往（乌汝），但其父亲不让他前往。这使他心中极为不悦，故而吟咏而歌唱，于是成为噶德郭（gal te dgos，意为"如果需要"）游吟剧团的一名歌手。然后，他在京恰汝哇（vbring che ru ba，一位著名上师）座前受居士戒，并且求得扎塘巴大师（slob dpon gra thang ba）传规的《教法次第》（bstan rim）①和大德却卓哇（dam pa chos sgro ba）传规的《二谛》（bden gnyis）论说。此后，他瞒着父亲，拿了皮鞋底一双、绸裙一条和颅碗一个离家出走，在扎塘（gra thang）晚宿而获得一种悦意征象。之后，当他在杰玛山弯住宿的午夜时分，他想："那老妪之言是否可靠呢？说不定死去了，由于已经延误了两年时间，乌汝的佛徒说不定很多，在其中怎能寻找到野姆贝正之子？还是返回家乡吧！"于是，他念诵了七遍救度母经文而睡了。在梦中他听到空中发出声音说："喂！善男子：不要灰心！去吧。你所求之事将会成功的。"梦醒之后，他注视了一下天空，见当空有一蓝绿色旦（ཏཾ）字，犹如星星灿烂闪耀。他知道这是救度母的授记。后来巴操也知道此情况。在那里他又想："如果我需要一位大师的话，我应该前去依止有一位广知息结派法门，名叫喇嘛金峡热窝（bla ma spyan shwa re bo）者，他现在住在

---

① 此系噶当派著名文献，由卓隆巴（gro lung pa）所著。宗喀巴大师的《菩提道次第广论》就是在此基础上撰著而成。

堆隆（stod lungs）。"可是，他又想："我先还必须前往彭域下部（vphan yul mdav），在父亲的名叫詹嘎拉佐鲁赞（bran ka klu btsan）的弟子那里有一本《藏真神变施法册》（gtsang btsan gyi cho vphrul gtong ba），取得此书后我再前去寻访上师。"如此想后，他就前往彭域下部，（他发现）詹嘎拉佐鲁赞的画师为觉姆玛季（jo mo ma gcig）画一救度母唐卡。觉姆玛季问他："觉色裕汝巴（jo sras g'yu ru ba），你认识（画上）诸尊吗？不是中央主尊，而是边上的骑雁①诸尊，你认识否？"他说："我最能知此诸尊。"说后他念诵了《清净顶宝咒》（rnam dag gtsug nor）。因此，觉姆玛季说："觉色：您所念的这一法门，请圆满地传授给我吧，我无论如何也要学习。"他说："我没有经教！我必须前往堆隆，那里有一开示息结派教法之上师座。"她回答说："我有一舅父是息结派堪布，我送你到那里去；但你无论如何要教我念诵。"他问："（你舅父传授的）是谁的传规？"答："是绛曲生贝贡噶的传规。"他问："那么，你能知道他的母亲的名字吗？"答："我当然知道呀！就叫野姆贝真。"他得知后非常高兴，同时感到犹如获得加持。当天晚上，他梦见有一粒豆大小的光团降到舌端，感觉其味胜妙，咽入腹中，顿时全身化光普照十方。第二天，觉姆玛季来指引他前去寺中，那里的上师不仅早已预知其将到来，而且前来接他。师说：【"觉色雅达哇（jo sras yar mdav ba），你今天来我很高兴！但是你前年就可以来的！"】②于是丹馁请求上师传授大德贡噶传规的教授。师说："你来此甚善！教法是要传授的。可是根据绛曲生贝贡噶传规：未成熟者，是不沾功德露汁。因此，你必须要当作辅音和元音字母之加持法。对于此点你是否有顺缘条件？"答曰："此次我是来寻访上师的，我从家乡取得一些顺缘再来。"师说："魔业最大者乃犹豫不决，现在当作解除。难道你就根本没有顺缘条件吗？"这时，丹馁取出一双鞋置于颅盖下，以一方绫绸穿在针眼上，放入颅器而供师。师说："觉色裕汝哇，以你所供之礼来说，是适合布施甚深法之法器的；但是却割断了具信者之路，而且将不会有大福德身的到来。"说后，他将经函陈列打开并且为之作加持。与此同时，丹馁生起了与根本和后得③混合之特殊证悟。师说："证见本性虽然

---

① 雁（ngang pa）：野鸭，雁，鹅。参阅《藏汉大辞典》，第 644 页。
② 【】藏文（第 1086 页倒数第 4～2 行）为：jo sras yar mdav ba de ring rtol lam vongs pa de dgav vo/ khyed bzhi nang nas vbyon thad pa la gsung/。郭译（第 609 页第 13～14 行）为："觉色雅达哇你从细领而来够劳累啊！今天走完路程到此处，是可喜的啊！"
③ 根本和后得（mnyam rjes）：根本位和后得位。修定之中和出定以后。参阅《藏汉大辞典》，第 987 页。

是如此，然而你还须有成道之征象和功德。因此，七日之内你都要诵持经文，直至征象现起前，还须竭尽三力①。"又由于原先的觉姆玛季作梗，使得他修心法（blo sbyong）就花费了八个月时间。后来，丹馁问上师："还有与此法相似的吗？"师说：【"阿扎惹（丹巴桑杰）曾引导（弟子）认识无垢智（rig pa dri med）并独自专注勤修。因此，书本没有此法相似的，要讲说上师的五种传统作风（常规），需要一定的顺缘。"】② 他前往北方后，求得两卷兰纸，六头母犏牛③，他将它们供给上师。他自己留了其中两头母犏牛作求法顺缘条件。然后，他在一年中学习了《五道讲释》（lam lngavi khrid），并求得诸灌顶。在这段时间里，他将上师所说一切教法都作了笔记，称之为《细磨达策》（zhib mo dar tshags）。此后，他将诸法类分为《应机训示》（bkav babs）、《无垢》（dri med）、《耳传》和《垛哈》四大类。上师又渐次将它们授予他。（上师）翻开一部属于缘起法门（sten vbrel gyi chos skor）④ 的书说："此书又名为《各种神变》（sna tshogs rdzu vphrul gyi skor）。由于你是瑜伽士，不必修习！此书的书角已被老鼠蚕食，我们不能用它！"说后未传授此书。他又花了一年时间在此对直诵而讲释书本作了审改，并问难决疑等。之后，他请求上师准其返回家乡，上师未准，并对他说："你还须作教授的旁批润治，需循序渐进而作。此外，你必须熟悉本法传诸前辈学者的法类。"他又用了一年时间完成以上事情。后来，噶德郭（游吟诗人）来了，求取教授，但他没有传授。为了使之欢心，他前往堆隆，在门兰坝和金峡热窝座前求得教法。他还在彭域的聂穹哇（gnyags chung ba）和香安贡钦（zhang nga sgom chen）两师座前求得一些教授。四年之后，上师对他说："觉色裕汝哇：最初苦行道，你已直接走通。现在适合你前往雅达藏喀（yar mdav gtsang kha）的时候了。"说后他召集诸大法师，对他授记说："你能活到将近121岁，子嗣泽乌（tshevu）、内邬（nevu）和纳玛（na mar）将出许多成就者。"

---

① 竭尽三力（vbungs gsum vdon pa）：意为竭尽全力。指从言语、行动和思想三方面努力。旧译三门发勤。参阅《藏汉大辞典》，第1970页。

② 【】藏文（第1087页倒数第5~3行）为：A tsa ra rig pa dri med du ngo sprad nas brjen pa rang skyong ba yin pas dpe mi vtshal/ bla mavi phyag bzhes lta vtshal pas cha rkyen bag tsam tshol dang gsung bas/。其中，phyag bzhes lta 中的 lta 似乎有误，应为 lnga。郭译（第610页第3~5行）为："师说：'阿扎惹（指师祖荡巴）是认识无垢智裸然自现。因此无相似之法。'继后他求得上师的五种传统作法。师说：'去寻求一些顺缘来吧。'"

③ 母犏牛（mdzo mo）：公黄牛和母牦牛或公牦牛和母黄牛杂交所生者。参阅《藏汉大辞典》，第2339页。

④ 丹巴桑杰所著一书名。

而后他起誓修苦行七年，求法和允许传授也需要七次。上师说："如果你修行的誓约时间更长，没什么坏处。但是，你的口如果不紧的话，也会善于说共通诸法。对不干练的受生主人翁不要传授四种教命的教授；你此生利他事业不会大行，但也不应放弃缘起机会。修行不立誓约，则不能进入缘起之室。如有弟子是大人物时，应以《大手印大宝法门》（phyag rgya chen po rin po chevi skor）把持此心。你到高龄时，将会很幸福。在此之前，如果衣食不足时，用各种缘起门变化受用。总之，你不要作四众中能起座而言以上之僧会领导者，你应作隐修瑜伽士，并要尽力专修！"师说后，丹馁也就回到雅达。他给泽当的一位老僧人贡扎巴（sgom grags pa）传授了修心诵授经文。贡扎巴因此发现罪净之征相，心中生喜而承许为之作仆役。他依誓言在泽当的一小屋中修行七年。但是，修行两年后他听到巴操逝世的消息，就前往（上师的）寺中一次。此后，他继续闭关专修两年，又因其父亲逝世在荐亡宴会中他去过一次。此后，他继续修行三年时间，虽然是一切道之功德获得圆满，而且获得内外成就的名声也大；但是，实际对应化众生来说作用并不大。他说："这似乎是修苦行时断作三段的报应。"他虽然是圆满修起成道征相之功德，但是大多闭口而不答。他给细波（zhig po）传授了（其中）一些。也有来求传夺舍法者，但是丹馁只是在峨觉色（rngog jo sras）的寺庙中示现了夺舍的游戏。之后，他为了护养德行，穿着歌手的服装，唱歌度过了六年时间。后来，经过甲萨（bya sa）的觉窝拉钦波（jo bo lha chen po）、拉准烘姆（lha btsun sngon mo）和觉窝杰乌穹哇（jo bo byevu chung ba）三人商决，请他接受出家僧装，出任讲经院的大师。但是，他大多数时间都在闭关中对丹巴（桑杰）的言教撰著了许多释论。在那里他原想托付传承给觉色南喀（jo sras nam mkhav），但是后者英年早逝。有一位名为雅泽（ya tshe）的少年，随心所欲，自由自在。他到来巩波（kong po）后，就死了。由于丹馁拥有大教授的名誉，因此乌约（dbu g'yor）的许多大人物都前来请求传教授；但是，他为了遵守上师密嘱而未传教授。此外，得传教授的弟子有：昂雪（ngam shod）的六位藏波（gtsang po drug）、六位女尼和母子、六位格西、六位修密士、六位在家具信者、六位不守密令贩法的商人，共36人。前30人未得到语传；后6人未得到灌顶教法。因此，都不符合作法主。之后，由上师所授记的法主若·喜饶峨来雅隆求取教法。后来，丹馁被迎请到杰地（vjad）① 时，应邀传法，他对细波·尼玛僧格（zhig po

---

① 罗译（第937页第7行）转写为：jang。

nyi ma seng ge）两昆仲传法，并令他们为教法之主。【他想到在雅隆讲经院的大师职位对他是个拖累，于是就放弃了这个职务。于是他的穿着就随心所欲了。】① 到了雅堆之后，他将一部分书籍秘藏于播姆山（bos movi ri）中。他受奈穹格西（gnas chung dge bshes）之迎请，前往奈穹（gnas chung）和色拉（gser lha）安住。在那里他又将诸书籍秘藏在仙托岩（shan thog gi brag）中；又在公波山（gong po ri）和香布（sham bu）秘藏了一些书籍。之后，细波·尼玛僧格云游各方时，听说丹饶住在色拉，于是就前往致礼。丹饶说："细波你来了，可太好了！奈穹格西把我叫到此地来，不给食物，想让我饿死。现在你必须领我到扎（gra）寺去！"说后泪如雨下。在那里细波·尼玛僧格禀报师说："我游各方太久，不知家乡有何变故。我得先返回家乡，再来迎接上师。"丹饶说："我的弟子啊，你是有三昧耶，希望你不失誓言再来。但是，你最好这次就将我带走。"细波·尼玛僧格返回家乡后，将一良田变卖，以售价买了酥油和青稞之后前来迎接上师。他们到了扎寺后，上师（丹饶）随己所愿，在不同地方居住，并常常斥责他，有时是因为饮食，有时因为服饰。但是，细波仍然心生欢喜，敬信他并忍受（斥责）。丹饶晚年时，视力不好。他在91岁时的丁丑年（阴火牛，公元1217年）在乍贡钦姆（brag sgom chen mo）逝世。他们新建一塔，将其灵骨一点也不失散地奉安其中。至今（著书时）仍然保存完好。当达独乌（rtag tu ngu）菩萨寻访却帕（chos vphags）菩萨②时，他发现了有七重标记的《般若波罗蜜多经卷》。因此缘起，是以无著、世亲、婆罗门阿雅德哇、丹巴、贡噶、巴操，直至丹饶七代之间作为单传。由丹饶之弟子细波昆仲将全部教授传遍十方。

细波对（丹饶）师所作赞文曰：

眼前看来好像大贪者，

---

① 【】藏文（第1090页倒数第2～1行）为：yar lungs su chos grwavi slob dpon yang g'yeng bar dgongs nas bor/ cha lugs kyang ci dgar mdzad nas bzhugs/。郭译（第612页第1～3行）为："继后在雅隆他想摆脱讲经院的阿阇黎而丢掉职务，随自己意乐而穿服装安住下来。"

② 罗译（第938页）行间注：达独乌（rtag tu ngu），意为"不停地哭"。达独乌菩萨和却帕（chos vphags）菩萨系 Astsāhasrikā Prajñāpāramitā 中最后一章提到的两位菩萨的名字。前者因为每当听到念诵般若波罗蜜多都会不停的哭泣而得名。有一次，他曾想卖掉自己的心脏以便供奉般若波罗蜜多。一位富商的女儿告诉他，他不必卖掉自己的心脏，她会给他足够的资费。于是他们一起去寻访却帕菩萨，据说后者拥有完整的般若波罗蜜多经典。人们认为，中国四川省成都市是却帕菩萨的驻锡地。

754　青　史

　　　　然而实是定力善妙师；
　　　　眼前看来好像愚昧者，
　　　　然而确是智慧极深师；
　　　　眼前看来好像难处友，
　　　　然而若与分离难忘师；
　　　　眼前看来身语似凡俗，
　　　　然而内怀善行无乱师；
　　　　眼前看来不修只知睡，
　　　　然而内开定门无量师；
　　　　总之虽未广作闻思业，
　　　　然而内修慧火炽燃师；
　　　　眼前看来教法如丹巴，
　　　　然而是为修传增长师；
　　　　大哉至尊秘密隐修王，
　　　　示现人相师前我祈祷！

以上是单传隐修三师的阶段。

八　息结派后期传承的阶段

　　大成就者嘉哇丹馊①全权托付的教法传承人为若师（rog）俩昆仲。先是在藏区佛教前弘期，出有名为若·班南喀益西（rog ban nam mkhav ye shes）的僧人，他具足通达和超能。其后继者尽出殊胜之持密师。此传承第24代中，出有名为若·喜饶喇嘛（rog shes rab bla ma）者，是郭如漾达（go rub yang dag）和贝拉日哇（dpal lha ri ba）的弟子。他以金刚橛为本尊，死尸修持极善。据说其传人中将出八位大人物。若·喜饶喇嘛诞生于庚午年（阳铁马，公元1090年），逝世于84岁时的癸巳年（阴水蛇，公元1173年）。②

　　其子扎西扎巴（bkra shis grags pa），系领悟了父亲的一切通达的持密师，诞生于戊午年（阳土马，公元1138年）。此（土马）年也是嘉玛温

---

①　此处藏文（第1092页倒数第2行）为：te ne，与 ten ne 同。
②　此段藏文请参阅第1092～1093页。郭译（第613页首段）有些不同，请参阅第613页。

顿（rgya ma dbon ston）诞生之年。扎西扎巴年满49岁时逝世。他娶妃子却季格（chos kyi dge），生三子，都为利益他人事业的成就者。

其中长子名为喜饶峨（shes rab vod）：是印度东部的大班智达名为喜饶珠（shes rab grub）的转世。喜饶珠诞生于丙戌年（阳火狗，公元1166年）。年满5岁时，他在祖父喜饶喇嘛座前学习文字和算法。年满7岁时，他已经成为善巧念诵者，一日间可以念完《般若二万五千颂》一遍。【其父（扎西扎巴）不信，让他增加了念诵的数量，他仍然可以念完，父亲合掌而欢喜。】① 此后直至10岁，他在祖父和父亲面前学习密宗诸法。父亲想应该让儿子具有诅咒神力，于是便命他从10岁到13岁之间闭关念修金刚橛，发现许多成就征相，尤其是亲见极为明显的金刚橛全身。他说："我完成了根拉雅（kiv la ya）念修法。如今我的身体已经坚如铁块。现在假若我被千百鬼魔围困，他们连我的侍从也伤害不了，更不要说伤及我本人了。"喜饶峨13岁时，若顿赞波（rog ston btsan po）劝说其父把他送到自己座前去求学。两年时间里，他在若顿赞波座前听受了索宗的经教、幻化、心识宗三门（mdo sgyu sems gsum）② 教授和阿若秘法（a ro gsang skor）、毗玛拉（bi ma la）、息结上传诸教授和修法三种，而且成为善巧。在若顿鲁敬（rog ston klu sbyin）座前，他先听受枳雅（Kriyā）的许多修法，稍后又听受了新译圣传法类，以及玛、垛传规的胜乐法门等。15岁时，他在牢哲玛贡哇（lhab dres ma gong ba）座前求得觉宗传规的经教、幻化法类以及诵授经教六小支传，《旧译五种续部》（snga vgyur gyi rgyud lnga），《康宗传规甘露》（bdud rtsi khams lugs），《马头金刚四尊法》（rta mgrin lha bzhi），《幻化明灯教法》（sgron sprul）等。【16岁时，他摔坏了一颗牙，就镶补了一颗铁牙，此后他被普遍传称为铁牙善巧（lcags so can）。】③ 从16岁到20岁期间，他在漾休欧珠大师（slob dpon yam shud dngos grub）座前听受了索尔宗传规经教和幻变法类，并且勤奋学习和细心研究。在那里的僧众辩论中，无人能够胜其辩才。因此，漾休欧珠将他

---

① 【】藏文（第1093页倒数第4~3行）为：yab yid ma ches pas bsnan nas bton pas thon nas/ yab kyis thal mo sbyar/。其中bsnan nas bton pas thon nas罗译为"当面念诵"，恐误。郭译（第613页第2段第4~5行）为："其父有些不信，增加唸数而唸仍能唸完，父合掌欢庆。"

② 藏文见第1094页第8行。与mdo sgyu vphrul sems gsum同。郭译（第613页倒数第5行）为："垛、鸠、生三法。"

③ 【】藏文（第1094页倒数第6~4行）为：bcu drug pa la tshems chag nas lcags kyi tshems tshab bcug pas mkhas pa lcags so can dug rags/。郭译（第614页第1~2行）为："他年届十六岁时，对牙齿缺落者，能以铁牙镶补，普遍传称他叫铁牙巧手。"

的原名嘉姆改为喜饶峨。17 岁时，他又在江波·达玛扎（skyang po dar ma grags）座前听受绛贝格巴（vjam dpal sgeg pa）的四种法门和麦枳六法。18 岁时，他撰著了《幻化道次第注释》（sgyu vphrul lam rim gyi ti ka）和《道次、基道大纲》（gzhi lam gyi stong thun）。19 岁时，他到了后藏①。首先，他与伦地下部（lhan mdar）的索达僧（so dar seng）相见，仅一见面就生起敬信。他在师座前听受了《正法》、《甘露》、《大圆满总结》和《幻化徵相》②，以及《正法诸学处》等；又在其副讲座朗顿觉白（lang ston jo pad）座前听受《阿毗达磨杂集论》和吉宗（skyi）传规的《金刚橛法门》。在梁堆（梁上部）的嘉·索南坝（rgya bsod nams vbar）座前，他听受嘉宗传规的《甘露法门》；在洛扎西边峡谷处喇嘛嘉僧嘎（bla ma rgya seng dkar）座前，他也听受《甘露法门》；在梁纳垛波（myang nag mdo po）座前，他听受经教和幻化法类；在温垛大师（slob dpon dpon zlos）座前，他听受《大手印宝藏》（phyag rgya chen po mdzod）；在觉达大师（slob dpon jo dar）座前，他听受《大圆满隆钦法类》（rdzogs chen klong chen）③；在藏纳准珠僧格（gtsang nag brtson vgrus seng ge）座前，他听受《因明摄要》（tshad ma sdus pa）④ 和蚌巴（vbum pa）传规的略论⑤；在成就者欧珠（grub thob dngos grub）座前，他听受《大悲观世音三法》（thugs rje chen po skor gsum）。后来，当他住在拉杰索（lha rje so）时，父亲给他送口粮途中遇到仇人而被杀害。为此他悲伤而患病，只好将所有剩下的财物作超荐亡父之用。之后他返回前藏，来到扎塘（grwa thang）。看到父亲死后，母亲和兄弟穷困不堪，为此他忧伤不已，打算前往康区。但是，父族诸亲友一起规劝他推迟去那里，要他赞颂功德传法。从 21 岁起，他作一般共通的闻法，同时讲说。打那以后，他又在许多上师座前听受了许多教法。在格西塔细（dge bshes mthav bzhi）座前，他听受《波罗蜜多》、《中观》和《因明》。掌握了《那若方便道》（nav ro thabs lam）之后，他生起殊胜的修悟，对教授之疑惑处尽释。24 岁时，他发现自己被地神争扰。于是，他在珠果恰（gru go cha）的侄儿珠南扎

---

① 此处"后藏"藏文（第 1095 页第 3 行）为 rtsang，恐应为 gtsang。
② 这里的《正法》、《大圆满总结》和《幻化徵相》均是宁玛派法类。
③ 罗译（第 941 页倒数第 6 行）行间注：藏传佛教宁玛派著作。
④ 罗译（第 941 页倒数第 5～4 行）行间注：这似乎是一部藏文著作。
⑤ 罗译（第 941 页倒数第 3～2 行）行间注：藏文为 sdud pa，梵文为 Prajñāpāramitāsañcayagāthā，见 mdo mang，叶 3456。参阅拉露女士的 Les mDo mangs，巴黎，1931 年版，第 42 页，注 108。

（gru rnam grags）来到桑耶观察时，在其座前求得珠师的甚深诸法记录纸卷（shog dril zab mo）后，在喀汝岗（mkhar ru sgang）闭关专修而制伏了地神诸争扰。然后，他前往堆隆欲在坝日座前求传义传（don rgyud）时，正好遇到后者在闭关修行。于是，他前往熊巴顶（zhong pa stengs），在嘉哇衮焦座前求传《玛哇僧格的义传》（smra ba seng gevi don rgyud）教授。【最初，（衮焦）有点不太愿意传授。】① 有一天互相辩论教法时，师徒都未胜过他，于是觉色卓波（jo sras vbrog po）对上师说："这位格西（喜饶峨）在后藏的思玛（sil ma）以下一带，普遍传称是最善巧教法者，大师您怎么能胜他呢？"上师于是对他说："我不知道你是这样一位大人物！还希望谅解！"说后就给他圆满传授了详细的教授。此后，喜饶峨求得岗宗的教授（skam gyi gdams pa）、玛宗修时精华、仲·益西坝（vbrom ye shes vbar）的《真实名称经之金匙》（mtshan brjod gser thur）等息结派的许多教授。这也有助于他疾病痊愈。他在那里住了三个月。到第二年他年满25岁于12月15日夜间修玛宗传规的修时精华时，心中生起无颠倒智慧的证悟，发现轮回涅槃一切法唯名安立，故而获得解脱。之后，他在昂雪甲热（ngam shod rgya ras）座前求得《大手印导释》、嘎哇坚巴的义传、《方便道颂》（thabs lam tshigs bcad ma）、谷贡（mgul sgom）的方便道等教授。那时，无论情绪多不稳定，他都能清楚地回忆起根本要义。但是，他未能入于无记识道，也未能入去到四明智中。他年满28岁时，曲巴达尊虽然已经逝世，但是他听说其子曲巴准珠僧格仍然住世，并且拥有与自己父亲相等的教授和证悟。所以，他便乔装成流浪者前往羌清（chang khyim）。最初一年，他求得玛、索、岗三宗的经教诵授，闻习极为认真。他发现，虽然曲巴认识根本的教授与嘉哇衮焦无甚差别，然而，曲巴在直入修法的途径和解说的效验方面更加善巧。当时曲巴来到扎寺（gra）主持纪念格西的荐亡仪式。他②用自己的份额对（上师的）一切徒众和施主作了恭敬承事，因此曲巴③喜悦而说道："我将用去年所传诸余法来招待你。来为我送行吧！"喜饶峨跟着去服役他。那次，他得以传授余法，尤其注重勤修索（穹哇）宗诸法。上师就给他传授了《波罗蜜多传承》，并劝说他修三年苦行。他认为索宗诸法中有一些自己过去未曾获得，故而请求传授，但是上师此次没有传授给他。后来，他接到上师函命："有一瑜

---

① 【】藏文（第1096页第9行）为：dang po gdams pa la rtseg ge byung/。郭译（第615页第3~4行）为："最初对教授发生重叠之感。"
② 罗译（第943页倒数第6行）为：Rog。下同。
③ 郭译（第615页倒数第5行）行间注为"喜饶峨"。

伽大师从吉雪前来，你去帮助他吧！"因此，他对瑜伽大师作了很好的招待，并陪同他一起来到师前，因此他获得上师传授诸教授。此外，他还获得传授《息结派的救度母法门》、《明灯九法类》以及杰宗和江宗等的一切法类。上师对他说："现在我和你之间就息结派的法类而言，没有谁是善巧与不善巧的差别了。"此后，他想修行岗宗法类三年时间，于是，他将所有财物都施舍干净，连一个茶杯（gsol zhal）①也没有留下来。【为此漾休大师有些不悦，作歌叹惜而流泪。】② 此后，他在哲哇岗（rtse ba sgang）的中屋里闭关修行三年，以辟谷为生，穿着破烂衣服，缄口不语。他苦行勤修，以此获得证道征相，犹如石头与骨头相触（lam rtags dang rdo rus phrad）③，继而漏流断绝④。一个月里，就现起无昼夜分别的光明。总之，他最初亲见本尊诸佛；然后获得空行母给他授记；最后能役使诸药叉作诸事业。

年满30岁时，他（喜饶峨）与季仓细波（skyi tshang zhig po）相见。季仓细波已垂垂老矣，两边常有俩修女扶他。他常常是甘露经过呕吐之后再次饮用，以此身形美丽而面带微笑。若·喜饶峨一见到他，平常的想法顿时改变，他不知应如何对这位长者顶礼恭敬才好。于是，细波赐以他食用剩余之甘露，他饮用后感觉全身愉悦。虽然自己感到不自在，他还是向细波请教了一些佛法的问题。上师回答说："首先我闻习教法，然后我善巧教法，最后我修过教法。现在，对我而言，法与非法无甚差别。你没有闻法之耳，我也不善说法。但你可以把这个拿走！"说后把左手一指甲给他，上面站出来一瑜伽女身像。在那里，他在善恶、舍离、根本位和后得位等中所持的一切修悟都获得清净。

过去，喜饶峨在曲巴座前居住时，听说丹饺拥有教授。后来，甲萨（bya sa）的觉窝伦觉（jo bo rnam vbyor）迎请止贡法王（vbri khung chos rje）和嘉姆仁钦岗巴（rgya mo rin chen sgang pa）时，他去朝见诸师，故而得以见丹饺。丹饺给他传授了三种共通的无垢传承，并说："此法中有许多种灌顶等法。迎请我到你家乡吧！当在那里圆满传授此法，我与你之

---

① 郭译（第616页第5行）为"食粮"。
② 【】藏文（第1098页第7~8行）为：slob dpon yam shud cung ma dgyes pa la mgur mdzad pas spyan chab sil de byung/。罗译（第944页第18~20行）为：The ācārya Yam shud disaproved of it somewhat, but Rog sang a psam, and the Teacher shed tears. 请比较参阅。
③ 意即"透彻觉悟"。这是宗教文献中一个著名的说法，就是说如果一个人想吃到骨髓，就必须用石头将骨头砸碎。因此，骨头与石头相触比喻心智彻底领悟佛法。参阅罗译（第944页）行间注。
④ 此句又意为修行是尿液断流。

间有一种机缘。"喜饶峨请求说:"我已经成为瑜伽士,无固定资产,因此没办法迎请您。"丹馁师说:"除我之外,谁也不会到那儿。无论如何也要迎请我去!护法、诸空行母也带话谈到此事。我应完成诸法传授。"因此,他们约定十月间为迎请之期。此后,他前往季仓(skyi tshang)求传丹巴传规的《真实名称经》等教授,以及六种零散觉法等法。过去,上师(细波)只给对他人传零散三种,但现在他给若·喜饶峨传授了完整六种。可是由于上师年龄已高,有许多详细具体情况还要问其女儿嘎丹(skal ldan)。之后,喜饶峨前往哲岗(rtse sgang),由于未完成过去的苦行誓约,鼻孔出血七日不止,用药和忏经①都不见效。总的来说,他对诸师礼敬,尤其是想念索·达玛僧格(so dar ma seng ge)。因此,他亲见空中现起身着蓝色法衣的索·达玛僧格前来,并用手抚摸他的眉间,鼻血顿变成青烟般而止流。此后由于若顿赞波逝世,他为了作超荐事务,因而延误了迎请丹馁的约期。后来他住在邦仁(bang rim)时,梦到一位佩戴海贝装饰的妇女对他说:"嘉哇丹馁在等候你去迎请他啊!"于是,他在那里派遣了四人前往迎请。他们在至尊丹馁居在温地下部(von mdar)的施主甲坝(yon bdag lcags vbar)家里相见,丹馁大喜!当天晚上,丹馁将所需用的诸兰本书籍带走后,第二天自己前往喀雅。丹馁在焦地(rgyabs)为雅钦热乌格(yar chen revu dge)作好基本诸事并在灌顶时,细波也来到那里。施主和福田共有40人求得辅音和元音字母灌顶。之后他们前往邦仁。此后三个月,喜饶峨得到上师的传授无垢教令等共通诸法。后来丹馁又来了。并对喜饶峨说:"陈设会供吧,我将要为你作法事。"于是为他传授了不共教授(thun mong ma yin pavi gdams pa)、续部大纲等和灌顶道之导释等。上师说:"虽然我有过去无人知晓的甚深教授,然而有上师之密令,除单传外,我无权传授。出家老人岗师是适合交付单传教授者,但他已经死去,【出现了极好的征相和智慧】②。其子不是法器不堪传授。现在这一传承是应该交付于你,但是直到我没死之前,你不应该提到舌尖上说出。你有如此教授,待我死后你自己揣度和适合而行。"③ 说后将十六本小册子都交付给喜饶峨。丹馁最后一次来时,细波和贡巴曼季巴(sgom pa sman gcig pa),以及顿巴南喀(ston pa nam mkhav)等人也请求并得以传授一些教授。此外,丹馁还给他们传授了夏玛传规的《垛哈》、

---

① 忏经(rim gro):念经拜忏以消灾祈福。参阅《藏汉大辞典》,第2701~2702页。
② 【】藏文(第1101页第4行)为:rtags dang yon tan bzang po byung/。郭译(第617页倒数第8行)漏。
③ 这段话藏文请参阅第1101页第3~5行;郭译请参阅第617页倒数第9~4行。

恰钦的《法语却鲁法类》（bkav cho luvi skor）、恰穹的《法语广论》（bkav rgyas pavi skor）、班遮卓达的《简略法类》（bsdus pavi skor）、索波垛德（sog po mdo sde）的玛宗传规法类。丹馁临终时，侍从问他道："您的弟子中您将挂念谁？谁是获得上师你的完全教授者？"丹馁回答道："除了喜饶峨大师算得上外，还有谁呢？他是好比丢马由外寻得，丢牛由内查而寻得（表示内外精通）。他是招来十支后裔而进入以下诸代所依靠者。"如此之问答可以表明喜饶峨的超越修悟是空前的，而且他心中生起了良好的至尊丹巴在印度的究竟密意，并在心中获得一种彻底的定解。

年满32岁时，喜饶峨迎请扎奇（gra phyi）的若伯（ro bhe）大师前来。他在其座前求得《胜乐十三尊修法》（bde mchog lha bcu gsum ma）、顶布（ting bu）传规的《垛哈法类》、诸若哇（lo ro ba）的《四法》（bzhi chos）、《往生合修法》（vpho bsre）、《修时安设》（thun vjog）①、《耳传母法》（snyan brgyud yum skor）、诸宗（snur）传规的《摧破金刚法》（rnam vjoms）、楚宗（vtshur）传规的《纸卷四法》（shog dril bzhi）等。年满33岁时，喜饶峨在曼季（sman gcig）矫正道法。

年满35岁时，喜饶峨在聂塘的达岗细波座前，求得印度辛底巴的《精滴密吸法类》（thig le sbrang vjib）的灌顶和教授等。年满36岁时，喜饶峨前往喀曲（mkhar chu），亲见饮血金刚曼荼罗。

年满39岁时，丹巴对他示现身相而并授讲修悟征相。年满40岁时，嘉察垛旺（rgyal tsha mdo dbang）把聂垛寺供献于喜饶峨。他收纳此寺后，又将寺座托付给玛威僧格（smra bavi seng ge）。年满42岁时，他在哲岗修甘露法，获得可以润湿师徒们的衣服甘露下降。

年满48岁时，他在牟底（mu tig）座前获得天眼神通。之后，他在策窝隆（tshes bo lung）居住时，曾前往郊区一村落与阿里益西扎（mngav ris ye shes grags）之子多杰扎（rdo rje grags）相见。多杰扎拥有父法传规的《耳传法》，因此，他以父亲的《耳传法》交换了喜饶峨的母法《耳传法》。年满49岁以后，他做利益其他有情之事业。丹馁上师逝世后，传法密约解禁。于是，格西康巴·喜饶准珠（dge bshes khams pa shes rab brtson vgrus）备办许多求法礼物并陈设会供，喜饶峨就对他传授了殊胜教授。此后，（他的生活）发生极大灾厄，后来直到65岁虽仍不顺缘，但是灾厄逐渐变微小了。68岁时，他为三十处讲经院给大众广转法轮约半个月之久。他年满79岁时的甲辰年（阳木龙，公元1244年）逝世，荼

---

① 息结派的一支。

毗时发现胜乐俱生和金刚瑜伽母等像以及许多舍利。

喜饶峨的弟弟法王细波（chos rje zhig po）：此师前生是邬仗那王，名却季拉（chos kyi lha）①，是修行甚深密行并且证得成就的一位大德。他转世诞生于辛卯年（阴铁兔，公元1171年）。3岁时，他就能想起轮回生死之苦，并且善于念诵。【到5、6岁时，母亲教他识字念诵。】② 从7岁起，他行密行而装成哑巴。年满12岁时，他听说喀惹僧人杜哇峨（kha rag grwa pa vdul ba vod）说法，使许多人到寺庙经院中修行。由于母亲将他送到别处去了，他未能到寺庙经院里去，但是他听到消息后，夜间就前往讲经院，哭泣着说："我为什么今天不到这里来呢？"然后，他向十方一切求法修法人士顶礼，因而他就此在心中生起了真正依止处。16岁时，父亲逝世了。他只好解除密行，返回家中，给俗家念诵经忏，并为母亲作服役。18岁时，他独自一人前往名为甲姆赉达（bya mo spre ltag）的洞穴居住。他在洞中听到猫头鹰的叫声，开始时心里不安，之后他观察心不安之本体，而现证自性空的心体。此后，他在兄长（喜饶峨）面前求得许多教法和教授。此外，他周游许多地区，在许多贤良上师座前求传教授。年满25岁时，他在一法轮会上讲演略论。他发现会众（对其讲解）不甚起信，只好逃离讲席前往曼季（sman gcig）。途中他虽然遭遇魔障，但是未受到损害。有一位女地神前来迎接，并使他住在南喀宗（nam mkhav rdzong）期间为之服役。26岁时，他收到兄长来信说：上师大德丹馁已到焦地（rgyabs），要在那里传授灌顶，你来吧！他心中大喜！就前往那里，求得诸种灌顶。此后上师告诉他，他必须修学教法导释，并要闭关念修《修心法》，废寝忘食地23天。修习之后，他圆满生起征相和一切功德。然后，他到上师座前禀告现起的征相。上师说了许多训斥的话："就是父亲的话也不要随声附和，就是母亲的油脂也不要说是美味（心中应该有主见）。"他没有意识到上师是在测试他修心之程度，心想后者是在找不给他传教授之借口。为此，他就作道情歌道：

至尊上师仁波且，
慈悲摄受具信徒，
具足上师少如晨星，

---

① 梵文：Dharmadeva，即法天。
② 【】藏文（第1103页第8行）为：lo lnga drug la yum gyis klog yon gsol/。郭译（第619页第1~2行）为："到五、六岁时他以唸诵《般若经》的酬金来作费用。"

合器弟子则更稀少。
我乃厌世一乞丐，
心未动摇于非教法；
此刻守山林居修誓，
紧依美誉师尊之足！
认真积福财作基因，
竭力全力修心为道，
难于净治之障染，
此次获现三净相。
经中所言诸道相，
我无修行此次现，
虽是梦寐中习染，
然而现修中六征兆。
缺法无才乞丐我，
虽对文字无需要，
但希示我《父耳传》，
是否愿听我仍歌。

他如此而唱，而上师很难听见其歌声。上师假装如梦初醒而开示道："总的说来，求丹巴之法门者很多，但是，能值遇修行传承中无误的教授者不多。纵使他能值遇教授，但他最初未能完全研究学习导修讲义而空喊阅读书本。这样一来，他错失缘起，以致我不能获得可以托付的传承对象。你所现起的那些徵相和功德，我以前就知道，但还未具足完尽因素。如果你完全具尽，我也不知道你是否符合施给《耳传》的承侍者。除我之外，还有一位法主，我必须跟他商量决定。"说后，他唱出道情歌曰：

计从无我母以下，
到父巴操师以前，
此为单传之教授，
具证传承从未间断。
修悟法流从未过时，
现征相与功德为少数，
应机当传是我身，
但只能单传一士。

第十二章　息结派初、中、后三期传承情况

以前求者虽无数，
但多数许誓愿不清，
师徒相合无一人，
瑜伽本分我掌握。
未向鬼魔求悉地，
未向天神作祈祷，
未将密语说出口，
未向人前露隐藏。
此一宝藏教授王，
愿能值遇善缘徒，
我具正法贤名称。

对此，法王细波说过："我对师语看作无与伦比合量语；在师前献上修行的誓约，并且作了合理的承侍服役。上师也对我极为关怀，并且将一切教法都完全传授给我。"他虽然有许多上师，但却以丹馁作为根本上师。法王止贡巴虽然对他说："你住持我的传承吧！"但他禀告说："我应该住持我上师的瑜伽单传。"

31岁时，他前往止贡。本地神坝拉（gnas po bab lha）已经有人，也来迎接他。他在僧会与法王止贡相见。他以贝钦古尔哇（dpal chen gur ba）作堪布，藏巴杜真（gtsang pa vdul vdzin）作大师，甲日哇（lcags ri ba）作屏教师而受比丘戒，取名仁钦喜饶（rin chen shes rab）。受戒后，他身披法衣及饰品，顾盼上下左右四方而说道："极为善妙！"说后用手摩自己头顶。此外，他在贡巴曼季巴（sgom pa sman gcig pa）座前听受初期法类及察宗传规的法类；在曲巴尊僧座前听受了中期传承；在索达僧（gso dar seng）座前听受法净母法；在恰布甲热（vchar bu rgya ras）座前听受索宗旺饶（dbang rab）传规的法门；在日措布顿（ri khrod sbug ston）座前听受了布桑（pu hrangs）传规的救度母法及【觉的零散六法】①；在嘉哇衮焦座前听受索宗传规的法类；在若顿赞波（rog ston btsan po）座前听受噶噶尼（ka ga ni）、摧破金刚、大甘露母（bdud rtsi chen mo）等法；在若顿鲁敬（rog ston klu spyin）座前受了《密集续》；在细波堆枳（zhig po bdud rtsi）座前听受了《大圆满耳传法》；在喀若吉顿（kha rag skyi

---

① 【】藏文（第1107页第1~2行）为：gcod brul tsho drug pa/。郭译（第620页末行）漏。

ston)座前听受《五钉》(gzer lnga)等察宗传规的法类；在项巴绒伯(shangs pa rom bhe)座前听受了《往生通道》(vpho ba spyi brtol)；在诺岗(lo sgom)和伦宁波(glan snying po)座前听受《胜乐十三尊灌顶》(bde mchog bcu gsum mavi dbang)；在若喜饶达哇(rog shes rab zla ba)座前听受了《秘密一橛法》(gsang ba phur gcig)和《甘露一瓶法》(bdud rtsi bum gcig)；在其父亲座前听受《大手印耳传》(phyag rgya chen po snyan brgyud)等；在牢哲玛贡巴座前听受了《妙吉祥友母》(vjam dpal bshes gnyen ma)等诸法。后来，他从止贡返回后，专心于修行。于是，他在杂日、喀曲、香布、牟底、波玛(pho ma)、杠桑(gangs bzang)等处一心专修。后来，他主要做利益其他有情的事业，地方诸神也前来迎接他。他在37岁时前往山林修行处静修，同时也教化上、中、下三种徒众。【此后，他将噶举派的诸论著书写成金书，形制犹如一部《华严经》(phal chen；梵：Avatamsaka)。40岁时，他携带这些前往定日。连日月凤翅空行母(mkhav vgro ma nyi zla rlung gshog can)也在那儿迎接他。】①当他行至翁曲河边(bong chuvi vgram)时，丹巴(桑杰)和绛曲生贝贡噶俩师前来迎接他，说道："你来太好了！"他来到朗柯的那天晚上，梦见自己前往宝岛，这是利他事业将会成功的吉兆。他便在大菩提等塔像前作广大供养，对无数瑜伽男女修士作承侍供养并使生欢喜，并讲说许多朗柯的故事，于是朗柯寺的内部人士都想，他肯定是丹巴的化身。虽然他们请求他住持（朗柯）寺庙，但他后来仍然返回。离开时，他来到（丹巴桑杰）灵骨塔前告别顶礼，灵骨塔摇动了三次，并增加了大量舍利。他对诸弟子大降法雨，并且著作了广、略两种道次第和许多释论。最后，他在75岁时的乙巳年（阴木蛇，公元1245年）12月22日逝世。此前，他在12月18日登上狮子宝座，身端直而坐，丝毫无恙。等一切徒众都聚在周围后，他说："最初，我重此世心力微弱。为此，我害怕作浊世众生之大师。不管怎样，我被迫成为人师。清净思想之花晚开，我能使众生得到利益。我们师徒之间好像有一种甚深业缘和愿力联系，以此你们对我关怀而信解，我也对你们慈怀；孤儿我们师徒都与法相合而生起快乐，互相作伴很长时间。人人都难以名誉无损地度过一生，然而美誉与法联系，仍然

---

① 【】藏文（第1107页倒数第6~3行）为：de nas bkav brgyud kyi gsung rab rnams gser du bzhengs pas phal chen tsam zhig byung ba bsnams nas bzhi bcu pa la ding rir byon/ de yang mkhav vgro ma nyi zla rlung gshog can gyis vdi ring nas bsus/。郭译（第621页第10~12行）为："此后金书（用黄金粉末书写）嘎举派诸论著。仅携带所得的一部《华严经》而去到定日，那时他已年届四十岁。也是日月凤翅空行母迎请他到那里去的。"

遍于十方。现在，我将示现圆寂，你们莫作悲伤！你们和我的心愿在一起，因此并无聚合与分离。我死后，对达到究竟证悟的大修士来说，是不需要徵相等遗迹的。然而空行母扫除设座后，还可以留一些遗迹作为供养之所依。你们也应该猛利地作祈祷！"此外，他对净治遗体和茶毗事宜做了一番叮嘱。他还嘱咐"在此寺中一切人等应如法修行而安住，三年后将有好景到来"等语。而后就逝世了。果然如他所说，出现许多稀有加持物和佛像等，至今（著书时）仍保存于其山林修行处。

其后为温波·协旺巴（dbon po sher dbang pa）继续掌管寺庙一年而逝世。

温波·协旺巴之后，推选其弟达夹哇（vdag vbyar ba）掌管寺庙，也是仅过一年就逝世了。因此，普遍传称此寺有凶煞，谁也镇伏不了。

后来是楚细巴（vkhrul zhig pa）住持此寺，为期很长时间。

善巧者玛威僧格（mkhas pa smra bavi seng ge）：此师前生是喀钦（克什米尔）地区持数论师宗派的一位外道师。他喜欢辩论，故而到过印度东部，许多论师都在辩论中败给了他。后来，由班智达喜饶珠巴（shes rab grub pa）破其辩论，使他慑服。此后，他便拜班智达喜饶珠巴为师，并且得师传授《阎摩敌灌顶》，取名密号为季麦哲（vjigs med rtsal）。师徒结伴前往邬仗那护法王却季拉（chos kyi lha）处。应邬仗那王请求，喜饶珠作僧会之主，季麦哲担任羯摩师而转大会法轮。他们发愿，将来的生生世世都要相聚。为此，季麦哲此生中是于丙午年（阳火马，公元1186年）转世诞生。8岁时，季麦哲学会文字和算法，略作指示就能知晓。年满13岁时，他的才能和身体均渐趋圆满。在扎、垛、匈三种（gra dol gzhung gsum）会中游艺，他的容颜引人注目。14岁时，他在闭关中讲说《基道大纲》（gzhi lam gyi stong thun），因此，一切僧人和修士都对他敬信，感动得流下热泪。15岁时，他在却仓津（vchos tshang khyim）①伦觉僧格（rnal vbyor seng ge）座前学习《中观六论》（dbu ma rigs tshogs），使他成为精明的辩才。17岁时，他在扎奇达蓝波（grwa phyi rta lam po）的香敦衮却大师 slob dpon zhang ston dkon mchog）座前学习许多《声明》论著。他在20岁时前往喀惹（kha rag）的善巧者觉班（mkhas pa jo pad）处学习经部、幻化、心法三类，经过两年时间就已经精通。然后，他前往后藏各地遍游辩论场所，在桑尼乌喀（bzang nyevu kha）与许多智者辩论而最终均获得胜利。因此，有位名叫汝昌巴索仁（ru mtshams pa bsod

---

① 罗译（第955页倒数第3行）转写为：vchos-chang-khyim。

rin）、精于《对法》和密宗者，也是过去索哇（so ba）座前的朋友，这样谈论（他）："此位青年学者思维敏捷极好，但言辞常常自相矛盾。他使我想起了我的朋友格西喜饶，他们的谈锋极为相似。"此后，在格西乍窝钦波（dge bshes bra bo chen po）逝世法轮会上，他进行了一场辩论。其对手名为雅顿书姆（yar ston hrul mo），格西峡噶桑（dge bshes shavka bsam）等也辩不过他。辩论的主题为是否有本性利根。经过多次辩论，对方均败在他手下。因此，声名远播而获得玛威僧格（意即言语狮子）之名。他的真名为准珠僧格（brtson vgrus seng ge）。22岁时，他任聂垛寺主，书籍法螺等都交付给了他。但是，由于求法学业尚未完成，由其两位兄长来掌管几年时间。之后，再次请求他住持，但他没有同意。（大哥）仁波且钦波（rin po che chen po）修建了聂垛的拉康；由（二哥）细波承许为拉康购置宗教书籍。后来，他掌管寺庙庄园，并感念俩师惠赐此世事业和正法二者之恩；为此，他不必到他处住持，这里即能使他认识到心即佛之恩。由于他们的缘故，之后他作了说法和闻法事业，并调解过许多世务纠纷等。故而，有些人把他看作纯粹的世务者。在他年满23岁时，喀惹觉贝（kha rag jo pal）逝世。为了圆满逝者的遗愿，他供献了许多供物（为之举行葬礼）。31岁时，他修五道（lam lnga），如前辈上师那样，他现起因障净之相、道掌握五风之相、果净相现起之相等。他还现起无昼夜分别之光明、墙壁无阻碍等。实际是在断离戏论之上，如火焰炽热地生起乐、明之修证。以此在无念中喜极而泣。33岁时，他修《真实名称经》教授，因此，在莲花开花中亲见七尊文殊。35岁时，他前往拉萨送供品，获得从观世音心间放出如君陀花①色光明，合入于头顶之中。【38岁时，他陪伴杜松铿巴，后者是仁波且的亲戚。细波到桑耶寺作供时，他也是随从。】② 因此获得马头金刚像从心放出，如珊瑚打破之后的光明入于他的心中。40岁时，他在聂垛寺中闭关静修，生起如珊瑚色红光而后变为马头金刚，红光遍布昂雪。金刚发出三次马鸣声，初次前后藏四茹都能听到，后两次听到的地方更加遥远。他说："这是一切智者的美名将会到来之兆。"41岁时，他到喀曲时空行母前来为他指路。在柳喀嘎（smyong

---

① 君陀（ku mu ta）：睡莲，地喜花。梵音译作固目达。月出则开，日出则合的一种水生黄色小花。参阅《藏汉大辞典》，第12～13页。

② 【】藏文（第1112页第9～11行）为：so brgyad pa la rin po chevi sku vdab dus gsum mkhyen pa（此处原文 khegs pa，恐误）devi zhor bteg/ zhig po bsam yas su mchod pavi phyag phyir byon pas/。郭译（第623页倒数第2～1行）为："三十八岁时，仁波伽（长兄）逝世第三次祭期来到顺带细波的供品，他作随从而来到桑耶寺中，……"

kha dgav，即能发吽字声的湖），他举行了漾达（yang dag）的劝解仪式，仪式的必需品充满了容器，并降下甘露。44岁时，他建立一切智者的赞颂功德法轮会。闻法会众坐满了大地，大格西说法之声音，坐在最后的听众是难以听到的，而他说法的声音，坐在最后的诸人都能听到。58岁时，他送供品到止贡寺，【在至尊敬安座前致礼。他见敬安犹如亲见大菩提】①。敬安说："过去你的心智已达虚空，而如今我要把它送到大虚空中了。"说后给他传授了大手印，于是他生起一种感想：无分别之密意在三时中是否不起效。59岁时，他住持了逝世积福之事宜，亲见益西贡波（ye shes mgon po）为他示现笑容。然后，他在62岁时的丁未年（阴火羊，公元1247年）11月初八日在现起的许多瑞相中逝世。净治遗体时，留下了许多舍利。后来，他们把他塑造为金刚萨埵像，用水扮饰像身时，沐水里也遍满舍利。他们给像身涂金时，如降雪般降下舍利雨。

所以，这三兄弟犹如三怙主②，从他们的法流中所出弟子虽然难以计数，但是住持其法传承的主要弟子却是楚细仁波且（vkhrul zhig rin po che）和唐杰铿巴（thmas cad mkhyen pa）两人。

楚细仁波且：父亲名为德协钦波·喜饶峨（bde gshegs chen po shes rab vod），母亲是喀曲的瑜伽母绛曲准（rnal vbyor ma byang chub sgron）。其母亲获得空行母的授记后，从喀曲来到德协钦波座前告知所得授记的情况。德协钦波表示同意，先作会供轮以加行，就与她爱合。怀孕期中，她发现许多净相。楚细诞生于癸未年（阴水羊，公元1223年），取名达玛僧格（dar ma seng ge）。年满5岁时，他就能够念诵出其母亲常修的瑜伽母修持法和三瑜伽。7岁时，他已了知许多程序的会供。就在7岁那年，他被送到聂垛寺的德协钦波（父亲）座前。目前在此请求后者传授（儿子）诸种事业法类。父亲问："他现在已经会什么？"他将所会的最初诵读和读经二者诵出后，父亲大喜，令他修持入于橛金刚的净治事业中。有一次，他在父亲坐垫的一角，吃其剩下的食物，继母为此发怒要打他。他逃出家门，到了乃沃（sne vog，一悬崖名）边上，被她抓着正要抛下悬崖时，被拉通大师（slob dpon lhag mthong）阻止，把他送到了沃玛（vod

---

① 【】汉译本中漏译部分。藏文参阅第1113页第5行。另，大菩提（byang chub chen po）：大觉。梵音译作摩诃菩提。超出有寂二边的大乘有学道。应断二障及其习气无余永净，应证二智一切功德完全证得，故称佛为大觉或大菩提。参阅《藏汉大辞典》，第1869页。

② 三怙主（rigs gsum mgon po）：也称密宗事部三怙主：佛部文殊、金刚部金刚手和莲花部观世音。参阅《藏汉大辞典》，第2639页。

ma，下方)。玛威僧格对妻子说："你不应该这样对待他！应该让他求学！"但是，他的继母不让他求学，而让他去牧马。在拾马粪时，达乌岗哇大师（slob dpon rtavu sgang ba）将其拾马粪的柳条筐①毁坏，把他领到继母面前斥责道："此子不但是上师成就者之子，而且也是不可以计数的徒子们祈祷的所依身。你怎么可以如此造恶糟蹋呢？"

童年时期他就能知一切法如梦如幻，对任何东西都不起贪恋，自己的衣服和食物，谁喜欢就给谁。他心中虽然不执著所缘，然而他时常有一种喜气洋洋的神气，外界事物对他而言均为虚幻。正由于他对任何东西都不起贪执，所以获得楚细（vphrul zhig，意即虚幻灭除者）之名。他年满12岁时迎请索巴（so ba），求得经教灌顶。父亲对他说："全心全意地修法，必须念修一尊本尊达到完满。"说后传授给他《金刚橛上部羯摩灌顶》（phur buvi stod las kyi dbang）。存积修行用物后，父亲让他进入修行。灌顶时为了观察其寿征，父亲将三粒丸药置于瓶中，灌顶后，丸药增生为九粒。因此给他授记："应该是长寿。"并且嘱咐他说："生起利他事业时，应以此培入自利福田中。"他勤奋念修，于是获得生起殊胜征相。之后，他就听受《黑毒金刚橛传统作法》和《金刚橛》广论等。15岁时，他于曲地（vchos）的羌清（chang khyim）在格西贡噶（dge bshes kun dgav）和大成就者季德哇（grub thob spyi de ba）座前听受《现观庄严论》和玛宗教法等。17岁时，他认真钻研了（宁玛派著作）《密意集论》。此外，（父亲）德协钦波（bde gshegs chen po）把自己拥有的一切经教诵授传授给了他。此时他们为他娶来明妃觉蚌（jo vbum），他说："我不需要妻室"，于是把她遣回。父亲说："对于你修大乘密宗来说，是需要具相明妃的，此女属具相者。"然后又把她召唤回来。而后，他求得了息结派的所有法类，并且生起了超越修悟。21岁时，（父亲）德协钦波把自己拥有的息结派初、中、后三期传承一切法类都传授给了他，他念修完成，为此获得现起因、道、果的一切征象。父亲说："前往山林去静修吧，你应求得细波的一切法门。"因此，他前往细波座前，细波说："此子将会成为托付我教教法者，将能够胜任教法之主。有人将会变成膝盖骨②，我们今晚就开始给他传授吧。"说后，将后期传承为主的所有初、中、后三期法类全部传授给了他。在胜乐虚空曼荼罗中灌顶时，他生起上师和主尊无二无别信解。上师把自己幻化成为光蕴，于现相而无实有自性中而成为乐明

---

① 柳条筐（sel po）：细树枝所编的背笼。参阅《藏汉大辞典》，第2951页。
② 藏文（第1117页）为：mi res bus mo la vbab pa/。意思是有可能死去。

无别境。然后，上师导引他进入缘起室中著作出传承仪轨。他22岁那年，在（父亲）德协钦波临终时，他生起极大悲伤！因此德协钦波对他说："瑜伽士将死时是不必悲伤的。你虽未曾训练逻辑思维，但已具备内省能力。你应该勤奋修持，而且将会作出广大的利益众生之事业。"在德协钦波逝世那天，他虽然被悲伤所压制，但是晚上出现殊胜梦境与事相符：荼毗时发现观世音像，心脏未毁坏。他得到手中后，被继母夺去，但他没有心生不悦。由于法王①细波也屡次说他快要逝世的话，他就将松耳石、海螺，以及七匹良马在内的许多供物送到止贡寺中去。回来后为满足师之最后愿望，又塑造塔像。塑造尚未完工时，聂朵巴逝世了。26岁时，塑造塔像等圆满竣工。于是，他派遣热巴多杰贝（ras pa rdo rje dpal）到印度和尼泊尔南部去制造金伞和合金盆，并获得成功。热巴多杰贝本人前往邬仗那（u rgyan），以此普遍传称他为邬坚热巴（u rgyan ras pa，邬仗那热巴）。29岁时，他住在哲巴岗，抚育出塘卫巴（thang dbus pa）等许多门徒。三类寺庙的上师僧众等多次协商，最后决定以楚细波担任寺主最好。但是聂垛寺的唐杰铿巴致书于楚细说："你住在山林修行处发扬修行传承，由我居住在聂垛寺中弘扬讲说传承吧。"但是，哲岗哇（rtse sgang ba）的僧众和施主们对这种说法大为不满！于是诸施主携带承事供品而来到他的座前，谈话时施主们本想说"不去那边"，可是口误为"去那边"，使大家都大笑起来。他说："这是极好的缘起。"30岁时，他居住在山林而住持寺庙。在他31岁时，有善巧（一切智）和修行（楚细）俩师都来到雅隆地区班智达达纳希拉（pandita Dānaśīla）②座前。当他们烧护摩时，火焰圆光微现不吉相。因此班智达对楚细说："对你无害！"那次，他在汤处③一些大德前求得发菩提心和一种小禁戒。32岁时，他前往止贡寺在至尊敬安和拉衮却培哇（las dkon mchog vphel ba）座前出家为僧，也供献了不少供品，获得所有教法导释的全部传授。这一年，他在缘起室中著作了所有五道灌顶导释全部。41岁时，他前往堆隆和喀曲地方作利他之事业。在净相现起中也亲见丹巴来到。42岁时他到帕莫竹寺送供礼，嘉哇仁波且（rgyal ba rin po che）心中大喜，且回敬礼品。他求得许多教法导释；并且获得许多赐赠。43岁时，他获得大成就者麦隆多杰（grub thob me long rdo rje）的传教，令他心满意足。44岁时，他从帕莫竹寺将

---

① 此处藏文（第1117页第3行）为：mos rje，恐误。似应为：chos rje。
② 藏文（第1118页第1行）写为：པཎྜི་ཏ་ན་ཤི་ལ།
③ 藏文（第1118页第3行）为：thad，恐误。似应为thang。

自己的儿子竹巴波（sgrub pa po）召唤到山居修行处，任命他为寺主。45岁时，他前往涅地为乍玛哇（rdza dmar ba）的塔像等作开光法事。沿途在涅地附近作了息病灾和消除乱事的善业。就在这年，他任命敬安贝钦·唐杰铿巴（spyan snga dpal chen thams cad mkhyen pa）为哲岗寺寺主。48岁时他派遣杜松铿巴到洛扎。49岁那年他任命敬安察哇（spyan snga vtshal ba）为山林修行诸寺之寺主。他从51岁起，一直在索尔堆（zur stod）专修，长达31年时间①。他在81岁时的癸卯年（阴水兔，公元1303年）逝世，往生极乐世界莲花中幻化而生，名为绛曲生贝多杰弥舍巴（byang chub sems dpav rdo rje mi zad pa）。荼毗后，所有舍利都保存完好，奉安于内供塔中。

此师有子五人，长子为竹巴波·桑杰仁钦（sgrub pa po sangs ryas rin chen）：诞生于乙巳年（木蛇，公元1245年），于壬寅年（水虎，公元1302年）年满58岁逝世。次子为敬安贝钦（spyan snga dpal chen）：是丁未年（火羊，公元1247年）诞生之人，逝世于乙丑年（木牛，公元1325年），享寿79岁。三子为杜松铿巴住世71岁，诞生于壬子年（水鼠，公元1252年），逝世于壬戌年（水狗，公元1322年）。四子敬安蔡巴·释迦坚参（spyan snga vtshal pa shavkya rgyal mtshan）住世73岁，戊午年（土马，公元1258年）诞生，庚午年（铁马，公元1330年）逝世。五子堪钦楚臣坚参（mkhan chen tshul khrims rgyal mtshan）住世75岁，己巳年（土蛇，公元1269年）诞生，癸未年（水羊，公元1343年）逝世。

三子杜松铿巴：是楚细和明妃觉姆蚌敬（jo mo vbum rgyan）夫妇俩所生。【他在树普（zul phu）的堪布且绛（mkhan po ches byang）座前受法衣而出家为僧。】② 之后前往止贡亲近依止于弟弟座前，生起修悟并求得许多教法。他在堪布木雅（mkhan po mi nyag）和云丹峨大师（slob dpon yon tan vod）座前受比丘戒。弟弟（止贡巴）把自己的僧衣赐给他后，让他返回。他同前来听法的藏乍纳巴（gtsang brag nag pa）一起，在父亲座前听受所有后期传承的法类和许多旧密法类。又在长兄竹巴波那里听受了许多教法。聂垛·唐杰铿巴所拥有的才能，他也大多获得。从34岁到43岁之间，他在洛扎顶钦波寺（lho brag stengs chen povi dgon pa）一心专修。50岁时，他建造父亲楚细和长兄竹巴波逝世后的像塔等，并住

---

① 此处藏文（第1118页末行至第1119页第1行）中有藏文版编者的注释：两种木刻版中均为"长达31年时间，但值得推敲"。
② 藏文（第1119页倒数第7~6行）为：zul phuvi mkhan po ches byang na bzav vphred gsol la rab tu byung/。郭译（第628页第7行）为："在树普堪布却绛座前受衣和珠鬘而出家。"

持其寺庙,广做教化众生之事业。

敬安贝钦有三子:长子敬安衮嘉(spyan snga kun rgyal)享寿 35 岁,诞生于己巳年(土蛇,公元 1269 年),逝世于癸卯年(水兔,公元 1303 年)。次子云丹坚参住世 54 岁,诞生于庚午年(铁马,公元 1270 年),逝世于癸亥年(水猪,公元 1323 年)。三子喇嘛真坚巴(bla ma drin can pa)住世 63 岁,诞生于癸酉年(水鸡,公元 1273 年),逝世于乙亥年(木猪,公元 1335 年)。

敬安蔡巴之子为甲扎钦波·贡噶坚参(bya bral chen po kun dgav rgyal mthsan):诞生于己亥年(土猪,公元 1299 年),逝世于甲寅年(木虎,公元 1374 年),享寿 76 岁。

真坚巴的长子为日措巴·益西桑波(ri khrod pa ye shes bzang po):诞生于庚子年(铁鼠,公元 1300 年),逝世于辛巳年(铁蛇,公元 1341 年),享寿 42 岁。

(真坚巴的)次子珠金伊信罗布·贡噶伦珠(gtsug rgyan yid bzhin nor bu kun dgav lhun grub):诞生于癸丑年(水牛,公元 1313 年),逝世于甲子年(阳木鼠,公元 1384 年),享寿 72 岁。

贡噶伦珠的长子为克尊登珠坚参(mkhas btsun don grub rgyal mtshan):诞生于【丁】丑年(【火】牛年,公元 1337 年),住世 42 岁。

(贡噶伦珠的)次子仁波且却嘉哇(rin po che chos rgyal ba):于庚辰年(阳铁龙,公元 1340 年)诞生在哲巴岗地方。自童年时起,他就比其他兄弟聪明,且具有(前生多次住世积累的)敏捷思想、智慧心智,是一位无须苦学即能通达一切才能者。从 8 岁起,他就已经轻松通晓舞蹈、书札、星象等知识。从 9 岁起,他开始专心学习(宁玛派)《密要续部》和《金刚橛法类》。他还将密续注释中内容纲要、批注、论坛等都领会于心中。12 岁时,他担任寺主之职。在夏冬两季法会中他不断地说法。他又在父座前听受了所有息结派初、中、后三期传承中的灌顶、导释、教授等。他还广泛学习了新、旧密宗的许多经教诵授和教授等。【对于所表广大法类,他不用看书可以从心中讲述。】① (他的亲友们)大家商议之后,(为他)带来一个明妃时,他感到受到了伤害;于是,听到杰却仁波且(skyes mchog rin po che)的美誉名声之后,他与三位弟子,师徒四人一起逃走了。他逃奔到甲扎(rgya brag),与居住于此的杰却仁波且上师相见,一见上师面容就生起无量敬信!杰却仁波且问道:"你从何而来?"他答

---

① 【 】藏文见第 1121 页第 10 行。郭译(第 628 页)漏。

道:"从扎地(grwa)的山林修行处而来。"于是杰却说道:"啊!细波仁波且的后辈还在。"说后合十指到胸前以表敬意。又说:"这屋里的东西,你需要什么可以随便挑选。"对他大生喜悦!他也就在师座前听受了义传的一些所缘法门和会供诸法类。在此居住两三个月后,他被邀请者请回去,而后又返回来。之后,他在父亲座前求得一切教授,父亲如瓶泻水般全倾授给他。他又在甲扎钦波座前听受楚细传规的各种传统作法,以及《达波嘎举法类》和《金刚鬘灌顶》等为哲岗所无的诸法类。他又在喇嘛阿姆嘎巴(bla ma a mo gha pa)座前听受新密的许多灌顶;在藏巴(gtsang pa)座前听受许多经教诵授中以《甘珠尔》为主的许多经教诵授。后来,他在【年满18岁时】①,前往曼季(sman gcig)专修《金刚手威合修法》(phyag rdor bde khros kyi sgrub pa)。之后他又闭关念修新、旧密宗中许多本尊修法。此后,他修习中期传承中玛宗修行导释,于是获得了生起大手印修悟。后来的两年时间他闭关念修五道便,生起了许多殊胜征相。之后的一年时间,他修行三道修法。大约那段时间,有一黎明时分禅定时,他亲见广泛观修中生起的诸上师之像。因此,他的信力大大增长;他一作虔诚祈祷,即刻打开了许多三摩地之门。又由于他用六个月修了《一尊灌顶修法》(dbang gcig mavi sgrub pa),他在梦见自身成为光团合入上师胸中。有一段时间,他也勤修初期传承和索宗法类,故而竖起修行之幢。他的内证如太阳升起,而使无明黑暗消除;继而他解开能所取的锁链,他的慈悲心大增,使一切具信者的信根得到发育和增长,对祖辈及父辈等一切前辈传承得到报答。

甚至这位大德一昼夜的修行次序也是不可思议的。在黎明早座时,从持《皈依发心》(skyabs vgro sems bskyed)为本起直到天亮之前,他修持《五道》;然后,他修《长寿法》、《催破金刚》、秽迹金刚②等的念修法。此后,他陈设诸供品、修供赞、常忏祈祷、素净垛玛等法。早茶之后,他念诵经类修法,供垛玛次第极多。然后,他作噶举派三时祈祷等。

午餐之后,他经常是讲说《根除地狱》(na rak dong sprugs)③和《曜母陀罗尼》(gzav yum gyi gzungs)等法类。之后,【为了】傍晚的修行,【他要就寝休息】④。傍晚,他修诵救度母21遍。黄昏时分,他修百

---

① 【 】藏文(第1122页第6行)郭译(第629页倒数第4行)漏。
② 秽迹金刚(sme brtsegs):佛教一忿怒神之名。参阅《藏汉大辞典》,第2174页。
③ 罗译(第965页倒数第3行)行间注:宁玛派法类名,在锡金非常有名。藏文(第1123页第9行)为:na ra ka dong sprugs,恐误。
④ 【 】处据罗译(第965页倒数第2行)补,藏文(第1123页)无。

拜礼忏、七支供养、总忏、供护法垛玛。天黑之后，他修《开虚空门》（nam mkhav sgro vbyed）和《增益修持》（bskyed dbungs）法。他每日也不间断常修的岗宗法类和（觉宗）行境二者。以上诸法是他每天从未间断的修持法类。他如此一心修持，故而发生了许多殊胜征相。有一天夜里，他修护法酬愿百次，梦见自身出了许多脓血，身肉随即减少，之后肉和骨头分离而成为整架白骨。他修《和威合修法》（bde khros kyi sgrub pa）时，修境中自身处于妙高山①顶观看三千世界②，自身也变成极大之身。又在求救度母灌顶时，他亲见上师即救度母。在闭关念修金刚橛时，他亲见从金刚橛身中出现一如灯火般的红光多日，梦见两手各抓着一座山，如持钹那样互相击打。又在闭关念修长寿本尊时，他梦见饮大江。他在桑丹寺（bsam gtan gling）供修14日垛玛时，黑色邬摩天神（legs ldan nag po）降于屋顶而来到自己面前，继续往下而去，为众人所见。在月食时，他修《和威合修护摩》（bde khros kyi sbyin sreg），作完世间护摩后作出世间护摩时，他自身威光比以前更焕发；护摩火焰也比以前焰头长而明耀。当他修完仪轨时，他说：我获得一种决定。有人问他是何原因？他说自己在修对面生起③本尊时，真实本尊来到火中，焚烧物和诸供品可以发现如人供接引人那样；此后诸空行诸护法也都来到取得一次福缘啊！《和威合修》和《金刚橛》两法也是前辈诸上师重要修持法，唯以这两法灌顶时，加持力为最大，而求得灌顶者以此获得祛病除魔，以及哑者能言颇多。由于法中广修药物加持，以此药效较前增长，且发现许多加持征相。

  他的史事和作风完全是效法前辈诸师而作。他所得诸财物，也都用来作前辈诸师逝世供祭、塑造塔像、对贫苦弱小者捐助、对上下庙堂提供供明灯。仁波且珠坚巴（rin po che gtsug rgyan pa）逝世五年后，他将珠坚巴之子喇嘛俄色哇（bla ma vod zer ba）等少数的人召集起来，传授以《五道灌顶导释》等。之后，于夏冬两季他都不断地讲授息结派初、中、后三期传承诸法，而使其利他事业增长。因此，其美名传遍于整个大地。其座前有许多善知识前来亲近依止，其中最胜的弟子有杰却·仁钦桑波

---

① 妙高山（ri bo mchog rab）：或妙光山，或善积山。梵音译作须弥山、苏迷卢山。佛家宇宙学所说器世间基础金轮上形成的高山。形势优美故妙，群山之王故高，山东面银质，南面琉璃，西面赤晶，北面黄金。四面天空以及海水，各呈各方宝物光彩。山没海下八万由旬，高出海面亦八万由旬。参阅《藏汉大辞典》，第2680页。
② 三千世界（stong gsum）：第一、二、三级千世界：小千世界为第一千世界，中千世界为第二千世界，大千世界为第三千世界。参阅《藏汉大辞典》，第1112页。
③ 对面生起（mdun bskyed）：对生。在行者对面虚空中圆满生起坛场，预备坛场人于彩粉，智尊人于一切，并行供赞。参阅《藏汉大辞典》，第1379页。

(skyes mchog rin chen bzang po)：此师自己也承认他是英扎菩提的化身。此外，还有喇嘛扎邓巴（bla ma grags don pa）、藏巴洛桑哇（gtsang pa blo bzangs ba）、垛丹扎伦巴（rtogs ldan grags lhun pa）等许多门人。最后，他（仁波且却嘉哇）在70岁时，于己丑年（阴土牛，公元1409年）的秋季患病。他们为此努力作了广大的修法禳解法事。有一天，他对诸子作了"你们分别掌管此寺庙，且应该如此如此"等叮嘱。又说："喜饶桑波啊，你负责管理寺庙书柜里面的所有书籍。你不要荒废曼季的修行圣地，应该尽力作教化众生之事业。"作了上述指示后他就逝世了。却嘉哇有七子：绛曲桑波（byang chub bzang po）、达玛仁钦（dar ma rin chen）、俄色坚参（vod zer rgyal mtshan）、珠巴绛央（sgrub pa vjam dbyangs）、绛曲贝丹（byang chub dpal ldan）、贡噶协年（kun dgav bshes gnyen）和法王仁波且喜饶桑波（chos rje rin po che shes rab bzang po）。

法王喜饶桑波：诞生于丙寅年（阳火虎，公元1386年）。少年时期，他就在父亲座前圆满听受了诸教授，并且拥有诸种修行传统作法。年满24岁时，他就给固姆仁波且·益西贝哇（sgo mo rin po che ye shes dpal ba）等人传授诸种修性导释，继而成为上师。从此以后，他在洛扎和扎地两处不断地做利于他人的事业。他也具足大手印通达，而且从未犯过比丘之清净戒行。在这位嘎举派教主的座前，我们诸人求得息结派初、中、后三期传承法类。

绛曲桑波的儿子喇嘛贡噶多杰（bla ma kun dgav rdo rje）：诞生于甲午年（阳木马，公元1414年）。少年时期，他已经在父亲座前很好地学会了《幻化静猛》（sgyu vphrul zhi khro）和《金刚橛》等的传统作法。他又在父亲和仁波且喜饶桑波座前先后听受息结派的全部法类。直到现在他仍然对许多应化生作饶益事业。

玛威僧格所生三子中的长子就是非常著名的唐杰铿巴。【他先受生为印度南方一带有名的班智达，叫诸甲枳纳塔（Lokyatrinātha）①。】② 由于精通显密教法，以此能破他人理论而获得胜利。门下出有殊胜弟子六人。此后，他又受生为萨迦派大师贡噶宁波。此后又受生而为那烂陀名为般若乍

---

① 藏文（第1126页末行）写为：ཨོ་ཀྱུ་ཏྲི་ནུ་ཐ།

② 【】藏文（第1126～1127页）为：rgya gar lho phyogs kyi rgyud du Lokyatrinātha zhes bya bavi pandita cig gyur/。郭译（第632页倒数第12～11行）为："他先是和印度南方一带有名叫诸甲枳纳塔的班底达辩论……"

玛底希（Prajñāmatiśrī）① 的班智达，具有一些神变。他运用神变之力前往邬仗那。在那里，他看到自然而成的佛塔（rang byung gi mchod rten），在塔的四方有四大班智达依次给他作净瓶等灌顶。当时，天空布满诸如来在作加持；佛眼②等诸佛母在作洗净；有金刚母之影等也在作供养。之后，他前往班玛哲巴（pad ma rtsegs pa）等尸林中行密行。由于修行时间太短，以致成为灾恶，他在49岁时就逝世了。此后，他再受生，即为此世的唐杰铿巴。这是此师亲自所言。此世此师诞生于丙子年（阳火鼠，公元1216年）。出生后才九个月，其母抱他到山林修行处净治丹馁遗体的地方时，他能记忆起过去净治遗体的真实情况。年满7岁时，他对于读本仅略指示就能够通晓。在聂顿伦觉蚌（gnyags ston rnal vbyor vbum）座前他学习了《明智读本》（rig pa klog）等诸种声明论著。只经过七日他就能够将全文干净利落地熟读。后来，他对于墙壁上书写印度、汉族、邬仗那等字体的一切工艺都能够知晓。8岁时，他就被迎请去作（宁玛派）噶居仪式，以会供供献于父母，父母极为欢喜。10岁时，他同父亲在一起闭关念修本尊法，他心中生起不感觉度过昼夜的三摩地。如此生起许多才能，使他成为犹如天生成就具足理智者。他总共依止了16位上师。无边经教的显见，他是从上师嘉·唐杰铿巴（rgya thams cad mkhyen pa）座下获得；观察的理智，他是从上师拉汝哇（lhag ru ba）座下获得；合理的深信，他是从上师嘉嘎班钦座下获得；内外曼荼罗的作法，他是从上师志日哇（vdzi ri ba）座下获得；正净密籍的奋勉，他是从上师冻惹哇（ldum ra ba）座下获得；利他事业之法，他是从止贡巴座下获得；具威慑加持的暖火，他是从上师日措巴（ri khrod pa）座下获得；知教授的要害，他是从上师邦仁巴（bang rim pa）座下获得；正见密义的真理，他是从日达尼（rigs bdag nyid）座下获得。这些功德是经过一次观察就知晓，或仅一听说便领会于心中。因此，普遍传称他为唐杰铿巴。他的真名为索南贝（bsod nams dpal）。他撰著出许多新、旧续部论著和明处方面的著作；尤其是从冻惹哇座下得到的智者哲窝贡波的诸论说，故而他对哲窝传规极为善巧。通过修行密宗，他也获得了很多成就。他在62岁时于丁丑年（阴火牛，公元1277年）逝世。

唐杰铿巴有三子：长子为贡噶桑波（kun dgav bzang po），先是法王阁昌巴于戊午年（阳土马，公元1258年）逝世后，就于当年在聂垛转世为聂垛·唐杰铿巴之子贡噶桑波，当时聂垛·唐杰铿巴43岁。6岁以前，

---

① 藏文（第1127页第4行）写为：པྲཛྙ་མ་ཏི་ཤྲཱི།

② 佛眼（spyan ma）：一菩萨名。参阅《藏汉大辞典》，第1673页。

此子多次说"我就是阁昌巴!"也多次说他是米拉日巴再来此世的。3岁以前他假装不会说话。4岁时,他已经精通读和写。7岁时,他已经能够向侍眷说法。11岁之前,他都在父亲座前听受了许多旧密续和修法,且能以所知法向他人讲说,并作教授传统作法的教师。12岁时,他聚集各宗弟子建立法座。父亲将一切书籍都交付于他,他讲说过许多显密教理。13岁时,他讲说《密集续》,其说法令其父亲也生敬信。在14岁和15岁两年间,他闭关念修,很好地亲见了金刚橛像,微示成相。他同项巴楚协(shangs pa tshul she)一起听受许多秘密心要的教法;以及息结派初、中、后三期传承教法。在项楚(shangs tshul)座前,他听受了《三摩地王经》等一些经教。南喀益西大师(slob dpon nam mkhav ye shes)从芒域(定日)来,听受《幻化大灌顶》(sgyu vphrul dbang mo che)等法时,他作羯摩仪轨师。16岁时,坝日哇(ba ri ba)承认他是再世受生,以此派侄儿却季思季(chos kyi gzi brjid)送去许多供品。此后,季嘎哇(spyil dkar ba)本人前来后,他们互相讲说好听受了许多教法。他又在父座前听受《时轮灌顶》。17岁时,他在前往止贡的途中在蔡地(vtshal)与色康巴(gser khang pa)相会,并在色康巴座前求得许多教法。然后,他去拉萨朝拜了释迦牟尼像。之后,他到了止贡寺就出家为僧。18岁时,他在聂垛父亲座前听受了许多修法教导。他的修悟极大增长,因此父亲成为无与伦比的根本上师。19岁时,他仍然具有如此功德。丙子年(火鼠,公元1276年),王子阿若伽(rgyal bu a rog che)的兵马来到。丁丑年(火牛,公元1277年)其父亲前往喀曲。应法王坝日哇迎请,他到了拉堆。就在那年,其父亲在喀曲逝世。他从后藏返回,承办了盛大的葬礼。于辛巳年(铁蛇,公元1281年),他在聂垛与成就者僧格扎(grub thob seng ge grags)相会,也在僧格扎座前求得教授。他在25岁时的壬午年(水马,公元1282年),与邬坚巴(u rgyan pa)相见。癸未年(水羊,公元1283年),在雅桑(g'yam bzangs)和多喀(vdod mkhar)地方,他于珠钦巴(grub chen pa)座前听受了《时轮续释》一遍。36岁时的癸巳年(水蛇,公元1293年),他在军热(bcom ral)[①]座前求得峡哇惹(sha ba ra)的论著言教[②]等。戊戌年(土狗,公元1298年),他迎请扎巴坚参译师(lo tsav ba grags pa rgyal mtshan),在此师座前听受了《欢喜金刚》、《那

---

① 即军丹日热(bcom ldan rig ral)。
② 梵:Mahāmudrā vajragīti nāma;参阅《丹珠尔》,rgyud,No. 2287。

若大疏》（nav ro vgrel chen）①、《灌顶略示讲释》、《讲授穗》（man ngag snye ma）② 以及《声明集分论》（ka lav pa）③ 等许多印、藏的声明论著。后来，他又听受了《不动金刚续》（mi g'yo bavi rgyud）④ 和《集事业》（bya ba btus pa）⑤。在他43岁时的庚子年（阳铁鼠，公元1300年），坝日哇逝世了。他自己在59岁时的丙辰年（火龙，公元1316年）示现法身大圆寂中逝世。

（唐杰铿巴）次子贡噶贡波（kun dgav mgon po）住世56岁，诞生于乙丑年（木牛，公元1265年），逝世于庚申年（铁猴，公元1320年）。第三子衮铿贡噶登珠（kun dgav don grub）住世61岁，诞生于戊辰年（土龙，公元1268年），逝世于戊辰年（土龙，公元1328年）。

法王细波的弟子即著名的桑杰热巴（sangs rgyas ras pa）：此师诞生于普塘昆巴（phu thang vkhun pa）处的田间。郑（vbring）是他的种姓。父亲名叫喀卓（mkhav vgro），母亲名为森吉（srun skyid）。父母有三子，此师为第三子，诞生于己亥年（阴土猪，公元1203年）。这一年，止贡法王刚好61岁，也是喀钦班钦到藏的前一年。童年时期，桑杰热巴能够忆念死之真理。青年时代，他和嘉哇丹馁大德见过短暂一面。他在帕莫竹的杰敬安座前求得《修行五分》（lnga ldan）教授。当他从杂日返回途中，与细波相见而生起敬信。23岁时，他前往细波座前，所有的财物都用来供师，求得居士戒，取名为仁钦门兰（rin chen smon lam）。师给他授记说，他将来会有弟子约百人，之后他在树普哇（zul phu ba）之弟子顿巴大师（slob dpon ston pa）座前受比丘戒，之后上师传授给他息结派的灌顶和导释诸法。而后，他闭关念修《修心法》六月后发现诸成相；而且各道的诸功德也直接生起。因此上师极为欢喜！

他一直依止上师21年时间。之后在他的兄长顿巴大师、门嘎哇（mon vgar ba）的顿巴大师、桑耶的云尊大师（slob dpon yon btsun）、止贡的温仁波且（bdon rin po che）、汝昌曲桑（ru mtshams chu bzangs）的康贡细波（khams sgom zhig po）、阁乍巴（ko brag pa）、措普哇（khro phu ba）、底斯的成就者僧耶（seng yes）、洛扎的古顿大师（slob dpon gur

---

① 梵：Vajrapā dasārasamgrahapañjikā；参阅《丹珠尔》，rgyud, No. 1196。
② 梵：Upadeś a mañjarīpā dasārasamgrahapajikā；参阅《丹珠尔》，rgyud, No. 1198；Śrīsamputatantra rājatīkāmnāyamañjarī nāma。
③ 梵：kalāpasūtra；参阅《丹珠尔》，sgra mdo, No. 4282。
④ 参阅《甘珠尔》，rgyud vbum, No. 432。
⑤ 梵：Kriyāsamgraha；参阅《丹珠尔》，rgyud, No. 2531。

ston)、喀曲的日措巴大师（slob dpon ri khrod pa）、敬安岗嘎哇（spyan snga gangs dkar ba）、释迦格炯（shavkya dge sbyong）、温贡大师（slob dpon dbon sgom）、扎巴顿宣（grwa pa ston gzhon）、珠休拉日（gru shul lha ri）的德诺巴大师（slob dpon sde snod pa）、陉地（dmyal）的贡巴大师、鲁贡大师（slob dpon klu sgom）、喇嘛桑姆哇（bla ma bzang mo ba）等师前求得诸师各自的教授。

至于他的修行情况：他在上师座前立下修行 12 年之誓约。可是，修期满后他又增加修了三年时间。他的修行住地有：冈底斯雪山、布让（spu rangs）的凶险岩洞、巴卓达昌普（spa gro stag tshang phug）、哈峨岗桑（ha vo gang bzangs）、觉姆喀惹（jo mo kha rag）、拉雅（la yag）、岗普（gangs phug）、喀曲、恰隆（cha lung）之雪山，席地（gzhi）的乍达雪山（rdza mdavi gangs）①、措纳（mtsho sna）的雅措（g'yag mtsho）、峡邬达阁的隆东（lung stong，沙谷）。到扪（mon）之大山口（la chen）后来，他来到一处名为热哇底（re ba ti）山谷和牟勒贡湖（mtsho mu le gong），据说热哇底曾在此居住。此处附近有许多危险的猛兽出没。此后，他见到了恒河，来到印度的草房之城，心想这里应该是自己前生诞生之地。之后，（他到了）达拉岗波（dwags lha sgam po），到过本村相近的觉树（skyo zur），以及贡嘎（dgon dkar）等地。他怀着无须任何功德支分之心思，每日以风息呼吸运行为餐味，足结跏趺能腾起空中，成就神行神通。除对他者保密不言之外，所见境相难以言尽。后来，他在恰玛寺（char ma dgon pa）作过短期利他事业。他在 78 岁时于庚辰年（阳铁龙，公元 1280 年）示现圆寂。

以上情况是选自他的直传弟子梁本波·达玛悉德（myang vban po Dharmasimha）②所著的传记而写。

（息结派）后期传承诸法中，将《无垢大手印》（phyag rgya chen po dri med），称之为《精滴传统作法类》（thigs pa phyag bzhes kyi skor）。（此处）大手印指的是麦枳哇的大手印，因为丹巴桑杰是麦枳哇的直传弟子。所谓无垢，是对丹巴诸教语而说的。所谓传统作法，是指其他诸开示和略有不同的修行直径而言，其本体性仍然要说是密经《般若波罗蜜多》和随顺行。麦枳哇在《真实性第十释论》（de kho na nyid bcu pavi vgrel

---

① 藏文（第 1132 页第 10～11 行）为：gzhivi rdza mdavi gangs。罗译（第 976 页第 8 行）为：the Snows of gzhan lnga mdav；郭译（第 636 页首行）为"夏伊乍安雪山"。

② 藏文（第 1133 页第 4 行）写为：ཉང་འབན་པོ་དྷརྨ་སིཾ་ཧ།

pa)① 中也说：彼宗是密宗波罗蜜多和随顺行。这与《喜金刚》中有一相似的说法是：不是依于本尊瑜伽；而且未随顺四印②。因此不是密宗。显见与此说法相符。这种解释是就传称的共通诸法而言的。普遍传称丹巴传授了《时轮灌顶》给恰钦和本公嘉（vban gung rgyal）二人；并且传授了许多业手印教授。因此，如果说丹巴的教法能息灭苦完全无密法，那就错了。就所说随顺密宗来看，元音字母和辅音字母的加持等也是随顺密宗，但是实际不是。因为它们不是（真正的密宗），就不应该误以为真。应知上述《般若波罗蜜多经》（shes rab kyi pha rol tu phyin pavi mdo）中的42字陀罗尼门应该与此相似（但它不是密宗）。这一法门分共通（thun mong）与不共通（thun mong ma yin pavi chos）两部。共通法部中包括：《经续传统作法》（mdo rgyud phyag len）等；《应机耳传》（bkav babs snyan brgyud）等；《无垢点滴》（dri med phra tig）等；《达察说集》（dar tshags bshad vbum）等。先说所谓经续，一般经：指《大河现前游戏经》（chu klung mngon par rol pavi mdo）；特殊经：指《般若心经》（shes rab snying po）③。一般续：指《显明经藏续》（rgyud sde snod gsal byed）；特殊续：指《大河续》（chu klung chen po）。所谓传统作法：指灌顶广、中两种和广略道次第共为三种。所谓《应机耳传》：指《四种应机》（bkav babs bzhi）；《求道四耳传》（lam slongs snyan brgyud bzhi）。所谓《无垢点滴》：无垢是指入教法的根本法门等六种。点滴是指巴操对贡噶所问诸障难的教授。所谓《达察说集》：是指达察语教甘露法门等八种④，巴操临时谈话而由丹馁记录成册。所谓说集：是指丹馁、细波和聂垛巴等人所作的诸论说。

不共通法部：包括《密续大纲》等，灌顶、道、导释等；三种密库；八种手册。所谓三种密库：是指《上师密库》（bla ma gsang mdzod）、《本尊密库》（yi dam gsang mdzod）、《空行密库》（mkhav vgro gsang mdzod）等三种。所谓《五道类》（lam skor lnga）：是指（1）毗汝巴的《方便道四道门》（thabs lam sgo bzhi）的道类；（2）萨惹哈的《方便道四境》（thabs lam yul bzhi）的道类；（3）色岭巴（gser gling pa）的8种道类；（4）阿雅德哇的8种道类；（5）那若巴的4种双运道类，等共五道类。

---

① 梵：Tattvadaśaka nāma；参阅《丹珠尔》，rgyud，No. 2236。
② 四印（phyag rgya bzhi）：密乘瑜伽部所说业印、三昧耶印、法印和大印。参阅《藏汉大辞典》，1733页。
③ 参阅拉露（Lalou），《法国国家图书馆藏藏文写本目录》（*Catalogue du Fonds Tibetain de la Biblitheque Nationale*），第40页第101注。
④ 罗译（第978页倒数第17行）为：18。

所谓八种手册：是指《甚深灌顶手册》（zab mo dbang gi bevu bum）、《认识根本手册》（ngo sprod rtsa bavi bevu bum）、《耳传导释手册》（snyan brgyud khrod kyi bevu bum）、《四门扼要手册》（sgo bzhi gnad kyi bevu bum）、《各种神变手册》（sna tshogs rdzu vphrul gyi bevu bum）、《甚深密教手册》（zab mo sngags kyi bevu bum）、《护法空行手册》（bkav srungs mkhav vgrovi bevu bum）、《教授尊胜三分手册》（man ngag cha gsum gyi bevu bum）等，共为八种手册。这些都是保密不共通之法部。

以上是属于息结派后期传承的阶段。

第十三章 能断魔境行者和喀惹巴的阶段

一 姆觉阶段

现在我将讲述般若密多能断魔境（shes rab kyi pha rol tu phyin pa bdud kyi gcod yul）的传承：至尊麦枳哇说过，《波罗蜜多》（pha rol tu phyin pa）又有密行和随顺行，为此而名为行境（spyod yul）①。如何随顺呢？《第二品》中说："据说孤木、尸林、鬼宅、夜间或寂静处，是修行的好去处。"② 又说："施身为施，外行为正行。"③ 还说："应先具有决定鬼神或帝释天④，来此也不应惧，有狮身之故。"⑤ 当知与此诸说相随顺之故。又叫作波罗蜜多能断魔境。《摄颂》（sdud pa tshigs su bcad pa）中说："由四因具有菩萨智力，四魔难胜而不能动，住于空和不舍有情众，如此言之和曾善逝加持。"这是说当修四法，即住空性见、不舍一切有情的悲心、如说能作菩萨律仪和善逝的加持。这四种法就是修行的根本。善逝所加持的实践，是指皈依，以及向传承等上师作祈愿。所谓如说能作：不是鲁莽草率，受发菩提心戒，决不违犯那时所承许诸戒。不舍一切有情者：是说对非人等不作损害，由大悲心之道而行，对一切有情解除其损害，安置于菩提道中。所谓住空性见（stong par gnas pavi lta ba）：首先自心舍离于蕴聚上执以为我见，之后对他有情之境，也不作实有和有相之想。对于此，何故说能断境？如《俱舍》（mdzod）

---

① 藏文 spyod 对应于梵文 gocara，行；从正字学方面讲，gcod 是前一个词的误用，即使在现代藏语中，两个词的发音也极其相似。参阅罗译（第980页）行间注。
② 参见纳塘版《甘珠尔》，rgyud vbum，第1卷，Ka函，第316b叶。
③ 参见纳塘版《甘珠尔》，rgyud vbum，第1卷，Ka函，第315b叶。
④ 帝释天（brgya byin）：三十三天王。梵音译作因陀罗。欲界第二重天界之主。参阅《藏汉大辞典》，第627页。
⑤ 参见纳塘版《甘珠尔》，rgyud vbum，第1卷，Ka函，第315b叶。

中说："非离随眠①，境为近住，非理从意，生起烦恼……"等语。所谓能断：是说能断烦恼。烦恼是由随眠、境和非理之意而生，因此瑜伽行者能断入于彼境中而受习染，生起诸非理作意以为加行的诸烦恼境。故而名能断境（gcod yul）。

这种教授也是从丹巴所传而来的。而后由觉·索南喇嘛（skyo bsod nams bla ma）和雅隆的玛惹色波（rmang ra② ser po）（二师为男性）传承而出的，称之为波觉（pho gcod）（男性之觉）；由玛季（ma gcig）（此传承者是女性）传承而出诸法人，名为姆觉（女性之觉）。丹巴桑杰说过，他在雅隆若巴（yar klungs rog pa）处赐予玛觉却勒玛（mjo mchod gnas ma）三句心语修行。通过修习，他获得解脱。他本人也说过通过修行她获得了解脱。然而，应知她是自性瑜伽母，所以是迅速发现许多教授的。那么，为何在一根本上，有决（spyod）、觉（gcod）两种不同的名称呢？应知在其他文献里也可见到这种现象。如就财神（nor gyi bdag po）而言，有时称作毗峡哇纳（Vaiśravana）③，有时意为多闻（rnam thos）之子；有时称为毗峡玛纳（Vaiśramana）④，意为解疲劳子。再如就某人而言，有时称作纳嘎菩提（Nāgabodhi）⑤，意为鲁菩提（kluvi byang chub）；有时称为纳嘎普提（Nāgabuddhi）⑥，意为鲁智（kluvi blo）。特别是在《教授穗》（man ngag snye ma）中，毗哇（bil ba）一词有通决（vthung spyod）或通觉（vthung gcod）⑦两种解释。要知道决、觉这两词情形相似。

姥准（labs sgron）：【生于耶姥（g'ye labs）地区附近的措麦姆（mtsho mer mo）。其种姓为克乌岗（khevu gang）。父亲名为却喇（chos bla）。

---

① 随眠（khra rgyas）：烦恼的别名，藏语直译为细增。一切烦恼，幽微难见故细，随伴所缘增益过失故增。参阅《藏汉大辞典》，第 1767 页。
② 此处藏文（第 1141 页第 8 行）为：rmang ra。恐误，下文均为 rma ra。罗译（第 982 页第 2 段 3 行）转写为：Ram-par ser-po。
③ 藏文（第 1141 页倒数第 4 行）写为：ཝཻ་བྲ་ཎ།
④ 藏文（第 1141 页倒数第 4 行）写为：ཝཻ་བྲ་མ་ཎ།
⑤ 藏文（第 1141 页倒数第 2 行）写为：ནཱ་ག་བོདྷི།
⑥ 藏文（第 1141 页倒数第 2 行）写为：ནཱ་ག་བུདྡྷི།
⑦ 此词可用来总称 24 圣地：vthung gcod, nye bavi vthung gcod, zhing, nye bavi zhing, grong mthav, nye bavi grong mthav 等。参阅《布顿全集》（Bu ston gSung vbum）第 6 卷（cha 函），叶 29a。

母亲名为隆姆蚌江（klungs mo vbum lcam）。】① 据说她和译师克乌岗·柯诺扎（lo tsav ba khevu gang vkhor lo grags）是兄妹。童年时期她在扎巴烘协座前出家为尼。因为善于念诵，所以她在上师座前担任《般若波罗蜜多经》的念诵者，且在那里居住了很长时间。由于很长时间念诵《般若波罗密多经》而真实生起空性见。

大约就在此居住期间，她与丹巴相见。【之后，有一次由于她善于念诵而前往荡布（vdam bu）作念诵时】②，在杰仗巴妥巴坝惹（gcer grong pa thod pa vbav re）家作经忏佛事时与之相遇，后者出于二十三代中都不断地出生格西的人家。她与他发生了关系，并成为夫妇。【人们嘲讽地称她为觉姆嘎洛玛（jo mo bkav log ma）】③ 于是二人前往巩波（kong po），生下一女孩，取名巩姜（kong lcam，意为巩波女）。之后在上部前行途中又生一女孩，取名为拉姜（la lcam，意为山口女）。后来，他们前往耶地（g'ye），在岗坝白季玛（gangs par spel cig ma）生下宁波珠巴（snying po grub pa）、珠穷（grub chung）和漾珠（yang grub）三子。此后，她再着僧装而剃发。在觉·索南喇嘛前往康区后回来的途中，她在其座前听受《幻化灌顶》。在受灌顶的座间显证悟，因此她未听完灌顶就退座而去。于是，其他诸人说："这妇人造下灌顶未完成的恶业。"师说："那妇人已经获得真义灌顶而去，你们只是获得语句灌顶而已。"后来她又出家，随意四处云游，并对各地应化有情传授教授而安住。尤其是她在桑底康玛（zangs de khang dmar）④ 洞中居住了很长时间，有一女尼为她作仆役。就这样，她将觉的教授传遍了整个藏区，年满95岁逝世。

丹巴（桑杰）来藏时，有四只黑鸟随其飞来。人们看到它们时，就变成为四空行母：耶的姥准、涅堆的玛觉绛曲（ma jo byang chub）、后藏的香姆嘉亭（zhang mo rgyal mthing）、拉萨的柳玛（smyon ma）。涅堆的玛觉绛曲：明晓真理之密意，以利益心弘扬佛教。

香姆嘉亭：丈夫逝世极度悲伤时，丹巴传她《无关心物之教授》（blo

---

① 【】藏文（第1142页第2～4行）为：yul g'ye labs/ grong vdabs grong mtsho mer mo/ rus khevu gang/ yab chos bla/ yum klungs mo vbum lcam gyi sras su vkrungs/。罗译（第983页第2段）有些出入：her native place (was) Khevu gang. She was born to father Choa bla and mother kLungs-mo vBum-lcam.

② 【】藏文（第1142页第8～9行）为：de nas lan cig gi tshe klaa mkhas pas vdam bur klog la byon pas/。罗译（第983页第3段首行）漏。

③ 【】处据罗译（第983页倒数第10～9行）补译。"觉姆嘎洛玛"意为"破戒的尼姑"。参阅 Zhi byed Chos vyung, 叶27a；"无法忍受，于是他们去了巩波。"

④ 今为 Zangs-mkhar dmar. 此地以精美的玛吉拉仲玛（ma gcig labs sgron ma）塑像而闻名。

dngos vbrel med kyi gdams pa），她以此而得到解脱。

拉萨的柳玛：她曾消除佛教徒之间的纷争，据说她是对阿底峡宣说国王使命之人。

姥准传授教法的大弟子有雅堆的桌巴坚参（snyags pa rgyal mtshan）、雅麦（yar smad）的安顿仁钦坝（an ston rin chen vbar）、坝纳哲觉色（bar na dred jo sras）、须布译师（shud bu lo tsav ba）四人。此外，还培养出有嘉哇珠伯（rgyal ba grub be）、垛丹垛窝（rtogs ldan rdol bo）、桑杰年穹（sangs rgyas gnyan chung）、诺贡钦波（mno sgom chen po）四人，以及甲顿鲁珠（bya ston klu sgrub）、库贡却僧（khu sgom chos zeng）、努姆南喀色（snubs mo nam mkhav gsal）、扎巴哈顿（gra pa hag ston）、峡顿埵真（sha ston rdor vdzin）、波哇贡钦（spo ba sgom chen）、达波冲德·阿根旺秋（dwags po tshong sde ngag gi dbang phyug）和彭域的枳嘉哇（rtsi rgyal ba）等许多弟子。

姥准之子珠伽（grub che）：当初，他非常淘气而行乞，成为有名的惹扎珠伯（ra sgra① grub be，意即山羊之敌）。有一天，他偷窃了持咒者顶嘎哇（stengs ka ba）的山羊。因此，当他听到咒师们诅咒他的消息，并使他的许多亲友都遭到咒诅而死去的消息时，他想母亲或许拥有阻止咒诅之法，就来到母亲面前。母亲说："你该死！"说后她就走了。然后，她绕行察塘（tsha thang）山一圈后，黄昏时回到绒处（rong）的洞中时，珠伯正在寻找其母。母子俩就在洞中相聚。母亲说："你也不是无善缘者。"说后传授他教授，并且对他说："现在你到咒师供垛玛的供桌下睡，他在桌上摆放食子团②时，把它们吃掉！"他依照母亲之言一一照办之后，就阻止了咒师们的咒诅。他在42岁时迈入佛门，此后勤修而证得法性真实义。他赞颂其母亲说：

最初生我身心者是母亲，
中间财物传授者是母亲，
最后指示见心者是母亲，
大恩大德母之前我礼赞。

后来，他在耶琼朗隆寺（g'ye chung glang lung dgon）中，离一切资具

---

① 藏文（第1144页第4行）为：rwa sgra/。恐误。
② 食子团（gtor zan）：作垛玛所用糌合了的糌粑。参阅《藏汉大辞典》，第1052页。

成细波（疯癫苦修者）而居住。他能用加持力震慑一切鬼神，并能使一切弟子都生起智慧。他在89岁时逝世。【珠伽有泽旺（tshe dbang）、库鸠（khu byug）、伦觉扎（rnal vbyor grags）三子（系第一个妻子所生），康布（kham bu）、雅勒（yal le）则系另一个妻子所生。】①

泽旺有三子，其中嘉哇顿松（rgyal ba ston gzungs）按照祖父所授记，居住在达波日姆垛（dwags po ri mo mdo）。脱柳桑珠（thod smyon bsam grub）居住在香波岗（sham po gangs），即著名的岗巴（gangs pa，意即雪山之人）。杰麦峨塞（skye med vod gsal）居住在涅堆阿窝垛（gnyal stod avo mdo）。

脱柳桑珠少年时代在耶和雅隆地方惹事，谁也打不过他。之后他患上了麻风病，为此前往坝裕雪山（ba yul gangs）修行，获得如蛇蜕皮一样的功效，使得麻风病痊愈。他赤身睡在香波雪山（sham povi gangs）上，雪融化后，身体堕入很深的雪中。他人抛掷很多牛尾给他，他用尾毛作衣、垫和作帽而戴。因此而出现了雪山氏黑帽之传规。他只靠饮水为生。在曲故卡（chu rgyud mkhar），他以死尸为食。【尤其是有一位麻风病死者的尸体鼻上有疮泡，他因害怕而生悲流泪。】② 从此以后，福德也兴旺起来。他做过哈窝雪山（kavo gangs）和觉姆喀惹（jo mo kha rag）空行聚会之首。从思玛山口（sril ma la kha）起至贡当拉（kong dang la）以上一带，他封山、封河、封路（禁止打猎）。他还修造旅馆，对旅客施食，而成为护持佛教的一位无与伦比的成就师。此师有男女弟子21人，成就女子18人。其中：

岗巴牟彦（gangs pa dmu yan）是一位无与伦比的成就师。14岁时她③想前往杂日时，玛姆德丹（ma mo bde ldan）对她说："你应该住在香波雪山，应当效法你父亲！"当她到察耶雪山（khra ye gangs）时，遭遇暴雨而使衣服湿透；又涉水渡河。以此发生腹疼，肚腹湿润后睡在冰冷的磐石上，继而腹疼顿时痊愈。她在经函上作金缎的包袱以作供养。她在牧户中专募化两岁母羊羔，有上千的牧羊童。以此普遍传称她成为大福后，

---

① 藏文（第1144~1145页）为：vdi la sras tshe dbang/ khu byug/ rnal vbyor grags gsum sdudu bu/ kham bu yal le ni phyid buvo/。

② 【】藏文（第1145页倒数第9~7行）为：khyed par mdze ro cig gi sna la shu ba vdug pas vjigs pas spyan chab chil gyis byung/。罗译（第986页倒数第11~9行）："At Drang-pa, having found scars on the nose of a leper, he sucked them, and his eyes filled with tears.（在仗巴（drang pa）他发现一位麻风病死者尸体，鼻上有疮泡，他吮吸这些脓疮而生悲流泪。）"估计把khyed par识读为drang par了。

③ 罗译（第986~987页）译为"he"；郭译（第644页）译为"他"。

她兴立不断地常说《甘珠尔》之规。逝世后出现无量数的舍利。

岗巴牟彦之子为岗巴伦珠（gangs pa lhun grub）：他在香布山不为人见而精修9年时间，经行过108险恶处所，为此可以消除鬼神之恐惧。【值得一提的是他常穿白色的袖子！】① 逝世后灵骨发现许多舍利。

岗巴伦珠之子为桑杰丹松（sangs rgyas bstan bsrungs）：他3岁时就到父亲座前作服役。12岁时，人、神、鬼三者都为他作灌顶。他通晓《行境》（spyod yul）、《清净》（yang dag）、《隐秘》（gab pa）等大圆满法类，以及《密意精滴》（thugs kyi nying khu）等大悲观世音法类和具密等瑜伽法类。由于他善巧《长寿本尊等法》（tshe bdag），都说他获得了阻止和制造雹子之成就。【他在河谷下部建立不断地常说经教之规，在河谷上部建立修行院（phur sgom gra），在河谷中部建立讲说院。之后，他护持父母所创新教法，并且成为教主。逝世后发现许多舍利。】② 桑杰丹松③有最胜四子：垛丹仁钦僧格（rtogs ldan rin chen seng ge）、珠脱却卓热巴（grub thob chos sgro ras pa）、楚细格西绛波（vkhrul zhig dge bshes byar po）、色居真多杰（sras rgyud vdzin rdo rje）四人。

色居真多杰：年满3岁时他就能现神通，5岁时便可以修行和说法，15岁时就被迎请去住持祖父所创建的寺庙。16岁时，他遍游南方一带辩场，因此普遍传称为善巧者，应机讲说许多教法。17岁时，他前往香布雪山修行。此师出有许多住持他的传承弟子，其中著名者有其子岗措热巴（gangs khrod ras pa）：真名为格丹多杰（skal ldan rdo rje），年满3岁通晓正法行道。他7岁时，父亲逝世，以此他为活佛吉蚌（sprul sku skyid vbum）之故而前往色杰雪山（gsal rje gangs）。11岁时，他求得以《阿若广大导释》（a ro khrid mo che）为主的许多心性导释法后，闭关修苦行。13岁时，他住持父亲所创建的寺庙。从15岁起至26岁期间，他居住在香布雪山。从26岁起的12年中，他求得许多掘秘藏教法并通晓诸法。后来，他在做了无量利他事业后，在71岁时的癸丑年（阴水牛）逝世。

脱柳（桑珠）的子女有：兑南喀敬（zlos nam mkhav rgyan）、岗巴牟彦、顿泽（ston vtsher）等兄妹三人。在此三兄妹座前，有格丹巴（skal ldan pa）前来求法依止。格丹巴座前，有班波梁却季僧格（vban po myang chos kyi seng ge）求得法传。

---

① 藏文（第1146页第9~10行）为：phu dung dkar por lag pa vjug pa ngo mtshar che/。郭译（第644页第2段）为："又可以手进入白螺口中，众人叹为奇异！"

② 【】主要依据罗译第987页倒数第7~1行，藏文可参阅1146页倒数第4~2行。

③ 罗译（第987页末行）转写为：bston-bsrung。

又一支系是：峡顿垛真（sha ston rdor vdzin）、桑杰梁顿（sangs rgyas myang ston）、格丹巴。

又一支系是：杜措窝巴·垛丹垛波（dur khrod vog pa rtogs ldan rdol po）、藏巴隆卓哇（gtsang pa lang gro ba）、洛扎悉姆协普（lho brag sribs mo sher phug）的雷顿桑杰（gle ston sangs rgyas）、贡巴熊穹哇（sgom pa gzhung chung ba）。

又有玛季的弟子库贡却僧（khu sgom chos seng）：诞生于尼木库哇（snye mo khu ba）。听受大圆满等教授之后，他一心专修。后来，他在玛季座前听受《空行修悟法类》。当玛季到了高龄时，他给玛季足上按摩，以此知道她住世不久，请求对他关怀，传予所有教授。于是，她向他传授教语、传承真义教授，且很好地授记他将能利益他者。玛季说："你还应该把此教授传给顿珠（don grub，玛季之子）。"他认为他必须传给顿珠，但是后者不愿意听取教授，因此据说顿珠不能掌握此教语、不能传承真义教授。库贡却僧患麻风病时，他在黑井泉水中看到前往龙蛇居处修觉法，发现三天中取出心脏被拿走之相，六天中发现交付之相后，到第七天麻风病便痊愈。他在50岁时逝世。

库贡却僧的弟子垛巴舍特（dol pa zang thal）：生于粗普（vtrur phu），垛（dol）是其种姓。弟兄四人中他年龄最小。青少年时期，在格西穹（dge bshes khyung）座前学习《中观六论》8年时间。他希望自己对此法会有新说，然而未果而灰心丧气。于是，他将书本呈献拉丹喇嘛（lha rten bla ma），穿上了白衣（俗人）。后来他想，他应该独自前往山林中专修。他与库贡相见，并求得觉法诸教授。他曾冒险到过许多崇山峻岭，得证如虚空般通达。在人群中谈论任何教法，他都可以获得胜利。因此众人说"有一穿白衣而理智通达者"，因此成为著名的垛巴舍特。晚年时他在鲁麦（lugs smad）居住，并讲经说法，后于56岁时逝世。

垛巴舍特的弟子嘉纳杰布（rgya nag gcer bu）：此师诞生于擦纳（khra sna）地方。总的说来，他广泛听习佛法。他在雅隆觉窝寺（yar klungs skyavo dgon pa）讲说觉法期间，垛巴舍特也来听讲。除听得头昏脑涨外，未获得任何启发。后来，他看到垛巴舍特（比自己）更为善巧，就对垛巴说道："我这是在产乳之地兜售乳酪！现在求您将您的诸法传授给我吧。"于是，他完全求得玛季的觉法诸教授。他冒险到过崇山峻岭，在雅隆的井泉边如蛙修觉法。他虽然遭雷击三次，也未遭遇伤害，且从病中获得解脱。他运用觉法降伏了坝惹纳波（vbar ra nag po，一鬼神名）。到了晚年，他在曲沃日广作利他事业。在71岁时，有一天他对徒众说：

"空明双合，当如是合。"说后从自己头顶出现长虹般的光明而逝世。

【嘉纳杰布之弟子桑杰饶顿（sangs rgyas rab ston）：此师诞生在塞普扎玛（bzad phu brag dmar）地方，通晓一切新、旧密宗。后来，他在嘉纳杰布座前求得玛季的所有教授，并抛弃生命而在山林中修行，年满80岁时逝世。】①

桑杰饶顿的弟子桑杰格隆（sangs rgyas dge slong）：诞生于垛坚（rdog can）②，坝希（ba shi）是其种姓。童年出家为僧，依所闻思而能决断增损。在桑杰饶顿座前，他求得觉法诸教授。此后，他游遍各山林，因此获得现证法性。度化许多众生成熟后，他于55岁逝世。

桑杰格隆的弟子松顿热巴（sum ston ras pa）：诞生于扎奇（gra phyi）的甲若昌村（grong bya rog tshang）。父亲名为却乃衮却（mchod gnas dkon mchog），母亲名为姆纳惹（mo na re）。兄妹二人中，他是长兄，名为绛巴（byams pa）。6岁时，他在扎塘寺喇嘛香（gra thang bla ma zhang）座前求得三摩地灌顶。上师说："此子将来能利益众生。"在他15岁时，父母双亡。他心中生起极大悲伤，于是在贾日（lcags ri）寺中出家为僧，取名为索南喜饶（bsod nams shes rab），又名达玛班遮（Dharmavajra）③。他依止过噶当巴大师（slob dpon bkav gdams pa）、凌切巴（mnyan vchad pa）、香译师（zhang lo tsav ba）、桑日嘉热巴（zangs ri rgya ras pa）、班钦峡噶师利（pan chen shavka śrī）、康布雅勒（kham bu yal le）、召窝译师（bravo lo tsav ba）、若喜饶峨父子等四十余位上师，听受过许多显密教法。在学所有琐碎理论以前，他还依止过上师151人，学习过所有金工以上诸工艺。之后，他依止喇嘛垛哇（bla ma dol ba），在杰热（gye re）生起摧毁疏离亲爱执著之证悟，他还听受了所有觉法诸教授。

松顿热巴的弟子为桑杰顿巴（sangs rgyas ston pa）；桑杰顿巴的弟子为克尊宣奴珠（mkhas btsun gzhon nu grub）；克尊宣奴珠的弟子为色岭巴·扎西贝；色岭巴·扎西贝的弟子为乍波伽哇·多杰贝；乍波伽哇·多杰贝的弟子为却阁哇·却季嘉措；却阁哇·却季嘉措的弟子为阁楚热巴。

---

① 【】藏文（第1149页倒数第5~2行）为：devi slob ma sangs rgyas rab ston ni/ bzad phu brag dmar ba/ gsar rnying thams cad la mkhyen pa rgyas shing phyis rgya nag gcer bu la ma gcig gi gdams pa rnams zhus te tshe blos btang nas ri khrod vbav zhig vgrims nas brgyad cu la gshegs/。郭译（第646页第2、3段之间）漏。

② 罗译（第990页倒数第9行）转写为：rngog-can；郭译（第646页第3段）为"峨金"。

③ 藏文（第1150页第9~10行）写为：ཏྣ་བཛྲ།

第十三章　能断魔境行者和喀惹巴的阶段

以上诸人在前文说尼古的阶段中已经叙述过。我（著者）在法王阁楚热巴座前求得传授。

此外，由彭域的枳达玛（rtsi dar ma）传授给南措哇·弥觉多杰（gnam vtsho ba mi bskyod rdo rje）；弥觉多杰传授给壤迥多杰（rang byung rdo rje），后者著有论著。壤迥多杰传承到贝喀觉巴（dpal mkhav spyod pa），后者将教授写成书并对他者广大宣说。又由壤迥多杰传给阿麦·绛曲多杰（a mes byang chub rdo rje）；阿麦·绛曲多杰传给他的儿子法王日弥坝巴·索南仁钦（chos rje ri mi vbabs pa bsod nams rin chen）；法王日弥坝巴·索南仁钦传授给我（著者）。这是另一支系。

此外，有名叫丹巴卫巴（dam pa dbus pa）者，他精通新、旧密宗的典籍和教授，并且拥有息结派和大圆满等诸教授。当初，他在玛季座前求得觉法教授。玛季姥准逝世后，他依止玛季之子嘉哇登珠（rgyal ba don grub）18 年时间，而且将教法撰著成书，成为教法之主。丹巴卫巴将教授传给了喇嘛多杰德哇（bla ma rdo rje bde ba）。

喇嘛多杰德哇被咒师南杰（sngags pa nad rgyas）的诅咒所害而变为恶劣之身。后来，听说丹巴卫巴的美誉之后，前去求得觉法教授，一心勤修。他居住在鬼神出没的哲坚岩洞（brag phug vdre can）。他梦见自己最初同一黑人搏斗，由于他思念空性而获胜。而后梦见自己鼻中钻出蛇来，流了许多鼻血。此后，他顿时生起真实通达，身体变得比快马还要灵便。

多杰德哇将教授传给贡巴·宣奴益西（sgom pa gzhon nu ye shes）：后者虽然拥有许多教授，然而他被疾病缠身而不能解救。后来，他在多杰德哇座前求得觉法教授后，行访过许多险处，并战胜了病魔，于是生起证达。他还治愈了许多身患瘤疾之人。①

【又由贡巴·宣奴益西传弟子喇嘛弥觉多杰（bla ma mi bskyod rdo rje）：后者诞生在尼木喀汝妥（snye mo mkhav ru thog）。他是一位咒师，因修尸②而积恶，身患瘤疾。因此，他依止喇嘛宣奴益西求得觉法教授，经过一心专修使瘤疾痊愈。他也治愈了许多身患瘤疾之人。】③

---

① 此句藏文：gcong can mang du gsos so/。郭译（第 648 页第 2 行）为："培养出许多拥有'决'法传徒。"恐误。
② 修尸（bam sgrub）：炼尸。意为修不净观法。参阅《藏汉大辞典》，第 1815 页。
③ 【】藏文（第 1152 页第 5~9 行）为：des bla ma mi bskyod rdo rje la gnang/ de ni snye mo mkhav ru thog tu vkhrungs/ de ni sngags pa yin pa cig bam sgrub snyes nas/ lus gcong gis zin pas bla ma gzhon nu ye shes la gtugs nas gcod kyi gdams pa zhus shing nyams su blangs pas khams dwangs/ gcong can mang du sos so/。郭译（第 648 页第 1、2 段之间）漏。

喇嘛弥觉多杰传授给桑杰顿巴（sangs rgyas ston pa）：后者诞生在岗玛（sgang ma）的果汝（ko ru）地方。他在卓萨（sgro sa）寺中出家为僧。精通《波罗蜜多》和《二谛》，以及玛、索、岗三宗法类。他在弥觉多杰座前求得觉法诸教授，而且听受了所有这些教授得义传后，生起了许多证悟。

桑杰顿巴将教授传给喇嘛隆称巴钦波（bla ma lung phran pa chen po）：后者也通晓《时轮》和《般若波罗蜜多》。在弥觉多杰座前，他求得觉法诸教授，而且练出才力。【他又求得僧经而闭关专修，由此亲见不能长久住世。师徒之间进行相互无垢问答而大体传授现前地①。此至尊居住在甲乍（bya bral）时，正如授记所言，比现在而言，对教法有更大的利益而修行。与一些眷属一起前往噢喀（vol kha），在门本塘（mon vbum thang）的彻底寂静处居住并专修。那时，修行噶当派诸教授而使心境变高的堪钦却杰桑波（mkhan chen chos skyabs bzang po），跟密法之主的身、语、心显见菩萨的行为刹那间也不动摇的堪钦勒季多杰（mkhan chen las kyi rdo rje）二人听授了来自贝·玛美斋益西（dpal mar me mdzad ye shes）的道次第而进行修习。有一次，在涅地的弥拉（mi la）处过夜，证得授记说："你正如佛来到世上，要明白这一点。"本尊授记说："依戒学（别解脱解）而作对他人极大的有益事业。"于是，当初他携带诸位上师缝补过的上衣②，钵和敷具③等，让其他人看见，使敬信出家之人为如此。之后，他不但每年每月勤奋听受教法，使弟子们入于律经的行为成为现实；而且使远处听到者也生起汗毛竖立之敬信。其美誉名声传遍各地，可谓无与伦比。他并不满足于各别解脱而使众弟子入于自我之菩萨心，还著有戒之处以及要言如何学习方面的论著。他想菩萨的别解脱解之处虽然进行过千万劫勤修，但如果不能证得具有自性的智慧，那么也无法在轮回大海中解脱。他将能够清楚地表达此情景的三位人士之道次教授撰著成书。想如此之道较为完整也要用一生成佛之咒语入于其中。于是，（他讲述了）最初如何依止上师，之后

---

① 现前地（mngon du phyogs pa [vi] sa）：菩萨住地第六地，顺次修习缘起，现前阻断生死流传，逆次修习缘起，现前趋向证大涅槃，故名为现前。参阅《藏汉大辞典》，第687页。

② 上衣（bla gos）：七衣。十三资具中三袈裟之一。是沙弥和比丘白天穿着的黄色上衣，由七片合成两条半，尺度同于重复衣，通称法衣。参阅《藏汉大辞典》，第1911页。

③ 敷具（gding ba）：十三资具之一。出家人用以保护坐褥卧具的坐垫之一，长三肘，宽二肘六指。参阅《藏汉大辞典》，第1344~1345页。

如何持上师所传的誓言和律仪，灌顶之前所行的二次第如何学习之道次第，尤其是著作了许多密集传承，龙树大师父子的典籍中重要的教授和后来所传的论著。此外，当初他漫游各地作利益他人之事业。他于己丑年（阴土牛）峡哇（sha ba）举办祈愿大法会，给所聚集的有情赐教法之相。同年，他还修建了格丹南坝嘉哇寺（dge ldan rnam par rgyal bavi gling）。之后，他在乙未年（阴木羊）前往温地（von）的扎西垛喀（bkra shis do kha），多次转显、密之法轮。他聚集了一些法藏师，使疑难处得到解决。他在此居住了两个月之后，返回到格丹南坝嘉哇寺，很好地修建了外面的经堂和里面的密宗之坛城，坛城由珍宝作成。己亥年（阴土猪），他前往堆隆的恰灿（chab tshan），然后到哲蚌之顶。（此系前藏功德林寺藏木刻版中的一段，与在安多垛麦寺藏木刻版不同，下面一段为垛麦寺院的木刻版——［藏文版］编者）】①

---

① 【】藏文（第1152～1155页）为：btsun gyi lung blangs nas bzlas bsnyen mdzad pa las ring por mi thogs par zhal mngon sum du gzit te/ slob dpon dang slob ma dag bzhin du dru zhing lan gdab pa mdzad pas chog pa dang/ phal cher mnhon du phyogs pas gnang bar mdzad pa zhig go/ rje btsun des bya bral la zhugs na da ltar gyi gnas skabs las bstan pa la ches phan pa chen por vgyur bar lung bstan pas gsung bzhin du bsgrub te/ vkhor vgav zhig dang lhan du vol khar phebs te/ de nas mon bum thang gi mthar thug pavi dben pa rnams su thugs dam la bzhugs/ devi tshe bkav gdams kyi gdams pa sku nyams su bzhes pas thugs rgyud shin tu mtho bar gyur pavi mkhan chen chos skyabs bzang po dang/ gsang bavi bdag povi sku dang gsung dang thugs kyi snang bas byang chub sems dpavi spyod pa las skad cig kyang mi g'yo bar gyur pavi mkhan chen las kyi rdo rje gnyis las dpal mar me mdzad ye shes las vongs pavi lam gyi rim pa dag gsan nas sku nyams su bstar/ re shig gnyal gyi mi lavi rtsar zhags mdzad pas/ khyod sangs rgyas vjig rten byon pa dang vdra ba cig vong bar shes par gyis shig ches pavi lung bstan pa brnyes/ yi dam gyis kyang vdul bavi bslab pa la brten nas gzhan la phan pa chen por vgyur bar lung bstan pas thog mar dpon slob rnams kyi bla gos dras shing drubs pa dang lhung bzed dang gding ba la sogs pavi yo byad rnams bsnams nas gzhan dag gis mthong ba na/ rab tu byung bavi tshul ni vdi lta bu zhig kho navo zhes yid ches par vgyur bar mdzad nas/ phyis ni lo revi zla re tsam chos nyan par rtsol pavi slob ma dag kyang vdul bavi kun tu spyod pa la bkod pas mngon sum du gyur pa lha zhog/ rgyang ring po nas thos pa dag kyang spu lung g'yo pas phyogs thams cad du snyan pas khyab ste vgran zla med par gyur/ so so thar pa tsam gyis chog mi shes par slob ma rnams smon pa dang vjug pavi bdag nyid can gyi byang chub kyi sems la bkod de/ devi bslab pavi gnas ngag la ji lhar slob pavi tsul gyi bstan bcos kyang mdzad/ byang chub sems dpavi bslab pavi gnas la bskal pa bye bar brtson par byas kyang de kho na nyid rtogs pavi shes rab dang mi ldan na vkhor bavi rgya mtsho las brgal bar mi nus so zhes dgongs nas/ de dag gi tshul legs par ston pavi skyes bu gsum gyi lam gyi rim pavi gdams ngag kyang yi ger mdzad/ de lta bu de la lam gyi cha rags pa tshang yang tshe gcig nyid la sangs rgya bavi sngags kyi tshul la vjug dgos par dgongs nas/ dang por bla ma bsten pavi tshul dang/ de nas bla mas gnang bavi dam tshig dang sdom pa ji ltar bskyang ba dang/ dbang bskur ba sngon du vgro bas rim pa gnyis la ji ltar slob pavi tshul gyi lam gyi rim pa dang/ bye brag tu dpal gsang ba vdus pavi rgyud slob dpon vphat pa klu sgrub yab sras kyi gzhung gco

喇嘛隆称巴传法给喇嘛丹季巴·宣奴楚臣（bla ma stan gcig pa gzhong nu tshul khrims）：后者又名为觉丹汤哇（jo stan thang ba）。最初他前往塘萨（thang sag）寺出家为僧。他在枳伊隆巴（grivi lum pa）座前，学习了《中观明句论》（dbu ma tshig gsal）[①]、《入中论》和圣传密宗法类。在喇嘛塔巴哇（bla ma thar pa ba）和季译师（dpyal lo tsav ba）座前，他听受了《上下对法》，《般若》、《因明》和《摄论》三者，以及《时轮修法释》（dus kyi vkhor lovi sgrub vgrel gdams pa）及教授，并且听受了《亥母》季传六法和《红阎罗》（gshed dmar）[②]等许多密宗经教修法。后来，他居住在觉丹僧会时，身患痼疾。于是他来到喇嘛隆称巴座前求得觉法诸教授后，在一尸林中勤修。过去，他是无论天气冷暖，都有病痛。在尸林处，他用凉水石浸腹，饮凉水，赤身入睡，心中想："疾病快乐。死亡愉悦。"勤修觉传教授，修至第11天时，口中出现一种恶臭味；到12天的半夜，发生呕吐而吐出一切秽物，翌日正午前就吐干净了。经过半月他修法完毕，疾病痊愈，生起修证。无论何时他遭遇其他热病、恶疮和阻碍等一切磨难，他都放弃默念"疾病快乐。死亡愉悦。"他有意识地接触这些疾病，并修（觉）法。一切病魔自然消灭。之后，他做广大的利益众生事业。他住在江寺（skyam）的色隆（gser lung）地方。

宣奴楚臣传法给喇嘛桑丹达（bla ma bzam gtan dar）：后者生于耶地的胜西普（g'yevi zim shi phu）。父亲名为波惹温僧（sbo ra dbon

---

bor mdzad pavi gdams pa dang rjes su bstan pavi bstan bcos mang du mdzad/ de yang dang por yul phyogs ji ltar rigs pa rnams su zhu zhing gzhan gyi don mdzad pa las/ sa mo glang gi lo sha ba la smon lam chen mo mdzad cing/ vdus pavi skye bo rnams la chos kyi snang ba yang bstsal nas/ lo de nyid la dge ldan rnam par rgyal bavi gling btab/ de nas shing mo lug gi lo la von gyi bkra shis do khar phebs nas sngags mtshan nyid kyi chos kyi vkhor lo mang du bskor/ sde snod vdzin pa nyung rag shig bsdus nas dkav bavi gnas rnams kyang gtan la phab/ zla ba gnyis lhag tsam zhig bzhugs nas/ slar dge ldan du phebs te phyivi mchod khang dang nang du rin po che las grub pavi sngags kyi dkyil vkhor legs par bzhengs/ sa mo phag gi lo la stod lungs kyi chab tshan la thegs/ de nas dpal vbras spungs kyi gtsug/ * sgrig pa povi mchan/ dbus kun bde gling gi shing brkos par ma las/ * "btsun gyi lung blangs nas bzlas bsnyen mdzad pa las ring por mi thogs par zhal mngon sum du gzigs te zhes pa nas/ de nas dpal vbras spungs kyi gtsug" * zhes pavi bar gyi dum bu vdir amdo smad chos grwavi shing par las mi vdrang bavi dum bu zhig byung ba vdi ltar/。郭译（第648页第3、4段之间）和罗译（第993页第10行）均漏译。抑或所据藏文有缺漏？

① 梵文：Prasannapadā；参阅《丹珠尔》，dbu ma, No. 3860。
② 梵文：Śrīmadraktayamāritantrarā nāma；参阅《甘珠尔》，rgyud vbum, No. 475。

seng)①，母亲名为觉姆桑麦（jo mo bsam me）。童年时期，他就具有不可思议的信心、悲心和智慧。他在喇嘛觉丹巴座前出家为僧后，精心学习《（龙树）圣传密集》、《那若广释》、《中观类的明句论三千颂》（dbu ma tshig vjug stong gsum）②、《垛哈三法》（do ha skor gsum）、《入行论》等。他还圆满求得塔洛（thar lo）传规《六加行》、《五次第直观教导》、《大悲观世音法直观教导》、《大手印恒河篇》（phyag chen gang gav ma）、《修心法》、《能断境界品》（gcod yul levu lag）、《极密要扼》（gnang thems bkav rgya ma）等觉法类。他直接住持修验。他在色隆（gser lung）听法尚未结束时，突患暴疾。他告诉人们将他送往山林丛中修行觉法。因此，法友们把他背送到险恶山林中。他在那里修觉法，生起了修验。当雅桑赤本（g'yam bzang khri dpon，意即雅桑的万户长）从北方来时，给他发了邀请，他想自己应该见见此人。在经过穴地（shugs）的路上，经常有天魔作害，为此无法前行。仆役们只好将他背起，送到一座小山林庙中，说道："请医生来诊脉。看是否有生命危险。"他回答说："不需用药，就修善行！"于是又将他背送到桎垛的薛岩石洞中（gri mdovi zhogs），仍然前去请来医生诊病。医生说："现在已经无法救治。"他说："你们不必为了我守在这里。"说后把众人赶走。然后，他自己已经完全抛弃病喜死乐念，默念"疾病快乐。死亡愉悦"。因此，从第二天起，病情有所好转。此后经过三四天，雅桑哇的赤琼峨（khri chung vod）领来医生；并带来三四个全牲③。医生经过诊脉后说："稀罕！疾病已经痊愈了。"他的身体比以前更为健康了。

他便在塔巴岭巴（thar pa gling ba）座前求得《白度母长寿法》和《八大修法导释》；又在喇嘛洛卓贝哇（bla ma blo gros dpal ba）座前听受了《密集》、《红色阎罗》、《金刚鬘》等灌顶、《行续部》等诸密续；又在喇嘛仁钦僧格哇（bla ma rin chen seng ge ba）座前听受《时轮圆满灌顶》和《欢喜金刚双尊教语道果支分等》（kyevi rdo rje yab bkav yum bkav lam vbras cha lag）。他在 31 岁时住持上师觉丹巴的寺庙。

在 20 年时间里，他一年四季都不间断地听受和讲说诸教法。他遍游过玛若措纳（dmar ro mtsho nag）及雅拉香布等险山恶水，修行觉法。之

---

① 郭译（第648页末行）为"波惹苯桑"；罗译（第994页第11行）转写为：sbo-ra dbon-seng。藏文（第1156页倒数第8行）为：sbor dbon seng，恐误。

② 参阅《丹珠尔》，dbu ma, No. 3827。

③ 全牲（sha khog）：牛羊肉腔。牛羊除去内脏和皮的体腔。参阅《藏汉大辞典》，第2821页。

后因雅（桑）（g'yav）、帕（莫竹）（phag）两地扰乱不宁，他心中生起不安，于是，他修建了丹喀嘎丹（ldan mgar dgav ldan）寺。他又在喇嘛却贝贡波（bla ma chos dpal mgon po）座前求得《时轮圆满灌顶》、觉囊传规的《六加行》、《邬坚念修教法》等许多教法；又在仲·却杰哇（drung chos rje ba）座前求得堪钦布（mkhan chen bu）的《六加行》、《坚忍法规》（sron lugs）、《密集灌顶》、《释论》（bshad bkav）、《五次第直观教导》等许多教授；又在喇嘛垛丹巴座前求得《坐山法闭关念修法》（ri chos skor bsnyen sgrub）和《方便道》等许多法类。此师生任何疾病等障碍，从不作医疗和修法禳解，而是唯修觉法。他从来不下山，常在寺中安住。其美誉名声传遍十方。此师将教授传给法王木雅巴·仁钦坚参（chos rje mi nyag pa rin chen rgyal mtshan）。法王木雅巴·仁钦坚参传授给特却贡扪垛哇（thel chos sgong smen vdor ba）。

以上是姆觉（女性）传出觉法的阶段。

二 波觉阶段

普遍传称的波觉（男性）传处的觉法情况如下：虽然雅隆地区的玛惹色波（sma ra ser po）到过印度东、西部，但未求得如意教法。于是，他与商人结伴返回到藏地。途中他与一位印度游方僧相遇，也不知此游方僧是外道或内道。他的助伴名为格西欧珠（dge bshes gngos grub），有一芭蕉①手杖，四边都有许多花纹。游方僧说："把手杖给我！"他给出手杖后，游方僧说："此为外道显示神变之武器。我知道（怎么使用）此物，但它（对我）毫无用处。"说后将手杖折毁了。于是，玛惹色波就问游方僧的助伴："此人是谁？"答曰："是丹巴。"在那里他生起敬信，且他俩向游方僧求法。丹巴对格西欧珠传授了《内心不取外相》（phyivi snang ba nang du ma len）等教授后，使之获得定解，欧珠持丹巴为根本上师。玛惹色波向丹巴求法，丹巴说："你欲求之法，不久就可以获得。"玛惹便追随丹巴，来到了垛达日（sdog stag ris）。丹巴居住在一家旅店内，来求加持的人很多，其中盲聋人来求加持更多，通过加持立即得以治愈。在那里，有觉·释迦益西（skyo shavkya ye shes）前来赴法轮会时，在梁堆（myang stod，梁上部）有一富家把两个刚刚身患麻风病的儿子托付给

---

① 芭蕉（chu shing）：结一次果后即会枯萎的一种植物。参阅《藏汉大辞典》，第811页。

觉·释迦益西。由于觉·释迦益西只追求财富，而放逸两个孩子，也没有能够使其疾病治愈。在那里，他（释迦益西）听到丹巴能够治愈病人之奇事！于是他对丹巴说："我有两个被鬼神食剩之子，请求您作加持吧！"丹巴对玛惹色波说："你欲求之法，现在来到了。"说后便对觉师徒三人和玛惹色波共四人传授了觉法教授。这一教授名为《六种散法》（brul tsho drug pa），玛惹色波把它撰著成书，但对语诀他则未记录成册。两个孩子依教授勤修，恶病得愈，二人都成为修行士。觉·释迦益西未向他人传此教授，而是自己修行。后来，他害怕失传而将教授独自传授给温波·索南喇嘛（dbon po bsod nams bla ma）一人。他前往康区后，在西上返回途中，只传给姥准四种散法。玛惹色波也未向他人传授此教授，而是以嘿布（Had bu）的亥母法以及觉法二者作为自己常修项目。晚年时，他才将教授完全传给侍者纽巴伯热（smyon pa be re），并嘱咐说："你应当自修，对任何人都不能传授。"那时，杰顿（lce ston）和普顿（phug ston）碰巧都在普塘（phu thang）地区峡顿垛真的寺院中。杰顿病了，他知道伯惹懂得觉法，并把它告诉了峡顿，峡顿说："去他的座前求法吧！"日措普顿（ri khrod phug ston）问："大师您中断法座而去，怎么会得到传授？我日措普顿是修行者，会得到传授的，我去吧！"峡顿垛真说："那么，我求我的朋友杰顿作求法助伴吧，你可以对他说：您有从丹巴传来无误的《般若波罗蜜多》教授，请将此教授传授于我吧！"普顿依照所教而请求。上师纽巴伯热说："没人知道我拥有此法门。是鬼告诉你的吗？"又问："你真的决定修此法吗？"答曰："是的，我决定修此法。"于是，纽巴伯热便将《六种散法》和认识本性、语诀等都传授给他。之后，普顿在吉仓（skyi tshang）静住修此法时，峡顿大师派人来请他前往普塘，传授了三种散法。之后，他对一位康区的法师传授了六种散法。法师的执笔者又将法门撰著成书。后来，当若·喜饶峨前往山中日措细波（ri khrod zhig po）处求传《真实名称经》和丹巴（桑杰）传规的《亥母法》时，寻觅瑜伽者（法师）的执笔者作住宿主人，于是从他（执笔者）那儿了解到释疑教授的来源，便向普顿求法。普顿开示说："以一人联系则（意味）与诸人联系；（教法）示与一人则（意味）示与所有人！准备（传授）资粮吧！"于是，普顿给他传授了第一种散法。若·喜饶峨问上师："此法还有其他支分吗？"师说："确有。但是我对普塘的峡顿垛真只说了三种。现在如果我完全讲授给你，恐怕峡顿垛真将会不高兴啊！"若·喜饶峨问："但您为什么不将教授完全传给峡顿呢？"师回答说："教授极慎重甚深，他那里人太多，人人都可能抄录，故我没有传授。另外，他们心中无师，只以所得任何抄本而修，故而我没有传授！"若请求说："那么，求师将全部教授传给我吧！"师说："你能对众生作利益，因此我将传授给你。"说后，普顿就将《六种散法》和语诀等完全传授给他，之后说道："现在教授无一遗漏地传授了，我再没有别的教授。诸口传语诀切勿记录成册。"说后他满心欢喜地将语诀尽量授传若·喜饶峨。后来，由喜饶峨传授给松顿热巴；松顿热巴传授给喇嘛涅顿（bla ma gnyal ston）。

又一支系是由日措普顿传授于格丹色姆；格丹色姆传授给藏顿吉仓巴（gtsang ston skyi tshang pa）；藏顿吉仓巴传授给涅顿；涅顿传授给温波却顶巴·达玛喜饶（dbon po chos sdings pa dar ma shes rab）；温波却顶巴·达玛喜饶传授给枳顿桑杰（skrig ston sangs rgyas）。

又一支系是由松顿热巴传授给桑杰顿巴；桑杰顿巴传授给克尊宣奴珠；克尊宣奴珠以下传承与前面相同。总的说来，觉这一法门诸教授传播极广。这里谨据所阅读到的传记史事记载而撰述于此。

以上是波觉（男性）传出觉法的阶段。

三　喀若巴的阶段

雪域藏区的人们拥有三个人物：一位如头顶上的珍宝，其余两位如耳上美饰。如头顶上珍宝者，就是白玛桑坝哇（Padmasambhava）；如耳上美饰者，一位是喀惹贡穹（kha rag sgom chung），另一位是至尊米拉［日巴］（rje btsun mi la）。

喀若岗琼：是一位运用教授二法流（阿若、阿底峡二法流）和合而一心专修的瑜伽士。其中一法流是从阿若·益西穹奈（a ro ye shes vbyung gnas）传来的。阿若·益西穹奈是一位活佛。他幻化成长远泉眼的沙隙中的一位小孩，有一位女尊者到那里散步消遣时看见了他，心生怜悯，想抱走时，又担心会有人说闲话。于是，她向地方官报告说，有这样一个小孩在此，地方官说："那么，是够可怜的，把他抱来吧！"她抱来一看，小孩像具尸体一样睡着了，口中则"啊啊"直叫，因此取名为"阿若"①。后来，孩子学会走路时，他到僧众作佛事的经堂中，僧众问他："阿若，

---

① 罗译（第1000页第7～9行）行间注：意为"一具尸体"，这似乎是对名字的一种解释。最初一定是对某个梵文字的讹写。

你到这里来干什么？"他答道："我也到这里来作佛事。"僧众说："你懂得教法吗？"答："我知道许多正法。"僧众说："那么，你知道此法吗？"说后给他一本《入行论》，他很好地念诵完。然后阿若说："我还知道你们不知的正法。"说后他念诵了一些名为阿若传规之教授。所有在场的僧众大为惊讶！说："阿若真棒！他拥有智慧之源头！"于是，立其名为益西穹奈。阿若住世很长时间，以甚深教授教化诸众生作出了广大利他的事业。阿若的弟子有：康区的雅思本顿（ya zi bon ston）[1]、喀惹（kha rag）的珠峡杰波（bru sha rgyal po）[2]、前藏的仲杏·喜饶门兰（grum shing shes rab smn lam）、后藏的觉若·桑嘎左库（cog ro zangs dkar mdzod khur）等人。其中，雅思本顿前往前、后藏，将教授传给后藏坚贡（gtsang rgyan gong，意为藏坚上部）的珠古洛穹（gru gu klog vbyung）；珠古洛穹又传授给哲曲坝（bres chu bar）的伦贡·楚臣宁波（glan sgom tshul khrims snying po）。伦贡·楚臣宁波曾说："我给死尸的耳中说法，死尸就要动起来；我向空中之鸟修行，鸟就会落下来。"之后，伦贡·楚臣宁波将教授传给坝贡·索南坚参（rba sgom bsod nams rgyal mtshan）。

坝贡·索南坚参：诞生于彭域哲地（spras）的居族（vjub）。他和阿底峡尊者相见后，陈述他（对佛法）的修悟。尊者十分欢喜，说道："现在你的修悟上再加慈悲心而修吧！如果修悟中有困难，弥勒和观世音菩萨会来帮你除去的。"阿底峡尊者阅读了一些藏族的著作之后，不太满意；可是当他阅读阿若著的《大乘瑜伽》（theg chen rnal vbyor）时，却高兴地说："这一著作不但词句典雅，而且意义甚善。"坝贡·索南坚参曾是博朵瓦父亲的应供处。博朵瓦未到热振之前，曾在坝贡·索南坚参座前求过修行教授，坝贡·索南坚参曾说："连少量闻法都没有就修行的话，则是名存实虚，不能持久。"后来，博朵瓦成为大格西时，他想："坝贡·索南坚参的法是怎样的一种法呢？"此后他在梦中发现一征相，因此他说："坝贡·索南坚参的法也是一种正法。"坝贡·索南坚参之弟子是喀惹贡穹。

在后藏上部的冻西（dung shu）地方，有一位修士（sgom pa）名叫衮却丹（dkon mchog rten）。他有子三人：长子为伯波旺垛（bal po dbang rdor），次子为峡旺惹（shwa dbang rwa），三子为修士旺秋洛卓（sgom pa dbang phyug blo gros）。旺秋洛卓少年时期就是一个很虔诚的信徒，他决心

---

[1] 此处藏文（第1163页倒数第3行）为：yang zi bon ston，恐误。
[2] 此处藏文（第1163页倒数第3行）为：bru sha rgyal pu，恐误。

无论如何也要出家为僧。在一位名为伯乌鲁伊益西（bevu kluvi ye shes）的陀普人（thod phu pa）座前，他求得《大圆满》的许多教授。之后他在奇普（vphyil phu）的修室中勤修时，伯波旺垛作修中服役。【坝贡·索南坚参住在乍嘎枳金（brag dkar rtsi can）时，人们常说："有一位大师拥有阿底峡很好的教授。"】① 伯波旺垛听说后就去拜见坝贡·索南坚参。他们相见后，谈论教法。他想到坝贡·索南坚参是有尊者之教授而心生信解。于是，伯波旺垛前去向藏布（gtsang bu）说了事情的经过，并催他前去。藏布回答说没有礼物。伯波旺垛说："我们有一块酥油，作供礼也可以。"于是他们二人结伴而去。藏布和坝贡·索南坚参刚一相见，心意相投，藏布便请求传教授，上师说："你必须出家为僧！"于是，藏布在牢索（lab so）地方的玛贡（mar sgom）座前出家为僧。然后，他在坝贡·索南坚参座前求得三类教授（gdams ngag skor gsum），并且求得一些其他教法。也有其他一些前来求法者，上师将他们打发走，只留藏布一人在身边。坝贡·索南坚参闭关专修七天而亲见本尊阇摩敌。在这期间坝贡·索南坚参将教授写在石片上，把它们扔出来，藏布就念诵这些石片。当时，有一施主供来两担面粉，坝贡·索南坚参说"魔鬼来了"就逃走了。藏布紧追其后。师徒二人来到了热振寺。那时仲敦巴已经逝世，由伦觉巴（rnal vbyor pa）抚育寺众。藏布对热振寺的诸大修士生起了信解。因此，坝贡·索南坚参对他说："这些人如羊毛小口袋②，修行还是我们师徒自己的好。"说后他们就经羊卓的达玛隆（yar vbrog vdab ma lung）返回。他们来到洛拉雅巴让卓坚（lho la yag pa rang vbrovi can，意为南方的雅巴牧区），坝贡·索南坚参【在那里对许多人传授了教授】③。当他正想前往喀曲时，他接到信使说他的母亲病重，要坝贡·索南坚参赶快回家。回到家乡时母亲已经逝世，宰杀牛来办超荐佛事。坝贡满怀悲伤而仍然外出。藏布帮他们办了超荐佛事后，追随坝贡·索南坚参而去。当他来到许地（gzhu）的乌居古寺（u skyu vgul dgon pa）时，见到有焚尸后的痕迹，便问荼毗的是谁？他们回答说："这是逝世的坝贡·索南坚参。"藏布听后哭泣不止！此后他再到热振寺，就在贡巴哇（dgon pa ba）和伦觉巴座前

---

① 【】藏文（第 1165 页第 5~7 行）为：brag dkar rtsi can la rba sgom bzhugs yod pavi dus su jo bo bzang po gdams ngag can cig vdug zer nas/。郭译（第 654 页第 6~7 行）为："坝贡也住在乍嘎枳金，旺秋洛卓说坝贡有一阿底峡的很好教授……"

② 意为看起来大，一挤压就小。

③ 【】藏文（第 1166 页第 6 行）为：der mi mang po la gdams pa btab/。罗译（第 1002 页倒数第 15 行）漏。

依止了 7 年时间。贡巴哇对他说："据说你的上师闭观念修七日而亲见了阎摩敌。"以此有神通证知。之后，藏布在溪堪乍洞（gzhu mkhan brag gi phug pa）中精修很长时间，那时博朵瓦师徒也居住在溪堪乍，因此，博朵瓦说："藏布岗琼（喀惹贡穹）对于修有大坚忍，但不作闻法单修能得道吗？"藏布后来听到此言后，前往博朵瓦座前陈述了四种厌离心之证达。因此，有名叫勒丹嘉协（gnas brtan rgyal she）者说："现在，善知识（博朵瓦），您应该回答他！"博朵瓦说："我现在不能回答！"于是藏布已经成为善说狮子（skyes bu smra bavi seng ge）。博朵瓦用他人供己诸物其中一部分送给藏布，并对藏布大加称赞："藏布所修一日之法，我们师徒一年也不能修到啊！"【有一次，伦觉巴伯乌鲁伊益西给他捎信说："我病了，我们起誓请你来此！"藏布就到博朵瓦座前辞行。】① 两人难离难舍，潸然泪下。后来，藏布前往彭域的嘉地（vphan yul rgyal），来求法者和供养送礼者很多。此后，藏布去拜访上师喀惹（bla ma kha rag），并在伯乌鲁伊益西座前作了短暂的服役。他也就在喀惹黑洞（kha rag phug pa nag po）中进行修行，其美誉名声传遍四面八方。因此，在他座下依止聚集僧众约有千人。有段时间他感到如此众多的僧人在一起会懒散，于是便遣散自己的弟子，只留少数师徒。如此他住世许多年。最后，在作一次斋僧佳宴时，他对僧众说："这是最后一次饮食，我死后把我的遗体送到山顶上去。我逝世以后，不必修建灵骨塔、像等。"说完就逝世了。遗体依照遗嘱送到喀惹山顶，有一瑜伽士以刀断手，也在那里死去。喀惹巴（喀惹贡穹）的弟子出有洛巴·达玛焦（lho ba Dharma skyabs）和杜顿·多杰仁钦（rdul ston② rdo rje rin chen）二人。

洛巴·达玛焦是拉雅门达（la yag smon mdav）地方人氏。他在绒巴却桑（rong ba chos bzang）座前听受了许多教法。出家后，他在坝嘎郑顿（ba dkar vbring ston）座前听受《集学伦》和《慈氏五部》等许多教法。他又在裕却旺（yol chos dbang）座前求得许多教授。他到喀惹巴座前，供上酥油一块求传教授时，后者立刻将门紧闭。喀惹巴说："有教授的其他人很多，你到别处去求传吧。"此后，洛巴·达玛焦只好前往伯波旺垛

---

① 【】藏文（第 1167 页第 6~8 行）为：lan cig rnal vbyor pa bevi kluvi ye shes kyis dam tshig la bsgres nas/ nga na bas ces kyang byon bya ba byung bas/ pu to ba la phyag skyel du byon/。郭译（第 655 页第 10~12 行）为："有一次伦觉巴对于伯乌·鲁伊耶西所示誓言作类推后，接到博垛哇的信说：'我病了，无论如何你来一下。'以此他送供礼来到博垛哇座前。"

② 藏文（第 1167 页末行）为：rngul ston。下同。恐为印刷错误。

那里居住了三年时间。之后藏布说："洛巴·达玛焦未走的话，把他领到我这里来吧！"来了之后，藏布就将教授全部完全传授给他，师徒相伴五年时间。洛巴也变得名声极大，因此出有许多弟子，其中有如雅塞嘉曼（yar sregs rgya dman）等诸大导师，以及梁贡阁波（myang sgom rgod po）、梁贡嘎波（myang sgom dkar po）、梁贡细波却协（myang sgom zhig po chos shes），即所谓梁贡三昆仲等。

杜顿·多杰仁钦也是一位通达许多教授者。他和喀惹巴相见后，听到喀惹巴说"这位善巧者如果修法将会有所收获"时，他想"对我如此通晓许多教法者，说这话是什么意思？"后来，他求得喀惹巴的三法而修，才知道那样说是有真实道理的。他便从喀惹来到羊卓。所以，如此教授的泉流之一，是从热振高处流下来的阿底峡之教授。经过喀惹巴将二法流合二为一，立名为《菩提心修法》（byang chub sems sbyong），也普遍传称为《喀惹三法》（kha rog skor gsum），弘扬传播极广。

阿若·益西穹奈之传承是：由坝贡·索南坚参传授给藏绒的丹巴枳贡（dam pa dzi sgom）；丹巴枳贡传授给羊卓的坝贡钦（bar sgom chen）；坝贡钦传授给裕却（yul chos）的觉姆梁姆（jo mo myang mo）；觉姆梁姆传授给吉喀哇（skyi mkhar ba）的拉杰拉康巴（lha rje lha khang pa）；拉杰拉康巴传授给卫巴·顿峡噶（dbus pa ston shavka）；卫巴·顿峡噶传授给细波堆枳（zhig po bdud rtsi）而发展出许多传承。

以上是喀惹巴的阶段。

第十四章 《大悲观世音法门》和《金刚鬘》等法类

一 贝姆传规的《大悲观世音法门》传承的阶段

正如汉地是妙音（文殊）菩萨所摄受的地方，藏区则是观自在（观世音）菩萨所教化之地。由观世音菩萨加持之力所表现，就是藏区男女老幼，以及出家僧众，人人口中所念诵的六字真言。人们可以祈祷欲界（欲天）而生起所得加持，因此，我们（藏人）获得加持最快捷的办法就是依止于观世音。观世音化现为人王装饰的松赞干布①所修建的佛像和寺庙，成为了藏族主要供奉之所。而藏王居住的王宫所在山丘，也取名为布达拉（意为观世音住处）。普遍传称依藏王语教而来的密法教授，出有许多修阎摩敌等的成就者。直到今天（著书时），虽然不得见依此法的教师所著释本，然而部分修法之笔记仍然存在。观世音修行法门的秘（伏）藏②，

---

① 松赞干布（srong btsan sgam po）：译言正直严明智慧深远之君王。《唐书》作弃宗弄赞或弃苏农。系囊日松赞之子，在吐蕃王朝世系中为33代。在位期间，修建宫室于拉萨布达拉山，创立文字，开始译经。制定六大法规：其一为六大要政，即分全境作五大翼，分地方作18区，军分61千夫长，民分庸役与附役，亲贵主持中央，三部武士守护边境；其二为六大会议；其三为六级告身褒状；其四为六类标志；其五为六级奖惩；其六为英雄六征等六六36项措施，以及出世十善法，世间道德规范16条。先与尼泊尔公主联姻，后又与唐文成公主联姻（公元641年），修建大昭寺、小昭寺。派遣贵族弟子至长安入国学，又从汉地引进医药、数术、工艺等知识。对吐蕃经济、文化发展以及兄弟民族之间的联系均有重大贡献。唐朝封之为都尉、西海郡王，又晋封为宗王，其妃蒙萨生子共日共赞，早卒，松赞干布逝世后，由其孙芒松忙赞继位，关于其年代有异说。参阅《藏汉大辞典》，第2991页。

② 秘（伏）藏（gter ram gter chos）：从地下掘出的佛教经文。佛学家莲花生等人，因时机未到不宜宣示，而留待后世有缘者获取，特将密宗秘诀藏于山岩、水边、森林等处嘱托空行暂为守护以待未来成就者发掘，而后转述为文字的极密经文。参阅《藏汉大辞典》，第1047~1048页。

被成就师欧珠（grub thob dngos grub）发现掘出。若·喜饶峨在巴南寺（spa nams）中求得这些秘（伏）藏后，传给其子和诸弟子次第传承而发展。

又一支系是成就师欧珠传给活佛梁顿；活佛梁顿继传的历代师有喇嘛热巴·弥觉多杰（bla ma ras pa mi bskyod rdo rje）、喇嘛释迦·僧格桑波（bla ma shavkya seng ge bzang po）、拉杰·格哇蚌（lha rje dge ba vbum）①、江姆益西却（ljam mo ye shes mchog）、绛生曲贡（byang sems chu sgom）、塔细甲扎（mthav bzhi bya bral）、索南僧格、扎西坚参、喇嘛洛卓坚参；扎西坚参和喇嘛洛卓坚参传给【喇嘛索南桑波；喇嘛索南桑波】② 传授给阁楚·扎巴穹奈（rgod phrug grags pa vbyung gnas）。

大悲观世音（thugs rje chen po）历代传承为：嘉哇嘉措（rgya ba rgya mtsho，观世音一化身）、囊哇塔耶（snang ba mthav yas；梵：Amitābha）。又由大悲观世音传白玛穹奈（pad ma vbyung gnas；梵：Padmasambhava）、摩羯陀的帕莫（phag mo）、底布巴、热穹巴、桑日热巴（zangs ri ras pa）、桑杰热钦（sangs rgyas ras chen）、崩乍巴（spom brag pa）、噶玛拔希（Karma pa shi）、珠钦邬坚巴（grub chen u rgyan pa）、壤迥多杰、康钦甘拉巴（khams chen rgan lhas pa）、达顿宣奴达（stag ston gzhon nu dar）、坝顿宣楚哇（bag ston gzhon tshul ba）、堪钦喜饶多杰（mkhan chen shes rab rdo rje）、却阁哇·却贝喜饶（chos sgo ba chos dpal shes rab）、阁楚巴·扎巴穹奈。此外还有很多传承。

又由雅隆译师扎巴坚参所传出的日季吉丹贡波（rigs kyi vjig rten mgon po）灌顶。他以修持灌顶等及密续五十颂释③等传授给译师堆柯哇索协（lo tsav ba dus vkhor ba bsod she），由后者所传出的传承有很多。

又由喀钦（克什米尔）的班智达苏玛诺希（pandita Sumanaśrī）④ 传给布顿的《莲网法门》（pad ma dra bavi chos skor）⑤ 也是属于《大悲观世音法类》。

---

① 拉萨大昭寺金顶的建造者。
② 【】藏文（第1174页第11行）为：bla ma bsod nams bzang po/ des。郭译（第657页末行）漏。
③ 罗译（第1007页第16行）为"53 slokas（53颂）"。另，此处有关修持灌顶及密续，分别参阅《丹珠尔》，rgyud, No. 2133；《甘珠尔》，rgyud vbum, No. 436。有关其释论，参阅《丹珠尔》，rgyud, No. 2134。
④ 藏文（第1175页第3行）写为：པཎྜི་ཏ་སུ་མ་ནི་ཤྲཱི།
⑤ 参阅《甘珠尔》，rgyud vbum, No. 681；《丹珠尔》，rgyud, No. 1750。

关于观世音亲自化现的成就士所说诸法如何传承的情况：无可争辩的事实是，观世音的绛曲生贝·达哇坚参（byang chub sems dpav zla ba rgyal mtshan）所创作《发菩提心仪轨教导》（sems bskyed pavi cha gas bslab pa），以及《中观三摩地修习次第》（dbu mavi ting nge vdzin sgom pavi rim pa）等，此外依《禁食斋仪轨》（bsnyung bar gnas pavi cho ga）而修，使圣观世音生喜次第是：由圣观世音亲自加持比丘女贝姆（dge slong ma dpal mo）；又由比丘女贝姆加持班智达益西桑波；由益西桑波加持白波·伯聂哇（bal po be nya ba）等。这些人士都是得道成就者。由白波·伯聂哇传授给绛曲生贝·达哇坚参。后者本人真是观世音，使他者相信这一事实的情况如下：

在尼泊尔的胜乐拉康（bde mchog gi lha khang），有许多空行母前来。这一情况被管理庙堂的香灯师看见并问道："你们从何而来？来这里作什么？"众空行母答道："我们从黎喀惹杏培（li kha ra shing vphel）而来，由于黎喀惹杏培的观世音居住在此，我们前来供养观世音。"又问："那是谁呢？"答曰："那是绛曲生贝·达哇坚参。"另外，当翁波译师（ong po lo tsav ba）在帕巴哇底拉康（vphags pa wa tivi lha khang）① 中睡觉时，哇底（wa ti）向他授记说："绛曲生贝·达哇坚参就是圣观世音本人"等语。因此，许多人士深信不疑。类似的传说很多，比如说在绛曲生贝·达哇坚参观察净治一切有情罪恶，以何法为有益时，他在圣观世音座前修习一次禁食斋，以此消除大罪恶而获得人身，最后往生极乐刹土等，但在此不再论述。

喇嘛萨钦（bla ma sa chen）在绛曲生贝·达哇坚参座前作了很长时间的侍者，因此，大师（绛曲生贝·达哇坚参）是何时而来他是知道的。萨钦他也是众生怙主帕莫竹巴（vgro bavi mgon po dpal phag mo grub pa）和珠脱拉雅巴（grub thob la yag pa）的上师。在绛曲生贝·达哇坚参的座前，由珠脱尼普巴（grub thob nyid phug pa）求得圣观世音诸修法。萨钦巴的父母是象雄（zhang zhung）人。父母来到（后藏）拉堆后，他于甲戌年（阴木狗，公元1094年）诞生在达德僧格隆（stag bde seng ge lung）。父母担心他会失去世袭的地位，就在其孩童时期把他带到了布桑（spu hrangs）。年满7岁时，他获得业果之定解。14岁时，他便前往前藏，到桑嘎译师（zangs dkar lo tsav ba）的住地播东树巴（bo dong gzugs

---

① 又称为 vphags pa wa ti 或者 skyi gron vphags pa。参阅 Vasilyev 的《西藏地理》（俄文版），第11页。

pa）。他在穹师（khyung）座前出家为僧，取名为却季扎巴（chos kyi grags pa）。之后他在觉窝蚌察松巴（jo bo vbum phrag gsum pa）座前听受了一个月时间的教法。他在桑嘎座前依止六年并求得《胜乐》等法。他在曲弥仁姆（chu mig ring mo）娶妻安家。后来阿里绛央（mngav ris vjam dbyangs）到洛扎（lho brag）时，他在其座下受比丘戒。他又在哲·喜饶坝（vbre shes rab vbar）座前听受十五遍《般若波罗蜜多》；在格西衮喀（dge bshes dkon mkhar）座前听受了零散诸法；在穹师座前听受了《中观》和《因明》；在嘉玛（rgya dmar）师座前听受零散诸法；在峨弥巴钦波（ngur smrig pa chen po）座前听受了《现对法》。据说在达察（stag tshal）的玛尔巴译师（mar pa lo tsav ba）座前求得《慈氏五论》。在格西江惹哇（dge bshes lcang ra ba）的座前，他听受了赞系（btsan）传规的《慈氏五论》。在坝操译师座前，他听受了《中观六论》。在格西辛（dge bshes gshen）座前，他听受杂译师（tsa lo stav ba）的《六法》。他又在阿里吉顿（mngav ris skyi ston）座前听受了布桑洛穹的《胜乐》等法；在峨匈巴（rngog gzhung pa）座前听受了《喜金刚》；在季贡噶多杰（dpyal kun dgav rdo rje）和努帕莫隆巴（snubs phag mo lung ba）二师座前听受了《喜金刚》和《亥母》法门；在塔细（mthav bzhi）座前听受了密法和律经（毗奈耶）。在求授这些教法期间，仍然在做绛曲生贝·达哇坚参的侍者而听受许多教法。他又在嘉曲弥巴·喇嘛夺巴（rgya chu mig pa bla ma lto pa）座前听受许多教法；在款·格巴根底（vkhon gad pa kivrti）座前，他听受《五次第导释》；在拉杰·藏雪巴（lha rje gtsang shod pa）座前，他听受《大手印》；在伯窝阿苏（bal bo a su）座前，他听受了《大手印心要》（phyag chen snying povi skor）；在奈邬素尔巴（snevu zur pa）座前，他听受了噶当诸法；在达波拉杰座前听受《那若六法》；在色喀穹哇（se mkhar chung ba）的侍者帕贡（phar sgom）座前，他求得《道果》法类。总之，他说：他听受了旧密诸法，新密诸法也无一不听。

尔后，他在达果雪山（rta sgo gangs）上修行了整整8年时间，又经过坐夏或坐冬修行了6年时间，总共修了14年时间。其神通大增。达果的拉赞（lha btsan）也来向他求法，并将命根咒（srog snying）献上。在那里居住期间，觉伯（jo pad）为他作仆役。之后他到了垛地（ldog）。垛巴大师（slob dpon ldog pa）问他："你有神通吗？"他想在大师面前不应该说谎，就答道："有！"大师又问："村民们在做什么？我的手中有什么？"他准确地说出来之后，大师相信了，说道："你还要念诵《般若波罗蜜多》。"当他念到"虚空自性也无边"（nam mkhavi khams kyi rang bzhin de yang pha mthav med）①时，心中生起了与过去不同的三摩地。此后，他无根本和后得②之别。之后，他在尼普（nyid phug）③安住修行，常勤修禁食斋和念诵等。那时，他自己和他者现起的净相是难以记数的。萨钦作了广大的利他事业后，于丙午年（阳火马，公元 1186 年）年满 93 岁时逝世。

萨钦的弟子肃巴·多吉杰波（sru pa rdo rje rgyal po）：诞生在肃域岗巴（sru yul sgang pa）。7 岁起，他已学会书法和读诵。有一次，有位居士要去尼普修禁食斋，把上师所剩物品和沐水给了肃巴。孩子（肃巴）很想到其处，便前往尼普巴（nyid phug pa）④座前。尼普巴⑤说："这孩子将会住持佛子种姓。"说后抱在怀中极为喜悦！然后，尼普巴让孩子剃度出家并受戒，从居士戒一直住到比丘戒。肃巴于是精通戒经根本。而后，他在上师座前启愿："从今直至死前都修习禁食斋戒。"因此上师大喜，将绛曲生贝·达哇坚参的本尊水晶观世音像赐给他。他在那里闭关专修禁食斋整整 5 年时间，为此亲见观世音。有一天晚上，他梦见无量光佛和药师佛等有许多菩萨把他独自围绕其中，诸菩萨说："我等诸众谁把彼子当作悦意之子？"众眷中有一白净少年正值青春年华，他说："此子与我十七生中有业力联系因缘，因此他是我的儿子。"于是肃巴看见一切光明合入于其身而醒了过来。最后，在他临终时，由香敦扎吉（zhang ston dgra vjigs）继任寺主，之后他就逝世了。茶毗时发现许多大悲观世音像和舍利。

肃巴·多吉杰波的弟子香敦扎吉：系宿甘巴地方（srug gan pa）人。他诞生时伴随着惊雷、闪电和地震。于是有一仇敌就说："发生这些现象，我感到可怕！"因此，给他取名为扎吉（dgra vjigs，意为敌人的恐惧）。7 岁时，他学习文字。他在肃巴座前出家为僧，且严格守戒。【后

---

① 此段引自 Prajñāpāramitāsañcayagāthā, mdo mang, 第 2 卷, 第 413b 叶: dmigs pa rnams kyi rang bzhin de ni pha mthav med/ sems can rang bzhin gang yin de yang pha mthav med/ nam mkhavi khams kyi rang bzhin de yang pha mthav med/ vjig rten mkhyen pavi shes rab de yang pha mthav med（万物自性也无边；有情自性也无边；虚空自性也无边；佛陀智慧也无边）。
② 根本和后得（mnyam rjes）：根本位和后得位。修定之中和出定以后。参阅《藏汉大辞典》，第 987 页。
③ 罗译（第 1010 页末行）转写为：nying-phug。下同。
④ 藏文（第 1178 页倒数第 6 行）为：snying phug pa。恐误。
⑤ 此处罗译（第 1011 页第 10 行）为"后者"，但英文有误，写为"later（后来）"了。

来，他在萨迦学习《因明七论》。23岁时，他漫游辩场辩经，继而成为著名的善巧者。】① 继后，他精研《慈氏五论》、《瑜伽师地论五分》、《上下对法》等。

然后，【他前往格西杏莫伽巴（dge bshes zhing mo che ba）座前时，格西对他说："你当堪布，做导师事务。"说后传授以《行动威仪》（kun spyod）。】② 由于他当了堪布，使得教法获得大饶益。他能背诵《律经》而讲说，故而聚集僧徒约500人。他以药师和救度母为主要本尊修习，因此他说："菩萨末劫之众生，此法为有利。因此应修此圣观音法门。"说后，他精修此法而亲见救度母。半夜时分，他还亲见药师佛；天明时分，他亲见千手千眼大悲观世音菩萨，并获得菩萨给他灌顶授记。此后，他请求肃巴师允许他到山中修行，师说："你应该再住持寺庙三年时间。"说后，上师将水晶观世音像赐予他。三年过后，他将寺座托付给格西绛耶（dge bshes byang yes）。之后他前往谁也寻找不到的山沟深处乍仁钦崩巴（rdza rin chen spungs pa）修禁食斋三个月；常修觉法七个月。他示现上午飞到西山，一直待到下午，黄昏时分又飞回肃地的岩坡上的神通。他显示了用手杖将树曲（srus chu）改变流向长达半天时间③等神变。临终时他说："我的心将不会焚毁，把它送到嘎绒（vgav rong）去吧；我的舌头也会留存，把它送到邓姆山（don mo ri，一著名寺庙名）去。他61岁时逝世。荼毗时发现舍利一升。

此师法传弟子为堪钦枳杜哇·吐杰绛曲（mkhan chen rtsi vdul ba thugs rje byang chub）：吐杰绛曲少年时期就出家为僧。总的说来，他精通教法，尤其善巧《般若波罗蜜多》。由于他具足善巧、戒严、贤良三德，其美誉遍于各方，因此，他修建寺庙，安立僧众，给僧粮、立僧规，等等。聚集僧众约有千余人。他不仅精通一切教法，而且特别精通律经，因

---

① 【】藏文（第1179页倒数第6～5行）为：de nas sa skyar tshad ma sde bdun bslabs nas lo nyi shu rtsa gsum pa la grwa skor mdzad pas mkhas par grags pa byung/。罗译（第1012页第6～9行）：At the age of 23, after studing "Seven treaties on Logic" at Sa-skya, he went on a round of monastic colleges to conduct philosophical dbates, and became famous as a learned man.

② 【】藏文（第1179页倒数第4～2行）为：dge bshes zhing mo che bavi sar byon pas mkhan po mdzad la ston pavi bya ba mdzod gsung nas kun spyod gnang/。罗译（第1012页第2段第5～7行）：After that he proceeded to the residence of the kalyāna mitra Zhing-mo che-pa, who asked him to become an abbot, and to labour for the Doctrine.

③ 藏文参阅第1180页倒数第9～8行，郭译（第661页倒数第4～3行）："……并持杖登树曲山半日即回到山顶……"恐有误。

此拥有美满之戒德香味。他的修持以药师和救度母为主。有天晚上,他梦见一位妇人对他说:"善男子:三世一切诸佛之本体性即为观世音。因此明天垛隆寺(ldog lung)的香敦扎吉要讲授《发菩提心》,你前去求传经教吧!将来可以利众。"说后也就不见了。之后,他和香敦扎吉相见,求得发心教授,并获传十一面观世音的经教、修法、闭关念修等。心生喜悦之下,他立誓修习禁食斋1000次。当修完300次时,于4月16日即亲见大悲观世音,并与他谈话。此后,他屡次与观世音相见,成熟和解救许多众生之事业。

堪钦枳杜哇·吐杰绛曲法传弟子垛隆巴·释迦绛曲(ldog lung ba shavkya byang chub)①:诞生在垛下部(ldog smad)地方。7岁时,他出家为僧。15岁时他已经精通《般若波罗蜜多》和《毗奈耶》,能够把两者结合起来讲说。他尤其是精通《毗奈耶》。他以药师和救度母为本尊而修。他亲见谒地洛迦林度母②,后者授记他修建垛堆寺(ldog stod kyi dgon pa),并建议他到枳杜哇·吐杰绛曲座前求得本尊所授记圣观世音修法。据此授记,他翌日天明时起床后立即前往与师见面,求得经教。上师(吐杰绛曲)对他说:"就在我这里闭关念修21次。"于是,他就在那里住了下来。之后,他的财富福德大增,他每年要在21处讲说《般若波罗蜜多》和《毗奈耶》。他立誓修习禁食斋5000次,当修到300次时的晚上,他梦见前面有一股白光抓着其手,领他到了布达拉。圣观世音对他说:"善男子,来此甚善!"说后白光入胸中,全身充满大乐。又说:"你未死之前做利益有情的事业。死后我将前来召唤。"在如此谈话当中他就醒来了。白天,他讲说经论,且随机随所信解而说法;晚间则在圣观世音座前听受教法。由此现证无数三摩地。

释迦绛曲的弟子堪钦曲桑巴·绛曲坝(mkhan chen chu bzangs pa byang chub vbar):诞生在牟之昂嘎(mus kyi ngang dkar)地方。11岁时,他在垛隆巴·释迦绛曲座前求受居士戒。此后,他出家为僧,学习《入行论》和《中观》。20岁时,他受比丘戒。有天晚上,他梦见有一白人出现,并对他说:"你和我有缘。因此,你到与我无差别的垛隆巴座前去求授经教、修法吧!"说后此人就消失了。第二天,他就到垛隆巴座前诉说梦中之事。垛隆巴说:"那是圣观音,应当皈依啊!我也梦见了。"说后,

---

① 此处藏文(第1181页)为:ldog long ba shavkya byang chub,恐误。应为:ldog lung ba shavkya byang chub。

② 谒地洛迦林度母(seng ldeng nags kyi sgrol ma):担木度母,绿度母女神之一。参阅《藏汉大辞典》,第2935页。

他就将经教和修法等都传授给绛曲坝。绛曲坝请求道:"修完禁食斋100次后,我要去德哇坚寺(bde ba can)。"师说:"你还须再见圣观世音一面,居住下来吧!"过了很长时间后,他又向师请求离开时,师说:"你和他人不同,认真修吧!"继续修到300次时,于15日那天,夜已过半时分,发现屋内充满光明,他想或许是眼花缭乱,经过详细观看,亲见圣观音周围围着噶当派传承的诸师。第二天,他到垛隆巴座前恭敬顶礼。师说:"徒儿,昨晚喜悦吗?"他答道:"我从欢悦心中得到解救。"师说:"我也欣喜若狂!你就去做利益众生的事业吧。"此后,他到了牟地(mus),继而财富福德大增。他每月大修一次禁食斋,并亲见许多本尊。他在88岁时逝世。荼毗发现许多佛像和舍利。

绛曲坝的法传弟子臬普巴·索南旺秋(snyag phug pa bsod nams dbang phyug):诞生在牟地和玛岭觉(ma gling skya)交界处。他5岁时就受居士戒,学习读诵。11岁时,他在堪钦释迦贡(mkhan chen shavkya mgon)和俄色孜莫大师(slob dpon vod zer rtse mo)座前出家为僧。13岁时在垛隆的堪钦衮嘉(mkhan chen kun rgyal)和素尔却香敦居麦贝(zur chos zhang ston vgyur med dpal)座前学习《律经根本》;又在牟钦巴(mus chen pa)座前研究学习《慈氏五部》;在绛僧大师(slob dpon byang seng)座前求授《定量论》;在喜饶若枳大师(slob dpon shes rab ral gri)座前求授《释量论》和《瑜伽师地论五分》,而后广游辩场辩经。有一次,他梦见一妇人对他说:"你只有七天寿命了。"于是,他将此情告诉堪钦曲桑巴,曲桑巴说:"修延寿法只有禁食斋为最善!"他依师而修后,获得延寿。他也就在堪钦曲桑巴座前受了比丘戒,并且听受了许多噶当派教法。之后,他在牟勒隆(mus gle lung)任卓姆伽(gro mo che)的寺主5年时间。他又在法王念钦巴(chos rje nyan chen pa)座前求得《道果》和丹巴(桑杰)法门;在扎楚大师(slob dpon grags tshul)座前求得许多内外曼荼罗修法。他每逢四月就修禁食斋,如此修行三年时间。之后,由诸施主出资修建臬普寺(snyag phuvi dgon pa)供献给他。他以念钦巴、曲桑巴、牟钦巴、坚参贝诸师为根本上师。此外,他还依止过42位上师。为了广大弘扬圣观世音事业,他决定意乐修禁食斋10000次。修到2000次时,诸财物已用尽。可是,后来有佳梦出现,财物资具又得以大增。他在三年时间内继续修禁食斋。此外,他还发扬禁食斋之无量事业。其他人亲见他是观世音化身者不计其数。他在68岁时的【辛】亥年(【铁】猪,公元1371年?)逝世。

臬普巴的弟子堪钦【仁波且】①·索南桑波（mkhan chen rin po che bsod namsb zang po）：有关此师父母的情况，此师出家及受比丘戒先后次第，以及少年时期如何具足财富受用等史事，已见于其他书籍。

总之，在他出家以后，一生是以具足清净戒行为主，尤其是他严持唯一垫子和白金刚誓戒，直至高龄也无任何瑕疵，一生与净戒为伴。他依止具足智能尼温波·贡噶贝（nya dbon po kun dgav dpal）等许多上师，以《毗奈耶》为根本显教经论，并对《时轮》为主的密宗方面彻底精通。就辩论来言，如大智者雅踌·桑杰贝（mkhas pa chen po g'yog phrug sangs rgyas dpal）等人都难以胜过他。他亲见许多本尊，获得《瑜伽六支》等圆满次第之三摩地。因此成为法王却勒南伯嘉哇（chos rje phyogs las rnam par rgyal ba）（尊胜臬普巴）的主要弟子。年满80多岁时，他出现逝世之相。他很好地修风息法一个月后，获得延寿。他诞生于己巳年（阴铁蛇，公元1341年），一直住世到癸丑年（阴水牛，公元1433年），年满93岁无疾而善终。他的主要弟子有法王德辛协巴（de bzhin gshegs pa）【和通哇敦丹（mthong ba don ldan）等人】②。身边弟子众多，其中有玛威僧格·绒顿（smra bavi seng ge rong ston）等难以数计的善巧者，犹如鲜花引来蜜蜂而聚集。他现世的财富受用如多闻子③福德成就。旺·扎巴坚参（dbang grags pa rgyal mtshan）等一切领袖人物也都对他顶足膜拜。珠伯旺秋贝·纳季仁钦（grub pavi dbang phyug dpal nags kyi rin chen）也说："藏族瑜伽士中只有他为最贤善！"

如此大善知识他将圣观世音法门教授传给圣大上座索南达（bsod nams dar）：此师也清净守持比丘学，并以《发菩提心》和寡欲知足为主要行持。他时常修行圣观世音法门。他出有许多后学出家僧众。因此直到今天（著书时），其传人还存在着乌帕（前藏圣宗）和藏帕（后藏圣宗）两系。各系大约有15人和10人，甚至有5人的小僧团住的小庙，遍于达贡（dwags kong）、卫约（dbus g'yor）、拉堆南北等一切方隅。对佛教有极大的利益。

以上是贝姆传规的大悲观世音法门传承的阶段。

---

① 【】郭译（第664页第2段）漏。藏文见第1184页倒数第3行。
② 【】郭译（第664页末行）漏。
③ 多闻子（rnam thos sras）：梵音译作毗沙门。佛书所说北方一神名。参阅《藏汉大辞典》，第1566页。

二 不空绢索①直观教导达嘉传规的阶段

圣不空绢索修法的传承：印度南部有一位名为唉惹巴底（e ra pa ti；梵：Elāpatra）的班智达，他到印度南部的达伯朵寺（dad pavi stobs kyi gtsug la khang）出家为僧。他学习一切明处，成为大班智达。他返回家乡后，向母亲说法。有一次，他在房顶下行走时，弄掉一块砖头落在母亲头上，导致其死亡。这样的事不属于杀人罪，正如阿雅德哇所说："为净心中障，比丘劝其父亲，速走并供物，为此父亲死去，不是犯重罪。"② 为净治如此巧合之罪过，班智达对修《不空绢索修法》（don yod zhags pavi sgrub pa）六个月时间，不见任何成相；再修第二次也未出现成相，又修第三次仍未出现成相。他一手持着檀香念珠，口诵啥枳诺甲咒语而渐次睡去。手中的念珠也掉了下来。醒来时，他见遍地光明灿烂，降下香水及花雨。之后，他细观四面八方又不见任何东西，再看自己所住的树上时，清楚地见到有不空绢索五尊在树间。他说："圣尊悲心微小，我之罪障太大！"本尊说："我从未与你离开过。"说后对他讲说了许多教法。而且从此以后，他想求何法，就可以听到本尊给他讲法。于是，他想必须到其他地方去弘扬圣观世音法门。但是众人说他是杀母罪人，不听从他讲经说法；不过，有贝毗汝哇（dpal biv ru ba）等许多成就者聚集起来在他的座前听法。因此，那地方的人王说："你们已经是成就者，还在如此有罪者座前求法啊！"诸成就者说："此师是诸成就者中的主要人物，往昔也就是这一切人中圣观世音所化现。"于是那位人王也就作了忏悔③，一切人等都生起了敬信。有一作仆役居士向他求法，他为利此居士而著作了《不空绢索修法》。

后来，唉惹巴底班智达传法给南部的劣种伦觉巴（rigs ngan rnal vbyor

---

① 不空绢索（don zhags）：观世音菩萨的别名。参阅《藏汉大辞典》，第 1308 页。
② 这个故事见于《丹珠尔》。
③ 忏悔（bshags pa）：犯罪还净之一。比丘忆念自身犯罪者，内怀欲行忏罪之心，向彼未犯同类堕罪比丘之前，依照各自仪轨全文，念诵三遍，忏悔未曾还净之罪，覆藏之罪及正行罪。最后互道：已见、当护、方便、善哉。以此完成还净仪式。参阅《藏汉大辞典》，第 2879 页。

pa)：此师也是得成就者。当恒河上的船夫不摆渡他过河时，他用喀章噶①击打河水使恒河之水顿时断流。在其座下，有班智达邓约多杰（don yod rdo rje），即多杰丹巴（rdo rje gdan pa）前来求法。

另一种传承是：由班智达达玛嘎巴（pandita Dharmakapāla）②在大悲观世音座前求得法门，之后他获得胜乐成就，传法给了索纽巴大师（bsod snyoms pa chen po）；索纽巴大师又传给邓约多杰，邓约多杰就是多杰丹巴伽哇（rdo rjeg dan pa che ba）的别名。邓约多杰再传法给喇嘛巴日（bla ba ba ri）。

又一种传承是：在喀萨巴里寺（kha sra nivi gtsug lag khang）中，为了迎请来圣观世音，播居士（bo dge bsnyen）就作为观世音圣像的承事供养人。播居士死后，另有一居士前来供养圣观世音，观世音对他授记说："你必须出家为僧。"他便安排另一位居士在观世音前作服役，自己前往毗扎玛西拉（Vikramaśīla）③处出家为僧并受比丘戒，取名为西拉阿嘎惹（Śīlākara）④。后来，西拉阿嘎惹传法给毗若扎那；毗若扎那再传法给巴日。

还有一种传承是：有一名为班智达却顿（chos ston），他前往喀萨巴里寺中在圣观世音前作供养。因此，他在梦中获得圣观音对他讲说教法。后来观世音真实现身对他说法。这位却顿班智达传法给班智达邓约多杰；邓约多杰再传给巴日。

巴日大师：他在庚辰年（阳铁龙，公元1040年）诞生于康冻仓（khams sdom tshang）⑤地方。至尊米拉日巴也在这一年诞生。当克什米尔班智达来到康区时，巴日也去听受《对法》和《二面母》（zhal gnyis ma）教法。他打算去印度。他携带所得的70两黄金，来到前藏。当时他15岁，在聂塘和阿底峡尊者相见，并请求尊者加持。尊者给他授记说："你到多杰丹巴那里去吧！不会有灾障的。"他来到拉堆贝塘（la stod dpal thang），见到有人赶走约100只羊要宰杀时，心生悲心便以每只羊一钱黄

---

① 喀章噶（ཁ་ཙྭ་ག）：天杖。梵音译作喀章噶。佛教密宗本尊手中所持杖，上端有三重骷髅，上有三个铁尖的一种标志。参阅《藏汉大辞典》，第194页。
② 藏文（第1188页第10行）写为：པཎྜི་ཏ་དྷརྨ་ཀ་པཱ་ལ།。
③ 藏文（第1188页倒数第2行）写为：བི་ཀྲ་མ་ཤཱི་ལ།。
④ 藏文（第1188页末行）写为：ཤཱི་ལ་ཨཱ་ཀ་ར།。
⑤ 此处藏文（第1189页第2行）为：khams pa sdom tshang。

金的价钱买了下来,到他处放生①。到尼泊尔后,由于到印度的路线有两条:一条短捷而有怖畏,另一条比较遥远而无恐怖,他必须做出选择。本尊预示他走短捷之路,不会有恐怖的。当天晚上他梦见横渡恒河时亲见四臂观世音(spyan ras gzigs phyag bzhi pa)。他在果萨拉扎玛(ko sa la gra ma;梵:Kośalakrama)处与杂弥(tsa mi,即桑杰扎巴)相见,共两次供礼,每次一钱黄金,并出示佛亲自开光的毗须嘎玛(Viśvakarman)② 所塑造的一尊佛像。这尊佛像与他梦境中所见相符。一见之下,他即刻生起很好的三摩地。之后他在印度期间,观世音常来跟他交谈;而且瑜伽母也现身来与他相见,劝他回家。他还见一位观世音悲泣地问:"有何过患吗?"菩萨说:"辛丹坚(shing stan can)逮捕60名罪犯,都关押在牢洞中,任蛇蛙类啮食残害,因此发出惨叫声,太可怜啊!"第二天,他确认属实后,就给国王供上黄金一两,求其赦免诸犯。国王说:"每一犯人不给黄金一两,绝不释放。"于是,他以黄金60两供给国王,才释放了所有罪犯。又以黄金一两请来医生,为蛇等啮伤诸人治疗。因此普遍传称他是菩萨之美名。又有一次,他见一圣观世音在哭泣,就问道:"请问有何不幸?"菩萨说:"居译师(rgyus lo tsav ba)的黄金被涅巴(gnyal pa,意即土匪)拿走了,因此译师极为悲伤!"他依照这一指示,在早上来到译师座前对发生之事表示关心。译师说:"这就是我的福薄命运啊!"他就赠给译师黄金二钱,译师极为欢喜!他刚开始打算返回藏地时,梦见有许多饿鬼前来对他说:"大译师,你回藏途中不会有怖畏的。求你施我等以垛玛,我等即走开。"因此,他以11人所背的米作垛玛而布施给他们。又以剩余黄金招待阿里来的许多乡里人。他们对他说:"班智达哇惹嘿达(pa ra he ta;梵:Parahita)已来到阿里,在讲说《慈氏五部》和《中观六论》。"他便途径尼泊尔来到贡塘。然后,又从卓雪(gro shod,卓下部)来到布桑,在班智达座前听受《中观六论》。此后,他又去参观过去由大译师仁钦桑波迎请来的大悲观世音、妙吉祥、救度母等像。当晚,他梦中被告知应去修葺度母像的足拇指。他就以黄金购得了一块檀香木,对损毁处作了修复。此后,他再到印度,在多杰丹巴座前听受圣观世音法门等许多教法后,才返回到藏地。在雅曼芒波(yas man mang po)做利益众生的事业。获得传规圣观世音法门的弟子虽然很多,但是成为最胜弟子的

---

① 此句藏文可参阅第1189页倒数第9～8行。罗译(第1021页第14～16行)有些不同:
  …He presented them to the monastery on the condition that they were to be kept alive.

② 藏文(第1189页倒数第2行)写为:བི་ཤྭ་ཀརྨ།

有：努·帕姆隆巴（snubs phag mo lung pa）、聂奈洛巴（nye gnas lho pa）、贡塘的堪布汤巴（mkhan po thang pa）①等听受了圣观世音法门。在这三人座前，又有成就者象雄巴（grub thob zhang zhung pa）听受法门；象雄巴传给杰玛扎楚（skye ma grags tshul）；杰玛扎楚传给鲁珠（klu sgrub）；鲁珠传给喇嘛噶细巴（bla ma bkav bzhi pa）；喇嘛噶细巴传给邓夏巴·喜饶准珠（don zhags pa shes rab brtson vgrus）；邓夏巴·喜饶准珠传给邓夏巴·桑杰仁钦（don zhags pa sangs rgyas rin chen）。桑杰仁钦在蔡地（vtshal）担任司徒格洛哇（si tu dge blo ba）的堪布，因此而得名堪钦桑仁巴（mkhan chen sang rin pa）。他与金野（spyan yas）的堪布嘉察（mkhan po rgyal tsha）相见后，在金野以圣观世音法门抚育众生。此后，他到过上、下其他诸地区。后来，在临终时他吩咐说："把我送到极精僧戒之金野寺去。"到达金野后，他就示现圆寂了。人们修建石塔供奉他的灵骨，至今（著书时）还在。邓夏巴·桑杰仁钦将《不空绢索法类》传给宣奴门兰哇大师（slob dpon gzhon nu smon lam ba）；宣奴门兰哇大师传给堪钦桑杰蚌贝哇（mkhan chen sangs rgyas vbum dpal ba），此师事业法流从未间断，至今（著书时）流传。

还有一种传承是：有名为达·绛曲生贝（dav byang chub sems dpav；梵：Dā Bodhisattva）者，据说是阿底峡的侄子，是贤劫中的一位菩萨，他直接在圣观世音座前听受法门。此乃名叫班智达西达纳（pandita Śrīdhana）②的善巧者，他白天在大菩提作供养，晚间在尸林中修行。【阿里的译师帕楚（lo tsav ba vphags tshul）迎请他前往尼泊尔时，绛生达嘉（byang sems zla rgyal）在其座前求得灌顶和加持，并听受圣观世音诸法门。】③ 他向其他人借了黄金7两作供养，班智达说这已经足够了。他便同译师一起前往印度。由达·绛曲生贝传授教法给成就者象雄哇；成就者象雄哇传授给杰玛扎楚；杰玛扎楚传授给喇嘛绛贝坚参（bla ma vjam dpal rgyal mtshan）；喇嘛绛贝坚参传给细波衮卓（zhig po kun grol）；细波衮卓传授给拉姆巴·桑杰顿巴（la mo ba sangs rgyas ston pa）；拉姆巴·桑杰顿

---

① 此处藏文（第1191页第11行）为：mkhan pa thang pa。
② 藏文（第1192页第6行）写为：བཟྭ་ད་བྲིན།
③ 【】藏文（第1192页第8~10行）为：mngav ris pavi lo tsav ba vphags tshul gyis bal por spyan drangs pavi tshe byang sems zla rgyal gyis dbang dang byin brlabs zhus shing vphags pavi skor rnams kyang gsan/。罗译（第1023页倒数第9~6行）有些不同：When he received an invitation to Nepal, the lo-tsav-ba vphags-tshul of mngav-ris, and byang-sems zla-rgyal obtained from him the initiation and blessing, as well as the Cycle of Ārya (Avalokiteśvara).

巴传授给桑杰温波（sangs rgyas dbon po）；桑杰温波传授给宣奴洛卓（gzhon nu blo gros）；宣奴洛卓传授给扎巴坚参；扎巴坚参传授给扎巴桑波；扎巴桑波传授给喇嘛多杰坚参，后者对法源立名为《不空绢索》。他对许多僧俗大众广作利益，美誉名声远播。

另外，还有一支传承是说由绛生达嘉所传出历代法传的次第是：尼普巴、杰玛扎楚、成就者衮却扎（grub thob dkon mchog grags）、桑杰绛嘉（sangs rgyas vjam rgyal）、吐杰坚参（thugs rje rgyal mtshan）、却季坚参（chos kyi rgyal mtshan）、杰却鲁珠（skyes mchog klu sgrub）、噶希巴·衮却宣奴（dkav bzhi pa dkon mchog gzhon nu）、绛央吐杰喜饶（vjam dbyangs thugs rje shes rab）、衮铿·云丹贡波（kun mkhyen yon tan mgon po）、喇嘛宣奴绛曲（bla ma gzhon nu byang chub）、项巴衮铿（shangs pa kun mkhyen）。又有分支传承是由丈波隆巴（grang po lung pa）次第传出，有喇钦巴（bla chen pa）、秦·南喀扎（vchims nam mkhav grags）、索南益西、堪布扎巴宣奴、堪钦索南扎、嘉色妥麦巴（rgyal sras thogs med pa）、法王甲玛巴·云丹峨（chos rje rgya ma pa yon tan vod）、衮铿项巴（kun mkhyen shangs pa）。之后由衮铿项巴传法于我（作者）。

又有不空绢索五尊灌顶的历代传承是：圣观世音、西拉阿嘎惹、毗若扎那惹肯达、巴日译师、杰玛扎楚、纳塘寺的邓夏巴大师（slob dpon don zhags pa）、堪钦觉（mkhan chen skyo）、绛钦巴索迫（byang chen pa bsod vphel）、坝顿巴（bag ston pa）、喇嘛楚嘉哇（bla ma tshul rgyal ba）、衮铿项巴。之后由衮铿项巴传授于我（作者）。

十一面观世音的灌顶历代传承也同上面传承一样，一直传到我（作者）。

大悲观世音的直观教导修法，绛生达嘉（byang sems zla rgyal）传规的传承是：吉察峨穹（skyi tsha vod vbyung）听说绛生达嘉的美名后，来到其座前时，亲见观世音，有时也见为上师。此外，每当生起猛利信心时，又见上师如观世音。绛生达嘉对他说："你用此法门可以做利益众生的事业。"说后给他传授此法门。他又将法门传给香乌噶哇（zhang dbu dkar ba），香乌噶哇获得先行法六字真言的功能，可以役使鬼神通信和真言。他以此法门教化广大众生。后来香乌噶哇将法门传给香译师尼恩麦伯萨贝（zhang lo tsav ba mya ngan med pavi sa dpal），此师在梦中常见大悲观世音，可以在观世音前闻法。香译师将法门传给堪布绛曲仁钦（mkhan po byang chub rin chen），堪布绛曲仁钦对于此法门获得功能，并做出了利益广大众生的事业。而其所传弟子中，也有许多亲见圣观世音的人士。后由堪布绛曲仁钦将法门传授给杰贡·喜饶多杰（lce sgom shes rab rdo rje）；杰贡·喜饶多杰又传授给成就者吽坝（Hūṃ vbar）。吽坝亲见本尊，并且有非人等真实前来领受垛玛。吽坝传法给堪钦绛曲贝（mkhan chen byang chub dpal），这位堪钦绛曲贝是一位拥有无碍神通之大德，亲见金刚手和贡波护法。之后堪钦绛曲贝传法给贝·嘉哇珠巴（dpal rgyal ba grub pa），后者在吐杰宗（thugs rje rdzong）地方中念修五尊法，亲见十一面观音，拥有无量功德。又由贝·嘉哇珠巴传法给堪钦正钦巴（mkhan chen vdzims chen pa），堪钦正钦巴也亲见本尊并生起修证。堪钦正钦巴传法给衮邦日措巴（kunspangs ri khrod pa）；衮邦日措巴也亲见许多本尊。后由衮邦日措巴传法给堪钦宣奴蚌；堪钦宣奴蚌传法给邓约宣奴（don yod gzhon nu）；邓约宣奴传法给法王曲参喀巴·喜饶贝哇（chos rje chu tshan kha ba shes rab dpal ba）；曲参喀巴·喜饶贝哇传杰却南喀桑波（skyes mchog nam mkhav bzang po）。

以上是不空绢索直观教导达嘉传规的阶段。

三 拉堆玛波的阶段

从拉堆玛波（la stod dmar po）传来的大悲观世音法门传承情况：无量光佛、空行母桑哇益西（mkhav vgro ma gsang ba ye shes）。由空行母传拉哇巴（lav ba pa）或觉巴哇（spyod pa ba）；觉巴哇传堆措巴或毗汝哇（dur khrod pavam bi ru ba）；毗汝哇传多杰丹巴伽哇；多杰丹巴伽哇传拉堆玛波。

拉堆玛波诞生在乌裕（vu yug）地方，父亲名为贡钦拉丹（sgom chen lha brtan），母亲名为阿姆森安（ar mo sing nga）。族姓为让（ram）。童年时期，他与六位同伴一起用石头砸死一条疯狗。他们模仿修镇魔术咒师仪式，把犬尸放在刺树缝隙中焚毁，于此触犯了龙（鲁）族。他的那些同伴在一年里都死去了，他自己也被疾病缠身。之后，他前往叔父格西那里，依不动金刚为所缘诵修了一段时间，但未使他生信。由于他模仿叔父的模样，叔父极为不悦，对他说："你是行为恶劣亲属，你到其他地方去吧！"然后他想："哪怕是死，我也应该到印度去。"他有一姑母很是富裕，有一颗红彩松耳石。他向她借用，告诉她说有一表妹结婚，她想在婚礼上戴它。其实不然，他将松耳石藏在剖开的刺藜树手杖中，带着它来到了拉堆。他在定日住了一天，之后，他往前走了一段路就意识到遗忘了带手杖，就返回原地。丹巴桑杰将手杖还给他。他来到贡塘时，玛尔巴译师身着黑袍牵着黑狗将前往印度，他便请求结伴以为向导。因此玛尔巴对他说："在尼泊尔南部很难售出松耳石，你应该现在把松耳石换作黄金。"于是，他在拉堆将松耳石出售后，换来黄金46两。他知道玛尔巴译师是依修贡波（怙主）的，就向译师求得了《贡波修法》（mgon povi sgrub thabs）。当他来到印度的汤考（thang khab）地方时，晚上梦见太阳合入自身，手捧月亮，向空中飞去。醒来时有些惊慌，他在玛尔巴座前禀告之后，玛尔巴说："不必惊恐！太阳与自身合，是将要领会到甚深教法之征相；手捧明月是将能做利他事业之预兆；飞向空中是威光胜伏一切之相。"之后，他来到多杰丹巴座前，以黄金一半供上，求取消除此生灾厄和获得来生证悟菩提的方法。多杰丹巴便传授他《大悲观世音修诵法》（thugs rje chen povi sgom bzlas）。（为了高度保密）将竹管插入他的耳中而诵说嗡嘛呢叭咪吽六字真言。因此，他心想此法在藏区是男女老幼皆知，如此法门好像很是一般。多杰丹巴已经预知其心思，便将黄金交还给他，面带不悦之色。他将此情禀告玛尔巴，玛尔巴说："这是上师不喜！现在应该请求忏悔，忏悔之法也在上师座前请求。"他便向师请求，师说："服食大香（大便）和小香（小便）吧！"于是，他遵命而为，上师就传授给他三摩地灌顶，他依此而修。念诵六字真言一个月后，他梦见许多毒蛇从身中出来。醒后发现卧榻全是黄黏液，清楚地想来真可惊异！但是又无疮疤和病伤，病痛完全痊愈！第二天早晨，他来到上师座前，以黄金一两作曼遮供献，上师传授他《大悲观世音续、修法和教授》（thugs rje chen povi rgyud sgrub thabs man ngag）等。他在金刚座精修，梦见救度母来对他授记说："你到清凉寒林中去吧。"他向上师多杰丹巴禀告此情后，师说："不要去。"又亲见救度母仍授记说："去吧！"又问于师，师说："现在你已善巧了，去吧！"他前往清凉寒林，坐在纳雅卓达（Nya-grodha）①树下，看见一大黑蛇自己在树干上缠了很多圈，似乎无呼吸。他即时入定，蛇立即解开而变成多闻天子，后者供出自己命根心咒，问他欲成何种，愿意帮助他成功。后来，他前往恒河畔和外道诸师比赛神变，外道师不能获得胜利，都改信佛教。

拉堆玛波大师之法门包括：多杰丹巴传授给他的诸法；前往清凉寒林时由空行母传授他以消除身体不顺因缘和灾障赎死的教授，以及可以同时

---

① 藏文（第1197页倒数第6行）写为：ཉག་གྲོ་ད།

穿越五道的《五加行道》（lam sbyor ba lnga）；为了净治罪障具足功能而作的四灌顶；为了同时修一切法而于大悲观世音中揉合十八空修的教授秘诀等。他依止多杰丹巴之言教修密行 6 年后，前往达昌僧格洞中（stag tshang seng ge phug）修行 7 年。他在特地（thed）示现了许多成就事相。后来到达觉若正昌（lcog ro vbring mtshams）地方，本来有 15 天路程，他只用半日就到了。那时他身着一件红褐色衣服，头上缠一头巾，人们都管他叫丹巴玛波（dam pa dmar po）。他住在嘉玛聂喀（rgya ma nye kha），到过日窝（ri bo）和卓窝（gro bo）之间①。在那里有噶逻禄②之军的恐怖，他射出一支箭直透磐石，噶逻禄之军见状便即刻返回。在正昌（vbring mtshams）捕鱼时期，他在附近湖边搭起一顶白色帐篷，安住了一段时间。所有人都看见了湖中仙女向他供上海羊（mtsho lug）。他拥有了如此等功能和教授之后，长期做利他事业。最后，他在柳姑隆（mya gu lung）被一门徒下毒。他虽然预知到但他还是服下其毒，故而逝世。荼毗后发现只留有少许灵骨，但有极多的舍利。噶玛拔希亲自说他就是丹巴玛波的化身，这是不可思议境界。拉堆玛波有二子，其中（长子）克巴·索南仁钦（mkhas pa bsod nams rin chen）年满 12 岁时，未经父亲允许就前往杰巴顿焦（vjad pa ston skyabs）座前求学。他学习了一年时间后，父亲给他送来 16 驮粮食并叮咛："现在你学习吧！望你最后成为一名有所作为者。"此子在香唉巴（zhang e pa）的学法寺院中也住过很长时间。从 12 岁到 32 岁期间，他专心于学习事业，通晓所有的显教密教法门。研究学习事业完成之后，中年时期有许多善知识前来依止。直到最后，他为了不废所学而彻底生起三摩地。成为极其善巧者后，他著作出《业镜》（las kyi me long）等论著以利益他人。逝世后荼毗时发现胜乐双尊像和许多舍利。

次子坝汝（Bha ru）：年满 17 岁时，父亲拉堆玛波对他说："我的大限快到了！我要传给你甚深教授。"说后也就在敬曲垛洞（lcim chu rdo phug）中传给他空行母诸法门；在芒嘎达（mang kar mdav）传授以大悲观世音诸法典导释，又在寺院附近传授以一切修法后，作了"你应该以修为主。将来能做利他事业"之授记。他继续勤修，并且获得如虚空般的广大修证，示现如疯癫行而做利益众生的事业。

---

① 此处藏文（第 1198 页第 12 行）为：gdan phab si rib dang gro bovi bar du byon。
② 噶逻禄（gar log）：蓝眼突厥。古代中亚细亚突厥族之一支。11 世纪，其国王曾杀死阿里谷格出家国王也协畏。参阅《藏汉大辞典》，第 352～353 页。

纽巴冻琼（smyon pa ldom chung）：是梁堆的佐窝嘉嘎（gtso bo rgya gar）之子。童年时期，他就来为丹巴玛窝作仆役而求得诸教授。获得证悟后，作乞讨者前往后藏各地、拉萨、桑耶等地，每到一地都要住一段时间。后来，他前往确地（vphyos）修筑一间小屋居住。当地人对他生起了嫉妒，因此，他多次修好房子自己又被迫拆毁。此后，他修建了日窝寺（ri bovi dgon pa），在那里作了许多利益众生的事业后逝世。此师将丹巴玛窝之诸教授传给衮涅大师（slob dpon dkon gnyer）。其教授经教诵传至今（著书时），依然存在。

以上是拉堆玛波的阶段。

四 措普哇传承法类的阶段

至尊弥扎卓根（rje btsun mi tra dzo ki）所讲说诸法史事：至尊弥扎诞生在印度东方惹扎哈（Ra dha）① 地方的大城市中。由底里巴的直传弟子若比多杰摄受为徒后，他修喀萨巴纳观音12年时间，于是获得观世音和圣眷等亲自前来为他说法。这是他第1次示现成就。当时他名为阿枳达弥扎古坝（Ajitamitragupta）②。由独髻母（ral gcig ma）向他开示方便后，他只需向她或者自己面前的木座祈祷，就能实现一切愿望。那是他第2次示现成就。在阿烂陀布日（Otantapuri）③ 寺住有12000僧众。由于【内部发生矛盾】④，有一方勾结布杏王（bud shing rgyal po）率大军来犯时，他投掷出轮械，使敌军惊恐而逃，使僧众和寺庙丝毫无损。这是他第3次示现成就。当杏德潘王（rgyal po zhing ltad phan）在位时，大军从哇惹纳色（Vārānasī）⑤ 的军队行军时尘土遮天蔽日，企图使摩羯陀佛教毁灭，这时，他裸其身而发出大笑，霎时大地震动，一切人马都僵直不动。因此大王请求宽恕，诸僵直者又可以活动。这是他第4次示现成就。名称王招集四部僧众，自己作证人，宣布说："如果有外道能移动我的木制王座，我

---

① 藏文（第1200页倒数第6行）写为：ར་ཧ。
② 藏文（第1200页倒数第2行）写为：ཨ་ཛི་ཏ་མི་ཏྲ་གུཔྟ。
③ 藏文（第1201页首行）写为：ཨོ་ཏནྟ་པུ་རི。
④ 【】藏文（第1201页第2行）为：nang ma thun pa/。郭译（第674页第3行）漏。
⑤ 藏文（第1201页倒数第6行）写为：བ་ར་ཎ་སི。

赏黄金千两，并且佛教徒都归在外道教下。如果不能移动，则外道归入佛教。"立约后，他在广场中把国王木座倒置场地中央，外道徒中根本没有人能够移动木座，于是便尽归佛教门下。这是他第5次示现成就。乌巴扎王（rgyal po u pa tra；梵：Upatra）在粪坑上面盖锦缎，使上师弥扎坐其上而坠入坑中后，用木材和石块严盖坑口（不让他出来）。可是，弥扎突然来到大众会中，对王说："你本该将我迎请回到王宫来的。"国王追悔不已，顶足而礼并生诚信。这是他第6次示现成就。最后，国王将弥扎安住在楼房上，在下面堆积木柴和禾秆，纵火燃烧三日，但是弥扎毫发无损。这是他第7次示现成就。他对哇惹纳色的国王开示甚深五颂，并示现天雨瑞花，天子献来甘露瓶。这是他第8次示现成就。国王请求灌顶时，他说："布坛用的彩土必须用珍宝。"国王疑其是用幻术欺骗，于是心生追悔时，他示现腾身虚空坐于云中。这是他第9次示现成就。之后，国王生起猛利悔过之心，进行诚心祈祷7天时间。因此，他示现安住在水池之上。这是他第10次示现成就。之后，国王以16俱胝城供献上师作资具，师在那儿修供施房，作供施三年时间。三年后，谁也不知他前往哪里去了。这是他第11次示现成就。此后，在南方古汝毗哈惹（ku ru bi ha ra）附近有药叉每日食城中一老一少。他将药叉降伏，并且修建了寺庙。这是他第12次示现成就。后来，为了使一切僧众增长信仰，他作游戏神变，使空中的一切鸟飞落到他的手中，吩咐众鸟以差事，鸟尽听命。这是他第13次示现成就。哇惹纳色的84位主要人士，他虽然未向他们传授教法，但他们对他略生信仰，就能够生起白骨等观想而前往山林中，从世间思想中此心获得解脱，这是他第14次示现成就。之后，乍雅色纳王（rgyal po dza ya se na）和班智达阿烂陀（paṇḍita Ānanda）① 二人对他不敬信，并且对他身体作摧残，他入于定印中，使他们心依一颂偈之义，以此未起座就获得解脱。这是他第15次示现成就。他对哇惹纳色王作了"你对我有怀疑。因此此生虽然不能获得成就，但是在中阴时可以得到成就"。等如此授记，这是他第16次示现成就。哇惹纳色国王不想让上师弥扎前往其他地方，于是将弥扎安置在寺庙中，寺门严闭，而在寺外磐石上，故作游戏欢笑。可是禁闭在寺内的弥扎旁人仍然能够看到。这是他第17次示现成就。之后弥扎在达巴萨（ta pa se）的住宅中居住时，有外出的二比丘和里面的

---

① 藏文（第1202页末行）写为：པཎྜི་ཏ་ཨཱ་ནནྡ。

二比丘出离，他们从缝隙中看见弥扎在向天龙八部说法。这是他第18次示现成就。上述这些示现名为18稀有故事。

【据第 20 个故事】① 所说，德哇扎根（Devadāki）② 摄受他入峨玛岭（vod mavi gling）寺，他在那儿与观世音相见。观世音说："善男子，未来为利益有情，你在一处为众生作《四部密续》（rgyud sde bzhi）同时作灌顶吧！"【这是他第 19 次示现成就。】③ 由哇惹纳色王七日祈祷，并在于一曼荼罗中，同时授续部一切灌顶。【这是他第 20 次示现成就。】④

译师绛比贝（lo tsav ba byams pavi dpal）在班智达布达西（pandita Buddhaśrī）⑤ 座前听法时，一听说这位具足稀有成就的大人物弥扎来到帕巴辛衮，当即携带一些风笛叶（为礼物）前来供养，并且问候安好！弥扎友善地作了回答。由于弥扎面向藏区方向而坐，以此译师想迎请弥扎到藏区或许会前往，便提出请求，但弥扎没有应允。于是，译师在弥扎师座前听受了一次《发菩提心略义》（sems bskyed pa bsdus pa）。后来，译师在那里患了中暑⑥，差点死去。大成就师由尼泊尔慢慢地前往印度，生病初愈、身体还未完全康复的译师获准跟随弥扎而来。他发现弥扎居住在郊区的一碉堡中，被底惹吽底巴（ti ra hu ti pa）的凶恶可畏的军队守卫着，幸好那里有一熟悉的印度游方僧引导译师进入里面，并且在碉楼顶上与弥扎相见。译师再次请求弥扎到藏区，但是仍然未得到同意。那时译师心想：如此大成就者，我已经见面了，但不能迎请到藏区，与其如此空手返回还不如去死，想后他多次祈愿来生能够得到此师摄受之后，毫不犹豫地从碉堡顶上往下跳，大成就师用手抓住他而说："哈哈！不要这样。"说后将译师安置在自己面前说道："要让我去藏区，必须使迎请者你的罪障清净。你患中暑后，以疾病之苦消除了你许多罪障。这次又为了迎请我而愿舍弃生命。因此，你的所有罪障皆已经清净。现在我答应你前往藏区了。"于是弥扎来到藏区，在后藏上部居住了一年半，对许多善巧持戒的法师们讲经说法，又为建造措普寺（khro phuvi gtsug lag khang）和大

---

① 【】藏文（第 1203 页倒数第 8 行）为：nyi shu pa las/。郭译（第 675 页倒数第 11 行）为："二十岁时"。这里藏文可能有误，也许应是第 19 次？

② 藏文（第 1203 页倒数第 7 行）写为：དེ་བ་ཛ་ཀི。

③ 【】藏文（第 1203 页倒数第 5 行）阙。此据罗译（第 1033 页倒数第 14～13 行）补译。

④ 【】藏文（第 1203 页倒数第 3 行）阙。此据罗译（第 1033 页倒数第 11～10 行）补译。

⑤ 藏文（第 1203 页倒数第 2 行）写为：པཎྜི་ཏ་བུདྡྷ་ཤྲཱི།

⑥ 中暑（tshad nad）：受暑。因内外各种原因而起的热病。参阅《藏汉大辞典》，第 2256 页。

佛像地基作了加持法事。此后译师作弥扎的仆役，一直送到芒域的拉脱（la thog）。后来，弥扎将在藏所得的黄金分作两包，扛在两肩之上，犹如霍尔巴肩披披单那样前行。其所说之法，若以类分，则有：开示所知的支分共通法类；开示内修方便修行不同法类；开示入于秘密加持特殊法类。

第一，共通法类中有：《佛教航主解救缠缚法》（bstan pavi gru bo vching ba rnam grol）、《七瑜伽定相》（rnal vbyor bdun gyi lam rnam par nges pa）、《如意珍宝》（yid bzhin nor bu）、《四种合入教授》（bsre ba bzhivi gdams ngag）、《宝鬘论》（rin chen phreng ba）等法典。

第二，修行不同法类中有：《自所信奉本尊大悲观世音修法》（rang dad pavi lha thugs rje chen po sgrub pa）、《依大悲观世音法作自他二利事业次第》（thugs rje chen povi sgrub pa la brten nas rang gzhan gyi don bya bavi rim pa）。

（1）类细分有：《根本修法二十种》（rtsa bavi sgrub thabs nyi shu）和《成就悉地的修法二十种》（dngos grub bsgrub pavi sgrub thabs nyi shu）共40种。其中，《如意珍宝》的修法中有：佛尊共2030尊；智慧轮有佛尊55尊；调伏众生中有佛尊39尊；转轮圣王33尊；布达拉山顶有佛尊25尊；鼓声有佛尊13尊；身轮焰修法中有佛尊11尊。还有《五种修法》（rigs lngavi sgrub thabs）、《空行修法》（mkhav spyod kyi sgrub pa）、《四无量修法》（tshad med bzhi sgrub pa）、《贤劫千手观音修法》（bskal bzang gi sgrub thabs phyag stong pa）、《十一面观音》、《世间灯火六字真言》（vjig rten sgron ma yi ge drug pa）、《喀萨巴纳四颂》（Khasarpana tshigs bcad bzhi pa）、《喀萨巴纳世间自在主》（Khasarpana vjig rten dbang phyug）、《不空绢索》、《狮子吼》（seng ge sgra）、《仙人修法》（drang srong gi sgrub pa）、《报身三身修法》（longs sku sku gsum gyi sgrub pa）等。

（2）类中有：《受用无尽修法》（longs spyod mi bzad pavi sgrub pa）、《虚空宝库》（nam mkhav mdzod）、《如意宝树》（dpag bsam shing can）、《如意珍宝》、《妙宝瓶》（bum pa bzang po）、《如意牛》（vdod vjovi ba）、《金刚宝》（rdo rje rin chen che）、《大宝库》（gter chen po）、【《日月炽》（nyi zla vbar ba）】①、《宝剑》（ral gri rin po che）、《甘露瓶》（bdud rtsivi bum pa）、《天生稻》（ma rmos lo tog）②、《沐池》（khrus kyi rdzing bu）、

---

① 藏文见第1206页第5行。郭译（第677页第6行）漏。
② 参见《翻译名义大集》，第5310条。

《妙药避谷》(sman gyi bcud len)、《成就丸》(dngos grub ril bu)、《仙人明论》(brang srong gi rig byed)、《元劫云》(rdzogs ldan gyi sprin)、《点金精汁》(gser vgyur gyi rtsi)、《骏马》(cang shes kyi rta)、《具力金刚修法》(stobs kyi rdo rje sgrub thabs) 等。还有对于自利方面:《先行十法》(sngon vgrovi chos bcu)、《正行十二法》(dngos gzhivi bcu gnyis)、《临终需要七法》(vchi ba la dgos pavi chos bdun) 共29种。其中先行十法是:《养护三昧耶》(dam tshig gso ba)、《上师修法》(bla ma sgrub pa)、《加持无尽》(byin rlabs mi zad pa)、《修习空性》(stong nyid sgom pa)、《舍离忽怒》(khro ba spang ba)、《净治心毒》(snying gi dug sbyang ba)、《生起寂止》(zhi gnas bskyed pa)、《速生三摩地》(ting nge vdzin myur du bskyed pa)、《双运要扼》(zung vbrel gyi gnad)、《智慧焰》(ye shes vbar ba) 等10法。(2) 类中,显明生起次第的六法 (bskyed rim gsal bar byed pavi chos drug) 是:《莲枝修法》(pad ma sdong bu can gyi sgrub pa)、《花座修法》(me tog gdan can gyi sgrub pa)、《依花修法》(me tog la brten pavi sgrub pa)、《影像修法》(gzugs brnyan gyi sgrub pa)、《无垢修法》(dri ma med pavi sgrub pa)、《无字修法》(ye ge med pavi sgrub pa) 等6种。圆满次第的六法是;《三轮修法》(vkhor lo gsum bsgom pa)、《轮结解法》(vkhor lo bcings grol)、《智慧焰》、《轮焰》(vkhor lo vbar ba)、《轮清净》(vkhor lo rnam dag)、《金刚焰护轮》(rdo rje vbar bavi bsrung ba) 等6法。

(3) 类有:《自守护法》(rang bsrung ba)、《内明法》(nang gsal ba)、《赎死法》(vchi ba blu ba)、《夺舍法》(grong vjug)①、《往生法金刚流星》(vpho ba rdo rje skar mdav)、《无垢梦》(rmi lam dri med)、《受生禁制》(skyes ba bsdams pa) 等法。属于利他方面的有:《先行十法》,《正行十二法》,特别是弟子所需七法。其中先行十法是:《增长名声》(grags pa spel ba)、《生起威光》(gzi byin bskyed pa)、《能召有情》(sems can mgu byed)、《生咒语力》(ngag gi mthu bskyed pa)、《速成密咒》(gsang sngags myur vgrub)、《愿力自在》(smon lam dbang du byed pa)、《摧灭矜骄》(dregs pa zhi ba)、《心中常固》(sems brtan par byed pa)、《心得安息》(sems ngal gso ba)②、《坦然无悔》(yid vgyod pa bsal ba) 等10法。正行十三法是:《降伏凶顽仪轨》(gdug pa vdul bavi cho ga)、《尊

---

① 罗译(第1037页倒数第15行)转写为:vgrong-vjug。
② 罗译(第1038页首行)转写为:ngal-so-ba。

胜他众》（gzhan las rnam rgyal）、《遮止损害》（gnod pa bzlog pa）、《启发部众》（sde gzhom pa）、《摄于权下》（dbang du bya ba）、《遮止病毒》（dug gnon）①、《吉祥之仪轨》（bkra shis kyi cho ga）、《救抚他众》（gzhan bskyab pa）、《无畏布施》（mi vjigs pa sbyin pa）、《治疗疾病》（nad gso ba）、《疗龙（鲁）病》（klu nad gso ba）、《超荐亡者》（tshe vdas sbyang ba）、《荼毗仪轨》（ro bsreg gi cha ga）等 13 法。【弟子所需七法是】：《能示梦兆》（rmi lam rab ston）、《能除恶梦》（rmi lam ngan bzlog）、《能生智慧》（shes rab bskyed chog）、《菩萨加持》（byang chub sems dpavi byin rlabs）、《自我加持》（rang byin rlabs）、《定之灌顶》（ting nge vdzin gyi dbang bskur）、《召入慧尊加持》（ye shes dgug gzhug gi byin rlabs）等 7 法。共通中应需要之法的二十四种，其中积资粮之法十二种是：《身体仪轨中大宝身之业》（sku bzugs kyi cho ga sku gzugs rin chen po chevi las）、《供奉佛塔》（mchod rten gyi bsnyen bkur）、《不可思议之供》（bsam mi khyab kyi mchod pa）、《曼遮之仪轨》（Mandalavi cho ga）、《法行四支》（chos spyod yan lag bzhi pa）、《法行百种》（chos spyod brgya rtsa）、《饮食之瑜伽》（zas kyi rnal vbyor）、《布施身躯》（lus sbyin pa）、《垛玛仪轨》（gtor mavi cho ga）、《水施》（chu sbyin）、《供水垛玛》（chu gtor）、《烧护摩》（sbyin bsreg）等 12 种。次为离五种违缘（不顺缘）是：《制缚盗贼》（chom rkun bcing ba）、《防护疾病》（nad bsrung ba）、《治疗麻风》（mdze gso ba）、《阻雨》（char bzlog）、《防护死厄》（vchi ba bsrung ba）等 5 种。成就五种顺缘是：《开光》（rab gnas）、《护轮》（bsrung vkhor）、《护缘》（srung skud）、《治疗小儿》（srivu gso ba）、《求雨》（char dbab pa）等 5 种。

这样，根本修法 20 种和成就修法 20 种，共 40 种。又有自利自法 29 种，以及利他之法 29 种，共 58 种；加上共通之 22 种，共 120 种都属于修法门类。

第三，开示入密加持特殊法类：是指《大乐独髻母灌顶》（bde chen ral gcig gi dbang）以及《观世音教授二十五颂识》（spyan ras gzigs kyi gdams pa sho lo ka zhi shu rtsa lnga pa ngo sprod）等。

以上是措普哇译师传承法类的阶段。

---

① 罗译（第 1038 页第 8 行）转写为：ngag-mnon。

五 能断生死流法门的阶段

大手印能断生死①流法类：从邬底雅纳（o ti ya na；梵：Oddiyāna）法库洲寺（chos kyi mdzod kyi gling）神奇而自然的衮邦钦波灵塔中出现的五空行母（dav ki sde lnga），把此法传授给了贝萨惹哈（dpal sa ra ha）；贝萨惹哈传弥扎；弥扎传玛季·桑杰热玛（ma gcig sangs rgyas re ma）以《三协议》（chings gsum）、《五差别》（khyad par lnga）、《二十回向摄释》（vgrel pa nyi shu bsngo bas bsdus pa）等法；玛季·桑杰热玛在邓莫山（don mo ri）传给具相楚细钦波（mtshan ldan vkhrul zhig chen po）。

楚细钦波出生在桑日（zangs ri）。童年时期在梯寺（thel）中出家为僧。他曾在底斯（ti si）等大圣地修行。他住在觉囊寺（jo nang）时与玛季·桑杰热玛相见，并且求得能断生死流诸法。之后，他与弥扎相见，并获得特殊功德。住世81岁。由楚细钦波将法传给成就者红帽扎巴僧格（grub thob zhwa dmar pa grags pa seng ge）；扎巴僧格传给克珠·达嘉哇（mkhas grub dar rgyal ba）；克珠·达嘉哇传给法王喀觉巴（chos rje mkhav spyod pa），喀觉巴又著出修法导释。

此外，楚细钦波又传授给了温地（von）的哲玛（mdzes ma）。哲玛诞生在后藏上部，她曾与许多成就者相见。青春妙龄时，她来到翁地的岗嘎曲喀（gangs dkar chu kha）。由于熟练风息和脉络，谁也引诱不了她。无论何时，只要有人引诱她，她都会把他的全部康乐摄为己有，使她的面容光泽无比，而对方看起来则像行将死亡之人。她就其神秘经验撰著了许多修悟法门，年满70多岁逝世。荼毗时心脏和两眼不毁，一眼奉安在岗嘎（gangs dkar），一眼奉安在垛窝岗（do bo sgang）的甲嘎（rgya gar）处，心脏则奉安在贝日（dpal ri）的白邦佛塔（pad spungs）里。

哲玛传法给甲扎钦波（bya bral chen po），后者诞生在雅隆地方，他大多数时间是居住在巩波，逝世时在温地。最初他由于极爱清洁（洁癖），对谁都不喜悦。后来，他由于无所寄托而得到解脱，以食自遗粪便而污秽满身。有时他供养三宝，有时又供养魔王②而示现疯癫行为。他在

---

① 生死（vkhor ba）：轮回。佛书所说六道众生依存的世界及有漏五蕴。参阅《藏汉大辞典》，第316页。
② 魔王（rgyal vgong）：一种恶鬼。参阅《藏汉大辞典》，第550页。

梯寺出家为僧。他在峡乍（shar brag）与弥扎相见。他还在岗波（sgam po）与拉杰（达波拉杰）相见。他在峨喀（vol kha）与米拉（日巴）相见。他在70多岁在温地的措奇曼康（mtsho phyi man khung）逝世。

甲扎钦波传法给弟子桑杰日巴（sangs rgyas ri pa）：此师诞生在雅隆地方。桑杰日巴20岁时就与敬安·泽细巴（spyan snga tshe bzhi pa）相见，依许多众善上师，听受能断生死流法门。在底斯作金刚上师5年时间。他成为温波贝丹扎（dbon po dpal ldan grags）和堆霍尔（stod hor）的上师，并获得帝师名号。到巩波后，在峡寺（shar dgon pa）修行能断生死流法门。后来，他在温地的伯哲姆（sber rtse mo）修建寺庙，取名为贝日（dpal ri）。他亲见过许多本尊。年满79岁逝世，后又受生在后藏。

桑杰日巴传法给弟子活佛洛丹（blo ldan）：此师诞生在雅隆南嘉（yar klungs rnam rgyal）。少年时期，他在泽细萨玛巴（tshes bzhi gsar ma ba）座前出家为僧。在20多岁时，他修《金刚手》有成就。从20岁到24岁，他做利他事业。后来，他在江洛坚（lcang lo can）逝世。

洛丹传弟子喇嘛达巴（bla ma bdag pa）：此师的族姓为须（shud），他是咒师之子。具有很大的信仰，他从噶玛巴（Kar ma pa）座前，取受嘛呢字真言，发誓诵一亿遍。直至20岁，他仍然是在家俗人。从20岁到50岁，他居住在山林茅蓬中一心修行。年满22岁时，他在衮邦巴座前出家为僧。35岁时，他在堪钦·扎僧哇（mkhan chen bkras seng ba）座前受比丘戒，求得大圆满等修行导释约有百种。他漫游曲坝等山林小寺约百处。总之，此师诞生于己未年（阴土羊，公元1199年），年满16岁与噶玛巴相见。20岁时他在洛巴仁波且（lho pa rin po che）座前受居士戒。他在82岁时于庚辰年（铁龙，公元1280年）逝世。如此等诸师显见传出还有许多传承；而且还有名为却丹蚌（chos ldan vbum）的瑜伽母所传出者，在东、西上区等地也见有不少人士。因此，此法必定为甚深法门。

以上是能断生死流法门的阶段。

六　空行念修法门（mkhav spyod bsnyen sgrub）的阶段

此外，大成就者弥扎化名为泊热（bal ras）① 瑜伽士来到藏区后，传授出《空行念修法》。此法原由措杰多杰大师（slob dpon mtsho skyes rdo

---

① 罗译（第1041页倒数第6行）为：Balarsa。

rje）传授给白玛柳古（pad mavi myu gu；梵：Padmāṅkuravajra），后者是一位精通五明的班智达，他获得这一清净教授后，修行成就了《不死金刚身》（vchi med rdo rjevi sku）。白玛柳古将法传授给瑜伽自在大师弥扎卓根；弥扎卓根向住持红帽教主扎巴僧格（zhwa dmar cod pan vdzin pa grags pa seng ge）传授了《命根精滴摧坏》（srog thig rnam vjoms）等风息和脉络教授等，以及其他许多简略教授，特别传授了《空行念修法》的教授母子法典、灌顶语教支分等。之后由扎巴僧格将耳传一切教授如瓶全倾地传给了克珠日措哇·达嘉巴（mkhas grub ri khrod pa dar rgyal pa）；又由克珠日措哇·达嘉巴传给贝喀觉旺波（dpal mkhav spyod dbang po），并撰著出法典。另外，又由扎僧哇（grags seng ba）传授给绛央泽垛哇（vjam dbyangs tshes dor ba），后者著出修行教导广释。

以上是空行念修法门的阶段。

七　大成就者弥扎所传出法门的阶段

弥扎将《六法教授》（chso drug gi gdams pa）传给班智达峡日布扎（shav ri pu tra）；班智达峡日布扎又传给木雅·扎巴仁钦（mi nyag grags pa rin chen）；这一传承直至今天（著书时），在洛扎柳察（lho brag smyug tshal）地区还有修此法者，以及许多说法之教导师。

又普遍传称的《弥扎百法灌顶》（mi tra brgya rtsavi dbang）的传承次第是：金刚持、观世音、大成就者弥扎卓根。由弥扎卓根传给班智达邓约多杰。之后，由班智达邓约多杰将这些灌顶语教送到桑达察隆（gsang mdav khra lung）的念措松贡波（gnyan khrod srungs mgon po）座前去。在他行至多康（mdo khams）地区时，他在芝地的嘎乍（krevi ka brag）著有灌顶语教等之法典。但是，后来这些灌顶语教传承中断，由多麦的一些善知识前往季麦察隆（sgyi smad khra lung）地区寻找传承人。人们说："有一修善者，是坚·峨松贡波（gcan vod srungs mgon po）之弟子，名叫阁空觉色（mgo khom jo sras），身着白色服装，此人是在彭域嘉处，或许拥有此传承。"他们到彭域寻找时，遇到嘉处的格西绛巴僧格（dge bshes byams pa seng ge）前往桑普（gsang phu）听讲《慈氏五论》，于是他们向他探问阁空觉色。绛巴僧格说："阁空觉色是我的同乡，我没有想到他有如此的灌顶语教。他是一位年迈的咒师，善良而悲悯的老人。跟你们一起，我也要求法。"据说后来他求得了那些法传。有些人对于绛巴僧格

（求得法传）的说法不信，而是说见到阁空觉色本人，向他求得诸灌顶。于是绛巴僧格和哇朗巴·仁协（ba lam pa rin shel）二人交换了阿伯雅（a bha ya）《金刚鬘》和灌顶语教的备忘录。雍顿·多杰贝（g'yung ston rdo rje dpal）在粗普寺哇朗巴·仁协座前听受了灌顶语教；之后由雍顿·多杰贝传授给坝顿宣楚（bag ston gzhon tshul）；坝顿宣楚传授给纳塘巴·喇嘛楚嘉（sna thang ba bla ma tshul rgyal）；纳塘巴·喇嘛楚嘉传授给喇嘛贡波珠（bla ma mgon po drug）；喇嘛贡波珠传授给班钦·绛央热枳（pan chen vjam dbyangs ral gri）；班钦·绛央热枳传授给衮铿·丈岭尼峡（kun mkhyen vdzam gling nyi shar）；衮铿·丈岭尼峡传授给法王曼季巴·喜饶桑波（chos rje sman gcig pa shes rab bzang po）。这里只撰写了一派传承，但实际上（此教法）还有许多别的传承。

以上是由大成就弥扎传出法门的阶段。

八 直观教导称布（tshem bu）传规的阶段

闻名遐迩的成就者称布哇（grub thob tshem bu ba）的直观教导也属于大悲观世音法门：此法由无我母传授给成就者念称布哇·达玛俄色（grub thob gnyan tshem bu ba dar ma vod）。达玛俄色诞生在肖固达（shab sgo dar）。峨准嘎姆（rngog btsun dkar mo）以顿姆隆（ston mo lung）寺庙以及其他许多寺庙贡献给他，他未接受而到野汝山（g'yas ruvi ri）中一心专修并且获得成就。得此师法传的弟子有六人。正昌金隆（vbring mtshams lcim lung）的一位善知识和裕拉寺（yul la dgon pa）的导师得传后，两人都获得了成就。后来二人给师送了三次供礼。称布巴又传兄弟季波哇旺秋扎（spyil bo ba dbang phyug grags），侍者伽乍巴（che brag pa）和峨准嘎姆。此三人修习此法也获得成就。季窝拉巴·绛曲峨（spyi bo lhas pa byang chub vod）虽然阅读了许多经典和论著，然而他不知如何糅合而修。于是，他前往拉萨释迦牟尼佛像前祈愿，也就在那里与念称布哇相见，他知道这是一位成就者，就向称布巴祈愿。称布巴也观察到他是法器者，于是将《外乘道宝教义导释》（phyi theg pa lam rin spungs kyi don khrid）以及《内密宗直观教导》（nang gsang sngags kyi dmar khrid）二法传授给了他。季窝拉巴·绛曲峨得到传授后，经过勤修也获得成就。此后，由季窝拉巴·绛曲峨传授给达德乍玛（stag bde brag dmar）的堪布绛曲楚臣（mkhan po byang chub tshul khrims）；堪布绛曲楚臣传授给奇仲新寺（phyi vbrum dgon gsar）的堪布绛曲生贝·拉尊巴（mkhan po byang chub sems dpav lha btsun pa）；堪布绛曲生贝·拉尊巴传授给香衮邦巴（zhang kun spang pa），后者是觉囊派①四大指导之一。香衮邦巴又将此法遍传各地，并且作了广大利他之事业。传规中有一部分显然与大手印相同；其余的编撰则与《六加行》的别摄相符。

此外，另一支是由比丘尼②贝姆（dpal mo）传授给贝季桑波（dpal gyi bzang po）；贝季桑波传授给仁钦桑波；仁钦桑波传授给觉窝杰（阿底峡）；觉窝杰（阿底峡）传授给约却旺（yol chos dbang）；约却旺传授给若顿（rog ston）；若顿传授给哲顿觉色（rtse ston jo sras）；哲顿觉色传授给香敦却旺（zhang ston chos dbang）；香敦却旺传授给察顿细波（phra ston zhig po）；察顿细波传授给伦觉焦色（rnal vbyor skyabs se）；伦觉焦色传授给仁波且·内弥巴（rin po che ne mig pa）；仁波且·内弥巴传授给堪布仁穷（mkhan po rin vbyung）；堪布仁穷传授给堪布桑宣（mkhan po sangs gzhon）；堪布桑宣传授给喇嘛衮索巴（bla ma kun bsod pa）；喇嘛衮索巴传授给克珠却贝哇（mkhas grub chos dpal ba）。师徒之间都有大悲观世音直观教导。

以上是直观教导称布巴传规的阶段。也属于大悲观世音法门。

九　达惹巴纳的阶段

仙人尼玛辛达（drang srong nyi mavi shing rta）次第传出有：堆夏伽穷（大、小堆夏师）；阿毗裕嘎达（Abhiyukta）；尼泊尔嘎雅西（bal po Kāyaśrī）③；又从甘巴哇大师（slob dpon kan pa ba）传出甲日哇（lcags ri ba）和念伽巴（snyan chad pa）等人。其中，甲日哇和念伽巴撰有《虚空三法教授》（nam mkhav skor gsum gyi gdams pa），《摄各道教授》（lam so sor sdud pavi man ngag），从其教授又有《正见底面》（lha ba rgyab sha），

---

① 觉朗派（jo nang ba）：也译作觉囊派，11世纪中，优摩·弥觉多杰，创立他空见。其后土杰尊珠修建觉囊寺。又其后堆波瓦ह喜饶坚赞以及达惹纳塔等相继住持、流传，称觉囊派。参阅《藏汉大辞典》，第878页。

② 比丘尼（dge slong ma）：女乞善，乞净食女，别解脱七众之一。具足受持三百六十四条戒律之女子。参阅《藏汉大辞典》，第456页。

③ "阿毗裕嘎达"和"尼泊尔嘎雅西"，藏文（第1215页第10行）分别写为：ཨ་བྷི་ཡུ་ཀྟ和བལ་པོ་ཀཱ་ཡ་ཤྲཱི།

尤其是有圣观世音之教授。①

大成就师达惹巴纳（Dar pan）②：此师换齿 20 次，住世 1200 岁。此师著有《积雅萨牟察曼荼罗广大仪轨》（Kryāsamuccaya zhes pavi dkyil vkhor gyi cha ga rgyal po）③，这一传承是：金刚持、智慧空行、达惹巴纳阿扎惹雅（Darpana ācārya）、萨曼达坝扎（Samantabhadra）、连纳卓雅底（Jñānajyoti）、西哈尼扪扎（Śrī Hanumat）、西曼殊坝扎（Śrī Mañjubhadra）④、西拉肯阿坝扎（Śrī Laksbhadra）、达玛卓雅底坝扎（Dharmajyotirbhadra）、曼枳哇坝扎（Manojīvabhadra）、学章西坝扎（sho tram Śrībhadra）、西毗乍雅坝扎（Śrī Vijabhadra）、西玛达纳坝扎（Śrī Madanabhadra）⑤、西拉肯芒坝扎（Śrī Laksmi bhadra）、嘎嘎纳坝扎（Gaganabhadra）、乌达雅枳哇坝扎（Udayajīvabhadra）、西哈惹喀坝扎（Śrī Harsabhadra）、阿坝嘎坝扎（Abhāgabhadra）、尼泊尔耶壤（bal po ye rang）的班智达乍嘎达阿烂陀枳哇坝扎（Jagadānandajīvabhadra）及其子班智达玛哈菩提（Mahābodhi）⑥、萨桑帕巴宣奴洛卓（sa bzang vphags pa gzhon nu blo gros）、法王贡噶桑波，一直传到法王玛顿·坚参俄色（chos rje dmar ston rgyal mtshan vod zer），都获得圆满灌顶。

此法出现的情况如是：过去此法没有藏文译本，后来具德萨迦寺的绛央邓约坚参（vjam dbyangs don yod rgyal mtshan）从尼泊尔商人那里获得

---

① 此段藏文可采用第 1215 页第 9～13 行。罗译（第 1045 页第 1～8 行）内容次序有些调整。可参阅。
② 藏文（第 1215 页）写为：དཔན྄།
③ 参阅《丹珠尔》，rgyud，No. 3305：Vajrācāryakryā samuccaya。
④ 达惹巴纳阿扎惹雅、萨曼达坝扎、连纳卓雅底、西哈尼扪扎、西曼殊坝扎，藏文（第 1215 页倒数第 2～1 行）分别写为：དཔན྄་ཨཱ་ཙརྻ、ས་མནྟ་བྷ་ད྄、ཛྙ་ན་ཛྱོ་ཏི、ཤྲི་ཧནུ་མཏ྄、ཤྲི་མ་ཛུ་བྷ་ད྄།
⑤ 达玛卓雅底坝扎、曼枳哇坝扎、学章西坝扎、西毗乍雅坝扎、西玛达纳坝扎，藏文（第 1215～1216 页）分别写为：དྷརྨ་ཛྱོ་ཏི་བྷ་ད྄、མན་ཛོ་བ་བྷ་ད྄、ཤོ་ཏྲམ་ཤྲི་བྷ་ད྄、ཤྲི་བི་ཛ་བྷ་ད྄、ཤྲི་མ་ནབྷ་ད྄།
⑥ 嘎嘎纳坝扎、乌达雅枳哇坝扎、西哈惹喀坝扎、阿坝嘎坝扎、乍嘎达阿烂陀枳哇坝扎、玛哈菩提，藏文（第 1216 页第 2～3 行）分别写为：ག་ག་ན་བྷ་ད྄、ཨུ་ད་ཡཛྫི་བ་བྷ་ད྄、ཤྲི་ཧརྵ་བྷ་ད྄、ཨབྷཱ་ག་བྷ་ད྄、ཛ་ག་ད་ཨ་ནནྟ་ཛྫི་བ་བྷ་ད྄、མ་ཧཱ་བོ་དྷི།

一本《萨牟察》（Samuccaya）①的梵文版。此后，此梵本到了衮邦却扎伯桑波（kun spangs chos grags dpal bzang po）的手中，由他策动和筹办顺缘，迎请毗毡西拉（Vikrama śīla）的大班智达曼殊师利，以及藏族译师萨桑巴·洛卓坚参（lo tsav ba sa bzang pa blo gros rgyal mtshan）译成藏文。在他们还未寻得听受此法灌顶和讲经处所时，他们听说阿里人多杰贝到耶壤听受了《萨牟察灌顶》之消息，于是帕巴宣奴洛卓巴（vphags pa gzhon nu blo gros pa）师徒七人前往尼泊尔耶壤，在班智达玛哈菩提座前听受了此法的圆满灌顶和经教后，作了广大弘传。

又一传承是：薄伽梵阎罗敌能灭金刚（bcom ldan vdas gshin rje mthar byed）、毗汝巴、董毗哇（Dombhī pa）、丈色贝真（bram ze dpal vdzin）、玛底嘎尔哈（Matigarbha）②、达惹巴纳阿扎雅，达惹巴纳阿扎雅将红色阎罗敌的法典和导释，以及许多教授传授给洛窝译师（glo bo lo tsav ba）；洛窝译师又传给洛钦桑杰（blo chen sangs rgyas）；洛钦桑杰传授给译师却丹（lo tsav ba mchog ldan）；译师却丹传授给噶居哇宣奴僧格（bkav bcu ba gzhon nu seng ge）。可能还有传系，据说由布顿仁波且等人精修此法，并教化许多众生。

以上是达惹巴纳的阶段。

十 《金刚鬘》等如何出现的阶段

阿坝雅大师（slo dpon Abhaya）：从细小五处直到《无上瑜伽续》，所有【《波罗蜜多》】③密教理，此师都无有不通晓者。由于此师在往昔生中，依多位修金刚瑜伽母，因此，金刚瑜伽母在他此生中，装饰成普通凡俗妇女而来到阿坝雅大师座前。可是，他守持比丘戒学，有坚定意志不纳妇女修行。为此，他自己的上师大德索日哇（soo ri ba）等屡次开示他说："你如此反而不善，当知真实生起俱生慧的方便须多次取用。"他多次向瑜伽母祈祷，在梦中清楚地见到瑜伽母到来，对他说："现在你在此

---

① 藏文（第1216页第8行）写为：ས་མུ་ཙྩ།。另据更顿群培大师说，此梵本至今保存在后藏的峨尔寺（ngor）。参阅罗译（第1045页倒数第10～8行）行间注。

② 董毗哇、玛底嘎尔哈，藏文（第1216页倒数第2行）分别写为：ཌོམྦྷི་པ 和 མ་ཏི་གརྦྷ།。

③ 【 】郭译（第683页倒数第6行）漏。

生中没有与我同行之功能。你应该多著《甚深续部》的释论，以及许多《曼荼罗仪轨》（dkyil vkhor gyi cho ga）。这样的话，你才可以迅速成为有缘法者。"他依此开示，著出《教授花穗》（man ngag gi snye ma）和《无畏论释》（mi vjigs pavi gzhung vgrel），以及《曼荼罗仪轨金刚鬘》（dkyil vkhor gyi cha ga rdo rje phreng ba）①。

据说克什米尔（喀钦）大班智达来到藏区时，三次传此《金刚鬘灌顶》（rdo rje phreng bavi dbang）。一般认为，前两次一切都作为无上资粮，后一次由于藏族诸人士有极大的疑虑分别，如不分拆各别续部，不能获得灌顶。于是，他根据密续类别进行分拆，并作灌顶。

恰译师却杰贝（chag lo tsav ba chos rje dpal）② 是从热伯朗扎哇（Ravīndra）③ 座前听受此法。他认为依28种曼荼罗灌顶，可以获得其他一切灌顶。扎巴坚参译师是从克什米尔大班智达布弥西（Bhūmiśrī）④ 座前听得此法，他开示45种曼荼罗而灌顶。印度东部的大班智达贝纳季仁钦（pandita chen po dpal nags kyi rin chen）在国王的内邬冻宫（pho brang snevu gdong）中，两次传授《金刚鬘灌顶》，一切都是依密宗无上瑜伽传规而传授灌顶的。有一些人质疑：分作各别密续部来灌顶，似乎不妥。他回答说："分作各别续部是好的。"他们又问："那么此次为何不分呢？"他答曰："此次对你们，是依照阿坝雅的传规而作的灌顶。阿坝雅是不分各别续部的，我为什么要分呢？"对于《金刚鬘灌顶》，有许多译师各别译出，于是出现有许多不同译本。直到今天（著书时），大多数人青睐恰师的译本。其中由阿坝雅大师所作三瑜伽，即加持和遍观以及色即圆满等三瑜伽，是依续部经典而著出的《圆满瑜伽修曼荼罗仪规》。又有部分人想，各别续部和各别大师所作的修法，如不按照修法仪轨而修，就不能圆满完成。如果是如此，则正等正觉之佛将成为一种曼荼罗，也不能修成，是无分别之故。说此种想法是太过分，谁也不能反驳。如果是这种想法者，最好不用阿坝雅大师传规之金刚鬘来作灌顶，而应该以其他仪轨来摄受此类人士。

如此对于依阿坝雅·嘎惹古巴（Abhaya ka ra gu bha）、格威穹奈坝巴

---

① 上述三著，可分别参阅《丹珠尔》，rgyud, Nos. 1198, 1654 和 3140。
② 西藏著名的梵文学者，生于公元1197年，逝世于公元1265年。藏区著名的朝圣者，几乎到过印度的所有圣地。
③ 藏文（第1218页第8行）写为：རེ་བེནྟྲ་བ།
④ 藏文（第1218页第11行）写为：བྷུ་མི་ཤྲཱི།

（dge bavi vbyung gnas sbas pa）、成就者隆夏（grub thob slong zhabs）、班智达甘地赞乍（Kirticandra），译师扎巴坚参师所传来的《修行法海》（sgrub pavi thabs rgya mtsho）而作随赐灌顶，则不应该诽谤；对于入于此金刚鬘大曼荼罗者，是否合法器，则应观察为重！

由多杰丹巴传给巴日译师的《修法百种》（sgrub thabs brgya rtsa）等，也应和上面的说法一样。

以上是金刚鬘等如何而出现的阶段。

如此等显密诸法门，是据我（著者）亲自所能阅读的、从上师座前所能听到的、各传记中所能见的，以及在故事中而撰写的材料撰写。由于我（著者）智慧浅薄、才能有限，难以面面俱到。

十一　零星传承阶段

此外，秘密之主恰那多吉（金刚手）传授给堪钦·勒季多杰（mkhan chen las kyi rdo rje）的许多甚深法门，以及至尊文殊传授给喇嘛邬玛巴（bla ma dbu ma pa）的许多教法等，据说都是由本尊所传出的。由自己具空性瑜伽而作出等同续部密经般之法典，以及修悟道情歌等一切无尽论著，都应该是与三学不矛盾的话，则不应依其中词句好恶而加以诽谤。如《吉祥时轮续释》（dpal dus kyi vkhor lovi vgrel ba）中说：

> 从方言以及音变中，
> 具瑜伽者应持其义，
> 水中渗入乳精汁，
> 大雁可善分吸取。
> 大师对胜义境，
> 恒常不依句文，
> 地方名词若知其义，
> 论著诸语何可言。

如颂所说应该是合理的。据说有一大成就者名为扎纳巴（Jñāna pa）传授达隆·桑杰温（stag lung sangs rgyas dbon）的《欢喜金刚续释》（kyevi rdo rjevi rgyud kyi bshad pa）以及许多修法，至今还存于类乌齐寺（ri bo che）诸人士中。

第十四章 《大悲观世音法门》和《金刚鬘》等法类　833

　　阿底峡来到阿里的前一些时间，也有叫阿底峡为阿扎惹玛波（a tsa ra dmar po）的。来自邬底研（Oḍḍiyāna）的班智达喜饶桑哇（shes rab gsang ba），他依止克什米尔的仁钦多杰的一位弟子得到《大手印精滴》（phyag rgya chen po thig le）等精滴法类续部密经和经释等，显见这些经教对藏族已经成为有恩惠之经教。这位班智达后来又来到藏区，并成为萨钦（sa chen，即贡噶宁波）之上师。虽然一般认为从他传来的圆满次第教授，至今（著书时）还有，但是我尚未见到这一教授之书本。教法证得大光明相的至尊曼隆巴钦波（rje btsun man lungs pa chen po），则获得本尊所传授《禅定修次第殊胜法门一知普解》（bsam gtan bsgom pavi rim pa khyad par can gcig shes kun grol）。由曼隆巴钦波传给雅隆译师扎巴坚参；雅隆译师扎巴坚参又传给聂朵巴·贡噶登珠（snye mdo ba kun dgav don grub）；聂朵巴·贡噶登珠传给噶居巴·宣奴僧格（dkav bcu pa gzhon nu seng ge）；噶居巴·宣奴僧格传授给吽钦·南喀伦觉（Hūṃ chen Nam mkhavi rnal vbyor）。从吽钦·南喀伦觉次第传承直至今天（著书时）贡塘饶绛巴·喜饶坚参（gung thang rab vbyams pa shes rab rgyal mtshan），从未失传过。

　　由尼玛伯巴（nyi ma sbas pa）所传出的《救度母法门》：先是由克什米尔境内的一位名为达乌达惹（tavu ta ra）的成就者居住在自然现起五尊的寺中勤修供养，都说他能治愈麻风病。那时的尼玛伯巴是一位精通五明者，尤其是精通于密宗的大德。他由于身患龙（鲁）害（麻风）疾病，他在寺门西边建了茅蓬居住，修礼赞三月。之后，寺门（自动）转向变西方，救度母问他道："你有何求？"答曰："欲求病愈。"不一会儿，除额上还略有一些未愈之外，其他部分恢复如初。他便问额上不愈之因，度母说："往昔你生为猎人时，杀野生动物，最后纵火焚林，此一业力成熟堕入地狱，经受五百生报，此为最后一生。"说后传授给他依礼赞作诸修法，并且说："依照此法，能成办任何事业，我将赐你成就。"于是，由尼玛伯巴将修法21种，各别地定出每种羯摩事业；且作出共通之修业补充部分等。后来，由尼玛伯巴大师传授给赞扎嘎坝（Candra garbha）；赞扎嘎坝传授给哲达日（Jetāri）①；哲达日传授给阿根旺秋，阿根旺秋传授给峡惹达嘎惹（Śraddākara）；峡惹达嘎惹传授给达塔嘎达肯达（Tathāgararakṣita）；达塔嘎达肯达传授给达纳西（Dānaśila）；达纳西传授

---

① 赞扎嘎坝、哲达日、峡惹达嘎惹、达塔嘎达肯达、达纳西，藏文（第1222页倒数第5～3行）写为：ཙནྡྲ་གརྦྷ、རྗེ་དགྲ、ཤྲདྡྷ་ཀར、ཏ་ཐཱ་ག་ཏ་རཀྵི་ཏ和དཱ་ན་ཤཱི་ལ。

给麦觉译师（mal gyo lo tsav ba）；麦觉译师所译藏文本中有修法和成办羯摩等。

至于措普译师的译本，是在每种修持法的下面，载明此法之诸羯摩，各各互相俱载。此法门传承是：救度母、贡噶窝（kun dgav bo）、扎炯巴·尼玛公巴（dgra bcos pa nyi ma gung pa）、峡纳格坚（shwav na-vi gos can）、枳喀纳格坚（Krsavāsin）、克什米尔的尼玛伯巴、惹呼拉师利（Rāhulaśrī）、毗纳达师利（Vindaśrī）①、班钦释迦师利，班钦释迦师利传给措普译师、喇钦索旺（bla chen bsod dbang）、仁波且哇（rin po che ba）、泽玛杰布（tshad mavi skyes bu），泽玛杰布传给布【顿】仁波且。

又一支传承是：麦觉传授给萨钦；萨钦传授给哲姆（rtse mo）；哲姆传授给杰尊（rje btsun）；杰尊著此一法门的许多论著。后来杰尊将法传授给秦·却僧（mchims chos seng）、却杰绛萨（chos rje vjam gsar）、绒巴嘎译师（rong ba rgwa lo）、喜饶僧格、贝丹僧格、喇嘛丹巴·索南坚参、堪钦协垛哇（mkhan chen shes rdor ba）、却阁哇·却季嘉措（chos sgo ba chos kyi rgya mtsho）、阁楚·扎巴穹奈（rgod phrug grags pa vbyung gnas）。由阁楚·扎巴穹奈传授于我（著者）。总的说来，略有不同的救度母传承遍布藏区。

以上是零星传承的阶段。

十二　达乌惹（rtevu ra）寺的阶段

对于藏区广传经教诵授法流极有贡献者，当为顶巴译师楚臣穹奈（stengs pa lo tsav ba tshul khrims vbyung gnas）：此师诞生于丁亥年（阴火猪，公元1107年）。父亲名为顶巴垛坝（stengs pa tog vbar），母亲名为达姆布吉（mdav mo bu skyid）。6岁时，他在一处墙洞往外看时，可以看到许多地方和佛塔。后来，他前往印度时，发现与他墙洞中所见并无二致。他在10岁时，有一段时间，他经过念修《不动金刚》以念咒加持，使其他身患任何病症者治愈。从童年时期起，他就一心信仰三宝。可是，继母讨厌憎恨他，因此，他在13岁时就前往达波给人诵经忏悔，所得报酬带回父亲家中，但父亲仍责骂不断。他心生悲伤，又返回达波。他在梗莫奈

---

①　枳喀纳格坚、惹呼拉师利、毗纳达师利，藏文（第1223页第3～5行）写为：ཀྲི་ཥྞའི་གོས、རཱ་ཧུ་ལ་ཤྲཱི、བི་ན་དུ་ཤྲཱི།

第十四章 《大悲观世音法门》和《金刚鬘》等法类　835

敦（skan mo gnas brtan）（上座）前剃发，换上僧装，使其得到极好地梦兆。15 岁时，他在梁堆的嘉杜（rgya vdul）座前出家为僧。他在秦·唐杰铿巴座前学习法行。年满 19 岁时，他以嘉师为作堪布，涅哇·格敦焦（gnyal ba dge vdun skyabs）为作大师，吉波楚帕（skyi bo tshul vphags）为作屏教师而受比丘戒。他向往去印度，但又没有路费，因此，他就书写《般若经十万颂》两部，得到报酬黄金 12 钱。他带上黄金前往印度，行至定日时，观世音化现为一位老人给他说明行走路线。走到尼泊尔时，他祈祷彩虹观世音①等保护自己一路平安！然后，不顾生命安危前往印度，在摩羯陀与杂弥桑杰扎（tsa mi sangs rgyas grags）相见。他依止此师十年时间，后来身患中暑时，救度母赐以沐水饮用后立刻痊愈。那时，他的弟弟却坝（chos vbar）变卖家中田地后，获得许多黄金。他携带这些黄金从达波出发，沿途询问兄长的去向，而来到印度金刚座。他说："父亲已经去世，我已经办完丧事。这些黄金是你应得到的份。我要回家乡去了！"但是，顶巴译师劝他立志求学，而成为一位善巧班智达，但却身患中暑而去世。临终时他说："你把我的遗骨送到格日（dge ri）去。"并发了三次誓言"我一定要去西藏"。之后，（顶巴译师）回到（西藏）后，为其修建了灵骨塔。父亲开始印制的 20 份《般若经》未完的一份他也把它补完。此后，他携带黄金 50 两，再次返回印度，发现上师杂弥已不在世，只好在上师遗骨前供养。之后，他依止大班智达桑嘎达毗惹哇（mahā pandita Saṃga tavīra）、达萨坝拉师利（Daśabalaśrī）、赞扎甘地（Candrakīrti）、苏达纳古巴达（Sudhanagupta）、西拉赞扎（Śīlacandra）、毗玛拉惹肯达（Vimalarakṣita）、乍雅古巴达（Jayagupta）、悉底哈惹（Siṃha hara）、坝萨嘎惹西拉师利（Bhāskaraśrīlaśrī）、坝萨纳达底拉嘎（Vasantatilaka）、阿烂陀德哇（Ānandadeva）、尼泊尔班智达纳雅师利（paṇḍita Nayaśrī）等 13 位班智达为师②，听受了许多显密经教。他又迎

---

① 彩虹观音（vphags pa vjav ma）：相传古代尼泊尔境内加德满都一旃檀树中自生的五躯大悲观世音菩萨之一。参阅《藏汉大辞典》，第 1775～1776 页。
② 这 13 位班智达藏文（第 1225 页第 9～12 行）分别写为：桑嘎达毗惹哇（པཎྜིཏ་ཆེན་པོ་སེང་ཏ་བིར）、达萨坝拉师利（དཔལ་སྟོབས་བཅུ）、赞扎甘地（ཙནྡྲ་ཀིརྟི）、苏达纳古巴达（སུ་དྷ་ན་གུཔྟ）、西拉赞扎（ཤཱི་ལ་ཙནྡྲ）、毗玛拉惹肯达（བི་མ་ལ་རཀྵིཏ）、乍雅古巴达（ཛ་ཡ་གུཔྟ）、悉底哈惹（སི་ཧ་ཧར）、坝萨嘎惹西拉师利（བྷཱ་ས་ཀར་ཤྲཱི་ལ་ཤྲཱི）、坝萨纳达底拉嘎（བ་སནྟ་ཏི་ལཀ）、阿烂陀德哇（ཨཱ་ནནྡ་དེ་བ）、尼泊尔班智达纳雅师利（པཎྜི་ཏ་ན་ཡ་ཤྲཱི）。

请了克什米尔金松巴（kha che spyan gsum pa）的传徒班智达阿朗嘎德哇（panditita Alankadeva）。他还搜集了许多梵文本法典；翻译和修订了《摄修法广本》（sgrub thabs bsdus pa chen po）、《毗奈耶本释》（vdul ba rang gi rnam bshad）①、《二万五千颂若释》（nyi khri gzhung vgrel）②、巴窝（dpav bo）所著的《释迦往生世纪》（skyes rabs）③、《时轮根本续》（dus vkhor rtsa rgyud）④、班智达阿朗嘎德哇传规的（龙树）圣传法类等。那次他在印度住了5年时间。此后，他再次前往印度学习《大毗婆沙论》（bye brag bshad pa chen mo）三年。然后，把梵文版带到藏区，他与阿朗喀德哇师徒二人翻译出《大毗婆沙论》的三分之二时，班智达（阿朗嘎德哇）就逝世了。

为了超荐亡者，他们建造了有48位法座的转法轮大会。总之，顶巴译师亲见胜乐62尊的曼荼罗和许多护法，曾依止卓隆哇钦波（gro lung ba chen po）等许多最善巧上师而成为佛教的大师。他在84岁时的庚戌年（阳铁狗，公元1190年）逝世。那时，大译师洛丹喜饶逝世已经82年。荼毗时发现了许多舍利和佛像。

顶巴译师的弟子恰扎炯（chag dgra bcom）：此师在癸酉年（阴水鸡，公元1153年）诞生在奈恰城（gnas chag grong），是麦·扎西嘎（mes bkra shis dgav）之子。当时顶巴译师47岁。他在古汝哇·恰顿钦波（guru ba chag ston）座前出家为僧，后者又名为仁钦楚臣（rin chen tshul khrims），是卓隆巴之直传弟子。他依止顶巴译师学习《声明》和翻译事业，并且听受圣传《密集》和《时轮》等教法，求得四臂怙主护法修法并获得护法，并随侍其后。他在绛生达嘉之弟子麦卓杜真（mal gro vdul vdzin）及其弟子堪布达准（mkhan po dar brtson）座前受比丘戒。他又依止后藏协年峡噶珠（bshes gnyen shavka grub）、藏嘎（gtsang dkar）、觉珠译师梁恩麦比贝（cog grub lo tsav ba mya ngan med pavi dpal），以及香译师等藏族上师15人。

为了消除前往印度的灾厄，他修喀萨巴里观音，获得成相后经过尼泊尔到达印度。他每日从集市上购买鲜花供于金刚座的大菩提佛像，大多挂在佛像之耳上。以此因缘，后来供奉代替大菩提金像的耳朵上，也不须造作，自然出现花朵。他依止麦枳赞扎（Maitrīcandra）、小金刚座师（rdo

---

① 参阅《丹珠尔》，rgyud, No. 4119: Vinayasūtravrttyabhidhāna svavyākhyāna nāma。
② 参阅《丹珠尔》，Sher phyin, No. 3788。
③ 参阅《丹珠尔》，No. 4150。
④ 参阅《甘珠尔》，rgyud vbum, No. 362。

rje gdan pa chung ba)、尼喀嘎楞伽（Niskalanka）、西拉阿嘎惹（Śālākara)、释迦师利（Śākyaśrī）和菩提师利（Buddhaśrī)[1] 等师听受了许多教法。尤其是以麦枳赞扎的恩惠为最大。他依麦枳所授记：在那烂陀的嘎达洛（gandhola）小山丘中精修后，他在瓶上就可以亲见胜乐62尊佛会。此后，当他在洛窝仁（glo bo rin）突然身患热症，在纳雅卓达的阴凉处睡觉时，听到环铃叮当声，看见来了一位身着蔚蓝服装的妇人以瓶子中的水撒在其胸间而使疾病治愈。他明白见到的妇人就是救度母。他还亲见印度自然出现的塔、像80尊。他返回藏区时，在恒河岸边季译师与其他同伴等，正在遭遇西吉（shi skyid）的匪徒打击，他只神秘地看了他们一眼，就使众匪僵直不动。他到达藏区后，在曲弥、杰拉康（rgya lha khang）、汤窝伽（thang bo che）等处得到供养。他在上述寺庙小住了一段时间，主要是应请而来达乌惹（rtevu ra）出任寺主。此寺最初是由奈邬素尔巴的弟子考钦巴（skor chen pa）建造的。此后传承似乎空虚无人，后来才由恰师来主管。之后，迎请须达师利来翻译出《佛道法典》（rgyal bavi lam vdug）。后来，他又依止释迦师利、唐杰钦比贝（thams cad mkhyen pavi dpal）和惹达纳师利等人译出许多教法。当克什米尔班智达抵达给他人传授比丘戒时，恰扎炯用梵语作出羯摩仪轨，班智达极为喜悦！

他的身威仪是光头赤脚并研磨善法等美满戒香遍于远方。他在64岁时的丙子年（阳火鼠，公元1216年）在达乌惹寺逝世。那时，恰奇玛（chag phyi ma，后恰师）20岁，即至尊扎巴坚参逝世的丙子年（阳火鼠，公元1216年）。茶毗时发现颅骨上有胜乐圆满诸尊像；颊骨上有辅音和元音字母。后来这些灵骨奉安在灵塔之中。热本扎哇（Ravīndra)[2] 曾授记恰师说：此灵塔挺直存在，以此将突然向四方分散。由恰奇玛（后恰师）再加修固。仍由尼泊尔请来热本扎哇作开光法事。在达乌惹寺作开光时，天降谷雨，雷击骨塔，其塔分散。因此，普遍传称为挡雷白塔，喀萨巴里观音莅临塔上，入于释迦金像中。此师在印度又有班钦达玛师利（mahā pandita Dharmaśrī)[3] 等许多弟子。

恰扎炯的侄儿恰却杰贝（chag chos rje dpal）：诞生于丁巳年（火蛇，

---

[1] 麦枳赞扎（Maitrīcandra）、尼喀嘎楞伽、西拉阿嘎惹、释迦师利和菩提师利，藏文（第1227页第4~7行）分别写为： མེ་ཏྲི་ཙན྄་ད྄, ཉིས྄་ཀ་ལངྐ, ཤྲཱི་ལ་ཨ་ཀར, ཤཱཀྱ་ཤྲཱི 和 བུདྡྷ་ཤྲཱི。

[2] 藏文（第1228页第11行）写为：ར་བེ་ནྡྲ་པ。

[3] 藏文（第1228页倒数第3行）写为：པཎ྄་ཆེན་དྷརྨ་ཤྲཱི。

公元1197年），这一年措普译师年满26岁。恰却杰贝是达玛穹奈大师（slob dpon Dharma vbyung gnas）和却蚌（chos vbum）之子。年满7岁时，他学习藏梵文读本、对字、教颂、书法、弹线等。从11岁到20岁之间，他依止恰扎炯座前求得许多显密教授，并且五次听受《发菩提心戒》。总之，从17岁起，直到45岁止，他立下誓言不离开笔墨。14岁和15岁期间闭关念修不动金刚26000000遍而得亲见本尊面。20岁时，上师对他说："我看你想前往印度，因此你就学习《对法》吧。"后来，恰扎炯逝世后他前往印度。在后藏的色译师（se lo tsav ba）、措译师（khro lo tsav ba）、梁堆译师（myang stod lo tsav ba）、卓顿杜枳扎（gro ston bdud rtsi grags）等座前听受许多教法。后来，他在贡塘的拉尊巴·贡波贝（lha btsun pa mgon po dpal）座前听受《阿毗达磨杂集论》和圣传（龙树所传）峨师传规诸法。他在曼地（man）居住过了10年时间。他在尼泊尔的辛衮（shing kun）与惹达纳惹肯西达相见。惹达纳惹肯西达给康巴顿扎（khams pa ston grags）等灌顶时，他做翻译。他也获得胜乐等灌顶。之后，他在仍是居士身份的大班智达热本扎哇丹座前听受了（龙树）圣传法类，以及《金刚鬘》和显、密摄要等许多教法。师预示他将来能利益许多众生。他在尼泊尔居住了8年时间。之后他前往印度。他经过底惹呼底（ti ra hu ti；梵：Tirhut）来到羊八井寺（yangs pa can）。他在梦中亲见金刚座如真之境。他前往金刚座时，发现那里空无一人，都因为逃避都汝嘎①的战乱而走了。于是，他很长时间未能够朝拜大菩提释迦像。后来，得以拜见一圣像，在玛哈窝灯（Mahābodhi）② 前虔诚供养，并且细观了圣地庄严景象。他在那烂陀和班智达惹呼拉西坝扎（Rāhula śrībhadra）③相见后，听受了许多教法。嘎诺（Gar log）④ 的兵马来侵犯，于是，人民和国王等都逃走了。班智达惹呼拉西坝扎对他说："我已经是90岁的人，没有必要再逃走。但是，你若不逃走，那是白痴！"恰却杰贝对师说："哪怕是他们杀了我，我也不会离师座逃走的。"为此上师发现他极为忠诚，打心底里欢喜。由于认为贡波拉康（mgon po lha khang）能对付嘎若的兵马，于是他背着上师到了那里。果然，嘎诺的兵马未伤到他

---

① 都汝嘎（tu ru ka，藏文版则为 ཏུ་རུ་ཀ）：古代克什米尔突厥族。参阅《藏汉大辞典》，第1030页。
② 藏文（第1230页第3～4行）写为：ཨ་ཏུ་པོ་དྷི།
③ 藏文（第1230页第5行）写为：རཱ་ཧུ་ལ་ཤྲཱི་བྷ་དྲ།
④ 即 Qarlug，这里指穆罕默德的军队。

们。他在摩羯陀患中暑，虽脱险仍然身出疮疱；后来他又在底惹呼底中暑。此后，他只好慢慢来到藏区。总之，恰却杰贝共依止 12 位大班智达，4 位藏族译师，21 位善巧持戒师。在此诸师前听受了教法。萨迦班钦（贡噶坚参）称赞他说："大译师仁钦桑波之后，就以你这位译师为善巧者。"纳措译师的寺庙再三致书请他住持，他来到寺庙住持了 4 年时间。哈日扣达（Harimanda）等 80 处寺庙庄园的钥匙和 200 函经典都交到他的手中掌管。之后，他返回到达乌惹寺。后来，他在 62 岁时前往塘波且。大约那时，他前往达察（stag tshal）的班智达达纳西拉（paṇḍita Dānaśīla）座前，他用桑枳达语（古梵语）作许多吉祥赞辞，令班智达惊诧不已，汗毛竖立！他在夏季法会《时轮金刚》上传法时，身边聚集包括著名的藏语智者日比热枳（rigs paḥi ral gri）等许多善巧者，僧众陈设法典百函，每日他吹法螺 13 次。后来，他在雅隆的居（vju）和躯（vphyos）的许多寺庙中说法，也就在雅隆地区住了 5 年时间。元帝（hor rgyal po）迎请他前去时，蒙藏诸大人物商议后，托词说身体不太健康而获批准，仍然居住在藏地。他被迎请到萨迦后，夏哇·益西坚参（shar ba ye shes rgyal mtshan）和本钦贡噶桑波（dpon chen kun dgav bzang po）拜他为师。他成为僧会之首，对众讲经说法。之后，他返回到达乌惹寺建立了大法轮会。在 68 岁时的甲子年（阳木鼠，公元 1264 年）逝世。

　　却杰贝逝世后，虽然藏巴·旺秋喜饶（gtsang pa dbang phyug shes rab）未被正式任命为寺主，但是他实际负责繁重的寺务很多年。此后，继任寺主者为恰奇玛（chag phyi ma）之弟恰尼玛贝（nyi ma dpal）的儿子喇嘛丹真贝（bla ma bstan vdzin dpal）；之后继为喇嘛丹真贝之弟名为达哇尼（zla ba gnyis），但他担任寺主时间不长。在达哇尼担任寺主期间，迦色（skya srid，即萨迦政权）攻打达乌惹寺。此后，由达哇尼之弟安达贝（mngav bdag dpal）的儿子喇嘛仁钦穹奈（bla ma rin chen vbyung gnas）担任寺主 13 年；此后，又将寺座交给一位年满 74 岁的喇章巴·洛卓贝（bla brang ba blo gros dpal）。同年，洛卓贝委任喇章巴·释迦贝（bla brang ba shavkya dpal）为寺主。喇嘛仁钦穹奈逝世和喇章巴·释迦贝担任寺主之年是丁卯年（阴火兔，公元 1327 年）。在 13 年之后的己卯年（阴土兔，公元 1339 年），释迦贝逝世了。从却杰贝逝世，直至委任释迦贝的丁卯年（阴火兔，公元 1327 年），已经过了 64 年。此后，继任寺主的是喇章巴·桑波贝（bla brang pa bzang po dpal）。桑波贝之后，由仁钦穹奈之侄子恰却贝桑波（chag chos dpal bzang po）担任寺主，但不久他便逝世了。此后，喇章巴·桑波贝复任寺主。此后，却杰尼玛哇（chos rje nyi ma ba）担任寺主5年时间。此后，由释迦贝哇（shavkya dpal ba）担任寺主13年后逝世。此后，25岁的法王益西贝桑波（chos rje ye shes dpal bzang po）担任寺主，他诞生于丁未年（阴火羊，公元1367年），他任寺主直至戊戌年（阳土狗，公元1418年），共计18年时间。他委任喇嘛桑珠贝贡巴（bla ma bsam grub dpal mgon pa）继任寺主后，他于甲戌年（阳木狗，公元1454年）年满88岁时逝世。桑珠贝贡巴从戊子年（土鼠，公元1408年）直至壬子年（水鼠，公元1432年）间，住持寺座共25年。此后，寺主为索洛哇（bsod blo ba，即索南洛卓），此师诞生于癸巳年（水蛇，公元1413年），从20岁的壬子年（水鼠，公元1432年）担任寺主，直到庚申年（铁猴，公元1440年）止，共担任寺主9年时间。在此庚申年（铁猴，公元1440年），索洛哇委任辛丑年（铁牛，公元1421年）诞生的洛桑巴（blo bzangs pa）为寺主，后者当时20岁。之后索洛哇在56岁时于戊子年（土兔，公元1468年）逝世。洛桑巴担任寺主21年后，于庚辰年（阳铁龙，公元1460年）将寺座交付给继任者后，在42岁时于壬午年（水马，公元1462年）逝世。此后，继任者为仁钦却嘉巴（rin chen chos rgyal pa），此师诞生于丁卯年（阴火兔，公元1447年），在14岁的庚辰年（铁龙，公元1460年）登寺主之位，一直到今天（著书时）的丙申年（阳火猴，公元1476年），已经过了17年了。

  以上是达乌惹寺的阶段。

  在涅绒岭（gnyal rong lings）有一位绒岭译师多杰坚参（rong ling lo tsav ba rdo rje rgyal mtshan）是阿坝雅的弟子，是一位精通时轮的法师。他的寺庙名为索喀（sogs kha）寺，至今（著书时）仍在。但未见有何记载，为此这里也无法详述。

第十五章 四部僧团等僧众的来源、答复及圆满制版阶段

一 喀钦班钦及其所传四部僧团的堪布传承史略

我已经对雪域藏区雪的正法来源情况作了简要叙述。现在，我谨在此叙述修行正法僧众的情况。藏族一切持律僧伽众部，均属唯一根本说一切有部①之传规。其中，第一部分是：堪钦细哇措（mkhan chen zhi ba vtsho）的传规，由喇钦（大喇嘛）以下诸人所传承为上部传承；第二部分是：东印度的班智达达玛巴拉（Dharmapāla）在阿里地区，三护②等出家为僧后的上部传承；第三部分是：由克什米尔的班智达释迦师利所出的传承。第一、二部分上文早已叙述。我在此谨考查第三部分，即将成为未来第三佛明耀佛的克什米尔大班智达释迦西班扎（Śākyaśrībhadra）③诞生于何年，以及何年来到藏区和如何做有利益众生的事业。

在大班智达本人于丁卯年（阴火兔，公元1207年）在藏区的索纳塘波且（sol nag thang po che）地方所著的《佛教流传世纪计算法》中有颂曰："十月上弦之日，初八午夜之时，入定月西山沉，能仁全般涅槃。此后，又过了1750年，两个半月连5天。"如此年数，若除以60周年后，还余十年；因此，应当知道佛教编年始于丁巳年（阴火蛇，公元1197

---

① 说一切有部（gzhi thams cad yod par smra bavi sde）：说有部。声闻根本四部之一。为诸部之根本及所知事实有。当诵经时用梵语，由王族向阿阇梨罗罗传授。其祖衣计用九条幅以上二十五条幅以下，标记为轮及莲花。比丘之名后边用吉祥或贤善、心要。主张三时实有及诸有为法刹那，以及由三无数劫成佛。参阅《藏汉大辞典》，第2606页。

② 三护（pav la rnam gsum）：古印度佛学家法护之主要三弟子：善护、德护和智护。约于公元10～11世纪之交，阿里古格王益西畏延请法护入藏时，随同入藏重振佛教，被称为三护论师。参阅《藏汉大辞典》，第1607页。

③ 藏文（第1237页末行）写为：ཤཱཀྱ་ཤྲཱི་བ་ཛྲ།

年)。

我们还应当知道，那时的《时轮》诸学者计饶迥纪年之初年为丁卯年（阴火兔，公元1027年），60周年的三倍，应当已过180年。从（大班智达）所算的丁卯年（阴火兔，公元1027年）起直至今（著书时）的丙申年（阳火猴，公元1476年），则已过4个60周年又30年（共270年）。佛涅槃后，到此火猴年（公元1476年）止，已是第2020年了。由于佛教年月计法是如此，那么大班智达的诞生之年，应是丁未年（阴火羊，公元1127年）。措普译师所著（对喀切班钦的）赞颂中说：

佛涅槃后1692年，
护佛教之主着褐黄色者①诞生，
仙人为此行礼！

现在，如果把1692年除以60年，则余12年。其中第12年（即第1692年）就是戊辰年（阳土龙，公元1148年）。"涅槃后"那年就是己巳年（阴土蛇，公元1149年），大班智达年满23岁。上述说法非常清楚。因此，毋庸置疑，大班智达25岁时是辛未年（阴铁羊，公元1151年）。对此，季窝拉巴等人的著述中说，大班智达是65岁时进入藏区的。这种说法应该是错误的。因为措普译师说：大班智达来到藏区之年是甲子年（阳木鼠，公元1204年），此甲子年大班智达已经78岁。从此年直至丁酉年（阴水鸡，公元1213年），他在西藏居住了10年时间。之后，他于甲戌年（阳木狗，公元1214年）从藏区返回。到乙酉年（阴木鸡，公元1225年），大班智达年满99岁，于当年即乙酉（阴木鸡）年虚宿月初五土曜日（spen pavi nyi ma）示现圆寂。如（上述）颂曰："虽百岁只差一年。在酉（鸡）年虚宿上弦日，土曜值星初五日，众生之日示西沉。"这里所说的土曜日，很明显也是以大班智达本人所著的《五位算法》（lnga bsdus kyi rtsis gzhung）所推算的。

简言之：大班智达诞生于丁未年（阴火羊，公元1127年）。他在己巳年（阴土蛇，公元1149年）23岁时出家为僧；在78岁时的甲子年（阳木鼠，公元1204年）来到藏区，一直到癸酉年（阴水鸡，公元1213年），在藏住了10年。他于甲戌年（阳木狗，公元1214年）从藏区返回，到克什米尔作广大的利他事业后，于乙酉年（阴木鸡，公元1225

---

① 着褐黄色者（dur smrig vdzin pa）：僧人的异名。参阅《藏汉大辞典》，第654页。

第十五章　四部僧团等僧众的来源、答复及圆满制版阶段　843

年）满 99 岁而逝世。

如何迎请他到藏区，以及到藏后他做出如何利众的事业次第如下：

名为措普译师的贤士，他为了学习翻译而前往尼泊尔南部，行至途中在吉绒地区住下。有一天，他以绫绸一匹半供献给名为邓夏巴钦波（don zhags pa chen po）（不空绢索大师）者，此人是仁波且嘉察（rin po che rgyal tsha）的弟子，他向邓夏巴求示知三件事情：（1）如果我前往尼泊尔南部和印度，是否有灾障？（2）为对众生是否有利益？（3）我所如愿是否能实现？邓夏巴回答说："这三件事结果如何不得而知，我将依止圣者来观察吧！"译师自己也作盛大供养，祈祷梦中观察。将近黎明时刻，他梦见来了一位有海螺齿轮者的游方僧，从怀里掏出一个海螺狮子交给他。他问："此为何物？"答曰："你看背面文字吧！"他看背面的文字写着有底坝西（Dvibhā śrī）①。游方僧又给了他一片菩提树叶，其上有一鸟面班智达，背面写有玛哈麦枳（Mahāmaitrī）②；又给他一面晶镜，上面有相似佛尊的班智达，背面写有曼殊师利（Mañjuśrī）③；又给一面粗毛布，里面是上缎所制的一白色人像，背面写有嘛呢白玛（Manipadme）。他心爱的这四件物品，他想拿到寺庙佛堂中去奉安。他把它们拿到那里时，（阿扎惹）游方僧大声说："把它们都拿回去！我必须给它们调整次第。"而后补充道，"海螺狮子表示到任何地方都能够快速利行。你可以暂时留下树叶和晶镜，但你要先取走上缎人像，然后拿晶镜，最后再拿树叶吧！"醒来时，他知道此梦是佳兆。那时，他也不知道（上述物品上）那四个文字。但是，后来他知道海螺狮子是表示措普译师本人，白色人像是表示至尊弥扎，晶镜中的班智达即布达师利，树叶上所画的班智达就是克什米尔的大班智达。

措普译师依照如是真实事记，前往尼泊尔和接近印度诸地区。后来，他迎请至尊弥扎来到藏区，之后又迎请班钦布达师利；在这一切之后，他才迎请克什米尔的大班智达。由于他预备依汉地算法的甲子年（阳木鼠，公元 1204 年）正月初七日前往迎请启程，因此，他事前到居住在江若公琼（rgyang ro gung chung）名为格西嘉的座前谒见而问事——后者是喇嘛香（dge bshes rgya bla ma zhang）的一位直传弟子。恰逢此师在闭关，可此师听到译师到来的消息后，立即出关前来迎接。译师曾在此师座前求得

---

① 藏文（第 1240 页第 10 行）写为：དྷི་བྷ་ཧྲཱི།
② 藏文（第 1240 页倒数第 8 行）写为：མ་ཧཱ་མེ་ཏྲཱི།
③ 藏文（第 1240 页倒数第 7 行）写为：མཉྫུ་ཤྲཱི།

许多香师法门。

香师对译师说:"你们去迎请大班智达,如果遮遮掩掩、犹豫不决,反而不成。你们应该大张声势地去迎请。日落西山之后,再出现时也就一定能够成功了。"之后(措普)译师渐次来到(曲弥)卓姆(gro mo)地方,卓姆众人对译师表现为极为尊敬,连续不断地供送粮食。此后,译师打算前往印度的伯渡(be dur)集市,由于迷路而游荡在充满盗匪、毒蛇、猛兽、非人的险恶森林中,幸而未遭任何伤害而来到伯渡集市。译师便派遣印度人班穹乍雅师利(pan chung Jayaśrī)和哇惹纳色哇(Bārānasī pa)① 二人,在觉色尼玛(jo sras nyi ma)和康巴绛扎(khams pa byang grags)二位藏人的陪同下,作为迎使前往东方乍格达惹(dza gad da ra)迎请大班智达。当时他们带去的用梵文书写的迎请信函这样写道:"向不空成就如来佛敬礼! 释教诞生释迦子故,称为释迦名。持五明顶宝无垢止旧行新"等句。他们供上的礼品中,有金书《般若心经》(sher snying)一部、黄金五两、上缎罽氆一套、上缎华盖一顶等。他们往前走了34天,来到了拉珠哇山(la dru ba),而大班智达以及侍眷早已预知将有藏族迎请者来到,就提前到了那里探看。他们发现没有迎请者,便打算返回,正收拾行李包袱时,诸迎请使者到了,并呈上书信和礼品。大班智达说:"乍格达惹方面知道藏族迎请者要来,提前来到这里,发现没有迎请者到来,打算返回。难道我没告诉过你们再等一等,因为他们一定会来吗? 现在,应该如何办你们需要商议。"此话向小班智达诸人吩咐后,小班智达诸人说道:"对于这样的事,只有法王您能知道,以我们的才能智慧怎能知道呢?"大班智达说:"我自己有询问和商量处。"说后,他闭关修法五日,向救度母请示。此后,印度东部许多长老前来请求大班智达不必前往藏区。他们带来了已经迎请龙树作过开光法事的大悲观世音像和稀有度母像,准备来恳请(大班智达),他们(藏人)对管供两像的香灯师克什米尔人行贿,解开载像车钉,使两像颜面转回(预示恶兆)而使事情搁置下来。后来,(措普)译师来到伯渡与哇内峡惹法王(chos rje ba ne shwa ra)相见,法王说:"我想此位译师应该通晓许多教法,有能力建造大佛像的老者。但是事实上他很年轻。恐怕他没有能力翻译法典。传《发菩提心》和一些修法后,我们师徒是否都回去?"为此,班智

---

① 班穹乍漾师利和哇惹纳色哇,藏文(第1241页末行)分别写为:པཎ་ཆུང་ཛ་ཡཱ་ཤྲཱི 和 བཱ་རཱ་ཎ་སཱི་བ。

第十五章　四部僧团等僧众的来源、答复及圆满制版阶段　845

达乍雅师利（Jayaśrī）对译师说："现在师徒们对你有些看法，我运用方便你来问法吧！"由乍雅师利作启请后，大班智达允许译师问法。于是，译师对九位小班智达（大班智达的侍从）各自提问两种不同的问题，他们从下午一直讨论到半夜才完。虽然是使法王的许多修持中断，可是（法王）他心中十分欢喜，于是说道："藏区有如此说法者，极为稀有啊！"后来，有一小王（酋长）拦住去路，并且向诸小班智达们索要肩舆等，大加刁难。来到帕日（phag ri）时，从四面八方聚集了难以计数的藏族僧俗人等，前来为大班智达做无量的服役事务，并且来到其座前求法，大班智达给他们讲授了许多零散教授秘诀。从江峨（rgyang ngo）到谷莫（mgul mo）之间，他作了许多不可思议的财施及法施事业。又从冲堆（商集处）到曲弥之间，有许多僧众前来围绕，使在家俗人难以与班智达相见。尤其是措普人（khro phu ba）以盛大庄严迎接的排场来到曲弥迎接他们。他们到达措普时，那里已经聚集了数千善巧僧众，大班智达也就在那里作夏令安居。来取木筹码①的僧人约有800余人，大班智达为大众讲说了《般若八千颂》、《别解脱戒》以及《经庄严论》。之后，他前往纳【塘】（snar〔thang〕）的勒姆伽（klas mo che），在那儿讲说《般若二万五千颂释》。当他讲到《真如性之品》（de bzhin nyid kyi levu；梵：Tathatā pariccheda）时，法王的《般若八千颂》经函被度母取走并供设许多供品就去东边了。因此大班智达说："这是表示我一定要去前藏。"② 当他讲到《常啼菩萨品》（rtag tu nguvi levu）③ 时，他看见有度母在有花纹的曼遮奉安的经函供设许多供品后，前往西部。因此，大班智达说："这是表示我到年老时将前往克什米尔。"之后在纳【塘】的勒姆伽作夏令安居，在那里暂时居住了一段时间。安居解制后，许多长老来迎请大班智达到曲弥仁姆，讲说《中观宝鬘论》（dbu ma rin chen pheng ba）④ 及《譬喻修饰法》（dpe rgyan）⑤。此后，他应（江孜附近）森波日人（srin po ri ba）的迎接，转道希聂之普（gzhivi snyevi phu），来到粗普和拉萨地方，并在（拉萨的）两尊觉窝像前作盛大供养。然后，在粗普的许多马队护

---

① 木筹码（tshul shing）：佛教僧侣举行大规模法会或安居时，用以计算人数的由柽柳制成的木筹码。参阅《藏汉大辞典》，第2280页。
② 据说大班智达正在诵读经函时，化身为母牛的度母夺走了他的一些贝叶经，把它们带到东方去了。据信被母牛带走的这些经函在博康（spo khang）发现了，至今藏于博康寺。参阅罗译（第1068页倒数第9~4行）行间注。
③ 罗译（第1068页倒数第3行）为：《般若波罗蜜多》的最后一章。
④ 梵：Mādhyamaka ratna māhā；参阅《丹珠尔》，dbu ma，No. 3901。
⑤ 梵：Drṣtāntamālya；参阅《丹珠尔》，spring yig，No. 4196。

送下，大班智达到了森波日。大班智达对迎送者说："我在你们的寺中居住时，那里有《佛颅密续》（sangs rgyas thod pavi rgyud）① 中所说的三佛。你们的前辈上师虽然预知，但未生起深信。因此，我将为你们开示教授，将来寺中能出许多具足证悟者。"这里所说的三尊佛是：位次颠倒的胜乐金刚双尊；释迦牟尼化身像金刚空行佛母；铃秤和合。大班智达在森波日寺作夏令安居，并且翻译出益西协年（ye shes bshes gnyen）所著的《阿毗达磨杂集论释》（mngon pa kun las btus kyi rnams bshad）②。作为主要经典，他讲说了《阿育王授记经》（mya ngan med lung bstan pavi mdo）③、《百喻经》（dpe brgya pa）④ 以及《开示业轮经》（las kyi vkhor lo bstan pa）⑤ 等；又开示《慈氏五论》的分类以及《中观六论》等。应森波日寺的寺主请求，他讲授《慈氏五论》的教导法类。他又讲授《佛子道次第的导释》（rgyal sras lam rim gyi khrid）以教化涅·桑波伽（gnyal zangs po che）寺僧人等大众。此后，应桑耶的拉·细哇峨（lha zhi ba vod）之迎请，大班智达来到桑耶和秦浦等处，在那里温顿·仁钦岗哇（dbon ston rin chen sgang ba）也来拜见。之后他再前往森波日寺时，有粗普人、嘉玛人、止贡寺人等前来迎请；但是与止贡人相见之缘起，先后两次都没有。后来，他到嘉玛仁钦岗（rgya ma rin chen sgang）寺两次，同时也前往热振寺。此后，大班智达前往涅地，以及诺若和洛扎等处，又到布古朵（bu gu do）和塘波且。尤其是他在塘波且居住了很长时间，并且讲说了许多经教。此前，为了观察译者之根器，大班智达故作对于财物把持很紧，然而继后将所得财物大部分供助措普建造弥勒大像，以作回向。尤其是在壬申年（阳水猴，公元1212年）弥勒大像将要作开光法事时，因为财物顺缘不足，大班智达再次前往邬（dbu）、约（g'yor）、涅（gnyal）、诺（lor）、洛扎等处化缘。所得财物全部供于弥勒大像。在壬申年（阳水猴，公元1212年）从鬼宿月初三日起直至十三日，由法王大班智达作弥勒大像开光法事，出现了无数的稀有瑞相。之后，许多僧众前来请求大班

---

① 梵：Śrī Buddha kapāla nāmayoginītantrarāja；参阅《甘珠尔》，rgyud vbum, No. 424。
② 梵：Abhidharmasamuccaya vyākhyā nāma；参阅《丹珠尔》，sems tsam, No. 4054。
③ 梵：Ārya Aśokadattavyākarana nāma；参阅《甘珠尔》，dkon brtsegs, No. 76。
④ 梵：Pūrnapramukhāvadānaśataka；参阅《甘珠尔》，mdo sde, No. 343。
⑤ 梵：Karmśataka；参阅《甘珠尔》，mdo sde, No. 340。

第十五章　四部僧团等僧众的来源、答复及圆满制版阶段　847

智达长居藏区，但是大班智达没有同意，回答说："返回嘎扪惹①的意义重大！"此后，他启程时取道拉堆南部，沿途各地又作了许多度化众生之事业。他将手中所得的财物都施给各地僧众。到达贡塘时，他交付130两黄金（给措普译师），并吩咐道："这作为派遣建造佛像工匠的费用。"后来，译师（措普）直接送大班智达到洛窝（glo bo）地区，大班智达用方便将内侍人等打发出去，在座前无任何人时召唤译师前来，对他说道："在此我很快就要离开了，你伸出手来吧！"说后将一大包黄金放在他的手中，由于太重压得其手触地。（措普）译师说："为了建造佛像，您已经供施了很多财物顺缘，现在所余这点，我请求带回克什米尔去吧。"为此，侍者对他说道："你最后接受成就的乐善好施。要是这金子落入克什米尔无赖②的手中时，你将追悔莫及！"于是，译师接受了，并继续向前送了一段路程才返回。

　　当大班智达进入克什米尔境内时，遭遇了两股盗匪，由于无黄金也就未受丝毫损害。安全到达克什米尔后，总的说来，克什米尔的佛教虽然是宏昌，但出家为僧者不多，法王大班智达发展了难以数计的出家僧人，并且安置寻求显密实践之诸人士于无误的正道之中。当发现有信外道的国王时，大班智达便使他入于佛教法门。大班智达修缮了许多衰败的寺庙和塔像。大班智达作了如此之事业，在克什米尔住了12年之久。而后，他于乙酉年（阴木鸡，公元1225年）在许多稀有瑞相中逝世。如此德高望重的大班智达在藏区宣说显密教理的许多教法，并且导度难以计数的人士于别解脱戒学中。在大班智达座前受比丘戒，并且承许持一座禁行者为多杰贝（rdo rje dpal）和绛曲贝（byang chub dpal）二人。

　　敬礼的传承诸师：麦枳纳塔雅（Maitrīnāthāya）、牟尼纳扎（Munīndra）、峡日布扎（Śāriputra）③、惹呼拉甘地雅（Rāhula ksatriya）、

---

①　嘎扪惹（ཀཤྨིར）：克什米尔之意，位于印度西部。参阅《东噶藏学大辞典》，第42～43页。
②　治罚（nan tur）：《毗奈耶经》所说于犯罪不乐还净者进行治罚，使居下位，申斥诃责。参阅《藏汉大辞典》，第1516页。
③　麦枳纳塔雅、牟尼纳扎、峡日布扎，藏文（第1247页倒数第8行）写为：མེ་ཏྲི་ན་དྷུ་ཡ、མུ་ནིནྡྲ་ཤཱ་རི་པུ་ཏྲ。将牟尼纳扎、峡日布扎合二为一了。罗译（第1071页倒数第5行）和郭译（第701页第3段）均分开。

【惹呼拉扎哈玛纳（Rāhula brāhmana）】①、纳嘎珠纳（Nāgārjuna，龙树）、古纳玛底（Gunamati）、惹达纳弥扎（Ratna mitra）、西达玛巴拉（Śrī Dharmapāla）、古纳萨嘎惹（Gunsāgara）、达玛巴拉（Dharmapāla）、乌嘎惹古坝（Ākaragupta）②、玛哈班智达释迦师利（克什米尔大班智达）、班遮西坝扎（Vajraśrībhadra）、布达西坝扎（Bodhiśrībhadra）③、惹玛师利（Ramś miśrī；藏：Vod zer dpal）、达玛达遮（Dharmadhvaja；藏：chos kyi rgyal mtshan）、布达惹达纳（Buddharatna；藏：Sangs rgyas rin chen）、布纳雅师利（Punyaśrī；藏：bsod nams dpal）、扎若纳塔（Prajñānātha；藏：shes rab mgon po）、悉达达乍（Simhadhvaja；藏：seng ge rgyal mtshan）、布勒雅峡惹（Punyeśvara；藏：bsod nams dbang phyug）、摩揭陀希拉（Mangalaśīla；藏：bkra shis tshul khrims）、希拉惹达纳（Śīlaratna；藏：tshul khrims rin chem）、布达玛底（Buddharmati；藏：sangs rgyas blo gros）、布提枳耶纳扎（Bodhijayendra；藏：byang chub rgyal dbang）、摩揭陀悉达（Mangalasimha；藏：bkra shis seng ge）④、古纳扎达纳（Gunaratna；藏：yon tan rin chen）、布提坝扎（Bodhibhadra；藏：byang chub bzang po）、玛底达乍（Matidhvaja；藏：blo gros rgyal mtshan）、悉达惹西菩提（Siddhārthaśrībhūti；藏：don grub dpal vbyor）、布提甘地（Bodhikīrti；藏：byang chub grags pa）、摩揭陀布提（Mangalabhodhi；藏：bkra shis byang chub）。从大班智达乙酉年（阴水

---

① 惹呼拉甘地雅、惹呼拉扎哈玛纳，藏文（第1247页倒数第8～7行）分别写为：ར་ཧུ་ལ་གྲི་ཀྱི、ར་ཧུ་ལ་བྲཱཧྨ་ཎ。其中【】处郭译（第701页第3段）漏。

② 古纳玛底、惹达纳弥扎、西达玛巴拉、古纳萨嘎惹、达玛巴拉、乌嘎惹古坝，藏文（第1247页倒数第7～6行）分别写为：གུ་ཎ་མ་ཏི、རཏྣ་མི་ཏྲ、ཤྲཱི་དྷརྨ་པཱ་ལ、གུ་ཎ་སཱ་གར、དྷརྨ་པཱ་ལ、ཨ་ཀར་གུཔྟ。

③ 班遮西坝扎、布达西坝扎，藏文（第1247页倒数第5行）分别写为：བཛྲ་ཤྲཱི་བྷ་དྲ、བུདྡྷ་ཤྲཱི་བྷ་དྲ。据罗译（第1071～1072页）行间注：此二人好像是大班智达的最后两位弟子，一定是藏族，即多杰贝桑波（rdo rje dpal bzang po）和绛曲贝桑波（byang chub dpal bzang po）。另，以下所列诸师一定是藏人。

④ 惹玛师利、达玛达遮、布达惹达纳、布纳雅师利、扎若纳塔、悉达达乍、布勒雅峡惹、摩揭陀希拉、希拉惹达纳、布达玛底、布提枳耶纳扎、摩揭陀悉达、古纳扎达纳、布提坝扎、玛底达乍、悉达惹西菩提、布提甘地、摩揭陀布提，藏文（第1247页倒数第5～1行）分别写为：རམྴ་མི་ཤྲཱི、དྷརྨ་དྷྭ་ཛ、བུདྡྷ་རཏྣ、པུཎྱ་ཤྲཱི、པྲཛྙཱ་ནཱ་ཐ、སིངྷ་དྷྭ་ཛ、པུཎྱེ་ཤྭ་ར、མངྒ་ལ་ཤཱི་ལ、ཤཱི་ལ་རཏྣ、བུདྡྷ་མ་ཏི、བོ་དྷི་ཛ་ཡེནྡྲ、མངྒ་ལ་སིངྷ、གུ་ཎ་རཏྣ、བོ་དྷི་བྷ་དྲ、མ་ཏི་དྷྭ་ཛ、སིདྡྷཱ་ཤྲཱི་བྷཱུ་ཏི、བོ་དྷི་ཀཱིརྟི、མངྒ་ལ་བོ་དྷི།

第十五章　四部僧团等僧众的来源、答复及圆满制版阶段

鸡，公元1213年）到藏区直至今天（著书时）的丙申年（阳火猴，公元1476年），算来已经过了264年了。

措巴杰郑哇（tshogs pa bye rdzing ba①）（寺）传承：衮却坚参、吐杰贝哇（thugs rje dpal ba）、达玛贝哇（dar ma dpal ba）、贡噶贝哇（kun dgav dpal ba）、宣奴桑波哇（gzhon nu bzang po ba）、楚臣贝哇（tshul khrims dpal ba），又堪钦·贡噶贝哇（mkhan chen kun dgav dpal ba）、桑杰宣奴哇（sangs rgyas gzhon nu ba）、达玛桑波哇（dar ma bzang po ba）、楚贡巴（tshul mgon pa）、索南俄色哇（bsod nams vod zer ba）、仁楚哇（rin tshul ba）、索南喜饶巴（bsod nams shes rab pa）、协贡巴（sher mgon pa）、扎索哇（grags bsod ba）、协帕巴（sher vphags pa）、协楚哇（sher tshul ba）、仁协哇（rin sher ba）、却贝哇（chos dpal ba）、协峨巴（shes vod pa）、衮协哇（kun she ba）、扎嘉哇（grags rgyal ba）、贝楚哇（dpal tshul ba）、仁珠巴（rin grub pa）、旺协哇（dbang she ba）、达仁巴（zla rin pa）。

更敦岗哇（dge vdun sgang ba）（寺）传承：洛扎巴·绛曲贝（lho brag pa byang chub dpal）、藏巴·旺秋扎（gtsang pa dbang phyug grags）、宣奴绛曲巴（gzhon nu byang chub pa）、杜泽巴·绛曲桑波（vdus tshad pa byang chub bzang po）、绛央登珠贝（vjam dbyangs don grub dpal）、云丹坚参巴、贝珠巴（dpal grub pa）、臬普巴（snyag phu ba）、云丹洛卓巴（yon tan blo gros pa）、准嘉哇（brtson rgyal ba）、僧格贝哇、却珠巴（chos grub pa）、洛卓坚参巴、云丹伦珠巴（yon tan lhun grub pa）、南喀贝桑哇、贝云巴（dpal yon pa），又南喀贝桑哇、南喀伦桑巴（nam mkhav lhun bzangs pa）、哇觉僧格哇（ba vbyor seng ge ba）。

却隆巴（chos lung ba）（寺）传承：乌哲索南垛（dbu mdzad bsod nams stobs），此后为堪钦德哇贝（mkhan chen bde ba dpal）、扎巴宣奴哇、绛生索扎巴（byang sems bsod grags pa）、索南桑波哇、宣奴贡波哇（gzhon nu mgon po ba）、扎巴坚参巴、扎巴协年巴（grags pa bshes gnyen pa）、南喀坚参巴、仁钦坚参巴、协年嘉却巴（bshes gnyen rgyal mchog pa）、嘉旺扎巴（rgyal dbang grags pa）、达哇洛卓巴（zla ba blo gros pa）、嘉哇恰纳（rgyal ba phyag na）、【协年桑波哇（bshes gnyen bzang po ba）】②、贡波扎西巴（mgon po bkra shis pa）、尼玛坚参巴。

以上是克什米尔大班智达及其传出四部僧团的堪布传承情况。

---

① 罗译（第1072页第3段）转写为：bya-rdzong。
② 【 】郭译（第702页倒数第6行）漏。

二　格鲁派的阶段

法王松赞干布诞生 720 多年后，一切智洛桑扎巴贝（thams cad mkhyen pa blo bzang grags pavi dpal）出现于此世间。这位大师于丁酉年（阴火鸡，公元 1357 年）诞生在宗喀①地区。幼年时期，他由大善知识登珠仁钦（dge bavi bshes gnyen chen po don grub rin chen）② 传授别解脱戒和密宗法门，使其成熟后，师教导说："在前、后藏应该如此求学"等。派送他前往前、后藏各地求学。

最初，他在吉雪依止了许多善知识。后来，他依止至尊宣奴洛卓（rje btsun zhon nu blo gros）。他意识到清净的解脱道，只有学习大部分经藏，尤其是除慧学之外而无其他路途，且必须依赖于《中观》诸论。他察知此要后，认真刻苦地修学。在密宗方面，宗喀巴大师发现《吉祥密集续》是一切密续（经）之首要，便寻求其心要并无误地深入钻研。他又想到广大的密法教主是布顿一切智。于是，他从衮松德钦巴·却季贝哇（gong gsum bde chen pa chos kyi dpal ba）和穹波勒巴（khyung po lhas pa）等师座前求取正法。他又意识到成为一切佛教之根本者是正法《毗奈耶》，于是，就依止大堪布觉隆巴（mkhan chen skyor lung pa）座前认真修学《毗奈耶》法类。他在法相各僧院中居住时，虽然已经具足最美满的教理辩才，然而他不愿轻视他人、从不喧哗、追逐嬉闹、手舞足蹈，而是常住于厌离和悲伤，以及最为调柔之心性中。这些是我（著者）从我的诸位上师口中听到的。之后，大师进入于以讲说利益他众为主之行境。曾经有许多具足才智诸人犹如雁群一样，都来聚游于大师的洁净莲池中。在此期间，来了一位名为喇嘛邬玛巴（bla ma dbu ma pa）者，在童年时期略能见至尊文殊现相，后来修而真实得见文殊，每天总是在文殊像前启请日常小事，都获得文殊的指示。【在其座前，宗喀巴获得文殊灌顶和密咒念诵。在极短的时间内，他就获得亲见文殊菩萨，并以其弟子身份启请提问，并获得文殊开示。大多

---

① 宗喀（tsong kha）：青海湖东黄河流域地区总名。宋代译为宗哥或龙支城，今青海省湟中县塔尔寺所在地。参阅《藏汉大辞典》，第 2188 页。
② 他是安多人，在中藏求学。他建立的安多的甲穹贡巴寺（bya khyung dgon pa），被视为格鲁派第一座寺庙。

数时间,他都能见文殊菩萨,并获得其指示。】①

【此师传授给喇嘛丹季巴·宣奴楚臣(bla ma stan gcig pa gzhon nu tshul khrims),此师也称为觉丹塘巴(jo stan thang pa)。最初,他在塘索(thang sog)前出家为僧,在枳隆巴座前学习《中观句明》(dbu ma tshig gsal)、《入中观》和密宗圣传诸教法。在喇嘛塔巴哇(bla ma thar pa ba),季译师座前,他听受《上下对法》、《波罗蜜多》、《因明》、《摄类学》②、《时轮修导释》(dus kyi vkhor lovi sgrub sgrel gdams pa)、《金刚亥母甲传六法》、《红阎罗敌》等许多密传修法。后来,觉丹塘巴在僧会中入座时,身患痼疾而在喇嘛隆禅巴(bla ma lung phran pa)座前,请求传授觉的教法。他在一处尸林中进行修行时,比以前疼痛,热了痛,凉了也痛。他在那里将胃部紧贴在冰凉之石上,饮凉水、赤身而睡、厌离病、老、死和喜。修行 11 天之后,口中出现了一股恶臭之气。第 12 天的半夜时分,他吐出一切疾病。清晨时分清醒过来了。半个月时间内,教导完毕,疾病愈好获得修证都是在同一时间。另外,在他出现中暑、瘟疫、疮症等无阻之魔天时,他厌离病、老、死和喜而针对驱赶进行修行,一切病魔自行消失。做了广大地利益众生事业之后,他在疆(skyam)的色隆(gser lung)居住。

觉丹塘巴传授给喇嘛桑丹达(bla ma bsam gtan dar):此师诞生在雅的辛西普(g'yavi zim shi phu),父亲名为波惹温僧(spo ra dbon seng),母亲名为觉姆桑美(jo mo bsam me)。童年时期,他就具有不可思议的信仰、慈悲和智慧。他在喇嘛觉丹巴(bla ma jo stan pa)座前出家为僧,并研习《圣传密集》、《那若大释》、《中观入句三千颂》(dbu ma tshig vjug stong gsum)、《垛哈三法》(do ha skor gsum)、《入行法》(spyod vjug),并成为善巧者。他听受了塔译师(thar lo tsav ba)传规的《加行六法》、《导释五次第》、《大悲观世音之导释》、《大手印嘎玛》、《修心》、《觉境分支》(gcod yul levu lag)、《满许秘籍》(gnang thems bkav rgya ma)等觉法所有诸传规教法,传统经验直接进行抚育。在色隆听受教法之时,他突然身患疾病而说:"把我送到尸林,做觉之法事吧。"于是,所有朋友把他背到年地(gnyan)的尸林中,在那里做觉之法事后证得经验。另外,雅桑赤本(g'yam bzangs khrid dpon,即雅桑万户长)从北方而来,他认为

---

① 【】藏文(第 1250 页倒数第 3 行)无。此据罗译(第 1075~1076 页)补译。郭译(第 703 页倒数第 8 行)亦阙。
② 摄类学(bsdus grwa):对因明如启门钥匙,为初学法相理论者必修读本。在藏传因明中,首先由恰巴却吉僧格等依经部师规范概括量学要义,分门别类,成为专科,名摄类学。此中分有十八或二十一广摄类学等多种。参阅《藏汉大辞典》,第 1488 页。

在下部迎请处拜见为好，于是前往迎接，在秀地（shugs）的路上被雷击中，不能走路，就让侍者背着他到朗宿（lam zhogs）的一处小尸林。请医生抓脉并问如果努力治疗的话，"是否有生命危险？"答曰："不要治疗，去修善吧！"然后，他们背着他前往珠垛（gru mdo）的宿处（zhogs）的一个山洞中，迎请医生。医生叫唤他，并说他到了不能说话的地步。而他说："你们不要待在我的附近。"于是，驱逐厌离病、老、死和喜，醒来后有所清醒。三四天后，雅桑巴的赤琼峨（khri chung vod）带来医生，并且携带三四只羊腔到来。医生经过抓脉，说疾病已经痊愈，并感到惊讶！身体使比以前更加健康。在塔巴岭哇（thar pa gling ba）座前，他求授了《白度母的长寿仪轨》（sgrol ma dkar movi tshe sgrub skor）以及八大导释等许多教法。在喇嘛洛卓贝哇（bla ma blo gros dpal ba）座前，他听受了《密集》、《红阎罗敌》、《金刚鬘》等的灌顶、修习及续部等一切传承。在喇嘛仁钦僧格哇（bla ma rin chen seng ge ba）座前，他听受了《时轮圆满之灌顶》（dus vkhor yongs rdzogs kyi dbang）、《喜金刚的单体佛与母道果支分等》。31岁时他前往喇嘛觉丹巴的寺座。】①

---

① 【　】藏文见第 1250 页倒数第 3 行至第 1253 页第 8 行：vphal gyi bya ba phra mo dag la yang ji ltar bgyi ba rje btsun gyi bkav scal vbyung ba de la rje des bla ma stan gcig pa gzhon nu tshul khrims la gnang/ vdi la jo stan thang pa zhes kyang bya/ dang por thang sag tu byon nas rab tu byung/ dbu ma tshig gsal bslabs/ dbu ma vjug pa/ gsang sngags vphags skor rnams grivi lum par bslabs/ bla ma thar pa ba/ dpyal lo tsav ba la mngon pa gong vog dang/ phar tshad bsdus gsum dang/ dus kyi vkhor lovi sgrub vgrel gdams pa dang bcas pa/ phag mo dpyal gyi chos drug/ gshed dmar la sot pa sngat kyi rgyud sgrub thams mang du gsan/ de nas jo stan tshogs pavi gseb na bzhugs kyi yod pa la gcong gyis thebs nas bla ma lung phran pa la gcod kyi gdams pa rnams zhus/ dur khrod gcig tu bsgoms pas sngar grang yang na dro yang na ba la/ der pho ba la rdo grang bslan/ chu vkhyags btungs/ gcer nyal byas/ na rga shi skyid la btang/ nyams len byas pas zhag bcu gcig la kha nas dri mi zhim pa zhig byung/ zhag bcu gnyis kyi nam phyed nas nad thams cad skyugs/ zhogs phyed tsa na sangs thon/ zla ba phyed na khrid tshar ba/ nad sol ba/ thugs dam vkhrungs pa dus gcig la byung/ gzhan yang tshad nad dang gnyan lhog dang thogs bcas thogs med kyi bdud ci byung yang na rga shi skyid la btang nas thod vgel drag po byed cing nyams su blangs pas nad gdon thams cad rang zhi la song/ sems can la phan pa rgya chen po mdzad de skyam gyi gser lung du bzhugs so/ des bla ma bsam gtan dar la gnang/ khong yul g'yavi zim shi phu/ yab spo ra dbon seng dang yum jo mo bsam me gnyis kyi sras su sku vkhrungs/ sku na gzhon nu nas dad pa dang snying rje dang shes rab bsam gyis mi khyab pa mngav/ bla ma jo stan pavi sar rab tu byung nas gsang vdus vphags skong/ nav ro vgrel chen/ dbu ma tshig vjug stong gsum/ do ha skor gsum/ spyod vjug rnams mkhas par bslabs/ sbyor drug thar lo lugs/ rim lnga dmar khrid skor/ thugs rje chen povi dmar khrid/ phyag chen gangama/ blo sbyong/ gcod yul levu lag gnang thems bkav rgya ma la sogs pa gcod skor rnams tshang bar zhus/ nyams myong yang thad kar bskyangs/ gser lung du chos gsan vphro la bsnyung nad drag pos blo bur du btab nas/ ri khrod cig tu skyol/ gcod byed gsungs pas/ grogs mched kun gyis gnyan khrod du khur nas bskyal/

第十五章 四部僧团等僧众的来源、答复及圆满制版阶段 853

　　至尊文殊授记宗喀巴说："他应闭关念修，不久就能真实见我。"之后，亲见文殊，而且如师徒那样可以有问必答。大多数时间他都能真实亲近文殊，并得其开示。至尊文殊对宗喀巴授记说："你若离世务而修，将对佛教有比现在更大的饶益。"因此，大师按照授记修，同自己的一些侍徒一起来到峨喀。他还在门棚塘（mon bum thang，即不丹的棚塘）极为边缘的寂静诸处，精勤修持。那时，宗喀大师在修验噶当派教授并获得极高证悟的堪钦·却焦桑波（mkhan chen chos skyabs bzang po）和以秘密主的身语意所化现，而一刻也不动摇菩萨行的堪钦·勒季多杰（mkhan chen las kyi rdo rje）二师座前，听受了从贝玛麦哲益西（dpal mar me mdzad ye shes）传来《道次第》（lam gyi rim pa）诸教授后，亲身修验。有一天，在涅地的莫拉（mo la）山口下住宿时，（文殊菩萨）给他授记说："你应该知道，自己正如佛世尊再次来到世间。"本尊也授记说，若依戒学对他者将有极大饶益。因此，最初宗喀巴诸师徒如律而作，裁缝僧衣和持钵、敷具等行。他者一见都就说："出家戒规完全应该如此。"对他们师徒都生起信任。后来，前来闻法一年或一个月的诸弟子，不用说，通通都成为戒威仪庄严者。不仅如此，据说就连遥远各区闻得如此德风的人们也都肃然起敬！其美誉名声遍于诸方，继而成为无与伦比者。宗喀巴大师对诸弟子，不是仅教以别解脱戒为满足，同时将他们安置等于愿行两种菩提心中，并且对依此学处诸人，著出应如何修学的论著。大师又意识到，住于菩萨学处者，虽经过俱胝劫的勤奋，但如不具足通达真实性之空

---

der gcod bskyangs bas/ nyams myong skyes/ yang g'yam bzangs khri dpon byang nas phebs shing mar gdan drangs pavi sar mjas vgro dgongs nas byon pas shugs kyi lam kha cig tu gnam gdan car phog rgyab/ vbyon ma shes pas zhabs tog pas khur nas lam zhogs kyi rivu ril khrod gcig tu bskyal/ lha rje la rtsa vstan pas sman bcos la vbungs na vtsho e srid zer bas/ sman mi byed dge sbyor cig byed gsung nas/ de nas gri mdovi zhogs kyi brag phug gcig du khur nas/ gdan drangs/ der yang lha rje bos pas ngag gsol ba mi thebs par vdug zer/ khyed tsho ngavi tho phyir ma vdug gsung nas bskrad de na dgav shi skyid la btang bas sang de nas cung dwangs/ de nas zhag gsum bzhi na g'yam bzangs pavi khri chung vod kyis lha rje khrid/ sha khog gsum bzhi khyer nas byon pas lha rjes rtsa ltas pas nad sol vdug ngo mtshar che zer/ sku khams sngar bas bzang ba zhig byung/ thar pa gling ba la sgrol ma dkar movi tshe sgrub skor dang khrid chen brgyad sogs mang du zhus/ bla ma blo gros dpal ba la gsang vdus/ gshed dmar/ rdo rje phreng ba la sot kyi dbang/ sbyong rgyud la sogs pavi rgyud kun gsan/ bla ma rin chen seng ge ba la dus vkhor yongs rdzogs kyi dbang/ kyevi rdo rjevi yab bkav yum bkav lam vbras cha lag dang bcas pa gsan/ dgung lo so gcig la bla ma jo stan pavi gdan sar byon nas/。郭译（第703页倒数第8行）亦阙。可见罗桑和郭译所据版本相同处颇多。另外，此处藏文（第1253页）行间注：这一部分是给寺庙中的许多善知识讲授密集之续。此段内容在垛麦曲扎木刻版中即为下文（黑体字部分）。

慧，仍然不能跨越轮回之大海。于是，他著出善为导示此类修学的《三士道次教授》（skyes bu gsum gyi lam gyi rim pavi gdams ngag）（菩提道次第广略两论）。如此道之支分虽然很简略，然而他意识到还必须入于此一生成佛之密道。于是，他又著出最初依止上师法，继此应如何守护上师所传三昧耶和戒律，以及应先受灌顶等当如何修学的两种道次第。特别是《吉祥密集本续》，他是以龙树大师师徒之论著为主要教授，依此而著出的许多论著。此诸业最初又经过考虑，应以何方何处为善而行事，并在作利益众生之事业：他于己丑年（阴土牛，公元 1409 年）开大愿法会①，对前来聚会诸人，普施教法。就在当年，大师修建了甘丹寺②。之后，在乙未年（阴木羊，公元 1415 年），大师前往温（von）的扎西垛喀（bkrashis do kha）广转显密法轮，并且聚集少许三藏法师对诸经论难处分类予以解决。大约居住了两个多月后，大师又返回甘丹寺。他增修外面的供殿和里面用珍宝建造的密宗曼荼罗。此后，大师于己亥年（阴土猪，公元 1419 年）前往堆隆的恰参（chab tshan）。此后，他在哲蚌寺（vbras spungs kyi gtsug lag khang）为许多善知识继续讲说未讲完的《吉祥密集续》，并且建造了一台面向甘丹寺的说法宝座。大师在讲完《密集第九品》后，就前往甘丹寺。途中在桑安喀（gsang sngags mkhar）做开光法事后，由拉布珠细哇（lha spur grub bzhi ba）迎请，在那里居住时空中发出猛烈的天界声鸣③。以此大师就回到甘丹寺。到达后，大师在寝宫中把自己的衣、帽及大氅授给法王嘉操仁波且（chos kyi rje rgyal tshab rin po che），使其知晓寺座之意义后，大师入三摩地。一切侍众都见其容光焕发，变成 16 岁的童相。之后，大师入于清净法界而圆寂。

以上仅是就至尊宗喀巴的事业中的小部分而在此撰写。居住在远方的

---

① 大愿法会（smon lam chen mo）：俗名传大召。公元 1409 年藏历正月，宗喀巴为了纪念释迦牟尼，在拉萨大昭寺里倡建了一次讲论佛经、发愿祈祷的宗教法会。宗喀巴逝世后曾中断十九年，及二世达赖根敦嘉措时始有恢复，每年举行，成为常例。至五世达赖洛桑嘉措时，开始在法会中以辩论佛经的形式从三大寺僧徒中选取头等格西。法会期间，由哲蚌寺铁棒喇嘛维持拉萨市区秩序。参阅《藏汉大辞典》，第 2175 页。
② 甘丹寺（dgav ldan gtsug lag khang）：又译噶丹寺。格鲁派前藏三大寺之一。在西藏自治区达孜县境内拉萨河南岸旺古日山上。此寺为藏传佛教格鲁派祖寺。旧时宗喀巴的法座继承人噶丹赤巴，就居住在此寺。参阅《藏汉大辞典》，第 438 页。
③ 声鸣（ གཎྜི ）：打木，檀板。梵音译作犍稚。义译声鸣。集合僧伽的响器之一。《毗奈耶》中所说尺度：木质为旃檀、木瓜树、巴罗沙、紫檀、醋柳、桐树等；长八十四指，宽六指，厚二指，削去四角成为八方，四角断口，各长二指，两端刻成蛤蟆头形。参阅《藏汉大辞典》，第 349 页。

出家僧众，虽然仅知至尊宗喀巴的教理，未见大师颜容，然而都遵循大师之德风，保持裁缝僧衣、持钵、敷具等应需要资具僧制，外表仍可收容外道而着半月形大氅，帽子颜色为金黄。这些是仅就一般共通见相而言。若以秘密主金刚手对堪钦·勒季多杰开示说："应知我金刚手也难知玛底坝扎甘地师利（宗喀巴的密讳）① 之功德边际。"他又在《量论》中说："宗喀巴此生以后，将往兜率成为菩萨名妙吉祥藏，将来成佛名狮子吼如来。"如此诸语并非歪曲。故而应知，宗喀巴是一位居住于最高地位之菩萨，为了利益有情而来到此世的。

宗喀巴所传授给的嘉操仁波且：此师是一位厌离一切世间，具足一切显密教理无碍智慧者。他身持清净戒律而不染丝毫罪垢。哪怕是刹那间也不放逸，常勤修于善法之大德。直到辛亥年（阴铁猪，公元1431年）为止，此位大德住持寺座有13年时间。在此辛亥年（阴铁猪），他将祖寺交付于克珠·格勒贝哇（mkhas grub dge legs dpal ba）后，前往寂静处中而修行。而后他在69岁时于壬子年（阳水鼠，公元1432年）在布达拉逝世。

克珠·格勒贝哇继承座寺一直到戊午年（阳土马，公元1438年）逝世为止，共住持寺座8年时间。

之后为法王勒巴坚参巴（chos rje legs pa rgyal mtshan pa）：此师诞生于乙卯年（木兔，公元1375年）。他在65岁时的己未年（阴土羊，公元1439年）住持寺座。于庚午年（阳铁马，公元1450年）年满76岁而逝世。

之后为仲洛卓巴（drung blo gros pa）：此师诞生于己巳年（阴土蛇，公元1389年），他在62岁时的庚午年（阳铁马，公元1450年）住持寺座，直到癸未年（阴水羊，公元1463年）。此年他将寺座委任给62岁的哇索巴（ba so pa）后，自己离一切世务而静修。

此后，他们请求法王洛卓丹巴（chos rje blo gros brtan pa）住持祖寺寺座。他至今健在，一直在作净善之事业。

以上是格鲁派的阶段。

三　那烂扎（Nālandā）② 寺的阶段

玛威僧格绒顿钦波（smra bavi seng ge rong ston chen po）：此师是一位

---

① 藏文（第1257页第2行）写为：མ་ཏི་བྷ་ད་གྷི་ཤྲཱི་

② 此处藏文（第1258页）为དུ་ལྟ་，恐误。似应为：དུ་ལྟ་

愿咒菩萨乘者（smon lam gyi mthu can）。他于丁未年（阴火羊，公元1367年）诞生于嘉莫绒（rgyal mo rong）地方一苯波教家庭。少年时期，他就前往前卫藏，在桑普寺学习诸明处。年仅20岁时他就已经精通《定量论》，并且成为宣说理论之无与伦比者。之后，他在卓萨（gro sa）的玛顿钦波（dmar ston chen po）座前圆满完整地听受了别解脱戒学处（so so thar pavi bslab pa）。他又依不同的上师研究学习一切经藏而获得自在通达。他在拉堆南北和后藏上下两区，以及邬、约等许多地方作法师，对许多具有智慧人士观察其适合何法而分别讲说经论。他以堪钦·桑杰贝哇（mkhan chen sangs rgyas dpal ba）传规为主，不断地讲说《现观庄严论释》（mngon par rtogs pavi rgyan）等论著。此外，诸教授秘诀是以息结派后期传承为主。由于具大愿力，他居住在这个地方时，原本凶暴的地神也守护其师徒，因此瘟疫等任何灾厄都未来侵犯。他对财物和养生资具从未生起丝毫贪婪之心。他曾说过："对诸弟子，若为了可得一二斗粮食来作选择，这不是善知识之规。对于善知识而言，则必须选择全面。对于内心诚信之弟子，哪怕最初执著断见也可以，自己心中持何派也可以。"就现在这一阶段来看，此师完全勤奋于说法，然而他常住于瑜伽行，并亲见五种风息分别之色彩。

此师足拇指掉下一指甲之后，变为蚌壳。在乙卯年（阴木兔，公元1435年）他修建了（彭域的）那烂扎寺。后来，他为阿·绛曲益西（ar byang chub ye shes）未讲说完《般若波罗蜜多》而逝世。他曾预言说："我将由我的弟子们从说法座上把我遗体迎请而去。"有一次，持三藏法师格哇坚参（sde snod vdzin pa dge ba rgyal mtshan）对他说，自己梦见他今年生命有大灾厄，祈求他修持和诵经以便禳解。但是他回答说："我不以格哇坚参大师的卜辞为重。任由任何事情发生，我都将活到83岁。"正如他所言，他年满83岁才于己巳年（阴土蛇，公元1449年）逝世。【继而从说法座上将师遗体迎请到了玛芒。】① 【虽然未出现法座上把遗体迎请而去，但是逝世与说完教法的时间只有两天之差。他曾经常说："我康巴不作低下者，要在兜率天饮天子之甘露者！"于是，他现在（著书时）肯定在兜率天。他未逝世之前，委任法王扎西南嘉哇（chos rje bkra shis rnam rgyal ba）为寺主。法王扎西南嘉哇作了讲闻教法及修建大佛像等弘扬佛法之事业。他诞生于戊寅年（阳土虎，公元1398年），年满61

---

① 藏文（第1259页）阙。【 】处据郭译（第707页第8行）补。

法王格哇坚参巴（chos rje dge ba rgyal mtshan pa）诞生于壬戌年（阳水狗，公元1382年），在77岁时的戊寅年（土虎，公元1458年）担任寺主，直到壬午年（水马，公元1462年）逝世为止，住持寺座5年时间。达波甲嘎哇（bdag po rgya gar ba）诞生于己未年（阴土羊，公元1439年），在24岁的壬午年（水马，公元1462年）担任寺主，直到丙戌年（阳火狗，公元1466年）为止，共住持寺座5年时间。之后，他把寺座交给朗塘仁波且（glang thang rin po che）。朗塘仁波且又委任法王贡如（chos rje gung ru）为寺主而离一切世间事务。

以上为那烂扎寺座传承的阶段。】①

四　泽当巴的阶段

【吉祥泽当的这一大寺院，是由美名天下的大司徒绛曲坚参（tavi situ byang chub rgyal mtshan）于辛卯年（阴铁兔，公元1351年）奠基修建的。此前，在鲁麦（klu mes）时期那里耸立着旧寺院顶端的八边形建筑。绛曲坚参在秋季开工之后，就在这顶端的前面修建了走廊。在此西边，他修建了门朝东开的拉康。由于他想到顶端的八边形建筑损毁是有损于相地术②，故而搬迁至东面山上去了。他还修建了40多间僧舍和大外围墙。此后，在壬辰年（阳水龙，公元1352年），为了开示讲闻教法，他从各

---

① 【　】藏文见第1259页倒数第3行到第1260页第11行：chos khri kha nas spur spyan vdren pa ma byung yang/ zhi bar gshegs pa dang chos vphro bcad pavi bar na nyin zhag gnyis las med/ rgyun ldan du gsung ba la/ nga khams pa phob phob vdi vdra mi byed par/ dgav ldan du lhavi bu bdud rtsi vthung ba zhig byed gsung bas da lta dgav ldan na bzhugs par nges so/ zhi bar mi gshegs pavi snga rol nas chos rje bkra shis rnam rgyal ba gdan sar bskos/ khong gis kyang bshad nyan dang lha mo che bzhengs pa la sogs pavi bstan pavi bya ba rgya chen po mdzad de/ de ni sa pho stag la vkhrungs nas rang lo drug cu rtsa gcig pa la gshegs/ chos rje dge ba rgyal mtshan pa chu pho khyi la vkhrungs nas/ rang lo bdun cu rtsa bdun pa sa stag la gdan sar phebs nas chu rtavi bar lo lnga bzhugs nas gshegs/ bdag po rgya gar ba sa mo lug la vkhrungs nas rang lo nyer bzhi pa chu rta la gdan sar phebs nas me pho khyivi bar lo lnga gdan sa mdzad de/ glang thang rin po che la gtad/ des kyang chos rje gung ru gdan sar bskos nas kun spangs mdzad do/ Nālandāpavi skabs so/。郭译（第707页）漏。

② 相地术（sa dpyad）：堪舆术。旧时，堪舆家迷信山脉、地势、流水等走向吉凶之说。参阅《藏汉大辞典》，第2900页。

僧迎请了许多僧人。】①他将财产赠予寺庙，以维持诸讲闻教法。他还对一般僧众，建立了供糌粑、茶饮、浆糊之规。他将寺座交由13岁的绛央释迦坚参（vjam pavi dbyangs shavkya rgyal mtshan）继承，后者能诵说四部经论。他教化僧众4年时间，年满26岁时前往乃东泽宫②。

此后继任者为嘉色扎巴仁钦巴（rgyal sras grags pa rin chen pa）：此师诞生于己丑年（阴土牛，公元1349年），他于乙巳年（阴木蛇，公元1365年）在17岁接掌寺座。他在丁未年（阴火羊，公元1367年）19岁时逝世。

此后，绛烘巴大师（slob dpon vjam sngon pa）在戊申年（阳土猴，公元1368年）说法。这年年底，诞生于己亥年（阴土猪，公元1359年）的仁波且索南扎巴（rin po che bsod nams grags pa）年满10岁，就住持了寺座。他住持寺座一直到庚申年（铁猴，公元1380年），在此期间，他在拉萨主持法轮会。他于辛酉年（阴铁鸡，公元1381年）退位前往（乃东）泽宫。

此后，继承者为扎巴坚参：此师诞生于甲寅年（阳木虎，公元1374年），年满8岁时【于辛酉年（阴铁鸡，公元1381年）】③登上寺位，并讲说《量释论》。12岁时在乙丑年（阴木牛，公元1385年）年底前（退位）往（乃东）泽宫。在此乙丑年（阴木牛），由丁巳年（阴火蛇，公元1377年）诞生的仲·绛曲多杰哇（drung byang chub rdo rje ba）年满9岁时登寺位，住持寺座直至戊申年（阳土猴，公元1428年）【52岁时】逝世为止，住持寺座44年时间。在位期间，他发展了僧院，使财物受用都获得极大增长。

在戊申（阳土猴）年冬季法会过后，由甲午年（阳木马，公元1414年）诞生的刚满15岁的绛央扎巴穹奈（vjam dbyangs grags pa vbyung

---

① 【】郭译（第707页）漏。藏文见第1260页第2段至第1261页第3行：dpal rtses thang gi chos grwa chen po vdi/ tavi si tu byung chub rgyal mtshan zhes phyogs thams cad du grags pa des lcags mo yos buvi lo la rmang bting/ de yang sngon nas klu mes kyi dus nas chos sde rnying mavi the rol dbu rtse rtsa brgyad dang bcas pa yod pa la/ dbya rtse devi mdun du khyams byas/ devi nub tu lha khang sgo shar du bstan pa zhig kyang brtsigs/ rtsa brgyad kyang vgyel du song ba de sa dpyad la gnod par dgongs nas shar rivi ngos la gdan drangs/ grwa khang chen po bzhi bcu tsam dang lcags ri chen mo yang brtsat/ de rting chu pho vbrug gi lo la chos sde so so nas vchad nyan mdzad pavi dge vdun mang du gdan drangs/。

② 此处藏文版为rtser thegs，郭译（第707页倒数第9行）译作"夭折"，显然不对。我们根据《东噶藏学辞典》绛央释迦坚参的注释，认为是前往乃东泽宫。以下出现的rtser thegs与此相同。详见《东噶藏学辞典》，第888页。

③ 【】郭译（第707页倒数第7行）漏。

第十五章　四部僧团等僧众的来源、答复及圆满制版阶段　859

gnas）登上寺位，住持到壬子年（阳水鼠，公元 1432 年）的六月间前往（乃东）泽宫为止。此后的 12 年间，虽然无人担任寺座，但是，绛央扎巴穹奈在乃东泽宫的支持下监管寺庙。他曾修建大佛像供堂；金书《甘珠尔》；在寺院中立禁止酒色之戒规，对说法和闻法诸人极为尊重。此后，在甲子年（阳木鼠，公元 1444 年），仲·贡噶勒伯穹奈（drung kun dgav legs pavi vbyung gnas）被任命为泽当（寺）总管。在丙寅年（阳火虎，公元 1446 年），绛央扎巴穹奈重新开始讲说。在戊辰年（阳土龙，公元 1448 年）夏天，他前往乃东泽宫。从此戊辰（阳土龙）年起，虽然桑杰坚参巴没有担任寺主，但是他一直居总管之位 10 年之久，直到丁丑年（阴火牛，公元 1457 年）冬季逝世。此后，在丁亥年（阴火猪，公元 1467 年）由多杰仁钦旺季坚参（rdo rje rin chendbang gi rgyal mtshan）在七月间登上寺位。

此大寺是佛的教法无不具全之圣地，寺中诸人说法和闻法未曾间断，是一切人士的随愿而可求之生源地。对说法对境和境地来说，它都能成为无畏之皈依处。如此之大寺，创建于辛卯年（阴铁兔，公元 1351 年），到现在丙申年（阳火猴，公元 1476 年），已经过了 126 年了。

以上是泽当巴寺座传承的阶段。

五　答复

现在，我谨就《青史》相关的一些问题回答如下：

关于藏族佛教后弘期史事，各家说法不一，没有见到一致的定论。唯用理智来考察，显然也难以得到一致的定论。因此，我只好依照往昔旧典书籍撰写，特别是鲁麦由谁授了戒，以及他在前后藏作了哪些事务等，我相信坝西奈丹（ba shi gnas brtan）的著作（最接近真实）。我无一例外地参考了他的版本，因为他是鲁麦的直传弟子。在那一章节里我提到了他的名字。至于有两位不同导师的说法，我只是重述了他的（坝西奈丹的）话。这两位（导师）似乎就是坝（sba）、惹（rag）二师，因为他们亲教师同是一人，这也是他们的文字中所记载的。我写到过所谓"卫藏十人"，这是依照布顿等人的叙述而撰写。（这个问题）如以自己的正量来衡量，是难以成立的。

据布顿的观点，前后藏十人是：前藏地区有鲁麦、松巴、惹西、坝师、郑师五人；后藏地区有：洛（lo）、冲（tshong）二师，窝杰两兄弟和乌巴·德嘎哇（u pa de dkar ba）五人。

又有一种说法是：前藏鲁麦、松巴，后藏地区为洛、冲二师，阿里地区的坝、西两位枳嘎哇（rdzi dkar ba）共6人，再加上坝、惹二师，总共只有8人。还有一些人认为，郑师就是季枳嘎哇（vbri rdzi dkar ba），因为在阿里的季枳嘎哇著述中没有一处提到过郑师。所以，所有这些我都是依照他人所言而撰写，并不是依照自己的任何观点来撰写。

事实上，以前就藏地而言，鲁麦、松巴和郑师这三人确实修建了寺庙、组织了僧团。坝、惹二师一起所传出的弟子有嘎哇·释迦旺秋（ka ba shavkya dbang phyug）。在后藏地区：由洛、冲二师发展了大量寺僧，这也是确有其事。这些观点我都接受。为了考察和研究之故，我整理和编撰了大量的文献记载，并提到了它们的作者姓名。

大译师仁钦桑波年满13岁时，在阿里地区于堪布益西桑波（mkhan po ye shes bzang po）座前出家为僧。这一说法出自赤塘连纳（khri thang Jñāna）所著的《大译师传》所载。由此看来，大译师是在庚午年（阳铁马，公元970年）出家为僧。此后三年为癸酉年（阴水鸡，公元973年），即布顿所著佛教史中借以老妪之言作为后弘期的开始①。

而按仲敦巴的传规，是以此癸酉年（阴水鸡，公元973年）之后的第五年，即戊寅年（阳土虎，公元978年）作为后佛教后弘期之始。此外，后来阿底峡成为教法之主，所有噶当派一致认为阿底峡尊者到藏之年为午年（马年），才是后弘期之始，但是在天干②计算上却有不同的说法。仔细研读嘉玛巴叔侄（rgya ma ba khu dbon）、奈邬素尔巴、敬安、布朵瓦诸人的传记后，人们就会发现阿底峡是在壬午年（阴水马，公元1042年）到藏，这是绝对可信的，而且此年阿底峡尊者正好61岁。通过对古代编年史籍进行细致入微的考察后，我认为上述记载，以及由至尊玛尔巴传出的峨宗传承、米拉（日巴）传出的岗波哇传承等，也都是绝对可信的。同样，萨迦派的传承，从款·衮却杰波以后的年代记载都是准确无误的，其余的年代记载也有许多是正确的。此外，也有其他一些叙述我是根据其他作者的著述而撰写的。也有一些叙述是我自己撰写的，没有参考它们，而是根据部分人的说法撰写的。总之，我认为法王松赞干布的年代，阿底峡和仲敦巴等的年代，以及教主峨师的年代，都是正确无误的。这点

---

① 参阅《布顿全集》（Bu ston gsung vbum），卷26/ya函/, fol. 136a；E. Obermiller 所译《布顿佛教史》，第II卷，第221页。
② 天干（dbang thang）：阴阳两类五行。占卜术中所说五行各分为阴阳两类。如阳木、阴木、阳火、阴火等十种元素。参阅《藏汉大辞典》，第1931页。

一定牢记于心。

六　圆满制版的阶段

在此叙述教法更为殊胜的著者（本书赞助者）阶段：

本书赞助者为甲（bya）的赤本·扎西达杰（khri dpon bkra shis dar rgyas，即扎西达杰万户长）：他是一位以无等福力、智慧、敬信、布施等善为庄严之人物。这里本人当说其世系传统：

总的说来，此间藏区的任何地区、人众族姓，大都是以其所出生地，安立他的族氏和名称。例如以若巴（rog pa）或以杰巴（dgyer pa）来安立。在雅隆下部玛裕宗（ma yul rdzong）的下方，通常称为甲萨（bya sa），因为这里绝大多数居民属于甲氏族。这是一切愿望都能够实现的地方。在此地方，出有名为甲·却季嘎哇（bya chos kyi kwa ba）和脱巴域敏玛坚（thod pa g'yuvi smin ma can）的两兄弟。弟有子二人为堪布云丹却（mkhan po yon tan mchog）和甲峡嘎（bya shav ka）。长子堪布云丹却在郑德（vbring sde）寺中出家为僧后，担任其他寺院的堪布；并且修缮了岗巴拉康（gangs pa lha khang），并接管了四个寺庙：耶地（g'ye）洛寺（klogs）、甲地（bya）的峡塔寺（sha mthav）、达波的卓达寺（dro mdav）、陧地（dmyal）的顶姆弥寺（stin mo mig），并管它们叫"岗巴四子"（gangs par gyi bu bzhi）。

次子甲峡嘎有子二人：多杰勒巴（rdo rje legs pa）和多杰旺秋（rdo rje dbang phyug）。此二子在世期间，前往陧地并且修建大海城堡（rgya mtsho grong mkhar）。

多杰旺秋之子喇嘛甲纳钦波·仁钦峨（bla ma bya nag chen po rin chen vod）：此师41岁时与喀切大班智达相见，而求得《净治密续十二曼荼罗》（sbyong rgyud dkyil vkhor bcu gnyis）等许多教法。此外，他还依止嘉哇脱堵巴（rgyal ba thog rdugs pa）、觉峨穹（skyo vod vbyung）、辖达弥巴（gzhad rta rmig pa）等许多大德学习经典和论著，成为善巧者，并以成就而为庄严。特别是他能役使《利剑三法》（spu gri bskor gsum）等的金刚护法神等。因此他的美声传遍藏区四面八方。此师有四位法弟子是：甲下部的蔡贡·却拉嘎哇（mtshal sgom chos la dgav ba）、洛若（lo ro）的饶嘎哇钦波（rab dgav ba chen po）、达波的坝措热巴（ba tsho ras pa）、后藏的乌裕巴钦波（vu yug pa chen po）四人。还有四根本僧团（rtsa bavi sde bzhi）：陧地（dmyal）的却卓仲喀（chos sgro grong mkhar）、耶地（g'ye）的色窝（se bo）、达【波】的纳姆学（na mo shod）、甲地的嘉措鲁港（rgya mtsho blug rgang）。

阿弥·甲纳钦波（a mi bya nag chen po）之子为觉色（jo sras）；觉色之子为甲·安达（bya mngav bdag）；甲·安达有子三人：甲·格隆巴（dge slong ba）、甲·仁钦（bya rin chen）、甲·却嘉贝桑（chos rgyal dpal bzang）。称为甲族怙主三尊。

格隆巴的后裔有：仁钦贝（rin chen dpal）、旺秋仁钦（dbang phyug rin chen）、仁钦桑波、达波哇（dwags po ba）等人。他们掌管了弥色耶（mi se g'ye）、达（dwags）、陧（dmyal）、甲（bya）、洛若等地及这些地方的许多庄园。甲·仁钦集合他的耶、陧、甲、洛若等地的头领击退了蒙古军队，因此被推举为那一地区的长官。他是大成就者邬坚巴之施主。他的儿子就是贡噶仁钦（kun dgav rin chen）。贡噶仁钦又出许多后裔，同时也掌管了许多庄园。贡噶仁钦曾与萨迦本钦贡噶桑波相会面。

甲·却嘉贝桑（bya chos rgyal dpal bzang）曾与蒙古人讲和。12岁时，他去卓贡八思巴座前亲近。他拜峡巴衮索巴（shar pa kun bsod pa）为上师，在师座前听受了三种密续教授等。他还修建了漾哲寺（yangs rtsevi gtsug lag khang），金写全套《甘珠尔》。他收集区域中一切财宝封藏于内库中，并奠定王法基础等。对于政、教两者来说，他确实建立了比他者更为卓越的善规。其后裔有：贡噶坚参·贝桑波（kun dgav rgyal mtshan dpal bzang po）、堪钦·季布哇（mkhan chen spyil bu ba）、安达·却僧峨（mngav bdag chos seng vod）、甲·姑巴贝（bya lkug pa dpal）等。贡噶坚参曾前往达木（vdam，纳木错附近）请求本钦峨色僧格（dpon chen vod zer seng ge）赐给他一个官职，并得到应允。姑饶巴（sku rab pa）之侄子却嘉贝桑巴（chos rgyal dpal bzang ba）也来到座前顶礼。德邬惹哇（rtevu ra ba）（谋反）事件也是在他那个时期发生的。此后，由贝贡多杰哇（dpal mgon rdo rje ba）及其子仲·洛卓巴（drung blo gros pa）二人治理民众。此后，又由贡噶坚参巴之子甲玛哇·贡噶索南（rgya ma ba kun dgav bsod nams）管理一切僧俗民众。此后，由于却嘉贝桑波之子安达·却僧峨巴是止贡女酋长之子，止贡方面便委任却僧峨为甲、达地方的长官。却僧峨之子为堪钦·楚臣桑波哇（mkhan chen tshul khrims bzang po ba）。当他在桑波伽（zangs po che）寺的堪布职位上时，受到众生一致地崇拜和祈祷。而且他应当地百姓的一致请求，登上最高权位，传播佛法、利益众生，将所有的寺庙、农奴、僧俗大众纳入其保护之下。之后，堪钦委派其子衮却桑波（dkon mchog bzang po）掌管政教两法之权。

衮却桑波之子扎西贝桑波（bkra shis dpal bzang po）：少年时期，他就在泽当求学，他主持过一次完美的法宴。法王扎巴坚参巴委任他为甲地的赤本（万户长）。

扎西贝桑有子嘉哇扎西（rgyal ba bkra shis）、释迦贝贡（shavkya dpal mgon）和土巴坚参（thub pa rgyal mtshan）等。嘉哇扎西巴前往乃东，并作了上级长官扎巴穷奈（grags pa vbyung gnas）的侍仆。乃东方面又委任他为甲地的赤本。其弟释迦贝贡巴在堪布云旺巴（mkhan chen yon dbang pa）座前出家为僧后，勤奋闻思，并担任桑波伽寺堪布，对佛教作出了利益净善之事业。

嘉哇扎西之子为甲·扎西达杰（bya bkra shis dar rgyas）、阁季巴（sgo gcig pa）前来受生的白玛丹却杰波（pad ma bltams mchog rgyal po）、甲·泽旺杰波（bye tshe dbang rgyal po）、格桑却吉嘉措·索南芒妥旺波德（bskal bzang chos kyi rgya mtsho bsod nams mang thos dbang povi sde）、甲·罗布嘉措（bya nor bu rgya mtsho）等人。其中，甲·扎西达杰娶妃子多杰格嘎玛（rdo rje gos dkar ma），他们如法修《生种仪轨》（rigs bskrun pavi cho ga），得生子法王罗布扎西·弥居旺波德（chos rgyal nor bu bkra shis mi vgyur dbang povi sde）和扎巴坚参贝桑波（grags pa rgyal mtshan dpal bzang po）两昆仲。

甲·扎西达杰勒比杰波却唐杰勒南巴嘉哇旺波德（bya bkra shis dar rgyas legs pavi rgyal po phyogs thams cad las rnam par rgyal ba dbang povi sde）：继父（去世）之后，接受了泽当王多杰仁钦旺根杰波（rdo rje rin chen dbang gi rgyal po）所颁诏书，任命他为南部的赤本。他又从乃东方面获得赐扎撒（vjav za）头衔和官服。他这位首长是由佛法和世法二者齐施之门而作出事业，为此声誉显赫。就以每一处甲的赤本来说，都有伟大的口头传说，正如夏天的江河增涌竟潮一样地施行政教两者齐驱的人王将遍于此间。

这一史著，是由对一切佛语抱有无偏私的至尊一切智、证见俱生智的自在能者具德大译师索南嘉措德（dpal ldan lo tsav ba chen po bsod nams rgya msthovi sde）来示劝请而撰著的，并得他赐来如法之圆满财物等顺缘。最初，关于贴板字样等项，都是依照至尊大译师之意见和建议而作的。在前藏的垛伦珠拉哲（dol lhun grub lha rtse）寺中大修不分派别的祈福禳灾法事，是承贝多杰德玛（dpal rdo rje bde ma）所赐物品来办的。又蒙至尊（大译师）的后学者善知识贝却季坚参（dpal chos kyi rgyal mtshan）和玛哈萨塔毗惹格勒贝贡（mahā sthavira dge legs dpal mgon）精明理智的两位上师作了校正。尤其是仰仗对于一切因果教乘理智超脱、辩才无碍的格哇坚峡达波巴·贝却唐杰勒南巴嘉威拉（dge ba can shar dwags po ba dpal phyogs thams cad las rnams par rgyal bavi lha）针对此事务给以适合的机缘，而使此著得以完成。

文字誊写者（yi gevi rig byed pa）为尼峡扎西（nyi shar bkra shis），他可谓垛地（dol）的知识源头（rigs pavi vbyung gnas）。刻版者（bkros kyi rig byed pa）为扎巴坚参，是由他及其学徒等的灵巧之手所完成，都归于善业之中。

在美满的财源丰盛聚集的机缘上，这一史著于辛丑年（阴铁牛，公元1421年）开始撰述，并于精华要地——陧地（dmyal）名为萨脱勒·却嘉林波（savi thig ler chos rgyal lhun po）的大宫之中圆满完成。

    愿以此善业回向佛教能够长久住世；
    愿一切住持佛教的一切正士都能够长寿；
    愿一切僧众日夜只为正法而行；
    愿一切施主及其眷属等掌管王政都能如教法而治理；
    愿疆域全境太平不发生乱事；
    更愿后世者会见善知识大德，
    对佛教能做广大事业。

以上是著作圆满制版的阶段。

书　　跋

观音自在加持金色境地如铺开雪山鬘饰，
离罪过戒律正法兴而法流聚会不断降临，
说修法智者如骏马遍传广大传播法之音，
一切善生源雪域大地善巧如大海堪颂称。
无垢佛祖教法之宝，
大德次第亲手善传。
此用文字穿线而记，
为使得智慧眼观之。
以此善回向诸有情，
如得饮佛教甘露流。
成为德库遍知师宝，
入贤善事业不断生。
此（书）同由泥木造佛身，
虽是泥木也应作供。
教运虽然仅存像教，
仍是诸士夫所供境。

此书叙述藏地境内正法和说法者如何而来的次第，是从法王松赞干布诞生起到现在（著书时），已经过了850年的戊戌年（阳土狗，公元1478年）① 在普贤林苑自生甘露法流悦意法城中，由说法僧宣奴贝撰著。此著作直善业，【此仍回向佛教从诸法门中，在一切方隅发扬光大，长久住世。（音译）南莫惹那扎雅雅，耶达玛嘿、都巴坝哇嘿都勒达喀那达塔嘎多甲哇安达、德喀扎约尼若达诶邦坝底、玛哈峡玛纳。须坝玛堵萨乍嘎底。】②

---

① 这里，《青史》作者宣奴贝又认为公元629年是松赞干布诞生之年。
② 据藏文版编者行间注（第1273页），【】中文字在安多垛麦曲扎的木刻版中无。

后 记[①]

嗡萨底！
印藏无偏私佛教之诸大规，
如何出现及其何胜者主持，
此传记法源及格言之宝库，
善者管译师宣奴贝师宣说，
所有幸运善者之喉咙装饰，
普遍传称为青史此书刻版，

[①] 后记（par byang）全篇在罗译英文本和郭译汉文本中均无。估计所据版本不同之故。本书所据藏文后记（第1273～1274页）全文为：O sa sti/ vphags bod rgyal bstan ris med srol chen rnams/ ji ltar byung dang de vdzin skyes mvhog gi/ /rnams thar chos vbyung legs bshad gter chen po/ /mkhas mchog vgos lo gzhon nu dpal gyi gsung/ /dpyod ldan skal bzang yongs kyi mgrin pavi rgyan/ /deb ther sngon po zhes grags vdi yi par/ /deng sang dus su lha ldan pho brang gi/ /nyi vdab dgav ldan brtan bzhugs chos vkhor ram/ /dbus gtsang kun bde gling du grags pa der/ /bzhugs pavi vgro don vphrin las srid mthavi bar/ /rab rgyas yangs pavi sa chen kun khyab pavi/ /dge legs vdzad med yid bzhin vjo gyur cig/ ces pa yang chos vbyung deb ther sngon po vi par rnying snga thog yangs pa can du bzhugs pa bal bod bde gzar skabs vkhyar bavi par shing bor stor byung ba rnams chad bsad gsar brkos dang/ mi gsal ba rnams par bsang gis zhabs tog bsgrubs te vgro don slad/ bar ri dbus gtsang kun bde gling du bzhugs su gsol bavi par byang smon tshig vdi yang rta tshag pa ye shes blo bzang bstan pavi mgon pos sbyor ba dge/ khyon sdom shog grangs 485 bzhugs/ / / /

（a mdo mdo smad chos grwavi shing par gyi par byang ni/ "de yang gong du par du bzhengs pavi lo rgyus kyi skabs ltar par gcig po de nyid ma gtogs dbus gtsang khams gsum gang du yang yod skad ma tshor zhing/ de nyid kyang/ karma zhwa dmar ba chos grub rgya mtsho la gong nas bkav chad byung ste/ kho rang gi dgon devi dpe cha dpar shing sogs gong du gzigs vbul gyi ched du lha sa dgav ldan pho brang du vbyor ba las dpar shing vdi nyid kun bde gling du bzhugs par/ slar yang nges pa don gyi blo bzang bstan pavi mgon po ba so sbrul pavi sku/ rgyal tshab rta tshag rje drung rin po che nas shing bsal/ shing bsab sogs kyi do dam dang/ par byang dang bcas bkav drin du scal pas dpe de nyid phyi mor byas te/ mdo sngags chos kyi sgra dbyangs rgyun mar sgrogs pavi skyed tshal dgav ldan chos vkhor gling zhes bya bavi mdo smad kyi chos grwa chen por par du sgrub pavo/ /"）。

当今①时期安奉于拉萨之宫,
此附近甘丹久住法轮或称,
卫藏功德林的寺院之中已,
众生之善业绝无仅有期间,
在无边无际的大地上弘扬,
无限善业如意而心满意足。

法源史书《青史》的旧木刻版本,以前安奉在羊巴井②,但是在藏尼泊尔荒乱时期使得旧木刻版本散失。于是,为了众生之事业,进行重新散补刻版,模糊不清的刻版做服役而进行修缮。安奉在坝惹卫藏功德林(bar ri dbus gtsang kun bde gling)的后记祈祷之词由达次巴·益西洛桑丹比贡波(rta tshag pa ye shes blo bzang bstan pavi mgon po)而作。总的页数为 485 页。

安多垛麦曲扎的木刻版中的后记为:以上所刻造的史事,除这一刻版本外,在前、后藏及康区三地区未听说再有此史事之版本。这是噶玛夏玛哇(红帽)却珠嘉措(Karma zha dmar ba chos grub rgya mtsho)由于接受上师命令,为了自己寺院的经典刻版等供献给上师,而在拉萨甘丹宫中获得此刻版,并将此刻版安奉在功德林,后来又峨巴敦季洛桑·丹伯贡波哇索活佛(nges pa don gyi blo bzang bstan pavi mgon po ba so sprul pavi sku)、嘉察达次杰仲仁波且(rgyal sthab rta tshag rje drung rin po che)进行修缮和散补等的管理工作,并作了后记之恩德而成为原版。名为显密教法之音不间断的林苑甘丹曲柯岭的多麦地区的曲扎钦波刻制而成。

---

① 即作者著书时期。
② 羊巴井寺(yangs pa can):嘎玛噶举派的夏玛第四活佛却扎益西藏历第八饶迥水猪(癸亥)年所建。位于拉萨市当雄县境内。详见《拉萨市辖寺简志》,西尼崔臣著,西藏人民出版社 2001 年 9 月第 1 版,第 220 页。